suhrkamp taschenbuch
wissenschaft 1009

Diese umfassende Deutung der israelischen Gesellschaft verfolgt nicht nur das Ziel, Entwicklung und Aufbau ihrer wichtigsten Lebensbereiche im Detail darzustellen, sondern analysiert darüber hinaus jene Wandlungsprozesse und Entwicklungstendenzen, die die israelische Gesellschaft seit dem Beginn des zionistischen Siedlungswerks in Erez-Israel bis in die Gegenwart erlebt hat. Eisenstadts Untersuchung geht von der Prämisse aus, daß Israel – ebenso wie die Vereinigten Staaten, die Sowjetunion oder Mexiko – als eine moderne, nachrevolutionäre Gesellschaft zu betrachten ist, deren charakteristische Merkmale im analytischen Vergleich hervortreten.

So war die jüdische Besiedlung Palästinas (und später die israelische Gesellschaft) von einer besonderen Pionierideologie geprägt und insofern der puritanischen Kolonisation Nordamerikas verwandt. Sie entwickelte sich in einer fremden, feindseligen Umgebung, wodurch das Problem der Sicherheit zentrale Bedeutung für das Leben in Israel gewann. Schließlich war sie die Verwirklichung eines visionären Entwurfs, nämlich der im Zionismus artikulierten Bestrebung, nach zweitausendjähriger Diaspora wieder eine jüdische Nation zu errichten.

Um die Dynamik der israelischen Gesellschaft zu verstehen, muß man also den gesamten Hintergrund der jüdischen Geschichte mit einbeziehen. Eisenstadts Darstellung beginnt daher nicht erst mit dem spezifischen Hintergrund der zionistischen Bewegung, sondern mit einem interpretativen Überblick über die gesamte jüdische Geschichte.

S. N. Eisenstadt ist Professor für Soziologie an der Hebräischen Universität Jerusalem. Gastprofessuren an der Harvard University, am M. I. T. sowie an anderen nordamerikanischen, europäischen und australischen Universitäten. Im Suhrkamp Verlag erschien 1979 der Band *Tradition, Wandel und Modernität*. In der Reihe suhrkamp taschenbuch wissenschaft hat er herausgegeben: *Kulturen der Achsenzeit. Ihre Ursprünge und ihre Vielfalt* (stw 653) sowie *Kulturen der Achsenzeit. Ihre institutionelle und kulturelle Dynamik* (stw 930).

S. N. Eisenstadt

Die Transformation der israelischen Gesellschaft

Übersetzt von Ruth Achlama

Mit einem Vorwort
zur Taschenbuchausgabe 1992

Suhrkamp

Titel der Originalausgabe:
The Transformation of Israeli Society
London: Weidenfeld and Nicolson, 1985

Die Deutsche Bibliothek – CIP-Einheitsaufnahme
Eisenstadt, Shmuel N.:
Die Transformation der israelischen Gesellschaft : mit einem Vorwort zur Taschenbuchausgabe / S. N. Eisenstadt. Übers. von Ruth Achlama. – 1. Aufl. – 1992 Frankfurt am Main : Suhrkamp
(Suhrkamp-Taschenbuch Wissenschaft ; 1009)
Einheitssacht.: The transformation of Israeli society <dt.>
ISBN 3-518-28609-9
NE: GT

suhrkamp taschenbuch wissenschaft 1009
Erste Auflage 1992

Satz und Druck: Wagner GmbH, Nördlingen
Printed in Germany
Umschlag nach Entwürfen von
Willy Fleckhaus und Rolf Staudt

1 2 3 4 5 6 – 97 96 95 94 93 92

Inhalt

Vierter Teil
Der Staat Israel. Veränderung und Wandel

Im Gedenken an meine Eltern
Michael und Rosa
und für
Shulamit,
Michael und Mimi; Irit und Ronny; Alik und Dalia;
Ido; Karin, Lee und Ella
von Generation zu Generation

Vorwort zur Taschenbuchausgabe 1992

I

Die Entwicklung, die die israelische Gesellschaft seit 1987 – dem Erscheinungsjahr dieses Buches – genommen hat, hat die darin analysierten großen Transformationsprozesse dieser Gesellschaft und den Stellenwert, der ihr im Gefüge der jüdischen Zivilisation der Gegenwart zukommt, schärfer hervortreten lassen. Einer dieser wichtigen Prozesse bestand im anhaltenden Ringen um die Konstruktion von Symbolen der kollektiven Identität, des kollektiven Bewußtseins. Diese Suche und die mit ihr einhergehenden Auseinandersetzungen bezogen sich erstens auf einige grundlegende Komponenten der zionistischen Vision; zweitens auf die Rekonstruktion und Eingliederung jüdischer Tradition; drittens auf die Stellung der Israelis im Nahen Osten, eine Frage, die eng mit dem Druck der jeweiligen Sicherheitslage in Zusammenhang stand; viertens auf die Position arabischer Israelis in Israel; und fünftens auf die Fülle von Problemen, die aus der fortwährenden Besetzung der Gebiete in der Westbank (Judäa, Samaria und Gasa) erwachsen. Ein zweites wichtiges Feld der Auseinandersetzung und des Wandels betraf den Zuschnitt grundlegender Institutionen der israelischen Gesellschaft, vor allem der Politik und der politischen Ökonomie Israels.

II

Das anhaltende Ringen um die Konstruktion der symbolischen wie auch der territorialen Grenzen der Gesellschaft drehte sich nicht nur um den problematischen Stellenwert, den die jüdische Tradition oder Überlieferung in der Konstruktion der israelischen Gesellschaft einnehmen sollte – Probleme, die dieses Buch ausführlich untersucht hat. Auch das Verhältnis zur Umgebung im Nahen Osten war Brennpunkt eines ideologischen und politischen Kampfes um die Konstruktion solcher Gren-

zen, und zwar weit über die direkten oder indirekten Sicherheitsprobleme hinaus. Die Rückkehr in das neue/alte Land galt als Akt von großer historischer Bedeutung, desgleichen der Versuch einer Integration in den Nahen Osten. Der Charakter dieser Integration war ständiger Herd potentieller ideologischer und politischer Auseinandersetzungen, die in Zeiten heftiger Konfrontationen mit den Nachbarstaaten und den Arabern in der Westbank immer wieder zum Ausbruch kamen.
Israels andauernde Besetzung der Westbank und des Gasastreifens, die scheinbar fehlende Bereitschaft der israelischen Regierungen nach 1977, mit den Palästinensern in ernsthafte, weitreichende Verhandlungen zu treten (eine partielle Ausnahme bildeten die Regierungen der großen Koalition 1984 und 1988, als die Vereinigte Arbeiterpartei ohne Erfolg versuchte, die Regierung in diese Richtung zu drängen), die Siedlungspolitik in der Westbank, der Palästinenseraufstand (die Intifada) seit 1988 – all dies hat nicht nur die Spannungen zwischen Israel und den Palästinensern verschärft, sondern weitreichende arabische und islamische Ressentiments gegen Israel geschürt und dem islamischen Fundamentalismus vor allem im Gasastreifen – aber auch unter arabischen Israelis – zu wachsender Bedeutung verholfen.
Deutete der Frieden zwischen Israel und Ägypten und der lang anhaltende de-facto-Waffenstillstand mit Jordanien schon die Möglichkeit an, daß die Konfrontation zwischen Juden und Arabern, die als Konfrontation zwischen nationalen Bewegungen begonnen hatte, die pragmatischere Richtung hin zu zwischenstaatlichen Beziehungen einschlagen könnte, so scheinen die jüngsten Entwicklungen eher für eine Rückkehr zur früheren Situation zu sprechen, wobei sich die Konfrontation verschärft und möglicherweise ausweitet.
Verschärft wurden die anhaltenden Kämpfe und Konfrontationen über die kollektiven Grenzen und Symbole der israelischen Gesellschaft durch die Unbeständigkeit der internationalen politischen Situation und der Sicherheitslage, die das Problematische der Stellung Israels im Nahen Osten in den Vordergrund rückte, sowie durch die Forderungen der arabischen Israelis, nicht nur ihrem wachsenden Verlangen nach Gleichberechtigung, sondern auch bestimmten kulturellen und politischen Strebungen zu entsprechen. All diese Entwicklungen verstärk-

ten sich noch mit der Intifada, dem arabischen Aufstand in den besetzten Gebieten im Jahr 1988.

Einer der entscheidensten Nachteile dieser Kombination aus der politisch-ökologischen Lage einer kleinen Gesellschaft und den primordial-nationalen und historisch revolutionär-ideologischen Orientierungen des Zionismus lag in der Tatsache, daß die Probleme, die mit der Konstruktion von Symbolen und Grenzen des entstehenden Kollektivs verbunden waren, einen Herd potentieller ideologischer und politischer Streitigkeiten bildeten. Das Potential für derartige Auseinandersetzungen bestand, wie wir gesehen haben, schon von Beginn der zionistischen Bewegung an, vor allem in Hinblick auf ihr Verhältnis zum historischen und religiösen jüdischen Erbe und der jeweiligen Bedeutung, die den verschiedenen historischen, religiösen und territorialen Elementen dieses Erbes zukäme.

Das gleiche gilt – in verschiedenen geschichtlichen Epochen in unterschiedlichem Maße – für das Verhältnis zwischen den universalistischen und partikularistischen Orientierungen des Kollektivs. Das Problem, welchen Stellenwert diese Komponenten in der Konstruktion der Kollektividentität Israels besitzen, trat, wie wir gesehen haben, nach dem Sechs-Tage-Krieg erneut auf und steht bis heute im Vordergrund der politischen Auseinandersetzungen in Israel.

All diese Entwicklungen und Auseinandersetzungen haben die grundlegenden Fragen nach den Hauptkomponenten des politisch-sozialen Zuschnitts Israels scharf gestellt, vor allem in bezug auf die Aufrechterhaltung der Bürgerrechte, der Zivilisation und der Rechtsstaatlichkeit, auf die wir im Buch ausführlich eingegangen sind.

III

Die Spannungen um die Kontinuität des konstitutionellen Rahmens und der Rechtsstaatlichkeit verschärften sich durch die nachhaltige Betonung von Tendenzen eines zum Prinzip erhobenen politischen Anarchismus – eines der Hauptthemen der jüdischen politischen Tradition. Diese Tendenz bezog ihre Stoßkraft vor allem aus zahlreichen religiösen Kreisen, die, wie

im Buch geschildert, die Legitimität des Staates Israel nicht vollständig akzeptierten.
Doch nicht nur in den anscheinend marginalen religiösen Kreisen – die allerdings immer weiter ins Zentrum rückten – haben sich solche Tendenzen zum prinzipiellen politischen Anarchismus entwickelt. In der gegenwärtigen politischen Landschaft Israels zeichnen sie sich deutlicher in der politischen Mitte ab.
Die Tendenzen zu prinzipiellem politischen Anarchismus, die sich für eine Politik im Namen eines höheren Gesetzes einerseits oder für eine distributive Mittelzuweisung oft im Namen jüdischer Solidarität oder der Solidarität verschiedener Bereiche der jüdischen Gemeinschaft andererseits einsetzen – beides Tendenzen, die sowohl im Mittelalter als auch während der ersten 25 Jahre nach Gründung des Staates Israel durch den jeweiligen institutionellen Rahmen eingedämmt wurden – traten mit dem Zerfall des Gesellschaftsmodells der Arbeiterbewegung nach 1977 immer deutlicher hervor und setzen sich, wie wir gesehen haben, bis heute fort.
In der israelischen Politik der Gegenwart tritt dieses Phänomen am rechten Rand des politischen Spektrums recht deutlich zutage; vor allem beim Gush Emunim (der Front der Gläubigen), der extremen Front nationalistisch-religiöser Gruppen, die seit 1967 ein bestimmendes Element im politischen Bild Israels darstellen, aber auch bei vielen weltlichen Anhängern der Ideologie von *Erez Israel Haschlema* (Das ganze Erez-Israel) und seit jüngstem auch beim sogenannten »jüdischen Untergrund«, einer Gruppe extremer religiöser Nationalisten, die Anfang der achtziger Jahre eine Reihe krimineller Anschläge gegen die arabische Bevölkerung und Einrichtungen in der Westbank planten und verübten.
Nicht immer waren es der rechte Flügel des politischen Spektrums oder extreme religiöse Gruppierungen, die diese Linie vertraten. In der Anfangszeit des Staates zu Beginn der fünfziger Jahre war diese Tendenz eher bei der Linken auszumachen, so zum Beispiel in der heftigen Kontroverse über die *Palmach* und die Struktur der Armee und die Art der Zivilkontrolle des Militärs und in den Kontroversen über den Charakter der Beziehungen zur Sowjetunion – einer Auseinandersetzung, die eng mit einem der traumatischsten Ereignisse in der Anfangsge-

schichte der israelischen Gesellschaft zusammenhängt, der Spaltung der Kibbuzbewegung.

Selbst heute noch finden sich bei der Linken Relikte dieser Haltung, zum Beispiel bei einigen der extremeren Gruppen – wie »Jesch Gevul« (es gibt eine Grenze) – die sich gegen den Libanonkrieg stellten und mit ihrem Aufruf, nicht in der Armee zu dienen, selbst bei den entschiedensten Kriegsgegnern in den linksgerichteten Parteien auf Kritik stießen, sowie in manchen Ausfällen der stärker linksgerichteten Gruppen.

Wie in einem Kapitel dieses Buches dargestellt, haben sich gleichzeitig wesentliche Veränderungen im politischen Zuschnitt der israelischen Gesellschaft vollzogen. Einige dieser Entwicklungen verdienen hier Erwähnung.

Ein entscheidendes Moment auf politischem Gebiet war die Spaltung in zwei etwa gleich starke Lager, eine Spaltung, die sich halten sollte: auf der einen Seite stand die Arbeiterbewegung mit der Vereinigten Arbeiterpartei (Maarach) und verschiedenen Gruppen links von der Mitte; auf der anderen stand der rechte Flügel mit dem Likud-Block und stärker rechts gerichteten Gruppen, während die religiösen Gruppen eher in der Mitte angesiedelt waren, sich allerdings mehr und mehr dem Likud-Block zuneigten. Zum offenen Bruch zwischen den »Tauben« auf der Linken und den »Falken« auf der Rechten kam es wegen der internationalen und sicherheitspolitischen Probleme Israels, seiner Haltung gegenüber der arabischen Welt und vor allem der Besetzung der Gebiete in der Westbank. Dieser Bruch bildete mehr oder weniger den Brennpunkt der politischen Debatte und Zuordnung, war von etwa 1980 bis 1984 sehr stark, ließ während der großen Koalition bis zur Intifada etwas nach und gipfelte schließlich im März 1990 im Auseinanderbrechen der großen Koalition.

Es ging allerdings bei diesem Bruch um mehr als nur eine Spaltung über sicherheits- und außenpolitische Probleme. Er stand in Zusammenhang mit wachsenden Differenzen zwischen verschiedenen Teilen der israelischen Gesellschaft über Fragen der Lebensweise, Formen der Auseinandersetzung und unterschiedliche Herangehensweisen an die großen Probleme der israelischen Gesellschaft.

Die bereits erwähnte tiefe Kluft zwischen den Eliten schien bis hin zu einem Punkt weiter auseinanderzuklaffen, an dem es den Anschein hatte, als entwickelte sich in der israelischen Gesellschaft etwas, das sich als unterschiedliche Diskursgemeinschaften ohne gemeinsamen Text bezeichnen ließe. Am deutlichsten trat dies im Verhältnis zwischen verschiedenen orthodoxen Gruppen und großen Teilen der israelischen Gesellschaft zutage. In nicht unbedeutendem Maße galt es allerdings auch für viele eher linksgerichtete Intellektuellengruppen, manche der älteren Sektoren, viele der mobileren »Orientalen« sowie für die in Israel geborenen Generationen.

Viele Intellektuelle und Akademiker, die der Arbeiterbewegung nahestanden, vor allem die links von ihr angesiedelten, schienen sich tatsächlich ziemlich weit von großen Teilen der israelischen Gesellschaft gelöst zu haben – von eben jenen Teilen, die in der Entfaltung neuer Strukturen und Lebensweisen sehr viel stärker in den Vordergrund getreten sind.

Viele dieser Intellektuellen konzentrierten ihre öffentlichen Aktivitäten auf die geistige Situation, die sicherheitspolitische Lage und das Problem, die Bürgerrechte in den besetzten Gebieten aufrechtzuerhalten. In vielen Fällen, wie zum Beispiel dem der Liga für Bürgerrechte, haben sie wichtige, konstruktive Beiträge zur Aufrechterhaltung der Rechtsstaatlichkeit geleistet. Und doch haben sie möglicherweise den Eindruck erweckt, als teilten sie die innersten Gefühle großer Teile der israelischen Gesellschaft nicht, daß es sich bei der Intifada nicht nur um eine zivile Rebellion handelt, der sich Israel in den besetzten Gebieten gegenübersieht, sondern um einen Krieg, den viele Araber gerne grundsätzlich gegen Israel führen würden, »um die Israelis ins Meer zu werfen«. Die Kluft, die viele dieser Intellektuellen von großen Teilen der israelischen Gesellschaft trennte, vertiefte sich noch durch die Tatsache, daß sie oft betonten, sie fühlten sich ihres Einflusses sowohl auf Regierungskreise als auch auf breitere Kreise der israelischen Gesellschaft beraubt und kämen sich vor wie eine ins Abseits gestellte Elite. Sie fanden kaum noch eine gemeinsame Bühne für ihre Auseinandersetzungen mit großen Teilen der Gesellschaft und versuchten auch nicht, sich die weit gestreute potentielle Führung und die geistigen Reservoirs dieser Bereiche zu erschließen. Ihr Diskurs wandte sich häufig mehr an jüdische Gemeinden im Ausland oder an die internationalen Medien. In einigen extremen Ausnahmefällen erweckten die stärker linksorientierten von ihnen den Eindruck, als richteten sie sich nicht nur gegen die Regierungspolitik, sondern als stellten sie auch die Legitimität des Staates in Frage.

Gleichzeitig befaßten sich die Intellektuellen und Journalisten der Mitte, vor allem aber die der Rechten – die im großen und ganzen nicht so sehr in Erscheinung traten wie die der Linken – nur wenig mit Problemen der Bürgerrechte.

Fast keine dieser Gruppen äußerte sich zu inneren Problemen der israelischen Gesellschaft, von den weltlich-religiösen Spannungen einmal abgesehen, seien es nun Wirtschafts- oder Bildungsfragen, Umweltprobleme oder die mannigfaltigen Probleme und Auseinandersetzungen, die die Bestimmung des Stellenwertes jüdischer Geschichte und Tradition in der Rekonstruktion des israelischen Kollektivbewußtseins mit sich brachte.

Es bildeten sich also widersprüchliche Tendenzen heraus erstens in bezug auf die Kontinuität des grundlegenden konstitutionell-demokratischen Rahmens zwischen Demokratisierungsbestrebungen einerseits und der Kontinuität des konstitutionellen Prozesses andererseits – zumal große Teile der Öffentlichkeit einschließlich vieler politischer Führungskräfte gegenüber diesem Rahmen eine recht ambivalente Haltung an den Tag legten; und zweitens in bezug auf die Spannungen zwischen Rechtsstaatlichkeit und verschiedenen anarchistischen Tendenzen, ob sie nun in einem prinzipiellen politischen Anarchismus oder abweichenden Solidaritätskonzepten wurzelten. Beides, sowohl die Rechtstaatlichkeit als auch die anarchistischen Tendenzen standen wiederum in einem Spannungsverhältnis zur Erhaltung und Durchsetzung des grundlegenden konstitutionellen Rahmens.

Ein recht ähnliches Bild zeigte sich hinsichtlich einer weiteren Institution, die für die Aufrechterhaltung angemessener Normen im öffentlichen Bereich von großer Bedeutung ist, nämlich beim Staatskontrolleur. Die Berichte des Staatskontrolleurs wenden sich seit der Ernennung von Frau M. Ben-Porath, früher stellvertretende Präsidentin des obersten Gerichtshofes, wesentlich aggressiver gegen Verletzungen dieser Regeln durch staatliche, öffentliche und politische Stellen und haben in beispielloser Weise öffentliche Empörung und Diskussionen in der Knesset und den Medien ausgelöst.

IV

Die Zeit seit 1987 war also recht turbulent und auch weiterhin bleibt die Geschichte von widersprüchlichen Tendenzen geprägt. Während der ganzen achtziger Jahre hat sich die Lage gleichbleibend in Richtung auf ständige Tumulte und widersprüchliche Entwicklungen bewegt, ohne daß sich ein oder mehrere klare institutionelle Modelle herauskristallisiert hätten.
Viele der Spannungen, die in früheren Zeiten so stark im Vordergrund gestanden hatten – zwischen den orthodoxen und den weltlichen Gesellschaftsteilen und zwischen den jüdischen und den arabischen Bevölkerungsteilen –, schwelten auch jetzt weiter und brachen oftmals neu hervor. Zudem verschlechterten sich die Beziehungen zwischen Arabern und Israelis sowohl in der Westbank als auch in Jerusalem in dem Maße, wie bei den Arabern der Unmut über die anhaltende Besetzung durch die Israelis wuchs, wie es immer wieder zu terroristischen Anschlägen kam, schließlich auch mit der Intifada, die eine radikale Änderung im Charakter des israelisch-arabischen Konflikts mit sich brachte und in weiten Teilen der jüdischen Bevölkerung die anti-arabischen Einstellungen noch verstärkte – und sogar als Reaktion auf Morde von Arabern an Juden zu gewalttätigen Ausbrüchen gegen Araber führte. Die Zeichen mehrten sich, die auf die Entwicklung eines Teufelskreises des gegenseitigen Hasses hindeuteten, mit all den potentiell destruktiven Tendenzen für zahlreiche Aspekte des gesellschaftlichen Lebens in Israel und für die Aussichten auf eine politische Lösung.
Diese Periode blieb allerdings zugleich geprägt von einer kulturellen und institutionellen Kreativität in diversen Bereichen der israelischen Gesellschaft, die mit einer Erosion mancher Aspekte des politischen Prozesses und der Verkümmerung vieler zentraler Institutionen der Gesellschaft einherging. Es öffnete sich eine tiefe Kluft zwischen dem erheblichen kreativen Potential, das sich in vielen Lebensbereichen äußerte, und den

starken Verknöcherungstendenzen im Bereich zentraler Institutionen. Die Herausforderung an die israelische Gesellschaft, ihre institutionellen Formationen zu rekonstruieren, an ihre Fähigkeit, die deutliche Tendenz zu institutioneller Stagnation zu überwinden, die in den achtziger Jahren sehr stark wurde, besteht nach wie vor.
Eine der dramatischsten Entwicklungen seit 1989 bestand im starken Zustrom jüdischer Einwanderer aus der Sowjetunion; bis Ende 1990 waren es etwa zweihunderttausend.
Welche Unwägbarkeiten die Integration dieser Einwanderer auch immer mit sich bringen wird – sie stellte die israelische Gesellschaft vor eine der größten Herausforderungen –, so steht eines jedenfalls außer Zweifel: wie alle anderen Einwanderungswellen – die verschiedenen Alijot – so wird auch diese zu erheblichen Transformationen in der israelischen Gesellschaft führen. Es liegt allerdings in der Natur der Sache, daß es noch zu früh ist, zu sagen, welche Richtung sie nehmen werden.

V

Die Entwicklungen der letzten Jahre haben auch die komplexen Beziehungen zwischen dem Staat Israel und den jüdischen Gemeinden in der Diaspora schärfer hervortreten lassen, da sie für die Entfaltung der jüdischen Zivilisation in der heutigen Welt nicht ohne Auswirkungen geblieben sind.
Die zentrale Stellung des Staates Israel im jüdischen Erleben der Gegenwart bedeutet, wie wir in diesem Buch gesehen haben, nicht, daß die konkreten Beziehungen zwischen den jüdischen Gemeinden in der Diaspora und dem Staat Israel immer harmonisch oder stabil gewesen sind. Tatsächlich hat auch dieses Verhältnis sich ständig verändert. Während die Gründung des Staates Israel für die Gemeinden in der Diaspora in den fünfziger und sechziger Jahren ein Grund war, stolz zu sein, und ihnen dieses Gefühl vermutlich auch bei der Integration in ihrem jeweiligen Land half, so erfuhren diese Beziehungen eine erste Wandlung mit Ausbruch des Sechs-Tage-Krieges, der sie mit großer Sorge um die Sicherheit des Staates erfüllte und mit großem Stolz auf den Sieg. Auch weiterhin haben sich diese

Beziehungen gewandelt und manche potentiellen und tatsächlichen Spannungsfelder – und Konflikte – entstehen lassen, die sich etwa seit Mitte der siebziger Jahre und besonders seit Mitte der achtziger Jahre verschärft haben. Eine nicht unerhebliche Veränderung erfuhren diese Beziehungen mit dem Zerfall des ursprünglichen institutionellen Modells der israelischen Gesellschaft und mit dem wachsenden Bewußtsein für die Probleme, die sich einer kleinen Gesellschaft bei dem Versuch stellen, die Schwierigkeiten bei der Verwirklichung der Vision der jüdischen Zivilisation zu meistern, während sie in einer feindlichen Umgebung um ihr Überleben kämpfen muß.
Die Kritik an Israel, an der Politik der israelischen Regierungen, hat in jüngster Zeit zugenommen und ein grundlegendes Problem in den Beziehungen zwischen Israel und den jüdischen Gemeinden in der Diaspora in den Vordergrund gerückt; ein Dilemma, das in ihren grundsätzlich unterschiedlichen historischen Erfahrungen wurzelt. Es ist das Dilemma zwischen einer jüdischen Gemeinschaft einerseits, die nicht nur eine Mehrheit im eigenen Land bildet, sondern auch für die Führung eines Staates verantwortlich zeichnet, und den jüdischen Gemeinden in der Diaspora andererseits, die Minderheiten darstellen, auch wenn sie als solche anscheinend vollständig an der politischen Gestaltung ihrer jeweiligen Wirtsländer beteiligt sind.
In den ersten drei oder vier Jahrzehnten nach Gründung des Staates Israel – als allein schon seine Existenz die jüdischen Gemeinden in der Diaspora in ihrem inneren Sicherheitsgefühl erheblich stärkte – wurde dieser Unterschied in den grundlegenden historischen Existenzbedingungen, in ihren jeweiligen grundlegenden historischen Erfahrungen und damit in ihrem jeweiligen Handlungsbedarf übertüncht. Seit Ende der siebziger Jahre änderte sich das Bild aus den bereits erwähnten Gründen, und mehr und mehr trat ein gewisses Bewußtsein für diese Unterschiede und manche ihrer Auswirkungen auf das Verhältnis zwischen den jüdischen Gemeinden in der Diaspora und Israel in den Vordergrund.
Bereits Anfang der siebziger Jahre wies Simone Weil, die damalige französische Bildungsministerin, in ihrer Dankesrede anläßlich der Verleihung des Ehrendoktortitels der Hebräischen Universität auf einige dieser Unterschiede hin:

».. . Heute sind die Werte des Judaismus in einen Staat integriert; sie sind in eine Gesellschaft integriert, eine Gesellschaft, die es seit über 2000 Jahren nicht mehr gegeben hat. Und wir aus der Diaspora hoffen, daß Israel der Hüter dieser Werte, dieses Humanismus bleiben wird. Wir müssen klar sagen, daß es aus der Position eines Staates, nicht mehr aus der obligatorischen Minderheitenposition, gewiß schwieriger ist, eine Flamme wie diese weiterzutragen.

Ich hoffe als Französin, als französische Jüdin und als jüdische Französin, daß unsere Länder sich gegenseitig unterstützen werden, diese Flamme weiterzutragen, und daß sie diese Werte unaufhörlich verteidigen, ganz gleich, was geschieht. Ich weiß, daß dies für jeden Staat gelegentlich schwer ist, daß für jeden Staat eine Notwendigkeit zur Mobilmachung besteht, daß Staaten sich Situationen gegenübergestellt sehen, die »Staatsräson« erfordern können; daß wir aber gerade immer stolz gewesen sind, in gewisser Weise darüber zu stehen, etwas mehr zu haben, das vielleicht erzwungen war, und ich hoffe, daß sich heute das Wunder von Israel, das Wunder von Jerusalem wiederholen wird, und ich bin sicher, daß diese Herausforderung (ich bin mir dessen gewiß, ich hoffe es nicht bloß) daß diese Herausforderung Ihr Sieg und unserer sein wird...«

Für viele Juden in der Diaspora war es oftmals nicht leicht, die Tatsache zu akzeptieren, daß Israel ein »normaler« Staat geworden ist oder sich zumindest unter gewissen Umständen wie jeder normale Staat zu verhalten hat, um seine Interessen zu wahren – und nicht nach bestimmten utopischen Kriterien.

Mit der ganzen scheinbaren Selbstsicherheit hinsichtlich ihrer Stellung in den Ländern, in denen sie leben, neigten viele – wenn auch nicht alle – Juden in der Diaspora dazu, sich der Tendenz großer Teile der Medien anzuschließen und Israel an anderen, höheren moralischen Maßstäben zu messen als andere Länder. Diese Tendenzen verstärkten sich in den achtziger Jahren, mit dem Libanonkrieg und dem Araberaufstand in der Westbank. Die Tatsache, daß viele Medien in ihren Berichten über die verschiedenen Seiten und Aspekte dieser Geschehnisse und Auseinandersetzungen zweierlei Maß anlegten und damit häufig latente antisemitische Strömungen nährten und gegen Israel richteten, rief oftmals auch bei den Juden selbst ambivalente Reaktionen hervor. Manche wandten sicht heftig gegen das Anlegen unterschiedlicher Maßstäbe; andere akzeptierten anscheinend ein solches Vorgehen, vielleicht aus einer gewissen Unsicherheit über ihre eigene Identität in ihren Ländern. Die Kontroversen über Israel verlagerten sich von den älteren Ansichten über die Lebensfähigkeit der zionistischen Vision hin zu der Frage, ob Israel – aber nicht unbedingt andere jüdische Gemeinden – in seinem Leben und seiner Politik den Grundsätzen dieser Vision gerecht werde. Dieser paradoxe Wandel im Stellenwert Israels für das Leben der jüdischen Gemeinden bildete den Hintergrund, auf dem sich auch verschiedene Trends herausbildeten, die seine zentrale Rolle im jüdischen Leben leugneten und eine ambivalente Haltung zu Israel einnahmen. Extremer äußerte sich diese neue Haltung in öffentlichen Erklärungen vieler jüdischer Führungspersönlichkeiten, die eine starke Betonung auf die Gleichwertigkeit der Diaspora und Israels für das jüdische Leben legten, sowie in der Kritik an Israel, es sei dem Land nicht gelungen, jenen Idealen oder Themen gerecht zu werden, die die jüdischen Gemeinden in der Diaspora als Grundlage ihrer Lebensfähigkeit als Minderheit in freien Gesellschaften sehen, und in Israel sei die jüdische Kreativität verloren gegangen.

Seit Anfang der achtziger Jahre – wenn nicht schon früher – war recht oft der Vorwurf oder die Behauptung zu hören, zahlreiche Formen der Kreativität, in denen Juden in der Diaspora sich besonders auszeichneten – seien es nun akademische Glanzleistungen die sich in Nobelpreisen ausdrücken oder wirtschaftliches Unternehmertum oder ähnliches – fänden in Israel keine Entsprechung, vor allem nicht in jenem Israel, das all die Wandlungsprozesse nach dem Zerfall des Ursprungsmodells der israelischen Gesellschaft durchgemacht habe.

Tatsächlich scheinen jene, die diese Behauptungen aufstellen, die Tatsache zu vergessen oder sich ihrer nicht bewußt zu sein, daß all diese Erfolge der Juden in der – vor allem freien – Diaspora von ihrem Minderheitenstatus abhängig waren. Angehörige dieser Minderheit waren in der Lage, sich ihren Weg in – seit kurzem recht zentrale – Tätigkeitsbereiche oder Nischen zu bahnen, ohne sich als Kollektiv um die grundlegende Infrastruktur ihrer jeweiligen Gesellschaften kümmern zu müssen, während in Israel natürlich der Aufbau dieser Infrastruktur einen Großteil der kreativen Impulse der führenden Gesellschaftsschichten Israels in Anspruch genommen hat. Doch allein schon die Tatsache, daß eine solche Kritik ständig laut wird, signalisiert einen deutlichen Wandel in den Beziehungen zwischen Israel und der Diaspora, zeugt von einer Entwicklung, die für Israel und die jüdischen Gemeinden in der Diaspora unterschiedliche Themen auf die kollektive Tagesordnung gesetzt hat.

VI

Diese Veränderungen in den Beziehungen zwischen Israel und den jüdischen Gemeinden in der Diaspora sind in den achtziger Jahren stärker geworden. Intensiviert hat sie das zeitliche Zusammentreffen verschiedener Momente: erstens der Zerfall des ursprünglichen Modells der israelischen Gesellschaft ab Ende der siebziger Jahre; zweitens die wachsende Kritik an der Politik Israels, die mit einem deutlichen Wandel seiner internationalen Stellung einherging – vor allem in den Medien, aber auch in der internationalen Politik – und drittens die zunehmende innere Stärke der jüdischen Gemeinden in der Diaspora und die Intensivierung ihrer jüdischen Aktivitäten auf gemeindeinterner und internationaler Ebene. All diese Aspekte haben den Wandel der Beziehungen zwischen Israel und den jüdischen Gemeinden in der Diaspora verstärkt. Zum einen haben die Führer der jüdischen Gemeinden in der Diaspora gegenüber Israel an Selbstsicherheit gewonnen und in ihrer Einflußnahme auf israelische Angelegenheiten (zum Beispiel über die Jewish Agency oder über verschiedene Wirtschaftsunternehmen in Israel) gegenüber der früheren Grundhaltung, die von den israelischen Stellen getroffenen Entscheidungen zu akzeptieren, eine gewisse Eigenständigkeit entwickelt – eine Entwicklung, die sich auch in Hinblick auf die Unterstützung der israelischen Regierungspolitik auszubilden beginnt.

Zum anderen haben sich große Teile der jüdischen Gemeinden kontinuierlich von Israel entfernt oder losgelöst. Ein solches Abdriften scheint sich sowohl in Kreisen vollzogen zu haben, die aktiv Anteil an jüdischen Angelegenheiten nehmen, als auch in Kreisen, die sich von solchen Aktivitäten fernhalten. Soweit überhaupt eine Begründung für ein solches Abstandnehmen gegeben wurde, so äußerte sich darin oft Enttäuschung über Israel, gemessen an gewissen grundlegenden, vor allem universalistischen Themen der jüdischen Zivilisation, und über die Erfolgsbilanz der israelischen Gesellschaft, gemessen an jüdischer Kreativität.

Und dennoch hat Israel gleichzeitig seine zentrale Stellung in der Konstruktion der Grenzen der jüdischen Kollektividentität nicht verloren. Dies zeigte sich recht eindrucksvoll 1988 nach den Wahlen in Israel, als verschiedene religiöse Parteien – als Koalitionsbedingung – die Forderung aufstellten, die Klausel »Wer ist ein Jude« im Rückkehrergesetz (dem Gesetz, das Israel jedem Juden öffnet) strikt nach den Regeln der Halacha umzuformulieren. Diese Gesetzesänderung hätte Konversionen und Eheschließungen durch konservative und Reformrabbiner die Legitimation entzogen. Es war nur allzu klar, daß ein solcher Vorschlag bei einem Großteil amerikanisch-jüdischer Organisationen auf heftige Ablehnung stoßen mußte; sie setzten den designierten Premierminister Jizchak Schamir unter Druck, dieser Forderung nicht nachzugeben. Es war das einzige Mal, daß die offiziellen amerikanisch-jüdischen Organisationen *direkt* in die israelische Politik eingegriffen haben, mit der Begründung, in diesem Fall sei es nicht nur um israelische Belange gegangen.

Während Israel also weiterhin einen zentralen Bestandteil der jüdischen Identität darstellt, hat es allerdings den Anschein, als seien Wesen und Stärke dieser Komponente einem ständigen Wandel unterworfen und als hätten sich die Unterschiede zwischen den jeweiligen historischen Erfahrungen und kollektiven Handlungsanforderungen – und die ambivalente Haltung gegenüber Israel – verstärkt.

VII

All diese verschiedenen Entwicklungen, die die große Heterogenität des jüdischen Lebens allgemein hervorgebracht haben – die unterschiedlichen Arten, auf die die jüdischen Gemeinden in die Gesellschaften ihrer Wirtsländer in der Diaspora eingegliedert sind; das Wiederaufleben des orthodoxen Judentums; die verschiedenen Entwicklungen, die mit der Transformation der israelischen Gesellschaft verbunden sind; die ständigen Berührungen und Spannungen zwischen all diesen Entwicklungssträngen –, haben tatsächlich die Frage nach der Lebensfähigkeit und dem Wesen der jüdischen Zivilisation in der modernen, vielleicht vor allem in der sogenannten postmodernen Zeit in den Vordergrund gerückt.

Einige der Grundparameter dürften in den Fragen enthalten sein, die wir am Ende des vorliegenden Buches gestellt haben: Wäre es für das Überleben der jüdischen Zivilisation das Beste, wenn Israel einfach eine »normale« Nation würde? Hätten Versuche eine Überlebenschance, gesonderte Orte jüdischer Aktivitäten zu entwickeln und die jüdische Zivilisationsvision in freien Gemeinden der Diaspora umzusetzen? Wäre das orthodoxe Judentum die beste Gewähr für ein Überleben des jüdischen Volkes? Wäre andernfalls eine schlichte Lösung und Assimilation möglich?

Die Verwirklichung jeder einzelnen oder auch all dieser Möglichkeiten – die Entwicklung Israels zu einer ganz »normalen« Gesellschaft, die Ausbildung nicht-orthodoxer Sektoren der Diaspora ohne starke Bindung an Israel und mit einem schwachen Kollektivbewußtsein für die jüdische Geschichte oder die Entstehung einer neuen sektiererischen Orthodoxie – hätte den Verlust der zivilisatorischen Komponenten in Leben und Tradition des Judentums zur Folge und zugleich die Transformation jüdischer Kollektive im Rahmen der modernen und postmodernen Zivilisation in neue Typen sozialer Entitäten, die alle eine andere Überlebenschance hätten und für die allem Anschein nach die Möglichkeit einer Assilimation durch das Auseinanderdriften wüchse.

Es ist bislang noch zu schwierig, die Chancen dieser Entwicklungen und der Realisierung solcher Möglichkeiten einzuschätzen. Einerseits mag es sein, daß die Unterschiede in den historischen Erfahrungen der verschiedenen jüdischen Gemeinden die Kluft zwischen ihnen vertiefen und die Möglichkeit verstärken, daß jede dieser Tendenzen aktualisiert wird.

Andererseits scheinen sich die Chancen auf eine Realisierung solcher Möglichkeiten zu verringern – wenn sie auch nicht unbedingt unmöglich werden – und zwar sowohl durch die ständigen Wechselbeziehungen zwischen den verschiedenen jüdischen Gemeinden, die wir oben analysiert haben, als auch durch ihre kontinuierlichen und mannigfaltigen Berührungen mit breiteren Umfeldern – seien es nun die »Wirtsgesellschaften« oder die arabischen Staaten im Nahen Osten.

Diese Begegnungen haben sich tatsächlich erheblich verändert seit dem Mittelalter und seit den Anfängen der Eingliederung von Juden in moderne Zivilisationen vom Ende des achtzehnten Jahrhunderts bis zum Zweiten Weltkrieg. Die Hauptveränderung liegt natürlich in der Tatsache, daß die alte Feindseligkeit zwischen der jüdischen Zivilisation und dem jüdischen Volk einerseits und ihren Wirtszivilisationen und -gesellschaften andererseits – mit der Entwicklung zur sogenannten Postmoderne, mit dem Niedergang des Nationalstaats, mit der wachsenden Toleranz westlicher Gesellschaften gegenüber kultureller und sozialer Heterogenität – anscheinend geschwunden ist.

Diese wachsende Toleranz ließ sich nicht nur in der breiteren Akzeptanz gegenüber Juden als vollwertigen Staatsbürgern erkennen, sondern auch in zahlreichen Bemühungen um Begegnungen zwischen christlichen Kirchen und Organisationen und jüdischen Gruppen. Doch auch hier deuteten Ereignisse wie die Auseinandersetzung über das Kloster in Auschwitz, die Nichteinhaltung des Versprechens, das der Erzbischof von Krakau jüdischen Vertretern gab, es zu verlegen, und die scharfen Worte mit stark antisemitischem Unterton des Primas von Polen zu dieser Debatte an, daß diese wachsende Toleranz möglicherweise nur oberflächlich ist. Das Wiederaufleben eines starken, »traditionellen« Antisemitismus in vielen osteuropäischen Ländern nach dem Fall oder der Reform der kommunistischen Regimes verstärkt diesen Eindruck natürlich weiter.

Die Feindseligkeiten zwischen Israel und den meisten seiner Nachbarländer scheint von einer anderen, neuen Art zu sein – nämlich größtenteils eine Feindseligkeit zwischen Nationalstaaten und nationalen Bewegungen. Allerdings tragen diese Konfrontationen ebenso wie die vielfältigen Reaktionen auf den israelisch-arabischen Konflikt in der ganzen westlichen und isla-

mischen Welt immer noch einen Großteil der Saat der historisch ambivalenten und feindlichen Beziehungen zwischen dem jüdischen Volk, ihrer Zivilisation und den Wirtszivilisationen in sich.
Dieser »saisonale« Anstieg von Antisemitismus in der gesamten Diaspora und die Bedeutung ideologischer Komponenten – die an die früheren interzivilisatorischen und interreligiösen Beziehungen im israelisch-arabischen Konflikt erinnern und eine Reaktion darauf sind – lassen Zweifel aufkommen, ob die feindseligen Komponenten früherer Zeiten aus dem Verhältnis zwischen Juden und den Zivilisationen und Gesellschaften, mit denen sie in Interaktion stehen, tatsächlich völlig verschwunden sind – und dies nur vierzig Jahre nach dem Holocaust.
Die Kombinationen all dieser Entwicklungstendenzen – in den verschiedenen jüdischen Gemeinden und in ihren Beziehungen zu anderen Gesellschaften – werden die Antwort oder Antworten über das Schicksal der jüdischen Zivilisation in der Moderne und die Stellung Israels darin liefern: Welche der verschiedenen oben aufgezeigten Tendenzen oder Kombinationen aus ihnen sich durchsetzen werden, wird erst die Zukunft zeigen.

15. Oktober 1991
S. N. Eisenstadt

Vorwort

Dieser Band ist trotz des ähnlichen Titels und einiger inhaltlicher Parallelen nicht eine aktualisierte Neuauflage meines 1973 im Ferdinand Enke Verlag, Stuttgart erschienenen Buches *Die israelische Gesellschaft*, sondern – abgesehen von einigen deskriptiven Teilen – ein völlig neues Werk.

Während das frühere darauf abzielte, Entwicklung und Aufbau der wesentlichsten Lebensbereiche der israelischen Gesellschaft in detaillierter Form darzustellen, liegt das Hauptanliegen des vorliegenden Bandes darin, im Rahmen einer umfassenden, auf Daten gestützten Interpretation einige der wichtigsten Aspekte und Entwicklungstendenzen der israelischen Gesellschaft aufzuzeigen, die sie kontinuierlich, vom Beginn des zionistischen Siedlungswerks in Erez-Israel bis heute (September 1983), begleitet haben. Die Untersuchung dieser Wandlungsprozesse erfolgt auf analytisch vergleichendem Wege. Dabei wird betont, daß Israel einerseits als moderne, nachrevolutionäre Gesellschaft betrachtet werden muß, die in mancher Hinsicht anderen solchen Gesellschaften – wie etwa der der Vereinigten Staaten, Rußlands oder Mexikos – ähnelt, andererseits sich aber auch weitgehend von diesen unterscheidet. Gerade die Gegenüberstellung dieser Ähnlichkeiten und Unterschiede liefert den entscheidenden Hinweis auf die Dynamik der israelischen Gesellschaft.

Das erste spezifische Merkmal des Jischuw und der israelischen Gesellschaft besteht darin, daß sie sich als eine kolonisierende, ideologisch begründete Pioniergesellschaft entwickelte, die somit der puritanischen Besiedlung Nordamerikas verwandt ist.

Das zweite besondere Merkmal der israelischen Gesellschaft liegt in der Tatsache, daß sie sich in einer fremden, später sogar recht feindlichen Umgebung entwickelte, wodurch das Sicherheitsproblem zentrale Bedeutung für das israelische Leben gewann.

Das dritte Merkmal, das die israelische Gesellschaft in gewisser Weise vielleicht am stärksten von anderen Gesellschaften dieser Art unterscheidet, betrifft ihre Ursprünge, nämlich die im zio-

nistischen Gedanken artikulierten Bemühungen, eine jüdische Nation und damit eine jüdische Zivilisation neu zu errichten.
Wenn man die Dynamik der israelischen Gesellschaft verstehen möchte, muß man demnach den ganzen Hintergrund der jüdischen Geschichte mit einbeziehen, vor dem sich die zionistische Bewegung entwickelt hat. Letztere war ja selbst eine Rebellion und stellte die revolutionäre Komponente dieser Gesellschaft dar. Gleichzeitig hat diese Rebellion aber auch viele Grundelemente der jüdischen zivilisatorischen Vision aufgegriffen, fortgeführt oder neu errichtet, wobei diese Vision zu den frühesten der Menschheitsgeschichte überhaupt gehört und sich im Mittelmeerraum und unter den monotheistischen Religionen sogar als erste entwickelt hat.
Das vierte Unterscheidungsmerkmal der israelischen Gesellschaft ist das Faktum, daß es sich um eine kleine Gesellschaft handelt, die zwar viele Gemeinsamkeiten mit anderen kleinen modernen Gesellschaften aufweist, andererseits aber im Zuge der Verwirklichung ihrer zionistischen Vision danach strebt, zu einem Zentrum besonderer kultureller Kreativität zu werden. Deshalb ist es von entscheidender Bedeutung, die Beziehungen zwischen der israelischen Gesellschaft und den jüdischen Diaspora-Gemeinden zu analysieren. Letztere bilden nämlich den Fluchtpunkt dieser besonderen schöpferischen Vision, einen ihrer wichtigsten Außenmärkte, mit denen alle kleinen Gesellschaften eng verknüpft sind und zu denen die israelische Gesellschaft vielseitige Beziehungen entwickelt hat, die von Rebellion über Ambivalenz bis zur Anerkennung ihrer vielfältigen Unterstützung reichen.
Im Verlauf unserer Untersuchung haben wir uns bemüht, die Dynamik der israelischen Gesellschaft im Licht dieser analytisch vergleichenden Gesichtspunkte zu interpretieren.
Daher enthält dieser Band zwei Themenbereiche, die in dem Buch *Die israelische Gesellschaft* nicht behandelt wurden. Erstens beginnt die Untersuchung hier nicht erst mit dem spezifischen historischen Hintergrund der zionistischen Bewegung, sondern mit einem interpretativen Überblick über die gesamte jüdische Geschichte; und zweitens schließt er ein eigenes Kapitel über die Entwicklungen der jüdischen Diasporagemeinden ein, da sie – wenn auch nur in ziemlich belasteter und ambiva-

lenter Form – einige der Probleme mit Israel gemeinsam haben, die sich auf die Verwirklichung der genannten Vision im Kontext des modernen Lebens beziehen.

Nun versucht das Buch nicht, eine Geschichte des jüdischen Volkes oder auch nur der zionistischen Bewegungen, der Besiedlung Erez-Israels oder des Staates Israel selbst zu bieten. Es gibt inzwischen viele, in der Bibliographie näher aufgeführte Werke, die sich mit diesen Themen beschäftigen. Vielmehr soll hier eine Deutung gemäß den oben skizzierten analytischen Kriterien versucht werden.

Wegen der Natur dieses Werkes habe ich nur ein Minimum an Fußnoten in den Text aufgenommen – meist Hinweise auf direkte Zitate oder Quellennachweise. Allgemeine bibliographische Hinweise folgen dann am Ende des Buches.

Andererseits mußte die hier versuchte Interpretation natürlich auf einen vielseitigen und reichhaltigen Grundstock historischer, soziologischer und anthropologischer Forschung zurückgreifen, auch wenn letztere in manchen Bereichen ganz erhebliche Lücken aufweist.

Die jüdische Geschichtsforschung ist in den letzten vier Jahrzehnten sehr intensiv und extensiv betrieben worden. Ich selbst hatte das Glück, an der Hebräischen Universität von den Professoren Itzhak Baer und B. Dinur, den beiden Pionieren der modernen jüdisch-erez-israelischen Historiographie, in dieses Gebiet eingeführt zu werden. Außerdem konnte ich eng das Wirken von Prof. Gershon Scholem verfolgen, der bahnbrechende Arbeit auf dem Gebiet der jüdischen Mystik geleistet hat. Speziell verpflichtet bin ich weiterhin dem Werk meines Kollegen Prof. J. Katz mit seinen wegweisenden Studien über die jüdische Geschichte im allgemeinen und ihren modernen Abschnitt im besonderen sowie natürlich den vielen Forschungsarbeiten jüngerer Gelehrter in Israel und im Ausland.

Ebenfalls äußerst verpflichtet bin ich Arnaldo Momigliano für viele seiner Arbeiten, die (wie beispielsweise in *Alien Wisdom*) wichtige Dimensionen zum Verständnis der jüdischen Zivilisationen des späten Altertums beitrugen, die ich in zahlreichen Gesprächen mit ihm weiter vertiefen konnte.

Ähnliches gilt selbstverständlich für viele vergleichende Studien

und Ansätze, die im Zentrum meiner soziologischen Untersuchungen ganz allgemein gestanden haben. Sehr verpflichtet bin ich hier meinen verstorbenen Lehrern, den Professoren Martin Buber und R. Kochner, sowie Prof. M. Ginsberg, die mein diesbezügliches Interesse geweckt haben, Prof. Edward Shils für unseren ständigen Dialog, der sich nun bereits über fünfunddreißig Jahre hinzieht, und vielen meiner Kollegen, Zeitgenossen und Studenten für dauernde Anregung und Zusammenarbeit in diesen Bereichen der soziologischen Analyse.
Ferner möchte ich in diesem Zusammenhang die Seminare über Max Weber erwähnen, die seit 1976 von Prof. Wolfgang Schluchter von der Universität Heidelberg geleitet werden, wobei das erste tatsächlich dem alten Judentum gewidmet war, wie in der Bibliographie angegeben.
Vor allem stütze ich mich natürlich weitgehend auf die vielfältigen Forschungsarbeiten über die verschiedenen Aspekte der israelischen Gesellschaft – einen Wissensbereich, der seit der Veröffentlichung von *Die israelische Gesellschaft* (bzw. dem Erscheinen des englischen Originals im Jahre 1967) eine große Ausdehnung erfahren hat, darunter auch – zu meiner großen Befriedigung – durch zahlreiche Arbeiten meiner früheren Studenten, der Studenten meiner Studenten und vieler meiner älteren Kollegen. Häufig habe ich mich direkt auf ihre Werke bezogen, indem ich aus ihnen zitierte oder sonst auf sie hinwies, aber damit ist meine Dankesschuld ihnen gegenüber noch lange nicht erschöpft. Ohne ihre Arbeiten wäre mein Interpretationsversuch weit spekulativer ausgefallen; zudem haben mir die zahlreichen Diskussionen in Seminaren und Workshops sowie auf Zusammenkünften der Israelischen Soziologischen Gesellschaft und die persönlichen Gespräche mit vielen dieser Gelehrten im Verlauf von über dreißig Jahren unschätzbare Hilfe und Anregung gegeben.
Über diese allgemeine Verpflichtung gegenüber meinen Kollegen und Studenten hinaus haben sich spezifischere Dankesschulden während der Arbeit an diesem Buch angehäuft. An erster Stelle möchte ich Yehuda Elkana und Moshe Lissak danken, die einen früheren Entwurf des Manuskripts gelesen und wertvolle Anmerkungen für die Anfertigung der Endfassung gemacht haben; letzteres gilt auch für Michel Abutboul, Yoram

Ben Porath, Nathan Glazer, S. M. Lipset und Seymour Fox, die jeweils Teile der früheren Version lasen.
Äußerst dankbar bin ich Aryeh Schachar und E. Razin für die Vorbereitung des Abschnitts über die Siedlungskarte Israels (Kapitel 9.I) und ersterem zusätzlich für die Vorbereitung des Abschnitts über die Siedlungspolitik in Judäa und Samaria unter den Likud-Regierungen sowie meinem Sohn Michael für den Abschnitt über Sport.
Haim Barkai und Yoram Ben Porath haben mir wertvolle Hilfe bei der Vorbereitung des Kapitels über die Nationalökonomie geleistet, Reuven Kahana bei dem Kapitel über die Erziehung; Meir Zadok und S. Katz stellten mir Materialien über das Hochschulwesen und Yosef Bashi über einige Aspekte der Bildungspolitik zur Verfügung. Yaakov Nahon hat freundlicherweise die meisten Tabellen für Kapitel 11 erstellt.
Vielen meiner Kollegen bin ich zu Dank verpflichtet, darunter vor allem Rivka Bar Yossef, Moshe Davis, Eric Cohen, Haim Adler, Yael Azmon, Dan Horowitz, Baruch Kimmerling und Dov Weintraub für Diskussionen über viele der in diesem Buch analysierten Probleme. Ebenso danke ich Edward Shils für zahlreiche Anmerkungen zu dem gesamten Buch und für seine tätige Hilfe bei der Überarbeitung mehrerer Kapitel.
Der erste, noch sehr vorläufige Entwurf des Buches wurde 1978 in Harvard begonnen, wobei mir Henry Rosovsky und Nur Yalman mit hilfreichen Diskussionen zur Seite standen.
Meine beiden Schwiegertöchter haben mir sehr geholfen – Mimi als äußerst geduldige Forschungsassistentin und Dalia, indem sie viele Einzelinformationen beigetragen und überprüft hat.
Die Typoskripte der verschiedenen Entwürfe und des endgültigen Manuskripts wurden von Krista Page, Harvard, sowie von Dany Gargman, Suzy Shabtai, Cary Ehrenberg, Anna Katoff, Barbara Piperno, David Kruss, insbesondere meiner damaligen Sekretärin Norma Schapira sowie vor allem von Moshe Levy angefertigt, der über die Jahre große Hingabe und Geduld bei der Vorbereitung von Entwürfen und Endfassungen gezeigt hat.
Sabena Honigwachs, die Verwaltungsassistentin des Fachbereichs Soziologie, hat große Hilfe in organisatorischen Dingen geleistet; Ilana Stav half in verschiedenen technischen Fragen;

Zeev Shavit und Sara Helman haben bei der Erstellung der Bibliographie mitgewirkt. Vor allem aber hat Hilary Walford wahre Wunder bei der redaktionellen Überarbeitung des Manuskripts vollbracht. Ferner möchte ich Frau E. Shas für das Lesen der Korrekturen danken.
Während der ganzen Arbeit an diesem Buch fand ich große praktische Unterstützung von seiten des Fachbereichs Soziologie und des Truman-Forschungsinstituts der Hebräischen Universität in Jerusalem, der Jerusalem Van Leer Foundation sowie des Department of Sociology und des Center of Middle Eastern Studies der Universität Harvard.
Mein besonderer Dank gilt Lord Weidenfeld, der mich viele Jahre lang gedrängt hat, dieses Buch zu schreiben – und ohne dessen Drängen es vielleicht nicht geschrieben worden wäre.
Die Arbeit an dem Manuskript war im September 1983 mehr oder weniger abgeschlossen, also zufällig zu dem Zeitpunkt, in dem Menachem Begin sein Amt als Ministerpräsident niederlegte. Ich habe nicht versucht, die Zeitspanne danach detailliert darzustellen, sondern mich mit einem knappen Nachtrag begnügt, der einige Anmerkungen zu den neueren Entwicklungen, darunter insbesondere den Wahlen von 1984, enthält.

Jerusalem, August 1984 S. N. Eisenstadt

Erster Teil
Der historische Hintergrund

1. Kapitel
Die Entstehung der jüdischen Zivilisation

Einleitung

Zionistische Bewegung und israelische Gesellschaft vor dem Hintergrund der jüdischen Geschichte

Die Wandlungen der israelischen Gesellschaft lassen sich nur begreifen, wenn man ihr Verhältnis zur jüdischen Nation, zum jüdischen Volk und zu den jüdischen Gemeinden berücksichtigt, also den Platz in der jüdischen Geschichte, an den sie sich selbst stellt und von anderen gestellt wird. Einmal liegen nämlich ihre Wurzeln – die Wurzeln der zionistischen Bewegung und der Besiedlung Palästinas – in einer Rebellion gegen die Realitäten des jüdischen Lebens in verschiedenen jüdischen Gemeinden, vor allem denen in Europa während der zweiten Hälfte des 19. Jahrhunderts. Zum anderen kommt die wichtige Tatsache hinzu, daß diese Rebellion in weitem Umfang von einigen dauerhaften Grundthemen oder Orientierungen der jüdischen Zivilisation ausging, und zwar solchen, die die Juden selbst, ihre Lebensweise und Zivilisation und ihr Verhältnis zu anderen Nationen betrafen. Die konkrete Durchführung dieser Rebellion, die Kristallisation der jüdischen Gesellschaft in Erez-Israel und die Entwicklung der israelischen Gesellschaft in einem eigenen Staat waren ständig sowohl mit diesen Grundthemen als auch mit der jüdischen Lebenswirklichkeit in aller Welt, das heißt den jüdischen Gemeinden in der Diaspora verbunden. Daher ist es angebracht, unsere Untersuchung mit einem sehr knappen Überblick zu beginnen – nicht etwa über die Geschichte des jüdischen Volkes, denn das würde den Rahmen dieses Buches sprengen, sondern über einige dieser Grundthemen, Realitäten und Probleme der jüdischen Zivilisation und ihre Entwicklung und Veränderung im Verlauf der jüdischen Geschichte.

Ein guter Ausgangspunkt für eine solche Analyse bildet der augenscheinliche Widerspruch zwischen zwei Aspekten jüdischer Existenz, wie er gerade in der Entstehungszeit der zionistischen Bewegung – also in der zweiten Hälfte des 19. Jahrhunderts – gesehen werden konnte und häufig auch gesehen wurde.

Auf der einen Seite gab es da die großen – heute gern als »traditionell« bezeichneten – jüdischen Massen in Osteuropa und den verschiedenen Ländern des Osmanischen Reiches. Das innere Leben dieser Gemeinden war auf die Synagoge, die Lehranstalten und verschiedene Gemeinschaftseinrichtungen gerichtet, die von Gemeindevorstehern und Rabbinern geleitet wurden; es wurde offenbar von jahrhundertealten Traditionen der Tora-Gelehrsamkeit, von ritueller Gebotserfüllung, Rechtsvorschriften und Gebet regiert; und es zeichnete sich durch ein festgefügtes Familienleben sowie starke Bande zwischen den einzelnen Familien, Gemeinden und überregionalen Organisationen aus. Nach außen wurde das Leben dieser Gemeinden von der Einstellung ihres jeweiligen »Wirtsvolkes« bestimmt: Gewöhnlich lebten sie in einer Situation politischer Machtlosigkeit, in fast völliger Abhängigkeit von der Willkür der Herrscher; sie besaßen keine politischen oder Bürgerrechte über die von der Regierung gewährten Privilegien oder Freiheiten hinaus und wurden, bis zur Erlangung der Emanzipation, praktisch als Fremdlinge in ihren jeweiligen Wohnländern betrachtet.

Wirtschaftlich gesehen waren sie stets auf ziemlich festumrissene, spezielle Teilbereiche der allgemeinen Wirtschaftsstruktur beschränkt, vor allem – mit einigen berühmten Ausnahmen – auf Kleinhandel und Leihgeschäfte, verschiedene Mittlerpositionen, etwa im Handwerk und, in weit geringerem Umfang, auch in der Landwirtschaft. Mit Ausnahme derjenigen, die in besonderen Gemeinden oder Bereichen wirkten, also etwa Beziehungen zu Königshöfen unterhielten oder sich am Welthandel oder an großen Finanztransaktionen beteiligten, waren die meisten nicht gerade wohlhabend; ja, viele waren sogar ziemlich arm, wenn auch wahrscheinlich immer noch besser gestellt – aber dabei weniger sicher – als die Bauernschaft, die die Mehrheit der Bevölkerung ausmachte.

Vor allem in den christlichen Ländern, aber auch im muslimischen Bereich wurden sie von der Majorität nicht nur als fremde Minorität betrachtet, sondern auch als Träger einer Religion und Zivilisation, die den Grundprämissen der »Wirtszivilisation« ihre Gültigkeit absprach; dadurch stellten sie schon aufgrund ihrer bloßen Existenz eine ständige Bedrohung des herrschenden Glaubens dar. Gleichzeitig wurde jedoch die offensichtliche Armseligkeit und Unsicherheit ihres Daseins, wie sie in den zahllosen Verfolgungen, Pogromen und Vertreibungen der jüdischen Geschichte zum Ausdruck kam, von dem jeweiligen »Wirtsvolk« als Beweis für eine Minderwertigkeit des jüdischen Volkes angesehen – wobei allerdings diejenigen, die der jüdischen Religion und Gemeinschaft treu blieben (und es gab immer viele, die sie verließen), diese Minderwertigkeit nie anerkannten.

Entgegen diesem Bild relativer Stagnation – diesem Bild einer Kultur, die Arnold Toynbee später als »Fossil« darstellte und in der sich die Juden einzig im Bereich der rituellen Gesetzesvorschriften schöpferisch auszeichnen konnten – existierten um die Mitte des 19. Jahrhunderts, vor allem in Westeuropa, die Grundzüge eines ganz anderen Bildes, deren Wurzeln aber, wie wir später sehen werden, weiter in die Vergangenheit zurückreichten.

Als sich die im Entstehen begriffene moderne europäische Gesellschaft in den einzelnen Nationalstaaten – wenn auch nur langsam und ambivalent – den Juden öffnete, kam es zu einem wahren Ausbruch an Kreativität in fast allen Bereichen sozialer und insbesondere kultureller Tätigkeit. In West- und Mitteleuropa – und sehr viel zögernder auch in Osteuropa – erlebten zahlreiche Juden einen raschen wirtschaftlichen Aufstieg. Bildungsmäßig und beruflich kamen sie schnell voran, nachdem sie an allgemein zugängliche moderne Erziehungseinrichtungen oder auch solche eigener Provenienz übergewechselt waren, wobei sich auch letztere meist schon an den Grundsätzen orientierten, die in der Gesellschaft allgemein galten. Innerhalb von zwei oder drei Generationen erlangten sie eine ziemlich prominente Stellung in vielen neuen Wirtschaftszweigen sowie an den Hochschulen, in den Künsten, im journalistischen Bereich und auch in einigen – vor allem den radikaleren – politischen, intellektuellen und sozialen Bewegungen.

Gestalten wie Heine, Moses Hess, Mendelssohn-Bartholdy oder Lassalle – um nur einige zu nennen – wurden Teil der allgemeinen Kultur. Die Haltung ihnen gegenüber blieb ambivalent. Aber der starke neue, moderne Antisemitismus war nicht mehr rein religiös, sondern zunehmend rassistisch. Man betrachtete die Juden jetzt nicht mehr als eine kleine, offenbar stagnierende Minderheit, die in einer feindlichen Umgebung an ihrer Religion und Lebensweise festhielt. Vielmehr drangen sie in einige Zentralbereiche des sozialen und politischen Lebens vor, wo sie eine weithin sichtbare Stellung bezogen; manche ließen sich taufen, andere assimilierten sich. Doch häufig waren sie – zumindest in den Augen ihrer »Wirte« – unfähig, die Spuren ihrer jüdischen Herkunft abzulegen. Darüber hinaus waren jetzt unter den westeuropäischen Juden, aber mehr noch unter denen Osteuropas neuartige jüdische Einrichtungen und Organisationen im Entstehen, in denen Juden ebenso tätig wurden wie in den Institutionen der übrigen Gesellschaft.

Die zionistische Bewegung entwickelte sich (wie wir im weiteren noch genauer sehen werden) als die radikalste und revolutionärste unter mehreren Reaktionen auf diese beiden Pole jüdischer Existenz, wie sie sich vor allem in Europa während der zweiten Hälfte und insbesondere im letzten Drittel des 19. Jahrhunderts herausgebildet hatten. Um jedoch das Wesen dieser Rebellion oder Revolution voll verstehen zu können, müssen wir uns erst klarmachen, wie diese beiden Pole überhaupt nebeneinander entstehen und existieren konnten. Dies führt uns zurück zu der Suche nach einigen der grundlegenden Realitäten, Konstellationen, Problemen und Themen der jüdischen Geschichte und Zivilisation. In den folgenden Kapiteln werden wir diese Suche aufnehmen, ohne natürlich hier eine Geschichte des jüdischen Volkes schreiben zu wollen. Angesichts der langen und in mancher Weise einzigartigen Kontinuität dieser Geschichte wollen wir zunächst auf ihre Ursprünge zurückgehen, das heißt auf die Zeit, in der sich einige ihrer Grundmerkmale auszuprägen begannen.

Die Zeit der Bibel und die Zeit des Zweiten Tempels

Historischer Hintergrund

Die äußeren Fakten der jüdischen Geschichte sind natürlich wohlbekannt. Sie begann um die Mitte des zweiten Jahrtausends vor der christlichen Zeitrechnung (v.d.Z.). Ihr erstes entscheidendes Ereignis war die Eroberung des Landes Kanaan durch die Stämme Israels unter der Führung Josuas, aber vermutlich schon unter dem Einfluß der Mose zugeschriebenen Gesetzgebung, gefolgt von der Ansiedlung dieser Stämme in Kanaan. Diese Eroberung, die zu jener Zeit in jener Gegend etwas ziemlich Alltägliches war, löste notwendigerweise ständige Reibungen und Konflikte mit den Nachbarn aus, das heißt mit den verschiedenen Völkern und Stämmen, die sich ebenfalls in jenem Gebiet niedergelassen hatten. Die Besiedlung erfolgte anfangs, zur Zeit der Richter, eher sporadisch, wobei die Stämme ein relativ weitgehendes Eigenleben führten, jedoch einige heilige Stätten gemeinsam hatten, sich in Kriegszeiten bis zu einem gewissen Grad zusammenschlossen und eine bestimmte stammübergreifende, gemeinsame Identität bewahrten.

Schon vom Beginn dieser Periode an waren die israelitischen Stämme durch mehrere besondere soziale Merkmale gekennzeichnet. Vorläufig soll nur auf die wichtigsten dieser Merkmale hingewiesen werden, nämlich die relative Vielfalt dieser Stämme und die Heterogenität der sozialen, ökonomischen und kulturellen Formen und Elemente, aus denen sie sich zusammensetzten. Am bedeutendsten unter den letzteren waren natürlich die Priester und Propheten, die in Israel sehr charakteristische Eigenschaften entwickelt hatten, die sie weitgehend von vermeintlichen Entsprechungen in den Nachbargesellschaften unterschieden.

Im 10. Jahrhundert v.d.Z. folgten dann nacheinander die Zeit des Zusammenschlusses und der Begründung einer Monarchie, zunächst unter Saul, dann unter David und Salomo; die Erbauung des Tempels und die Bemühungen um eine Zentralisierung des Kults; die Fortführung und intensive Entwicklung von Prophetengruppen; die Teilung des Reiches nach Salomos Tod unter seinem Sohn Rehabeam in die Königreiche Juda (das sich überwiegend aus den Stämmen Juda und Benjamin zusammensetzte) und Israel (mit den übrigen zehn Stämmen); die ständige Verwicklung dieser Reiche in die internationalen Konflikte der Region, insbesondere die Auseinandersetzungen zwischen den Großreichen, nämlich Ägypten auf der einen und Assyrien bzw. Babylonien auf der anderen Seite, sowie diversen Königtümern im Norden, wie etwa dem der Akkader; die Zerstörung des Reiches Israel durch die Assyrer im Jahr 722 und das fast völlige Verschwinden der kulturellen und politischen Eigenständigkeit der zehn Stämme; die Fortführung der davidischen Monarchie, der Priesterkulte und der prophetischen Tradition in Juda mit seinem Zentrum Jerusalem und die Zerstörung dieser Monarchie im Jahre 587; die Verbannung großer Bevölkerungsteile – und besonders der Führungsschicht – nach Babylonien und die ersten Zerstreuungsbewegungen in andere Länder, vor allem nach Ägypten.

Bis zu diesem Punkt war die Geschichte zwar sehr dynamisch und in gewissem Maße dramatisch, aber keinesfalls einzigartig, so daß die israelitische Nation – das jüdische Volk – durchaus aus den nachfolgenden Annalen der Geschichte hätte verschwinden können, wie so viele andere Völker zur selben Zeit in jenem Gebiet. Aber die Israeliten sind nicht verschwunden, und diese Tatsache macht sie einzigartig. Große Bevölkerungsteile, darunter vermutlich die aktiveren Führungselemente Judas, wurden ins babylonische Exil geführt. Viele blieben natürlich dort, aber viele andere unter den Verbannten träumten von der Rückkehr nach Zion. Nach der persischen Eroberung Babyloniens unter Cyrus (550-530) und später (525) auch Ägyptens unter Cyrus' Sohn Cambyses kehrten sie – oder vielmehr einige von ihnen – langsam nach Erez-Israel zurück und vereinigten sich mit denen, die während der Zeit des Niedergangs dort ausgeharrt hatten. Anfangs trafen sie in ziemlich kleinen, versprengten Gruppen ein; dann errichteten sie unter der energischen Führung von Esra und Nehemia ihre religiösen und kommunalpolitischen Institutionen von neuem, bauten den Tempel wieder auf und entwickelten eine neue nationale Identität (unter ständiger Berufung auf die frühere Zeit und ihre Symbole) und neue politische Organisationen. Daraus entstand dann nach dem Hasmonäeraufstand eine neue, unabhängige politische Einheit. Die äußere Geschichte dieses Zeitraums ist wohlbekannt und braucht daher nur kurz rekapituliert zu werden.

Nach dem Fall des Perserreiches im Jahr 330 v.d.Z. und dem Aufstieg der hellenistischen Königreiche im Vorderen Orient entstand eine weit stärkere Konfrontation des jüdischen Volkes mit den neu erstehenden Zivilisationen. Die jüdischen Gemeinschaften im allgemeinen und die in Erez-Israel im besonderen wurden mehr und mehr in die politischen Auseinandersetzungen der Region hineingezogen. Gleichzeitig verbreitete sich die jüdische Ansiedlung über den Tempelstadtstaat Jerusalem hinaus, was die Möglichkeit einer Konfrontation zwischen den Juden und den hellenistischen – und später auch römischen – Herrschern nach sich zog.

Dies gipfelte im zweiten Jahrhundert v.d.Z. in dem ersten dramatischen Zusammenprall mit dem Seleuzidenkönig Antiochus IV., der den Hasmonäer-(Makkabäer-)Aufstand auslöste, der wiederum zur Gründung des theokratischen Hasmonäerreiches führte, in dem das Amt des Hohenpriesters mit dem des Herrschers (Ethnarch/Nasi) vereinigt wurde. Diese Dynastie hielt sich bis etwa zur Mitte des ersten Jahrhunderts v.d.Z. Besonders unter der Herrschaft Alexander Jannais (Jannäus, 103-76 v.d.Z.) und seinen Nachfolgern war sie durch eine weitreichende Expansionspolitik gekennzeichnet, die die Juden in ständige Auseinandersetzungen sowohl mit den jeweiligen Lokalvölkern als auch mit den »Supermächten« verwickelte. Während Alexander Jannais Regierungszeit brach ein heftiger Bürgerkrieg aus, den eine Gruppe von Pharisäern gegen ihn führte. Nach seinem Tod wurde Juda stark von der römischen Ausdehnung im Vorderen Orient und den römisch-parthischen Kriegen betroffen. Das Ende der Hasmonäerdynastie kam 37 v.d.Z., als Herodes, der Sohn des idumäischen Ratgebers des Hyrkarnos, Alexanders Sohn, von den Römern zum König von Juda ausgerufen wurde und bis 4 v.d.Z. als römischer Vasallenkönig – und weltlicher Herrscher – regierte.

Unter Herodes' Nachfolger wurde das Königreich unter seine drei Söhne aufgeteilt, und im Jahr 6 der christlichen Zeitrechnung (n.d.Z.) übernahmen die Römer die unmittelbare Herrschaft in Juda, was sogar den Beifall jener religiöseren Kreise der jüdischen Bevölkerung fand, die die Einsetzung eines nichtjüdischen Königs heftig ablehnten. Die römische Direktherrschaft wurde nur durch die kurze Regierungszeit von Herodes' Enkel Agrippa (41-44 n.d.Z.) unterbrochen, einem Freund des römischen Kaisers Caligula, der sich um die Wiedererrichtung eines geeinigten jüdischen Reiches bemühte und im großen und ganzen von den meisten Teilen der jüdischen Bevölkerung akzeptiert wurde. Nach seinem Tod ergaben sich jedoch ständig wachsende Spannungen zwischen den römischen Statthaltern und dem jüdischen Volk sowie eine immer tiefer werdende Kluft innerhalb des letzteren. Diese Situation führte zum Jüdischen Krieg – dem großen Aufstand gegen die Römer (66-67 n.d.Z.) –, zur Zerstörung des Tempels im Jahre 70, zum Verlust der politischen Autonomie und zur Übersiedlung des Sanhedrin unter der Leitung des Pharisäerführers Rabbi Jochanan ben Sakkai nach Jawne.

Kulturelle Aktivitäten

Aber die Zeit des Zweiten Tempels war nicht nur durch die Entstehung einer neuen unabhängigen politischen Einheit gekennzeichnet, sondern auch durch kulturelle Wandlungen.

Die Propheten, die in der Zeit des Ersten Tempels eine solch wichtige Position eingenommen hatten, verschwanden nun langsam; die Priester gewannen, zumindest zu Beginn dieses Zeitabschnitts, sehr viel größere Macht; Könige aus priesterlichem Geschlecht übernahmen die Herrschaft, und vielleicht am wichtigsten von allem: völlig neue Führungskräfte bildeten sich heraus, die sich überwiegend auf neue Traditionen der Gelehrsamkeit sowie auf eine Vielfalt von Sekten stützten.

Es kam zu den ersten Begegnungen mit mächtigen heidnischen Reichen und einer Vielzahl von heidnischen Nationen, mit einem neuen Zivilisationstypus – dem hellenistischen – sowie mit dem hellenistischen und dem römischen Reich, deren Ansprüche auf universale Gültigkeit nicht einfach nur auf Eroberung und der Macht ihrer Götter beruhten, sondern auf ihrer philosophischen und rechtlichen Tradition.

Gleichzeitig entfaltete sich auch im Inneren eine reiche kulturelle Kreativität, in deren Verlauf das jüdische Volk viele neue religiöse, kulturelle und soziale Visionen hervorbrachte. Eine von diesen, die mit Jesus in Zusammenhang stand, sollte in Form des Christentums den gesamten Lauf der Geschichte verändern, zunächst im Westen, später dann in der ganzen Welt.

Die Verbindung von inneren und äußeren Unruhen gipfelte, wie wir gesehen haben, in der Zerstörung des Zweiten Tempels im Jahre 70 n.d.Z., dem Verlust der politischen Unabhängigkeit und der nachfolgenden Zerstreuung. Aber zur gleichen Zeit entstand hier eine neue institutionelle Grundordnung, die recht spezielle Rahmenstrukturen der Zivilisation, Religion und kollektiven Identität herausbildete und diese trotz Autonomieverlusts und anhaltender Zerstreuung bewahrte. Später sahen sich diese fortbestehenden Rahmen erst mit dem Christentum, dann mit dem Islam konfrontiert, das heißt mit den zwei Religionen, die in den meisten Wohnländern der Juden die Vorrangstellung einnahmen.

Diese Entwicklungen schufen eine Situation, in der die Juden nicht nur einfach eine nationale oder religiöse Minderheit in einer »fremden« Umgebung bildeten. Vielmehr wurden sie zu einer solchen Minorität innerhalb von Zivilisationen, deren historische Wurzeln und grundlegende Anschauungen eng mit der jüdischen Geschichte und Glaubenslehre verbunden waren; die sich nicht nur historisch aus der jüdischen Gemeinschaft heraus entwickelt hatten, sondern die fortdauernde jüdische Existenz immer als ideologische Herausforderung und als ambivalenten oder negativen Bezugspunkt betrachteten; für die das Festhalten der Juden an ihrem Glauben und ihrer Lebensweise mehr als ein merkwürdiges Kuriosum darstellte – nämlich eine greifbare ideologische Legitimitätsbedrohung ihrer eigenen Zivilisationen.

Es gab also zwei Pole für die Kontinuität der jüdischen Zivilisation: erstens die Herausbildung institutioneller und kultureller Rahmenstrukturen, die den Fortbestand der jüdischen Nation und Zivilisation auch in einer Situation der Zerstreuung über viele Länder ermöglichten; und zweitens die stark ambivalente Haltung der »Wirtszivilisationen« gegenüber den Juden und eine gleichermaßen ambivalente Einstellung letzterer zu diesen

Zivilisationen. Diese beiden Pole bestimmten den Lauf der jüdischen Exilgeschichte.

Das Problem der Kontinuität jüdischer Geschichte

Die Ursprünge der jüdischen Zivilisation

Wie läßt sich das Rätsel einer solchen Kontinuität erklären – soweit es sich überhaupt deuten läßt? Schon der erste Versuch einer Erklärung setzt eine Untersuchung der oben angesprochenen Grundrealitäten und -themen der jüdischen Zivilisation voraus.

Die Wurzeln dieser Realitäten und Grundthemen gehen natürlich auf jene im einzelnen wenig bekannten Situationen zurück, in denen die israelitischen Stämme sich von den anderen Nationen des Nahen und Mittleren Ostens abzuheben begannen. Selbstverständlich ist diese Abgrenzung oder Differenzierung an sich keineswegs einzigartig. Es gab eine Fülle von gesonderten Stämmen und Nationen im damaligen Vorderen Orient, wobei jede dieser Gruppen ihre eigene Sprache sprach, nach eigenen Sitten lebte, ihre spezifischen Götter anbetete und in ihrer Organisation bestimmten politischen Strukturen folgte. Die Bibel enthält zahlreiche Hinweise auf diese Völker – seien es nun die Aramäer, Moabiter, Philister, Assyrer, Babylonier oder viele andere mehr.

Viele von ihnen, besonders die Assyrer oder Babylonier und vor allem natürlich die Ägypter, begründeten mächtige Reiche, entwickelten aber nicht die gleiche zivilisatorische, kulturelle Besonderheit und Kontinuität wie das jüdische Volk. Somit ist nicht die bloße Besonderheit des jüdischen Volkes, sondern vielmehr die Art dieser Besonderheit und dieser Kontinuität von entscheidender Bedeutung: Sie bildet das einzigartige Merkmal der jüdischen Zivilisation.

Diese Differenzierung beruhte auf einem Zusammentreffen mehrerer spezifischer Charakteristika der Sozialstruktur und Religion, der kulturellen Orientierung, des zivilisatorischen Rahmens sowie der Symbole und Ausdrucksweisen ihrer kollektiven Identität.

So läßt sich diese Besonderheit in erster Linie an den Grundmerkmalen der sozialen Struktur und Organisation der israelitischen Stämme ablesen, wobei sich einige ihrer Aspekte in der gesamten jüdischen Geschichte erhalten zu haben scheinen, nachdem sie sich erstmals in dem speziellen Auflösungsmuster der relativ geschlossenen, halbegalitären Stammeseinheiten gezeigt hatten. Die Ansiedlung des Volkes Israel im Land Israel war – ebenso wie viele ähnliche Vorgänge bei anderen Völkern in anderen Teilen der Welt – mit dem Aufbrechen der verhältnismäßig geschlossenen Stammes- und in gewissem Grad auch Territorialgemeinschaften verbunden. Doch im alten Israel wies dieser Vorgang mehrere spezifische Merkmale auf.

Ein solches Kennzeichen war die weitgehende strukturelle Heterogenität der verschiedenen örtlichen, sozio-ökonomischen und Stammesgruppen, die hier innerhalb einiger gemeinsamer Rahmenstrukturen koexistierten. Sie setzten sich aus Bauern, Nomaden und Stadtbewohnern zusammen. Zwischen diesen verschiedenen Gruppen entspannen sich ständige Begegnungen im gleichen oder von beiden Seiten beeinflußten Umfeld, innerhalb dessen auch ein anhaltender sozialer Differenzierungsprozeß stattfand, aus dem wiederum Spannungen zwischen all diesen Gruppen entstanden. Ein zweites Kennzeichen für das Aufbrechen der Stammesgemeinschaften bildete die Tatsache, daß sich zwischen diesen verschiedenen Gruppen einige gemeinsame Bande entwickelten – insbesondere in Form einer gemeinsamen nationalen oder religiösen Identität –, deren Symbole oder Bezugsorte nicht völlig in der einen oder anderen Orts- oder Stammesgruppe eingebettet lagen. Drittens wirkten diese gemeinsamen Bande nicht innerhalb eines klar begrenzten, voll durchorganisierten politischen oder religiösen Rahmens und waren auch nicht in irgendeinem festen Zentrum lokalisiert. So war etwa ihr wichtigstes Symbol die Bundeslade, die während der Zeit der Richter ständig von einem Ort an den anderen verbracht wurde. Bis zur Begründung des Königtums und in gewissem Umfang sogar noch danach gab es also keinen kontinuierlich bestehenden organisatorischen oder auch nur symbolischen Bezugspunkt solcher gemeinsamer Orientierungen.

Viertens und letztens wären das Fehlen fester politischer Grenzen und das unbeständige mikro- und makropolitische Umfeld zu nennen. Das Mikro-Umfeld war natürlich Palästina einschließlich der wiederholten Zusammenstöße mit anderen seßhaften oder nomadisierenden Völkern; das Makro-Umfeld war Palästina an der Nahtstelle zwischen den großen Reichen des Altertums. Die Folgen dieser Unbeständigkeit waren die fortgesetzte Veränderlichkeit und Offenheit der politischen Grenzen, die ständige Wanderbewegung und hohe Mobilität der Menschen und Schwierigkeiten bei der Aufrechterhaltung einer dauerhaften, festgefügten politischen Einheit oder auch nur einer gesonderten kulturellen Identität.

Kulturelle und religiöse Orientierungen

Eng verbunden mit diesen sozialen Bedingungen oder Charakteristika war der einzigartige Komplex religiöser Orientierungen und kultureller Modelle, die sich im alten Israel entwickelten. Von besonderer Bedeutung waren natürlich die Herausbildung des monotheistischen Glaubens mit seiner neuen Gottesvorstellung und den spezifischen religiösen, kultischen und legalen Rahmenstrukturen, die im Zusammenhang mit dieser Vorstellung entstanden, sowie die Kombination all dessen mit der Selbstdefinition der jüdischen Nation, der Ausformung einer jüdischen Kollektividentität.

Im alten Israel entwickelte sich eine Fülle von kulturellen und religiösen Orientierungen, Aktivitäten und Organisationen, wie etwa diverse kultisch-rituelle Vorschriften und die starke Betonung von Gesetzesbestimmungen, Kodizes und ethischen Geboten. Gewiß hätte sich jede dieser kulturellen und religiösen Orientierungen auch bei vielen Nachbarvölkern finden lassen, aber die Art und Weise, in der sie im alten Israel miteinander verbunden wurden, war vermutlich einzigartig. Diese Kombination stand mit der Vorstellung von dem einen Gott in Zusammenhang, der anfangs wohl ein Stammes- oder Nationalgott gewesen war. Auch diese Vorstellung ließ sich wahrscheinlich in zahlreichen anderen Zivilisationen finden, wurde aber unter den israelitischen Stämmen in die dynamischere Auffassung von einem übernationalen und schließlich transzendenten Gott verwandelt – woraus dann der erste wirkliche Monotheismus entstand.

Diese Vorstellung von einem transzendenten Gott – einem Gott, der über der Welt steht, sie erschaffen hat und weiter lenkt – in Verbindung mit der Auffassung von einer grundlegenden Spannung oder Kluft zwischen der transzendenten und der weltlichen Ordnung unterschied sich erheblich von der Auffassung über das Wesen der Gottheiten, die in den heidnischen Nachbarstaaten verbreitet war und aus der neuen Sicht heftig negiert wurde. Letztere zeitigte mehrere weitreichende institutionelle Auswirkungen, die einen tiefen Einfluß auf den Verlauf nicht nur der jüdischen, sondern der gesamten Weltgeschichte genommen haben.
So führte sie etwa zu Bestrebungen, die irdische Welt – also das menschliche Wesen sowie die sozio-politische und die wirtschaftliche Ordnung – an den Grundvorstellungen der richtigen Beziehung zwischen Gott und seinem Volk Israel, zwischen Gott und Mensch, auszurichten.
Ein Schwerpunkt dieser Umstrukturierung betraf das Verhältnis zwischen der politischen und der höheren, transzendenten Ordnung. Die politische Ordnung – als Zentralstelle der weltlichen Ordnung – wurde niedriger als die transzendente eingeschätzt und mußte infolgedessen nach den Vorschriften der letzteren, also den religiösen Grundvorstellungen gemäß, neu gestaltet werden. Die Verantwortung für diese Umgestaltung der politischen Ordnung wurde gewöhnlich den jeweiligen Herrschern zugewiesen.
Daraus entstand die Vorstellung der Verantwortlichkeit der Herrscher und der Gemeinschaft vor einer höheren Autorität – Gott, dem göttlichen Gesetz oder dergleichen.
Den zweiten Schwerpunkt dieser Bestrebungen zur Umstrukturierung der Welt bildete die Entwicklung oder Konstruktion neuartiger »kultureller« oder »religiöser« Kollektive im Unterschied zu ethnischen oder politischen. Während einige embryonale Elemente einer solchen Konstruktion in vielen Nachbargesellschaften und vermutlich in jenen Stämmen existierten, aus denen sich die israelitischen entwickelt hatten, wandelten sie sich erst mit der Entstehung und Institutionalisierung der neuen religiösen Vorstellungen zu einem neuen Kollektiv mit dem ganzen Potential eines neuen zivilisatorischen Rahmens – nämlich dem des Volkes Israel und später der jüdischen Nation –,

einschließlich autonomer Kriterien für Mitgliedschaft, Rekrutierungsweisen und Stützpunkten der Autorität.
Die Zugehörigkeit zu diesem Kollektiv nahm eine starke ideologische Färbung an und wurde damit zu einem Brennpunkt weltanschaulicher Auseinandersetzung. Die unter den verschiedenen Eliten und Subeliten ausgetragenen Streitigkeiten drehten sich um die genaue Abgrenzung dieser Kollektive, also die Frage, wer dazugehörte und wer nicht, sowie um ihre Beziehung zu den »älteren« politischen, ethnisch-primordialen Gemeinschaften.
Drittens bildete sich – in enger Verbindung zur Konstruktion eines solchen Kollektivs – die Tendenz heraus, autonome Gesellschaftszentren aufzubauen, die als die hauptsächlichen Stützpunkte oder Verkörperungen der charismatischen transzendenten Vision und der Versuche zur Umstrukturierung der Welt betrachtet wurden. Die sich solchermaßen entwickelnde Absonderung und symbolische Differenzierung des Zentrums führte dazu, daß letzteres das Bestreben zeigte, die Peripherie zu durchdringen und sie nach den im Zentrum herrschenden Vorstellungen umzugestalten. So war es nur natürlich, daß das Ringen der verschiedenen Eliten um die Vorherrschaft im Zentrum und die damit verbundene Ausgestaltung der sozialen Ordnung zu einem der grundlegendsten Aspekte dieser Zivilisation wurde.

Zivilisationsvisionen

Viele dieser institutionellen Kennzeichen und Dynamiken waren in ihren allgemeinsten Merkmalen nicht auf das alte Israel beschränkt, obwohl sie vermutlich dort – und in anderer Weise im antiken Griechenland – erstmals institutionelle Orientierungen und Auswirkungen hervorbrachten. Die Bestrebungen, die irdische Welt nach einer transzendenten Vision umzustrukturieren, die Vorstellung von der Verantwortlichkeit der Herrscher und die Konstruktion spezifischer zivilisatorischer Rahmenstrukturen und neuartiger Gesellschaftszentren waren in groben Umrissen all jenen Zivilisationen gemeinsam, die der deutsch-schweizerische Philosoph Karl Jaspers als Achsenzeitkulturen bezeichnet hat. Gemeint sind diejenigen Zivilisationen, in denen sich während des ersten Jahrtausends v.d.Z. und zu Beginn der christlichen Ära Vorstellungen von einer grundlegenden Spannung zwischen der transzendenten und weltlichen Ordnung herausbildeten und institutionalisierten. Die wichtigsten unter ihnen – die oft auch die »Hochkulturen« genannt werden – waren das alte Israel mit dem späteren Christentum, das antike Griechenland, in gewissem Ausmaß der Zoroastrismus im Iran, das China der frühen Kaiserzeit, Hinduismus und Buddhismus und, sehr viel später und über die eigentliche Achsenzeit hinaus, der Islam.

Diese transzendenten Visionen und Weltveränderungsbestrebungen wurden in allen betroffenen Zivilisationen von einem relativ neuen sozialen Element getragen, nämlich autonomen Kultureliten, selbständigen Intellektuellen. Diese Eliten unterschieden sich weitgehend von ihren »Vorvätern«, den Spezialisten für diverse technische, rituelle, magische und sakrale Aktivitäten der vorachsenzeitlichen Kulturen, die natürlich in den heidnischen Nationen des Vorderen Orients und einigen Sektoren der altisraelitischen Gesellschaft zahlreich vertreten waren. Gegen letztere richtete sich dann auch der Zorn der Propheten und einiger autonomerer Priester.

Die neuen transzendenten Orientierungen, die sich artikulierten, verwandelten solche spezialisierten technischen Handlungen in Bemühungen um eine relativ autonome Konstruktion der kulturellen und sozialen Ordnung. Gleichzeitig wurden diese Eliten selbst eigenständiger und unabhängiger. Ihre Rekrutierung und Legitimierung erfolgte aufgrund festgelegter autonomer Kriterien auf eigenen Wegen, die sich von denen der askriptiven Grundeinheiten unterschieden, und sie neigten auch zu potentieller Unabhängigkeit von anderen Eliten, Gesellschaftsgruppen und sozialen Kategorien, obwohl sie mit ihnen notwendigerweise in scharfer Konkurrenz standen.

Der Wettbewerb zwischen den verschiedenen Eliten gestaltete sich in diesen Zivilisationen deshalb so intensiv, weil sich – parallel zur Institutionalisierung der transzendenten Vorstellungen – auch in den Strukturen anderer Eliten eine Wandlung vollzog, seien diese nun politische, militärische, Bildungs- oder in einigen Fällen auch Wirtschaftseliten. Ferner betrachteten sie sich nicht nur als Erfüllungsorgane spezifisch technischer, funktionaler Aufgaben, sondern als potentiell autonome Träger von Modellen einer festgelegten kulturellen und sozialen Ordnung, die eng mit der in ihrer jeweiligen Gesellschaft vorherrschenden transzendenten Vision verknüpft waren. Dadurch ergab sich eine starke Konkurrenz zwischen ihnen und den im engeren Sinne religiösen oder kulturellen Eliten.

Zudem waren die Eliten innerhalb dieser Gesellschaft selbst nicht homogen. Es entwickelte sich eine Vielzahl sekundärer Eliten kultureller, politischer oder pädagogischer Ausprägung, wobei oft jede eine andere transzendente Vision und eine unterschiedliche Vorstellung von der kulturellen und sozialen Ordnung vertrat.

Gerade diese verschiedenen konkurrierenden Eliten im allgemeinen und die neuartigen kulturellen und politischen Eliten im besonderen widmeten sich am aktivsten dem Bestreben, die Welt umzustrukturieren, und diese Tätigkeit umfaßte in allen Achsenzeitkulturen zumindest drei entscheidende Dimensionen oder Aspekte: die Umstrukturierung der Persönlichkeit, der Kollektive und der institutionellen Einrichtungen.

Die spezifischen Merkmale der jüdischen Zivilisation

Religionsvorstellungen

Während diese Vorgänge allen Achsenzeitkulturen gemeinsam waren, variierte ihr konkreter Inhalt von einer Zivilisation zur anderen sehr weitgehend. Vor allem unterschieden sie sich in zwei eng miteinander verknüpften Punkten: nämlich erstens in ihrer spezifischen Vorstellung von der transzendenten Welt und deren Verhältnis zur irdischen Welt und zweitens im Hinblick auf die Zusammensetzung, Struktur und Organisation der Träger dieser Vorstellung – der wichtigsten autonomen Eliten.

Die im alten Israel entwickelte Vorstellung von der Spannung zwischen der transzendenten und der irdischen Welt und deren möglicher Lösung stützte sich auf vier Grundpfeiler: erstens die Vorstellung von einem transzendenten, universalen Gott; zweitens das vertragsähnliche Bundesverhältnis zwischen ihm und seinem auserwählten Volk Israel; drittens die in diesem Bund enthaltenen ethischen, rechtlichen und kultischen Elemente; und viertens die Einbeziehung eines starken Geschichtsbewußtseins in die Definition dieser Beziehungen und daraufhin auch in die Selbstidentität des Volkes Israel, des jüdischen Volkes.

Inmitten der diversen Nationen des Vorderen Orients entwikkelte sich also im alten Israel nicht etwa die Vorstellung von einer »partikularistischen« Stammesgottheit, sondern vielmehr die eines universalen Gottes, der nicht an eine bestimmte Stammes- oder Nationalgruppe gebunden ist, der Welt gar nicht zugehört, sondern als ihr Schöpfer außerhalb von ihr steht und den Anspruch erhebt, über alle Völker zu regieren.

Zweitens entstand die äußerst stark ausgeprägte vertragsähnliche Vorstellung eines Bundesverhältnisses zwischen Gott und den Stämmen Israels, dem Volk Israel. Der Bund mit Gott bildet geradezu den Mittelpunkt des Stammeszusammenschlusses, also der Vereinigung der israelitischen Stämme zu einer spezifischen, gesonderten Nation, dem auserwählten Volk Gottes.

Dieser Bund zwischen Gott und dem Volk Israel schuf ein vertragsähnliches Verhältnis, bei dem Gott einerseits aus freien Stücken das Volk Israel zu seinem auserwählten Volk erkoren, dies aber andererseits von der Annahme seiner Gebote abhängig gemacht hatte. Diese Bundesbeziehung machte das Volk Israel nicht einfach nur zu einem passiven Objekt des göttlichen Willens, sondern auch zu einem aktiv und verantwortlich an seinem Schicksal mitwirkenden Partner, der Gott gegenüber verantwortlich war, diesem aber offenbar auch Forderungen stellen konnte.

Dieses »Bundesverhältnis« zu Gott begann, anerkannter Tradition zufolge, zur Zeit der Erzväter mit Gottes Bündnis mit Abraham; aber seine volle Auswirkung bei der Gestaltung der israelitischen Nation zeigte sich erst beim Auszug aus Ägypten und der – zögernden – Annahme der Zehn Gebote und der Tora durch die Stämme Israels.

Dieses Ereignis schuf – der Tradition zufolge – die israelitische Nation, begründete also deren Identität auf einer Kombination von primordialen, religiösen und historischen Gesichtspunkten.

Die jüdische Selbstidentität war daher äußerst stark von universal-religiösem und kollektiv-historischem Bewußtsein durchdrungen, das seinen besten Ausdruck in der Verbindung späterer hebräischer Gebete gefunden hat: *Secher le-Ma'asse Bereschit* (Erinnerung an die Schöpfung) und *Secher le-Jeziat Mizraim* (Erinnerung an den Auszug aus Ägypten).

Das Zusammentreffen dieser spezifischen Ausprägung des monotheistischen Glaubens mit der Bundesvorstellung verwandelte diverse Kulttraditionen, Rechtsvorschriften und ethische Gebote aus traditionellen Bräuchen in die Gebote Gottes an sein auserwähltes Volk. Diese Gebote zeigten, wie die Welt umzugestalten war, und bezeichneten auch die Besonderheit dieses auserwählten Volkes. Größte Betonung erfuhr damit die rechtliche Sphäre, also die Ausarbeitung der Gesetzeskodizes, in denen sich der Wille Gottes in Form seiner Gebote für das Volk Israel am deutlichsten ausdrückte.

Diese Gesetzessammlungen des Pentateuchs wurden erst in der Zeit des Zweiten Tempels voll entwickelt und kodifiziert. Viele Teilstücke des Gesamtwerks waren jedoch weit früheren Ursprungs, wie wohl das »mosaische Gesetz«, das unter Josias Herrschaft (640-609 v.d.Z.) aufgefundene mutmaßliche Kernstück des Deuteronomiums, das den Angelpunkt der religiösen Reformen einschließlich der Zentralisierung des Kults in Jerusalem darstellt. Sie alle zeichneten sich durch eine ungewöhnliche Verbindung ziviler, gemeindlicher und kultischer Gesetze mit kalendarischen Vorschriften aus, wobei religiöse und ethische Vorschriften mit Zivilgesetzen kombiniert wurden und eine starke Betonung der Sozialgesetzgebung zu beobachten war, wie etwa bei den Bestimmungen über Sabbat und Schmitta (dem siebten Jahr, in dem alle Schulden erlassen werden müssen) und der besonderen Haltung gegenüber Nichtjuden. Diesen Gesetzen wurde eine prinzipielle religiöse und ethische Bedeutung beigelegt, und ihre Kenntnis stand mehr und mehr der Allgemeinheit offen, anstatt auf eine kleine esoterische Priestergruppe begrenzt zu sein.

Die Verknüpfung dieser Elemente fand ihren vollsten Ausdruck in der Gestalt Moses, des großen Propheten und Gesetzgebers, der dem Bund zwischen Gott und dem Volk Israel schriftliche Form verlieh.

Es ist natürlich eine müßige Frage, wann diese Grundvorstellungen und Orientierungen sich entwickelten und voll institutionalisiert wurden oder inwieweit sie verbreitet und von den einzelnen Sektoren der israelitischen Stämme akzeptiert waren. Wie immer die Antworten auf diese Fragen lauten mögen, über die sich die Historiker wohl ewig streiten werden, so ist es jedenfalls diese Kristallisation, die die gesonderte kulturelle Identität der israelitischen Nation, des jüdischen Volkes geschaffen hat.

Die Struktur der Eliten

Die spezifischen Vorstellungen, die sich im alten Israel herausbildeten, wurden – wie gesagt – von den verschiedenen autonomen Eliten artikuliert, die in diesen Gesellschaften die Vorherrschaft innehatten und auch einige besondere Merkmale aufwiesen.

So entwickelten sich zunächst zahlreiche spezifische Typen von autonomen Eliten, von unterschiedlichen Trägern dieser wesentlichsten kulturellen Orientierungen. Die wichtigsten unter ihnen waren die Priester, die Propheten und die verschiedenen Gemeindevertreter, wie etwa die Ältesten, und später die Herrscher – erst die Richter, dann die Könige –, die ebenfalls diese Rolle zu spielen versuchten. Sie alle betrachteten sich als Träger der Visionen, der monotheistischen Vision und des Bundes zwischen Gott und seinem Volk. Deshalb standen sie in ständigem Wettbewerb und bildeten diverse Koalitionen untereinander.

Drei Aspekte dieser Eliten sind von besonderer Bedeutung für das Verständnis der institutionellen Dynamik der israelitischen Gesellschaft. Erstens wären da ihre Vielzahl, Heterogenität und Unbeständigkeit zu nennen. An zweiter Stelle steht die Tatsache, daß sie nicht fest in ihren askriptiven Stammes- oder Territorialeinheiten verankert, sondern symbolisch und organisatorisch autonom waren, da sie sich selbst rekrutierten und definierten – auch da, wo sie, wie im Fall der Priester, die erbliche Abkunft berücksichtigten; ihre Legitimation erfolgte ebenfalls in unabhängiger Weise als Vertreter von Visionen und Werten, die nicht zu den primordialen Symbolen der Orts- oder Stammesgruppen gehörten, aber von diesen anerkannt wurden. Drittens schienen sich diese Eliten, die als Hauptträger der gemeinsamen politischen, nationalen und religiösen Bande wirkten, aus den Angehörigen verschiedener Stämme zusammenzusetzen, so daß sie allen oder doch mehreren von ihnen gemeinsam waren.

Politische Merkmale

Die speziellen Merkmale dieser Eliten und der von ihnen getragenen religiösen – monotheistischen – Vorstellungen brachten, zusammen mit den Grundcharakteristika der sozialen Struktur des alten Israel und seiner geopolitischen Lage, eine Anzahl einzigartiger Kennzeichen des israelitischen institutionellen Gefüges hervor. Sie formten einige seiner grundlegenden politischen und institutionellen Orientierungen und Charakteristika, darunter vor allem die Grundzüge der Zentren, die sich in diesen Zivilisationen entwickelten und dann einige ihrer fundamentalen Langzeitprobleme auslösten.

So entwickelten sich einmal, in enger Beziehung zur grundlegenden monotheistischen Bundesauffassung und der Struktur der Eliten, mehrere Grundthemen einer politischen Kultur in Israel, von denen viele zu dauerhaften Kennzeichen des politischen und gemeinschaftlichen Lebens der Juden werden sollten.

Die bedeutendste dieser politischen Vorstellungen, die sich aus dem Zusammenspiel des monotheistischen Glaubens und der »Bundesvorstellung« ergaben, betraf die Verantwortlichkeit des Herrschers gegenüber einem höheren Gesetz und (häufig entgegen dem Wunsch und den offensichtlichen Interessen des Herrschers) auch gegenüber den diversen Gruppen – Priestern, Propheten und Gemeindeführern –, die sich selbst als Vertreter und Interpreten dieses Gesetzes betrachteten.

Zweitens entwickelte sich, in engem Zusammenhang mit dem Bundesgedanken, die entschiedene Auffasung von dem potentiell freien Zugang aller Mitglieder der Gemeinschaft zum zentralen Sakralbereich und ihrer Beteiligung daran, was wiederum den Tendenzen und Ansprüchen der Priester und später der Könige zuwiderlief, diese Rechte in ihrer Hand zu monopolisieren und sich die alleinige Mittlerfunktion zuzusprechen. Obwohl die Könige natürlich in der Zeit des Ersten Tempels die Vorherrschaft innehatten und durch den Bedeutungszuwachs der davidischen Monarchie noch gestärkt wurden, erhielten andere Eliten die Forderung nach direktem, unvermitteltem Zugang zur Sakralsphäre weiterhin aufrecht, und zwar insbesondere die Führer der Stammesgemeinschaft oder verschiedener Territorialgruppen sowie die Propheten.

Die Kombination dieser beiden Gedanken – dem der Verantwortlichkeit der Herrscher gegenüber dem höheren Gesetz und dem des freien Zugangs aller Gemeindemitglieder – führte dazu, daß die »irdische« Autorität in gewissem Maße an selbstverständlicher Anerkennung verlor (wie es sich am besten in Samuels berühmter Rede gegen die Errichtung der Monarchie zeigt). Ferner folgte daraus ein äußerst intensives politisches Ringen zwischen diversen Kreisen und Eliten, die sich selbst als die wahren Vertreter der höheren, göttlichen Autorität ansahen; dieses Ringen bekam dadurch zudem eine stark ideologische Dimension, die sich auf die Strukturierung der Gemeinschaft und die Auslegung der Tradition, des höheren Gesetzes, bezog.

Politische und religiöse Zentren

Diese politischen Orientierungen prägten, im Zusammenwirken mit der Struktur der wichtigsten Eliten und der geopolitischen Situation, einige Grundmerkmale der israelitischen Zentren und Kollektivgrenzen.

Die Kennzeichen der religiös-kultischen und politischen Zentren der Israeliten zeigten sich am deutlichsten in der vormonarchischen Zeit, aber viele von ihnen bestanden noch nach der Errichtung des Königtums weiter. Einige dieser Merkmale fanden sich auch bei anderen Stammeszusammenschlüssen im Vorderen Orient oder Afrika, aber andere blieben auf die israelitische Situation beschränkt, und diese sind für unsere Analyse am wichtigsten.

Das erste solche Kennzeichen bestand darin, daß fast alle diese politischen, kultischen oder Stammeszentren – besonders vor der Königsperiode, aber in gewissem Umfang auch noch während dieser Zeit (vor allem im Königreich Israel) – strukturelle Enklaven in ihrem weiteren Umfeld darstellten, die häufig recht kurzlebig waren und sich nicht zu dauerhaften, festgefügten Ortsgemeinden mit einer ständigen Bevölkerung und eigener Identität entwickelten.
Zweitens gab es eine ziemliche Vielfalt solcher Zentren. Selbst wenn sie sich zur Zeit des Königtums – besonders des davidischen – stärker vereinigten, setzten sie sich doch stets aus mehreren sozialen Elementen zusammen, die selten friedlich miteinander auskamen und sich auch kaum zu einigermaßen homogenen Gruppen oder Herrschereliten zusammenschlossen. Ein solches Element bildeten die Vertreter verschiedener Stammes- oder Familieneinheiten innerhalb der zentraleren Organisationen; ein zweites bestand aus den diversen speziell politischen und/oder religiösen Eliten, die etwas von den Stammeseinheiten abgesondert waren und sich nach anderen Kriterien rekrutierten. Zwischen diesen verschiedenen Eliten, die in den Zentren oder in weiterexistierenden Subzentren wirkten, ergaben sich dauernde Spannungen und Konflikte.
Tatsächlich bildete sich keine völlig festgefügte Herrscherklasse heraus. Statt dessen finden wir nur einige embryonale Bestandteile einer solchen Schicht, die sich wohl erst während der Konsolidierung der Monarchie zu einer stabilen Gruppe verfestigte. Doch selbst dann noch bewahrten sich die anderen sozialen Elemente ihre Eigenheit und relative Autonomie.

Religiöse, nationale und primordiale Kollektivsymbole

Im Kontext dieser grundlegenden monotheistischen Bundesvorstellung und der Struktur dieser Eliten entwickelte sich im alten Israel auch die spezifisch jüdische Lösung für das Problem der Eingrenzung dieses neuen Zivilisationskollektivs und der Gestaltung der Beziehungen zwischen dessen Symbolen und den primordialeren, die den ethnischen und politischen Kollektiven eigen gewesen waren.

Diese spezifisch jüdische Lösung des Problems entstand offenbar ganz am Anfang der eigentlichen jüdischen Geschichte, also zu Beginn jener Abläufe, die die Geschichte der verschiedenen israelitischen Stämme in die nunmehr jüdische Geschichte verwandelten. In auffälligem Gegensatz zu dem, was später in anderen Achsenzeitzivilisationen eintrat (aber interessanterweise nicht unähnlich den Entwicklungen in China), zeichnete sich diese Lösung durch eine sehr positive Bewertung der primordialen, das heißt »ethnischen«, »nationalen« und politischen Symbole im Rahmen der universalen religiösen Orientierungen aus. Die früheren wurden laufend in die späteren integriert, so daß sich die verschiedenen Symbole unablässig miteinander verwoben: Gott, der Schöpfer der Welt, war auch der Gott Abrahams, Isaaks und Jakobs und der Gott, der die Kinder Israels aus Ägypten geführt hatte. All diese Symbolgruppen verloren also nicht ihre Eigenständigkeit, wurden aber in den Begriffen der übrigen definiert, wobei – anders als in China – ständige Spannungen zwischen ihren konkreten Manifestationen und relativen Gewichtungen unter ihnen entstanden.

Während der gesamten jüdischen Geschichte war die Strukturierung der symbolischen Grenzen der jüdischen Kollektividentität – wohl in engem Zusammenhang mit der Schwäche und Unbeständigkeit der geopolitischen Grenzen – ein dauerndes und zentrales Anliegen der wichtigsten Eliten des alten Israel und später der verschiedenen Eliten des jüdischen Volkes.

Diese diversen Komponenten der kollektiven Identität verbanden sich mit den religiösen Orientierungen in ihrer kultischen, rechtlichen oder prophetisch-ethischen Ausprägung auf verschiedene Weise. Die religiösen und politischen Eliten kombinierten religiöse »Inhalte« und diverse Bestandteile der kollektiven Identität ständig neu und legten damit den Grund für Spannungen zwischen ihnen.

So wurden die kultischen Elemente und die primordial-ethnische Identität vermutlich stärker von den Ortspriestern und Stammesoberhäuptern betont, während die rechtlich-religiösen Aspekte und die historisch-nationalen Komponenten der kollektiven Identität wohl eher den Beifall der höheren und zentraleren Priestergruppen und einiger monarchischer Eliten fanden

und die religiös-ethischen und sozialen Komponenten der religiösen und universalistischeren Orientierungen schließlich von einigen der Propheten hervorgehoben wurden. Doch kam es immer zu recht weitreichenden Überschneidungen zwischen den einzelnen Eliten, die verschiedene Koalitionen bildeten und unterschiedliche Auffassungen vertraten.
Trotz aller Differenzen zwischen ihnen wurden diese Spannungen stets im Rahmen von Bestrebungen ausgetragen, die symbolischen institutionellen Grenzen der jüdischen Nation im Verhältnis zu anderen Nationen zu definieren und die Parameter der kollektiven Identität aufgrund ihrer verschiedenen Komponenten und religiösen Grundorientierungen abzustecken.
Diese Tendenz zur Bezeichnung der Kollektivgrenzen war von einer äußerst ambivalenten Haltung zu anderen Nationen und Kulturen begleitet. Sie wurzelte im Universalitätsanspruch des Judentums, in seinen Versuchen, sich von den heidnischen Nachbarvölkern abzusondern – indem es behauptete, deren partikularistische Religionssymbole in universaler Weise zu transzendieren –, und in den sich daraus ergebenden unfreundlichen Kontakten mit ihnen.
Diese ambivalente Haltung wurde natürlich noch durch die internationale Lage verstärkt, in der die Juden lebten. Da andere Völker die militärische und politische Vorherrschaft innehatten und kulturell attraktiv waren, fiel es dem jüdischen Volk schwerer, in einer von ihm als ideologisch fremd bezeichneten Umwelt seine politische und kulturelle Identität und seine universalistischen Orientierungen zu bewahren. Die Juden hatten offenbar stärker als ihre Zeitgenossen das Gefühl, der Gefahr kollektiver Auflösung ausgeliefert zu sein – oder waren sich dieser Möglichkeit wenigstens mehr bewußt –, so daß die Bestrebungen, dem entgegenzuarbeiten, zu einem wesentlichen ideologischen Anliegen ihrer Führer wurden.
Wegen dieser Faktoren war seit Beginn der jüdischen Geschichte eine dauernde Spannung zwischen den universalistischen Dimensionen der religiösen Orientierung und dem Partikularismus einer primordialen Volksgemeinschaft, die sich ideologisch und symbolisch durch eine Kombination von religiösen und primordialen Symbolen von ihren Nachbarn differenzierte, in der Konstruktion der jüdischen Identität enthalten.

Zusammenfassung
Die Grundmerkmale der israelitischen Zivilisation

Diese grundlegenden religiösen, kulturellen und politischen Vorstellungen und Orientierungen sowie die Merkmale der Eliten, die sich im alten Israel und in der Zeit des Ersten Tempels herausbildeten, haben der jüdischen Zivilisation ihre besonderen Konturen gegeben und darüber hinaus die Entwicklung der einzigartigen Kontinuität begünstigt, die für diese Zivilisation charakteristisch ist.

Die wichtigste dieser Vorstellungen und Orientierungen betraf, wie wir gesehen haben, den Bund zwischen Gott und dem Volk Israel, also ein vertragsähnliches Verhältnis, bei dem Gott sich aus freiem Willen dieses Volk unter der Bedingung erwählt hat, daß es seine Gebote akzeptiert.

An zweiter Stelle stand die entschiedene Auffassung, daß alle Mitglieder der Gemeinschaft potentiellen Zugang zum Sakralbereich haben müßten und daß Herrscher und Gemeinde einer höheren Autorität (Gott oder dem göttlichen Gesetz) gegenüber verantwortlich seien. Hinzu kommt die Entstehung konkreter autonomer Sozialgruppen oder -kategorien, die diese höhere Autorität sozusagen auf Erden repräsentierten, wobei sich zwischen ihnen ein dauernder Wettbewerb und eine Vielfalt von Koalitionen ergaben.

Drittens entwickelte sich hier eine ständige Spannung zwischen kultischen und ethisch-religiösen Vorstellungen und eine starke Betonung der rechtlichen Tradition, in der sich diese verschiedenen Elemente vereinigten.

Viertens gab es den Konflikt zwischen den universalistisch-ethischen und partikularistisch-primordialen Orientierungen bei der Konstruktion der jüdischen Identität und die ständige Verbindung und Spannung zwischen politischen, ethnischen, nationalen und religiösen Elementen bei deren Ausgestaltung sowie eine ambivalente Haltung gegenüber den Nachbarvölkern.

Diese allgemeinen Orientierungen wurden von Eliten artikuliert, deren langsam erworbene Merkmale sich in ihrer generellen Form während der ganzen jüdischen Geschichte ebenso erhalten haben wie diese Orientierungen selber. Erstens entwickelte sich eine Vielzahl von autonomen Eliten im allgemeinen und von Trägern kultureller und sozialer Ordnungsmodelle im besonderen, die stark auf die irdischen Bereiche – vor allem die politischen und sozialen – ausgerichtet waren. Zweitens verbanden diese Eliten politische und politisch-sozial-religiöse Funktionen und Orientierungen miteinander; selbst wenn sie auf ein Gebiet spezialisiert waren, blieben sie stark auf die anderen hin orientiert. Drittens behielten sie trotz der Tatsache, daß sie generell kein dauerhaftes Zentrum, keine einheitliche Verbandsstruktur besaßen, ein gewisses Maß an Identität und Kontinuität der Orientierungen und Netzwerke bei und bildeten sich ständig neu, auch wenn das in veränderten organisatorischen Konstellationen geschah. Viertens entstand in all diesen Elitegruppen, wie etwa bei den Priestern oder Propheten, eine weitgehende Heterogenität. Zwischen diesen Eliten und Subeliten ergaben sich Konflikte und Spannungen, und zwar nicht nur in bezug auf die Vertretung verschiedener Spezialinteressen, sondern auch im Hinblick auf unterschiedliche Auslegungen der Tradition, eine andere Betonung ihrer kultischen, gesetzlichen und ethischen Hauptkomponenten. Fünftens konkurrierten sie alle in dem Bestreben, als Vertreter der höheren Autorität anerkannt zu werden, der gegenüber Herrscher und Gemeinschaft verantwortlich sind.

Aus der Kombination dieser strukturellen Elemente und religiös-ideologischen Orientierungen heraus entwickelten sich einige der wichtigsten strukturell-institutionellen Merkmale des jüdischen Volkes und seiner Zivilisation, nämlich vor allem: strukturelle Homogenität; ständige Differenzierung und dauernder Konflikt zwischen den verschiedenen Sozialgruppen innerhalb eines Rahmengefüges von gemeinsamen, aber nicht völlig festgelegten und kristallisierten Grenzen; Unbeständigkeit und Heterogenität der Zentren; mannigfaltige – politische, soziale und religiöse – Eliten; und die damit einhergehende Umstrukturierung gemeinsamer Bande zwischen Führern und Volk, die oft zu unterschiedlichen sozialen Bewegungen führte.

Die konkreten Merkmale dieser verschiedenen – politischen, sozialen oder religiösen – Eliten variierten natürlich weitgehend in verschiedenen Zeitabschnitten: zwischen der Zeit der Richter und der der Monarchie; zwischen diesen früheren Perioden und der des Zweiten Tempels; und zwischen all diesen und der Ära von Exil und Zerstreuung. Aber die angeführten strukturellen Grundmerkmale blieben doch im Verlauf der jüdischen Geschichte bestehen.

Gerade diese Merkmale, Orientierungen und sozialen Elemente lieferten den Hintergrund für die ständige – meist durch die Integrierung alter Symbole in die neuen – erfolgende Umstrukturierung der Inhalte dieser Zivilisation und der jüdischen kollektiven Identität, durch die die Kontinuität aufrechterhalten werden konnte.

2. Kapitel
Die Zeit des Zweiten Tempels

Einleitung
Neue Bedingungen

Die Entwicklung einer jüdischen Identität

Die vorstehend analysierten Grundthemen und -merkmale der jüdischen Zivilisation erfuhren in der Zeit des Zweiten Tempels noch weitere Entwicklung und Artikulation.

Tatsächlich wird zuweilen sogar behauptet, daß sich die eigentliche jüdische Zivilisation – im Unterschied zum alten Israel – erst während dieser Zeit herauskristallisiert habe. Diese übertriebene Annahme enthält zwei Körnchen Wahrheit. Das erste liegt in der bereits erwähnten Tatsache, daß die jüdische Nation und Zivilisation in dieser Periode nicht nur auf mächtige heidnische Reiche und eine Vielzahl heidnischer Nationen stieß, sondern auch auf einen neuen Zivilisationstypus – den hellenistischen – und ein Reich von neuer Art – das römische Imperium. Diese Zivilisationen und Reiche erhoben bereits gewisse Universalitätsansprüche, die nicht mehr nur auf Eroberung oder der Macht ihrer Götter beruhten, sondern auf ihren philosophischen und rechtlichen Traditionen und Orientierungen. Erst durch diese Begegnung prägte sich das Selbstbewußtsein des jüdischen Volkes als Träger einer eigenen Zivilisation voll aus.

Das zweite Körnchen Wahrheit betrifft die Tatsache, daß sich erst in dieser Zeit ein neues Eliteelement und neue institutionelle Modelle herausbildeten, die den weiteren Verlauf der jüdischen Geschichte bestimmen sollten, dabei aber ständig auf frühere Symbole und Traditionen zurückgriffen. Diese neuen Modelle entwickelten sich aus der Kombination von neuen Arten der Führerschaft und Sozialstruktur, dem neuen Umfeld des jüdischen Volkes – insbesondere dem Beginn der Diaspora – und neuen religiösen und kulturellen Orientierungen, die sich alle, wenn auch auf unterschiedliche Weise, in der weiteren jüdischen Geschichte fortsetzten.

Beginnen wollen wir mit einer Analyse von neuen Typen der Sozialstruktur, Führerschaft und Eliten.
Zunächst einmal kam es zu Veränderungen in der Zusammensetzung der wichtigsten Eliten. Die davidische Monarchie verschwand; an ihrer Stelle erstanden neue Arten politischer Führerschaft, zu denen die kommunalen, aber nicht stammesgebundenen Führer – die »Ältesten« der Gemeinschaft und vielleicht die Mitglieder des Sanhedrins – sowie die Hohenpriester und neuen Monarchen gehörten. So gab es zwei gegensätzliche Tendenzen: semi-theokratische Priesterherrscher auf der einen Seite und – sogar noch häufiger – einen neuen Typus von weltlichem Königtum oder weltlicher Oberhoheit auf der anderen.
Parallel dazu erhöhte sich der Status der Priesterschaft; zumindest zu Beginn dieser Zeit wurden die Priester zu den am leichtesten identifizierbaren Trägern nationaler und religiöser Kontinuität, den Wahrern des zentralen Bezugspunkts und dem Symbol dieser Kontinuität – nämlich des Tempels und seiner Rituale. Die Erhöhung ihres Status zeigte sich in der oben erwähnten Möglichkeit, König- und Priestertum miteinander zu verbinden, wie es in der Hasmonäerperiode geschah – eine Situation, die zur Zeit des Ersten Tempels undenkbar gewesen wäre. Gleichzeitig bildeten sich innerhalb der Priesterschaft deutliche Gruppierungen und Richtungen heraus. Ein besonders starker Kontrast herrschte zwischen der ursprünglichen Hohepriesterschaft in Jerusalem einerseits und den verstreuten Ortspriestern andererseits, die vermutlich mehr mit den verschiedenen Volksschichten verbunden waren, wie es wohl am eindrucksvollsten das Beispiel der Hasmonäer zeigt; auch die niedrigeren oder sekundären Kreise der zentralen Priesterschaft dürften zur zweiten Gruppe gezählt haben.
Diese Vielzahl der politischen, kulturellen und religiösen Eliten eröffnete Möglichkeiten für neuartige politische Verbindungen zwischen den politischen Eliten und breiteren Schichten sowie für eine neue Führungsschicht. Diese setzte sich weder aus Priestern oder Königen noch aus »einfachen« Gemeindevertretern oder charismatischen Propheten, sondern im wesentlichen aus den *Sofrim* (Schriftgelehrten), den sogenannten Mitgliedern des

Hohen Rates, zusammen, deren genaue Identität nicht bekannt ist, sowie aus den Führern einer Vielfalt von politisch-religiösen Sekten oder Bewegungen. Die bekanntesten unter ihnen waren die Pharisäer, die zusammen mit einigen der Schriftgelehrten die möglichen Vorgänger der späteren »rabbinischen« Weisen waren. Diese Entwicklung stand auch mit der gleichzeitigen Herausbildung zahlreicher semi-heterodoxer Sekten in Verbindung.

Diese neuartige Führungs- und Eliteschicht besaß vermutlich Vorgänger in einigen der priesterlichen und schriftgelehrten Kreisen zur Zeit des Ersten Tempels. Allerdings waren sie damals im großen und ganzen in die mehr askriptiven Gruppen (wie Stammes- und Ortsgemeinschaften) eingegliedert und den Königen, der zentralen Priesterschaft und den Propheten nachgeordnet. Bei der Rückkehr aus Babylonien und womöglich schon in Babylonien selbst waren diese neuen Eliten die aktivsten und neuerungsfreudigsten, obwohl gewiß nicht als einzige. Diese verschiedenen Eliten entwickelten sich nun zu den neuen Vertretern der höchsten Autorität, des höheren Gesetzes, dem gegenüber die Herrscher und die Gemeinschaft die Verantwortung trugen. Allerdings waren sie keineswegs homogen, wie die spätere historische Interpretation unter Berufung auf die rabbinische Literatur glauben machen könnte. Vielmehr setzten sie sich – vermutlich über einen sehr langen Zeitraum hinweg – aus recht zahlreichen, mal eigenständigen, mal einander überschneidenden, aber immer sehr unbeständigen Elementen zusammen, die in ständigem Werden, in ständiger Veränderung und in unterschiedlichen Spannungen und Koalitionen miteinander und mit den im engeren Sinn priesterlichen und politischen Eliten interagierten. Doch trotz aller Unterschiede zwischen ihnen besaßen diese neuen Eliten auch mehrere gemeinsame Merkmale.

Erstens wurden sie nach Kriterien rekrutiert, die im Prinzip allen offenstanden. Zweitens waren viele von ihnen Intellektuelle, aber keine rein »akademischen«; ihrer Selbsteinschätzung zufolge artikulierten sie Grundmodelle der sozio-kulturellen Ordnung des höheren Gesetzes und waren daher intensiv am politischen Leben beteiligt, ob in den Gerichtshallen des Sanhedrin, ihren eigenen Studienzentren und Rechtsinstitutionen

oder im Verbund mit anderen, volkstümlicheren Gruppen und Führern, die mehr mit dem Gemeinschaftsgebet befaßt waren.
Diese Eliten – oder zumindest einige Elemente unter ihnen – entwickelten den Bereich des Gesetzes als zentralen Bezugspunkt der jüdischen Zivilisation am weitgehendsten.
Und sie waren es auch, die die Kodifikation des biblischen Kanons in Gang setzten – eine Arbeit, die sie wahrscheinlich bereits in der Frühzeit des Zweiten Tempels mit der Kodifizierung des Pentateuch begannen und etwa bis ins zweite Jahrhundert der christlichen Ära fortsetzten. Damit hatten sie das »Alte Testament« und die Apokalypse zusammengestellt. Diese Kodifikation war selbst ein langer und umstrittener Prozeß, was wiederum auf die Heterogenität der Elite- und Sektengruppen verweist.
Ferner entwickelten diese Eliten schrittweise die Keimzellen neuer Institutionen: neben dem Tempel selbst die Gebetszentren – also die späteren Synagogen, die im Prinzip überall eingerichtet werden konnten –, die verschiedenen Studienzentren und später die Gemeindegerichte. Sie alle bildeten die zentralen Einrichtungen für die Fortführung der jüdischen Zivilisation.

Die Diaspora

Eine weitere entscheidende strukturelle Entwicklung in der Zeit nach der babylonischen Gefangenschaft war das Auftreten einer Diaspora als dauerhaftes Merkmal jüdischer Existenz; dadurch entstand wiederum eine Vielzahl von Zentren oder, um einen Ausdruck Sh. Talmons zu verwenden, eine multi-zentrische Situation, womit der Heterogenität der strukturellen Elemente im jüdischen Leben und der unbeständigen geographischen und geopolitischen Lage des jüdischen Volkes eine neue Dimension hinzugefügt wurde.
Die Diaspora – vor allem in Ägypten, Babylonien und Syrien, später auch in anderen Provinzen des römischen Reiches und in Rom selber – unterhielt natürlich ständige Beziehungen und Kontakte zu dem Zentrum in Palästina und insbesondere Jerusalem. Die Kontakte waren in erster Linie ritueller und religiö-

ser Art, in Form von Zahlung des Schekels und Wallfahrten nach Palästina. Hinzu kamen Beziehungen zwischen diversen Gelehrten-, Sekten- und Priestergruppen in Palästina und der Diaspora sowie mannigfaltige politische Verbindungen. Aber trotz dieser engen Beziehungen waren die Diasporagemeinden dem Zentrum in Palästina nie völlig unterstellt, weder im rein politischen noch im religiös-nationalen Sinn.

Die Entstehung der Diaspora zeugte natürlich von der ständigen Ausbreitung des jüdischen Volkes und der jüdischen Zivilisation und war sehr oft mit starken Proselytenbewegungen und -tendenzen verbunden; gleichzeitig verschärfte sie notwendigerweise die Konfrontationsprobleme mit anderen Völkern, Zivilisationen und Religionen.

Das Fortbestehen der Diasporagemeinden brachte ein neues Element in die unbeständige geopolitische Lage des jüdischen Volkes ein, die während dieser Zeit in Palästina selbst noch deutlicher wurde. Der endgültige Verlust politischer Unabhängigkeit führte auch zum Abbau festgesteckter politischer Grenzen für die Juden und beschleunigte die Herausbildung jener Aspekte in den Beziehungen zwischen den Juden und ihren Nachbarn, die Max Weber dazu veranlaßten, die Juden als Pariavolk zu charakterisieren, das durch rituell festgelegten sozialen Ausschluß, eine spezielle soziale und ökonomische Einordnung und niedriges Ansehen gekennzeichnet ist.

Ganz natürlich traten in diesen Gemeinden jene Aspekte der jüdischen Tradition – sei es im Bereich von Studium und Gebet, Beachtung der Riten oder philosophischer Meditation und Gelehrsamkeit – am stärksten in den Vordergrund, die nicht ständig unmittelbar mit den Kulthandlungen im Tempel oder unabhängigen politischen Aktivitäten zusammenhingen. In den Ländern der Diaspora bildeten die Synagoge, Gemeindeorganisationen und Familienverbindungen den wichtigsten institutionellen Rahmen des jüdischen Volkes.

Inzwischen hatte sich in den großen jüdischen Ballungsgebieten der hellenistisch-ägyptischen Diaspora eine wachsende jüdische Literatur in griechischer Sprache über philosophische und historische Themen entwickelt. Der bekannteste dieser Philosophen war wohl Philo von Alexandria, der in der zweiten Hälfte des ersten Jahrhunderts v.d.Z. lebte. Zu gleicher Zeit wurde die

Bibel selbst ins Griechische übersetzt – die berühmte Septuaginta –, wodurch die Sitte entstand, sie auch in der Synagoge auf griechisch zu lesen.

Neue Anschauungen und Bewegungen

Religiöse und kulturelle Orientierungen

In enger Beziehung zu diesen neuen Führungselementen, zu den geopolitischen Bedingungen und vor allem zu der Begegnung mit den neuen großen Zivilisationen und Reichen entstanden in der Zeit des Zweiten Tempels auch mehrere neue religiös-kulturelle, ideologische und institutionelle Bewegungen, die allesamt in denen früherer Epochen wurzelten, aber über sie hinausgingen.

Eine solche Bewegung – wenn auch nur mit indirekten institutionellen Auswirkungen – bildete sich im Bereich von Philosophie und Ethik und gab der Entwicklung philosophischer und ethischer Erwägungen und Themen das Gewicht eines eigenständigen Teils der Tradition. Diese Bewegung artikulierte sich vornehmlich in relativ kleinen, wohl überwiegend aristokratischen und priesterlichen Gruppen – vor allem bei den stark von der hellenistischen Zivilisation beeinflußten Sadduzäern und Gruppen in der Diaspora. Diese Richtung fand ihren vollsten Ausdruck etwa im biblischen Buch der Sprüche und vor allem in einigen nicht in den biblischen Kanon aufgenommenen Werken wie dem Buch Jesus Sirach oder der Weisheit Salomos, deren Wurzeln wahrscheinlich im alten Vorderen Orient zu suchen sind, nun aber aufgrund starker philosophischer, durch die Begegnung mit dem Hellenismus bestimmter Orientierungen weiterentwickelt wurden.

An zweiter Stelle stand die Systematisierung und Fortführung der prophetischen Tradition unter Hinzufügung recht starker eschatologischer Elemente. Diese Entwicklung löste individuelle prophetische Visionen und/oder weitreichende Versuche einer totalen Organisation des Gemeinschaftslebens aus. Literarisch gesehen äußerte sich diese Richtung in den verschiedenen eschatologischen Visionen, von denen einige – wie das Buch

Daniel – später in den biblischen Kanon aufgenommen wurden, während andere – wie die des Buches Baruch oder der Apokalypse Esras – außerhalb blieben.

Manche dieser Orientierungen wurden nur von einigen Sekten vertreten, wie etwa den Essenern und vor allem den verschiedenen Sekten der judäischen Wüste, über die soviel Neues durch die Entdeckung der Schriftrollen vom Toten Meer bekannt geworden ist.

Die dritte wichtige kulturell-religiöse Richtung bemühte sich um die fortwährende Weiterentwicklung von juristischem Studium, Exegese und Kodifikation – im Gegensatz zur askriptiven Autorität der Priester und Herrscher sowie der charismatischen der Propheten.

Gerade die Bestrebungen um die Kodifikation des Kanons – einschließlich des prophetischen – machten die ambivalente Einstellung dieser Eliten zur prophetischen Tradition deutlich. Einerseits akzeptierten sie sie vollkommen, integrierten sie in ihr eigenes Studium und rechtfertigten sich selbst in nicht geringem Maße aus diesen Quellen. Andererseits verwarfen sie grundsätzlich die Möglichkeit weiterer individueller Prophetie als Ausdruck des göttlichen Wortes, indem sie behaupteten, nur die »akademische« Autorität der Gelehrten könne die rechtmäßige Interpretation dieses Wortes bestimmen.

Viertens wäre die wachsende Betonung des individuellen oder gemeinschaftlichen Gebets als Grundform des religiösen Erlebens und der Teilnahme am sakralen Bereich zu nennen.

Institutionelle und ideologische Veränderungen

Der Aufstieg der neuen Eliten und die neuen kulturellen Entwicklungen waren eng mit dem Eintreten mehrerer Veränderungen in den Grundzügen des institutionellen Lebens verbunden.

Erstens wurde die Teilnahme an der zentralen Sakralsphäre mehr und mehr allen Mitgliedern der Gemeinschaft ermöglicht. Mit der wachsenden Betonung des potentiell freien Zugangs zur zentralen Sakralsphäre – und damit zu den Sitzen der Autorität – für alle Gemeindemitglieder entwickelte sich die von Prof.

I. F. Baer stark betonte Vorstellung der »heiligen Gemeinschaft« als wesentlichen Bestandteils der kollektiven religiös-politischen Identität.

Die zweite ideologisch-institutionelle Veränderung betraf die gleichzeitige Schwächung, wenn auch nicht vollständige Beseitigung des Zugangsmonopols zu den Attributen der Heiligkeit, das askriptive Gruppen, Priester und zuweilen Könige, paradoxerweise aber auch die individuelleren und charismatischeren Elemente wie etwa die Propheten innegehabt hatten.

Drittens wurden neue Kriterien für die Führung und Mitgliedschaft der Elite artikuliert und schrittweise intensiviert. Diese Kriterien umfaßten auf der einen Seite stark elitistische, auf dem Gesetzesstudium beruhende Orientierungen und auf der anderen eine breite volkstümliche Basis unter Betonung von Gebet, Gebotserfüllung und Mitgliedschaft in der heiligen Gemeinde.

Viertens wurden die Aufstiegsmöglichkeiten in die oberen religiösen und zivilen Positionen sowie in politische Führungsstellen im Prinzip allen Mitgliedern der Gemeinschaft eröffnet.

Fünftens kam es, in enger Beziehung zu den vorstehenden Punkten, zu einer weitgehenderen Anerkennung der Idee von der Verantwortlichkeit der Herrscher vor einem höheren Gesetz – allerdings verbunden mit einem heftigen Wettbewerb zwischen den einzelnen Eliten und der breiteren Gemeinschaft um die Frage, wer nun der wahre Vertreter dieser höheren Autorität sei.

Gleichzeitig entwickelte sich, wie wir später eingehender sehen werden, ein sehr viel stärkeres kollektives Selbstbewußtsein innerhalb des jüdischen Volkes, gepaart mit einem neuen religiösen Motiv – dem des *Kiddusch Haschem* (Martyriums). Dieses Motiv bildete sich vermutlich erstmals im Zusammenhang mit dem Hasmonäeraufstand heraus, erstarkte dann während der Verfolgungen durch die Römer und kam zur vollen Ausprägung in der Zeit des Exils.

Aus dem kontinuierlichen Zusammenspiel zwischen den Aktivitäten der neuen Eliten und Gruppen, der neuen geopolitischen Lage und den neuen kulturellen Bewegungen begannen sich in der Zeit des Zweiten Tempels mehrere grundlegende zivilisatorische Trends und ideologisch-institutionelle Prämissen, eine bestimmte Einstellung zur Umgestaltung der Welt und eine gewisse religiöse Bewertung der irdischen Welten herauszubilden.

Diese Trends und Prämissen brachten eine allgemein positive Haltung gegenüber dem irdischen Leben mit sich. Die politischen und kommunalen Aspekte des sozialen Lebens und der sozialen Organisation wurden zum Mittelpunkt der religiösen Entwicklungen, nicht unähnlich denen, die Herbert Luethy und Michael Walzer dem Protestantismus zugeschrieben haben; abgesehen von einigen Sekten war die Betonung des Politischen jedoch noch stärker als im Protestantismus von Begriffen geprägt, die sich auf das Gemeinwesen im Diesseits bezogen. Dies zeigt sich an der Tatsache, daß die eschatologischen und apokalyptischen Visionen nicht primär auf die Erlösung und Rettung des einzelnen ausgerichtet waren, sondern vielmehr auf die kollektive politische Erlösung, symbolisiert durch die Wiedereinsetzung des Hauses David; deshalb legten sie auch nur minimale Betonung auf die Dualität von Geist und Körper.

Diese religiösen Ideen und Einstellungen führten auch zu einer positiven Bewertung des Wirtschaftslebens, ohne freilich die ökonomischen Aktivitäten in den Bereich der individuellen oder kollektiven Erlösung einzubeziehen und sie damit zu heiligen.

Mit all ihren Beschränkungen war diese Wirtschaft – abgesehen vielleicht von den ersten Jahrzehnten nach der Rückkehr, unter persischer Herrschaft – nicht etwa autark und geschlossen, sondern in vielen Aspekten natürlich in das breitere Wirtschaftsgefüge der Region eingegliedert. Dadurch kam es zur vielfältigen Entwicklung von umfangreichen Latifundien, Handelszentren, zunehmender sozialer Differenzierung und sozialen Spannungen, die wohl alle mit dem politischen Ringen zusammenhingen, das sich nun in der jüdischen Gesellschaft entspann.

Die so entstehende Wirtschaft besaß mit ihrem relativ begrenzten Umfang keine zentrale Bedeutung für die ökonomische Struktur des Altertums, obwohl sie in ihrem eigenen Bereich nicht unwesentlich war. Außerdem wies sie in ihrer zeitgenössischen Umgebung einige außergewöhnliche Merkmale auf; dazu gehört insbesondere ihre – im Vergleich zu anderen Teilen der antiken Welt – ziemlich geringe Abhängigkeit von Sklavenarbeit auf den Landgütern.

Innerhalb dieses relativ beschränkten Wirtschaftsrahmens – und angesichts des damaligen ökonomischen Kontexts – lassen sich Tendenzen zu einer begrenzten Rationalisierung feststellen, die vermutlich mit der durch die religiösen Orientierungen bedingten systematischen Gestaltung des Alltagslebens zusammenhing. Gleichzeitig wurden die Tendenzen zu größerer sozialer Differenzierung und wachsendem Wirtschaftsumfang – zumindest in bestimmtem Grad – durch einige der kommunalen Orientierungen eingeschränkt, und letzten Endes waren es dann die äußeren politischen Umstände, die viele dieser ökonomischen Entwicklungen unterminierten.

Aber all diese ökonomischen Aktivitäten waren von relativ begrenztem Umfang und standen nicht im Mittelpunkt der institutionellen Derivate, die auf den wichtigen religiösen Entwicklungen fußten. Der Schwerpunkt lag vielmehr, wie oben ausgeführt, im sozio-politischen Bereich, das heißt in den Versuchen, neue Typen von politisch-kommunalen Institutionen und Modellen aufzubauen.

Die Kristallisation verschiedener institutioneller Modelle und die Konflikte und Auseinandersetzungen zwischen ihnen

Politische und religiöse Institutionen

Aus dem Zusammenwirken der neuen Eliten und Orientierungen folgte in dieser Periode die Entwicklung eines neuen institutionellen Modells oder vielmehr mehrerer Ansätze zu kulturell-institutionellen Modellen, zwischen denen sich dauernde, von den diversen Eliten und deren Koalitionen getragene Auseinandersetzungen entspannen. Diese Orientierungen und Eli-

ten, die sich auch in der folgenden jüdischen Geschichte erhielten, sind von ausschlaggebender Wichtigkeit für das Verständnis ihres weiteren Verlaufs.
An erster und in gewisser Hinsicht wichtigster Stelle standen die verschiedenen Bemühungen, politisch-religiöse Institutionen der einen oder anderen Spielart aufzubauen, seien es nun die Einrichtungen der semi-hellenistischen, aristokratischen Polis, die in Jerusalem um den Tempel sowie auch in anderen Städten entstanden, jene der semi-theokratischen Gemeinschaft und Monarchie, die – zumindest in gewissem Umfang – von den Hasmonäern entwickelt wurden, oder die der weltlicheren Königtümer in Koalition mit verschiedenen religiösen Gruppen, wie sie Herodes und dessen Nachfolger errichteten.
Zweitens gab es die extremeren, sektiererischen Modelle, die, wie wir gesehen haben, von den diversen organisierten Sekten begründet wurden, nämlich den Essenern und vielen anderen, die in den Schriftrollen vom Toten Meer so reichhaltig dokumentiert sind.
Drittens wäre die beginnende Institutionalisierung jenes neuen kulturellen Modells zu nennen, das man später als *Tora Schebaalpe* (mündliche Überlieferung) bezeichnet hat. Dieses Modell, das von den verschiedenen Schriftgelehrten – den Vorläufern der späteren Rabbiner – der verschiedenen sozio-religiösen Bewegungen, insbesondere der sogenannten Pharisäer, artikuliert wurde, basierte auf einer kontinuierlichen Ausarbeitung, Interpretation und Exegese der Texte, der ständig verfeinerten Anwendung der gesetzlich-rituellen Sphäre auf alle anderen Lebensbereiche und der Betonung des Gemeinschaftsgebets. Die Auslegung selber stützte sich auf die wachsende Systematisierung der gesetzlich-rituellen Gebote anhand abstrakterer systematischer Prinzipien. Wie wir gesehen haben, fand die rechtliche Sphäre als Mittelpunkt der jüdischen Zivilisation ihre volle Entfaltung in diesem Modell, auch wenn die Gesetzgebung sich überwiegend auf Angelegenheiten der rituellen Gebotserfüllung und solche, die man als zivilrechtlich bezeichnen könnte, konzentrierte – und viel weniger auf kommunale und politische Belange.
Dieses Modell zielte insbesondere auf die Kodifikation der grundlegenden religiösen Orientierungen, Gebote und Bestim-

mungen und legte dabei besonderes Gewicht auf die kollektive Autorität vor allem der Gemeinschaft der Gelehrten, der Weisen und ihrer Gerichtshöfe – im Gegensatz zur oben angeführten askriptiven Autorität der Priester und der charismatischen Autorität der Propheten.

Konflikte und Spannungen

Zwischen diesen verschiedenen Eliten (den einzelnen Stufen der Priesterhierarchie, den Königen, den Gemeindeführern, den Leitern der diversen Sekten und den neuen Eliten der Gelehrsamkeit und des Gebets) und unterschiedlichen Koalitionen (deren jede gewöhnlich wiederum mit verschiedenen sozialen und ökonomischen Kreisen und Schichten verbunden war) entwickelte sich ein fortgesetzter Konkurrenzkampf, bei dem es um die relative Vorherrschaft der einzelnen religiösen und politischen Orientierungen und deren institutionelle Auswirkungen ging.

Die Schwerpunkte dieses Ringens bezogen sich erstens auf die Identifizierung, Durchsetzung, Kodifizierung der Autorität des höheren Gesetzes sowie die Bestimmung seines Inhalts und seiner rechtmäßigen Träger, zweitens auf die Beziehungen zwischen diesen Trägern und den politischen Entscheidungskräften und drittens auf die Festsetzung der Grenzen und Symbole einer kollektiven Identität.

Die Ausarbeitung der Symbole und Grenzen für das Kollektiv stellte in der Tat ein zentrales Problem in diesem Ringen dar. In ihrem Bemühen um eine Kristallisation dieser Grenzen versuchten die verschiedenen Führungsgruppen unablässig, die Hauptkomponenten der grundlegenden kulturell-religiösen Orientierungen – etwa die rituellen, rechtlichen, ethischen und eschatologischen Aspekte – mit den religiös-universalen, politischen und primordialen Elementen der jüdischen Kollektividentität neu zu verknüpfen.

Gleichzeitig strebten sie danach, Israels Beziehungen zu den anderen Nationen neu zu gestalten – ein Prozeß, der bereits mit der Rückkehr aus Babylonien einsetzte – und die Grundfragen zu lösen, die mit der Strukturierung der kollektiven Identität verbunden waren, insbesondere mit den ihr innewohnenden universalen und partikularistischen Elementen. Sowohl die partikularistischen als auch die universalistischen Orientierungen und Tendenzen kamen in dieser Zeit stärker zum Ausdruck, und zwar insbesondere durch die Begegnung mit der hellenistischen und römischen Zivilisation, das alltägliche Zusammentreffen vieler Völker in Erez-Israel und die vielfältigen religiösen Richtungen, die sich im Vorderen Orient entwickelten.

Die kollektive Segregation, wie sie insbesondere von den den Pharisäern und Sekten nahestehenden Gruppen vertreten wurde, änderte in dieser Zeit – verglichen mit der des Ersten Tempels – ihre Grundrichtung. Hatte die Betonung bisher auf der Einhaltung der Tempelzeremonien und des Tempelkults gelegen, verlagerte sie sich jetzt auf verstreutere kultische Aktivitäten, den monotheistischen Glauben, eine sehr strenge Einschränkung von Mischehen, die Beachtung der kalendarischen Gebote und gesetzlich-rituelle Vorschriften, die nicht nur für ausgewählte Priestergruppen, sondern letztendlich für die gesamte Gemeinschaft verbindlich waren. Kurz gesagt, die Tendenz verlief in Richtung auf eine sehr starke symbolische und institutionelle Segregation von anderen Völkern.

Diese Segregation erforderte die fortwährende Kombination der verschiedenen Symbole primordialer, ethnischer, nationaler, politischer und religiöser Identität. Doch wegen der starken Konkurrenz anderer Religionen und Zivilisationen mit universalistischen Ansprüchen war nicht einmal diese Lösung rein partikularistisch, sondern enthielt eine sehr ausgeprägte universalistische Orientierung. Sie wies starke Bekehrungstendenzen auf, die häufig in ein Spannungsverhältnis zu den eher partikularistischen primordialen Schwerpunkten gerieten – eine Spannung, die verschiedene Führer und Sekten auf unterschiedlichen ideologischen und institutionellen Wegen zu lösen versuchten. Und doch war es wohl auf die fortbestehende Neigung zur Betonung dieser primordialen Elemente zurückzuführen, daß das Judentum in jenem »internationalen Wettbewerb« verlor. Allerdings beruhte diese Niederlage auch weitgehend auf der Unsicherheit der politischen Lage der Juden und sonstigen politischen Widrigkeiten – und sie tilgte gewiß nicht die universalistische Dimension in der jüdischen Zivilisation.

Andere Eliten – die Sadduzäer, sonstige Kreise innerhalb der gelehrten Elite und die verschiedenen politischen Eliten – entwickelten andere ideologische und pragmatische Lösungen für diese Probleme, sowohl in der alltäglichen Begegnung mit den übrigen in Erez-Israel lebenden Völkern als auch in der umfassenderen Berührung mit der hellenistischen und römischen Zivilisation.

Obwohl es tatsächlich eine große Vielfalt an Sekten, Gruppen und Bewegungen in diesem Zeitraum gab, läßt sich innerhalb des jüdischen Volkes kaum von einer voll ausgeprägten Orthodoxie oder Heterodoxie sprechen. Die meisten Bewegungen versuchten vielmehr, die wichtigsten Komponenten der grundlegenden kulturell-religiösen Orientierungen (der rituellen, gesetzlichen und eschatologischen Auffassungen) mit den (politischen, religiösen und primordialen) Komponenten der nationalen Identität zu verbinden und dazu auch irgendwie die Spannung zwischen den universalistischen und partikularistischen Elementen bei der Konstruktion dieser Identität zu lösen.

Davon gab es nur wenige Ausnahmen, und diese fanden sich in einigen der kleinen, abgeschnittenen Diasporagemeinden in relativ entlegenen Kolonien, wie etwa jenen von Elephantine, oder auch bei manchen Gruppen in Palästina, wie beispielsweise den Samaritern. So groß die Unterschiede zwischen den einzelnen Ausnahmen auch sein mochten, hatten sie doch eines gemeinsam: Sie alle gaben einige der Elemente auf, die den Kern der jüdischen Tradition bildeten. Dadurch stellten sie sich außerhalb des gemeinsamen jüdischen Rahmens und zogen sich hinter engere Mauern zurück.

Dies unterschied sie von anderen Sekten und Bewegungen, die in der jüdischen Bevölkerung gediehen und sich innerhalb des breiteren gemeinsamen national-politisch-religiösen Rahmens mit all seinen vielfältigen Elementen kontinuierlich entwickelten und zu behaupten versuchten.

All diese Spannungen führten zu einer volleren Entfaltung der Hauptthemen politischer Kultur, die sich bereits – wenn auch vorerst noch in ziemlich embryonaler Form – in der Spätzeit des Zweiten Tempels herausgebildet hatten, sowie zu einer Intensivierung politischer Auseinandersetzungen. Sie waren eng

verknüpft mit den Beziehungen zu den äußeren Mächten – erst den hellenistischen Königreichen, dann dem römischen Imperium – und mit den Haltungen gegenüber der inneren politischen Ordnung und Autorität, nämlich den Königen der Hasmonäerdynastie, Herodes und den nachfolgenden Königen und Herrschern bis zur Zerstörung des Zweiten Tempels.
Schließlich wurde dieser äußerst intensive innere Kampf Teil des Prozesses, der zum »letzten Krieg« oder Aufstand gegen die Römer, der Zerstörung des Tempels im Jahr 70 n.d.Z. und der Übersiedlung des Sanhedrins nach Jawne führte.

Zusammenfassung

Somit entstanden in der Zeit des Zweiten Tempels neue Muster der religiösen Orientierungen, Elitestrukturen und institutionellen Modelle, die sich im Verlauf der jüdischen Geschichte erhalten sollten. Diese Entwicklungen bauten auf den früheren auf, strukturierten sie jedoch auf neue Weise um – und zwar auf eine Art, die den gesamten Gang der nachfolgenden jüdischen Geschichte geprägt hat.
Innerhalb dieses Rahmens haben auch die für die jüdische Geschichte bezeichnenden Langzeitthemen und -spannungen überdauert und zugenommen: nämlich die Spannungen zwischen Universalismus und Partikularismus; zwischen primordialen, ethnischen, politischen, ethischen und religiösen Orientierungen und Komponenten; zwischen einer primordialen und historischen Identität.
In diesem Zeitalter stand die jüdische Zivilisation vor einigen ihrer größten Prüfungen – nämlich vor der Frage, ob sie imstande sein würde, derart intensive religiöse Orientierungen an der sozio-politischen Sphäre mit der Aufrechterhaltung eines geordneten Gemeinwesens – einer voll ausgeprägten institutionalisierten Ordnung – zu verknüpfen und ihre breiteren universalistischen Orientierungen in einer von aktivem Wettbewerb mit anderen Zivilisationen gekennzeichneten Lage zu bewahren.
Äußerlich betrachtet hat sie diese Prüfungen nicht zu bestehen vermocht, aber das Bewußtsein dieser Herausforderungen ver-

ging nicht. Ja, es mag sich nach der Zerstörung des Tempels sogar durchaus noch vollständiger artikuliert haben. Die der jüdischen Zivilisation innewohnenden Grundorientierungen und -spannungen wurden durch die Zerstörung des Zweiten Tempels und das Ende des Zweiten Reiches verwandelt.

3. Kapitel
Nach der Zerstörung des Zweiten Tempels – das Zeitalter des Exils und die Vorherrschaft des rabbinischen Modells

Historischer Hintergrund

Allgemeine Merkmale

Mit der Zerstörung des Zweiten Tempels und der Übersiedlung des Sanhedrins nach Jawne begann ein neuer Abschnitt der jüdischen Geschichte, der in gewisser Hinsicht bis zur Öffnung der europäischen Gesellschaft gegenüber den Juden gegen Ende des 18. und während des 19. Jahrhunderts fortdauerte.

Dieser lange Zeitabschnitt war natürlich keineswegs homogen oder einheitlich, sondern läßt sich in drei wichtige Unterabschnitte gliedern. Die erste Phase – von der Zerstörung des Tempels bis ins siebte Jahrhundert christlicher Zeitrechnung – erlebte die Entstehung und Fortbildung des rabbinischen Judentums. Hier wären die Kodifikation und Veröffentlichung der Mischna in Galiläa um das Jahr 200 n.d.Z. und der beiden Talmude zu nennen, nämlich des Babylonischen um 500 n.d.Z. und des Jerusalemer im frühen fünften Jahrhundert. Die Mehrzahl der jüdischen Gemeinden lebte unter römischer oder persischer Oberhoheit in Erez-Israel, Babylonien, Ägypten und in geringerem Umfang in anderen Provinzen dieser Imperien. Die zweite Phase – ab etwa dem siebten Jahrhundert und dem Aufstieg des Islam bis zur Vertreibung aus Spanien (1492) – war die Zeit des »klassischen« mittelalterlichen Judentums; die Gemeinden lagen in christlichen und muslimischen Ländern verstreut, und ihr Leben wurde völlig von dem mittelalterlichen rabbinischen Modell bestimmt. Die dritte Phase dauerte von der Vertreibung aus Spanien bis zum Zeitalter der Emanzipation, das durch die Französische Revolution eingeleitet wurde; in dieser Periode zeigten die Mauern des rabbinischen Modells ihre ersten Risse, und die großen messianischen Bewegungen, allen voran die des Sabbatai Zwi (1665-66), nahmen ihren Aus-

gang, mit mannigfaltigen intellektuellen und institutionellen Auswirkungen.
Trotz der gewaltigen Unterschiede zwischen diesen drei Phasen – deren detailliertes Studium den Rahmen dieses Werks sprengen würde – besaßen sie einige gemeinsame Grundmerkmale, die für unsere Analyse von großer Bedeutung sind. Schon bei Beginn dieser langen Periode hatten die Juden ihre politische Unabhängigkeit eingebüßt, was später mit dem Verfall der jüdischen Gemeinde in Palästina zu wachsender Zerstreuung und zunehmender politischer Passivität und Unterjochung führte. Die Juden wurden überall zu einer politischen Minorität aufgrund spezieller (leicht widerrufbarer) Sondergenehmigungen; damit lebten sie als Gemeinschaften von Fremden abhängig von der Gunst der Herrscher, die aus fiskalischen Gründen ein Interesse an ihnen hatten. Sie waren hauptsächlich mit diversen wirtschaftlichen Mittlerfunktionen beschäftigt – vor allem als Händler, Handwerker, Finanziers – und nur in weit geringerem Ausmaß in der Landwirtschaft. Sie besaßen relativ beschränkte rechtliche und wirtschaftliche Befugnisse und schwebten ständig in Gefahr, zum Gegenstand des öffentlichen Unwillens zu werden oder bei Herrschern oder kirchlichen Stellen in Ungnade zu fallen, was alles in Krawallen oder Vertreibungen gipfeln konnte.
Damit eng verbunden waren natürlich eine immer weitere Zerstreuung und ewige Wanderbewegungen, die zu einem Grundbestandteil jüdischer Existenz wurden. So entstand eine Vielzahl von Zentren mit wechselnder Stärke.
Im ersten Zeitabschnitt, also während des ausgehenden Altertums und der frühchristlichen Zeit, lebten die meisten Juden in den Ländern des Nahen und Mittleren Ostens – in Palästina, Syrien, Babylonien, Ägypten und im Byzantinischen Reich. Nur sehr wenige begannen in west- und mitteleuropäische Regionen vorzudringen.
Mit der Ausdehnung des muslimischen Reiches vom siebten bis zwölften Jahrhundert kamen die Juden überwiegend unter islamische Herrschaft – im Vorderen Orient, in Spanien und Nordafrika. Aber in wachsender Anzahl (die allerdings immer noch eine Minderheit innerhalb des jüdischen Volkes bildete) ließen sie sich nun auch in christlichen Ländern nieder – im christli-

chen Spanien, in Frankreich, England und Deutschland (Aschkenas). Nach der Vertreibung aus Spanien bis zum Anfang des 17. Jahrhunderts lebten immer noch die meisten Juden unter muslimischer – in diesem Fall osmanischer – Herrschaft in den Mittelmeerländern sowie im Nahen und Mittleren Osten, aber daneben ging der Zustrom in die christlichen Länder Europas weiter: nach Italien, den Niederlanden und vor allem Deutschland, Polen und anderen osteuropäischen Ländern. Ab dem 17. Jahrhundert dehnten sich die Gemeinden in diesen »aschkenasischen« Ländern kontinuierlich aus und wurden schließlich zu den Hauptzentren jüdischen Lebens.

Institutionelle Veränderungen

In engem Zusammenhang mit diesen Entwicklungen ergab sich eine deutliche Verlagerung in den sozialen und institutionellen Organisationszentren jüdischer Lebensführung, und zwar hin zu kommunalen Einrichtungen, Rabbinats- und Gemeindegerichten, Lehrhäusern und Netzen, zu Kontakten und Wirtschaftsbeziehungen unter ihnen und zwischen den einzelnen Familien. Diese Strukturen wurden nun zum wichtigsten institutionell-organisatorischen Bindeglied des jüdischen Lebens. Übergreifende Institutionen waren die Gemeinden und ihre Gerichte, die von den Städten gewöhnlich mit einigen Korporativ- und Aufsichtsrechten über die Juden ausgestattet wurden und zumindest auch eine beschränkte Kontrollfunktion über den Zugang zu Wirtschaftsaktivitäten und Wohnrechten erhielten, die den Juden offenstanden.

Innerhalb dieses Rahmens bildeten die Familie und Familiennetze den Grundkern der jüdischen Gemeinde, dazu die Synagoge und verschiedene Gemeindeeinrichtungen einschließlich Unterrichts- und Studienzentren.

In diesem institutionellen Rahmen entwickelten sich die wichtigsten neuen Führungsschichten, die in den jüdischen Gemeinden tätig wurden. Die konkrete Struktur dieser Führung machte nach der Zerstörung des Zweiten Tempels notwendigerweise weitreichende Veränderungen durch. Dabei sehen wir uns hier einer ziemlich paradoxen Situation gegenüber: Neben diesen umfangreichen Veränderungen in der Führungsstruktur bewahrte sie sich nämlich eine auffallende Kontinuität in ihren analytischen Grundmerkmalen.

Die Veränderungen, die mit dem Verlust der politischen Unabhängigkeit und der Zerstreuung einhergingen, waren offensichtlich. Natürlich manifestierten sie sich vor allem in der kontinuierlichen Schwächung der vorher relativ zentralisierten politischen Führung. Wo immer die äußeren Umstände günstig waren, bildete sich eine solche Führung jedoch trotzdem heraus, wie etwa in Form des Exilarchs in Babylonien oder ähnlicher Positionen anderswo, wie zum Beispiel im Südfrankreich des zehnten bis zwölften Jahrhunderts.

Gleichzeitig zeichnete sich – unter günstigen Umständen – ein Übergang zu örtlichen oder überörtlichen Organisationen ab, wie etwa dem berühmten *Waad Arba Haarazot* (Vierländersynode) in Polen oder ähnlichen Zusammenschlüssen in Mähren und anderswo. Aber im allgemeinen setzte sich die örtliche Führung aus den Gemeindevorstehern zusammen, zu denen sich manchmal noch die Rabbiner und Studenten der wichtigsten Lehrhäuser, der verschiedenen Jeschiwot, gesellten.

Somit bestanden die wichtigsten Eliten in den meisten jüdischen Gemeinden stets aus einer irgendwie gearteten Kombination dieser drei Elemente: den stärkeren, reicheren, oligarchischen Schichten der Gemeinde, den ambitionierten Gemeindepolitikern und den verschiedenen Lehramtsträgern, nämlich den Rabbinern, Gelehrten und in gewissem Umfang auch den Mystikern. Diese Elemente formten gewöhnlich die wesentlichsten Herrschaftskoalitionen, die das Leben dieser Gemeinschaften bestimmten. Dabei entwickelte gerade die letztgenannte Gruppe einige spezialisierte, autonome Institutionen und bildete dadurch das kontinuierlichste Element in den übergemeindlichen und sogar länderübergreifenden Netzen.

Diese verschiedenen Eliten und Subeliten waren immer aus zahlreichen Elementen zusammengesetzt, so daß sich innerhalb jeder einzelnen und auch zwischen ihnen ständige Spannungen ergaben, auf die wir später noch eingehender zurückkommen werden. Diese Spannungen wurzelten in der Tatsache, daß diese Eliten – trotz aller Veränderungen in ihrer konkreten Zusammensetzung im Vergleich zu früheren Zeitabschnitten – doch weiterhin die Grundmerkmale ihrer Vorgänger aufwiesen: Es gab nämlich weiterhin eine Vielfalt von Eliten mit starkem Engagement im religiösen und politischen Bereich, die Glaubensvorstellung vom freien Zugang aller Gemeindemitglieder zum Bereich des Heiligen und die Betonung der Bundesbeziehungen zwischen Gott und dem Volk Israel.

All dies bedeutete sowohl eine Fortführung als auch einen Bruch gegenüber der Zeit des Zweiten Tempels. Zwar war die politische Unabhängigkeit nach der Rückkehr aus Babylonien stets ziemlich unsicher, mehr noch als schon zur Zeit des Ersten Tempels; ja, es gab nicht einmal den Grad an politischer Selbständigkeit und Kontinuität, die die davidische Monarchie besessen hatte. Außerdem hatten sich bereits in der Zeit des Zweiten Tempels viele Diasporagemeinden gebildet – hauptsächlich in Ägypten, Babylonien und Syrien –, die nun zu einem dauerhaften Bestandteil jüdischer Existenz wurden, so daß eine Vielfalt von Zentren entstand. Aber die Zerstörung des Tempels und der Verlust der politischen Unabhängigkeit bedeuteten andererseits natürlich doch einen scharfen, traumatischen Bruch mit der Vergangenheit. Nachdem die autonome politische Macht verlorengegangen war, wurden die Beziehungen zwischen dem Zentrum und der Diaspora sowie die Stellung der letzteren – als einer im Exil befindlichen Minorität – nicht nur zu einem dauernden Faktum, sondern, wie wir später noch ausführlicher sehen werden, auch zu einem ständigen Problem jüdischen Lebens und jüdischen Kollektivbewußtseins.

Das Leben der überwiegenden Mehrzahl der Juden beschränkte sich allerdings wohl auf die Notwendigkeiten des Alltags: den Kampf ums Überleben und die Flucht vor Verfolgung. Es drehte sich um Familie, Nachbarschaft und die wichtigsten Gemeindeeinrichtungen, also die Synagoge, verschiedene Vereinigungen, die sich um Unterricht und Wohlfahrtshilfe kümmerten, und die diversen Zentren, Kreise und Netzwerke der Gelehrsamkeit. Hinzu kamen übergemeindliche Netzwerke, die auf Verwandtschaft, zwischengemeindlichen Wirtschaftsbeziehungen und den Banden zwischen Gelehrten und Lehranstalten beruhten.

Alle diese Entwicklungen im äußeren Schicksal und der inneren Organisation des jüdischen Volkes standen mit der wachsenden Vorherrschaft in Verbindung, die das rabbinische institutionelle Modell, das Modell der mündlichen Lehre, der Halacha (des Gesetzes), im jüdischen Leben gewann, wobei dieses Modell zum wichtigsten Rahmengefüge der jüdischen Zivilisation wurde. Diese Vorherrschaft bildete sich relativ langsam heraus, nämlich erst im dritten oder vierten Jahrhundert christlicher Zeitrechnung. Zu jener Zeit hatte dieses Modell – wenn auch nur teilweise – die anderen institutionellen Modelle abgelöst, und zwar nicht nur die mehr priesterlich und politisch ausgerichteten Orientierungen, die mit dem Tempel und einem unabhängigen Gemeinwesen zusammenhingen, sondern auch die verschiedenen sektiererischen Tendenzen, die von den diversen Sekten und Bewegungen und dabei insbesondere von dem entstehenden Christentum getragen wurden.

In den ersten zwei oder drei Jahrhunderten nach der Zerstörung des Zweiten Tempels waren diese Sekten und Gruppen in Judäa und Galiläa immer noch sehr sichtbar vertreten und nahmen vermutlich eine dominante Stellung in der Wüste ein, in Form diverser hagaristischer oder samaritanischer Gruppen, von denen sich einige der ersteren später zu einer mächtigen neuen universalen Zivilisation zusammenschlossen – dem Islam.

Der Konkurrenzkampf zwischen all diesen Gruppen und Sekten, die immer noch alle mit ihrem gemeinsamen Ursprung im Rahmen der jüdischen Zivilisation verbunden waren, wurde äußerst intensiv und bitter geführt, und aus diesem Ringen heraus entstand schrittweise die Vorherrschaft des rabbinischen Modells, die bis in die Neuzeit andauern sollte. Doch auch in dieser Zeit wurden viele der Sekten und sektiererischen Orientierungen nicht völlig ausgelöscht, sondern eher in den Untergrund gedrängt, in die Randbereiche der jüdischen Gesellschaften oder in die Zwischenräume zwischen der jüdischen, christlichen und islamischen Zivilisation.

Dieses Modell der mündlichen Lehre – das spätere rabbinische Modell – begann sich in der Zeit des Zweiten Tempels herauszubilden, und zwar aus dem kombinierten Wirken der verschiedenen Gemeindeführer, der Schriftgelehrten und ihrer Vorgänger sowie der Leiter der wichtigsten sektiererischen und religiös-sozialen Bewegungen. Gekennzeichnet war es von einer wachsenden Betonung rechtlich-ritueller Vorschriften, gestützt auf Exegese, Studium und kontinuierliche Fortentwicklung der Texte und/oder des Gemeinschaftsgebetes als Mittelpunkt oder Schauplatz der jüdischen Religion und Tradition.

Dieses Modell verknüpfte einige vorherrschende diesseitsgerichtete Auffassungen mit einigen überweltlichen und eschatologischen Prämissen, die sich, wie gesagt, früher herausgebildet hatten. Letztere erreichten in diesem Modell jedoch nicht die gleiche Ausprägung wie in anderen monotheistischen oder jenseitsgerichteten Religionen. Die potentiell revolutionären und universalistischen Implikationen dieser Haltungen, die in einigen der Sekten und später im Christentum besonders deutlich hervortraten, wurden hier neu interpretiert und in die entstehende Tradition der mündlichen Lehre eingebunden.

Wir haben bereits von den ziemlich eigenartigen Auffassungen gesprochen, die sich hinsichtlich der prophetischen Tradition herausgebildet hatten. Einerseits wurden die ethischen, rationalen und sogar eschatologischen Traditionen der Propheten durch einen Prozeß der Kodifikation und Kanonisierung der heiligen Schriften in das neu entstehende Paradigma integriert, während man andererseits die Möglichkeit fortdauernder unabhängiger Prophetie ablehnte. Anstelle der Offenbarung entwikkelte sich nun der stärker strukturierte Vorgang von Studium, Rechtsauslegung und den Kollegialentscheidungen der Gerichte und Gemeindeorganisationen.

Diese neue Tradition der mündlichen Lehre brachte eine Wende mit sich, bei der die Vorherrschaft von rituell-kultischen Elementen und prophetischen Visionen auf die Fortentwicklung kanonischer Schriften und die Auslegung und Entwicklung der entstehenden mündlichen Lehre überging. Die Auslegung selbst stützte sich auf eine fortschreitende Systematisierung der rechtlich-rituellen Vorschriften nach abstrakteren systematischen Prinzipien. Dieses Auslegungssystem wurde zunächst in der Mischna und Tossefta kodifiziert, viel später dann in den beiden Talmuden – dem Jerusalemer und dem Babylonischen –, die als Grundlagen für ständige weitere Interpretationen dienten, also die große rabbinische Literatur begründeten, die bis heute weitergeführt wird. Dieses Schrifttum war äußerst reichhaltig und heterogen. Es gab darunter die frühere, mehr interpretative Literatur der Middraschim, die sowohl rechtliche als eher »legendäre« Elemente (Aggadot) enthielten. Später folgten die Responsa-Literatur der *Scheelot Weteschuwot* (Fragen und Antworten), die gesammelten Kommentare und Exegesen des Gesetzes und schließlich sekundäre Kodifikationen, darunter vor allem die berühmte »Mischne Tora« des Maimonides (verfaßt um 1178), der »Baal Haturim« aus dem 15. Jahrhundert und die letzte große Kodifikation, der »Schulchan Aruch« von Rabbi Joseph Karo oder Caro (1488-1575). Hinzu kamen vielfältige Kommentare zu Bibel, Mischna und Talmud, unter denen sich die von Raschi (Rabbi Schlomo Izchaki) aus Frankreich (1040-1105) wohl der größten Berühmtheit und Beliebtheit erfreuten, sowie noch die sehr weit verbreitete »ethische« Literatur (Mussar).

Dieses gesamte Schrifttum zielte darauf ab, die meisten Aspekte jüdischen Alltagslebens auf systematische Weise zu regeln: im ethisch-religiösen Bereich unter besonderer Betonung der Speisebeschränkungen und – in geringerem Grade – der Kleidungsvorschriften; auf dem Gebiet der zwischenmenschlichen Beziehungen im allgemeinen und der wirtschaftlichen im besonderen; außerdem in gewissem Umfang, wie wir noch sehen werden, in Angelegenheiten der Gemeindeorganisation und im Verhältnis zum jeweiligen Wirtsvolk. Somit steckte es die spezifischen Inhalte und Grenzen des jüdischen Gemeinschaftslebens und der jüdischen Zivilisation ab und lieferte die Rechtfertigung oder Erklärung dieser Vorschriften in religiöser und moralischer Hinsicht.

Während dieses gesamten Zeitraums wurde also die mündliche Lehre mit ihrer Kombination von »rituellen«, »studienbezogenen« und rein rechtlichen Aspekten in all ihren Variationen zum gemeinsam bindenden sozio-kulturellen Rahmen, der das jüdische Volk zusammenhielt und den symbolisch-institutionellen Rahmen für das Fortbestehen der jüdischen kollektiv-nationalen und kulturellen Identität lieferte.

Besondere Bedeutung für die Aufrechterhaltung dieses Rahmens, der die verschiedenen jüdischen Gemeinden verband, kam der hebräischen Sprache zu. Ebenso wie das Lateinische in der katholischen Christenheit und das Arabische im Islam war das Hebräische die Sprache des Gebets und des philosophischen Diskurses. Aber über das Lateinische und in gewisser Hinsicht auch das Arabische hinausgehend, war es auch das Idiom der rechtlich-rituellen Erörterung und des Briefwechsels in vielen weltlichen Angelegenheiten wie etwa Wirtschaftstransaktionen oder Familiendingen. Obwohl die Juden natürlich die Umgangssprache ihres jeweiligen Wohnlandes lernten und obwohl zumindest in der muslimischen Welt ein großer Teil der jüdischen philosophischen Abhandlungen in Arabisch abgefaßt war, erleichterten die zahlreichen Anwendungsfelder der hebräischen Sprache doch weitgehend die Aufrechterhaltung enger Beziehungen zwischen verschiedenen jüdischen Gemeinden und die Wahrung des gemeinsamen Rahmens der jüdischen Zivilisation, die ja auf die Institution der Halacha ausgerichtet war.

Dieses Modell artikulierte und regelte auch die wichtigsten Symbole jüdischer Identität, die auf primordialen, nationalen oder religiösen Grundvorstellungen beruhten. Zwar waren diese Symbole älter als die Vorherrschaft der Halacha, aber letztere bildete – mit ihren vielfältigen Gemeindeeinrichtungen und Netzen – in diesem Zeitraum den wichtigsten institutionellen Rahmen, in dem die Kontinuität der jüdischen Kultur aufrechterhalten wurde und all die verschiedenen Elemente oder Komponenten der jüdischen kollektiven Identität zusammenflossen, also »nationale«, primordiale, »ethnische« oder religiöse, kulturelle und politische.

Die meisten Juden unterschieden vermutlich nicht zwischen diesen verschiedenen Teilbereichen ihrer Identität. Sie glaubten, daß diese einzelnen Teilstränge ganz natürlich zusammenliefen und durch das Gesetz gebunden waren. Sie nahmen an, daß ihr monotheistisches, an der Vorstellung eines Bundes orientiertes Glaubenssystem sowie die Tatsache ihrer Auserwähltheit der ganzen Struktur des Gesetzes seine Legitimität verliehen.

Wie jedoch bereits an früherer Stelle ausgeführt, war das neue Modell der mündlichen Lehre mit seinen weitreichenden institutionellen Auswirkungen niemals so vollständig institutionalisiert oder homogen, wie es von der rabbinischen Tradition und nachfolgenden modernen Historikern häufig dargestellt worden ist.

Das Modell der mündlichen Lehre hatte in der Zeit des Zweiten Tempels noch *nicht* die Vorherrschaft und war damals auch längst nicht homogen. Doch auch später noch, als dieses Modell den Vorrang erlangte, frühere Modelle integrierte und in seinem Schoß umformte, wurden diese doch niemals ausgelöscht. Die älteren – eschatologischen, mystischen oder philosophischen – Elemente und Orientierungen überdauerten in diesem Modell und wurden in ihm verwandelt; außerdem tauchten sie häufig als Vorboten verschiedener Trends wieder auf, nämlich der mystischen, philosophischen und kontemplativen sowie all dieser sich überschneidenden messianischen Bewegungen, die selbst im Inneren dieses Modells äußerst mächtig blieben.

Darüber hinaus bestanden auch Spannungen zwischen einigen Charakteristika, die das neue Modell kennzeichneten. Erstens gab es Spannungen zwischen den elitistischen Neigungen, die strikt juristisch-rational ausgerichtet waren und großen Wert auf Studium und Gelehrsamkeit legten, und den volkstümlicheren Neigungen zu Gebet, Frömmigkeit und Ekstase unter Einbeziehung stark mystischer Komponenten. Zweitens kam es zu Spannungen zwischen denen, die politisch-kommunale Führerschaft und Tätigkeit in den Vordergrund stellten, und jenen, die die Bedeutung rechtlich-religiösen Studiums betonten.

Diese große innere Heterogenität innerhalb der rabbinischen Tradition wurde von internen und externen Kräften gespeist. Im Innern gab es die verschiedenen wichtigen religiösen, intellektuellen und sozialen Orientierungen, die wir eben erwähnt haben. Allerdings waren sie niemals völlig autonom; die symbolische und vor allem organisatorische Selbständigkeit blieb ihnen versagt; sie wurden gewöhnlich als sekundäre Elemente in das Modell der Halacha eingegliedert; und man erlaubte ihnen nicht, sich zu heterodoxen Sekten zu entwickeln. Aber trotzdem bildeten sie wichtige Komponenten des jüdischen Lebens als Kristallisationspunkte kultureller Aktivität und im Untergrund verlaufender Entwicklungen. Das Ringen zwischen diesen Orientierungen führte zu äußerst vielgestaltigen Auslegungen der Tradition, die jeweils von unterschiedlichen Eliten und Gruppen getragen wurden, also von den diversen Führungsschichten, die sich in den jüdischen Gemeinden herausgebildet hatten. Diese Auseinandersetzungen – und die eng damit verbundene Vielfalt der kulturellen Kreativität – standen in engem Zusammenhang mit »externen« Entwicklungen, nämlich mit den Beziehungen der jüdischen Gemeinden zu ihren »Wirtsgesellschaften«.

Diese große und vielgestaltige Kreativität bezog sich natürlich in erster Linie auf den intellektuellen Bereich – aber nicht nur auf diesen. Im Mittelpunkt standen stets – bestärkt durch die oft intensiven und vehementen Auseinandersetzungen und Diskussionen – die Absteckung der symbolischen und institutionellen Grenzen für die kollektive Existenz des jüdischen Volkes im Exil und die Bemühungen, sie zu bewahren.

Die Beziehungen zu den Wirtszivilisationen

Die Muster einer religiösen und zivilisatorischen Identität

Die heterogenen Tendenzen im Rahmen der rabbinischen Tradition der Halacha standen nicht nur mit der Heterogenität und Autonomie der jüdischen Gemeindeführung in Zusammenhang, sondern auch mit dem Verhältnis der Juden zu ihren Wirtszivilisationen – wobei diese Beziehungen ihrerseits wiederum die Merkmale der Führung stärkten.

Nicht nur die politische Unterjochung und die andauernde Zerstreuung, begleitet von der Vorstellung, daß die Juden im Grunde Fremde in den Ländern seien, in denen sie lebten, wurden zu den entscheidenden Aspekten der »externen« Geschichte der Juden. Vielmehr sahen wir bereits, daß in der Zeit des Zweiten Tempels ein großer Teil des jüdischen Volkes ein starkes Konkurrenzdenken gegenüber anderen – vor allem hellenistischen und römischen – Zivilisationen entwickelte, deren Universalitätsansprüche sie als für ihre eigene Kollektividentität bedrohlich ansahen. Im großen und ganzen stellten die Juden keine direkte Bedrohung für diese Zivilisationen dar; doch wurden sie wegen ihrer eigenartigen Verbindung von politischen, ethnischen und religiösen Orientierungen als ein recht sonderbarer Volks- oder Zivilisationstyp betrachtet, was wiederum, zum Beispiel in Tacitus' Schriften, zu ersten Äußerungen dessen führte, was man später als antisemitische Haltungen und Ideologien bezeichnet hätte. Diese Einstellungen gehen aus den Worten hervor, die Marguerite Yourcenar Hadrian in den Mund gelegt hat:

> Im Prinzip hatte das Judentum seinen Platz unter den Religionen des Imperiums; in der Praxis hat Israel sich seit Jahrhunderten geweigert, ein Volk unter vielen anderen zu sein, mit einem Gott unter den Göttern. Die primitivsten Dakier wissen, daß ihr Zalmonxis in Rom Jupiter genannt wird; der phönizische Baal vom Cassius-Berg ist leicht mit dem Vater gleichgesetzt worden, der den Sieg in seiner Hand hält und die Weisheit gezeugt hat; die Ägypter, die doch so stolz auf ihre mehrtausendjährigen Mythen sind, erklären sich bereit, in Osiris einen Bacchus mit Todesattributen zu sehen; der strenge Mithra gesteht seine Bruderschaft mit Apoll. Kein Volk außer Israel besitzt den Hochmut, die Wahrheit gänzlich auf die engen Grenzen einer einzigen Vorstellung vom Heiligen zu beschränken und dadurch die vielfältige Natur der Gottheit zu beleidigen, die alles enthält; kein anderer Gott hat seine Diener mit Haß und Verachtung für diejenigen erfüllt, die an anderen Altären beten. Ich war nur um so begieriger, Jerusalem zu einer Stadt wie andere zu machen, in der mehrere Völker und mehrere Religionen in Frieden leben konnten; doch ich hätte nicht vergessen dürfen, daß in jeglichem Kampf zwischen Fanatismus und gesundem Menschenverstand der letztere nur selten die Oberhand gewinnt. Die Geistlichkeit der alten Stadt war aufgebracht über die Eröffnung von Schulen, in denen griechische Literatur gelehrt wurde; Rabbi Josua, ein angenehmer, gelehrter Mann, mit dem ich mich häufig in Athen unterhalten hatte, während er

jetzt versuchte, sich bei seinem Volk für seine fremde Kultur und seine Beziehungen zu uns zu entschuldigen, befahl nun seinen Anhängern, keine solchen profanen Studien aufzunehmen, es sei denn in einer Stunde, die weder Tag noch Nacht sei – das jüdische Gesetz muß nämlich bei Nacht und bei Tag studiert werden. Ismael, ein wichtiges Mitglied des Sanhedrin, der angeblich auf der Seite Roms stand, ließ seinen Neffen Ben-Dama lieber sterben, als die Dienste des griechischen Chirurgen in Anspruch zu nehmen, den Tineus Rufus ihm gesandt hatte. Während man in Tibur noch nach Mitteln suchte, die Meinungsverschiedenheiten beizulegen, ohne den Anschein zu erwecken, daß man den Forderungen der Fanatiker nachgebe, nahmen die Ereignisse im Osten eine Wendung zum Bösen: ein Zelotenaufstand siegte in Jerusalem.[1]

So wurden die Juden zu dieser Zeit wohl höchstens als örtlicher Störenfried angesehen und nicht etwa als grundlegende Bedrohung der herrschenden Zivilisation. Erst als sie aktiv an dem großen Konkurrenzkampf zwischen den verschiedenen Religionen teilnahmen, die sich in den letzten Jahrhunderten des römischen Imperiums herausgebildet hatten, betrachteten sich die Juden als ernste Bedrohung ihrer Wirtszivilisationen. Diese Konfrontation verschärfte sich und stellte sich völlig neu: zunächst mit dem Aufstieg des Christentums und dessen Übernahme als herrschende Religion des Römischen Reiches, später dann bei der Entstehung des Islam und dessen Eroberung des Nahen und Mittleren Ostens. Einmal waren Christentum und Islam »postachsenzeitliche« monotheistische Religionen mit einem Universalitätsanspruch, der sie bestrebt sein ließ, eine Zivilisation aufzubauen, die selbstverständlich alle diejenigen umfaßte, mit denen sie in Kontakt kamen – die Juden natürlich eingeschlossen. Darüber hinaus waren sie jedoch auch – und dies gilt vor allem für das Christentum, in etwas milderer Form aber ebenfalls für den Islam – historisch mit der jüdischen Religion und Nation verwandt, und diese geschichtliche Verwandtschaft bildete einen wesentlichen Grundpfeiler ihrer Prämissen, ihrer Selbstdefinition. Die Christen betrachteten sich selbst als die wahren Kinder Israels, die an ihrem Glauben festhaltenden Juden aber als Abweichler, als eine Abirrung vom wahren isra-

1 Marguerite Yourcenar, *Memoirs of Hadrian*, London 1978, S. 190f.

elitischen Glauben. Für die Muslime war Mohammed der letzte – und abschließende – Prophet, der die Gültigkeit seiner Vorgänger überstieg, wenn auch nicht unbedingt völlig negierte, und die Nichtannahme dieser Prämissen durch die Juden wurde von ihnen ebenfalls als Abirrung angesehen.

Infolgedessen bildete sich in diesen beiden Religionen und Zivilisationen eine grundlegende Ambivalenz gegenüber den Juden heraus, die die Haltung gegenüber anderen Minderheiten bei weitem überstieg. Diese Ambivalenz drückte sich nicht »nur einfach« in Pogromen, Verfolgungen und Vertreibungen aus, sondern auch in den spezifisch ideologischen Dimensionen, die diese Handlungen begleiteten, nämlich in versuchten Zwangsbekehrungen, Massakern und den berühmten Ritualmordbeschuldigungen, bei denen Juden bezichtigt wurden, christliche Kinder getötet und deren Blut getrunken zu haben. All dies führte zu einem heldenhaften jüdischen Märtyrologium durch die Heiligung des (göttlichen) Namens (*Kiddusch Haschem*).

Diese Ambivalenz fügte der tatsächlich bestehenden politischen Unterwerfung und Zerstreuung eine neue Dimension hinzu, da sie nun als Beweis für die Überlegenheit der herrschenden Religion gewertet wurden.

Zivilisatorischer und religiöser Konkurrenzkampf

Gleichzeitig waren die Juden, ganz im Gegensatz zu vielen anderen Minderheitenvölkern, nicht nur bestrebt, sich einen eigenen Platz in der stürmischen politischen und wirtschaftlichen Realität jener Zeit zu bewahren, sondern behaupteten auch wiederholt die universale Gültigkeit ihrer Religion und Tradition.

So war, wie wir gesehen haben, die jüdische Lage schon in der Zeit des Zweiten Tempels durch die Verbindung einer ziemlich unsicheren politischen und wirtschaftlichen Stellung mit Bemühungen um eine intensive Beteiligung am politischen und kulturellen Leben jenes Zeitalters gekennzeichnet. Diese Teilnahme gründete sich auf Versuche, sich eine eigene Identität und einen institutionellen Rahmen zu geben, die es ihnen ermöglichen sollten, ihre politische, religiöse und primordiale Identität zu bewahren und dabei gleichzeitig einige ihrer Ansprüche auf universale Gültigkeit zu stützen.

In der langen Periode des Exils erfuhr diese Situation recht dramatische Veränderungen; aber der Glaube der Juden an die universale Gültigkeit ihrer Religion ließ nicht nach, auch wenn sie tatsächlich nicht länger offen mit anderen Zivilisationen konkurrieren konnten und nahezu ihre gesamten Energien darauf verwenden mußten, ihren eigenen kulturell-religiösen Rahmen aufrechtzuerhalten und – durch strenge Kontrolle ihrer Lebensweise – ihre Segregation vom Wirtsvolk und ihre symbolischen Grenzen zu wahren.

Doch selbst unter diesen Umständen war die von den Juden für sich in Anspruch genommene Legitimität nicht bloß religiös oder »kultisch«, sondern enthielt weiterhin einige starke politische Elemente. Das zeigte sich einmal an der Bedeutung, die sie der kollektiven Errettung und politischen Erlösung beilegten, zum anderen an der unter anderen zerstreuten Völkern einzigartigen Weise, in der sie die Exilerfahrung in metaphysischen Begriffen definierten und dem noch eine weitere metaphysische Definition der primordialen Beziehung zwischen dem Land Israel und dem Volk Israel anfügten; beide Punkte werden wir alsbald ausführlicher behandeln. Ferner enthielt ihre Auffassung auch sehr ausgeprägte universalistisch-zivilisatorische Komponenten und Prämissen.

Somit waren die Juden nicht einmal in dieser Zeit nur eine bloße Paria-Minorität, die häufig die Funktionen von Mittelsleuten erfüllte. Diese Eigenschaften definierten nicht ihre grundlegenden Beziehungen zu ihren Wirtszivilisationen; diese Beziehungen wurden vielmehr durch den gemeinsamen historisch-religiösen Ursprung bestimmt, also dadurch, daß die Christen – und in geringerem Maß auch die Muslime – den Juden das Recht auf Nichtanerkennung des Christentums bzw. des Islam absprachen.

All das führte dazu, daß die Juden als problematischer und ambivalenter Bezugspunkt sowie als potentielle Bedrohung für die Legitimität des Glaubens ihrer Wirte betrachtet wurden. Dadurch entwickelten sich gespannte Beziehungen zwischen Wirtsgesellschaften und Gastgemeinden, wobei jeder versuchte, die grundlegende Legitimität seiner Kultur unter Beweis zu stellen. (Bezeichnenderweise sind in den Kulturen, in denen – wie etwa in China oder Indien – dieser interkulturelle Konkurrenzkampf nicht bestand, die kleinen jüdischen Gemeinden tatsächlich zu einer Art ethnisch-religiöser Minderheit geworden.)

Innerhalb dieses Rahmens entwickelten sich die konkurrenzgerichteten und ambivalenten Beziehungen zwischen den Juden und ihrem jeweiligen Wirtsvolk oder -land. Hierzu gehörten die ständigen – und bis zu einem bestimmten Grad erfolgreichen – Bekehrungsversuche und die häufigen Disputationen zwischen christlichen Priestern und Theologen auf der einen und jüdischen Philosophen, Rabbinern und Theologen auf der anderen Seite. Diese Debatten bildeten einen regulären Teil der mittelalterlichen Kulturszene und des inneren Bereichs jeder einzelnen Zivilisation.

All diese scheinbar äußerlichen Tatsachen – aber vor allem anderen die ambivalenten Beziehungen zwischen dem jüdischen Volk und den zwei anderen monotheistischen Zivilisationen, insbesondere dem Christentum – verwoben sich eng mit dem inneren Gefüge der jüdischen Lebensführung und Zivilisation, wie es sich in diesem langen, bis in die Neuzeit hineinreichenden Zeitraum entwickelte und auf neue Weise auch in der modernen Zeit fortsetzte. Die zivilisatorischen – und nicht nur die politischen oder wirtschaftlichen – Beziehungen mit den Wirtszivilisationen, -herrschern und -völkern und die Spannungen zwischen diesen und den jüdischen Gemeinden besaßen fortwährende Relevanz für Aufbau und Aufrechterhaltung der Grenzen, die die jüdischen Zivilisationen umgaben, und damit für die Erhaltung der Juden als eigenes Volk.

Aus diesen Spannungen heraus entwickelten sich viele Kontaktpunkte, vor allem in Philosophie, Theologie, Mystik und in gewissem Umfang auch im juristischen Bereich. Die Kontakte auf diesen Gebieten waren zuweilen kooperativ, häufiger jedoch von Konflikt geprägt, wie insbesondere die berühmten Disputationen beweisen, bei denen Juden von den christlichen Priestern und Gelehrten aufgerufen wurden, ihren Glauben zu rechtfertigen; allerdings existierten stets auch gemeinsame Bezugspunkte und Orientierungen, die natürlich auf die inneren Entwicklungen in den jüdischen Gemeinden einwirkten.

So erforderten diese Disputationen zum Beispiel die sorgfältige Ausarbeitung von philosophischen und theologischen Argumenten, die damit zu wichtigen Bereichen für die Entwicklung jüdischer Identität und äußerer Tradition wurden.

Grundthemen und institutionelle Auswirkungen jüdischer Exilzivilisation

Universalistische und partikularistische Einstellungen

Diese verschiedenen Gruppen und Institutionen waren es nun, die in dieser Zeitspanne und in den unterschiedlichen, von ihnen selbst entwickelten Bereichen kultureller Aktivität die Grundthemen jüdischer Zivilisation artikulierten, die Spannung zwischen Partikularismus und Universalismus, zwischen der nach innen orientierten, abgeschlossenen, hyperprovinziellen Xenophobie und den mehr nach außen gerichteten Einstellungen, die auf dem Glauben an die universale Bedeutung der spezifisch jüdischen Weltsicht gründeten, wie sie während der langen Periode des Exils (*Galut*) in der Tradition zum Ausdruck kam.

Doch es bestand ein wichtiger und grundlegender Unterschied zu der Zeit des Zweiten Tempels. Dieser Unterschied hängt natürlich mit der Tatsache zusammen, daß die institutionellen Schauplätze, um die herum sich die spezifisch jüdische Konstruktion der Welt hätte artikulieren können, sehr begrenzt wurden und daß die meisten dieser ideologischen Einstellungen und Spannungen nicht in einem konkreten institutionellen Rahmen verwirklicht werden konnten.

Obwohl das offizielle halachische Judentum nie seinen Anspruch auf die Errichtung einer allgemeingültigen Zivilisation aufgab, konkurrierten die Juden in der Praxis nicht mehr wirklich mit den anderen Zivilisationen, auch wenn letztere eine solche Konkurrenz noch weiterhin fürchteten. Die Juden konzentrierten sich vielmehr im wesentlichen auf ihre eigenen Rahmen, reduzierten ihre Erwartungen hinsichtlich einer eigenen Gestaltung der realen Welt auf ein Minimum und entschieden sich bewußt gegen eine Teilnahme an der zeitgenössischen politischen und zivilisatorischen Geschichte.

Die einzige institutionelle Realität, die nach den Grundsätzen dieser Tradition errichtet wurde, war die von Studium, ritueller Observanz, Gebet und Gemeindeorganisation. Durch das Wesen dieser Realität und durch die Art der Umstände, unter denen sie lebten, konnten die Juden die konkreten wirtschaftlichen Bereiche und die politischen Rahmengefüge, in denen sie wohnten, als Foren einer solchen Konstruktion betrachten.
Die Grundeinstellung zur irdischen Welt – zu Wirtschaftsleben und Gemeindeorganisation – war positiv, aber diese Bereiche wurden nicht als Wirkungsplätze für die Gestaltung der Welt nach den Prämissen dieser Tradition angesehen.
Der wichtigste Schauplatz dieser Art, der in der Zeit des Zweiten Tempels so große Bedeutung besessen hatte – nämlich der der Innen- und Außenpolitik – verschwand fast völlig. Zerstreuung und politische Unterwerfung sowie die Tatsache, Fremde geworden zu sein, hatten ihn unter dem Gesichtspunkt der traditionellen Grundsätze im großen und ganzen neutralisiert oder sogar bedeutungslos gemacht. Das Dasein in der Galut wurde grundsätzlich als flüchtige Erdenexistenz angesehen: die Juden des Mittelalters lebten gewissermaßen außerhalb der Geschichte; sie waren aus der konkreten Geschichte ausgestiegen und definierten ihr Dasein unabhängig von deren Gang.
Tatsächliche Aussagen über die universale Bedeutung der jüdischen Religion und das Streben nach politischer Erlösung wurden in die entfernte messianische Zukunft verlagert, also außerhalb der normalen Alltagsaktivität der Juden; im Prinzip konnten sie das Eintreffen dieser Zeit durch getreuliche Gebotserfüllung beschleunigen, aber nicht durch irgendwelche direkten politischen Handlungen. Die Gegenwart hielt sich derweil in den Grenzen einer sehr engen partikularistischen Solidarität, die gewissermaßen außerhalb der Geschichte stand.
Somit wurde die Spannung zwischen den universalen und den partikularistischen Elementen in der jüdischen Kultur in gewisser Weise dadurch gelöst, daß man sie auf eine zukünftige Zeit verschob, in der es möglich sein mochte, die universalistischen Elemente durch einen wirklich offenen Dialog und eine echte Begegnung mit anderen Nationen, Religionen und mittelalterlichen Zivilisationen zu realisieren.
Die jüdische Lebenswirklichkeit wurde äußerst partikulari-

stisch, blieb aber eng mit einer universalistischen Orientierung verknüpft. In der Realität des vormittelalterlichen und mittelalterlichen Exils konnte diese allerdings wegen der Art der Beziehungen zu der breiteren Gesellschaft, in der die Juden bis dahin lebten, keine wirklich institutionelle, sondern nur eine rein intellektuelle Dimension annehmen.

Die der jüdischen Zivilisation innewohnenden universal-ethischen Orientierungen überdauerten hauptsächlich auf latente Weise oder als Gegenstand theologischer Dispute oder als Traum. Dies stand natürlich mit der Lösung eines weiteren Dilemmas in Zusammenhang, nämlich der Kluft zwischen der konkret gegebenen Wirklichkeit und den eschatologischen Orientierungen und Hoffnungen. Wieder wurden die eschatologischen Orientierungen – gleich ob universalistischer oder partikularistischer Prägung – mit ihren stark politisch gefärbten Inhalten in eine unbekannte Zukunft verlegt, die nur lose mit der konkreten irdischen und scheinbar apolitischen jüdischen Realität verbunden war. Jegliche Versuche, sie – beispielsweise durch messianische Bewegungen – in die Tat umzusetzen, wurden von den Trägern der jüdischen Orthodoxie als äußerst gefährlich für die jüdische Existenz und den Grundprämissen des halachischen Modells zuwiderlaufend angesehen.

Ambivalente Einstellungen gegenüber den Wirtszivilisationen

Gerade im Zusammenhang mit den Einstellungen zu den Wirtszivilisationen traten einige der praktisch-konkreten und prinzipiellen Probleme auf, die der jüdischen Tradition innewohnten.

Die ständigen Berührungen zwischen den jüdischen Gemeinden und ihren christlichen oder muslimischen Wirtszivilisationen – sowohl in der Praxis alltäglicher Beziehungen als auch in den intensiven religiösen Kontroversen – verdeutlichten das Problem der grundsätzlichen Einstellung der Juden gegenüber diesen Zivilisationen und dem Volk, in dessen Mitte sie lebten. Bei solcher wachsenden Segregation entwickelte sich natürlich, wie J. Katz gezeigt hat, eine ausgeprägte religiöse Intoleranz gegenüber diesen Zivilisationen, eine entschiedene – wenn auch selbstverständlich häufig nicht offen ausgesprochene – Negierung ihrer Gültigkeit.

Doch sowohl die Alltagsrealität als auch der Druck der Umgebung, also die Notwendigkeit, sich in den Augen dieser Umgebung zu rechtfertigen und ihre Behauptungen zu widerlegen, waren andererseits geeignet, die universalistischeren Orientierungen der jüdischen Tradition zum Vorschein zu bringen.

Da gab es einmal viele halachische Probleme, insbesondere hinsichtlich der Frage, inwieweit die verschiedenen halachischen Vorschriften über saubere Handelsbeziehungen auch für Transaktionen mit Nichtjuden galten. Hinzu kamen die grundsätzlicheren Probleme, in welchem Maße man als Jude die christliche bzw. muslimische Religion als legitim ansehen durfte, mit der Folge, daß die gegen heidnische Nationen und Götter gerichteten Verfluchungen nicht auf sie anwendbar wären. Die Antwort auf diese Frage war vielgestaltig und ambivalent – vor allem auch in Erwiderung der ernsten Anschuldigungen gegen die Juden, sie besäßen eine doppelte Moral, kapselten sich ab und seien dem Herrscher gegenüber unloyal. Es mehrten sich somit die halachischen Bestimmungen über die Handelsweisen mit Nichtjuden; außerdem erkannte man die Gültigkeit der *Dina Demalchuta* (der Landesgesetze) an, eine der wenigen direkten Konfrontationen mit der politischen Realität; und es gab vermutlich auch eine Art *de facto* bestehender gegenseitiger Toleranz im täglichen Leben. Darüber hinaus setzte sich – in gewissem Umfang unter den halachischen Gelehrten und vielleicht etwas mehr noch unter den Philosophen – die Auffassung von der teilweisen Gültigkeit der anderen, nichtjüdischen monotheistischen Religionen sowie eine rudimentäre – aber nicht unbedeutende – Tolerierung durch.[2]

Die Ideologie von Galut und Erez-Israel

Doch im allgemeinen waren die meisten Grundthemen der jüdischen Zivilisation, die sich in diesem Zeitraum herausbildeten, eher ideologisch, kulturell oder intellektuell ausgerichtet, mit nur geringfügiger Anwendung auf die institutionelle Realität.

2 Siehe J. Katz, *Exclusiveness and Tolerance*, Oxford 1961.

Die schwache institutionelle Anwendbarkeit der meisten dieser Themen machte sie nicht etwa gegenstandslos; vielmehr waren sie dauerhaft und fanden ihren Ausdruck als intellektuelle, ideologische und symbolische Themen, die die symbolischen Grenzen der jüdischen Existenz definierten, wobei ihre potentielle institutionelle Anwendbarkeit stets latent oder versteckt erhalten blieb.

Außerdem traten mehrere weitere Themen, die im Kern bereits in der Zeit des Zweiten Tempels erkennbar gewesen waren, jetzt stärker hervor und gingen eine engere Verbindung mit den Spannungen zwischen partikularistischen und universalistischen Orientierungen ein. Sie wurden zu festen Grundbestandteilen jüdischer Tradition und jüdischer kollektiver Selbstdefinition, wenn auch die Träger der halachischen Tradition zu verhindern wußten, daß sich diese Themen verselbständigten oder vorherrschend wurden.

Am wichtigsten unter ihnen waren fünf eng verbundene, jedoch nicht völlig identische Themen: die metaphysische Bewertung der Galut, der Diasporasituation; die damit eng zusammenhängende metaphysische und ideologische Bewertung Erez-Israels; die vollere Artikulation messianischer Visionen; das Märtyrertum; und die Solidarität des jüdischen Volkes.

Zerstreuung an sich war kein ausschließlich jüdisches Schicksal, wenn auch vermutlich deren Ausmaß und Dauer sonst geringer bemessen waren. Das für die Juden Einzigartige und Spezifische daran war vielmehr die Tendenz zu einer in metaphysischer oder religiöser Hinsicht stark negativen Bewertung der Galut. Die Erklärung dieses Faktums der Diaspora/Galut wurde – wie Prof. I. Baer gezeigt hat[3] – zu einem Hauptanliegen vieler, wenn nicht der meisten jüdischen Philosophen und Gelehrten. Ungeachtet der Einzelheiten dieser philosophischen Darlegungen, wurde die Tatsache der Galut in den meisten Fällen als grundsätzlich negativ im Zusammenhang mit Sünde und Strafe bewertet. Das Dasein in der Galut definierte man als eine gewissermaßen suspendierte Teilexistenz, die aber trotzdem gepflegt werden müsse in der Hoffnung auf das Überleben des jüdischen Volkes bis zum Zeitpunkt der Erlösung.

Im Kern stützte sich diese negative Sicht des Galut-Daseins auf

3 I. F. Baer, *Galut*, Berlin 1936; New York 1947.

zwei eng verknüpfte, aber nicht identische Themen: nämlich erstens das der fehlenden politischen Souveränität, des *Schiabud Malchujot*, und zweitens das einer nur eingeschränkten, verzerrten geistigen oder religiösen Existenz, die als metaphysisches Grundwesen der Galut galt. Die beiden Themen wurden miteinander vereint, doch von verschiedenen Gelehrten oder Gruppen unterschiedlich betont, wobei noch eine Hervorhebung der partikularistischen Natur des Galut-Daseins im Gegensatz zu dem universalistischeren Potential der Erlösung hinzukam.

Diese beiden Einstellungen oder Themen – das politische und das metaphysische oder religiöse Motiv – nahmen auch einen zentralen Platz in der Haltung zu Erez-Israel und bei der Kristallisation und Artikulation messianischer Visionen ein. Die Einstellung zu Erez-Israel bildete in gewisser Hinsicht das Gegenstück zu der gegenüber der Galut; beide wurden oft von denselben Denkern erörtert, bewahrten sich aber auch einige Selbständigkeit.

Erez-Israel wurde sowohl in primordialen wie in politischen Begriffen definiert, aber – und dies ist die große Neuerung, auch wenn sie auf älteren Fundamenten aufbaute – es gesellte sich eine wachsende metaphysisch-religiöse Betrachtungsweise dazu.

So wurde Erez-Israel in erster Linie als nationales Erbland angesehen, dem man anhing und aus dem man ausgestoßen worden war. Doch zusätzlich meinte man auch, es sei mit einer speziellen metaphysischen und religiösen Bedeutung ausgestattet, die das jüdische Volk zu einem besonderen Volk werden ließ; diese Bedeutung aber könne erst mit der vollständigen Erlösung erlangt werden.

Wie immer die feinen Einzelheiten dieser Definitionen sowie der politisch-primordialen und metaphysischen Bewertung des Daseins in der Galut ausgesehen haben mögen: Erez-Israel wurde zu einem wesentlichen Bestandteil der jüdischen Kollektividentität in der Diaspora, wodurch es dieser Identität eine scheinbar unrealistische, aber äußerst starke und wohlartikulierte Dimension verlieh und damit wieder einmal die partikularistischen und universalistischen Orientierungen ziemlich umfassend miteinander verknüpfte.

Diese Auffassungen in bezug auf die Galut und Erez-Israel prägten natürlich nicht unbedingt das Alltagsleben der meisten Juden während dieser langen Zeitspanne, denn dieses Dasein drehte sich um das tägliche Auskommen und Überleben einerseits und die Aufrechterhaltung der rechtlich-rituellen Observanz und des Gebets andererseits. Außerdem ließen die Torhüter, die Wahrer der Halacha, nicht zu, daß diese Orientierungen über den Bereich der Halacha und deren apolitische und ahistorische Einstellung zur bestehenden Wirklichkeit hinaus aktuelle Bedeutung erlangten. Aber sie waren doch ein latenter Grundbestandteil dieser Alltagsexistenz, insbesondere da diese durch die spezifischen Begriffe der jüdischen Tradition definiert war; und sie bildeten auch einen fundamentalen Teil des symbolisch stärker artikulierten Ausdrucks dieser Tradition.

Diese Einstellungen zu Galut und Erez-Israel liefen im dritten Thema zusammen, das sie in gewissem Sinn umfaßte, nämlich dem messianischen und eschatologischen Thema. Es entstand in der Frühzeit des Zweiten Tempels – ja bereits in der Zeit der Babylonischen Gefangenschaft – und fand Ausdruck in zahlreichen Sekten in der Zeit des Zweiten Tempels sowie natürlich im Christentum. Die richtige Auslegung der messianischen Vision – das heißt die Frage, ob der Messias bereits erschienen sei und die Menschheit errettet habe oder ob er erst in der Endzeit kommen wird – wurde zum vermutlich entscheidenden Streitpunkt in der Auseinandersetzung zwischen Judentum und Christentum. Selbstverständlich gewann dieser Punkt noch an Bedeutung beim tatsächlichen Verlust der politischen Unabhängigkeit und der nachfolgenden Vertreibung und Zerstreuung. Die messianische Version konturierte sich um zwei Grundmotive oder -themen, nämlich die politische und/oder religiöse Erlösung. Beide Motive, aber insbesondere das zweite, bargen zahlreiche antinomische Möglichkeiten in bezug auf das vorherrschende Modell der Halacha und wurden zum Mittelpunkt vieler ausführlicher talmudischer und philosophischer Erörterungen und Auseinandersetzungen.

Die rabbinische Orthodoxie versuchte stets, all diese Visionen in sehr engen Grenzen zu halten, ohne sie allerdings jemals zu negieren. Sie fürchtete das ihnen innewohnende Potential für religiöse Innovationen und ihre Macht, die Autorität der Halacha sowie die unsichere Existenz der zerstreuten jüdischen Gemeinden zu erschüttern. Trotz dieser Bemühungen waren die messianischen Visionen und Hoffnungen jedoch weder nur intellektuelle Übungen innerhalb eines relativ begrenzten Kreises von Experten noch bloß latente, unrealistische Erwartungen.

Diese messianischen Tendenzen machten sich auch auf mehr oder weniger dramatische Weise in Volksbewegungen Luft, die von selbsternannten Anwärtern auf die Rolle des Messias oder des Messiasverkünders geleitet wurden – seien es nun David Hareubeni und Schlomo Molcho im frühen 16. Jahrhundert oder später Sabbatai Zwi und die Sabbatianerbewegung als letzter und stürmischer Ausbruch, der die Grundfesten des rabbinischen Judentums erschütterte. Natürlich brachen diese Tendenzen in Zeiten von Not, Verfolgung, Vertreibung oder großen internationalen Krisen durch, die als Vorboten einer neuen Zeit, des Kriegs zwischen Gog und Magog, gedeutet werden konnten. Wenn solche breiteren Bewegungen entstanden, stützten sie sich – so flüchtig sie auch sein mochten – doch auf den reichhaltigen Fundus an Vorstellungsbildern und Visionen der mehr esoterisch oder mystisch geprägten Kreise, bei denen eher der heilsgerichtete als der politische Messianismus im Vordergrund stand. Egal welche Grundlage sie besaßen, bedrohten sie doch stets die Vorherrschaft des rabbinischen Modells, und zwar nicht nur dessen spezifische Religionsvorschriften, sondern vor allem seine Tendenz, aus der zeitgenössischen historisch-politischen Szene auszutreten und damit die zivilisatorische Mission des Judentums zu suspendieren.

Weitere Grundthemen, die in dieser langen Zeitspanne als eine Art dialektisches Gegenstück oder Ergänzung zu der messianischen Hoffnung vollen Ausdruck fanden, waren einmal das des Martyriums, des *Kiddusch Haschem*, und zweitens, in etwas geringerem Grad, das der jüdischen Solidarität.

Kiddusch Haschem, die Heiligung des göttlichen Namens (ein Thema, das mindestens bis in römische Zeiten, wenn nicht noch weiter zurückreicht), erlangte seine volle Artikulation im Zuge von Verfolgungen und Pogromen, die zu dieser Zeit stets mit dem grundlegenden religiösen Schisma zwischen Christentum und Judentum gerechtfertigt wurden und in deren Verlauf man von den Juden häufig unter Androhung der Todesstrafe verlangte, sich zum christlichen Glauben zu bekehren. Im Zusammenhang mit diesen Geschehnissen entwickelte sich das Thema des Märtyrertums als Reaktion auf die mehr routinemäßige Existenz des rabbinischen Modells unter den Gelehrten, die die Erhaltung des Lebens heilig hielten und versuchten, offene Spannungen mit dem Wirtsvolk möglichst zu vermeiden, wenn natürlich auch nicht um den Preis des Glaubensabfalls. Somit wurde es zu einem ständigen Thema jüdischer Identität, das das unbedingte Festhalten der Juden an ihrer Tradition unterstrich.

Ein ergänzendes, aber in mancher Hinsicht auch gegensätzliches Thema war das der jüdischen Solidarität, der *Ahawat Israel*, also der Notwendigkeit, angesichts äußerer Bedrohungen einig zusammenzustehen. Dieses Thema, das sich in der langen Galut-Periode sowohl auf der ideologischen als auch auf einer eher volkstümlichen Ebene herausbildete, war natürlich eng mit der selbstauferlegten Segregation, der Intoleranz anderer Religionen und der Ambivalenz gegenüber anderen Nationen verbunden. Im Extremfall konnte es sich leicht mit einer tiefen Xenophobie verquicken.

Diese verschiedenen Themen waren dauerhaft mit den unterschiedlichen Auslegungsweisen der Tradition verwoben – ihrer philosophischen, mystischen, pietistischen oder rechtlich-rituellen Richtung – und bildeten den Mittelpunkt der intellektuellen und institutionellen Kreativität der mittelalterlichen jüdischen Zivilisation als symbolische Grenzen des jüdischen Lebensrahmens, wie er sich während der langen Diasporazeit entwickelt hatte.

Es waren jedoch diese Institutionen der Halacha – die Institutionen und Netze von Gebet, Studium und Gesetzgebung –, die zusammen mit denen der Familie und Gemeinde die wichtigsten Mechanismen der Kontinuität – und Dynamik – der jüdischen Lebensführung und Tradition darstellten. Im Rahmen dieser Institutionen entwickelten sich auch die neuen Führungsschichten, die im jüdischen Leben tätig wurden. Natürlich hatten diese nach der Zerstörung des Zweiten Tempels umfangreiche Veränderungen durchgemacht, aber dabei doch eine auffallende Kontinuität in ihren analytischen Grundmerkmalen gezeigt. Das Zusammenspiel zwischen diesen verschiedenen Führungstypen, der Art und Weise der Gemeindeorganisation und den grundlegenden religiösen und institutionellen Orientierungen löste somit die weitreichende Dynamik sowohl in der jüdischen Gemeindeorganisation als auch in den Mustern kultureller Kreativität aus, die sich in ihrem Rahmen entwickelten.

Jüdische Sozialorganisation und kulturelle Kreativität. Heterogenität und Spannungen innerhalb gemeinsamer Bande

Oligarchische und demokratische Tendenzen

Die jüdischen Gemeinden, die sich in den verschiedenen Zeitabschnitten der Galut entwickelten, waren im großen und ganzen oligarchisch organisiert. Die Herrschaft lag in den Händen der wohlhabenderen Kreise, die mit diversen Abgaben sowie Spenden für Studieneinrichtungen auch den größten – dabei allerdings keineswegs einzigen – Beitrag zur Finanzierung der vielen Institutionen leisteten, sich um die Studienzentren kümmerten und die Gemeinden gegenüber der Obrigkeit vertraten.

Diese oligarchischen Tendenzen begünstigten zuweilen die Entstehung von Dynastien unter den größeren und kleineren Rabbinern, häufig in Verknüpfung mit den reicheren Familien – wie es schon in früherer Zeit in Babylonien geschehen war –, insbesondere wenn sie, wie auch in anderen Fällen, durch lange Zeiten politischer Ruhe und wirtschaftlicher Blüte gefördert wurden.

Andererseits standen diesen oligarchischen Tendenzen auch wiederum mehrere andere entgegen, die tief in der Struktur und Organisation der jüdischen Gemeinde und ihrer politischen Lage verwurzelt waren. Einmal machten die Wechselfälle von Verfolgung und Zerstreuung oft jeden dauerhaften Reichtum und die damit verbundene Stellung einigermaßen prekär. Wichtiger ist jedoch, daß ihnen auch mehrere innere Tendenzen zuwiderliefen, die auf den Grundprämissen der jüdischen Tradition und ihrer Führungsstruktur beruhten.

So standen, allgemein gesprochen, diesen betont oligarchischen Tendenzen, die tatsächlich in den meisten jüdischen Gemeinschaften vorhanden waren, auch wiederum starke populistische Elemente in den Gemeinden gegenüber, zu denen sich noch die autonomeren Lehrhäuser und weitere Schauplätze kultureller Kreativität gesellten, die sich außerhalb der engen oligarchischen Basis einer Einzelgemeinde entwickelten. Infolgedessen war sogar das innergemeindliche politische Leben der Juden voller Spannungen, Konflikte und sozialer Auseinandersetzungen.

Im einzelnen wirkten diesen oligarchischen Tendenzen in erster Linie die grundlegend »demokratischen« oder richtiger egalitären Prämissen der jüdischen Tradition entgegen, Prämissen, die von der prinzipiellen Gleichheit sowie dem gleichen Teilnahme- bzw. Zugangsrecht aller Juden zum Bereich des Heiligen und zum Studium, zum Gebet und zur rituellen Gebotserfüllung ausgingen. Gerade diese Bereiche waren, den potentiell oligarchischen Tendenzen der Priesterschaft zum Trotz, zu den hauptsächlichen Äußerungsformen des jüdischen Glaubens geworden. Die egalitären Ausgangspunkte dieser Glaubensformen wurden natürlich noch durch die unabdingbare Notwendigkeit verstärkt, in der Diaspora die Solidarität innerhalb der Gemeinde zu wahren und an der Tradition festzuhalten, sowie durch die Tatsache, daß das Studium allen Gemeindemitgliedern offenstand.

Den oligarchischen Tendenzen wirkten manchmal auch einige Mitglieder der rabbinischen Eliten entgegen, insbesondere diejenigen, die sich auf selbständige übergemeindliche Lehrhäuser stützten, aber meistenorts war die Rabbinerelite eng mit der herrschenden Oligarchie verbunden, ja oft sogar unmittelbar von ihr abhängig.

Zudem wurden die oligarchischen Tendenzen durch die relativ autonome Stellung der Studienzentren sowie durch die Mobilität der Juden im allgemeinen und der Gelehrten im besonderen ausgeglichen. Eng damit verbunden war die Tatsache, daß letzten Endes keine alles überragende oberste Instanz existierte, die alle jüdischen Gemeinden zusammengefaßt hätte. Das beruhte natürlich einmal auf der Zerstreuung an sich und dem politischen Status der Juden, wurde aber andererseits noch weitgehend durch die Tatsache verstärkt, daß es unter den Juden, dank der Grundprämissen ihrer Tradition (mit der Betonung des gleichen Zugangs aller Mitglieder zu den zentralen heiligen Bereichen, den vertragsähnlichen Beziehungen zu Gott und der kollegialen Fortbildung des Gesetzes), nie eine zentrale kirchliche Autorität gegeben hatte – im Unterschied beispielsweise zu den Armeniern, die die Kombination von Volkszusammenhang, eigener Religion und Zerstreuung ansonsten mit den Juden gemeinsam hatten.

Ferner wurden diese oligarchischen Tendenzen – nicht nur, wie wir später sehen werden, in Bereichen der kulturellen Kreativität, sondern sogar in Angelegenheiten der Gemeindeorganisation – in gewissem Ausmaß dadurch ausgeglichen, daß es allgemein zwischen den verschiedenen im jüdischen Leben wirksamen Eliten sowie auch innerhalb einer jeden zu andauernden Spannungen kam. Diese Konflikte und Spannungen waren natürlich stark durch die unterschiedlichen Spezialinteressen jeder solchen Gruppe oder Untergruppe geprägt. Aber darüber hinaus wurzelten sie in der beständigen Vielfalt und Selbständigkeit der Führung und der wichtigsten Eliten.

Die Intensität und die konkreten Auswirkungen dieser internen, semi-politischen Gemeindekonflikte hingen natürlich von einer Vielzahl innerer und äußerer Umstände ab. Dazu gehörten die jeweiligen Beziehungen zu den Machthabern, die interne Gesetzgebungsgewalt, die die Herrscher den Gemeinden übertragen hatten, die wirtschaftliche Stellung der Gemeinde und ihrer einzelnen Sektoren sowie ihre innere Zusammensetzung.

Ferner spielte dabei die gesellschaftliche Stellung der verschiedenen Gelehrtenschichten eine Rolle: ob es sich nämlich um von den einzelnen Gemeinden ernannte Rabbiner, unabhängigere Gelehrte oder aber relativ isolierte Geister handelte, die von kleinen Gruppen von Anhängern umgeben waren oder sich in unabhängigen Kreisen von Mystikern oder Philosophen bewegten.

Von spezieller Bedeutung ist in diesem Zusammenhang die Frage, ob diese Gelehrten, Philosophen, Poeten oder Mystiker – wie groß ihre persönlichen Fähigkeiten auch sein mochten – sozial in ihre Gemeinden eingegliedert waren, und zwar gewöhnlich als Teile der betreffenden Oligarchien, oder ob sie, unabhängig von ihrer offiziellen Position, sehr viel autonomer

in ihren Handlungen und ihrer Selbsteinschätzung waren. Es versteht sich von selbst, daß meist diejenigen selbständiger waren, die mit spezialisierten Bildungseinrichtungen in Verbindung standen. Doch nicht überall war eine derartige Spezialisierung gleichbedeutend mit Autonomie; vielmehr gab es zahlreiche (vor allem kleine) Jeschiwot oder Studienzirkel, die völlig in das Gemeindeleben eingebettet waren. Demgegenüber besaßen andere, und zwar besonders übergemeindliche, Einrichtungen größere Selbständigkeit.
All diese unterschiedlichen Gruppen und Elemente waren, wie wir gesehen haben, in verschiedene Organisationen und Netzwerke eingegliedert, die teils mit anderen Teilen der Gemeinde kooperierten, teils mit ihnen in Konflikt standen. Selbst innerhalb der zentralen Lehrtradition gab es nicht eine einzige allgemein anerkannte Autorität, und das Maß an Konflikten zwischen den diversen Autoritäten war in der Tat sehr groß.

Rechtstraditionen und Rechtsbewußtsein

Die kommunalen Konflikte und Spannungen hielten sich im allgemeinen im Rahmen der jüdischen Gemeinden, und zwar dank der grundlegenden Solidarität dieser Gemeinden und der ihnen zu Gebote stehenden rechtlichen Mittel, deren extremstes der »Cherem« war, daß heißt die Banndrohung, die Ankündigung des potentiellen Ausschlusses aus der Gemeinde.
Diese Kombination von Solidarität und rechtlichen Machtmitteln fand ihren ständigen Ausdruck in der Tradition von Gemeindeordnungen und Gemeindegerichtsentscheidungen. Diese Gemeinderechtsprechung entwickelte sich in den jüdischen Gemeinschaften des Mittelalters zuweilen bis zu einem sehr hohen Grad, vor allem in den diversen Gemeinschaftsverordnungen (*Takanot Hakahal*), und wurde zu einem, allerdings sehr speziellen, Teil der halachischen Tradition.
Wie bereits angedeutet, war dieser Rechtsbereich – im Verhältnis zu den rituell-religiösen Vorschriften und zum interpersonellen »zivilen« Recht, das sich etwa mit Ehefragen oder Handelsbeziehungen beschäftigte – in der talmudischen Tradition nur sehr schwach ausgebildet. Noch schwächer entwickelt wa-

ren natürlich die rein politischen Aspekte solcher Gemeindeordnungen. Nicht alle Rabbiner und Lehrhäuser wollten sich mit diesen Gemeindeangelegenheiten befassen, sondern überließen die Entscheidungen häufig den Gemeindevertretern und ihren Führern.

So entstand bereits in den ersten Jahrhunderten nach der Zerstörung des Tempels unter den Oberhäuptern der Jeschiwot in Babylonien und Erez-Israel die Tendenz, einer Beteiligung an den kommunalpolitischen Aufgaben aus dem Weg zu gehen, um sich frei den eigenen Studien zu widmen, ohne von den kommunalen Mächten abhängig zu sein oder in die Gemeindekonflikte verwickelt zu werden.

Andere Rabbiner – insbesondere, aber keineswegs ausschließlich in der Neuzeit, als sie sich von den Strömungen der Toleranz und Modernität bedroht fühlten – nahmen sich dieser Angelegenheiten an, wie es natürlich auch viele Gemeindegerichte taten. Gleichgültig, bis zu welchem Grade sie sich in diesen Dingen engagierten, bereits das Vorhandensein dieser – auf den Grundprämissen der jüdischen Tradition beruhenden – verschiedenen Tendenzen trug seinerseits zu den Spannungen und Dynamiken des Gemeindelebens bei.

Im Kontext dieser zahlreichen Spannungen – sowie der ständigen kommunalen Probleme und Konflikte – bildete sich eine starke Tradition der Befolgung von Gerichtsentscheidungen im allgemeinen und denen der Gemeindegerichte im besonderen heraus, gestützt auf den kollegialen Rahmen, der der Bewahrung und Weiterführung der Halacha diente.

Diese Tradition brachte ein starkes Element eines Rechtsbewußtseins, der Anerkennung des rechtlichen Rahmens, das den anarchistischeren Tendenzen im Leben der jüdischen Gemeinden entgegenwirkte. Die Autorität der Gemeindegerichte sowie der überörtlichen Organisation wurde im großen und ganzen respektiert, womit eine höchst wichtige Komponente in die jüdische politische Tradition einging oder zumindest ein bereits vorhandener Ansatz verstärkt wurde; dabei konnte man weitgehend auf den Grundsätzen der jüdischen Solidarität aufbauen.

Diese Autorität war allerdings recht begrenzt und eng umrissen. Natürlich beschränkte sie sich auf innere Gemeindeangelegenheiten – gewöhnlich auf die betreffenden Ortschaften oder solche überörtlichen Gebilde wie die Vierländersynode – und in gewissem Umfang auf die Beziehungen der Gemeinde zu den Machthabern. Das heißt, sie wandte sich nicht an die politischen Institutionen eines souveränen Staates. Die Gerichte sahen sich niemals den Problemen gegenüber, die sich aus der Konfrontation zwischen Gesetz, jüdischem Staat und der höheren Autorität der Halacha ergaben; eine Konfrontation, wie sie bereits zur Zeit des Ersten Tempels auftrat und zur Zeit des Zweiten Tempels und später dann im Staat Israel zu ausschlaggebender Bedeutung gelangte. Höchstens beschäftigten sie sich noch mit der Frage, inwieweit die *Dina Demalchuta* (die Landesgesetze) Gültigkeit besaßen, wobei sie gewöhnlich die Verpflichtung betonten, sie in allen weltlichen Dingen zu akzeptieren.

Ihre schwerste Sanktion, der Cherem, gegen potentielle Auflehnung wurde oft nicht durch interne Kräfte, sondern durch staatliche Stellen gesichert. Später, in den offenen modernen Gesellschaften der Neuzeit, als sich die Kehillot (Gemeinden) in freiwillige Körperschaften verwandelten, wurden die zentrifugalen Abspaltungstendenzen in ihnen häufig sehr stark.

Außerdem banden die Entscheidungen des einen Gerichts nicht unbedingt auch die anderen, wobei sie allerdings doch als Anhaltspunkte und Präzedenzfälle dienen konnten. Im ganzen gesehen kam es – nicht nur in Gemeindeangelegenheiten, sondern auch in eigentlich halachischen Fragen – zu einer starken Betonung der relativen Autonomie der verschiedenen Gerichte und Gelehrten in bezug auf die Gesetzesauslegung.

Diese begrenzte Macht der Gerichte war in vieler Hinsicht die Quelle ihrer Stärke, denn sie erlaubte erhebliche Flexibilität und schuf legitime Freiräume für die Aktivitäten verschiedener Gruppen. Andererseits wurden dadurch die grundlegend apolitischen Aspekte dieser Rahmen unterstrichen – im Gegensatz zu ihren kommunalen oder legislativen Aspekten.

Ein ähnliches Bild großer Kreativität, Heterogenität und Spannung, die sich doch in gemeinsamen Grenzen hielten, ließ sich auch auf dem Hauptschauplatz jüdischer zivilisatorischer Kreativität feststellen, nämlich dem Gebiet, das man in sehr weitem Sinn als beständige Entwicklung, Erlernung und Fortbildung der Halacha umschreiben könnte.

In diesem Bereich institutioneller kultureller Kreativität entstanden unterschiedliche Schwerpunkte, Inhalte oder Dimensionen in der Tradition von Gelehrsamkeit und Gebet – nämlich die Neigung zu rein legalistisch-ritueller Gelehrsamkeit, mystische und pietistische Orientierungen und die Hinwendung zu philosophischem Studium und Kontemplation, wobei es auf jedem dieser Gebiete wieder verschiedene Schulen gab. Sie alle entwickelten eine beständige, umfassende Kreativität, die in enger Beziehung mit den Kontakten zu den Wirtszivilisationen stand, wobei sich natürlich die jeweilige Bedeutung der einzelnen Bereiche in den verschiedenen Epochen veränderte und häufig auch Konflikte zwischen ihnen entstanden.

Diese Spannungen und Kontroversen drehten sich, von technischen Einzelheiten abgesehen, um die relative Wichtigkeit der verschiedenen Bereiche des Wissens und der Gelehrsamkeit für die Errichtung der jüdischen Tradition und die Symbolwelt jüdischer Zivilisation sowie – in engem Zusammenhang mit ersterer – um die konkreten Einzelheiten der halachischen Gesetzgebung, insbesondere im Bereich von Gelehrsamkeit und ritueller Observanz. Außerdem herrschte ständige Spannung zwischen den eher elitären Traditionen der Gelehrsamkeit und den eher populistischen Strömungen des Gebets unter Beimischung von mystischen Elementen. Diese Spannung wurde später im 18. und 19. Jahrhundert in der Kluft zwischen den Chassidim und ihren rabbinischen Gegnern deutlich.

Den konkreten Mittelpunkt dieser Konflikte und Auseinandersetzungen bildete die Kontrolle über die Lehranstalten und deren Curriculum; ferner drehten sie sich um die wichtigsten halachischen Vorschriften, das heißt um die Festlegung der symbolischen und institutionellen Grenzen der jüdischen Gemeinden. Diese Spannungen und Konflikte vermischten sich oft mit jenen Kontroversen, die enger mit dem Leben und der Organisation der Gemeinde zusammenhingen.

Diese Verbindungen und Kreativitätsmuster wurden von dem relativen Umfang und Zusammenhalt der jüdischen Gemeinden, ihrer wirtschaftlichen Stellung, der Stärke ihrer Satzungen und der Art beeinflußt, wie die umgebenden Gesellschaften auf sie einwirkten – je nach der Stufe ihrer eigenen kulturellen Kreativität und dem Ausmaß ihrer Toleranz oder der Verfolgung der Juden. Unabhängig davon, wie die genaue Kombination dieser Umstände aussehen mochte, entwickelte sich in den meisten jüdischen Gemeinden oder doch zumindest in den größeren Zentren – Babylonien und Erez-Israel in der früheren Zeit, Spanien, Nordafrika, Frankreich und Aschkenas im Mittelalter, Italien, Erez-Israel, den Ländern des Osmanischen Reiches und den Niederlanden nach der Vertreibung aus Spanien und Ost- und Mitteleuropa im 16. Jahrhundert – eine ständige kulturelle Kreativität, begleitet von Spannungen zwischen deren unterschiedlichen Bahnen und Richtungen.

Es ist natürlich unmöglich, die Geschichte all dieser vielfältigen Bewegungen und Strömungen im mittelalterlichen Judentum hier wiederzugeben, aber wir wollen doch einige erwähnen, um daran die große, mannigfaltige und heterogene Kreativität innerhalb dieses Modells zu veranschaulichen.

Philosophische Gelehrsamkeit und Spekulation bildeten einen Grundbestandteil der Kreativität, insbesondere nach der Begegnung mit dem Islam und mit dem Erbe der hellenistischen Zivilisation. Zu erwähnen wären hier Namen wie Saadja Gaon (882-942), Jehuda Halewi (um 1075-1141), Maimonides (der Rambam = Rabbi Mosche ben Maimon, 1135-1204) und später – auch in Verbindung mit weltlichem Wissen – Isaak Abrawanel zur Zeit der Vertreibung aus Spanien sowie vor allem Baruch Spinoza (1632-1677).

Während der großen Blütezeit im muslimischen Spanien entwickelte sich auch eine sehr starke Tradition weltlicher Frömmigkeit, deren hervorragendste Vertreter Jehuda Halewi, Schmuel Hanagid (um 993-1056), Schlomo Ibn Gabirol (1025-1050), Mosche Ibn Esra (um 1055-1135) und Abraham Ibn Esra (1089-1164) waren. Sie verknüpften ihre literarischen Aktivitäten auf verschiedene Weise mit philosophischen Studien, bibli-

scher Exegese oder philologischen und grammatikalischen Werken. Interessanterweise waren historiographische Studien gar nicht oder nur schwach vertreten, zumindest bis in die beginnende Neuzeit hinein.
Von früh an – vermutlich seit dem zehnten oder elften Jahrhundert, wenn nicht noch früher – gab es auch diverse mystisch-kabbalistische Strömungen sowie starke Bewegungen der *Chassidut* (Frömmigkeit), die zuerst in Aschkenas aufkamen. Der Angelpunkt all dieser kulturellen Kreativität war das eigentliche Talmudstudium mit all seiner oben angedeuteten Vielfalt.

Potentielle Heterodoxien und innerer Zusammenhalt

All diese Aktivitäten hätten im Prinzip zu Keimen »häretischer« Strömungen werden können, zu Grundsteinen von Heterodoxien und Sezessionsbewegungen. Solche Bewegungen hatten sich tatsächlich in den ersten Jahrhunderten nach der Zerstörung des Tempels herausgebildet und bestanden zumindest in Teilen des Vorderen Orients und in den christlichen, islamischen und jüdischen Zivilisationen fort. Später führten die meisten von ihnen nur noch eine – allerdings nicht völlig einflußlose – Randexistenz neben dem Hauptstrom des halachischen Judentums, das sich erstmals in der Geschichte der jüdischen Zivilisation zu einer gültigen Orthodoxie auswuchs. Nur wenige von ihnen entwickelten sich wirklich im Zentralbereich des Judentums; am deutlichsten traten darunter wohl die Karäer hervor, die in der zweiten Hälfte des achten Jahrhunderts in Erez-Israel und dem Nahen Osten auftauchten, die Gültigkeit der mündlichen Lehre leugneten und versuchten, nur auf die schriftliche Lehre – die Tora – zurückzugreifen.
All diese Ansätze heterodoxer Entwicklungen waren, wenn auch latent, im mittelalterlichen Judentum als Teil seines Erbes und als Element seiner Sozialstruktur, seiner Institutionen und der Zusammensetzung seiner wichtigsten Eliten vorhanden. Es gab tatsächlich Gruppen von Mystikern, Frommen oder Philosophen, und es gab viele Rechtsschulen, die alle zu Heterodoxien gegen die gültige Orthodoxie der Halacha hätten werden

können. Aber im allgemeinen bildeten sie sich bis zum Anbruch der Moderne nicht voll aus, weder im religiös-kulturellen Bereich noch auf dem gemeindlichen Sektor.

All diese häretischen Tendenzen konnten jedoch offenbar dem relativ breiten Spektrum des rabbinischen Judentums integriert werden, dessen Grundprämissen sie auf der einen oder anderen Ebene anerkannten. Zum Ausbruch kamen sie wieder mit der Sabbatianerbewegung und später in den mannigfaltigen intellektuellen und sozialen Bewegungen, die sich seit der frühen Neuzeit herauszubilden begannen und im Verlauf der Emanzipation im 19. Jahrhundert ihre volle Entwicklung erreichten. Mehrere Faktoren trugen in entscheidender Weise dazu bei, daß sie im Rahmen des rabbinischen Judentums verblieben.

Hierher gehörte erstens der enge innere Zusammenhalt der jüdischen Gemeinden, der auf der Kombination von innerer Solidarität und der Aufrechterhaltung ihrer grundlegenden Kulturtraditionen beruhte. Diese Solidarität stützte sich in erster Linie auf den starken Familienzusammenhalt und wurde dann ausgedehnt und verstärkt durch die enge Verwobenheit all der verschiedenen Führungselemente. Von besonderer Bedeutung war hier die äußerst enge Verknüpfung zwischen den Sprechern oder Führern der Gemeinde, den verschiedenen Elementen des Volkes innerhalb der Gemeinde und den Trägern der Tradition, das heißt den Gelehrten, Rabbinern, Mystikern, Philosophen und Dichtern. So groß die Spannungen zwischen ihnen auch sein mochten, sie konnten ohne die anderen nicht überleben, sondern mußten immer in gemeinsamen Rahmen wirken. Auf diese Weise verbanden sie die Aufrechterhaltung jüdischer Solidarität mit den grundlegenden religiösen Orientierungen und der Gesamtbedeutung der jüdischen Identität, die sich auf ihre bestimmten Glaubenssätze, Abgrenzungen und Symbole stützte.

An zweiter Stelle stand die Tatsache, daß viele potentielle Abweichler tatsächlich aus der Gemeinschaft ausschieden, wodurch der innere Zusammenhalt der Verbleibenden und die von den Führern der jüdischen Gemeinden ausgeübten Kontrollmechanismen nur noch stärker wurden.

Drittens war da die – in gewisser Hinsicht vielleicht paradoxeste – Tatsache, daß die Zerstreuung selber zur Wahrung des inneren Zusammenhangs der Gemeinden beitrug, indem sie die Grenzen des Glaubens schützen half und viele innerhalb der Gemeinschaft festhielt. Einmal verstärkte die dauernde Verfolgung, die Verjagung von einem Ort an einen anderen, die Binnen-Orientierung zumindest derjenigen, die innerhalb der Gemeinschaft blieben. Noch überraschender war jedoch, daß die Zerstreuung und das Fehlen einer allgemeinverbindlichen zentralen Autorität dafür sorgten, daß viele unabhängigere, autonomere oder sogar semi-anarchistische Elemente in einigen unter den Juden verbreiteten kulturellen und sozialen Strömungen ein Wirkungsfeld innerhalb der Gemeinde fanden.

Dasselbe galt wahrscheinlich noch mehr für den Bereich der Gelehrsamkeit im weitesten Sinn, für das eigentliche Gebiet der Halacha. Auch hier gab es keine allgemein anerkannte Autorität, sondern verschiedene Gelehrte und Studienzentren wahrten eifersüchtig ihr Recht der kollegialen und sogar individuellen Auslegung und Gesetzgebung in den gemeinsamen Grenzen der anerkannten – doch sich immer wandelnden – Tradition. So ging es bei der um Maimonides (den Rambam, den hervorragendsten Geist des mittelalterlichen Judentums) geführten Kontroverse nicht nur um seine starken philosophischen Neigungen und die konkreten Einzelheiten seiner halachischen Auslegungen und Kodifizierungsmethoden, sondern man fürchtete auch die Möglichkeit, daß er – und später sein Werk – eine Art Monopolstatus auf allen diesen Gebieten erreichen und dadurch die Tore der Interpretation schließen könnte.

Somit wurden in diesem Bereich auch durch die Zerstreuung, durch das Fehlen einer einzigen oberen Autorität und durch die zahlreichen Kontakte, die sich zwischen diesen Gemeinden und Studienzentren entwickelten, flexible gemeinsame Rahmen geschaffen, die einige Heterogenität sowie verschiedene Arten der Kreativität zuließen.

4. Kapitel
Die Neuzeit

Allgemeiner Hintergrund: Der Niedergang der christlichen Zivilisation des Mittelalters. Der Aufstieg des Kapitalismus und des modernen Staates

Einleitung

Die Mauern des rabbinischen Judentums gerieten ins Wanken, als die anbrechende Neuzeit das Mittelalter ablöste und die frühen absolutistischen Staaten aufstiegen – also vom späten 15. bis ins 17. Jahrhundert –, und sie zerbröckelten völlig im Zuge der Aufklärung und der Französischen Revolution mit ihren Auswirkungen.

Dieser Zerfall wurde beschleunigt durch eine Reihe äußerer Umbrüche und Geschehnisse, die sich am Ende des 16. bis zum 17. Jahrhundert in den verschiedenen Teilen der jüdischen Diaspora ereigneten. Im Westzipfel Europas – in Spanien und Portugal – herrschte seit der Mitte des 14. Jahrhunderts das Zeitalter der Inquisition, der Zwangsbekehrungen und der Vertreibung aus Spanien im Jahr 1492. Dies führte zu weitreichenden und intensiven Ausbrüchen messianischer Hoffnungen und neuen intellektuellen Vorstößen auf verschiedenen Gebieten, vor allem aber in Philosophie und Kabbala: Neue kabbalistische Zentren entstanden, allen voran das Zentrum der Lurianischen Kabbala (das heißt der Kabbala von Isaak Luria [1534-1572]) in Safed in Erez-Israel; diese und andere verwandte kabbalistische Strömungen griffen auf die Türkei, auf Italien und Polen über; es kam zu großen Wanderbewegungen nach Osten und Norden und zu stark vermehrten Kontakten mit der nichtjüdischen Bevölkerung in den verschiedenen europäischen Staaten.

Ab der Mitte des 17. Jahrhunderts wurde die – besonders auf Polen konzentrierte – osteuropäische Diaspora durch die berüchtigten Pogrome von 1648 unter dem ukrainischen Volksführer Chmjelnizki bedroht. Diese Blutbäder, die zu den furchtbarsten in der Geschichte jüdischer Verfolgung zählten, dezimierten eine jüdische Gemeinde, die einmal eines der wohlhabendsten und bestorganisierten jüdischen Zentren mit umfassenden übergemeindlichen Organisationen und Lehrhäusern aufgebaut hatte, und verstärkten dadurch allerorts die messianischen Hoffnungen und mystisch-kabbalistischen Visionen, die auf die Vertreibung aus Spanien gefolgt waren.

All diese Tendenzen vereinigten sich zu der größten und letzten messianischen Bewegung des Mittelalters – der von Sabbatai Zwi (1626-1676) angeführten Sabbatianerbewegung –, die sich über alle jüdischen Gemeinden ausbreitete, erbitterten Widerstand bei der Mehrzahl der etablierten rabbinischen Gelehrten und Gemeindeführer weckte und die jüdische Nation in einer während der langen Periode ihrer mittelalterlichen Geschichte bisher unbekannten Weise spaltete.

Die beispiellose Verbreitung und Auswirkung dieser messianischen Bewegung ging auf das Zusammentreffen mehrerer Strömungen und Ereignisse zurück: auf die tiefgreifenden Katastrophen von der Vertreibung aus Spanien bis zu den Chmjelnizki-Pogromen; die durch vielfältige Wanderbewegungen intensivierten Kontakte zwischen den einzelnen jüdischen Gemeinschaften; den Aufstieg eines neuen, mobilen und höchst aktiven Elements – nämlich der Maranos, auf die noch näher eingegangen wird; und auf die Verbreitung des Buchdrucks.

Während die offenkundigen Ziele der Bewegung nicht erreicht wurden (Sabbatai Zwi ergab sich dem Sultan und konvertierte 1666 zum Islam), war – anders als bei den meisten vorausgegangenen messianischen Bewegungen – die Sache mit diesem Fehlschlag nicht abgeschlossen, ja in gewisser Hinsicht war dies erst ein Neubeginn. Es entstanden nun einige der mächtigsten Untergrundbewegungen und Sekten mit sehr starken antinomischen Tendenzen, die unter anderem behaupteten, das Erscheinen des Messias habe die Herrschaft der Halacha außer Kraft gesetzt und eine neue Ära der Freiheit eröffnet. All diese Strömungen spalteten und erschütterten die jüdischen Gemeinden und das rabbinische Modell auch weiterhin, und ihre Nachwirkungen verstärkten später die Aufnahmebereitschaft der Juden für die Aufklärung.

Die sabbatianischen und nachsabbatianischen Bewegungen verliehen einigen der wichtigsten Themen der jüdischen Tradition

Ausdruck. Auf verschiedenen kabbalistischen und mystischen Visionen aufbauend, verbanden sie diese mit der Grundsehnsucht nach politischer Erlösung und der Rückkehr ins Land Israel – sowie mit den starken antinomischen Tendenzen, die wir erwähnt haben. Später wurden diese Themen in den diversen Untergrundbewegungen weiter ausgearbeitet und in mystischere Richtungen überführt, wodurch sich auch die antinomischen Tendenzen verstärkten, die die rabbinische Welt bis in ihre Grundfesten erschütterten und den – direkten oder indirekten – geistigen und historischen Hintergrund für diverse »moderne« weltliche Themen von Freiheit und Emanzipation lieferten.

In den zur Sabbatianerbewegung und über sie hinausführenden Entwicklungen erlangte in diesen zwei Jahrhunderten ein neues soziales Element große Bedeutung in den jüdischen Gemeinden. Gemeint sind die Maranos, das heißt diejenigen Juden, die unter dem Druck der Inquisition zum Christentum übergetreten waren. Viele von ihnen fanden ihren Weg zurück in die jüdische Gemeinschaft, doch es gab auch zahlreiche andere, die zwar ihren christlichen Glauben beibehielten, dabei aber einige Kontakte zu den jüdischen Gemeinden pflegten. Viele von denen, die zum Judentum zurückkehrten, wurden zu Führern von mystischeren und/oder stärker legalistischen Strömungen in der Kodifikation der Halacha. Der bekannteste unter ihnen war wohl Joseph Karo oder Caro (1488-1575), der herausragende Mystiker und Autor des Schulchan Aruch, dieses letzten großen Kodex der Halacha, der für Jahrhunderte der verbreitetste und maßgeblichste werden sollte.

Viele von ihnen, insbesondere die, die in enger Verbindung mit der Renaissance in Italien oder mit den religiösen Entwicklungen in den Niederlanden standen, beteiligten sich auch intensiv an weltlichen Bereichen kultureller Kreativität – in der Philosophie und den Naturwissenschaften – und versuchten, eine gemeinsame tolerante oder weltliche Grundlage mit ihren Nachbarn zu finden, um die alten religiösen Trennlinien zu überwinden. In manchen Fällen, wie etwa dem Spinozas, wurde dadurch ihre jüdische Identität geschwächt, aber die meisten behielten sie in der einen oder anderen Form bei, wenn auch häufig mit einer positiveren Einstellung gegenüber ihren Wirtsgesellschaften.

Unabhängig von ihren individuellen Anschauungen und Aktivitäten ließ ihre Position zwischen den beiden Welten und ihre große Mobilität zwischen verschiedenen jüdischen Gemeinden sie zu einem neuen mächtigen Gärungsferment werden und machte sie in gewissem Grade zu Vorläufern späterer Entwicklungen.

In den Niederlanden allgemein, in Amsterdam und im Haag im besonderen und in geringerem Ausmaß auch in den amerikanischen Kolonien entstanden die ersten Ansätze zu neuen Formen jüdischen Gemeindelebens und jüdischer Beziehungen zur Außenwelt: Es gab jetzt semi-säkularisierte Juden, die nicht in völlig geschlossenen jüdischen Gemeinden, sondern einzeln und in offenem Kontakt mit der allgemeinen Ortsgemeinschaft lebten.

All diese Entwicklungen können als Vorboten eines neuen Zeitalters oder zumindest einer wachsenden Toleranz angesehen werden. Die Wiederzulassung der Juden in England durch Cromwell, die 1664 unter Karl II. formell bestätigt wurde, und spätere ähnliche Erlasse in verschiedenen europäischen Reichen, in Amerika – insbesondere in den niederländischen und französischen Kolonien Nordamerikas und der Karibik – sowie kurze Zeit sogar in Brasilien, waren weitere Anzeichen für diese Toleranz.

Veränderungen in den Grundprämissen der europäischen Zivilisation

Das gesamte jüdische Leben veränderte sich von Grund auf mit dem endgültigen Anbruch der Neuzeit, insbesondere nach der Französischen Revolution und der Herausbildung der modernen, kapitalistischen Ökonomien.

Die nunmehr aufstrebende kapitalistische Wirtschaft und Industrie sowie deren Ausbreitung über die ganze Welt – aber in erster Linie in Europa – eröffneten neue wirtschaftliche Möglichkeiten. Diese wurden rasch von den Juden wahrgenommen, die bereits – wenn auch zögernd – an den ersten Stadien dieser Entwicklungen in einigen west- und mitteleuropäischen Ländern beteiligt gewesen waren, vor allem im Finanz- und Großhandelsbereich, aber in geringerem Ausmaß auch in der Produktion.

Die Auswirkung dieser Veränderungen auf die gesamte Bandbreite des jüdischen Lebens wird jedoch erst in Verbindung mit dem Einfluß eines weiteren tiefgreifenden Wandels verständlich, nämlich der beim Anbruch der Moderne eintretenden Veränderung in den ideologischen Prämissen der europäischen Zivilisation. Diese Prämissen kristallisierten sich erst in den absolutistischen Staaten und später dann in den großen Revolutionen heraus, also der englischen, amerikanischen und insbesondere der Französischen Revolution, sowie in den nachfolgenden sozialen und nationalen Bewegungen, die im Europa des 19. und frühen 20. Jahrhunderts entstanden. Die Veränderungen in diesen Prämissen, die das Schicksal der Juden beeinflußten, waren dreifacher Art, wobei sich allerdings zwischen den drei Aspekten dieses Wandels einige wesentliche Widersprüche herausbildeten, und zwar insbesondere, was die Lage der Juden anbetraf.

An erster und vielleicht wichtigster Stelle stand der Übergang von der traditionellen religiösen Definition der Mitgliedschaft in der Zivilisationsgemeinschaft und der indirekten, korporativen Zugehörigkeit zur politischen Gemeinschaft hin zu einer säkularen, universalistischen Mitgliedschaft in den zivilisatorischen Rahmen und einer direkten, unvermittelten Zugehörigkeit zur politischen Gemeinschaft. Diese Konzeption war in gewissem Umfang bereits den absolutistischen Staaten eigen gewesen, fand ihren umfassendsten Ausdruck jedoch erst in der französischen Erklärung der Menschen- und Bürgerrechte von 1789, die bekanntlich die universalen Bürgerrechte in rein säkularen Begriffen festlegte und damit die starken traditionell-religiösen christlichen Komponenten, die in der Bestimmung der Grenzen der Mitgliedschaft in den europäischen Gemeinschaften bisher dominierten, offenbar beseitigte oder auf jeden Fall schwächte.

Die zweite Veränderung, die nicht immer genau mit der ersten einherging, aber gegen Ende des 19. Jahrhunderts in West- und Mitteleuropa doch allgemein mit dieser konvergierte, brachte eine Schwächung in der traditionellen Rechtsgewalt der Herrscher. Die neue Entwicklungsrichtung propagierte das Zugangsrecht aller Bürger zu den eigentlichen Machtzentren und die Umformulierung der diesen Zentren zugrundeliegenden Prämissen auf eine offene, moderne und universalistische Weise.

Diese beiden Wandlungen veränderten die grundlegenden Beziehungen zwischen den europäischen Zivilisationen und den Juden, wobei letzteren auf den ersten Blick die Möglichkeit eröffnet wurde, nicht länger Fremde in ihren Wohnländern zu sein. Insbesondere die zweite Entwicklung verlieh ihnen das Recht auf Bürgerschaft in den neu entstehenden politischen Systemen und gab die Bühne der europäischen Zivilisation auch für Juden frei.

Diese Gelegenheit zur Aufhebung der diversen Bestimmungen, die die Beteiligung der jüdischen Bevölkerung am wirtschaftlichen, vor allem aber politischen und kulturellen Leben der sie umgebenden Gesellschaften eingeschränkt hatten, war mit einer neuen Forderung an die Juden verbunden.

Die Crux dieser Forderung bestand darin, daß die Juden sich nur noch als religiöse und nicht mehr als nationale oder politische Gemeinschaft definieren sollten. Die Beibehaltung einer eigenständigen, separaten nationalen oder politischen Identität auf jüdischer Seite wurde als Herausforderung für die entstehenden städtischen und nationalen europäischen Gemeinschaften betrachtet, da man sie als mit den Vorstellungen des universalen Bürgerrechts unvereinbar erachtete. Zum Beweis dieser angeblichen Unvereinbarkeit verwies man gern auf die zahlreichen Kontakte, die die Juden eines Landes mit den jüdischen Gemeinden anderer Länder unterhielten, und bezichtigte sie deswegen einer gespaltenen Loyalität.

Diese Forderungen waren in gewissem Umfang bereits in der Politik vieler absolutistischer Herrscher enthalten, die – wie etwa Joseph II. von Österreich – bereit gewesen waren, die Juden als rechtmäßige ortsansässige Untertanen und nicht nur als Fremde in ihren Ländern anzusehen, aber gleichzeitig den korporativen Status der jüdischen Gemeinden aufhoben.

Am vollständigsten und ausdrücklichsten wurden diese Forderungen in der Französischen Revolution und der Zeit danach formuliert, doch griff man sie später, wenn auch teils mit anderem Wortlaut, ebenfalls in anderen Ländern auf, vor allem in

Deutschland und in geringerem Grad in der multinationalen österreichisch-ungarischen Doppelmonarchie.

Diesen Tendenzen zur Eingliederung der Juden in das moderne politische Leben der europäischen Nationen lief in gewissem Umfang eine dritte zuwider. Sie ging dahin, bei der Bildung der modernen politischen Gemeinschaft des Nationalstaats mehr die primordialen oder volksspezifischen historischen Grundlagen der entstehenden politischen Gemeinschaft – also das speziell Französische, Deutsche oder Italienische – zu betonen als deren universalistische Prämissen. So blieben die älteren christlichen Komponenten wie auch starke primordiale Elemente oft weiterhin bedeutsam. Besondere Bedeutung kam diesen Komponenten des modernen Nationalstaats zumal während der Entstehungsphase der Länder zu, in denen – wie etwa in Deutschland und in geringerem Umfang auch in Frankreich, im Gegensatz zu den Verhältnissen in England und den skandinavischen Ländern – die Existenz solcher nationalen Gemeinschaften und Identitäten historisch noch nicht anerkannt war und deshalb nicht ohne weiteres vorausgesetzt werden konnte. Hinzu kam noch, daß sich in diesen Ländern keine starke Tradition einer bürgerlichen Gesellschaft herausgebildet hatte, so daß derartige Gemeinschaften oft Gegenstand des politischen und ideologischen Ringens bildeten. In solchen Fällen wurden die gegenüber den Juden erhobenen Forderungen, ihre nationale oder »ethnische«, primordiale und politische Identität aufzugeben und nur die religiöse beizubehalten, nicht nur besonders vehement vorgetragen, sondern verbanden sich auch mit dem Aufkeimen einer starken, prinzipiellen Ablehnung. Letztere baute auf den alten religiösen Grundlagen auf, ging aber über diese hinaus, da sie jetzt in modernen, säkularen, nationalen und rassistischen Begriffen formuliert wurde, wie sie sich im – später noch etwas ausführlicher zu behandelnden – modernen Antisemitismus entwickelten, und von der Auffassung begleitet war, daß die Juden nie ein Teil der neuen europäischen Nationen werden könnten.

Die Entwicklungsmuster der jüdischen Geschichte, die sich während des 19. Jahrhunderts in verschiedenen Teilen Europas abzeichneten, wurden somit durch die Art geprägt, wie diese Kräfte – des wirtschaftlichen Fortschritts und der in verschiedenen Kombinationen auftretenden Veränderungen in den Grundprämissen der politischen Kollektive – die jüdischen Gemeinden beeinflußten; also durch die Möglichkeiten, die sich ihnen jetzt eröffneten, durch die jüdische Reaktion auf diese Möglichkeiten und die Art, wie die einzelnen Sektoren der europäischen Gesellschaften auf dieses jüdische Verhalten reagierten. Dabei gab es natürlich Unterschiede zwischen den verschiedenen europäischen Gesellschaften.
Die »äußeren« Aspekte der Geschichte sind wohlbekannt. In West- und in geringerem Umfang auch in Mitteleuropa – in Deutschland und etwas zögernder in der Donaumonarchie – wurden die jüdischen Gemeinden relativ schnell, in etwa zwei bis drei Generationen, in die neu expandierenden Wirtschaftszentren vor allem der Großstädte eingegliedert: in Handel und Finanzwirtschaft und in geringerem Ausmaß in Industrie und freie Berufe.
Diese Vorgänge waren vor allem mit einem schnellen Anwachsen der jüdischen Bevölkerung verbunden. Im Jahre 1800 lebten schätzungsweise 1 500 000 Juden in Europa; 1825 gab es bereits 2 700 000, und bis zur Jahrhundertmitte war ihre Zahl auf über 4 000 000 angestiegen. 1880, zu Beginn der Massenauswanderung europäischer Juden, lebten rund 6 800 000 Juden dort, während ihre Gesamtzahl gegen Ende des Jahrhunderts knapp 8 700 000 betrug. 1800 lebten rund 60 Prozent der Weltjudenheit in Europa. 1880, zu Beginn der Auswanderungsbewegung, waren es fast 90 Prozent. Die jüdische Bevölkerung im Russischen Reich wuchs (trotz der jüdischen Massenauswanderung am Ende des Jahrhunderts) um 250 Prozent zwischen den Jahren 1825 (1,6 Millionen) und 1880 (fast 4 Millionen), um dann bis 1900 auf über 5 Millionen anzuschwellen. Ähnliche Zuwachsraten gab es in ganz Europa. In Galizien waren aus den 170 000 Juden von 1825 bis 1880 rund 700 000 geworden, und die jüdische Bevölkerung Ungarns stieg im selben Zeitraum von

200 000 auf 638 000 an. Von 1815 bis 1860 hatte sich die Anzahl der französischen Juden von 45 000 auf 96 000 mehr als verdoppelt. Im geeinten Deutschland gab es 1871 über 500 000 Juden – etwa dreimal mehr als 1837.

Es entstand eine sehr starke jüdische Abwanderungsbewegung von den kleinen Gemeinden, in denen sie bis dahin verstreut gewesen waren, in die großen städtischen Zentren, wo sie sich auf die neu expandierenden Wirtschaftssektoren konzentrierten; zuweilen wanderten sie allerdings auch in neue ländliche Bezirke, wenn sich dort wirtschaftliche Möglichkeiten auftaten. Darüber hinaus war eine Westwärtsbewegung festzustellen: von Ost- nach Mitteleuropa, von Mittel- nach Westeuropa und aus all diesen Gebieten nach Übersee. Während diese Bewegungen im einzelnen natürlich von den örtlichen Umständen und vor allem von Art und Tempo der wirtschaftlichen Entwicklung abhängig waren, verlief die Grundtendenz in ganz Europa ziemlich ähnlich und verstärkte damit die Tradition der Wanderbewegungen, die für das jüdische Leben seit dem späten Altertum kennzeichnend geworden war.

West- und Mitteleuropa

Aber dieser Eingliederungsprozeß in die neue Wirtschafts- und Sozialstruktur war nicht nur demographischer und wirtschaftlicher Art; hinzu kam das wachsende Bestreben auf jüdischer Seite, als Teil der entstehenden politischen Gemeinschaft und bürgerlichen Gesellschaft akzeptiert zu werden, die scheinbar bereits auf den neuen universalistischen Prämissen aufbaute. Diese politische Eingliederung, die sogenannte Emanzipation, verlief in West- und Mitteleuropa mühsamer und zögernder als die wirtschaftliche und berufliche Mobilität der Juden, aber sie schien doch ein starker, irreversibler Prozeß zu sein. Schrittweise verloren die Juden ihren Fremdenstatus; religiöse Beschränkungen hinsichtlich der Staatsbürgerschaft wurden aufgehoben; politische Emanzipation und volle Bürgerrechte wurden erreicht. Aber diese Entwicklungen waren immer eng mit Bemühungen verbunden, das jüdische Gemeindeleben in seinem Wesen zu verändern, den verschiedenen Kehillot die allgemeinen Gerichtsbefugnisse zu nehmen, mit denen sie vorher ausgestattet gewesen waren, und sie möglichst in rein religiösen Begriffen zu definieren; damit ging oft noch der Versuch einher, einen Wandel in der grundlegenden Lebensart der Juden herbeizuführen.

Die ersten Anzeichen einer solchen Emanzipation traten in der Donaumonarchie auf. 1771 erließ Joseph II. von Österreich das Toleranzedikt, das er 1789 auch auf Galizien ausdehnte, mit dem Ziel, die Juden aus ihren bisher typischen Berufszweigen zu lösen und in die allgemeine Gesellschaft zu integrieren. Daher durften Juden jetzt keine Gasthäuser mehr führen oder als Steuereintreiber fungieren, und es war ihnen – bedeutsamerweise – nun auch untersagt, den jüdischen Gemeinden in Palästina Geld zu senden. Ferner zerstörte das Edikt die politische Macht der Kehillot und beschränkte sie auf spezifisch religiöse Tätigkeiten. Gleichzeitig bestimmten die Vorschriften, daß Juden öffentliche Schulen zu besuchen hätten und auf Wunsch zu den Gymnasien und Universitäten zuzulassen seien. Sie wurden aufgefordert, ihre Geschäftsangelegenheiten in Deutsch, nicht in Jiddisch zu führen, und sie mußten Familiennamen annehmen. Demgegenüber hob das Edikt weder Reisebeschränkungen noch Sonderbesteuerung auf. Dies geschah erst nach der Revolution von 1848.

Diese Doppeltendenz, einerseits die Eingliederung in die europäische Gesellschaft bis hin zur Gewährung voller Staatsbürgerschaft zu erleichtern, andererseits aber die Umwandlung der jüdischen Gemeinden in rein religiöse Körperschaften zu fordern und den Kehillot ihren besonderen rechtlichen und politischen Status zu nehmen, entwickelte sich in voller Stärke nach der Französischen Revolution und dehnte sich später in verschiedenen Variationen und Mustern auf ganz West- und Mitteleuropa aus – auf Frankreich, die deutschen Einzelstaaten, die Donaumonarchie, die Niederlande, Belgien und die Schweiz.

Große Teile dieser jüdischen Gemeinden akzeptierten tatsächlich diese Forderungen in Theorie und Praxis und begannen, sich selbst als rein religiöse Gemeinschaften zu definieren bzw. als Körperschaften von Individuen, die lediglich die Religion gemeinsam hatten. Dadurch hofften sie, die Tore zur allgemeinen Gesellschaft aufzustoßen und ihre Beteiligung daran zu

sichern. Wie wir noch sehen werden, führten diese Bestrebungen zu weitreichenden inneren Wandlungen und setzten einen intensiven Assimilisationsprozeß in Gang.
Aber dieser Weg war niemals eben. Die verhältnismäßig starke Konzentration der Juden in den Städten, in bestimmten Wirtschaftssektoren, und ihr zunehmendes Hervortreten in kulturellen Bereichen – wie dem Journalismus, den Künsten oder radikalen Sozialbewegungen – löste eine sehr starke Reaktion aus: eine Gegenbewegung gegen ihre tatsächliche und potentielle Assimilisation in Form des modernen Antisemitismus.
Es war nicht damit getan, daß vielen Juden keine Aufnahme in die nichtjüdische Gesellschaft gewährt wurde und sie daher de facto sozial abgesondert blieben. Über eine verschwommene, scheinbar informelle, wenn auch höchst wirksame gesellschaftliche Segregation hinaus begann sich vielmehr schon im frühen 19. Jahrhundert eine neue Form des alten Judenhasses herauszubilden, der im christlichen Glauben verwurzelt gewesen war. Diese neue Form war ein säkularer, nationaler, rassistischer Antisemitismus. Seinen ersten Ausdruck fand er in Werken von Gelehrten – Journalisten wie J. A. Gobineau (1816-1882) oder H. S. Chamberlain (1859-1928) –, die die Juden nicht, wie es noch im »klassischen« Christentum der Fall gewesen war, in rein religiösen Begriffen definierten, sondern in säkularen – nämlich rassischen, biologischen oder bestenfalls nationalen Kategorien. Sie negierten schon die Möglichkeit, daß die Juden sich jemals in eine »nur« religiöse Gemeinschaft verwandeln könnten, daß sie überhaupt in das politische und soziale Gefüge der neu entstehenden Nationalstaaten assimilierbar seien. Diese Auffassung wurde von vielen modernen antisemitischen Bewegungen aufgegriffen und erreichte ihren Gipfelpunkt natürlich in der nationalsozialistischen Weltanschauung.

Osteuropa und Wanderbewegung

Die Lage der jüdischen Gemeinden war in vielen, aber nicht allen wichtigen Einzelheiten anders in Osteuropa – im Russischen Reich und in geringerem Umfang in der österreichisch-ungarischen Doppelmonarchie –, wo, wie wir oben gesehen haben, der größere Teil der jüdischen Gemeinden Europas und der Welt lebte. Hier, und vor allem in Rußland, verlief das Tempo der wirtschaftlichen Entwicklung und Industrialisierung erheblich langsamer. Kleinere Teile der jüdischen Gemeinde waren tatsächlich an der vordersten Front der neuen wirtschaftlichen Entwicklungen und Unternehmungen beteiligt. Aber in den Hauptzentren – insbesondere in Polen und Westrußland – war das Spektrum der ihnen offenstehenden Wirtschaftstätigkeiten weit schmaler. Die größten Teile der jüdischen Gemeinden blieben immer noch auf Kleinhandel und Handwerk sowie diverse Mittlerfunktionen in den ländlichen Gebieten beschränkt. Doch selbst in diesen relativ rückständigen Ländern oder Bezirken nahmen die Juden sehr aktiv an den Prozessen der wirtschaftlichen Entwicklung, Modernisierung und Urbanisierung teil, sobald diese einmal in Gang gekommen waren, und zeigten die gleiche Grundtendenz zu Bevölkerungswachstum, Verstädterung und Migration. Allerdings übersiedelten sie hier in Städte, in denen sehr viel engere Formen jüdischen Zusammenlebens gepflegt wurden, und konzentrierten sich stärker als in Westeuropa auf die kleinen und mittleren Industrien, so daß sich gegen Ende des 19. Jahrhunderts eine sehr festgefügte jüdische Arbeiterklasse herausbildete.

Soweit es ihnen gelang, aus diesen halbtraditionellen Beschäftigungen in die modernen Handels- und Industrieunternehmungen vorzustoßen, gerieten sie natürlich mit verschiedenen Schichten der einheimischen Bevölkerung – seien es nun Polen, Ukrainer, Weißrussen oder sogar die Russen selber – in Konflikt, die ebenfalls diese Positionen anstrebten oder sich von den wirtschaftlich und sozial mobilen Juden ausgebeutet fühlten.

Diese negativen Einstellungen gegenüber den Juden wurden noch durch die kulturell-politischen Prämissen der osteuropäischen Staaten verstärkt. Das Russische Reich betrachtete sich als ein traditionelles, autokratisches, christliches Staatswesen, das im Prinzip keinerlei freien Zugang zu den Machtzentren gewährte und die Juden als eine religiös fremde und politisch unterlegene Gemeinschaft definierte, deren Wohnbereich man auf den berühmten übervölkerten »Ansiedlungsrayon« – in Polen, Ukraine und einigen Teilen Westrußlands – begrenzte und damit die Abwanderung nach Osten und Norden unterband.

Gleichzeitig beschränkten die Zaren weitgehend die Befugnisse der jüdischen Gemeinden, erlegten ihnen hohe Steuern auf und machten sie vor allem zumindest teilweise dafür verantwortlich, die hohen Sollquoten für Juden in der zaristischen Armee über lange Dienstzeiten (20 Jahre) zu sichern, um auf diese Weise die russisch-christliche Weltanschauung unter die Juden zu tragen.
In der österreichisch-ungarischen Doppelmonarchie war die Lage komplexer. Bereits im 18. Jahrhundert hatte sich dort, wie gesagt, eine tolerantere Einstellung gegenüber den Juden herausgebildet, nämlich eine Toleranz, die auf der Forderung basierte, daß die Juden eine im wesentlichen religiöse Gemeinschaft werden und sich modernisieren sollten. Die Gewährung gewisser Zugeständnisse an die verschiedenen Nationalitäten des Reiches bestärkte diese den Juden günstig gesinnte Einstellung ebenso wie der im Vergleich zu Rußland schnellere wirtschaftliche Fortschritt. Es gab weniger Beschränkungen für die Juden als in Rußland, und diese wurden – im Zuge der relativen Liberalisierung des politischen Systems im Reich – schrittweise aufgehoben. So kamen viele Juden wirtschaftlich, sozial und kulturell voran, wobei die Lage der jüdischen Gemeinden in den verschiedenen Provinzen der Donaumonarchie allerdings erhebliche Unterschiede aufwies. Insgesamt waren diese jüdischen Gemeinden eine recht vielschichtige Mischung aus west- und osteuropäischen Elementen mit zahlreichen besonderen Merkmalen – wie zum Beispiel der Ausbildung sehr starker semi-moderner orthodoxer Organisationen neben reformjüdischen in Ungarn. In Ungarn selbst übernahmen die Juden bis zu einem gewissen Grad die Rolle einer modernen Mittelklasse oder Intelligenz, obwohl viele von ihnen in Landstädten wohnten.
Weder das Russische Reich noch die Donaumonarchie waren jedoch ruhig oder statisch. Vielmehr waren sie zunehmend dem Einfluß internationaler politischer, wirtschaftlicher und ideologischer Kräfte ausgesetzt. Am stärksten unter diesen inneren neuen Kräften wirkten die zahlreichen reformatorischen, revolutionären und nationalistischen Bewegungen, die sich die Umstrukturierung des russischen bzw. österreichischen Staatswesens zum Ziel gesetzt hatten, sowie die verschiedenen nationalistischen Bewegungen – vor allem der Polen, Ukrainer und Li-

tauer, unter denen der größte Teil der jüdischen Bevölkerung lebte –, die nach einer nationalen Identität suchten oder auch politische Unabhängigkeit anstrebten.
Die Versuche des Russischen Reiches, sich gegen diese Kräfte zu verteidigen, verstärkten nur noch seine reaktionären Einstellungen im allgemeinen und die gegenüber den Juden im besonderen – vor allem unter den Zaren Nikolaus I. (1825-1855), Alexander III. (1881-1894) und Nikolaus II. (1894-1917).
Sowohl in Rußland als insbesondere auch in der Donaumonarchie gerieten die Juden, deren Anzahl kontinuierlich wuchs, in den Strudel dieser verschiedenen und häufig einander zuwiderlaufenden Tendenzen. Eine Folge davon war das Einsetzen einer großen grenzüberschreitenden Bevölkerungsbewegung. Dieser Prozeß, der in den dreißiger und vierziger Jahren des 19. Jahrhunderts in Deutschland begann, sollte den gesamten Lauf der jüdischen Geschichte verändern. Juden verließen die geographischen Grenzen ihrer jeweiligen Aufenthaltsländer, um in neue Länder aufzubrechen, vor allem in die Vereinigten Staaten, aber auch nach Lateinamerika, Kanada, Australien und Südafrika. Diese Bewegung, die Teil der allgemeinen Auswanderungswelle europäischer Bevölkerungsgruppen in außereuropäische Länder war, setzte die großen Wandertraditionen besonders der mittelalterlichen Judenheit fort. Nachdem diese Welle im frühen 19. Jahrhundert in Mitteleuropa langsam begonnen hatte, stieg sie 1881 in Osteuropa außerordentlich an, vor allem nach den berüchtigten Pogromen von 1882. Zahlenmäßig gesehen, kamen in den Jahren 1840 bis 1880 rund eine Viertelmillion Juden – hauptsächlich aus Deutschland und Österreich-Ungarn, in geringerem Maße auch aus Rußland und Rumänien – in die Vereinigten Staaten. Dann verließen von 1881 bis 1914 etwa 2750000 Juden Osteuropa und verteilten sich über Europa, Lateinamerika, den britischen Herrschaftsbereich und vor allem die USA. Etwa 350000 ließen sich in Deutschland und Frankreich nieder, rund 200000 in England, wo die Zahl der Juden bis dahin unter 100000 gelegen hatte. Etwa 120000 gingen nach Argentinien, 400000 nach Südafrika, 100000 nach Kanada – und fast 2000000 in die Vereinigten Staaten.
Diese Wanderbewegung verstärkte bestehende jüdische Ge-

meinden in Europa und schuf neue. Vor allem aber begründete sie eine neue jüdische Gemeinschaft, die später zur größten jüdischen Diasporagemeinde anwachsen sollte, nämlich die jüdische Gemeinde in den Vereinigten Staaten. Diese war nicht mehr nur einfach ein Abbild der jüdischen Gemeinden Europas, sondern nahm – wenn auch nur schrittweise – einen völlig neuen Entwicklungsweg.

Orientalische Gemeinden und der Nahe Osten

In der Mitte des 19. Jahrhunderts lebten etwa 500 000 Juden in den verschiedenen Teilen des Osmanischen Reiches – in der Türkei selbst sowie im späteren Irak, in Ägypten und Nordafrika, in Syrien und Palästina und im entlegenen Jemen. Die meisten Familien wohnten hier schon seit dem Altertum oder doch spätestens seit der Vertreibung aus Spanien. Sie betrachteten sich als verschiedene Teile dessen, was man später als sefardische oder orientalische Gemeinden bezeichnete, seien sie nun maghrebinische oder ägyptische Juden, wobei einige ihren rein sefardischen Ursprung betonten. Sehr oft waren sie in viele Untergruppen gespalten.

Die wirtschaftliche und kulturelle Blütezeit dieser Gemeinden war im großen und ganzen mit dem Rückgang des Mittelmeerhandels und der kontinuierlichen Schwächung des Osmanischen Reiches vorüber. Viele von ihnen lebten in relativ geschlossenen Gemeinden und bewahrten ihre traditionelle Lebensweise in einer irgendwie gearteten Symbiose mit ihren Nachbarn, manchmal mit relativ friedlichen Beziehungen, zuweilen in einem äußerst gespannten und antagonistischen Verhältnis – aber stets als untergeordnete Minorität. Sie erhielten die spezifisch jüdischen Institutionen für Gebet und Studium aufrecht. Einige Zentren der Gelehrsamkeit, wie etwa diejenigen im fernen Jemen, waren nicht unbedeutend, aber allgemein nahmen sie nicht mehr die relativ zentrale Stellung in der jüdischen Welt ein, die sie vom neunten bis zwölften und später, nach der Vertreibung aus Spanien, im 16. und 17. Jahrhundert besessen hatten.

Etwa seit dem Ende des 18. Jahrhunderts wurden Teile dieser

Gemeinden langsam in die ständige Expansion der modernen Wirtschaft und in die soziokulturellen Bewegungen hineingezogen, die vor allem im Gefolge des europäischen Kolonialismus aufkamen.

Die orientalischen Gemeinden machten etwa seit dem letzten Drittel des 19. Jahrhunderts weitgehende Wandlungs- und Modernisierungsprozesse durch, und zwar unter dem wachsenden Einfluß des europäischen Imperalismus mit der Kolonisierung großer Landstriche und der ständigen Schwächung des Osmanischen Reiches. Von besonderer Bedeutung waren hierbei die französische Kolonisierung einzelner nordafrikanischer Länder – Algerien, Marokko, Tunesien –, das immer stärkere europäische Eindringen in Ägypten und der Wettlauf europäischer Pioniere in alle Teile des Osmanischen Reiches.

In Nordafrika begann eine intensive jüdische Wanderbewegung aus dem Hinterland in die Küstenstädte – etwa ein Drittel der Juden Marokkos zog zwischen 1830 und 1900 in diese Städte –, und ein ähnlicher Prozeß ließ sich in Tunesien, Algerien und Ägypten feststellen. Auch neue jüdische Elemente übersiedelten in diese Länder: Italienische Juden kamen nach Tunesien, französische nach Algerien und solche aus Mitteleuropa und Rußland nach Ägypten.

Diese Vorgänge waren von einer zunehmenden Schwächung des alten traditionellen Milieus und seiner Eliten begleitet – sowie von einer nachlassenden Abhängigkeit von den osmanischen Machthabern. Viele Juden bemühten sich um das Protektorat europäischer Mächte; alle Juden in Algerien wurden französische Staatsbürger; andernorts strebten sie den Schutz europäischer Mächte an, um sich vom Joch des osmanischen Staates zu befreien.

All diese Entwicklungen unterminierten die traditionellen Gemeinden und die Autorität ihrer säkularen wie rabbinischen Führer und lösten weitreichende ausbildungsmäßige und berufliche Veränderungen unter den Juden aus. Am Vorabend des Ersten Weltkriegs besuchten etwa 48 000 Kinder in Nordafrika die Alliance-Schulen, und es gab noch mehrere ähnliche Institutionen. Viele höhergestellte Juden lebten in Ägypten in einer sehr kosmopolitischen Atmosphäre, und diese Tendenz verstärkte sich natürlich nach dem Ersten Weltkrieg, nicht nur in den Gemeinden Nordafrikas, sondern auch in Syrien und dem Irak. Außerdem entstanden neue moderne jüdische – darunter auch zionistische – Organisationen und Bewegungen in diesen Ländern.

Obwohl dieser Prozeß wohl schwächer und weniger intensiv als in den verschiedenen europäischen Ländern verlief, war er doch äußerst dynamisch. Allerdings fehlten, im Vergleich zu den Ereignissen in West- und Mitteleuropa, zwei Elemente fast völlig. Erstens wurde hier kein Versuch unternommen, das religiöse jüdische Leben auf neue, moderne, »nicht-orthodoxe« Weise umzustrukturieren, und zweitens gab es (mit der teilweisen Ausnahme einiger Sektoren der nordafrikanischen Gesellschaft) keine ideologischen Bestrebungen, sich in die bestehende herrschende Gesellschaft einzugliedern. Angesichts der traditionellen islamischen Grundprämissen des Osmanischen Reiches und der Kolonialsituation war einfach kein besonderer Stimulus für die Entwicklung solcher religiöser Bewegungen wie etwa des Reform- oder liberalen Judentums vorhanden. Die traditionellen sefardischen Rabbinats- und Gemeindeorganisationen blieben erhalten, verloren aber viel von ihrer Autorität zugunsten einer moderneren oder säkulareren Lebensweise, ohne dabei jedoch mit einer neuen, mächtigen ideologischen Herausforderung religiöser, liberaler und nationaler Art konfrontiert zu werden.

Der Zerfall des rabbinischen Modells und die Umgestaltungsprozesse der jüdischen Zivilisation

Berufliche und ausbildungsmäßige Veränderungen

Die Beschreibung der jüdischen Gemeinden seit etwa dem Ende des 18. Jahrhunderts liefert die Grunddaten der jüdischen Geschichte für diesen Zeitraum, vermittelt aber keinen Eindruck von ihrer inneren Dynamik mit all ihren Windungen, die das Ende des langen Zeitalters »mittelalterlicher« Exilgeschichte anzeigten, deren wesentliche Merkmale wir im 3. Kapitel analysiert haben.

Wie dort geschildert, wirkten sich die geballten Veränderungen in den Grundvoraussetzungen der europäischen Zivilisationen und die damit verbundene Ausdehnung der wirtschaftlichen Möglichkeiten auf alle wesentlichen Merkmale der mittelalterlichen jüdischen Gesellschaft aus. Was man als traditionelle jüdische Gesellschaft bezeichnen könnte, begann sich aufzulösen; die moderne Zeit der jüdischen Geschichte nahm ihren Ausgang.

Äußerlich zeigte sich die Auflösung der traditionellen jüdischen Gesellschaft vor allem in ökologischen Vorgängen sowie in beruflichen und ausbildungsmäßigen Veränderungen. Die Juden lebten jetzt immer weniger in den Schranken beruflich und wirtschaftlich eng begrenzter und ökologisch verstreuter Enklaven. Obwohl die Juden sich auch weiterhin auf ziemlich spezifische Beschäftigungen und bestimmte Stadtgebiete konzentrierten, begannen sie doch in teilweise offenen Rahmen zu leben, und im Prinzip zumindest konnten sie bereits umfassender und offener an den verschiedenen beruflichen und wirtschaftlichen Sektoren europäischer Gesellschaften Anteil nehmen.

Aber nicht das Ausmaß der wirtschaftlichen oder ökologischen Konzentration war der Kern der Sache – obwohl dies natürlich schon an sich sehr bedeutsam war. Entscheidend war vielmehr das Zusammentreffen dieser großen Wandlungen in der ökologischen und ökonomischen Struktur des jüdischen Lebens mit den Veränderungen in den Prämissen der jeweiligen Wirtszivilisation. Diese Kombination löste einen noch radikaleren Wandel im Leben des jüdischen Volkes aus – nämlich die Beendigung nicht nur der ökologischen, sondern auch der sozialen, kulturellen und institutionellen Selbstsegregation der Juden. Die traditionellen »mittelalterlichen« symbolischen und institutionellen Lebensweisen und Grenzen der jüdischen Gemeinde sowie die kulturelle und soziale Sonderstellung, die die Juden im Mittelalter kennzeichnete, schwächten sich nun langsam ab, um schließlich ganz zu verschwinden.

Am sichtbarsten vollzog sich natürlich das Auseinanderbrechen des alten institutionellen Rahmens des jüdischen Gemeindelebens im ökonomischen und ökologischen Bereich, in Ausbildung und Beruf. Weite Bereiche des Lebens und der institutionellen Aktivitäten der Juden waren jetzt nicht mehr auf einen

spezifisch jüdischen Horizont beschränkt. Sie übersiedelten in Großstädte, widmeten sich vielfältigen Beschäftigungen, schickten ihre Kinder in allgemeine Schulen und waren aktive Konsumenten des allgemeinen Kulturangebots.
Die Veränderungen im Lebensstil der west- und mitteleuropäischen Juden – in Kleidung, Wohnung, Sprechweise, Freizeitbeschäftigungen und den Formen kultureller Beteiligung – gingen schnell vor sich und hoben somit rasch die Merkmale auf, die die Juden zu mittelalterlicher Zeit so stark von ihrer Umgebung unterschieden hatten. Sie machten sich äußerst schnell die Sprachen ihrer Wirtsgesellschaften zu eigen – eine Leistung, die Teil der wohl wichtigsten Veränderung in ihrem sozio-kulturellen Leben bildete, denn sie verschaffte ihnen nun wachsenden Zugang zu den allgemeinen Bildungseinrichtungen (natürlich auf Kosten ihrer traditionellen Lernweisen). So gingen – um nur ein Beispiel zur Illustration anzuführen – im Jahr 1839 rund 40 Prozent der jüdischen Jugend in Berlin auf jüdische Schulen; 1850 war dieser Anteil auf 29 Prozent gesunken, und 1867 stellten Juden bereits 15 Prozent der Schüler an den Berliner Gymnasien, was dem Vierfachen ihres Bevölkerungsanteils entsprach.

Institutionelle Veränderungen

Diese Veränderungen in der Lebensweise der Juden und in ihrer Bildungs- und Berufsstruktur standen in engem Zusammenhang mit der Schwächung der institutionellen und symbolischen Grenzen der jüdischen Gemeinden, des jüdischen Volkes. Dies zeigte sich vornehmlich an den radikalen Änderungen in der offiziellen, rechtlichen Stellung jüdischer Gemeindeorganisationen. Die traditionellen Rechtsprechungs- und Ordnungsbefugnisse der jüdischen Kehillot wurden aufgehoben, wodurch auch ihr Status als spezifische, abgegrenzte Rechtsbereiche für Fremde endete. Die Juden selbst waren – zumindest im Prinzip – nicht länger Fremde, sondern rechtmäßige Einwohner und etwas später auch vollgültige Bürger ihrer jeweiligen Länder.
Ihr Leben verband sich jetzt meist stärker mit den institutionellen Strukturen ihrer Wirtsgesellschaften. Juden waren nun nicht

mehr symbolisch in gesonderten Gemeinden segregiert, die, unter der Ägide der Halacha, die allgemeinen Grenzen ihres Kollektivlebens abgesteckt hatten und Schauplatz für die Verwirklichung ihrer spezifischen Zivilisation gewesen waren. Nunmehr begannen sie, ihre Grenzen zu öffnen, die Definition ihrer kollektiven Identität im Verhältnis zur umgebenden Gesellschaft zu verändern und die Beteiligung an dieser Gesellschaft als ihre neue Lebensaufgabe anzusehen, also als den richtigen Weg zur Erreichung ihrer eigenen zivilisatorischen Vision – soweit sie an deren Aufrechterhaltung noch interessiert waren.

Zugegebenermaßen blieben viele institutionelle Merkmale der jüdischen Gemeinden erhalten – vor allem die Synagogen, Hilfsorganisationen und zu einem gewissen Grad auch die traditionellen Bildungseinrichtungen –, und weitere neue entstanden. Doch sie bildeten nicht länger den Angelpunkt des jüdischen Lebens und definierten nicht mehr dessen Grenzen.

All dies bedeutet natürlich eine Schwächung – vielerorts sogar das völlige Verschwinden – des symbolischen und institutionellen rabbinischen Modells mit seinen Prämissen und Ausdrucksformen, das bis dahin den vorherrschenden institutionellen und spezifisch zivilisatorischen Rahmen dargestellt hatte.

Diese Schwächung des rabbinischen Modells brachte nicht nur Veränderungen in der täglichen Lebensweise mit sich, sondern eröffnete auch die Möglichkeit für eine Wandlung und Neukristallisierung der jüdischen Kollektividentität und der symbolischen Grenzen der jüdischen Gemeinde, aber auch für eine grundlegend veränderte Vorstellung davon, in welchem institutionellen Rahmen die spezifischen Formen der jüdischen Zivilisation zu verwirklichen seien. Dabei ging es nicht allein um eine allgemeine Tendenz zu Säkularisierung und religiöser Gleichgültigkeit, obwohl diese beiden Entwicklungen selbstverständlich bei vielen Juden einsetzten. Wichtiger waren vielmehr verschiedene Versuche – wie sie etwa von den liberalen und Reformbewegungen ausgingen –, die jüdischen Glaubensvorstellungen sowie das Maß, in dem rechtlich-rituelle Vorschriften befolgt werden mußten, neu zu formulieren. All dies war Teil eines allgemeinen Prozesses der Umgestaltung jüdischer Lebensweise und Zivilisation.

Selbst unter den erst in Deutschland, dann auch in anderen Ländern und insbesondere Ungarn auftretenden Neoorthodoxen, die auf uneingeschränkter Befolgung der Halacha bestanden, war dieses Beharren bereits mit einem großen Maß an prinzipieller Teilnahme an der allgemeinen Gesellschaft und deren Zivilisationsmodell verbunden, also auch mit der Beteiligung an deren Bildungseinrichtungen, wirtschaftlichen Strukturen und kulturellen Organisationen.

Das spezielle Muster jüdischer Assimilation

Im ersten Zug der Emanzipation schien es, als ob all diese Wandlungen gewissermaßen in eine Richtung gingen, nämlich hin zur Assimilation – mit möglichen orthodoxen Inseln, die vom modernen Leben abgeschnitten bleiben würden. Dieser Auffassung gemäß, die vor allem von den Traditionalisten, den Orthodoxen, die sich selbst in der Defensive wähnten, aber in gewissem Umfang auch von den Verfechtern der Assimilation selber vertreten wurde, war Assimilation ein kontinuierlicher Einbahnprozeß auf zwei verwandten Ebenen, nämlich der der Kultur und der der kollektiven jüdischen Identität.

Tatsächlich kam es in weiten Teilen der jüdischen Gemeinden vor allem Westeuropas, später auch der Vereinigten Staaten und Lateinamerikas sowie in sehr viel geringerem Grade auch im Bereich des russischen, polnischen und austro-ungarischen Judentums zu einer völligen Assimilation, oft in Verbindung mit Mischehen und manchmal – vor allem, aber nicht ausschließlich in den ersten Stadien von Emanzipation und Assimilation – begleitet vom Übertritt zum Christentum. Zumindest anfangs brachten diese Prozesse auch ein schrittweises Ablegen von »ethnischen«, primordialen oder nationalen Komponenten der jüdischen Identität, deren Verlagerung in folkloristisches Brauchtums- oder Erinnerungsgut und eine Neuformulierung der Identität in rein religiösen Begriffen mit sich. Selbstverständlich liegen darüber keine genauen Daten vor, aber solche Assimilationstendenzen waren sicher nicht unbedeutend, obwohl manche Nachkommen dieser Juden später – nach dem Holocaust und der Gründung des Staates Israel – bedeutsamerweise wieder begannen, ihr jüdisches Erbe anzuerkennen und sogar hochzuhalten, wobei sie es in unterschiedlich zusammengefügten primordialen, ethnischen, religiösen und möglicherweise politischen Begriffen neu definierten.

Dieser Assimilationsprozeß war natürlich nicht auf Juden beschränkt, sondern trat auch bei vielen anderen ethnischen Gruppen in Europa sowie später in den USA und anderen Einwanderungs- und Kolonialländern ein.

Das spezifisch Jüdische daran war, daß die Sache damit noch nicht aufhörte. Anders als im Fall der meisten anderen ethnischen Gruppen kam nämlich für die Juden zu den nationalen und sozialen Vorurteilen zwischen verschiedenen ethnischen und sozialen Gruppen, zwischen Wirtsvolk und Einwanderern, jene spezielle Dimension des religiösen und modernen Antisemitismus hinzu – diese ständige Betonung der jüdischen Besonderheit, ihrer Lebensweise und der Beziehung zu ihrem Wirtsvolk –, die in mancherlei Hinsicht die Möglichkeiten einer relativ friedlichen Assimilation zunichte machte.

Aber es gab noch zwei weitere, eng verwandte Faktoren, die den jüdischen Fall einzigartig machten. Erstens wurde die Auflösung der traditionellen jüdischen Gesellschaft und des rabbinischen Modells sowie die Suche nach neuen Bereichen, in denen man die spezifisch jüdische Zivilisationserfahrung ausdrücken und die jüdische Tradition, ihre Inhalte und Prämissen sowie die Grenzen jüdischen Kollektivlebens umgestalten könnte, von verschiedenen Gruppen innerhalb der jüdischen Gemeinschaft auf so vielfältige Weise angegangen, stand diese Suche so sehr im Mittelpunkt ständiger Bemühungen und innerer Konflikte, daß damit der Beweis für die Dauerhaftigkeit einiger entscheidender Aspekte jüdischer zivilisatorischer Orientierung und Identität erbracht war. Zweitens entwickelte sich das gesamte Organisationsmuster jüdischen Lebens ziemlich abweichend von dem vieler anderer religiöser oder ethnischer Gruppen.

Diese Herausforderungen wurden sowohl auf sozialer Ebene im Bereich der Gemeinde- und kulturellen Organisation als auch auf der mehr ideologischen Ebene angepackt.

Natürlich läßt sich schwer feststellen, wie stark sie das tägliche Leben verschiedener jüdischer Gemeinden beeinflußten. Sicher stellten sich vor allem kleine Gruppen von Führern und Intellektuellen diesen Herausforderungen, aber das war in solchen Fällen einer artikulierten kulturellen Kreativität immer so; auch die Tradition der Halacha beispielsweise wurde in den traditionellen Gemeinden von solchen Führern artikuliert. Wie dem auch sein mag – große Teile der jüdischen Gemeinden, insbesondere zahlreiche Intellektuelle und Führer akzeptierten die vielfältigen Herausforderungen in bezug auf die Umgestaltung jüdischen Lebens. Ihre Reaktion darauf, zusammen mit den Veränderungen in der Wirtschaftslage und den ökologischen Strukturen, bildeten die Grundpfeiler für die Dynamik der modernen jüdischen Geschichte.

Die äußerst vielfältigen Wege, auf denen diese Aufgaben von verschiedenen Sektoren der jüdischen Gemeinschaft in verschiedenen Ländern und Zeiträumen der modernen jüdischen Geschichte angegangen wurden, machten einige der wesentlichsten Themen und Spannungen deutlich, die in der jüdischen Tradition enthalten sind: nämlich die Spannungen zwischen Universalismus und Partikularismus, zwischen ethisch-rechtlichen und kultischen Elementen der Tradition und zwischen dem Festhalten an dem vorangegangenen Modell und Versuchen, darüber hinauszugehen.

Die große Anzahl und Vielgestaltigkeit dieser Richtungen sorgte für die außerordentliche Mannigfaltigkeit der modernen jüdischen Geschichte, die weit eher an die Zeit des Zweiten Tempels und die hellenistische und babylonische Diaspora sowie deren unmittelbare Folgezeit in der Ära der Geonim erinnert als an die »klassische« mittelalterliche rabbinische Epoche. Und doch hatten sich diese Richtungen direkt aus ihr entwikkelt und bauten auch, wie wir später noch etwas detaillierter sehen werden, auf vielen Grundlagen dieses »klassischen« Modells auf, nämlich einmal auf einigen seiner offiziellen Prämissen, zum anderen aber insbesondere auf den latent in ihm vorhandenen Orientierungen und Themen.

Die institutionellen und ideologischen Versuche zur Umgestaltung jüdischer Lebensführung und Zivilisation in West- und Mitteleuropa

Die Aufklärung (Haskala)

Die wichtigste – intellektuelle und in gewissem Umfang soziale – Bewegung, die die Eingliederung verschiedener jüdischer Gemeinden in diverse europäische Gesellschaften einleitete, war die der Aufklärung, der *Haskala*.

Ihr zentrales Thema war die Umgestaltung jüdischer Lebensführung, Tradition und Zivilisation nach den Richtlinien der Aufklärung, des »Rationalismus«, um sie zum vollgültigen Teilhaber an dem jetzt entstehenden universalen rationalen, zivilisatorischen Modell zu machen, diesem aber potentiell einige spezifisch jüdische Punkte hinzuzufügen. Obwohl die *Haskala* an sich nicht notwendig antireligiös im engeren Sinn war – ihre ersten Anhänger wie Moses Mendelssohn (1729-1786) oder Naftali Herz Weisel (1725-1805) bestanden auf strikter Befolgung der halachischen Vorschriften –, negierte sie doch die alleinige Herrschaft des rabbinischen Judentums als wichtigstem institutionellen Rahmen. Außerdem verwarf sie Definitionen, die die Grenzen jüdischer Kollektividentität durch radikale Segregation und Abgeschiedenheit von den Nachbarvölkern abstecken wollten. Statt dessen betonte sie die Möglichkeit und Notwendigkeit, einige Aspekte des jüdischen Lebens umzugestalten, in erster Linie die Ausbildung, in gewissem Ausmaß aber auch die ökonomische Produktion sowie kulturelle und soziale Aktivitäten. Ziel war eine bessere Eingliederung in die allgemeinen europäischen Gesellschaften.

Aber die tatsächlichen Orientierungen der Haskala-Bewegung und der verschiedenen Bewegungen innerhalb der jüdischen Gemeinden, die sich in ihrem Gefolge entwickelten, waren in den west- und osteuropäischen jüdischen Gemeinden sehr unterschiedlich, wie wir im folgenden noch sehen werden, insbesondere was ihre Auswirkung auf die Umgestaltung des modernen jüdischen Lebens, ihre Vorstellung von der jüdischen Beteiligung an der neuen Zivilisation und ihrem möglichen Beitrag dazu anbetrifft.

Die erste und offenbar dramatischste Tendenz, die sich machtvoll in Westeuropa, Deutschland und Frankreich und in geringerem Ausmaß in England oder Holland durchsetzte, ging dahin, die jüdische Gemeinde zu einer in erster Linie religiösen Gemeinschaft umzudefinieren und ihre politischen, nationalen und im Prinzip auch primordialen Elemente völlig aufzugeben. Dies konnte, wie etwa bei einigen modernen neoorthodoxen Gruppen, mit einer strikten Aufrechterhaltung der religiösen Gebotserfüllung und Kollektivität verbunden sein, wobei dann auch die primordialen oder ethnischen Komponenten der kollektiven Identität – allerdings auf recht verwässerte Weise – gewahrt blieben. Diese Tendenz war auch von Veränderungen und einer – im Vergleich zu früheren jüdischen Gemeinden im Westen feststellbaren – Schwächung der jüdischen Institutionen und Vereinigungen insgesamt begleitet. Die spezifisch jüdischen Institutionen – nämlich die Synagogen, Bildungs- und Wohlfahrtseinrichtungen, verschiedene Gemeindeorganisationen (von denen viele neue, zentralisierte Muster wie den Board of Deputies in England oder das Consistoire in Frankreich entwickelten) und die neuen Institutionen für höhere jüdische Bildung oder jüdische Pressearbeit – umfaßten nicht mehr den gesamten Lebensbereich der Juden, noch wurden sie, außer bei den Neoorthodoxen (und selbst da nur teilweise), als die Hauptbereiche jüdischer zivilisatorischer Kreativität angesehen. Ähnliches galt für das Alltagsleben: Obwohl die meisten Teile der jüdischen Bevölkerung sich in überwiegend jüdischen Kreisen bewegten, betrachteten sie die verschiedenen spezifisch jüdischen Sozial- und Kultureinrichtungen als sekundär.

Darüber hinaus wurden und blieben Juden nun offen in einigen zentralen – akademischen, literarischen, journalistischen – Bereichen der allgemeinen Gesellschaft aktiv, wobei diese ihre Beteiligung, vor allem in Deutschland und Österreich, in gewissem Ausmaß auch in Frankreich und England und später in den Vereinigten Staaten, sehr auffallend war.

Noch an einem weiteren Bereich begannen sie Anteil zu nehmen, der ihnen in der vorangegangenen Zeit natürlich versperrt gewesen war: nämlich an den allgemeinen sozialen und politischen Bewegungen. Da die konservativeren Parteien des Establishments ihnen gewöhnlich verschlossen blieben, wurden sie überwiegend in den radikaleren politischen Bewegungen wie den liberalen und später den sozialistischen Verbänden aktiv.

Universale Botschaft und Beteiligung

Die Teilnahme der Juden am kulturellen und politischen Leben in Europa überhaupt, besonders aber an den mehr spezifischen jüdischen Aktivitäten und Organisationen war in mancherlei Hinsicht davon geprägt, daß die diejenigen Juden, die sich nicht völlig assimiliert oder gar zum Christentum bekehrt hatten (zuweilen aber selbst diese), eine Reihe von speziell jüdischen Tätigkeitsfeldern entwickelten, um damit die oben analysierten Hauptprobleme bei der Neuordnung der jüdischen Zivilisation anzupacken. Bei diesen Aktivitäten traten die Widersprüche zwischen den weitgehenden Assimilationstendenzen einerseits und der Beschäftigung mit den spezifischen Problemen der jüdischen Zivilisation andererseits oft sehr deutlich zutage.

Hierher gehören vor allem: die Spannung zwischen den universalistischen und partikularistischen Orientierungen, zwischen der eschatologischen Vision und der Gegenwart; die damit einhergehende Bestimmung des geeigneten Schauplatzes für die Verwirklichung der jüdischen zivilisatorischen Vision; und die Umstrukturierung der Grenzen des jüdischen Kollektivs im Verhältnis zu denen anderer Kollektive oder Zivilisationen.

Hinsichtlich dieser Ziele traten weitgehende Veränderungen gegenüber der mittelalterlichen rabbinischen Tradition ein. Der konkrete Schauplatz war nicht mehr auf die Alltagswirklichkeit einer segregierten religiös-nationalen Gemeinschaft beschränkt und verwies auch nicht länger auf eine entfernte Zukunft. Vielmehr verlagerte sich dieses Betätigungsfeld jetzt mehr und mehr in die vorhandene zeitgenössische europäische Zivilisation, zu der die Juden ihren spezifischen Beitrag leisten sollten, und zwar nicht im Stil einer segregierten Gemeinde. Hier trat natürlich die universalistische Orientierung in den Vordergrund, die wiederum die der ethischen Prophetie eigene universale Botschaft hervorhob, während die eher partikularistische Definition des rabbinischen Modells zu einer fast totalen Selbstabschottung der jüdischen Gemeinde geführt hatte.

Sogar das eigentliche Streben nach Emanzipation oder Assimilation wurde oft noch mit den spezifischen Prämissen der jüdischen Tradition begründet. J. Katz formuliert das folgendermaßen:

> Der größere Teil der Gemeinde aber, und insbesondere die neu entstandene Elite der Aufgeklärten, der Maskilim, akzeptierte die Naturalisierung und Emanzipation nicht nur als eine willkommene Befreiung aus der trübseligen Gettosituation, sondern verlieh ihnen auch eine historische und religiöse Bedeutung. Naturalisierung und Emanzipation wurden als traditionell dem messianischen Zeitalter vorbehalten gepriesen, wobei man so weit ging, Könige und Fürsten als Garanten des neuen Bürgerstatus mit der Person des Messias gleichzusetzen. Diese Identifikation sollte nicht als eine ideologische Ausschmückung des gerade erst auf politischem und sozialem Gebiet Erreichten abgetan werden. Es war mehr als das. In der Sicht der ursprünglichen Initiatoren waren Naturalisierung und Emanzipation dazu bestimmt, die Zukunft der Judenheit mit einer neuen Perspektive und Prognose auszustatten. Die Abschaffung des Fremdenstatus sollte die Erwartung auf die messianische Erlösung vom Joch des Fremdseins auf fremdem Boden ersetzen. Dieser Vorstellung zufolge würde den verschiedenen Segmenten der Nation eine Heimstatt in ihrer jeweiligen Umgebung gewährt werden, wodurch der einzelne den rechtlichen und politischen Status erreicht hätte, den die messianische Erwartung für die Nation als Ganzes versprach.[4]

Diese Haltung zeigte sich an der Art und Weise, in der Juden am kulturellen und politischen Leben ihrer Gesellschaften teilnahmen. Sie engagierten sich besonders in den liberalen und radikaleren Bewegungen, in den kritischeren akademischen Disziplinen wie etwa der Soziologie (wo Emile Durkheim beispielsweise eine neue weltliche Moral und ein ebensolches gesellschaftliches Bewußtsein propagierte) sowie in den kritischeren und liberaleren Teilen der Presse, und dies alles mit einer Intensität, die viele als typisch jüdisch betrachteten.

Tatsächlich galt die universale, liberale, ethische Botschaft, die

4 J. Katz, »The Jewish Diaspora: ›Minority Positions and Majority Aspirations‹«, *Jerusalem Quarterly* 25, (Herbst 1982), S. 73f.

diese Aktivitäten scheinbar in sich bargen, vielen jüdischen Intellektuellen – und in weniger ausdrücklicher Form auch weiteren Kreisen der jüdischen Gemeinschaft – als das Wesen der jüdischen Zivilisation. Dazu gehörte notwendigerweise, daß man den Gedanken der jüdischen Selbstabsonderung aufgab und statt dessen Wert darauf legte, als Mitbürger mit vollem Bürgerrecht an der Gesamtgesellschaft mitzuwirken und dabei deren spezielle Botschaft an die Völker zu richten – eine Botschaft, die (außer in den neoorthodoxen Kreisen) nicht länger in den traditionelleren Lehren des rabbinischen Judentums enthalten war.

Zahlreiche Juden sahen in diesen liberaleren, bürgerlicheren Auffassungen und in ihren internen Geistestätigkeiten tatsächlich einen Ausdruck jenes Aspekts des universalistischen jüdischen Erbes, der zu mittelalterlicher Zeit zu kurz gekommen war: nämlich die Betonung universaler ethischer Prinzipien, die sich in einzigartiger Form in der prophetischen Tradition niedergeschlagen hatten.

Religiöse Entwicklungen

In engem Zusammenhang mit diesen Orientierungen standen einige der Versuche, die jüdische Religion im Licht der universalen Prinzipien der Aufklärung umzugestalten: Von der früheren starken Betonung der rechtlich-rituellen Dimensionen der Halacha bewegte man sich jetzt in Richtung auf die mehr »ethischen« und prophetischen Elemente der jüdischen Religion.

So entwickelten sich bekanntlich seit der ersten Hälfte des 19. Jahrhunderts die verschiedenen Strömungen des liberalen oder »Reform«-Judentums, die die religiösen Praktiken der Juden in eine vermeintlich modernere Richtung drängten.

Diese Veränderungen waren mit den Bestrebungen verbunden, die Juden als eine Religionsgemeinschaft zu definieren, deren Glaube Teil eines breiteren, universalen Spektrums monotheistischer Religionen sein sollte, da das Judentum mit diesen – sowie mit allgemeineren philosophisch-deistischen Orientierungen – viele gemeinsame Vorstellungen teile, mit denen zusammen man einer Ära der Toleranz und Aufklärung entgegengehe.

Derartige – häufig von stark ideologischen Nebentönen begleitete – Versuche, das religiöse Leben der Juden umzugestalten, waren zwar in vieler Hinsicht spezifisch jüdisch, vermochten aber die jüngere Generation nicht immer in der jüdischen Gemeinschaft festzuhalten. Der in vielen eher orthodoxen und nationalbewußten Kreisen übliche Ausspruch »Ich habe nie eine dritte Generation von Reformjuden gesehen« mag übertrieben sein, birgt aber ein großes Körnchen, wenn auch keineswegs die ganze Wahrheit in sich.

Dieser Versuch einer Neuformulierung der jüdischen Identität war paradoxerweise mit der Entstehung einer großen intellektuellen Bewegung verbunden – nämlich der Wissenschaft des Judentums. Mit ihr begann die moderne historische und philologische Erforschung des Judentums unter Leitfiguren wie Abraham Geiger (1810-1874), Leopold Zunz (1794-1886) und später dem großen Historiker Heinrich Graetz (1817-1891).

Die hervorragende intellektuelle Kreativität besonders der ersten Generation ging mit einem gewissen Paradox einher. Ihre offizielle Zielvorstellung bestand darin, daß die Juden sich schrittweise in eine Religionsgemeinschaft verwandeln und ihre nationale Identität ablegen sollten. Doch ihre ungeheure Forschungsleistung stärkte gerade das historische Selbstbewußtsein und Identitätsgefühl des jüdischen Kollektivs und gliederte das Studium des Judentums in den Rahmen der modernen Wissenschaft ein.

Besondere Bedeutung besaßen in diesem Zusammenhang zwei Tätigkeitsbereiche, die eng mit den vorherrschenden intellektuellen Strömungen Westeuropas im allgemeinen und Deutschlands im besonderen verbunden waren, nämlich die Geschichtsphilosophie und die Geschichtsforschung selber.

So entwickelte sich die Religions- oder Geschichtsphilosophie zu einem Hauptgebiet innerhalb der Wissenschaft des Judentums. Männer wie Nahmann Krochmal (1785-1840), Geiger oder Solomon Ludwig Steinheim (1808-1889) und später Hermann Cohen (1842-1918), Franz Rosenzweig (1886-1919) und Martin Buber (1878-1965) bauten auf dem Werk mittelalterlicher jüdischer Philosophen auf, entwickelten dann aber, über sie hinausgehend, eine positive Haltung gegenüber anderen religiösen Zivilisationen, wobei sie den spezifisch jüdischen Beitrag zum religiösen Bewußtsein der Menschheit und zur Entfaltung der universalen Geschichte zu bestimmen suchten. Oft betonten sie nicht nur die religiösen, politischen oder national-primordialen Komponenten jüdischen Lebens, sondern auch seine kollektive Identität.

Von diesem Gesichtspunkt aus sorgte Heinrich Graetz für einen wichtigen Wendepunkt in der jüdischen Geschichtsforschung. Statt den Verlauf der jüdischen Geschichte als das Wirken eines abstrakten hegelschen Geistes erklären zu wollen, schrieb er seine umfangreiche Geschichte der Juden als die Geschichte einer politischen, nationalen Gemeinschaft – und trug damit erheblich zur Herausbildung eines Kollektivbewußtseins unter vielen »modernen«, gebildeten Juden bei.

Internationale Verbindungen

Die Besonderheiten der jüdischen Reaktion auf die Moderne zeigten sich auch in speziellen Merkmalen der beruflichen und ökologischen Struktur der jüdischen Gemeinden, des internen jüdischen Lebens und jüdischer Institutionen, einer Struktur, die – wie J. Katz gezeigt hat[5] – seit Anfang des 19. Jahrhunderts einige ziemlich typische Charakteristika aufwies.

Erstens wäre das ziemlich hohe Maß an sozialer Segregation und Endogamie zu nennen, obwohl sich dies natürlich bei den stärker Assimilierten änderte. Zweitens gab es eine außerordentliche Vielfalt und Reichweite des Tätigkeitsbereichs jüdischer Vereine oder Gesellschaften – seien sie nun religiöser, philanthropischer oder gelehrter Art –, die im allgemeinen weit über das in anderen religiösen oder ethnischen Gruppen übliche Maß hinausgingen. Viele begnügten sich nicht nur damit, einige Reste der Tradition zu wahren, sondern waren aktiv bemüht, sie neu zu definieren, und zwar häufig anhand jener Grundbegriffe, die für diese Tradition im Lauf der jüdischen Geschichte immer schon charakteristisch gewesen waren.

Außerdem waren – und dies ist von entscheidender Bedeutung – die meisten dieser jüdischen Organisationen »international«,

5 J. Katz, *Out of the Ghetto. The Social Background of Jewish Emancipation 1770-1870*, Cambridge, Mass. 1973.

das heißt, sie befaßten sich damit, jüdischen Gemeinden in aller Welt zu helfen – oft als »Religionsgenossen«, aber trotzdem unter Betonung der internationalen Dimension jüdischer Existenz.

Interessanterweise trat eine solche Entwicklung zuerst in dem Land ein, in dem sich auch zuerst eine intensive semi-ideologische Assimilation abzeichnete: in Frankreich. 1860 gründeten akademisch gebildete jüdische Gruppen die Alliance Israélite, die halbpolitische Bildungsarbeit im modernen Sinn unter allen jüdischen Gemeinden leisten sollte. Sie forderten damit die assimilierten Führer der jüdischen Gemeinde in Paris in gewisser Weise heraus und gaben ein Vorbild für ähnliche Entwicklungen in anderen jüdischen Gemeinden.

Selbst die mehr binnenorientierten jüdisch-religiösen Organisationen des Reformjudentums oder der jüdischen Bildungs- und Forschungsarbeit in verschiedenen europäischen Ländern hielten ständigen Kontakt miteinander, indem sie sich gegenseitig halfen, stärkten oder bekämpften und dabei jedenfalls immer eine Verbindung zwischen verschiedenen jüdischen Gemeinden aufrechterhielten, deren Ausmaß und Intensität von anderen religiösen oder ethnischen Gruppen kaum je erreicht wurden.

Unterschiede und Ähnlichkeiten zwischen verschiedenen jüdischen Gemeinden in Westeuropa

Die konkreten Organisationsmuster jüdischen Lebens und die Art der geistigen, sozialen und politischen Aktivitäten, die ihnen galten, wurden natürlich stark von dem im jeweiligen Wohnland vorherrschenden institutionellen Mustern und Geistesrichtungen beeinflußt.

Die folgenden Beispiele sind fast willkürlich herausgegriffen. Die zentralistische Organisationsform des politischen Lebens in Frankreich zog eine ähnlich zentralistische Tendenz im Aufbau der wichtigsten jüdischen Institutionen – insbesondere des Consistoire – nach sich, während die scharfe Austragung politischer Kontroversen im Frankreich des 19. Jahrhunderts erheblich zur intensiven Beteiligung vieler jüdischer Persönlichkeiten auf diesem Gebiet beitrug.

Die zentrale Stellung, die historische und philosophische Studien im geistigen und öffentlichen Leben Deutschlands einnahmen, bildete einen günstigen Ausgangspunkt für die Entstehung der Wissenschaft des Judentums sowie für Studien, die sich mit der philosophischen und theologischen Interpretation der historischen Erfahrung jüdischer Existenz beschäftigten, während die stärker dezentralisierte Lage des deutschen Geistes- und auch politischen Lebens – in gewissem Ausmaß auch noch nach der Reichsgründung – die Entwicklung recht unterschiedlicher und verstreuter jüdischer Institutionen erleichterte.

In ähnlicher Weise sorgte das relativ geringe Interesse, das man in England der philosophischen oder ideologischen Dimension des politischen Lebens entgegenbrachte, für eine minimale Entfaltung entsprechender jüdischer Aktivitäten. Andererseits begünstigte der traditioneller ausgerichtete staatliche und aristokratische Aufbau des öffentlichen Lebens die Akzeptierung der Juden als eine quasi-ethnische Gemeinschaft und die Herausbildung ihrer zentralen Organisation – des Board of Deputies, des Oberrabbinats – nach dem Vorbild solcher staatlich-oligarchischer Formen.

Durch Ausbildung und Teilnahme am staatlichen Leben verschiedener Gesellschaften übernahmen Juden in verschiedenen Ländern schrittweise einige Mentalitätsmerkmale ihrer Wirte, vor allem im Hinblick auf ihre Vorstellungen vom öffentlichen Leben und die Definition solcher Aspekte dieses Lebens, die am wichtigsten für sie waren – wie etwa das Verhältnis von Kirche und Staat.

Trotz der großen Unterschiede zwischen den Juden verschiedener Länder hatten sie doch auch weiterhin mehrere wichtige Interessen und Orientierungen gemeinsam. Abgesehen von der Mehrzahl der völlig Assimilierten besaßen sie eine kollektive Identität, die nationale Grenzen überspannte und – entgegen den Bemühungen assimilisationsgerichteter Gruppen – nicht rein konfessioneller Art war.

Auf der politisch-weltanschaulichen Ebene besaßen sie gemeinsame Probleme in bezug auf die jüdische Emanzipation und die Suche nach Wegen zur Neugestaltung ihrer Identität und ihrer speziellen zivilisatorischen Vision, und es entwickelten sich ständig Querverbindungen zwischen den jüdischen ideologischen und religiösen Strömungen. Auf der mehr praktisch-organisatorischen Ebene widmeten sie sich gemeinsamen Tätigkeiten in jüdischer Erziehung, Wohlfahrt und im semi-politischen Bereich.

Der Einwandererstrom und die ständige Eingliederung solcher Neuankömmlinge in die etablierten jüdischen Gemeinden – mit all den Spannungen zwischen ihnen – schufen ebenfalls eine dauerhafte Verbindung zwischen verschiedenen jüdischen Gemeinschaften.

In all diesen Punkten wies die jüdische Lebenswirklichkeit auch unter der Ägide von Emanzipation und Eingliederung in die allgemeinen europäischen Gesellschaften eine Verknüpfung von sozialer und kultureller Kreativität, vielfältigen Aktivitäten, gegenseitigen Kontakten und Reaktionen auf, die über die Versuche hinausgingen, die jüdische Identität auf rein religiöse oder verwässerte ethnische Begriffe zu beschränken.

Ferner zeigte sich, daß weder eine vollständige Assimilation noch die Neudefinition der Juden zu einer rein religiösen, konfessionellen Gemeinschaft wirklich möglich war, abgesehen vom Fall derer, die ihre jüdische Identität völlig aufgaben. Deutlich wurde dies unter anderem daran, daß das Ablegen der korporativen jüdischen Identität und oft schon die Abschwächung der Treue zur religiösen Tradition paradoxerweise die primordialen Komponenten der jüdischen Identität an die Oberfläche brachten – und häufig auch scharfe antisemitische Reaktionen in vielen Sektoren der allgemeinen Gesellschaft auslösten.

Die Trennung von kulturellen Aktivitäten und Gemeindeorganisation

Diese spezifischen Merkmale der institutionellen kulturellen Aktivitäten, wie sie sich unter den Juden West- und Mitteleuropas herausbildeten, wiesen jedoch eine typische Besonderheit auf – vor allem im Hinblick auf die Struktur der Führungskreise und ihrer Tätigkeitsbereiche. Einerseits entstanden sehr mannigfaltige und heterogene Führungstypen auf politischem, kommunalem, kulturellem und geistigem Gebiet, die an die Zeit des Zweiten Tempels und der hellenistischen Diaspora erinnern.

Andererseits bestand eine starke Tendenz zu einer gewissen, wenn auch nie vollständigen personalen und institutionellen Trennung zwischen der intellektuellen oder ideologischen und der organisatorischen Seite ihrer Aktivitäten, vor allem aber zwischen spezifisch jüdischen Tätigkeiten einerseits und der allgemeineren Arbeit im Bereich von Wirtschaft, Kultur und Bildung andererseits. Diese verschiedenen Handlungsarten waren – zum Teil mit Ausnahme einiger der neuen repräsentativen Institutionen der Rabbiner – nicht vollständig in gemeinsame organisatorische Rahmen eingegliedert. Darüber hinaus waren diese spezifisch jüdischen Aktivitäten und Organisationen kaum oder gar nicht mit der Teilnahme von Juden am allgemeinen Aufbau von wirtschaftlichen, pädagogischen, kulturellen und politischen Institutionen verknüpft.

Die herausragendsten geistigen und ideologischen Führer waren entweder in allgemeinen – also nicht spezifisch jüdischen – Kontexten aktiv oder – falls doch im letzteren Bereich – in den neuen Bildungseinrichtungen.

Die Führer der verschiedenen kommunalen und philanthropischen jüdischen Vereinigungen – wie des Board of Deputies in England, des Consistoire und der Alliance in Frankreich oder ähnlicher Einrichtungen in anderen Ländern – wurden in diesen speziellen Rahmen tätig, die zwar oft mit denen der allgemeinen kulturellen Institutionen und Aktivitäten verbunden waren, im großen und ganzen aber doch ihr Eigenleben führten und natürlich auch von den spektakuläreren kulturellen Aktivitäten der allgemeinen Gesellschaft abgeschnitten waren.

Im Hinblick auf das wirtschaftliche Fortkommen der Juden im West- und Mitteleuropa des 19. Jahrhunderts, auf ihre soziale und kulturelle Kreativität und ihre daraus folgende potentielle Eingliederung in den Rahmen der allgemeinen Gesellschaften ergab sich somit ein Paradox.

Mit dem Einsturz der Gettomauern öffneten sich ihnen viele Wege zur schöpferischen Entfaltung auf Gebieten, die nicht mehr in irgendwelcher Hinsicht spezifisch jüdisch waren. Gleichzeitig aber trat durch die Art und Intensität, mit der sich die Juden auf diesen Gebieten betätigten, noch stärker hervor, daß sie ein spezielles, gesondertes Element mit einigen spezifisch jüdischen Merkmalen bildeten.

In einigen Sektoren der allgemeinen Gesellschaft wurde diese Aktivität der Juden als positiver Beitrag zu der entstehenden nationalen oder bürgerlichen Kultur angesehen, während andere Kreise sie negativ bewerteten. Letzteres galt für die konservativeren und populistischeren Elemente zu Zeiten und an Orten, in denen die Aktivitäten der Juden mit weitreichenden sozialen Umwälzungen oder der Entstehung nationaler Bewegungen einhergingen, und zwar insbesondere, wenn diese Prozesse – wie in Deutschland – auf ein autokratisches Regime stießen. Viele Kreise sahen in dieser aktiven und sichtbaren Beteiligung – besonders wenn sie noch von sehr raschem wirtschaftlichem und beruflichem Aufstieg begleitet war – ein Anzeichen von Strebertum, Wurzellosigkeit und jüdischem »Kosmopolitismus«. Diese Themen fanden zunehmend in den jetzt entstehenden modernen antisemitischen Bewegungen ihren Ausdruck, die den Sondercharakter der Juden und ihre Unfähigkeit zu völliger Assimilation herausstellten und sie schließlich zu einer fremden Kaste oder Rasse abstempelten.

All diese Prozesse – intensive berufliche Mobilität, wachsende jüdische Beteiligung, Versuche, die jüdische Tradition und Kollektividentität umzugestalten, kulturelle, öffentliche und wirtschaftliche Kreativität und die Reaktionen auf all dieses – unterschieden die Juden Westeuropas von anderen religiösen Gruppen – und später in Osteuropa und vor allem in den Vereinigten Staaten von anderen ethnischen oder religiösen Gemeinschaften.

Die institutionellen und ideologischen Bestrebungen um den Aufbau jüdischen Lebens und jüdischer Zivilisation in Osteuropa

Die chassidische Bewegung

Die Intensität spezifisch jüdischer Erfahrung trat noch deutlicher in Osteuropa hervor, wo – wie wir gesehen haben – die Mehrzahl der Juden lebte.

All die wirtschaftlichen, politischen und bildungsmäßigen Modernisierungsprozesse verliefen hier erheblich langsamer und vor allem umständlicher. Auch die Auflösung der »traditionellen« jüdischen Gesellschaft ging langsamer vonstatten, und mancherorts, wie etwa in Polen, überdauerte diese Gesellschaft, wenn auch in stark eingeschränktem Maße, in einigen Teilen der jüdischen Gemeinde sogar noch bis in die Zeit zwischen den beiden Weltkriegen.

Und doch setzten bereits zu Beginn dieses Zeitraums weitreichende Veränderungen ein. Nach dem Fehlschlag der Sabbatianerbewegung entstand in Polen und Rußland die erste massive semi-heterodoxe oder zumindest sektiererische Bewegung des rabbinischen Judentums – die der Chassidim –, die sich bekanntlich trotz bitterer Auseinandersetzungen mit einem Großteil des orthodoxen Rabbinats zu einem Teil der traditionellen jüdischen Gesellschaft entwickelte.

Obwohl diese Bewegung die Grundprämissen der Halacha voll akzeptierte, verlagerte sie den Schwerpunkt der jüdischen Religion doch von Studium und rechtlich-ritueller Observanz auf das – mit starken mystischen Elementen versehene – religiöse Erleben und sprach ihren Führern, den Zaddikim, einige im Bereich des rabbinischen Judentums bisher fast völlig unbekannte Mittlerkräfte zu, so daß ganze Dynastien solcher Führer entstanden.

Die Kluft zwischen der chassidischen Bewegung und dem »orthodoxen« Rabbinat spaltete die traditionelle jüdische Gemeinde in einer Weise, die – von der Sabbatianerbewegung abgesehen – in der ganzen Geschichte des »mittelalterlichen« oder »Exil«-Judentums nicht ihresgleichen gehabt hatte. Später errichteten diese verschiedenen Sektoren der Orthodoxie eine Art gemeinsame Front gegen den Ansturm von Aufklärung und Modernität oder noch später dann gegen den Zionismus; aber die zwischen ihnen entstandene Kluft zeigte nicht nur die großen Veränderungen innerhalb der traditionellen jüdischen Gesellschaft auf, sondern trug auch dazu bei, die Mauern dieser Gesellschaft und den von ihr ausgeprägten religiös-kulturellen Rahmen zu untergraben.

Diese Mauern begannen tatsächlich Ende des 18. und Anfang des 19. Jahrhunderts abzubröckeln, als sich Aufklärung und

Modernisierung in Osteuropa allgemein und unter den jüdischen Gemeinden insbesondere ausbreiteten. Aber die osteuropäische Haskala entwickelte sich trotz ihrer tiefen Beeinflussung durch die Geschehnisse im Westen doch in eine fast völlig andere Richtung. Der relativ langsame wirtschaftliche Fortschritt, das Fortbestehen traditionell-autokratischer Regimes, die Entstehung revolutionärer Bewegungen, die Existenz einer multinationalen Realität und die relativ dichtgedrängte jüdische Ansiedlung schufen in Osteuropa einige zusätzliche Dimensionen, die weit über diejenigen hinausgingen, die wir in den Reaktionen der jüdischen Gemeinden Westeuropas auf die Anforderungen der Moderne festgestellt haben. Diese Faktoren wurden im Verlauf der osteuropäischen jüdischen Geschichte sehr viel dominanter und sorgten für die Besonderheit dieser Entwicklung.

Die osteuropäische Haskala und die auf sie zurückgehenden religiösen Reformbewegungen sowie die geistigen und wissenschaftlichen Aktivitäten, die sich daraus ergaben, hatten mit der westeuropäischen Entwicklung die betonte Ablehnung der altüberkommenen jüdischen Selbstabkapselung, die Suche nach einem neuen Schauplatz für die Verwirklichung ihrer zivilisatorischen Vision im Rahmen der modernen Welt und das Beharren auf voller Partizipation an dieser Welt gemeinsam. Im übrigen unterschied sie sich jedoch erheblich von der westlichen Haskala und deren Folgebewegungen.

Der bedeutende israelische Historiker Ben Zion Dinur hat den Unterschied zwischen der west- und osteuropäischen jüdischen Haskala treffend herausgearbeitet: im Westen, wo die ganze Haskala bekanntlich auf Integration in die allgemeine Gesellschaft abzielte, war sie eine Brücke; im Osten war sie demgegenüber ein Hebel für die innere institutionelle Umgestaltung der jüdischen Gesellschaft.[6]

Im Osten, insbesondere in Rußland und Polen sowie in geringerem Ausmaß in der Donaumonarchie, war die Haskala-Bewegung daher vor allem auf die innere Umgestaltung der jüdischen Gemeinde selber ausgerichtet, also auf ihre innere Modernisierung – um einen heutigen Ausdruck zu benutzen –

6 B. Dinur, *Historical Writings*, Bd. 1: *Bemifne Hadorot* [*Am Kreuzungspunkt der Generationen*, hebräisch], Jerusalem 1955.

nach einem irgendwie gearteten kollektiven institutionellen Modell. Sie betrachtete die Eingliederung der jüdischen Gemeinde in die allgemeine Gesellschaft unter dem Gesichtspunkt einer solchen kollektiven Umgestaltung, definierte die jüdische Gemeinde in nationalen, politischen oder ethnischen, nicht nur religiösen Begriffen und sah sie schließlich im Zusammenhang mit dem intensiven inneren Aufbau der modernen wirtschaftlichen, schulischen und sozialen Institutionen.

Obwohl sie sich durchaus auch hier entwickelten, waren die verschiedenen religiösen Reformbewegungen demzufolge gegenüber diesem breiten Spektrum institutionell-sozialer, ökonomischer, politischer und kultureller Umgestaltung im ganzen gesehen eher sekundär.

Diese inneren institutionellen Umgestaltungsprozesse standen natürlich in engem Zusammenhang mit besonderen Merkmalen der ökologischen und wirtschaftlichen Umstrukturierung der jüdischen Bevölkerung in Osteuropa, ihrer großen Ballung in Städten mit hohem jüdischen Einwohneranteil und ihrer Konzentration nicht nur in Handel und Handwerk, sondern auch in der Industrie, wo sie bald eine starke, wenn auch sehr breit gefächerte Arbeiterklasse bildete.

Die Schaffung von Institutionen

Dieser entscheidende Unterschied zwischen der westlichen und der östlichen Haskala – nebst den damit verbundenen breiteren ökonomischen Prozessen und sozialen Bewegungen – zeigte sich in allen Bereichen und Dimensionen des Lebens.

Anfangen könnte man vielleicht mit der Schaffung neuer Institutionen. Die Geschichte der jüdischen Gemeinden Osteuropas im 19. und 20. Jahrhundert bis zum Zweiten Weltkrieg ist vom kontinuierlichen Aufbau moderner Institutionen gekennzeichnet, die immer noch, in weit größerem Maße als in Westeuropa, im Rahmen eines irgendwie gearteten jüdischen Gemeindelebens verblieben. Dazu gehörten Bildungseinrichtungen, von Kindergärten über Berufsschulen und moderne Gymnasien bis zu höheren Bildungsanstalten, deren Unterricht in Hebräisch, Jiddisch und den Hauptsprachen ihrer jeweiligen Gesellschaft gehalten wurde; ein sehr breit gefächerter Journalismus in Hebräisch und Jiddisch; später dann politische Parteien, soziale und nationale Bewegungen, Gewerkschaften und Berufsverbände. Sie alle entwickelten sich ständig im Rahmen eines – bereits überwiegend modernen – jüdischen Kollektivlebens. Innerhalb dieser Rahmenwerke wiesen sie einige besondere Merkmale auf, die an die Zeit des Zweiten Tempels erinnerten: heftige ideologische Konflikte; die Tatsache, daß man sich schwertat, eine gemeinsame Autorität anzuerkennen, dabei aber doch in gemeinsamen organisatorischen, politischen und sozialen Rahmen tätig wurde; eine höchst mannigfaltige Führungsschicht, deren Mitglieder sich oft gegenseitig in den Haaren lagen, aber in Zeiten politischer Unruhen und Pogrome zusammenstanden.

Die politischen Tätigkeiten, die die Juden entwickelten, waren in der Tat sehr unterschiedlich und erstreckten sich auf eine Vielzahl von politischen Bewegungen und Organisationen. Anfangs, in den letzten Jahrzehnten des 19. Jahrhunderts bis hin zum Ersten Weltkrieg, waren Juden vor allem in jüdischen Gemeinden aktiv. Als dann nach dem Ersten Weltkrieg die einzelnen »Nachfolgestaaten« in Osteuropa gegründet wurden – also insbesondere Polen, Litauen, die Tschechoslowakei, Ungarn und Rumänien –, in denen Juden volle Staatsbürgerrechte erhielten, nahmen sie auch am allgemeinen politischen Leben teil. Sie bildeten spezielle jüdische Parteien oder Blöcke (einschließlich der orthodoxen Gruppierungen) oder arbeiteten mit anderen allgemeinen politischen Gruppen zusammen, beteiligten sich in der einen oder anderen Form am parlamentarischen Leben und bemühten sich, die spezifisch jüdischen Interessen wahrzunehmen. Es war, wie Peter Medding sagte[7], ein Nachholen wirtschaftlicher und politischer Anpassung. Manche Juden wirkten als einzelne auch in anderen Parteien oder Blöcken mit, erlangten dort jedoch – abgesehen von den sozialistischen Bewegungen – keine sehr große Bedeutung.

7 P. Medding, »Toward a General Theory of Jewish Political Interests and Behaviour in the Contemporary World«, in: D. Elazar (Hg.), *Kinship and Consent*, Ramat Gan und Philadelphia 1981.

Natürlich blieben nicht alle modernen Aktivitäten der Juden Osteuropas auf den Rahmen der jüdischen Gemeinde beschränkt. Viele betätigten sich in den verschiedenen institutionellen Bereichen der allgemeinen Gesellschaft, wobei sie in den radikaleren und revolutionären Bewegungen besonders sichtbar hervortraten. Außerdem beteiligten sie sich am allgemeinen Kulturschaffen, doch war ihre Mitwirkung hier begrenzter als in Westeuropa. Auf vielen Gebieten, vor allem im akademischen Leben und insbesondere in Rußland bis zum Ersten Weltkrieg, war der Übertritt zum Christentum oft Vorbedingung für die Teilnahme.

Demgegenüber entwickelte sich im Rahmen des jüdischen Gemeindelebens eine moderne hebräische und jiddische Literatur, die in den Werken von Schriftstellern wie A. Mapu (1808-1867), J. L. Gordon (1831-1886), Mendele Mocher Sefarim (1835-1917) oder Chaim Nachman Bialik (1873-1934) – um nur einige zu nennen – kulturell und manchmal auch literarisch äußerst kreativ war. Ferner entstanden moderne hebräische und jiddische Schulen, Presseerzeugnisse und Theater, die – ebenso wie die internen und extensiven kommunalpolitischen Unternehmungen, das Verbandsleben und die Prozesse des Aufbaus von Institutionen – bis zum Holocaust weiterbestanden.

Außerdem gab es in Osteuropa eine intensive jüdische Forschertätigkeit auf historischem und philosophischem Gebiet, die zwar auf den Erkenntnissen der Wissenschaft des Judentums aufbaute, aber nicht notwendig deren jüdische Geschichtsauffassung teilte. In den Werken von Historikern wie Simon Dubnow (1860-1941) und Meyer Samuel Balaban (1877-1942), die auf Graetz aufbauten, aber über ihn hinausgingen, entwickelte sich eine viel stärker national orientierte Sicht der jüdischen Geschichte, die nicht nur religiöse Glaubensfragen behandelte, sondern auch Gemeindeorganisationen und sogar verschiedene heterodoxe Bewegungen, wie etwa die der Frankisten. Die Wirtschaftsgeschichte der Juden wurde ebenfalls eingehender beachtet und trug erheblich zur statistischen und demographischen Erforschung der zeitgenössischen jüdischen Gemeinden bei.

Darüber hinaus gab es in Osteuropa wichtige Entwicklungen in zweierlei Richtung. Eine solche Entwicklungslinie, die insbesondere im orthodoxen Lager selbst auftrat – vor allem in Ungarn und in erheblich geringerem Ausmaß im österreichischen Galizien –, war den unter den Neoorthodoxen in Deutschland herrschenden Vorgängen nicht unähnlich, wenn auch erheblich intensiver ausgeprägt. Sie richtete sich auf den Aufbau orthodoxer Gemeinden, die bereits relativ modern organisiert waren. Man schickte seine Söhne zwar auf staatliche Schulen, erhielt aber einen sehr starken institutionellen und kommunalen jüdischen Rahmen aufrecht.

Die zweite in Osteuropa stärker als im Westen ausgebildete Entwicklungslinie führte innerhalb der orthodoxen Gruppe zur Entstehung von modernen semi-politischen Organisationen, wie vor allem der 1922 erfolgten Gründung der Agudat Israel, die sich in den Nachfolgestaaten zu parlamentarischen Blöcken oder Parteien entwickelten, aber auch viele moderne philanthropische und sogar pädagogische Vereinigungen bildeten.

In einigen Ländern, wie etwa Ungarn, unterhielten die Orthodoxen fast völlig getrennte Gemeinden, die kaum mit anderen jüdischen Gemeinschaften zu gemeinsamen Aktivitäten zusammenkamen. Andernorts, wie insbesondere in Polen, beteiligten sie sich an solch gemeinsamen institutionellen und sogar politischen Organisationen.

Zusammenfassung

Die Umgestaltung jüdischen Lebens in Osteuropa war somit – anders als in Westeuropa – durch eine enge Verbindung zwischen spezifisch jüdischen organisatorischen und kulturellen Unternehmungen und der intensiven, in nicht geringem Maße internen Schaffung moderner Institutionen gekennzeichnet.

Neben diesem intensiven Aufbau von Institutionen entwickelten sich spezifische Vorgangsweisen für die Umstrukturierung der jüdischen Kollektividentität und die Ausformulierung einiger der ewigen Grundthemen jüdischer Selbstdefinition.

Bestrebungen, die Juden als eine rein oder überwiegend religiöse, konfessionelle Gruppe zu definieren, erlangten kaum Bedeutung – außer paradoxerweise bis zu einem gewissen Grad in orthodoxeren Kreisen. Bei der Mehrzahl der Juden bewirkten ihre eigene soziale Dichte, das multinationale Umfeld, in dem sie lebten, die Stärke der diversen nationalistischen Bewegungen gegen das Russische Reich bzw. die Österreichisch-Ungarische Monarchie und die negative Haltung des autokratischen russischen Regimes im allgemeinen eine Stärkung ihrer nationalen, ethnischen, primordialen und sogar politischen Identität, wenn natürlich auch viele Juden versuchten, sich in den anderen nationalen Milieus oder Gruppen zu assimilieren. Diese Stärkung war jedoch mit einer Neudefinierung der nationalen oder primordialen Identität verknüpft, wobei man von ihren religiös-halachischen Bestandteilen in eine modernere säkulare Richtung abrückte und der Überzeugung war, daß jüdisches Kollektivdasein in der Diaspora auf Dauer möglich bleiben werde. Die Vielfalt dieser säkularen oder semi-säkularen Definitionen, die sich innerhalb der osteuropäischen Judenheit entwickelten, war ungeheuer. Manche waren ausgesprochen antireligiös, andere leugneten die religiöse Komponente der jüdischen Tradition zwar nicht, minimalisierten aber ihre Bedeutung. Teils stützte man sich auf die eine oder andere Vorstellung einer kollektiven, kulturellen, semi-politischen Autonomie (wie sie zum Beispiel der große Historiker Simon Dubnow entwickelte), teils folgte man der populistisch-sozialistischen Definition der Bundisten für eine solche Kollektividentität. Die meisten dieser Definitionen gingen betont davon aus, daß sich ein derartiger kollektiver Rahmen auch ohne Konzentration der Juden auf ein bestimmtes Gebiet aufrechterhalten lasse; demgegenüber behaupteten die sogenannten Territorialisten, eine territoriale Konzentration sei Voraussetzung für die Wahrung der Autonomie.

All diesen Definitionen gemeinsam war die Auffassung, daß die Kreativität in der hebräischen und/oder jiddischen Sprache unbedingt fortgesetzt werden müsse (wobei sich zwischen den Verfechtern dieser beiden Sprachen natürlich bittere Kämpfe entspannen), diese aber mit einer allgemeinen europäischen Bildung zu verbinden sei; ferner hielt man generell politischen Zusammenschluß, einige nationale Institutionen und Organisationen und eine gewisse politische Autonomie für unabdingbar – ein Thema, das zur wohl entscheidenden neuen Orientierung im späten 19. und beginnenden 20. Jahrhundert wurde.

Die eher universalistischen Komponenten des kollektiven jüdischen Verständnisses blieben hier viel mehr im Hintergrund; sie wurden gewissermaßen als Teil der Neustrukturierung dieser kollektiven Identität vorausgesetzt. Nur in den radikaler sozialistisch orientierten Gruppen verband sich dieses Thema mit der Neuformulierung einer nationalen Identität. Anders als bei den Juden Westeuropas definierte man dieses Thema hier nicht als kulturelle Mission, sondern als spezifisch jüdischen Ausdruck einer allgemeineren historischen Tendenz.

Nur unter den jüdischen Mitgliedern extrem revolutionärer sozialistischer und später kommunistischer Bewegungen negierte man heftig sowohl das Bestehen einer spezifisch jüdischen Kollektividentität als auch die Notwendigkeit, die jüdische Frage einer Lösung zuzuführen. In ihrer Mitte setzte sich die Überzeugung durch, daß ihr Beitrag zur allgemeinen revolutionären Bewegung diese Komponente der jüdischen Tradition rechtfertigen und darüber hinaus auch die spezifisch jüdische Frage durch vollständige Integration der Juden in die künftige revolutionäre Gesellschaft lösen werde.

In den meisten jüdischen Bewegungen Osteuropas entstand also eine enge Verbindung zwischen solchen universalistischen Orientierungen und dem kollektiven Aufbau interner Institutionen, ohne daß man dabei allgemein eine universale religiöse Mission angenommen hätte. Hinzu kam im osteuropäisch-jüdischen Kontext noch ein weiteres, damit verknüpftes Grundthema, das unter den Juden Westeuropas fast völlig fehlte (außer vielleicht in den allerersten Anfängen der Aufklärung im 18. Jahrhundert). Gemeint ist das Thema der Umorientierung auf ökonomisch »produktive« Beschäftigungen und der damit einhergehenden »Normalisierung« der jüdischen Berufsstruktur – ein Thema, das natürlich mit dem Aufbau neuer Institutionen in Zusammenhang steht.

Eine solche Produktivierung und Normalisierung wurde als Grundlage für die Schaffung einer dauerhaften, schöpferischen jüdischen Existenz in der modernen Welt angesehen. Paradoxerweise bewerteten viele dieser Bewegungen – und später auch der Zionismus – die jüdische Berufsstruktur in der Diaspora ziemlich negativ (also nicht unähnlich der Auffassung vieler antisemitischer Gruppierungen) und forderten die Juden auf, von parasitären Gettoberufen in die produktive Landwirtschaft und Industrie überzuwechseln. Dementsprechend leiteten sie ein umfangreiches Programm ein, das sowohl auf ideologischer wie auf institutioneller Ebene vorgehen sollte und in dessen Rahmen Bildungseinrichtungen im allgemeinen und Berufsbildungslehrgänge im besonderen eröffnet, landwirtschaftliche Siedlungen und Schulen gegründet und Auswanderungsbewegungen in neue Gebiete organisiert wurden, wo sich diese Programme verwirklichen ließen (wie etwa der berühmte Versuch des Baron Hirsch in Argentinien).

Die große Bedeutung, die man somit der wirtschaftlichen Modernisierung und dem Eintritt in die Produktionssphäre beimaß, war wiederum eng mit zwei weiteren Themen verbunden, die sich im Gefolge der osteuropäischen Haskala abzeichneten. Das erste dieser beiden Themen, das der »Normalität«, betraf die Bemühungen, die Juden in ein normales Volk zu verwandeln, wobei man ihr spezifisches Kulturerbe nicht unbedingt verleugnete, dessen Verwirklichung aber von einer derartigen Normalisierung abhängig machte.

In den Bereich des zweiten Themas fiel die Beschäftigung mit den physischen, demographischen und ökonomischen Aspekten der jüdischen Frage; man hielt es für unabdingbar, eine annehmbare Lösung für die wirtschaftliche Not der jüdischen Massen zu finden, und hoffte, daß sie in der Produktivierung liegen werde. Die jüdische Frage wurde also vor allem im Sinne des physischen Überlebens und der wirtschaftlichen Produktivierung definiert.

Gegen Ende der zwanziger Jahre senkte sich ein dunkler Schatten über diese Bestrebungen in Ost- und Mitteleuropa. Wirtschaftsrezession, die Schließung der Tore für die Einwanderung in die Vereinigten Staaten, das Anwachsen antisemitischer Bewegungen und die Instabilität der politischen Regimes in den meisten osteuropäischen Nachfolgestaaten (mit Ausnahme der Tschechoslowakei) trugen gemeinsam dazu bei, die Lage der Juden in diesen Ländern allmählich sehr zu verschlechtern.

Die Suche nach neuen Auswegen für Auswanderung und Umsiedlung wurde sehr intensiv aufgenommen – besonders natürlich nach Hitlers Machtübernahme –, aber die meisten dieser Bemühungen blieben erfolglos. Nach dem Ausbruch des Zweiten Weltkriegs wurden die jüdischen Gemeinden Kontinentaleuropas – gleich, ob im Osten, Westen oder in der Mitte – auf die schreckliche Bahn des Holocaust geworfen.

Zweiter Teil
Die zionistische Bewegung und die Ansiedlung im Land Israel

5. Kapitel
Die zionistische Bewegung und Ideologie

Einleitung

Die Gründung der Zionistischen Weltorganisation

Die Entwicklung der zionistischen Bewegung und Ideologie im ausgehenden 19. Jahrhundert wird erst im Kontext der vorstehend beschriebenen sozialen und kulturellen Prozesse verständlich. Als Hintergrund für ihre Untersuchung müssen außerdem die unterschiedlichen Formulierungen der jüdischen Frage, die mit den jüdischen Gemeinden verbundenen Probleme und die Versuche berücksichtigt werden, jüdische Lebensführung und Zivilisation im Rahmen europäischer Institutionen umzugestalten.

Die sogenannten »Vorläufer des Zionismus« wie etwa Jehuda Schlomo Alkelay (1798-1878) oder Rabbi Zwi Hirsch Kalischer (1795-1874) kamen in der Mitte des 19. Jahrhunderts sowohl aus rabbinischen als auch aus mehr säkular eingestellten jüdischen Intellektuellenkreisen. Vor allem unter dem Einfluß moderner Nationalbewegungen und -ideologien verbanden sich in den zionistischen Vorstellungen der stärker traditionsverhafteten Kreise traditionelle semi-messianische mit modernen nationalistischen Elementen. Im Vordergrund stand dabei entweder der politische Aspekt ihrer Bestrebungen oder die praktische Notwendigkeit und Möglichkeit, wieder eine lebensfähige Ansiedlung in Erez-Israel zu begründen. Dies galt als eine Art Vorbereitungsstadium für das Kommen des Messias, das dann selbst natürlich völlig dem göttlichen Willen überlassen werden mußte, da es sich dem menschlichen Einfluß zweifellos entzog.

Eine moderne utopisch-sozialistische Version entwickelte der sozialistische Führer und Ideologe Moses Hess in seinem Buch *Rom und Jerusalem* (1862). Seine zionistische Vision, der die Anerkennung der universalen Bedeutung der spezifisch jüdischen Religiosität zugrunde lag, war in die Hegelschen Begriffe einer universalgeschichtlichen Dialektik gekleidet.

Die zionistische Bewegung selber begann sich in den siebziger Jahren des vorigen Jahrhunderts vor allem in Rußland in Gruppen wie den *Chowewe Zion* (Freunde Zions) zu kristallisieren und gewann Anfang der achtziger Jahre infolge der jetzt ausbrechenden Pogrome (den berüchtigten Stürmen im Süden) an Kraft. Unter dem Eindruck dieser Vorfälle veröffentlichte J. L. Pinsker (1821-1899) im Jahre 1882 eines der ersten wichtigen, wahrhaft zionistischen Traktate mit dem für sich sprechenden Titel *Autoemancipation*.

Zu einer vollgültigen politischen Bewegung entwickelte sich der Zionismus mit dem kometenhaften Aufstieg Theodor Herzls (1860-1905) und dem Ersten Zionistenkongreß 1897 in Basel – also der Gründung der Zionistischen Weltorganisation. In den gleichen Zeitraum fielen die Anfänge der Siedlungsbewegung in Palästina auf Initiative der verschiedenen Gruppen der *Chowewe Zion*. Diese Siedlungsarbeit wurde von jetzt an fortgeführt, zuerst mit der Hilfe des Baron Edmond de Rothschild und später unter der Ägide der Zionistischen Weltorganisation.

Zionistische Grundprämissen

Die zionistische Bewegung und Ideologie ist zuweilen als der Gipfelpunkt des modernen jüdischen Nationalismus oder als jüdisches Gegenstück zu anderen modernen Nationalbewegungen angesehen worden. Da ein großer Teil dieser Ideologie in die Sprache einer modernen Nationalbewegung – sei es nun die von Mazzini, Cavour oder der deutschen Romantiker – gekleidet war, trifft diese Definition natürlich teilweise zu. Doch sie vermittelt weder einen erschöpfenden Eindruck von der zionistischen Ideologie und deren Anschauungen, noch wird sie mehreren entscheidenden Elementen dieser Ideologie gerecht.

Diese Definition zieht nicht ausreichend die Tatsache in Betracht, daß die zionistische Bewegung und Ideologie in ihrer vollen Kristallisation und Artikulation die radikalste Antwort auf die Auflösung der traditionellen Zivilisation darstellte. Der Zionismus reagierte auf die verschiedenen in Europa vorgenommenen Versuche, die Grenzen und Inhalte jüdischer Zivili-

sation in ihrer modernen Umgebung, im Bereich moderner Zivilisation allgemein und des europäischen Nationalstaats im besonderen umzugestalten.
Mit allen anderen vorstehend beschriebenen Reaktionen auf diese Herausforderung teilte der Zionismus die Grundannahme, daß es möglich, ja sogar notwendig sei, einen Schauplatz in der modernen Welt zu finden, auf dem sich die jüdische zivilisatorische Vision verwirklichen ließe. Dies wiederum bedeutete volle Partizipation an der Gemeinschaft der Nationen, an der Geschichte, und brachte die Notwendigkeit mit sich, jüdische Tradition und Kollektividentität umzugestalten.
Mit gewissen sozialen und politischen Bewegungen innerhalb des Ostjudentums hatte er ferner teilweise die Auffassung gemeinsam, daß eine derartige Eingliederung in die Weltgeschichte und Völkerfamilie nur auf einen Prozeß der kollektiven Umgestaltung gestützt werden könne, in dessen Verlauf die jüdische Gemeinde in nationalen und nicht nur rein religiösen Begriffen definiert wurde. Außerdem übernahm er das osteuropäische Haskala-Thema einer kollektiven Produktivierung und Normalisierung der jüdischen Berufsstruktur und betonte stark die Wichtigkeit des Aufbaus von Institutionen.
In einer Prämisse unterschied er sich jedoch von allen anderen jüdischen Reaktionen auf den Ansturm der Modernität, und dieser Unterschied machte ihn zur radikalsten und revolutionärsten aller modernen jüdischen Bewegungen. Gemeint ist seine grundlegende Auffassung, daß die Verwirklichung der jüdischen zivilisatorischen Vision, die Umgestaltung der jüdischen Tradition und Kollektividentität in Reaktion auf die Anforderungen der Modernität, nur durch die Schaffung eines spezifisch jüdischen Gemeinwesens in einer natürlichen, nationalen, territorialen und kollektiven Umgebung möglich sei. Im Gegensatz zu all den anderen, in Osteuropa so zahlreich unternommenen Versuchen einer kollektiven Umgestaltung jüdischen Lebens betonte die zionistische Bewegung und Ideologie, daß eine solche Vision kollektiver Umgestaltung, ein nationales Kollektivleben nur in Erez-Israel realisierbar sei. Sie wäre eine Erneuerung des Bundes zwischen Gott, dem Volk und Erez-Israel. Der zionistischen Ideologie zufolge war Erez-Israel – das verheißene Land, die historische Wiege der jüdischen Nation,

das Land, in dem sich das jüdische Volk gebildet hatte – der einzige Ort, an dem ein solches jüdisches Gemeinwesen wieder aufgebaut werden konnte; nur hier vermochten die Juden erneut in die Geschichte einzutreten und sich zu einer produktiven, normalen Gemeinschaft zu entwickeln, die ihr eigenes Schicksal in die Hand nimmt.

Die zionistische Rebellion oder Revolution richtete sich somit gegen die Auffassung, daß jüdische Tradition und ein vollgültiges jüdisches Leben oder auch nur ein physisches jüdisches Überleben im Rahmen der allgemeinen Gesellschaft des modernen europäischen Nationalstaats gesichert werden könnten. Eine dem Hauptstrom der jüdischen Geschichte zuwiderlaufende Grundlehre der zionistischen Ideologie besagte, daß die Juden innerhalb eines solchen Rahmens, wegen ihrer unvollständigen Assimilation und der Unfähigkeit der modernen Gesellschaften, sie zu verkraften, bedroht sein würden. Nur in Erez-Israel könne eine neue, moderne, lebensfähige jüdische Gesellschaft entstehen und gedeihen, nur dort die spezifisch jüdische zivilisatorische Vision verwirklicht werden.

Die meisten Teile der zionistischen Bewegung gingen davon aus, daß nur unter solchen Umständen das einfache Überleben der Juden in der modernen Gesellschaft garantiert werden könne (ein Problem, das im Kernbereich der »jüdischen Frage« stand, insbesondere in Osteuropa); und nur in einem solchen Kontext könne der jüdische »nationale« Genius zivilisatorischer Kreativität zum vollen Ausdruck gelangen. In manchen Teilen der zionistischen Bewegung wurde diese Kreativität häufig mit der bloßen Gründung einer neuen politisch-nationalen jüdischen Gemeinschaft als Zufluchtsort für das jüdische Volk gleichgesetzt. Deshalb ist gelegentlich behauptet worden, der Zionismus sei lediglich eine Reaktion auf den modernen Antisemitismus. Dies ist jedoch eine einseitige und im Grunde recht verzerrte Sicht. In weiten Teilen der zionistischen Bewegung forderte man auch zusätzliche hervorragende kulturelle Kreativität und/oder die Gründung weiterer Institutionen, die nicht nur eine adäquate Lösung für das konkrete Problem der Ansiedlung in Erez-Israel bieten würde, sondern auch eine transzendentale, universale Bedeutung für sich in Anspruch nehmen durfte. So artikulierten viele Teile der zionistischen Bewegung auf neue Weise das althergebrachte Thema von der Kombination zwischen der partikular jüdischen und der universalen Bedeutung der jüdischen Tradition und betonten die universalen Elemente in dieser partikularen Tradition.

Zugegebenermaßen war nicht immer völlig klar, wie die zu gründende jüdische Gesellschaft aussehen sollte und welche genauen Auswirkungen diese Vision haben würde. In der zionistischen Literatur lassen sich zahlreiche verschiedene Antworten auf diese Fragen finden; sie enthielten verschiedene traditionelle, revolutionäre, religiöse, säkulare oder sozialistische Aspekte, Themen und Dimensionen. Klarer als die positiven Inhalte dieser Ideologien sind wohl ihre gemeinsamen negativen Elemente, wie etwa die Feststellung, welche Gesellschaft sie nicht wünschten. Weder wollten sie die traditionelle mittelalterliche jüdische Gesellschaft fortführen, die in Ost- und Mitteleuropa noch vielerorts existierte, noch akzeptierten sie die assimilierten, nur religiös definierten jüdischen Gemeinden, die sich in unterschiedlichen Formen vor allem in West- und Mitteleuropa herausgebildet hatten. Statt dessen hielten sie auf verschiedene Weise nach einer Synthese zwischen Judaismus und westlicher Aufklärung oder Modernität Ausschau. Dabei verwarfen sie weder die jüdische Tradition noch die Modernität an sich. Extremisten wie J.H. Brenner (1881-1921) oder M.J. Berdyczewski (1865-1921) und andere neigten tatsächlich dazu, große Teile der jüdischen Tradition abzulehnen, aber auch sie suchten zumeist innerhalb der jüdischen Geschichte nach neuen Elementen, die sich wiederbeleben ließen. Ebenso gab es nur wenige, die jede Form der Modernität verwarfen. Obwohl viele zionistisch-sozialistische Gruppen eine irgendwie geartete »sozialistisch-utopische« Gesellschaft anstrebten, die sich gegen die Übel der kapitalistischen »Massengesellschaft« richten sollten, strebten die meisten von ihnen – besonders, aber nicht ausschließlich die westlich orientierten Zionisten – eine moderne liberal-demokratische Staatsform mit einem gewissen Maß an Sozialismus an.

Die zionistische Vision und die Grundthemen jüdischer Zivilisation

Exil, Rückkehr und Erlösung

Die zionistische Vision (man könnte auch von mehreren solchen sprechen) stützte sich natürlich auf einige der Grundthemen jüdischer Zivilisation, die sie dann im Einklang mit ihren eigenen grundlegenden Orientierungen neu formulierte. Die starke Ausrichtung auf nationalen Wiederaufbau, eine nationale Renaissance, berief sich notwendigerweise auf die älteren messianischen Erlösungsthemen, definierte sie aber jetzt in überwiegend säkularen, politischen oder sozialen Begriffen. David Vital spricht hier von »Exil, Rückkehr, Erlösung«.[8]

Diese säkulare Umformung der messianischen Glaubensvorstellungen schien zu einer gewissen Lösung der ewigen Dilemmata jüdischer Zivilisation zu führen. Vor allem ermöglichte sie den Wiedereintritt der Juden in die Geschichte als autonom Handelnde. In ähnlicher Weise unterstrich die zionistische Bewegung natürlich auch das Thema jüdischer Solidarität, das in der mittelalterlichen Zeit stark in den Vordergrund getreten war, und verlieh ihm nun eine deutlich politische Dimension.

In enger Verbindung mit dem Ausdruck, den diese Themen in der jüdischen Tradition gefunden hatten, entwickelte sich in der zionistischen Bewegung ein paralleler Prozeß der Umgestaltung verschiedener – politischer, nationaler und primordialer – Elemente der jüdischen Kollektividentität. Alle diese Themen waren natürlich mit demjenigen Thema verwoben, das man wohl als das Leitmotiv des Zionismus, die prinzipielle Ablehnung der Galut, bezeichnen darf: nämlich die Hoffnung, daß die Gründung und Wiedergeburt der jüdischen Nation in Erez-Israel tatsächlich sowohl die politische Unterwerfung, *Schiabud Malchujot*, als auch den in der Galutsituation enthaltenen metaphysischen Makel beseitigen werde.

Es war, zumindest ursprünglich, eine sehr naive und utopische Vision. Ihren reinsten und unverwässertsten Ausdruck fand sie wohl in den Werken von Achad Haam (Pseudonym von Ascher Ginzberg), Herzls ideologischem Gegner, sowie auch in Herzls

8 D. Vital, *The Origins of Zionism*, London 1975, S. 25 f.

utopischem Roman *Altneuland*, der ein Paradebeispiel für das überzeugendste liberale und utopische Vertrauen auf die friedliche Verwirklichung dieser Vision darstellte.

Konkrete Verwirklichungsversuche offenbarten jedoch notwendigerweise einige grundlegende Spannungen und Widersprüche, die in dieser Vision enthalten waren. Die wichtigsten darunter waren jene zwischen dem universalistischen und dem partikularistischen Ansatz; zwischen nach innen blickender Segregation und nach außen schauenden, weltoffeneren Orientierungen; zwischen der politischen Solidarität und der mehr auf die Errichtung einer institutionellen Struktur gerichteten, universalistischen Dimension des zionistischen Gedankens. Es gab die Spannung zwischen dem Bestreben, eine »normale« Nation zu werden, und dem Verlangen nach kultureller Einzigartigkeit oder einem speziell jüdischen Staat oder Gesellschaftssystem, das – in Ben-Gurions späteren Worten – »ein Licht für die Völker« sein sollte. Hinzu kamen die Spannung zwischen der ambivalenten Einstellung zur Diaspora sowie das ganze Spektrum jener Probleme, die mit der Umgestaltung der verschiedenen Elemente jüdischer Tradition und Identität verknüpft waren.

In mannigfacher Weise standen alle diese Gegensätze im Kräftefeld einer grundlegenden Spannung, nämlich der zwischen der Suche nach einer Lösung für das Problem der physischen Fortdauer und dem stärker zivilisatorischen Aspekt der jüdischen Existenz, wobei sich die eine Seite auf der anderen als Dichotomie zwischen der politischen Dimension einerseits und der Dimension sozialer und kultureller Kreativität innerhalb des zionistischen Wirkens andererseits geltend machte.

Die zionistische Bewegung und Ideologie sah sich natürlich einer ziemlich neuen interzivilisatorischen Situation gegenüber. Der ältere, »traditionelle«, religiöse Streit und Antagonimus zwischen den Zivilisationen schwächte sich ab mit dem Anbruch der Moderne und der säkularisierten und scheinbar milderen Formulierung seiner Prämissen. Daher mußte die zionistische Bewegung und Ideologie dieses Problem immer mehr in Begriffen angehen, die anderen – insbesondere westlichen – Zivilisationen gegenüber nicht antagonistisch waren, und doch versuchen, einen spezifisch jüdischen Weg zur Erfüllung ziemlich allgemeiner zivilisatorischer Erwartungen zu finden.

Einige dieser Spannungen und Widersprüche waren lange Zeit nur latent vorhanden und wurden erst in späteren Entwicklungsstadien der zionistischen Bewegungen im allgemeinen und des Jischuw und Staates Israel im besonderen voll sichtbar. Andere, die speziell mit den ideologischen Orientierungen und in geringerem Ausmaß mit der institutionellen Wirklichkeit zusammenhingen, traten bereits in den Anfangsstadien der Bewegung zutage.

Auseinandersetzungen um die Frage, ob der Schwerpunkt auf die Politik oder aber auf die Einrichtung wirtschaftlicher und kultureller Institutionen gelegt werden sollte, ergaben sich schon zu Beginn der Bewegung. Das betonte Streben nach einer autonomen politischen Entität bildete tatsächlich einen der Hauptpunkte der zionistischen Bewegung und später, wie wir noch sehen werden, des Staates Israel. Aber die anfänglichen Bemühungen um eine schnelle politische Lösung waren nicht erfolgreich. Herzls Anstrengungen, eine Charter vom Sultan zu erhalten, schlugen fehl, und dies führte ihn dazu, seinen berühmten Uganda-Vorschlag von 1903 zu formulieren, in dem er die britische Regierung um einen Landstrich in Uganda ersuchte, um dort den jüdischen Staat zu gründen. Dies spaltete die junge zionistische Bewegung beinahe und schwächte die politische Dimension ganz erheblich. Statt dessen traten jetzt die »konstruktive« Kolonisation und Gründung von Institutionen in Erez-Israel mit ziemlich universalistischen Orientierungen in den Vordergrund. Auch dies war natürlich nicht etwa politisch wirkungs- oder bedeutungslos, aber man rückte davon ab, politische Aktivität um ihrer selbst willen zu preisen oder die Erreichung kurzfristiger politischer Ziele als Hauptvision der zionistischen Bewegung zu betrachten.

Zumindest in den ersten Entwicklungsphasen der zionistischen Bewegung und der Ansiedlung in Israel gab es demzufolge weder einen starken politischen Messianismus, noch lag die Betonung auf rein politischer Aktivität. Doch die Grundelemente von beiden blieben wenigstens latent innerhalb der zionistischen Bewegung und Siedlungsarbeit in Erez-Israel erhalten.

Vor allem gegen Ende der dreißiger Jahre intensivierte sich die politische Dimension der zionistischen Unternehmungen im Zuge der zunehmenden politischen Auseinandersetzungen mit Arabern und Briten. Paradoxerweise nahm sie gerade in der zionistischen Arbeiterbewegung zu, deren ursprünglicher Schwerpunkt auf der »konstruktiven« Dimension gelegen hatte, und auch die revisionistische Bewegung unter Führung von W. Jabotinsky brachte solche Haltungen in den dreißiger Jahren verstärkt zum Ausdruck. Die Spannungen zwischen diesen Elementen oder Schwerpunktsetzungen blieben in der Geschichte der Bewegung und des Staates Israel weiterhin bestehen, ebenso wie diejenige zwischen den großen politischen Visionen und der Durchführung einer praktisch-pragmatischen Politik.

Der Konflikt zwischen den beiden Tendenzen, einerseits zu einer normalen Gesellschaft oder Nation zu werden, andererseits aber ein Volk besonderer Art zu bleiben, trat in der Anfangszeit der zionistischen Bewegung und besonders der Ansiedlung in Erez-Israel nicht besonders hervor, vor allem deswegen, weil das Verlangen nach Normalität eine ideologisch-revolutionäre Antwort auf die Realität jüdischen Lebens in Europa darstellte, die besonders bei den Pionieren der ersten Alijot (Einwanderungswellen) klar zum Ausdruck kam. Als sich die soziale Struktur des Jischuw und des Staates Israel jedoch langsam festigte, wurden die widersprüchlichen institutionellen Auswirkungen dieser beiden Einstellungen immer deutlicher sichtbar.

Gleichzeitig traten auch die Spannungen auf der ideologischen und institutionellen Ebene stärker zutage – ausgelöst vor allem durch die wachsende politische Unsicherheit des Jischuw und des Staates Israel, die zunehmende arabische und auch internationale Gegnerschaft gegen die zionistische Wiederbesiedlung von Erez-Israel, die Notwendigkeit, immer mehr Mittel für Verteidigung und Sicherheit aufzuwenden, und die sich verstärkt auswirkenden Realitäten eines kleinen Staats- und Gesellschaftswesens.

Die Verwirklichung der zionistischen Vision brachte auf verschiedenste Weise viele potentielle Widersprüche zwischen den einzelnen Bestandteilen der jüdischen Kollektividentität an die Oberfläche, also zwischen ihren primordialen, ethnischen, politischen und religiösen Bestandteilen, und zwar in unterschiedlicher Einzelgewichtung oder Kombination und in oft recht überraschender Richtung.

Die zionistische Bewegung und die Umgestaltung der jüdischen Tradition und Kultur

Kulturelle Wiederbelebung

Diese Probleme tauchten vor allem dort auf, wo die Umgestaltung der jüdischen Tradition und Kollektividentität religiöse Fragen betraf.

Durch die betonte Beschäftigung mit der Umgestaltung des jüdischen Zivilisationsmodells stellte sich natürlich auch das Problem, in welchem Verhältnis die zionistische Bewegung zur jüdischen Tradition im allgemeinen und zu deren religiösem Rahmen – dem rabbinischen Modell – im besonderen stand. Anders als viele der modernen europäischen Nationalbewegungen hatte die zionistische Bewegung nicht nur traditionelle, ethnische oder sprachliche Komponenten einer kollektiven Identität in einen modernen politischen Rahmen einzubringen, sondern sie mußte sich zusätzlich mit einer voll ausgebildeten politisch-religiös-national-historischen Tradition und Identität auseinandersetzen und das Problem anpacken, diese gemäß den neuen zionistischen Anschauungen umzugestalten.

Diese Umgestaltung verhalf an erster Stelle mehreren kulturellen und ideologischen Themen oder Schwerpunkten zum vollen Durchbruch, die im traditionellen rabbinischen Modell latent, sekundär oder unbeachtet gewesen waren und von den assimilierten Gruppen weitgehend negiert wurden.

Zu den wichtigsten dieser Themen gehörten die Wiedergeburt der hebräischen Sprache und die erneute Betonung von Themen, die mit dem Land Israel und den biblischen Komponenten in der jüdischen Geschichtstradition verbunden waren.

Die Erneuerung der hebräischen Sprache zählte in der Tat zu den größten Leistungen erst der Haskala-Periode und dann – noch stärker – der zionistischen Bewegungen und der Ansiedlung in Erez-Israel.

Die Wiederbelebung und moderne Umgestaltung des Hebräischen unter Zugrundelegung der durchgehenden Tradition des Mittelalters ließen es einerseits zu einer gemeinsamen Nationalsprache werden, der Sprache also, die in Kindergarten, Schule und Alltagsleben gesprochen wird; andererseits erwies sich das Hebräische aber auch als weitgehend fähig, den Anforderungen von Wissenschaft, moderner Technik und Literatur zu genügen. Deswegen nimmt das Hebräische heute eine Sonderstellung unter den traditionellen Sprachen ein, und seine Entwicklung hat wichtige Auswirkungen auf die kulturelle Struktur der israelischen Gesellschaft. Die Tatsache, daß diese »religiöse« und »traditionelle« Sprache zur Landessprache und zum Kommunikationsmedium einer modernen Gesellschaft wurde, hat – wie wir später noch ausführlicher sehen werden – die Gefahr verringert, daß sich Differenzen zwischen »Traditionalisten« und »Modernisten« um verschiedene sprachliche Identitäten kristallisieren und gleichzeitig eine kulturelle Abhängigkeit von ausländischen Zentren als hauptsächliche oder ausschließliche Quellen umfassender kultureller Innovation und Kreativität entsteht.

Die Beschäftigung mit Erez-Israel verlagerte sich von überwiegend religiösen oder metaphysischen Orientierungen, die von der rabbinischen Tradition streng geregelt waren, hin zu den physischen Merkmalen des Landes und seiner Landschaften, die oft in idyllischer oder mystischer Weise dargestellt wurden, sowie zu einer primordialen Bindung an das Land, säkular-metaphysischer Verherrlichung und einer neuen Art von religiöser, halbmystischer Verehrung der Heiligkeit des Landes. Diese neue Betrachtungsweise entwickelte sich aus den bestehenden rabbinischen Orientierungen, wuchs aber in gewissem Grad über sie hinaus – teils im Einklang mit philosophischen und poetischen Werken, die vor allem von jüdischen Dichtern und Philosophen aus dem mittelalterlichen Spanien, etwa von Jehuda Halevi, stammten.

Die betonte Hinwendung zum Land Israel und die Wiederbelebung der hebräischen Sprache waren eng mit dem Aufleben der biblischen Komponente innerhalb der jüdischen Tradition verknüpft – einem Bereich, der im rabbinischen Modell der rechtlichen und rituellen Orientierung untergeordnet war, der hinter Talmudstudium und Gebet zurücktrat und bei den assimilierteren Gruppen verleugnet wurde. Die Wiederbelebung dieses Elements hatte bereits im literarischen Wirken der osteuropäischen Haskala eingesetzt, in Werken wie beispielsweise Abraham Mapus Romanen *Ahawat Zion* (Die Liebe zu Zion) und *Aschmat Schomron* (Samariens Schuld), und trat noch stärker hervor, als es sich mit verschiedenen nationalistischen Bewegungen im allgemeinen und der zionistischen im besonderen verband.

Umgestaltung von Kollektividentität und Traditionen

Die Artikulation all dieser Themen verdeutlichte die starke Verbundenheit der meisten zionistischen Ideologien mit vielen Dimensionen der jüdischen Tradition sowie ihre Suche oder Erwartung, in dieser Tradition jene Elemente oder Komponenten zu finden, mit deren Hilfe sich die neue jüdische Kollektividentität und ein entsprechendes zivilisatorisches Modell gestalten lassen würden. Gleichzeitig zeigte sich daran aber auch, daß sie weit über die Grundprämissen nicht nur der assimilatorischen Orientierung, sondern auch des rabbinischen Modells hinausgingen, also über die spezifische Konfiguration der verschiedenen jüdischen Traditionsbestandteile, wie sie sich in den Institutionen und symbolischen Modellen der Halacha herauskristallisiert hatten. Die zionistische Bewegung strebte nicht nur nach einer Fortführung der jüdischen Tradition, sondern nach deren radikaler Umgestaltung.

Das lag nicht allein daran, daß die meisten aktiveren Kräfte unter den zionistischen Gruppen nicht religiös und manche von ihnen sogar ausgesprochen antireligiös waren – besonders unter den sozialistischen Pionieren und vor allem unter denen der zweiten und dritten Alija. Ausschlaggebend war auch nicht etwa, daß die ultra-orthodoxen Gruppen, zusammen mit den semi-assimilierten, zu den lautstärksten Gegnern der zionistischen Bewegungen gehörten. Letzterem kann nämlich entgegengehalten werden, daß viele der Führer und Mitglieder sowohl der Chowewe Zion als auch der zionistischen Bewegung religiös, observant, ja sogar berühmte Rabbiner waren – wenn sie auch unter den Zionisten wie im religiösen Lager eine Min-

derheit darstellten – und daß die religiös-zionistische Partei (*Misrachi*) bereits in der Frühzeit der Bewegung (1902-1905) entstanden war.
Aber wie groß die Stärke der religiösen Gruppen oder die Bindung anderer Gruppierungen innerhalb der zionistischen Bewegung an die verschiedenen Aspekte der jüdischen Tradition auch gewesen sein mögen: sie wirkten alle in einem allgemeinen Horizont, der die Symbole und Institutionen der Halacha nicht als den einzigen oder auch nur wichtigsten Rahmen jüdischer zivilisatorischer Kreativität akzeptierte.
Dies galt natürlich für alle nichtreligiösen Elemente in der zionistischen Bewegung, nämlich die große Mehrheit derer, die die religiösen Gebote nicht befolgten und sogar bewußt gegen sie rebellierten. Doch selbst für diejenigen, die sich an diese Gebote hielten, war das traditionelle Halacha-Modell nicht notwendigerweise die hauptsächliche Inspirationsquelle für die neuen Symbole einer kollektiven Identität und vor allem den Aufbau neuer Institutionen; Angelpunkt des jüdischen Lebens war vielmehr die Umgestaltung jüdischen Lebens in einem Umfeld politischer Autonomie.
Allerdings scheinen die religiös observanten Teile der zionistischen Bewegung angenommen zu haben, daß in der neuen institutionellen Wirklichkeit, sobald sie erst einmal entstanden wäre, die Gebote der Halacha befolgt würden. Einige begannen sich auch mit der Anwendbarkeit der Halacha auf neue Probleme und unter neuen Bedingungen zu beschäftigen. Nur wenige konnten freilich ihre Inspirationen für die neuen Institutionen, die im Lande Israel entwickelt werden sollten, dem vorhandenen halachischen Modell entnehmen. Einige große religiöse Persönlichkeiten – wie Raw Kook, der erste aschkenasische Oberrabbiner von Erez-Israel – entwickelten eine neue philosophisch-mystische Interpretation der jüdischen Existenz im allgemeinen und der Umgestaltung Erez-Israels nach den religiösen Geboten im besonderen; andere verwiesen auf die Wurzeln der zionistischen Ideologie in der religiösen Tradition und deren Symbolen. Abgesehen von der betonten Aufforderung, die halachischen Vorschriften zu befolgen und die Traditionspflege (beispielsweise in Form des Talmudstudiums) in die neuen Lehrpläne aufzunehmen, vermochte jedoch fast niemand

klar aufzuzeigen, wie das halachische Modell als Richtschnur für die Schaffung neuer Institutionen und eine neue politische und kollektive Identität hätte dienen können.
Später zeichnete sich eine ziemlich intensive religiös-intellektuelle Aktivität in religiösen Kibbuzbewegungen ab, aber auch hier gingen die ursprünglichen neuen Anstöße zur Errichtung neuer Institutionen nicht notwendigerweise von dem vorhandenen religiösen Modell aus, obwohl sie später natürlich von dort ihre Legitimation erhielten.
Der erbitterte Widerstand ultra-orthodoxer Gruppen gegen den Zionismus beruhte auf ihrer Erkenntnis, daß die zionistische Vision – trotz ihrer starken Bindung an viele traditionelle Symbole – weit über die Grundprämissen des existenten, vorherrschenden halachischen Modells hinausging, da ihre Anhänger das kollektive Schicksal der Juden im Hier und Jetzt der Geschichte in die eigene Hand nehmen wollten. Auch die säkulare Übertragung messianischer Elemente in den Zionismus sowie die Perspektive, diese Ziele in der Gegenwart erreichen zu können, erschienen ihnen äußerst gefährlich.
Inzwischen fand man sowohl innerhalb der zionistischen Bewegung als auch in Erez-Israel (viele der ersten Siedler, die der ersten Alija und die Gründer von Petach Tikwa, waren praktizierende Juden) einen Modus vivendi zwischen Religiösen und Freidenkern. Dabei akzeptierten letztere zahlreiche Forderungen der religiösen Gruppen, etwa die Einhaltung der *Schmita*-Gebote (bezüglich des siebten Jahres, in dem alle Schulden zu erlassen sind und das Land brachliegen muß) oder die Einhaltung des Sabbat und später dann die Betrauung der Rabbinatsgerichte mit allen Ehe- und Scheidungssachen.
Die Tatsache, daß die zionistische Bewegung und Ideologie einerseits die Hegemonie der Halacha als dominantes jüdisches Zivilisationsmodell abbaute, daß sich aber andererseits innerhalb dieser Bewegung und bei der Besiedlung von Erez-Israel verschiedene Formen einer pragmatischen Einigung mit den religiösen Gruppen fanden, trug weitgehend zur Verhinderung einer grundlegenden Kluft zwischen modernen und traditionellen Fraktionen der Bewegung bei – auch wenn ihr die ultraorthodoxen Gruppen grundsätzlich ablehnend gegenüberstanden.

Die Herstellung einer solchen Übereinkunft zwischen Religiösen und Freidenkern war natürlich voller Spannungen und Konflikte. Die Fortdauer dieses Prozesses sowie die andauernde Konfrontation zwischen der zionistischen und der traditionell halachischen Vision barg eine Vielzahl von möglichen Entwicklungen in sich. Dazu gehörte auch die Ausbildung neuer Strömungen und Interpretationen innerhalb des religiösen Sektors sowie die Umordnung traditioneller Orientierungen, die später – wie in den nachfolgenden Kapiteln noch ausführlicher zu zeigen sein wird – ziemlich überraschende Wendungen nahmen.

Die Diaspora in der zionistischen Ideologie

All diese verschiedenen Spannungen waren mit der zionistischen Einstellung zur Diaspora verbunden. Hier lassen sich wiederum mehrere Strömungen unterscheiden. In seiner ursprünglichen Konzeption lehnte der Zionismus notwendigerweise die Diaspora als dauerhaften Rahmen für die physische oder zivilisatorische und kulturelle Entwicklung des jüdischen Volkes ab.

In Wirklichkeit war die zionistische Bewegung jedoch mit dem Leben der modernen jüdischen Gemeinden verwoben, aus deren Mitte sie entstanden war. Diese Kombination zwischen einer starken prinzipiellen Ablehnung der Galut und einer trotzdem engen Verknüpfung mit dem Leben der Diasporagemeinden sorgte dafür, daß die ideologische Einstellung des Zionismus zur Galut sehr ambivalent und häufig unklar war. Innerhalb der zionistischen Bewegung entstand eine gewisse Blindheit für die ideologischen Auswirkungen ihrer Beziehung zu den Diasporagemeinden.

Viele Leitfiguren des Zionismus, darunter Herzl und andere nach ihm – vor allem diejenigen, die den Zionismus als die Lösung für das Dilemma jüdischer Existenz ansahen –, gingen davon aus, daß die Verwirklichung des zionistischen Traums all diejenigen Juden ins Land Israel, in den jüdischen Staat, bringen werde, die an der Beibehaltung einer speziell jüdischen nationalen Identität interessiert waren, während die übrigen sich friedlich in den Ländern der Diaspora assimilieren könnten. Diese Annahme hielt sich sehr hartnäckig im öffentlichen Bewußtsein von Juden und Nichtjuden gleichermaßen. So wurde sie beispielsweise in den sechziger Jahren von dem französisch-jüdischen Soziologen Georges Friedmann wieder aufgegriffen, der in seinem schmalen Band *The End of the Jewish People?*[9] die These aufstellte, daß gerade die erfolgreiche Gründung Israels das Ende des jüdischen Volkes – durch Assimilierung – herbeiführen werde.

Diese extreme Auffassung wurde natürlich durch den revolutionären Charakter der zionistischen Bewegung bestärkt und war lange Zeit im Jischuw und im Staat Israel weit verbreitet. Doch nicht alle Zionisten stimmten mit ihr überein, und selbst ihre unumschränkten Anhänger setzten sich nicht mit den Auswirkungen auseinander, die die fortdauernde jüdisch-kollektive Existenz in der Diaspora für die zionistische Ideologie besaß. Der bekannte Publizist Ascher Ginzberg (1856-1927), der sich das Pseudonym Achad Haam (»einer aus dem Volk«) zugelegt hatte und enormen Einfluß auf die zionistische Bewegung ausübte, setzte Herzls politischem Zionismus eine Vorstellung entgegen, derzufolge Zion ein geistiges Zentrum für das jüdische Volk sein sollte. Entgegen zahlreichen anderweitigen Deutungen verneinte diese Konzeption nicht etwa die Möglichkeit, einen unabhängigen jüdischen Staat in Erez-Israel zu gründen, aber sie ging doch von der fortdauernden Existenz jüdischer Gemeinden in der Diaspora aus, auf die die Kraft des geistigen Zentrums in Palästina ausstrahlen sollte. Wie fast alle zionistischen Ideologien legte sie den Diaspora-Gemeinden allerdings keinerlei spezielle zivilisatorische Bedeutung bei, wies also keine konkreten Wege für die Gestaltung eines sinnvollen jüdischen Daseins in ihnen. Diese Einstellung hatte – unbewußt oder vielleicht auch bewußt – mit allen anderen zionistischen Richtungen die Ablehnung der Galut gemeinsam, zumindest eine gewisse Ausklammerung des von ihr gestellten Problems. Diese ausweichende Haltung sollte sich später noch verstärkt gegenüber jener neuen jüdischen Gemeinschaft zeigen, die sich gleichzeitig mit der zionistischen Bewegung entwickelte – nämlich die jüdische Gemeinde der Vereinigten Staaten.

9 Georges Friedmann, *The End of the Jewish People?*, New York 1967.

Die Stellung der zionistischen Bewegung im Leben der jüdischen Gemeinden in der Diaspora

Aktive Elemente in der Bewegung

Bis zum Zweiten Weltkrieg bildete die zionistische Bewegung eine – allerdings radikale und revolutionäre – Minderheit in den jüdischen Gemeinden. Ja, sie lief sogar den wichtigen »natürlichen« Tendenzen entgegen, die sich in den modernen jüdischen Gemeinden entwickelten: nämlich Anpassung an die vielfältigen neuen Möglichkeiten moderner Gesellschaften, sei es in ihren jeweiligen europäischen Wohnländern oder mittels Auswanderung.

Ihre wichtigsten Träger und Führer stammten aus anderen Kreisen als die großen »romantischen« Persönlichkeiten der westlichen oder an den Westen angeglichenen Juden, etwa Herzl oder Nordau. Sie kamen aus relativ neuartigen sozioökonomischen Gliederungen, die sich in Ost- und Mitteleuropa herausgebildet hatten, und zwar insbesondere aus den Mittelklassen und Intelligenzschichten, die in sozio-ökonomische und intellektuelle Umschichtungsprozesse ihrer jeweiligen Gesellschaft verwickelt waren, ohne jedoch einstweilen darin einen hohen Status erlangt oder aber den Kreis der jüdischen Gesellschaft völlig verlassen zu haben.

Die aktiveren Elemente in der zionistischen Bewegung und insbesondere unter den Pioniergruppen kamen aus diesen sozioökonomischen Gruppen und Sektoren. Nur selten gehörten einerseits die sehr Reichen oder in ihrer jeweiligen Gemeinschaft Wohletablierten oder aber Mitglieder der unteren Schichten oder rein traditionellen Gruppen dazu. Meist handelte es sich um junge, noch nicht voll etablierte Leute oder um Intellektuelle. Allerdings beschritten natürlich viele Intellektuelle oder potentielle politische Führer entweder den Weg der Assimilation oder schlossen sich den allgemeineren revolutionären Bewegungen an – wie etwa Trotzki, Rosa Luxemburg oder, im bürgerlich-liberalen Bereich der Weimarer Republik, Walter Rathenau –, wo sie zu den hervorragendsten politischen Persönlichkeiten ihrer Zeit gehörten.

Bei all ihrer revolutionären Ausrichtung wurde die zionistische

Bewegung aber doch ein wesentlicher Bestandteil des jüdischen Gemeindelebens in Europa, später dann in den USA und anderen Zielländern der modernen jüdischen Wanderbewegung und in geringerem Ausmaß in den orientalisch-jüdischen Gemeinden. Diese Kombination – ihr grundlegender Radikalismus und dessen Richtung, die Heterogenität der Bewegung und ihr Status als akzeptierter Teil des öffentlichen jüdischen Lebens – ist wichtig für das Verständnis ihrer Geschichte und später auch einiger der entscheidendsten Entwicklungen im Staat Israel.

Die zionistische Bewegung war von Anfang an in viele verschiedene Parteien, Sekten und Gruppen gegliedert, die sich ständig veränderten. Ende der zwanziger Jahre kristallisierten sich mehrere Hauptblöcke heraus: nämlich erstens die später als »allgemeine Zionisten« bezeichnete Gruppierung, die verschiedene »bürgerliche« und intellektuelle Elemente zusammenfaßte; zweitens der »Arbeiterblock«; drittens der religiöse Block, dem die *Hamisrachi* und später die religiöse Arbeiterbewegung *Hapoel Hamisrachi* angehörten; und viertens, ab Mitte der zwanziger Jahre, die »Revisionisten«. Jeder dieser Blöcke umfaßte verschiedene, häufig wechselnde Gruppen und Grüppchen.

Abgesehen von diesen politischen Unterschieden lassen sich die Komponenten der zionistischen Bewegung nach der Intensität ihres Engagements einteilen. Erstens gab es die relativ große Zahl von Sympathisanten oder Anhängern. Sie kauften den Schekel, spendeten für den Keren Kajemet (den Jüdischen Nationalfonds zum Ankauf von Land) und beteiligten sich an den verschiedenen kulturellen, politischen und pädagogischen Aktivitäten und Vereinigungen, die mit den zionistischen Organisationen, Bewegungen und Parteien verbunden waren – bis hin zu einer aktiven Führerschaft in diesen Organisationen und Parteien.

Zweitens gab es die radikaleren, hauptsächlich auf die Ansiedlung im Lande Israel zielenden Elemente, die sich seit den zwanziger Jahren vor allem in den verschiedenen Pionierjugendbewegungen und in den Lagern der *Hachschara* (Vorbereitung) organisierten – meist über einige der zionistisch-sozialistischen Gruppen hinausgehend.

Unter denen, die nach Erez-Israel gingen, gab es, wie wir noch sehen werden, auch viele, die keine aktiven Mitglieder in diesen ideologischen Bewegungen waren. Sie standen ihnen entweder wohlwollend oder neutral gegenüber, ließen sich überwiegend in den Städten nieder, blieben aber doch weitgehend an den aktiveren Komponenten der zionistischen Vision interessiert.

Ab Ende der zwanziger und Anfang der dreißiger Jahre bildeten sich im Rahmen der zionistischen Bewegung weitere radikale Gruppen, die zwar ebenfalls auf Erez-Israel ausgerichtet waren, sich aber nicht, wie die dominierenden Arbeitergruppen, als sozialistische Pioniere fühlten. Gemeint ist die revisionistische Bewegung unter der Führung von Wladimir (Seew) Jabotinsky, die 1925 gegründet wurde und dann aus der Zionistischen Weltorganisation austrat. Mit ihrer radikaleren politischen Einstellung wandte sie sich gegen die Führung Chaim Weizmanns und seine Koalition mit der Arbeiterbewegung, in der David Ben-Gurion langsam an Macht gewann. Der Revisionismus forderte den politischen Auszug der Juden aus der Diaspora und einen massiveren politisch-militärischen Aktivismus in Palästina. Seine in semi-paramilitärische Formationen gegliederte Jugendbewegung Betar trug Uniform, bediente sich zahlreicher Äußerlichkeiten eines militärischen Lebens und legte betonten Wert auf *Hod Wehadar* (Majestät oder Glanz und Gloria), eine Wortverbindung aus den Psalmen. In Erez-Israel legten seine Anhänger die Keime für die extremen Untergrundbewegungen Ezel (*Irgun Zwa'i Leumi* – Nationale Militärorganisation) und Lechi (*Lochame Cherut Israel* – Kämpfer für die Freiheit Israels). Er fand weiten Anklang bei den jüdischen Massen in Osteuropa, die in den späten zwanziger und während der dreißiger Jahre zunehmend in eine Zwangslage zwischen dem Aufflammen extrem antisemitischer Maßnahmen ihrer jeweiligen Regierungen – vor allem in Polen – und den seit Anfang der zwanziger Jahre eingeführten Einwanderungsquoten in den USA gerieten, die eine massenweise Ausreise dorthin unterbanden.

Vielfältige Muster zionistischer Führung

Angesichts der Heterogenität der zionistischen Bewegung war es nur natürlich, daß ihre einzelnen Teile jeweils verschiedene Themen und Orientierungen in den Vordergrund stellten. Insbesondere wurden diese Themen auf unterschiedliche Weise von verschiedenen Fraktionen der zionistischen Führung und »Sekten« artikuliert. Kosmopolitische Gestalten wie Herzl, Nordau oder Weizmann vertraten eine Verbindung von universalistischen Richtungen, letzterer allerdings unter starker Betonung der inneren Solidarität und des Aufbaus von Institutionen. Die eher diffuse, lokale, »bürgerliche« Führung der Bewegung und die religiösen Gruppen hoben die national gefärbten Elemente hervor. Demgegenüber setzten sich die Pioniere der Arbeitergruppen für eine Kombination von nationalen und sozialistisch-universalen Themen unter starker Betonung des Aufbaus von Institutionen ein.

Wie sich noch zeigen wird, wurde dieses dritte Element – das der Pioniere – zum aktivsten in der formativen Periode der Ansiedlung in Erez-Israel, aber es war nie das einzige. Vielmehr wirkte es immer in der einen oder anderen Koalition mit allen anderen, und die Geschichte ihrer Zusammenarbeit und ihrer Konflikte ist die Gründungsgeschichte des Jischuw und des Staates Israel, der wir uns im nächsten Kapitel zuwenden wollen.

Widerstand gegen den Zionismus, Migrationselemente

Die zionistische Bewegung löste ein erhebliches Maß an Widerstand aus, der teilweise äußerst heftige oder sogar bösartige Formen annahm. Hauptsächlich gab es vier Gruppen von ideologischen und politischen Opponenten: erstens die Ultra-Orthodoxen, die in dem Versuch, die Erlösung durch Menschenhand herbeizuführen, einen Eingriff in göttliche Vorrechte und eine Bedrohung des herrschenden halachischen Modells sahen und der säkularen Erlösungsvision jegliche Legitimität absprachen. Zweitens gab es die stärker »assimilierten« Führer der jüdischen Gemeinden in Westeuropa, die in der zionistischen Bewegung eine ernste Gefahr für ihre rein religiös-konfessionelle Definition des jüdischen Volkes erblickten und zudem befürchteten, daß das dadurch aufgeworfene Problem der doppelten Loyalität die jüdische Eingliederung in die allgemeine Gesellschaft erschweren könnte. Drittens kamen die verschiedenen anderen jüdischen Nationalbewegungen, die die jüdische Frage auf kollektive Weise im Rahmen der Diaspora durch Erlangung einer gewissen nationalen Autonomie – mit oder ohne eine spezielle territoriale Grundlage – innerhalb ihrer jeweiligen Gesellschaft zu lösen suchten. Viertens und letztens gab es die »Revolutionäre«, die insbesondere nach der Revolution von 1905 behaupteten, daß die sozialistische Weltrevolution automatisch das jüdische Problem lösen werde.

Die intellektuellen und politischen Auseinandersetzungen zwischen all diesen Lagern waren heftig und oft geradezu erbittert. Allerdings wurden die Spaltungstendenzen dieser Konflikte in den jüdischen Gemeinden, zumindest bis zu einem gewissen Grad, von mehreren anderen grundlegenden Faktoren ausgeglichen. An erster Stelle stand die Tatsache, daß die Gegner nicht um ein zentrales Machtzentrum kämpften. Mit anderen Worten: sie rangen mehr um die »Seelen« der Juden als um konkrete Ressourcen oder Machtstellungen – obwohl letzteres Element bei diesen Gefechten und Problemen natürlich nie völlig fehlte.

Zweitens wurde diese Spaltungswirkung schon durch die Heterogenität der zionistischen Bewegung selbst gemildert, da es ihretwegen einfacher war, viele Kontakte und Kooperationswege mit anderen jüdischen Organisationen aufrechtzuerhalten.

Drittens – und in enger Verbindung damit – bestand eine physische Distanz zwischen dem tatsächlichen Leben großer Teile der jüdischen Gemeinde in der Diaspora und solchen ideologischen und politischen Grundsatzdiskussionen. Dies bedeutete zwar keinen vollständigen Bruch, aber doch genügend Abstand, um der Dynamik des Alltagslebens und ihren Problemen ein gewisses Maß an Eigenentwicklung zu erlauben.

Diese Dynamik war natürlich schon von sich aus äußerst komplex. Erstens war schon das wirtschaftliche und politische Überleben in den einzelnen jüdischen Gemeinden Osteuropas ein tagtäglich auszufechtender Kampf. Schwerwiegender noch als die Last des Alltags war jedoch zweitens die große Auswanderungswelle, vor allem in die Vereinigten Staaten. In gewisser Hinsicht lief diese Wanderbewegung den Prämissen des Zionismus am stärksten zuwider, aber trotzdem kam es selten zu einer ideologischen Auseinandersetzung, sondern oft sogar zu zahlreichen Berührungen mit ihm. Im Zuge der Auswanderung verließen einige der – zumindest wirtschaftlich – potentiell aktiven Elemente den Bereich des osteuropäischen Judentums und verringerten damit gleichzeitig in erheblichem Umfang – wenn auch sicher nicht gänzlich – den demographischen und wirtschaftlichen Druck, der vor und nach dem Ersten Weltkrieg den Hauptanstoß für revolutionärere Orientierungen gebildet hatte.

Die Auswanderung in die Vereinigten Staaten brachte einen starken Zustrom in die Städte sowie in die Lehr- und freien Berufe. Später zeichnete sich ein ähnlicher Trend in der Sowjetunion ab. Anders als in den USA bestand hier jedoch eine deutliche Tendenz zu völliger Assimilierung innerhalb des säkularen, kommunistischen (russischen) Modells, in abgeschwächter Form auch zu Bestrebungen nach einer gewissen kulturell-nationalen Autonomie bis hin zur Errichtung der autonomen jüdischen Republik Birobidschan. Diese Bewegung lehnte die zionistischen Prämissen radikal und vollständig ab, was sich zum Beispiel auch in der Benutzung der jiddischen statt der hebräischen Sprache ausdrückte, und bezeichnete die zionistische Bewegung als bürgerlich-reaktionär.

Aber diese Entwicklungen in Sowjetrußland waren natürlich späteren Datums. Vor dem Ersten Weltkrieg richteten sich die Bemühungen der jüdischen Gemeinden in Rußland und Österreich und später in den Nachfolgestaaten – vor allem in Polen, der Tschechoslowakei, Rumänien und Ungarn, in denen große Teile der jüdischen Bevölkerung lebten – auf die Erreichung wirtschaftlicher Mobilität und die Entwicklung der vielfältigen sozialen, politischen, erzieherischen und institutionellen Aktivitäten, die wir teilweise oben angesprochen haben. Die zionistische Bewegung sah sich hier einem Dilemma gegenüber, das bereits 1908 auf der Tagung von Helsingfors unter der Überschrift *Awodat Hahowe* (die Gegenwartsarbeit) in seinem ganzen Umfang erkannt und diskutiert wurde: Sollte sie sich an all diesen Aktivitäten beteiligen oder sich dessen enthalten, weil sie die Möglichkeit eines dauerhaften jüdischen Lebens in der Diaspora radikal ablehnte?

Kompromiß und Zusammenarbeit

Einige der radikaleren Elemente innerhalb der Bewegung, vor allem diejenigen, die sich in Erez-Israel ansiedelten, entschieden sich offenbar für die zweite Lösung. Die breiteren Kreise der zionistischen Bewegung sprachen sich jedoch bewußt für die volle Teilnahme an diesen Unternehmungen aus. Selbst für die radikaleren Mitglieder, die eine solche Mitwirkung an organisierten jüdischen Aktivitäten in der Diaspora als wenig sinnvoll ablehnten, war dies nur eine prinzipielle Haltung, die allerdings große Bedeutung bei der Schaffung der Symbole und Themen für die Kollektividentität der jüdischen Gemeinde im Land Israel erlangen sollte.

Diese Entscheidung, an den diversen jüdischen Kollektivunternehmungen in der Diaspora mitzuarbeiten, und die Kontinuität dieser Kooperation, die den zionistischen Prämissen scheinbar zuwiderlief, gingen auf mehrere Faktoren zurück, die alle wesentlich zum Verständnis der Geschichte der zionistischen Bewegung und später des Staates Israel in ihrem Verhältnis zu den jüdischen Gemeinden in der Diaspora beitragen.

Als erster Faktor wäre die äußerst geringe Anzahl derer zu nennen, die vor Hitler bereit waren, nach Palästina zu gehen – insbesondere nach dem Debakel der politischen Vision Herzls –, im Vergleich zu denen, die die Grundsätze der zionistischen Weltanschauung in der einen oder anderen Form bejahten.

An zweiter Stelle stand die Tatsache, daß die höchst prinzipientreue Haltung dieser Menschen etwas von ihrer Radikalität, ihrer potentiellen revolutionären Kraft in den jüdischen Diasporagemeinden einbüßte, und zwar einfach deswegen, weil ihre Bewegung weder versuchte noch versuchen konnte, die (fast nicht existenten) Machtzentren der jüdischen Gemeinden zu erobern, von einem einzelnen, übergeordneten Machtzentrum (das es erst recht nicht gab) ganz zu schweigen.

Als drittes wäre die scheinbar entgegengesetzte Tatsache zu nennen, daß die zionistische Bewegung ohne eine wenigstens teilweise Mitwirkung an diesen Aktivitäten nicht imstande gewesen wäre, in der jüdischen Gemeinde Wurzeln zu schlagen, Anhänger zu gewinnen oder auch nur die nötigen Mittel für die Siedler in Erez-Israel aufzubringen. So entstand eine dauernde Abhängigkeit der Pioniere von den in den jüdischen Gemeinden gesammelten Mitteln, und zwar sowohl für die Vorbereitung als auch für die Fortführung des Siedlungswerks.

Viertens war da natürlich die erwähnte Heterogenität der zionistischen Bewegung – die wiederum mit der auf vielen Ebenen des kollektiven jüdischen Lebens in der Diaspora stattfindenden Mitwirkung zusammenhing.

Die Entscheidung für die Teilnahme an der *Awodat Hahowe* und später an allen institutionellen und politischen jüdischen Aktivitäten in der Diaspora wurde auch oft dadurch erleichtert, daß viele dieser Unternehmungen – vor allem die auf dem erzieherischen oder politischen Sektor – mit einigen der grundlegenden zionistischen Visionen von der Umgestaltung jüdischen Lebens und später mit den Bemühungen in Einklang standen, Juden vor drohenden Katastrophen und Verfolgungen zu retten.

Während also der prinzipielle Radikalismus der zionistischen Ideologie im modernen jüdischen Leben dieser Dynamik Sinn und Legitimität absprach, wurde die zionistische Bewegung in der Praxis doch ein – wenn auch ambivalenter – Teil dieser Dynamik.

Zugegebenermaßen steckte diese Mitwirkung der Pioniere, der Vertreter des Jischuw allgemein sowie der Diaspora-Zionisten innerhalb gemeinsamer zionistischer und allgemeiner jüdischer Organisationen voller Spannung, Ambivalenz und Konflikte, aber all dies beseitigte nicht die Tatsache dieser Zusammenarbeit in gemeinsamen Rahmen.

Diese gemeinsamen Organisationen und Aktivitäten nahmen in den dreißiger Jahren eine recht eigenartige und letzten Endes tragische Wende mit dem Auflodern des Antisemitismus in Polen – der die größte jüdische Einzelgemeinde bedrohte, während die Vereinigten Staaten ihre Tore geschlossen hatten –, dem darauf folgenden Aufstieg Hitlers und des Nationalsozialismus und schließlich der Intensivierung der politischen Kon-

flikte, die die zionistische Bewegung mit den Arabern in Palästina und der britischen Regierung auszutragen hatte.
Mehrere neue weltweite jüdische Organisationen, etwa der 1936 gegründete Jüdische Weltkongreß, entstanden, um nach neuen Auswanderungsmöglichkeiten für die europäischen Juden Ausschau zu halten, Wege zur Rettung der deutschen Juden zu suchen und für eine verstärkte Einwanderung nach Palästina zu kämpfen. Es kam zu wachsender Zusammenarbeit zwischen all diesen und der Zionistischen Organisation sowie der 1929 gegründeten Jewish Agency. Letztere betrachtete sich als die rechtmäßigste Vertreterin des jüdischen Volkes, akzeptierte aber auch all die anderen Organisationen – sogar einschließlich der ultra-orthodoxen Agudat Israel.

Zusammenfassung

Die zionistische Bewegung, wie sie sich bis zum Vorabend des Zweiten Weltkriegs entwickelt hatte, wurde somit Teil des breiteren Panoramas modernen jüdischen Lebens, ja, ging in vielen Aspekten eine enge Verbindung mit ihm ein, obwohl sie ihm höchst ambivalent gegenüberstand. Auf der ideologischen, politischen und organisatorischen Ebene entstand eine Mischung aus heftigen Auseinandersetzungen, gegenseitiger Rücksichtnahme und Zusammenarbeit. Bittere Konflikte standen neben der Teilnahme an gemeinsamen Unternehmungen und sogar der Schaffung neuer kultureller und Bildungsinstitutionen.
Ihre radikaleren Elemente negierten bereits die Grundlage einer solchen Kooperation. Während ihr Radikalismus für den langsamen Abbau der vorhandenen jüdischen Gemeinden in der Diaspora eintrat, blieben diese Gemeinden jedoch weiterhin ein Nachwuchsreservoir für die radikalen Kreise, die sie zusätzlich auch noch mit den nötigen Mitteln ausstatteten, so daß dieser Radikalismus ein wenig entschärft wurde.
Mit einem solchen Ausmaß an Konflikten, einer solchen Vielfalt konkurrierender Eliten und einer derart starken Solidarität wies der Zionismus zahlreiche Merkmale auf, die für die ältere jüdische Lebensweise und, wie wir noch sehen werden, für das Leben des Jischuw und des Staates Israel typisch waren und sind.

6. Kapitel
Die Siedlung im Land Israel – der Jischuw

I. Die historische Entwicklung und die institutionelle Organisation des Jischuw

Der Hintergrund – der »alte« Jischuw

Die zionistischen Siedler, die nach Palästina, ins Land Israel kamen, fanden dort bereits eine ortsansässige jüdische Gemeinde vor. Tatsächlich hatte es stets einige jüdische Siedlungen in Palästina gegeben; sogar in den dunkelsten Zeiten der Unterdrückung seitens muslimischer oder christlicher Herrscher unternahmen Juden weiterhin Wallfahrten oder siedelten sich aus frommer Verehrung für dieses Land hier an, wobei sie häufig glaubten, durch das Leben an diesem Ort religiöse Gebote zu erfüllen und semi-messianische Hoffnungen einlösen zu können. Insbesondere nach der Vertreibung aus Spanien kam es unter der Ägide der osmanischen Regierung – und nicht völlig frei von messianischen Hoffnungen – zu Ansiedlungsversuchen unter Don Jossef Hanassi (Mitte des 16. Jahrhunderts) in Tiberias und den aktiven Zentren in Safed, die von den Kabbalisten geschaffen worden waren. Solche Blütezeiten waren jedoch meistens nur kurz und seit Beginn oder Mitte des 18. Jahrhunderts auch nicht sehr umfangreich, obwohl die Wallfahrten und begrenzten Ansiedlungen weitergingen. Letztere beruhten auf der Vorstellung, daß die Ansiedlung in Erez-Israel ein religiöses Ideal darstelle. Wirtschaftlich gesehen bedeutete das, daß die Juden in Palästina völlig von der Diaspora-Judenheit abhängig waren. Jede Seite meinte, dadurch eine religiöse Pflicht zu erfüllen. Diese Unterstützung war ebenso institutionalisiert wie ideologisch motiviert. Die Mittel wurden gewöhnlich von besonderen Abgesandten gesammelt, die man aus Palästina in die Diaspora schickte.

Dennoch konnten diese Ansiedlungen nur symbolisch als Mittelpunkt gelten; nach der Schwächung des Zentrums in Tiberias sowie der kabbalistischen Zentren in Safed war Palästina seinerzeit gewiß kein bedeutender Mittelpunkt der Mystik oder Talmudgelehrsamkeit. Auch spielte es sicher – abgesehen von seiner rein symbolischen Bedeutung – keinerlei zentrale Rolle im Leben der jüdischen Diasporagemeinden jener Zeit. Allgemein betrachtet bildete die dort ansässige Judenheit, abgesehen von speziellen chassidischen Pilgergruppen und Siedlern Anfang und Mitte des 19. Jahrhunderts, nur ein – alles in allem ziemlich schwaches – Anhängsel der traditionelleren Sektoren dieser zerstreuten Gemeinden.

Die im 18. Jahrhundert vorhandenen Siedlungen waren überwiegend von sefardischen Juden bewohnt; daneben gab es noch sehr kleine aschkenasische Niederlassungen. Wirtschaftlich gesehen waren die meisten nicht sehr gut gestellt. Die Wohlhabenderen – meistens Sefarden – beschäftigten sich mit Handelsgeschäften mittleren Umfangs oder Landarbeit, aber viele führten eine ziemlich kümmerliche Existenz in mehreren verschiedenen *Kolelim* (einer Art korporativen Organisation mit Unterkünften und Lehrbetrieb in Jerusalem). Gewöhnlich waren sie auf landsmannschaftlicher Basis je nach Ursprungsland oder -stadt eingerichtet (*Ungarisches Kolel* und so weiter) und wurden finanziell von den Gemeinden in der Diaspora unterhalten. Dieses System bestand praktisch unverändert bis weit ins 20. Jahrhundert hinein fort.

Doch selbst zu diesem ziemlich rückständigen – wenn auch mit erheblicher symbolischer Bedeutung ausgestatteten – Anhängsel jüdischer Diasporagemeinden drangen die Wellen der *Haskala*, der Aufklärung, vor und setzten damit im späten 19. Jahrhundert neue Entwicklungen bei einigen der traditionellen Gruppen in Gang. Tiefergehende Veränderungen wurden um 1830 eingeführt, als einige westeuropäische Juden der Oberschicht (wie etwa Sir Moses Montefiore und Adolphe Cremieux) sich für eine produktivere jüdische Wirtschaft einzusetzen begannen. Anfangs richteten sich diese Bemühungen hauptsächlich auf religiöse Tätigkeiten, etwa die Einrichtung von Druckereien (für religiöse Bücher), doch später umfaßten sie auch Versuche, primäre Dienstleistungsbetriebe, beispielsweise Brotmühlen, oder sogar die Anfänge einer landwirtschaftlichen Produktion einzurichten.

Dieses Bestreben, die Mauern der Jerusalemer Altstadt zu ver-

lassen und sich sogar außerhalb ihres Schutzes anzusiedeln – und damit den Kern für das moderne Jerusalem zu legen –, führte im weiteren auch zur Gründung neuer, relativ moderner Bildungseinrichtungen und zur Veröffentlichung von Zeitungen in hebräischer Sprache.
1870 gab es in Jerusalem bereits zwei Zeitschriften, von denen eine sich offen für Produktivierung aussprach. Im gleichen Jahr gründete die Alliance Israelite Universelle eine Landwirtschaftsschule in der Nähe von Jaffa. Eine moderne weltliche Schule wurde von deutschen Juden in Jerusalem eingerichtet und fand, trotz ihrer sofortigen Ächtung durch die Rabbiner, auch Schüler. 1878 gründeten orthodoxe Siedler die erste landwirtschaftliche Kolonie in Petach Tikwa.
Selbstverständlich führten all diese Entwicklungen zu Klüften und Auseinandersetzungen innerhalb des alten Jischuw, so daß er sich von einem praktisch stagnierenden Winkel in einen sehr dynamischen, pulsierenden Wirkungskreis verwandelte.

Die zionistischen Alijot

Merkmale der ersten Alijot

Dies war der Hintergrund für die neuen Einwanderer der vorzionistischen Bewegung, der Chowewe Zion, die den Kern der ersten Alija (Einwanderungswelle) und der späteren Alijot bildeten.
Diese neuen Einwanderungswellen – die modernen Alijot – vermischten sich oft ökologisch und in gewissem Maß auch gesellschaftlich mit den vorher Eingetroffenen, insbesondere mit den eher modern Eingestellten unter ihnen; im Prinzip bildeten diese Einwanderer jedoch ein völlig neues Element in der jüdischen Siedlungslandschaft in Erez-Israel.
Die neuen Alijot nach Palästina fanden gleichzeitig mit den großen jüdischen Wanderbewegungen des ausgehenden 19. Jahrhunderts statt, die zur Gründung der jüdischen Gemeinden in den USA, den britischen Dominien und in Lateinamerika führten. Ein kurzer Vergleich zwischen diesen Alijot nach Palästina und der breiteren jüdischen Wanderbewegung

kann als nützlicher Ausgangspunkt für eine genauere Analyse dienen.

Bis zu den zwanziger Jahren waren die verschiedenen Alijot nach Palästina zahlenmäßig von geringer Bedeutung. Von 1880 bis 1920 machten sie nicht mehr als vier Prozent der gesamten jüdischen Wanderbewegung aus. Erst nach 1930, als die meisten westlichen Länder strenge Einwanderungsbeschränkungen erlassen hatten, stieg der Anteil dieser Alijot auf über 50 Prozent. Von Anbeginn wiesen sie allerdings besondere, ja gelegentlich sogar einzigartige Merkmale auf.

Vor 1930 waren die Einwanderer meist unverheiratete junge Leute oder frisch vermählte Paare ohne Kinder oder begleitende Eltern. Im Gegensatz zu der sonstigen Tendenz jüdischer Auswanderungszüge waren es keine ganzen Gemeinden oder auch nur Familiengruppen. Die Alijot bestanden daher überwiegend aus jungen Menschen, darunter vielen Oberschülern, Universitätsstudenten und Studienabgängern, die beschlossen hatten, die ursprünglich gewählte Berufslaufbahn nicht einzuschlagen. In vieler Hinsicht wiesen sie die Merkmale einer jungen Intelligenzschicht auf. Die meisten von ihnen kamen aus wirtschaftlich gesicherten Verhältnissen und aus Familien, die zwar dem traditionellen jüdischen Leben noch verbunden waren, sich aber moderneren Tendenzen nicht widersetzten. Im Gegenteil, sie ermunterten ihre Kinder häufig zum Besuch weltlicher Schulen und Universitäten. Es gab in diesen Familien relativ wenig Reibungen zwischen der älteren und jüngeren Generation in der Frage von Religion oder Freidenkertum. Diese Merkmale zeigten sich am ausgeprägtesten vor dem Ersten Weltkrieg und Anfang der zwanziger Jahre, gelten jedoch überwiegend auch für die dreißiger Jahre. Erst am Ende des Jahrzehnts, als mit der einsetzenden nationalsozialistischen Verfolgung der Flüchtlingsstrom anschwoll, und während der vierziger Jahre veränderten die Alijot weitgehend ihren Charakter.

Somit waren die ersten drei Alijot – im Gegensatz zu den meisten anderen modernen jüdischen Wanderbewegungen – stark ideologisch geprägt, wobei diese Ideologien sich gewöhnlich vor der eigentlichen Migration oder »Verpflanzung« bildeten und in den ersten Siedlungsphasen im neuen Land als Orientierung dienten.

Obwohl die Pionierideologie zum großen Teil erst aus dem Zusammentreffen der Einwanderer mit der palästinensischen Wirklichkeit entstand, war sie doch fest in den weltanschaulichen Vorstellungen verwurzelt, die von der zionistischen Bewegung in der Diaspora entwickelt worden waren.
Die Ideologie der Rebellion spielte für die Alijot nach Palästina und die Struktur der Einwanderergruppen eine wichtige Rolle. Die »Rebellen« bildeten gewöhnlich kleine, geschlossene Gruppen, die durch vielfältige informelle und halbformelle Bande zu Verbänden, Sozialbewegungen und Parteien verschmolzen, um sich in ihnen ideologisch wie gesellschaftlich auf die Alija vorzubereiten. Im Rahmen dieser Gruppen erlernten sie auch verschiedene Berufe, die sie in Palästina ausüben wollten, vor allem im landwirtschaftlichen Bereich. Die diversen *Hachschara*-(Vorbereitungs-)Gruppen, in denen man praktische Erfahrungen im gemeinschaftlichen Zusammenleben sammeln konnte, waren das beste Beispiel dafür. Aber es gab auch Ausbildung für Industrie-, Bau- und freie Berufe. Die Gruppen kapselten sich streng von ihrer Umgebung in der Diaspora ab und identifizierten sich gesellschaftlich stark und auf neue Weise miteinander. Sie ähnelten verschiedenen aufbegehrenden mitteleuropäischen Jugendbewegungen darin, daß sie sich von der Erwachsenengesellschaft abzusondern suchten. Im Gegensatz zu diesen Bewegungen waren sie jedoch durch ihre besondere Form von Rebellion, ihr Auswanderungsbestreben und ihr Kolonisierungswerk gekennzeichnet – eine Kombination, die sie für Veränderungen in allen Hauptrichtungen sozialer Betätigung empfänglich machte, sei es nun auf wirtschaftlichem, kulturellem oder politischem Gebiet.
Zwar wäre es eine große Übertreibung, zu behaupten, daß alle Einwanderer, die in diesem Zeitraum nach Palästina kamen, tatsächlich diese besonderen Merkmale aufgewiesen hätten, aber es besteht kein Zweifel daran, daß die Aktivisten, die dem ganzen Land ihren Stempel aufdrückten, durch sie geprägt waren. Außerdem muß man bedenken, daß damals während dieser ganzen Zeitspanne in der Diaspora ein Ausleseprozeß vor sich ging, in dessen Verlauf die verschiedenen Pionierverbände – insbesondere *Hechaluz* – und die verschiedenen zionistischen Parteien diejenigen auswählten, die nach Erez-Israel gehen soll-

ten, während dort dann ein ähnlicher Ausscheideprozeß vonstatten ging und viele das Land wieder verließen.

Statistische Grunddaten

Üblicherweise rechnet man fünf Alijot bis zur Gründung des Staates Israel:

Einwanderungswelle	Zeitspanne	Einwandererzahl
1. Alija	1882-1903	20 000-30 000
2. Alija	1904-1914	35 000-40 000
3. Alija	1919-1923	35 000
4. Alija	1924-1931	82 000
5. Alija	1932-1948	265 000 (bis Ende 1944)

Die erste Alija wurde durch die erste zionistische Bewegung, die Chowewe Zion, in Rußland und Rumänien eingeleitet, und zwar vor allem infolge der Welle von Pogromen, die 1881 über Südrußland hereinbrach. Diese Einwanderer betrachteten die Ansiedlung auf dem Land als eine Grundbedingung für die Erneuerung des jüdischen Volkes. In dieser Zeit wurden die ersten jüdischen Landwirtschaftssiedlungen wie Petach Tikwa, Rischon Lezion, Rosch Pina, Sichron Jaakow und Chedera gegründet und die Grundlagen für den neuen Jischuw gelegt.
Die zweite Alija setzte sich überwiegend aus den Mitgliedern der verschiedenen zionistischen Arbeitergruppen in Rußland zusammen, die von der dortigen sozialen Reformbewegung (an der sie aktiv teilgenommen hatten) ebenso enttäuscht worden waren wie von der Oktoberrevolution 1905, die mit Pogromen geendet hatte. Als sie in Palästina ankamen, herrschte Krisenzeit sowohl im Land als auch in der zionistischen Bewegung selbst. Obwohl diese »Arbeiter« während der zweiten Alija in der Minderheit waren, gilt sie doch als Arbeitereinwanderung, da sich durch Initiative und Energie der Arbeiter die gesamte Struktur der jüdischen Gemeinde veränderte. Neue Siedlungsmethoden wurden verwendet und die Grundsteine für den ganzen Aufbau der Arbeiterbewegung in Palästina gelegt. Zu dieser Zeit nahm die Zionistische Weltorganisation ihre Arbeit in Palästina auf (1908), und es entstanden die ersten landwirtschaftlichen Mischsiedlungen. Auch die Anfänge der städtischen Ent-

wicklung fielen in diesen Zeitraum. 1909 wurde die rein jüdische Stadt Tel Aviv gegründet; hier und da fanden sich erste Ansätze einer Industrie.

Die dritte Alija begann noch während des Ersten Weltkriegs mit der Balfour-Erklärung von 1917, die von der jüdischen Welt als Neuanfang für die künftige Erreichung des zionistischen Ideals gewertet wurde. In dieser Alija überwog das Pionierelement. Sie setzte sich zumeist aus jungen Menschen zusammen, die vor ihrer Abreise nach Palästina in den *Chaluz*-(Pionier-)Verbänden auf ihre neuen Aufgaben vorbereitet worden waren und sich nun fähig und willens zeigten, jede – auch noch so schwere – Arbeit zu verrichten, die das Land von ihnen fordern mochte.

Die 1924 einsetzende vierte Alija wurde einmal durch die verbesserten ökonomischen Bedingungen in Palästina ausgelöst, die die Aufnahme weiterer Einwanderer erst ermöglichte, und zum anderen durch die verschlechterte Wirtschaftslage der jüdischen Gemeinde in Polen aufgrund der dortigen Regierungsmaßnahmen, die die Juden aus vielen Gewerbezweigen verbannten. Das wesentlich neue Element dieser Einwanderungswelle bildeten Menschen aus dem Mittelstand, die nicht sehr finanzkräftig waren, sich überwiegend in den Städten niederließen und in Handel, Industrie oder Handwerksbetrieben arbeiteten. Zieht man jedoch die absolute Zahl der Einwanderer in Betracht, stellt sich heraus, daß das Pionierelement auch in dieser Zeitspanne überwog. Dieser Alija folgte eine beträchtliche Auswanderungsbewegung aus Palästina wegen der seinerzeit auftretenden akuten Wirtschaftskrise.

Die fünfte Alija begann 1929, erreichte ihren Höhepunkt aber erst 1932, als das Einwanderungsvolumen wieder deutlich anstieg und zu einem großen wirtschaftlichen Aufschwung führte. Bis 1935 kamen rund 150000 Juden – darunter viele aus Deutschland – ins Land, die erhebliches Kapital mitbrachten und sehr zur Entwicklung von Industrie, Handel und Landwirtschaft beitrugen. Von 1936 bis 1940, einer Zeit schwerer Unruhen im Land, wurde die Einwanderung durch die Mandatsregierung eingeschränkt, so daß nur etwa 100000 Juden, darunter an die 15000 »illegale« Einwanderer, in Palästina eintrafen.

Die Entscheidung über die Art der jüdischen Siedlungen in Erez-Israel und die Beziehungen zwischen der Mandatsregierung, der zionistischen Bewegung und dem Jischuw

Die Herausbildung einer inneren institutionellen Struktur

Im Verlauf dieser Alijot bildeten sich die wichtigsten institutionellen Formen des Jischuw heraus.[10] Hierzu gehörten die verschiedenen Siedlungen – Moschawot, Kwuzot, Kibbuzim und Moschawim –, deren jeweilige Dachverbände, die drei größten Städte – Jerusalem, Tel Aviv und Haifa – sowie viele sekundäre Zentren (wie Tiberias, Safed und andere), wichtige Bildungseinrichtungen, politische Organisationen und die ersten Ansätze einer Armee zur Selbstverteidigung. Ferner stellte die 1920 gegründete Histadrut, der Gewerkschaftsverband, eine einzigartige Dachorganisation für die verschiedenen Siedlungen, Gewerkschaftstätigkeiten, das Krankenhilfswerk, viele Industriebelange, Wohnungsbau sowie Handels- und Transportkooperativen dar – und zwar alles unter dem zentralen Schirm der *Chewrat Owdim* (Arbeitergesellschaft), dem wirtschaftlichen Arm der Histadrut, die sich zu einem der wichtigsten ökonomischen und politischen Machtzentren – wenn nicht überhaupt zu dem wichtigsten Machtzentrum – des Jischuw entwickelte.

Die während dieser Zeitspanne errichtete institutionelle Struktur war, trotz der relativ kleinen Zahl von Betroffenen, äußerst komplex.

Diese institutionelle Struktur des Jischuw wurde von insgesamt vier wichtigen Kräften oder Faktoren geprägt, die natürlich sehr eng mit den Grundthemen der zionistischen Bewegung und den konkreten Situationen zusammenhingen, in denen sie wirksam wurden. Gemeint sind erstens die ursprüngliche revolutionäre Vision der verschiedenen Pionier-, Siedler- und Einwanderergruppen; zweitens die konkreten Probleme, die sich aus der Notwendigkeit ergaben, diese Vision unter den konkreten Bedingungen im osmanischen Palästina beziehungsweise im britischen Mandatsgebiet zu verwirklichen; drittens die Beziehungen zwischen den verschiedenen Sektoren des Jischuw und den

10 Eisenstadt, *Die israelische Gesellschaft*, Stuttgart 1973.

jüdischen Gemeinden in der Diaspora; und viertens die innere Entwicklung und Dynamik der entstehenden Struktur des Jischuw selber.

Die Vision des Jischuw oder die Visionen der verschiedenen Siedlergruppen waren, wie wir gesehen haben, aus mehreren Komponenten zusammengesetzt, nämlich vor allem den grundlegenden zionistischen Auffassungen und Orientierungen sowie – zumindest unter den revolutionären Pioniergruppen – einer starken Beimischung von unterschiedlichen Varianten sozialistischer Idealvorstellungen.

Im Mittelpunkt der »reinen« zionistischen Vision standen bekanntlich die Errichtung einer modernen jüdischen Gemeinschaft, in der Juden unter sich in einer normalen, wirtschaftlich und politisch modernen Nation zusammenleben konnten, sowie die Ideologie der nationalen Wiedergeburt und der Erneuerung der hebräischen Sprache. Die »Arbeiter«-Pioniergruppen im engeren Sinn fügten diesen Tendenzen noch zwei weitere Themen hinzu. Ein solches Thema, das bis zu einem gewissen Grad allen zionistischen Gruppen gemeinsam war, betraf die sehr betonte revolutionäre Forderung nach Normalisierung der Beschäftigungsstruktur des jüdischen Volkes. Dies sollte durch die Rückkehr in Landwirtschaft und Industrie erreicht werden und dabei vor allem durch die Herausbildung einer Arbeiterklasse sowie einer normalen Berufsstruktur im Gegensatz zu der traditionellen Überrepräsentation von Juden im Kleinhandel und ähnlichen Gewerben. Das zweite dieser Themen war eine mehr spezifisch sozialistische Vision, die – wenn auch nur in ziemlich vagen und utopischen Begriffen – für ein egalitäres, nicht-ausbeuterisches Gemeinschaftsleben und entsprechende kollektive Rahmenstrukturen eintrat und sich dabei, insbesondere nach dem Ersten Weltkrieg, oft auf eine radikale Klassenideologie stützte.

Die Existenz dieser radikalen, revolutionären Ideen erklärt bis zu einem gewissen Grad die besonderen institutionellen Merkmale des Jischuw, aber völlig verständlich werden sie erst in Verbindung mit den konkreten Problemen, denen diese Siedler- und Pioniergruppen im Verlauf der tatsächlichen Verwirklichung ihrer Vision begegneten. Probleme ergaben sich aus der Kombination von ideologischen Visionen und Ideen und dem

Bemühen, diese Visionen in einem kleinen, relativ wenig entwickelten Land zu verwirklichen, das sowohl für die Gründer der Gesellschaft als auch für mehrere Einwanderergenerationen ein neues Land war und eine fremde oder sogar feindliche Umgebung darstellte.

Diese Probleme blieben sich, trotz einiger Wechsel in ihrer konkreten Ausdrucksform, in allen Entwicklungsperioden des Jischuw und später des Staates Israel ziemlich gleich; sie bildeten in gewisser Hinsicht das wesentliche »Umfeld« des jüdischen Siedlungswerks in Erez-Israel und des israelischen Staates, und sie stellten auch die Hauptaufgaben, mit denen man sich ständig auseinanderzusetzen hatte. Diese betrafen erstens die Fragen der Einwanderung und Einwandereraufnahme; zweitens die nötigen Maßnahmen zur Entwicklung der Produktion, zum Aufbau einer modernen Volkswirtschaft und zur Erreichung einer produktiven Beschäftigungsstruktur allgemein und in der Landwirtschaft insbesondere; drittens die Verwurzelung in einer fremden und sogar feindlichen Umgebung – vor allem durch eine möglichst weit gestreute Besiedlung des Landes und den Aufbau territorialer Verteidigung; viertens die Ausarbeitung von Symbolen einer kollektiven israelischen Identität im Verhältnis zur jüdischen Identität auf der einen Seite und der nahöstlichen Umgebung auf der anderen Seite.

Externe und internationale Beziehungen einer kleinen Gesellschaft

In diesem Zusammenhang müssen kleine Länder sich möglicherweise auf große, hochentwickelte Staaten hin ausrichten und sich gewöhnlich spezialisieren, das heißt, Bereiche ausfindig machen, in denen sie besondere Vorteile ausnutzen oder sogar schaffen können, die entweder auf ihrer speziellen räumlichen Lage oder ihrer sozialen und ökonomischen Struktur beruhen.

Dieses Problem wurde natürlich noch dadurch verschärft, daß die zionistische Vision unter anderem davon ausging, daß diese neue – kleine – Gesellschaft ein Zentrum kultureller und sozialer Kreativität werden würde.

So waren die konkreten Formen, in denen die genannten Probleme im Jischuw und später im Staat Israel auftraten, auch weitgehend beeinflußt von der ständigen Spannung zwischen der sozialen und kulturellen Wirklichkeit einer kleinen, relativ modernen Gesellschaft – bzw. anfangs nur den Keimzellen einer solchen – und den Bestrebungen, zu einem im Verhältnis zu seiner Größe völlig überdimensionalen Zentrum sozialer und kultureller Kreativität zu werden, das für das jüdische Volk und für die gesamte Menschheit Bedeutung haben sollte.
Auch der Jischuw und später der Staat Israel sahen sich also einigen typischen Grundproblemen moderner kleiner Gesellschaften gegenüber. Hierher gehört vor allem die Frage, wie eine Gesellschaft von relativ geringem Umfang einen allgemeinen wirtschaftlichen und soziokulturellen Lebensstandard aufrechterhalten kann, der ungefähr der in ihrem jeweiligen internationalen System üblichen Norm entspricht. Dieses Problem wird noch dadurch erschwert, daß der Binnenmarkt einer jeden solchen kleinen Gesellschaft nicht groß genug ist, um genug Antriebskraft für eine derartige Entwicklung freizusetzen.
Der Jischuw und später der Staat Israel versuchten, solche Außenmärkte und Bezugspunkte zu entwickeln. Zahlreiche Gruppen im Jischuw wie in der israelischen Gesellschaft betrachteten sich sogar als Teil umfassenderer internationaler sozialer Bewegungen oder Netze, seien es nun politisch-ideologische Bewegungen oder verschiedene berufliche, intellektuelle oder wissenschaftliche Gemeinschaften, und fühlten sich überdies, vielleicht sogar in erster Linie, mit den jüdischen Gemeinden in der Diaspora verbunden, der gegenüber sie eine sehr ambivalente Haltung entwickelten.
Die weitreichenden Veränderungen, die in den Beziehungen zwischen dem Jischuw bzw. der israelischen Gesellschaft und den jüdischen Diaspora-Gemeinden eintraten, gehörten demnach zu den wichtigsten Ursachen oder Anzeichen der tiefgreifendsten Wandlungen in der Struktur des Jischuw und der israelischen Gesellschaft.

Mehrere grundlegende Probleme oder Dilemmata hinsichtlich des Wesens der jüdischen Ansiedlung in Erez-Israel begleiteten das zionistische Siedlungswerk von Anfang an. Die primäre Frage lautete, ob der Jischuw und die Zionistische Organisation bereit sein würden – den Anregungen einiger britischer Kreise folgend –, Teil der Oberschicht in einer pluralistischen Kolonialgesellschaft bzw. westliche »Kolonisatoren« in einem arabischen Wirtschaftssystem zu werden.

Die Entscheidung, eine völlig unabhängige jüdische Volkswirtschaft zu schaffen und eine gesonderte semi-politische Organisation beizubehalten, die eng mit der Zionistischen Organisation verbunden war, bildete den vielleicht schicksalhaftesten Schritt in der Entwicklung des Jischuw. Sie führte zu der potentiell antagonistischen Beziehung zur Mandatsmacht. Diese Wirkung wurde noch verstärkt durch die wachsende Einwanderung und Kolonisierung, in deren Folge Territorialfragen zu politischen Zielen aufstiegen, die alle Bereiche des Jischuw berührten und zum Zankapfel zwischen dem Jischuw und der Mandatsregierung wurden. Auch die Selbstverteidigung war dadurch nicht länger eine bloße Frage der örtlichen Sicherheit, sondern ein ernstes politisches Problem.

Diese Entwicklungen verquickten sich mit der Suche nach den besten Wegen zur Errichtung einer nationalen Heimstätte. Mehrere alternative Formen der Landesbesiedlung wurden in den frühen zwanziger Jahren erwogen. Der erste Plan sah eine zügige Kolonisierung mit Hilfe großer Privatinvestitionen vor, wie es der amerikanische Bundesrichter Louis Brandeis und die US-amerikanischen Zionisten vorgeschlagen hatten. Dieses Vorhaben stieß auf den ebenso starken wie erfolgreichen Widerstand Chaim Weizmanns und der Arbeiterbewegungen.

Die zweite Möglichkeit bestand in der einfachen Ausdehnung einer durch Privatkapital finanzierten und auf rasche wirtschaftliche Normalisierung abzielenden Einwanderung. Hier wurde die mit der vierten Alija gemachte Erfahrung entscheidend. Sie bewies, daß eine solche Einwanderung zwar wichtig sein konnte, aber für sich allein genommen doch nicht bedeutend genug war, um eine stetige Weiterentwicklung auch unter widrigen ökonomischen Umständen sicherzustellen. Außerdem waren solche Einwanderergruppen nicht imstande, wirtschaftliche oder politische Macht schnell genug aufzubauen, um die kontinuierliche Aufnahme neuer Arbeitskräfte zu ermöglichen.

Wenig später versuchten die Revisionisten unter Jabotinsky, durch eine rein politische Bewegung ein für die Entwicklung einer nationalen Heimstätte günstiges politisches Klima zu schaffen. Sie beschäftigten sich mit politischer Agitation, Organisation der Massen und Einwanderung, aber nicht mit Kolonisierungsarbeit, die, ihrer Auffassung nach, die Intensität der politischen Maßnahmen nur schwächen würde.

Die fehlende Bereitschaft der in der Diaspora ansässigen Juden, massenweise ins Land einzuwandern, um die unabhängige Wirtschaft des Jischuw und seine politische Macht zu stärken, gab den Ausschlag zugunsten einer Pionierlösung, die kontinuierliche territoriale Besiedlung auf Böden, die vom *Keren Kajemet* erworben worden waren, stetigen Städtebau und die Errichtung einer relativ geschlossenen jüdischen Volkswirtschaft vorsah. Diese Lösung fand ihren Ausdruck in der Politik Weizmanns und kristallisierte sich in den späten zwanziger und frühen dreißiger Jahren deutlich heraus.

Es ist nicht leicht, anhand der historischen Debatte darüber zu entscheiden, ob all die anderen Möglichkeiten von vornherein zum Scheitern verurteilt waren und ob Weizmann dank seiner Persönlichkeit die aktiveren Elemente für sich zu gewinnen vermochte, wie sowohl die Brandeis-Gruppe als auch die Revisionisten behauptet haben. Wie bei vielen historischen Streitfragen wird wohl auch hier keine endgültige Antwort gegeben werden können.

Fest steht jedoch, daß die Verlagerung des Schwerpunkts zugunsten nationaler Pionier- und Kolonisationsarbeit die notwendigen Voraussetzungen für die Vorherrschaft der Arbeitergruppen schuf. Das bedeutete nicht etwa, daß die anderen Sektoren keine entscheidende Rolle bei der wirtschaftlichen Entwicklung des Jischuw gespielt hätten. Vielmehr wurde die kontinuierliche Expansion des Jischuw, was den politisch-ökonomischen Bereich und die politischen Organisationen angeht, vom Zusammenwirken von Kapital und Kolonisierungsbewe-

gungen abhängig, was wiederum das Wachstum und die schließliche Vorherrschaft des Arbeitersektors begünstigte.
Selbstverständlich sollte man nicht die Bedeutung der verschiedenen Gruppen des bürgerlichen Sektors oder der deutschen Einwanderer bagatellisieren, die mit ihren privaten Mitteln und Anstrengungen wichtige neue wirtschaftliche Organisationen und Unternehmen gründeten. Aber es ist doch zweifelhaft, ob selbst diese Institutionen ohne einen angestrengten kollektiven Einsatz der Art, wie ihn die großen nationalen Institutionen und die Arbeiterbewegung entwickelten, auf die Dauer hätten aufrechterhalten werden können. Fest steht jedenfalls, daß diese Gruppen die institutionellen Strukturen des Jischuw in ihrer tatsächlichen Entwicklung geprägt haben.

Interne Kennzeichen der institutionellen Struktur

Die Interaktion zwischen erstens der Mandatsregierung, zweitens den verschiedenen Einrichtungen der Zionistischen Weltorganisation und der jüdischen Gemeinschaft in Palästina, drittens den Einwanderungswellen und schließlich viertens dem ideologischen und institutionellen Rahmen, der in der Zeit der ersten und insbesondere der zweiten, für die institutionelle und soziale Geschichte des Jischuw prägenden Alija entstand, entwickelte sich im Bezugsfeld dieser grundlegenden Entscheidung über die Art des jüdischen Siedlungswerks in Erez-Israel.
Zwischen der Mandatsregierung, der Jewish Agency (oder der Zionistischen Organisation bis zur Gründung der Jewish Agency 1929) und den anderen Einrichtungen der jüdischen Gemeinschaft in Palästina – besonders dem *Waad Leumi* (Nationalrat) und den verschiedenen Körperschaften lokaler Selbstverwaltung – bildeten sich ziemlich komplexe wechselseitige Beziehungen heraus, die für das Verständnis der institutionellen Dynamik des Jischuw von entscheidender Bedeutung sind.
Der Einflußbereich der Mandatsmacht umfaßte sowohl den jüdischen als auch den arabischen Sektor. Innerhalb des arabischen Sektors entstand jedoch keine dem Waad Leumi vergleichbare Einrichtung (allerdings gab es das später in Form des Hohen Arabischen Komitees), und auch der allgemeine Stand der inne-

ren organisatorischen Entwicklung war niedriger. Im jüdischen Sektor bildeten sich neben dem Waad Leumi, der von den meisten erwachsenen Mitgliedern der jüdischen Gemeinschaft gewählt wurde, auch noch zahlreiche örtliche Selbstverwaltungseinrichtungen.

Im Lauf der Zeit bürgerte sich eine ziemlich klare Arbeitsteilung zwischen diesen verschiedenen Institutionen und Organisationen ein. Die einzelnen nationalen Institutionen des Jischuw, der zionistischen Bewegung und der Jewish Agency waren hauptsächlich mit folgenden Angelegenheiten befaßt: (1) Fortführung des ländlichen und städtischen jüdischen Kolonisierungswerks; (2) Förderung der Einwanderung aus verschiedenen Ländern der Diaspora nach Palästina; (3) Unterhaltung und Weiterentwicklung der jüdischen Verteidigung – in Form der illegalen *Hagana*, verschiedener halblegaler und legaler Polizeitruppen und, während des Zweiten Weltkriegs, durch Eintritt in die britische Armee; (4) Entwicklung einer aktiven »Außenpolitik« – hauptsächlich im Hinblick auf die Mandatsregierung und den Völkerbund – mit dem Ziel, den Umfang der Einwanderung und Kolonisation zu vergrößern, die politische Autonomie des Jischuw zu bewahren und schließlich den jüdischen Staat zu gründen; (5) Unterhaltung eines autonomen Erziehungswesens; (6) Bereitstellung einiger sozialer Dienste, darunter vor allem ein ausgedehntes medizinisches Versorgungsnetz. Bezeichnenderweise wurden die ersten vier Aufgabenbereiche vornehmlich von der Zionistischen Organisation und der Jewish Agency wahrgenommen, während die anderen überwiegend in den Zuständigkeitsbereich des Waad Leumi oder der verschiedenen jüdischen Ortsverwaltungen fielen. Dadurch wurde die Tatsache unterstrichen, daß der Jischuw selbst zu jeder Zeit nur ein Zwischenstadium in der stetigen Entwicklung des zionistischen Aufbauwerks darstellte.

Die verschiedenen Routineaufgaben, die bei der Verwaltung des Landes, der Unterhaltung von Verkehrswesen, Polizei, Rechtsprechung und in gewissem Umfang im Bereich der örtlichen Verwaltung anfielen, lagen zumeist in den Händen der Mandatsregierung. Spannungen zwischen der Regierung und den jüdischen Nationalinstitutionen ergaben sich einmal in wichtigen politischen Fragen (Einwanderung usw.) und zum anderen in Bereichen, in denen sich die Zuständigkeiten überschnitten. Während die jüdischen Institutionen, insbesondere die Jewish Agency, sich hauptsächlich um die »kolonisatorischen« Aufgaben kümmerten, die eng mit der zukünftigen Entwicklung zusammenhingen, hatten sie nicht viel mit den alltäglichen Wirtschafts- und Verwaltungsangelegenheiten oder mit der Aufrechterhaltung der Ordnung zu tun. Die einzigen wichtigen Ausnahmen davon bildeten die jüdischen Ortsverwaltungen und die Verteilung der verschiedenen Mittel für Kolonialisierung und »Aufbau«.

Die finanziellen Mittel der jüdischen Institutionen stammten überwiegend aus freiwilligen Spenden von Juden in aller Welt und in Palästina. Die moralische und soziale Basis dieser Institutionen beruhte im wesentlichen auf der Bereitschaft der meisten Gruppen in Palästina, politische Verantwortung zu übernehmen und freiwillig an den gemeinsamen Aufgaben mitzuwirken, die dem Wiederaufbau des Landes Israel dienten.

Beziehungen zur Diaspora

Der zweite wesentliche Aspekt der institutionellen Struktur des Jischuw und seiner Dynamik betraf die Beziehungen zwischen den verschiedenen zionistischen Parteien in der Diaspora und den einzelnen Sektoren im Jischuw, wie sie sich in der Mandatszeit herauskristallisierten. Das wichtigste Kennzeichen dieser Beziehungen war die besondere Art einer föderativ-konstitutionellen Koalition, die die Revisionisten, Ultraorthodoxen und in gewissem Umfang auch die sogenannten orientalischen Gruppen nicht mit einschloß, wobei allerdings auch diese an einigen gemeinsamen Aktivitäten teilnahmen.

Die konkrete Form dieser Beziehungen war natürlich weitgehend von der Grundentscheidung über die Art der jüdischen Siedlung in Erez-Israel beeinflußt.

Diese Entscheidung nämlich führte zu einer einigermaßen sonderbaren Dissoziation zwischen den beiden Arten von Ressourcen – Finanzmittel und Arbeitskräfte –, die sich am besten so zusammenfassen läßt: »Der Jischuw – und vor allem dessen Arbeiterflügel – ist von Juden ohne Kapital und von Kapital ohne Juden entwickelt worden.«

Die meisten finanziellen Mittel wurden für die Schaffung einer grundlegenden Infrastruktur für Siedlungen und Wirtschaftseinrichtungen verwandt; sie gehörten nicht unmittelbar den Pioniergruppen, sondern waren Eigentum der verschiedenen nationalen und sonstigen Institutionen wie des Keren Kajemet, der Jewish Agency und der diversen Kollektiveinrichtungen der Histadrut.

Der Hauptaspekt dieser föderativ-konstitutionellen Koalition war somit der Umstand, daß die meisten Parteien an der zentralen Exekutive (der Zionistischen Organisation, der Jewish Agency und des Waad Leumi) sowie an der Verteilung der wichtigsten Ressourcen mitwirkten. Zu letzteren gehörten die von der britischen Regierung vergebenen Einwanderungszertifikate sowie die Geldmittel und Arbeitskräfte, die diese Institutionen für Siedlungswerk, Erziehungswesen und, in gewissem Umfang, für soziale Dienste bereitstellten.

Die konkrete Machtverteilung innerhalb dieser Koalition wurde weitgehend von der Konzentration der zionistischen Bestrebungen auf sogenannte Aufbauaktivitäten bestimmt. Diese Konzeption prägte unter der Führung von Chaim Weizmann und der Arbeiterpioniergruppen das politische und ökonomische Verhältnis sowohl zur Mandatsregierung als auch zum arabischen Sektor.

Die Tatsache, daß dieses Muster den Vorrang erhielt, hing damit zusammen, daß die Zionistische Organisation langsam mächtiger wurde als der Waad Leumi und innerhalb der Zionistischen Organisation die Arbeitergruppen in Führung gingen. Diese Tendenz zeigte sich erstmals, als Chaim Arlosoroff das Direktorium der politischen Abteilung der Jewish Agency in Jerusalem übernahm und Ben-Gurion 1935 Vorsitzender ihrer Exekutive wurde.

II. Die institutionellen Muster des Jischuw

Die Entstehungsweise kultureller Formen und kultureller Kreativität

Kulturelle Kreativität

Diese organisatorischen Grundmerkmale des Jischuw und die Beziehungen zu den jüdischen Gemeinden in der Diaspora im allgemeinen, zur Zionistischen Organisation im besonderen sowie zur Mandatsregierung und mittelbar zur arabischen Bevölkerung Palästinas bestimmten die Entwicklung der Sozialstruktur und der spezifischen Institutionsmodelle des Jischuw und des Staates Israel. Als erstes derartiges Modell kristallisierte sich eine Vorstellung der kulturellen Kreativität heraus, die – im Vergleich mit vielen anderen modernen und revolutionären Gesellschaften – tatsächlich einige ziemlich eigenartige Merkmale aufwies. Dieses Modell wurde nämlich von der zionistischen Vorstellung beeinflußt, daß in Erez-Israel eine jüdische kulturelle Renaissance stattfinden werde. Dieser Auffassung nach war die jüdische Renaissance im Land Israel per definitionem jüdisch, ohne daß man genau hätte angeben können, was nun das typisch Jüdische an ihr sei – abgesehen von der Annahme, daß die Heimkehr ins eigene Land per se schon alle kreativen Quellen im jüdischen Volk freisetzen werde, die in der Diaspora angeblich verschüttet waren. Jetzt, mit der Ansiedlung in Erez-Israel, sollten die besonderen Werte und das geistige Erbe des jüdischen Volkes zur vollen Blüte kommen.

Vieles davon war stark von den verschiedenen zionistischen Orientierungen oder Ideologien beeinflußt, darunter wohl in allererster Linie von Achad Haam, der die jüdische Gemeinde in Israel als geistiges Zentrum für das ganze jüdische Volk ansah. Die zionistischen Theoretiker und Publizisten beschäftigten sich, wie wir gesehen haben, intensiv mit dem Verhältnis des zionistischen Ideals zur jüdischen Tradition. Zum einen rebellierten sie bewußt gegen viele Aspekte dieser Tradition, vor allem gegen die Prämissen – wenn nicht auch die Details – des halachischen Modells.

Zum anderen hegten sie keinen Zweifel daran, daß schon der Wiederaufbauprozeß an sich die meisten Antworten auf die Probleme liefern würde, die durch die Beziehungen des neuen kulturellen Schaffens zur jüdischen Tradition einerseits und zu den verschiedenen Aspekten der modernen universalen Kultur andererseits aufgeworfen wurden.
Diese Ansicht wurde vor allem durch die zwei großen Leistungen kultureller Innovation bestärkt, die in diesen Zeitraum fielen: nämlich die Wiederbelebung und Institutionalisierung der hebräischen Sprache und die Weiterentwicklung und Umgestaltung verschiedener Elemente der jüdischen Tradition und ihre nachfolgende Eingliederung in den institutionellen Rahmen der israelischen Kultur. Dadurch entstanden Symbole kollektiver Identität, Muster kultureller Kreativität und die symbolische Dimension kultureller Muster des Alltagslebens.

Umdeutung der Tradition

Die wichtigste Entwicklung im kulturellen Bereich, abgesehen von der Wiederbelebung der hebräischen Sprache, war die Umdeutung der jüdischen Tradition unter speziell israelischem (oder richtiger erez-israelischem) Gesichtspunkt.
Es kam zu einer Neubewertung der einzelnen Abschnitte jüdischer Geschichte, deren Gesamtverlauf man als Rückkehr nach Zion deutete. Starke Betonung legte man jetzt auf die »weltlichen« Aspekte des jüdischen Lebens und Geschichtsverlaufs (beispielsweise die biblische Periode, die Zeit des Zweiten Tempels und das Goldene Zeitalter in Spanien) sowie auf die politische und nationale Dimension. Ferner sah man die mystische Seite dieser Erfahrung aus einem neuen Blickwinkel.
Diese Tendenzen – wie auch die Wiederbelebung der hebräischen Sprache – zeigten sich auf allen Ebenen des kulturellen Schaffens: in der »Hochkultur«, in den Formen der Teilnahme an der Kultur als Produzent oder Konsument, in der Herausbildung der symbolischen Dimensionen des Alltags.
Man begann, die Geschichte und Archäologie Erez-Israels zu erforschen, und auch das wissenschaftliche Studium der Bibel und der damit verwandten Fächer nahm einen großen Auf-

schwung, im Gegensatz zu der ziemlich zweitrangigen Stellung, den es im orthodoxen Lehrbetrieb eingenommen hatte.
Die hebräische Literatur erlebte eine Blütezeit – in Fortführung der großen Kreativität in der Diaspora – mit berühmten Autoren wie Bialik, Tschernichowsky oder J. H. Brenner, späteren Vertretern wie S. J. Agnon, Chaim Hasas, Awraham Schlonsky, Uri Zwi Greenberg oder Nathan Alterman und schließlich den bereits in Erez-Israel geborenen und aufgewachsenen Schriftstellern.
Das Bestreben, Traditionen zu schaffen, zeigte sich auch in der Gründung des Nationaltheaters *Habima* und dann Mitte der dreißiger Jahre des Philharmonischen Orchesters.
Diese Umgestaltung von Komponenten der jüdischen Tradition erstreckte sich auch auf zentrale Institutionen. Hierzu gehört die Ausarbeitung eines Schulcurriculums für die neuen Grund- und Oberschulen, die in den verschiedenen Sektoren des Jischuw entstanden, zuerst im Tel Aviver Herzlia- und im Jerusalemer Rehavia-Gymnasium sowie in den Grundschulen und später dann im gesamten Erziehungswesen des Jischuw.
Die Hauptthemen des Lehrplans beruhten auf einer unterschiedlichen Gewichtung der einzelnen Abschnitte jüdischer Geschichte: Ablehnung der Galut; Hervorhebung jener Perioden jüdischen Lebens, in denen – wie etwa in der spanischen Blütezeit – die weltlichen Elemente relativ stark gewesen waren; und Neuinterpretation der jüdischen Geschichte als Hinführung zur zionistischen Vision, unter verhältnismäßig starker Einbeziehung der allgemeinen, insbesondere der europäischen Geschichte. Hierin fand die zionistisch-revolutionäre Ideologie und Vision ihren vollen Ausdruck und wurde schließlich selbst zur Grundlage für die eigentliche Identität der neuen Generationen in Erez-Israel.
Über die Institutionalisierung des Schulcurriculums hinaus zeigte sich die Umgestaltung der jüdischen Tradition auch in den symbolischen Komponenten des täglichen Lebens.
So wurde Hebräisch, wie wir gesehen haben, zur Lingua franca der Gesellschaft, der Sabbat zum natürlichen wöchentlichen Ruhetag, der jüdische Kalender Teil des kollektiven Zeitrechnungssystems. Die jüdischen Feiertage erklärte man zu öffentlichen Feiertagen für Gläubige und Ungläubige. Somit entstand

ein äußerer Rahmen des öffentlichen Lebens, innerhalb dessen sich unterschiedliche Lebensstile – im Einklang mit der Tradition oder über sie hinausgehend – entwickeln konnten.
Seite an Seite damit ging die spezifisch erez-israelische Ausrichtung: die Suche nach Wurzeln im Land Israel, die Herausbildung neuer Volksbräuche und populärer Symbole von tiefer emotionaler Bedeutung, die Veranstaltung von Ausflügen und Erkundungsreisen durch das Land, die Erforschung seiner Fauna und Flora, seiner Archäologie. All dies nahm natürlich zu, als eine neue, bereits in Israel geborene Generation heranwuchs, die nun in die Jugendbewegungen eintrat, und war eng verbunden mit Sicherheitserwägungen und der Betonung der primordialen Bindung an das Land.
In diesem Zusammenhang fanden Archäologie und Bibelwissenschaft ihren Platz nicht nur im akademischen Milieu, sondern auch in einem weiteren kulturellen Umfeld. Sie wurden zu Brennpunkten des allgemeinen Interesses und zum Thema vielbesuchter Kongresse und Studienausflüge.
Ebenfalls von besonderem Interesse waren die kulturellen Innovationsprozesse in den Kibbuzim und in geringerem Ausmaß in den Moschawim sowie der Einfluß, den die neue Form, in der viele der Feiertage jetzt begangen wurden, auf die Gestaltung des täglichen Lebens ausübte. Insbesondere hob man nun die Beziehung der jüdischen Feiertage zur Natur und zum landwirtschaftlichen Jahreszyklus hervor, versuchte, eine neue, »säkulare« *Pessach-Haggada* zu schaffen, und ähnliches.
Mit dieser Betonung kultureller Kreativität entwickelte sich eine neue kollektive Identität in den verschiedenen Sektoren des Jischuw. Die einzige Ausnahme von diesem allgemeinen Muster bildeten die sogenannten Kanaaniter, die sich aus einigen der jüngeren intellektuellen und literarischen Kreise rekrutierten und – gestützt auf die natürliche Bindung der in Erez-Israel Geborenen an dieses Land und die negative Einstellung zur Galut – eine erez-israelische Identitätskonzeption zu artikulieren versuchten, die sich völlig auf eine weltliche Bindung an das Land und seine Frühgeschichte und eine fast totale Trennung vom jüdischen Volk gründen sollte.
Die kanaanitische Bewegung hatte tatsächlich starken Einfluß auf die latenten Orientierungen vieler Angehöriger der neuen

Generation von Sabras, doch sie wurde nie völlig akzeptiert. Überhaupt besaß diese Bewegung nur Randbedeutung, obwohl sie immerhin wichtige Kontroversen auslöste und diese Strömungen im Bereich des täglichen Lebens ziemliche Überzeugungskraft besaßen. Die Mehrheit des Jischuw betrachtete sich, trotz aller Ablehnung der Galut, als – wenn auch äußerst revolutionären – Teil des jüdischen Volkes.

Einfluß und Stellung der Religion

Ein weiterer Aspekt kultureller Aktivität zeigte sich in der Art und Weise, in der das religiöse Element in das Gefüge des kulturellen Lebens eingebettet war. Hier sind mehrere Ebenen zu unterscheiden.

Auf der institutionellen Ebene bestand die wichtigste Tatsache darin, daß den Rabbinatsgerichten die gesamte Rechtsprechung in bezug auf Zivil- und Personenstatus übertragen wurde. Damit lag praktisch die Definition zumindest der formellen, rechtlichen Grenzen der jüdischen Gemeinde in ihren Händen sowie auch, in etwas geringerem Ausmaß, die religiöse Gesetzgebung in bezug auf den Sabbat, die Speisegesetze und so weiter. Dies wurde zum Gegenstand öffentlich-politischer Auseinandersetzungen und Kämpfe, die bis heute andauern, aber diese Situation an sich bildete einen Teil der spezifisch jüdischen Dimension des Jischuw und des Staates Israel.

Die religiösen Komponenten traten auch auf der Ebene des Alltagslebens sowie in der Gestaltung und Kristallisation der kollektiven Identitätssymbole hervor.

Auf der Ebene des täglichen Lebens zeigte sich die religiöse Komponente tatsächlich sehr deutlich im Bau vieler Synagogen und ritueller Bäder sowie in der Einrichtung von örtlichen Religionsausschüssen und Rabbinatsämtern. Obwohl sie bis zu einem gewissen Grad von den örtlichen politischen Institutionen unabhängig waren, bildeten sie doch einen Teil des allgemeinen Rahmens, etwa bei der Einrichtung und Unterhaltung des besonderen religiösen Schulwesens sowie bei den verschiedenen konkreten Abmachungen hinsichtlich der Rabbinatsgerichte und der Einhaltung von Sabbat und Feiertagen. Ferner kam sie

in der Tatsache zum Ausdruck, daß die »traditionellen religiösen« Feiertage ganz natürlich zumindest als Ruhetage von fast dem ganzen Jischuw eingehalten wurden.
Im Hinblick auf die Schaffung einer neuen kollektiven Identität war die religiöse Komponente weder in der Zeit des Jischuw noch in der Anfangsperiode des Staates Israel besonders aktiv, während die weltlicheren Strömungen sehr viel stärker waren. Selbst bei den eher religiösen Gruppen mit ihrer betonten religiösen Observanz vertraute man – teilweise mit Ausnahme des *Hapoel Hamisrachi* und besonders der religiösen Kibbuzim – nur relativ wenig darauf, daß das halachische Modell als Antriebskraft für diesen Prozeß dienen könnte.
So entwickelte sich eine einzigartige kulturelle Lebensform im Jischuw, gestützt auf eine beständige Kreativität, die auf die Umgestaltung der wichtigsten Dimensionen jüdischer Tradition und ihres Verhältnisses zu allgemeinen Werten der Kultur abzielte und sich durch ziemlich große Heterogenität auszeichnete, im Prinzip jedoch auf den Grundanschauungen der zionistischen Vision beruhte. Eine recht spezielle Kombination von Tradition und Modernität verringerte einerseits die Kluft, die sich später bei vielen neuen Nationen auftat, aber sie beruhte andererseits auch auf weitreichenden Kompromissen mit den religiösen Gruppen.

Die Sektoreinteilung des Jischuw

Die drei Hauptsektoren

Eines der wesentlichen Merkmale der institutionellen Struktur des Jischuw war seine Gliederung in Sektoren, nämlich den »Arbeitersektor«, den »bürgerlichen« und den religiösen Sektor. Der Arbeitersektor umfaßte die wichtigsten Kibbuzim und Moschawim, die verschiedenen städtischen Wirtschaftsbereiche und die großen Dienstleistungsverbände, darunter vor allem die Allgemeine Krankenkasse *(Kupat Cholim)*, die alle der Ägide des Gewerkschaftsverbands, der Histadrut, unterstanden. Der weniger straff organisierte bürgerliche *(Esrachi-)* Sektor vereinigte, wie wir gesehen haben, Teile der Stadtbevölkerung, die älteren Siedlungen (der ersten Alija) und die neuen privaten ländlichen oder kleinstädtischen Ortschaften (Moschawot). Der zionistisch-religiöse Sektor umfaßte Teile der religiösen städtischen Gruppen unter der Leitung vor allem des *Hamisrachi* und des *Hapoel Hamisrachi* sowie die religiösen Kibbuzim, wobei erstere mehr mit dem bürgerlichen Sektor, letztere mehr mit den Arbeitern kooperierten, aber beide ihre Besonderheit, insbesondere in bezug auf Gottesdienste und religiöse Erziehung, betonten.

Die drei genannten Sektoren – der Arbeiter, Bürgerlichen und religiösen Zionisten – waren die aktivsten Elemente in der Zeit des Jischuw, während die revisionistischen Gruppen ein konkurrierendes Element in ihnen bildeten, ohne sich jedoch zu einem vollgültigen Sektor zu entwickeln.

Die revisionistischen Gruppen können nicht als Sektor im selben Sinne wie die anderen bezeichnet werden. Wirtschaftlich waren sie fast völlig in den Arbeiter- oder den bürgerlichen Sektor eingebunden und entwickelten, von unbedeutenden Ausnahmen abgesehen, keine eigenen ökonomischen Institutionen. Die einzigen dauerhaften nicht-politischen oder nicht-paramilitärischen Institutionen, die auf ihre Initiative zurückgingen, waren die Nationale Krankenkasse – in Gegensatz und Konkurrenz zur Allgemeinen Krankenkasse der Arbeiter – und Sportverbände, aber diese verfügten nur über eine relativ begrenzte Mitgliedschaft.

Vor allem im politischen und militärischen Bereich waren sie seit den dreißiger Jahren sehr aktiv, und zwar in krasser Opposition zu den anderen Sektoren, vor allem dem der Arbeiter, und zu den meisten gemeinsamen Rahmenstrukturen des Jischuw und der Allgemeinen Zionistischen Organisation.

Wie wir oben angedeutet haben und später noch näher ausführen werden, war der Arbeitersektor schließlich am straffsten organisiert; aber alle Sektoren umfaßten politische, wirtschaftliche und Bildungseinrichtungen in der einen oder anderen Kombination. Die Einteilung des Jischuw in Sektoren war besonders deutlich im Erziehungsbereich, wo es drei große Schulströmungen gab: nämlich die »allgemeine«, die Arbeiter- und die religiöse Strömung, wobei nur wenige Privatschulen keiner von ihnen angehörten. Sie alle teilten, wenn auch mit unterschiedlicher Schwerpunktsetzung, grundsätzlich die gleiche Zukunftsorientierung, das Streben, eine neue jüdische Kultur und Institutionen zu gestalten, die weit über ihren »natürlichen« Adressatenkreis hinausgriffen. Das gleiche galt für die sektorübergreifenden Kultur- und Bildungseinrichtungen, wie vor allem die 1925 gegründete Hebräische Universität und das Technion, die 1912 gegründete Technische Hochschule in Haifa, die allerdings erst 1924 ihren vollen Lehrbetrieb aufnahm, sowie einige der Oberschulen und bis zu einem gewissen Grad, aber bis in die späten dreißiger oder frühen vierziger Jahre nur teilweise, die Selbstverteidigungsorganisation, die *Hagana*.

Nicht in den Jischuw integrierte Sektoren: die Ultra-Orthodoxen und Teile der orientalischen Gruppen

Neben diesen Sektoren existierten die verschiedenen ultra-orthodoxen Gruppen, die im Prinzip – wenn auch nicht immer in der Praxis – die Möglichkeit einer Zusammenarbeit mit den zionistischen Sektoren ablehnten, sowie manche Kreise der sogenannten orientalischen Juden, die ebenfalls nicht voll in diese Sektoren integriert waren, wie wir später noch näher sehen werden.

Die verschiedenen ultra-orthodoxen Gruppen, die diversen Sekten und Teile des alten Jischuw – die sich untereinander ziemlich uneins waren, teils der Agudat Israel zuneigten, teils noch extremere Ansichten vertraten – versuchten, sich gegen die Einrichtungen abzuschotten, die von der Zionistischen Organisation ins Leben gerufen wurden oder sonst dem Jischuw angehörten. Sie bildeten eigene Gerichtshöfe, ließen sich nicht im allgemeinen jüdischen Zensus erfassen und lehnten die Grundlagen des Zionismus weltanschaulich aufs strengste ab.

Aber selbst bei ihnen kam es in unterschiedlichem Grade zu einer gewissen Zusammenarbeit mit dem Jischuw und der Zionistischen Organisation. Eine Strömung, die mit den chassidischen Gruppen aus Polen verbunden war, wo es eine Tradition der Zusammenarbeit mit anderen (weltlichen) jüdischen Gruppen in gemeinsamen Rahmen gegeben hatte, orientierte sich ziemlich stark an der »Besiedlung Erez-Israels« (Jischuw Erez-Israel), und Gruppen von ihnen ließen sich in verschiedenen Städten nieder, wo sie in weltlichen Angelegenheiten de facto mit den örtlichen Stellen kooperierten. Ihre entschiedene Bejahung der Ansiedlung im Land Israel setzte schon an sich eine gewisse Übereinkunft mit der Zionistischen Organisation voraus, da diese einen Teil der »Zertifikate« – also der von der Mandatsregierung ausgegebenen Einwanderungsgenehmigungen nach Palästina – in Händen hielt.

Einen weiteren Teil der jüdischen Bevölkerung in Erez-Israel, der sich nicht voll an den neu entstehenden Institutionen des Jischuw beteiligte, bildeten einige Kreise der sogenannten orientalischen oder sefardischen Juden.

Der Begriff »sefardisch« galt ursprünglich für alle aus Spanien *(Sefarad)* stammenden Juden, die in verschiedenen Teilen Nordafrikas, der Türkei, Griechenlands und Ägyptens lebten. Sefarden stellten auch den Hauptteil der »alten« jüdischen Gemeinde, die bereits vor der in den achtziger Jahren des vorigen Jahrhunderts beginnenden Einwanderung in Palästina ansässsig gewesen war. Führend unter ihnen waren die folgenden Landsmannschaften *(Edot):* Sefarden, Perser, Kurden, Babylonier, Jemeniten, Maghrebiner (aus Marokko) sowie Juden aus Buchara, Chaleb, Urfa, Georgien und Afghanistan.

Viele Sefarden jedoch und die meisten der anderen oben aufgeführten orientalischen Gruppen kamen später, darunter mindestens 70000 nach 1918 zu den etwa 20000, die bereits vorher dort wohnten. Ihre Ankunft fiel also zeitlich mehr oder weniger mit den Hauptwellen der europäischen Einwanderung zusammen. Obwohl es viele wichtige Unterschiede zwischen ihnen gab, war die gemeinsame Bezeichnung »orientalische Juden« nicht nur ein geographischer Oberbegriff, sondern besaß im großen und ganzen – mit einigen äußerst wichtigen Ausnahmen – auch eine spezielle soziologische Bedeutung.

Ihr erstes spezifisches Merkmal bestand darin, daß sie, im Gegensatz zu anderen Gruppen und aus Gründen, die wir später noch ausführlicher behandeln werden, nicht gleichmäßig über die verschiedenen wirtschaftlichen, ökologischen und bildungsmäßigen Bereiche verstreut waren. Statt dessen konzentrierten sie sich unverhältnismäßig stark in bestimmten Schichten dieser

Bereiche, vor allem in den unteren Klassen und dem unteren Mittelstand, und lebten geballt in bestimmten Wohnvierteln, manchmal auch Slums, von Jerusalem und Tiberias. Auch neigten sie weitgehend dazu, einige Teile ihrer eigenen Bildungsstruktur aufrechtzuerhalten. Ferner entstanden einige – nicht sehr starke – politische Parteien, die sich auf ethnische Identität stützten, wie etwa die Jemenitenpartei oder der Sefardische Block, obwohl sich keineswegs alle orientalischen Juden mit diesen Parteien identifizierten. Somit bildeten sie eine wichtige Ausnahme von der allgemein hohen sozialen Integration im Jischuw. Neben diesen Merkmalen traten bestimmte Verhaltensmuster bei ihnen auf, wie etwa symptomatische Nichtintegration und Spannung.

Gleichzeitig bestand in den dreißiger Jahren eine tiefe Kluft zwischen dem Arbeitersektor mit seinen einzelnen Bewegungen und den Revisionisten – in der Diaspora wie auch in Erez-Israel. In den vierziger Jahren verwandelte sich diese Kluft in den Kampf zwischen dem »organisierten Jischuw« und den sogenannten »Dissidentengruppen« (Ezel und Lechi) – eine Auseinandersetzung, die dann ein Jahrzehnt lang die Geschichte des Jischuw wesentlich mitprägen sollte. Im Mittelpunkt dieses Streits standen einmal die Beziehungen zu den Briten und zum anderen die eng damit verbundenen Probleme der Anerkennung eines gemeinsamen politischen Rahmens. Der organisierte Jischuw (einschließlich seiner inoffiziellen »illegalen« Armee – der *Hagana*) und die Dissidenten verfolgten, zumindest bis zu einem gewissen Grad, dieselben politischen Ziele: die Aufhebung aller Beschränkungen des Bodenerwerbs durch Juden und der jüdischen Einwanderung und letzten Endes die Gewährung politischer Unabhängigkeit. Doch sie unterschieden sich weitgehend in der jeweiligen Gewichtung dieser Ziele. Die Dissidenten stellten die Erreichung politischer Unabhängigkeit und insbesondere die dafür einzusetzenden »Mittel« in den Vordergrund. Der organisierte Jischuw hielt sich dagegen mehr an eine Kombination von ständig fortschreitender territorialer Besiedlung, Einwanderung und diplomatischen Verhandlungen, vor allem mit den Engländern, während man Militäraktionen auf ein Minimum beschränken wollte. Die Dissidenten legten gerade letzteren sowie auch der politischen Aktivierung jüdischer

Massen in der Diaspora und Erez-Israel größeren Wert bei. Außerdem weigerten sie sich bedeutsamerweise, den auf freiwilliger Mitarbeit beruhenden gemeinsamen politischen Rahmen des Jischuw anzuerkennen und die damit verbundene kollektive Disziplin und Verantwortung zu übernehmen.
Zwar haben die Aktivitäten von *Hagana* und *Ezel* letzten Endes zweifellos beide zur britischen Entscheidung beigetragen, das Mandat aufzugeben und Palästina zu verlassen – wenn es auch die *Hagana* war, die die entscheidende Rolle im Unabhängigkeitskrieg gegen die Araber spielte –, aber seinerzeit drohte der Konflikt zwischen Dissidenten und dem organisierten Jischuw das internationale Ringen zu überholen und schien manchmal fast in Bürgerkrieg und Brudermord auszuarten. Dies war auch Anfang der dreißiger Jahre der Fall, als ein akuter Streit zwischen der revisionistischen Bewegung unter Jabotinsky und dem sozialdemokratischen Lager unter Ben-Gurion ausbrach und das von den beiden Führern getroffene Abkommen bei der nachfolgenden Abstimmung vom Arbeitersektor abgelehnt wurde. Die bürgerkriegsähnliche Atmosphäre, die bei dieser Gelegenheit aufkam, verstärkte sich noch, als Chaim Arlosoroff am 16. Juni 1933 am Strand von Tel Aviv ermordet wurde und man im Arbeitersektor Mitglieder der eng mit den Revisionisten liierten rechtsextremen Gruppen dieser Tat bezichtigte. Obwohl diejenigen, gegen die Anklage erhoben wurde, vor Gericht freigesprochen wurden, blieb die Kontroverse darüber eines der bitteren Elemente in der kollektiven Erinnerung des Jischuw und später des Staates Israel.

Die Rivalität zwischen den Sektoren und der Aufstieg der Arbeitergruppe

Zwischen den verschiedenen Sektoren des Jischuw hat es immer Streit über die relative Vorherrschaft innerhalb des gemeinsamen Rahmens gegeben. Dieses Ringen und die daraus entstehenden Konflikte sind auch nicht immer friedlich verlaufen. Es gab viele kleine Extremistengruppen mit einem ausgeprägten Hang zur Gewalt, und auch in den organisierten Gruppen der verschiedenen Sektoren kam es zu so manchen Gewaltausbrüchen. Der Streit entzündete sich an vielen Fragen, etwa an der Durchsetzung der hebräischen Sprache oder diversen wirtschaftlichen Konflikten sowie auch an dem allgemeineren Problem der Vorherrschaft in den föderativen Gremien. Langsam bildete sich jedoch, zumindest innerhalb des organisierten Jischuw, ein friedlicherer Modus vivendi heraus, und jeder Sektor begriff, daß angesichts der freiwilligen Natur des Jischuw, der fehlenden Souveränität und des kontinuierlichen Zustroms von Neueinwanderern jede Vorherrschaft nur relativ sein konnte. Seit der Mitte der dreißiger Jahre lag sie in den Händen des Arbeitersektors.

Diese Vorherrschaft drückte sich jedoch nicht nur in der Tatsache aus, daß die Arbeiterpartei (Mapai) zum Hauptpartner in jeder Regierungskoalition wurde, sondern darüber hinaus auch darin, daß das von diesem Sektor geschaffene institutionell-ideologische Modell im Jischuw führend wurde. Der Arbeiterpioniersektor verband seine stark ideologisch geprägte Einstellung mit dem konkreten Aufbau von Institutionen, die speziell (wie zum Beispiel im Fall der Krankenkasse) auf die Eingliederung und Mobilisierung von Arbeitskräften abzielten und zumindest teilweise von diversen Organisationen in der Diaspora unterstützt wurden – vor allem in den verschiedenen *Hachscharot*.

Aber trotz dieser Vorherrschaft blieb in der Zionistischen Organisation und im Waad Leumi das grundsätzliche Muster der Koalition zwischen den verschiedenen Parteien und Sektoren bestehen – mit ihrem Gemisch aus totalistischen Orientierungen, hitzigen ideologischen Debatten und praktischer Zusammenarbeit innerhalb des gemeinsamen föderativ verfaßten Rahmens.

Nur die sogenannten »Dissidenten« sowohl unter den Revisionisten, die die Zionistische Organisation verlassen hatten, als auch aus den Randgruppen des Jischuw bestritten die Rechtmäßigkeit und Gültigkeit der »föderativen« Struktur des Jischuw und damit auch ihrer politischen Disziplin.

Politische und wirtschaftliche Modelle; Einwandereraufnahme

Sektierertum und konstitutionelle Föderationen

Das politische Modell des Jischuw war durch eine eigenartige Kombination von starken demokratischen Einrichtungen, totalistischer Orientierung und harten Verhandlungen über die föderative (genossenschaftliche) Verteilung der wichtigsten Mittel gekennzeichnet.

Die stark totalistischen Orientierungen traten besonders im Arbeitersektor hervor. Vor allem bei den »revolutionären« ideologischen Pioniergruppen waren sie – trotz ihrer jetzt säkularisierten Gestalt – eng verwandt mit der Entwicklung von Themen, die das jüdische Volk während seiner ganzen Geschichte begleitet hatten. Am wichtigsten waren dabei erstens die stark transzendentalen Orientierungen im Sinne einer Ausrichtung auf ein höheres menschliches, soziales oder religiöses Ideal; zweitens eine intensive Hervorhebung der universalen Bedeutung des neuen jüdischen Kollektivs und seiner neuerrichteten Institutionen; drittens das entschiedene Bestehen auf dem direkten Zugang aller Gruppen zu dem, was man im traditionellen Milieu als den Bereich des Heiligen bezeichnet hätte, im modernen Umfeld jedoch als richtige Auslegung der zionistischen Vision definierte – ausgehend also von dem Gedanken, daß jede Gruppe, Sekte oder sogar Einzelperson das Recht besaß, diese Vision zu interpretieren.

Diese sektiererischen Tendenzen – die am klarsten in den verschiedenen Pionierbewegungen sichtbar wurden – erinnerten in vieler Hinsicht sowohl an die revolutionären Bewegungen in Osteuropa als auch an viele religiöse rabbinische oder chassidische Gruppen in den jüdischen Gemeinden der Diaspora. Tatsächlich wurden zahlreiche Söhne und Enkel dieser Gemeinden zu Führern in den diversen Pioniergruppen – wobei manchmal in den am weitesten links stehenden säkularen Pioniergruppen, wie etwa dem *Haschomer Hazair*, ähnliche Beziehungen zwischen Führern und Anhängern entstanden, wie man sie vom *Zaddik* und seinen Chassidim her kannte.

Angesichts dieser sektiererischen Tendenzen ließ sich natürlich

eine starke Ambivalenz gegenüber der Autorität jedweder zentraler Institutionen sowie damit einhergehend eine ständige Entwicklung starker Gegensätze in vielen Teilen des Jischuw feststellen – was oft zu heftigen Ausbrüchen und gewaltsamen Handlungen führte. Diese wurden jedoch in der Wirklichkeit der erez-israelischen Siedlungsarbeit durch mehrere – einander teils verstärkende, teils widersprechende – Faktoren gemäßigt: nämlich durch die Notwendigkeit, in gemeinsamen Unternehmungen und organisatorischen Strukturen zusammenzuarbeiten, und durch die Abhängigkeit von den verschiedenen Teilen der zionistischen Bewegung im Ausland.
Weiterhin wirkte sich die relative Segregation der verschiedenen Gruppen oder Sektoren mäßigend aus, da jede somit gewissermaßen die Möglichkeit hatte, getrennte institutionelle und oft sogar ökologische Nischen zu finden, wenngleich diese Nischen auch nicht völlig isoliert voneinander waren.
Verbindend wirkten schließlich auch die Verfassungstraditionen, die sich in der Zionistischen Organisation herausgebildet hatten – und zwar erstens auf Betreiben diverser intellektueller Gruppen und Einzelpersönlichkeiten, die in den Traditionen des europäischen Liberalismus und Konstitutionalismus aufgewachsen waren; zweitens unter dem Einfluß des britischen Vorbilds während der Mandatszeit; drittens dadurch, daß es ratsam erschien, das Spiel mindestens bis zu einem bestimmten Grad nach den konstitutionellen Regeln der Mandatsmacht zu spielen – eine Tendenz, die später durch den Zustrom der Einwanderer aus Deutschland noch verstärkt wurde; und viertens durch die Rücksichtnahme auf die allgemeine und die jüdische öffentliche Meinung im Ausland.

Das »genossenschaftliche« Modell

Die konkrete Form des politischen Systems, das sich im Jischuw entwickelte, läßt sich am besten als Annäherung an ein genossenschaftliches Modell kennzeichnen. In einem solchen – letzthin auch als Proporzdemokratie bezeichneten – Modell, das in kleinen europäischen Demokratien wie etwa den Niederlanden, der Schweiz oder Österreich verbreitet ist, werden einige Grundrechte oder Befugnisse – wie das Bürgerrecht und alle damit verbundenen Rechte und Pflichten – aufgrund universalistischer Kriterien allen Mitgliedern des breiteren Kollektivs (der Nation) gewährt. Umgekehrt wird der Zugang zu den wichtigen Machtzentren sowie zu vielen öffentlichen Gütern und öffentlich verteilten Privatgütern in weitem Umfang durch Vertreter der hauptsächlichen »genossenschaftlichen« Segmente vermittelt – seien es nun religiöse Gruppen, politische Parteien, lokale Institutionen oder ähnliches. Innerhalb solcher Segmente steht der Zugang zur Macht demgegenüber jedem auf universalistischer Basis zu. Im Fall des Jischuw kamen die Segmente, wie wir gesehen haben, in einem gemeinsamen universalistischen Rahmen zusammen – etwa in der Zionistischen Weltorganisation, der Jewish Agency und dem Nationalrat *(Waad Leumi)* der Juden in Palästina –, durch den die meisten Mittel an die verschiedenen Segmente verteilt würden. Außerdem vertraten diese Körperschaften den Jischuw gegenüber den jüdischen Gemeinden der Diaspora und anderen Sektoren der Gesellschaft auf lokaler Ebene (Araber, Mandatsbehörden).

Diese verschiedenen sozio-ideologischen Bewegungen gründeten in den zwanziger bis vierziger Jahren ihre jeweils getrennten landwirtschaftlichen Siedlungsverbände sowie eigene Kredit-, Finanz- und Vermarktungsinstitutionen. Ferner kontrollierten sie viele Grundgüter wie etwa Wohnhäuser und Gesundheitsdienste, die sie den ihnen verbundenen Sektoren der jüdischen Bevölkerung durch Gründung eigener Organisationen zukommen ließen, und zwar insbesondere unter Verwendung der Geldmittel, die in den jüdischen Diasporagemeinden gesammelt und über die jüdischen Nationalinstitutionen weitergeleitet worden waren. Zudem boten diese Einrichtungen seinerzeit einen erheblichen Teil der verfügbaren Arbeitsplätze an.

Aus der ständigen Interaktion zwischen den totalistischen, föderativen und konstitutionellen Strukturen und Orientierungen sowie zwischen diesen und den zionistischen Grundprämissen entwickelten sich auch einige äußerst wichtige Aspekte der politischen Kultur, die den Jischuw und später den Staat Israel kennzeichnen sollten und die, zumindest bis zu einem gewissen Grad, mit einigen der traditionell jüdischen Themen in Verbindung standen – darunter vor allem die ziemlich heikle Koexistenz von sektiererischen und antinomischen Tendenzen sowie die Neigung zu Gewaltanwendung und erbitterten Kämpfen innerhalb eines gemeinsamen konstitutionellen Rahmens; zweitens eine stark ideologisch fundierte, zukunftsgerichtete Politik, gepaart mit harten Auseinandersetzungen um die Verteilung von Mitteln; drittens die Beschwörung des echten Pioniergeistes und schließlich eine entschlossene Machtausübung.

Unter Hinweis auf diese politischen Interaktionen und Spannungen hat Jonathan Shapiro[11] gezeigt, daß sich der demokratische Charakter des Systems vornehmlich auf das Recht aller Gruppen und Sektoren auf Beteiligung an den zentralen institutionellen Rahmen erstreckte und viel weniger auf die Rechte des einzelnen – was wohl vor allem auf die totalistischen Orientierungen der einzelnen Bewegungen sowie wohl auch auf einige der Gemeindetraditionen zurückzuführen sein dürfte. Diese spezielle demokratische Form setzte sich, wie wir noch sehen werden, auch im Staat Israel ziemlich weitgehend durch.

Religiöse Arrangements

Innerhalb dieses Rahmens bildete sich ein eigentümliches Arrangement im Hinblick auf religiöse Fragen heraus. Diese Übereinkünfte wurden vor allem zwischen den zionistisch-religiösen Gruppen (*Hamisrachi* und *Hapoel Hamisrachi*) und den anderen Koalitionspartnern getroffen, das heißt, seit Mitte der dreißiger Jahre insbesondere mit dem sozialdemokratischen Lager. Einige Aspekte davon sind oben bereits erwähnt worden.

Die zionistisch-religiösen Gruppen waren natürlich Teil der allgemeinen föderativen Struktur und beteiligten sich als solche an der üblichen föderativen Verteilung von Ressourcen wie Zertifikaten, Land, öffentlichen Geldern und so weiter sowie an dem zähen politischen Ringen, das solche Übereinkünfte begleitete. Ferner kümmerten sich die religiösen Gruppen um die verschiedenen örtlichen religiösen Einrichtungen, insbesondere die Religionsausschüsse und Ortsrabbinate, die in den meisten Ortverwaltungen (außer denen der Kibbuzim und Moschawim) gegründet wurden und, trotz ihrer engen Bindung an die allge-

11 Jonathan Shapiro, *Democracy in Israel* [hebräisch], Ramat Gan 1977.

meinen zionistischen Institutionen, noch nicht Teil des lokalpolitischen Kräftegleichgewichts bildeten.
Darüber hinaus entwickelten sich jedoch spezifische Absprachen, ein spezieller Modus vivendi in religiösen Angelegenheiten, die nicht nur die religiösen Gruppen, sondern die ganze jüdische Bevölkerung betrafen.
Ein solches Zugeständnis garantierte die offizielle (wenn auch nicht immer voll durchgeführte) Einhaltung religiöser Feiertage, des Sabbat sowie der Schmita-Gebote (die das siebte Jahr betreffen) im nationalen Bereich des Keren Kajemet, also in den meisten Siedlungen.
Ein zweites betraf die Achtung des Sabbats nicht nur als offiziellen Ruhetag – was an sich eine ganz natürliche Entwicklung gewesen wäre –, sondern auch durch Erlaß verschiedener Gesetze, die jeglichen Geschäftsverkehr, Vergnügungsveranstaltungen und öffentliches Verkehrswesen in den meisten Städten weitgehend untersagten (wobei Haifa als Bastion der Arbeiter eine gewisse Ausnahme bildete). Außerdem erhielten die Rabbinate die Befugnis, den daran interessierten Metzgern und Restaurants die Einhaltung der Speisegesetze (Kaschrut) zu bestätigen (wodurch sie indirekt eine relativ weitgehende Kontrolle über die Herstellung und den Verbrauch von Lebensmitteln in den meisten Teilen des Jischuw erhielten).
Noch weitreichendere Auswirkungen für die Gemeinschaft als Ganze ergaben sich daraus, daß die Personenstandsgesetze, das heißt vor allem das Ehe- und Scheidungsrecht, in den Zuständigkeitsbereich der Rabbinatsgerichte verwiesen wurden, die somit praktisch auch über die Mitgliedschaft in der Gemeinde bestimmten. Diese 1922 gegründeten Rabbinatsgerichte wurden zwar von den Ultraorthodoxen nicht anerkannt, entwickelten sich aber doch zu einem Grundbestandteil der institutionellen Struktur des Jischuw.
Hier fand eine höchst interessante, wenn auch scheinbar natürliche Entwicklung statt: nämlich die Einrichtung eines organisierten Rabbinats – auf zentraler wie lokaler Ebene – unter zwei Oberrabbinern, einem sefardischen (dem sogenannten Rischon Lezion, ein Titel, der offenbar auf das 16. oder 17. Jahrhundert zurückgeht) und einem aschkenasischen.
Bedeutsamerweise war aber die Errichtung eines solchen zen-

tralen Rabbinats nicht das Ergebnis einer inneren Entwicklung, die aus den religiösen Gruppen hervorgegangen wäre, sondern erhielt ihren Anstoß von den zionistischen Stellen des neuen Jischuw – und wurde von den ultraorthodoxen Gruppen auch prompt abgelehnt. Die ersten Oberrabbiner – der aschkenasische Rabbiner Awraham Kook und später Rabbiner Isaac Herzog und die sefardischen Rabbiner (oder Rischone Lezion) Yaakov Meir und Ben Zion Usiel sowie die örtlichen Oberrabbiner, insbesondere die von Tel Aviv – wurden wirklich als integraler Teil des gemeinsamen zionistischen Rahmens des Jischuw angesehen und waren an vielen allgemeinen, vor allem politischen Aktivitäten beteiligt. Damit symbolisierten sie, daß (zumindest) einiges von der religiösen Tradition im zionistischen Aufbauwerk als integraler Bestandteil enthalten war, auch wenn sie natürlich keineswegs immer mit den konkreten politischen Ansichten und Maßnahmen der religiösen oder antireligiösen Gruppen und Führer übereinstimmten.

Ökonomische Institutionen

Gleichzeitig bildeten sich spezifische Merkmale der Wirtschaftsstruktur des Jischuw heraus und legten den Grundstein für die spätere Volkswirtschaft des Staates Israel. Zu den wichtigsten dieser Merkmale gehörte erstens der ziemlich hohe Grad an Zentralisation und insbesondere die Konzentration des öffentlichen Kapitals in den hauptsächlichen ökonomischen Entwicklungssektoren, daneben ein stetig anwachsender privater Sektor sowie die Koexistenz des öffentlichen und privaten Sektors in einem gewöhnlich als »pluralistisch« bezeichneten Wirtschaftssystem.

Daneben kristallisierte sich, vor allem im Arbeitersektor, eine besondere sozio-ökonomische Organisationsform heraus. Dazu gehören erstens die bedeutendsten Siedlungstypen – die Kibbuzim und die Moschawim; dann die Entwicklung von Kooperativunternehmen im städtischen Bereich; und schließlich vor allem – als typischer Hauptfaktor der israelischen Wirtschaft – die Integration der meisten dieser Kooperativen und Siedlungen im übergreifenden Rahmen der verschiedenen Sektoren, zumal in dem der Histadrut (des Allgemeinen Gewerkschaftsbunds). Diese Integration ermöglichte die Ausdehnung des Arbeitersektors über die Grenzen der frühen, agrarisch orientierten Pioniergruppen hinaus und begünstigte die Entstehung einer städtischen Sozialstruktur im Jischuw.

Ein zweiter Aspekt der sich entwickelnden Sozialstruktur des Jischuw waren der starke Hang zum Egalitarismus und einiger Widerstand gegen berufliche Spezialisierung. Dies drückte sich auf zweierlei Weise aus: einmal in Versuchen, die Differenzierungen zwischen verschiedenen Berufen abzubauen und sichtbare soziale Unterschiede weitgehend zu verwischen, zum anderen in der Annahme, daß ein leichter Übergang von einem Beruf zum anderen möglich sei.

Es entwickelte sich hier auch ein besonderer wirtschaftlicher Unternehmertypus, der über den einigermaßen gewohnten Typus des Mittel- und Kleinkapitalisten und -unternehmers hinausging: nämlich der »institutionelle« Unternehmer-Kolonist.

Die Aufnahme von Einwanderern

Ein weiterer, sehr zentraler Aspekt der institutionellen Struktur des Jischuw, der sich aus der grundlegenden zionistischen Ideologie im allgemeinen und dem Pioniergeist im besonderen ergab, war die eigentümliche Art der Einwandereraufnahme, die sich hier herausbildete und den Jischuw von den meisten anderen modernen Einwanderungsländern unterschied.[12]

Der hervorstechendste Vorgang war dabei die gründliche und rasche Verteilung der verschiedenen Einwanderergruppen auf die wichtigsten institutionellen Sphären – Berufsstruktur, ökologische Formen, politische Struktur und entstehende Statussysteme – und die daher bei den meisten Einwanderergruppen sehr schwache Ausbildung dessen, was man als »ethnische« Identität bezeichnen könnte.

Der Eingliederungs- und Anpassungsprozeß konnte zwar schwierig und in manchen Fällen sogar schmerzlich sein, verlief aber im großen und ganzen, verglichen mit fast allen anderen

12 Siehe dazu ausführlicher: S. N. Eisenstadt, *The Absorption of Immigrants*, London 1954.

modernen Einwanderungsländern, ziemlich rasch. Oft war er in weniger als einer Generation, fast stets jedenfalls in der zweiten abgeschlossen.

Erreicht wurde dies durch die parallele Eingliederung in die formellen politischen und ökonomischen Institutionen einerseits und in die informelleren Keimzellen andererseits; zu den letzteren gehörten vor allem die Selbstverteidigungsinstitutionen, etwa die Hagana, die Pioniergruppen sowie – für die jüngere Generation – das Erziehungswesen und die Jugendbewegungen. Ferner machte sich der Druck ständig nachfolgender weiterer Einwanderungswellen auf die bestehenden Institutionen bemerkbar, die sich dadurch ausdehnten und stärker verzweigten. Dies folgte den Grundlinien der zionistischen Vision und des Pionierideals, für deren Verwirklichung die zentralen Einrichtungen des Jischuw auf die Einwanderer und auf die Finanzierung durch die zentralen zionistischen Organisationen angewiesen waren – auf die wiederum alle Einwanderer Druck ausüben konnten.

Erst in den späten dreißiger Jahren – mit dem Zustrom der deutschen Alija – und vor allem in den vierzigern, nach dem Ende des Zweiten Weltkriegs, wurden neue spezielle Einrichtungen geschaffen. Am berühmtesten war die in den dreißiger Jahren gegründete Jugend-Alija, die eine große, einzigartige Erziehungsinstitution war und sich als äußerst erfolgreich bei der Integration junger Einwanderergenerationen in die zentralen Rahmenstrukturen des Jischuw erwies.

Bis dahin war der Eingliederungsprozeß überwiegend durch die kontinuierliche Ausdehnung bestehender und die Einrichtung neuer Institutionen durch ältere und neuere Einwanderer zusammen vorangetrieben worden. Die einzigen Ausnahmen davon bildeten die orthodoxen Gruppen, die sich bewußt außerhalb des Jischuw stellten, und aufgrund ihres besonderen historischen Hintergrunds zumindest Teile der sogenannten orientalischen Juden. Da sie mehr traditionellen als vom revolutionären Pioniergeist geprägten Vorstellungen zuneigten und auch einen anderen Bildungsstand hatten, wurden sie nicht völlig eingegliedert, sondern entwickelten sich statt dessen zu ökologisch und beruflich getrennten Sektoren. Innerhalb dieser Sektoren entstanden dann auch viele soziale Probleme, etwa

Analphabetentum oder Kriminalität. Im Gegensatz zum orthodoxen Sektor bejahten die meisten orientalischen Gruppen jedoch im Prinzip den zentralen Rahmen des Jischuw und die zionistische Vision.

In der neuen institutionellen Struktur des Jischuw büßten somit manche der älteren sefardischen Würdenträger ihren Status ein, während weite Kreise der – früheren wie neueren – orientalischen Einwanderer beruflich, sozial und politisch völlig in die dominanten Sektoren des Jischuw eingegliedert wurden. Aber viele andere – die natürlich weit mehr auffielen – wurden dies nicht. Die Aktiveren unter ihnen wandten sich bezeichnenderweise häufig den verschiedenen Dissidentengruppen zu, deren Atmosphäre ihnen eher zusagte als die des herrschenden Arbeitersektors.

III. Die Dynamik der institutionellen Entwicklung des Jischuw

Die dynamischen und stagnativen Tendenzen in der Entwicklung des Jischuw

Die institutionelle Struktur des Jischuw

Die institutionelle Struktur des Jischuw nahm immer deutlicher Gestalt an. Diese dynamische Entwicklung wurde durch die Verbindung dreier umfassender Prozesse ausgelöst: nämlich durch die eigentliche Institutionalisierung der ursprünglichen zionistischen Vision in der Wirklichkeit Erez-Israels, durch die ideologische Auseinandersetzung und den Machtkampf zwischen verschiedenen Teilen der zionistischen Bewegung und das interne Wachstum des Jischuw selber.

Diese Prozesse verstärkten einander, widersprachen sich aber zeitweilig auch, so daß die von ihnen ausgelöste ständige Entwicklung notwendigerweise viele der Spannungen zwischen verschiedenen Kräften und Orientierungen zutage förderte.

Zwei Aspekte dieser Struktur können sehr gut als Ausgangs-

punkte für die Analyse der Entwicklungsdynamik des Jischuw dienen. An erster Stelle steht dabei eine Analyse der scheinbaren Diskrepanz zwischen der Alltagswirklichkeit in einer kleinen Gesellschaft und der starken Dynamik, die über deren Realität hinausging, zwischen der konkreten Wirklichkeit der verschiedenen Gruppen, aus denen sie sich zusammensetzte, mit ihren alltäglichen Bedürfnissen und Problemen einerseits und der ausgeprägten Zukunftsorientierung, die der zionistischen Ideologie im allgemeinen und dem Pionierideal im besonderen innewohnte, auf der anderen Seite.
Der zweite, damit eng verwandte Punkt ist das Bestehen potentiell stagnierender Tendenzen im Jischuw – die erstmals in der Zeit der ersten Alija sichtbar wurden, aber auch in allen anderen Entwicklungsperioden des Jischuw vorhanden waren – und die Art und Weise, in der man diese Tendenzen wenigstens teilweise überwand.

Die Entwicklungsdynamik

Die sich in Erez-Israel langsam herausbildende Realität war die Wirklichkeit einer kleinen, relativ modernen, aber nicht sehr hoch entwickelten Gesellschaft mit relativ bescheidenen Ressourcen und einem – im Vergleich zu anderen modernen Gesellschaften, sogar einschließlich derer, aus denen viele der Einwanderer kamen – ziemlich niedrigen Lebensstandard. Die alltägliche Atmosphäre in den Städten, außerhalb der Kibbuzim, entsprach der einer ziemlich provinziellen, kleinbürgerlichen Gesellschaft mit einem starken Einschluß von Arbeitergruppen und einem ausgeprägten Hang zu verschiedenen kollektiven Unternehmungen und Organisationen.
Selbstverständlich drehte sich der Alltag unter diesen konkreten Umständen in erster Linie um die täglichen Probleme von Arbeit, Ausbildung und Aufbau und dann natürlich um politische Aktivitäten und den intensiven Machtkampf, der zwischen den verschiedenen Sektoren in Gang war. Weder dieser Machtkampf noch die Lebenswirklichkeit im Jischuw läßt sich jedoch allein – oder auch nur hauptsächlich – aus den konkreten Problemen dieser verschiedenen Sektoren des Jischuw verstehen.

Die Enge und scheinbare Armseligkeit dieser Realität wurde von mehreren grundlegenden, eng miteinander verbundenen dynamischen Faktoren und umfassenderen Aufgabenbereichen ausgeglichen, die die Lebensdynamik des Jischuw tatsächlich bestimmten. Ein solcher Bereich betraf die ständige Einwanderung und damit einhergehende Wirtschaftsexpansion, die wir im vorangegangenen Abschnitt besprochen haben.

Einen weiteren entscheidenden – und besonders auffälligen – Bereich bildete natürlich die gewichtige politische und sicherheitspolitische Dimension, geprägt durch die Konfrontation der zionistischen Siedlung mit dem langsam zunehmenden arabischen Nationalismus allgemein und dem in Palästina insbesondere sowie mit der damit eng verbundenen Politik der Mandatsregierung.

Die zionistische Bewegung und der Jischuw standen von Anbeginn im Rampenlicht der internationalen Politik. Gerade die Erlangung eines internationalen politischen Status aufgrund der Balfour-Erklärung und die Einrichtung des britischen Mandats über Palästina und Transjordanien hatten Anstoß und Rahmen für die nach dem Ersten Weltkrieg erfolgte Siedlungsarbeit gegeben. Aber all das prallte natürlich mit dem aufstrebenden arabischen Nationalismus zusammen. Somit war die Geschichte des Jischuw durch Konflikte, Unruhen und bewaffnete Auseinandersetzungen um das jüdische Recht auf Ansiedlung, Einwanderung und Autonomie gekennzeichnet, wobei diese Zusammenstöße ab Mitte der dreißiger Jahre deutlich schärfer wurden.

Diese starke politische Orientierung bestimmte die nunmehr gesetzten Schwerpunkte: Erwerb weiter Landstriche – vor allem durch den *Keren Kajemet Leisrael* – für die Ausdehnung der Siedlungen; Errichtung territorial zusammenhängender jüdischer Siedlungsgebiete sowie deren Vorbereitung auf Verteidigungsaufgaben. Diese Tendenz begann vor dem Ersten Weltkrieg, verstärkte sich in den zwanziger Jahren mit dem Erwerb des Emek Israel (Jesreel-Ebene) und gipfelte Ende der dreißiger Jahre in einer ganzen Serie neuer Siedlungsgründungen, unter anderem nach dem berühmten Mauer-und-Turm-Prinzip *(Choma Umigdal)*. Der Akzent lag dabei auf Pioniergeist, Territorialerwerb, Verteidigung und Sicherheit.

Diese Aktivitäten fügten dem Alltagsleben des Jischuw ein neues dynamisches Element hinzu, denn sie erforderten die Mobilisierung von Arbeitskräften, die Beschaffung von Mitteln für Siedlungswerk und Verteidigung und ständige politische Aktivitäten, um den Erfolg dieser Unternehmen zu sichern. Somit unterschied sich der Jischuw von anderen Ländern mit kolonisierendem Siedlungswerk und Einwanderung.
Entscheidender für die institutionelle Struktur des Jischuw war die zionistische Zukunftsvision, die besagte, daß der Jischuw nicht um seiner selbst willen aufgebaut werde, sondern für die gesamte künftige Generation von Juden, die dorthin kommen würden, für die ganze jüdische Nation.
Es versteht sich von selbst, daß sich mit einer solchen Begründung jeder Status quo und jede Anforderung äußerer Hilfe rechtfertigen ließ – fast auf derselben Linie wie die *Kolelim* des Jischuw.
Doch die ausdrückliche Zukunftsorientierung, die Vorstellung, daß der Jischuw für das jüdische Volk aufgebaut werde, ging weiter; sie führte auch zu einem besonderen Vorgehen bei der Errichtung von Institutionen. Diese Tendenz zeigte sich vor allem anderen in der Bildung verschiedener genossenschaftlicher und kultureller Zentren noch vor dem Auftauchen einer »Peripherie« aus breiteren Gruppen und Sozialschichten, deren soziales und kulturelles Innovationspotential natürlich geringer war als die Zentren.
Die Zentren wurden von denen, die sie schufen, für fähig gehalten, die Peripherie, die sich durch stetige, zunehmende Einwanderung bilden sollte, einzuweisen, einzugliedern und zu prägen. Infolgedessen zielten die meisten der von diesen Zentren entwickelten Institutionen nicht nur darauf ab, die Bedürfnisse der jeweils vorhandenen Einwohnerschaft zu erfüllen, sondern faßten dabei schon eine künftige Bevölkerung ins Auge.
Diese Tendenz zeigte sich in allen wichtigen institutionellen Bereichen – im Erziehungswesen und in den zentralen ökonomischen Institutionen der Hauptsektoren und insbesondere der Pioniergruppen, sowohl im städtischen Sektor als auch in den Siedlungen. Das gleiche galt für Organisationen wie etwa die *Hagana* oder die politisch aktiven Institutionen, vor allem die Zionistische Organisation und die Mitglieder der regierenden

Koalitionen. Ihre politischen Anstrengungen richteten sich im wesentlichen nicht nur auf die Bedürfnisse der bestehenden, wenngleich ständig wachsenden Gemeinden, sondern auch auf die Ausdehnung und Neuschaffung von Organisationen und Rahmenstrukturen.

Die Überwindung stagnativer Tendenzen

Diese starke Zukunftsorientierung zeigte sich am deutlichsten in den sogenannten Arbeiter- (und religiösen Arbeiter-)Sektoren, in den Pioniergruppen und deren grundlegenden Institutionen. Das besondere Gewicht, das auf ihren schöpferischen Charakter gelegt wurde, und das Bewußtsein davon waren für das Selbstverständnis des Jischuw im allgemeinen und der Arbeitersektoren im besonderen in der Tat entscheidend, auch in ihrer Beziehung zu den jüdischen Gemeinden in der Diaspora, zur dortigen zionistischen Bewegung und hinsichtlich der an sie gestellten Forderungen. Diese Schwerpunktsetzung war von großer potentieller Bedeutung beim Durchbrechen der stagnativen Tendenzen, die zur Wirklichkeit einer kleinen provinziellen Gesellschaft gehören.

Ebenfalls wichtig war die kontinuierliche Aufnahme von neuen Bevölkerungsgruppen im allgemeinen und von Führungskräften im besonderen. Dies zeigte sich erstmals in der Zeit der zweiten Alija, hielt aber auch später an. In der Tat wirkten die ideologischen Orientierungen und sozialen Bindungen der Einwanderer von der zweiten Alija an den Gefahren von Stagnation und Provinzialismus entgegen, wenn auch nur in begrenztem Umfang. Nicht nur die knappen Mittel und die geringe Größe des Landes und der jüdischen Gemeinde leisteten nämlich der Entwicklung derartiger Tendenzen Vorschub; paradoxerweise konnten diese Gefahren gerade durch ideologisch-sektiererische Neigungen der verschiedenen Bewegungen verstärkt werden – durch Selbstverherrlichung, Selbstabkapselung, Selbstgerechtigkeit und Festklammern an Machtpositionen.

Die Überwindung dieser potentiell stagnativen Tendenzen hing natürlich auch eng mit der mangelnden Zwangsgewalt im Jischuw zusammen, mit seiner freiwilligen Organisationsgrundlage – was wiederum sehr eng mit dem oben erläuterten Muster der Einwandereraufnahme in Verbindung stand.

Das Image des Pioniers

Diese intensive Beschäftigung mit der Zukunft und ihre institutionellen Folgen verquickten sich aufs engste mit der Herausbildung eines speziellen Menschenbildes – dem des Pioniers – mit den sehr elitären und egalitären Zügen seiner revolutionären Orientierungen. Es entstand in der Zeit der zweiten und dritten Alija und blieb Jahrzehnte lang das Leitsymbol für die Entwicklung des Jischuw.

Dieses Image besaß mehrere Grundmerkmale, allen voran das Element der Selbstaufopferung. Der Pionier galt als ein Mensch, der bereit war, auf materiellen Komfort und soziale Annehmlichkeiten zu verzichten, also ein asketisches Leben zu führen. Diese Entsagung war aber kein Selbstzweck, kein Teil einer asketischen Weltflucht, obwohl asketische Neigungen dabei oft eine Rolle spielten. Die mit dem Pionierimage verbundene Entsagung galt der Arbeit für eine konkrete, wenn auch erst künftige Gemeinschaft. Man nahm sie hauptsächlich deswegen auf sich, um wichtige Aufgaben für das zukünftige Kollektiv zu erfüllen, das sich aus den Keimen der Pioniergruppen entwickeln sollte.

Das höhere Führungspotential

Die Vielzahl der Zentren sowie das große Verantwortungsgefühl und Interesse für die Zukunft sorgten für fast unerschöpflichen Nachwuchs an politischen Führungskräften in der zionistischen Bewegung und im Jischuw, besonders im Arbeitersektor. Diese große Zahl von potentiellen, aufstrebenden Führungskräften war zumal im politischen Bereich auffallend; fördernd wirkten hier vor allem spezielle Rahmen und Mechanismen wie etwa die Jugendbewegungen und die Hagana.

Viele politische Führer fanden Wirkungsmöglichkeiten in den zahlreichen, nicht völlig zentralisierten Organisationen und

Sektoren, aber ihre große Zahl förderte auch die Entstehung einer neuen und zunehmenden Gruppenbildung sowie das Aufkommen von Spannungen zwischen Alt und Neu, zwischen verschiedenen Sektoren und Untersektoren, Zentren und Subzentren. Dies galt nicht nur für den eigentlichen politischen Bereich, sondern auch für Kultur und Bildung. So unterrichteten, um nur ein anschauliches Beispiel anzuführen, an vielen Oberschulen im Jischuw Lehrer, die für die akademische Lehre qualifiziert gewesen wären, da die damals äußerst beschränkten Möglichkeiten der Hebräischen Universität und des Technions nur wenigen eine wissenschaftliche Position bieten konnten.

Die erste Generation von Eliten setzte sich aus den Führern der einzelnen Alijot und den Vertretern der Zionistischen Organisation zusammen. Seit der Zeit unmittelbar vor und nach dem Ersten Weltkrieg stieß die erste Generation der bereits in Erez-Israel ausgebildeten Führer hinzu. Diese hatten als Absolventen der speziellen Elitegymnasien – wie des Herzlia-Gymnasiums in Tel Aviv, der Reali-Schule in Haifa und des Rehavia-Gymnasiums in Jerusalem – und als Mitglieder der vorerwähnten Jugendbewegungen und Organisationen einen gemeinsamen Bildungshintergrund. Die meisten dieser Führer spezialisierten sich natürlich auf bestimmte Tätigkeiten oder Funktionen, aber im großen und ganzen war diese Spezialisierung – zum Teil mit Ausnahme von besonderen kulturellen Eliten wie Schriftstellern und Lehrern – weder völlig fixiert noch irreversibel. Viele verbanden mehrere Tätigkeitsarten miteinander; bezeichnenderweise wurden solche Führungsaufgaben überwiegend gerade im Arbeitersektor semi-professionalisiert und voll entlohnt.

Es gab sehr wenige wirklich spezialisierte, differenzierte wirtschaftliche oder politische Organisationen und Aktivitäten, und die, die sich doch entwickelten, standen eng miteinander in Verbindung. Infolgedessen arbeiteten die meisten dieser Eliten in ziemlich geschlossenen gemeinsamen Rahmen, vor allem innerhalb eines jeden Sektors, in geringerem Maße auch in sektorübergreifenden Strukturen. Ihre Tätigkeiten stützten sich auf eine relativ starke innere Solidarität eines jeden Sektors – besonders, aber nicht nur, im Arbeitersektor – sowie auf eine Solidarität in den breiteren gemeinsamen Einrichtungen des Jischuw oder der Zionistischen Organisation insgesamt. Diese Solidari-

tät stand in sehr enger Beziehung zu ihrer gemeinsamen Ideologie sowie den praktischen Aufgaben, die sie wahrnahmen.
Doch es gab natürlich auch große Unterschiede zwischen den verschiedenen Sektoren in bezug auf Zusammensetzung und Funktion der Führung – je nach der spezifischen Weltanschauung, Orientierung und den Organisationen der einzelnen Sektoren.
Auch hierin stellte der Arbeiterpioniersektor wieder seinen speziellen dynamischen Charakter unter Beweis. Seine Führung war stärker ideologisch geprägt, vorwärtsschauender, machtorientierter und viel stärker auf die Schaffung neuer Institutionen bedacht. Dies zeigte sich an seiner stärkeren Konzentration zuerst im Rahmen der Histadrut und später in der Zionistischen Organisation. Demgegenüber drängten die Führer des bürgerlichen Sektors mehr in örtliche, städtische und wirtschaftliche Institutionen oder in Organisationen, die mit dem *Waad Leumi* verbunden waren.
Gerade diese Dynamik des Arbeitersektors löste jedoch Entwicklungen in eine neue Richtung aus. In viel größerem Ausmaß als in anderen Sektoren bildete sich hier eine semi-professionelle, das heißt spezialisierte, entlohnte Gruppe heraus, eine entstehende Klasse von politisch-wirtschaftlichen Unternehmern, die mehrere Funktionen miteinander verbanden. Außerdem waren sie – wie Horovitz und Lissak gezeigt haben – homogener in bezug auf Ausbildungsweg und Laufbahnmuster.[13]
Im Gegensatz zur ersten Generation war diese zweite Garde von Führungsanwärtern im Arbeitersektor im großen und ganzen nicht durch einen hohen Ausbildungsstand gekennzeichnet, obwohl die meisten mehr als eine Volksschul- oder vorgymnasiale Erziehung genossen hatten. Auch waren sie in geringerem Maße kosmopolitisch orientiert. Ihre Hauptstärke lag in ihrer Fähigkeit, ideologische Visionen mit dem Aufbau neuer Institutionen in ihrem jeweiligen Sektor zu verknüpfen, sowie in ihrem spezifischen Typ des ökonomischen Unternehmertums.
Gleichzeitig brachte die kontinuierliche Expansion und Differenzierung der Jischuw-Struktur neue Führertypen neben den

13 D. Horovitz und M. Lissak, *Origins of the Israeli Polity – Palestine under Mandate*, Chicago 1978, Kap. V.

pionierideologisch geprägten hervor. So gab es Gewerkschaftsführer, Leiter von verschiedenen Wirtschaftsorganisationen, Banken, Krankenkassen, Betrieben und so weiter. Solche Leute – wie etwa Aba Khouchi (Chuschi) und Josef Almogi in Haifa – traten nun im zweiten und dritten Rang der Führung des Arbeitersektors stark in den Vordergrund und damit neben die früheren, vom ersten Pioniergeist getragenen Führer.
Das Pionierideal, die Betonung nationaler Ziele, das Streben, über die Bedürfnisse der gegenwärtigen Bevölkerung hinaus bestehende Institutionen zu erweitern und neue zu erbauen – all das unterschied sie natürlich vom gewohnten Typ des Gewerkschaftsführers oder Leiters einer Kooperative. Doch im Gegensatz zu den mehr ideologisch und politisch geprägten Führern – und meist in enger, wenn auch ambivalenter Zusammenarbeit mit ihnen – stützte sich die Macht dieser Führer weit stärker auf die verschiedenen Gruppen in Palästina und deren konkrete Interessen.

Verteilung der Mittel,
Bürokratisierung und Machtkämpfe

Aus diesen Prozessen entwickelten sich drei institutionelle Haupttendenzen, die in der Spätzeit des Jischuw und im Staat Israel für die Sozialstruktur sehr wichtig werden sollten, während sie bis Mitte der dreißiger Jahre erst in Ansätzen vorhanden waren.
Die erste solche Tendenz, die in engem Zusammenhang mit der weitgehenden Abhängigkeit von öffentlichen Geldern und »nationalem« Kapital und dem zentralen Verteilerschlüssel dieser Gelder stand, war die wachsende Überzeugung verschiedener Gruppen, einen Anspruch auf solche Zuweisung zu haben – wobei sich dieses Recht gerade aus ihrem Pionierwerk, ihrer Schaffung neuer Institutionen und der Arbeit in ihnen ableitete, unabhängig von ihrer wirtschaftlichen Produktivität.
In den ersten Stadien der großen Pionierunternehmen zur Gründung von Siedlungen und neuen Organisationen war die Neigung, die rein ökonomische Produktivität für irrelevant zu erachten, durch die Notwendigkeit gerechtfertigt, eine Infrastruktur aufzubauen. Später wuchsen jedoch die Ansprüche auf

einen gehobenen Lebensstandard, sei es in Form von Wohnraum oder anderen Annehmlichkeiten; Ansprüche, die mit der Zugehörigkeit zu einem jeweiligen Sektor und besonders dem Pioniersektor begründet wurden.

In enger Verbindung mit diesen Prozessen entwickelte sich auch eine wachsende Tendenz zur Bürokratisierung – vor allem im Arbeitersektor, aber auch im *Waad Leumi* und der Zionistischen Organisation, in deren Rahmen viele Organisationen entstanden, etwa der *Keren Kajemet* und der *Keren Hajessod*, Gemeinderäte, Kooperativen und so weiter. Während an ihrer Spitze, zumindest anfangs, oft die Führer der Bewegungen standen, bildete sich unter ihnen gewöhnlich eine ziemlich breite Schicht von Bürokraten, die sich mit der täglichen Verteilung der öffentlichen Mittel beschäftigten, ein gesichertes Einkommen bezogen und für viele Einwanderer der jüngeren Generation und Neueinwanderer eine wichtige Möglichkeit zu beruflichem Aufstieg boten.

Diese Tendenzen innerhalb des Arbeitersektors – und in manchen Teilen der Zionistischen Organisation überhaupt – waren natürlich von ähnlichen Entwicklungen im bürgerlichen Sektor und in anderen Sektoren begleitet; in allen kam es langsam zu stärkerer wirtschaftlicher Differenzierung, größeren Unterschieden und weniger Gleichheit.

Im Verlauf dieses zukunftsorientierten Aufbaus von Institutionen eröffneten sich weitere soziale Tätigkeitsfelder und Organisationsbereiche. Am wichtigsten war dabei der innere Machtkampf in und zwischen den verschiedenen Sektoren um den Zugang zu den wichtigsten Ressourcen – Produktionsmitteln und Arbeitskräften – und um die internen Machtstellungen in der entstehenden institutionellen Struktur sowie die damit eng verbundene Herausbildung handfester Interessen, die aus der erfolgreichen Verwirklichung der zionistischen und Pioniervisionen erwuchsen.

Die Konkurrenz um Ressourcen führte ein starkes Machtelement in die Beziehungen zwischen den Sektoren und ihre entstehenden Führungsstrukturen ein, besonders im Arbeitersektor. Es mag paradox sein, ist aber bezeichnend, daß diese Machtorientierung weit mehr mit der konkreten Art und Weise des Aufbaus von Institutionen zusammenhing als mit den rein ideologischen Unterschieden in den Visionen der einzelnen Gruppierungen und sich mit dem Anwachsen der städtischen Organisationen und Institutionen noch erheblich verstärkte.

Neue Dimensionen des politischen Lebens und die selektive Institutionalisierung der Pionierideologie

Politische Entwicklungen

Aus diesen Prozessen entwickelten sich im politischen Leben erstens zunehmend Auseinandersetzungen um die Verteilung von Ressourcen unter den zentralen semi-föderativen Organisationen und den verschiedenen Sektoren und Subsektoren sowie zweitens zahlreiche Trends zur sozialen Differenzierung und zur Herausbildung entsprechender Klassen- oder zumindest Schichtenunterschiede; wie wir später noch bei der Erörterung der Entwicklungen im Staat Israel sehen werden, verbanden sich ziemlich nonegalitäre Tendenzen mit dem ursprünglichen egalitären Ethos.

Auf diese Weise verknüpften sich die ausgeprägten Zukunftsorientierungen und die Anstrengungen zum Aufbau von Zentren auf das engste mit einer wachsenden Betonung der Gegenwart, einer Ausrichtung auf die Verteilung oder Zuweisung von Mitteln, einem starken Machtelement und intensivem politischem Ringen.

Diese Verknüpfungsvorgänge begannen, einige der scheinbar mehr zukunftsorientierten Aspekte in der Sozialstruktur des Jischuw umzuformen, wie etwa die beruflichen Erwartungen der zweiten Generation, die Prozesse sozialer Mobilität und die in den diversen Jugendbewegungen vorherrschenden Orientierungen. Sie alle richteten sich nun nicht mehr nur auf irgendeine visionäre Zukunft außerhalb der bestehenden Sozialstruktur, sondern auf die Erreichung höherer sozialer Stellungen in der verschmelzenden sozialen Struktur – ja, sie wurden mehr und mehr Teil des Lebensstils in den höheren sozialen Schichten.

Diese Abläufe verbanden sich zudem eng mit den wachsenden Spannungen zwischen den eher konservativen, provinziellen, nach innen gerichteten Anschauungen und den mehr kreativen, nach außen blickenden Orientierungen, wobei beide sich in allen Sektoren und Lebensbereichen fanden.

Selektive Institutionalisierung der Pionierideologie

All diese Vorgänge führten notwendigerweise zu einem weitreichenden Wandlungsprozeß in den institutionellen Orientierungen, in der Stellung der zionistischen Ideologie im allgemeinen und der Arbeiterpionierideologie im besonderen.
Mit der Ausdehnung des Jischuw, der Herausbildung einer ziemlich komplexen, sich selbst tragenden Sozialstruktur und der zunehmenden wirtschaftlichen und beruflichen Differenzierung konnte die Ideologie nicht in ihrer reinen oder einfachen Form aufrechterhalten werden, und so entstanden bei der Institutionalisierung der Pionierideologie viele Spannungen.
Einige entstammten dem Zusammenprall zwischen den Vertretern der Pionierideologie und anderen Gruppen im Jischuw sowie den Versuchen ersterer, diese Widersprüche zu überwinden und ihren Macht- und Einflußbereich auszudehnen. Andere ergaben sich aus dem grundlegenden Gegensatz zwischen dem allgemeinen verschwommenen Pionierideal und der Ausrichtung auf eine differenzierte ökonomische und politische Struktur, die ein hohes Maß an Spezialisierung und Individualismus erforderte; dieser Gegensatz zeigte sich besonders bei den ständigen Reibungen zwischen den privaten Sektoren und den wachsenden wirtschaftlichen und professionellen Aktivitäten im Arbeitersektor.
All diese Entwicklungen führten zu einem Prozeß der selektiven Institutionalisierung dieser Ideologie – in dessen Verlauf sich sowohl die eher dynamischen als auch die tendenziell stagnierenden Aspekte herausbildeten.
Diese selektive Institutionalisierung der Ideologie vollzog sich auf verschiedenen Wegen. An erster Stelle stand die Vorherrschaft der diese Ideologie tragenden Eliten in der breiteren Sozialstruktur des Jischuw.
Zweitens war es für die Pionierideologie von entscheidender Bedeutung, daß sie tief in das Erziehungswesen des Jischuw eingedrungen war und dort strategische Positionen einnahm.

Dies zeigte sich besonders im Schulwesen des Arbeitersektors und in verschiedenen Pionierjugendbewegungen, die den jungen Leuten das Ideal des Pioniers im Kibbuz als einzige – oder zumindest hauptsächliche – Form des Pionierlebens vorhielten.

Drittens folgte daraus einer der wichtigsten Aspekte dieser Institutionalisierung der Arbeiterideologie als vorherrschendes institutionelles Modell – nämlich das Auswahlmuster für Führungskräfte, das sich im Jischuw entwickelte und in der Führungsentwicklung im Arbeitersektor für eine gewisse Kontinuität sorgte, aber auch große Gruppen junger Menschen aus anderen Sektoren anzog. Den wichtigsten Mechanismus für diese Führungsauswahl boten die verschiedenen Pionierjugendbewegungen, etwa *Machanot Haolim, Hanoar Haowed, Haschomer Hazair* und, in geringerem Umfang, die *Zofim* (Pfadfinder), die sich nicht nur in der Diaspora, sondern seit den frühen zwanziger Jahren auch im Jischuw entwickelten. Diese Bewegungen waren eng mit dem Arbeiterschulsektor und später mit den höheren Rängen der *Hagana* und vor allem, aber nicht ausschließlich, der *Palmach* verbunden und wurden danach auch Teil des Establishments im Staat Israel. Parallelentwicklungen dazu gab es im religiösen Sektor, besonders in den Pionierkreisen, die mit dem religiösen Kibbuz und der Jugendbewegung *Bne Akiwa* liiert waren. Im »bürgerlichen« Sektor waren derartige Organisationen viel schwächer.

Viertens vollzog sich das selektive Eindringen der Pionierideologie in verschiedene institutionelle Einrichtungen durch die Kristallisation und Beibehaltung gemeinsamer Kollektivsymbole, die aus dem Pionierideal abgeleitet waren. Diese Tendenz verstärkte sich durch das Ringen mit der arabischen Bevölkerung und der Mandatsregierung sowie die daraus folgende Notwendigkeit, die einzelnen Siedlungen auszudehnen.

Fünftens verbreitete sich der Einfluß der Pionierideologie auf viel diffusere Weise in der Atmosphäre und im Lebensstil des Jischuw. Dies zeigte sich im Hang zu Ausflügen, zum Durchstreifen des Landes, zu der angestrebten »Rückkehr zur Natur«, den Jugendbewegungsaktivitäten und dem relativ einfachen Kleidungs- und Lebensstil, der damals in den meisten Gruppen des Jischuw üblich war.

Sechstens war diese Ideologie tief in den Kriterien für die Verteilung von Belohnungen und Stellungen im Jischuw verwurzelt sowie auch in der stark egalitären Haltung und in der nachdrücklichen Forderung, verschiedenen kollektiven Körperschaften anzugehören (vor allem den diversen Pioniergruppen und deren Gründungen, etwa der Histadrut).

In all diesen Bereichen wurde die Pionierideologie noch durch die Tatsache gestärkt, daß kein Gegenmythos, keine Gegenideologie von überragender Gültigkeit von irgendeiner Gruppierung entwickelt wurde, die Einwanderergruppen aber andererseits beim Übergang von ihren Herkunftsländern zur Ansiedlung in Palästina das Bedürfnis nach einem gemeinsamen Symbol spürten. Die Pionierideologie lieferte einen Rahmen für die kollektive Identität und ein neues Symbol der Selbsteinschätzung.

Diese selektiven Institutionalisierungsprozesse erleichterten zwar einerseits die Verbreitung dieser Ideologie, verwandelten aber andererseits auch einige ihrer Formen zu Brennpunkten der kollektiven Identität und schufen viele neue Spannungen und Probleme. Das Charisma der Ideologie wurde zur Routine. Ihre verschiedenen Ausdrucksformen wurden flacher, verschwommener, weniger lebendig und indirekter in ihrer Auswirkung auf die alltäglichen Beziehungen und Tätigkeiten. Hand in Hand damit kam es natürlich zu einem immer weiteren Auseinanderklaffen zwischen dem rein symbolischen Ausdruck der Ideologie mit ihrem weltanschaulichen und doktrinären Inhalt einerseits und der auf diese selbe Ideologie angeblich gestützten Alltagspraxis andererseits.

Veränderungen in der Pionierideologie

All diese Veränderungen förderten auch – besonders im Arbeitersektor – einige der Widersprüche zwischen den verschiedenen Dimensionen und institutionellen Derivaten der Pionierideologie zutage, vor allem zwischen deren elitistischen und egalitären Komponenten. Selbst in ihren schwächeren Ausdrucksformen innerhalb des bürgerlichen Sektors war diese Ideologie im Grunde sehr elitistisch, da sie die Pioniere als bevorzugte Avantgarde behandelte. Sobald sie mit verschiedenen, aus der jüdischen Tradition abgeleiteten Orientierungen verbunden wurde – nämlich mit der geforderten Treue zur idealen Ordnung, dem autonomen Zugang zum Bereich des Heiligen und der Ablehnung jeglichen Mittlertums –, bekam sie gewiß einen starken egalitären Zug, aber dies war die Gleichheit der wenigen Auserwählten, der jeweiligen Sekte oder Bewegung. Außerdem stützte sie sich weitgehend auf die enge Verbindung zwischen Recht und Pflicht, wobei, zumindest anfänglich, die Dimensionen der Pflicht hervorgehoben wurden, also die Pflichten als Pionier im Dienste der Nation und der Gemeinschaft.

Als sich die Sozialstruktur des Jischuw und der Pioniersiedlungen selber jedoch immer mehr festigte, als sich die Machtelemente in diesem Rahmen stärker durchsetzten und der ständige Wettlauf um die Zuteilung von Ressourcen zunahm, entwikkelte sich ein anderer, in der Solidarität und den älteren jüdischen Traditionen verwurzelter Egalitarismus. Er betonte mehr die distributiv-allokative Orientierung, bei der die Rechte allmählich stärker in den Vordergrund rückten als die Pflichten. Diese Entwicklung setzte schrittweise in den diversen Unternehmen und Wohnvierteln des Arbeitersektors ein und verband sich mit entsprechenden Einstellungen im bürgerlichen Sektor.

In Wirklichkeit boten die Institutionalisierung der Pionierideologie und das Ringen zwischen den verschiedenen Sektoren ein ziemlich vielschichtiges und komplexes Bild. Tatsächlich war der Jischuw weit von einer egalitären Gesellschaft entfernt, und die wirtschaftlichen Unterschiede zwischen verschiedenen Berufsgruppen und Sektoren waren recht erheblich.

Diese Ungleichheit sowie das gestiegene Interesse an der Gegenwart und das Streben nach höheren Positionen in der Gesellschaft wurden jedoch durch mehrere Kräfte oder Faktoren gemildert: erstens durch die weitgehende Segregation zwischen den Sektoren, die ständige Expansion der Wirtschaftsstruktur und die verschiedenen Formen der Eingliederung von Einwanderern; zweitens durch die Annäherung der beiden Arten von Egalitarismus in verschiedenen gesellschaftlichen Bereichen. In seiner ursprünglicheren Form regierte das elitistisch-egalitäre

Ethos in den Kibbuzim, in etwas geringerem, aber keineswegs unbedeutendem Maße in den Moschawim und bis zu einem gewissen Grad auch in frühen Entwicklungsphasen verschiedener Organisationen der Histadrut, in denen die Gehälter anfangs aufgrund der familiären Situation und zum Teil auch nach dem Dienstalter berechnet wurden statt nach der jeweiligen Aufgabe. Obwohl diese Norm nur beschränkt angewendet wurde – meistens auf die Führer und Funktionäre der Histadrut –, besaß schon ihr Bestehen erhebliche symbolische Bedeutung.

Später, als die mehr distributiv-allokativen Aspekte dieser Organisationen zunahmen und die Bürokratisierungstendenzen wuchsen, trat der widersprüchliche Einfluß dieser beiden egalitären Richtungen jedoch klarer zutage.

Der Einfluß der Briten und die Beziehungen zu den Arabern

Alltägliche Begegnungen

Wie erwähnt, entwickelte sich die Sozialstruktur des Jischuw im Rahmen des Mandats, wobei die Beziehungen des Jischuw zur Mandatsregierung sowie zur arabischen Bevölkerung einen wichtigen Aspekt dieser Struktur darstellten.

Sowohl mit der kleinen britischen Regierungsschicht als auch mit den Arabern entstanden viele informelle Alltagsbeziehungen. Die mit der englischen Gemeinde beschränkten sich gewöhnlich auf die geistige und politische Elite sowie einige der älteren sefardischen Würdenträger. Demgegenüber waren die Beziehungen zur arabischen Gemeinde viel weiter verbreitet und reichten vom traditionellen täglichen Kontakt zwischen arabischen Dorfbewohnern und jüdischen Siedlern bis zu Wirtschaftsbeziehungen zwischen den beiden Gemeinden, einschließlich langer Bekanntschaften zwischen sefardischen und arabischen Würdenträgern und der Zusammenarbeit in Angelegenheiten der Ortsverwaltung.

Diese vielseitigen Kontakte dauerten, trotz der wachsenden Spannungen zwischen den beiden Gemeinden, die ganze Man-

datsperiode über an, obwohl sie – vor allem in der Spätzeit – natürlich stark von diesen Konflikten beeinflußt wurden.
Der britische Einfluß machte sich vor allem im institutionellen und kulturellen Bereich bemerkbar. Am klarsten zeigte er sich im Rechtssystem, das in vielen Grundaspekten der israelischen Rechtsinstitutionen bis heute weiterbesteht, weitgehend auch auf dem Gebiet von Verwaltung und Politik.
Den nachhaltigsten Einfluß übten die Engländer im kulturellen Bereich aus, insbesondere auf die Kontakte des Jischuw zur westlichen »Außenwelt«. Diese Kontakte richteten sich mehr und mehr auf die englischsprachigen Länder, und zwar trotz der Tatsache, daß die meisten Pioniere und Einwanderer der Jischuw-Periode aus Ost- und Mitteleuropa stammten und später durch die sogenannte orientalische Einwanderung mehr romanische oder mittelländische Strukturen entstanden. Englisch wurde und blieb bis heute – unbeschadet einiger Vorstöße des Französischen – die wichtigste Fremdsprache in Schulen und Universitäten, und die kulturellen Kontakte zu englischsprachigen Ländern nahmen kontinuierlich zu.
In vielen Kreisen richteten sich die gängigen Vorstellungen von Staatsbürgerschaft, staatlicher Ordnung und Sittlichkeit nach englischen Vorbildern. Obwohl sie im Jischuw nicht etabliert und institutionalisiert wurden, darf ihre allgemeine Bedeutung nicht unterbewertet werden.
Selbstverständlich wurde dieser Einfluß noch ganz erheblich dadurch verstärkt, daß nach dem Zweiten Weltkrieg nur sehr wenige jüdische Gemeinden in Mittel- und Osteuropa übriggeblieben waren (abgesehen von der Sowjetunion, mit der Kontakte nahezu ausgeschlossen waren) und sich die wichtigste jüdische Gemeinde in den Vereinigten Staaten und die zweitgrößte in England befand. Zumindest im ersten Nachkriegsjahrzehnt verlagerten sich die wissenschaftlichen, politischen und wirtschaftlichen Machtzentren in die USA, wodurch die Weiterentwicklung von Tendenzen ermöglicht wurde, die bereits unter dem Mandatseinfluß begonnen hatten.
Die Beziehungen zur arabischen Gemeinde waren ganz anders: diffuser und weniger artikuliert. Wegen der auf Entwicklung eingestellten Grundrichtung der zionistischen Bewegung und der wachsenden Feindschaft zwischen der arabischen und der

jüdischen Gemeinde kam es kaum zu einer positiven Identifikation mit den Hauptaspekten der arabischen Kultur und Lebensweise.
Aber auf viele verschiedene Weisen und auf zahlreichen unterschiedlichen Ebenen entstanden doch Aktivitäten, die der arabischen Kultur und Gemeinde verwandt waren. Zu den wichtigsten Entwicklungen auf diesem Gebiet gehörte der Aufstieg der Orientalistik und Islamwissenschaft im jüdischen Bildungswesen, und zwar von der akademischen Ebene, auf der das Institut für Orientalische Studien zu den ersten und wichtigsten Forschungseinrichtungen gehörte, bis zu den Oberschulen, in denen Arabisch (neben Französisch) zu einer der beiden Wahlfremdsprachen wurde.
Darüber hinaus erwarben die Angehörigen der jüngeren Generation von Sabras, besonders wenn sie aus den ländlichen Gegenden und Siedlungen stammten, so manche Merkmale in Kleidung, Alltagsbenehmen und sprachlichem Ausdruck, die denen ihrer arabischen Nachbarn eng verwandt waren. Auch in zahlreichen orientalischen Gemeinden lehnten sich die Muster von Kleidungsstil, Freizeitgestaltung und kultureller Aktivität oft recht eng an die der arabischen Gemeinden an.

Politische Beziehungen

Aber die Beziehungen zu den Briten – und vor allem zu den Arabern – beschränkten sich natürlich nicht auf solche alltäglichen Kontakte oder Begegnungen. Vielmehr standen sie im Mittelpunkt der »auswärtigen« politischen Beziehungen der zionistischen Bewegung und des Jischuw, beeinflußten viele ihrer Aktivitäten und nahmen eine immer zentralere Stellung in ihrem Leben ein.
Einige der frühen zionistischen Denker äußerten sich besorgt über die Beziehungen zur arabischen Bevölkerung und die Möglichkeit eines Konflikts mit ihr, während andere dies überhaupt nicht sahen, da sie Erez-Israel für nahezu völlig unbewohnt hielten.
Herzls *Altneuland* ging zwar – in einer Art utopisch-visionären Sicht – von einer friedlich-natürlichen, kooperativen Koexi-

stenz aus, worin ihm manche andere zionistische Denker folgten. Aber es gab auch andere zionistische Führer und Denker, die – wie zum Beispiel Achad Haam und später Jecheskel Kaufmann, der wohl einzige ernstzunehmende Ideologe außerhalb des Arbeitersektors – sehr wohl die Möglichkeit erkannten, daß sich ein intensiver Konflikt zwischen den beiden Nationen oder ethnischen Entitäten entwickeln könnte, weswegen man nach Wegen Ausschau halten müßte, dies abzuwenden.

Weizmann versuchte, derartige Schwierigkeiten auf seine eigene Weise durch das berühmte Abkommen von 1917 mit Emir Faisal zu überwinden, in dem das Recht der Juden auf Ansiedlung in Erez-Israel in einer Art pansemitischem Pakt anerkannt wurde; aber wegen der Aufteilung des Nahen Ostens unter die Großmächte einerseits und wegen des wachsenden arabischen Nationalismus andererseits war dies leider nur eine vorübergehende Erscheinung.

Die Möglichkeit eines solchen Konflikts und die Notwendigkeit, Mittel zu seiner Lösung zu finden, wurde natürlich augenfälliger und dringender bei der tatsächlichen Ansiedlung in Erez-Israel, den ersten täglichen Begegnungen mit Arabern und der Gründung der Verteidigungstruppe *Haschomer* im Jahr 1909 – selbst wenn sich dies zuweilen mit einer recht romantischen Sicht des Arabers oder Beduinen von seiten mancher früher Siedler und einiger der ersten in Erez-Israel geborenen Schriftsteller paarte, wie etwa bei Mosche Smilansky.

Nach dem Fehlschlag des Weizmann-Faisal-Abkommens trübte sich jedoch das Bewußtsein hinsichtlich der direkten politischen Dimension dieses Konflikts. Es schwächte sich ab wegen der ziemlichen Öde des Landes, der geringen Bevölkerungszahl und der Bereitschaft arabischer Grundbesitzer, Land an die jüdischen Organisationen zu verkaufen; hinzu kamen die noch relativ mangelhafte politische Organisation und Artikulation der arabischen Nationalbewegungen, innere Spaltungen im arabischen Lager und die Weigerung der Araber, offizielle Kontakte mit den Juden aufzunehmen.

Weiter wurde dieses Bewußtsein durch die besonderen Umstände des Palästina-Mandats getrübt, das der jüdischen nationalen Heimstätte internationale Anerkennung verhieß, während die Mandatsregierung und, in geringerem Ausmaß, einige internationale Körperschaften (wie der Völkerbund) zwischen Juden und Arabern vermittelten und somit die Notwendigkeit einer direkten politischen Auseinandersetzung erheblich verringerten. Ebenfalls abschwächend wirkte sich die in Palästina entstehende Arbeitsteilung aus, die auf das Bemühen des Jischuw zurückging, die Entwicklung gemischter arabisch-jüdischer Wirtschaftssektoren minimal zu halten. Diese Betonung der *Awoda Iwrit* (hebräische Arbeit), die sich gegen die Einstellung arabischer Arbeiter durch Juden richtete, war im Arbeitersektor – als Teil dessen Vision vom Wiederaufbau einer jüdischen Volkswirtschaft – sehr stark vertreten und bildete häufig einen Streitpunkt mit dem bürgerlichen Sektor und indirekt mit den arabischen Arbeitern, während sie insgesamt zu einer gründlicheren Segregation zwischen den beiden Sektoren führte.

So entstand eine ziemlich utopische, »ökonomische«, sozialistische Vision von den zukünftigen Beziehungen zu den Arabern, der zufolge sich nach dem Abbau des feudalen Charakters der arabischen Gesellschaft und der Modernisierung ihrer Wirtschaft eine bessere Zusammenarbeit zwischen den beiden Nationen ganz natürlich von selber entwickeln werde.

Das Bewußtsein der Notwendigkeit, mit der arabischen Bewegung zu einem solchen Einverständnis zu gelangen, wurde, wie gesagt, ferner auch durch die grundlegende arabische Unbeugsamkeit gegenüber der jüdischen Verwirklichung des zionistischen Traums abgeschwächt. Diese Unbeugsamkeit fand ihren Ausdruck in der harten arabischen Reaktion auf jüdische Einwanderung und Ansiedlung während der blutigen Unruhen von 1921 und 1929 bis hin zum Aufstand von 1936 unter der Führung des Mufti von Jerusalem, bei dem die ersten arabischen Militärverbände, die berühmten *Knufiot* (Banden), auf den Plan traten.

Zwar gab es durchaus mehrere Versuche – von Chaim Arlosoroff, Ben-Gurion und anderen –, mit arabischen Führern zusammenzutreffen, aber da man bei ihnen gleich von Anfang an auf eine sehr grundlegende Ablehnung des Zionismus stieß, wurden solche Kontakte von der offiziellen zionistischen Führung weitgehend aufgegeben und nur von einigen, allerdings ziemlich einflußreichen Randgruppen weitergeführt.

Diese Gruppen – unter denen der *Brit Schalom* (Friedensbund) am wichtigsten war – setzten sich zumeist aus hervorragenden Intellektuellen zusammen: Leute wie Martin Buber, Ernst Simon und viele andere. Sie betonten nicht nur gegenüber dem scheinbar militanten Ben-Gurion, sondern auch gegenüber dem pazifistischeren Weizmann die Notwendigkeit, mit den Arabern zu einem politischen Kompromiß zu gelangen, doch sie führten nicht aus, wie eine solche Übereinkunft mit den arabischen Forderungen nach einer Beschränkung der jüdischen Einwanderung und Ansiedlung zu vereinbaren wäre.

Der *Haschomer Hazair* sprach sich für die Gründung eines binationalen jüdisch-arabischen Staates in Israel aus – unter ausdrücklicher Betonung weiterer jüdischer Einwanderung und Ansiedlung sowie politischer Autonomie. Doch wieder gab es keinen wirklichen Widerhall bei irgendeinem arabischen Partner.

Ein typisches Beispiel für das Dilemma derjenigen, die eine realistische Einigung mit den Arabern suchten, war Arthur Ruppin, der Leiter des Palästina-Amtes der Jewish Agency und Hauptförderer der Arbeitersiedlungen, der 1926 zu den Gründern des *Brit Schalom* gehörte, ihn 1929 wieder verließ und letzten Endes zu folgendem Schluß kam:

> Ich glaube, daß sehr ernste Interessenkonflikte zwischen den Juden und den Arabern bestehen. Momentan sehe ich nicht, wie sich diese Interessenkonflikte so lösen ließen, daß die Juden die Möglichkeit unbegrenzter Einwanderung und unbegrenzter wirtschaftlicher und kultureller Entwicklung in Palästina erhalten, die für den Zionismus absolut wesentlich sind, ohne die Interessen der Araber zu verletzen.
>
> Ich bin diese Zeit über außerordentlich ruhig und kühl geblieben. Ich habe mir die Theorie zu eigen gemacht, daß es unter den gegebenen Umständen natürlich ist, daß sich der Antagonismus der Araber gegen jüdische Einwanderung in periodisch wiederkehrenden Krawallen entlädt, daß wir in einer Art latentem Kriegszustand mit den Arabern leben, der den Verlust von Menschenleben unvermeidbar macht. Das mag unannehmbar sein, ist aber eine Tatsache; und wenn wir unser Werk in Palästina trotz der Araber fortsetzen wollen, werden wir mit solchen Opfern rechnen müssen...
>
> Was ist zu tun, um die Spannung zwischen den beiden Natio-

nalitäten zu mildern oder aufzuheben, die schließlich nicht ewig fortbestehen kann? Meines Erachtens können uns momentan keinerlei Verhandlungen mit den Arabern weiterbringen, weil die Araber immer noch hoffen, über unsere Köpfe hinweg mit uns fertig werden zu können. Nicht Verhandlungen, sondern die Fortentwicklung Palästinas in Richtung auf einen höheren Prozentsatz von Juden in der Bevölkerung und eine Stärkung unserer wirtschaftlichen Stellung können und werden eine Milderung der Spannung herbeiführen. Wenn die Erzielung eines Einverständnisses mit uns nicht länger bedeutet, daß die Araber uns Konzessionen machen, sondern nur noch eine Frage des Abfindens mit der Wirklichkeit darstellt, wird das Gewicht der Tatsachen eine Abschwächung der Spannung mit sich bringen.[14]

In Ruppins Fall wurde diese Schlußfolgerung – zu der die meisten zionistischen Bewegungen gelangten – durch die starke Hoffnung auf eine friedliche Einigung mit den Arabern gemäßigt. Ausdrücklicher fand sich diese Annahme in der von Jabotinsky und den Revisionisten vertretenen Meinung, daß die Araber erst nach einer Demonstration der Macht zu einer Koexistenz mit den Zionisten bereit sein würden. Aber auch Persönlichkeiten wie Arlosoroff oder Ben-Gurion teilten – allerdings nur unausgesprochen – diese Annahme, wobei letzterer der rein militärpolitischen Haltung der Revisionisten die Notwendigkeit entgegensetzte, Stärke durch Siedlungsarbeit und durch die Schaffung von Machtbasen aufzubauen.

Gleichzeitig machten es die fortdauernden Beweise arabischer Unbeugsamkeit – etwa Krawalle und wahllose Tötung von Zivilpersonen – den anderen leichter, einfach zu behaupten, den Arabern fehle es an politischer Mündigkeit, und den Konflikt nicht in politischen Begriffen, sondern in Kategorien von »gut« oder »böse« zu definieren, um dann die politischen Anstrengungen auf internationale Schauplätze zu konzentrieren.

Dabei hob gerade diese Konfrontation das politische Bewußtsein der zionistischen Bewegungen selber – eine Dimension, die 1937 durch den sogenannten Peel Report legitimisiert wurde.

14 Zitiert von Mosche Dayan in seinem »Afterword« zu A. Ruppin, *Memoirs, Letters, Diaries*, hg. mit einer Einleitung von Alex Bein, London 1971, S. 318-320.

Dieser von einer Königlich-Britischen Kommission ausgearbeitete Bericht erkannte praktisch die Unvereinbarkeit der jüdischen und arabischen Ansprüche sowie die politische Mündigkeit des Jischuw an und empfahl die Schaffung zweier Staaten in Palästina – eines jüdischen und eines arabischen.
Dies führte zu einem erbitterten Disput im zionistischen Lager. Auf der einen Seite standen diejenigen, die – wie die Revisionisten und Teile der Arbeiterbewegung unter der Führung von einigen Kibbuzmitgliedern und auch Berl Katznelson – nicht das Recht auf das ganze Erez-Israel aufgeben wollten, und auf der anderen Seite die von Weizmann und Ben-Gurion geführten Gruppierungen sowie die meisten Führer der religiösen Parteien, die darin die einzig praktikable politische Lösung sahen. Die letztere Anschauung siegte schließlich auf dem Zionistenkongreß von 1938, der den Vorschlag einer territorialen Teilung Palästinas annahm, wodurch er allerdings heftigen Widerstand von seiten der Revisionisten und der Dissidentengruppen sowie mehr latente Mißbilligung von seiten der Opposition innerhalb der Zionistischen Organisation auslöste.

Die zionistische Vision
und die Art ihrer Institutionalisierung im Jischuw

Drei Führer:
Weizmann, Ben Gurion, Jabotinsky

Die mannigfaltigen Themen, die sich im Jischuw herausbildeten, verbanden sich auch mit unterschiedlichen Führertypen: dem eher visionären Kosmopoliten, dem utopischen Gründer von Institutionen und dem stärker machtorientierten Politiker. Selbstverständlich überschnitten sich diese Charakterzüge häufig, aber im großen und ganzen fanden sie sich in recht ausgeprägter Form mit erheblichen Spannungen untereinander. Trotz dieser Spannungen kooperierten die verschiedenen Führertypen jedoch in vielen gemeinsamen Rahmen und bestärkten einander.
Hier traten zwei große Gestalten in der Geschichte des Jischuw und der zionistischen Bewegung hervor: Chaim Weizmann und David Ben-Gurion. Sie kooperierten jahrzehntelang in einer

spannungs- und konfliktgeladenen Koalition, die damals die Macht innehatte, und geben ein anschauliches Beispiel für die verschiedenen Führertypen und die Wechselbeziehungen zwischen ihnen ab.

Weizmann, der von 1920 bis 1946 (mit kurzer Unterbrechung Anfang der dreißiger Jahre) Präsident der Zionistischen Organisation war und später zum ersten Präsidenten von Israel gewählt wurde, war zudem noch ein hochrangiger Wissenschaftler und ein kosmopolitischer Mensch, der führend am Zustandekommen der Balfour-Erklärung beteiligt war. In seiner Grundeinstellung verband er die utopisch-liberale Vision Herzls, dessen großer Nachfolger er war, mit einer tiefen Verwurzelung im Leben des osteuropäischen Judentums und einer sehr realistischen Einschätzung der internationalen Bühne sowie der erez-israelischen Lebenswirklichkeit und betonte stark die Bedeutung praktischer Siedlungsarbeit im Land Israel. Seine Tätigkeit umfaßte nicht nur politisch-visionäre Bemühungen, sondern auch routinemäßige diplomatische Alltagsarbeit einerseits und enge Beteiligung an dem praktischen Siedlungswerk und an der Errichtung von Institutionen in Erez-Israel andererseits.

David Ben-Gurion kam mit der zweiten Alija nach Erez-Israel und wurde, neben Berl Katznelson und anderen, zum wichtigsten Führer der Arbeiterbewegung und zum hauptsächlichen Gründer von Histadrut und *Mapai* (Partei der Arbeiter Erez-Israels). Auch er war ein Visionär, aber dabei ein praktisch veranlagter Pionier und ein tätiger Führer, der sich darauf konzentrierte, den Arbeitersektor und dessen Institutionen nach den Lehren der zionistisch-sozialistischen Vision zu organisieren, wobei aber starke totalistische und machtgerichtete Orientierungen mitschwangen. Bekanntlich wurde er zum Führer des Jischuw in der Zeit des Strebens nach Unabhängigkeit, der militärischen Vorbereitung darauf und der Gründung des Staates Israel.

Seine gespannten Beziehungen zu Weizmann gipfelten 1946 in einem Bruch über die Haltung gegenüber der britischen Regierung. Als er jedoch dann der erste Ministerpräsident des Staates Israel wurde und dessen bereits auf die institutionellen Leistungen des Jischuw allgemein und des Arbeitersektors im besonderen gestützten Grundcharakter ausformen wollte, ließ er sich im Grunde genommen von der Weizmannschen Vision leiten, die die universale Aufgabe der zionistischen Unternehmer hervorhob, großen Wert auf die Entwicklung der Wissenschaft legte und damit eine moralische, in biblische Themen gekleidete Mission vertrat. Außerdem war er es, der vorschlug, Weizmann zum ersten Präsidenten von Israel zu machen, auch wenn er diesem Amt jede wirkliche Machtbefugnis versagte.

Diese beiden Führer erreichten zu Lebzeiten die höchsten Stellungen in der zionistischen Bewegung und im Staat Israel. Im Gegensatz dazu stand die tragischere Gestalt von Seew (Wladimir) Jabotinsky, dem Führer der Revisionisten und deren Jugendorganisation *Betar,* der bekanntlich eine recht abweichende Interpretation der zionistischen Vision vertrat. Diese Einstellung setzte sich zwar ebenfalls für eine kulturelle Erneuerung und eine säkulare Sicht des Judentums ein, betonte aber weit mehr die rein politische und militärische Aktivität und legte erheblich weniger Wert auf die Errichtung von Institutionen.

Das Paradox der Beziehungen zur Diaspora

Inzwischen erkannte man bis zu einem gewissen Grad die paradoxen Aspekte der Beziehungen des Jischuw zu den jüdischen Gemeinden in der Diaspora und der sich dort entwickelnden zionistischen Bewegung.

Der Jischuw war in bezug auf seine wichtigsten Ressourcen – Geld und Arbeitskräfte – ständig von der Diaspora abhängig. Ohne diesen Nachschub konnte er schnell stagnieren, wie es im Fall der ersten Alija geschah und fast noch einmal am Ende der vierten Alija in den späten zwanziger Jahren eingetreten wäre. Doch sosehr sich der Jischuw auf solche Ressourcen – sowie auch auf die politische Unterstützung des Weltjudentums im allgemeinen und der Zionistischen Organisation im besonderen – stützen mochte: seine Beziehung zur Diaspora war immer ziemlich ambivalent, und zwar vor allem wegen der ursprünglichen zionistischen Ablehnung der Galut. Der Jischuw begriff sich als eine ständige ideologische Herausforderung für die Diaspora.

Das Ergebnis war ein Paradox, das in der Jischuw-Periode noch nicht voll zutage trat, aber später, im Staat Israel, wichtig wurde. Der ideologische Anspruch an die jüdischen Gemeinden in der Diaspora war natürlich völlig offensichtlich: er lag in der Forderung nach Arbeitskräften, im Ruf nach mehr Pionieren, die in der *Hachschara* ausgebildet waren, um die Rebellion gegen die Diaspora fortzusetzen. Aber im Hinblick auf die politischen und ökonomischen Ressourcen war die Situation weit komplexer. Diese wurden natürlich überwiegend von den Zionisten beigebracht, die in der Diaspora verblieben, und schon der Aufruf an sie bedeutete zumindest implizit eine gewisse Anerkennung der fortbestehenden Existenzberechtigung der Diaspora als solcher und der Abhängigkeit des Jischuw von ihr.

Dieses Paradox konnte in der Jischuw-Periode teilweise übersehen werden. Zunächst einmal beruhte der Anspruch auf solche Ressourcen ja im Prinzip auf der zionistischen Vision, die den Empfängern – und zwar nicht nur in ihren eigenen Augen – im Vergleich zu den Gebern höhere moralische und nationale Dignität verlieh, und der Ruf nach Ressourcen verband sich mit dem Ruf nach Mobilisierung weiterer Pioniergruppen.

Zweitens trat diese stillschweigende Legitimisierung der jüdischen Diaspora-Gemeinden seinerzeit nicht voll zutage, weil die von ihnen bereitgestellten Ressourcen nicht auf philanthropische Weise verwaltet wurden (wie im Fall des Barons Rothschild während der ersten Alija), sondern von politischen Organisationen, nämlich den verschiedenen Organen der Zionistischen Organisation und der Jewish Agency, die wiederum offiziell die den jüdischen Diaspora-Gemeinden gemeinsame zionistische Vision propagierten, während die Verteilung dieser Ressourcen innerhalb dieser Organisationen einen ständigen Zankapfel bildete und der Jischuw mehr und mehr Macht in ihnen gewann.

Die Tatsache, daß diese Ideologie und die zionistische Bewegung bekanntlich ein umstrittenes und nicht allseits akzeptiertes Element in der Diaspora darstellten, trug erst recht zur Klärung dieser Voraussetzungen in zumindest großen Teilen des Jischuw bei. Einige Gruppen, darunter insbesondere solche, die den Revisionisten nahestanden, betrachteten die Gründung der

Jewish Agency, in der sogar offizielle Nichtzionisten mitarbeiteten, als einen Verrat an der reinen Lehre der zionistischen Vision.

Im Prinzip wurden die »Geschäftsbedingungen« zwischen dem Jischuw im allgemeinen bzw. den Pioniersektoren im besonderen und den jüdischen Gemeinden in der Diaspora im Sinne der zionistischen Ideologie formuliert: sie galten zwischen den Vorkämpfern der neuen Vision und einer breiteren Peripherie, die ihr nicht völlig nachzuleben vermochte, aber ihre Überlegenheit anerkennen sollte.

Die negative Einschätzung der Galut, der Diaspora, verstärkte sich jedoch noch im Bewußtsein der zweiten Generation, die einen neuen hebräischen – von vielen Mängeln des Galut-Bewohners befreiten – Menschen vertrat. Dieser neue Prototyp hatte etwas ausgesprochen Heldenhaftes an sich, war fest im Lande verwurzelt, sah die Bestellung des Bodens und die Selbstverteidigung als seine wichtigsten Aufgaben an und wurde nicht mehr von den Komplexen der Angehörigen einer unterdrückten Minderheit geplagt. Um diese Themen herum entwickelte sich die neue Kollektividentität des Jischuw.

Neue Generationen: die Sabras

Mit dem Auftreten neuer, in Erez-Israel geborener Generationen erhielten solche fruchtbaren Neuerungen und die Verwirklichung all dieser Träume in stärkerem Maße Bedeutung. Dies zeigte sich deutlich im Alltag, in den Jugendbewegungen, in den Siedlungen und in den expandierenden Verteidigungsunternehmen, obwohl der Jischuw noch weit davon entfernt war, ein Zentrum von Macht und Einfluß zu sein.

Die neuen Generationen wurden nach der Kaktusfrucht als *Sabras* bezeichnet – außen stachlig, innen süß. Sie schienen der Inbegriff des neuen, »normalen«, freien und emanzipierten Juden zu sein, der im Land verwurzelt, nicht länger von den Unsicherheiten der Galut zerrissen ist und durch die Ausdehnung des Siedlungswerks und die Erfüllung der zunehmenden Sicherheitsaufgaben die Pioniertraditionen fortführt.

Dieses Bild des Sabra begann den erez-israelischen Alltag zu prägen und drückte sich am stärksten in den Versuchen aus, die traditionellen zionistischen Themen und Orientierungen um neue, speziell erez-israelische zu bereichern. Eng damit verbunden war beispielsweise die Wiederbelebung der traditionellen Feste in den Kibbuzim. All dies trug zu einem enormen Aufschwung kultureller Kreativität bei, und zwar in einem umfassenden, auch das tägliche Leben betreffenden Sinne.

Diese Kombination des neuen Menschenbildes mit der Fortführung und Differenzierung der Pionierarbeit milderte in der Jischuw-Periode das allen revolutionären Gesellschaften gemeinsame Problem, das später entscheidend werden sollte: nämlich die Frage, wie sich eine Revolution über ihre erste Generation hinaus fortführen läßt. Außerdem mäßigte sie die potentielle Rivalität zwischen den älteren Führern und den Sabras um den Zugang zu den Machtzentren in den verschiedenen Sektoren und Verbänden des Jischuw und der Zionistischen Organisation.

Von großer Bedeutung war hier die Tatsache, daß relativ wenige Vertreter der ersten Sabra-Generation bei der Schaffung neuer institutioneller Rahmen aktiv wurden oder in die Machtzentren eintraten. Erst die zweite Sabra-Generation von Führungspersönlichkeiten, wie etwa Mosche Scharett oder Dov Hos, begannen ihren Einfluß geltend zu machen, vor allem in den entstehenden Streitkräften.

Die Herausbildung des Sabra-Image war Ausdruck einer verschmelzenden Kollektividentität, nämlich einer territorial-nationalen, semi-primordialen Bindung an das Land und einer intensiven Beschäftigung mit Sicherheits- oder Verteidigungsproblemen. Diese Sabras waren nicht nur auf den Gebieten von Siedlung, Verteidigung und der Erkundung des Landes aktiv, sondern legten diesen Themen auch im literarischen und politischen Bereich besonderes Gewicht bei.

Wie immer jedoch ihre spezifischen Einstellungen und Vorlieben ausgesehen haben mögen – zumindest in diesem Zeitraum teilten und betonten sie die starken Zukunftsorientierungen der zionistischen Vision.

Am vollständigsten und stärksten kristallisierte sich die zukunftsorientierte charismatische Dimension im Jischuw wohl nach dem Zweiten Weltkrieg heraus. Das Kriegsende – mit einer internationalen politischen Situation, die zu neuen Hoffnungen Anlaß bot, auf der einen Seite und den fürchterlichen Erfahrungen des Holocaust mit den ersten Wellen von Überlebenden auf der anderen Seite – verstärkte alle zionistischen Visionen und besonders die Suche nach einer politischen Lösung.

Der Jischuw und die zionistische Bewegung waren in äußerst düsterer Stimmung in den Krieg eingetreten. Auf der internationalen politischen Ebene ereilte der Krieg sie in einem bitteren Ringen gegen die Briten, die unter arabischem Druck von den Empfehlungen der Peel-Kommission von 1937 abgerückt waren. Von 1936 bis 1939 erließ die britische Regierung unter dem Einfluß fortdauernder arabischer Unbeugsamkeit und in dem Versuch, einen neuen Krieg in Europa abzuwenden, eine Reihe von Beschränkungen gegen jüdische Einwanderung und Landkäufe, die schließlich in dem berüchtigten Weißbuch von 1939 gipfelten, und sprach sich statt für ein jüdisches Staatswesen für eine sehr viel begrenztere Föderation aus. Dies alles führte zu wachsendem jüdischen Widerstand.

Die Anfänge dieses Widerstandes wurden, zumindest in gewissem Umfang, durch den Zweiten Weltkrieg und die gemeinsame Front mit England gegen Hitler abgemildert, aber die Vision von der Staatlichkeit verlor nichts von ihrer Kraft, sondern wurde nur auf später vertagt. 1942 gab Ben-Gurion, in gewissem Sinn gegen Weizmanns Rat, die berühmte Biltmore-Erklärung in New York ab – was an sich schon eine bedeutsame politische Geste darstellte, die die zunehmende politische Bedeutung der USA und des amerikanischen Judentums unterstrich. Diese Erklärung bezeichnete die jüdische Staatlichkeit als wichtigstes Nachkriegsziel der zionistischen Bewegung.

Gleichzeitig bereiteten die relativ günstige Wirtschaftslage in Palästina, die beginnende militärische Zusammenarbeit mit den Briten, die schließlich zur Aufstellung der Jüdischen Brigade in der britischen Armee führte, der kontinuierliche Ausbau der *Hagana* und die Einrichtung der Spezialeinheiten der *Palmach* den Jischuw und die zionistische Bewegung in gewissem Sinn darauf vor, den politischen und, falls notwendig, auch militärischen Kampf nach dem Krieg in vollerem Umfang wieder aufzunehmen.

Die geschichtlichen Grundzüge dieser Jahre sind wohlbekannt: die Versuche der Briten, den Zustrom von Einwanderern, besonders aus den Lagern in Europa, einzudämmen; die Organisation der illegalen *Haapala* (Einwanderung); der zunehmende Aufbau einer inneren militärischen Organisation und die vermehrten Militäraktionen von *Hagana* und *Ezel* gegen die Briten; die teilweise Kooperation und die Streitigkeiten zwischen diesen Organisationen; die verschiedenen britischen Versuche, den jüdischen Widerstand zu ersticken; Weizmanns Rücktritt auf dem Zionistenkongreß von 1946, der eine Machtverschiebung zugunsten von Ben-Gurion und dem amerikanischen Führer Abba Hillel Silver ankündigte, die den Briten gegenüber eine weit militantere Haltung einnahmen.

Darauf folgten: die Anglo-Amerikanische Kommission von 1948, die empfahl, 100 000 Überlebende aus Lagern nach Palästina hereinzulassen; die Nichtannahme dieser Empfehlung durch die Briten, die nunmehr das ganze Palästinaproblem an den UN-Ausschuß »weiterreichten«; dessen gegen den Wunsch der Araber und Briten ausgesprochene Empfehlung, Palästina zu teilen und auf seinem Gebiet einen jüdischen und einen arabischen Staat zu gründen, mit einer internationalen Zone um Jerusalem; der UN-Beschluß vom 29. November 1947, mit dem diese Empfehlungen angenommen wurden; der arabische Widerstand gegen diese Entscheidung; die lauwarme und insgesamt proarabische Haltung der Briten gegenüber dem zu gründenden jüdischen Staat; ihre Mandatsniederlegung am 14. Mai 1948 und die Gründung des Staates Israel in einem Zustand des Krieges; die Flucht weiter Teile der arabischen Bevölkerung aus den jüdischen Gebieten; der Angriff durch die Armeen fünf arabischer Staaten gegen Israel; die Abwehr dieses Angriffs unter Verlust von rund 6 000 Menschenleben – vor allem aus den Einheiten der *Hagana* und *Palmach* (die später zur Israelischen Verteidigungsarmee umformiert wurden) – und schließlich der Waffenstillstand von 1949.

Dieser äußere Geschichtsverlauf vermittelt aber nur einen

bruchstückhaften Einblick in die zu dieser Zeit so mächtig aufwallenden Zukunftsvisionen, die allesamt von entscheidender Wichtigkeit für das Verständnis der Sozialstruktur des israelischen Staates sind.

Dritter Teil
Der Staat Israel. Die Kristallisation institutioneller Modelle

7. Kapitel
Der Staat Israel. Historische Lage

Historische Lage und Ausgangsposition

Die Erfahrungen der Juden

Die Gründung des Staates Israel war nicht nur ein großes historisches und politisches Ereignis in der Entwicklung der jüdischen Ansiedlung in Erez-Israel, sondern auch der Auftakt zu weitreichenden sozialen Wandlungen und Entwicklungen.

Bevor wir jedoch dazu übergehen, das Wesen dieser sozialen Veränderung und Entwicklung zu untersuchen, muß auf die tiefgreifenden, dramatischen – und zuweilen tragischen – Wandlungen in der Geschichte des jüdischen Volkes hingewiesen werden, die historisch mit der Staatsgründung verknüpft waren. Hierzu gehören der Holocaust und die nahezu völlige Zerstörung der ost- und mitteleuropäischen Judenheit; die wachsende Isolierung der Sowjetjuden, die jetzt zur zweitgrößten jüdischen Gemeinde in der Diaspora wurden; der Aufstieg des amerikanischen Judentums zur wichtigsten Diaspora-Gemeinde überhaupt, wobei diese Gemeinde sich allerdings nach eigenem Muster entwickelte, das – wie sich jetzt mehr und mehr zeigte – nicht aus der historischen Erfahrung des europäischen Judentums heraus zu erklären war; und das unter dem kombinierten Einfluß von Entkolonisierung, Modernisierung und der Gründung des Staates Israel einsetzende Wiedererwachen der orientalischen Judenheit, das heißt der Juden in den Ländern, die vor dem Ersten Weltkrieg dem Osmanischen Reich angehört hatten.

All diese Tatsachen hatten starke, aber auch recht paradoxe und widersprüchliche Auswirkungen auf die Einstellungen dieser jüdischen Gemeinden zur zionistischen Bewegung im allgemeinen und dem Staat Israel im besonderen und führten auch weitreichende Veränderungen im Wesen der zionistischen Bewegung herbei. Seit den ersten Jahren der Staatsgründung verschwanden Antizionismus und sogar mehr noch eine antiisraelische Haltung (beide waren im Prinzip noch kaum zu unterscheiden) fast völlig aus dem öffentlichen jüdischen Leben, außer bei einigen Gruppen, etwa dem American Council for Judaism, die nicht mehr sehr einflußreich oder propagandistisch aktiv waren. Der Holocaust – als der Juden furchtbarstes Erlebnis in ihrer langen Leidensgeschichte – hatte offenbar die zionistischen Grundprämissen über die Unmöglichkeit eines auch nur physischen Überlebens von Juden in der modernen Diaspora (zumindest Europas) bestätigt. Die Verbindung der Holocaust-Erfahrungen mit denen der Sowjetjuden, die unter dem Druck zur Assimilisation und einem ständigen ausgeprägten Antisemitismus lebten, untergrub auch die Glaubwürdigkeit verschiedener »autonomistischer« föderalistischer oder territorialer Lösungen, denen zufolge man eine gemeinschaftliche nationale Existenz in der Diaspora hätte aufbauen können – wie es noch in Polen vor dem Zweiten Weltkrieg oder sogar in dem Birobidschan-Experiment in Sowjetrußland möglich erschienen war. Die Tatsache, daß es vor allem Palästina und später dann der Staat Israel war, der die Holocaust-Überlebenden und danach die Juden aus den orientalischen Ländern mit offenen Armen empfing, verstärkte die Anziehungskraft der zionistischen Vision und ihrer Prämissen.

Gleichzeitig hatten diese Wandlungen im Schicksal der verschiedenen jüdischen Gemeinden starke Auswirkungen auf die jüdische Gemeinde in Israel. Erstens beeinflußten sie die demographische Zusammensetzung der jüdischen Bevölkerung in Erez-Israel ganz außerordentlich. Zweitens beraubte der Holocaust die jüdische Gemeinde in Erez-Israel ihres Reservoirs an Führungskräften und beständig ideologisch orientierten Arbeitskräften – also gerade denjenigen Elementen, die den natürlichen Stagnationstendenzen entgegenwirkten.

Gerade die sich in den jüdischen Gemeinden durchsetzende Anerkennung der zionistischen Prämissen oder wenigstens des Staates Israel und die Tatsache, daß die Gründung dieses Staates dem Diaspora-Leben des jüdischen Volkes neue symbolische und institutionelle Dimensionen hinzufügte, schwächte potentiell – und in Wirklichkeit sogar ziemlich rasch – die revolutionäre oder radikale Komponente in der zionistischen Bewegung und verdrängte sie fast völlig aus dem jüdischen Leben. Allerdings haben sich die zionistischen und israelischen

Führer dieses Faktum jahrzehntelang nicht vollends eingestanden.
Tatsächlich änderte sich das gesamte Beziehungsmuster zwischen der jüdischen Gemeinde in Israel, dem Staat Israel und den Juden der Diaspora in vielerlei Hinsicht, was wiederum stark – wenn auch anfangs fast unmerklich – auf die innere Entwicklung in Israel einwirkte.
Diese Tendenz wurde noch erheblich durch die Tatsache verstärkt, daß sich in den Vereinigten Staaten ein neuer Typus jüdischer Gemeinden entwickelte: eine Gemeinde, die ein neues Muster für die Umgestaltung jüdischer Tradition und Lebensführung entwarf, das sich weitgehend von dem der historischen Erfahrung europäischer Juden bis zum Zweiten Weltkrieg unterschied. Dieses neue Muster wurde später – wenn auch in abgeschwächter Form – mit vielen Variationen in den europäischen Ländern nachgeahmt, in denen, wie etwa in England, jüdische Gemeinden den Zweiten Weltkrieg überlebt hatten oder in denen neue jüdische Gemeinden gegründet wurden, wie in Frankreich, Belgien oder Holland.
Ebenfalls bedeutsam waren die weitreichenden Veränderungen im orthodoxen Lager, vor allem dessen Wachstum nach den sechziger Jahren, und seine Anpassung an die neuen modernen Bedingungen.

Die internationale Situation

Die Gründung des Staates Israel und seine ersten zwanzig Jahre etwa verliefen in einem (bei aller Einschränkung doch) einigermaßen günstigen internationalen Klima. Der entscheidende internationale Akt war natürlich der UN-Beschluß vom 29. November 1947, der die Teilung Palästinas und die Errichtung von zwei Staaten – einem jüdischen und einem arabischen – auf diesem Gebiet bestimmte. Nur der jüdische Staat wurde tatsächlich gegründet, wobei seine durch die Waffenstillstandsabkommen von 1949-50 festgelegten Grenzen über das in der Resolution von 1947 abgesteckte Territorium hinausgingen und den Westteil Jerusalems mit einschlossen. Infolge des Widerstands der arabischen Staaten gegen die Teilung entstand in keinem Teil des palästinensischen Mandatsgebiets ein arabischer Staat, aber die arabischen Bezirke – die sogenannte Westbank des Jordan und Ost-Jerusalem – wurden von Transjordanien annektiert, das sich 1950 zum Königreich Jordanien wandelte. Den Gasa-Streifen annektierte Ägypten.

Im Mai 1949, rund ein Jahr nach den Waffenstillstandsabkommen mit den arabischen Nachbarländern und nach der Anerkennung durch viele Staaten – darunter als erste die USA und die UdSSR, gefolgt von lateinamerikanischen und europäischen Staaten sowie auch den britischen Dominien – wurde Israel in die Vereinten Nationen aufgenommen und war damit ein volles Mitglied der internationalen Gemeinschaft.

In der ganzen westlichen Welt – den USA, Lateinamerika und Europa – hatten die Nachwirkungen des Zweiten Weltkriegs, der Sieg über die Nazis und das Grauen des Holocaust eine relativ positive Einstellung gegenüber dem jüdischen Volk im allgemeinen und dem Staat Israel im besonderen bewirkt. Antisemitismus existierte zwar sicherlich, aber er kam in der Öffentlichkeit meist nicht gut an, und zumindest in Europa, aber auch in den USA, gab es zahlreiche Gefühle und Gesten der Reue gegenüber dem jüdischen Volk und dem Staat Israel – wie es sich am vollsten in den deutschen Wiedergutmachungsleistungen zeigte.

Dies soll nicht besagen, daß der Antisemitismus nun etwa verschwunden oder Israel im Hinblick auf seine internationale Situation, seine Sicherheitslage oder seine außenpolitischen Beziehungen auf Rosen gebettet gewesen wäre. Doch verglichen mit allen anderen Zeitabschnitten – sei es die Periode zwischen den beiden Weltkriegen oder die Zeit nach 1967, auf die wir noch eingehen werden, verliefen die ersten beiden Jahrzehnte des Staates relativ günstig. Fritz Stern hat das folgendermaßen formuliert:

> Israel wurde in die Nachkriegszeit hineingeboren; seine Geburt fiel in dasselbe Jahr, in dem sich die Nachkriegskonstellation in Westeuropa herausbildete. Es wurde gezeugt von zionistischen Hoffnungen und europäischem Völkermord; erstere entsprangen dem zum Teil durch die Dreyfus-Affäre genährten Glauben, daß der europäische Nationalismus eine immer wiederkehrende Bedrohung für die europäische Ju-

denheit darstellen würde und nur eine jüdische nationale Heimstätte (mit ihrem eigenen Nationalismus?) eine annehmbare Alternative zu fortwährender Unsicherheit bieten könnte. Die fast völlige Auslöschung des europäischen Judentums machte diese Behauptungen unwiderstehlich; unter dem Eindruck des Zweiten Weltkriegs und infolge des Zusammenbruchs der britischen Imperialherrschaft sprachen die Vereinten Nationen Israel einen Teil Palästinas zu und ließen den Staat für sich selber kämpfen... Die proisraelische Politik der meisten europäischen Staaten beruhte auf einem glücklichen Zusammentreffen von politischen und moralischen Erwägungen. Als Ableger Europas in Asien erschien Israel seinerzeit vielen als ein vielversprechendes neues Experiment: als demokratisch-kommunitäre Gesellschaft. Die Westdeutschen bekannten ihre Schuld – und damit ihr besonderes Verhältnis zu Israel – auf handfeste Weise: mit deutschen Milliarden. Israel konnte eine moderne Wirtschaft aufbauen und eine moderne Armee mit Waffen ausrüsten, die es in Frankreich, Großbritannien und den Vereinigten Staaten gekauft hatte...[15]

Diese günstige internationale Atmosphäre wurde noch durch die guten Beziehungen Israels zur entstehenden Dritten Welt bestärkt. Solche Beziehungen bestanden mit den meisten gerade erst unabhängig gewordenen Ländern Afrikas und Asiens sowie auch mit Lateinamerika. Israel unterhielt dort umfangreiche Entwicklungshilfeprogramme, vor allem im landwirtschaftlichen Bereich, und ritt dabei hoch auf der Woge von Entwicklungs- und Modernisierungshoffnungen, die die fünfziger und frühen sechziger Jahre überspülte.

Der Start eines neuen Staates

Im breiten Rahmen dieser historischen Vorgänge wurde Israel gegründet und in die ersten Stadien seiner Existenz entlassen. Der Start selbst war nicht leicht: Die UN-Deklaration wurde

15 Fritz Stern, »The End of the Post-War Era«, in: *Commentary*, April 1974.

von den Arabern abgelehnt und auch von den Briten nicht voll akzeptiert, als sie sich aus ihrer Mandatsverwaltung über Palästina zurückzogen. Der nun folgende blutige und heroische Unabhängigkeitskrieg dauerte vom Tag des UN-Beschlusses fast zwei Jahre lang bis zum ersten und zweiten Waffenstillstand 1949. In diesem Krieg hatte die jüdische Bevölkerung von insgesamt 500 000 bis 600 000 Menschen an mehreren Fronten gegen die zahlenmäßig stark überlegenen Armeen arabischer Staaten sowie die weniger regulären palästinensischen Streitkräfte ankämpfen und dabei auch noch mit der bestenfalls passiven Haltung der abziehenden Briten fertig werden müssen. Der Ausgang des Krieges und das Schicksal des entstehenden Staates blieben etwa ein Jahr lang in der Schwebe, aber das Unternehmen endete schließlich mit einem israelischen Sieg und der 1949 vorgenommenen Festlegung von Grenzen, die über den UN-Beschluß hinausgingen. Diese Grenzen wurden in den Waffenstillstandsabkommen festgesetzt und von der internationalen Gemeinschaft anerkannt, die nun diplomatische Beziehungen zu Israel aufnahm, wobei diese Anerkennung allerdings nicht auch die Anerkennung des westlichen Teils des geteilten Jerusalem als Israels Hauptstadt einschloß, wie Ben-Gurion es 1949 bestimmt hatte.

Aber all diese Siege erforderten einen sehr hohen Preis. Rund 6 000 – aus einer Gesamtbevölkerung von 600 000 – waren umgekommen, meistens junge Menschen. Viele von ihnen hatten den potentiellen Führungs- und Elitegruppen angehört, die große Teile der Jugendbewegungen und der Einheiten von Hagana, Palmach und Ezel stellten, aber es waren auch Neueinwanderer darunter gewesen, von denen manche erst mitten im Krieg ins Land gekommen und sofort an die Front geschickt worden waren.

Die Heldenhaftigkeit dieses Kampfes und die Tatsache, daß Israel auch weiterhin von seinen arabischen Nachbarn nicht anerkannt wurde, so daß das Sicherheitsproblem zu einer zentralen Existenzfrage wurde, sollten weitreichende Konsequenzen für das ganze institutionelle Gefüge des neuen Staates und sein Selbstverständnis haben. Trotz dieses hohen Preises begann der junge Staat jedoch, seine ersten Schritte zu gehen und die Aufgaben anzupacken, derentwegen er, nach Vorstellung seiner meisten Einwohner, gegründet worden war: den Aufbau dieses neuen unabhängigen Heimatlandes, das dem gesamten jüdischen Volk offenstehen würde und in dessen Bereich man die großen zionistischen Visionen und Träume verwirklichen konnte.

Das Land öffnete tatsächlich seine Tore: erst den Überlebenden und dann auch vielen Juden aus den arabischen oder muslimischen Ländern, denen also, die man schließlich als »Orientalen« bezeichnete. In ihren Ursprungsländern war ihr Status zunehmend von den verschiedenen inneren Prozessen untergraben worden, die wir oben analysiert haben: nämlich durch das Wachstum des arabischen Nationalismus und die zunehmenden antijüdischen Gefühle, die gerade durch die Zuspitzung des arabisch-jüdischen Konflikts in Palästina geweckt worden waren. Zahlreiche Sendboten wurden nach dem Zweiten Weltkrieg von Erez-Israel ausgeschickt, um diese Einwanderer zu organisieren.

Die Möglichkeit, den vorstaatlichen Jischuw sich einfach in dem neuen Staat abkapseln zu lassen, ohne die Tore nach außen zu öffnen, faßte man kaum erst ins Auge. Unter Ben-Gurions energischer Führung wurde das Ideal von der Einsammlung der Zerstreuten vielmehr als Ausgangspolitik – zusammen mit der Schaffung der Armee und dem Aufbau des Staates – intensiv verfolgt.

Viele dieser Einwanderer wurden in den Gebieten angesiedelt, die die während des Krieges geflohenen Araber verlassen hatten. Diejenigen Araber, die in Israel zurückgeblieben waren, bildeten nicht nur einen kleinen, sondern auch einen relativ schwachen Teil der arabischen Bevölkerung, die ursprünglich in den Grenzen gelebt hatten, die dann israelisches Staatsgebiet wurden.

Die – wirtschaftlich oder politisch – aktiveren Araber waren gegangen: einige aus eigenem Anstoß oder richtiger auf Initiative ihrer Führer, die sicher davon ausgingen, daß man nach der Niederlage der jüdischen Streitkräfte zurückkommen werde, andere unter der Einwirkung des Krieges (wobei sie in manchen Fällen wohl auch von den vorrückenden israelischen Truppen dazu ermuntert wurden).

Etwa 156000 Araber verblieben in Israel. Die meisten von ihnen waren Muslime (rund 107000) neben einer erheblichen Zahl von Christen (34000), rund 15000 Drusen und anderen Minderheiten.

Von den Arabern, die die Grenzen des Staates Israel verlassen hatten, siedelten sich etwa 400000 in Transjordanien an, das 1949 die arabischen Territorien des früheren Mandatsgebiets annektiert hatte und 1950 zum Königreich Jordanien erklärt wurde. Viele von ihnen zogen auf das Ostufer des Jordan, ins alte Transjordanien, wo sie sich mehr oder weniger integrierten, aber – ebenso wie die in der Westbank verbliebenen – keine spezifischen politischen Ausdrucksmöglichkeiten als Palästinenser erhielten. Andere wurden zu Flüchtlingen und wanderten in den Libanon (etwa 160000-180000), nach Syrien (ca. 200000) und in den Gasa-Streifen, der unter ägyptische Herrschaft kam.

Teils um sie als Druckmittel in der politischen Auseinandersetzung mit Israel zu behalten, teils wegen ihrer mangelnden Bereitschaft, Fremde zu akzeptieren, waren die meisten arabischen Staaten damals nicht gewillt, die Neuankömmlinge als vollgültige Staatsbürger aufzunehmen. So ließen diese sich in den berüchtigten Flüchtlingslagern nieder, in denen neue Generationen geboren wurden, materiell unterhalten von ihren »Wirten« und internationalen Verbänden – vor allem der UNRWA. Aus ihrer Mitte bildeten sich dann die ersten Keimzellen der künftigen palästinensischen Organisationen, Terroristengruppen und nationalistischen Bewegungen verschiedener Ausprägung.

Der Staat Israel wurde, wie wir gesehen haben, auf der Basis eines territorialen Kompromisses gegründet, dessen Grundlagen mit der Entscheidung der Peel-Kommission von 1936 zugunsten der Teilung Palästinas und der auf dem Zionistenkongreß von 1938 erfolgten Einwilligung in diese Teilung gelegt wurden; dabei war in diesem Kompromiß auch die Zustimmung zu den territorialen Grenzen bei der Teilung von Erez-Israel enthalten. Dieser Kompromiß stützte sich auf die – nicht immer leicht akzeptierte – Annahme, daß dies, angesichts der israelischen Schwäche und der Grundhaltungen in der internationalen Gemeinschaft, das höchste war, was man erreichen konnte. Für viele Führungspersönlichkeiten – einschließlich der prominentesten unter ihnen: Ben-Gurion – war dieser Kompromiß auch wesentlich, um die grundlegend jüdische Natur des Staates Israel zu erhalten, im Gegensatz zur Herausbildung irgendeiner binationalen Lösung, und bis zum Sechstagekrieg wurden diese Prämissen de facto auch von allen Beteiligten der israelischen politischen Bühne akzeptiert, auch wenn die Cherut-Partei offiziell nicht mit ihnen übereinstimmte.

Vergleichspunkte

Israel als eine kleine, moderne, revolutionäre Entwicklungsgsellschaft

Der Aufbauprozeß des neuen Staates verlief äußerst dynamisch und dramatisch und wurde von einer Reihe von Problemen sowie der Reaktion der führenden Sektoren des Staates auf diese geprägt.

Einige dieser Probleme hatte Israel mit anderen revolutionären oder semi-revolutionären Gesellschaften gemeinsam: mit der UdSSR, Mexiko, vielen neuen Nationen und vielleicht sogar den USA des frühen 19. Jahrhunderts. Erstens teilte Israel mit diesen Gesellschaften die Probleme, die damit zusammenhingen, revolutionäre Gruppen sozio-politischer Bewegungen in Staatsführer zu verwandeln und parallel dazu die revolutionäre Vision im Rahmen eines modernen Staates zu institutionalisieren. Zweitens stellte sich das gemeinsame Problem, einerseits wirtschaftliche Expansion und Modernisierung zu erreichen und andererseits mit der wachsenden sozialen Differenzierung fertig zu werden, die sich dabei ergab. Drittens standen sie vor der Frage, wie relativ wenig entwickelte Sektoren der Bevölkerung in den Rahmen einer solchen Wirtschaftsexpansion einzugliedern seien.

Doch die konkreten Umrisse dieser Prozesse, die sich aus ihnen ergebenden Probleme und die Reaktionsweisen auf sie variierten weitgehend in den verschiedenen nachrevolutionären Gesellschaften, je nach ihrer besonderen historischen Erfahrung. Der israelische Schauplatz wies notwendigerweise einige Eigenmerkmale auf, die durch die spezifischen historischen Umstände der gesellschaftlichen Entwicklung einerseits und der an-

fänglichen ideologischen Orientierungen und institutionellen Umrisse andererseits beeinflußt waren.
Um also besser verstehen zu können, wie sich die besonderen Merkmale des Staates Israel als einer revolutionären Gesellschaft herausbildeten, wie sie sich im Jischuw zu entwickeln begonnen und dann durch den Aufbau des Staates fester kristallisiert hatten, ist es in diesem Stadium unserer Erörterung vielleicht angebracht, sie mit denen einiger anderer moderner, kolonisierender, Einwanderer aufnehmender, revolutionärer Entwicklungsgesellschaften sowie mit denen anderer moderner Industriegesellschaften zu vergleichen.
Der Jischuw und später die israelische Gesellschaft teilten wichtige Merkmale mit einigen non-imperialen, kolonisierenden Gesellschaften, und zwar sowohl solchen revolutionärer Art, wie etwa den Vereinigten Staaten, als auch nicht-revolutionären, wie den weißen Gesellschaften britischer Dominien. Gemeinsam war allen diesen sektorialen kolonisierenden Gesellschaften erstens eine betonte Gleichheit zumindest der anfänglichen Siedlergruppen und das daraus folgende Fehlen einer starken, erbfeudalen, aristokratischen Landbesitzerklasse sowie zweitens die starke Konzeption verschiedenartiger Wirtschafts- und Verwaltungstätigkeiten in umfassenden, einheitlichen organisatorischen Strukturen; und schließlich, drittens, betonten die zionistischen Siedler, wiederum wie andere kolonisierende Gesellschaften, die Eroberung des Ödlands durch Arbeit – wie sich an der Expansion der Beschäftigung in der landwirtschaftlichen Produktion sowie der Ausdehnung der Grenzen der Kolonialisation zeigt.
Ähnliche Verbindungen von genossenschaftlichen Bestrebungen und wirtschaftlichen kolonisierenden Unternehmungen fanden sich beispielsweise auch bei der Besiedlung von Ödland durch die Mormonen. Die Übernahme industrieller und finanzieller Unternehmerfunktionen durch Gewerkschaften trat ebenfalls in anderen politisch orientierten Arbeiterbewegungen auf, und zwar besonders in Skandinavien und, in geringerem Maße, in England.
Die Fusion dieser Merkmale, wie sie sich innerhalb der Histadrut entwickelte, scheint jedoch einzigartig zu sein und erklärt sich aus dem politischen Charakter und der politischen Position

der Histadrut. Auch ihre politische Macht beruht darauf, obwohl sie niemals der größte Wirtschaftssektor des Landes gewesen ist.

Diese Merkmale verbanden sich eng mit anderen Komponenten der israelischen Gesellschaft, wie etwa den sektiererischen oder sozialen Bewegungen, den sehr totalistischen Anschauungen der Pioniergruppen und -faktionen mit starkem inneren ideologischen Zusammenhalt und dem Institutionalismus dieser Ideologie angesichts wachsender sozialer Differenzierung.

Anders als viele solcher Gruppen (wie etwa die diversen utopischen Siedlungen in den USA) zielten die Pioniergruppen von Anfang an darauf ab, Wegbereiter einer modernen Gesellschaft zu werden, und kümmerten sich um den Aufbau einer institutionellen Struktur und von Organisationen, die als Vorläufer einer solchen Entwicklung dienen sollten und dazu bestimmt waren, weitere Kreise der jüdischen Gesellschaft am wirtschaftlichen, ideologischen und politischen Leben des Jischuw teilnehmen zu lassen.

Die zionistische Bewegung – oder vielmehr der Teil von ihr, der seit den zwanziger Jahren führend wurde – unterschied sich jedoch von den meisten modernen sozialen und nationalen Bewegungen darin, daß die Betreffenden nicht die sofortige Machtübernahme und die Errichtung eines neuen, einheitlichen politischen Rahmens ansteuerten – obwohl dies sicher nicht außerhalb ihrer Vision lag. Das Interesse der Pioniere richtete sich vielmehr vor allem auf eine breite ländliche und städtische Kolonisation, die an sich schon die politischen Implikationen solcher totalistischer Orientierungen schwächte. Erst als sich gegen Ende der britischen Mandatsperiode das äußere politische Ringen verstärkte, entstand die Konzeption eines selbstverwalteten Staatswesens.

Aus den sektiererischen und sozialen Bewegungen des Jischuw entwickelte sich ein weiterer entscheidender Trend: nämlich die stark elitistisch-ideologische Richtung, die darauf ausging, eine neue Gesellschaft durch die Verwirklichung eines ideologischen Programms zu schaffen, das seinen vollsten Ausdruck in der Gestalt des Pioniers und in den ersten Gemeinschaftssiedlungen fand – vor allem in den Kibbuzim, aber auch in den Moschawim. Darin ähnelte Israel einigen anderen revolutionären Gesellschaften wie der UdSSR, Jugoslawien oder Mexiko, die relativ traditionelle Gesellschaften in spezifische moderne Muster zu pressen suchten. Aber die innerhalb der zionistischen Bewegung entwickelten Ideologien enthielten mehr vielgestaltige und heterogene Elemente, als dies bei den Weltanschauungen geschlossener religiöser Sekten oder politischen Revolutionsbewegungen der Fall war. Diese ideologische Vielfalt wurde, wie wir gesehen haben, sehr durch die Koexistenz vieler verschiedener Gruppen innerhalb der föderativen Struktur des Jischuw gestärkt, wodurch neue institutionelle Keimzellen geschaffen wurden, die auf breitere, universalistischere kulturelle und soziale Werte ausgerichtet waren. Außerdem spielte das Problem, »traditionalistische« Elemente nach solchen ideologischen Werten umformen zu müssen, im Jischuw keine wesentliche Rolle.

Die israelische Gesellschaft hatte auch viele Merkmale und Probleme mit anderen, von hohen Einwanderungsraten geprägten Ländern gemeinsam. Wie diese mußte sie ständig neue Wellen von Einwanderern aufnehmen und sie in das entstehende institutionelle Rahmengefüge eingliedern. Aber sie entwickelte auch eigene Merkmale, die auf den grundsätzlichen Pioniermotivationen und -orientierungen vieler Einwanderer und deren starkem Streben nach nationalen und sozialen Zielen beruhten.

Ferner besaß die Jischuw-Gesellschaft – vor allem in der späteren Zeit – viele Elemente und Probleme, die denen anderer Entwicklungsländer ähnelten, und zwar insbesondere derjenigen Länder, die eine moderne Wirtschaftsstruktur in unterentwickelten Gegenden und/oder mit traditionalen Bevölkerungen aufbauten. Diese Ähnlichkeit zeigte sich etwa dort, wo die Elite unter kolonialer Herrschaft einen neuen politischen Rahmen errichtete, um sich dann selbst in eine Herrscherklasse zu verwandeln. Allerdings fallen dabei mehrere wichtige Unterschiede auf.

Im Gegensatz zu vielen zeitgenössischen Entwicklungsgesellschaften wurde der anfängliche institutionelle Rahmen in Israel von modernen Eliten nach modernen Richtlinien aufgebaut. Diese Eliten verfügten über ein großes Angebot an gebildeten Menschen, die durch Ideologie, persönliche Einstellung oder Glauben der Schaffung einer modernen Gesellschaft verpflichtet waren. Die traditionellen Elemente wurden erst viel später in diesen Rahmen einbezogen, und ihre Modernisierung verlief schneller und intensiver als in allen anderen gerade unabhängig gewordenen Entwicklungsländern. Außerdem verursachte die Erreichung der Unabhängigkeit – wiederum im Unterschied zu den meisten neuen Staaten – keinen scharfen Bruch mit der Vergangenheit, da der Jischuw und die zionistische Bewegung bereits zahlreiche politische, administrative und wirtschaftliche Organisastionen entwickelt hatten. Der Nachdruck auf dem »politischen Königreich« war daher sehr viel geringer.

Trotz des offensichtlichen Größenunterschieds kamen die erez-israelische Pioniererfahrung und Pionierideologie in vieler Hinsicht der frühen US-Entwicklung am nächsten, wobei allerdings zwei entscheidende Unterschiede zu berücksichtigen sind: erstens herrschten in Amerika viel individualistischere, in Erez-Israel dagegen eher kollektivistische Orientierungen vor; zweitens entwickelten die USA ihre kollektive Identität aus einer politisch-religiösen Ideologie und stützten sich nicht auf historisch-primordiale Komponenten einer solchen Identität, wie es im Jischuw und später im Staat Israel der Fall war.

Einen weiteren wichtigen Unterschied des Jischuw bzw. des Staates Israel zu all diesen Gesellschaften bildete die sehr große, ja wahrscheinlich sogar entscheidende Bedeutung der Sicherheits- und später der militärischen Dimension bei seiner Entstehung und Fortentwicklung.

Letztlich lassen sich der Jischuw und später die israelische Gesellschaft, wie wir gesehen haben, mit anderen kleinen, modernen, industrialisierten oder semi-industrialisierten Gesellschaften vergleichen, wobei aber wiederum mindestens drei spezielle Unterschiede zu beachten sind; nämlich erstens die erwähnte Bedeutung der Sicherheitsfrage, zweitens das Bestreben, trotz ihrer geringen Größe ein Zentrum sozialer und kultureller Kreativität von universaler Bedeutung zu werden, und drittens die spezielle Bedeutung der jüdischen Gemeinden in der Diaspora als ihrer hauptsächlichsten »Außenmärkte«.

All diese Merkmale der Sozialstruktur des Jischuw und später des Staates Israel laufen zu der besonderen Art und Weise ihrer Entwicklung als revolutionäre Gesellschaft zusammen, die ihre Vision dadurch zu verwirklichen suchte, daß sie die allgemeinen

Probleme moderner revolutionärer Gesellschaften – Modernisierung, Wirtschaftsentwicklung und Aufbau eines geordneten und institutionalisierten politischen Lebens – ebenso anpackte wie ihre spezifischen Probleme, die sich aus ihrer einzigartigen revolutionären Vision und ihrer besonderen historischen und politisch-ökologischen Lage ergaben.

Die wichtigsten dieser Prozesse waren in Israel: erstens die Bevölkerungsexpansion und der Wandel der demographischen Zusammensetzung, des kulturellen Hintergrunds und der ideologischen Orientierungen großer Bevölkerungsteile; zweitens die damit einhergehende Überführung ideologisch orientierter, pragmatischer, in freiwilligen Sektoren organisierter Pioniere in einen vollgültigen demokratischen Verfassungsstaat; drittens die wirtschaftliche Expansion und Modernisierung; viertens die Zuspitzung des militärischen Sicherheitsproblems als wohl eine der wichtigsten Fragen, der sich die israelische Gesellschaft gegenübersah, und das wachsende Bewußtsein von der dauerhaften Bedeutung dieses Themas in den wichtigen Kreisen der Gesellschaft; fünftens die damit einhergehenden Merkmalsveränderungen der israelischen Gesellschaft als einer kleinen Gesellschaft, zumal in ihren Beziehungen zur jüdischen Diaspora.

Anfangsprobleme

Demographische Expansion

Die sofort sichtbaren Probleme in Israel hingen mit der großen demographischen und wirtschaftlichen Expansion zusammen, unter deren Einfluß die grundlegenden Institutionen des neuen Staates im allgemeinen und die mit der Eingliederung der neuen Bevölkerungsgruppen befaßten Einrichtungen im besonderen aufgebaut wurden. Diese Gründung von Institutionen begann in den späten vierziger und frühen fünfziger Jahren und festigte sich vom Ende der fünfziger bis Mitte der sechziger Jahre zu einem definitiven Modell.

Die große demograpische Ausdehnung war nicht nur quantitativ, sondern ging auch mit einem erheblichen Wandel in der demographischen und sozio-kulturellen Zusammensetzung der

Einwanderer einher. Die tiefgreifenden demographischen Veränderungen, die die Staatsgründung begleiteten – und insbesondere die Wechsel in der sogenannten »ethnischen« Zusammensetzung der Bevölkerung – sind wohlbekannt.

So umfaßte die Bevölkerung des Staates Israel 1948 872 000, 1958 2 031 700 und 1968 2 841 100 Einwohner, wies also eine Zuwachsrate von 456 Prozent seit 1948 auf. Das Verhältnis zwischen jüdischer und nichtjüdischer Bevölkerung betrug 1948 86,4 zu 13,6 Prozent, 1958 89,1 zu 10,9 Prozent, 1968 87,5 zu 14,3 Prozent, 1977 84,2 zu 14,8 Prozent und 1981 83,5 zu 16,5 Prozent.

Die Gesamtzahl der Einwanderer, die von 1948 bis 1977 in Israel eintrafen, betrug 1 611 058. Nach Jahren gegliedert kamen 1948 101 819, 1958 27 082, 1968 20 544, 1977 21 429, 1979 37 222, 1980 20 428 und 1981 12 599 Einwanderer, so daß in der Zeit von 1948 bis 1981 insgesamt 1 707 700 einwanderten.

Das Zahlenverhältnis zwischen Juden und Nichtjuden veränderte sich zwischen 1948 und 1977 nicht sonderlich, abgesehen von einem leichten Anstieg des nichtjüdischen Anteils nach der 1967 erfolgten Vereinigung Jerusalems. Innerhalb der jüdischen Gesellschaft veränderte sich die Zusammensetzung der Bevölkerung nach ihrem Geburtsland.

1948 bestand die Bevölkerung des Staates Israel zu 82,1 Prozent aus Juden und zu 17,9 Prozent aus Nichtjuden. Von der jüdischen Bevölkerung waren 35,4 Prozent in Israel, 8,1 Prozent in Asien, 1,7 Prozent in Afrika und 54,8 Prozent in Europa und Amerika geboren.

1961 setzte sich die Bevölkerung Israels aus 88,7 Prozent Juden und 11,3 Prozent Nichtjuden zusammen. Von der jüdischen Bevölkerung waren 37,8 Prozent in Israel geboren (das Geburtsland des Vaters war dabei in 5,5 Prozent der Fälle Israel, bei 14,9 Prozent lag es in Asien-Afrika und bei 17,4 Prozent in Europa-Amerika), 11,5 Prozent in Asien, 11,9 Prozent in Afrika und 34,8 Prozent in Europa oder Amerika.

1977 umfaßte die israelische Bevölkerung 84,2 Prozent Juden und 15,8 Prozent Nichtjuden. Von der jüdischen Bevölkerung waren 53,2 Prozent in Israel geboren (das Geburtsland des Vaters war in 11,8 Prozent der Fälle ebenfalls Israel, bei 13,3 Prozent lag es in Asien, bei 11,7 Prozent in Afrika und bei 11,65

Prozent in Europa oder Amerika), 9,8 Prozent in Asien, 11,1 Prozent in Afrika und 25,8 Prozent in Amerika oder Europa.
1981 bestand die israelische Bevölkerung zu 83,5 Prozent aus Juden und zu 16,5 Prozent aus Nichtjuden. Von der jüdischen Bevölkerung waren 57 Prozent in Israel geboren (das Geburtsland des Vaters war bei 14,8 Prozent ebenfalls Israel, bei 13,25 Prozent lag es in Asien, bei 12,3 Prozent in Afrika und bei 16,5 Prozent in Europa oder Amerika), 9,02 Prozent in Asien, 10,04 Prozent in Afrika und 23,8 Prozent in Amerika oder Europa.
Der Prozentsatz der in Israel geborenen Einwohner stieg erheblich von 35,4 Prozent 1948 über 53,4 Prozent 1977 auf 57 Prozent 1981. Unter diesen in Israel Geborenen wuchs der Anteil derjenigen, deren Vater ebenfalls in Israel geboren war, von 5,5 Prozent 1961 über 11,8 Prozent 1977 auf 14,8 Prozent 1981. Einen großen Sprung gab es in der Prozentzahl der in Afrika geborenen Einwohner von 1,7 Prozent 1948 auf 11,9 Prozent 1962, gefolgt von einem leichten Rückgang auf 10,04 Prozent 1981, wobei letzterer Prozentsatz seither fast konstant geblieben ist. Der Anteil der in Europa oder Amerika Geborenen sank von 54,8 Prozent 1948 auf 25,8 Prozent 1977 und 23,8 Prozent 1981. Der Anteil der in Asien geborenen Einwohner schwankte leicht von 8,1 Prozent 1948 auf 15,5 Prozent 1961, sank 1977 auf 9,8 Prozent und stieg 1981 erneut auf 10,04 Prozent.
Dieser Wandel in der demographischen Struktur hinsichtlich des »ethnischen« Ursprungs ist oft als wichtigste und massivste Einzelveränderung dargestellt worden, die viele entscheidende soziale Abläufe in Israel erkläre. Und doch ist dies nur ein – wenn auch sehr wichtiger – Teil des Gesamtbilds. Nicht weniger wichtig für das Verständnis des Wandlungsprozesses der israelischen Gesellschaft war, wie wir später noch im einzelnen sehen werden, die Veränderung in der ideologischen Motivation der nach Israel kommenden Einwanderer. Diese Veränderung war den meisten Einwanderern – orientalischer wie westlicher Provenienz – gemeinsam, die nach der Staatsgründung eintrafen: die bisher vorherrschende zukunftsorientierte, revolutionäre Pionierhaltung hatte weitgehend einer angepaßteren Einstellung und Motivation Platz gemacht, gleichviel, ob sie sich nun auf eine vielen modernen Einwanderungen gemein-

same, relativ traditionelle semi-messianische Vision stützte oder von dem Wunsch motiviert war, größtmögliche persönliche und nationale Sicherheit zu gewinnen.

Der Feindschaftszustand

Den zweiten, sichtbarsten Aspekt der staatlichen Zeit bildete der andauernde Feindschaftszustand mit Israels Nachbarn, der zu sechs Kriegen führte – dem Unabhängigkeitskrieg (1947-49), dem Sinaifeldzug (1956), dem Sechstagekrieg (1967), dem Abnützungskrieg (1970-71), dem Jom-Kippur-Krieg (1973) und später dem Libanonkrieg (1982-83) – und das Übergewicht von Sicherheitsproblemen und -erwägungen im politischen und sozialen Leben Israels verursachte.

Dieses Übergewicht zeigte sich in vielen Aspekten des israelischen Lebens, von denen einige der wichtigsten im folgenden aufgezählt werden sollen: die schwere Belastung der Staatskasse durch das Verteidigungsbudget; die bedeutende Stellung des Sicherheitsestablishments (wie der Luftfahrtindustrie) in der wirtschaftlichen Entwicklung des Landes; allgemeine Wehrpflicht und Einberufung zum Reservedienst bis zum Alter von etwa 55 Jahren; die Herausbildung einer »sicherheitspolitisch-militärischen« Dimension als einem entscheidenden Aspekt israelischen Lebens; das relativ hohe Ansehen der Militärs (vor allem der oberen Ränge) in der Gesellschaft – zumindest bis zum Jom-Kippur-Krieg; die Tatsache, daß sich fast alle Ministerpräsidenten vorwiegend auf die Fragen von Sicherheit und auswärtigen Beziehungen konzentrierten. Ferner zeigte sich dieser Vorrang auch an der zentralen Stellung, die die Sicherheitsprobleme eines Lebens im ständigen Belagerungszustand im öffentlichen Bewußtsein und in der Selbsteinschätzung der israelischen Gesellschaft einnahmen. Dies fand nicht nur mannigfaltigen literarischen Ausdruck, sondern ließ sich auch daran erkennen, daß drei der wichtigsten Kriege – Unabhängigkeits- (1947-49), Sechstage- (1967) und Jom-Kippur-Krieg (1973) – eine zentrale Rolle als Wendepunkte in der inneren Entwicklung der israelischen Gesellschaft spielten: in ihrem Selbstbild, in der Kristallisation ihrer Probleme und dem in der isra-

elischen Gesellschaft vorhandenen Bewußtsein solcher Probleme. Sie bildeten lange Zeit – besonders, aber nicht nur, nach dem Sechstagekrieg – das zentrale Thema der öffentlichen Debatte in Israel.
Mit der Staatsgründung setzte auch ein tiefgreifender Wandel im Status der jüdischen Bevölkerung ein: zum ersten Mal seit der Zeit des Zweiten Tempels wurden die Juden zu einer Mehrheit im eigenen Staat; aber zum ersten Mal seit dieser Zeit mußten sie sich auch mit dem Problem auseinandersetzen, andere nationale Minderheiten im Rahmen dieses jüdischen Staates zu haben.

Erste Reaktionen

Der institutionelle Rahmen des Staates

Diese umfangreichen Probleme, denen sich der neue Staat gegenüber sah, wurden augenblicklich von der neuen Führung angegangen – ja, die ersten Schritte des Staates waren eng mit den Bestrebungen zur Bewältigung dieser Probleme verquickt.
Vor allem die institutionelle Grundstruktur des Staates kristallisierte sich relativ schnell heraus. Der Staat Israel wurde als unilaterale parlamentarische Demokratie aufgebaut, deren Regierung dem Parlament verantwortlich war, das wiederum nach einem Verhältniswahlsystem gewählt wurde. Eine völlig unabhängige rechtsprechende Gewalt – die man weitgehend von der Mandatsregierung übernommen, aber erheblich umgestaltet hatte – mit dem auch als Verwaltungsgericht fungierenden Obersten Gerichtshof an der Spitze bildete oft eine wichtige Bremse für die Exekutive und die entstehende Bürokratie. Das Amt des Staatskontrolleurs wurde eingerichtet und einige Jahre später auch die israelische Staatsbank mit einem relativ unabhängigen Direktor.
Die sich an diesem politischen Rahmen beteiligenden Parteien waren – bei einigen ständigen Umgruppierungen – im wesentlichen die wichtigen zionistischen Parteien aus der vorstaatlichen Periode; einzig neu hinzugekommen war die Agudat Israel, die

sich kontinuierlich an den Wahlen zur Knesset beteiligte und auch der ersten Regierung sowie einigen späteren angehörte. Ihre Beteiligung – wie auch die der zionistischen religiösen Parteien (*Misrachi* und *Hapoel Hamisrachi*, später der Nationalreligiösen Partei) – war von Übereinkünften abhängig, die die verschiedenen Absprachen im religiösen Bereich bestätigten. Diese bestimmten vor allem das Monopol der Rabbinatsgerichte in Ehe- und Scheidungssachen sowie zahlreiche Vorschriften über die öffentliche Einhaltung des Sabbat, die Überwachung der Kaschrut und ähnliches. Sie verlangten ferner, daß keine Verfassung verkündet werden solle, da nach Auffassung der religiösen Gruppen eine solche schon durch die Tora oder Halacha gegeben sei und daher keine andere Verfassung in einem jüdischen Staat Gültigkeit haben könne.

Der grundlegende institutionelle Rahmen wies große Kontinuität auf, die sich vor allem im politischen Bereich zeigte. Bis zum heutigen Tag besitzt Israel seine demokratisch-konstitutionelle Struktur, wie sie zu Beginn des Staates aufgebaut worden war; und bis 1977 herrschte auch Kontinuität in den politischen Grundmustern, die während der dreißiger Jahre im Jischuw entstanden waren, nämlich dem Muster einer Koalitionsregierung, in der die Arbeiterpartei führend war und die Nationalreligiöse Partei (vorher Hamisrachi und Hapoel Hamisrachi getrennt) fast stets die Rolle des nachgeordneten, wenngleich ebenfalls wichtigen Partners spielte.

Der Staat wurde als Demokratie mit gleichen Rechten für alle seine Bürger – Juden, Araber, Drusen und andere Gruppen – gegründet. Die arabische Sprache wurde zu einer der offiziellen Staatssprachen erklärt, und von Anfang an beteiligten sich die Araber an den Knessetwahlen. Gleichzeitig war die jüdische Natur des Staates offensichtlich: Name, Flagge und Hymne hatte man von der zionistischen Bewegung übernommen; Hebräisch wurde zur hauptsächlichen Staatssprache (neben Arabisch als zweiter); und der Staat sollte aufgrund seiner Planung und offiziellen Bestimmung im Prinzip allen Juden offenstehen, wie es dann auch im Rückkehrgesetz von 1950 bestimmt wurde, demzufolge jeder Jude, abgesehen von schwer straffällig gewordenen, nach Israel kommen und sich dort niederlassen kann.

Zusammen mit der Jewish Agency und der Zionistischen Weltorganisation, wobei letztere aber bereits eine sekundäre Rolle gegenüber Regierung und Histadrut spielte, widmeten sich die ersten Regierungen den Aufgaben, die mit der Eingliederung der ankommenden neuen Einwanderer, der nationalen Sicherheit, der wirtschaftlichen Entwicklung und der Vorsorge für den Ausbau des Bildungs- und Kulturbereichs zusammenhingen. Außerdem schufen diese Regierungen auch neue institutionelle Rahmen und gestalteten ältere um.

Diese Institutionen nahmen vor allem die Herausforderung der demographischen Expansion an und bewältigten die damit zusammenhängenden Probleme relativ schnell und mit eindrucksvollem, wenn auch nur teilweisem Erfolg.

Die ersten Jahre des Staates waren tatsächlich sehr schwierig. Die ursprünglich äußerst bescheidenen ökonomischen Mittel und das ständige Eintreffen neuer Einwanderer führten zusammengenommen zu einigen der traumatischsten Erfahrungen und Zeiten – nämlich der wirtschaftlichen Not, die etwa von 1952-53 andauerte, und den sehr schwierigen Umständen bei der Eingliederung der ersten großen Einwandererwellen. Spezielle Institutionen wurden für diese Eingliederung geschaffen. So gab es einmal die berühmt-berüchtigten *Maabarot* (Übergangslager) mit ihren schlechten Unterkünften (die allerdings nicht, wie später behauptet wurde, unbedingt schlimmer waren als die der frühen Pioniersiedler in den Anfangsstadien ihrer Kibbuzim und Moschawim); dann die »künstliche« Schaffung öffentlicher Arbeiten als Hauptbeschäftigungsquelle; und die Gründung von Entwicklungsstädten für viele dieser Einwanderer, wobei diese Städte, zusammen mit den Maabarot, für zahlreiche Einwanderergruppen das Symbol schwerer Zeiten, des Abstands von der altereingesessenen Gesellschaft und der Diskriminierung waren oder wurden.

Die wichtigsten dieser Neugründungen waren Kirjat Schmona und Bet-Schean in Galiläa, Kirjat Gat und Jerucham im Süden sowie neue städtische Zentren, die ab 1948 geschaffen wurden. In ihnen lebten 1961 rund 218 000 und 1972 an die 541 000 Menschen, darunter etwa 350 000 in eigentlichen Entwicklungsstädten. Den Hauptanstoß zu diesen Stadtgründungen bildete die alte zionistische Pioniervision, bestärkt durch die neue Einsicht in die Notwendigkeit, alle Teile des Staates zu bevölkern. Aber die Verwirklichung dieser Vision erfolgte bereits in einer ziemlich neuen, schiefen Form, da sie sich vor allem auf Regierungspolitik und Anweisungen von oben stützte und nicht aus freiem Entschluß von Pionieren geboren war; die meisten Einwanderer betrachteten sie wohl nicht gerade positiv oder sahen darin bestenfalls unvermeidliche Notwendigkeit oder Schicksal, und das Ganze führte letzten Endes dazu, daß (gerade durch die Politik von Regierung und Jewish Agency) eine neue ökologische und – wie wir sehen werden – soziale und wirtschaftliche Peripherie geschaffen wurde.

Das dritte spezifische Mittel zur Einwandereraufnahme waren die neuen Moschawim – und hier liegt einer der relativ großen Erfolge der ganzen Geschichte. Von 1948 bis 1956 wurden etwa 230 neue Moschawim, überwiegend von Neueinwanderern, gegründet, die bis heute erfolgreich weiterbestehen und 1961 rund 90 000 Einwohner zählten.

Die Kibbuzim beteiligten sich im großen und ganzen nicht in solch massiver Form an diesem Vorgang. Zwar nahmen sie Ende der vierziger und während der fünfziger Jahre einige europäische Einwanderer auf, aber angesichts ihrer ideologischen Geschlossenheit waren sie unfähig, große Mengen an – vor allem orientalischen – Neueinwanderern einzugliedern oder die Gründung neuer Siedlungstypen durch sie zu fördern – eine Tatsache, die für die Wandlung der israelischen Gesellschaft von großer Bedeutung ist.

Spätestens Mitte der fünfziger Jahre, mit dem Einsetzen der deutschen Wiedergutmachungsleistungen und der allgemein feststellbaren Gesundung der Wirtschaft, begann eine Aufschwungsperiode, die – mit einigen Stillständen Mitte der sechziger Jahre – recht dauerhaft war und innerhalb ziemlich kurzer Zeit eine moderne, halbindustrialisierte Wirtschaft hervorbrachte.

Durch diesen wirtschaftlichen Expansionsprozeß, der die grundlegenden ökonomischen Strukturen schuf, wurde die wachsende Bevölkerung mit ihrem nachfolgenden natürlichen Zuwachs eingegliedert. Seite an Seite mit diesen Entwicklungen

kam es zu einer weiteren Ausdehnung und Differenzierung vieler bestehender Rahmen sowie zu einer zunehmenden Vereinheitlichung und einer direkten oder indirekten Kontrolle durch den Staat oder die Histadrut.
So fand nach der Staatsgründung, parallel zur Ausdehnung der ökonomischen Strukturen, eine allgemeine Expansion statt, von der viele Bereiche betroffen waren: alle öffentlichen Dienste; das Erziehungswesen bis hinauf zur Hochschulebene; die verschiedenen Sozial- und Gesundheitsdienste; die Regelung der Arbeitsbeziehungen und ähnliches; dazu die diversen Sektoren der Histadrut und der öffentlichen Sphäre allgemein. Einzelheiten sollen in späteren Kapiteln folgen.

Sicherheit

Als Reaktion auf das Sicherheitsproblem wurde die dauerhafteste aller neuen Institutionen gegründet – die neue Armee. Die im Unabhängigkeitskrieg aus den Einheiten von Hagana und Palmach gebildete Israelische Verteidigungsarmee wurde offiziell 1948 nach dem berühmten Altalena-Zwischenfall aufgestellt, der sich in den ersten Tagen nach der Unabhängigkeit ereignet hatte. Ein Schiff, das mit Waffen und Freiwilligen der Ezel aus dem Ausland eingetroffen war, wurde auf Ben-Gurions Befehl hin beschossen und versehentlich versenkt – ein Vorfall, der erhebliche Bedeutung in der Geschichte des Staates erlangte. Nach der Selbstauflösung der Untergrundtruppen von Ezel und Lechi und ihrer Umwandlung in politische Parteien sowie nach der Auflösung des eigenständigen Führungsstabs der Palmach durch die Regierung wurde die Israelische Verteidigungsarmee die einzig legitime Streitmacht unter Regierungsaufsicht.
Sehr bald nach dem Waffenstillstand wurde die reguläre Friedensarmee unter der Führung des zweiten Generalstabschefs, Jigael Jadin, gebildet. Sie beruhte auf einer allgemeinen Wehrpflicht von zwei bis drei Jahren und Reservedienstpflicht bis zum Alter von 50 oder 55 Jahren. Die einzige faktische Ausnahme bildeten die Schüler der Talmud-Hochschulen, der Jeschiwot. Diese Ad-hoc-Entscheidung Ben-Gurions war in den

ersten Jahren des Staates auf Drängen mehrerer hervorragender Rabbiner zustande gekommen, die behaupteten, wegen der Zerstörung aller Jeschiwot im Holocaust sollte ihnen jetzt ihr Wirken in Israel durch besondere Bedingungen erleichtert werden. Während anfangs eine sehr kleine Zahl davon betroffen war – vermutlich nur wenige Hundert –, stieg sie später kontinuierlich an, bis Ende der siebziger Jahre schätzungsweise 10 000 bis 14 000 Männer und etwa 7 000 Frauen auf diese Weise vom Wehrdienst befreit wurden. Das ganze Thema bildet nun einen latenten Streitpunkt in den Beziehungen zwischen dem religiösen und dem weltlichen Lager.

Die Armee und der riesige Verteidigungsapparat – das Verteidigungsministerium, die Verteidigungsindustrie allgemein und die Luftfahrtindustrie im besonderen – wurden auch zu einem bedeutenden institutionellen Komplex in Israel, einem wesentlichen Wirtschaftssektor und einem wichtigen Symbol des neuen Staates; darüber hinaus brachten sie neue Eliten hervor, so daß es gelang, das Sicherheitsproblem im Griff zu behalten.

Doch Israel vermochte keinen Frieden mit seinen Nachbarländern zu erreichen: diese erkannten den Staat Israel nicht an, und so gab es nur einen Waffenstillstand, aber keine Beendigung des Krieges. Außerdem drangen arabische Terroristengruppen immer wieder in israelisches Gebiet ein – vor allem die Fedayin in den Jahren 1955-56 vor dem Sinaifeldzug – und erzeugten damit erhebliche Spannungen. Der häufige Beschuß der Siedlungen in Galiläa und im Jordantal durch die Syrer und in geringem Ausmaß durch die Jordanier wurde Teil des Alltags und schien damit die vorstaatliche Zeit fortzusetzen.

Im großen und ganzen waren Regierung und Armee, unter der Führung Ben-Gurions, jedoch imstande, diese Probleme unter Kontrolle zu halten, wenn auch nicht zu eliminieren. Es gelang ihnen, die Grenzen zu sichern und – besonders nach dem Sinaifeldzug und dem schließlichen Abzug der Juden aus dem Sinai – genug internationale Unterstützung zu erhalten, um die arabische Bedrohung zwar nicht abzuwenden, aber doch einzuschränken (wobei sich allerdings keine solche Unterstützung für die weiterreichenden Ziele des Sinaifeldzugs mobilisieren ließ).

Die zionistische Vision und die Herausbildung der institutionellen Modelle der israelischen Gesellschaft

Institutionelle Struktur

Der anfängliche Erfolg des Staates Israel schien jedoch weit über die Bewältigung dieser Probleme hinauszureichen. Den Hauptprüfstein und den Beweis seiner eigenen Legitimität sahen – vor allem, aber nicht nur – seine Führer in seiner Fähigkeit, die grundlegende zionistische Vision zu verwirklichen und sie in ein festes, dauerhaftes institutionelles Modell zu übersetzen, das imstande sein würde, erfolgreich mit all den vielen alten wie neuen Problemen fertig zu werden. Und tatsächlich schien es, nachdem die ersten schwierigen Jahre vorüber waren, als sei der Staat Israel in der Lage, diese Prüfung, trotz zahlreicher Fehlschläge, Verlangsamungen und Krisen, mit fliegenden Fahnen zu bestehen.

Die wirklich grundlegende institutionelle Struktur des Staates bildete sich relativ schnell und, wie wir oben gesehen haben, getreu den Grundlinien der zionistischen Vision heraus. Die Unabhängigkeitserklärung verkündete einige der Grundprämissen dieser Vision in ihrem demokratischen, liberalen, fast utopischen Ton. Sie betonte das unveräußerliche Recht des jüdischen Volkes, eine freie Nation im Land Israel zu sein, erwähnte die Verwurzelung dieses Rechts in den langen historischen Traditionen des jüdischen Volkes und die Anerkennung dieses Rechts durch die Vereinten Nationen, fügte an, daß die Tore des Staates allen Juden offenstehen würden, und unterstrich gleichzeitig die völlige Gleichheit aller seiner Bürger sowie seine Verpflichtung gegenüber den ethischen Elementen der prophetischen Vision. Um das Dokument selbst zu zitieren:

> In Erez Israel stand die Wiege des jüdischen Volkes; hier wurde sein geistiges, religiöses und politisches Antlitz geformt; hier lebte es ein Leben staatlicher Selbständigkeit; hier schuf es seine nationalen und universellen Kulturgüter und schenkte der Welt das unsterbliche »Buch der Bücher«.
>
> Mit Gewalt aus seinem Lande vertrieben, bewahrte es ihm in allen Ländern der Diaspora die Treue und hörte niemals auf,

um Rückkehr in sein Land und Erneuerung seiner politischen Freiheit in ihm zu beten und auf sie zu hoffen.
Aufgrund dieser historischen und traditionellen Verbundenheit strebten die Juden in allen Geschlechtern danach, ihre alte Heimat wiederzugewinnen; in den letzten Generationen kehrten viele von ihnen in ihr Land zurück... Sie brachten die Wüste zu neuer Blüte, erweckten die hebräische Sprache zu neuem Leben, errichteten Städte und Dörfer und schufen eine ständig zunehmende Bevölkerung mit eigener Wirtschaft und Kultur, friedliebend, aber imstande, sich selbst zu schützen, eine Bevölkerung, die allen Bewohnern des Landes Segen und Fortschritt bringt und nach staatlicher Selbständigkeit strebt...
Wir, die Mitglieder des Volksrates, die Vertreter der jüdischen Bevölkerung Palästinas und der Zionistischen Bewegung, sind daher heute, am Tage der Beendigung des britischen Mandats über Erez Israel, zusammengetreten und proklamieren hiermit kraft unseres natürlichen und historischen Rechts und aufgrund des Beschlusses der Vollversammlung der Vereinten Nationen die Errichtung eines jüdischen Staates in Erez Israel, des Staates Israel.

Der institutionelle Rahmen des Staates schien in seiner ursprünglichen Konzeption und späteren Fortentwicklung diesen Prämissen sehr nahezukommen und wies eine deutliche Kontinuität sowohl mit den Institutionen des Mandats als auch mit denen der Zionistischen Organisation auf. Diese Grundstruktur hat sich, trotz der ständig unsicheren Lage durch äußere Bedrohungen und der geänderten demographischen Zusammensetzung der Bevölkerung, bis heute erhalten und eine ausgeprägte Kontinuität und Stabilität an den Tag gelegt.
Gleichzeitig begann sich das grundlegende institutionelle Modell der israelischen Gesellschaft herauszubilden. Die Ausprägung des Staates und der Volkswirtschaft, die bildungsmäßigen und kulturellen Entwicklungen und das Muster der Aufnahme und Eingliederung von Einwanderern – all das wurde von großen Teilen der älteren Bevölkerung im allgemeinen und von den Eliten im besonderen als Verwirklichung der ursprünglichen zionistischen Vision betrachtet, deren erste Schritte im Jischuw hart gewesen waren. Die institutionellen Modelle, die sich im

Staat herauskristallisierten, wurden bei all ihrer Heterogenität, ihren Spannungen und Widersprüchen, die wir später detaillierter untersuchen werden, als Fortsetzung, Weiterentwicklung und Differenzierung jenes dynamischen Modells angesehen, das im Jischuw entstanden war, aber bereits mit bedeutsamen Zusätzen, von denen man im großen und ganzen annahm, daß sie es differenzieren und stärken würden.

Diese Modelle waren im Sinn der zionistischen Forderungen gerechtfertigt, um die Sicherheit und Unabhängigkeit des jüdischen Volkes zu garantieren sowie die sozio-kulturelle Kreativität im allgemeinen und den Aufbau von Institutionen im besonderen zu fördern. Man sah und beschrieb sie oft als knappe Zusammenfassung der zionistischen Visionen allgemein – und der des sozialistischen Arbeitersektors im besonderen –, die nun in einem demokratischen System verwirklicht wurden und von universaler Bedeutung waren.

Das ältere Thema des »Aufbaus« verband sich enger mit anderen Themen wie wirtschaftliche Expansion und Entwicklung, Modernisierung traditioneller Gemeinden und der Fähigkeit, aus diversen heterogenen Elementen eine neue Nation zusammenzuschweißen.

Viele der in Israel gesammelten Erfahrungen betrachtete man als potentiell über seine Grenzen hinaus anwendbar. So wurde beispielsweise der ganze Komplex der landwirtschaftlichen Siedlungen – besonders in der Form der neuen Moschawim – als mögliches Vorbild für Entwicklungsländer angesehen, ebenso wie die generellen israelischen Bestrebungen, aus einer Vielfalt von Gruppen im Rahmen eines gemeinsamen demokratischen Staatswesens eine Nation zu bilden.

All diese Leistungen – die große wirtschaftliche Expansion, Entwicklung und Modernisierung, die erhebliche Ausdehnung des Hochschulbereichs und dessen relativ hohes intellektuelles Niveau – waren eine augenfällige Illustration kultureller und sozialer Kreativität von sowohl spezifisch israelischer als auch universaler Bedeutung.

Die Schaffung neuer Institutionen blieb weiterhin ein entscheidendes Element der israelischen Kollektividentität. Man versuchte, das Bild des *Chaluz*, des Pioniers, neu zu definieren und es auf neue Bereiche auszudehnen – wie etwa auf solche, die mit dem Dienst am Staat, in der Armee oder bei der Einwandereraufnahme verbunden waren –, um damit ständig die Wichtigkeit des hingebungsvollen Dienstes am Kollektiv zu unterstreichen.

Neue Themen wie Sicherheit, militärische Stärke und die Suche nach einem Verständnis der jüdischen Tradition wurden der Kollektividentität hinzugefügt, die sich nunmehr herauskristallisierte; einige ältere Themen, die mit der primordialen Bindung an das Land Israel zusammenhingen, wurden in den Vordergrund gerückt; aber alle wurden als Fortführung und Differenzierung des Grundmusters der säkularen zionistischen Vision betrachtet.

Eines dieser Themen war natürlich das von Sicherheit, Verteidigung und Heldentum, das sich am vollkommensten in der Armee verkörperte. Wegen der entscheidenden Bedeutung der Sicherheitsdimension im israelischen Leben und vor allem auch wegen der Zusammensetzung der Armee, die hauptsächlich aus Wehrdienstpflichtigen und Reservisten besteht, wurde dies ein sehr generelles und weitverbreitetes Thema und eine der großen Neuerungen in der jüdischen Kollektividentität.

Das Element der Heldenhaftigkeit wurde auf komplizierte Weise auch durch das grauenvolle Erleben des Holocaust bestärkt. Einerseits bestätigten die Erfahrung des Holocaust und die Tötung wehrloser Juden in der Diaspora augenscheinlich die Grundannahmen des Zionismus und verstärkten bei den jüngeren Jahrgängen in Israel anfangs sogar noch die Gefühle gegen die Galut. Andererseits betrachtete man die Elemente des Heldentums während des Holocausts, wie sie etwa im Warschauer Getto-Aufstand oder im Kampf der Partisanen auftraten, als Teil der jüdischen Identität, der die jüdische Geschichte unmittelbar mit dem Zionismus und Erez-Israel verknüpfte – als eine Art Vorläufer oder Musterbeispiel zionistischen Heldentums. Die ganze Holocaust-Erfahrung wurde als ein fundamentaler Aspekt für die Legitimation des Zionismus und des Staates Israel aufgefaßt, wobei dieser Staat als wichtigste Bastion jüdischer Selbstverteidigung und als Zufluchtsort der Holocaust-Überlebenden galt.

Der Holocaust-Gedenktag betonte all diese Themen ebenso wie die ebenfalls 1953 eingerichtete Gedenkstätte Jad Waschem. Ereignisse wie der Eichmann-Prozeß 1961 verstärkten sie, während eine wachsende Literatur über diese Gegenstände die Suche nach einem Verständnis der historischen Bande des jüdischen Volkes vertiefte – ohne, zumindest anfangs, die Ablehnung des Galut-Lebens aufzugeben.

Im Zusammenhang mit dieser Erkundung der jüdischen Geschichte und Tradition entwickelten sich auch neue, zuweilen widersprüchliche Themen. Auf der einen Seite wurde immer größerer Nachdruck auf die erez-israelische Dimension dieser Geschichte gelegt, während man sich andererseits mehr der Diaspora-Tradition öffnete. Unabhängig von den genauen Details dieser Erkundung läßt sich jedenfalls sagen, daß sie einen dauerhaften Teil der kulturellen und öffentlichen Szene bildete.

Das Gleiche galt natürlich für die Erweiterung der kollektiven Identität um die politische Dimension selber, wie sie vor allem Ben-Gurion durch seine Betonung der *Mamlachtiut* (Staatlichkeit) ausdrückte. Er betrachtete diese Staatlichkeit als klares Zeichen für die Verwirklichung der zionistischen Vision, entgegen den sektiererischeren Tendenzen verschiedener Führer, Gruppen und Bewegungen, die zum Mittelpunkt von Kontroversen wurden.

Dem Anschein nach gab es keine großen Veränderungen in der relativen Bedeutung der religiösen Komponenten bei der Herausbildung der israelischen Kollektividentität. Allerdings verstärkte die volle Ratifikation früherer Absprachen in diesem Bereich die Macht der religiösen Gruppen – durch die Aufnahme der Agudat Israel in die Knesset und manchmal sogar in die Regierung, die Anerkennung der Rabbinatsgerichte und ihrer Rechtsprechung in Personenstandsangelegenheiten (Ehe, Scheidung u. ä.) und die stets entscheidende Stellung der religiösen Parteien in der Koalition. Langsam, aber stetig gewann die religiöse Gesetzgebung in verschiedenen Lebensbereichen an Gewicht, parallel zur steigenden Bedeutung des Oberrabbinats, das eine kirchenähnliche Position ansteuerte, und dem Anwachsen der Jeschiwot. Aber in Wirklichkeit bestand ein Kompromiß und ein Modus vivendi zwischen den weltlichen und religiösen Sektoren – mit der scheinbar offensichtlichen Vormacht der weltlichen Gruppen, unter Anerkennung der speziellen Anliegen und Auffassungen der Religiösen. Dies zeigte sich beispielhaft in der Formulierung der Unabhängigkeitserklärung, die statt des Gottesnamens den Euphemismus *Zur Israel* (Fels Israels) benutzte, was für religiöse Menschen gleichbedeutend mit dem göttlichen Namen war, für weltliche Kreise aber einen eher symbolischen Ausdruck darstellte, der allgemein auf die jüdische Geschichtserfahrung und Solidarität verwies.

Zu den wichtigsten Einflußnahmen der religiösen Gruppen auf die grundlegende Gesetzgebung des Staates gehörte ihr starker Widerstand gegen jedwede Staatsverfassung, da sie behaupteten, daß die Tora die einzig mögliche Verfassung sei. Allerdings ist zweifelhaft, ob andere Elemente – insbesondere im Umfeld der Regierung – tatsächlich sehr an der Verkündung solch einer Verfassung interessiert waren, die notwendigerweise der Regierung Schranken gesetzt hätte. Ab 1964 wurde aber eine Reihe von Grundgesetzen erlassen, die das konstitutionelle Grundwesen des Staates definierten und letzten Endes fast als Ersatz für eine Verfassung betrachtet werden können, während gleichzeitig das starke Gerichtswesen zumindest einige ihrer Aufgaben übernahm.

All diese Themen mit ihren Abwandlungen und ihrer relativen Bedeutung bildeten den Mittelpunkt ständiger Auseinandersetzungen, literarischer und journalistischer Diskussionen und häufig auch öffentlicher Debatten. In gewisser Hinsicht bot dies den vollen Beweis für die Stärke und Stabilität des institutionellen Modells, in dem sie sich entwickelten und mit dessen »Ausblick« sie alle eng verbunden waren.

Die Lebensfähigkeit der grundlegenden institutionellen Modelle, die sich in dieser Periode entwickelten, wurde – was paradox scheint, aber in Wirklichkeit ganz natürlich ist – gerade dadurch bestärkt, daß sie nie völlig homogen waren, daß sich in ihnen dauerhafte politisch-ideologische Konflikte, Auseinandersetzungen und neue Trends herausbildeten, daß die politi-

schen Diskussionen und Debatten immer recht intensiv geführt wurden und daß es Regierungskrisen gab, die die demokratische Natur des Staates unter Beweis stellten.
Diese Lebensfähigkeit zeigte sich noch deutlicher an dem entscheidenden Anteil, den die neuen Sabra-Generationen an der Errichtung der institutionellen Struktur hatten, nämlich Leute, die Ende der vierziger Jahre und besonders im Unabhängigkeitskrieg hervortraten und später in der Armee noch sichtbarer wurden. Fast alle wichtigen Persönlichkeiten wie Jadin, Allon, Dajan oder Eser Weizman sowie die Vertreter der neuen akademischen und wirtschaftlichen Elite gehörten zu dieser Gruppe, die mehr und mehr auch im akademischen Leben, in der Literatur und in vielen neuen Wirtschaftsunternehmen in den Vordergrund trat.
Die relative Heterogenität dieser institutionellen Modelle wurde natürlich in nicht geringem Maße noch durch die Tatsache verstärkt, daß der Staat und die von ihm abhängigen Institutionen – der Armeeapparat, der Auswärtige Dienst, die Verwaltung und akademische Einrichtungen sowie der große Wirtschaftsbereich – den aktiveren Elementen Mobilitäts- und Aufstiegsmöglichkeiten eröffneten, die man sich im Jischuw nicht hätte träumen lassen.
Diese Mobilität erhielt eine besondere internationale Dimension durch die Ausdehnung der auswärtigen Kontakte – in Form von diplomatischem Dienst, ersten Wirtschaftskontakten, Entwicklungshilfeprogrammen und akademischem Austausch.

Die Probleme einer Neudefinition des Zionismus

Die Gründung des Staates Israel hatte natürlich (in der Ausarbeitung der verschiedenen Dimensionen der zionistischen Vision und ihrer unterschiedlichen Themen) zahlreiche Auswirkungen auf die grundlegende Definition des Zionismus.
Einerseits konnte die Staatsgründung als vollständige Verwirklichung dieser Vision oder doch wenigstens als ein fundamentaler Schritt in diese Richtung betrachtet werden, und so sahen es auch tatsächlich viele Gruppen, Führer und Intellektuelle.

Andererseits warfen gerade die Anfänge einer solchen Verwirklichung viele Fragen und Probleme auf. Erstens wurde nun das Verhältnis zwischen den starken Zukunftsorientierungen, die in der zionistischen Vision enthalten waren, und der sich herausbildenden konkreten Wirklichkeit Israels zum Problem. Zweitens stellte sich potentiell die Frage der Legitimation jüdischer Diaspora-Existenz entgegen der zionistischen Überzeugung von der letztlichen Unmöglichkeit eines solchen Daseins auf Dauer, wobei allerdings der furchtbare Schatten des Holocaust dazu führte, daß dieses Problem lange Zeit nicht öffentlich ausgesprochen wurde. Drittens ergaben sich weitreichende Auswirkungen auf die Beziehungen zwischen der Diaspora und dem Staat. All diese grundlegenden Veränderungen lösten intensive geistig-ideologische Debatten aus, die eine Fülle von Versuchen enthielten, das Wesen der zionistischen Weltanschauung neu zu definieren.

Die Wirkung in der Diaspora

Diese Debatten beeinflußten allerdings kaum die allgemein übliche Gleichsetzung der Staatsgründung mit der Verwirklichung der zionistischen Vision und ihre Akzeptanz.

Dieses kraftvolle Israelbild, in dem sich die Schaffung einer neuen institutionellen Realität mit der Herausbildung einer neuen jüdischen Identität mit universaler Bedeutung verband und das viele utopische oder halb-utopische Visionen umfaßte, war auch außerhalb Israels sehr verbreitet: in den jüdischen Gemeinden der Diaspora und in vielen nichtjüdischen Gemeinschaften, besonders im Westen. Der Antizionismus als aktives Element im jüdischen öffentlichen Leben war fast völlig verschwunden; die Wirklichkeit des Staates wurde allgemein akzeptiert.

Aber es handelte sich nicht nur um ein passives Akzeptieren. Für viele Juden und jüdische Führer in der Diaspora – mit nur wenigen Ausnahmen – wurde der Staat Israel ein Gegenstand des Stolzes und einer Identifikation, die sich an den Themen von Heldentum, militärischem Sieg und nationaler Souveränität festmachte. Er führte sozusagen zur Aufhebung des negativen Bildes vom Diaspora-Juden und ermöglichte es vielen von ih-

nen, sich neuen Aufgaben zu widmen und auf institutionellen Bahnen – wenn auch nur von ferne – an diesen neuartigen Aktivitäten und Erlebnissen teilzunehmen.
Vor allem führte die Staatsgründung dazu, daß die jüdischen Aktivitäten – in erster Linie natürlich in der großen jüdischen Bevölkerungskonzentration in den Vereinigten Staaten, aber auch in Europa – eine legitime politische Dimension bekamen, die die Juden nicht mehr als rein religiöse oder konfessionelle oder auch ethnisch-philanthropische Gruppe erscheinen ließ. Das Auftreten israelischer Diplomaten – von Persönlichkeiten wie Golda Meir oder Abba Eban –, hochrangigen Militärs, Angehörigen des Auswärtigen Dienstes, Experten und zahllosen Einwanderungsbeauftragten, die die Botschaft vom wiedererstandenen Israel in die Welt trugen, förderte diese politische Dimension und Identifikation ganz erheblich, und es war keineswegs außergewöhnlich, unterwegs in fernen Ländern europäische oder amerikanische Juden zu finden, die sich in der jeweiligen israelischen Botschaft mehr zu Hause fühlten als in der ihres eigenen Landes.
Gleichzeitig verbreiteten sich israelische Folklore, Lieder und Tänze über die jüdischen Gemeinden, und israelorientierte Betätigungen, darunter vor allem die Bereitstellung von finanziellen Mitteln und politischer Unterstützung für Israel, wurden in den meisten jüdischen Organisationen mehr und mehr zu einem zentralen Bestandteil ihrer Aktivitäten.
Ferner verbreitete sich, wenn auch vielleicht nicht sonderlich intensiv, ein gewisses Bild von Israel als einer »sozialen« und demokratischen Pioniergesellschaft, ein Bild, das seine reinste Verkörperung gewöhnlich im Kibbuz zu finden meinte. Viele Juden versuchten, in Israel die Verwirklichung ihrer eigenen Auffassung einer allgemeinen oder jüdischen Utopie zu entdekken, sei es nun im Hinblick auf eine gerechte Gesellschaft, jüdische Solidarität oder eine Art kultureller Renaissance.
Natürlich gab es viel Kritik an Israels konkreter Politik – besonders was seine internationalen Stellungnahmen anbetraf. Da waren einmal Kritiker wie Hannah Arendt, die beispielsweise während des Eichmann-Prozesses rügte, daß er nicht zu einem Symbol der Sühne der Menschheit für all ihre Sünden geworden sei. Und dann gab es diejenigen, die – teils von Israel selber aus,

etwa Martin Buber und andere Intellektuelle, meist ehemalige Mitglieder des Brit Schalom – die mangelnden Versuche von seiten der israelischen Regierung rügten, Friedensinitiativen in Richtung auf die Araber einzuleiten.

Außerdem weigerten sich zahlreiche Diaspora-Juden stillschweigend, viele der israelischen Prämissen und Ansprüche anzuerkennen; und lange Zeit verneinte das ultra-orthodoxe Lager die Legitimität des Staates, auch wenn man ihn de facto zunehmend akzeptierte.

Aber diese Meinungen nahmen in der jüdischen Haltung gegenüber Israel keine zentrale Stellung ein. Selbst für die assimiliertesten Juden wurde die Existenz Israels – auch ohne utopische Dimension – etwas Grundlegendes, Primordiales. So hat es auch R. Aron in seinem Aufschrei gegen de Gaulles Israelpolitik von 1967 formuliert:

> Ich war nie Zionist, und zwar in erster Linie darum, weil ich nie als Jude gelitten habe. Ich halte es für möglich, daß der Staat Israel, seiner eigenen Existenz zuliebe, den Konflikt lange hinziehen wird. Ich habe nicht vor, heute mehr als gestern die Politik derer bedingungslos zu unterstützen, die für den israelischen Staat verantwortlich sind – nicht mehr und nicht weniger als die Politik anderer Regierungen. Aber ich weiß auch klarer als gestern, daß mich die Möglichkeit einer Zerstörung des Staates Israel (die von der Abschlachtung eines Teils der Bevölkerung begleitet wäre) bis auf den Grund meiner Seele schmerzt. In diesem Sinn gestehe ich, daß ein Jude wohl niemals völlige Objektivität erreichen kann, wenn es um Israel geht ...[16]

Wie Simone Weil 1981 in Jerusalem sagte, blieb nur sehr wenigen die volle Erkenntnis vorbehalten, daß es einen Widerspruch zwischen den hohen universalistischen Werten des Judentums, denen die Juden als Minderheit in der Diaspora nacheiferten, und den mit der Führung eines Staates verbundenen Erfordernissen geben könnte; vielleicht maß man dem auch – im Vergleich zu der großartigen Erfahrung der Wiedergeburt der jüdischen Nation – nur sekundäre Bedeutung bei.

So erwiesen sich die institutionellen Modelle, die im ersten Geschichtsabschnitt des Staates Israel (bis etwa zum Sechstage-

16 Raymond Aron, *De Gaulle, Israel et les Juifs*, Paris 1968, S. 38.

krieg) entwickelt und von der Staatsführung und weiten Kreisen im In- und Ausland zumindest als erste Schritte zur Verwirklichung der zionistischen Vision im allgemeinen und des Arbeiterzionismus im besonderen betrachtet und dargestellt wurden, als sehr dauerhaft.

Diese Stärke zeigten sie auch bei der Bewältigung der meisten Probleme jener Zeit: den ersten Stadien der Einwandereraufnahme, der Schaffung einer fortschrittlichen Wirtschaft und einer modernen Armee und dem Zusammenschweißen einer neuen Nation.

Allerdings wichen Alltagswirklichkeit und entstehende institutionelle Trends natürlich in vieler Hinsicht von den idealen Grundprämissen des institutionellen Modells ziemlich weit ab – vielleicht sogar stärker als in der Jischuw-Periode und in vielerlei Hinsicht ähnlich wie in zahlreichen anderen nachrevolutionären Gesellschaften. In gewissem Sinn hatte fast jeder Erfolg eine Kehrseite und trug daher manchen Interpretationen zufolge den Keim der Zersetzung dieses Modells und seiner idealen Grundlagen in sich.

Doch wenigstens zu Anfang besaß es große, vielleicht sogar erstaunliche Kontinuität. Es war keine stagnierende, sondern eine dynamische Kontinuität, in deren Rahmen weitreichende Veränderungen, Wachstumsprozesse, Differenzierungen und Öffnungen auftraten, wobei die Kriege von 1967 und 1973 Wendepunkte dieser Entwicklungen darstellten. Letzten Endes führten diese Prozesse zu einer Zersetzung des ursprünglichen Modells und zu umfangreichen Wandlungen in der israelischen Gesellschaft – in deren Ethos sie heute lebt.

Um diese Abläufe zu verstehen, müssen erst folgende drei Bereiche näher untersucht werden: erstens die institutionellen Modelle, die sich in den Anfangsstadien des Staates Israel herausbildeten; zweitens die Art und Weise, in denen man die wesentlichen Probleme der israelischen Gesellschaft im Rahmen dieser Modelle anging; und drittens die Wandlungsprozesse, die sich in ihnen vollzogen. Dieser Analyse wollen wir uns nun zuwenden.

8. Kapitel
Das politische Modell

I. Politische Struktur, Institutionen und Prozesse

Die Grundmerkmale

Anfängliche Stabilität

Das politische Modell, das sich im Staat Israel herauskristallisierte, war durch eine Reihe von Merkmalen gekennzeichnet, die sich aus dem Erbe des Jischuw, der zionistischen Bewegung und der Mandatszeit herleiteten, und wandelte sich dann unter dem Einfluß der neuen Realität des Staates und dessen Problemen.

Sein institutionelles Grundmerkmal war das System einer parlamentarischen Demokratie, in der sich das Muster einer Koalitionsregierung mit jeweils einer vorherrschenden Partei entwikkelte; bis 1977 hatte die Arbeiterpartei diese Führungsstellung inne, danach der Likud-Block.

Der Staat Israel verkündete weder eine Verfassung – hauptsächlich wegen des Widerstands der religiösen Parteien, die behaupteten, daß die Halacha das Grundgesetz des jüdischen Volkes darstelle – noch einen Grundrechtskatalog. Ab 1964 erließ die Knesset jedoch eine Reihe von Grundgesetzen; außerdem bildete die starke Stellung des Gerichtswesens im allgemeinen und des Obersten Gerichtshofs im besonderen einen gewissen, wenn auch nur teilweisen Ersatz für eine Verfassung oder einen Grundrechtskatalog.

Dieses politische Modell, das vor allem durch die Vorherrschaft des sozialdemokratischen Lagers – erst der Mapai, dann verschiedener Arbeiterblöcke – gekennzeichnet war, bildete sich in den ersten Jahren des Staates heraus und zeigte nicht nur eine bemerkenswerte Kontinuität der politischen Kräfteverhältnisse im Jischuw, sondern auch einen hohen Grad an relativer Stabilität.

Die Kontinuität des im Jischuw entstandenen Musters wurde daraus ersichtlich, daß die wichtigen Parteien und deren Führer – mit einigen Ausnahmen – mehr oder weniger die gleichen waren wie im Jischuw. Daneben gab es hier zwei große Neuentwicklungen, nämlich erstens die Gründung der Cherut-Partei, die allerdings als Fortsetzung der älteren revisionistischen Gruppe gelten konnte und häufig (nicht ganz korrekt) als ein ziemlich spezieller Teil des rechtsgerichteten Bürgerblocks betrachtet wurde, und zweitens die Einbeziehung der ultra-orthodoxen Agudat Israel in viele Koalitionen.

Die Kontinuität des anfänglichen politischen Modells, das sich in Israel selber herausgebildet hatte, zeigte sich in der Dauerhaftigkeit der wichtigsten Parteien und Blöcke (Arbeiter-, rechte oder »bürgerliche« und religiöse Gruppierungen), auch wenn diese manchmal ihre Namen änderten und sich innerhalb der großen Blöcke öfters spalteten und wieder neu zusammenschlossen – nach einem Muster, das lange Zeit, bis etwa Mitte der sechziger Jahre, ziemlich stabil blieb. Dazu später noch mehr.

Diese Stabilität zeigte sich – bis in die späten sechziger Jahre – an der Stimm- und Machtverteilung zwischen den Hauptblökken, dem Vorrang der Arbeiterpartei als führendem Teil in jeder Regierungskoalition bis 1977 und zumindest anfangs an der Zusammensetzung der Führung der wichtigsten Parteien und Blöcke.

Die große Überraschung lag hier natürlich darin, daß sich keine speziellen Parteien von Neueinwanderern entwickelten, trotz mancher, überwiegend von einigen der älteren sefardischen Würdenträger unternommener Versuche, solche neuen Parteien ins Leben zu rufen. Diese Bestrebungen schlugen fehl; die Stimmen der Einwanderer verteilten sich offenbar gleichmäßig über die bestehenden Parteien und Blöcke – je nach deren anfänglicher Stärke und lange Zeit auch nach dem ursprünglich zwischen ihnen herrschenden Machtverhältnis; schrittweise bewegten sich jedoch dann mehr und mehr Unzufriedene auf die wichtigste oppositionelle Gruppe zu: Cherut.

Diese Stabilität hing eng mit der Kontinuität zweier weiterer Aspekte des politischen Lebens zusammen: nämlich der grundlegenden sozio-politischen Ideologien der herrschenden Gruppen und einer Führung, die mindestens bis in die frühen sechziger Jahre – und scheinbar noch länger – überdauerte.

Die Struktur der staatlichen Institutionen

Während diese Kontinuität auch für die grundlegende institutionelle Struktur der Regierung galt, konnten all die formellen Attribute eines völlig souveränen Staates natürlich nicht aus der früheren Periode übernommen werden. Die Hauptmerkmale dieser Institutionen, etwa ihr demokratischer Rahmen, die Aufrechterhaltung parlamentarischer Einrichtungen und die Verantwortlichkeit der Regierung gegenüber der Legislative, waren aber der Situation, wie sie in der Zeit des Jischuw herrschte, nicht unähnlich.

Eine der wichtigsten formellen Veränderungen betraf das Amt des Staatspräsidenten, das – anders als in der Zionistischen Organisation – weitgehend auf Repräsentationsaufgaben mit wenig wirklichem politischem Einfluß beschränkt wurde.

Wichtige Veränderungen ergaben sich auch durch den Aufbau und die Institutionalisierung des Gerichtswesens (das es unter den jüdischen Institutionen des Jischuw, abgesehen vom Ehrengericht des Zionistischen Kongresses und einigen sektoralen Einrichtungen, nicht gegeben hatte) und der Kontroll- und Ermächtigungsbehörden, etwa dem Amt des Staatskontrolleurs und diverser ständiger Parlamentsausschüsse.

Trotz der Kontinuität in der Natur und Zusammensetzung der Parteien nebst ihrer Eliten brachte die Gründung des Staates Israel natürlich tiefgreifende Veränderungen nicht nur auf der formell-institutionellen Ebene, sondern auch in den politischen Prozessen und Institutionen mit sich. Die meisten Funktionen der Mandatsregierung, der Jewish Agency und des Waad Leumi wurden in den institutionellen Rahmen des Staates überführt, so daß die alte Arbeitsteilung, die zur Mandatszeit zwischen ihnen geherrscht hatte, jetzt weitgehend aufgehoben war. Die Jewish Agency beschäftigte sich weiterhin mit Kolonisationsproblemen, der Ansiedlung neuer Einwanderer, kulturellen Tätigkeiten in der Diaspora sowie einigen eigenen politischen und propagandistischen Aktivitäten, aber ein Großteil ihrer politischen Tätigkeit ging natürlich auf den Staat über.

Parallel zur Veränderung in der institutionellen Struktur trat auch ein Wandel in der relativen Bedeutung von israelischen und weltzionistischen Organisationen und Institutionen ein. Die in der vorstaatlichen Zeit herrschende Situation, bei der die Weltzionisten weit größere Bedeutung besaßen als ihre israelischen Kollegen, kehrte sich völlig um. Jetzt verlagerte sich das Schwergewicht auf Israel, während die zionistischen Organe in der Diaspora nur eine sekundäre Rolle spielten. Dies ließ sich an der Zusammensetzung der politischen Führung ablesen – die meisten Spitzenkräfte wechselten zur Regierung über – sowie an der Aufgabenverteilung zwischen ihnen.

Hinzu kam selbstverständlich die Entwicklung und Ausdehnung einer schnell wachsenden öffentlichen Verwaltung und Bürokratie – vor allem im staatlichen und städtischen Beamtendienst, aber auch, allerdings in geringerem Umfang, in Histadrut und Jewish Agency, wobei die beiden letzteren natürlich die vorangegangene Periode unmittelbar fortsetzten.

Die Entwicklung der Bürokratien im allgemeinen und der zivilen Staatsdienste im besonderen baute zwar auf den zur Jischuwzeit gelegten Fundamenten auf, ging aber weit über sie hinaus, so daß diese Einrichtungen heute, mit all ihren guten und schlechten Begleiterscheinungen, zu einem spezifischen Merkmal des Staates Israel geworden sind. Schrittweise entwikkelte sich der staatliche Sektor im allgemeinen, einschließlich der Rüstungs- und Luftfahrtindustrie, des zivilen Beamtenapparats und der städtischen Beamten, zum größten Arbeitgeber der israelischen Wirtschaft.

Politische Parteien

Wie vorstehend erwähnt, waren die meisten wichtigen, in Israel aktiven Parteien Fortsetzungen oder Ableger der in der zionistischen Bewegung und im Jischuw tätigen Gruppierungen. Mit der Staatsgründung setzten jedoch Wandlungen in ihnen ein, die – erst schrittweise, dann rascher – zu neuen vereinigten Organisationen führten, in denen sich verschiedene Bewegun-

gen, Sekten und Interessengruppen zusammenfanden und die besonders auf die Eingliederung neuer Elemente zielten.[17]
Einige dieser Veränderungen hingen auch mit spezifischen Ereignissen zusammen, deren wichtigstes die Lavon-Affäre war.
Diese Affäre geht auf das Jahr 1954, also die Zeit zurück, in der Pinchas Lavon Verteidigungsminister war. Damals wurden israelische Agenten in Ägypten festgenommen und wegen Sabotageakten zu schweren Strafen verurteilt. Ziel dieser Aktion war es gewesen, die Spannungen zwischen Ägypten und den USA zu erhöhen.
Im Jahr 1954 ernannte Mosche Scharett eine Untersuchungskommission (bestehend aus dem Präsidenten des Obersten Gerichtshofs und dem ersten Generalstabschef der israelischen Streitkräfte, General Dori), die zu keiner klaren Entscheidung hinsichtlich der Frage gelangte, ob Lavon den Befehl zu dieser unrühmlichen Aktion gegeben hatte. Lavon legte daraufhin sein Ministeramt nieder.
1960 behauptete Lavon, der inzwischen Generalsekretär der Histadrut geworden war, es gebe neue Beweise, die darauf hinwiesen, daß einige beteiligte Offiziere seinerzeit nicht die Wahrheit gesagt hätten, wodurch er selbst entlastet würde. Aufgrund dessen verlangte er, von Ben-Gurion oder der Regierung rehabilitiert zu werden. Ben-Gurion selbst weigerte sich, Stellung zu beziehen, und wollte die Angelegenheit gerichtlich entscheiden lassen. Demgegenüber entschied sich das Kabinett für die Einsetzung eines Ministerausschusses, der dann zu dem Beschluß kam, daß Lavon keine Schuld trage. Ben-Gurion griff diese Entscheidung heftig an und forderte weiterhin eine gerichtliche Untersuchung. Die Koalitionspartner, die dem Ministerausschuß angehört hatten, waren über das anmaßende Verhalten des Ministerpräsidenten gekränkt und drohten nun, zusammen mit einigen altgedienten Mapai-Ministern, ihren Rücktritt an.
Die Mapai bemühte sich darauf hektisch, diesen inneren Konflikt durch einen Kompromiß beizulegen, aber Lavon stimmte dem angebotenen Vergleich nicht zu, und es wollte auch kein

17 Siehe für die Zeit bis 1965 ausführlicher in Eisenstadt, *Die israelische Gesellschaft*, Stuttgart 1973.

Mapai-Führer die Verantwortung übernehmen. Im März 1961 war Finanzminister Eschkol schließlich gezwungen, die Sache zu entscheiden, weil Ben-Gurion inzwischen zurückgetreten war und das Land keine Regierung besaß. In einer dramatischen Sitzung der Parteiexekutive, während derer Lavon-Anhänger vor dem Gebäude demonstrierten, beschloß die Mapai, Lavon von seinem Posten zu entfernen. Die von einer Mapai-Mehrheit geführte Histadrut-Exekutive führte den Parteibeschluß aus.
Das Endergebnis der Abstimmung im Zentralkomitee der Mapai war verhältnismäßig knapp (159 gegen 96). Scharett stellte den gegen die Entlassung gerichteten Antrag, und das Ergebnis wurde allgemein als moralischer Sieg für Lavon gewertet.
Sich dem öffentlichen Druck beugend, erklärten sich die Koalitionspartner bereit, noch einmal einer von Ben-Gurion geführten Regierung beizutreten, womit die Lavon-Affäre endlich zum Abschluß kam. Die Knesset wurde fast drei Jahre vor Ablauf der Wahlperiode aufgelöst und die Neuwahl auf August 1961 festgesetzt. Die Mapai verlor vier Sitze, aber die jetzt gebildete schmale Koalitionsregierung enthielt sogar eine noch größere Mapai-Mehrheit als vorher. Die ganze Angelegenheit riß einen der tiefsten Gräben in die Mapai und führte 1965 letzten Endes zur Spaltung in *Rafi* und *Mapai*.
Anfangs ließen sich die Parteien grob in folgende Kategorien einteilen: sozialdemokratisches Lager, Mitteparteien, Cherut, religiöse Gruppen, Kommunisten, arabische Parteien und verschiedene Splittergruppen.

Wahlergebnisse

Bis 1981 hat es zehn Knessetwahlen und entsprechende Regierungswechsel gegeben. Die Ergebnisse dieser Wahlen (wie sie in den Tabellen 8.1 und 8.2 dargestellt sind) bestätigen die relative Stabilität und Kontinuität des politischen Systems.

Tabelle 8.1 Ergebnisse der Knesset-Wahlen 1949-1965 (in Prozenten)

Partei	Erste Knesset 25.1.49	Zweite Knesset 30.7.51	Dritte Knesset 26.7.55	Vierte Knesset 3.12.59	Fünfte Knesset 15.8.61	Sechste Knesset 2.11.65
Mapai	35,7	37,3	32,3	38,2	34,7	36,7[a]
Rafi	–	–	–	–	–	7,9
National-Religiöse Partei	12,2	8,3	9,1	9,9	9,8	8,9
Agudat Israel und Poale Agudat Israel[e]	1,7	0,6	0,3	–	–	–
Cherut	11,8	6,6	12,6	13,5	13,6	21,3[b]
Mapam	14,7	12,5	7,3	7,2	7,5	6,6
Achdut Haawoda	in Mapam enthalten		8,2	6,0	6,6	3,8
Progressive	4,1	3,2	4,4	4,6	13,8 (Liberale Partei)	3,8[c]
Allgemeine Zionisten	5,2	16,2	10,2	6,2	–	–
Kommunisten	3,5	4,0	4,5	2,8	4,2	3,4[d]
Minderheiten	3,0	4,7	4,9	4,7	3,9	3,8
Andere	8,4	3,0	1,6	2,2	0,3	2,5

Anmerkungen: a. einschließlich Achdut Haawoda
b. einschließlich eines Teils der Liberalen Partei (Gachal)
c. unter dem Namen »Unabhängige Liberale«
d. einschließlich der Neuen Kommunistischen Partei
e. und andere religiöse Parteien

Quelle: Government of Israel, *Election Results 1979-81* (Jerusalem 1981)

Tabelle 8.2 Ergebnisse der Knesset-Wahlen 1969-81 (in Prozenten)

Partei	Siebte Knesset 28. 10. 69	Achte Knesset 31. 12. 73	Neunte Knesset 17. 5. 77	Zehnte Knesset 30. 6. 81
Mapai, Rafi, Mapam, Achdut Haawoda } Maarach	46,2	39,6	24,6	36,6
National-Religiöse Partei	9,8	8,3	9,2	4,9
Agudat Israel und Poale Agudat Israel	5,0	3,8	4,7	4,6
Cherut (Likud)	21,7	30,2	33,4	37,1
Progressive (Liberale Partei)	3,2	3,6	1,2	0,6
Israelische KP	1,2	–	–	–
Freies Zentrum	1,2	–	–	–
Haolam Hase	1,2	0,7	–	–
Demokratische Liste für Frieden und Gleichheit (Rakach), Schwarze Panther und jüdisch-arabische Zirkel	2,8	3,4	4,6	3,4
Bürgerrechtsbewegung	–	2,2	1,2	1,4
Moked	–	1,4	–	–
Demokratische Bewegung für Veränderung (Dasch)	–	–	11,6	–
Schlomzion – Bewegung für die Verwirklichung des Zionismus	–	–	1,9	–
Scheli	–	–	1,6	0,4
Israelische Traditionsbewegung (Tami)	–	–	–	2,3
Veränderung – Partei der Mitte (Schinui)	–	–	–	1,5
Techia (Auferstehung)	–	–	–	2,3
Bewegung für Staatserneuerung	–	–	–	1,6
Flato Scharon	–	–	2,0	0,6
Minderheiten	0,0	0,2	0,4	1,1
Andere	1,1	3,8	2,2	1,6

Quelle: Government of Israel, *Election Results 1979-81* (Jerusalem 1981)

Kontinuität und Veränderung im Verhältnis zum Jischuw und innere Merkmale im Wandel

Koalition und Opposition

Dieses anfängliche politische Modell im Rahmen des grundsätzlich demokratisch-parlamentarischen Staates, das sich in den frühen fünfziger Jahren herauskristallisierte, wurde beherrscht von der regierenden Arbeiterpartei (Mapai) unter der starken Führung Ben-Gurions und war geprägt von der Bemühung, die zionistische Vision den neuen Bedingungen anzupassen. Im Vordergrund dieses politischen Modells standen Entwicklung und Sicherheit, die Sammlung der Zerstreuten und eine überwiegend westlich orientierte Außenpolitik.

Die wichtigsten Parteien, die sich an diesem Modell beteiligten, akzeptierten seine Grundprämissen und versuchten innerhalb dieser Politik stärkeren Nachdruck auf bestimmte Richtungen zu legen, die ihren eigenen ideologischen Orientierungen oder konkreten Interessen am nächsten lagen.

Die »bürgerlichen Parteien«, also die Allgemeinen Zionisten (die überwiegend den älteren »bürgerlichen« Sektor des Jischuw umfaßten) sowie die Progressiven und die Unabhängigen Liberalen (insbesondere Freiberufler, Intellektuelle und wohl auch Beamte), unterstrichen vor allem die Wahrung von Rechtsstaatlichkeit und Rechtsbewußtsein und somit allgemein die mehr bürgerlich-universalistischen Komponenten dieser Orientierungen.

Die Linksparteien – Mapam mit ihren zwei Bestandteilen (der älteren Mapam und Haschomer Hazair) und Achdut Haawoda – versuchten zunächst, eine am Ostblock orientierte oder wenigstens neutrale israelische Außenpolitik zu betreiben, aber der Koreakrieg und der wachsende Antisemitismus in Stalins letzten Regierungsjahren machten es nicht leicht, dafür Verständnis zu wecken.

Es gab nur zwei Parteien, die Ben-Gurion anfangs bewußt von der Mitwirkung an diesem Modell – aber natürlich nicht aus der Knesset – ausschloß: nämlich Cherut und die Kommunistische Partei (ursprünglich Maki, ab 1965 dann, nach der Spaltung der Maki, Rakach und Maki, wobei letztere später verschwand).

Der Ausschluß der Kommunisten ließ sich natürlich leicht damit erklären, daß sie die zionistischen Grundprämissen nicht akzeptierten.
Der Ausschluß von Cherut wurzelte in der großen politischen Kluft, die sich in den dreißiger Jahren zwischen Revisionisten und Arbeiterbewegung aufgetan hatte und während des Kampfes gegen die Briten auch zwischen Ezel und Lechi einerseits und der Hagana andererseits klaffte. Die Cherut-Partei selbst war durch Umwandlung der früheren Untergrundtruppe Ezel in eine legale politische Partei innerhalb des grundlegenden demokratischen Verfassungsrahmens des Staates entstanden. Ihr Ausschluß geschah in der Form, daß Cherut bis 1967 in keine einzige Regierung einbezogen wurde. Dies machte sie zur Oppositionspartei par excellence und unterschied sie von den mehr »bürgerlichen« Parteien wie den Allgemeinen Zionisten (später Liberalen) oder den eher intellektuellen oder fortschrittlichen Kräften wie den Progressiven oder den späteren Unabhängigen Liberalen, denn ihre Opposition ergab sich nicht nur aus Interessenunterschieden, einer anderen sozialen Zusammensetzung oder bestimmten sozialen oder kulturellen Präferenzen, sondern auch aus einer völlig anderen Thematik, Orientierung und Auffassung hinsichtlich der zionistischen Vision.
Teils in Fortsetzung der revisionistischen Anschauung vertrat Cherut eine ausgeprägt nationalistische Richtung, legte großen Wert auf militärische Stärke und lehnte – wenn auch lange Zeit nur de jure – den territorialpolitischen Kompromiß ab, auf dessen Grundlage der Staat gegründet worden war. Außerdem maß sie der Tradition des Aufbaus starker Institutionen und einigen universalistischeren Grundzügen der zionistischen Vision geringe Bedeutung bei, die von großen Teilen der »älteren« Zionistischen Organisation im allgemeinen und dem Arbeitersektor im besonderen hochgehalten wurden.
Diese Themen – und die oppositionellen und populistischen Stellungnahmen, in denen sie geäußert wurden – fanden alsbald den Beifall einiger Gruppen, die nicht voll in den Rahmen des herrschenden Arbeitermodells eingegliedert waren, darunter vor allem einige orientalische Gruppen (die bereits in der Jischuw-Periode eine gewisse Neigung zur Ezel gezeigt hatten), Teile der unteren Wirtschaftsschichten und manche neuen Ele-

mente eines Lumpenproletariats, das sich paradoxerweise in dieser von einer sozialdemokratischen Partei geführten Gesellschaft entwickelt hatte.
Das Stimmgewicht der Cherut-Partei war anfangs relativ gering, stieg aber ab 1965 kontinuierlich an. Ein entscheidender Wendepunkt in ihrem politischen Schicksal und im ganzen politischen Gefüge Israels war ihr 1965 durchgeführter Zusammenschluß mit den Allgemeinen Zionisten oder Liberalen zu einem parlamentarischen Block namens Gachal – sowie später, 1973, die Gründung des Likud.

Die religiösen Gruppen innerhalb des politischen Rahmens

Innerhalb dieses breiten politischen Spektrums nahmen die religiösen Gruppen eine Sonderstellung ein. Ihre Positionen setzten in gewissem Umfang die früheren Kompromisse aus der Jischuw-Periode fort, gingen aber in Wirklichkeit weit über diese Arrangements hinaus.
Die religiösen Parteien – Misrachi und Hapoel Hamisrachi (ab 1957 dann die National-Religiöse Partei [NRP]) – spielten stets eine entscheidende Rolle in den Koalitionen mit dem Arbeiterblock und waren bis 1977 gewissermaßen dessen natürlicher Partner. Sie akzeptierten die meisten Prämissen des herrschenden politischen Modells, waren aber bereit, für einige prinzipielle religiöse Themen zu kämpfen (etwa die Frage »Wer ist Jude?«, die Änderungen im Personenstandsgesetz nach sich ziehen konnte), und brachten zuweilen auch die Regierung über solche oder ähnliche Probleme zu Fall. Bis 1977 kehrten sie jedoch jedesmal in die Koalition zurück, ohne jemals die grundlegenden politischen oder sozialen Orientierungen des ursprünglichen institutionellen Modells oder die Vorherrschaft der Arbeiterpartei darin anzuzweifeln.
In bezug auf die Agudat Israel lag die Situation anders. Sie beteiligte sich nicht an der Knesset und gehörte nach einer relativ kurzen Zeit in den späten vierziger und frühen fünfziger Jahren auch nicht mehr der Regierung selbst an. Im Grunde genommen fand sie sich nur zu einer Art De-facto-Anerkennung des Staates bereit. Sie teilte nicht dessen zionistische

Grundprämissen – wie sich zum Beispiel aus ihrer Weigerung ersehen läßt, die Staatsflagge zu hissen oder den Staatspräsidenten zu ihren Versammlungen einzuladen –, akzeptierte allerdings das Ideal der Besiedlung Erez-Israels. Natürlich übte sie ständigen Druck auf die Regierung aus, ihren Organisationen mehr und mehr Mittel zuzuweisen, und organisierte sich praktisch zu einem eigenen Bevölkerungssektor.

Den religiösen Parteien gelang es, wie gesagt, den Status der religiösen Gerichte gesetzlich zu verankern und andere Zugeständnisse in religiösen Dingen zu erhalten. Darüber hinaus wurde die oben im einzelnen besprochene De-facto-Befreiung der Jeschiwa-Studenten vom Militärdienst zu einem grundlegenden Aspekt bei der Regierungsbeteiligung der religiösen Parteien. Diese Übereinkunft war zwar von den Misrachi-Führern initiiert worden, festigte sich aber noch mit dem Eintritt der Agudat Israel und dem steigenden Zustrom von orthodoxen und sogar ultra-orthodoxen Elementen nach Israel sowie der wachsenden Konzentration von orthodoxen Studienzentren in Israel.

Im allgemeinen wuchsen die Macht der religiösen Parteien und ihr Einfluß auf viele Lebensbereiche kontinuierlich, wenn auch scheinbar ruhig und ungestört.

So entwickelte sich hier ein ziemlich spezieller Typus von Beziehungen zwischen Staat und Religion (ähnlich dem in vielen katholischen Ländern feststellbaren Muster), wonach die religiösen Establishments und Parteien zwar nicht als offizielle »Kirche« anerkannt sind, aber doch starken Einfluß auf zentrale Aspekte des sozialen Lebens ausüben, vor allem wohl auf die – über die Kontrolle der Ehegesetze erreichte – Definition der rechtlichen Grenzen der jüdischen Gemeinde (und anderer Religionsgemeinschaften), wobei sie (wie etwa aus der Formulierung der Volkszählung ersichtlich) die religiösen und nationalen Grenzen des jüdischen Kollektivs weiterhin gleichsetzen.

Die verschiedenen politischen Orientierungen, die innerhalb des Grundmodells existierten, wurden von diversen gesellschaftlichen Gruppen getragen, aber es gab keine einfache Korrelation zwischen irgendeiner einzelnen Gruppe oder Partei und der einen oder anderen Orientierung, obwohl einige natürliche Wahlverwandtschaften zwischen ihnen bestanden. Von besonderer Bedeutung für die Herausbildung und den Fortbestand der einzelnen Anschauungen war die Tatsache, daß viele unter ihnen nicht nur von unterschiedlichen sozio-politischen Gruppen getragen, sondern in gewissem Umfang auch in Institutionen eingebracht wurden, etwa in das Parlament, die Gerichtshöfe, die Armee, Berufsverbände und so weiter.

Die relative Wichtigkeit dieser Orientierungen und ihrer konkreten Folgen stand im Mittelpunkt öffentlicher Debatten und politischer Auseinandersetzungen. Das Ausmaß staatlicher Regelung in Wirtschaftsangelegenheiten, Zensur und Pressefreiheit, die relative Stellung der älteren Pioniersektoren im politischen Entscheidungsprozeß, die zivile Überwachung der Streitkräfte und des militärischen Establishments und vielleicht vor allem der Umfang der religiösen Gesetzgebung führten immer wieder zu solchen Debatten und häufig zu sehr intensiven und erbitterten politischen Auseinandersetzungen.

Trotz dieser Intensität und Bitterkeit koexistierten die verschiedenen Richtungen der politischen Kultur und ihre Vertreter auf recht friedliche, aber dynamische Weise. Friedlich in dem Sinne, daß alle Beteiligten offenbar die Grundprämissen und -themen des herrschenden Modells akzeptierten: seine starke Orientierung am Zionismus des Arbeitersektors; die Setzung der Priorität auf Entwicklung und Sammlung der Zerstreuten; seinen demokratischen Rahmen und seine spezifisch sozialdemokratische Atmosphäre, sein Bekenntnis zum Universalismus, zur konstitutionellen Demokratie und zu dem historischen territorialen Kompromiß als Grundlage des Staates. Die meisten Gegensätze zwischen den wichtigen Parteien wurden im Rahmen dieses Grundmodells und seiner Prämissen ausgetragen.

So entwickelte sich interessanterweise wenig prinzipielle Oppo-

sition, wenn man von Auseinandersetzungen um die Verteilung von Ressourcen an die verschiedenen Sektoren und Wohlfahrtseinrichtungen oder von einigen ziemlich schwachen, überwiegend tastenden Versuchen mancher Führer des Histadrut-Sektors (wie etwa des Direktors von Solel Boneh, Hillel Dan) in den ersten Jahren des Staates absieht, eine allumfassende staatsbeherrschende Histadrut-Wirtschaft einzurichten.
Die »linke« Opposition konzentrierte sich zunehmend auf die Beziehungen zu den Sowjets und die Haltung gegenüber der arabischen Minderheit in Israel, wobei ihr in der letzteren Frage einige Gruppen der Unabhängigen Liberalen zu Hilfe kamen, die sich ebenfalls für bestimmte Bürgerrechte, die Abschaffung der Zensur und die Aufhebung von militärischen Beschränkungen einsetzten, die auf der Grundlage von Mandatsbefehlen erlassen worden waren.
Das tatsächliche politische Ringen drehte sich überwiegend um die Zuweisung von Mitteln an verschiedene Sektoren und Gruppen und viel weniger um prinzipielle oder ideologische Fragen – und zwar trotz der ausgeprägten Neigung zu weltanschaulichen Proklamationen in der Knesset.
Wohl nur die Cherut-Partei – und natürlich die extrem religiösen Gruppen – wollten die Prämissen des neuen Modells nicht akzeptieren, aber selbst sie hielten sich im wirklichen politischen Leben allgemein an seine Grundzüge und an die bestehenden Spielregeln.

Politische Randgruppen

Außerdem bildeten sich ständig verschiedene politische Randgruppen und Protestbewegungen, wie zum Beispiel die *Schurat Hamitnadwim* Anfang der fünfziger Jahre, die freiwilliges Wirken unter den Neueinwanderern mit Kritik an der zunehmenden Bürokratisierung und möglichen Korruption im Bereich von Politik und Verwaltung verbanden. Die meisten dieser Bewegungen wandten sich gegen die restriktiveren Aspekte des Regimes, etwa die Zensur oder die religiösen Beschränkungen, besonders aber gegen die in den Ehegesetzen enthaltenen Einschränkungen und die damit verbundene Nichtanerkennung von bestimmten Gruppen (etwa der Karäer) durch diese Gesetze. Viele setzten sich für die Zivilehe ein, und viele forderten auch – zusammen mit einigen Linksgruppen – eine liberalere Haltung gegenüber der arabischen Bevölkerung. In den ersten Jahren des Staates existierten zudem mehrere extrem »rechtsgerichtete« nationale oder religiöse Randgruppen, die manchmal dem Gesetzesbruch sehr nahe kamen oder die Gesetze tatsächlich verletzten.

Demonstrationen und Proteste sowie diverse marginale Protestgruppen gehörten ständig zur politischen Szene in Israel. Bedeutsamerweise bezogen sie sich bis nach dem Sechstagekrieg nur selten auf den Bereich von Sicherheit und außenpolitischen Beziehungen. Die einzige Ausnahme von solchen relativ gesetzestreuen Protesten bildete die im Januar 1952 von der Cherut organisierte Demonstration gegen die Annahme von Wiedergutmachungsleistungen aus Deutschland, die fast in einen Angriff auf die Knesset ausartete, aber von der Polizei abgewehrt wurde.

Diese Protestbewegungen – und die öffentliche Debatte, die sie anregten oder mit der sie in der zunehmend unabhängigen Tagespresse verbunden waren – besaßen recht erheblichen, wenn auch oft nur indirekten Einfluß. Insbesondere trugen sie zur kontinuierlichen Öffnung des ursprünglichen politischen und institutionellen Modells bei, ohne dessen Grundprämissen zu ändern.

Öffnungen des politischen Modells

Tatsächlich war die Entwicklung dieses Modells durch eine fortschreitende Öffnung gekennzeichnet. Die verhältnismäßig restriktive Atmosphäre und Ausrichtung, die etwa im ersten Jahrzehnt entstand, war von Ben-Gurions Bestrebungen geprägt, die meisten Machtpositionen in der Armee und den wichtigsten Institutionen mit Mapai-Mitgliedern zu besetzen, und zwar insbesondere mit den Angehörigen von solchen Gruppierungen innerhalb der Mapai, die ihm selbst nahestanden – im Gegensatz vor allem zu den linkeren Gruppen im sozialdemokratischen Lager wie etwa Mapam oder Achdut

Haawoda. Ferner unternahm die entstehende politische Elite und Bürokratie zahlreiche Versuche, eine relativ strenge Kontrolle über viele Aspekte des sozialen Lebens durchzusetzen, wobei sie den totalistischen Traditionen und Orientierungen der älteren Bewegungen und Sektoren folgte, die nun auf den Staat übertragen wurden. Dies zeigte sich in der stark paternalistisch gefärbten politischen Handlungsweise, die sich inzwischen eingebürgert hatte, und in der von Sicherheitserwägungen geprägten Haltung vor allem gegenüber der arabischen Bevölkerung, die man in vielen ihrer Wohngebiete unter Militärverwaltung gestellt hatte, wodurch ihre Freizügigkeit teilweise stark eingeschränkt wurde. Ab Ende der fünfziger Jahre schwächte sich dies alles jedoch langsam ab. Die öffentliche Diskussion und Auseinandersetzung sowie die Bildung unabhängiger Gruppen nahmen ständig zu und bewiesen damit, daß dieses politische Modell nicht nur dauerhaft und dynamisch war, sondern sich auch immer weiter öffnete.

Armee und Gesellschaft

Die sicherheitspolitischen Grundlinien

Der ständige Feindschaftszustand mit Israels Nachbarn und die sechs Kriege führten dazu, daß Sicherheitsprobleme und -erwägungen eine Vorrangstellung im politischen und sozialen Leben des unabhängig gewordenen Israel erhielten.

Die eigentümliche israelische Antwort auf diese dauernde äußere Bedrohung der Sicherheit drückte sich nicht, wie häufig vorausgesagt, in der Entstehung eines Garnisonstaates aus, sondern nahm die typisch israelische Form einer offenen zivilen Festung an.

Diese offene Festung war durch mehrere Hauptmerkmale gekennzeichnet. Einmal bildeten sich ein starkes Militär- und Sicherheitsethos sowie das intensive Gefühl heraus, eine unter starker Belastung lebende Gesellschaft zu sein. Sicherheitsdimension und militärisches Image entwickelten sich, wie wir gesehen haben, zu wichtigen Bestandteilen der entstehenden israelischen Kollektividentität und traten in gewisser Hinsicht

an die Stelle des Pionierwesens, wobei sich diese Elemente allerdings nach dem Jom-Kippur-Krieg etwas abschwächten.
Schon früher gehörte das Ideal des *Schomer* (Wächters) und später des Hagana-Mitglieds zu der allgemeinen Renaissance des hebräischen Menschen, war aber eng mit anderen Aspekten dieser Wiedergeburt und des Pionierlebens verbunden – sei es nun Arbeit, Siedlungswerk, kulturelle Kreativität oder Verteidigung – und wurde somit als *ein* Teil all dieser Tätigkeiten akzeptiert. Jetzt trat jedoch eine deutliche, in nicht geringem Umfang von Ben-Gurion eingeleitete, Verschiebung ein, bei der sich die militärischen Aktivitäten und die Dimension der Sicherheit mehr und mehr von den anderen Betätigungsfeldern ablösten und gleichzeitig das Erbe des Pionierwesens anzutreten suchten.
Demzufolge entstand eine Bürgerarmee, nicht unähnlich dem Schweizer Muster, die sich auf eine Wehrdienstpflicht von drei bis dreieinhalb Jahren und ständigen Reservedienst bis zum Alter von 55 Jahren – manchmal noch länger – sowie eine ebenso hochspezialisierte wie hochangesehene, überwiegend aus Offizieren zusammengesetzte Kerntruppe von Berufssoldaten stützte. So kam es zu der Situation, daß der Armeedienst für die meisten Israelis zu einem festen Bestandteil ihres Lebens wurde und sich zwar einerseits eine Abgrenzung, andererseits aber auch eine starke Verknüpfung von militärischen und zivilen Elementen herausbildete. Zusammen mit der umfangreichen Militärindustrie, die wir oben erwähnt haben, wurde die Armee zu einer der großen Errungenschaften des modernen Israel.
Durch die Praxis, Berufsoffiziere im Alter von 45-55 Jahren aus dem ständigen Dienst zu entlassen, blieb der Kern der Streitkräfte jedoch ständig auf die zivilen wirtschaftlichen und politischen Bereiche ausgerichtet und verwandelte sich nicht in eine geschlossene Kaste oder eine autonome politische Kraft, obwohl er natürlich recht starke soziale Beziehungen entwickelte. Zahlreiche Generäle (wie etwa Dajan, Rabin, Barlev, Weizman, Amit und andere) traten zwar später – vor allem in den sechziger und siebziger Jahren – in die Politik ein, verteilten sich dabei aber über alle größeren Parteien.
Letztlich bildete sich auch eine ziemlich starke Zivilaufsicht über die Streitkräfte heraus, allerdings gekoppelt mit einer rela-

tiv weitreichenden Autonomie des (zivil kontrollierten) Sicherheitsestablishments unter der Führung des Ministerpräsidenten oder Verteidigungsministers. Daneben gab es wenig Kontrolle durch andere politische Institutionen, wie etwa das Parlament oder den Staatskontrolleur. Die Mechanismen einer solchen Kontrolle existierten zwar, waren in Wirklichkeit aber ziemlich schwach und beschränkten sich im wesentlichen auf die Berichterstattung durch den Ministerpräsidenten, den Verteidigungsminister und den Generalstabschef in bezug auf einige der endgültigen Entscheidungen im Kriegsfall.

Natürlich gab es Spannungen zwischen dem eigentlichen Militär – dem Generalstab – und zivilen Elementen des Verteidigungsministeriums, was sich besonders 1954 während Pinchas Lavons kurzer Amtszeit als Verteidigungsminister unter der Ministerpräsidentschaft Scharetts zeigte, auf verschiedene Weise aber schon vorher bestanden hatte.

Im großen und ganzen waren die beiden Teile des Sicherheitsestablishments jedoch tatsächlich sehr eng miteinander verbunden, unter der Oberaufsicht des Ministerpräsidenten und des Verteidigungsministers und einer sehr viel schwächeren Kontrolle durch andere zivile Körperschaften.

Diese besondere Ausgestaltung der zivilen Aufsicht über das Militär verband sich bis nach dem Sechstagekrieg mit einem sehr weitreichenden politischen Konsens in Verteidigungsangelegenheiten, die praktisch aus der Politik ausgeklammert wurden, sowie mit einer Vorrangstellung der außenpolitischen und Sicherheitserwägungen.

Dieser Konsens, der sich in den frühen sechziger Jahren herausgebildet hatte, stützte sich, bis nach dem Sechstagekrieg, auf einige Grundprämissen, die im wesentlichen von Ben-Gurion entwickelt worden waren – manchmal gegen die militanteren Elemente in der Armee, aber auch gegen die »milderen« Vorstellungen einiger seiner Kabinettsmitglieder wie Scharett und verschiedener linker Armeegruppen. Seine Grundlage bildete das, was man als die israelische Verteidigungskonzeption bezeichnen könnte, die wiederum durch zwei scheinbar widersprüchliche, in Wirklichkeit aber eng miteinander verbundene Prämissen gekennzeichnet war.

Auf der einen Seite stand die grundsätzliche Notwendigkeit,

militärische Stärke und eine aktive Verteidigungsposition aufzubauen – als unablässige Voraussetzung für die Abschreckung der Araber bei ihren auf die Vernichtung Israels gerichteten Absichten. Auf der anderen Seite mußte diese Stärke entweder in relativ begrenzten, wenn auch häufig dramatischen und international nicht gut aufgenommenen Aktionen eingesetzt werden, etwa bei Vergeltungsschlägen gegen Terroristenübergriffe, oder aber in ausgedehnten, allgemeinen Feldzügen wie etwa 1956 im Sinai, dann allerdings nur im Zusammenwirken mit einigen der Großmächte.
Somit stützte sich der Einsatz militärischer Stärke – zumindest bis 1967 – auf die Einsicht, daß die militärische und politische Macht Israels ihre Grenzen hatte, daß man Verbündete im internationalen Bereich finden und die grundsätzlich moralische Haltung Israels wahren oder, in Ben-Gurions Worten, Stärke mit Gerechtigkeit verbinden mußte.
All diese Elemente zeigten sich im Sinaifeldzug, beim anfänglichen israelischen Sieg – während Engländer und Franzosen sich zurückzogen – und beim schließlichen Rückzug aus dem Sinai unter dem vereinten Druck von USA und UdSSR.
Weiter beruhte diese Sicherheitskonzeption auf der Anerkennung der Territorialbestimmungen des Waffenstillstands von 1949/50 – den späteren sogenannten Grenzen von 1967 – einschließlich der Teilung Jerusalems. Die Cherut-Partei widersetzte sich zwar grundsätzlich dieser Territorialregelung, akzeptierte sie aber de facto ebenfalls.

Die Haltung gegenüber der arabischen Welt

Diese Sicherheitskonzeption stützte sich ferner auch auf die recht starke, nur selten überprüfte Annahme, daß es – zumindest gegenwärtig – unmöglich sei, in einen wirklichen politischen Dialog mit den Arabern einzutreten, solange sie nicht zu der Einsicht gelangten, daß sie den Staat Israel nicht auslöschen können, diesen Traum ganz aufgeben und Israels Existenz anerkennen würden.
Diese Haltung hing auch damit zusammen, daß in diesem Zeitraum, bis zum Sechstagekrieg, das öffentliche Problembe-

wußtsein hinsichtlich der Beziehungen zu den Arabern seinen tiefsten Stand in der ganzen Geschichte des Zionismus erreichte.

Mehrere Punkte trugen dazu bei, das Problem eines politischen Dialogs mit den Arabern im öffentlichen Bewußtsein zurücktreten zu lassen: die erfolgreiche Beendigung des Unabhängigkeitskriegs – mit dem sehr hohen Preis von 6000 Gefallenen – gegen fünf arabische Armeen; die Weigerung der Araber, den Staat Israel anzuerkennen; der effektive Abbruch der Kontakte zur arabischen Umwelt; der große Nachdruck, mit dem Ben-Gurion immer wieder beteuerte, daß man einen solchen arabischen Angriff auf Israel nicht noch einmal zulassen dürfe, und die Furcht vor einem solchen Versuch, gespeist durch die Erklärungen arabischer Führer; ihre mangelnde Bereitschaft, dem Waffenstillstandsabkommen von 1949 einen Friedensschluß folgen zu lassen, und viele Aspekte der alltäglichen Sicherheitslage; schließlich die wichtige Stellung, die der Aufbau einer institutionellen Struktur im jüdischen Staat einnahm.

Allerdings arbeiteten einige Schriftsteller die Problematik der Zerstörung arabischer Ortschaften im Krieg und die eingeschränkten Beziehungen zwischen den beiden Nationen oder Bevölkerungsgruppen sehr deutlich heraus, darunter vor allem S. Jishar in seiner Erzählung *Chirbet Chisa* sowie A. B. Jehoschua, die beide zu den hervorragendsten Vertretern der neuen hebräischen Schriftstellergeneration gehören. Aber im Ganzen gesehen, beschäftigte man sich damals, im Vergleich zur vorangegangenen und auch zur nach 1967 folgenden Zeit, nur recht wenig mit diesen Schwierigkeiten. Ein solcher Aufschub jeglicher Versuche, zu einem politischen Dialog zu gelangen, betraf auch das Problem der arabischen Flüchtlinge, die während des Unabhängigkeitskriegs aus dem Land geflohen waren. Hier hob sich die sehr viel erfolgreichere Integration der Palästinenser in Jordanien von der Haltung anderer arabischer Länder ab, die die Neuankömmlinge nicht wirklich in ihre Mitte aufnehmen, sondern sie lieber als eine Art ständiges Drohpotential gegen Israel behalten wollten.

Tatsächlich trug die Angst vor dieser Bedrohung in nicht geringem Maße zur mangelnden israelischen Bereitschaft bei, irgendwelche weitreichenden Dialoge über das Flüchtlingsproblem

aufzunehmen; später gesellte sich noch die von ihren Führern häufig beschworene Furcht hinzu, daß die Flüchtlinge ihre alten Wohnungen zurückfordern würden, die inzwischen weitgehend mit neuen Einwanderern – überwiegend selbst aus arabischen Ländern – belegt worden waren, und damit das gesamte Sicherheitsgefüge des Staates unterminieren könnten.
Diese Furcht erstreckte sich sogar auf die israelischen Araber, wie sich an dem berühmten Fall der beiden von Minderheiten (überwiegend Christen) bewohnten galiläischen Dörfer Ikrit und Biram zeigte. Beide Dörfer wurden aus Sicherheitsgründen auf militärischen Befehl evakuiert; auf einem Teil der Böden siedelte man jüdische Einwanderer an, während die ursprünglichen Einwohner bis heute nicht dorthin zurückkehren durften, obwohl die Sicherheitsgründe ziemlich nebensächlich wurden.
Selbstverständlich gab es Menschen, die Ben-Gurions Prämissen nicht akzeptierten – ebensowenig wie seine grundsätzliche Anlehnung an den Westen nach dem Koreakrieg. Besonders taten sich in dieser Hinsicht die linksgerichteten Gruppen schwer, also vor allem Mapam sowie die Kommunisten, die Verstärkung durch eine der interessantesten Persönlichkeiten des öffentlichen Lebens erhielten, nämlich durch Mosche Sneh, den ehemaligen großen Zionistenführer, der aus Polen stammte und seinerzeit das Oberkommando der Hagana übernommen hatte (im Unterschied zum militärischen Generalstabschef, Jaakow Dori, der der erste Generalstabschef der Israelischen Verteidigungsarmee wurde).
Doch die prosowjetische Richtung dieser Gruppen wurde bekanntlich durch die antisemitischen Gerichtsverfahren am Ende der Stalin-Ära und durch die Enthüllung der stalinistischen Grausamkeiten durch Chruschtschow auf dem 20. Parteikongreß unterminiert und büßte damit fast jegliche Legitimität ein. Seither spielen diese Gruppen nur noch ein – wenn auch sehr aktives – Randdasein in der israelischen Politik, ohne den politischen Entscheidungsprozeß oder die breitere öffentliche Meinung zu beeinflussen.
Natürlich sah sich Ben-Gurion innerhalb des Kabinetts einer regen Opposition unter der Führung des ersten Außenministers, Mosche Scharett, gegenüber, der sich für eine weniger aggressive Haltung einsetzte, eine gewisse Öffnung gegenüber

den Arabern anstrebte und Ben-Gurion mehrere Abstimmungsniederlagen im Kabinett bereitete.
Ben-Gurion legte sein Ministerpräsidentenamt 1954 tatsächlich für kurze Zeit nieder, worauf Scharett Ministerpräsident und Pinchas Lavon Verteidigungsminister wurde. Nach dem Rücktritt Lavons wegen der berühmten Geheimdienstpleite kehrte er jedoch als Verteidigungsminister ins Kabinett zurück und übernahm alsbald auch wieder die Ministerpräsidentschaft, nachdem er 1955 Scharetts Rücktritt erzwungen hatte. Als schließlich Golda Meir Außenministerin wurde, herrschte Ben-Gurions Konzeption von Israels Sicherheit praktisch unumschränkt bis 1967, sowohl unter seinem eigenen Vorsitz als auch, nach seinem endgültigen Rückzug aus der politischen Führung, unter Levi Eschkol. Sie schien, zumindest teilweise, insofern erfolgreich zu sein, als sie die Sicherheit der Grenzen garantierte und Israel – insbesondere nach dem Sinaifeldzug und dem schließlichen Abzug aus dem Sinai – genug internationale Unterstützung fand, um die arabische Bedrohung zwar nicht eliminieren, aber doch wenigstens unter Kontrolle behalten zu können, auch wenn sich keine solche Unterstützung für die weiterreichenden Ziele des Sinaifeldzugs erreichen ließ.

II. Wandel in der Gestalt des politischen Lebens in Israel

Politische Orientierungen, Organisation und Mobilisierung

Vielfältige Orientierungen, Universalismus und restriktive Einstellungen

Die vorangegangene Analyse zeigt, daß der politische Prototyp der israelischen Gesellschaft sich weitgehend von dem des Jischuw unterschied und daß kontinuierlich umfangreichere Veränderungen in der Grundstruktur und den Grundprämissen des politischen Modells auftraten, das sich anfangs im Staat Israel entwickelte.

Mit der Staatsgründung wurden die bisher auf freiwilliger Teilnahme und politischem Pluralismus beruhenden Einrichtungen des Jischuw in den einheitlichen politischen Rahmen staatlicher Souveränität überführt und die Führer der verschiedenen Pionierbewegungen, Organisationen und Parteien in eine herrschende Elite verwandelt. Gleichzeitig fügten sich die diversen Bewegungen und Sektoren in ein weitgehend bürokratisiertes Netz ein, während das neue Zentrum den Mittelpunkt der Machtstruktur, die Hauptquelle für die Verteilung der Ressourcen und den Adressaten für die wachsenden und miteinander konkurrierenden Forderungen der Peripherie bildete.
Das politische Gefüge, das sich im Rahmen des demokratisch-parlamentarischen Staates unter der Vorherrschaft der regierenden Arbeiterpartei (Mapai) und der starken Führung von Ben-Gurion entwickelte, war dabei aber auch von der Umgestaltung der zionistischen Vision im allgemeinen und deren arbeiterzionistischer Variante im besonderen geprägt. Diese Umgestaltung äußerte sich darin, daß an die Stelle der Ideologie nationaler Wiedergeburt, die unter sozialen, sozialistischen oder arbeiterorientierten Vorzeichen stand, von einer mächtigen Pionierbewegung getragen wurde und halb sektoral, halb genossenschaftlich organisiert war, nun eine Ideologie des nationalen sozialen Ethos trat, das sich in einem konstitutionellen demokratisch-pluralistischen Staat äußerte und sich auf universalistische Prämissen, allgemeine Bürgerrechte und den Zugang aller Bürger zu den wichtigsten Staatseinrichtungen stützte.
Diese Vision verband in ziemlich vielgestaltiger und komplexer, aber offensichtlich sehr dauerhafter Weise die Hauptthemen der politischen Kultur, die sich im Jischuw entwickelt hatte, wobei allerdings einige bedeutsame Veränderungen festzustellen sind.
Die älteren Ziele der verschiedenen Bewegungen und Sektoren – Pionierarbeit, Aufbau einer institutionellen Struktur und Sicherheit – wurden in die wesentlichen Ziele des Staates umgesetzt: Sammlung der Zerstreuten, Entwicklung, Sicherheit und militärische Stärke, aber sie überdauerten natürlich in verschiedenen Parteien, besonders denen der Arbeiterbewegung, und deren einzelnen Sektoren.
Doch es kamen auch neue Orientierungen dazu, und einige

ältere wurden verstärkt. An erster und wichtigster Stelle stand eine stark etatistische Neigung, die ideologisch durch Ben-Gurions Nachdruck auf *Mamlachtiut* (Staatlichkeit) untermauert und durch mehrere Maßnahmen in die Praxis umgesetzt wurde. Dazu gehörten: die Schaffung eines einheitlichen Erziehungswesens mit zwei Strömungen, der allgemeinen und der religiösen; die Herauslösung der verschiedenen Jugendpionierbewegungen aus den Schulen; die Entwicklung der Rüstungsindustrie und einer Militärbürokratie; deren Anspruch, die bisher von anderen Institutionen wahrgenommenen Sicherheitsaufgaben und Orientierungen zu verfolgen; und die »Verstaatlichung« der ökonomischen Entwicklungspolitik – einschließlich der Histadrut.

Zweitens folgten starke Neigungen zu einer Formalisierung und Stärkung des Rechtsbewußtseins und der gesetzlichen Ordnung. Diese Orientierung zeigte sich in der Herausbildung allumfassender Verteilungskriterien in den staatlichen Dienstleistungsbetrieben, in solchen Institutionen wie dem Amt des Staatskontrolleurs und vor allem in dem hohen Prestige, das die Gerichte im allgemeinen und der Oberste Gerichtshof im besonderen genossen, vor allem, wenn letzterer als Verwaltungsgericht zusammentrat (ein Vorgang, der in den ersten Jahren nach der Staatsgründung einsetzte, als der Gerichtshof häufig gegen die Regierung entschied). Aus dem Zusammenprall der überkommenen totalistischen Orientierungen der verschiedenen Bewegungen mit den demokratisch-universalistischen Tendenzen ergaben sich dauernde Spannungen zwischen streng restriktiven Regelungsmaßnahmen und einer offeneren demokratischen und universalistischen Politik.

Tatsächlich unterlag das demokratische Wirken des Staates von Beginn an mehreren Beschränkungen, die sich vor allem in folgenden Punkten zeigten: in der Militärzensur; in der Zensurierung von Filmen und Theaterstücken durch eine spezielle öffentliche Behörde; in der Einschränkung der Freizügigkeit bestimmter Gruppen (vor allem von Arabern); in der Befugnis, Menschen aufgrund besonderer Bestimmungen festzunehmen und in Haft zu belassen. All diese, gewöhnlich mit Sicherheitsgründen gerechtfertigten Befugnisse wurden dem Staat durch verschiedene Mandatsgesetze und -verordnungen übertragen.

Aber selbst diese Beschränkungen konnten von den Gerichten überprüft werden, was auch häufig geschah. Obwohl die Richter derartige Maßnahmen unter Berufung auf die entsprechenden Bestimmungen oft als rechtmäßig bestätigten, bot dies doch einen – wenn auch begrenzten – Schutz gegen ihre allzu extensive Anwendung.

Machtzentralisation

Um sowohl die ursprüngliche Stabilität dieses politischen Modells als auch seinen schließlichen Zerfall infolge des Machtverlusts des Arbeiterblocks im Jahr 1977 zu verstehen, müssen wir einige Schritte zurückgehen, um die Kräfte zu analysieren, die die Herausbildung dieses anfänglichen Modells prägten, aber auch unwillentlich weitreichende Dynamiken und Veränderungen in ihm in Gang setzten.

Der Ausgangspunkt all dieser Veränderungen lag in der Umgestaltung des in der Jischuw-Periode vorherrschenden Musters. Dort handelte es sich um eine weitgehend ideologisch bestimmte Politik, bei der die Auseinandersetzungen um die Verteilung von Mitteln sehr eng mit ideologischen Fragen des Verhältnisses der einzelnen Sektoren zueinander verbunden waren und diese Verhandlungen zwischen den Sektoren und Bewegungen eine relativ hohe Mitwirkung innerhalb des föderativkonstitutionellen demokratischen Rahmens eines jeden Sektors zuließen. Das neue Profil zeichnete sich durch mehrere neue Richtungen und Widersprüche aus: erstens durch die Entwicklung weitergehender universalistischer Prämissen des politischen Rahmens; zweitens durch die Spannungen oder Gegensätze zwischen einigen Prämissen des alten und des neuen Modells, und zwar insbesondere zwischen den föderativen und zentralistischen Aspekten; und drittens durch Spannungen und Widersprüche zwischen den eher universalistischen und offenen Prämissen dieses Rahmens und der stark regulierenden Kontrolle und paternalistischen Neigung der herrschenden Elite.

In erster Linie kam es somit zu einer Schwächung und Umgestaltung der pluralistischen Strukturen, die es in den verschiedenen Sektoren des vorstaatlichen jüdischen Jischuw gegeben hatte, sowie zu einer wachsenden Vereinheitlichung und Zentralisierung der öffentlichen Dienste unter der Ägide staatlicher Organisation.

Allerdings wurden die föderativen Regelungen zwischen den verschiedenen Sektoren der Gesellschaft in gewissem Sinn sogar noch verstärkt, also zwischen dem Privatsektor, dem Histadrut-Sektor, den verschiedenen politischen Parteien und nach der Staatsgründung auch dem neu entstehenden Regierungssektor (vor allem den einzelnen staatlichen Körperschaften). Die vielen Ressourcen des Staates – und der Jewish Agency, über die ein großer Teil der Mittel sowie oft auch der neuen Einwanderer selbst geleitet wurde – verteilte man zwischen den wichtigsten politischen Verbänden und Parteien.

Parallel dazu wurden die einzelnen Ministerien und deren Behörden nach einem bestimmten Schlüssel zwischen den Koalitionspartnern auf der Grundlage des Verhältniswahlrechts auf die verschiedenen Parteien verteilt.

Obwohl jedoch eine solche Verteilung nach föderativen Regelungen im Jischuw üblich war und im Staat sogar noch eine Zeit lang verstärkt wurde, bildeten sich tiefgreifende Unterschiede im Vergleich zur Vergangenheit heraus. Die meisten Parteien oder Bewegungen verloren nämlich ihren unabhängigen Zugang zu »auswärtigen« Ressourcen – Geld oder Arbeitskräfte –, da diese nun größtenteils über die Organe des Staates oder der Jewish Agency geleitet wurden. Innerhalb der Partei herrschten Führung und Apparat vor und wirkten als Mittler im Verhältnis zwischen diesen Ressourcen und den breiteren Gruppen, Sektoren und Bewegungen.

Infolge dieser Vorgänge veränderte sich das gesamte Gefüge der Beziehungen zwischen dem Staat und diversen Sektoren der Gesellschaft im Vergleich zur Jischuw-Periode. Viele Gruppen – vor allem die Neueinwanderer, die jüngeren Generationen, aber auch ältere Angehörige verschiedener Sektoren – verwandelten sich von Mitgliedern relativ unabhängiger Bewegungen, die in Sektoren mit autonomem Zugang zu den wichtigen Machtzentren und Mitteln zusammengefaßt waren, in abhängigere Ressourcenempfänger. Dies führte erstmals in der Geschichte des jüdischen Siedlungswerks zu einer scharfen, deutlichen Trennung zwischen Zentrum und Peripherie und prägte zumindest anfänglich die Beziehungen zwischen den beiden im Sinn eines klientelistischen Geber-Empfänger-Verhältnisses; außerdem förderte es die Entwicklung der erwähnten paternalistischen Politik.

Die Herausbildung eines solchen Paternalismus wurde zumindest anfangs dadurch weitgehend erleichtert, daß politisch Unerfahrene in die politischen Strukturen aufgenommen wurden – ohne ihnen jedoch selbständigen Zugang zu den Machtzentren zu gewähren –, aber auch dadurch, daß die Wirtschaft beharrlich wuchs. Trotz der »offenen«, universalistischen Legitimationsgrundlagen wurden so die eher partikularistischen Normen der Bewegungen fortgeführt.

Universalistische Orientierungen

In engem Zusammenhang mit der wachsenden Zentralisierung der Macht in den Händen des Staates – aber potentiell auch im Gegensatz dazu – stand die Entwicklung der universalistischen Strukturen des Staates, die sich auf die Annahme allgemeiner Bürgerrechte, auf eine demokratische Regierungsform und andere universalistische Voraussetzungen stützte. Eine Wurzel dieser Entwicklung lag in dem ziemlich paradoxen Vorgang, der es der zentralen Führung der verschiedenen Regierungsparteien, insbesondere der Arbeiterpartei, ermöglichte, die Tendenzen und Flügel ihrer Parteien zu schwächen und den eigenen Zugang dieser Sektoren zu den Machtzentren und zur Kontrolle von Ressourcen zu erschweren. Gleichzeitig schufen diese Entwicklungen aber auch universalistische Prämissen, von denen sich viele staatliche Institutionen leiten ließen.

Als erste und wichtigste Folge davon wäre die Einrichtung einer umfassenden staatlichen Verwaltung zu nennen. Obwohl sich natürlich in weiten Teilen des Verwaltungsapparats auch Formen klientelistischer Interessenvertretung einbürgerten, konnten diese sich doch sehr schnell von parteilichen Bindungen lösen, und schon durch die Vielzahl dieser Beziehungen wurde nicht nur jedes einzelne Netz dieser Art, sondern auch die ganze klientelistische Politik geschwächt.

Die universalistischen und bürgerrechtlichen Orientierungen des Staates wurden auch durch das ständig steigende Ansehen und die wachsende Stärke der Judikative verstärkt. Das Gerichtswesen und besonders der Oberste Gerichtshof (vor allem in seiner Funktion als Verwaltungsgericht) erwarben sich ein fast beispielloses Prestige und eine entsprechend starke Position – ähnlich der des amerikanischen Obersten Gerichtshofs – als Berufungsinstanz gegen Regierungsentscheidungen im allgemeinen und solche, die in bürgerliche und politische Freiheiten eingreifen, im besonderen.

Als – um nur ein Beispiel unter vielen herauszugreifen – Golda Meir im November 1969 unter dem Druck der religiösen Parteien versuchte, die Übertragung von Fernsehsendungen am Samstag auszusetzen, wurden diese auf gerichtlichen Befehl wieder aufgenommen.

Obwohl der Oberste Gerichtshof meist sorgfältig darauf bedacht war, nicht etwa in die diversen Entscheidungsbefugnisse des Staates einzugreifen, hat er seit der Staatsgründung viele oft scheinbar willkürliche Regierungsentscheidungen außer Kraft gesetzt und nach dem Sechstagekrieg insbesondere auch solche der Militärregierung in der Westbank. Die »order nisi« (vorläufige Entscheidung) des Obersten Gerichtshofs (im Hebräischen als *Bagaz* abgekürzt) ist zu einem ständigen Kennzeichen des öffentlichen Geschehens in Israel geworden.

Die Stärke des Rechtswesens zeigt sich noch an zwei weiteren wichtigen Institutionen, nämlich einmal dem Rechtsberater der Regierung und zum anderen den gesetzlichen Untersuchungskommissionen. Zumindest zwei von ihnen, nämlich die 1974 nach dem Jom-Kippur-Krieg einberufene Agranat-Kommission und die 1983 nach den Massakern von Sabra und Schatila während des Libanonkriegs ernannte Kahan-Kommission, haben einen tiefgreifenden Einfluß auf das politische Leben in Israel ausgeübt.

Die Schwächung politischer Bewegungen; oligarchische Tendenzen

Die Veränderungen – und widersprüchlichen Tendenzen – im politischen Modell zogen auch Veränderungen der politischen Organisationen, der politischen Mobilisierung und der Entscheidungsprozesse nach sich.

Die Errichtung eines derartigen universalistischen Rahmens ermöglichte es zunächst einmal der zentralen Führung verschiedener Parteien und insbesondere der Arbeiterpartei, die diversen Fraktionierungen und innerparteilichen Flügel zu schwächen und ihnen den unabhängigen Zugang zu Machtzentren und Ressourcen zu verbauen.

Infolgedessen kam es in allen Parteien – vor allem den Parteien der Regierungskoalitionen – dazu, daß der Zugang breiterer Gruppen zu den jeweiligen Machtzentren und den wichtigsten Entscheidungsträgern geschwächt wurde. Letztere organisierten sich nach semi-oligarchischen Prinzipien, die sich auf kleine Gruppen beschränkten.

Die Beteiligung an den Machtzentren der einzelnen Koalitionsparteien – vor allem des Arbeiterblocks und der religiösen Parteien – begrenzte sich auf immer kleinere Kreise und geriet weitgehend unter die Kontrolle zentraler Oligarchien und professioneller oder semi-professioneller »Parteiaktivisten«, deren Haupteinnahmequelle tatsächlich ihre Parteiarbeit bildete (Mitgliedschaft in der Knesset, Anstellung in den verschiedenen Einrichtungen der Histadrut oder in den Parteibüros selber). Damit wurde eine Tendenz fortgeführt, die bekanntlich bereits im Jischuw begonnen hatte.

In Zusammenhang damit vollzog sich ein recht tiefgehender Wandel in der gesamten Struktur der Elite und Führung im allgemeinen und deren Verhältnis zu Politik und politischer Mitwirkung im besonderen. In den meisten älteren Parteien erstreckte sich diese Abkapselung in semi-oligarchische Gruppen auch auf Berufsfunktionäre auf niedrigeren Stufen der Parteihierarchie, die natürlich vom Parteizentrum sehr abhängig wurden.

Die politischen Aktivisten auf den verschiedenen Ebenen der Hierarchie gehörten im großen und ganzen nicht zu den aktiveren, unabhängigen Elementen der Bevölkerung, denn diese schlugen – auch auf Anregung der zentralen Elite – meist andere Richtungen ein und gingen etwa in die Armee, in die Wissenschaft oder ins Wirtschaftsleben. Die Parteiaktivisten waren also von den zentralen Eliten abhängig, die damit ihre Kontrolle über den Zugang zur Mitwirkung im Zentrum verstärkten. Für viele Jüngere oder auch Neueinwanderer gab es somit nur sehr wenige Möglichkeiten, sich unabhängig politisch zu betätigen oder zu organisieren, da die Parteizentren solche Aktivitäten meist unter ihre eigene Regie bringen wollten. Auf der Ortsebene wurden neue Aktivisten kooptiert. Später entwickelte sich diese Politik zu einer Zuwahl von oben, vor allem aus Kreisen ehemaliger Militärs, die meist wenig unmittelbare politische Erfahrung besaßen. So machten die meisten Parteien einen Verkümmerungsprozeß durch, der sich sowohl auf die interne Parteipolitik im allgemeinen als auch auf die Auswahl der politischen Führungskräfte im besonderen auswirkte und dabei in vielen Parteien schrittweise die innere Solidarität und sogar die Selbstsicherheit der Führungsschichten schwächte.

Politische Auseinandersetzungen um die Ressourcenverteilung

Innerhalb der meisten Parteien entwickelte sich eine Tendenz zu zäheren Auseinandersetzungen über die Verteilung der wichtigsten Ressourcen, und zwar unter Ausschluß breiterer Gruppen von den Machtzentren und meist ohne direkten Bezug zu ideologischen Präferenzen. Das Feilschen um Ressourcen spielte sich in verschiedenen Kanälen von Partei und Staat ab, unabhängig von irgendwelchen ideologischen Orientierungen, und wurde von breiteren Bevölkerungsschichten tatsächlich auch so gesehen; eine Ausnahme davon bildeten möglicherweise die zentralen Eliten, die einerseits natürlich diese Verteilung durchzuführen und zu kontrollieren suchten, dies aber andererseits überwiegend als technische Angelegenheit im Dienst der allgemeinen Staatsziele und der Staatsideologie betrachteten.

Die extremste Form eines solchen Kuhhandels ließ sich in den

Anfangsstadien der Einwandereraufnahme feststellen, als durch Zuweisungen bzw. Versprechungen von Zuweisungen, Arbeitsplätzen, Wohnraum und ähnlichem direkt oder indirekt Stimmen gekauft wurden. Später bildeten sich subtilere Mechanismen heraus, während andererseits viele dieser Praktiken mit der Ausdehnung der staatlichen Behörden und ihren universalistischen Prämissen allmählich schwanden und als untragbar angesehen wurden.

Es entstanden allerdings einige entscheidende Unterschiede hinsichtlich der Entwicklung dieser Art von politischer Mobilisierung in den älteren und neuen Bevölkerungsteilen. In den älteren Sektoren sowie auch bei manchen Neueinwanderern – nicht nur aus dem Westen, sondern auch aus dem orientalischen Sektor – war diese Verkümmerung der politischen Betätigung, vor allem für die aktiveren Elemente, mit weitreichender sozialer Mobilität verbunden. Ihnen öffneten sich jetzt ganz neue Aussichten in den entstehenden institutionellen Bereichen – in der Armee, in Wirtschaft und Wissenschaft –, und zwar in enger sozialer Beziehung zum Establishment. In vielen anderen Kreisen von Einwanderern war diese Mobilität begrenzter, wenn sie auch sicher nicht ganz fehlte, wobei sich hier allerdings das Gefühl einer gewissen Distanz zum Zentrum einstellte.

In den Oppositionsparteien war die Struktur der politischen Beteiligung unterschiedlicher. In den »älteren« bürgerlichen Parteien, etwa bei den Allgemeinen Zionisten, verliefen die Entwicklungen nicht viel anders; die alte Führung zeigte weniger Zusammenhalt, es bestand eine geringere Abhängigkeit von den Parteizentren, und die mittleren und niederen Parteiränge waren weniger professionalisiert.

Bei der mit sehr viel weniger Mitteln ausgestatteten Cherut-Partei verband sich eine oligarchische Struktur im Zentrum mit grundsätzlicher Offenheit gegenüber der Mitwirkung in verschiedenen politischen Parteigliederungen.

Selbstverständlich gingen all diese Tendenzen von der Jischuw-Periode aus, waren aber seinerzeit von der stärkeren Beteiligung breiterer Kreise an den Zentren der verschiedenen Sektoren sowie vom autonomeren Zugang dieser Sektoren zu den gemeinsamen föderativ-genossenschaftlichen Zentralinstitutionen überschattet worden. Die strukturellen und organisatorischen

Entwicklungen, die die Gründung des Staates Israel begleiteten, und die oben beschriebenen Prozesse schwächten einerseits die unabhängigeren und eher ideologischen Orientierungen und bestärkten andererseits die Tendenz zur Machtzentralisierung und Machtausübung durch Verteilung von Mitteln, was wiederum zu einem ständigen, auf vielfältige Weise geführten Streit um diese Zuwendungen führte. Die bestehenden Parteien waren nicht imstande, diese Entwicklungen von ihren jeweiligen Zentren aus aufgrund der älteren Prämissen zu steuern oder zu regeln.

Mächtige überparteiliche Interessengruppen, wie etwa die Landwirtschaftslobby, bildeten sich heraus. In den Parteien entstanden Untergruppen und Cliquen, die in den verschiedenen Knesset-Ausschüssen oder um den Einfluß auf einzelne Ministerien miteinander rangen. Die bloße Entstehung solcher Cliquen und Lobbys war gewiß ein natürlicher Trend, dessen Wurzeln in der Vergangenheit lagen, aber diese Gruppen entwickelten eine zunehmende Widerspenstigkeit, die es den Parteien immer schwerer machte, sie selbst oder auch nur ihre entsprechenden Parlamentsfraktionen unter Kontrolle zu halten. So entstand tatsächlich eine Vielzahl politischer Interessengruppen – sowohl eher klientelistische als auch offenere –, die sich bestimmten Ideologien oder Parteien nur schwer zuordnen ließen.[18]

Dieser politische Kuhhandel richtete sich mehr und mehr auf die Wahrung der Positionen bestehender Machtstrukturen und folgte eher der inneren Dynamik der verschiedenen Machtgruppen und Interessengruppen als den ideologischen Anstößen, die auf die Verwirklichung der ursprünglichen Ideologie ausgingen, in deren Namen die herrschende Gruppe zu regieren vorgab und deren Grundprämissen von den neuen Sektoren der Bevölkerung akzeptiert wurden.

Neben diese Veränderungen trat die wachsende Bedeutung der Massenmedien, besonders des Fernsehens, als Schauplatz der politischen Auseinandersetzung. Eng damit verbunden war die verstärkte Neigung zu einem populistischen Stil der Politik.

18 Yael Azmon, »The Elections and the Changing Fortunes of the Israeli Labor Party«, *Government and Opposition*, 16, 4 (1981), S. 432-446.

Die Veränderung politischer Organisationsformen und Tätigkeitsweisen; Kontinuität des politischen Modells

Die Situation und Dominanz der Arbeiterpartei

All diese tiefgreifenden Veränderungen in den politischen Strukturen, Organisationen und Verhaltensweisen, die nach dem Sechstagekrieg noch stärker wurden, waren paradoxerweise doch mit der Kontinuität des politischen Grundmodells und der kontinuierlichen Vorherrschaft der Arbeiterpartei verbunden, die weiterhin die dominante politische Kraft bei der Bildung sämtlicher Regierungskoalitionen darstellte und die Regeln des politischen Spiels sowie die Zugangsbedingungen zu den politischen Machtzentren weitgehend bestimmte.

Im Mittelpunkt dieser Kontinuität stand natürlich die Fähigkeit der Arbeiterparteien, vor allem der Mapai-Führung (und später dann der Spitzen des *Maarach* [Arbeiterblocks]), das Land tatkräftig zu regieren.

Diese Regierungsfähigkeit der Mapai und später des Maarach hing von drei Grundvoraussetzungen ab. Dazu gehörte erstens ihre Fähigkeit, durch ihren Einfluß auf Regierung, Histadrut und Verwaltung ihre wirtschaftliche Kontrollposition beizubehalten. An zweiter Stelle stand das Vermögen, diese Macht für eine allgemeine wirtschaftliche Expansion und Entwicklung einzusetzen und einen kontinuierlichen Anstieg des Lebensstandards sicherzustellen. Drittens ermöglichte es die Einigkeit ihrer Führung, daß politische Entscheidungen angeordnet und durchgeführt werden konnten, auch wenn von seiten verschiedener Bevölkerungsgruppen in vielfacher und oft widersprüchlicher Weise Druck ausgeübt wurde.

Solange diese Bedingungen erfüllt waren, vermochte die Mapai – bzw. die Arbeiterbewegung – ihre effektive Herrschaft und ihre zentrale politische Stellung beizubehalten. In ihren Zentralausschüssen wurden größere Veränderungen der Wirtschafts-, Sicherheits- und Bildungspolitik erörtert und beschlossen. In solchen Fällen wirkten alle anderen Parteien als Interessengruppen oder Katalysatoren hinter verschiedenen Kräften innerhalb der Mapai.

Von diesem Gesichtspunkt aus war es sehr bedeutsam, daß die anderen Parteien in fast allen wichtigen Fragen normalerweise homogener und einiger waren als die Mapai selber, in der sich vielfältigere Meinungen unter einem – allerdings sehr heterogenen – Dach fanden.

So groß die Opposition anderer Parteien gegen die Mapai hinsichtlich einzelner Fragen auch sein mochte, war sich diese Opposition jedoch nie für längere Zeit über ein breiteres Themenspektrum einig, und sogar Veränderungen in der Zusammensetzung der Koalitionen waren nicht immer ein untrügliches Anzeichen für größere politische Wandlungen.

Obwohl es durchaus bedeutsame Veränderungen in der Wirtschafts-, Sozial- und Einwanderungspolitik gab, wurden sie nicht unbedingt in den Wahlkämpfen propagiert und in der Öffentlichkeit auch nicht immer umfassend diskutiert. Die tatsächlich eingeschlagene politische Richtung wurde gewöhnlich durch die gegenseitige Abstimmung verschiedener Interessen abgesteckt – insbesondere innerhalb der Mapai und unter dem Druck verschiedener anderer Einflußgruppen auf deren Untergliederungen, wodurch die Vorrangstellung der Mapai im politischen System des Jischuw und Israels verstärkt wurde.

Während der meisten Zeit ihrer Dominanz (bis mindestens in die frühen sechziger Jahre hinein) verband die Mapai – und später den Arbeiterblock – eine eng zusammenhaltende Führung mit großer Flexibilität und der Fähigkeit, sich veränderten Umständen durch neue politische Verfahrensweisen anzupassen. Diese positiven Eigenschaften schienen sich jedoch von den frühen sechziger Jahren an langsam abzuschwächen, und zwar paradoxerweise gleichzeitig mit dem Aufbrechen des ursprünglichen institutionellen Modells des Staates, bis sie schließlich in den Wahlen von 1977 ihre Vorherrschaft verlor.

Schwächung und Spaltungen

Diese Schwächung, die bedeutsamerweise mit dem allmählichen Aufbrechen der restriktiveren Aspekte des ursprünglichen politischen Modells einherging, hing vor allem mit Spaltungen und Veränderungen in der Mapai und ihren gewandelten Beziehungen zu anderen Gruppen des »linken« Arbeiterblocks zusammen. Diese Veränderungen deuteten auf die geschwächte Stellung des Kerns der Partei und ihrer oberen Führungsspitze gegenüber anderen Teilen der Arbeiterbewegung sowie auch im Rahmen der Koalition – im Vergleich zu den Verhältnissen, die seit den späten dreißiger Jahren unter der Führung Ben-Gurions bestanden hatten.

Die erste und möglicherweise wichtigste Entwicklung dieser Art war die relativ früh absehbare, aber erst in den späten fünfziger Jahren aufgerissene Kluft zwischen der älteren Garde der Mapai, die sich in gewissem Grad um die Histadrut scharte, und den jüngeren Gruppen mit ihrer eher technokratischen Ausrichtung, die mit Ben-Gurion verbunden waren und von ihm ermutigt und gefördert wurden. Viele dieser jüngeren Leute – unter denen Mosche Dajan und Schimon Peres am meisten hervortraten – kamen aus der Armee und dem Verteidigungsestablishment. Ben-Gurion unterstützte sie als Träger der neuen, dynamischen, etatistischen Richtung, die seiner Ideologie der Mamlachtiut zugrunde lag, und hoffte, mit ihrer Hilfe die ältere, konservativ erscheinende, »erstarrte« Führung der Mapai und anderer Linksparteien zu durchbrechen. Gleichzeitig besaßen diese Leute fast gar keine parteipolitische Erfahrung.

Aus diesen Spaltungserscheinungen heraus kam es 1965 auf Ben-Gurions Initiative zur Gründung einer Splitterpartei namens *Rafi* (Israelische Arbeiterliste). Die Ereignisse, die zu dieser Parteigründung führten, hingen mit Ben-Gurions endgültigem Rücktritt im Jahr 1963 zusammen, der in gewisser Hinsicht die Folge von Entwicklungen um die Lavon-Affäre war und auf die tiefgreifenden Veränderungen und Spaltungen in der Mapai hinwies.

Schließlich vereinigten sich diese verschiedenen Elemente 1968 wieder, zusammen mit der *Achdut Haawoda,* die sich 1954 von der Mapam abgespalten hatte, aber viele der in den frühen und mittleren sechziger Jahren aufgetretenen Brüche bestanden noch lange fort.

Gerechtfertigt wurden diese Entwicklungen im Grunde mit dem Versuch der älteren Mapai-Führung, und vor allem wohl Eschkols, das sozialdemokratische Lager zu einigen und zu stärken, aber in Wirklichkeit war die Partei schon viel schwächer und besaß weniger Zusammenhalt. Zwar verlor der gesamte linke Block etwas von seinem Stimmgewicht. Wichtiger war jedoch die Tatsache, daß die Suche nach einer solchen Einigung und deren Ideologie mit einer Stärkung der linkeren Gruppen der Rafi im Verhältnis zum zentralen Mapai-Sektor verbunden war, wobei diese Gruppen häufig so stark wurden, daß sie in dem neuen Bündnis fast das ehemalige Vetorecht beanspruchen konnten, so daß die Entscheidungsfähigkeit der zentralen politischen Führung geschwächt wurde.

Die somit etwas geschwächte Stellung der Mapai-Führung zeigte sich vielleicht am deutlichsten darin, daß Ministerpräsident Levi Eschkol am Vorabend des Sechstagekriegs gegen seinen Willen, aber unter dem Druck der National-Religiösen Partei und der – in gewissem Grad von der Rafi angeregten – öffentlichen Meinung, Mosche Dajan (der damals der Rafi angehörte) als Verteidigungsminister in die Regierung aufnehmen (und dieses Amt daher selber abgeben) mußte. Auch Menachem Begin und E. Rimalt als Vertreter des neuen Gachal-Blocks *(Gusch Cherut-Liberalim)* wurden jetzt Mitglieder einer Regierung der Nationalen Einheit.

Diese Schwäche der zentralen Mapai-Führung und die faktischen Veto-Rechte von Achdut Haawoda und Rafi zeigten sich sehr deutlich bei der Suche nach militärischen oder politischen Lösungen nach dem Sechstagekrieg, wie wir später noch im einzelnen sehen werden.

Das Aufbrechen des ursprünglichen politischen Modells

Obwohl die spezifischen Ereignisse vor dem Sechstagekrieg in gewissem Umfang mit Eschkols persönlichem Charakter und der langen Zeit des Abwartens und scheinbaren Zögerns zwischen der Schließung der Meerenge von Tiran durch Nasser im Mai 1967 und dem Ausbruch des Krieges zusammenhingen, kündigten sie tatsächlich einen weitreichenden Wandel in der politischen Arena Israels an, nämlich nicht nur die Schwächung der Mapai-Führung, sondern auch das Ende der seinerzeit von Ben-Gurion eingeleiteten Delegitimierung der Cherut-Partei.

Die Aufhebung dieser Delegitimierung hatte in gewisser Hinsicht schon 1965 begonnen, als Eschkol – im Gegensatz zu Ben-Gurion – als symbolische Geste einen Regierungsbeschluß erwirkt hatte, demzufolge die sterblichen Überreste Jabotinskys zu seinem 28. Todestag nach Isreal überführt und in einem Staatsbegräbnis auf dem Herzl-Berg beigesetzt werden sollten. (Jabotinsky hatte in seinem Testament bestimmt, seine Leiche solle in der Diaspora begraben werden, bis die Regierung des jüdischen Staates sie ins Land Israel holen werde.)
Während dies jedoch noch als symbolische Geste betrachtet werden konnte, die mit der Öffnung des politischen Modells unter Eschkols Führung in Einklang stand, trat in diesem Kontext ein viel wichtigeres Ereignis ein, nämlich die 1965 erfolgte Gründung eines neuen politischen Blocks – des Gachal. Schon die Errichtung dieses Blocks, der 1973 (durch Einschluß einiger Elemente von Rafi) zum *Likud* erweitert wurde, stellte einen wichtigen Wendepunkt in der politischen Entwicklung Israels dar; da sich nun die israelische Opposition in ihren politischen Grundzügen veränderte, kündigte sie den beginnenden Zerfall des älteren politischen Modells an. Das Wesen der israelischen Oppositionspolitik wandelte sich dadurch, daß sich zwei politische Kräfte vereinigten, die bis dahin nicht nur in ihrer politischen Organisation, sondern auch durch ihre Stellung im Rahmen des dominanten politischen Modells oder Systems getrennt gewesen waren.
In bezug auf ihr Stimmenpotential konnten die beiden Teile des neuen Blocks als fast gleichstark betrachtet werden, aber tatsächlich gelang es der Cherut unter Menachem Begins Führung, die älteren revisionistischen Elemente weitgehend zu neutralisieren und selbst dynamischer zu werden. Dadurch wurden – in Kürze noch näher zu erörternde – Wahlkampftendenzen gefördert, die bald dem ganzen Gefüge der neuen Oppositionspolitik ihren – stark »rechts«-nationalen und populistischen – Stempel aufdrückten.
Der Zusammenschluß dieser beiden Parteien zu einem vereinigten Block (während sie als getrennte Parteien bis heute weiterbestehen) bezeichnete natürlich die erste Durchbrechung der informellen, aber sehr starken politischen Grenzen des herrschenden politischen Modells.

Die Verwirklichung dieses Durchbruchs wurde durch die Verstärkung von Wahltrends ermöglicht (die von den Sozialwissenschaftlern ab Mitte der sechziger Jahre erkannt und analysiert wurden und sich schließlich voll in den Wahlen von 1977 und 1981 auswirkten).[19] Ferner standen sie in engem Zusammenhang mit den Veränderungen im sozialdemokratischen Lager, die wiederum mit tiefgreifenden Wandlungen im Gesamtgefüge der israelischen Gesellschaft verbunden waren.

Diesen Ereignissen ging jedoch eine Intensivierung der verschiedenen, vorstehend beschriebenen Wandlungsprozesse im politischen Modell voraus, die vielfältige Konflikte, Debatten und Diskussionen vor allem in Presse und Medien auslösten. Neben weitverbreiteten Protest trat die wachsende Bedeutung von außerparlamentarischen Bewegungen in der israelischen Politik.

Die wachsende politische Fragmentierung wurde von dem Gefühl begleitet, daß die Parteiführer die Kontrolle darüber verloren hatten. Häufig zeigte sich diese politische Ohnmacht in der Abschiebung vieler politischer Entscheidungen (wie etwa in bezug auf Änderungen des Steuersystems oder außenpolitische Angelegenheiten) auf Rechtsprechungsinstanzen – vor allem den Rechtsberater der Regierung – oder öffentliche Kommissionen, denen damit sozusagen der Vorrang vor den eigentlichen politischen Kanälen eingeräumt wurde.

Alle diese Entwicklungen konnten – vor allem rückblickend – leicht als Anzeichen für die grundlegende Schwäche des ursprünglichen politischen Modells der israelischen Gesellschaft gewertet werden. Obwohl man sich jedoch selbstverständlich in weiten Kreisen dieser Probleme bewußt war, glaubte man lange Zeit nicht (bis mehrere Jahre nach dem Jom-Kippur-Krieg, wie wir noch sehen werden), daß sie das bestehende institutionelle Modell unterminieren oder entkräften würden. In vieler Hinsicht meinte man, daß sie zwar von diesem Modell ausgingen, sich aber anscheinend auch im Rahmen seiner Prämissen hielten. Es mag paradox scheinen, war aber in Wirklichkeit ganz natürlich, daß die Stabilität der institutionellen Grundmodelle,

19 In vieler Hinsicht ließ sich die Bildung der Rabin-Regierung 1974 bereits als ein erstes Signal dafür werten, daß die Arbeiterpartei ihren sicheren Platz als dominante Partei eingebüßt hatte.

die sich in diesem Zeitraum entwickelten, ihren Grund gerade darin hatte, daß diese Modelle nie völlig homogen waren, daß sich in ihnen ständige politisch-ideologische Konflikte, Auseinandersetzungen und neue Tendenzen herausbildeten, daß es immer ein ziemlich hohes Maß an politischen Diskussionen und Debatten gab und daß es zu häufigen Regierungskrisen kam – denn all dies sprach für das demokratische Grundwesen des Staates.

9. Kapitel
Volkswirtschaft und Schichtenbildung

I. Die Entwicklung der israelischen Siedlungskarte, 1948-1982

(von A. Schachar und E. Razin)

Einleitung

Die Siedlungskarte zur Zeit der Staatsgründung

Bevor wir zu einer Analyse des Modells der politischen Ökonomie übergehen, das sich in Israel herausgebildet hat, wollen wir kurz die Entwicklung der israelischen Siedlungskarte skizzieren, um dadurch eine Beschreibung des physischen Hintergrunds der wirtschaftlichen Entwicklung zu erhalten.

Seit der Staatsgründung haben in Israel aufgrund der Regierungspolitik und demographischer Tendenzen grundlegende Umwälzungen stattgefunden. Diese Umwälzungen waren Teil der allgemeinen Wandlungsprozesse, die während des letzten Jahrhunderts durch die zionistische Besiedlung des Landes in Erez-Israel ausgelöst wurden.

Die jüdische Siedlungskarte in Erez-Israel umfaßte bis 1948, ihrem Grundplan zufolge, die drei Großstädte Tel Aviv, Jerusalem und Haifa sowie Hunderte von kleinen ländlichen Siedlungen, während mittelgroße jüdische Provinzstädte fast völlig fehlten. Diese Aufteilung beruhte weitgehend auf der zionistischen Pionierideologie, die in den zionistischen Organisationen zur Mandatszeit vorherrschte. Diese Ideologie stand der städtischen Lebensweise negativ oder bestenfalls neutral gegenüber und betrachtete demgegenüber die genossenschaftlichen Dorfsiedlungen als die wünschenswerteste und geeignetste Methode zur Erreichung des Hauptziels, nämlich der Eroberung des Landes. Zwar wurden Versuche unternommen, Pionier- und sozialistische Ideale unter der städtischen Arbeiterschaft durch die Errichtung von Arbeitervierteln an der Peripherie der großen Städte miteinander zu verbinden, aber man leitete keine umfassende städtische Siedlungspolitik ein. Das Fehlen einer solchen Politik führte dazu, daß sich das städtische Wachstum fast völlig auf die Mandatszeit und die drei großen Städte, insbesondere Tel Aviv, konzentrierte. Allerdings entstanden gegen Ende der Mandatsperiode, infolge der in vielen der älteren Siedlungen (Moschawot) inzwischen eingetretenen Urbanisierungsprozesse, bis 1948 einige mittelgroße Städte in der Küstenebene.

1948 lebten rund 80 Prozent der jüdischen Bevölkerung in der Küstenebene, davon der Großteil in dem Abschnitt zwischen Tel Aviv und Haifa. Der Prozentsatz der in Städten wohnhaften Juden lag in jenem Jahr bei etwa 74, von denen wiederum 78 Prozent in den drei Großstädten lebten. Zur Zeit der Staatsgründung zeichnete sich im ländlichen Bereich eine durchgehende Siedlungskette ab, die grob gesehen die Gestalt eines großen N aufwies. Sie erstreckte sich von Metulla im Norden bis zum Tal von Schean, verlief von dort über die Jesreel-Ebene bis Haifa und Westgaliläa und wendete sich dann wieder südwärts zur Ebene von Judäa und dem nördlichen Negev. Diese Verteilung der jüdischen Siedlungen bestimmte in weitem Umfang, wenn auch nicht völlig, die 1948/49 gezogenen Staatsgrenzen.

Raumpolitik im Staat Israel

Ideologische Orientierungen

Die Veränderungen der israelischen Siedlungskarte seit 1948 beruhten überwiegend auf der politisch angestrebten Bevölkerungsstreuung, die von Anfang an zu den hauptsächlichen staatlichen Aufgaben zählte. Diese Politik war im wesentlichen auf allgemein- und sicherheitspolitische Ziele ausgerichtet, aber es spielten auch Aspekte der Wirtschaftsplanung mit hinein. Eine Reihe von Umständen begünstigten die Anwendung dieser Politik: erstens die geballt eintreffenden Einwanderer, denen man leichter ihren Wohnort vorschreiben konnte, als es sonst bei einer Umsiedlungsaktion von einer Region in die andere möglich gewesen wäre; zweitens das rasche Wachstum der israelischen Wirtschaft in den ersten 25 Jahren, da eine sich dynamisch entwickelnde Wirtschaft solche strukturellen Veränderungen begünstigte; drittens die außerordentlich wichtige Rolle, die die Regierung und andere öffentliche Körperschaften in der israelischen Wirtschaft allgemein und bei den Entwicklungsprojekten im besonderen spielten, die in großem Umfang durch öffentliche Gelder finanziert wurden, die wiederum überwiegend aus dem Ausland eintrafen und über die Regierung oder die nationalen Institutionen flossen.

Zu den von der Regierung zwecks breiterer Bevölkerungsstreuung eingesetzten Mitteln gehörten die Wohnraumzuweisung für Einwanderer, die Einleitung öffentlicher Wohnungsbauprojekte nebst Schaffung einer wirtschaftlichen Basis am Ort, die Zuweisung in nationalem Besitz befindlicher Böden, persönliche Anreize und die Lenkung von Investitionen aus dem Privatsektor.

Zur Zeit der Staatsgründung war der landwirtschaftliche Sektor gut darauf vorbereitet, die geplante Streusiedlungspolitik in weitem Umfang durchzuführen. 1948/49 gab es bereits über hundert landwirtschaftliche Siedlungen. Die wichtigsten Neuerungen des nun folgenden Siedlungsprojekts lagen einmal darin, daß man in Gebiete des Oberen Galiläas und des Jerusalemer Korridors vorzudringen suchte, in denen es verlassene arabische Dörfer gab, und zum anderen Tausende von Einwandererfamilien ohne jegliche landwirtschaftliche Schulung in ländliche Siedlungen einwies. Dieses beschleunigte landwirtschaftliche Siedlungswerk setzte sich in der ersten Hälfte der fünfziger Jahre fort, wobei der Typ des Genossenschaftsdorfs *(Moschaw Owdim)* unter den Neugründungen überwog, da diese Siedlungsform dem sozialen Hintergrund der Neueinwanderer eher angepaßt war als der Kibbuz. Die landwirtschaftliche Siedlungstätigkeit wurde teils in die Küstenebene gelenkt, überwiegend aber in die neu erschlossenen Siedlungsgebiete im nördlichen Negev, in der Ebene um Akko, in den Judäischen Bergen und in Galiläa. In der zweiten Hälfte der fünfziger Jahre verlangsamte sich die Siedlungsrate, vor allem aufgrund von Land- und Wassermangel, ganz erheblich, und man richtete das Augenmerk nun stärker auf die Städte.

Verlagerung vom ländlichen auf den städtischen Sektor. Neue Entwicklungsstädte

Die Schwerpunktverlagerung von der ländlichen auf die städtische Siedlung wurde nicht durch einen Ideologiewandel der mit der Siedlungstätigkeit befaßten Institutionen ausgelöst, sondern durch schlichte Notwendigkeit, da es unmöglich war, den Hauptteil der geballt hereinströmenden Einwanderer in den landwirtschaftlichen Sektor einzugliedern. Das erste Stadium im Dezentralisierungsprozeß der städtischen Entwicklung, das darin bestand, die verlassenen Städte und Dörfer mit Juden zu bevölkern, war bereits in der ersten Hälfte des Jahres 1949 abgeschlossen. Das zweite, bis 1951 andauernde Stadium umfaßte die Eingliederung von Einwanderern in die Siedlungen und Dörfer der Küstenebene. Die Gründung von neuen Städten begann 1950, wobei man bei der Lage- und Größenplanung folgende Ziele berücksichtigte: erstens die Besiedlung unbevölkerter und grenznaher Regionen im Einklang mit politischen, sicherheitspolitischen und wirtschaftlichen Erwägungen, die der Bevölkerungsstreuung zugrunde lagen; zweitens die Umgestaltung der polarisierten Struktur des städtischen Systems durch Ausfüllung der fehlenden Stufen in der städtischen Hierarchie und die Schaffung regionaler Systeme, in denen städtische Zentren das dörfliche Hinterland versorgen sollten. Das Programm sah die Einrichtung einer Siedlungshierarchie mit mehreren Stufen vor, wobei die meisten neuen Städte dazu ausersehen waren, die fehlenden unteren Glieder dieser städtischen Stufenfolge zu bilden.

Der Aufbau dieser neuen Städte und die gelenkte Ansiedlung von Einwanderern in ihnen schritten von 1950 bis 1956 schnell voran und kamen mit der Gründung von Arad 1962 und Carmiel 1964 zum Abschluß. In diesem Zeitraum entstand eine Reihe von völlig neuen Städten. Doch auch einige bereits vorhandene, aber dann verlassene Städte oder Stadtkerne – wie etwa Tiberias, Afula, Bet Schean, Aschkelon und Beer Scheva – können, zumindest in gewissem Umfang, als »neue Städte« betrachtet werden, da die jetzt hinzugefügten Bauprojekte die Größe des ursprünglichen Kerns bei weitem überstiegen.

Bei der Besiedlung dieser neuen Städte wurden beachtliche Leistungen vollbracht, aber im Gegensatz zu den quantitativen Erfolgen blieben erhebliche Probleme in bezug auf die Arbeitsweise dieser neuen städtischen Zentren und ihre soziale Stabilität vorerst ungelöst. Nach Meinung Cohens führte die mangelnde stadtplanerische Erfahrung der mit der Siedlung befaßten Institutionen zu zahlreichen Fehlern bei der Gründung dieser neuen Städte. Hierzu gehörten Fehler bei der Größen- und Standortplanung sowie die ungenügende Beachtung des sozialen Aspekts.[20] Die ideologische Fixierung auf die Landwirtschaft führte zur Bevorzugung kleiner städtischer Siedlungen und einem Zurückschrecken vor der Planung größerer Städte. In den ersten Jahren ihres Daseins gab man den neuen Städten daher einen ländlichen Anstrich durch geringe Bebauungsdichte und angrenzende Felder zur hilfsweisen Bearbeitung. Dadurch wurde die Entwicklung dieser Städte erheblich behindert; die Stadtbewohner besaßen infolgedessen einen niedrigeren Sozialstatus und genossen nicht dasselbe Ansehen wie die Bewohner der Grenzdörfer. Die mit der Sozialplanung befaßten Institutionen konzentrierten ihre Anstrengungen auf die landwirtschaftlichen Siedlungen, während den neuen Entwicklungsstädten in diesem Bereich relativ wenig Aufmerksamkeit zugewandt wurde. Die angestrebte regionale Integration, bei der die Entwicklungsstädte als Zentren für ihr Hinterland dienen sollten, stieß auf Schwierigkeiten. Die alteingesessenen ländlichen Genossenschaftsdörfer (Moschawim) waren wirtschaftlich und kulturell weiter entwickelt als die Entwicklungsstädte und außerdem in starken landesweiten Organisationen zusammengefaßt, so daß sie diese Städte nicht brauchten. Vor allem im Süden des Landes, wo neue ländliche Siedlungen ebenfalls ohne eine stabile Basis gegründet worden waren, gelang es den neuen Städten allerdings bis zu einem gewissen Grade, sich zu Zentren zu entwickeln. Im Lauf der Zeit bahnten sich aber doch gewisse Beziehungen zwischen den Entwicklungsstädten und ihrem Hinterland an, wobei sie in einigen funktionalen Aspekten tatsächlich ausgeprägte städtische Dienste leisteten. Allgemein läßt sich sagen, daß die Entwicklungsstädte die quantitative Durchführung der auf Bevölkerungsstreuung ab-

20 E. Cohen, »The Town in Zionist Ideology«, *Papers of the Department of Sociology of the Hebrew University*, Jerusalem 1970.

zielenden Politik ermöglichten. Doch bereits aufgrund ihrer Anlage wurden sie zu einer wirtschaftlichen und sozialen, nicht nur zu einer räumlichen Peripherie, wie es das ursprüngliche Ziel ihrer Gründung im Negev und in Galiläa gewesen war.

Regionale Pläne

Während der fünfziger Jahre zog man die Lehren aus den bei der Gründung der ersten Entwicklungsstädte und Einwandererdörfer (Moschawim) gesammelten Erfahrungen. Ein wichtiger Versuch, diese Lehren in die Praxis umzusetzen, wurde bei der Siedlungsplanung für die Lachisch-Region im nördlichen Negev unternommen. Dort wurde zum ersten Mal eine umfassende Regionalplanung angewandt, die städtische und ländliche Systeme miteinander verband und eine einheitliche Behörde schuf, die sich mit der Besiedlung der ganzen Region zu befassen hatte. Die Siedlungssysteme der Lachisch-Region wurden in drei hierarchische Stufen gegliedert, nämlich das Dorf, das ländliche Zentrum und die Provinzstadt – Kirjat Gat. Außerdem leitete man ein regionales Experiment ein, um alteingesessene Israelis mit meist gerade erst eingewanderten Siedlern zusammenzubringen. Im ganzen gesehen waren die Anstrengungen in der Lachisch-Region von Erfolg gekrönt, wenn auch das Ideal der regionalen Integration nicht völlig erreicht wurde. Die Einteilung der Region in Einzelbezirke unter örtlicher Selbstverwaltung folgte nicht den ursprünglichen Absichten. Kirjat Gat erhielt das Recht auf einen eigenen, von der Region gesonderten Gemeinderat, und die Grenzen der Kreisräte bestimmten sich nicht nach den räumlichen Prinzipien, die der regionalen Planung zugrunde gelegen hatten. Die relativ erfolgreiche Geschichte von Kirjat Gat bewies, wie wichtig es war, den Zuzug in die Entwicklungsstädte anfangs sorgfältig zu kontrollieren und in den ersten Jahren ihrer Existenz einen stabilen Bevölkerungskern zu schaffen, der dann weitere Elemente aufzunehmen vermochte. Diese Lehren wurden auf Ober-Nazaret und vor allem auch auf Arad und Carmiel angewandt.
Die ernsten wirtschaftlichen und sozialen Probleme, die die Mehrzahl der Entwicklungsstädte befielen, führten während

der sechziger Jahren zu Veränderungen in der städtischen Raumpolitik. Man beschloß, keine weiteren Städte zu gründen, sondern die bestehenden zu festigen, indem man ihre Bevölkerungszahl vergrößerte und neue Arbeitsplätze schuf, hauptsächlich in der Industrie. Mehrere Strategien wurden in jenen Jahren entwickelt. Ein Ansatz ging davon aus, daß die Entwicklungsstädte eine bestimmte Minimalgröße als »Startpunkt« erreichen müßten, um dann eigenständig vorankommen zu können. Ein zweiter Ansatz hielt es für notwendig, die Anstrengungen auf eine kleine Anzahl von »Wachstumsachsen« zu konzentrieren, die gute Entwicklungschancen besaßen. In der Praxis wurden diese Strategien nicht klar angewendet, und nach dem Sechstagekrieg verlagerte sich der Schwerpunkt in gewissem Umfang auf die Erhöhung der jüdischen Einwohnerschaft von Jerusalem und Siedlungsgründungen jenseits der »Grünen Linie«, also der bis 1967 bestehenden Grenze des Staates Israel.

Veränderungen im Siedlungssystem nach 1967

Der Sechstagekrieg und der Jom-Kippur-Krieg

Der Sechstagekrieg veränderte die Karte der israelischen Grenzgebiete und führte zu einer Schwerpunktverlagerung in der nationalen Raumpolitik. Es gab keine erklärte, detaillierte Politik der Bevölkerungsstreuung in den während des Krieges eroberten Gebieten, aber das allgemeine Prinzip, das die Siedlungskarte bis zum Regierungswechsel von 1977 bestimmte, lief unter der Bezeichnung »Allon-Plan«. In jenen Jahren widmete man sich betont der beschleunigten Entwicklung Jerusalems sowie der Besiedlung des Jordantals, der Golanhöhen und der Rafah-Region. Die neuen Grenzgebiete wurden überwiegend mit Altsiedlern im Rahmen von Nachal-Dörfern (Nachal = kämpfende Pionierjugend als Teil der Streitkräfte), Kibbuzim und verschiedenen städtischen Zentren bevölkert. Hinzu kam die Besiedlung des Gusch Ezion südlich von Jerusalem (der im Unabhängigkeitskrieg an die Araber verloren worden war) und der Salomonsregion entlang des Golfs von Elat. Die wichtigste

Neuerung bei der Besiedlung der Grenzgebiete nach 1967, die bis 1977 geplant und durchgeführt wurde, lag darin, daß man das städtische Element in das umfassende regionale Siedlungswerk mit einschloß. Die Stadt Kazrin sowie zwei Regionalzentren entstanden auf den Golanhöhen. Im Jordantal gründete man das Bezirkszentrum Ma'ale Efraim und in der Rafah-Region die Ortschaft Jamit.

Neue Siedlungspolitik in Judäa und Samarien

Die politischen Veränderungen, die in Israel durch den Jom-Kippur-Krieg und vor allem durch den Regierungswechsel von 1977 ausgelöst wurden, beeinflußten in nicht geringem Umfang die Siedlungsentwicklung, wobei sich der Schwerpunkt nun auf die Besiedlung der Gebiete von Judäa und Samarien verlagerte, die eine dichte arabische Bevölkerung aufweisen. In den letzten Jahren ging die Tendenz dahin, durch die beschleunigte Besiedlung von Judäa und Samarien eine grundlegende Veränderung im gesamten jüdischen Siedlungssystem in Erez-Israel herbeizuführen. Dabei wurden einmal Siedlungen gegründet, die Teil des erweiterten städtischen Einzugsgebiets von Tel Aviv und Jerusalem bilden, und zum anderen auch solche in entlegeneren Gebieten von Judäa und Samarien, meist auf Initiative von Mitgliedern des *Gusch Emunim*, die sich ideologisch der Besiedlung ganz Erez-Israels streng verpflichtet fühlen. Die neue nicht-landwirtschaftliche Besiedlung von Judäa und Samarien ist durch verhältnismäßig viele kleine Ortschaften gekennzeichnet, von denen, der Planung nach, nur einige sich zu etwas größeren Städten entwickeln sollen. Die Siedler von Judäa und Samarien unterschieden sich in einigen Merkmalen von den Menschen, die in früheren Jahren in die innerhalb der israelischen Staatsgrenzen gegründeten Entwicklungsstädte gezogen waren. Vor allem wiesen sie eine höhere Bildungsstufe, einen geringeren Anteil von Personen asiatisch-afrikanischen Ursprungs und relativ große Haushalte auf. Die Mehrzahl dieser Siedler war orthodox, während die weltlich Eingestellten sich fast ausschließlich in den Orten niederließen, die im Pendelabstand zu Tel Aviv oder Jerusalem liegen.

Die traditionellen Pioniersiedlungsformen – Kibbuz und Moschaw – waren dem Siedlercharakter der siebziger Jahre oder der wirtschaftlichen Grundlage der Siedlungen nicht immer angepaßt. Deshalb bildeten sich Ende der sechziger Jahre einige neue ländliche Siedlungstypen heraus, und zwar vor allem der flexible Typus der Gemeindesiedlung, der dem Siedler viel Bewegungsfreiheit und relativ wenig Abhängigkeit von dem kooperativen Zusammenschluß brachte. Dieser Siedlungstyp findet bei den neuen Siedlern in Judäa und Samarien viel Anklang und ist sowohl den Bedürfnissen der Gusch Emunim-Mitglieder als auch denen der »Peripherie-Dörfer« in Westsamarien angepaßt, die gewöhnlich keine kooperative Ideologie vertreten. Die Form der Gemeindesiedlung ist nämlich an keine Genossenschaftsidee oder eine feste wirtschaftliche Basis gebunden, sondern erlaubt es den Einwohnern, täglich zu den großen Städten zu pendeln. Das Industriedorf ist ein zweiter Siedlungstyp; es handelt sich dabei um eine Art ländliches Genossenschaftsdorf, das als kooperativer Moschaw – *Moschaw Schitufi* – in wasserarmen Gegenden mit schlechten Böden errichtet und mit einer industriellen Wirtschaftsgrundlage versehen wird, wobei die anerkannte Planvorstellung bestimmt, daß diese Dörfer in Gebieten entstehen sollten, in denen bereits fünf bis acht Siedlungen vorhanden sind. Als dritter neuer Siedlungstyp wäre der *Mizpe*, das vorläufige Dorf, zu nennen, dessen Einwohner staatliches Land in Galiläa bewachen sollen, indem sie sich auf Bergkuppen niederlassen; die Anfangsphase dieser Siedlungen erfordert verhältnismäßig geringe Investitionen, und sie brauchen auch nicht mit einer wirtschaftlichen Grundlage ausgestattet zu werden.

Quellen des Bevölkerungswachstums in verschiedenen Gebieten

Einwanderung

Die Siedlungspolitik veränderte die gesamte israelische Raumeinteilung, und zwar nicht nur hinsichtlich der ländlichen Siedlungen und der Entwicklungsstädte, sondern auch in bezug auf den städtischen Sektor. Bevor wir jedoch dazu übergehen, die Wandlungen im städtischen Bereich zu beschreiben, sollten wir sinnvollerweise kurz die Quellen des Bevölkerungswachstums in den verschiedenen Gebieten analysieren und dabei zeigen, wie sie mit dieser Politik zusammenwirkten.

Drei Komponenten beeinflußten die Verteilung der jüdischen Bevölkerung in Israel: äußere Migration (Ein- und Auswanderung), natürliches Wachstum und innere Migration. In den frühen Jahren des Staates erlangte das Modell der Erstansiedlung von Einwanderern entscheidende Bedeutung für den Vorgang der Bevölkerungsstreuung. Die Einwanderung bildete einen Hauptfaktor des umfassenden Bevölkerungswachstums in Israel, und die Regierung sorgte in erheblichem Umfang dafür, die Einwanderer in die verschiedenen Landesteile zu lenken. Als der Einwandererzustrom abflaute, stieg die Bedeutung der beiden anderen Komponenten, und zwar insbesondere die innere regionale Migration, die große Ausmaße annahm.

Es gibt keine genauen Daten für die Quellen des 1948 bis 1955 in den einzelnen Landesteilen eingetretenen Bevölkerungszuwachses. In diesem Zeitraum bildete die Einwanderung die Hauptkomponente des Bevölkerungsanstiegs. Offenbar dirigierte man die Einwanderer in erheblichem Ausmaß, aber einige der Siedler verlegten später ihren Wohnsitz; die Richtung der inneren Migration ging vom Dorf in die Stadt und von der Peripherie ins Zentrum. Von 1948 bis 1951, als der Hauptteil der Einwanderer noch immer in den zentralen Gebieten Israels eingegliedert wurde, integrierte man nur rund 11 Prozent von ihnen in die neuen Städte, die teils ebenfalls in der Landesmitte lagen. Ab 1952 nahmen die neuen Städte jedoch bereits um die 30 Prozent der jährlichen Einwanderung auf, so daß die Besiedlung der peripheren Gebiete nun besondere Bedeutung erlangte.

In der zweiten Hälfte der fünfziger Jahre stellte die Einwanderung ebenfalls die Hauptkomponente des Bevölkerungswachstums in den Entwicklungsgebieten dar. Es scheint, daß die wichtigste Variable, die die jährliche Veränderung in der Bevölkerungsverteilung während der fünfziger und sechziger Jahre zu erklären vermag, im Anteil der Neueinwanderer am gesamten Bevölkerungswachstum des betreffenden Jahres zu suchen ist. In den sechziger Jahren kam es zu einer verminderten Erstansiedlung von Neueinwanderern in Entwicklungsstädten. Dies beruhte einmal auf den jetzt geringeren Einwandererzahlen und zum anderen auf der in der zweiten Hälfte der sechziger Jahre feststellbaren Veränderung in der Zusammensetzung der Einwandererschaft; es stieg nämlich der Anteil der Einwanderer aus Europa und Amerika, die einer solchen Lenkung nicht mehr so leicht zugänglich waren. Die in den sechziger Jahren nachlassende Einwanderung nach Israel und die nun schwerer zu bewerkstelligende Lenkung dieser Einwanderer in die Entwicklungsgebiete waren also vornehmlich dafür verantwortlich, daß die Bevölkerungsstreuung seinerzeit zum Stillstand kam.

Natürliches Wachstum

Die zweite Quelle des Bevölkerungswachstums, die den Prozeß der Bevölkerungsstreuung beeinflußte, lag im natürlichen Wachstum. In den fünfziger Jahren trug es aufgrund der unterschiedlichen Alters- und Herkunftsstruktur in den verschiedenen Gebieten generell zur Bevölkerungsstreuung bei. Der natürliche Zuwachs der Juden im Südbezirk lag in der ersten Hälfte der fünfziger Jahre mehr als 50 Prozent über dem Landesdurchschnitt, und auch im Nordbezirk lag er etwa um 50 Prozent höher. In den sechziger Jahren ging der Einfluß des natürlichen Wachstums auf die Bevölkerungsstreuung langsam zurück, da es in den peripheren Gebieten nun prozentual abnahm, dabei aber immer noch über dem in der Landesmitte blieb. Allerdings ist speziell zu erwähnen, daß der natürliche Zuwachs in den Entwicklungsstädten besonders hoch war.

Den wichtigsten Einfluß auf die Streuung der jüdischen Bevölkerung besitzt seit den sechziger Jahren die innere Migration. Die Entwicklungsstädte wiesen bereits in den fünfziger Jahren bis 1961 eine hohe negative Migrationsrate auf; in den sechziger Jahren galt dies hauptsächlich für den Nordbezirk. Umgekehrt verzeichnete der Südbezirk eine positive Migrationsrate, vor allem dank der Anziehungskraft einiger Städte in diesem Gebiet (hauptsächlich Aschdod und Beer Scheva). In den fünfziger und sechziger Jahren führte die innere Migration dazu, daß sich der jüdische Bevölkerungsschwerpunkt in Israel gen Süden verlagerte und es zu einer Ballung in der Landesmitte kam. Zur Analyse der Veränderungstendenzen, die in der räumlichen Aufteilung der interregionalen Migration in Israel auftraten, läßt sich die israelische Raumstruktur als ein System von Kernbereichen und Peripherien darstellen. Der Hauptkernbereich – das natürliche Gebiet von Tel Aviv – hatte in den sechziger Jahren eine hohe positive Migrationsrate, die in der zweiten Hälfte der siebziger in eine negative umschlug. Das Zentrum der Anziehungskraft verlagerte sich jetzt auf die periphere Umgebung des Hauptkernbereichs, nämlich Rischon Lezion, Petach Tikwa und Kfar Saba. Dieses Gebiet, das 1961 noch eine negative Migrationsrate aufgewiesen hatte, begann Mitte der sechziger Jahre eine positive Rate zu zeigen, deren Komponenten mit der Zeit langsam anstiegen. Die peripheren Gebiete der Tel Aviver Metropole wurden somit in den siebziger Jahren die Hauptnutznießer der interregionalen Migrationsströmungen, denn hier siedelten sich die meisten der aus den Innenbezirken der Metropole abgewanderten Menschen an. Das Gebiet zwischen den Kernen, das die Scharon-Ebene, die Judäische Ebene und die Lachisch-Region umschließt, wechselte ebenfalls von einer negativen Rate in den sechziger Jahren zu einer positiven in der Mitte der siebziger Jahre. Dieser Wandel beruhte auf der gestiegenen Anziehungskraft der Gegenden um Chedera, Natanja, Rechovot und Aschdod. Die Nebenkerne, das heißt die Gebiete von Jerusalem, Haifa und Beer Scheva, gingen von einer positiven Migrationsrate in den sechziger zu einer negativen in den siebziger Jahren über. Daraus wird ersichtlich, daß die Städte, die in der urbanen Rangfolge Israels eine sekundäre Stellung einnehmen, keine zentrale Alternative für Abwanderer aus dem Hauptkern darstellen und nicht mit Städten an der Peripherie der Tel Aviver Metropole konkurrieren können. Die Peripherie des Landes, also die nördlichen und südlichen Gebiete, wiesen in den sechziger und siebziger Jahren eine hohe negative Migrationsrate auf. Es ist noch zu früh zur Bewertung des Einflusses, den die Raumpolitik in den ersten achtziger Jahren auf die inneren Migrationsströmungen genommen hat, aber man darf annehmen, daß die Anziehungskraft der Metropolen anhalten wird und daß der Hauptkern und die Nebenkerne

Einwohner an ihre unmittelbare Umgebung verlieren werden. Dabei gehören auch die angrenzenden Teile von Judäa und Samarien zum Jerusalemer, West-Samarien zum Tel Aviver und das Hügelland östlich von Haifa zum Haifaer Einzugsgebiet.

Veränderungen im israelischen Städtesystem

Die Entstehung eines Rings um die Metropolen

Die Politik der Bevölkerungsstreuung und die Gründung der neuen Städte entlasteten die zentralen Landesteile, verhinderten aber nicht das rasche Wachstum Tel Avivs und anderer Metropolen. Das bebaute Gebiet von Tel Aviv breitete sich nach der Staatsgründung rapide aus, so daß sich ein durchgehender Bebauungsgürtel bildete, der Tel Aviv selbst sowie die Städte des inneren Rings der Metropole umfaßte: Ramat Gan, Givatajim, Bne Brak, Cholon und Bat-Jam. Die Stadt Tel Aviv, die bis zur Staatsgründung sehr schnell gewachsen war, entwickelte sich in den fünfziger Jahren langsamer, und Mitte der sechziger Jahre setzte ein Bevölkerungsrückgang ein, der bis heute anhält. In den fünfziger und sechziger Jahren verzeichnete der innere Ring der Metropole den größten Bevölkerungsanstieg. Es entstand nun ein zweiter Ring von kleineren städtischen Siedlungen wie Kirjat Ono, Jahud, Savion und Ramat Hascharon, die sich zwar nicht mehr nahtlos an das Tel Aviver Bebauungsgebiet anschlossen, aber doch in das städtische Verkehrswesen, den Arbeitsmarkt und den Vergnügungsbetrieb der Stadt einbezogen waren. In diesem Ring läßt sich auch die Herausbildung von Vorstädten mit hohem Bauniveau und geringer Häuserdichte feststellen, wie sie etwa Savion, Newe Magen und andere Städte aufweisen. Dabei ist zu erwähnen, daß – im Gegensatz zu der sonstigen westlichen Stadtentwicklung – nicht nur Angehörige des Mittelstands auf der Suche nach niedrigerer Bebauungsdichte und hoher Lebensqualität in die Vorstädte der Tel Aviver Metropole zogen. Vielmehr variieren Wohnbedingungen und Einwohnerschaft recht weitgehend in den einzelnen Tel Aviver Vorstädten, zu denen unter anderem noch vor der Staatsgründung gebaute Arbeiterviertel und nach 1948 an den

Stadträndern errichtete Einwandererunterkünfte gehören. Die Vorstädte weisen daher eine unterschiedliche Einwohnerschaft aus allen sozio-ökonomischen Schichten auf, während der israelische Mittelstand keinen starken Drang in die Vororte erkennen läßt.

Wachstum des äußeren Rings

In den siebziger Jahren kam das Bevölkerungswachstum des inneren Rings fast zum Stillstand. Seit Ende der sechziger Jahre erhielt demgegenüber der äußere Ring der Metropole Auftrieb. Dieser äußere Ring umfaßte die älteren Städte Rischon Lezion, Petach Tikwa und Herzlija, die früher weitgehend unabhängig gewesen waren. Seit den sechziger Jahren wurden sie in das Wirtschaftssystem der Metropole integriert, und die Welle der Vorstadtbildung erreichte sie nun ebenfalls.

In den letzten Jahren mehren sich die Zeichen, daß ein weiterer, noch weiter außen liegender Ring im Entstehen ist, dessen Verbindungen zur Metropole zahlreicher und fester werden. Er reicht von Rechovot im Süden über Ramle und Lod im Osten bis Kfar Saba im Norden. Die neuen jüdischen Siedlungen in Westsamarien, östlich von Kfar Saba und Petach Tikwa, scheinen sich auch im wesentlichen auf eine aus der Tel Aviver Metropole stammende Bevölkerung zu stützen, die geräumige und billige Unterkünfte sucht, dabei aber ihre Arbeitsplätze und gesellschaftlichen Bindungen in der Metropole beibehält.

Obwohl die Stadt Tel Aviv einen erheblichen Teil ihrer Einwohnerschaft verloren hat, hält sie weiterhin ihre Vorrangstellung im Beschäftigungssektor. Sie ist Mittelpunkt eines starken Pendlerstroms, besitzt eine relativ spezialisierte Wirtschaft, die sich besonders auf Finanzsektor und Handelsdienste erstreckt, und beherbergt die Zentren der meisten wichtigen Spitzenunternehmen des Landes. Ein zweiter, sich langsamer entwickelnder Großstadtbereich ist die Haifaer Metropole. Abgesehen von der Stadt Haifa selbst, umfaßt sie im wesentlichen die Vorstädte (Krajot) entlang der Bucht sowie Kirjat Tivon und Tirat Hacarmel, nimmt aber zusätzlich noch Pendelverkehr aus den entfernteren Siedlungen auf der Westflanke Galiläas auf.

Ein weiteres Großstadtgebiet entsteht um Jerusalem. Die nach dem Sechstagekrieg um die Stadt errichteten neuen Wohnviertel (Newe Jaakow, Ramot, Ost-Talpiot und Gilo) liegen innerhalb der Jerusalemer Stadtgrenze. In den letzten Jahren werden jedoch zusätzlich Vorstädte wie Maale Adumim, Givat Seev und Efrat als Regierungsprojekte in Judäa und Samarien in schnellem Tempo hochgezogen. Ferner ist Jerusalem auch Mittelpunktstadt einer großen arabischen Metropole, die von Ramallah im Norden bis Azariah im Osten und Betlehem im Süden reicht. Ein weiterer Prozeß, der sich im urbanen System Israels abzeichnete, war die Verstädterung von Dörfern (Moschawot). Diese Entwicklung hatte schon vor der Staatsgründung eingesetzt, erhielt dann jedoch erheblichen Aufschwung, als ein großer Teil der starken Einwanderungswellen in den *Maabarot* (Übergangslagern) und schließlich in den an der Peripherie der alteingesessenen Dörfer gebauten Einwandererviertelnuntergebracht wurde. Später wuchsen diese Dörfer rasch weiter, und zwar vor allem diejenigen, die in den Bereich der Tel Aviver Metropole gerieten.

II. Die israelische Volkswirtschaft. Ihre Grundmerkmale

Einleitung

Hintergrund und wichtigste Daten

Die grundlegenden sozio-politischen Orientierungen, Tendenzen und Dilemmata, die wir im politischen Bereich ausgemacht haben, fanden selbstverständlich auch in dem volkswirtschaftlichen Modell Ausdruck, das sich in Israel herausbildete.
Dieses spezifisch israelische Modell der politischen Ökonomie entwickelte sich aus der Konfrontation zwischen seinem ursprünglichen Ausgangspunkt – der gegen Ende der Mandatszeit vorhandenen wirtschaftlichen Grundlage – und den im Staat Israel einsetzenden Wirtschaftsprozessen einschließlich der sie leitenden Politik.

Dieses Modell, das in mehrerer Hinsicht einzigartig unter kleinen modernen Gesellschaften und insbesondere unter nachrevolutionären Gesellschaften war, entstand zuerst aus der Umgestaltung und Verwirklichung der ursprünglichen Vision von der jüdischen Besiedlung Erez-Israels sowie aus der Machtstruktur, die sich in der Jischuw-Periode herausgebildet hatte. Nach der Staatsgründung wandelte es sich weiter, wobei sich seine wichtigsten gegenwärtigen Merkmale herauskristallisierten. Das geschah in engem Zusammenhang mit der zunehmenden Konzentration wichtiger ökonomischer Machtpositionen in der Hand des Staates, begleitet von der ständigen Modernisierung und Differenzierung der Wirtschaft einerseits und der Notwendigkeit, viele neue Einwanderer aufzunehmen, andererseits.

An dieser Stelle sollen einige Grunddaten über die Entwicklungen dieser Wirtschaft folgen, also die wichtigsten Einzelheiten über ihre Umgestaltung in Richtung auf eine relativ weitgehend industrialisierte kleine Gesellschaft.

Die nachstehenden Daten geben uns eine Übersicht über Wachstum und Entwicklung der israelischen Wirtschaft.[21]

1. Das Bruttosozialprodukt stieg von 9,8723 Milliarden IS im Jahre 1950 auf 25,4057 Milliarden 1960, 62,8639 Milliarden 1970 und 104,7380 Milliarden 1981 – ein Zuwachs von 1060 Prozent.

2. Die privaten Konsumausgaben stiegen von 6,9228 Milliarden IS im Jahre 1950 auf 17,7262 Milliarden 1960, 37,7578 Milliarden 1970 und 68,5730 Milliarden 1981 – ein Zuwachs von 990 Prozent.

3. Die allgemeinen Staatsausgaben stiegen von 2,9685 Milliarden IS im Jahr 1950 auf 6,7647 Milliarden 1960, 26,6472 Milliarden 1970 und 40,0320 Milliarden 1981 – ein Zuwachs von 1348 Prozent.

4. Das Bruttoinlandskapital stieg von 5,8659 Milliarden IS im Jahre 1950 auf 9,3403 Milliarden 1960, 21,3776 Milliarden 1970 und 23,3090 Milliarden 1981 – ein Zuwachs von 397 Prozent.

5. Das Bruttonationalprodukt per capita stieg von 7,820 Milliarden IS im Jahr 1950 auf 12,977 Milliarden 1960, 21,145 Mil-

21 Die meisten dieser Angaben richten sich, soweit nicht anders angegeben, nach den Preisen von 1980.

liarden 1970 und 26,510 Milliarden 1981 – ein Zuwachs von 339 Prozent.
6. Der Exportüberschuß für Waren und Dienstleistungen einschließlich der Nettozahlungen ins Ausland stieg von 5,5910 Milliarden IS über 6,1298 Milliarden und 21,8448 Milliarden auf 27,1760 Milliarden 1981 – ein Zuwachs von 486 Prozent.
7. Die privaten Konsumausgaben per capita stiegen von 5,464 Milliarden IS im Jahr 1950 auf 8,393 Milliarden 1960, 12,719 Milliarden 1970 und 17,356 Milliarden 1981 – ein Zuwachs von 317 Prozent.
8. Das Nationaleinkommen per capita stieg von 32 Millionen IS im Jahr 1950 auf 171 Millionen 1960, 505 Millionen 1970 und 49,637 Milliarden 1981 – ein Zuwachs von 15 511 Prozent.
9. Die Beschäftigtenzahl stieg von 1955 bis 1981 um 218,55 Prozent.
10. Der Prozentsatz arbeitsloser ziviler Arbeitskräfte fiel von 7,2 Prozent im Jahr 1955 auf 3,6 Prozent 1965; stieg dann auf 10,4 Prozent im Jahr 1968 an und sank wieder auf 5,1 Prozent 1981 – ein Rückgang um 170,9 Prozent.[22]
Die Tabellen 9.1, 9.2 und 9.3 geben einen Überblick über die berufliche Diversität, die sich in Israel herausbildete, sowie über die Stellung der Frauen im Berufsleben.
Ein wichtiger Aspekt der israelischen Wirtschaft war und ist die hohe Verteidigungslast. So stieg der Anteil des Verteidigungsbudgets am Gesamthaushalt von 19,6 Prozent 1965/66 auf 49,31 Prozent 1973/74, ging dann wieder auf 33,7 Prozent für 1977/78 zurück und wurde für 1979/80 auf 28 Prozent veranschlagt. Gleichzeitig trugen die Rüstungsindustrie im allgemeinen und die Luftfahrtindustrie im besonderen erheblich zur wirtschaftlichen Entwicklung bei, und zwar vor allem zur Entwicklung der wissenschaftsorientierten Industrien, die einen ziemlich großen Anteil am israelischen Export haben.[23]
Tabelle 9.4 liefert einige Angaben über den Umfang der Verteidigungsausgaben.

22 *Statistical Abstract of Israel* 1982, Nr. 33, S. 162-164.
23 Siehe dazu im einzelnen E. Berglas, *Defense and the Economy; The Israeli Experience*. The Falk Institute for Economic Research in Israel, Discussion Paper 83-01, Jerusalem 1983.

Tabelle 9.1 Berufstätige Personen nach Wirtschaftszweig, Bevölkerungsgruppe und Geschlecht, 1970-1981

	Persönliche und andere Dienstleistungen	Öffentliche und städtische Dienste	Dienstleistungen im gewerblichen Bereich und im Finanzwesen	Transport, Lagerung und Kommunikation
		Insgesamt in %		
1970	7,7	24,0	5,2	7,5
1975	6,1	27,3	6,7	7,3
1976	6,4	27,7	6,8	7,0
1977	6,6	28,0	7,2	7,0
1978	6,6	29,2	7,6	6,9
1979	6,2	29,5	7,9	6,9
1980	6,2	29,6	8,2	6,9
1981	5,8	30,0	8,8	6,7
		Männer in %		
1975	4,8	19,4	5,3	9,3
1976	5,1	19,9	5,5	8,8
1977	5,3	19,9	5,8	8,8
1978	5,4	20,6	6,2	8,8
1979	5,3	20,6	6,4	8,9
1980	5,0	20,4	6,6	8,9
1981	4,6	20,8	7,0	8,4
		Frauen in %		
1975	8,7	43,4	9,3	3,0
1976	9,0	43,4	9,5	3,4
1977	9,0	44,0	10,1	3,4
1978	8,9	45,2	10,3	3,4
1979	8,0	45,5	10,4	3,3
1980	8,1	45,9	11,2	3,5
1981	7,8	46,3	11,9	3,6
		Davon Juden – insgesamt in %		
1975	6,0	28,6	7,2	7,2
1976	6,2	29,0	7,3	7,1
1977	6,5	29,5	7,8	7,1
1978	6,6	30,3	8,2	7,0
1979	6,1	30,8	8,4	7,0
1980	6,0	30,8	8,9	7,0
1981	5,8	31,2	9,5	6,8
		Männer in %		
1975	4,5	20,5	5,9	9,5
1976	4,5	21,0	6,0	9,0
1977	4,9	21,1	6,4	9,1
1978	5,1	21,3	6,9	9,0
1979	4,9	21,5	7,0	9,2
1980	4,6	21,3	7,2	9,2
1981	4,5	21,6	7,8	8,8
		Frauen in %		
1975	8,9	43,5	9,6	3,1
1976	9,2	43,5	9,7	3,5
1977	9,1	44,3	10,2	3,5
1978	9,1	45,5	10,5	3,5
1979	8,1	46,0	10,7	3,4
1980	8,4	46,2	11,5	3,6
1981	8,0	46,3	12,1	3,7

Quelle: *Statistical Abstract of Israel*, Nr. 33, S. 337.

Tabelle 9.2 Berufstätige Personen nach Anstellungsverhältnis und Geschlecht, 1955-1981 (in Prozent)

Unbezahlte Familienmitglieder	Kibbuzmitglieder	Genossenschaftsmitgl.	Selbständige	Arbeitgeber	Arbeitnehmer	Insgesamt	Insgesamt in Tausend	Jahr
				Insgesamt				
5,8	8,4		22,6		63,2	100,0	585,7	1955
5,6	7,3		19,7		67,4	100,0	701,8	1960
4,6	5,4		17,8		72,2	100,0	879,0	1965
3,8	4,9	1,1	13,0	3,7	73,6	100,0	963,2	1970
3,1	4,8	1,1	12,4	3,4	75,2	100,0	1088,4	1973
2,3	5,0	1,0	13,0	2,7	76,0	100,0	1097,0	1974
2,5	5,0	1,0	12,5	2,5	76,4	100,0	1112,6	1975
2,8	5,0	1,0	12,8	2,6	75,8	100,0	1127,2	1976
2,6	5,1	0,9	12,5	2,7	76,3	100,0	1159,2	1977
2,3	5,1	0,9	11,4	3,6	76,8	100,0	1213,0	1978
2,2	4,8	0,9	10,4	4,1	77,4	100,0	1240,6	1979
2,3	5,0	0,9	10,6	3,7	77,5	100,0	1254,5	1980
1,9	5,0	0,8	10,4	3,8	78,1	100,0	1280,1	1981
				Männer				
2,0	6,6		27,0		64,4	100,0	443,0	1955
1,5	5,3		24,3		68,9	100,0	521,9	1960
1,3	3,8		22,5		72,4	100,0	637,3	1965
1,1	3,5	1,4	16,4	4,6	72,8	100,0	679,8	1970
0,9	3,6	1,4	15,9	4,6	72,6	100,0	746,4	1973
0,9	3,6	1,4	15,7	4,6	73,8	100,0	747,0	1973
0,7	3,7	1,4	16,9	3,6	73,8	100,0	743,8	1974
0,9	3,8	1,4	16,6	3,5	73,9	100,0	748,4	1975
1,0	3,9	1,3	16,8	3,6	73,4	100,0	753,2	1976
1,1	3,9	1,3	16,6	3,6	73,5	100,0	769,6	1977
0,7	4,1	1,3	15,3	5,0	73,7	100,0	789,8	1978
0,8	3,8	1,2	14,1	5,8	74,3	100,0	799,4	1979
1,0	4,1	1,3	14,0	5,4	74,3	100,0	801,9	1980
0,8	4,1	1,2	13,9	5,4	74,7	100,0	815,8	1981
				Frauen				
17,6	14,0		8,9		59,5	100,0	142,7	1955
17,6	13,0		6,6		62,8	100,0	179,9	1960
13,3	9,5		5,7		71,5	100,0	241,9	1965
10,3	8,0	0,3	4,8	1,0	75,6	100,0	283,4	1970
8,0	7,5	0,4	4,6	0,8	78,7	100,0	342,0	1973
7,9	7,6	0,3	4,5	0,9	78,7	100,0	347,7	1973
5,7	7,7	0,2	5,0	0,7	80,7	100,0	353,1	1974
6,0	7,6	0,3	4,1	0,5	81,5	100,0	364,0	1975
6,4	7,1	0,4	4,7	0,6	80,8	100,0	373,6	1976
5,5	7,4	0,3	4,4	0,7	81,8	100,0	389,9	1977
5,5	6,9	(0,2)	4,3	0,8	82,5	100,0	422,9	1978
4,8	6,6	(0,2)	4,5	0,9	82,9	100,0	441,4	1979
4,5	6,8	0,3	4,4	0,9	83,1	100,0	452,2	1980
4,0	6,6	0,2	4,4	0,9	84,0	100,0	464,1	1981

Quelle der Tabellen: *Statistical Abstract of Israel, 1982*, Nr. 33, S. 343 und 345.

Tabelle 9.3 Berufstätige Personen und Arbeitnehmer nach Beruf und Geschlecht 1973-1981 (in Prozent)

Jahr	Andere Arbeitskräfte in Industrie, Transport, Bauwesen und Ungelernte	Facharbeiter in Industrie, Bergbau, Bauwesen, Transport u. a. Facharbeiter	Landwirtschaftliche Arbeitskräfte	Arbeitskräfte im Diensleistungsgewerbe
		Alle berufstätigen Personen		
1973	6,6	29,4	7,0	12,5
1975	6,1	28,3	6,2	11,7
1977	6,4	26,1	6,2	11,1
1978	5,2	26,3	6,0	11,2
1979	4,8	26,7	5,6	11,0
1980	4,3	26,2	5,9	11,0
1981	4,2	25,8	5,5	11,2
		Männer		
1973	8,2	37,9	7,9	8,4
1975	7,9	37,8	7,4	8,3
1977	8,1	35,5	7,5	7,7
1978	6,8	36,2	7,4	7,6
1979	6,2	36,9	6,9	7,4
1980	5,8	36,8	7,4	7,3
1981	5,8	36,4	7,2	7,6
		Frauen		
1973	3,1	11,1	5,0	21,3
1975	2,4	9,0	3,8	18,8
1976	2,9	8,1	8,1	18,3
1977	2,9	7,6	3,6	17,8
1978	2,3	8,0	3,4	17,9
1979	2,3	8,5	3,3	17,4
1980	1,8	7,7	3,3	17,5
1981	1,4	7,5	2,7	17,3
		Alle Arbeitnehmer		
1973	7,8	29,8	3,2	12,7
1975	7,4	28,3	2,3	12,2
1976	7,2	26,9	2,1	11,9
1977	7,6	25,6	2,4	11,6
1978	6,2	25,7	2,2	11,8
1979	5,6	26,4	2,0	11,6
1980	5,1	26,2	2,1	11,6
1981	5,1	25,3	2,2	11,7
		Männer		
1973	10,0	39,2	4,0	9,1
1975	9,8	38,8	2,9	9,2
1977	10,1	36,0	3,1	8,6
1978	8,4	36,8	2,9	8,6
1979	7,5	37,9	2,8	8,2
1980	7,1	38,1	3,0	8,1
1981	7,4	37,1	3,1	8,4
		Frauen		
1973	3,5	10,8	1,6	19,8
1975	2,6	8,8	1,1	18,0
1977	3,4	7,3	1,1	16,9
1978	2,5	7,5	1,1	17,1
1979	2,5	8,1	0,7	17,1
1980	1,9	7,6	0,7	17,1
1981	1,6	7,2	0,7	16,8

Tabelle 9.4 Indikatoren für Verteidigungsausgaben, 1964-1981 (in Prozent nach Tagespreisen). Belastung des Bruttosozialprodukts

Jahr	Gesamtsumme des nicht-zivilen Verbrauchs (a)	Gesamtsumme des nicht-zivilen Verbrauchs außer Militäranleihen (b)	Gesamtsumme des nicht-zivilen Verbrauchs außer militärischer Gesamthilfe	Nicht-ziviler Inlandsverbrauch	Inländische Verteidigungsausgaben, Devisenausgaben und Kreditrückzahlung (c)	Belastung der Gesamtlöhne durch die Verteidigung
	(1)	(2)	(3)	(4)	(5)	(6)
1964-66	10	10	9	6		5
1967	18	18	17	10		8
1968-69	19	19	19	12		8
1970	25	25	25	14	22	9
1971-72	23	20	19	14	19	9
1973-75	33	24	22	17	22	11
1976-78	17	21	15	15	20	10
1979-81	25	19	13	14	19	10
1978	27	22	16	14	18	9
1979	22	17	9	14	20	10
1980	25	17	13	14	19	10
1981	27	22	18	15	19	9

Anmerkungen:

(a) Die Spalten 1-4 und 6 stützen sich auf die Definition der Nationalen Rechnungsabteilung des Statistischen Zentralamts; die Angaben in Spalte 5 stützen sich auf Daten des Staatshaushalts nach Kalenderjahren.

(b) Die Militärhilfe schließt das Hilfsäquivalent der Verteidigungsanleihen von seiten der US-Regierung ein. Die subventionierten Anleihen lassen sich in zwei Elemente gliedern: die eigentliche Anleihe und das Hilfsäquivalent. Letzteres ist die Differenz zwischen den Anleihebeträgen und dem gegenwärtigen Wert der Rückzahlungen, berechnet nach dem geltenden gewerblichen Zinsfuß. Dieser Alternativzins wird für 1964-77 mit 10% angenommen, für 1978 mit 11,5%, für 1979 mit 12%, für 1980 mit 13% und für 1981 mit 13,5% (siehe auch Oded Liviatan, »Israel's External Debt«, Bank of Israel, *Economic Review*, Nr. 48-49, 1980).

(c) Kreditrückzahlungen schließen Kapitalbetrag und Zinsen der von der US-Regierung gewährten Verteidigungsanleihen ein.

Quelle: Spalten 1-4 und 6: Berechnungen des Statistischen Zentralamts und der Israelischen Staatsbank; Spalte 5: Berechnungen des Finanzministeriums und der Israelischen Staatsbank.

Die spezifischen Merkmale der israelischen Volkswirtschaft. Starke staatliche Lenkungsbefugnisse und berufliche Differenzierung

Grundmerkmale

Die vorausgegangenen Daten zeigen, daß die israelische Wirtschaft hinsichtlich der meisten Dimensionen ihrer Struktur den Volkswirtschaften vieler kleiner, relativ moderner oder sich modernisierender und industrialisierender Gesellschaften sehr ähnlich wurde, wobei sich allerdings hier diejenigen Probleme intensivierten, die mit der Aufnahme von Neueinwanderern aus recht unterentwickelten Sektoren zusammenhingen.

Doch die Daten deuten auch darauf hin, daß Israels Wirtschaft im Vergleich mit anderen Ländern einige Sondermerkmale aufweist, etwa die relativ hohe Konzentration auf die Dienstleistungen, die besondere Stellung der Landwirtschaft, die ständig wachsenden öffentlichen und privaten Ausgaben, der stetig steigende Lebensstandard und die schwere Last der Verteidigungsausgaben.

Die israelische Volkswirtschaft und die Grundlagen für die Schichtenbildung und die Entstehung sozialer Hierarchien – mit ihren eigenen Dynamiken und Begleitproblemen – weisen drei Grundmerkmale auf. An erster Stelle steht dabei die weitgehende Konzentration der ökonomischen Mittel – und damit potentiell auch der ökonomischen Macht – in den Händen des Staates (vermutlich mehr als in jedem anderen nicht-kommunistischen Land). Zweitens hat sich dabei der Staat aber nicht, wie sonst in sozialistischen oder kommunistischen Ländern üblich, zum Haupteigentümer der Produktionsmittel und der wichtigsten Industrie- und Finanzunternehmen entwickelt. Diese wurden vielmehr auf die drei großen Wirtschaftssektoren aufgeteilt: nämlich auf die Histadrut und den Privatsektor, die bereits in der Jischuw-Periode bestanden hatten, und den Staatssektor, der natürlich neu war und sich überwiegend nach der Staatsgründung herausbildete, obwohl teilweise auch einige Institutionen der Mandatszeit übernommen wurden.

Das dritte Merkmal dieser Volkswirtschaft betraf die Ziele, für deren Erreichung die Regierung ihre umfassenden wirtschaftli-

chen Lenkungsbefugnisse einsetzte. Dies geschah aufgrund einer Politik, die in der arbeiterzionistischen Vision vom Aufbau einer jüdischen Gesellschaft in Erez-Israel wurzelte.
Den wichtigsten Aspekt dieser Vision bildete die Entscheidung, die Tore des Staates für alle jüdischen Gemeinden zu öffnen und eine moderne Volkswirtschaft – und nicht etwa nur eine kleine halbkoloniale Enklave – im Nahen Osten zu errichten, wobei der erstere Punkt natürlich der ursprünglichen Entscheidung über die Siedlungsweise in der Jischuw-Periode folgte und überhaupt der Rechtfertigungsgrund für die Staatsgründung gewesen war.
Die konkrete Politik, die sich aus dieser Vision ergab und – in ständiger Berührung mit den wirtschaftlichen Realitäten und Kräften, die zu Anfang im Staat bestanden hatten oder sich gerade aufgrund dieser Politik einstellten – die soziale und politische Dynamik der israelischen Wirtschaftsentwicklung prägte, verfolgte vor allem zwei Ziele: einmal war sie um stetige wirtschaftliche Expansion, Modernisierung und Fortentwicklung bemüht, und zweitens setzte sie eine recht weitgehende Lenkung dieser Entwicklung durch den Staat (und in geringerem Umfang durch die Histadrut) voraus; die dabei eingeschlagenen Wege gingen, zumindest anfangs, in die erwähnten Richtungen und strebten zusätzlich den ständigen Ausbau umfangreicher wohlfahrtsstaatlicher Leistungen an.

Berufliche Differenzierung

Die hohe Konzentration von Ressourcen in der Hand der Regierung und die damit verbundene Möglichkeit zur staatlichen Lenkung des Kapitalflusses waren natürlich nicht nur durch die bestehenden historischen Umstände bedingt, sondern auch durch die Ideologie der arbeiterzionistischen Vision und deren sozialistischen Komponenten. Die einzelnen Bestandteile dieser Vision lagen den wichtigsten Orientierungen und Maßnahmen der Regierung zugrunde und gaben den starken Anstoß zu Entwicklung, Wachstum und Beschäftigungssicherung.
So benutzte der Staat diese – aus externen und in wachsendem Umfang auch aus inländischen Quellen stammenden – Res-

sourcen für die Fortführung der weitreichenden wirtschaftlichen Expansion und Modernisierung, die die Entwicklung der israelischen Wirtschaft kennzeichneten, das heißt, für die Errichtung der diversen Siedlungen und die Förderung vieler, wenn nicht der meisten Unternehmen im industriellen Bereich.

Die Geschichte der großen Wirtschaftsexpansion, die Israel in den fünfziger und sechziger Jahren unter der Führung von Levi Eschkol und später im wesentlichen von Pinchas Sapir erlebte, war tatsächlich durch die Art und Weise geprägt, in der diese Ressourcen genutzt wurden, um ein relativ kleines, unterentwickeltes Land in ein ziemlich weit entwickeltes, industrialisiertes und von Grund auf verändertes Staatswesen zu verwandeln.

Etwa im ersten Jahrzehnt staatlicher Existenz war diese Politik auf die nötigste Eingliederung der Einwanderer und die Schaffung der minimalen Beschäftigungsbedingungen ausgerichtet. Ab Mitte oder Ende der fünfziger Jahre verfolgte sie mehr und mehr die Ausdehnung der gesamten Wirtschaftsstruktur, deren wachsende Diversifizierung und die stetige Hebung des Lebensstandards.

Zu den ersten und dauerhaftesten Folgen dieser Regierungspolitik zählten erstens eine kontinuierlich zunehmende Diversifizierung und Differenzierung der Berufsstruktur und zweitens, in enger Verbindung damit, eine Umgestaltung der verschiedenen Sektoren, auf die sich, wie wir gesehen haben, die Produktionsmittel der wichtigsten Unternehmen verteilten.

Die Haupttendenz der beruflichen Entwicklung war durch zunehmende berufliche Diversifizierung, eine starke Ausdehnung des Dienstleistungssektors und den Zuwachs an Arbeitskräften in den freien Berufen und im Management gekennzeichnet. Von entscheidender Bedeutung für die Entwicklung der Berufsstruktur war ferner das steigende Erfordernis einer formalen – gymnasialen oder akademischen – Ausbildung als Eintrittsvoraussetzung für viele Berufe, vor allem im Dienstleistungssektor und dort wieder insbesondere im öffentlichen Dienst sowie für Positionen, die aufgrund von Regierungsmaßnahmen – vorwiegend, aber nicht ausschließlich durch die Ausdehnung des Wohlfahrtssystems – geschaffen wurden.

Tabelle 9.5 Index des Einkommens aus Löhnen und Gehältern, nach Berufszweigen

Berufszweig	Einkommen pro Stunde		Einkommen pro Woche		Einkommen pro Jahr	
Erhebung von:	1980	1981	1980	1981	1980	1981
Insgesamt	100	100	100	100	100	100
Wissenschaftliche und akademische Arbeitskräfte	148	150	151	149	155	153
Andere freie, technische und verwandte Berufe	123	126	109	112	109	112
Administratoren und Manager	140	151	180	186	190	198
Büro- und verwandte Berufe	95	94	92	91	92	90
Verkaufspersonal	81	88	79	86	77	85
Dienstleistungen	69	65	62	58	61	57
Landwirtschaftliche Arbeitskräfte	71	68	77	73	76	74
Facharbeiter in Industrie, Bauwesen und Transport und ungelernte Arbeitskräfte	90	88	97	96	97	96
Andere Arbeiter in Industrie, Bauwesen und Transport und ungelernte Arbeiter	68	67	71	71	70	69

Anmerkungen:
Einkommen nach Wirtschaftszweig: Das höchste Jahreseinkommen aus Löhnen und Gehältern für den Zeitabschnitt, dessen Mittelpunkt der Jahresbeginn 1981 war, gab es, wie in den vorausgegangenen Jahren, im Bereich der »Elektrizitäts- und Wasserversorgung«, wo es dreimal höher lag als im Bereich »Persönliche Dienste«, in dem das niedrigste Einkommen registriert wurde. Das Einkommen aus Löhnen und Gehältern in den Bereichen »Industrie (Bergbau und Produktion)«, »Öffentlicher Dienst« und »Dienstleistungen im gewerblichen Bereich und im Finanzwesen« lag nahe am Durchschnittseinkommen. Im Bereich »Transport, Lagerung und Kommunikation« lag das Einkommen über dem Durchschnitt, und in »Handel, Speisegaststätten und Hotels« war es niedriger als das Durchschnittseinkommen – und dies galt für alle Jahre und sowohl für Jahres- als auch für Stundeneinkommen.
Einkommen nach Schuljahren: Je höher der Bildungsstand eines Beschäftigten, desto höher auch sein Einkommen. Zu Beginn 1981 war das Stundeneinkommen eines Arbeitnehmers mit 16 Ausbildungsjahren doppelt so hoch wie das eines Arbeitnehmers mit weniger als 4 Schuljahren. Einer der mitwirkenden Faktoren ist die Konzentration wenig gebildeter Arbeitnehmer in Berufen, in denen die Löhne niedrig liegen, wie etwa in den »Dienstleistungen«. Besser ausgebildete Arbeitnehmer, die 9-12 Schuljahre absolviert haben, werden als Büro- oder Facharbeiter in Industrie, Bau- oder Transportwesen angestellt, also in besser bezahlten Berufen. Die Mehrheit derer mit 13 oder mehr Ausbildungsjahren ist in hochbezahlten Positionen beschäftigt, wie in den wissenschaftlichen und akademischen Berufen usw.
Einkommen nach Lebensalter: Bis zur Altersgruppe 34-55 Jahre gilt: Je höher das Alter eines Arbeitnehmers, desto höher sein Stundeneinkommen. Über 55 Jahre sinkt das Einkommen mit steigendem Lebensalter.

Quelle: Central Bureau of Statistics, *Surveys of Income, 1981*, Special Series No. 205.

Es entstand somit das, was man – ziemlich vage und allgemein gesprochen – als Arbeiterklasse bezeichnen könnte. Das Hauptelement darin war eine Schicht von Arbeitnehmern, die vor allem im öffentlichen Sektor beschäftigt war, sei es nun in der Verwaltung, in den verschiedenen staatlichen Dienstbetrieben oder als Angestellte der Stadtverwaltungen oder der Histadrut.

Die Entwicklung einer »wirklichen« Industriearbeiterklasse verlief viel schwächer, und selbst hiervon waren weite Teile im Regierungs- und Histadrutsektor beschäftigt, also nicht nur oder auch nur überwiegend im Privatsektor. Allerdings entstand nun auch – fast zum erstenmal in der jüdischen Siedlungsgeschichte – etwas, das einem wahren Proletariat nahekam, bestehend aus den neuen Industriearbeitern sowie den niedriger bezahlten Arbeitskräften.

Außerdem sanken jetzt relativ große Bevölkerungsteile unter die sogenannte Armutsgrenze; 1965 und 1975 machten sie etwa 15 Prozent der Gesamtbevölkerung aus.

Dieser wirtschaftliche und berufliche Diversifizierungsprozeß war mit zunehmenden Lohn- und Einkommensunterschieden verbunden und löste zudem, wie wir im 13. Kapitel noch im einzelnen sehen werden, die Tendenz zu einer Verschmelzung von Klasse und ethnischer Abkunft aus.

Tabelle 9.5 gibt uns einen Überblick über Entwicklungslinien und Umfang solcher Einkommensunterschiede.

Ein deutlicher Wandel in der Zusammensetzung der berufstätigen Bevölkerung trat nach dem Sechstagekrieg mit dem großen Zustrom arabischer Arbeitskräfte – vor allem aus der Westbank und dem Gasastreifen – nach Israel ein, die nun die meisten manuellen Tätigkeiten übernahmen. Dies erlaubte es den jüdischen Arbeitskräften, in die Dienstleistungen und die spezialisierten Berufe »aufzusteigen«, womit sie die älteren zionistischen Prämissen von der jüdischen Autarkie auf dem Arbeitssektor untergruben, einige konservative Tendenzen in der jüdischen Wirtschaft unterstützten, die sich der zunehmenden Modernisierung widersetzten, und den Dienstleistungssektor in der israelischen Wirtschaft vergrößerten.

In Israel sind die Arbeitskräfte aus den neugewonnenen Gebieten meistens mit körperlichen Tätigkeiten beschäftigt. Diese

Konzentration in den manuellen und ungelernten Arbeitsbereichen ist eindrucksvoll: 80 Prozent der Arbeiter aus diesen Gebieten arbeiten in Israel in Bauwesen, Landwirtschaft und Industrie. Im Vergleich dazu arbeiten drei Fünftel der israelischen Araber, die in der jüdischen Wirtschaft beschäftigt sind, rund 50 Prozent der Araber, die nicht im jüdischen Sektor beschäftigt sind, und lediglich 35 Prozent der Juden in diesen drei Erwerbszweigen.

Araber stellen etwa ein Viertel aller Arbeitskräfte in Groß-Israel (1980). In Landwirtschaft und Bauwesen liegt ihr Anteil über 50 Prozent. In Klein-Israel machen die israelischen Araber plus den aus den neugewonnenen Gebieten pendelnden Arbeitskräften etwa 15 Prozent der Beschäftigten aus. In der Landwirtschaft stellen sie ein Drittel aller Arbeitskräfte, im Bauwesen mehr als die Hälfte.

Wie aus den Tabellen 9.1, 9.2 und 9.3 ersichtlich, haben die Frauen eine wichtige Rolle in der Entwicklung der Berufsstruktur gespielt. Sie konzentrieren sich vor allem in den Büroberufen sowie in akademischen, technischen und verwandten Berufszweigen und bessern das Familieneinkommen in diesen Sektoren erheblich auf.

Die sektoriale Unterteilung der israelischen Wirtschaft. Regierungs-, Histadrut- und Privatsektor

Sektoriale Merkmale und Ähnlichkeiten

Der Staat wurde zwar zur wichtigsten Lenkungskraft hinsichtlich der Investitionspolitik sowie zum größten Arbeitgeber des Landes, aber in bezug auf das Eigentum an den bedeutendsten Produktionsmitteln blieb die Wirtschaft weiterhin in drei Sektoren unterteilt: erstens den sogenannten Privatsektor, der sich aus zahlreichen Privatunternehmen zusammensetzte; zweitens den Histadrut-Sektor, der neben den umfangreichen Histadrut-Betrieben, der Allgemeinen Krankenkasse und den großen genossenschaftlichen Vermarktungsunternehmen auch die wichtigsten Kollektivsiedlungen, die Moschawim und Kibbuzim, einschloß; und drittens den Regierungssektor, zu dem vor allem die öffentlichen Dienstleistungen und zahlreiche Staatsbetriebe im industriellen Bereich gehörten, beispielsweise die Elektrizitätsgesellschaft, die Pottaschewerke am Toten Meer und viele andere, die etwa 12-15 Prozent aller Industriearbeiter beschäftigten.

Der Staat übte durch die Lenkung und Regulierung der Investitionspolitik eine allgemeine Oberaufsicht über alle Sektoren aus, ließ ihnen andererseits aber auch weitgehende Autonomie in ihrem konkreten Vorgehen, in bezug auf die Eigentumsverhältnisse an ihren jeweiligen Unternehmen und in gewissem Umfang auch hinsichtlich der Ansammlung ihrer Gewinne.

Infolge dieser Entwicklungen schwächten sich die Unterschiede zwischen den verschiedenen Sektoren ab, wurden allerdings nicht völlig beseitigt.

Dies läßt sich vielleicht am besten am Histadrut-Sektor zeigen, der am straffsten organisiert ist und offenbar auch eine klar bestimmte Ideologie besitzt. Alle Teile dieses Sektors – die Kibbuzim und Moschawim sowie die Industrie-, Vermarktungs-, Bau- und Genossenschaftsunternehmen der Histadrut – waren intensiv an der wirtschaftlichen Expansion beteiligt. Die »konstruktiven« Aktivitäten der Histadrut wurden sogar noch umfangreicher, und ihr »Wirtschaftsimperium« wuchs und verzweigte sich rasch, wie es parallel, wenn auch unerwartet, in etwas anderer Form auch im Privat- und Regierungssektor geschah.

Im Ganzen scheint es, daß die grundlegende Wirtschaftspolitik verschiedener Unternehmen oder Unternehmensgruppen sowie der gewerkschaftseigenen Bank (Bank Hapoalim) insgesamt von ähnlichen ökonomischen Erwägungen geleitet war – auch wenn eventuell politische Überlegungen mit hineinspielten.

Gleichzeitig verstärkte die zunehmende Ähnlichkeit der Sektoren oftmals den Wettbewerb um knappe Ressourcen zwischen ihnen, wobei sich nun die wachsende Bedeutung politischen Drucks als Instrument der Wirtschaftstätigkeit verstärkt bemerkbar machte.

Wirtschaftliche und soziale Überlegungen

Die Betonung von Entwicklung und Entwicklungsinvestitionen sowie die Wahrung weitgehender Vollbeschäftigung bildeten einen Grundpfeiler der israelischen Volkswirtschaft – und lieferten den Antrieb für ihre Fortentwicklung. Die übrigen Grundpfeiler beruhten auf Regierungsmaßnahmen, die darauf abzielten, einige der natürlichen Folgen dieser Politik zu steuern: nämlich den kontinuierlich anwachsenden öffentlichen und privaten Konsum und den ständig steigenden Lebensstandard.

Die die staatliche Kontrolle leitenden Erwägungen bezogen meist zwei eng miteinander verbundene Komponenten ein, und zwar eine wirtschaftliche und eine sozio-politische. Die wirtschaftliche Komponente beruhte auf der – in jeder modernen Volkswirtschaft, vor allem aber in der israelischen – bestehenden Notwendigkeit, den Kapitalfluß zu steuern und für die Akkumulation von Kapital zu sorgen, das nötig ist, um die Entwicklungspolitik durchzuführen und für die hohen Verteidigungsausgaben aufzukommen, die die israelische Wirtschaft kennzeichnen.

Die zweite Komponente beruhte mehr auf sozial-ideologischen Überlegungen im Hinblick auf die Verteilung und Zuweisung von Ressourcen. So orientierte sich diese Politik neben den ökonomischen Erwägungen und konkreten Überlegungen zum Ausgabenbedarf (der einzelnen Ministerien usw.) an mehreren sozio-politischen Kriterien. Erstens bestand hier die allgemein starke Tendenz zur Wirtschaftslenkung, die dem sozialistischen Aspekt der herrschenden Ideologie und deren paternalistischen Folgeerscheinungen innewohnte. Zweitens kamen die stark egalitären und distributiven Komponenten dieser Ideologie hinzu. Die egalitären Orientierungen führten zu einer ganzen Reihe von steuerlichen Maßnahmen – die die israelischen Steuereinnahmen mit zu den prozentual höchsten der Welt anschwellen ließen, nämlich auf etwa 56,6 Prozent des Bruttosozialprodukts – und zu einer Lohnpolitik, vor allem in den verschiedenen öffentlichen Sektoren, die, zumindest ursprünglich, möglichst geringe Lohnunterschiede zwischen den einzelnen Beschäftigungsstufen anstrebte.

III. Die Dynamik der israelischen Volkswirtschaft

Richtungen der Kontrollausübung

Spannungen in der Regierungspolitik

Die Dynamik der israelischen Wirtschaft im allgemeinen und ihre sozio-politischen Auswirkungen im besonderen entwickelten sich aus der ständigen Konfrontation zwischen den wichtigen politischen Maßnahmen der Regierung (und in gewissem Umfang der Histadrut), das heißt einerseits denjenigen, die auf Entwicklung und Modernisierung abzielten, und andererseits solchen, die die Wirtschaft in verschiedener Weise zu lenken bestrebt waren, sowie aus den Spannungen und Widersprüchen, die sich in dieser Politik herausgebildet haben.

Eine erste solche Spannung ergab sich aus dem Gegensatz zwischen dem allgemeinen beständigen Streben nach Erhöhung des Lebensstandards und dem damit einhergehenden Anwachsen des privaten und öffentlichen Konsums einerseits und dem Streben nach Kapitalakkumulation und wirtschaftlicher Selbständigkeit andererseits. Diese Spannung manifestierte sich später unter anderem in dem Widerspruch zwischen dem intensiven Geldfluß, der durch die Lohn- und Wohlfahrtspolitik ausgelöst wurde, und den Bemühungen, das Inflationswachstum unter Kontrolle zu halten.

An zweiter Stelle stand der Widerspruch zwischen den egalitären Tendenzen und Orientierungen und dem beruflichen Diversifikationsprozeß, der durch die Entwicklungsmaßnahmen in Gang gesetzt wurde.

Drittens folgte die Spannung zwischen den starken Lenkungsbestrebungen und der – auf die Entwicklungspolitik zurückgehenden – Herausbildung vieler autonomer Wirtschaftskräfte im allgemeinen und des unabhängigen Funktionierens des Marktes im besonderen.

Diese Spannungen und ihre institutionellen Auswirkungen schufen die Brennpunkte des Machtkampfes im Rahmen der israelischen Volkswirtschaft, und ihre Folgen prägten weitgehend die praktischen Leistungen und wichtigsten sozio-politischen Merkmale dieser Wirtschaft.
Der erste solche Machtkampf entbrannte um die Grundlinien der Investitions- und Entwicklungspolitik mit deren Tendenz, die Investitionskontrolle in der Hand der Regierung zu konzentrieren. Beteiligt an diesem Kampf waren die verschiedenen Regierungsämter (einschließlich der israelischen Staatsbank) und die wichtigsten Unternehmer, Investoren und Finanzinstitute, allen voran die Banken. Gegenstand des Ringens waren Betrag und Bedingungen staatlicher Subventionen und Anleihen sowie die relative Bewilligung von Ressourcen – vor allem die Einräumung günstiger Vorzugsbedingungen bei Krediten oder Devisenbewilligungen für verschiedene Wirtschaftszweige und Sektoren.
Ein zweiter, ziemlich ähnlicher Kampf entstand um die Eigentumsrechte und Kontrolle bei den Investitionen und auf dem Kapitalmarkt – vor allem auf dem Banksektor und bei den wichtigsten Rentenfonds. Als dritter und vielleicht in gewisser Hinsicht am wenigsten wichtiger Punkt folgte der Streit über den Gesamtumfang staatlicher Lenkung, im Gegensatz zu deren konkreten Einzelheiten.
Die Ergebnisse dieses Ringens wurden gewöhnlich durch die Stärke und Entschlossenheit der Regierung, den Einfluß und die Stärke der marktbestimmenden Kräfte und den vereinten Druck der verschiedene Wirtschaftsinteressen vertretenden Gruppen bestimmt.
Eine andere, in Wirklichkeit aber eng verwandte Kategorie von Einflußnahmen und Kräften entstand um die Lohn- und Steuerpolitik der Regierung. Die wichtigsten Beteiligten an dieser Auseinandersetzung waren in diesem Falle die verschiedenen Berufsgruppen und deren Vertreter, vor allem die in der Histadrut zusammengefaßten Einzelgewerkschaften, die von der Autorität des Zentralkomitees der Histadrut zusehends unabhängiger wurden.
Wichtigste Streitpunkte waren dabei die diversen Aspekte der Lohn- und Steuerpolitik, die anfangs bekanntlich von einer

egalitären Auffassung geleitet wurden. Hier manifestierten sich am deutlichsten die weitreichenden Spannungen und Widersprüche zwischen der egalitären Ausrichtung dieser Politik einerseits und den von der wirtschaftlichen Entwicklungs- und Modernisierungspolitik angetriebenen Kräften andererseits.

Der Streit um die verschiedenen Aspekte des Wohlfahrtsstaats – die Zusicherung bestimmter Wohlfahrtsleistungen und einiger Nahrungsmittelsubventionen – wurde von mehreren Histadrut-Sektoren, den höheren Beamten der Sozialversicherungsanstalt und Sozialarbeitern geführt sowie, vor allem seit den späten sechziger Jahren, von den Führern verschiedener Parteien, die sich mehr und mehr Konkurrenz bei der Stimmenwerbung machten. Im Mittelpunkt dieses Ringens standen unter anderem die Bestrebungen der Histadrut, ihr fast vollständiges Monopol über die Gesundheitsdienste beizubehalten, nachdem paradoxerweise gerade von »liberalen« Oppositionsgruppen und nicht etwa aus dem sozialistischen Lager Vorschläge zur Verstaatlichung dieser Dienste gekommen waren.

Im allgemeinen Rahmen dieser wirtschaftlichen Grundbestrebungen in Richtung auf Entwicklung, gesteigerten Lebensstandard, Sicherheit und hohen Beschäftigungsgrad erwies sich meistens die Regierung, trotz all ihrer leitenden Kontrolle über die Ressourcen, als der schwächere Partner. Dies lag hauptsächlich an ihrem Interesse, Vollbeschäftigung und friedliche Beziehungen zu den wichtigsten Sektoren aufrechtzuerhalten, sowie an ihrer mangelnden Fähigkeit, aus sich heraus angemessene Kräfte zu mobilisieren, die mit den diversen Sektoren konkurrieren konnten. Sie stellte relativ billige Kredite für die einzelnen Sektoren bereit und förderte durch ihre Lohn- und Sozialpolitik sehr starke Tendenzen zu hohen öffentlichen Ausgaben, die – zusammen mit der steigenden Bedeutung des Verteidigungshaushalts – ständigen Inflationsdruck heraufbeschworen. Außerdem gab sie häufig den zahlreichen Forderungen der diversen Gruppen nach.

Um die Ergebnisse und Auswirkungen dieser Politik verstehen zu können, muß man erst einmal die Entwicklung aufzeigen, die die Ideologie und Tätigkeiten der Histadrut nach der Staatsgründung durchgemacht haben.
Der wichtigste Aspekt bei der Umgestaltung dieser Ideologie bestand in der Zweiteilung ihrer sozialistisch-konstruktiven, klassenorientierten Grundrichtung, die sich nun einerseits der wirtschaftlichen und institutionellen Entwicklung zuwandte, wie sie durch die Elite von Regierung und Histadrut vorangetrieben wurde, und zum anderen eine starke Neigung zu Umverteilungsmaßnahmen, zu einer entsprechenden Sozialpolitik, geprägt durch verschiedene soziale Rechte und Leistungen, und zu einer allgemeinen Steigerung des Lebensstandards erkennen ließ. Außerdem setzte sie sich allgemein für eine weitgehende staatliche Lenkung der Wirtschaft ein, ganz besonders aber – vom Standpunkt ihrer sichtlich egalitären Linie – in bezug auf die Lohnstruktur und die darin auftretenden Unterschiede.
Ein weiterer entscheidender Aspekt dieses Ideologiewandels war die zunehmende Identifikation ihrer sozialistischen oder klassenorientierten Komponenten mit der wirtschaftlichen Entwicklung. Gleichzeitig sagte diese Ideologie nichts darüber aus, inwieweit sich diese Unternehmen – abgesehen von dem Umstand, daß sie Eigentum des Staates oder der Histadrut waren – an solchen »sozialistischen« Grundsätzen orientierten. Außerdem verbanden sich die sozialistischen oder klassenorientierten Ideologiekomponenten nun eng mit der wachsenden Rolle sozialer Wohlfahrtsmaßnahmen und dem Streben nach einem allgemein hohen Lebensstandard für die Arbeiter.
Somit entwickelte sich die herrschende Ideologie generell in eine sozialdemokratische Richtung ohne ausgeprägt klassenorientierte sozialistische Merkmale.
Diese Veränderungen in der herrschenden Ideologie hingen eng mit der Entwicklung zusammen, die die Aktivitäten der Histadrut seit der Staatsgründung zeigten, und zwar in drei Hauptrichtungen. Erstens beteiligte sich die Histadrut durch die Ausdehnung ihres industriellen Sektors zunehmend am wirtschaftlichen Entwicklungsprozeß. Zweitens vergrößerte sie den

Umfang ihrer Dienstleistungen nebst den entsprechenden Organisationen – allen voran die Krankenkasse – und kämpfte kontinuierlich um die Wahrung ihres Monopols in diesen Bereichen. Drittens wäre natürlich die Ausdehnung ihrer Gewerkschaftstätigkeit zu nennen.

Wohlfahrt und Klassenbildungen

Wie oben ausgeführt, prägten die Folgen dieser politischen Maßnahmen und Kämpfe die israelische Wirtschaft und Sozialstruktur sowie ihre Dynamik.

Das allgemeinste Resultat der Regierungspolitik sowie der Auseinandersetzungen zwischen den einzelnen Kräften war tatsächlich erstens die beständige Wirtschaftsexpansion und -entwicklung sowie der stetige Anstieg des Lebensstandards und Wirtschaftswachstums, die aber verdeckte Widersprüche und potentielle Stagnationstendenzen in sich bargen.

Ein zweites wichtiges Ergebnis dieser Politik war das ziemlich weitreichende Abrücken von den ursprünglichen egalitären Orientierungen. Obwohl es keine genauen Daten gibt, kann kein Zweifel daran bestehen, daß die Lohn-, Einkommens- und Kapitalunterschiede ständig gewachsen sind und vor allem die untere Mittelschicht, aber auch andere Teile des Mittelstands geschwächt haben. Sowohl die Steuerbestimmungen mit ihren Spitzensätzen in den höheren Einkommensstufen als auch die de facto bestehende Lohnpolitik begünstigten ganz erheblich die Oberschicht sowie Gruppen des oberen Mittelstands. Dazu gehörten die oft erst aufgrund der Regierungspolitik entstandenen Gruppen von Privatiers sowie die breite Schicht höherer Angestellter mit akademischer Ausbildung, das Management allgemein, die oberen und mittleren Kategorien der freien Berufe, darunter insbesondere die Rechtsanwälte und Ärzte sowie die Spitzen der Landwirtschaft (in Kibbuzim, Moschawim und privaten Landwirtschaftsbetrieben).

Ebenfalls in dieses Panorama gehörte die Berufsarmee, deren Angehörige sich – verglichen mit anderen Teilen des öffentlichen Sektors – hoher Bezüge und Vergünstigungen sowie sehr großzügiger Pensionsbedingungen erfreuten, die es ihnen relativ leicht machten, im Alter von um die 45 Jahre den aktiven Dienst zu quittieren und – ihrem Rang mehr oder weniger entsprechend – in die oberen oder gehobenen Beschäftigungspositionen einzusteigen.

Zu den Sektoren, die vergleichsweise weniger von dieser Politik profitierten, zählten die verschiedenen Schichten der eigentlichen Arbeiterklasse: technisch weniger hochstehende Industriearbeiter, einfache und mittlere Beamte und Angestellte und kleine Privatleute.

Zwischen diesen einzelnen Gruppen entstanden dauernde Spannungen – nämlich zwischen Angestellten und Arbeitern auf der einen und angestellten und selbständigen Akademikern auf der anderen Seite; zwischen den höheren, mittleren und unteren Gruppen in jedem dieser umfassenden Sektoren; sowie über die Frage, inwieweit die Regierung all diese Entwicklungen lenken und überwachen sollte.

All diese Gruppen kämpften um ihren Anteil an dem wachsenden Einkommen, um Zugang zu den ökonomischen Ressourcen und um Einfluß auf die Regierung – und dieser Wettkampf verstärkte sich sogar noch mit der wachsenden Inflation.

Die Ergebnisse dieser Kämpfe wurden weitgehend durch die Aktivitäten der Histadrut beeinflußt. Wegen all der in ihrer Ideologie, ihrer Tätigkeit und ihrem Verhältnis zur Regierung eingetretenen Wandlungen richtete sie ihr Wirken jetzt mehr auf die etablierten Sektoren (vor allem auf die höheren und mittleren Schichten der Gehaltsempfänger im – insbesondere öffentlichen – Dienstleistungssektor) und widmete sich viel weniger den Problemen des »echten« Proletariats im Privatsektor oder den jetzt aufsteigenden »bürgerlichen« Gruppen unter den Neueinwanderern.

Bei den Arbeitern unterstützte die Histadrut überwiegend einige der mächtigeren Sondergruppen mit Monopolstellungen im öffentlichen Sektor. Zwei besonders extreme Beispiele dafür waren El Al und die Elektrizitätsgesellschaft (zeitweise auch die Hafenarbeiter); aber auch Beschäftigte anderer staatlicher Gesellschaften und sonstige ausgewählte Arbeitergruppen erreichten teilweise Lohn- und Vergünstigungsstufen, die (insbesondere im Fall von El Al) weit über dem sonst in der israelischen Wirtschaft gültigen Maß lagen.

Am anderen Ende standen die unteren Schichten, der sogenannte Sektor der Armen, deren soziale Stellung teils über Generationen hinweg gleichblieb. In diese Kategorie fielen 1968 und 1975 etwa 15 Prozent der Bevölkerung, und die Kinder dieses Sektors stellten etwa 22 Prozent aller Kinder. Von 1969 bis 1977 ging dank der Reformen in der Sozialversicherungspolitik, die die verschiedenen Zuwendungen erhöhten, die Zahl der Armen zurück, aber ab 1978 war sie wieder im Ansteigen begriffen. Wenn wir die arme Bevölkerung nach erfolgter Verteilung diverser Zuwendungen betrachten, sehen wir, daß sich 1963 jede achte Person unter der Armutsgrenze befand, 1975 aber nur noch jede zwölfte oder dreizehnte diesen Status besaß.

Es war daher eine natürliche Folge dieser Politik, daß das allgemeine Anwachsen der zur Verteilung bereitstehenden Mittel – vor allem im Zusammenhang mit dem Wohlfahrtssystem – und die Kämpfe darum zu einem wichtigen Aspekt der israelischen Wirtschaft wurden.

Gleichzeitig schuf dieser weitreichende Ausbau der Sozial- und Wohlfahrtsmaßnahmen einen neuen Gesellschaftssektor, eine neue soziale Schicht, die durch weitgehende Abhängigkeit von den zentralen Verteilungsbehörden und durch wachsende Sozialforderungen an die Regierung gekennzeichnet war.

Wie in zahlreichen anderen Ländern sind viele dieser Maßnahmen, wie beispielsweise die Schulgeldfreiheit, nicht nur den unteren Schichten sehr zugute gekommen, deren Bedürfnisse durch besondere Zuschüsse erfüllt wurden, sondern auch den mittleren und höheren Schichten, die allgemein leichteren Zugang zu diesen Leistungen fanden.

Auch beseitigten diese Maßnahmen nicht die Tatsache, daß das Niveau der Erziehungs- und Gesundheitsdienste in den Randgebieten – vor allem den Entwicklungsstädten – viel geringer war, aber sie verbesserten doch zweifellos die Lage der ärmeren Schichten ganz erheblich.

Die verschiedenen Kämpfe und Maßnahmen zeitigten auch tiefgreifende Auswirkungen auf mehrere zusätzliche Aspekte der israelischen Gesellschaft: auf ihr Normverhalten im allgemeinen und im fiskalischen Bereich im besonderen sowie auf die Art ihrer Arbeitskämpfe und wohl sogar, in indirekter Weise, auf einige Funktionsmerkmale der Wirtschaft.

So zog das komplizierte Besteuerungssystem die stetige Tendenz zur Steuerumgehung nach sich – vor allem angesichts der mäßigen Effizienz der Steuerbehörden, die wiederum mit der allgemeinen Schwierigkeit zusammenhing, qualifizierte Leute in den Staatsdienst zu locken und dort zu »halten«. Es ging dabei nicht nur um eigentliche Steuerhinterziehung, die häufig dem Privatsektor angelastet wurde, sondern, vielleicht vor allem, um die Neigung zur halboffiziellen Steuerumgehung, um diverse unter der Hand getroffene Abmachungen über steuerfreie oder schwer erfaßbare Sondervergünstigungen, die von den Vertretern der Behörden selbst ausgingen und notwendigerweise weitreichende Auswirkungen auf das allgemeine Normverhalten der Gesellschaft hatten.

Diese verschiedenen normativen Tendenzen zeigten sich auch deutlich daran, daß Streiks in Israel einige besondere Merkmale entwickelten. Erstens kam es vergleichsweise häufiger zu Streiks im öffentlichen (vor allem staatlichen) als im Privatsektor, wobei viele dieser Streiks – und insbesondere die auffälligeren – in den oberen Sektoren wie etwa bei El Al oder in der Elektrizitätsgesellschaft ausbrachen. Zweitens gab es eine relativ große Zahl wilder Streiks (die von den zentralen Instanzen der Histadrut nicht genehmigt worden waren), deren Rate natürlich von Jahr zu Jahr schwankt.

All diese Entwicklungen deuten auf die tiefgreifenden Wandlungen hin, die das ursprüngliche Pionierethos erfahren hat, als man vom Ideal des eher asketischen, produktivitätsorientierten Pioniers zur stärker askriptiven Bewilligungspolitik überging, zur Betonung von Berechtigungen, umfangreichen Sozialleistungen und der potentiell zunehmenden Abhängigkeit von ausländischen Quellen.

Dies führte ab Mitte oder Ende der sechziger Jahre – aber mit weit zurückreichenden Wurzeln – zu wachsenden Forderungen und dauerhaften Konflikten sowie auch zu dem Gefühl, Lohnstruktur und Arbeitsbeziehungen aus dem Griff zu verlieren – also zu einigen Merkmalen der nachindustriellen Gesellschaft.

Die Leistungsfähigkeit der israelischen Wirtschaft

Der kumulative Einfluß all dieser mannigfaltigen politischen Maßnahmen bestimmte natürlich die Leistungsfähigkeit der israelischen Wirtschaft und markierte ihre starken und schwachen Punkte.

Die verschiedenen Entwicklungen und Tendenzen der israelischen Wirtschaft liefen in ihren wichtigsten Wirtschaftsdilemmata zusammen – nämlich der schwierigen Wahl zwischen Wirtschaftswachstum und Investition einerseits und steigendem öffentlichen und privaten Konsum andererseits sowie zwischen diesem steigenden Konsum, Inflationskontrolle und Abhängigkeit von auswärtigen Hilfsmitteln.

Einige der größten Schwächen der israelischen Wirtschaft ergaben sich, mit den oben analysierten Trends eng verbunden, aus dem stetigen Wachstum des Dienstleistungssektors im allgemeinen und des öffentlichen (vor allem staatlichen) Dienstes im besonderen. So heißt es beispielsweise in dem Bericht der Israelischen Staatsbank für 1982 (S. 71):

> 1981 fanden etwa 26 000 neue Arbeitskräfte einen Arbeitsplatz, während rund 5000 arbeitslos wurden (beides sind jährliche Durchschnittswerte). Von diesem Gesamtzuwachs wurden ca. 15 000 in den gewerblichen Bereich integriert – 9000 in den Bereich gewerblicher Dienstleistungen und Finanzwesen und nur etwa 1000 in die Industrie. Der öffentliche Dienstleistungssektor stellte dieses Jahr annähernd 12 000 neue Arbeitskräfte ein, im Vergleich zu 5000 im Jahre 1980 und 10 000 im Jahre 1979 ... Im Gegensatz zu der erneuten raschen Personalaufstockung in den öffentlichen Diensten (3,7 Prozent) ist die Beschäftigtenzahl in der Industrie fast gar nicht angestiegen, während der Bereich gewerblicher Dienstleistungen und Finanzwesen eine Zunahme von 8,8

Prozent verzeichnete ... Es gibt eine langfristige Steigerungstendenz hinsichtlich des Anteils der öffentlichen Dienste an der Gesamtbeschäftigtenzahl zu Lasten des gewerblichen Bereichs. In diesem Bereich fiel ein deutlicher Anstieg im Gewicht der Dienstleistungen im gewerblichen Bereich und im Finanzwesen auf; die Abwärtsentwicklung im übrigen gewerblichen Bereich war dafür um so steiler – von 66 Prozent der Gesamtbeschäftigtenzahl 1975 auf 61 Prozent 1981. Die Daten zeigen ferner, daß der Anteil der Industrie an der Gesamtbeschäftigung in den letzten drei Jahren stetig gesunken ist.

Hier war natürlich die starke Ausdehnung des Bankwesens von großer Bedeutung.

In engem Zusammenhang damit stehen die Schwierigkeiten bei dem Versuch, qualifiziertere Mitarbeiter für den öffentlichen Verwaltungsdienst anzuwerben, die sich sonst lieber dem Privatsektor oder den staatlichen Unternehmen – in gewissem Umfang auch denen der Histadrut – zuwenden.

All dies hat den wirtschaftlichen Wachstumsprozeß in Israel beeinflußt, der sich, Professor Bruno zufolge, in mehrere Zeitabschnitte unterteilen läßt.[24]

Rückblickend könnte man die 1972 endende Periode als das »goldene Zeitalter« der israelischen Wirtschaftsentwicklung betrachten. Mit Ausnahme eines kurzen Rückgangs 1966/67 (dem sogenannten »Mitun«, der Rezession), war die Wirtschaftsgeschichte bis 1972 durch rasches Wachstum gekennzeichnet. Von 1960-1972 stieg die reale Bruttoinlandsproduktion um jährlich 10 Prozent (1968-1972 um 13 Prozent), das Kapitalvermögen stieg um 9 Prozent, die Arbeitsleistung um 4 Prozent (1968-1972 um 7 Prozent) und die Gesamtproduktivität um 4 Prozent (1968-1972 um 6 Prozent).

Dies war auch eine Zeit, die – für Israel – durch relative Preisstabilität gekennzeichnet war, wobei die Inflationsrate sich stetig bei etwa 6 Prozent hielt (1965-1969 bei 4,3 Prozent) und wohlentwickelte Institutionen (Indexikalisierung von Lohn und Spareinlagen usw.) dafür sorgten, daß man für ihre Kosten aufkommen konnte. Selbst die Zahlungsbilanz,

24 »Externel Shocks and Domestic Response: Israel's Macroeconomic Performance 1965-1982« (Entwurf), Jerusalem 1983.

die zu verschiedenen Zeiten in der Vergangenheit einen ziemlichen Engpaß gebildet hatte, schien kein Problem zu sein. 1972 finanzierten die Exporte etwa zwei Drittel der Importe (im Vergleich zu einem Siebtel 1950 und der Hälfte 1960), während sich das übrige Drittel leicht aus dem reichlich vorhandenen Auslandskapital in Form von Transferleistungen und günstigen Langzeitkrediten finanzieren ließ. Diese kamen im Zuge einer neuen Einwanderungswelle, ausgelöst durch die nach 1967 einsetzende Euphorie, und zusätzlich zu einem sehr flexiblen Arbeitsmarkt (aufgrund der 1968 erfolgten Öffnung des israelischen Arbeitsmarkts für die arabischen Arbeitskräfte aus dem Gasastreifen und der Westbank). All das ermöglichte die anhaltend rapide Expansion der Industrie, vor allem in Richtung auf die Exportmärkte.

Die einzigen Anzeichen für bevorstehende Schwierigkeiten tauchten an der sozialen Front auf. Eine israelische Version der Schwarzen Panther entstand gegen Ende des Abnützungskrieges am Suezkanal (1970) und half, die Aufmerksamkeit auf vernachlässigte Inlandsprobleme zu lenken. In den drei oder vier Jahren vor dem Jom-Kippur-Krieg von 1973 verwandte Israel einen wachsenden Anteil seiner Inlandsressourcen für den Ausbau der sozialen Dienste (Unterricht, Gesundheit und Wohlfahrt), zusätzlich zu steigenden Verteidigungsausgaben, und entwickelte auch ein System der Einkommenswahrung, das zu den fortschrittlichsten der Welt gehört. Kaum einer dachte an die Möglichkeit einer drohenden Krise, in der sich die innenpolitischen Verpflichtungen als schwere wirtschaftliche Bürde erweisen könnten.

Der Krieg von 1973 wirkte in fast jedem greifbaren Bereich als Wendepunkt, und die Wirtschaft hatte daran sicher ihren gebührenden Anteil. Angesichts der Basisdaten für die Periode nach 1973 könnte man meinen, sie stammten aus einer anderen Volkswirtschaft. Das Wachstum hörte praktisch auf. In keinem Jahr nach 1973 stieg das Bruttoinlandsprodukt um mehr als 4-5 Prozent, und in den meisten Jahren stieg es erheblich weniger. Die Inflationsrate schnellte in die Höhe – von 1974-1977 jährlich um 30-40 Prozent, 1980 erreichte sie dreistellige Werte. Das laufende Rechnungsdefizit vervierfachte sich von 1972-1975, sank danach zwar steil ab, blieb aber weiterhin relativ hoch bei wachsenden Auslandsschulden, die jetzt allerdings erheblich langsamer stiegen – in Einklang mit dem sehr verminderten Bruttoinlandsprodukt. Obwohl sich das System offenbar verhältnismäßig leicht an diese phänomenalen Inflationsraten anpaßte, verschlimmerten sich die von ihnen unweigerlich ausgelösten wirtschaftlichen und sozialen Reibungen ganz erheblich.

Die allgemeine Verlangsamung der israelischen Wirtschaft in den frühen siebziger Jahren war vermutlich eine natürliche Entwicklung nach dem großen Wachstumsstoß, der mit dem enormen Bevölkerungszuwachs einherging, und die Rezession war in gewissem Grad eine weltweite Erscheinung[25], doch es entstanden auch einige spezifisch israelische Probleme. Um also M. Bruno erneut zu zitieren:

> Wie die übrige industrielle Welt in den siebziger Jahren zeigt Israel klare Anzeichen einer Stagflation. Die Merkmale sind insgesamt ähnlich, wenn man von speziellen Umständen wie der starken Belebung nach dem Sechstagekrieg absieht oder wenn man sich einmal fragt, wie es zu der Inflationswelle von 1974/75 kam. Israels Anpassung an diese Erschütterungen scheint recht schmerzhaft verlaufen zu sein, unter wohl jährlich steigenden Verlusten, und ein kniffliges Rätsel stellt sich in einem Bereich: wie man die Hyperinflation nach 1977 erklären soll.

Diese spezifischen Probleme hingen eng mit manchen besonderen Belastungen im Rahmen der öffentlichen Ausgaben zusammen, vor allem mit dem enormen Anwachsen der Sicherheitskosten[26] und dem daraus folgenden Wachstum des öffentlichen und privaten Verbrauchs, das wir oben analysiert haben (und das, wie wir später sehen werden, unter den Likud-Regierungen, insbesondere unter der zweiten, einen starken Anstoß erhielt).

25 Siehe J. Metzer, *The Slowdown of Economic Growth in Israel: A Passing Phase or the End of the Big Spurt?* The Falk Institute for Economic Research in Israel, Discussion Paper 83-03, Jerusalem 1983.

26 Siehe E. Berglas, *Defense and Economy; The Israeli Experience.*

Ein allgemeines Ergebnis dieser gesamten Politik war die Entstehung eines volkswirtschaftlichen Modells, das man weder als sozialistisch noch als kapitalistisch oder einfach als Wohlfahrtsstaat im üblichen Sinn betrachten kann, soweit diese Begriffe überhaupt einen »üblichen« Sinn besitzen. In gewisser Hinsicht war es eine Mischung aus all diesen verschiedenen Elementen, doch das Wesen dieser Mischung und die damit einhergehenden sozio-politischen und wirtschaftlichen Dynamiken waren recht eigentümlicher Art. Vom politischen Standpunkt aus betrachtet, war die Wirtschaft durch die indirekte, aber sehr machtvolle, wenn auch nicht immer effektive Regierungslenkung charakterisiert. Zweitens zeichnete sich dieses Modell dadurch aus, daß das Eigentum an den wichtigsten Produktionsmitteln auf drei Sektoren verteilt war, wobei die Unterschiede zwischen ihnen sich verringerten. An dritter Stelle stand die dauernde schwere Belastung durch die Verteidigungsausgaben.

Die Dynamik dieses Modells wurde durch seine politischen Hauptzielsetzungen geprägt, und zwar vor allem durch das beständige Streben nach wirtschaftlicher Entwicklung, Wachstum und steigendem Lebensstandard, begleitet von wohlfahrtsstaatlichen Orientierungen und dem Wunsch, die Arbeitslosenquote so niedrig wie möglich zu halten. Hinzu kamen: die Spannungen, die sich zwischen diesen verschiedenen politischen Maßnahmen und ihren Folgen ergaben, der Widerspruch zwischen den egalitären Tendenzen und Orientierungen einerseits und dem durch die Entwicklungspolitik ausgelösten beruflichen Diversifizierungsprozeß andererseits sowie die Spannung zwischen den starken Regelungsbestrebungen und der durch politische Maßnahmen geförderten Entwicklung vieler selbständiger ökonomischer Kräfte, insbesondere des Marktes.

Infolge dieser Dynamik bildete die israelische Wirtschaft mehrere ökonomische und soziale Strukturmerkmale aus.

So kam es erstens zur kontinuierlichen Ausdehnung und Diversifizierung der Berufsstruktur, zu anhaltender sozialer Mobilität auf allen Ebenen der Beschäftigungshierarchie und zur Entstehung einer Schicht von höheren Managern und Akademikern in allen Sektoren der Wirtschaft.

Zweitens zeichnete sich die israelische Wirtschaft durch folgende Merkmale aus: den besonderen Platz, den die allgemein sehr moderne und technisch hochstehende Landwirtschaft einnahm; den vergleichsweise sehr großen Anteil, den der Dienstleistungssektor und insbesondere dessen öffentlicher Teil besaß; den ziemlich ungleichmäßigen und dauerhaften Unterschied zwischen hochentwickelten und eher stagnierenden Sektoren; und die besondere Position der Verteidigungs- oder verteidigungsnahen Industrie im Produktionssektor überhaupt und speziell in den technischen und Exportbranchen.
Charakteristisch war schließlich drittens noch die Ausbildung einer besonders gearteten Klassenstruktur, die zwar stark vom Zentrum abhängig war, aber ihre eigene autonome Dynamik besaß und durch die lebhafte Entwicklung verschiedener Ober- und oberer Mittelschichten sowie einer von Sozialleistungen abhängigen Schicht von Armen gekennzeichnet war.
Hinsichtlich der wirtschaftlichen Leistungsfähigkeit kristallisierten sich diese verschiedenen Tendenzen um das Problem des ständigen Handels- und Zahlungsbilanzdefizits, der dauernden Abstände zwischen dem Wachstum des Bruttoinlandsprodukts und der Zahlungsbilanz sowie um die damit einhergehende Abhängigkeit von auswärtigen Quellen und die Möglichkeit, die andauernde Inflation unter Kontrolle zu halten.
Aus dem Blickwinkel der ursprünglichen zionistischen und insbesondere arbeiterzionistischen Vision von der Produktivierung des jüdischen Volkes durch die – aufgrund von Pioniertätigkeit erreichte – Schaffung einer grundlegenden landwirtschaftlichen und industriellen Infrastruktur bestand das Hauptproblem dieser Volkswirtschaft darin, wie man mit der Entwicklung einer vollausgebildeten, modernen, vielseitigen Wirtschaftsstruktur fertig werden sollte. Hier gelang es diesem Modell relativ gut, die besondere Stellung der Landwirtschaft als eines führenden, angesehenen, höchst leistungsfähigen und einträglichen Wirtschaftssektors zu wahren. Weniger erfolgreich war es in dieser Beziehung hinsichtlich großer (insbesondere weniger entwickelter, »niedrigerer«) Teile der Industrie. Gleichzeitig bildete sich ein ständig wachsender Dienstleistungssektor, zumal im öffentlichen Dienst, was im Ganzen gesehen eine Rückkehr zu jener umgedrehten Beschäftigungs-

pyramide bedeutete, gegen die die zionistische Vision und insbesondere deren arbeiterzionistische Variante ursprünglich rebelliert hatte. Die führenden Eliten, die diese Entwicklungen in vieler Hinsicht ausgelöst hatten, waren unfähig, das Elite- und Pflichtbewußtsein des älteren Pionierideals aufrechtzuerhalten, sondern verstärkten viel eher die Verteilungserwartungen und Anspruchshaltungen.

IV. Soziale Organisation und Schichtenbildung

Die Situation im Jischuw

Grundmerkmale

Die vorausgegangene Analyse führt uns nun zur Untersuchung der sozialen Organisation und der Schichtung der Klassenstruktur und Klassenbeziehungen, der Klassenkämpfe und des Klassenbewußtseins sowie dem Aufbau der sozialen Hierarchien, wie sie sich in Israel entwickelten. Die Muster sozialer Organisation und die Dynamik der sozialen Schichtung, der Schichtenbildung, der Klassenstruktur und des Klassenbewußtseins wiesen im Jischuw und im Staat Israel einige Sondermerkmale auf; geprägt wurden sie durch das kontinuierliche Zusammenwirken einiger struktureller Grundsituationen – vor allem der sich dort entwickelnden Berufsstruktur – einerseits und die grundlegenden ideologischen und politischen Orientierungen und Kontrollmechanismen – hinsichtlich des Zugangs zu den wichtigen Wirtschafts-, Macht- und Prestige-Ressourcen und deren Gebrauch – andererseits. Wir haben gesehen, daß in der Jischuw-Periode einige spezielle, ziemlich ungewöhnliche Merkmale dieser Struktur vorhanden waren. Nach den Grundsätzen der zionistisch-sozialistischen Ideologie, die in der Herausbildung einer jüdischen Arbeiterklasse die Verwirklichung ihrer Vision erblickte, hätte das Bild hier eigentlich relativ einfach sein müssen. Doch wie bereits ausgeführt, wies diese Arbeiterklasse von Anfang an einige recht einzigartige Merkmale auf, die – zusammen mit der Schwäche der bürgerlichen Schicht im Jischuw – eine Lage schufen, in der ein potentielles Klassenbewußtsein und ein Klassenkampf im klassischen europäischen Sinn zwar keinesfalls völlig fehlten, aber doch von ziemlich sekundärer Bedeutung waren. Obwohl die in der Ideologie des Arbeitersektors artikulierten Grundsymbole in sozialistische und klassenorientierte Begriffe gekleidet waren, richtete sich das eigentliche Streben dieser »Arbeiter-« oder sozialistischen Orientierungen auf das Pionierwerk. Diese Bestrebungen äußerten sich in der Bemühung, eine neue Arbeiterklasse und eigenständige Unternehmen zu schaffen und damit zugleich die wirtschaftlichen und politischen Institutionen des jüdischen Volkes umzugestalten.

Demzufolge waren die wichtigsten – wenn auch keineswegs einzigen – Bezugspunkte dieser im Jischuw entstehenden »Klassenidentität« »sektorialer« Art, denn sie konzentrierten sich auf die Schaffung eines Arbeitersektors und dessen Beteiligung mit starken nationalen Untertönen, wie es am besten in Ben-Gurions Motto »Von der Klasse zur Nation« zum Ausdruck kam; der sozialistische Aufbau einer Arbeiterwirtschaft galt damit als gleichbedeutend mit der Errichtung einer leistungsfähigen jüdischen Volkswirtschaft und wurde mit diesem Ziel betrieben.

Im bürgerlichen Wirtschaftssektor, der sich teils vor, teils gleichzeitig mit dem Arbeitersektor entwickelte, bildete sich eine viel schwächere Variante von »Klassenidentität«, »Klassenbewußtsein« oder »Klassenideologie« heraus, die nicht dieselbe starke Ausrichtung auf Pionierwesen oder sektoriale Bewußtheit besaß wie im Arbeitersektor.

In der konkreten Konfrontation zwischen privaten Arbeitgebern und Arbeitern entstand allerdings tatsächlich ein gewisser Klassengegensatz, der sich vor allem an Fragen von Löhnen und Arbeitsbedingungen entzündete und in einigem Umfang auch von europäischen sozialistischen Anschauungen gespeist wurde.

Außerdem spielten Gewerkschaftsaktivitäten – sowohl im öffentlichen Sektor (d. h. in Mandatsverwaltung, Jewish Agency, Waad Leumi usw.) als auch im privaten Sektor – von früh an eine wichtige Rolle in der Arbeit der Histadrut und unabhängiger Berufsgenossenschaften, insbesondere der Lehrervereinigung und der Medizinerverbände (die nicht Teil der Histadrut waren); aber diese Tätigkeiten bildeten nicht den eigentlichen ideologischen oder auch nur organisatorischen Mittelpunkt der Histadrut.

Muster des Klassenbewußtseins

Von wesentlicher Bedeutung für die Ausformung der spezifischen Merkmale dieser Aktivitäten und des Klassenbewußtseins war erstens, daß jeder Sektor viele verschiedene Berufsgruppen einschloß, so daß seine Grenzen die »üblichen« Berufsgruppen und Klassengegensätze überquerten, und zweitens die Tatsache, daß der Arbeitersektor bekanntlich von Anfang an eine Reihe eigener Unternehmen gründete – Kooperativen, Vermarktungs- und Industriebetriebe – und auch die landwirtschaftlichen Siedlungen, also die Kibbuzim und Moschawim, umfaßte, die oft als die soziologische und ideologische Hauptachse dieses Sektors angesehen wurden. So ließ sich die Schichtenbildung im Jischuw von Beginn an nicht in normalen »westeuropäischen« Klassenbegriffen erklären, da die berufliche oder wirtschaftliche Stellung einer jeden sozialen oder beruflichen Kategorie nicht unbedingt die Zugangsmöglichkeit zu soziopolitischen Kontrollpositionen, die Einrichtungen, in denen diese Kontrolle ausgeübt wurde, und die sie leitenden Ideologien erkennen ließ.

Die Grundbestandteile des Klassenbewußtseins waren hier, im Ganzen gesehen, völlig anders strukturiert als die üblichen europäischen; die wichtigsten Schichtengrenzen richteten sich nicht so sehr nach den gewohnten europäischen Klassenabgrenzungen zwischen Kapitalisten und Arbeitern, sondern eher nach den Grenzen oder Unterschieden zwischen den Arbeitern und dem bürgerlichen Sektor und in geringerem Umfang nach dem Gegensatz zwischen ihnen.

Die sektorialen Orientierungen waren daher anfangs vermutlich wichtiger als die rein beruflichen – von Arbeitern, Angestellten, Beamten oder Landwirten. Obwohl sich ein gewisses berufliches Standesbewußtsein unter den Arbeitern und wohl noch stärker unter Akademikern, etwa Lehrern oder Ärzten, entwikkelte und einige entsprechende Organisationen gegründet wurden, war das sicherlich nicht mit irgendeinem breiteren Klassenbewußtsein verbunden.

Entgegen den Bestrebungen einiger extremistischer, aber praktisch nicht sehr erfolgreicher Gruppen gab es also von Anfang an nur wenig allgemeine Klassenauseinandersetzungen zwischen Arbeitern und Kapitalisten. Natürlich existierten solche Konfrontationen, wie gesagt, im »bürgerlichen« Sektor des Jischuw, aber generell waren sie in der institutionellen und politischen Gesamttätigkeit des Arbeitersektors im allgemeinen und der Histadrut im besonderen von relativ sekundärer Bedeutung.

Eine wichtige Auseinandersetzung, die in der Jischuw-Periode einem Klassenkampf nahekam, entzündete sich an der Frage der »jüdischen Arbeit«, am Widerstand gegen die Einstellung arabischer Arbeitskräfte durch jüdische Arbeitgeber. Der Arbeitersektor, der sich dabei sowohl von der spezifischen arbeiterzionistischen Vision hinsichtlich der Notwendigkeit, eine leistungsfähige, moderne, nicht-koloniale jüdische Wirtschaft aufzubauen, als auch von der praktischen Notwendigkeit leiten ließ, Arbeitsplätze für die vielen Pioniere finden zu müssen, setzte der Beschäftigung arabischer Arbeiter eine Haltung entgegen, die – angesichts der sozialistischen Ausrichtung der Histadrut und vor allem einiger ihrer linkeren Gruppen – natürlich nicht unproblematisch sein konnte.

Schichtenbildung im Staat Israel

Soziale Differenzierung und Mobilität

Das Schichtenbildungsmuster, das sich im Staat Israel herauskristallisierte, veränderte sich selbstverständlich weitgehend im Vergleich zur Jischuw-Periode, obwohl es sich in vieler Hinsicht natürlich aus der Situation jener Zeit heraus entwickelte.

Ausgangspunkt dieser Entwicklungen bildete die kontinuierlich wachsende und sich verzweigende Wirtschafts- und Beschäftigungsstruktur: die zunehmende, aber unterschiedliche Mobilität, auftretende Lohn- und Einkommensunterschiede sowie wachsende berufliche Ähnlichkeiten zwischen den einzelnen Sektoren, deren allgemeine Merkmale wir vorstehend analysiert haben.

Innerhalb dieses breiten Spektrums beruflicher Entwicklung und Diversifizierung treten mehrere Tendenzen hervor. Eine solche Tendenz war das immense Wachstum des öffentlichen Dienstleistungssektors mit seinen Schreibtischberufen – im Beamtendienst, in den Stadtverwaltungen und im Bereich der Histadrut –, wodurch die Gehaltsempfänger im allgemeinen und jene im öffentlichen Sektor insbesondere zur größten Gruppe der Beschäftigten wurden. Hinzu kam zweitens die Herausbildung zahlreicher »höherer« Berufsgruppen – Manager und Akademiker –, von denen die meisten die verschiedenen Sektoren – wenn auch nicht im selben Ausmaß – überschnitten.

All diese Entwicklungen waren mit weitreichender und kontinuierlicher Mobilität der verschiedenen Bevölkerungsgruppen verbunden – sowohl der »Alteingesessenen« als auch der Neueinwanderer –, wobei diese Mobilität durch die wirtschaftliche Entwicklung eine eigene Dynamik entwickelte.

Ein entscheidendes neues Element in diesem Mobilitätsprozeß bildete, wie gesagt, die zunehmende Wichtigkeit von Ausbildung und Ausbildungsnachweisen – sei es auf der Stufe von Reifezeugnissen der Oberschulen oder dem Bachelor of Arts der Universitäten – für den Zugang zu vielen Beschäftigungspositionen, vor allem im Dienstleistungssektor im allgemeinen und im öffentlichen Dienst im besonderen.

In vielerlei Hinsicht ließ sich sagen, daß die israelische Gesellschaft in jenem Zeitraum ständig expandierend und mobil war. Vermutlich bildete diese Mobilität mit ihren verschiedenen Aspekten sogar das wichtigste Kennzeichen der israelischen Gesellschaft in den ersten drei Jahrzehnten ihrer Entwicklung – mit der ständigen Entstehung neuer Erwartungsstufen in bezug auf wirtschaftlichen und beruflichen Aufstieg und einen höheren Lebensstandard, der damit einhergehenden Schwächung und möglichen Abwandlung vorhandener Lebensweisen und Gruppensolidaritäten und der Suche nach neuen.

Diese Mobilitätsmuster variierten natürlich weitgehend von einem Bevölkerungssektor zum anderen.

Die Alteingesessenen und ihre Kinder – die erste Sabra-Generation – stiegen rasch in die oberen Ränge der meisten neu entstehenden Sektoren auf, etwa in Verwaltung, Armee, Hochschulen und Geschäftswelt.

Bei den Neueinwanderern wurde der Mobilitätsprozeß weitgehend durch ihre Vorbildung beeinflußt. Die Europäer stiegen vor allem in die mittleren – teils auch oberen – Ränge der verschiedenen Sektoren und Beschäftigungsbereiche auf, aber viele blieben auch in den unteren Mittelschichten des Staatsdienstes, der verschiedenen Verwaltungsstellen, des Handwerks und des Kleinhandels.

Weite Kreise der orientalischen Einwanderer hatten ungünstigere Startbedingungen. Manche von ihnen wurden in die neuen Moschawim eingegliedert; andere, die in die unteren Ränge des städtischen Sektors eintraten, konnten später durch verschiedene – vor allem wohl berufsbildende – Schulungswege in dem neu entstehenden Privatsektor aufsteigen.

Allgemein kam es also (wie wir im 11. Kapitel noch sehen werden) zu einer gewissen Überlagerung von »Klassen-« und ethnischen Unterschieden in dem Sinn, daß sich die unteren Schichten (vor allem der Armutssektor) überwiegend aus den sogenannten orientalischen Einwanderern zusammensetzten, die oberen Schichten im wesentlichen aus Menschen europäischen und westlichen Ursprungs bestanden und die Mittelschicht »ethnisch« immer stärker gemischt war.

Eine weitere tiefgreifende Veränderung in der gesamten Schichtung, die sich im Staat Israel ergab, war natürlich die Eingliederung der arabischen Bevölkerung in die israelische Gesellschaft, wobei die Araber aber im großen und ganzen eine eigene Schicht bildeten.

Nach dem Sechstagekrieg trat eine weitere Entwicklung in dieser Richtung ein, da jetzt arabische Arbeitskräfte aus der Westbank und dem Gasastreifen hauptsächlich als Industrie-, Land- und Bauarbeiter in den israelischen Wirtschaftsbereich strömten.

Mehrere Anzeichen sprechen dafür, daß dieser große, fast universale, aber natürlich recht ungleichmäßige Mobilitätsprozeß bei vielen Gruppen ein weit verbreitetes Gefühl relativer Zurücksetzung aufkommen ließ.

Unterschiedliche Mobilität; der ethnische Faktor

Ein zentraler Aspekt der ungleichen Mobilitätsentwicklung und der damit einhergehenden Verbreitung eines Gefühls der Zurücksetzung war die Herausbildung askriptiver Tendenzen in der Strukturierung dieser Mobilität, wobei solche Tendenzen aber im Rahmen einer stetig expandierenden, mobilen Gesellschaft wirkten.
Derartige askriptive Tendenzen richteten sich auf mehrere, einander meist verstärkende Kriterien, unter denen die ethnischen und umweltbedingten wohl am wichtigsten waren.
Matras und Weintraub haben das folgendermaßen zusammengefaßt:

> In Israel hat es scharfe ethnische und sonstige primordiale Unterschiede in der Verteilung nach Bildungs- und Berufsgruppen gegeben, und es gab bemerkenswerte ethnische und andere primordiale Unterschiede in den Mustern bildungsmäßiger und beruflicher Mobilität zwischen den Generationen. Meistenteils hat die Mobilität von einer Generation zur nächsten nicht dahin gewirkt, diese bildungsmäßigen und beruflichen Verteilungslücken zu schließen. Diese sind vielmehr gleich geblieben oder haben sich sogar noch vergrößert ... Zusammen mit den ethnischen Prozessen haben die beobachteten Mobilitätsmuster insgesamt die Entstehung neuer Bildungs- und Berufsschichten, eine große Ausdehnung vorher ziemlich kleiner oder obskurer Schichten und eine generelle Neuordnung von Schichtgrößen und -zusammensetzung bewirkt. Man darf wohl annehmen, obwohl wir dies nicht direkt beweisen können, daß diese demographisch-morphologischen Schichtenverschiebungen wiederum allgemeine Veränderungen in den Beziehungen zwischen den Schichten ausgelöst haben. Somit ist das Mobilitätssystem

selbst eine primäre Antriebskraft für Schichtenbildungsprozesse und nicht einfach eine Funktion von außen induzierter Veränderungen in Schichtenorganisation und Beziehungen.[27]

Innen- und außenorientierte Sektoren

Die Mobilitätsprozesse allgemein, die zunehmende Intensivierung und Diversifizierung der wirtschaftlichen und beruflichen Schichtung und der Lebensstile sowie die Schwächung der meisten festen Rahmen wurden erheblich verstärkt durch die – bisher allerdings noch nicht genau bekannte oder erforschte – Herausbildung von Unterschieden zwischen innen- und außenorientierten Sektoren, die, wie wir gesehen haben, für kleine Gesellschaftssysteme kennzeichnend sind.

Es gibt zahlreiche Anzeichen dafür, daß sich die verschiedenen Aktivitäten der nach außen orientierten Sektoren weitgehend von denen mehr nach innen gerichteter Sektoren unterschieden und viele der auf die Außenmärkte abzielenden Tätigkeiten nicht eng miteinander verbunden waren. Diese Unterschiede zwischen den außen- und innenorientierten Sektoren hoben – auch wenn sie in gewisser Hinsicht unauffällig und kaum erforscht waren – ständig die Unterschiede zwischen den eher international orientierten und den mehr nach innen gerichteten Fraktionen einer jeden Berufsgruppe hervor, und es scheint insgesamt, daß diese Unterschiede zwischen nach innen und nach außen gerichteten Sektoren die Abstände zwischen verschiedenen Eliten und Sektoren der israelischen Gesellschaft verstärkten.

Auch trugen sie zu dem wachsenden sozialen Abstand zwischen verschiedenen Gruppen und Schichten bei, wobei in diesem Kontext zu beachten ist, daß sich viele der neuen Einwanderer, zumal der orientalischen, zumindest anfangs stark auf diese inneren Sektoren konzentrierten.

Ein gemeinsamer Nenner all dieser Entwicklungen war das beständige Ansteigen der Erwartungen, die oft über die Möglich-

27 Siehe dazu im einzelnen Judah Matras und Dov Weintraub, »Ethnic and Other Primordial Differentials in Intergenerational Mobility in Israel«, Brookdale Institute, Discussion Paper 4, Jerusalem 1977, S. 22-26.

keiten des Staates hinausgingen und vermutlich zu dem Phänomen der *Jerida* (Auswanderung aus Israel) beitrugen.
Obwohl genaue Daten fehlen, schätzt man, daß seit der Staatsgründung rund 350 000 Menschen aus Israel ausgewandert sind. Die Jahresrate beträgt 4,5 Auswanderer pro 1 000 Einwohner, aber 225 pro 1 000 Einwanderern und liegt damit unter den Quoten anderer moderner Einwanderungsländer.[28]
Es ist nicht leicht, den genauen Grund dafür festzustellen, warum diese Leute Israel verlassen – oder warum Israel für sie nicht attraktiv ist –, trotz vieler Familien- und gefühlsmäßiger Bande. Man kann dieses Phänomen wohl als natürlichen Aspekt jeder modernen Wanderbewegung bezeichnen. Viele Anzeichen scheinen darauf hinzuweisen, daß die offenbar restriktiven Erscheinungen der israelischen Gesellschaft den Hintergrund für die Entscheidung bildeten, das Land zu verlassen bzw. nicht dorthin zurückzukehren. Zu diesen restriktiven Aspekten gehörten vermutlich u. a. die fehlende Wohnung für junge Paare nach dem Wehrdienst, an der Schwelle ihres Eintritts ins Berufsleben, der Mangel an angemessenen Chancen für besser qualifizierte oder akademische Kräfte und die relativ begrenzten Möglichkeiten im Hochschulbereich.
Generell ist wohl die Suche nach neuen ökonomischen Chancen, der Wunsch, etwas Eigenes zu probieren, im Gegensatz zu den beschränkteren und stärker gelenkten Möglichkeiten der israelischen Gesellschaft, als wichtigster Beweggrund für die Auswanderung anzusehen. Dies ist auch von den Auswanderern selbst bestätigt worden.[29]

Wandel im Prozeß der Schichtenbildung

Klassenauseinandersetzungen und Klassenbewußtsein

Die konkreten Muster von Schichtenbildung, -auseinandersetzung und -bewußtsein, wie sie sich im Staat Israel herausgebil-

28 Reuven Lamdani, *The Emigration from Israel*, The Falk Institute for Economic Research in Israel, Research Paper Nr. 159, Jerusalem 1983.
29 Drora Kass und Seymour Martin Lipset, »America's New Wave of Jewish Immigrants«, *The New York Times Magazine*, 7. 12. 1980.

det haben, entstanden aus der dauernden Konfrontation zwischen den Prozessen beruflicher Diversifizierung und Mobilität, die in Verbindung mit der wirtschaftlichen Expansion stattfanden, einerseits und den neuen Machzentren sowie den im Staat Israel auftauchenden ideologischen Gruppierungen mit ihrer jeweiligen Politik andererseits.

Die erste wichtige Folge dieser Konfrontation war die wachsende Diversifizierung dieser Schichten, nämlich die Entwicklung eines sehr vielgestaltigen Gewirrs von politischen, sektorialen und beruflichen Gruppierungen, von Statusgruppen mit ihrem jeweiligen Bewußtsein und ihren jeweiligen Kämpfen sowie die Abschwächung umfassender – vor allem »klassenbewußter« oder »sozialistischer« Orientierungen.

Diese Prozesse waren mit der Entwicklung äußerst komplizierter Unterschiede im Lebensstil zwischen verschiedenen Statusgruppen, der Entstehung neuer Muster von Status- oder Klassenauseinandersetzungen und -kämpfen sowie der Herausbildung neuer Formen von Status- oder »Klassen«-Bewußtsein verbunden. Diese entwickelten sich nicht zu einer rein »sozialistischen« oder »klassenspezifischen« Formation, reproduzierten aber – was vielleicht noch wichtiger ist – ebensowenig die sektorialen Grenzen zwischen den älteren Parteien des Jischuw. Demzufolge gab es tiefgreifende Veränderungen im Muster dessen, was man als Schichten- oder Klassenkampf und Schichten- oder Klassenbewußtsein bezeichnen kann.

Hauptziel einer solchen Klassenauseinandersetzung (wie etwa im Fall von Streiks und beim Kampf um Sozialleistungen) war der Staat als verteilende und in geringerem Umfang auch lenkende Kraft.

Schon ihrer Natur nach gingen diese Auseinandersetzungen quer durch verschiedene Berufssparten, ohne daß ihnen eine stärkere ideologisch-politische Gesamtrichtung eigen gewesen wäre. Sie verliefen etwa zwischen Angestellten und Arbeitern einerseits und angestellten und selbständigen Akademikern andererseits; innerhalb eines solchen Rahmens zwischen den mittleren und unteren Gruppen; zwischen denen, die Spitzenstellungen und Einfluß auf Regierung und wichtige Wirtschaftskräfte besaßen, und solchen, die keinen Zugang zu solchen Positionen hatten. All diese Gruppen kämpften um ihren

Anteil am wachsenden Einkommen, um Zugang zu den Wirtschaftsressourcen und zu Einflußpositionen in der Regierung und um die Möglichkeit, autonome Einrichtungen und Ansätze zu entwickeln.
Eine besondere Art von Klassenauseinandersetzung entwickelte sich auch um die verschiedenen Sozialleistungen, die der Staat verteilte. In vieler Hinsicht überschnitten sich diese Forderungen mit denen nach Löhnen oder besseren Wohnbedingungen, wodurch sie noch weiter zur Verzettelung der Kampfziele beitrugen; nur bei dem wegen seiner Armut abhängigen Sektor verbanden sie sich mit der Herausbildung einer neuen Statusgruppe.

Schicht- und Statusbewußtsein

Die konkreten »ökonomischen« Brennpunkte dessen, was man als Klassenkampf bezeichnen kann, verteilten sich also auf die unterschiedlichen Arten von Forderungen der verschiedenen Berufsgruppen an den Staat. Die politischen und ideologischen Äußerungen von Statusbewußtsein richteten sich jetzt immer weniger auf solche wirtschaftlichen Probleme und dafür viel mehr, wenn auch insgesamt ziemlich vage, auf den Zugang zum oder die Mitwirkung im Zentrum der Gesellschaft, auf die Achse zwischen Zentrum und Peripherie und/oder auf die Ausbildung besonderer Lebensstile und -muster. Einige der älteren sektorialen Elemente bestanden allerdings weiter, aber in sehr verwandelter Form.
Der Zugang zum Zentrum der Gesellschaft oder vermutlich noch mehr das Gefühl der Mitwirkung im Zentrum bzw. des relativen Ausgeschlossenseins von ihm bildete über die konkreten wirtschaftlichen Forderungen und Probleme hinaus eine der ideologischen Hauptachsen des Statusbewußtseins.
Hier zeichnete sich eine Unterscheidung ab, deren Bedeutung in verschiedenen Situationen wechselte: nämlich zwischen den verschiedenen beruflichen Statusgruppen, die sich dem Zentrum zugehörig fühlten, wie es sich unter den Arbeiterregierungen entwickelt hatte, und jenen – einander oft sehr ähnlichen – Berufsgruppen, die sich von ihm ausgeschlossen fühlten.

Zu den ersteren zählten natürlich die Kibbuzim und viele Moschawim, die höheren Beamten und die Histadrut-Führung, bestimmte Kreise von Akademikern und, überraschenderweise, große Teile des neu entstehenden, staatlich geförderten Bürgertums sowie technokratische Elemente. Zur zweiten Kategorie gehörten viele bürgerliche Kreise des alten »Privatsektors«, Teile der Akademikerschaft, viele Neueinwanderer, darunter insbesondere solche aus orientalischen Ländern, und Angehörige des unteren Mittelstands.

Insgesamt gab es nur wenige klare berufliche Trennlinien zwischen diesen Sektoren; gewöhnlich bestand zwischen ihnen eine starke Fluktuation. Diese »erstarrte« in politisch turbulenten Zeiten, bildete im Grunde genommen aber einen sehr wichtigen Aspekt der Schichten- oder Klassenstruktur, die sich in Israel entwickelte.

Ein weiterer wichtiger Aspekt lag darin, daß sich in den höheren Rängen, vor allen denen, die dem Zentrum nahestanden, ein Phänomen herausbildete, das sich tatsächlich in vielen kleinen Gesellschaftssystemen findet: nämlich die Entstehung enggeknüpfter Netze zwischen den Spitzen verschiedener Berufssektoren – Militär, Geschäftswelt, Beamtendienst und einigen akademischen Berufen. Diese Netze waren meist auch relativ stark an äußeren Märkten orientiert.

Während einige dieser Lebensstile tatsächlich vielen Gruppen gemeinsam waren, verbanden sie sich doch in verschiedenen Sektoren auf unterschiedliche Weise, je nach sozialem Hintergrund und kulturellen Anschauungen. Vor allem unter den Angehörigen der jüngeren Generation zeichnete sich zudem die wachsende Tendenz ab, diese verschiedenen Lebensstile zu privatisieren, das heißt, sie von irgendwelchen breiteren sozialen Visionen und Legitimationen abzukoppeln.

Lebensstile

Die wichtigsten Unterschiede in den Lebensstilen der diversen Sektoren der israelischen Gesellschaft beruhten auf der Verbindung folgender Faktoren: Einkommen; kulturelle – einschließlich ethnische und religiöse – Traditionen; relative Wichtigkeit nach innen oder außen gerichteter Orientierungen und beruflicher und wirtschaftlicher Tätigkeiten; und in gewissem Grade das Gefühl, in der Nähe des Zentrums zu stehen. Außer in religiösen Kreisen und in gewissem Umfang in den Kibbuzim spielten ideologische Komponenten eine geringere Rolle.

Die Lebensstile, die sich in den einzelnen Schichten entwickelten, setzten sich aus mehr und mehr gemeinsamen Komponenten zusammen. Die wichtigsten gemeinsamen Elemente waren dabei – außer in einigen religiösen Kreisen – die zunehmende Rolle des Konsums und der Mitwirkung an kulturellen Unternehmungen wie Konzerten, Picknicks, Wochenendausflügen, der Teilnahme an Sportveranstaltungen, Auslandsreisen, der Konsum von Produkten der Massenmedien und die Beteiligung an verschiedenartigen kulturellen Aktivitäten. Diese Hinwendung zur Außenwelt und zu Freizeitbeschäftigungen nahm stetig zu.

Das hohe Maß an Mobilität führte notwendigerweise zu einigen ziemlich seichten, vulgären Orientierungen und sehr auffälligem Konsumverhalten auf allen Stufen der sozialen Leiter und verflüssigte weitgehend die Lebensmuster der beteiligten Gruppen.

Trotz dieser Gemeinsamkeit und dieser Beweglichkeit waren die Unterschiede in den konkreten Lebensstilen verschiedener Gruppen manchmal sehr deutlich spürbar, und die Berührung bei einigen gemeinsamen Unternehmungen – wie etwa beim Sport – konnte höchst explosiv verlaufen. Durch zunehmende Mischehen und wachsende Kontakte wird manches davon schrittweise vielleicht weniger hitzig werden, und es können sich neue Mischungen von Lebensstilen herausbilden.

In diesem gesamten Panorama verschiedener sozialer Gruppen hat ein gewisses neues Element einigen Einfluß gewonnen: nämlich das der Neueinwanderer aus dem Westen, insbesondere den USA. Während einige von ihnen fest in die diversen Gruppen der israelischen Gesellschaft eingegliedert sind oder lediglich bestehenden Gruppen einige neue Schattierungen verliehen haben, haben andere – vor allem wohlhabendere – Kreise, die oft erst nach ihrer Pensionierung nach Israel übersiedeln oder dort nur eine Zweitwohnung unterhalten und häufig in ziemlich luxuriösen Appartements oder Hotels wohnen, die

externen Orientierungen und die Ausrichtung auf einen höheren Lebensstandard ganz erheblich verstärkt.
Einige Veränderungen standen mit der Herausbildung einer anderen Zeitvorstellung in bezug auf die soziale Mobilität in Verbindung. Obgleich dazu nur wenige spezifische Daten vorliegen, gibt es viele Anzeichen dafür, daß in den höheren, dem Zentrum sehr nahestehenden Gruppen die Ausrichtung auf die Zukunft abgenommen und einer wachsenden Hinwendung zur Gegenwart als wichtiger Dimension sozialer Betätigungen Platz gemacht hat, die ein breiteres Spektrum an Belohnungen verspricht. Begleitet wurde dies von einer relativ weitreichenden Privatisierung und Differenzierung der Lebensstile und von der Entwicklung vieler neuer Arten von Kreativität – ohne notwendigen Zusammenhang mit einer Gesamtvision.
Gleichzeitig entstand jedoch bei manchen aufsteigenden Elementen aus verschiedenen Sektoren häufig der starke Wunsch nach einer Investition in die Zukunft – in Richtung auf berufliches Fortkommen oder auch, in manchen Fällen, zugunsten einiger kollektiver Ziele.
Diese verschiedenen Muster oder Lebensstile waren jetzt viel weniger örtlich konzentriert oder ideologisiert als noch in den verschiedenen Sektoren der Jischuw-Periode. Solche örtliche Konzentration und ein gewisses Maß an Ideologie fand sich nur noch in den Kibbuzim und in den diversen religiösen Sektoren, vor allem in den extremeren (die mehr und mehr in den Vordergrund traten, wie wir im 17. Kapitel sehen werden). In den extremeren religiösen Kreisen fehlten die meisten gemeinsamen Komponenten der verschiedenen Lebensstile, und die allgemeine Segregation von anderen Sektoren, einschließlich einer starken Tendenz zur Endogamie, war sehr weitgehend – teils sogar vollständig – durchgeführt.
Weniger total war diese Segregation in vielen moderneren religiösen Bereichen, die einige der gemeinsamen Komponenten in ihren Lebensstil einfügten, etwa Sport, Benutzung von Massenmedien, Teilnahme an kulturellen Veranstaltungen, Konzerten und Theater; aber die Tendenz zur Segregation und vor allem zur Endogamie war auch bei ihnen immer noch stark.
In anderen Sektoren, beispielsweise den Kibbuzim, war dieser Hang zur Segregation und Ideologisierung viel schwächer, aber

selbst dort fand ein tiefgreifender Wandel statt, der – besonders im Vergleich zu den Vorgängen in den Moschawim – auf die Veränderungen und Entwicklungen in den Schichtenbildungsprozessen in Israel hinweist.

Veränderungen in den Kibbuzim und Moschawim durch den Schichtenbildungsprozeß in der israelischen Gesellschaft

Wirtschaftliche Entwicklungen

In diesem Zeitraum durchliefen die Kibbuzim und Moschawim – aber vor allem die ersteren – einen tiefgreifenden Prozeß innerer Umwandlung und Diversifizierung. Aus relativ kleinen Gemeinschaften junger Pioniere, die die Grundlagen für landwirtschaftliche Siedlungen legten, entwickelten sie sich zu etablierten, meist erfolgreichen Kollektivdörfern, die mehrere Generationen umfaßten. In diesen Dörfern errichteten sie eine ziemlich weitgefächerte Wirtschaftsstruktur – erst im landwirtschaftlichen Bereich, dann auch in der Industrie – und erlebten dabei stetiges wirtschaftliches Wachstum, Modernisierung und Spezialisierung ihrer Struktur, besonders ihrer Wirtschaftsstruktur. Viele, wenn nicht sogar alle Kibbuzim zeigten sich sehr erfolgreich als wirtschaftliche Innovatoren und Unternehmer im industriellen Sektor und hatten in manchen Fällen Anteil an wichtigen Veränderungen in der israelischen Wirtschaft. Die Lage in den Moschawim war ebenfalls durch ständiges Wirtschaftswachstum gekennzeichnet, wobei der Schwerpunkt allerdings weniger auf dem Eintritt in den industriellen Sektor lag.

Die Landwirtschaft, insbesondere die in den Kibbuzim und Moschawim, wurde von der Regierung auf verschiedenen Wegen ziemlich stark subventioniert: durch das Steuersystem (das für die Kibbuzim besonders günstig war), durch spezielle Wasserpreise, die Gewährung öffentlicher Anleihen und Exportquoten und, im Fall jüngerer Siedlungen, durch langfristige Beihilfen für die Errichtung einer Infrastruktur; das Gleiche hatte natürlich – sogar in größerem Umfang – früher für die ersten Kibbuzim gegolten. Sie bildeten einen sehr machtvollen, aber gesonderten Teil der landwirtschaftlichen Lobby oder Interessengruppen.

Veränderungen in der Wirtschaftsstruktur der Kibbuzim waren natürlich sehr eng mit solchen in ihrer inneren Sozialstruktur verbunden. Auch hier kam es zur wachsenden Spezialisierung von Aufgaben und Tätigkeiten. Außerdem festigten sich die Familiengruppen – und sogar einige entferntere Verwandtschaftsbeziehungen –, was im Gegensatz zu dem Gemeinschaftsgeist der jugendlichen Pioniergruppen von einst stand, und de facto machten sich auch wachsende wirtschaftliche Spezialisierung und die Notwendigkeit besserer technischer und beruflicher Ausbildung bemerkbar.

Entwicklungen in den Kibbuzim

All diese weitreichenden Entwicklungen bei der Verwirklichung des ursprünglichen Gemeinschaftsgedankens der Kommunen jugendlicher Pioniere waren mit Bestrebungen von seiten der Kibbuzführung verbunden, sie in den Bahnen der (trotz ihres ständigen Wandels doch relativ dauerhaften) ideologischen Prämissen des Kibbuz und seiner Institutionen zu halten. Dazu gehörten etwa die Betonung der grundlegenden Gleichheit aller Mitglieder hinsichtlich des Lebensstandards, das Beharren auf dem gemeinschaftlichen Eigentum an den Produktionsmitteln, die Kontrolle des Konsumverhaltens und der Verzicht auf die Abhängigkeit von auswärtigen Lohnarbeitern. Gerade dieses letztere Problem – das der angestellten Arbeitskräfte – war unter dem ideologischen Gesichtspunkt der Kibbuzim das schwierigste und drängendste.

Einerseits bildete Lohnarbeit einen sehr wichtigen Bestandteil der wirtschaftlichen Expansion der Kibbuzim und insbesondere ihres industriellen Sektors. Andererseits widersprach sie natürlich den ideologischen Grundlagen der Kibbuzbewegung und war daher ständig ein Brennpunkt der Auseinandersetzung in den Kibbuzim und der öffentlichen Diskussion um sie.

Das genaue Ausmaß dieses Phänomens ist nicht leicht zu ermessen, aber es wurde jedenfalls zu einem zentralen Problem in den verschiedenen Kibbuzbewegungen.

Diverse Lösungen – und Ausflüchte – wurden von den einzelnen Kibbuzbewegungen versucht. Die extremste, aber nicht sehr verbreitete Lösung lag in der vollständigen Abschaffung solcher Lohnarbeit. Häufiger verfiel man auf den Ausweg, ihr bestimmte Beschränkungen aufzuerlegen. Als wichtigste und häufigste Ausflucht griff man zu dem Mittel, die Lohnarbeiter nicht durch einen einzelnen Kibbuz anstellen zu lassen, sondern durch die diversen »regionalen« Unternehmen, die von verschiedenen Kibbuzim oder Kibbuz-Bewegungen, oft in Zusammenarbeit mit anderen Unternehmern, betrieben wurden.

Außerdem tauchten im Kibbuz viele weitere Probleme auf, die mit zentralen Aspekten seiner Ideologie zusammenhingen – nämlich mit Differenzen zwischen den Hierarchien, die die industrielle Qualifikation verbessern wollten, und denjenigen, die sich für die Erhaltung des Gleichheitsideals einsetzten; mit Fragen, die sich aus den Forderungen der jüngeren Generationen nach Ausbildungschancen ergaben, und solchen, die aus der Ungleichheit zwischen verschiedenen Kibbuzim erwuchsen.

In den meisten Fällen gelang es den Kibbuzim, viele Öffnungen zu schaffen und dabei doch die obersten Gebote der Kibbuzbewegung zu wahren. So erlaubte man es mehr und mehr Jugendlichen, höhere Bildungseinrichtungen zu besuchen, vor allem (aber nicht nur) in landwirtschaftlichen Fächern oder in diversen Spezialbereichen, wie etwa den Künsten; oder man ließ die jungen Leute nach dem Armeedienst ein Jahr weggehen, um »sich die Welt anzugucken« – und danach hoffentlich um so lieber zurückzukehren. Aber die Kibbuz-Institutionen behielten stets oberste Regeln bei. Als sehr erfindungsreich erwiesen sie sich außerdem bei der Wahl konstruktiver Mittel, um den Problemen des Alters zu begegnen.

Diese Verbindung elitistisch-egalitärer und pragmatischer Pionierorientierungen mit der kollektivistischen inneren Organisation ließ die Kibbuzim Züge einer »vornehmen«, Landwirtschaft treibenden, nicht-zölibatären Klostergemeinschaft annehmen, eine Kombination, die sowohl für große Erneuerungsfreudigkeit im allgemeinen und Unternehmergeist im besonderen sorgte als auch die – ziemlich geregelte – Integration neuer innerer Entwicklungen begünstigte. Aber wie wir bald sehen werden, ergaben sich daraus auch neue Probleme.

Gleichzeitig fanden weitreichende Veränderungen in den Moschawim statt, sowohl in den älteren als auch in den zahlreichen neuen, seit 1948 gegründeten, die meist von Neueinwanderern bewohnt wurden. D. Weintraub schreibt:

In ihrer Konfrontation mit dem Moschaw »interpretierte« jede Population folglich die Ideologie und Struktur des Grundplans auf ihre eigene Weise. In den sechziger Jahren, zehn Jahre, nachdem die meisten Dörfer besiedelt worden waren, sah man die konsolidierten »westlich-modernen« Moschawim hervortreten, die sich landwirtschaftlich und als Gemeinde schnell entwickelten, aber bereit waren, Veränderungen in den Praktiken der eigenen, selbständigen Arbeit und in der bindenden Universalität der Genossenschaft einzuführen. Obwohl die Einwanderer in der Moschaw-Bewegung blieben und viel von deren normativer Organisation übernahmen, weil sie sich als sachdienlich erwies und in vieler Hinsicht den besten Weg zur Erlangung von institutioneller Unterstützung und Hilfe darstellte, hing diese Bereitschaft doch weitgehend von den Umständen und Alternativen ab. Sie behielten also die Dorfgenossenschaft größtenteils bei, taten dies aber auf weit offenere und flexiblere Weise. Praktisch tendierten sie zu dem historischen Muster des »Mittelstands-Moschaw«, das von nicht-sozialistischen Gruppen in den dreißiger Jahren im Unterschied zum Arbeiter-Moschaw geschaffen worden war. Sie bejahten eine auf die Gemeinde gestützte Mehrzweckgenossenschaft, verneinten aber die bindende Totalinstitutionalisierung. Die Genossenschaft beschäftigte sich mit Vermarktung, Krediten und anderen Hilfen für die Landwirtschaft, blieb aber empfänglich für interne Differenzierung und Veränderung.

Anhaltende Entwicklungsbestrebungen und ein demographischer Wandel veränderten das Gesicht der Moschawim letzteren Typs in den siebziger Jahren ganz erheblich. Die Produktivität der landwirtschaftlichen Betriebe, die von Einwohnern »orientalischer« Abstammung geführt werden, blieb nun kaum noch hinter dem von ihren »westlichen« Zeitgenossen erreichten Niveau zurück. Einmal verringerte sich der Abstand zwischen den Gruppen im landwirtschaftlichen Familienbetrieb des Moschaw; zum anderen wurde dieser Sektor im Vergleich zum Sektor der städtischen Arbeitnehmer, in dem die ethnischen Ungleichheiten weit dauerhafter waren, nun auch für Unternehmer »traditioneller« Herkunft lukrativer. Zwei Faktoren haben offenbar vor allem zu diesem Prozeß beigetragen. Erstens funktionierten die Dorfgenossenschaften – nach dem westlichen Muster – jetzt zunehmend besser in Dörfern, in denen sich die alten Konflikte abgeschwächt hatten und eine neue Führungsschicht die Leitung übernommen hatte. Von entscheidender Bedeutung war zweitens der erhebliche Anstieg an menschlichem Kapital in dieser Gruppe, da sich nun dank der Gründung spezieller landwirtschaftlicher Sekundarschulen durch Moschawim und Regionalräte die Lücke in der Sekundarschulbildung der jungen Generation schloß.

Ebenso gingen die Neueinwandererdörfer daran, das vorher bestehende wirtschaftliche und politische Ungleichgewicht in der Moschaw-Bewegung zu beheben, die von den Alteingesessenen beherrscht worden war. Durch den wirtschaftlichen und politischen Einsatz der von ihnen neugegründeten Zentral- und Gebietsgenossenschaften erlangten diese Dörfer einen ständig wachsenden Anteil an der politischen Gesamtvertretung und dem politischen Entscheidungsprozeß ...

Das erste national geförderte Regionalprojekt, das von Lachisch, wurde in den fünfziger Jahren in Gang gesetzt und faßte neugegründete Einwanderer-Moschawim zusammen. Der Plan war in erster Linie darauf angelegt, die Vorzüge von Zentralisierung und Ballung zu nutzen, um für bessere, effizientere Dienstleistungen unter einer einzigen Verwaltungsstelle zu sorgen. Die Region wurde in eine traditionelle räumliche Hierarchie gegliedert: Dörfer legte man in Grüppchen rund um zwei ländliche Zentren an, die Dienste auf der untersten und nächsthöheren Stufe anboten; eine speziell entwickelte Bezirksstadt hatte eine Oberschule, ein Krankenhaus, anspruchsvollere Konsum-, Versorgungs- und Freizeiteinrichtungen und Verarbeitungsbetriebe für landwirtschaftliche Produkte sowie Maschinenfabriken und andere kleine Industrien ...

In den folgenden Jahren wurde dieser Plan in der ursprünglichen Region durchgeführt und mit einigen auf früheren Erfahrungen beruhenden Modifikationen auf zwei neue Siedlungsgebiete übertragen. Es ist zu früh, um ihn endgültig zu beurteilen, aber Anzeichen für den Umfang, in dem diese Neuerung ihre Ziele zu erreichen vermochte, und für ihre hauptsächlichen Nachteile und Schwierigkeiten treten klar hervor ...[30]

Die Kibbuzim und Moschawim in der politischen Struktur Israels

Allgemein gesprochen, entwickelten sich daher sowohl die Kibbuzim als auch die Moschawim zu einem – allerdings sehr speziellen und gesonderten – Teil der oberen Ränge der israelischen Gesellschaft, zu einem ziemlich einzigartigen Agrarsektor dieser Schichten mit besonderem Lebensstil und eigener Lebensqualität.

Offensichtlich waren sie jedoch nicht nur erfolgreiche landwirtschaftliche Siedlungen mit besonderem Lebensstil, sondern bildeten nach wie vor auch ein wichtiges Element im politischen Leben des Landes und besonders im Arbeitersektor. Die verschiedenen Kibbuzim blieben weiterhin in übergreifenden Verbänden oder Strömungen organisiert; die wichtigsten von ihnen sind der *Kibbuz Hame'uchad* (Der vereinigte Kibbuz), *Ichud Hakwuzot we-Hakibbuzim* (Die Vereinigung der Kwuzot und Kibbuzim) und *Hakibbuz Ha'arzi* (Der landesweite Kibbuz – der am weitesten links stehende Verband des *Haschomer Hazair*), die sich 1980 zur *Takam* (Vereinigte Kibbuzbewegung) zusammenschlossen.

Diese Verbände waren in erster Linie politisch-ideologische Rahmen, von denen jeder seine spezielle Ideologie artikulierte, eigene politische und kulturelle Institutionen einschließlich Schulen und Verlagen schuf und verschiedenste Wirtschaftsein-

30 Dov Weintraub (zusammen mit Zeev Shavith), »Social Issues, Processes and Policies in Israel 1960-1980«, verfaßt für die neubearbeitete Auflage von UNESCO, *The Scientific and Cultural History of Mankind*, Draft 3/198, S. 40-42.

richtungen gründete, etwa diverse Industrie- und Vermarktungsbetriebe, wobei letztere oft mehreren Verbänden und den wirtschaftlichen Einrichtungen der Histadrut gemeinsam waren.

Der *Kibbuz Ha'arzi (Haschomer Hazair)* war mit Mapam verbunden, *Ichud Hakwuzot we-Hakibbuzim* mit Mapai und der *Kibbuz Hame'uchad* mit Achdut Haawoda.

Die religiösen Kibbuzim waren gewöhnlich vor allem dem Hapoel Hamisrachi angeschlossen; einige gehörten zu Poale Agudat Israel. Die Moschawim waren in der *Tnuat Hamoschawim* zusammengeschlossen und standen fast alle der Arbeiterpartei nahe.

Diese engen Beziehungen der Kibbuzim und Moschawim zu den verschiedenen politischen Parteien und ihre starke Stellung in diesen bekräftigten zusätzlich ihre Einbindung in die oberen Ränge der israelischen Gesellschaft – wenn auch als ziemlich eigenständiger Sektor.

Veränderungen in den Aktivitäten der Elite

Diese Nähe zu den oberen Rängen der Gesellschaft liefert zudem einige der besten Anzeichen für die weitreichenden Veränderungen in der Schichtung der israelischen Gesellschaft. Diese Wandlungen waren natürlich mit der grundlegenden Tatsache verbunden, daß die Kibbuzim und Moschawim nicht einfach nur ein weiteres – wenn auch recht eigentümliches – Element im wirtschaftlichen und politischen Leben Israels darstellten. Vielmehr betrachteten sie sich, insbesondere vielleicht die Kibbuzim, als wesentlichstes Symbol der arbeiterzionistischen Bewegung und Ideologie, als das Sinnbild des Pioniers und als spezielle Elitegruppe oder Kader – und so wurden sie auch lange Zeit von großen Teilen der israelischen Gesellschaft sowie von vielen im Ausland eingeschätzt. Ihr besonderer Elitestatus stützte sich auf ihre dauerhafte Hingabe und Verpflichtung gegenüber den Pionieraufgaben und -idealen, verbunden mit ihrem besonderen gemeinsamen Lebensstil als Pioniere.

Die Elitestellung der Kibbuzim innerhalb des Arbeitersektors zuerst des Jischuw und später der israelischen Gesellschaft zeigte sich nicht nur in einer vagen symbolisch-allgemeinen Identifikation und rhetorischen Bezugnahme in rituellen Situationen, sondern auch an einigen sehr spezifischen institutionellen Folgen.

Am wichtigsten waren darunter: die unverhältnismäßig große Anzahl von Kibbuzmitgliedern in Elitepositionen des Jischuw und, zumindest in den ersten zweieinhalb Jahrzehnten, auch des Staates Israel; die hochgeschätzte Mitgliedschaft in Jugendbewegungen, durch die der Eintritt in die Kibbuzbewegungen oder sogar vorübergehende Kibbuz-Mitgliedschaft zu einer Karriereleiter wurde; das allgemein hohe Ansehen, das man der Kibbuzmitgliedschaft zollte; und die relativ starke Subventionierung der Kibbuzim und Moschawim. (Ein interessantes Beispiel dafür, wie sich solche symbolischen mit materiellen Gratifikationen verknüpfen können, findet sich in den Nachal-Truppen, aber auch darin, daß man Freiwillige aus Jugendbewegungen und aus dem Ausland eine Zeitlang zur Arbeit in die Kibbuzim schickte – als eine Art nationaler Dienst.)

Doch gerade im Hinblick auf diese Lebensaspekte sind einige der wichtigsten Veränderungen eingetreten, die die Wandlungen in der Sozialstruktur der Kibbuzim, ihre Stellung in der israelischen Sozialstruktur und die Verwandlung des ursprünglichen Modells der israelischen Gesellschaft im allgemeinen verständlich machen.

Die erste dieser Veränderungen war die relative Schwächung der Stellung, die die Kibbuz-Elite – als gesonderte ideologische Gruppe und nicht nur als Vertreter spezifischer Interessen – in der politischen Elite Israels einnahm, und vor allem vielleicht die Tatsache, daß sie in gewisser Hinsicht zu einem Teil der oligarchischen Struktur der Arbeiterpartei oder anderer Linksparteien und der Kibbuz-Bewegungen selber wurde.

Interessante Entwicklungen traten auch in der inneren Struktur der Kibbuz-Eliten auf. Hier kam es ebenfalls, wenn auch möglicherweise etwas weniger als in der allgemeinen Gesellschaft, zu einer gewissen Abkapselung der politischen Elite, und die allgemeinen oligarchischen Tendenzen im politischen Leben hatten in den Kibbuzim ihre Parallelen. Es entstand eine gewisse, wenn auch sicher nicht totale Zweiteilung und Differenzierung zwischen den politischen Führungskräften aus den Kibbuzim (den Mitgliedern, die tatsächlich in Knesset, Histadrut und in der Parteiarbeit mitwirkten) und den überwiegend aus den jüngeren Generationen stammenden Mitgliedern, die mehr in den neuen Elitefunktionen hervortraten. Diese Funktionen verlagerten sich von politischen, ideologischen und militärischen Positionen (in der Hagana und besonders in der Palmach) auf andere Bereiche, etwa auf ausgewählte, aber nicht unbedingt die höchsten Militäreinheiten (beispielsweise die Fallschirmjäger) oder Spitzenstellungen in der Verwaltung, in der Histadrut und im Regierungssektor. Im letzteren fanden sich auch einige Mitglieder aus der älteren Generation der Kibbuz-Elite.

Stellung in der israelischen Gesellschaft

Die Verschiebung in der relativen Bedeutung der Aktivitäten der Elite in den Kibbuzim hing eng mit dem gewandelten Verhältnis der Kibbuzim zu den breiteren Sektoren der israelischen Gesellschaft im allgemeinen und zu den Neueinwanderern im besonderen zusammen. Die entscheidenden Fakten sind wohlbekannt – nämlich die relativ geringe Anziehungskraft der Kibbuzim für die jüngeren Gruppen älterer Bevölkerungskreise und für Einwanderer vor allem aus orientalischen Ländern.
Die Statistik lehrt, daß die Anzahl der Menschen im Kibbuz von 54 208 im Jahre 1948 auf 123 700 1981 anstieg, was einen Rückgang von 7,0 Prozent der Bevölkerung im Jahre 1948 auf etwa 3,4 Prozent im Jahre 1981 bedeutet. Im Jahre 1972, als ihre Gesamtzahl rund 189 000 betrug, stammten 4,8 Prozent von ihnen aus asiatischen oder afrikanischen Ländern. Diese Daten sowie die Tatsache, daß zahlreiche Angehörige der jüngeren Generation die Kibbuzim verließen (genaue Daten sind schwer zu bekommen), verwiesen auf ihre schwächere Attraktivität ganz allgemein und für Neueinwanderer im besonderen.
Für die Angehörigen der bereits länger im Lande wohnhaften Teile der Gesellschaft, vor allem im sozialdemokratischen Lager, wurde die Mitgliedschaft in den Kibbuzim oder auch nur die Mitwirkung in Jugendbewegungen, deren erklärtes Ziel es war, daß ihre Mitglieder sich Kibbuzim anschließen und neue Kibbuzim gründen sollten, immer weniger begehrenswert. Die-

ser Eintritt in bestehende Kibbuzim oder die Gründung von neuen galt auch kaum noch als Sprossenleiter zum Elitestatus, denn die Anziehungskraft der Kibbuzim hatte sich in eine andere Richtung verlagert, wie wir bald sehen werden.
Die Kibbuzim erschienen auch – in krassem Gegensatz zu den Moschawim – Neueinwanderern weit weniger attraktiv; abgesehen von einigen Sonderbestrebungen, neue Einwanderer in die Kibbuzim zu locken, wurden nur wenige Kibbuzim von Einwanderern im allgemeinen und orientalischen im besonderen gegründet.
In enger Verbindung dazu sank die Attraktivität der Kibbuzim auch für neue Mitglieder von außen und für die zweite und dritte Generation von Jugendlichen in den Kibbuzim. Pionierverpflichtungen verschwanden zwar nicht völlig, wurden aber weniger wichtig als ein relativ hoher Lebensstandard, ein angesehener Status und eine spezielle Lebensqualität.
Doch das Wesen dieser Lebensqualität wie auch die neuen Richtungen der Elitetätigkeiten waren strikt an die Bejahung der ideologischen Prämissen und an den ziemlich sektiererischen Rahmen des Kibbuz gebunden, den weite Teile der Bevölkerung als »aristokratisch«, abgehoben und selbstgerecht betrachten mochten.
All diese Veränderungen waren auch eng mit einer Reihe von – scheinbar unsichtbaren und doch sehr starken – Verschiebungen in der Stellung des Kibbuz im symbolisch-ideologischen Universum der israelischen Gesellschaft verknüpft. Die erste Verschiebung, die wohl Ende der fünfziger Jahre einsetzte, verwandelte den Kibbuz von einem Symbol des Pioniertums – einem Symbol, das Hingabe, Nachahmung und Nachfolge verlangte – in ein Symbol der latenten, bereits institutionalisierten, gestiegenen Erwartungen der Gesellschaft oder einiger ihrer ursprünglichen Werte, also ein Symbol, das hohen Respekt und verschiedene Formen von Subventionen, aber wenig direkte Verpflichtung oder Nachfolge verlangte.
Gleichzeitig beteiligten sich die Kibbuzim voll an der wirtschaftlichen und politischen Expansion der israelischen Gesellschaft, erwarben eine starke Stellung darin und nahmen für sich weiterhin den Status einer Elite und die Bedeutung eines Symbols der ursprünglichen Werte der Gesellschaft in Anspruch. In

engem Zusammenhang damit standen die neuen Formen der Mitwirkung der Kibbuzim, und in gewissem Umfang auch der Moschawim, an dem neuen politischen System, das sich nach der Gründung des Staates Israel herausbildete. Hier blieben die Kibbuzim die Wahrer der stärker sektiererischen ideologischen Orientierungen, wobei sie oft versuchten, als Stimme des Gewissens oder als moralische Führer aufzutreten, ihre Macht aber eher auf interne Koalitionen in den Zentren der jeweiligen Parteien als auf volle Mitwirkung auf den mittleren und unteren Rängen der politischen Arbeit stützten und somit indirekt selbst zu ihrem langsamen Niedergang in der zentralen politischen Elite beitrugen.

Sektiererische Tendenzen in den Kibbuzim und Moschawim

Diese widersprüchlichen Entwicklungen innerhalb der Kibbuzim – nämlich einerseits ihre große Fähigkeit, als Elite, insbesondere als Unternehmer, neue Aktivitäten zu entwickeln, und andererseits ihre wachsende Selbstabkapselung – wurzelten oft in denselben Grundmerkmalen der Kibbuzim: in ihrer Ideologie und Sozialstruktur, in den Eigenheiten ihres sektiererischen Gemeinschafts- und Pioniergeists oder, mit anderen Worten, gerade in den Kennzeichen, die sie zum Symbol und zur Avantgarde des sozialistischen Zionismus machten.

Die Mitglieder dieser Sekten waren zwar prinzipiell bereit, ihre egalitären Vorstellungen auf andere Sektoren der Gesellschaft auszudehnen, aber diese Ausdehnung wurde von der Bejahung des institutionellen und ideologischen Grundmodells der jeweiligen Kibbuz-Bewegung und der Übernahme aller konkreten institutionellen Regeln des Kibbuzlebens abhängig gemacht. Soweit diese anderen Sektoren diese Norm nicht zu erreichen vermochten, neigten die Kibuzzim dazu, die anderen distanziert zu »belehren«, während sie durch Selbstabkapselung ihre eigene, ziemlich unverfälschte sektiererische Reinheit bewahrten.

Gerade hierin – nämlich in ihrer Fähigkeit, die elitistische Verpflichtung mit der wachsenden Neigung zu eigener Lebensqualität, hohem Lebensstandard und Privatisierung zu verbinden – liegt die große Herausforderung oder das Fragezeichen für die Zukunft der Kibbuzim.

In vielen Fällen hat ihre beachtliche Fähigkeit, den steigenden Forderungen, vor allem der jüngeren Generation, nach Lebensqualität und Lebensstandard nachzukommen – ohne sie jedoch an neue elitistische Verpflichtungen zu knüpfen –, nicht nur zunehmende Privatisierung und Tendenzen zum Verlassen des Kibbuz ausgelöst, sondern auch eine Vielzahl von sozialen Problemen – Scheidungen, Drogensucht und ähnliches –, die in den Kibbuzim offenbar vermehrt auftreten.

In den Moschawim sind die Entwicklungen etwas anders verlaufen. Wie die Kibbuzim hatten auch die Moschawim allgemein an der wirtschaftlichen und politischen Expansion und dem steigenden Lebensstandard Anteil, aber gleichzeitig genügten sie viel besser den neuen sozialen Herausforderungen, ohne den einzigartigen, unverdorbenen, sektiererischen Elitestatus zu betonen.

Zusammenfassung

Diese weitreichenden Veränderungen der inneren Struktur und äußeren Stellung der Kibbuzim, sowohl für sich genommen als auch im Vergleich zu den Moschawim – nämlich die Verbindung von wirtschaftlichem Erfolg, relativ hohem Lebenstandard und einer besonderen Lebensqualität mit elitistischer Selbsteinschätzung und Verhaltensweise; die Tatsache, ein ganz besonderer Teil der israelischen Oberschicht geworden zu sein; der schrittweise Rückzug in sich selbst und der Verlust vieler zentraler Elitepositionen bei einer gleichzeitig hohen Verpflichtung zur Erfüllung spezifischer Eliteaufgaben –, waren tatsächlich höchst bezeichnend für einige der allgemeinen Veränderungen und Entwicklungen im Aufbau der Eliten und im Klassenbewußtsein der israelischen Gesellschaft, besonders im Arbeitersektor.

Die Kibbuzim haben sich, viel mehr als die Moschawim, in sich zurückgezogen und sich der neuen sozialen – aber nicht wirtschaftlichen – Realität gegenüber verschlossen, die sich in Israel kontinuierlich entwickelt und gefestigt hat. Sie waren nicht fähig, vielen Herausforderungen dieser neuen Wirklichkeit zu genügen oder sie zu beeinflussen. Bedeutsamerweise vermochten die Moschawim – deren sektiererische Merkmale weit schwächer waren, während sie die stark pragmatischen Orientierungen mit den Kibbuzim teilten – ökonomische Expansion (die angesichts ihrer Familienstruktur allerdings weniger auf den industriellen Sektor ausgerichtet war) mit größerer Offenheit gegenüber anderen Sektoren der Gesellschaft und insbesondere gegenüber den Neueinwanderern zu verbinden. Gemeinsam veränderten sie die ganze Atmosphäre in bedeutenden Teilen der oberen Schichten der israelischen Gesellschaft sowie das gesamte Bild ihrer Statussymbole und ihres hierarchischen Aufbaus.

All diese Entwicklungen waren tatsächlich Teil weitreichender Wandlungen in der ursprünglichen Vision des Arbeiterzionismus, wobei dieser Wandel von den Zielen des eher asketischen, produktivitätsgerichteten Pioniers zu einer starken Betonung askriptiver Zuwendungen und einer neuen Vorstellung von Status und Schichtenbildung führte – zu einer sehr weitgehenden Vielfalt und Komplexität des Schichtenbildungsprozesses, dessen Ergebnis sich sowohl von einer rein sozialistischen Klassenbildung als auch von dem sektorialen Aufbau unterschied, der sich in der Jischuw-Periode herausgebildet hatte.

10. Kapitel
Die Umrisse von Bildung und Kultur

I. Das Bildungswesen

Die wichtigsten Probleme des israelischen Bildungswesens

Fünf Entwicklungsabschnitte auf dem Bildungssektor

Mit der Staatsgründung traten tiefgreifende Veränderungen im Erziehungswesen ein: hinsichtlich seiner Organisation und Struktur, vor allem aber in der Art seiner Verwobenheit mit dem sozialen und wirtschaftlichen Gefüge. Viele der wichtigsten Entwicklungen, Spannungen und Gegensätze in der israelischen Gesellschaft – die Tendenz zu organisatorischer Expansion, das Streben nach Demokratisierung, die Notwendigkeit, die Hauptlinien ihrer kollektiven Identität zu entwerfen, die Spannungen zwischen elitistischer und populistischer Einstellung und zwischen nach innen und nach außen gerichteter Orientierung – kristallisierten und artikulierten sich im Erziehungswesen, und die Entwicklungen in diesem Bereich hatten wiederum großen Einfluß auf die Ausgestaltung dieser Tendenzen in der israelischen Gesellschaft.

Das israelische Bildungswesen war kontinuierlich darauf eingestellt, mit mehreren Problemen fertig zu werden. Das erste bestand natürlich darin, angemessene Bildungseinrichtungen für alle Bevölkerungsschichten zu schaffen und für die Einbeziehung aller Bevölkerungskreise in diesen Rahmen Sorge zu tragen. An zweiter Stelle stand die Aufgabe, die verschiedenen Bevölkerungssektoren mit den wichtigsten Prämissen und Symbolen des entstehenden Kollektivs vertraut zu machen, sie also in dieser Hinsicht zu sozialisieren. Drittens folgte die – durch das Bildungswesen zu erreichende – soziale und nationale Integration, ein Problem, das insbesondere mit dem Einwandererzustrom nach der Staatsgründung und der wachsenden staatlichen Zuständigkeit für das Bildungswesen akut wurde. Viertens mußte das Bildungswesen die grundlegenden Fähigkeiten und

Orientierungen vermitteln, die auf dem Arbeitsmarkt erwartet wurden. Fünftens ging es um die Förderung kultureller Kreativität in ihren verschiedenen Erscheinungsformen und Bereichen. Sechstens hatte man sich den Problemen von Sondergruppen zuzuwenden: den Neueinwanderern im allgemeinen und verschiedenen Gruppen oder Sektoren der orientalischen Einwanderer im besonderen, später dann anderen Gruppen, etwa den Behinderten oder den Hochbegabten.

Diese verschiedenen Problemkreise waren eng miteinander verbunden, aber ihre relative Bedeutung schwankte je nach Zeitraum ganz erheblich. Reuven Kahane zufolge lassen sich in der Entwicklung des Bildungswesens fünf Zeitabschnitte unterscheiden, wobei der erste den Jischuw umfaßt und die anderen vier nach der Gründung des Staates Israel folgten.

Die Jischuw-Periode, die sich natürlich selbst wieder in zeitliche Unterabschnitte einteilen ließe, war bekanntlich von ihrer starken Betonung kultureller Kreativität gekennzeichnet. Ihr Bezugspunkt war nicht nur die bereits vorhandene, sondern auch die noch zu erwartende Bevölkerung. Außerdem war sie nur teilweise – wenn auch in zunehmendem Maße – am Arbeitsmarkt orientiert; einen sehr wichtigen Bestandteil des Unterrichtswesens bildeten seinerzeit nämlich die verschiedenen Jugendbewegungen, die – zumindest prinzipiell – die Loslösung vom Arbeitsmarkt propagierten. Auch gab es in dieser Periode nur wenige Spezialprogramme für verschiedene Sondergruppen.

Der erste Zeitabschnitt nach der Staatsgründung, der etwa bis Ende der fünfziger Jahre dauerte, war hauptsächlich an der Eingliederung neuer Bevölkerungsschichten in das Erziehungswesen, am Aufbau des Unterrichtssystems und an der Schaffung des Grundcurriculums und seiner symbolischen Prämissen orientiert. Der nächste Abschnitt, bis Mitte der sechziger Jahre, galt mehr den Lehrplanproblemen, und insbesondere solchen, die mit den Symbolen der israelischen Kollektividentität zusammenhingen.

Der dritte Zeitabschnitt im Staate Israel, ab Mitte der sechziger Jahre, war hauptsächlich von Integrationsproblemen und den besonderen Schwierigkeiten verschiedener Bevölkerungssektoren, darunter insbesondere der Einwanderer, gekennzeichnet.

Ab Mitte der siebziger Jahre widmete man sich dann schließlich den eigentlichen Bildungsfragen, entwickelte spezialisierte Lehrpläne und definierte verschiedene Aspekte des kollektiven Erbes neu.

Die fünfziger und frühen sechziger Jahre. Die beiden ersten Entwicklungsperioden des Bildungswesens im Staate Israel

Der Aufbau des Unterrichtswesens und die beginnende Integration verschiedener Bevölkerungsschichten

Das erste, einfachste und grundlegendste Problem dieser beiden Zeitabschnitte bestand natürlich darin, ein Schulsystem aufzubauen und zu verwalten, das imstande sein würde, die neuen Bevölkerungswellen aufzunehmen.

In dieser Zeit wurde die gesamte Grundstruktur des Systems errichtet, gegliedert in Grundschulen, verschiedene Sekundarschulen – insbesondere gymnasiale, berufsbildende und landwirtschaftliche Zweige – und die verschiedenen Hochschulen. Ebenfalls aus diesem Zeitraum stammen die grundlegenden Gesetze über die unentgeltliche Pflichtschule. Durch das im Sommer 1953 von der Knesset verabschiedete Staatliche Erziehungsgesetz wurde somit das vorherige, aus mehreren Schulströmungen zusammengesetzte Unterrichtssystem abgeschafft. Das stark zentralisierte Erziehungswesen widmete sich allen Fragen, die das Curriculum und die Beschäftigung von Lehrern betrafen, während Finanz- und Verwaltungsprobleme im Zusammenwirken mit den Ortsbehörden erledigt wurden.

Die Schülerzahl in den Primar- (bis zur 8. Klasse im Alter von 14 Jahren) und Sekundarschulen (14.-18. Lebensjahr) stieg von 140 917 im Schuljahr 1948/49 auf 580 202 im Schuljahr 1959/60 (ein Zuwachs von 412 Prozent) und 824 432 im Schuljahr 1969/70 (eine Zunahme von 142,1 Prozent). In späteren Zeitabschnitten kletterten die Zahlen weiter auf 1 203 836 im Schuljahr 1979/80 (ein Zuwachs von 146 Prozent) und 1 261 556 im Schuljahr 1981/82 (ein Zuwachs von 104 Prozent). Die Zunahme von

1948/49 bis 1981/82 betrug 895,8 Prozent. Die Schülerzahl in den Primarschulen stieg von 91 133 im Schuljahr 1948/49 auf 375 054 im Schuljahr 1959/60 (ein Zuwachs von 411,54 Prozent), 394 345 im Schuljahr 1969/70 (ein Zuwachs von 105,14 Prozent), 436 387 im Schuljahr 1979/80 (ein Zuwachs von 110,65 Prozent) und 455 431 im Schuljahr 1981/82 (ein Zuwachs von 104,36 Prozent). An den Sekundarschulen stieg die Schülerzahl von 55 142 im Schuljahr 1959/60 auf 129 436 im Schuljahr 1969/70 (ein Zuwachs von 234,73 Prozent), 143 810 im Schuljahr 1979/80 (ein Zuwachs von 111,10 Prozent) und 154 193 im Schuljahr 1981/82 (ein Zuwachs von 107,21 Prozent).[31]

Im selben Zeitraum stieg die Studentenzahl an den Hochschulen von 2 572 im Jahre 1949/50 auf 10 202 im Jahre 1959/60 (ein Zuwachs von 396 Prozent); weiter kletterte sie auf 18 368 im Jahre 1964/65 (eine Zunahme von 180 Prozent) und 32 389 im Jahre 1968/69 (ein Zuwachs von 176,3 Prozent). Im Jahre 1976/77 betrug die Studentenzahl an den Universitäten 52 980 (ein Zuwachs von 163,5 Prozent) und stieg danach bis 1982 auf 60 685 (ein Zuwachs von 114,54 Prozent). Der Gesamtanstieg von 1949/50 bis 1982 betrug 2 359 Prozent.[32]

Die drei Strömungen im Schulwesen – die Arbeiterströmung, die religiöse und die allgemeine Strömung –, die bekanntlich im Jischuw entstanden waren, wurden nach der Staatsgründung zu zwei Schulzweigen – dem allgemeinen und dem religiösen – zusammengefaßt. Andererseits durften die ultra-religiösen Kreise (vor allem die, die der Agudat Israel nahestanden) ihre eigene unabhängige Strömung beibehalten.

Die Vereinheitlichung des Schulwesens zu nur noch zwei Strömungen war mehr als ein bloßer Verwaltungsakt. Sie bezeichnete auch die weitreichende Veränderung der ideologischen und symbolischen Grundprämissen der israelischen Gesellschaft. Ebenso wie bei der Schaffung einer einheitlichen Armee, die – über ihre generelle Sozialisationsfunktion hinaus – viele spezifische Bildungsaufgaben übernahm, etwa Hebräischunterricht, Berufsbildung usw., kam hier Ben-Gurions Ideologie der Mam-

31 Errechnet nach *Statistical Abstract of Israel, 1982*, Nr. 33, S. 624.

32 Council for Higher Education, Planning and Grants Committee, Universities in Israel, *Statistical Abstract, 1978/79*, Jerusalem 1980, S. 5.

lachtiut zu vollem Durchbruch, indem sie die älteren Pioniersymbole zusammen mit den staatlichen unter die Ägide des Staates brachte.
Dabei wurde durch die Einrichtung eines getrennten religiösen Schulzweiges den spezifischen Kulturproblemen dieses Sektors Rechnung getragen.

Das Problem der Lehrerbeschaffung

Wachstum und Ausdehnung des Unterrichtswesens riefen natürlich das Problem der Lehrerbeschaffung auf den Plan; so kam es zur vermehrten Einstellung von Lehrkräften und zu einer großen Erweiterung der Lehrerbildungsinstitutionen.
Die dringende Notwendigkeit, eine große Anzahl von Lehrern in relativ kurzer Zeit ausbilden zu müssen, und die rapide Erweiterung der Lehrerbildungseinrichtungen führten – zumindest vorübergehend – dazu, daß recht viele Anwärter in Schnellkursen zu nicht voll ausgebildeten Lehrern avancierten. Zumindest anfangs bedeutete das eine Senkung des Niveaus[33], und die Situation verschärfte sich noch eine Weile, bis Ende der sechziger, Anfang der siebziger Jahre eine Wende eintrat.
Der zahlenmäßige Anstieg an Lehrkräften ergibt sich aus der Tatsache, daß in den Primarschulen 1969/70 22019 Lehrer unterrichteten, 1981/82 aber 32700 – ein Zuwachs von 148,5 Prozent. An den Sekundarschulen gab es 1969/70 10221 und 1981/82 17000 Lehrer – ein Zuwachs von 166,32 Prozent.
Außerdem stieg der Anteil der Lehrerinnen. 1958/59 waren 63 Prozent der Lehrkräfte an den Primarschulen Frauen; 1963/64 war ihr Anteil auf 68 Prozent gestiegen, 1969/70 betrug er 75 Prozent und 1980/81 sogar 85,4 Prozent. An den Mittelstufen waren 1974/75 54,3 Prozent der Lehrkräfte Frauen, 1980/81 69 Prozent.
Im Zusammenhang mit den steigenden Lehrerzahlen stand auch ihre stärkere Gewerkschaftsaktivität, die sich zunehmend auf höhere Gehälter und bessere Arbeitsbedingungen konzen-

33 Für weitere Informationen siehe *Statistical Abstract of Israel, 1982*, Nr. 3, S. 639).

trierte. Darüber hinaus entwickelten sich die Lehrer zu einer der streikfreudigsten Berufsgruppen in Israel.

Die Verknüpfung von Bildungswesen und Arbeitsmarkt

Die Vereinheitlichung des Schulsystems war von seiner wachsenden Verknüpfung mit dem Arbeitsmarkt begleitet, und zwar hinsichtlich der beruflichen Möglichkeiten im allgemeinen und denen im öffentlichen Dienst im besonderen.
Als Bindeglied diente dabei der Nachweis formaler Schulabschlüsse – erst des Abiturs, später dann des Bachelor- oder Magistergrades der Universitäten –, denen als Einstellungsvoraussetzung in weiten Teilen des Arbeitsmarkts, etwa im öffentlichen Dienst und im öffentlichen Sektor überhaupt, aber auch in vielen anderen Dienstleistungsbereichen wachsende Bedeutung zukam. So wurde die Ausbildung zu einer der wichtigsten Bahnen beruflicher Mobilität und Statusverbesserung, wie bereits im 9. Kapitel ausgeführt.
Diese allgemeine Tendenz entwickelte sich auf verschiedenen Sektoren des Arbeitsmarkts natürlich in unterschiedliche Richtungen. Akademische Grundbildung wurde vor allem im öffentlichen Sektor verlangt, teilweise auch eine zusätzliche Spezialisierung in Volks- oder Betriebswirtschaft. Ein höherer akademischer Grad wurde selbstverständlich von denen verlangt, die wissenschaftliche oder Ingenieurberufe ergreifen wollten. Eine höhere technische Ausbildung boten vor allem das Technion und einige technische Fachschulen an, wie etwa das 1962 gegründete Technologische Institut in Cholon, das teilweise in die Universität Tel Aviv integriert worden ist.

Das Abrücken von der Zukunftsorientierung

Die veränderte Stellung der Jugendbewegungen im Bildungswesen sowie der Wandel, der in den Tätigkeiten dieser Bewegungen und im Lehrerberuf eingetreten war, standen mit der allgemeinen Abschwächung der Zukunftsorientierung in Zusammenhang, das heißt mit der Tatsache, daß sich das Bildungswesen zunehmend an den vorhandenen Bevölkerungsgruppen ausrichtete und eine enge Bindung mit den bestehenden Schichten und dem Arbeitsmarkt einging. Diese Entwicklungen waren außerdem mit dem – bereits in den letzten Jahren des Jischuw feststellbaren – Rückgang in der Bedeutung des Schulwesens als einem Ort kultureller Kreativität oder Innovation verbunden. Die Schwächung der kreativen Funktionen des Schulwesens und des Lehrerberufs wurde teilweise noch durch die Erweiterung der Universitäten verstärkt, die zumindest einige der potentiellen Oberschullehrer für sich gewannen.

Trotz all dieser Probleme, mit denen sich das Bildungswesen des Staates Israel in seinen ersten beiden Entwicklungsabschnitten auseinanderzusetzen hatte, kann seine Arbeit als recht erfolgreich bewertet werden, vor allem, wenn man die schwierige Ausgangssituation in Betracht zieht.

Das Bildungswesen, das auf die eine oder andere Weise breite Bevölkerungsteile einbezog – zusammen mit der Armee auf der einen und verschiedenen speziellen Ausbildungsgängen auf der anderen Seite –, zeigte sich imstande, den meisten Einwanderern die Anfangsgründe der hebräischen Sprache zu vermitteln (selbst wenn noch manche Inseln des Analphabetismus bestehen blieben) und sie zur Bindung an das Land und zur Anerkennung seiner Grundprämissen hinzuführen. Allerdings unterminierte es dabei die älteren, traditionellen Denkweisen vieler – insbesondere mancher orientalischer – Einwanderer, aber es eröffnete ihnen auch neue Perspektiven, vor allem die Aussicht auf volle Mitwirkung in der Gesellschaft und den Erwerb der Minimalvoraussetzungen, die auf dem Arbeitsmarkt verlangt wurden.

Mitte der sechziger und Mitte der siebziger Jahre: der dritte und vierte Entwicklungsabschnitt des Bildungswesens im Staat Israel

Neueinwandererprobleme

Doch eben dieser relative Erfolg des Bildungswesens brachte auch neue Probleme mit sich, die etwa ab Mitte der sechziger Jahre die dritte Entwicklungsphase des israelischen Bildungswesens bestimmten.

Ganz allgemein betrachtet, entwickelten sich mehrere Hauptprobleme aus der engen Verbindung von Bildungswesen und Klassenstruktur. So gab es erstens das generelle Problem der durch diese Situation beeinflußten sozialen Auslese. Wichtiger war jedoch wohl zweitens der wachsende Abstand hinsichtlich der erreichten Bildungsstufe – und damit auch der beruflichen Aufstiegsmöglichkeit – zwischen den alteingesessenen Sektoren und den Einwanderern insgesamt und später dann, sehr viel schärfer, zwischen denen europäischer und denjenigen afroasiatischer Herkunft (den sogenannten Orientalen). Die Basisdaten zeigen einen kontinuierlichen Fortschritt aller Gruppen, aber auch einen ständigen (allerdings langsam kleiner werdenden) Abstand zwischen den Orientalen und westlichen Gruppen sowie einen überraschenderweise noch größeren Abstand zwischen Israelis, deren Eltern aus Asien oder Afrika stammen, und solchen, deren Eltern europäischen oder amerikanischen Ursprungs sind. Bei diesem allgemeinen Fortschritt gab es einige sehr bedeutsame Unterschiede zwischen verschiedenen Sektoren der Bevölkerung, wie aus den Tabellen 10.1 und 10.2 ersichtlich ist.

Etwas ausführlicher betrachtet, stellten Schüler orientalischer Herkunft 1957 52 Prozent der Dreizehn- bis Vierzehnjährigen (entspricht dem letzten Jahr der Hauptschule) und durchschnittlich 55 Prozent der Vierzehn- bis Siebzehnjährigen (entspricht der vierjährigen Aufbaustufe nach der achtjährigen Hauptschule). In der letzten Hauptschulklasse waren sie jedoch nur mit 32 Prozent vertreten und unter den Schülern der Aufbaustufe mit lediglich 17 Prozent. Im Jahr 1970 waren 56 Prozent der Hauptschüler orientalischer Abkunft, 1977 55,7 Pro-

Tabelle 10.1 Juden beiderlei Geschlechts im Alter von 14 Jahren, nach Geburtskontinent und Schuljahren, 1961-1981 (in Prozent)

Geburtskontinent	Jahr	Insgesamt	Absolvierte Schuljahre				
			0	1-4	5-8	9-12	13+
Gesamtbevölkerung	1961	100,0	12,6	7,5	35,4	34,6	9,9
	1971	100,0	9,0	6,3	30,1	40,8	13,8
	1981	100,0	6,0	3,7	21,3	48,1	21,9
In Israel geboren	1961	100,0	2,2	1,9	26,3	54,2	15,3
	1971	100,0	1,0	1,3	20,5	59,4	17,8
	1981	100,0	0,7	0,6	10,7	62,9	25,1
In Israel geboren, Vater auch in Israel geboren	1961	100,0	4,4	3,1	34,2	45,1	13,3
	1971	100,0	2,5	3,3	23,1	51,0	22,1
	1981	100,0	0,9	1,0	10,0	63,9	24,2
In Israel geboren, Vater in Asien oder Afrika geboren	1961	100,0	4,2	4,4	52,3	34,6	4,5
	1971	100,0	1,1	1,6	35,0	57,5	4,8
	1981	100,0	0,8	0,7	16,2	70,7	11,6
In Israel geboren, Vater in Europa oder Amerika geboren	1961	100,0	0,6	0,7	14,5	64,5	19,7
	1971	100,0	0,4	0,5	8,8	63,6	22,6
	1981	100,0	0,5	0,3	4,4	53,0	41,8
In Asien oder Afrika geboren	1961	100,0	31,5	10,1	36,2	19,2	3,0
	1971	100,0	23,5	8,6	36,4	26,5	5,0
	1981	100,0	18,8	6,0	29,2	36,0	9,7
In Europa oder Amerika geboren	1961	100,0	3,2	7,6	37,9	38,5	12,7
	1971	100,0	2,4	8,3	32,4	38,5	18,4
	1981	100,0	2,4	5,7	25,2	39,0	27,7

Quelle: *The Educational System Information in Number, 1982*, Jerusalem 1982.

zent, 1980 52 Prozent und 1981 54 Prozent. 1975/76 waren bereits 57,4 Prozent der Schüler in den Mittelstufen orientalischer Abkunft, 1979/80 betrug ihr Anteil 55,2 Prozent.
Später stieg der Anteil der orientalischen Kinder in den postprimären Schulen von 25,9 Prozent 1963/64 auf 28,3 Prozent 1964/65; 1967 betrug er 35,6 Prozent, 1976/77 50,6 Prozent und 1979/80 51,9 Prozent.*
Es besteht demnach kaum mehr ein Unterschied zwischen dem Prozentsatz von Hauptschülern, deren Eltern in Asien oder Afrika geboren wurden, und dem Anteil dieser Kinder an der gesamten Altersgruppe 6-13 Jahre.

* *Statistical Abstract of Israel, 1982*, Nr. 33, S. 633; 628.

Tabelle 10.2 Schüler im Alter von 15 bis 17 Jahren in der Aufbaustufe nach Schultyp und Herkunftsland, 1963/64-1976/77 (Quoten pro 100 in der jüdischen Bevölkerung)

Schulzweig nach Herkunftsland und Alter		1963/64	1966/67	1972/73	1976/77
Gymnasialzweig	Alter 15 Jahre	163,1	167,3	144	137
Asien/Afrika	Alter 17 Jahre	96,5	102,6	98	105
Gymnasialzweig	Alter 15 Jahre	403,5	438,3	430	374
Europa/Amerika	Alter 17 Jahre	295,2	300,4	345	336
Berufs-/Landwirtschaftsschulzweig	Alter 15 Jahre	185,8	238,7	384	453
Asien/Afrika	Alter 17 Jahre	62,3	94,8	184	255
Berufs-/Landwirtschaftsschulzweig	Alter 15 Jahre	245,4	327,7	358	405
Europa/Amerika	Alter 17 Jahre	116,7	149,4	247	290

Quelle: Bureau of Statistics, *Special Publication*, Nr. 485, S. 24 f., und Nr. 629, S. 13.

In den Sekundarschulen stieg die Zahl der Schüler aus Asien und Afrika. Die meisten von ihnen besuchten Berufs- und Landwirtschaftsschulen, während sie in den allgemeinen (gymnasialen) Schulen einen geringeren Prozentsatz stellten, als es ihrem Anteil an der Gesamtbevölkerung entsprechen würde. 1966/67 betrug die Differenz zwischen ihrem Gesamtanteil und ihrem Anteil in den allgemeinen Sekundarschulen 24,5 Prozent, war aber 1979/80 bereits auf 17,4 Prozent gesunken.
Zwei weitere, damit nicht ganz unverbundene Probleme, die in den frühen fünfziger Jahren um sich zu greifen begannen, waren Jugendkriminalität und vorzeitiger Schulabgang.

Die Benachteiligten und neue Förderungsmaßnahmen

Seit den frühen sechziger Jahren wurde daher eine Reihe von Erziehungs- und sonstigen Sondermaßnahmen eingeleitet, um diesen Problemen zu begegnen. Zum Verständnis dieser Maßnahmen ist es nötig, die Entwicklung einer Sonderkategorie im israelischen Unterrichtswesen zu analysieren, die für Israel einzigartig sein dürfte: die *Te'une Tipuach* (Benachteiligte, wörtlich: Förderungsbedürftige). Um Elad Peled zu zitieren:

Es gibt viele Definitionen für ein benachteiligtes Kind: sozioökonomische, ethnische, geographische und andere. Gewöhnlich kommt es zu einer hohen Korrelation zwischen den sozio-ökonomischen, ethnischen und geographischen Variablen. Die im israelischen Erziehungswesen praktisch angewandte Definition stützt sich auf eine Analyse der Grundschulleistungen, die in umfangreichen Tests *(Seker)* in den oberen Klassen der achtjährigen Grundschule über mehrere Jahre ermittelt wurden. Aufgrund dieser Tests wird jede soziale Gruppe, die durch bestimmte sozio-ökonomische Variablen gekennzeichnet ist, als »benachteiligt« eingestuft, was ihr einen Anspruch auf zusätzliche Bewilligung von Mitteln verschafft, um ihre schulischen Erfolgsaussichten zu verbessern.

Von den Grundschülern des Jahres 1975 waren 47 Prozent benachteiligt. In dieser Gruppe waren 95 Prozent »Orientalen«. Von dieser Gruppe gehören 90 Prozent zu großen Familien, und der Vater besitzt keine abgeschlossene Grundschulbildung. Grundschulen, in denen ihr Anteil 70 Prozent beträgt, unterrichten 55 Prozent aller benachteiligten Kinder.[34]

Um dem Problem dieser Gruppen zu begegnen, wurden neue bildungspolitische Maßnahmen entwickelt.

Spezielle Maßnahmen

Die speziellen Maßnahmen waren zweierlei Art. Die ersteren lassen sich in die Kategorie eines ergänzenden Unterrichts einordnen; hierzu gehörten besondere Klassen, längere Schultage, spezieller Hilfsunterricht für Kinder, die im regulären System versagten, begleitet von sozialen und psychologischen Hilfsdiensten für vorzeitige Schulabgänger und ähnliche Problemgruppen. Im Rahmen dieser Politik gab es viele sehr innovative Programme, etwa solche, die die kognitive Entwicklung in der frühen Kindheit experimentell zu fördern suchten, oder die Vorbereitungskurse an den Universitäten.

34 Elad Peled, »Israeli Education«, in: Edward Corsina und J. Raymond (Hg.), *Comparative Educational System,* Illinois 1981, S. 222 f.

Der zweite Typ »spezieller Maßnahmen« umfaßte Verwaltungshandlungen. So begegnete man dem Problem des vorzeitigen Schulabgangs an den Grundschulen durch den einfachen Weg einer automatischen Versetzung von einer Klasse in die nächste, um dadurch – selbst um den Preis einer möglichen Niveausenkung – zu erreichen, daß potentielle Frühabgänger in der Schule verblieben. Daß ihre Zahl tatsächlich zurückgegangen ist, darf zumindest teilweise diesen Maßnahmen zugeschrieben werden.

Eine zweite wichtige Verwaltungsmaßnahme – wenn auch anderer Art – war die in den frühen sechziger Jahren erfolgte halbformelle Einführung der sogenannten »B-Norm«; sie besagte im wesentlichen, daß – während ein normaler Schüler etwa einen Durchschnitt von 7,5-8 (von zehn) erreichen mußte, um staatliche Schulgeldbeihilfe für die Aufbaustufe zu erhalten – für einen orientalischen Schüler bereits 6,5 plus ausreichten.

Das Berufsschulwesen

Die zweite Gruppe von Maßnahmen, die dem Problem der Benachteiligten begegnen sollten und oft eng mit den genannten zusammenhingen, aber einen eigenen Bereich betrafen, waren auf weitreichende Veränderungen im gesamten Schulsystem abgestellt, denn sie verwandelten den berufsbildenden Zweig in ein System nichtakademischer Berufsvorbereitung und brachten außerdem die sogenannte Integration oder Reform.

Das Berufsschulwesen war ursprünglich eine Randerscheinung des regulären Schulsystems. Bis etwa 1960 beschränkte es sich auf einen zweijährigen Unterricht in verschiedenen Handwerks- und sonstigen Berufen, um Arbeitskräfte für relativ kleine Werkstätten auszubilden.

Vor allem, um die wachsenden Bedürfnisse mancher Neueinwanderergruppen zu erfüllen, kam es seit etwa 1960 zu einer großen Ausweitung des Berufsschulwesens, das vierjährigen Unterricht anbot und nicht nur auf spezifische beschränkte Märkte, sondern auf eine allgemeinere technische Ausbildung hin orientiert war.

Im Jahr 1948/49 besuchten 2002 Schüler Berufsschulen. 1951/

52 betrug ihre Anzahl bereits 4315 – ein Zuwachs von 215,53 Prozent. 1959/60 stieg sie weiter auf 10167 (ein Zuwachs von 235,61 Prozent) und 1964/65 auf 25601 (ein Zuwachs von 251,80 Prozent). 1971/72 kletterte ihre Zahl auf 60029 (ein Zuwachs von 234,51 Prozent), 1978/79 auf 67720 (ein Zuwachs von 112,79 Prozent) und 1979/80 auf 70361 (ein Zuwachs von 103,89 Prozent).[35] Diese Schülerschaft stammte überwiegend aus den sogenannten orientalischen Gruppen. So waren 1956/57 51,8 Prozent der Berufsschüler orientalischen Ursprungs; 1958/59 stieg ihr Anteil auf 56,7 Prozent, sank dann aber 1961/62 auf 41,2 Prozent und 1964/65 weiter auf 35 Prozent; 1970/71 stieg er wieder auf 41,4 Prozent und 1980 auf 64,3 Prozent.[36]
Das Berufsschulsystem erwies sich als äußerst konstruktive Aufstiegsbahn für viele solcher Gruppen, obwohl es sich gleichzeitig in gewissem Umfang auch zu einer Art Spezialzweig für Kinder orientalischer Abkunft entwickelte und damit allmählich der Druck wuchs, ihm akademischen Status zu verleihen. Die allgemeine, ziemlich komplexe Wirkung des Berufsschulzweigs vor der gänzlichen Durchsetzung von Akademisierungstendenzen hat Y. J. Shavit-Steifler[37] systematisch untersucht, wobei er im wesentlichen zu folgenden Ergebnissen gelangte:

> Die gymnasialen Züge verschaffen Zugang zu den Hochschulen und den oberen Stufen der sozialen Hierarchie. Aschkenasen sind in diesem Schulzweig überproportional vertreten. Die niedrigeren Ausbildungsgänge geben den Schülern mit niedrigerem Sozialstatus die Möglichkeit, eine längere Ausbildung über die Hauptschule hinaus zu erhalten, wodurch das Image von der gleichen Bildungschance aufrechterhalten bleibt und die Schüler mutmaßlich mit dem herrschenden Wertsystem der Gesellschaft konfrontiert werden. Der Besuch der niedrigeren Schulzweige hindert die Schüler jedoch an der Erwerbung des Reifezeugnisses, das das Hauptkrite-

35 R. Kahane und C. Star, *Erziehung und Arbeit* (hebräisch), Jerusalem 1983.

36 *Statistical Abstract of Israel, 1982*, Nr. 33, S. 633.

37 Yossi Jonathan Shavit-Steifler, »Tracking in Israeli Education: Its Consequences for Ethnic Inequalities in Educational Attainment«, Dissertation, University of Wisconsin-Madison 1983, S. 122-127.

rium für die Zulassung zur Hochschule und zu privilegierten Positionen darstellt ...

Die Integrationspolitik

Eine weitreichendere allgemeine bildungspolitische Maßnahme war natürlich die 1959 durch den damaligen Erziehungsminister Zalman Aranne eingeleitete Reform. Aranne hatte erst den Prawer-Ausschuß und dann den Rimmalt-Ausschuß ernannt, die die wichtigsten Empfehlungen zugunsten einer Integrationspolitik ausarbeiteten – die später auch von Abba Eban als Erziehungsminister übernommen wurden.

Die neue Politik strebte drei Ziele an, die eng mit der schwierigen Lösung des Benachteiligtenproblems zusammenhingen: Das Oberschulcurriculum sollte verändert und modernisiert, die Sekundarschulerziehung (durch Ausdehnung der unentgeltlichen Pflichtschulzeit) demokratisiert und die Schule zu einem Treffpunkt von Kindern aus unterschiedlichen Gesellschaftsschichten und ethnischen Gruppen gemacht werden, indem man auf gesetzlichem Wege die soziale Integration in der unteren Sekundarstufe erzwang.

Mit der Integrationspolitik wollte man einmal Gruppen von unterschiedlicher sozialer Herkunft in einem schulischen Rahmen zusammenbringen, um damit der Tendenz zur räumlichen Segregation in der Erziehung verschiedener Gesellschaftsklassen und ethnischer Gruppen entgegenzuwirken; zum anderen wollte man das Schulsystem selber umgestalten – einschließlich der Hochschulzulassung.

Im einzelnen ging man jetzt von der Einteilung in acht Haupt- und vier Aufbauschulklassen auf eine Gliederung in sechs Primar- und sechs Sekundarschulklassen über. Die ersten drei Jahre an den Sekundarschulen wurden als Mittelstufe bezeichnet und sollten den Übergang von der Primar- auf die Sekundarschule erleichtern. An die Stelle der formalen Auslese- und Prüfverfahren zwischen der Grundschule und den beiden Sekundarstufen trat jetzt ein System der Förderung und Beratung. Den Vorzug gab man der Gesamtschule und der Erweiterung des Berufsschulzweigs in ihrem Rahmen; außerdem wurde die

unentgeltliche Pflichtschulerziehung um zwei Jahre (9. und 10. Klasse) verlängert.
Im Jahre 1976, also bereits im letzten Entwicklungsabschnitt des israelischen Unterrichtswesens, wurde eine weitere, grundsätzlich auf dieselben Ziele gerichtete Veränderung eingeführt – diesmal im Abitursystem. Mit dem neuen Programm wollte man den Jugendlichen größere Wahlmöglichkeiten verschaffen: Drei Pflichtfächer (Mathematik, hebräische Literatur und Englisch) wurden auf verschiedenen Schwierigkeitsstufen angeboten; daneben gab es nun eine lange Reihe von Wahlfächern. In einigen Fächern sollten die Schüler jetzt Abschlußarbeiten schreiben, statt an Prüfungen teilzunehmen. In diesem Zeitabschnitt richtete man auch Spezialprogramme ein, um die Schüler zu freiwilliger Gemeindetätigkeit zu motivieren. Neue Fächer, wie das Studium des Holocaust, gehören jetzt zum Pflichtunterricht. Mehr und mehr Schulen aller Stufen benutzen Computer im Mathematik-, Grammatik- und Englischunterricht.

Zusammenfassung

Es ist nicht leicht, die Ergebnisse vieler dieser Maßnahmen genau und systematisch zu bewerten, vor allem wenn sie – wie im Fall der Schulintegration – ziemlich kontroverse und widersprüchliche Orientierungen enthalten; so ist es natürlich zu umfangreichen Meinungsverschiedenheiten über die Bewertung ihrer Folgen gekommen.
Rein quantitativ betrachtet hat sich das Programm insgesamt als recht erfolgreich erwiesen. Im Jahr 1982/83 lernten 72 000 Schüler aus der jüdischen Bevölkerung in 128 Mittelstufen. 1979/80 besuchten nur 1,9 Prozent der Primarschüler, 40 Prozent der Schüler an den staatlich-religiösen Schulen und 36,7 Prozent der Schüler im unabhängigen Schulwesen der Agudat Israel segregierte Schulen, das heißt solche, an denen über 70 Prozent der Schüler benachteiligt waren.[38] Somit hat diese Politik zweifellos viel dazu beigetragen, die orientalischen Kinder voranzubringen und die Lücke zwischen ihnen und ihren westlichen Kameraden zu schließen.

38 *Statistical Abstract of Israel, 1981*, Nr. 32.

Viel schwieriger läßt sich die Gesamtwirkung dieser Politik hinsichtlich der erreichten Bildungsleistung bewerten, da die Forschungsergebnisse kompliziert und keineswegs erschöpfend sind.

Allgemein weisen viele dieser Studien darauf hin, daß die Integration offenbar die Erwartungen verschiedener Schülergruppen angehoben hat, daß sie insbesondere die Leistungen des oberen Drittels der Schüler beeinflußt und daß sie wirkungsvoller ist, wenn der Anteil der »unterprivilegierten« Gruppen an einer Schule 60 Prozent nicht übersteigt und relativ gute Unterrichtsverhältnisse und Lernmittel vorhanden sind. Ähnlich ergeben manche Studien, daß die Mittelstufe in der Sekundarschule, vor allem bei Familien mit hohem Bildungsgrad, die Leistungen steigert, und zwar insbesondere in den Gymnasien.

Mit der Zeit sind jedoch mehr und mehr Zweifel laut geworden, ob diese Politik tatsächlich ihr Ziel einer wachsenden Solidarität und Integration erreicht hat. Teils wurde die Meinung geäußert, man hätte diese Probleme womöglich noch intensiviert dadurch, daß man Schüler mit unterschiedlichem Hintergrund und stark abweichenden Leistungen in einem gemeinsamen schulischen Rahmen zusammenbrachte, so daß sich die Gefühle der Abneigung und Entfremdung zwischen so verschiedenen Gruppen nur verstärkt hätten. Auch ist zweifelhaft, ob alle diese Bestrebungen den Preis der Niveausenkung wert gewesen sind, die – wie wir bald sehen werden – zu den auffallendsten Entwicklungen des israelischen Unterrichtswesens gehört.

Einige dieser Zweifel stimmen mit denen überein, die schon früher über die »B-Norm« geäußert wurden. Ich habe mich dazu bereits an anderer Stelle geäußert:

> Überdies haben sich die günstigen Auswirkungen der B-Norm auf die orientalischen Kinder als zweifelhaft erwiesen, da durch sie in künstlicher Weise nichtqualifizierte Schüler zur Höheren Schule, die ihnen keine besonderen Erleichterungen gewährt, zugelassen werden. Sie finden sich dann vor Anpassungsprobleme gestellt und bilden zwangsläufig einen hohen Anteil derjenigen Schüler, die die Schule vorzeitig verlassen. Ehrgeizige Bestrebungen werden auf diese Weise erst genährt, um dann enttäuscht zu werden. Ferner führt diese

Politik wahrscheinlich dazu, daß den meisten orientalischen Kindern das Stigma der »Zweitklassigkeit« angehängt wird, was besonders schwer die wenigen unter ihnen trifft, denen es aus eigener Kraft gelang, die A-Norm zu erreichen.[39]

Bildungsmaßnahmen und Leistungsniveau

Gegensätzliche Sozialauffassungen in der israelischen Gesellschaft

Wie immer diese Bewertung im einzelnen ausfällt (und es ist zweifelhaft, ob sich eine völlig objektive Einschätzung erreichen läßt), es ist von größter Bedeutung, daß viele dieser Maßnahmen eng mit allgemeineren Tendenzen verknüpft waren, die in Israel die Oberhand gewannen und sehr wichtig für das Verständnis der Wandlungen des israelischen Alltagslebens sind. Diese bildungspolitischen Maßnahmen beruhten tatsächlich auf unterschiedlichen, zuweilen sogar gegensätzlichen Prämissen, die wiederum Ausdruck unterschiedlicher sozialer Auffassungen waren, die sich in der israelischen Gesellschaft herausbildeten. Eine solche Auffassung ging davon aus, daß den verschiedenen schwächeren Gruppen besondere zusätzliche Mittel und Einrichtungen zur Verfügung gestellt werden müßten, um ihnen die Teilnahme am Bildungswettlauf zu ermöglichen; dies löste eine Welle von Programmen aus, vor allem im Bildungs- und Berufsbereich, in gewissem Umfang auch in bezug auf eine Verbesserung der Wohnverhältnisse. Eine zweite, teils entgegengesetzte Grundauffassung befürwortete die Einräumung besonderer Vorrechte für bestimmte Kategorien – die gewöhnlich als »benachteiligt« bezeichnet wurden, de facto aber überwiegend, wenn auch sicher nicht ausschließlich, aus orientalischen Einwanderern bestanden – und die Anwendung spezieller Maßstäbe auf sie.

Diese Auffassungen und die mit ihnen verbundenen Maßnahmen wirkten notwendigerweise auf den Leistungsaspekt des Unterrichtssystems ein. Als erste allgemeine Tendenz zeichnete sich eine Niveausenkung ab, die vor allem auch im abfallenden

39 Eisenstadt, *Die israelische Gesellschaft*, a.a.O., S. 279.

Standard von Eliteoberschulen und deren wachsender Homogenisierung zutage trat, obwohl einige von ihnen, wie die Reali-Schule in Haifa, Tichon Chadasch in Tel Aviv, die Universitätsoberschule in Jerusalem und einige andere ihr ausgezeichnetes Niveau wahren konnten.

Zweitens schien der Trend zum Egalitarismus sinkende Maßstäbe beim Übergang von der Primar- zur Sekundarschule nach sich zu ziehen. Außerdem brachte die Umgestaltung der Reifeprüfungen zwar ein vielfältiges Fächerangebot, das kreative Innovation in vielen Richtungen ermöglichte, führte aber andererseits auch zu einem krassen Rückgang der Anforderungen in Mathematik und Fremdsprachen und zu einer verringerten Motivation zum Studium naturwissenschaftlicher Fächer. Während nämlich 1975/76 (dem letzten Jahr vor Einführung der Abiturreform) etwa 19 Prozent der Schüler im letzten Oberschuljahr den »naturwissenschaftlichen« Zweig wählten, waren es 1981 nur noch 8 Prozent!

Die letzteren Punkte sowie auch der Mangel an qualifizierten Sekundarschullehrern in den naturwissenschaftlichen Fächern fanden starke Betonung im Bericht des 1982 vom Erziehungsminister einberufenen Sonderausschusses, der die Probleme des naturwissenschaftlichen Unterrichts in Israel überprüfen sollte und von Professor Arye Dvoretzky, dem früheren Präsidenten der Israelischen Akademie, geleitet wurde. Der Bericht wies ferner darauf hin, daß diese Entwicklungen eine sehr ernste Gefahr für den künftigen naturwissenschaftlichen Fortschritt in Israel bedeuteten; ähnliche Warnungen sprachen der Rektor des Technion und die Direktoren mehrerer einschlägiger Industriebetriebe aus.

Diese diversen Maßnahmen waren auch eng mit einem anderen Block gegensätzlicher Auffassungen verbunden, die besonders den Bildungsbereich berührten; gemeint ist der Gegensatz zwischen elitistischen und egalitären Orientierungen, zwischen dem Einsatz für Höchstleistung und Kreativität und einer praktischen Niveausenkung, zwischen der Ausrichtung auf die Zukunft und der Anpassung an die näherliegende Gegenwart, wobei die Zukunft nur als eine Fortsetzung der Gegenwart betrachtet wird.

Die meisten bildungspolitischen Maßnahmen, die im Israel der sechziger Jahre eingeleitet wurden, verbanden sich daher eng mit der wachsenden Befürwortung eines distributiven Egalitarismus, der Rechte betonte und Pflichten verringerte. Man setzte sich zunehmend für soziale Integration ein, während man hinsichtlich der Aufrechterhaltung hoher Maßstäbe eine schwächere oder gar ambivalente Haltung vertrat. Außerdem legte man weniger Nachdruck auf Höchstleistung und soziale oder bildungsmäßige Kreativität, so daß man in vieler Hinsicht gegen die älteren elitistischen Pionierideale anging, dabei aber auf einigen ihrer distributiv-egalitären Tendenzen aufbaute.

Die Einstellung zu den orientalischen Gruppen

Mit der Eingliederung der Einwanderer, zumal der orientalischen Gruppen unter ihnen, mußten auch verschiedene allgemeine und besondere Maßnahmen mit dem Ziel eingeleitet werden, dem kulturellen Erbe und den eigentümlichen Identitätssymbolen der einzelnen ethnischen Gruppen Ausdruck zu verleihen.

Dies war im großen und ganzen eine ziemlich neue Entwicklung. Natürlich hatte man diese Traditionen schon in der Jischuw-Periode in gewissem Umfang in das Schulcurriculum aufgenommen, vor allem in den Fächern hebräische Literatur und Geschichte, in denen die hebräische Literatur des Goldenen Zeitalters der Juden in Spanien – unter besonderer Betonung der weltlichen Aspekte – eine zentrale Stellung einnahm. Diese Tendenzen setzten sich nach der Staatsgründung verstärkt fort, wobei sie schrittweise ihr Gesicht veränderten. In den frühen fünfziger Jahren unterstrich Professor B. Dinur, der damalige Erziehungsminister, wie wichtig es sei, mehr aus dem »Erbe« und der Geschichte der orientalischen Gemeinden in den Lehrplan aufzunehmen.

Besondere Schwungkraft entwickelten all diese Tendenzen um die Mitte der siebziger Jahre. Vor allem gewährte man dem historischen Erbe der orientalischen Gemeinden jetzt noch größeren Raum in den Lehrplänen. Aber es gab auch einige weitreichende Veränderungen in ihren Grundprämissen, ihren ideologischen Grundlagen und Richtungen und in ihrem Verhältnis zur gemeinsamen israelischen Identität.

So kam es erstens zu einer wachsenden Ideologisierung des Erbes der einzelnen *Edot* (ethnischen Gruppen), das man nun zu einem eigenen, autonomen Bestandteil der übergreifenden israelischen Identität zu machen suchte und nicht mehr, wie vorher, als eine ziemlich sekundäre Komponente betrachtete.
Zweitens unterstrich diese ideologisierte Haltung mehr und mehr die Unterschiede zwischen verschiedenen ethnischen Gruppen, statt diese als Teil eines gemeinsamen Erbes anzusehen, wie es noch das frühere Curriculum getan hatte.
Drittens setzte sich – in deutlichem Gegensatz zu der vorherigen Negativbewertung – jetzt eine viel positivere Haltung gegenüber der Galut durch, die zuweilen fast in eine Suche nach »Wurzeln« jenseits der gemeinsamen israelischen Erfahrungswelt überging. Dieser Wandel verband sich natürlich mit der allgemeinen Neubewertung der Diaspora-Erfahrung nach dem Holocaust, aufgrund derer man jetzt weniger die Ausrichtung auf die Zukunft und die Schaffung neuer Symbole betonte, sondern sich stärker der Gegenwart und Vergangenheit zuwandte – womit auch die religiöse Komponente zunehmenden Einfluß auf den Bildungsbereich gewann.

Veränderungen in den religiösen Sektoren

In all diesen Zeiträumen gab es große Leistungsunterschiede zwischen dem allgemeinen und dem staatlich-religiösen Schulsektor, wobei der letztere meist ein niedrigeres Niveau aufwies, was einerseits auf seinen Schwierigkeiten bei der Rekrutierung ausreichend qualifizierter Lehrkräfte beruhte und andererseits auf seiner großen Anziehungskraft auf einige orientalische Gruppen. In anderen Teilen dieses Sektors fanden jedoch ab Mitte oder Ende der sechziger Jahre einige der wichtigsten neuen Entwicklungen und Innovationen im Erziehungsbereich statt, die paradoxerweise auch die aktivsten unter den potentiellen Lehrkräften anzogen.
Erstens wurde die religiöse Jugendbewegung der *Bne Akiwa* zur aktivsten Jugendbewegung überhaupt und damit sehr viel aktiver als die älteren weltlichen und sogar ultra-linken Gruppen, wobei sie vieles aus der Ideologie der Pionierzeit fortführte

– wenn auch auf ziemlich extrem religiöse und nationalistische Weise.
Zweitens zeichneten sich wichtige Innovationen im Bildungsbereich ab, und zwar weder in den offiziellen staatlich-religiösen Schulen noch im separaten Schulwesen der Agudat Israel oder den traditionellen Jeschiwot, sondern in einem neuen, typisch israelischen Typ von Jeschiwot, nämlich vor allem den sogenannten *Jeschiwot Hesder*, den Sekundarschul-Jeschiwot und den Berufsschul-Jeschiwot sowie in einigen technisch ausgerichteten religiösen Lehreinrichtungen, die Talmudstudien mit modernen technischen Fächern verbinden.
Insgesamt war die Anzahl der Jeschiwa-Schüler (ab 14 Jahren) 1978/79 auf 30000 Schüler in rund 400 Jeschiwot gestiegen, während 1949/50 erst 4862 Schüler in 115 Jeschiwot gelernt hatten. Von dieser Gesamtzahl entfallen etwa 15 Prozent auf die Sekundarschul-Jeschiwot *(Jeschiwot Tichoniot)*, 10 Prozent auf die Berufsschulen (beide für die Altersgruppe 14-18) und 6 Prozent auf die Jeschiwot Hesder.
Die auf die Altersgruppe 14-23 Jahre abgestellten Jeschiwot Hesder sowie auch die Sekundar-Jeschiwot verbinden traditionelle Talmudstudien mit weltlichen Fächern und Militärdienst, womit sie die Behauptung religiöser Kreise negieren, daß das Studium an der Jeschiwa einer militärischen Ausbildung gleichzusetzen sei.
Bedeutsamerweise hat sich in diesen Schulen eine äußerst starke elitistische Orientierung durchgesetzt, die an dem strengen, auf ausgezeichnete Lernleistungen eingestellten Ausleseverfahren ablesbar ist. Soweit ersichtlich, war die Anzahl der orientalischen Schüler in ihnen relativ gering, jedenfalls im Vergleich zu den »integrierten« Schulen.

Entwicklungen seit Mitte der siebziger Jahre

Neben dem Fortbestehen aller oben analysierten Tendenzen und Probleme bildeten sich ab etwa Mitte der siebziger Jahre einige neue Trends im israelischen Unterrichtswesen heraus, und es kam infolgedessen zu einer Schwerpunktverlagerung auf neue Probleme, ohne dadurch jedoch die Bedeutung der älteren

– und insbesondere des Integrationsproblems – herabzusetzen.

Die geringere Betonung des Leistungsniveaus, die gelockerte Disziplin und die allgemein zunehmend freizügigere Atmosphäre, die sich zum Beispiel in Berichten über Drogenmißbrauch und Gewaltanwendung in den Schulen niederschlugen, lösten tiefgreifende Befürchtungen und einige Gegentendenzen aus.

Eine solche Tendenz richtete sich auf die Wahrung eines gewissen Leistungsstandards, strengere Schuldisziplin, die Einrichtung verschiedener Beratungsdienste und flexiblere Unterrichtsprogramme. Mehrere dieser Bestrebungen kreuzten sich mit dem Entschluß mancher Elterngruppen, ihr Recht wahrzunehmen, demzufolge sie 25 Prozent des Lehrplans selbst bestimmen konnten. Außerdem wurden neue Programme für besondere Gruppen von Schülern entwickelt – von den geistig Zurückgebliebenen bis zu den Hochbegabten.

Ferner kam es zu einer ständig wachsenden Rückbesinnung auf »traditionelle« jüdische Studien an weltlichen Schulen – manchmal als mögliches Gegengewicht zu der freizügigen Atmosphäre und dem Mangel an Disziplin.

Gleichzeitig tauchten weitere Zweifel an einigen Aspekten der Integrationspolitik auf. Infolge des zunehmenden Selbstbewußtseins vieler Gruppen von Orientalen bildete sich eine Reaktion gegen Versuche, sie in »aschkenasische« Einrichtungen zu integrieren, die als eine Fortsetzung der älteren paternalistischen Rahmen betrachtet wurden. Die Integrationspolitik galt auch als mögliche Ursache für die wachsende Vernachlässigung der unteren Schichten, die etwa 20 Prozent ausmachten, und dieses Problem wurde Gegenstand öffentlicher Auseinandersetzung.

Neben den zunehmend pluralistischen Bildungsauffassungen und -einrichtungen und der Förderung verschiedener innovativer Programme zeigte sich somit wachsende Besorgnis über die sinkenden Leistungsmaßstäbe.

Ausbau

Die verschiedenen vorstehend analysierten Trends und Entwicklungen – insbesondere die Erweiterung des Schulsystems, seine Verknüpfung mit dem beruflichen Bereich und das andauernde Dilemma und Spannungsverhältnis zwischen Qualität und Leistung einerseits und egalitäreren Orientierungen andererseits – zeichneten sich auch im Hochschulbereich ab.

Während es 1947 nur eine Universität (die Hebräische Universität in Jerusalem), das Technion in Haifa und die Anfänge des Weizmann-Instituts in Rechovot (gegründet auf der Basis des früheren Sieff-Instituts) mit insgesamt 2582 Studenten gegeben hatte, existierte 1983 bereits ein weitgefächertes Hochschulwesen, das sieben Universitäten, neue Fakultäten und fast 61 000 Studenten umfaßte. Ihr Jahreshaushalt erweiterte sich von 43,8 Millionen Schekel für 1974 auf 2,8 Milliarden Schekel für 1981, wobei Regierung und Jewish Agency für einen ständig wachsenden Anteil dieses Betrags aufkamen.[40]

Der Ausbau des Universitätsbereichs ging recht schnell vor sich. 1955 wurde die Bar-Ilan-Universität gegründet, 1956 die Universität Tel Aviv, 1963 die Universität Haifa und 1964 die Ben-Gurion-Universität im Negev. Gegenüber den zwei Fakultäten (Geistes- und Naturwissenschaften sowie vormedizinische Fachschule und landwirtschaftliche Fachschule), die die Hebräische Universität 1948 gehabt hatte, gibt es jetzt eine Vielzahl von Fakultäten an den verschiedenen Universitäten: Sozialwissenschaften, Betriebswirtschaft, Rechtswissenschaft, Medizin, Datenverarbeitung, Landwirtschaft und Naturwissenschaften, die teils in biologische und physikalische Wissenschaften unterteilt werden.

Tabelle 10.3 gibt einen Überblick über den Studentenzuwachs an den verschiedenen Fakultäten von 1969/70 bis 1980/81. Wir ersehen daraus, daß zwei Fakultäten den größten prozentualen Zuwachs verzeichnen konnten, nämlich die landwirtschaftliche (mit 331 Prozent) und die medizinische (mit 241 Prozent), wäh-

40 Der tatsächliche Zuwachs, in Dollar berechnet, war natürlich erheblich geringer.

Tabelle 10.3 Zuwachs der Studentenzahl nach Fakultäten, 1969/70-1980/81

Fakultät	Studenten pro Fakultät 1969/70	1980/81	Prozentuale Zunahme
Geisteswissenschaften	10 815	17 175	158
Sozialwissenschaften	8 660	15 715	181
Rechtswissenschaft	1 774	2 176	122
Medizin	1 314	3 175	241
Mathematik und Naturwissenschaften	4 918	7 618	154
Landwirtschaft	510	1 690	331
Technik	5 392	8 291	153
Insgesamt	33 383	55 840	153

Quelle: Gestützt auf *Statistical Abstract of Israel, 1971*, Nr. 22, S. 22, und *1982*, Nr. 33, S. 648.

rend die rechtswissenschaftliche Fakultät (mit 122 Prozent) den geringsten Zuwachs hatte.

Im ersten Stadium dieser Expansion, während der sechziger Jahre, konnten die drei wichtigsten Institutionen – die Hebräische Universität, das Technion und das (1949) neu gegründete Weizmann-Institut – in vielen Abteilungen akademische Zentren von internationalem Ruf schaffen. Die Kontakte mit der internationalen akademischen Gemeinschaft wurden durch Postgraduierten-Aufenthalte, *sabbaticals* und kürzere Besuche im Ausland sowie durch häufige Gegenbesuche ausländischer Gelehrter ständig ausgedehnt, so daß Israel ein nicht unbedeutendes akademisches Geisteszentrum wurde.

Diese erste Erweiterung war von einigen wichtigen Veränderungen in der Ausrichtung der Hochschulen begleitet. Erstmals in der Geschichte der jüdischen Besiedlung Erez-Israels waren die Hochschulen nun nicht mehr kleine Inseln der Kreativität, sondern öffneten sich einer zahlreichen Studentenschaft und wurden voll in das soziale und wirtschaftliche Leben des Landes sowie in die internationale akademische Gemeinschaft integriert. So zeigte beispielsweise der *Citation Index* für die Naturwissenschaften, daß unter den 100 meistzitierten Wissenschaftlern 10 Israelis waren: sechs vom Weizmann-Institut, drei von der Hebräischen Universität (zwei Wissenschaftler, die an der medizinischen Fachschule arbeiten und einer aus der naturwissenschaftlichen Fakultät) und einer von der Universität Tel Aviv. Auch schätzt man, daß Israel im Hinblick auf die »Produktion« von wissenschaftlichen Veröffentlichungen den 16. Platz auf der Weltrangliste einnimmt (noch vor Belgien, Dänemark oder Österreich) und in der Pro-Kopf-Zahl sogar den ersten Platz besetzt.

Statt der früheren Spezialstudien wurden nun Studiengänge entwickelt, die zum Bachelor- oder Magistergrad (B. A. oder B. Sc. bzw. M. A. oder M. Sc.) führten, was auf die zunehmende Anpassung an den Arbeitsmarkt und die beruflichen Erwartungen der jüngeren Generationen hinweist.

Die Gründung der neuen Universitäten – häufig unter massivem Druck von seiten örtlicher politischer Führer, und zwar insbesondere der Oberbürgermeister von Tel Aviv, Haifa und Beer Scheva – war ebenfalls ein Anzeichen dafür, daß man die wachsenden Forderungen der örtlichen Bevölkerung nach leichtem Zugang zu akademischen Institutionen anerkannt hatte.

Auch der prozentuale Anteil von Studenten orientalischer Abstammung nahm langsam, aber stetig zu. 1969/70 stellten sie 3,3 Prozent aller Studenten, 1978/79 war ihr Anteil auf 11,7 Prozent gestiegen (ein Zuwachs von 354,54 Prozent).[41] Von besonderer Bedeutung waren die *Mechinot* (akademische Vorbereitungskurse), die in den frühen sechziger Jahren (erst an der Hebräischen Universität, später an allen anderen) eingerichtet wurden. Etwa 35 000 Studenten verschiedener Herkunft – aber insbesondere »Orientalen« – haben diese Förderkurse durchlaufen, die oft aufgrund besonderer Übereinkommen mit der Armee angeboten wurden.

Um wenigstens zum Teil die hohe Nachfrage nach akademischen Graden selbst von seiten derer zu erfüllen, die keine Universität besuchen konnten, wurden zahlreiche nicht-universitäre Hochschuleinrichtungen geschaffen. Diese waren verschiedener Art und umfaßten mehrere (etwa zehn) Akademien, die

41 Council for Higher Education Planning and Grants Committee – Higher Education in Israel, *Statistical Abstract, 1980/81* (Jerusalem, August 1982), S. 15.

aber keine Universitäten waren, wie etwa die Rubin-Akademie für Musik, spezielle Fachschulen für Technik und andere Fächer sowie örtliche *Michlalot*, in denen einige akademische Lehrgänge unter der Aufsicht von Universitäten eingerichtet worden sind. Im ersten, voll anerkannten Typ dieser Institutionen gab es 1981 rund 570 Studenten, von denen 91 den jeweiligen Abschluß erwarben, und einen wissenschaftlichen Stab von etwa 90 Dozenten. Ein halbakademischer Status wurde auch Lehrerseminaren und ähnlichen Einrichtungen gewährt.

Probleme der Niveauerhaltung

Die zunehmende Erweiterung der Universitäten und ihre Verknüpfung mit der Berufsstruktur warfen notwendigerweise das Problem auf, wie sie ihren hohen Standard in Forschung und Lehre aufrechterhalten sollten.
Ebenfalls mit dem Ausbau der Universitäten verbunden war das Problem, wie die neuen Hochschulen sich einen hochqualifizierten Lehrkörper sichern und das wissenschaftliche Leistungsniveau erreichen konnten, das in vielen Teilen der älteren Einrichtungen üblich gewesen war. Dies war nicht immer leicht in allen Abteilungen der neuen und auch einigen der älteren Institutionen. Der Aufbau neuer Universitäten eröffnete natürlich kreative Möglichkeiten für viele Wissenschaftler, die in die älteren Universitäten nicht hätten hineinkommen können. Seit den siebziger Jahren haben die Hochschulen jedoch zunehmende Besorgnis über ihre Unfähigkeit geäußert, ihren gewohnten Standard in Forschung und Lehre aufrechtzuerhalten.

Externe Probleme

Die Spannungen im Hochschulwesen beschränkten sich nicht auf die inneren Entwicklungen an den Universitäten, sondern wurden auch weitgehend durch die allgemeine Atmosphäre im Land beeinflußt und oft sogar durch sie ausgelöst.
Während einerseits die Nachfrage nach akademischen Arbeitskräften und Graden erheblich anstieg, erzeugte diese Entwick-

lung bei vielen politischen Führern eine populistische, ambivalente Haltung gegenüber der eher elitistischen Orientierung der Universitäten, ihrer Unabhängigkeit und der unabhängigen Haltung, die viele Dozenten in politischen Fragen einnahmen, während Regierung und Jewish Agency für einen ständig wachsenden Anteil der Universitätshaushalte aufkommen mußten.
Diese Ambivalenz gegenüber den Universitäten ging auch auf zwei Strukturmerkmale der israelischen Hochschulen zurück, die mit der bescheidenen Größe Israels zusammenhängen; gemeint sind erstens die starke internationale Orientierung dieser Institutionen und zweitens ihre Unfähigkeit, alle Anwärter in die hinsichtlich ihres Fassungsvermögens beschränkteren Fakultäten, und insbesondere die medizinische Fakultät, aufzunehmen, so daß manche Studienbewerber zum Studium ins Ausland gingen – und zum Teil dort blieben.

Haushaltsbeschränkungen

Diese allgemeinen Entwicklungen an den Universitäten, ihre Erweiterung und ihre wachsende Abhängigkeit von Mitteln der Regierung und der Jewish Agency ließen die Forderung nach einer zentralen Regelung aufkommen.
Ein Hochschulrat (Council on Higher Education) war 1958 gegründet worden; seine Mitglieder wurden vom Staatspräsidenten auf Empfehlung der Regierung ernannt (die ihrerseits gewöhnlich einigen informellen Vorschlägen der Universitäten folgt); den Vorsitz hatte der Erziehungsminister. Ab 1979/80 hatte er die Befugnis, neue Abteilungen und Fakultäten zu genehmigen.
Im Jahr 1977 wurde ein spezieller Bewilligungsausschuß (Grants Committee) unter der Leitung hervorragender Wissenschaftler gegründet, der die Universitätshaushalte überwachte. Obwohl es – trotz einiger Versuche in dieser Richtung – zu keiner politischen Einmischung in den Universitätsbetrieb kam, hatten die Hochschulen nach wie vor mit einer der bedeutsamsten Folgen der ambivalenten Haltung ihnen gegenüber zu kämpfen: nämlich mit einschneidenden Haushaltskürzungen. Diese begannen in den frühen siebziger Jahren und erreichten

ihren Gipfel 1983, als bei einem rund dreißigprozentigen Ausbau die öffentlichen Beihilfen konstant blieben oder sogar zurückgingen.
Eine der wichtigsten Auswirkungen dieser Kürzungen auf das Niveau der Universitäten zeigt sich an den Veränderungen im Zahlenverhältnis zwischen Dozenten und Studenten. 1974/75 gab es 52 000 Studenten bei rund 6 800 Lehrenden, so daß 0,13 Dozenten auf einen Studenten bzw. 7,6 Studenten auf einen Dozenten kamen. 1977/78 standen jedoch bereits 54 060 Studenten einem wissenschaftlichen Stab von 6 370 Mitarbeitern gegenüber, was eine Quote von 0,11 bzw. 8,4 ergibt. 1983 gab es einen Dozenten pro 15 Studenten in den Geistes- und Sozialwissenschaften; in den Naturwissenschaften lautete das Verhältnis 1:11,5. Es scheint, wie wir später noch sehen werden, daß dieser Trend anhält, wobei er in vieler Hinsicht die Grundlagen der wissenschaftlichen Arbeit in Israel unterminiert.

Zusammenfassung

Die wichtigsten Entwicklungstendenzen und Probleme des israelischen Bildungswesens

So war das israelische Bildungswesen, wie es sich in staatlicher Zeit entwickelte, von einer weitreichenden Expansion, zunehmenden Veränderungen und ständigen Spannungen zwischen verschiedenen Orientierungen gekennzeichnet.
Im Mittelpunkt all dieser Veränderungen stand die zunehmende Einbeziehung des Bildungswesens erstens in das entstehende beruflich-wirtschaftliche System – was seine Bedeutung stetig erhöhte, weil es die Bildungsnachweise lieferte, die für das berufliche Fortkommen immer notwendiger wurden – und zweitens in die sozio-politischen Grundprobleme der israelischen Gesellschaft. All dies schwächte natürlich die starken Zukunftsorientierungen, die das Bildungswesen in der Jischuw-Periode charakterisiert hatten.
Diese beiden Einbindungsprozesse brachten die »normalen« Probleme mit sich: sie betrafen die Suche nach angemessenen Mitteln und passenden organisatorischen Rahmen bei einem

solch ungeheuren Ausbau, die Gefahr der Überbürokratisierung und das Gespür für verschiedene pädagogische Spezialfragen. Aber es bestanden auch einige recht weitreichende Spannungen und Widersprüche in den Grundauffassungen, die die wichtigsten politischen Maßnahmen im Bildungsbereich leiteten.

Die erste dieser Spannungen entstand mit der zunehmenden Einbindung des Bildungswesens in das entstehende Klassensystem der israelischen Gesellschaft, weil dabei auf der einen Seite die Tendenz zu wachsender sozialer Differenzierung gestärkt wurde, andererseits aber auch ein auf nationalen Solidaritätsvorstellungen und sozialistischen Gleichheitslehren beruhender Egalitarismus gepflegt wurde.

Diese Spannung verquickte sich mit einem anderen – und für das eigentliche Bildungswesen vielleicht dem entscheidendsten – Konflikt, nämlich der Spannung zwischen der auf Qualität, Höchstleistung und Kreativität abzielenden Richtung und einer Gegentendenz, die mit der Entwicklung der Integrationspolitik zusammenhing. Am entscheidendsten war dabei wohl die Tatsache, daß Israels Fähigkeit in Frage gestellt wurde, weiterhin ein Zentrum kultureller Kreativität im allgemeinen und wissenschaftlich-technischen Fortschritts im besonderen zu bleiben und sein »menschliches Kapital« in all diesen Bereichen zu vergrößern.

Diese Spannung zwischen einer Kreativität, die in gewissem Umfang zukunftsorientiert war und den ursprünglichen Pionierauffassungen eng verbunden blieb, einerseits und der bequemeren Gegenwartsorientierung andererseits zeigte sich auch an dem Aufbau kollektiver Identitätssymbole, der im Bildungswesen stattfand.

II. Kulturelle Kreativität, Wege kultureller Beteiligung und Aufbau kollektiver Identitätssymbole

Die Prämissen und Muster kultureller Kreativität und Beteiligung

Die Staatsgründung gab der Entfaltung kultureller Kreativität in ihren mannigfaltigen Aspekten einen starken Auftrieb, der bereits im Jischuw einsetzte. Gleichzeitig wurden damit aber auch weitreichende Veränderungen in diesem vielgestaltigen und in gewisser Hinsicht ambivalenten Bereich ausgelöst.

Das beste Indiz für diese Wandlungen war das wachsende Bewußtsein für und die öffentliche Debatte über das jüdische Wesen oder die jüdischen Merkmale des Staates Israel – eine Diskussion, die schon relativ früh begonnen hatte, in den siebziger Jahren aber besonders heftig wurde.

Im Jischuw und in den ersten zehn Jahren des Staates wäre eine solche Fragestellung von Teilen der Öffentlichkeit wahrscheinlich als ziemlich bedeutungslos oder bestenfalls marginal angesehen worden, auf eine kleine Gruppe von Intellektuellen oder Schriftstellern begrenzt geblieben – und zwar nicht etwa, weil die Frage nicht wichtig gewesen wäre, sondern weil man annahm, daß sie ständig, wenn auch vielleicht stillschweigend, beantwortet werde.

In der Entstehungsperiode der zionistischen Bewegung und des Jischuw herrschten zwei implizite oder explizite Antworten auf diese Frage vor. Die eine, negative, fand sich in den orthodoxen Kreisen, die dem Versuch, eine jüdische Gesellschaft aufzubauen, deren Gefüge nicht mit Gottes Willen in Einklang stand, jede Rechtfertigung absprachen. Die orthodoxen Extremisten betrachteten – vor allem in der Anfangszeit der zionistischen Bewegung und Ansiedlung – schon den Versuch, eine solche Gesellschaft zu begründen, als eine Auflehnung gegen den göttlichen Willen. Als später die Existenz der jüdischen Siedlung und dann des Staates langsam akzeptiert wurde, sahen die ultrareligiösen Gruppen darin noch bestenfalls eine Reihe von Kompromissen oder einen Kampfplatz für die Durchsetzung der Halacha.

Die andere, positive, aber vielleicht ziemlich simple Betrachtungsweise war die der ursprünglichen zionistischen Ideologie. Sie meinte, daß das ganze Grundprinzip der jüdischen Wiedergeburt im Land Israel per definitionem jüdisch sei und gänzlich dem Bestreben entstamme, die Tore jüdischer Kreativität wieder aufzustoßen und eine moderne jüdische Gesellschaft und Zivilisation aufzubauen.

Dabei lassen sich nur schwer die genauen Merkmale aufzeigen, die – der damals herrschenden Sicht zufolge – das spezifisch Jüdische ausmachen sollten, abgesehen von der allgemeinen Unterstellung, daß schon die Heimkehr ins eigene Land alle schöpferischen Quellen des jüdischen Volkes wieder freisetzen werde, die in der Diaspora angeblich verschüttet worden waren. Großen Nachdruck legte man – ganz im Sinn des Emanzipationszeitalters – auf die speziellen Werte und das geistige Erbe des jüdischen Volkes, die nun mit der Ansiedlung in Erez-Israel zur vollen Blüte gelangen sollten.

Obwohl die spezifischen kulturellen Inhalte dieses neuen, wiedererrichteten jüdisch-traditionellen Kollektivlebens, das zwischen Auflehnung gegen die Tradition und ihrer Umgestaltung lavierte, nicht leicht benannt werden können, hegten die Juden doch keinen Zweifel daran, daß schon diese Wiedererrichtung an sich die meisten Antworten liefern werde – insbesondere im Hinblick auf die Beziehung dieser neuen kulturellen Kreativität zur jüdischen Tradition einerseits und zu verschiedenen Aspekten der modernen Universalkultur andererseits – und daß diese Antworten die meisten Gesichtspunkte des kulturellen Lebens und Schaffens umfassen würden.

Tatsächlich reichte in der ersten Siedlungsperiode in Erez-Israel dieses Aufbauwerk offenbar aus, um die nötige Lösung für dieses Problem zu liefern. Bestätigt wurde diese Sicht vor allem von zwei großen Leistungen kultureller Kreativität und Innovation, die in jenen Zeitraum fielen: nämlich der Wiederbelebung und Institutionalisierung der hebräischen Sprache und der Fortentwicklung und Umgestaltung verschiedener Elemente der jüdischen Tradition, die nun in das symbolisch-institutionelle Gefüge der israelischen Kultur eingebracht wurden. All dies

bildete kontinuierlich – bis heute noch – einen Brennpunkt der öffentlich-politischen Diskussion und Auseinandersetzung, aber schon die Existenz dieser Entwicklungen war Teil des spezifisch jüdischen Aspekts des Jischuw und des Staates Israel. Gleichzeitig entstand die neue erez-israelische Kollektividentität, die sich in verschiedenen Sektoren des Jischuw herauskristallisiert hatte. Um das Wesen dieser neuen Identität sowie das relative Gewicht bestimmter Themen – wie Erez-Israel, die einzelnen Perioden der jüdischen Geschichte oder das Verhältnis zu anderen Nationen – entstanden natürlich viele Meinungsverschiedenheiten, die in der öffentlichen Auseinandersetzung wie in der Literatur ausgetragen wurden. Die meisten von ihnen – mit einer Ausnahme – entwickelten sich jedoch im allgemeinen Rahmen der Bemühungen um eine übergreifende neue Kreativität, durch die eine neue jüdische Kultur entstehen, Gestalt annehmen und der neuen Gesellschaft Sinn verleihen sollte.
Das genaue Wesen dieser Sinngebung wurde natürlich von verschiedenen Kreisen auf unterschiedliche Weise interpretiert, aber insgesamt – mit Ausnahme der Kanaaniter – beschritten sie doch alle den gleichen Weg in dem Bestreben, die jüdische Tradition im Einklang mit den allgemeinen Themen einer universalen Kultur umzugestalten.

Blüte und Diversifikation der kulturellen Aktivitäten

Kreativität

Die Blüte und Vielfalt des Kulturschaffens in verschiedenen Bereichen war tatsächlich sehr eindrucksvoll. Wir haben bereits die weitreichenden Entwicklungen auf wissenschaftlichem Gebiet analysiert. Auch in den Bereichen von Literatur, Veröffentlichungen und Übersetzungen waren neue Generationen von Schriftstellern und Journalisten äußerst fruchtbar. In einer Analyse von UNESCO-Daten für 1962 nahm Israel den ersten Rang in der Veröffentlichung von Büchern (einzelne Titel) pro Kopf der Bevölkerung ein. Aufgrund einer erneuten, in gleicher Weise vorgenommenen Auswertung von UNESCO-Daten für 1968 kamen Elihu Katz und Michael Gurevitch zu dem Ergebnis, daß Israel nur knapp hinter die Schweiz und Dänemark zurückgefallen war, aber mit 76 Buchtiteln pro 100 000 Einwohnern immer noch mit an der Spitze der Weltrangliste stand.

Eine sehr intensive Kreativität entfaltete sich auf dem Gebiet der Musik, wo das Philharmonische Orchester, aber auch andere Orchester sich einen Namen in der Musikwelt machten. Sie zogen viele hervorragende Musiker oder Dirigenten an, etwa Leonard Bernstein, Isaac Stern und Zubin Mehta oder auch Israelis wie Daniel Barenboim, die überwiegend im Ausland leben, aber gern mit den israelischen Orchestern auftreten oder sie dirigieren, so daß Israel zu einem bedeutenden Zentrum musikalischen Schaffens geworden ist.

Im populären Bereich begannen zahlreiche Musiker, Sänger und Künstler, eine Vielfalt lokaler Traditionen zu schaffen, wobei sie teilweise auf dem populären Liedgut aufbauten, das in den Pioniergruppen, Jugendbewegungen und in der Armee entstanden war, aber in vielen Fällen darüber hinausgingen. Die militärischen Musik- und Theatereinheiten, wie beispielsweise die *Lahakat Hanachal*, trugen zur Schaffung einer neuen Volkskultur auf relativ hohem Niveau bei, so daß sich eine Tradition von populären Musik- und Tanzfestivals entwickelte.

Beteiligung im Kulturbereich

Ferner kam es zu einer immer vielfältigeren kulturellen Nachfrage und kulturellen Mitwirkung auf verschiedenen Ebenen, wobei beide sehr mannigfaltige und oft recht fließende Muster annahmen.

Zu erwähnen ist vor allem das Interesse an den verschiedenen Werken der »hohen« Kultur: Literatur, Musik, Theater, Presse usw.[42]

Weit verbreitet ist die Zeitungslektüre, und zwar im allgemeinen von Blättern, die generell ein hohes Niveau sowohl in der umfassenden Berichterstattung als auch im Feuilleton entwik-

42 Siehe dazu die detaillierte Analyse in Elihu Katz und Michael Gurevitch, *The Secularisation of Leisure. Culture and Communication in Israel*, London 1976.

kelten und beibehielten. Die Zahl der in Israel erscheinenden Zeitungen und Zeitschriften ist kontinuierlich gestiegen. So gab es 1969 481 Zeitungen und Zeitschriften; 1976 waren es 653 und 1978 706, die meisten in hebräischer Sprache, darunter 14 Tageszeitungen.

Ein besonderes Ereignis in Israel ist *Schawua Hasefer,* die meist im späten Frühjahr stattfindende »Buchwoche«, in der die wichtigsten Verleger ihre Bücher in offenen Verkaufsmessen auf den Plätzen der größeren Städte ausstellen. Dies zieht jeweils zahlreiche Menschenmengen an und ist zu einem großen und beliebten kulturellen Ereignis geworden.

Museen wurden gegründet: das Israel-Museum in Jerusalem, unter Einbeziehung des älteren Bezalel-Museums; das 1930 gegründete und 1960 erweiterte Tel Aviv Museum und viele örtliche Museen. Obgleich sie natürlich nicht mit den Schätzen der großen Museen in Europa und den Vereinigten Staaten konkurrieren können, ist es ihnen doch gelungen, durch Ankäufe und Schenkungen einige recht beachtliche Sammlungen zu erwerben und Sonderausstellungen zu arrangieren, die durchweg große Besucherscharen verzeichnen. Außerdem gibt es Privatgalerien, die Werke einheimischer wie auch europäischer und amerikanischer Künstler verkaufen.

In diesem Panorama kultureller Aktivitäten sind die *Jeme-Ijun* (Studientage) von besonderem Interesse. Das sind Seminare, die einen Abend, einen Tag oder auch mehrere Tage dauern und gewöhnlich Spezialfragen wie soziale, wirtschaftliche und politische Probleme oder einzelne Themen aus Archäologie, jüdischer Geschichte und ähnlichen Bereichen behandeln. Diese Studientage, die der Tradition diverser Zusammenkünfte zum religiösen Schriftstudium (wie etwa den *Jarche Kala* der Jeschiwot) verwandt sind, haben in Israel den sonst üblichen Rahmen der Erwachsenenbildung bei weitem überschritten und sind in ihrem Umfang und häufig auch in ihrer Intensität zu einem festen Bestandteil der israelischen Kulturszene geworden.

Das Studium des Talmud und der »mündlichen« Lehre erfreuen sich seit einiger Zeit zunehmender Beliebtheit, besonders bei den religiösen, aber auch bei anderen Gruppen. Die beiden wichtigsten Beispiele solcher Studientreffen sind die »Versammlung für mündliche Lehre« und der »Monat des besonde-

ren Lernens«, durchgeführt von einer der größeren Jeschiwot in Bne Brak.
Ein volkstümlicheres und spektakuläreres Kulturereignis ist der *Chidon Tanach* (Bibelwettbewerb), der jeweils am Unabhängigkeitstag stattfindet und Teilnehmer aus aller Welt verzeichnet.
Die Einführung des Fernsehens brachte – in Israel wie anderswo – eine neue Art der Teilhabe am kulturellen Leben und seinen Ereignissen, wie wir im folgenden noch detaillierter sehen werden. Die Entwicklung des Rundfunks, des Fernsehens 1968 und der Video-Geräte in den achtziger Jahren haben das Muster kultureller Beteiligung und des kulturellen »Konsums« weitgehend verwandelt; es kam zu einer Schwächung der Lesegewohnheiten und einem passiveren Konsum der Erzeugnisse der Massenmedien. Die allgemeine Tendenz führte von Studium und aktiver Mitwirkung zu passiveren Haltungen gegenüber den Kulturprodukten sowie zu einer generellen Säkularisierung und einem zunehmenden Abrücken von ideologischen Fragen. Durch die Einführung des Fernsehens verschärfte sich letzten Endes auch das Problem der Authentizität der israelischen Kultur.

Sport und Freizeitgestaltung

Ein anderer wichtiger Unterhaltungszweig war die Entwicklung des Sports, vor allem des Fußballs, aber auch anderer Sportarten wie Volleyball, Basketball und Tennis. Viele Sportvereine hatten ihre Wurzeln in den sektorialen Einteilungen des Jischuw, und die meisten Mannschaften waren mit politischen Sektoren oder Parteien verbunden. So gehörten die Mannschaften des *Hapoel* zur Histadrut und diejenigen von *Makkabi* und *Betar* zum *Merkas Hacherut*. Infolgedessen war die Mannschaftsleitung politisch und nicht rein sportlich orientiert.
Ebenso verändert haben sich die Wochenend- und Feiertagsgewohnheiten. Auf der einen Seite gab es eine ständige Ausdehnung von rein weltlichen »Freizeitbetätigungen«: Picknicks, Ausflügen – manchmal verbunden mit der Erkundung des Landes Israel –, Wassersport und ähnlichem. Auf der anderen Seite

fanden einige religiöse Traditionen wie das Entzünden von Sabbatkerzen oder der Synagogenbesuch schrittweise auch in halbsäkularen Gruppen zunehmende Verbreitung. Oft wurden solche Tätigkeiten mit weltlicheren Mustern verknüpft, manchmal verliefen sie auch eher getrennt. Das Militärrabbinat spielte eine beachtliche Rolle bei der Stärkung dieser Traditionen; letzthin ist es von weltlichen Kreisen sogar als ziemlich aggressiv bezeichnet worden. Im großen und ganzen verwoben sich diese Tendenzen zu verschiedenen, recht fließenden Mustern, die nur an den beiden Enden des Spektrums ihre Grenze fanden – bei den ganz Religiösen und den völlig Säkularisierten. Über die gesamte Bandbreite hinweg sind die besonderen Traditionen verschiedener Einwanderergruppen – und insbesondere der orientalischen – sehr in den Vordergrund getreten, wobei sie gewöhnlich die Trennlinie zwischen Weltlichen und Religiösen überschneiden.

Eine weitere und zunehmend beliebtere Freizeitbeschäftigung in vielen Bevölkerungskreisen sind Reisen ins Ausland. Manche fahren aufgrund mehr oder weniger beständiger Kontakte, seien sie beruflicher, freundschaftlicher oder verwandtschaftlicher Art; für andere sind es einfach Vergnügungs- und oft auch Gruppenreisen von unterschiedlicher Dauer. Die Zahl der Auslandsreisenden ist von 83 100 im Jahre 1969 auf 192 800 im Jahre 1972 und 273 000 im Jahre 1979 angestiegen.

Formalisierung des kulturellen Lebens und zunehmende Autonomie und Privatisierung; neue kulturelle Themen

Die wachsende Diversifikation all dieser Betätigungen sowie der Arten und Stufen kultureller Beteiligung und des kulturellen Konsums steht in engem Zusammenhang mit der Formalisierung vieler institutioneller Kultureinrichtungen und der wachsenden Diversifikation, Autonomie und Privatisierung zahlreicher Muster kultureller Kreativität und Beteiligung.

Gerade die Institutionalisierung der überschäumenden kulturellen Kreativität und Beteiligung, die mit der Wiederbelebung der hebräischen Sprache, den neuen Feiertagen und Schulcurricula sowie ihrer schrittweisen Einbeziehung in die nüchternere Alltagswirklichkeit einer kleinen, belagerten Gesellschaft einherging, deren Energien mehr und mehr auf die Sicherheitsprobleme einerseits und die große institutionelle Expansion andererseits gelenkt wurden, brachte es mit sich, daß viele Aspekte dieser Blüte allmählich als selbstverständlich betrachtet wurden, in den Alltag eingingen und nicht mehr als Akte kultureller Schöpferkraft galten.

Schon die Diversifikation all dieser Betätigungen führte zu einer wachsenden institutionellen und symbolischen Autonomie von vielen dieser Bereiche kultureller Produktion und Rezeption. Diese zunehmende Eigenständigkeit und die neuen Beziehungen zum Zentrum zeigten sich vielleicht am deutlichsten im akademischen Bereich sowie im Journalismus und in den Medien, deren allgemeine Wichtigkeit für die Prägung der Kultur hier, wie in jeder anderen modernen Gesellschaft, zunahm.

Auf diesem Gebiet erlebten die eher sektorial-ideologischen Tageszeitungen und Zeitschriften mit ihren relativ klaren weltanschaulichen Orientierungen, die sich dem Aufbau der ideologischen und symbolischen Grundlinien der neuen erez-israelischen Kultur widmeten, eine Schwächung. Andererseits gewannen die unabhängigen Tageszeitungen – die wichtigste unabhängige Morgenzeitung *Ha'arez*, die bereits im Jischuw gegründet worden war, aber nach der Staatsgründung größeren Zuspruch fand, und die beiden wichtigsten Abendzeitungen *(Ma'ariv* und *Jediot Acharonot)* – an Bedeutung. Eine ähnliche Tendenz zeichnete sich bei den Zeitschriften ab.

Die Diskussionen im sektorialen Schrifttum richteten sich zunehmend nach innen und wandten sich an relativ geschlossene Leserkreise mit nur geringer Ausstrahlung, während sich in der unabhängigen Presse eine andere Art öffentlicher Aktivität entwickelte. Letztere war durch weitgehende Unabhängigkeit von politischen oder ideologischen Lagern und gleichzeitig durch ein hohes Maß an Verantwortungsbewußtsein gekennzeichnet (was zum Beispiel aus ihrer häufigen Bereitschaft hervorgeht, mit der Staatssicherheit zusammenhängende Dinge nicht zu veröffentlichen).

Die öffentlichen Debatten berührten alle möglichen innen- und außenpolitischen Themen und Probleme und wurden oft sehr heftig geführt. Die meisten von ihnen – allerdings mit zahlreicheren Ausnahmen in außenpolitischen Fragen – hielten sich mehr oder weniger innerhalb des breiteren Konsenses, übten jedoch starke Kritik an konkreten Regierungsmaßnahmen.

Privatisierung von kulturellen Tätigkeiten

Mit der zunehmenden Autonomie der wichtigsten Organisationen im kulturellen Bereich ging die Tendenz dahin, kulturelle Kreativität und kulturellen Konsum in die Privatsphäre der einzelnen Bevölkerungssektoren zu verweisen, bei relativ schwacher Bindung an eine übergreifende Vision oder Orientierung – obwohl sie zuweilen mit der fortgesetzten Suche nach einer solchen Vision zusammenhingen.

Zu den bemerkenswertesten dieser Entwicklungen gehörte das wachsende Interesse an Lokalangelegenheiten, das sich etwa in der Entstehung und Beliebtheit von Lokalbeilagen zu den größeren Zeitungen ausdrückte. Der Inhalt dieser Zeitungen zeigte auch, auf welch unterschiedlichen Stufen sich die kulturellen und sozialen Aktivitäten und Interessen bewegten. Einige berührten die »hohe Kultur« und Bestrebungen, eine hohe Lebensqualität zu erreichen – in bezug auf Wohnkultur, Lektüre und Kreativität in verschiedenen kulturellen Bereichen. Andere soziale Ereignisse und die entsprechenden Klatschspalten bezeugten die Entwicklung dessen, was man als eine vulgäre Massenkultur bezeichnen könnte.

Die Entstehung einer solchen Massenkultur – die sich oft, aber gewiß nicht immer laut und vulgär gab und in vieler Hinsicht offenbar importiert wurde – war häufig mit aggressiven sozialen Verhaltensmustern verbunden, wie zum Beispiel bei zahlreichen Sportveranstaltungen, doch sie hing mit dem starken Wunsch zusammen, im Zentrum mitzuwirken, von dem man sich abgeschnitten fühlte.

Diese verschiedenen Muster kultureller Kreativität und Partizipation sind zum wesentlichen Bestandteil des Lebensstils verschiedener Sektoren geworden und zeigen eine große Mannigfaltigkeit, Diversifikation und Öffnung – sowie auch Flüssigkeit – weit über das hinaus, was es in der Jischuw-Periode gegeben hatte.

Im Kontext dieser verschiedenen Muster kulturellen Lebens haben die religiösen Sektoren allgemein und die ultra-orthodoxen im besonderen natürlich ihre eigenen Muster entwickelt. Während die den größeren zionistisch-religiösen Gruppen angehörenden Kreise zwar natürlich großen Nachdruck auf religiöse Studien und Aktivitäten legen, aber auch an vielen umfassenderen Kulturtätigkeiten teilnehmen, sieht die Sache bei den verschiedenen – beständig wachsenden – ultra-orthodoxen Gruppen ganz anders aus. Hier hat sich eine ziemlich starke Tendenz zu wachsender, allerdings unterschiedlich weit gehender Segregation von den verschiedenen »weltlichen« Betätigungsmustern herausgebildet, besonders solchen wie Theater, Literatur und Massenmedien, an deren Stelle sie weit größeren Nachdruck auf religiöse Studien legen und ziemlich abweichende Muster des kulturellen Lebens entwickelt haben.

Die Suche nach einem umfassenderen Sinn

All diese Entwicklungen – die Institutionalisierung und die große Diversifikation der verschiedenen Arten und Stufen kultureller Kreativität und Beteiligung sowie die wachsende Autonomie und Privatisierung dieser Aktivitäten – änderten natürlich die Bedeutung vieler solcher Betätigungen im Verhältnis zu einigen allgemeineren, übergreifenden Bedeutungssymbolen generell und kollektiven Identitätssymbolen im besonderen.

Dieses Problem verquickte sich notwendigerweise mit den wesentlichen Veränderungen in der Entwicklung neuer kultureller und sozio-politischer Themen, vor allem denen des Heldentums, des Gedenkens an den Holocaust und der Neuorientierung im Zusammenhang mit Erez-Israel und der Galut. Hinzu kam die Frage, wie diese Themen in die Symbole israelischer Kollektividentität einzugliedern seien: um verschiedene Zeitdi-

mensionen – Vergangenheit, Gegenwart und Zukunft – gruppiert und in einige neue Parameter, ein neues umfassendes semantisches Feld eingeordnet, möglicherweise mit einer zentralen Vision verbunden, die sowohl mit den jüdischen als auch mit den universalen kulturellen Schauplätzen und Themen in Beziehung stehen würde. Während die meisten Erhebungen zeigten, daß die Israelis sich überwiegend als Juden und Israelis betrachteten, wurde die Beziehung zwischen diesen beiden – sowie vielen anderen – Komponenten israelischer Identität immer vielgestaltiger und oft verschwommen.
Zahlreiche ideologische Debatten gingen auch jetzt weiter – über das Wesen des Zionismus, die kulturelle Gestalt des Staates und ähnliches –, aber sie wurden nun meist Gegenstand spezieller Zusammenkünfte von Intellektuellen und Ideologen oder von Symposien, die die Zeitungen veranstalteten, bei nur geringerer Beteiligung von aktiven politischen Führern und Entscheidungsträgern. Obwohl diese Debatten oft guten Aufschluß über intellektuelle Stimmungen und ideologische Vorstellungen gaben, hatten sie doch wenig Bezug zur tatsächlichen Politik. Aber sie blieben ein Beweis für die Sehnsucht nach der Schaffung irgendwelcher Verbindungen zwischen diesen vielseitigen Aktivitäten und einer breiteren, übergreifenden Sinngebung.

Neue kulturelle Themen und die Umgestaltung von kollektiven Identitätssymbolen

Israelische Identität und veränderte Einstellungen zum Zionismus

Die vierte Haupttendenz, die sich herauszubilden begann, brachte spannungs- und konfliktgeladene Veränderungen einiger grundlegender Themen und Symbole der kollektiven Identität und der symbolischen Grenzen des Kollektivs.
Manche dieser Veränderungen waren, wie bereits im 7. Kapitel gezeigt, mit zentralen geschichtlichen Ereignissen verbunden, vor allem dem Holocaust auf der einen und der Staatsgründung auf der anderen Seite, in deren Folge einige neue Themen und

Komponenten in die israelische Kollektividentität eingefügt wurden.

Freilich entstand das Problem, ob die zentrale symbolische Sphäre der Gesellschaft fähig sein würde, neue Komponenten zu absorbieren und die wichtigsten Symbole der israelischen Kollektividentität umzudefinieren, und zwar sowohl hinsichtlich verschiedener jüdischer und zionistischer Themen als auch in bezug auf allgemeinere Werte, Traditionen und Orientierungen, so unbestimmt diese auch sein mochten.

Zwei Elemente dieser Identität wurden leicht erkennbar: Erstens gab es einen starken israelischen Lokalpatriotismus. Was jedoch zweitens die genauen Konturen der israelischen Selbsteinschätzung im Verhältnis zum umfassenderen Gefüge der jüdischen Tradition und der jüdischen Gemeinden anbelangt, war die jüdische Identität jetzt nicht mehr die einer Minderheit. Ein Jude in Israel zu sein bedeutete, daß man sein Selbstbild nicht notwendigerweise an einer anderen Mehrheitsgruppe oder -kultur ausrichten mußte und auch nicht den vielfältigen Problemen, Unsicherheiten und Ängsten ausgesetzt war, die einen so wichtigen Aspekt jüdischen Lebens und jüdischer Identität in der modernen Welt gebildet hatten.

Dieser Aspekt der israelischen Selbstidentität stellte die wichtigste Neuheit dar und legte den Grund für manche Unterschiede und Schwierigkeiten bei der Begegnung zwischen Israelis und Diaspora-Juden, die wir später noch genauer untersuchen werden.

Der überwiegende (nicht-religiöse) Teil der Bevölkerung verstand die jüdische oder israelische Identität als weltlich – oder war jedenfalls weit offener eingestellt, als die Halacha vorschrieb. Als jedoch Ben-Gurion 1958 in einer der Auseinandersetzungen mit den religiösen Parteien über die Frage »Wer ist Jude?« den beispiellosen Schritt unternahm, das Problem dreiundvierzig sogenannten »Weisen Israels« in aller Welt vorzulegen (zu denen hervorragende Religionsgelehrte und Geisteswissenschaftler aller Denkrichtungen gehörten), unterstützten die Antworten der »Weisen« überwiegend den orthodoxen Standpunkt, wenn auch mit einigen Modifikationen.

Gleichzeitig bildeten sich, wie im 7. Kapitel erwähnt, neue Einstellungen zum Zionismus heraus. Vor allem trat das Problem der Rechtfertigung der jüdischen Diaspora-Existenz – entgegen den üblichen zionistischen Anschauungen – jetzt in den Vordergrund, obwohl der fürchterliche Schatten des Holocaust seine offene Erörterung lange verhindert hatte. Langsam zeichnete sich die Notwendigkeit ab, dem Zionismus eine neue Bedeutung oder Definition zu geben. Zum Durchbruch kam diese Entwicklung auf dem 25. Zionistenkongreß, als Ben-Gurion erklärte, daß es seiner Meinung nach das Endziel jedes Zionisten sein sollte, nach Israel auszuwandern; wer auswandern könne, es aber nicht tue, sei kein Zionist. Die zionistische Bewegung habe ihre Aufgabe erfüllt, sagte er; ihr Zweck sei erreicht, ihre Hoffnungen hätten sich erfüllt.

Seine Gegner – überwiegend altgediente Zionistenführer, einschließlich des damaligen Präsidenten der Zionistischen Weltorganisation, Nachum Goldmann – behaupteten demgegenüber, daß die von den Juden der Diaspora dem Staat Israel gewährte Hilfe ebenfalls zur Verwirklichung der zionistischen Idee beitrage; zudem bildeten die ständige Verbreitung und Stärkung jüdischer Kultur und der hebräischen Sprache und die Verbindungen der Diaspora zu Israel einen weiteren wichtigen Aspekt dieses Vorgangs. Die Debatte wurde lange Zeit fortgeführt, bei zionistischen Zusammenkünften und Kongressen, auf besonderen Symposien sowie in vielen Zeitschriften, aber es gelang nicht, eine endgültige, voll akzeptable Lösung zu finden oder zu formulieren.

Seinerzeit beeinflußten diese Debatten jedoch kaum die allgemeine Identifikation mit der Errichtung des Staates und das damit einhergehende Gefühl, daß die israelisch-jüdische Wirklichkeit der Galut weit überlegen sei. Wie wir gesehen haben, war dieses Gefühl in vielen Sektoren des Jischuw und insbesondere bei der jüngeren Sabra-Generation äußerst lebhaft. Außerdem entstand damals eine ziemliche abfällige Haltung gegenüber dem Begriff Zionismus, da man darunter »nur Gerede« anstelle der großen Taten und Leistungen verstand, die in Israel vollbracht wurden.

Neue Entwicklungen in den Beziehungen zwischen Staat und Religion

In den ersten zwei Jahrzehnten des Staates gab es offenbar keine größeren Veränderungen in der relativen Bedeutung der religiösen Komponenten bei der Ausformung der israelischen Kollektividentität. Die Institutionalisierung der früheren Abmachungen untermauerte zwar die Stärke der religiösen Gruppen, und es kam auch zu einem langsamen Ausbau in den Details der religiösen Gesetzgebung, aber dies geschah alles unter dem Mantel des alten Kompromisses zwischen den Religiösen und den Nicht-Religiösen, wobei die letzteren augenscheinlich die Oberhand behielten.

Die fortschreitende Institutionalisierung der religiösen Kompromisse führte jedoch zunehmend zu Konfrontationen zwischen religiösen und nicht-religiösen oder weltlichen Gruppen. Dabei war nicht nur die vollständige Institutionalisierung der rechtlichen Position des Rabbinats wichtig, sondern es ging in Wirklichkeit um viel mehr.

Ein entscheidender Schritt war die Aufrechterhaltung der Kaschrut in der Armee und die Einhaltung des Sabbats und der Feiertage, soweit dies unter militärischen Bedingungen möglich war, unter Aufsicht des Militärrabbinats. Die Militärrabbiner richteten Sabbat- und andere Gottesdienste für daran interessierte Soldaten ein und schufen eine zunehmend religiöse Atmosphäre in weiten Bereichen der Armee, was für die Sozialisation der jüngeren Generationen älterer wie neuer Einwanderer höchst bedeutsam wurde.

Die Einrichtung des religiösen Schulzweigs als der einzigen offiziellen Alternative zum allgemeinen Zweig innerhalb des staatlichen Schulwesens bildete eine weitere Stärkung. Auch die Nichteinberufung von Jeschiwa-Studenten zum Wehrdienst wies auf mögliche Veränderungen des religiösen Faktors in der nationalen Kollektividentität hin.

Anfangs zumindest wurden diese Kämpfe und Kompromisse nur als pragmatische Ad-hoc-Entscheidungen gewertet oder auch als Teil der natürlichen Auseinandersetzungen im Rahmen der bestehenden Symbole kollektiver Identität und der entsprechenden institutionellen Struktur. Doch gerade die Institutionalisierung dieser Kompromisse, insbesondere hinsichtlich der Stellung der Rabbinatsgerichte, löste viele Konflikte aus. Bei einer dieser Auseinandersetzungen ging es um das Verhältnis der Rabbinatsgerichte zu den staatlichen Gerichten im allgemeinen und dem Obersten Gerichtshof im besonderen. Die extremeren religiösen Gruppen behaupteten hierzu, daß das Rabbinat – trotz seiner Rechtsprechungsgewalt über die ganze jüdische Gemeinde (einschließlich ihrer nichtreligiösen Mehrheit) – der Oberaufsicht durch die staatlichen Rechtsprechungsorgane, das heißt also insbesondere durch den Obersten Gerichtshof, entzogen sein sollte.

Im Mittelpunkt dieser Streitigkeiten stand die Frage, ob es möglich sein sollte, von den Rabbinatsgerichten zum Obersten Gerichtshof in Berufung zu gehen, wenn es sich um Angelegenheiten handelte, die in den Zuständigkeitsbereich der ersteren fielen, vor allem also in Fragen der Speisegesetze und Personenstandsangelegenheiten, insbesondere Eheschließung und Scheidung, die so eng mit der Frage »Wer ist Jude?« zusammenhängen.

Im Prinzip wurde die Autorität des Obersten Gerichtshofs bestätigt, der allerdings in der Frage »Wer ist Jude?« im Geist, wenn auch nicht im genauen Sinn der Halacha entschied.[43] Zuweilen wurden Ad-hoc-Maßnahmen ergriffen, um aktuelle Fälle zu lösen, insbesondere in bezug auf Ehen, die im Ausland vor Reform- oder konservativen Rabbinern geschlossen worden waren, was letzthin die Orthodoxen, vor allem die Mitglieder der Agudat Israel, zu der Forderung veranlaßt hat, die Knesset solle ein Gesetz erlassen, demzufolge nur diejenigen, die im Einklang mit der Halacha konvertiert sind (also von den orthodoxen Rabbinern anerkannt wurden), als Juden gelten sollen.

Generell wurde die Oberhoheit des Obersten Gerichshofs aufrechterhalten; hinsichtlich des entscheidenden Problems der Grenzbestimmung des jüdischen Kollektivs entwickelte sich jedoch eine ziemlich starke Tendenz, zumindest den Geist der halachischen Gebote zu wahren, auch wenn man sie auf neue Weise interpretierte – und zwar zuweilen durch die weltlichen Gerichte.

43 Siehe dazu im einzelnen: Eisenstadt, *Die israelische Gesellschaft,* a.a.O., S. 308-319.

In den Gesamtbeziehungen zwischen Staat und Religion bildete sich hier also das heraus, was S. Z. Abramov[44] ein »fortwährendes Dilemma« genannt hat: die Alternative zwischen einem völlig demokratischen Staat, der auf Religionsfreiheit und scheinbarer Trennung von Kirche und Staat beruht, und der tatsächlichen – sowohl in der Koalitionspolitik als auch in der langen Geschichte des jüdischen Volkes wurzelnden – Beibehaltung einer relativ engen Verquickung zwischen den beiden, ähnlich vielen katholischen Ländern wie etwa Italien, wobei das Oberrabbinat oft versuchte, eine kirchenähnliche zentralisierte Organisation und Stellung zu erlangen.

Veränderungen in den Auslandsbeziehungen

Spannungen zwischen den nach innen und nach außen orientierten Sektoren

Diese Probleme verknüpften sich mit der fünften wichtigen Entwicklung im kulturellen Bereich, nämlich der wachsenden Erkenntnis, daß den Mustern kultureller Kreativität und Beteiligung einer kleinen Gesellschaft mehrere Probleme oder Beschränkungen innewohnten.

Nach der Staatsgründung und der damit einhergehenden institutionellen Expansion entwickelten sich zunehmend Kontakte mit verschiedenen kulturellen Gemeinschaften und Institutionen im Ausland – in Wissenschaft, Literatur, Malerei und Musik – und damit einhergehend eine starke internationale Orientierung.

Dergleichen hatte es natürlich auch schon vorher, in der Jischuw-Periode und in den Frühstadien des Staates, gegeben, aber in jenen Zeiten waren sie im allgemeinen von den übergeordneten Bemühungen um den revolutionären Wiederaufbau des neuen Israels bestimmt und gelenkt worden. Die Renaissance der jüdischen Kultur akzeptierte diese äußeren Bahnen nicht als Vorbilder, sondern als etwas, gegen das man rebelliert und das sich möglicherweise in die neuen kulturellen Modelle

44 S. Zalman Abramov, *The Perpetual Dilemma. Jewish Religion in the Jewish State*, London 1976.

würde eingliedern lassen, oder als Quellen technischen Wissens.
Diese Haltung begann sich angesichts der verschiedenen vorstehend analysierten Entwicklungsprozesse und auch aufgrund der veränderten Beziehungen zu den jüdischen Gemeinden in der Diaspora zu wandeln. All dies schwächte langsam die distanzierte Einstellung gegenüber den externen Schauplätzen und führte damit auch zu einem gewissen Verlust der früheren Selbstsicherheit, des klaren internen Schwerpunkts bei der Herausbildung derartiger Einstellungen. Schrittweise wurden verschiedene äußere Schauplätze von Gegenständen der Kritik, der Integration oder der technischen Erkenntnis zu Vorbildern kultureller Kreativität und Beteiligung. Damit stellte sich das Problem, das Koordinatensystem der israelischen Kulturszene, die Hauptkomponenten ihrer Identität und das Wesen ihrer Authentizität neu festzulegen.
Gleichzeitig brachte gerade die Institutionalisierung vieler Kultur- und Bildungsaktivitäten einige der Dilemmata und Spannungen ans Licht, die dem kulturellen Schaffen eines kleinen Landes eigen sind, und zwar insbesondere eines solchen Landes, das danach strebt, zum Zentrum eines speziellen, eigenständigen Kulturschaffens zu werden.
So wurde es in vielen Bereichen kultureller Kreativität – vor allem aber wohl in Musik, Wissenschaft und Literatur – immer klarer, daß eine solche kleine Gesellschaft, aufgrund der Beschränkungen ihres natürlichen Binnenmarktes und seiner Ressourcen, viele hervorragende Talente ins Ausland »exportierte«, wie zum Beispiel Musiker vom Format eines Daniel Barenboim oder Itzhak Perlman. Andererseits bot sie auch zahlreichen berühmten Wissenschaftlern und Musikern, einschließlich der abgewanderten Israelis, einen Anreiz, als Besucher oder zeitweise als Mitwirkende in eines ihrer Zentren oder zu verschiedenen großen Sonderveranstaltungen ins Land zu kommen – und zwar in viel größerem Umfang, als dies bei manchen anderen Staaten der Fall war. Israel wurde somit zum Anziehungspunkt für viele hervorragende Persönlichkeiten in diesen Bereichen, ohne daß deren Tätigkeiten völlig in den israelischen Institutionen im Lande selbst verwurzelt gewesen wären. Aber auch diejenigen, die in Israel verblieben – und insbesondere die Wissen-

schaftler der meisten Fächer – arbeiteten natürlich zunehmend mit dem Blick auf ihre jeweiligen Kollegen im Ausland. So wurde Israel zu einem einzigartigen Kulturzentrum, während es andererseits zu einer wachsenden Trennung zwischen den außen- und innenorientierten Sektoren kam.

Die gleichen Spannungen stellten sich auch in anderen kulturellen Bereichen ein – Presse, Theater, Fernsehen oder Sport. Auch im Freizeitverhalten entwickelten sich sehr vielfältige, nach innen orientierte Aktivitäten mit einer starken bodenständigen Folklore. Gleichzeitig wurden viele solcher Betätigungen natürlich auch aus dem Ausland importiert, so daß eine große Vielzahl von Mustern der kulturellen Beteiligung entstand.

In gewissem Umfang war die Entwicklung einer solchen Vielfalt ein natürlicher Vorgang. Aber in vielen Aspekten gab sie auch Anlaß zu der Befürchtung, die zunehmende internationale Orientierung – erst in den Bereichen des kulturellen und wissenschaftlichen Schaffens, aber vielleicht noch mehr in denen des Kulturkonsums und insbesondere dessen eher »vulgären« Formen – werde die spezifisch israelische Authentizität untergraben.

So wurde man sich zusehends der Dilemmata bewußt, die zwischen der Aufrechterhaltung hoher Maßstäbe, die sogar über die einer normalen kleinen Gesellschaft hinausgingen und jetzt nicht mehr von einer revolutionären Einstellung gegen die Außenwelt geprägt wurden, und dem möglichen Verlust der eigenen Authentizität bestanden – selbst wenn letztere sehr flexibel und offen war.

Außerdem schärfte sich zunehmend das Bewußtsein der Spannungen zwischen Höchstleistung und Kreativität auf der einen und Tendenzen zu Provinzialismus, Mittelmäßigkeit und Lokalchauvinismus auf der anderen Seite – Spannungen also, die bereits im Siedlungswerk des Jischuw latent vorhanden gewesen waren, die sich jetzt mit der kontinuierlichen Entwicklung der institutionellen Struktur des Staates jedoch wandelten und verschärften und besonders in den Generationen der Sabras und Neueinwanderer deutlich hervortraten, die den Gründergenerationen folgten.

Obgleich diese Entwicklungen, Probleme und Befürchtungen auf vielen Gebieten kultureller Kreativität zum Ausdruck kamen, war es natürlich, daß sie sich am deutlichsten in der Literatur artikulierten – einem Bereich, der mehr in den örtlichen Umständen verwurzelt ist als die meisten wissenschaftlichen Betätigungen.

In der Literatur kam es – wie auch in vielen anderen Bereichen kultureller Kreativität – zu einer wachsenden Diversifikation der Formen und Gattungen des künstlerischen Schaffens, die das vorher Vorhandene bei weitem überstieg. In mancherlei Hinsicht baute diese Literatur auf den reichen, gewaltigen Werken der großen Vertreter der ersten Generation zionistisch orientierter Schriftsteller auf – wie Bialik, Tschernichowsky, Agnon und anderen, die wir im 6. Kapitel genannt haben. Diese Generation, die wie die zweite noch in der Diaspora geboren war, wandte ihre Tätigkeit fast gänzlich dem Land Israel zu. Aber bei Schriftstellern wie Awraham Schlonsky, Uri Zwi Gruenberg, Chaim Hasas und in gewissem Maß auch Nathan Alterman war ein weitreichender Wandel eingetreten. Die vielseitige literarische Tätigkeit dieser beiden Generationen (einschließlich der großen Übersetzungen aus dem klassischen Literaturschatz der westlichen Zivilisation, auf die einige dieser Schriftsteller ebenfalls große Mühe verwandten) war in hohem Maße durch die Vorstellung von der kulturellen Renaissance bestimmt. Es gab eine ständige Auseinandersetzung mit dem Erbe der Galut, gegen die man sich auflehnte und die man verneinte. Auch rebellierten sie gegen die erste große Schriftstellergeneration oder versuchten, einige Komponenten in die neue Vorstellung einer erez-israelischen Renaissance einzubeziehen.

Aus dem Kreis der neuen Generation in Israel geborener Schriftsteller erschienen in den fünfziger Jahren nur zwei große Werke, die von einer solchen Vision geleitet wurden, auch wenn diese natürlich auf andere Weise zum Ausdruck kam und sich anderen Themen zuwandte: S. Jishars *Tage des Ziklag (Jeme Ziklag)*, ein Epos aus den Tagen des Unabhängigkeitskriegs, und – auf völlig andere Art – Mosche Schamirs *Ein*

König von Fleisch und Blut (Melech Bassar Wadam), die Geschichte Alexander Jannais, des großen hasmonäischen Eroberers, der in bitteren Konflikt mit den Pharisäern geriet.

Neben diesen beiden Werken bildete sich ein sehr viel komplexerer Ansatz heraus, der sich etwa in den Werken von Amos Oz und A. B. Jehoschua findet, die wohl zu den bekanntesten Schriftstellern dieser Generation geworden sind, sowie in den Büchern vieler anderer. Die meisten der sehr inhaltsreichen und zuweilen gewaltigen Werke der neuen israelischen Schriftstellergeneration waren durch eine wachsende Hinnahme der neuen Realität gekennzeichnet – seien es nun die inzwischen alltäglich gewordene staatliche Existenz, die neuartigen Beziehungen zu den Arabern oder die sehr vielfältigen Lebensmuster, die sich in Israel entwickelt hatten. Es gab immer noch die Suche nach einem Verständnis dieser Wirklichkeit und nach einer sinnvollen – häufig problematischen und sogar schmerzlichen – Beziehung zu ihr. Aber diese Suche wurde mehr und mehr in persönlicher, oft sehr einfühlsamer Weise ausgedrückt, weniger im Rahmen einer Gesamtorientierung, wenngleich eine solche häufig vermißt wurde. Man lehnte sich gegen die Versuche auf, solche Themen mit der Wiedergabe der Wirklichkeit zu verbinden, und sehnte sich doch auch danach, was den vollen künstlerischen Ausdruck verschiedener vielfältiger Themen und Orientierungen behinderte. Interessant ist in diesem Zusammenhang, daß sich diese Generation hebräischer Schriftsteller viel weniger mit Übersetzungen fremdsprachiger Werke befaßt hat. Die außerordentlich zahlreichen und oft sehr eindrucksvollen und gelungenen Übertragungen vieler dieser Werke wurden vielmehr zunehmend von professionellen Übersetzern angefertigt – also ein weiteres Anzeichen für die wachsende Spezialisierung im kulturellen Tätigkeitsbereich und deren vielfältige Konsequenzen.

Außerdem wuchs das Interesse an ausländischen Werken, teils auch an solchen von jüdischen Schriftstellern in der Diaspora; eine Tendenz, die auf einen gewissen Verlust an Selbstsicherheit hindeutet.[45] Ähnliche Trends ließen sich in Theater und Malerei aufzeigen.

45 Siehe G. Schaked, *Es gibt keinen anderen Ort* [hebräisch], Kibbuz Hameuchad 1983.

Sechstens ergaben sich – im Vergleich zur vorangegangenen Periode – weitreichende Veränderungen in den Beziehungen zwischen verschiedenen kulturellen Bereichen und der Versinnbildlichung der nationalen Zusammengehörigkeit sowie der Solidarität verschiedener Sektoren der Gesellschaft.

Wie gesagt, entwickelte sich vor allem der Sport – insbesondere Fußball und Basketball – zum wichtigsten Einzelbereich, in dem solche Solidaritätsgefühle zum Ausdruck kamen.

Die israelische Teilnahme an internationalen Meisterschaften in diesen Disziplinen wurde teilweise als nationales Ereignis betrachtet. Während der Fernsehübertragung solcher Begegnungen waren die Straßen der meisten israelischen Städte leergefegt, und jeder israelische Sieg wurde als großes nationales Ereignis gefeiert. Wettspiele wie die Makkabia oder die internationalen Begegnungen des Hapoel, die zahlreiche Sportler aus dem Ausland in Israel zusammenführten, waren äußerst festliche und wichtige Veranstaltungen, auch wenn sie weniger Aufmerksamkeit weckten als die israelische Teilnahme an regulären internationalen Meisterschaften.

Verschiedene örtliche und sektoriale Fußballmannschaften (Hapoel, Betar, Makkabi) wurden zu Bezugspunkten der Solidarität und Identifikation der jeweiligen Sektoren, oft mit starken ethnischen Untertönen, und die zwischen ihnen ausgetragenen Spiele wurden oft zu stürmischen, geradezu tumultartigen Anlässen für die Artikulation ethnischer oder politischer Unterschiedlichkeit.

Viele andere Arten kultureller Betätigung, etwa diverse Musik- und Folkloreveranstaltungen oder spezielle Studientage und Exkursionen, blieben oder wurden wichtige Bezugspunkte gegenseitiger Solidarität und der Solidarität verschiedener Gesellschaftssektoren. Aber das geschah auf viel weniger sichtbare und umfassendere, wenn auch häufig nachhaltigere und subtilere Weise als bei Sportereignissen.

Aufgrund all dieser Trends stellte sich die Frage nach dem Wesen des neuen Parameters der israelischen Kulturszene und der Natur der Symbole israelischer Kollektividentität. Dies wiederum führte zu wachsenden Diskussionen über den jüdischen

Charakter dieser Kultur im allgemeinen und des Staates Israel im besonderen – eine Debatte, die früher auf relativ kleine, wenn auch einflußreiche Intellektuellenkreise beschränkt gewesen war.

Allerdings war es viel einfacher, diese Frage aufzuwerfen, als eine einfache Antwort auf sie zu finden bzw. eine solche, die für alle oder auch nur die meisten Bevölkerungskreise annehmbar gewesen wäre. Schon die ständige Wiederaufnahme dieser Fragen wies darauf hin, daß es darauf nicht nur eine einzige Antwort geben konnte.

Alle diese Entwicklungen berührten notwendigerweise die ideologische Gestalt der israelischen Gesellschaft und die Symbole ihrer kollektiven Identität. Am wichtigsten war es, diese Identität flexibler zu machen, ohne die Verpflichtungen gegenüber umfassenderen Symbolen zu untergraben.

11. Kapitel
Aufnahme und Integration von Einwanderern sowie Auftauchen und Wandel des »ethnischen« Problems

Gewandelte Motivationsmuster bei den Einwanderern

Der Hintergrund

Fast alle Entwicklungen in den verschiedenen Lebensbereichen der israelischen Gesellschaft verquickten sich natürlich mit der Aufnahme und Integration der Einwandererwellen in diese Gesellschaft und fanden hier ihren vollsten Ausdruck.

Das hieß nicht nur, daß – angesichts des großen Einwandererzustroms – ihr Eingliederungsprozeß notwendigerweise all diese Bereiche stark tangierte, indem er zunächst von den ursprünglichen institutionellen Modellen der israelischen Gesellschaft geprägt wurde und dann selbst deren weitere Entwicklung bestimmte. Darüber hinaus wurde vielmehr dieses Problem – neben dem der Sicherheit – als das vielleicht zentralste der israelischen Gesellschaft betrachtet. Der weite Bereich der Einwanderaufnahme und dessen, was man später als das »ethnische« Problem *(Edot)* – und insbesondere der orientalischen Juden – bezeichnete, bildete von Anfang an einen Brennpunkt der öffentlichen Sorge und Debatte, gab Anlaß zu Spannungen und Konflikten im israelischen Alltagsleben und löste wichtige Wandlungen in der israelischen Gesellschaft aus.

Die Fähigkeit, mit diesem Problem fertig zu werden – also das Vermögen, aus den unterschiedlichen Einwanderergruppen eine Nation zu schaffen –, wurde seit den ersten Tagen des Staates von nahezu allen Sektoren der israelischen Gesellschaft als eine seiner wichtigsten Aufgaben und eine seiner größten Prüfungen angesehen. Und ebenfalls von der Geburtsstunde des Staates an war klar, daß dieses Problem jetzt eine andere Größenordnung und einen anderen Rang besaß, als es die Aufnahme von Einwanderern, zumal orientalischer Herkunft, in der Jischuw-Periode gehabt hatte.

Tabelle 11.1 Einwanderer und potentielle Einwanderer[a], nach Einwanderungszeit und letztem Aufenthaltskontinent, 1882-1981

Einwanderungszeit	Insgesamt	Europa	Amerika und Ozeanien	Asien	Afrika	Nicht bekannt
1882-1903	20 000-30 000					
1904-1914	35 000-40 000					
1919-14. 5. 1948	482 857[b]	377 381	7 754	48 895	4 041	2 235
1919-1923	35 183	27 872	678	1 181	230	5 222
1924-1931	81 613	66 917	2 241	9 182	621	2 652
1932-1938	197 235	171 173	4 589	16 272	1 212	3 989
1939-1945	81 808	62 968	108	13 116	1 072	4 544
1946-14. 5. 1948	56 467	48 451	138	1 144	906	5 828
15. 5. 1948-1981	1 707 703	787 109	138 035	349 438	407 977	25 144
15. 5.-31. 12. 48	101 819	76 554	478	4 739	8 192	11 856
1949	239 576	121 963	1 422	71 652	39 215	5 324
1950	170 215	81 195	1 954	57 565	26 162	3 339
1951	175 129	47 074	1 286	103 396	20 382	2 991
1952	24 369	6 232	950	6 867	10 286	34
1953	11 326	2 147	930	3 014	5 102	133
1954	18 370	1 369	1 091	3 357	12 509	44
1955	37 478	2 065	1 155	1 432	32 815	11
1956	56 234	6 739	1 067	3 139	45 284	5
1957	71 224	39 812	1 410	4 230	25 747	25
1958	27 082	13 695	1 320	7 921	4 113	33
1959	23 895	14 731	1 147	3 544	4 429	44
1960	24 510	16 169	1 158	1 782	5 379	22
1961	47 638	23 375	1 969	4 149	18 048	97
1962	61 328	11 825	2 187	5 355	41 816	145
1963	64 364	14 213	6 497	4 964	38 672	18
1964	54 716	28 124	4 188	5 057	17 340	7
1965	30 736	13 879	3 096	5 223	8 535	3
1966	15 730	7 435	2 132	3 137	3 024	2
1967	14 327	4 295	1 771	1 987	6 268	6
1968	20 544	6 029	2 275	4 671	7 567	2
1969	37 804	15 236	9 601	7 018	5 926	23
1970	36 750	14 434	11 405	6 904	3 785	222
1971	41 930	20 888	12 885	5 778	2 354	25
1972	55 888	29 145	10 814	3 143	2 766	20
1973	54 886	40 492	9 522	2 025	2 839	8
1974	31 981	23 126	6 439	1 179	1 216	21
1975	20 028	13 417	4 989	927	689	6
1976	19 754	12 137	5 774	1 135	697	11
1977	21 429	12 660	6 201	908	1 620	40
1978	26 394	16 549	6 305	1 736	1 683	121
1979	37 222	22 404	6 024	7 097	1 340	367
1980	20 428	11 792	4 350	3 202	1 007	77
1981	12 599	5 909	4 234	1 215	1 170	62

Anmerkungen: (a) Einschließlich Touristen, die ihren Status in Einwanderer oder potentielle Einwanderer änderten; für 1969 einschließlich potientieller Einwanderer; für 1970 einschließlich nichtjüdischer Einwanderer und ausschließlich einwandernder Bürger. (b) Einschließlich rund 11 000 illegaler Einwanderer und etwa 19 500 Touristen, die in Israel blieben. Quelle: *Statistical Abstract of Israel, 1982.*

Wir wollen nun einige Grunddaten zusammenfassen. Tabelle 11.1 zeigt Anzahl, Einwanderungsjahr und Ursprungsland der Neuankömmlinge. In den Jahren 1948 bis 1981 kamen 1 707 703 Einwanderer nach Israel, die meisten aus Europa (787 109), dazu 407 977 aus Afrika, 349 438 aus Asien und 138 035 aus Amerika. Im einzelnen betrachtet, nahm die Einwanderung bis 1951 stetig zu und ging ab 1952 stark zurück. 1961 setzte ein zweiter starker Anstieg in den Einwandererzahlen ein, der bis 1965 anhielt. 1965 und 1966/67 zeichnete sich ein Rückgang um 56,1 Prozent ab (1964 54 716, 1965 30 736). 1968 kam es erneut zu einem Anstieg um 54,34 Prozent, und diese wachsenden Einwandererzahlen setzten sich bis 1972 fort. Seit 1973 gab es einen kontinuierlichen Rückgang, der bis heute anhält.

Der gesamte Zeitraum seit der Staatsgründung läßt sich, was den Einwandererzustrom anbetrifft, in sechs Unterabschnitte einteilen, von denen jeder einen anderen Prozentsatz zur Gesamtsumme der nach Israel gekommenen Einwanderer beitrug.

1. Phase	1948-51	40,2%
2. Phase	1952-60	17,2%
3. Phase	1961-64	13,3%
4. Phase	1965-68	4,7%
5. Phase	1969-73	13,3%
6. Phase	1974-81	11,1%

Wir sehen also, daß die meisten Einwanderer in den Jahren 1948-51 nach Israel kamen; ab 1952 zeichnete sich ein starker Rückgang der Einwanderung ab, die nur von 1969 bis 1973 wieder anstieg.

Diese Zeitabschnitte wiesen auch Unterschiede hinsichtlich der anteilsmäßigen Verteilung der Einwanderer nach Herkunftskontinenten auf (siehe Tabelle S. 436).

Wir ersehen daraus, daß es in der zweiten Phase einen starken Rückgang der Einwanderung aus Asien, einen großen Anstieg aus Afrika (das heißt Nordafrika) und den Anfang eines bescheidenen Anstiegs aus Amerika gab. Die dritte Phase brachte einen andauernden Rückgang aus Asien, einen weiteren Anstieg aus Afrika, einen fortgesetzten leichten Anstieg aus Amerika

Phase	Asien	Afrika	Europa	Amerika
1.	34,5%	13,6%	47,5%	0,7%
2.	12,0%	49,4%	47,5%	3,4%
3.	8,5%	50,5%	34,0%	6,5%
4.	18,5%	31,2%	31,2%	11,4%
5.	10,9%	7,7%	57,2%	23,9%
6.	9,1%	4,9%	62,2%	23,3%

und einen Rückgang aus Europa. Während der vierten Phase gab es einen Anstieg aus Asien, einen großen Rückgang aus Afrika, einen beginnenden Anstieg aus Europa und einen andauernden Anstieg aus Amerika. Die fünfte Phase war durch einen starken Rückgang aus Asien und Afrika und einen erheblichen Zuwachs aus Europa und Amerika gekennzeichnet. In der sechsten Phase hielt der Rückgang aus Asien und Afrika an, begleitet von einem fortgesetzten Anstieg aus Europa und einem leichten Rückgang der Einwanderung aus Amerika.

Die Muster der Einwandereraufnahme

Wir können auch einige Grundstadien der Aufnahmepolitik rekapitulieren. Das erste Stadium, das die späten vierziger und frühen fünfziger Jahre umfaßte, war bekanntlich das schwierigste; dies war die Zeit der *Maabarot,* der öffentlichen Arbeitsbeschaffung, der Gründung von Entwicklungsstädten.

Mitte der fünfziger Jahre waren die meisten und auffälligsten dieser Sondereinrichtungen – insbesondere die Maabarot – fast völlig verschwunden; Anfang der sechziger Jahre bestanden nur noch ganz wenige fort.

Die Besiedlung der Moschawim und Entwicklungsstädte dauerte natürlich an: in den ersteren mit relativ großem Erfolg, während die letzteren, wie gesagt, ein gemischteres Bild abgaben. Doch der größere Teil der Einwanderer zog in die Städte, und dort entstanden dann tatsächlich die diversen *Schechunot* (halbe Slums), wie die Katamonim in Jerusalem, Schechunat Hatikwa in Tel Aviv, Wadi Salib in Haifa oder Einwandererkonzentrationen wie in Rosch Haajin. Hier trafen sich die unteren Klassen der Einwanderergruppen, darunter viele orientalischen Ursprungs, von denen wieder ein erheblicher Teil aus Nordafrika stammte, während es aber auch andere Gruppen gab, wie beispielsweise die Jemeniten in Rosch Haajin; sie setzten hier ihr Leben unterhalb der Armutsgrenze über zwei Generationen und zuweilen bis in die dritte hinein fort. Aber in den übrigen Stadtteilen, in die die meisten Einwanderer zogen, sahen die Dinge natürlich anders aus. In den Städten, den Moschawim und den Entwicklungsstädten vollzog sich die Verwandlung der Neueinwanderer in vollgültige Mitglieder der israelischen Gesellschaft. Hier bildeten sich die neuen Sozialstrukturen und viele der hervorstechendsten Merkmale heraus, die den Wandel der israelischen Gesellschaft kennzeichneten.

Die Umrisse dieses Wandels wurden bestimmt durch die fortlaufende Interaktion zwischen den starken Initiativen des Zentrums und der Subzentren bei der Schaffung zahlreicher neuer Institutionen; durch die Art des Eintritts oder der Aufnahme verschiedener Neueinwanderergruppen in den zentralen institutionellen Rahmen von Wirtschaft, Kultur und Politik: durch die aufnehmende Gesellschaft; durch die Diskrepanzen zwischen der Art dieser Aufnahme und einigen Grundprämissen der Gesellschaft, wobei diese Unstimmigkeiten von vielen der Neueinwanderergruppen wahrgenommen wurden; und durch den natürlichen Impetus der Entwicklungen in den wichtigsten institutionellen Bereichen der Gesellschaft.

An dieser fortwährenden, dynamischen Interaktion wirkten alle Teile der Bevölkerung in einer Weise mit, die sich in vieler Hinsicht von den Verhältnissen in der Jischuw-Periode unterschied, aber doch völlig natürlich war, wenn man sie mit den meisten anderen modernen Ländern vergleicht, die eine nichtselektive Masseneinwanderung erlebten.

Merkmale der Neueinwanderer

Zwei Kategorien von Ursachen oder Faktoren waren natürlich von zentraler Bedeutung für die Entwicklung der Integration verschiedener Einwanderergruppen in die israelische Gesellschaft und deren Aufbau, insbesondere im Vergleich zu der Struktur, die sich im Jischuw herausgebildet hatte. Erstens wa-

ren da der kulturell-strukturelle Hintergrund und die Motivation der einzelnen Einwanderergruppen im allgemeinen und der sogenannten orientalischen Gruppen im besonderen zu berücksichtigen. Zweitens spielte die Struktur der »aufnehmenden« Gesellschaft oder Sektoren eine Rolle, unter Veränderungen, die mit der Entwicklung und Institutionalisierung des Staates einhergingen. Als dritter und wohl wichtigster Punkt folgte die Interaktion und wechselseitige Beeinflussung dieser beiden Faktorengruppen, wie sie zunächst bei der Einwandereraufnahme und später bei der fortschreitenden Integration dieser jeweiligen Einwanderergruppen in die sich ständig wandelnde israelische Gesellschaft zutage traten.
Was die erstere Faktorengruppe anbetraf, bestand die entscheidende Tatsache darin, daß die nach der Staatsgründung eintreffenden Einwanderer nicht die gemeinsamen Merkmale weiter Kreise jener Juden aufwiesen, die in der Zeit des Jischuw eingewandert waren. Letztere wiesen als Abkömmlinge teils traditioneller, teils assimilierter Juden vorwiegend ost- oder mitteleuropäischer Provenienz eine gewisse, wenn auch recht begrenzte kulturelle Homogenität auf und waren ideologisch relativ ähnlich orientiert, nämlich an einem liberal oder sozialistisch gefärbten Zionismus, der die nationale Wiedergeburt des jüdischen Volkes propagierte und in erheblichem Ausmaß gegen die Lebensweise der Elterngeneration rebellierte.
In fast allen Einwanderergruppen, gleich ob europäischen oder orientalischen Ursprungs, die zu staatlicher Zeit eintrafen, hatten sich die »revolutionären« oder vom Pioniergedanken beseelten zionistischen Orientierungen jedoch allgemein abgeschwächt. Statt dessen entstand entweder (überwiegend unter den orientalischen Gruppen) eine Art semi-messianische Einstellung, die sich allerdings in gewisser Hinsicht von ähnlichen Anschauungen unterschied, die in vielen orientalischen Gruppen während der Jischuw-Periode vorhanden gewesen waren; oder die Motivation beruhte in erster Linie auf der Suche nach Sicherheit und Geborgenheit im eigenen Land, wie das insbesondere bei den europäischen Gruppen, aber auch in vielen der sogenannten orientalischen Kreise zutage trat. Im Gegensatz zu den früheren, mehr vom Pioniergedanken beeinflußten Gruppen zeigten diese Einwanderer daher meist eine vergleichsweise

geringe Bereitschaft, ihre Lebensweise zu ändern, sie nach dem Modell des klassischen (und insbesondere des sozialistischen) Zionismus zu revolutionieren.

Unter den sogenannten orientalischen Gruppen gab es zudem tiefgreifende Unterschiede im Vergleich zu den älteren orientalischen Bevölkerungskreisen.

Der erste derartige Unterschied betraf die jüdische Orientierung und Identität, die sich unter den orientalischen Neueinwanderern herausbildete.

Die wachsende Assimilation und Mobilität, die sich unter dem Einfluß der (französischen, italienischen oder auch britischen) Kolonialmacht abzeichneten, die zunehmenden Zusammenstöße mit verschiedenen arabischen Nationalbewegungen und die Entwicklung unterschiedlicher zionistischer Bewegungen – seien es nun dem Pioniergedanken oder aber *Betar* nahestehende Gruppen – fügten dem Selbstverständnis vieler Einwanderer orientalischer oder sefardischer Abkunft hinsichtlich ihrer jüdischen Identität und Zukunftserwartung eine intensivere nationale, in gewissem Umfang säkulare und sehr oft ambivalente Dimension hinzu. Gleichzeitig übten der Zweite Weltkrieg und seine Folgen ihren Einfluß aus, teils hautnah, wie insbesondere in Libyen unter italienischer Herrschaft, teils mehr aus der Ferne, wie hinsichtlich des Schicksals der europäischen Juden. Und schließlich war da noch die Intensivierung nationaler und messianischer Gefühle bei der Gründung des Staates.

All dies verwandelte weitgehend die gesamte Einstellung zu Israel und das allgemeine Erwartungsniveau der jüdisch-orientalischen Gemeinden in bezug auf den jüdischen Staat. *Alija* (Einwanderung nach Israel) war nicht mehr die Pilgerfahrt im alten Sinne, gestützt auf die hergebrachte, religiös oder religiös-national motivierte Besiedlung des Landes Israel, denn diese Themen waren bereits in die Vision des wiedererstandenen jüdischen Staates eingegangen und hatten sich mit neuen säkularen und aktiveren Orientierungen und Erwartungen verbunden.

Die Motivationsmuster, die sich unter den aus Europa kommenden Einwanderern herausbildeten, waren anders geartet; diese Menschen – Holocaust-Überlebende, von denen nur eine kleine Minderheit einer aktiven zionistischen Jugend- oder Pio-

nierbewegung angehört hatte – stammten aus recht unterschiedlichen sozio-kulturellen Milieus, die orthodox, traditionell oder in wechselndem Ausmaß säkular oder halb-säkular bestimmt gewesen waren; aber auch von ihrem wirtschaftlichen Hintergrund aus betrachtet waren sie sehr heterogen.
Die meisten sahen in Israel das Heimatland, das bereitstand, sie aufzunehmen und ihnen eine sichere Zuflucht zu bieten. Dementsprechend waren sie bereit, sich der neuen Wirklichkeit anzupassen, aber nur sehr wenige von ihnen waren von einer aktiven zionistischen oder gar Pioniervision durchdrungen.
Unter den zionistischen Themen und Orientierungen sagten den Einwanderern also insbesondere die nationalen zu, in Verbindung mit persönlichen Sicherheitserwägungen, und weniger die revolutionären, sozialistischen Pioniergedanken. Einige Gruppen fühlten sich natürlich zudem eher von den partikularistischen als den universalistischen Themen angezogen. Trotzdem wurden von den Institutionen, in die die Neueinwanderer sozialisiert werden sollten, anfangs sehr stark die anderen Einstellungen – insbesondere die revolutionären Pionierideale – propagiert. Die meisten Neueinwanderer waren somit weniger gewillt, ihre beruflichen Verhaltensmuster und Erwartungen und ihren Lebensstil zu verändern, als es bei den früheren Pioniergruppen der Fall gewesen war.

Unterschiedliche Merkmale der Einwanderergruppen

In diesem umfassenden Rahmen neuer Motivations- und Wandlungsbereitschaftsmuster im allgemeinen und den von der herrschenden Ideologie des Zentrums ausgehenden Richtlinien im besonderen entstanden jedoch große Unterschiede zwischen verschiedenen Einwanderergruppen hinsichtlich ihrer Fähigkeit – vor allem, aber nicht nur in den ersten Stadien ihrer Eingliederung –, in den ziemlich unergründlichen und äußerst stürmischen Gewässern der israelischen Gesellschaft erfolgreich »mitzuschwimmen«. Zwei Kategorien von Variablen beeinflußten diese Fähigkeit, nämlich erstens ihr sozialer und sozialpsychologischer Hintergrund und zweitens ihre kulturellen und bildungsmäßigen Traditionen und Leistungen.

Mehrere sozialpsychologische Variablen wirkten auf diese Fähigkeit ein: das jeweilige Ausmaß an innerer, familiärer und gemeindlicher Sicherheit und Kohäsion der einzelnen Einwanderergruppen; der Umfang ihrer aktiven Führungsschicht; die verschiedenen Gesellschaftsschichten, zu denen sie gehörten; und die Art ihrer Identifikation mit dem Judentum und ihrer jüdischen Identität, von der sie getragen wurden.[46] Im allgemeinen zeigten die kohäsiven Gruppen, die starke Führungselemente mitbrachten, verschiedenen Berufs- und Beschäftigungszweigen nachgingen und eine relativ nicht-ambivalente jüdische Identität besaßen, die höchste Eignung, sich an die entstehende Lebenswirklichkeit in Israel anzupassen.

Von Beginn der Einwanderung an traten einige höchst wichtige Unterschiede innerhalb der orientalischen oder sefardischen Gruppen zutage, wobei die Bulgaren und die Jemeniten am einen Ende der Skala standen, während viele nordafrikanische und vor allem einige marokkanische Gruppen das andere Extrem bildeten.

Die jemenitischen und in geringerem Umfang die bulgarischen Gemeinden kamen nahezu geschlossen nach Israel (wie auch einige nordafrikanische Gemeinden, darunter zum Beispiel die von Marrakesch), brachten also ihre Führer und fast all ihre sozialen Schichten mit. Sie verfügten über einen relativ starken familiären und gemeindlichen Zusammenhalt sowie über eine gefestigte, positive jüdische Identität – sehr traditionell im Fall der Jemeniten und einiger nordafrikanischer Gruppen, ziemlich modern bei den Bulgaren.

Die verschiedenen nordafrikanischen Gruppen und in gewissem Ausmaß die Irakis bieten ein sehr viel komplizierteres Bild. Ein großer Teil der aktiveren Elemente und der oberen Sozialschichten aus Nordafrika ging nicht nach Israel, sondern nach Frankreich oder auch in die Vereinigten Staaten; einige kamen nur für kurze Zeit nach Israel und zogen dann weiter, etwa in den frühen fünfziger Jahren. Manchmal emigrierten sogar Brüder der Israel-Einwanderer nach Frankreich, wo sie in der offeneren, flexibleren und vielseitigeren französischen Wirtschaft sozio-ökonomisch besser vorankamen, während sie sich – ihren Angaben zufolge – sozial und emotional weniger integriert

46 Siehe dazu im einzelnen: Eisenstadt, *The Absorption of Immigrants.*

fühlten. Die jüdische Identität war in diesen Gruppen großenteils sehr komplex und ambivalent, da sie zwischen traditionellen islamischen, antijüdischen Empfindungen ihrer Umgebung, arabischem Nationalismus und französischen Assimilationstendenzen hin und her gerissen waren. Albert Memmi hat diese Gefühle näher beschrieben.[47]

Ganz anders lagen die Dinge natürlich bei den Einwanderern aus Europa, über denen zumeist noch die fürchterlichen Schatten des unmittelbar miterlebten Holocaust lasteten. Viele besaßen noch starke Familienbande und zumindest einige Traditionen oder Erinnerungen an eine festgefügte Gemeindeführung sowie vorherige Bindungen an die zionistischen Bewegungen und Organisationen im allgemeinen und die Pionierbewegungen im besonderen, aber viele andere waren auch wiederum sozial viel schwächer oder isolierter.

In engem Zusammenhang mit den Interaktionsmustern stand die besondere Struktur des Einwanderungsprozesses, die nicht – wie anfangs – vom Vorherrschen relativ kohäsiver Primargruppen und die recht enge Interaktion zwischen den Führern und Mitgliedern solcher Gruppen gekennzeichnet war.

Die Interaktion dieser Merkmale

Motivation, emotionale Sicherheit, Familien- und Gemeindezusammenhalt und vorhandene Führungsschicht waren natürlich nicht die einzigen Faktoren, die das Schicksal der Einwanderer in der israelischen Gesellschaft beeinflußten. Ihre Wirkung zeigte sich tatsächlich am deutlichsten im ersten Aufnahmestadium, als die Wirtschaft noch unterentwickelt war und die vom Aufnahmeland gebotenen wirtschaftlichen Möglichkeiten dementsprechend sehr begrenzt waren.

Mit dem Wachstum der Wirtschaft und der ökonomischen Chancen wurden jedoch Bildungsgrad, Qualifikation und allgemeiner kultureller Hintergrund zunehmend wichtiger, ohne daß diese Faktoren allerdings die Bedeutung von Familienstruktur, Gemeindesolidarität und sozialen Führungsschichten aufgehoben hätten. Tatsächlich war deren Vorhandensein oder

47 A. Memmi, *La Statue de Sel*, Paris 1965.

Fehlen in allen Stadien von Aufnahme und Integration sehr wichtig, insbesondere, wenn es eine gewisse »kulturelle« Distanz zwischen den Einwanderern und den aufnehmenden Sektoren gab. Ihre Bedeutung war von dreierlei Art: Erstens konnten sie der Gemeinde Halt geben, zweitens Handlungs- und Aufstiegsmodelle in der neuen Umgebung vermitteln und drittens die notwendigen Netze für die wirksame Ausübung von Druck bei den Aufnahmestellen und später bei den verschiedenen Einrichtungen der israelischen Sozialstruktur schaffen. Anfangs vermochte ihre Existenz sogar einen niedrigen Bildungsstand oder den sogenannten kulturellen Abstand auszugleichen – wie es etwa in vielen Moschawim geschah.

Die unterschiedlichen Muster des beruflichen Aufstiegs und der Integration verschiedener Einwanderergruppen lassen sich daher aus den ständigen Wechselbeziehungen und der Rückkopplung zwischen Bildungsstufen, kulturellen Normen, Familien- und Gemeindezusammenhalt und Führungsnetzen erklären. Dies ist aber nur eine partielle, wenn auch nicht ungültige Erklärung. Partiell ist sie deswegen, weil sie das Wirken der aufnehmenden Gesellschaft nicht befragt, weil sie die Struktur dieser Gesellschaft in Beziehung zu den neuen Gruppen und ihre Einwirkung auf sie als gegeben voraussetzt, und vor allem, weil sie nicht angibt, warum die aufnehmende Gesellschaft nicht von sich aus einen sozialen Mechanismus entwickelt hat, der stark genug gewesen wäre, den eher negativen Aspekten des sozialen Hintergrundes der Neueinwanderer entgegenzuwirken.

Solch eine Frage mag ziemlich überflüssig erscheinen – und es in gewissem Umfang sogar sein –, insbesondere wenn man andere Gesellschaften mit moderner, nicht-selektiver Masseneinwanderung zum Vergleich heranzieht. Man kann tatsächlich behaupten, daß viele Einwanderer erfolgreich in Bildungswesen, Armee und sogar in die beruflichen Einrichtungen von Stadt und Land integriert worden sind – wiederum vor allem im Vergleich zu anderen Ländern mit nicht-selektiver Masseneinwanderung. Die spätere Entwicklung zahlreicher Spezialprogramme auf dem Gebiet von Bildung, Berufsberatung und ähnlichem läßt ebenfalls erkennen, daß sich in der israelischen Gesellschaft ein besonderes Gespür für diese Probleme herausgebildet hat.

Angesichts des großen Nachdrucks, den man in Israel auf die Schaffung einer geeinten Nation und die volle Integration aller Einwanderer in diese Nation legte, ist die Frage aber vielleicht doch nicht gänzlich überflüssig. Und später, mit der zunehmenden Intensivierung des ethnischen Problems, ist sie tatsächlich mehr und mehr gestellt worden. Selbst wenn also die Entwicklung eines solchen ausreichenden Gesamtmechanismus in gewisser Hinsicht eine unerfüllbare Aufgabe, eine Art utopische Vision darstellte, war diese utopische Vorstellung doch in der neuen Ideologie und Symbolik der israelischen Gesellschaft verwurzelt, und deshalb ist es notwendig, diese Frage zu untersuchen.

Aufnahmemuster im Wandel

Einwandereraufnahme

In Wirklichkeit prägte natürlich der Gesamtkomplex der vorstehend analysierten Faktoren, zusammen mit der Absorptionsfähigkeit der institutionellen Umgebung, die Bedingungen, die den wirtschaftlichen und beruflichen Aufstieg verschiedener Einwanderergruppen, die Art ihrer Integration in das entstehende Gesellschaftssystem und den daraus folgenden Wandel dieses Systems in wichtigem Maße mitbestimmten.

Hier ist natürlich ein Vergleich mit der Jischuw-Periode angebracht, und zwar insbesondere mit den orientalisch-jüdischen Kreisen, die seinerzeit bekanntlich nur am Rande in die Hauptsektoren des Jischuw integriert waren.

Dabei ergibt sich ein ziemlich paradoxes Bild. In vielen Punkten – ihrem Ursprung, vielen Kulturtraditionen und zahlreichen Mustern des sozialen und kulturellen Lebens – bestand eine bemerkenswerte Ähnlichkeit zwischen diesen Sektoren und den neuen orientalischen Einwanderern. Und doch bildeten sich mehrere entscheidende Unterschiede heraus.

Erstens wären da der zahlenmäßig sehr viel größere Umfang der neuen Einwanderung sowie der relativ hohe Anteil der sogenannten orientalischen Juden an der Gesamtmigration und ihr kontinuierlich wachsender Prozentsatz innerhalb der jüdischen Gesamtbevölkerung Israels zu nennen.

Zweitens gab es Unterschiede in der Struktur des Einwanderungsprozesses selber. Letzterer bestand jetzt nicht mehr in einem ebenso unregelmäßigen wie dünnen Zustrom einzelner Familien oder kleiner Familien- und Nachbarschaftsgrüppchen, wie es in der Jischuw-Periode der Fall gewesen war. Vielmehr verlief er nun generell unter der Obhut offizieller Sendboten und Einrichtungen der Zionistischen Organisation und des Staates. Einige wenige *Olim* (Einwanderer) wurden von den verschiedenen Pionierbewegungen betreut, die – insbesondere vor der Staatsgründung – auch illegale Einwanderungsunternehmen organisierten.

An dritter Stelle stand schließlich ein Unterschied, der eng mit der Grundfrage über die aufnehmende Gesellschaft verbunden war und vermutlich den Hauptunterschied zwischen der Einwandereraufnahme im Jischuw und im Staat darstellte, und zwar hinsichtlich aller Einwanderer im allgemeinen und der orientalischen im besonderen. Die speziellen Aufnahmeeinrichtungen und die allgemeinen Institutionen, innerhalb deren die wirtschaftliche, bildungsmäßige und politische Eingliederung stattfand, waren nicht das Ergebnis einer mehr oder weniger spontanen Anpassung der orientalischen Gruppen an eine Realität, die ihnen zumindest teilweise fremd war, sondern sie wurden absichtlich von den neuen nationalen Zentren geschaffen, überwiegend zu dem erklärten Zweck, die Neueinwanderer einzugliedern und eine geeinte Nation zusammenzuschweißen.

Einige besondere Einrichtungen dieser Art waren bereits im Jischuw in Zusammenhang mit der deutschen Einwanderung Mitte der dreißiger Jahre entstanden, spielten aber damals nicht jene Hauptrolle bei der Eingliederung, die ihnen in der Frühzeit des Staates zukam. Von Anfang an waren all diese Einrichtungen – selbst die Maabarot – nicht vom Zentrum getrennt, sondern wurden auf seine Initiative hin gegründet und waren daher naturgemäß auf dieses Zentrum, seine Prämissen, Zusicherungen und Forderungen sowie auch auf andere alte und neue Gruppen ausgerichtet, so daß ständige Vergleiche mit letzteren angestellt wurden und man das Wirken des Zentrums im Lichte dieser Prämissen und Zusicherungen beurteilen konnte.

Die Eingliederungsbürokratie; Macht und soziale Distanz zwischen Einwanderern und aufnehmenden Sektoren

Obwohl die Neueinwanderer, besonders die orientalischen, in bezug auf einige Aspekte ihres Hintergrunds mit den orientalischen Juden oder anderen nicht zur Pionierbewegung gehörenden Elementen in der Jischuw-Periode vergleichbar waren, sollten ihr Aufnahme- und Integrationsprozeß, ihre diesbezüglichen Orientierungen und Erwartungen, mit den parallelen Erfahrungen verschiedener Einwanderergruppen in den zentralen Sektoren des Jischuw verglichen werden.

Von diesem Gesichtspunkt aus gab es einige weitreichende Veränderungen und Unterschiede, die von entscheidender Bedeutung für das Verständnis ihres Aufnahme- und Integrationsprozesses in die israelische Gesellschaft sind.

Der erste Hauptunterschied ergab sich schon aus Umfang und Tempo der ersten Einwanderungswellen, insbesondere denen von 1949-1959, ihrem Gewicht im Verhältnis zur vorhandenen Bevölkerung und der Kargheit der zur Verfügung stehenden wirtschaftlichen Mittel. Die Regierung und die Jewish Agency schufen spezielle Einrichtungen, um den Problemen der Einwandereraufnahme zu begegnen, wodurch sich ein stark bürokratischer, zentral gelenkter Eingliederungsprozeß entwickelte. Zahlreiche spezielle Ämter und Dienste wurden eingerichtet.

Innerhalb dieses Rahmens waren die Einwanderer, zumindest anfangs, die passiveren Elemente, deren Eingliederung den Vorgaben der »Aufnehmenden« – der Alteingesessenen, der aufnehmenden Gesellschaft und ihrer Zentren – folgte.

Selbst in den Moschawim waren die Beamten der Jewish Agency und die Vertreter der älteren Moschawim bzw. der Moschaw-Bewegung zumindest anfänglich das bestimmende Element, das die Neuankömmlinge anleitete; erst viel später entstanden unabhängige Führungskader in den neuen Moschawim. Dies galt natürlich noch mehr für die Maabarot und die Entwicklungsstädte.

Anfangs trugen weder die informellen Gruppen im israelischen Gesellschaftsleben noch die politischen Organisationen viel zur direkten informellen sozialen Eingliederung der Einwanderer bei. Erstere kapselten sich gesellschaftlich mehr und mehr ab, so daß die Mitgliedschaft in ihnen auf Menschen beschränkt blieb, die bereits ähnlich lange in einem vergleichbaren Beruf arbeiteten oder in derselben Wohngegend in Israel lebten. Nur diejenigen Neuankömmlinge, die Verwandte oder Bekannte unter den Alteingesessenen hatten, konnten voll in ihnen mitwirken. Im Prinzip verschlossen die Alteingesessenen ihre Wohnungen nicht vor den Neueinwanderern; im Gegenteil: sobald Einwanderer einmal ihre Schwelle erreicht hatten, wurden sie normalerweise gut aufgenommen. Aber die meisten Alteingesessenen taten wenig, um die Neulinge an ihre Tür zu holen, sondern informierten sie allenfalls über freiwillige und sogar halb-philantropische Dienste.

Dasselbe galt für die meisten alten sefardischen Organisationen. Obwohl sie behaupteten, Führer der orientalischen Einwanderer zu sein, war der gesellschaftliche Unterschied zwischen ihnen und diesen Neueinwanderern genauso groß wie bei den meisten anderen Organisationen und Parteien.

In den politischen Parteien sowie in der Histadrut mit ihren Tochterunternehmen, die – wie wir gesehen haben – immer zentralistischer und bürokratischer wurden und denjenigen, die einen gewissen beruflichen Standard erreicht hatten, große wirtschaftliche, berufliche und gewerkschaftliche Unterstützung zukommen ließen, war die Einstellung zu den Einwanderern üblicherweise paternalistisch. Man betrachtete sie oft in erster Linie als potentielle Wähler oder Anhänger, die es zu »organisieren« und zu »sichern« galt.

Vor allem auf örtlicher Ebene übten die Vertreter dieser Organisationen häufig politischen Druck auf die Einwanderer aus, manchmal sogar mit gewaltsamen Mitteln, und auch die vielen mit der Eingliederung befaßten Verwaltungsstellen, die eng mit den verschiedenen politischen Machtzentren verbunden waren, taten es ihnen darin nach.

Inzwischen wurden die Einwanderer langsam durch die normalen Bahnen der Gesellschaft integriert: das Schulwesen, die Armee (die eine entscheidende Rolle in diesem Prozeß spielte) und die wirtschaftliche und berufliche Auslese. Später ging man, wie wir noch im einzelnen sehen werden, zu einer anderen Politik über und behandelte die Einwanderer bevorzugt, um ihre so-

zio-ökonomische und bildungsmäßige Benachteiligung zu verringern.
Heute sind besondere Eingliederungsinstitutionen dieser Art fast verschwunden. Mit dem Rückgang der Einwanderung Ende der fünfziger Jahre hat man einige neue spezielle Institutionen geschaffen, etwa die von der Jewish Agency gegründeten Aufnahmezentren und verschiedene Beratungs- und Hilfszentren der Regierung bzw. des Ministeriums für Einwandererintegration. Sie verfolgten eher den Zweck, die Einwanderer durch verschiedene Bildungsangebote und Beratung auf das Leben in Israel vorzubereiten, und hatten es mit viel kleineren Gruppen – überwiegend aus der Sowjetunion und dem Westen – zu tun, waren aber für den Gesamtkristallisationsprozeß der israelischen Gesellschaft weit weniger wichtig. Allerdings folgten sie immer noch einem ziemlich bürokratischen Modell und bezeugten somit das Fortbestehen der Bürokratie im Eingliederungsprozeß.
Was die früheren Einwanderungsgruppen betrifft, die zumindest in gewissem Umfang bereits in die israelische Gesellschaft integriert waren, ergaben sich die besonderen Maßnahmen zur Lösung ihrer Probleme – das heißt vor allem der Probleme »benachteiligter« Gruppen oder Schichten – in nicht geringem Maße aus dem sozialen Umfeld ihrer Integration, wurden aber dann Teil des allgemeineren sozialpolitischen Rahmens, der sich im Staat Israel herausbildete.
So kam es entsprechend den verschobenen Machtverhältnissen, die oben beschrieben wurden, generell zu einer viel schwächeren Umformung der formellen Rahmen durch die autonome Interaktion zwischen den offiziellen Machtinhabern, den informelleren Gruppen und den Neuankömmlingen.

Die Entwicklung spezieller politischer Maßnahmen und das Erkennen sozialer Probleme

Schon die Entwicklung solcher Eingliederungsmaßnahmen und ihre rasche Verbindung mit »sozialen Problemen« war natürlich bereits eine erhebliche Veränderung im Vergleich zur Jischuw-Periode, und zwar auf institutioneller wie ideologischer Ebene.

Wegen der damaligen ideologischen Grundprämissen war es in der Jischuw-Periode so gut wie unmöglich, die Eingliederung als gesondertes Problem wahrzunehmen oder zu definieren. In weitem Maße galt dasselbe für die Anerkennung von sozialen Problemen. Man nahm damals allgemein an, daß mit dem ständigen Aufbau neuer Institutionen auf der Grundlage der Arbeiterpioniervorstellungen in einer revolutionären »sozialistischen« Gemeinde oder Gesellschaft keine besonderen sozialen Probleme auftauchen könnten oder dürften.

Bis zu einem gewissen Grade erkannte man die Existenz von sozialen Problemen an den Rändern der Gesellschaft, vor allem unter den schwächeren Sozialgruppen einiger orientalischer Kreise. Besondere Abteilungen für Sozialarbeit wurden vom Waad Leumi und in den verschiedenen Stadtverwaltungen – überwiegend in Zusammenarbeit mit der Mandatsregierung – eingerichtet, nicht jedoch in der Jewish Agency, der dominanten, zukunftsgerichteten jüdischen Organisation. Aber all diese Einrichtungen spielten eine ziemliche Nebenrolle beim gesamten Aufbau der Institutionen im Jischuw und befaßten sich mit Sektoren und Problemen, die für die zentrale institutionelle Struktur des Jischuw als vergleichsweise nebensächlich angesehen wurden.

Diese allgemeinen Vorstellungen von der natürlichen Verbindung zwischen der Teilnahme am Institutionenbau und der Einwandererintegration leiteten – vielleicht paradoxerweise – auch die anfängliche Eingliederungspolitik im Staat Israel. Angesichts des zahlenstarken Einwandererzustroms und der äußerst schwierigen wirtschaftlichen Startbedingungen mußten dann aber doch besondere Einrichtungen geschaffen werden, etwa die Maabarot und besondere öffentliche Arbeitsbeschaffungsprogramme *(Awodot Dachak),* um mit den zentralen wirtschaftlichen Problemen ihrer Eingliederung fertig zu werden. All dies wurde jedoch als notwendiges Übel betrachtet, das schon seiner Natur nach vorübergehend sein sollte; man hoffte, diese Einrichtungen würden auf natürliche Weise zur vollen Integration der verschiedenen Einwanderergruppen in die zentralen institutionellen Einrichtungen – bildungsmäßiger, militärischer, beruflicher und politischer Art – führen, wie es, zumindest weitgehend, in den Moschawim geschah.

Sogar die Entwicklungsstädte, die als eine Art zweitklassige Siedlungsform geradezu zu einem Synonym für das zumindest anfängliche Mißlingen der Eingliederung wurden, galten ihren Planern in gewissem Maße als weiterer Ausfluß des zionistischen Pioniergedankens der Besiedlung und des Aufbaus von Institutionen.

Die positiven Aspekte der Einwandererintegration

Vision und Wirklichkeit

Aber die Wirklichkeit, die sich aus diesen anfänglichen Plänen entwickelte, erfüllte diese Vorstellungen oder Hoffnungen nicht. Die Eingliederung der Neueinwanderer in die israelische Gesellschaft nahm bekanntlich eine ganz andere Wendung, als diese Vision und die Entwicklungen im Jischuw hätten erwarten lassen.

Auf die ersten transitorischen Eingliederungsjahre folgte eine Realität, die vom Zusammenspiel von Marktzwängen und sozialpolitischen Maßnahmen des Zentrums geprägt war. Diese Wirklichkeit stand im Kontext der kontinuierlichen wirtschaftlichen Entwicklung und des neuen Beziehungsmusters zwischen Zentrum und Alteingesessenen einerseits und den Neueinwanderern, zumal einigen orientalischen Gruppen, andererseits.

Im Rahmen dieser neuen, sich rasch entwickelnden Realität vollzogen sich nun die Integrationsprozesse der verschiedenen Einwanderergruppen in die israelische Gesellschaft und damit einhergehend die Herausbildung neuer sozialer Strukturen in einem fortwährenden Zusammenspiel all der oben analysierten Faktoren. Das Bild, das sich daraus ergab, war selbstverständlich sehr dynamisch und komplex, denn es entwickelte sich nicht nur in eine Richtung, die vom ursprünglichen Gedanken der »Sammlung der Zerstreuten« abwich, sondern veränderte auch, zusammen mit anderen Prozessen, das gesamte Gefüge der israelischen Gesellschaft.

Wirtschaftlicher, bildungsmäßiger und politischer Erfolg

Auf der Positivseite standen erstens der kontinuierliche wirtschaftliche und bildungsmäßige Aufstieg aller oder zumindest der meisten Gruppen. Nach den ersten sehr schwierigen Jahren wurde tatsächlich ein großer Fortschritt erzielt. Ursprünglich, in den frühen fünfziger Jahren, war das Bild von großen Entbehrungen und Schwierigkeiten gekennzeichnet, wobei man sich wachsende Sorgen über die mögliche Entstehung zweier Nationen machte. Ab Mitte der fünfziger Jahre verschwanden jedoch die schlimmsten Erscheinungen des ersten Eingliederungsstadiums – die Maabarot und die öffentlichen Arbeitsbeschaffungsmaßnahmen – zumindest teilweise. Mehr und mehr Einwanderer wurden in die diversen produktiven Wirtschaftszweige eingegliedert, wenn sich auch zunehmend herausstellte, daß die sogenannten orientalischen Gruppen zumindest vorwiegend in die unteren Ränge dieser Sektoren Eingang fanden.

Die meisten Einwanderer westlicher wie orientalischer Herkunft wurden in die stark expandierenden Städte integriert; doch weite Kreise wurden auch in die Moschawim und die Entwicklungsstädte eingegliedert.

Es entstanden dauernd neue Moschawim, vor allem nach der kritischen Zeit zu Beginn der fünfziger Jahre, als viele solche Moschawim ziemlich erfolglos waren und sich als nicht lebensfähig erwiesen. Von 1948 bis 1956 wurden 233 neue Moschawim, überwiegend von Neueinwanderern, gegründet. 1961 entfielen von den insgesamt rund 125 000 Moschaw-Bewohnern mindestens 90 000 auf die neuen Moschawim. Die Entwicklungsstädte hatten 1972 zusammen etwa 350 000 Einwohner und waren sichtlich auf dem Weg zu einer gewissen wirtschaftlichen Stabilisierung; Industrie- und Dienstleistungsbetriebe begannen sich in ihnen niederzulassen.

Natürlich war dies, wie wir bald sehen werden, nur die eine Seite des Bildes. Lange Zeit waren viele Entwicklungsstädte wirtschaftlich nicht lebensfähig, blieben noch von öffentlichen Arbeitsbeschaffungsprogrammen abhängig und enthielten einen sehr starken Kern von Sozialfällen; außerdem neigten die aktiveren sozialen Elemente zumindest anfangs dazu, ihnen den Rücken zu kehren. Viele dieser Städte blieben über einen langen Zeitraum hinweg in sozio-ökonomischer Hinsicht relativ rückständig, und es zeichnete sich eine allgemeine Tendenz zur gegenseitigen Verstärkung von ökologischer Distanz und niedrigem sozio-ökonomischem Status ab. Abgesehen von diesen Fällen und denen der Schechunot gab es jedoch eine stetige Tendenz zu wirtschaftlicher Mobilität und beruflichem Aufstieg bei den meisten Einwanderern.

Vielleicht noch eindrucksvoller war zweitens die Eingliederung der meisten Einwanderergruppen in den politischen und kulturellen Rahmen der israelischen Gesellschaft. Sie erhielten sofort die grundlegenden politischen Rechte einschließlich des vollen Wahlrechts; sie wurden in das allgemeine Unterrichtswesen aufgenommen, in dem Hebräisch die lingua franca Israels war; man ermunterte sie, in die Streitkräfte einzutreten. Infolgedessen akzeptierten die meisten wenigstens einige der grundlegenden Symbole und Prämissen der israelischen Gesellschaft, vor allem die der neuen gemeinsamen jüdisch-israelischen Volkszugehörigkeit, der Staatstreue, einer relativ starken Identifikation mit den Sicherheitsbelangen des Staates und zumindest die wichtigsten formalen Aspekte des demokratischen Regierungssystems.

Das Bildungswesen und die Armee schienen die meisten Einwanderer zumindest mit den Grundbegriffen der hebräischen Sprache bekannt zu machen und Inseln des Analphabetismus zu verkleinern, wenn auch nicht zu beseitigen.

Natürlich erschütterten die Schulen damit die älteren traditionellen Gepflogenheiten vieler, insbesondere mancher orientalischer Einwanderer, eröffneten deren Kindern aber zahlreiche neue Horizonte. Die kulturellen Prämissen und Symbole des Zentrums auf der einen Seite und die Lebenshaltung alteingesessener Gruppen auf der anderen wurden dabei zum Hauptbezugspunkt für die meisten Einwanderergruppen.

Dieser Erziehungsprozeß war natürlich zuweilen schmerzhaft, vor allem für die orientalischen Kinder, die einen anderen kulturell-traditionellen Hintergrund besaßen. Dieser leidvolle Weg wurde oft noch durch folgende Punkte erschwert, auf die wir später noch näher eingehen werden: die Unwissenheit und das mangelnde Feingefühl des Erziehungspersonals hinsichtlich des speziellen kulturellen Hintergrunds und der Traditionen vieler Einwanderer; ihr Bestehen darauf, daß diese ihr traditionelles Erbe völlig aufgeben sollten; die Trennung der Kinder von ihren Eltern und deren Traditionen. All diese Haltungen wurzelten in der starken, selbstsicheren Überzeugung der ersten israelischen Führungsgeneration in all ihren Rängen, daß das vom Staat repräsentierte soziale und kulturelle Modell die volle – und wahrscheinlich einzig mögliche – Verwirklichung der zionistischen Vision darstelle.

Die allgemeine Tendenz zum Aufbau eines neuen gemeinsamen Kulturmusters – gestützt auf die Prämissen des herrschenden institutionellen Modells und gerechtfertigt durch die Vorstellungen der zionistischen Vision –, die Integration der Einwanderer und die Schaffung einer Nation durch die Sammlung der Zerstreuten erschienen aber doch als großer Erfolg Israels, vor allem im Vergleich zu jeder anderen modernen nicht-selektiven Migration; ein Erfolg, der noch dazu in relativ kurzer Zeit erreicht wurde.

Dies galt besonders für diejenigen, die aus einigen westlichen, überwiegend europäischen Milieus gekommen waren, und zwar unbeschadet der Tatsache, daß ihre Integration in die israelische Gesellschaft im allgemeinen und das Erziehungswesen im besonderen bereits mit Veränderungen in der ganzen Anlage und Ausrichtung des israelischen Bildungswesens verbunden war, also mit seiner engen Verwobenheit mit dem Arbeitsmarkt, seiner abgeschwächten Zukunftsorientierung und den parallelen Entwicklungen im kulturellen Bereich. Doch selbst bei den orientalischen Gruppen gewann dieses Modell trotz aller Spannungen und Probleme, denen sie ausgesetzt waren, die Vorherrschaft.

Hinzu kam die stetig wachsende aktive Teilnahme der meisten Einwanderergruppen am politischen Leben, und zwar sowohl auf örtlicher als auch auf landesweiter Ebene.

Ferner wären die wirklich überraschende Stabilität und Kontinuität des politischen Systems und seiner Einrichtungen zu erwähnen, die sich an der Zusammensetzung der wichtigsten Parteien und ihres relativen Stimmenanteils während dieses Zeitraums zeigten. Besonders wichtig war in dieser Hinsicht die

Tatsache, daß – trotz einiger ad hoc unternommener Versuche und eines sehr begrenzten Erfolges auf Lokalebene – keine gesonderten ethnischen oder wichtigen neuen Parteien entstanden. Langsam, aber sicher wurden die Neueinwanderer im allgemeinen und die orientalischen im besonderen offenbar in die vorhandenen Parteien eingegliedert; erst in den Wahlen von 1977 trugen sie dann dazu bei, das Machtverhältnis zwischen ihnen zu verändern.

Während dieses gesamten Zeitraums traten weitgehende, kontinuierliche Veränderungen im politischen Bereich ein. Mehr und mehr örtliche Führungskräfte in den Entwicklungsstädten und anderen Sektoren kamen aus den orientalischen Gruppen – auch wenn sie anfangs auf paternalistische Weise kooptiert wurden. So bildete sich Ende der siebziger Jahre eine neue Generation solcher örtlicher Führer heraus, während die Anzahl der aus orientalischen Gruppen Stammenden in den höheren Rängen der Bürokratie relativ gering blieb.

Es ließ sich auch ein dauernder Anstieg in der Zahl der »ethnischen Mischehen« verzeichnen. So waren 1952-1954 9,8 Prozent aller Ehen »interethnisch«; 1960 stieg ihr Anteil auf 14,9 Prozent, 1970-1974 auf 18,4 Prozent und 1980 auf 20,4 Prozent: eine Zunahme von 108 Prozent. Dieser Prozentsatz blieb dann mehr oder weniger gleich.

Die negativen Aspekte der Einwandererintegration

Langsame institutionelle Verteilung; Fortbestehen von Armutssektoren; Bildungs- und Berufsunterschiede

Diesen positiven Aspekten des Aufnahme- und Integrationsprozesses, die in keinem anderen Land mit nicht-selektiver Masseneinwanderung ihresgleichen hatten, standen einige problematischere gegenüber, die zunehmend zum Mittelpunkt öffentlicher Besorgnisse und Debatten wurden. Die größte Sorge konzentrierte sich auf die orientalischen Gruppen, obwohl in Wirklichkeit ähnliche Probleme auch bei einem Teil der westlichen, europäischen Gruppen auftauchten.

Da gab es in erster Linie das generationenlange Fortbestehen von Armutsinseln[48], die große ökologische Konzentration solcher Inseln und die berüchtigten Schechunot, wie Schechunat Hatikwa in Tel Aviv, Musrara und die Katamonim in Jerusalem und Wadi Salib in Haifa mit einer geschätzten Einwohnerzahl von 200 000 Menschen, unter denen orientalische und insbesondere nordafrikanische Einwanderer die große Mehrheit bilden.

Hinzu kam, mindestens bis Mitte der siebziger Jahre, die anhaltende wirtschaftliche und bildungsmäßige Rückständigkeit vieler – wenn auch sicherlich nicht aller – Entwicklungsstädte, die in nicht geringem Umfang auf die ökologische Distanz zwischen Zentrum und Peripherie, zwischen der zentralen Bevölkerungskonzentration in den Großstädten und den Entwicklungsstädten, zurückzuführen war.

Die Zunahme sozialer Probleme wie Kriminalität und Gewaltverbrechen, die vor allem in einigen Neueinwandererkreisen auftauchten, bezeugten, daß sich viele ihrer sozialen Strukturen in zunehmender Auflösung befanden.

Vor allem aber gab es den sehr oft betonten und aus den Tabellen 11.2, 11.3 und 11.4 deutlich ersichtlichen beruflichen (wenn auch nicht unbedingt ökonomischen) und bildungsmäßigen Unterschied zwischen den orientalischen Einwanderern (asiatisch-afrikanischen Ursprungs) und denen aus dem Westen (Europa und Amerika), in dem sich ethnische Komponenten und soziale Faktoren, die aus der komplexen israelischen Klassenstruktur hervorgehen, offenbar tendenziell bündeln.

Daraus sehen wir, daß sich ein ziemlich komplexes Bild auf dem allgemeinen Hintergrund kontinuierlich hoher Mobilität herausgebildet hat. Die sogenannten orientalischen Gruppen haben sich zunehmend in den unteren Rängen konzentriert; das breite, ständig in Veränderung begriffene Mittelfeld ist ethnisch mehr und mehr gemischt, und die oberen Ränge rekrutieren sich überwiegend aus der europäischen Gruppe.

Selbst innerhalb des breiten Mittelfeldes ist die Lage kompli-

48 Ein Aspekt ihrer Fortdauer wird erörtert in: Hagit Schlonsky, *Intergenerational Continuity in Poverty*, The Henrietta Szold Institute, Research Report 215; Jerusalem, September 1980.

Tabelle 11.2 Durchschnittliches Bruttojahreseinkommen für 1975 pro Arbeitnehmerfamilie, nach Einwanderungsjahr und Geburtskontinent des Familienoberhaupts (in Tausenden, IL)

Einwanderungsjahr	Geboren in Europa/Amerika	Geboren in Asien/Afrika	In Israel geboren, Vater geboren in: Europa/Amerika	Asien/Afrika
1965	32,3	23,2		
1966	34,4	23,4		
1967	36,4	22,2		
1968	35,4	24,9	28,8	40,7
1969	37,3	26,4	30,9	41,3
1970	40,4	29,9	31,4	48,0
1971	40,4	30,1	31,0	45,6
1972	42,8	31,8	30,8	48,2
1973	42,7	31,7	36,9	52,0
1974	44,6	34,5	34,9	52,2
1975	44,8	36,8	36,4	51,0
1976	46,0	37,7	35,6	52,5
1977	49,8	40,4	39,3	54,6

Quelle: *Statistical Abstract of Israel, 1982.*

zierter, als die offiziellen Statistiken erkennen lassen. Entscheidend ist hierbei, daß letztere sich überwiegend mit Bildung und Einkommen beschäftigen und viel weniger mit dem neuen Privatsektor, der solche Bereiche wie Bauunternehmungen, technische Betriebe und diverse Ladengeschäfte, Boutiquen und Restaurants hervorgebracht hat, in denen viele Orientalen recht zahlreich vertreten zu sein scheinen. Dabei muß betont werden, daß diese Beschäftigungen hinsichtlich ihres beruflichen Prestiges nicht mit den akademischen oder festentlohnten Berufen konkurrieren können, obwohl sie diese an Einkommen oft erheblich übertreffen.

Diese Entwicklungen sind in gewissem Maße von ähnlichen Veränderungen in den Mustern ökologischer Segregation oder Mischung begleitet worden; es entstand eine ziemlich hohe – wenn auch leicht abnehmende – Segregation zwischen Gruppen europäisch-amerikanischen und asiatisch-afrikanischen Ursprungs sowie zwischen Gruppen aus Asien und Afrika. Ob-

Tabelle 11.3 Jüdische Arbeitnehmer, nach Beruf, Geschlecht und Geburtskontinent (1980)

Beruf und Geschlecht	Geboren in Europa/Amerika eingewandert	Geboren in Asien/Afrika eingewandert	In Israel geboren, Vater geboren in: Europa/Amerika	Asien/Afrika
Männer – in Tausend	236,9	215,8	113,9	97,1
– in Prozent	100,0	100,0	100,0	100,0
Wissenschaftlich und akademisch Tätige	13,9	2,9	15,7	2,7
Andere akademische, technische und verwandte Berufe	11,1	6,3	14,5	7,2
Administratoren und Manager	7,5	3,5	9,7	3,0
Büro- und verwandte Berufe	14,9	12,3	12,1	12,3
Verkaufspersonal	8,4	8,9	8,9	7,8
Dienstleistungsberufe	5,7	10,5	4,0	7,0
Landarbeiter	2,5	6,4	10,4	6,0
Fachkräfte in Industrie, Bauwesen, Verkehr und sonstige Facharbeiter	31,4	42,1	23,3	49,5
Andere Arbeiter in Industrie, Bauwesen und Verkehr sowie ungelernte Arbeiter	3,6	7,0	1,3	4,4
Frauen – in Tausend	143,1	98,9	96,4	76,7
– in Prozent	100,0	100,0	100,0	100,0
Wissenschaftlich und akademisch Tätige	11,6	2,4	14,3	2,6
Andere akademische, technische und verwandte Berufe	24,1	15,0	36,2	20,2
Administratoren und Manager	1,3	(0,4)	1,3	(0,4)
Büro- und verwandte Berufe	28,0	23,2	33,0	45,6
Verkaufspersonal	9,5	7,3	3,9	3,4
Dienstleistungsberufe	13,4	36,9	7,5	15,3
Landarbeiterinnen	1,8	3,3	2,2	2,1
Fachkräfte in Industrie, Bauwesen und Verkehr sowie sonstige Facharbeiterinnen	8,6	9,7	1,4	8,4
Andere Arbeiterinnen in Industrie, Bauwesen und Verkehr sowie ungelernte Arbeiterinnen	1,8	1,8	(0,3)	2,0

Quelle: *Statistical Abstract of Israel, 1982*, S. 349.

Tabelle 11.4 Index des Bruttojahreseinkommens einer städtischen Familie nach Geburtskontinent und Einwanderungsjahr des Familienoberhaupts, 1965-1977

Jahr der Umfrage	Geboren in Europa/Amerika insgesamt	eingewandert 1947	1955	Geboren in Asien/Afrika insgesamt	eingewandert 1947	1955	Geboren in Israel
1965	100	121	79	72	90	64	109
1970	100	111	84	74	84	68	104
1971	100	111	81	74	82	63	101
1972	100	113	88	74	86	65	101
1973	100	113	88	74	85	65	113
1974	100	115	89	77	78	72	104
1975	100	117	87	82	93	76	103
1976	100	114	92	82	83	77	102
1977	100	111	96	81	93	80	99
1965	100	116	85	45	61	37	99
1970	100	115	90	47	63	40	87
1971	100	108	90	48	61	40	85
1972	100	115	94	46	63	39	87
1973	100	115	94	46	61	39	99
1974	100	119	91	50	58	44	90
1975	100	121	90	54	65	50	89
1976	100	119	93	54	64	50	87
1977	100	123	94	55	69	53	88

Quelle: *Statistical Abstract of Israel, 1982*, S. 353.

wohl sich das Gesamtbild von den sechziger bis zu den siebziger Jahren nicht viel veränderte, zeigte eine gründlichere Analyse einiger großstädtischer Gebiete (insbesondere Tel Avivs), daß die Segregation in den kleineren Städten weniger deutlich hervortrat als in den Metropolen.

Die Wechselbeziehung zwischen der Herkunft der Einwanderer und der Entwicklung der israelischen Gesellschaftsstruktur

Diese langsame Integration der verschiedenen Einwanderergruppen, vor allem von Teilen der sogenannten Orientalen, die dazu tendierten, in den relativ niedrigen beruflichen und ökologischen Sektoren zu bleiben, bildete den größten Unterschied zu den Mustern der Einwandereraufnahme im Jischuw.

Bedeutsamerweise setzten sich viele dieser Diskrepanzen in die zweite, also in Israel geborene Generation fort. Allerdings ist es schwierig, die statistischen Daten genau auszuwerten, und das Ganze vollzog sich jedenfalls auf dem Hintergrund dauernder wirtschaftlicher und beruflicher Mobilität.

Dieses Bild war nicht einheitlich – nicht einmal im Hinblick auf die orientalischen Gruppen und schon gar nicht bei den übrigen Neueinwanderern.

Die Unterschiede zwischen den Gruppen innerhalb der großen Kategorien von westlichen und orientalischen Einwanderern sind nicht angemessen erforscht worden, so daß es nur allgemeine Anhaltspunkte dafür gibt, wie die ständigen Wechselbeziehungen – zwischen Familien- und Gemeindezusammenhalt, kulturellem Hintergrund und Bildungsstand, Führungsnetz und Einfluß auf die wichtigen gesellschaftlichen Einrichtungen – den Integrationsprozeß verschiedener Einwanderergruppen in die israelische Gesellschaft geprägt haben.

Es war nur natürlich, daß der negative Extremfall am sichtbarsten wurde, nämlich die Armutsinseln in den berüchtigten Schechunot, die insgesamt durch das Zusammentreffen von niedrigem Bildungs- und Leistungsniveau, geringem Familien- und Gemeindezusammenhalt und großer Distanz zur Führung und Elite ihrer Herkunftsländer gekennzeichnet waren. Hier hat nicht einfach nur Armut überdauert, obwohl Fälle von überbelegten Wohnungen, niedrigem Einkommen und unregelmäßiger Arbeit in diesen Kreisen sehr häufig vorkamen; nicht weniger wichtig waren die wachsende Apathie und die ständig zunehmende Abhängigkeit von staatlichen Verteilerstellen –

also Entwicklungen, die eine neue Kultur der Abhängigkeit schufen und später einer populistischen lokalen Führung zum Aufstieg verhalfen, die auf die Maximalisierung solcher Forderungen abhob.[49]
Ein ursprünglich relativ niedriger Bildungsstand sowie kulturelle Distanz konnten jedoch durch die Entwicklung eines verhältnismäßig engen Gemeindezusammenhalts und starker Führungsnetze in den entsprechenden Institutionen der aufnehmenden Gesellschaft überwunden werden. Dies zeigt sich vor allem an vielen erfolgreichen Moschawim, in denen Einwanderer ohne die höchsten Bildungsvoraussetzungen eingegliedert wurden – und zwar im großen und ganzen erfolgreich; allerdings gab es natürlich auch zahlreiche Moschawim, die sich als Fehlschlag erwiesen und auf einem niedrigen ökonomischen Stand verharrten.[50]
Die erfolgreichen Moschawim aber – und das waren viele – wurden Teil der wohlhabenderen sowie politisch aktiven und etablierten Schichten der israelischen Gesellschaft. Damit bestätigt sich die Wichtigkeit einer fortwährenden Interaktion zwischen den Eingliederungsstellen und den Einwanderern durch einen Prozeß gegenseitiger Auslese und Rückbeeinflussung. Obwohl dieser Prozeß nicht in gebührendem Ausmaß untersucht worden ist, zeigt bereits ein flüchtiger Überblick, daß diese Rückbeeinflussung viele der anfänglichen Nachteile in bezug auf Bildungsstand und mangelnden »kulturellen« Hintergrund in erheblichem Maße auszugleichen imstande war.
Viele Anzeichen eines solchen Erfolgs ließen sich tatsächlich bei verschiedenen Gruppen von orientalischen Familien feststellen – wobei manche in der Jischuw-Periode, andere nach der Staatsgründung gekommen waren. Unter ersteren bildete die Familie Levi ein Paradebeispiel; sie war in den dreißiger Jahren aus dem Irak eingewandert und erzog ihre Kinder unter schwierigen Lebensbedingungen, die man heute als benachteiligt klassifizieren würde. Einer der Söhne, Mosche Levi, wurde 1983 der zwölfte Generalstabschef der israelischen Armee.

49 Hagit Schlonsky, *Intergenerational Continuity in Poverty,* a.a.O.
50 Einige frühere Stadien dieser Entwicklung werden analysiert in Dov Weintraub u. a., *Immigration and Social Change: Agricultural Settlement of New Immigrants in Israel,* Jerusalem und Manchester 1971.

Zahlreiche Fälle weitreichenden Erfolgs im öffentlichen Dienst oder in der Industrie fanden sich unter den orientalischen Einwanderern, die nach der Staatsgründung gekommen waren, und meist waren dabei ein starker Familienzusammenhalt sowie positive Rückbeeinflussung durch schulische, militärische und berufliche Institutionen von entscheidender Bedeutung.
Eine solche kontinuierliche, selbstverstärkende Beeinflussung setzte jedoch nicht immer in anderen Eingliederungssektoren ein; dies galt insbesondere für die Städte und – zumindest bis in neuere Zeit – für viele Entwicklungsstädte. Hier bildeten sich nicht immer die Mechanismen und Maßnahmen heraus, um die Kombination und gegenseitige Verstärkung von niedrigem Bildungsstand, schwachem Familien- und Gemeindezusammenhalt, vorhandenen Führungsmustern, den Kräften des Marktes sowie verschiedenen Aufnahme- und Integrationsmaßnahmen zu überwinden.

Allgemeine Tendenzen

Das Gesamtbild ist tatsächlich sehr kompliziert und bisher noch nicht voll erforscht, aber einige Tendenzen zeichnen sich ab. Erstens wurden die schwächeren sozialen Elemente in allen Gesellschaftsgruppen durch die Kräfte des Marktes teils noch weiter geschwächt und erschüttert, so daß einige in Armutsbereiche mit wachsender Abhängigkeit von distributiven Stellen oder ziemlich zweifelhafte – manchmal kriminelle oder halbkriminelle – Nischen zwischen den einzelnen Wirtschaftszweigen abgedrängt wurden.
Zweitens begannen jedoch die stärkeren, geschlosseneren Elemente in allen Einwanderergruppen, sich der verschiedenen Möglichkeiten zu bedienen, die sich ihnen in der neuen, sich ständig fortentwickelnden sozialen und wirtschaftlichen Realität im allgemeinen und aufgrund der erwähnten speziellen Einrichtungen und Maßnahmen im besonderen auftaten.
Generell hat sich der Zusammenhang zwischen hohem Bildungsstand, der Entwicklung gewisser Einflußbereiche in der aufnehmenden Gesellschaft und der Fähigkeit, in verschiedene Bevölkerungszentren einzudringen, als höchst wichtig für das

Fortkommen der einzelnen Einwanderergruppen erwiesen. Auf der anderen Seite konnte ökologische Entfernung vom Zentrum ziemlich schädlich sein, vor allem, wenn diese Distanz häufig mit einer schlechteren Ausstattung an Schulen und sonstigen öffentlichen Dienstleistungen, einem vergleichsweise geringeren Bildungsstand und einem niedrigen sozio-ökonomischen Status einherging.[51]
Diejenigen, die dem Zentrum ökologisch näher waren, wurden stärker von dessen Maßnahmen erreicht. Sie profitierten beispielsweise von der Einrichtung eines speziellen Berufsschulzweiges und anderen berufsbildenden Programmen. Später waren jedoch auch sie – wie wir noch sehen werden – von einigen der problematischeren Folgen betroffen, vor allem dem zunehmenden Gefühl, daß den mobileren Elementen der volle Zugang zu den höchsten Bildungseinrichtungen und dem entsprechenden beruflichen Aufstieg, vor allem aber zum Zentrum selbst verwehrt wurde.

Interethnische Vorurteile, Stereotypen und Diskriminierung

Hier zeigte sich am deutlichsten der Einfluß von interethnischen Vorurteilen, Stereotypen und tatsächlicher oder vermeintlicher Diskriminierung.
Vorurteile, soziale Distanz und Spannungen zwischen verschiedenen Einwanderergruppen, zwischen Neuankömmlingen und Alteingesessenen, gab es seit Anbeginn der jüdischen Siedlung in Erez-Israel, besonders in der Jischuw-Periode. Sie fanden sich in den Beziehungen zwischen den aufeinanderfolgenden Wellen von Pionieren und Einwanderern aus unterschiedlichen, wenn auch einander »kulturell näherstehenden« Ländern, etwa zwischen den Russen der zweiten Alija und den Polen der dritten und vierten Alija sowie zwischen diesen beiden und den Einwanderern aus Deutschland von 1933 an. Auch existierten in den fünfziger und sechziger Jahren zahlreiche abschätzige

51 Dov Weintraub und Vered Kraus, »Soziale Differenzierung und Wohnort: räumliche Verteilung, Zusammensetzung und Schichtung in Israel« (hebräisch), *Megamot* 27,4 (Dezember 1982), S. 367-382.

Bezeichnungen für die Einwanderer, insbesondere, aber nicht nur, für die aus orientalischen Ländern. Viele solcher Stereotypen ließen sich auch aus früheren Zeiten im Hinblick auf fast alle Einwanderer anführen.

Allerdings haben sich solche stereotypen Einstellungen – vor allem die Vorurteile gegenüber den orientalischen Gruppen, besonders gegenüber den Marokkanern – zweifellos sehr verstärkt, wenn auch mit einigen interessanten Verschiebungen.

Über die ziemlich diffuse Verbreitung solcher Vorurteile und Stereotypen hinaus haben sich solche Einstellungen und Bezeichnungen auch in wichtigen institutionellen Nischen und Schlüsselpositionen eingenistet, vor allem im schulischen und beruflichen Bereich. So haben mehrere Umfragen ergeben, daß Lehrer – oft unbewußt – dazu neigen, Kinder mit orientalisch lautenden Namen zu diskriminieren, während Berufsberater sie gern in die berufsbildenden statt der gymnasialen Schulzweige lenken.

Dementsprechend entwickelten sich auch Gefühle des Zurückgesetztseins, die mit der Zeit immer stärker artikuliert wurden. Es begann mit der scheinbar »natürlichen«, informellen Diskriminierung, die sich vor allem bei alltäglichen Kontakten zeigte, und als sich solche Äußerungen häuften, lösten sie starke Ressentiments aus. Mit dem Aufstieg vieler orientalischer Neueinwanderer in verschiedenen Lebensbereichen einschließlich der lokalen Verwaltung setzte interessanterweise allmählich ein Prozeß umgekehrter, informeller »tatsächlicher« Diskriminierung ein.

So ist das Gesamtbild ein Mosaik. Das Gefühl der Diskriminierung auf seiten der – insbesondere orientalischen – Neueinwanderer war vermutlich weiter verbreitet und später auch stärker artikuliert als zuvor, wobei es auf der wachsenden Tendenz aufbaute, orientalische und westliche – oder aschkenasische – Einwanderer in stereotypen Gegensätzen zu definieren. Und die Diskriminierung verstärkte diese Tendenz wiederum erheblich.

Andererseits scheinen sich derlei Vorurteile durch gemeinsamen Schulbesuch und Mischehen schrittweise abgeschwächt zu haben; eine Umfrage brachte sogar das interessante Ergebnis, daß Kinder von ethnisch gemischten Paaren unter ihren Schul-

kameraden am beliebtesten waren. Dies war jedoch, seiner Natur nach, ein sehr langsamer Prozeß, und in der Zwischenzeit hat sich die Entwicklung von Vorurteilen und Stereotypen natürlich mit Gefühlen des Diskriminiertseins verquickt.
Gewiß betrafen diese Entwicklungen nicht alle sogenannten orientalischen oder sefardischen Gruppen in gleichem Maße, aber sie waren verbreitet genug, um zu einem recht zentralen Aspekt der neu entstehenden Wirklichkeit zu werden. Im Rahmen dieser allgemeinen Tendenzen bildeten sich Unterschiede zwischen den einzelnen Gruppen innerhalb der großen Subkategorien von Sefarden und Aschkenasen heraus.

Unterschiede zwischen den einzelnen Gruppen der orientalischen Einwanderer

Allgemeine Anzeichen weisen darauf hin, daß aschkenasische oder sefardische Europäer, wie die Bulgaren, relativ schnell vorankamen, integriert wurden und aufhörten, spezielle »Problemgruppen« zu bilden, ohne deshalb notwendigerweise viele Aspekte ihrer Gruppen- oder ethnischen Identität oder ihrer Traditionen aufzugeben.
Zwischen diesen erfolgreichen Gruppen und den unteren Rängen, die sich im Bereich der Armutsinseln konzentrierten, bot sich ein kompliziertes Bild mit vielen Gruppen, darunter vor allem orientalischen, aber auch einigen europäischen.
Entgegen einer häufigen Annahme waren nicht alle Gruppen europäischen Ursprungs auf den oberen Rängen konzentriert; viele hatten mittlere oder sogar untere Positionen inne und ließen sich auf verschiedenen Ebenen der beruflichen Hierarchie gut integrieren.
Ähnlich integrierten sich die späteren westlichen Einwanderer, die ab Ende der sechziger Jahre aus Rußland, Lateinamerika und Europa kamen, im großen und ganzen mit unterschiedlichem Erfolg, aber sicher nicht ohne anfängliche Probleme und Schwierigkeiten. Letztere waren wohl am größten für die Sowjetjuden, die in Israel blieben. Sie hatten nicht nur, wie alle anderen, unter den bürokratischen Aspekten der Eingliederung zu leiden, sondern entdeckten auch eine erhebliche Diskrepanz

zwischen ihren hochgesteckten Erwartungen und Hoffnungen und der israelischen Lebenswirklichkeit; zwischen ihren halb-»utopischen« Visionen von jüdischer Brüderlichkeit mit entsprechenden Mustern der Freizeitgestaltung und denen der israelischen Gesellschaft; zwischen ihren in der Sowjetunion erworbenen Grundvorstellungen von sozialer Ordnung und dem offeneren, aber auch weniger Sicherheit verleihenden Rahmen der israelischen Gesellschaft; und zwischen dem Niveau der Berufsausbildung in der Sowjetunion und dem in Israel.

Bei den Orientalen war das Bild sogar noch komplizierter. Bei den Sefarden ließen sich in den ersten Eingliederungsphasen zwei Ausnahmen – eine »vollständige« und eine partielle Ausnahme – feststellen: nämlich die (überwiegend sefardischen) bulgarischen Juden und in geringerem Umfang die Jemeniten.

Die Jemeniten, die beruflich nicht sehr schnell aufstiegen, integrierten sich oft sehr weitgehend, konzentrierten sich teils aber auch in einigen Slums und Randbereichen des Beschäftigungssektors. Insgesamt wahrten sie viele Aspekte ihrer Tradition in recht erheblichem Umfang, ohne jedoch ein größeres Maß an ethnischer Militanz zu entwickeln.

Es gab dauernd mobile irakische und nordafrikanische Gruppen, von denen viele in verschiedene Bereiche der Arbeiter- und Angestelltenpositionen im öffentlichen wie im privaten Sektor eintraten sowie auch in dem sich herausbildenden vielseitigen Privatsektor von Baufirmen, technischen Betrieben, Boutiquen und ähnlichem.

Zahlreiche Angehörige der irakischen Intelligenz- und Schriftstellerschicht wurden in die Universitäten und Forschungsinstitute eingegliedert bzw. schrieben weiterhin – vor allem Lyrik – auf Arabisch für eine nicht vorhandene Leserschaft, während nur einige wenige, wie Sammy Michael, den schwierigen Übergang zum schriftstellerischen Ausdruck in der hebräischen Sprache fanden.

Die schwerwiegendsten Diskrepanzen traten wohl bei einigen nordafrikanischen Gruppen auf. Gewisse Aspekte ihrer besonderen historischen Erfahrung – nämlich ihr Eingeklemmtsein zwischen der in Auflösung begriffenen traditionellen islamischen Gesellschaft und dem aufsteigenden arabischen Nationalismus einerseits und der Assimilation in der französischen Kolonialgesellschaft andererseits, der zunehmende Zerfall der jüdisch-traditionalen Gesellschaft und häufig auch der Familien sowie die Abwanderung von vielen reichen und modern orientierten Angehörigen der Elite nach Frankreich und Amerika – erzeugten bei weiten Teilen der Gruppen, die nach Israel kamen, die unglückliche Kombination von geringem Zusammenhalt, starker Ambivalenz gegenüber der jüdischen Tradition und schwachen Führungsnetzen.

Dies galt natürlich nicht für alle nordafrikanischen oder auch nur marokkanischen Juden. Viele – wie etwa die Gemeinde von Marrakesch und andere Gruppen aus Marokko oder auch aus Libyen und Tunesien – kamen in festgefügten Gemeinschaften und stiegen in der israelischen Gesellschaft beharrlich auf. Außerdem war das Bild nicht statisch. Selbst aus dem Kreis derer, die ursprünglich relativ schlechte Startbedingungen gehabt hatten und insbesondere aus den diversen Entwicklungsstädten kamen, gingen, zumindest ab Ende der siebziger Jahre, neue dynamische Führer hervor, etwa David Levi, der in der ersten Likud-Regierung Minister für Einwanderer und Eingliederung, später für Wohnungswesen war und in der zweiten Wohnungsminister und Stellvertretender Ministerpräsident; oder wie viele jüngere Bürgermeister von Entwicklungsstädten, die später einen prominenten Platz auf der politischen Bühne einnahmen.

Aber ihr Aufstieg erfolgte vor dem Hintergrund der schwierigen Bedingungen der Anfangsjahre, des Gefühls der Benachteiligung und der sozialen Distanz von den bestehenden Zentren, des Fortbestehens von Armutsinseln und des hohen Anteils von nordafrikanischen Gruppen in ihnen.[52]

Durch die Interaktion der vorstehend analysierten Faktoren ist somit eine neue Wirklichkeit entstanden. Den zentralen neuen Aspekt bildete der viel langsamere Prozeß der Verteilung verschiedener – insbesondere mancher orientalischer – Einwanderergruppen auf die einzelnen Gesellschaftssektoren, was letzthin, wie wir noch sehen werden, zur Entwicklung eines weitreichenden ethnischen Bewußtseins, begleitet von Abspaltung und

52 Der Einfluß einiger sozialer Faktoren auf das Gefühl von Zufriedenheit und Diskriminierung wird erörtert in Jack Habib, *Ethnic Gaps in Job Satisfaction in Israel*, Jewish Distribution Committee (JDC), Brookdale Institute, Jerusalem 1983.

Militanz, geführt hat; etwas, das man im Jischuw nie gekannt hatte und was auch sicher nicht in dem ursprünglichen Gedanken der »Sammlung der Zerstreuten« enthalten war. Dies alles hat die Konturen der israelischen Gesellschaft stark verändert.

Die Kristallisierung neuer Muster ethnischer Identität und des ethnischen Protests

Beibehaltung ethnischer Lebensstile und Traditionen

Ein weiterer, eng damit verbundener Prozeß war die Herauskristallisierung »ethnisch« betonter Muster des Lebensstils, und zwar weit über das in der Jischuw-Periode oder sogar den ersten Jahren des Staates gewohnte Maß hinaus.

Einige Aspekte einer solchen Kontinuität »ethnischer« Lebensweisen – die Tendenz zu engerer Interaktion zwischen Menschen ähnlichen Hintergrunds, die viele gemeinsame Alltagsgewohnheiten und in gewissem Ausmaß auch religiöse Traditionen bewahrten – hatte es immer gegeben, vor allem in der ersten Einwanderergeneration. Dies galt auch für die Weiterbenutzung der Sprache des Herkunftslands oder einer der speziell jüdischen Sprachen (Jiddisch oder Ladino) im Alltagsleben, teils auch bei rituellen oder religiösen Gelegenheiten.

Viele der neuen Einwanderer aus Europa, vor allem aus Ungarn oder Rumänien, bildeten seit den fünfziger Jahren auch besondere landsmannschaftliche Vereinigungen – sei es für die ehemaligen Bürger bestimmter Ortschaften oder des gesamten Landes –, die sich mit gegenseitiger Nothilfe beschäftigten und gesellschaftliche Veranstaltungen, Gedenkfeiern und in gewissem Umfang auch politische Betätigung, überwiegend in den bestehenden Parteien, förderten. Im großen und ganzen schienen diese Aktivitäten nicht weit über die der ersten Einwanderergenerationen hinauszugehen – abgesehen von den zahlreichen Gedenkveranstaltungen, die natürlich besonders nach dem Holocaust stark zunahmen.

Dasselbe galt, wenn auch mit Abweichungen in den Details, für die verschiedenen westlichen Einwanderer, die seit den späten sechziger Jahren eintrafen. Die Mitglieder einer jeden Gruppe hielten natürlich engen Kontakt zueinander und drückten den Lebensbereichen, in die sie integriert wurden, ihren besonderen Stempel auf, sei es im Beruf, bei Freizeitbeschäftigungen, der Beteiligung an öffentlichen Aktivitäten, freiwilligen Arbeiten und ähnlichem.

All diese Stufen »ethnischer« Betätigung fanden sich zumindest auch bei einigen orientalischen Gruppen – aber bei vielen von ihnen in viel höherem Grad.

Vor allem behauptete sich die religiöse Tradition bei mindestens einigen dieser Gruppen viel umfassender und dauerhafter. Die Synagoge und die traditionelle Führungsschicht bildeten oft wichtige Mittelpunkte der Gemeindeorganisation, zuweilen neben sozialer Desorganisation oder sogar als Reaktion darauf. Dadurch kam es zur Neubildung religiöser Traditionen, Gedenktage, verschiedener Heiligenkulte und gemeinschaftlicher, aber nicht unbedingt politisch geprägter Symbole. Aufgrund der soziologischen Segregation und sozialen Distanz vom Zentrum übertrugen sich diese Aktivitäten auch auf die zweite Generation, oft unter spezieller Betonung religiöser und familiärer Traditionen, die später den Hintergrund für stärker politisch ausgerichtete Netze bildeten.

Der entscheidende und vor allem in seiner Intensität relativ neue Aspekt lag jedoch in der Neubildung der ethnischen Symbolik bei vielen orientalischen Gruppen – in der Ziehung umfassender und offenbar ziemlich dauerhafter Grenzen im sozialen Leben und im sozialen Austausch, in der Interaktion aufgrund solcher ethnischer Symbole und im wachsenden Hervortreten solcher Grenzen und Symbole trotz der zunehmenden Homogenisierung vieler Lebensmuster in der israelischen Gesellschaft.

Ferner kam es zu einer zunehmenden Entwicklung und Ideologisierung der folkloristischen Tradition. Hierher gehörten die Volksfeste der verschiedenen ethnischen Gruppen bis hin zu speziellen ethnischen Festen wie der Maimuna der Marokkaner, die meist auf recht moderne und medienwirksame Weise umgestaltet wurden und sich zu wichtigen öffentlichen Ereignissen entwickelten, die oft nicht weniger – und häufig sogar mehr – Aufmerksamkeit erregten als die gemeinsameren israelischen Feste.

Etwas später, etwa seit den siebziger Jahren, trat eine weitgehende Ideologisierung und Politisierung der ethnischen Symbole hinzu, getragen und artikuliert von neuartigen Führungskräften aus den orientalischen Gruppen, die allerdings nicht immer von allen Teilen dieser Gruppen anerkannt wurden. Diese Ideologisierung und Politisierung drückte sich mehr und mehr in höchst aggressiven und trennenden Symbolen aus (zum Beispiel »orientalisch« versus »aschkenasisch«).

Ethnischer Protest

Die Fortführung des ethnischen Problems und seine wachsende Ideologisierung in der erwähnten Richtung waren eng mit dem Aufkommen ethnischen Protests verbunden. Dieser Protest brauchte lange Zeit zu seiner Entwicklung – ebenso wie der oben angesprochene Fehlschlag der ethnischen politischen Bewegungen. Natürlich hegten viele Leute erheblichen Groll, aber in den ersten zwanzig Jahren des Staates blieb er latent. Allerdings zogen bereits einige Warnzeichen auf, die jedesmal die Umrisse des Problems verdeutlichten und zur Entwicklung oft neuer politischer Maßnahmen führten.

Der erste dramatische Ausbruch erfolgte 1959 in Wadi Salib in Haifa. Schon dabei wurden die Themen der ethnischen Segregation und Unterschiedlichkeit stark hervorgehoben, und zwar bedeutsamerweise vor allem von jungen Leuten nach ihrem Wehrdienst. Man ernannte eine staatliche Untersuchungskommission, deren praktische Empfehlungen sich vornehmlich auf berufliche Verbesserungen richteten; neue Berufsbildungsprogramme und Aufstiegswege wurden geschaffen.

Der nächste wichtige Ausbruch folgte 1971, vorwiegend in Jerusalem, auf Initiative selbsternannter Schwarzer Panther, die überwiegend aus einigen ärmeren Vierteln stammten. Ihre Hauptforderung richtete sich, neben der nach besseren Wohnverhältnissen, bedeutsamerweise auf die Aufnahme in die Armee – trotz der Zurückhaltung, die die Streitkräfte bei der Einberufung Vorbestrafter übten. Infolge dieser Entwicklungen leitete die Armee tatsächlich einige weitreichende Unterrichtsprogramme ein, um diesen Elementen gerecht zu werden.

Seit damals, und insbesondere seit dem Jom-Kippur-Krieg, ist das ethnische Thema – das Thema von ethnischem Protest, wachsenden Spaltungstendenzen sowie die öffentliche Artikulation dieser Dimension – ein Grundzug der öffentlichen und politischen Bühne Israels geworden.

Der institutionelle und ideologische Hintergrund für die Entstehung der Integrationsmuster und des ethnischen Problems

Die Ausbreitung von Unzufriedenheit

Wir sehen also, daß hinsichtlich der Integration der verschiedenen Einwanderergruppen tatsächlich eine sehr komplexe neue Realität entstanden ist, die sich weitgehend von der ursprünglichen Vision von der »Sammlung der Zerstreuten« unterscheidet.

Das »objektive« Gesamtergebnis all dieser Integrationsprozesse erscheint ziemlich positiv. Abraham B. Jehoschua, der berühmte Romancier, der selber sefardischen Ursprungs ist, die Berechtigung des ethnischen *(adati)* Anspruchs jedoch leugnet, hat darauf hingewiesen, daß eine solche relativ erfolgreiche Eingliederung einer die ursprüngliche Bevölkerung fast um das Doppelte übersteigenden Einwandererzahl, wäre sie in Frankreich erfolgt, sicher als große Leistung gewertet worden wäre.

Und doch sah das Bild, das sich Ende der siebziger Jahre und vor allem bei den Wahlen von 1981 bot, ganz anders aus, wobei einzelne Züge allerdings schon vorher vorhanden gewesen waren. Es war gekennzeichnet durch große ethnische Unzufriedenheit und die Ideologisierung der Themen von ethnischer Unterschiedlichkeit, Distanz und Feindschaft.

Nicht nur war immer schärfere Artikulation der ethnischen Dimension und des ethnischen Bewußtseins zu einem scheinbar dauerhaften Bestandteil der israelischen Identität geworden, sondern es hatte sich auch die tiefgehende Vorstellung von einer grundlegenden Dichotomie zwischen orientalischen und westlichen Gruppen entwickelt, wobei diese Vorstellung militante und aggressive Züge annahm. Selbstverständlich teilten nicht alle ethnisch orientalischen oder sefardischen Gruppen notwendigerweise diese Folgen und Vorstellungen – oder doch zumindest nicht im gleichen Umfang. Weder die Bulgaren noch die Jemeniten und wohl auch kaum die Irakis äußerten sich besonders lautstark in dieser Richtung, sondern es waren nordafrikanische Gruppen – und selbst von ihnen nur einige. Aber es kann doch kein Zweifel daran bestehen, daß diese militant-dichotome Vorstellung mehr und mehr um sich gegriffen hat.

Ursachen des ethnischen Problems

Wie lassen sich dann all diese Entwicklungen vor dem Hintergrund des – wenn auch nur relativ – erfolgreichen Integrationsprozesses erklären?
Die Erklärung für diese Entwicklungen, der Schlüssel für ihr Verständnis liegt in den oben analysierten Aufnahme- und Integrationsprozessen in Verbindung mit mehreren anderen Prozessen, die von den Zentren der israelischen Gesellschaft ausgingen und für die in diesen Zentren stattfindenden Veränderungen sehr bezeichnend sind.
Ein solcher Prozeß betraf die in den zentralen institutionellen Sektoren der israelischen Gesellschaft zunehmende Erkenntnis, daß ein ethnisches Problem im Entstehen begriffen war, und die ständige Neudefinierung dieses Problems in engem Zusammenhang mit den sich wandelnden symbolischen und politischen Orientierungen in dieser Gesellschaft.
Bedeutsamerweise fand diese Erkenntnis ihren ersten vollen – und später auch politischen – Ausdruck nicht bei den Einwanderern selber, sondern bei vielen der »älteren« Führer und Sektoren. Letztere waren es, die das Problem auf neue Weise zu definieren begannen und damit zur Dynamik der Integration verschiedener Einwanderergruppen in die israelische Gesellschaft und zur Wandlung dieser Gesellschaft beitrugen.
Die erste generelle Reaktion auf alle Neueinwanderer bestand darin, sie als die »Wüstengeneration« anzusehen, deren Kultur hoffentlich mit ihrer vollen Eingliederung in das bestehende Modell oder wenigstens mit der Integration ihrer Kinder ver-

schwinden werde, also mit ihrer vollen und erfolgreichen Sozialisation hinsichtlich der Grundprämissen der zionistisch-sozialistischen Ideologie und des herrschenden institutionellen Modells, um somit auch keine Bedrohung mehr für diese darzustellen – eine Gefahr, die weithin erkannt, aber nicht voll oder doch wenigstens nicht offiziell ausgesprochen wurde. Die Wahrnehmung und Definition dieser Bedrohung war weit verbreitet und galt fast allen nicht dem Pioniergedanken verschriebenen Neueinwanderern – und damit der großen Mehrheit. Innerhalb dieses allgemeinen Rahmens erkannte man jedoch ziemlich schnell, daß die orientalischen Gruppen – oder mindestens einige von ihnen – einen Spezialfall bilden könnten. Zwei Denkweisen begannen sich zu entwickeln – die eine bei den offiziellen politischen Führern, die andere bei Intellektuellen und Pädagogen –, die dann nach und nach miteinander verschmolzen.

In den ersten Eingliederungsstadien während der frühen fünfziger Jahre wurde das Problem der Eingliederung – vor allem auf seiten verschiedener politischer Führer und mit Siedlungsfragen befaßter Funktionäre – dahingehend definiert, daß man es hier mit kultureller Rückständigkeit oder Unterentwicklung zu tun habe, mit Traditionalität im Gegensatz zur Modernität der älteren Sektoren und Zentren der israelischen Gesellschaft und insbesondere der revolutionären Pioniere. Die Neueinwanderer und vor allem, aber in diesem Stadium wohl nicht nur, die orientalischen wurden als ziemlich rückständig angesehen und galten – insbesondere ihrer großen Anzahl wegen – als eine Bedrohung des institutionellen Modells. Allerdings glaubte man, daß sich diese Gefahr durch geeignete Sozialisation abwenden ließe. Andere meinten, diese Gruppen hätten eben nicht den Hintergrund der zionistischen Revolution miterlebt und müßten daher gemäß den Prämissen dieser Revolution, wie sie sich im institutionellen Modell des Staates entwickelt hatten, sozialisiert werden.

Zu jener Zeit fand der von der Jischuw-Periode übernommene Begriff *Edot* (ethnische Gruppen) weite Verbreitung und wurde überwiegend auf orientalische Gruppen, bezeichnenderweise aber nicht auf die vom Balkan stammenden Juden angewandt. Alsbald wurde er dann von Pädagogen, Wissenschaftlern und Journalisten aufgegriffen.

Manche Wissenschaftler und Pädagogen vertraten die romantisch angehauchte Vorstellung, daß sich diese Traditionen in der neuen Umgebung fortsetzen ließen; andere unterstrichen die Notwendigkeit, in den spezifischen Traditionen dieser Gruppen nach einem Potential für soziale Erneuerung oder zumindest Anpassung zu suchen. In den ersten Stadien der Eingliederung beschränkten sich diese Einstellungen allgemein auf kleine Gruppen von Journalisten und Intellektuellen, während unter den politischen Führern die mehr paternalistisch bevormundende Haltung vorherrschte.

Auch das Statistische Zentralamt Israels führte damals in seinen Erhebungen nur zwei Rubriken auf: es unterschied Einwanderer asiatisch-afrikanischer Herkunft von denen aus Europa oder Amerika – eine Unterscheidung, die dann zur Grundlage der meisten Untersuchungen über das ethnische Problem werden sollte und die Tendenz zur dichotomen Vorstellung von der israelischen Gesellschaft förderte, die man nun als aus Orientalen und Westlern zusammengesetzt betrachtete.

Wie wir jedoch oben gesehen haben, setzte sich sehr schnell – wohl bereits Mitte der fünfziger, aber sicherlich dann Ende der fünfziger und Anfang der sechziger Jahre – die Erkenntnis durch, daß dieser Sozialisationsprozeß nicht leicht war und tatsächlich viele Spannungen auslösen konnte: mangelnde Beteiligung, Passivität und vielleicht auch potentielle Entfremdung und Rebellion.

Veränderungen in Definition und Wahrnehmung des ethnischen Problems

So begannen sich nun neue Definitionen dieses Problems und sehr viel entschiedenere politische Maßnahmen durchzusetzen. Das Bewußtsein der zahlreichen Probleme wuchs mit dem verstärkten Zustrom neuer Einwanderer in die zentralen Einrichtungen der Gesellschaft und den dauerhafteren Begegnungen mit ihnen, und es nahm angesichts der diversen ethnischen Proteste natürlich noch weiter zu. Man befürchtete zunehmend, daß womöglich »zwei Nationen« entstehen oder daß die Neueinwanderer wegen ihres niedrigeren Sozialstatus ein entsprechendes Klassenbewußtsein entwickeln könnten – ein Gedanke, der den Führern einer sozialistischen Pioniergesellschaft natürlich gegen den Strich ging. Bezeichnenderweise wurden diese Probleme daher auch nicht als »Klassen-« oder ökonomische Probleme definiert. Zwar hätte eine solche Bezeichnung mehr der offiziellen sozialistischen Ideologie entsprochen, aber sie wäre dem Selbstbewußtsein und der Legitimation des Zentrums zuwidergelaufen.

Die wachsende Erkenntnis dieser Probleme führte auch, wie gesagt, zu einer neuen Definition oder Vorstellung von dem Problem der orientalischen Einwanderer. Anfangs kaum wahrnehmbar, aber doch stetig fortschreitend stellte sich das Bewußtsein ein, daß es sich um das Problem ethnischer Gruppen *(Edot)* und nicht nur um vorübergehende Anpassungsprobleme der Wüstengenerationen handelte.

Die Edot sah man im Gegensatz zum größeren Kollektiv, das nicht aus Edot bestand, sondern Träger des großen zionistischen Gedankens, der Modernität und später vielleicht sogar eines anderen Kulturstils war. Man betrachtete dieses kulturelle Erbe und das allgemeine Edot-Problem immer mehr als Gegebenheit, die berücksichtigt, vielleicht sogar gefördert, aber zumindest anerkannt werden mußte.

Mit der Anerkennung dieses Problems als eines ethnischen und mit dem wachsenden Respekt vor einem anderen kulturellen Erbe wandelte sich freilich auch das Bild des israelischen Gemeinwesens insgesamt, das in zunehmendem Maße nicht mehr von der Grenze zwischen Alt und Neu, sondern zwischen orientalisch und westlich, zwischen sefardisch und aschkenasich geprägt war.

Einerseits wurde das Erbe der ethnischen Gruppen als Teil der israelischen Gemeinschaft anerkannt, zu dessen Förderung man spezielle Maßnahmen einleitete. Aber andererseits bestätigte diese Politik, wenn auch anfangs noch auf relativ freundliche Weise, die Distanz dieser Gruppen zu einem Gemeinwesen, das nicht aus Edot bestand, und zementierte ihre relative Schwäche gegenüber denjenigen Gruppen, die ihre Transformation als »Pioniere« selbst in die Hand genommen hatten.

Sobald sich diese Haltung jedoch mit den weitverbreiteten Stereotypen und Vorurteilen verband, neigte sie zu einer dichoto-

men Gegenüberstellung von westlicher »Pionierkultur« und orientalischer Edot-Kultur.
Die Beachtung, die das Problem der Edot nunmehr im politischen Zentrum fand, hatte vorwiegend mit dem Interesse der wichtigen Parteien vor allem des sozialdemokratischen Lagers zu tun, Führer aus den Einwanderergruppen heranzuziehen oder zu kooptieren, die dann als Vertreter der Edot in den bestehenden Parteien fungieren sollten. Natürlich verstärkte sich diese Tendenz noch nach den bereits erwähnten ernsthaften Ausbrüchen ethnischen Protests.

Neue politische Maßnahmen

Um diese Probleme in den Griff zu bekommen, wurden neue Maßnahmen ergriffen, und zwar oft im Kontext einer umfassenderen Wirtschafts- und Sozialpolitik, wobei manche dieser Maßnahmen auf reichlich gegensätzlichen Annahmen beruhten.
Gelegentlich bestanden sie einfach darin, die in den ersten Eingliederungsstadien entwickelten Maßnahmen fortzuführen und zu erweitern – wie etwa Wohnungsbeschaffung, Arbeitsvermittlung und so weiter. In diesem Kontext wurden viele soziale Wohlfahrtsmaßnahmen – wie etwa Entwicklungsförderung, Gesundheitswesen, Sozialversicherung und Zuwendungen an Familien mit Kindern – zu Grundbestandteilen der israelischen Sozialpolitik, die vor allem den Neueinwanderern, insbesondere den orientalischen zugute kommen sollten.
Das zweite Bündel von Maßnahmen betraf den wirtschaftlichen, schulischen und sozialen Bereich und orientierte sich wiederum mehr oder weniger an den besonderen Problemen der Einwanderer. Zu den frühesten und innovativsten Einrichtungen dieser Art gehörten die *Ulpanim,* spezielle Internats- oder Tagesschulen für Erwachsene zur Erlernung der hebräischen Sprache, die viele Zehntausende durchlaufen haben und die zu einem festen Bestandteil des israelischen Erwachsenenbildungsprogramms geworden sind.[53]

53 1951 besuchten 907 Menschen diese Ulpanim; 1960 waren es 1 138; 1970 betrug ihre Zahl 3 519, und 1980 war sie bereits auf 6 462 angestiegen;

Später gab es bekanntlich viele andere, sehr breit gefächerte Maßnahmen, insbesondere im Bildungsbereich, die darauf ausgerichtet waren, den Einwanderern bei ihrem bildungsmäßigen und beruflichen Fortkommen behilflich zu sein.

Zwei solcher Maßnahmen waren besonders weitreichend. Als erstes wäre die Entwicklung des Berufsschulzweigs zu erwähnen, der tatsächlich eine bedeutende Rolle dabei gespielt hat, vielen sozial und beschäftigungsmäßig mobilen Elementen unter den Neueinwanderern im allgemeinen und den orientalischen im besonderen bildungsmäßige und berufliche Aufstiegsbahnen zu eröffnen.

Noch weitreichender war möglicherweise zweitens die Integrationspolitik im Bildungswesen – eine Maßnahme, die tatsächlich, wie wir gesehen haben, zu einer Reorganisation des gesamten Primar- und Sekundarschulwesens in Israel geführt hat. Diese Integrationspolitik beruhte auf der Annahme, daß die Förderung von Solidarität und Interaktion zwischen den einzelnen Bevölkerungsgruppen durch die Einrichtung gemeinsamer Institutionen für eine raschere Integration in die israelische Gesellschaft sorgen werde.

In den späten siebziger Jahren wurde eine Reihe von Spezialmaßnahmen zur Sanierung der ärmeren Stadtviertel *(Schikum Haschechunot)* und der Entwicklungsstädte von der Likud-Regierung eingeleitet, das heißt zunächst vom Führer der Dasch-Partei, dem damaligen Stellvertretenden Ministerpräsidenten Jigael Jadin, und später, während der zweiten Likud-Regierung, fortgeführt durch Minister und Vizeminister des Likud.

Widersprüchliche Annahmen hinter diesen Maßnahmen

Diese verschiedenen Maßnahmen beruhten auf unterschiedlichen, zuweilen einander widersprechenden Prämissen, die kennzeichnend für die unterschiedlichen sozialpolitischen Richtungen waren, die sich in der israelischen Gesellschaft entwickelten.

Der einen Auffassung zufolge war es wichtig, den verschiede-

1982 sank sie jedoch wieder auf 4092. *Statistical Abstract of Israel, 1982*, Nr. 33, S. 656.

nen schwächeren Gruppen besondere zusätzliche Mittel und Einrichtungen zur Verfügung zu stellen, um ihnen damit den Eintritt in das Rennen zu ermöglichen. Dies führte zu einer Unzahl von Programmen, vor allem im Bildungs- und Berufsbereich und in gewissem Umfang auch im Wohnungswesen.

Eine zweite, in gewisser Weise entgegengesetzte Richtung trat dafür ein, besonderen Kategorien – die meist als »benachteiligt« definiert wurden, in der Praxis aber überwiegend, wenn auch sicher nicht gänzlich, aus orientalischen Einwanderern bestanden – spezielle Vorrechte einzuräumen und bei ihnen andere Maßstäbe anzulegen. Hierher gehörten die Einführung der B-Norm, in bestimmtem Umfang auch die Integrationspolitik, Veränderungen in den Reifeprüfungen und ähnliche Schritte, die leicht zu Niveausenkungen führen konnten oder doch zumindest zu der Neigung, der Aufrechterhaltung von Leistungsstandards in Schule und Beruf nur zweitrangige Bedeutung zuzumessen.

Ein weiterer Gegensatz bestand zwischen einer eher »paternalistischen« oder bevormundenden Haltung und der Meinung, daß die Initiative von den verschiedenen, überwiegend orientalischen Gruppen selber ausgehen müßte. Da die meisten dieser Maßnahmen vom Zentrum eingeleitet wurden, herrschte anfangs die paternalistische Linie vor, während die eher autonomen Aktivitäten noch sehr schwach ausgeprägt waren. Mit der weiteren Entwicklung wurde das Bild natürlich differenzierter, aber die zentralisierten paternalistischen Tendenzen und die wachsende Neigung, vor allem, aber nicht nur im politischen Bereich verschiedene Führer aus den Schechunot zu kooptieren, erwiesen sich als sehr dauerhaft. Dies zeigte sich auch an dem neueren Sanierungsprojekt (Schikum Haschechunot), das zum größten Teil von jüdischen Gemeinden im Ausland finanziert wurde und bei dem örtliche Führungskräfte und Verbindungsleute sehr aktiv waren. So verbanden sich viele dieser Maßnahmen aufs engste mit allgemeineren Tendenzen, die sich im israelischen Leben durchsetzten und sehr wichtig für das Verständnis seiner Wandlungen sind.

Viele dieser Maßnahmen fügten sich nahtlos in die egalitär distributiven Orientierungen ein und kamen den immer stärker vertretenen Forderungen nach Berechtigungen, Konsum und der Homogenisierung von Bildungswegen, der Geringschätzung von Höchstleistungen in verschiedenen Lebensbereichen allgemein und auf dem Bildungssektor im besonderen entgegen – womit sie in vieler Hinsicht dem älteren elitistischen Pionier-Egalitarismus zuwiderliefen, aber doch auf einigen Tendenzen aufbauten, die ihm ebenfalls innewohnten.

Die Betonung von Symbolen orientalischer Kollektividentität

Von besonderem Interesse sind hier diejenigen Maßnahmen, die mit der Definition der Symbole israelischer Kollektividentität zusammenhängen. Im Rahmen der Politik, die sich mit der Artikulation des kulturellen Erbes und der eigenständigen Identitätssymbole der verschiedenen ethnischen, vor allem orientalischen Gruppen beschäftigte, kam es in erster Linie zu einer Ausdehnung der verschiedenen ethnischen Traditionsmuster. Diese Traditionen von Gebet, Volkskunst, Musik, Tanz und Gesang leiteten viele ihrer Themen von diversen orientalischen – insbesondere jemenitischen – Gruppen ab und schlossen zahlreiche Gedenkmotive für verschiedene jüdische Gemeinden ein: ein Trend, der sich im Jischuw herausgebildet hatte, der jedoch nach dem Holocaust vermehrt hervortrat.

In ähnlicher Weise berücksichtigte der Lehrplan der Gymnasien, insbesondere im Fach hebräische Literatur, als zentralen Bestandteil die hebräische Literatur des Goldenen Zeitalters der Juden in Spanien, unter besonderer Betonung ihrer weltlichen Aspekte.

All diese Tendenzen verstärkten sich nach der Gründung des Staates Israel und veränderten ihr ganzes Umfeld. Vor allem gab es qualitative Veränderungen. Dem historischen Erbe der orientalischen Gemeinden wurde im Schulcurriculum mehr Raum gegeben. Außerdem gewährte man Forschungen auf diesen Gebieten – wie etwa dem Studium der Geschichte, Folklore, Literatur und so weiter – wachsende institutionelle Unterstützung. Viele Stipendienfonds für Studenten orientalischer Herkunft wurden eingerichtet. In den Medien, und vor allem im Rundfunk, räumte man den Traditionen – und insbesondere Liedern

– orientalischer Gruppen mehr Zeit ein, und man förderte auch die folkloristischen Traditionen und Feste der verschiedenen ethnischen Gruppen. Die Ausdehnung vieler dieser Aktivitäten, etwa des Schulunterrichts in orientalischer Geschichte, ging über das hinaus, was im Rahmen einer objektiven Betrachtung der jüdischen Geschichte gerechtfertigt gewesen wäre.

Neben diesen quantitativen Veränderungen zeigten all diese Entwicklungen, im Vergleich zu den vorangegangenen Zeiträumen des Jischuw und der ersten zwanzig Jahre des Staates Israel, einige weitgehende Wandlungen hinsichtlich der ihnen zugrundeliegenden Prämissen, ideologischen Anschauungen und Orientierungen sowie hinsichtlich ihrer Beziehung zur gemeinsamen israelischen Identität.

Zum einen zeigten diese Maßnahmen, daß das Muster kollektiver Identität pluralistischer wurde, sich in geringerem Maße an der Zukunft und am Aufbau neuer Symbole orientierte, aber dafür größeren Nachdruck auf Gegenwart und Vergangenheit legte und eine Reihe anerkannter gemeinsamer nationaler und trennender Themen aufnahm, die ethnisch begründet waren oder auf der Trennung zwischen religiösem und weltlichem Bereich beruhen konnten.

Zweitens verbanden sich diese Tendenzen mit einer Schwächung der Bindung, die die Lebensstile verschiedener Gruppen und Schichten zu einem zentralen Mittelpunkt, zu irgendwelchen zentralen ideologischen Prämissen oder Symbolen besaßen. Damit einher ging eine doppelte Entwicklung: nämlich einerseits der Trend zu einer wachsenden Heterogenität dieser Lebensstile und andererseits die Entstehung einer gemeinsamen Populärkultur mit orientalischen Themen, die in Musik, Video und Bild sichtbar wurden.

Zusammenfassung

Die Integration von Einwanderern und die Wandlung der israelischen Gesellschaft

Nunmehr können wir die Hauptlinien unserer Analyse zusammenführen und die Entwicklung dieser neuen Integrationsweisen verschiedener Einwanderergruppen zu erklären versuchen. Besonders wichtig ist die Tendenz zu wachsender ethnischer Spaltung mit starken ideologischen und politischen Untertönen und Begriffsinhalten auf dem Hintergrund des relativ großen – in vieler Hinsicht beispiellosen – Erfolgs des Aufnahme- und Integrationsprozesses der verschiedenen Einwanderergruppen.

Ausgangspunkt dieser Erklärung bilden die stetig zunehmende Mobilität und Integration verschiedener Einwanderergruppen in Verbindung mit der Tatsache, daß sie gerade durch diese Mobilität mehr und mehr die Konsequenzen der Maßnahmen des Zentrums und der Marktkräfte erkannten, die einigen ideologischen Grundprämissen der aufnehmenden Zentren zuwiderliefen und eng mit den Veränderungen und Widersprüchen verbunden waren, die sich im herrschenden institutionellen Modell der israelischen Gesellschaft herausbildeten. Diese Widersprüche hingen in der Tat stark mit den zentralen Wandlungsprozessen in dieser Gesellschaft zusammen – und, wie wir im weiteren noch genauer sehen werden, mit dem schließlichen Zerfall dieses Modells.

So verquickten sich all diese Entwicklungen tatsächlich eng mit dem Wandel in der politischen Kultur und mit Veränderungen in den Machtverhältnissen zwischen verschiedenen Gruppen oder Sektoren der Gesellschaft. Hier traten die anfänglich bürokratische Eingliederungsweise, die großen Machtunterschiede zwischen Alteingesessenen und Neuankömmlingen, die zunehmend klientelistische Politik und das dadurch ausgelöste Gefühl sozialer und kultureller Distanz – besonders angesichts der allgemeinen Betonung nationaler Solidarität und Gleichheit – allmählich immer sichtbarer hervor.

Von zentraler Bedeutung war dabei das widersprüchliche Verhalten, dem zufolge man einerseits allen Einwohnern volle Staatsbürgerrechte, einschließlich des Wahlrechts, gewährte, sie in die Armee und in das Bildungswesen integrierte und sie so zu einem integralen Teil der Nation machte, andererseits aber, zumindest anfänglich, ihre politischen Betätigungen durch paternalistische, oft halb auf Zwang beruhende Maßnahmen und durch – auf Zuteilung von Positionen und Mitteln beruhende – Kooptierungsmechanismen in die zentralen Kanäle der großen

Parteien zu lenken versuchte. So waren gerade im politischen Bereich die Diskrepanzen zwischen dem wirklichen Aufnahme- oder Integrationsprozeß vieler Neueinwanderergruppen und den idealen Grundlagen des Systems und seiner Legitimation am klarsten sichtbar.

Eng verbunden damit war der parallel verlaufende Prozeß der Herausbildung und Intensivierung des sogenannten kulturellen Abstands, der angeblichen Grundunterschiede zwischen den orientalischen und den westlichen Einwanderern, begleitet von der Entwicklung neuer Dimensionen ethnischer Identität.

Zweifellos haben diese Unterschiede oder Abstände von Anfang an bestanden, aber es muß dabei betont werden, daß es mindestens zwei verschiedene Arten solcher Abstände gab und die spätere Gegenüberstellung von »westlich« versus »orientalisch« nicht den Ausgangspunkt dieser Unterschiede trifft. Zwar war die revolutionäre »Pionierrichtung« vorwiegend in westlich-säkulare Begriffe gekleidet, aber sie strebte prinzipiell sicherlich nicht die Fortführung der älteren jüdischen Traditionen vor allem Osteuropas an. Wie im Verlauf unserer Analyse deutlich geworden ist, war diese Ideologie vielmehr auf die Schaffung einer neuen gemeinsamen jüdisch-israelischen Kultur ausgerichtet, während weite Kreise der neuen, vorwiegend orientalischen Einwanderer viel stärker ihrer bestehenden Lebensweise im allgemeinen und zahlreichen religiös-traditionellen Aspekten dieses Lebens im besonderen verhaftet waren.

Von diesem Gesichtspunkt aus betrachtet, kann kein Zweifel daran bestehen, daß die ursprüngliche Politik der Eingliederungsstellen im allgemeinen und großer Teile des Erziehungswesens – aber auch des politischen Bereichs – im besonderen oft sehr wenig Gespür für diese Probleme erkennen ließ. Die in den Augen vieler Einwanderer damals sicher geradezu brutal wirkenden Versuche, sie zur Änderung ihrer Lebensweise zu veranlassen, schwächten oft auch unbeabsichtigt die Familiensolidarität und den Gemeindezusammenhalt, vor allem wohl unter den schwächeren Elementen.

Selbstverständlich gab es bereits in diesem Stadium Gefühle von kultureller Distanz, von Unterschieden zwischen Alt und Neu, die zuweilen schon damals in das Begriffspaar orientalische gegen westliche Kultur gekleidet wurden. Ebenfalls bereits in diesem Stadium bildeten sich einige starke Vorurteile zwischen verschiedenen Gruppen heraus, aber sie bestanden nicht nur zwischen orientalischen und westlichen (europäischen) Gruppen, sondern auch zwischen den besagten älteren Gruppen und europäischen Neuankömmlingen – und diese Vorurteile überdauerten auch, obwohl sie sich nicht wirklich zu neuen Stereotypen und ideologischen Dimensionen entwickelten.

Die zunehmende Wahrnehmung und Äußerung des Gefühls oder der Ideologie einer Distanz zwischen europäischer und orientalischer Kultur oder Lebensweise wurzelten nicht so sehr in den »ursprünglichen«, »objektiven« kulturellen Unterschieden zwischen den westlichen und den orientalischen Gruppen (wobei sich übrigens selbst heute schwer abschätzen läßt, wie weit diese Wahrnehmung genau verbreitet ist). Vielmehr beruhten sie auf mehreren Aspekten des Aufnahmeprozesses und der Integrationspolitik der Einwanderer in die israelische Gesellschaft, in der der innovative, revolutionäre Pioniergedanke einer neuen säkularen israelischen Kultur kontinuierlich geschwächt, routinisiert und ausgehöhlt wurde, so daß sie tatsächlich in die Richtung einer modernen, säkularen Gesellschaft mit unterschiedlichen Stufen und Arten kultureller Konstruktionen tendierte. Diese Lebensstile und die Gewohnheiten kultureller Teilnahme und kulturellen Konsums orientierten sich – vor allem in der höheren Elite – mehr und mehr am Westen und vielleicht insbesondere an Amerika. Diese Lebensstile mit den diversen Mustern kultureller Kreativität, die sich in Israel stetig entwickelt hatten, wurden von vielen der orientalischen Einwanderer – aufgrund des fehlenden gemeinsamen kulturellen Hintergrunds – nicht immer voll geteilt oder gewürdigt. Hinzu kamen noch die soziale und politische Distanz sowie die Ideologie der Edot, die sich aus dem Zentrum heraus entwickelte und politische Auswirkungen zeitigte, die entgegen den Absichten ihrer Urheber ebenfalls sehr dazu beitrugen, das Gefühl der Distanz vom Zentrum zu verstärken.

Die Verbindung all dieser Prozesse, also die Herausbildung unterschiedlicher Lebensweisen und einer sozialen Distanz zwischen den verschiedenen Sektoren bei wachsender Mobilität, förderte dieses Gefühl eines kulturellen Abstands und trug nicht unwesentlich zur Festigung der Dichotomie zwischen der

aschkenasischen und der orientalischen oder sefardischen Kultur bei.
Paradoxerweise scheint diese Entwicklung durch die Homogenisierung weiter Teile der Populärkultur und vieler Verhaltensmuster des Alltagslebens nicht gemildert worden zu sein. In mancherlei Hinsicht mögen die Begegnungen in solchen gemeinsamen Rahmen die Gefühle eines kulturellen Abstands sogar verstärkt haben. Erst im Laufe der Zeit, unter dem starken Einfluß von Mischehen zwischen den Gruppen und bei weiterer Abschwächung der unterschiedlichen Lebensstile wird diese Homogenisierung helfen können, auch die Gefühle sozialer Distanz zu überwinden.
All diese Entwicklungen schufen natürlich auch Hindernisse – insbesondere im Hinblick auf Statussymbole – auf dem Wege zu beruflichem, bildungsmäßigem und ökonomischem Erfolg, waren von Gefühlen kultureller Distanz – so berechtigt oder unberechtigt diese auch sein mochten – begleitet und behinderten außerdem die Teilnahme an den zentralen gesellschaftlichen Bereichen. Dieses Gefühl einer weitreichenden Statusdistanz, des blockierten Zugangs zu Statussymbolen, die genau von denjenigen Zentren kontrolliert wurden, die in vieler Hinsicht den Aufbau sozialer Hierarchien prägten, und des Abstands vom politischen Zentrum schien sich sowohl bei den Gruppen einzustellen, die das Berufsschulsystem durchliefen und Arbeiter oder Angestellte wurden, als auch bei denen, die in die neuen privaten Sektoren überwechselten.
Wir sehen also, daß die Entwicklung des ethnischen Problems, seine Ideologisierung und die wachsenden Spannungen paradoxerweise gerade im relativen Erfolg des Integrationsprozesses wurzeln, nämlich in den Widersprüchen zwischen Ausmaß und Form dieses Erfolgs und der ihm zugrunde liegenden Vision, die auch den Ausgangspunkt für die konkreten Maßnahmen und Prozesse bildeten, die diesen – wenn auch nur begrenzten – Erfolg ermöglichten.
Diese Vision zielte vor allem auf die »Sammlung der Zerstreuten«, auf die Schaffung einer Nation, geleitet von der gemeinsamen jüdischen Solidarität und dem Bewußtsein, demselben Volk anzugehören. Ferner enthielt diese Vision die Hoffnung, die Eingliederung der Neuankömmlinge mit der Teilnahme am

schöpferischen Aufbau einer institutionellen Struktur zu verbinden, der für den Jischuw kennzeichnend gewesen war und von dem man annahm, daß er sich zumindest in gewissem Umfang auch nach den Anfangsstadien der Eingliederung im Staat Israel fortsetzen werde.

Die Grundprämissen dieser Vision wurden von weiten Kreisen der Neueinwanderer sehr rasch aufgenommen – ebenso wie die Erkenntnis, daß die Wirklichkeit, die sich nach den ersten Eingliederungsstadien herausbildete, nicht an diese Vision herankam. Wie wir später noch im einzelnen sehen werden, lag dieser Widerspruch einigen der wichtigsten Konturen, Veränderungen und schließlich großen Wandlungen der israelischen Gesellschaft zugrunde.

12. Kapitel
Israel und seine Bevölkerungsminderheiten. Die Araber und andere Minderheiten in Israel

Allgemeiner Hintergrund

Einleitung

Das entstehende institutionelle Modell der israelischen Gesellschaft sah sich auch mit dem Problem der verschiedenen nichtjüdischen Minderheiten konfrontiert, und zwar vor allem mit dem der arabischen Minorität. Tatsächlich mußten sich Juden jetzt zum ersten Mal seit der Zeit des Zweiten Tempels mit der Existenz von Minderheiten in einem jüdischen Staat auseinandersetzen.

Die Tatsache, daß Israel ein jüdischer Staat ist, wurde natürlich auf mehrerlei Weise hervorgehoben. Erstens ging dies bereits aus dem – von der Welt voll akzeptierten – Wortlaut der UN-Beschlüsse hervor; prinzipiell wurde der Staat für das jüdische Volk gegründet, als Ziel seiner Sehnsucht nach der Errichtung eines eigenen Staatswesens. Der Staat Israel stand, wie gesagt, zumindest grundsätzlich allen Juden (außer kriminellen Elementen) offen, wie es das Rückkehrgesetz von 1950 bestimmte, indem es erklärte, daß jeder Jude kommen und sich in Israel niederlassen könne. Der spezielle jüdisch-zionistische Charakter des Staates wurde auch auf mehreren symbolischen Ebenen anerkannt: So übernahm man zum Beispiel Hymne und Flagge von der zionistischen Bewegung und räumte den Oberrabbinern einen von den übrigen Religionsoberhäuptern gesonderten protokollarischen Status ein.

Innerhalb dieses Rahmens garantierte die Unabhängigkeitserklärung jedoch bekanntlich allen israelischen Staatsbürgern volle Rechtsgleichheit, unabhängig von ihrer Religion oder Volkszugehörigkeit, und dies galt selbstverständlich auch für die arabische Bevölkerung. Dementsprechend verlieh man den arabischen Einwohnern die israelische Staatsbürgerschaft, und Arabisch wurde als eine offizielle Sprache anerkannt, die in der

Knesset und in öffentlichen Diskussionen benutzt werden durfte.

Araber beteiligten sich – wie bereits kurz angeführt und im folgenden noch näher zu erörtern – an den Wahlen zur Knesset und zogen auch in sie ein, entweder als Mitglieder allgemeiner (d.h. jüdischer) Parteien – vor allem der linksgerichteten wie *Maki*, später *Rakach* – oder als Vertreter spezieller arabischer Listen wie *Chakla'ut we-Pituach* (Landwirtschaft und Entwicklung) oder *Schituf we-Achdut* (Zusammenarbeit und Einheit), die bis 1977 meist der Arbeiterpartei nahestanden.

Muslimische, christliche und drusische religiöse Institutionen und Gerichte erhielten weitreichende Rechtsprechungsbefugnisse in Zivilsachen, ähnlich den Rabbinatsgerichten.

Die Verteilung der Araber

Die Araber, die in Israel geblieben waren, bildeten nur einen kleinen Teil der ursprünglichen arabischen Bevölkerung, die in den Grenzen des späteren israelischen Staates gelebt hatte, und stellten auch einen relativ schwachen Teil dieser Bevölkerung dar.

Die – wirtschaftlich wie politisch – aktiveren Elemente waren weggezogen, manche auf eigene Initiative (oder richtiger: auf Veranlassung ihrer Führer, die sicher waren, daß sie nach der Niederlage der jüdischen Streitkräfte zurückkehren würden), andere unter der eigentlichen Einwirkung des Krieges und gelegentlich wohl auch auf ausdrückliches Betreiben der vorrückenden israelischen Truppen.

In Israel verblieben schließlich rund 156000 Araber, in der Mehrzahl Muslime (etwa 107000), neben einer großen Anzahl von Christen (34000) und rund 15000 Drusen und Beduinen. Heute sind die meisten Araber Muslime (78,1 Prozent). Etwa 13,8 Prozent sind Christen – römisch-katholische, griechisch-orthodoxe, Maroniten und andere (Protestanten, Armenier, Kopten) –, die jeweils in ihrer eigenen Religionsgemeinschaft oder Kirche organisiert sind. Später, nach der Vereinigung Jerusalems im Jahr 1967, kamen noch die armenischen Patriarchen hinzu. Sie verkehren mit der israelischen Regierung über das Religionsministerium.

Die in Israel ansässigen Araber konzentrierten sich geographisch um Nazaret in Galiläa und das berühmte Kleine Dreieck (von der Jesreel-Ebene im Norden bis Kefar Kassem im Süden); daneben bestanden kleine Gruppen in Haifa, Jaffa und Lod. Wirtschaftlich gesehen waren sie meistens Bauern mit einigen städtischen Elementen – vor allem kleine Ladenbesitzer und Arbeiter. Dorfbewohner, die außerhalb ihres Ortes Beschäftigung suchten, arbeiteten meistens tagsüber als Fahrer, Kellner oder ungelernte Bauarbeiter in den Städten und kehrten abends in ihre Dörfer zurück. 1950 arbeiteten 50 Prozent der nichtjüdischen Bevölkerung in der Landwirtschaft, 10 Prozent in der Industrie, 6 Prozent im Bauwesen und 6 Prozent im Transportwesen.
Ihre Führungsschicht setzte sich meist aus den traditionelleren Familienoberhäuptern und den unteren Stufen der religiösen Führung zusammen, die allerdings von den Zentren arabischer und muslimischer Tätigkeit zusehends mehr abgeschnitten war.

Die Entwicklungsgrundlagen der arabischen Minderheiten

Anerkennung als Bürger; Mißtrauen und Ignoranz; wohlwollend-restriktiver halbkolonialer Paternalismus

Die von den israelischen Behörden der arabischen Bevölkerung gegenüber entwickelte Grundhaltung setzte sich aus offizieller Anerkennung als Bürger im Rahmen des demokratischen Staatswesens sowie starkem Mißtrauen, Ignoranz und einer gewissen Blindheit gegenüber ihren speziellen Problemen zusammen.
Ihre Anerkennung als Bürger zeigte sich in der formellen Verleihung der Staatsbürgerschaft einschließlich des Knesset-Wahlrechts, der Anerkennung des Arabischen als einer offiziellen Sprache in Israel und der Ausdehnung der grundlegenden öffentlichen Dienste – wie Bildungswesen, Gesundheitswesen, städtische Dienstleistungen usw. – auf die arabische Bevölkerung. Im Erziehungsministerium wurde eine eigene Abteilung für arabische Erziehung eingerichtet.
Diese prinzipiell demokratische Haltung gegenüber der arabi-

schen Bevölkerung – in der Unabhängigkeitserklärung – wurde eingeschränkt durch Sicherheitserwägungen, durch die Tatsache, daß die in Israel verbliebenen Araber natürlich einen Teil der arabischen Bevölkerung bildeten, von der viele während des Unabhängigkeitskrieges aus Israel geflohen waren und dem Staat Israel die Rechtmäßigkeit absprachen, und die daraus folgenden Zweifel an der Loyalität der Verbliebenen gegenüber diesem Staat.

All diese Einstellungen zusammengenommen führten zu einer besonderen Art von relativ wohlwollendem, aber auch ziemlich restriktivem halbkolonialen Paternalismus. Auf der einen Seite garantierte man der arabischen Minderheit ein hohes Maß an wirtschaftlicher Entwicklung, die allerdings geringer war als im jüdischen Sektor, und eine Hebung des Lebensstandards, die selbstverständlich ihrerseits weitreichende Wandlungen in der sozialen Struktur dieses Bevölkerungsteils auslöste. Auf der anderen Seite konnten diese Maßnahmen jedoch die recht problematische Stellung der Araber in der israelischen Gesellschaft nicht beseitigen. Diese problematische Stellung ergab sich bereits aus ihrer objektiven Situation, wurde aber verstärkt durch die Auffassungen der israelischen Behörden und der jüdischen Gesellschaft sowie deren institutionelle Auswirkungen.

Das Mißtrauen gegenüber den Arabern zeigte sich erstens in ihrer bis heute fortbestehenden Freistellung vom Militärdienst, obwohl einige andere Minderheiten, wie etwa die Drusen und Tscherkessen und sogar einige Beduinenstämme, zum Armeedienst eingezogen wurden.

Der zweite – zeitlich begrenztere – Ausdruck von Mißtrauen lag darin, daß man die meisten arabischen Gebiete unter Militärverwaltung stellte und die Bewegungsfreiheit der Araber innerhalb Israels durch ein System von Sondererlaubnissen stark einschränkte. Eng verbunden mit diesem Mißtrauen waren soziale Distanz und Ignoranz im alltäglichen Umgang, aber auch in offizielleren Bereichen. Außerdem gab es Bestrebungen, die politische Betätigung der Araber durch verschiedene paternalistische Maßnahmen zu kontrollieren.

Zu diesen Sicherheitserwägungen hinzu kamen noch das Fehlen einer wirklichen Vorbereitung weiter Teile der jüdischen Gemeinde auf die Auseinandersetzung mit den Problemen einer

Bevölkerungsminderheit, die innerhalb des jüdischen Staates lebte, sowie eine gewisse Blindheit gegenüber deren Sonderproblemen, die erst schrittweise aufgrund des wachsenden Interesses bei Intellektuellen, Orientalisten und einigen linksgerichteten und liberaleren Gruppen erkannt wurden.

Die Mischung dieser verschiedenen Einstellungen gegenüber den Arabern – vor allem das Mißtrauen auf der einen und ihre Anerkennung als Bürger mit der Gewährung aller Rechte auf der anderen Seite – läßt sich vielleicht am deutlichsten an zwei Affären oder Vorkommnissen aufzeigen, nämlich dem Zwischenfall von Kefar Kassem und dem langwierigen Problem der beiden Dörfer Biram und Ikrit in Galiläa.

Der Zwischenfall von Kefar Kassem ereignete sich 1956, zu Beginn des Sinai-Feldzugs, als arabische Bewohner des im Zentrum Israels gelegenen Dorfes Kefar Kassem nach Inkrafttreten eines Ausgehverbots, von dessen Auferlegung sie nichts wußten, nach Hause zurückkehrten und von einer Einheit des israelischen Grenzschutzes beschossen wurden, wobei viele umkamen. Trotz des herrschenden Kriegszustands und der bestehenden Pressezensur für Sicherheitsangelegenheiten drang die Nachricht an die Öffentlichkeit. Selbst dann noch wurden Versuche unternommen, die Affäre »intern« beizulegen, aber Ben-Gurion bestand darauf, daß die verantwortlichen Offiziere und Soldaten vor ein spezielles Militärgericht unter dem Vorsitz eines zivilen Richters kamen, dem man (wie in solchen Fällen üblich) den Rang eines Reserveoffiziers verlieh. Viele der Offiziere und Soldaten wurden zu längeren Freiheitsstrafen verurteilt mit der Begründung, daß Militärpersonen unmoralische Befehle verweigern müßten. Obwohl Behauptungen laut wurden, daß der – direkt oder indirekt – mitverantwortliche ranghöchste Offizier mit einer kleinen Geldbuße davongekommen sei, und die meisten Offiziere nach Verbüßung eines Teils ihrer Strafe begnadigt wurden, war doch der Grundsatz aufgestellt, daß arabische Bürger nicht etwa – womöglich in Fortsetzung der Situation während des Unabhängigkeitskrieges – als feindliche Bevölkerung betrachtet werden dürfen.

Die Geschichte von Ikrit und Biram veranschaulicht einen anderen Aspekt dieses Problems. Diese beiden von christlichen Arabern bewohnten Dörfer in Galiläa wurden 1948 unter dem

Vorwand von Sicherheitserwägungen »vorübergehend« evakuiert. Trotz anfänglicher Versicherungen, daß die Einwohner alsbald wieder zurückkehren dürften, traf dies nicht ein; statt dessen wurden sie in nahegelegene arabische Städte und Dörfer umgesiedelt, worauf man die meisten ihrer Ländereien beschlagnahmte und an jüdische Siedlungen vergab.
Selbst als viele Jahre vergangen und die damaligen Sicherheitsprobleme längst vorüber waren, wurde ihren Forderungen, in ihre Dörfer zurückkehren und sich dort wiederansiedeln zu dürfen, bis heute nicht entsprochen. Hinter der offiziellen Sicherheitsbegründung stützte sich diese Weigerung nicht nur auf die Furcht, angemessene Entschädigung leisten und womöglich einige Grundstücke zurückgeben zu müssen, sondern dazu noch auf die viel grundsätzlichere Befürchtung, daß jede Anerkennung eines solchen Anspruchs eine Flut von Anträgen auf Wiederansiedlung nach sich ziehen könnte, darunter auch solche von arabischen Flüchtlingen außerhalb Israels.

Demographische, wirtschaftliche und bildungsmäßige Entwicklung

Wandel in der traditionellen arabischen Gesellschaft

Im Rahmen dieser Grundparameter entwickelte sich eine weitreichende soziale Dynamik in der arabischen Bevölkerung Israels, die sich zuallererst im demographischen und wirtschaftlichen Bereich zeigte. Das hochentwickelte Gesundheits- und Bildungswesen (hochentwickelt im Vergleich zu den arabischen Ländern, aber häufig hinter dem Standard des jüdischen Sektors zurückbleibend) führte zu einem demographischen Zuwachs – einem der höchsten der Welt –, wie aus Tabelle 12.1 hervorgeht. Zweitens wuchs langsam eine gebildete Intelligenzschicht heran, die sich aus Sekundarschul- und sogar Universitätsabsolventen zusammensetzte. Die Schulpflicht wurde auch für die israelischen Araber eingeführt. 1973 besuchten 90,7 Prozent der arabischen Bevölkerung in den entsprechenden Altersstufen die Schule, im Vergleich zu 98,6 Prozent der jüdischen Bevölkerung. 1977 stieg dieser Anteil auf 92,5 Prozent.

Tabelle 12.1 Wachstum der arabischen Bevölkerung, 1948-1981 (in Tausend)

	Bevölkerung zu Beginn des Zeitraums	Nationales Wachstum	Migrationssaldo	Einwanderer	Gesamtanstieg	Bevölkerung am Ende des Zeitraums	Prozentualer Jahresanstieg	Anteil des Migrationssaldos am Gesamtanstieg
1948-54	156,0	35,8	–	–	35,8	191,8	3,2	–
1955-71	191,8	196,4	1,8	–	266,9	458,7	4,3	0,9
1955-65	191,8	47,3	–0,1	–	47,4	239,2	3,7	–0,2
1961-65	239,2	57,7	2,5	–	60,1	299,3	4,6	4,2
1966-71	299,3	91,4	–0,6	–	159,4	458,7	4,5a	–0,7b
1972-81	453,6	199,4	4,7	19,4	204,1	657,7	3,7	2,3

Anmerkungen: a. Einschließlich Ost-Jerusalem 1967.
b. Ausschließlich Ost-Jerusalem 1967.

Quelle: *Statistical Abstract of Israel, 1982*, Nr. 33, S. 32.

Tabellen 12.2, 12.3, 12.4 und 12.5 veranschaulichen die Bildungsstruktur der arabischen Bevölkerung in Israel. All diese Prozesse schwächten den »Traditionalismus« und die Selbstabkapselung der arabischen Bevölkerung, da sie viele Aspekte ihrer traditionellen Sozialstruktur untergruben und ihre Verwobenheit mit den jüdischen Wirtschaftssektoren förderten – womit allerdings auch wieder neue Probleme und Spannungen entstanden.

Dov Weintraub und Zeev Shavith haben diese Entwicklung bis etwa 1967 prägnant zusammengefaßt:

> Rasche Modernisierung und Entwicklung und politische Intensivierung waren die wichtigsten sozialen Trends im arabischen Sektor und haben die Hauptprobleme bestimmt, mit denen dieser Sektor konfrontiert ist.
>
> Von 1960 bis 1980 erhielten Wirtschaftsprozesse, die bereits früher begonnen hatten, zusätzlichen Auftrieb. So sind der Umfang des bestellten Landes und die Erträge per Bodeneinheit dank Mechanisierung, Verbesserung der Anbaumethoden, Diversifizierung des Anbaus und Entwicklung der Infrastruktur (Kapitalinvestition, Straßenbau, Bewässerung und Transportverbesserungen) gestiegen. Regierungsmaß-

Tabelle 12.2 Schüler in Bildungseinrichtungen, 1948/49 und 1978/79

Typ der Einrichtung	Arabisches Bildungswesen 1948/49	1978/79	Jüdisches Bildungswesen 1948/49	1978/79
Insgesamt	11 129	169 952	129 688	1 000 605
Kindergärten	1 124	17 880	24 406	244 700
Grundschulen	9 991	116 859	91 133	406 925
Sonderschulen	–	727	–	12 587
Mittelstufen	–	13 964	–	70 610
Oberschulen	14	17 207	7 168	58 220
Berufsoberschulen	–	1 850	2 002	68 164
Landwirtschaftsoberschulen	–	747	–	5 349
Lehrerbildungsstätten	–	572	713	11 732
Andere Einrichtungen	–	146	583	14 141

Quelle: Alouph Harevan (Hg.), *Every Sixth Israeli*, Jerusalem 1983, S. 23.

Tabelle 12.3 Arabische Bildungseinrichtungen 1948/49-1978/79

Typ der Einrichtung	1948/49	1978/79
Kindergärten	10	(298)
Grundschulen	45	290
Sonderschulen	–	16
Mittelstufen	–	43
Oberschulen	1	90
Berufsoberschulen	–	13
Landwirtschaftsoberschulen	–	2
Lehrerbildungsstätten	–	2

Quelle: Harevan (Hg.), *Every Sixth Israeli*, a. a. O., S. 23.

Tabelle 12.4 Anzahl der Schüler, die die Reifeprüfungen bestanden, 1948/49-1977/78

	1948/49	1977/78
Jüdisches Bildungswesen	802	13 500
Arabisches Bildungswesen	–	1 200

Quelle: Harevan (Hg.), *Every Sixth Israeli*, a. a. O., S. 23.

Tabelle 12.5 Nichtjüdische Hochschulstudenten, 1968/69-1978/79

Hochschule	1968/69	1978/79
Hebräische Universität	205	500 (Schätzung)
Universität Haifa	257	662
Ben-Gurion Universität	5	200
Universität Tel Aviv	48	–
Bar Ilan Universität	51	–
Technion	42	–

Quelle: Harevan (Hg.), *Every Sixth Israeli*, a. a. O., S. 23.

nahmen, das Beispiel der jüdischen Landwirtschaft und die Verfügbarkeit von Märkten haben eine anhaltende Entwicklung in Gang gebracht. Da weniger Personen in der Landwirtschaft beschäftigt sind, steigt der Produktwert stetig an, und ein Teil wird ins Ausland exportiert.

Die Lage der Industrie sieht ganz anders aus. Es gibt praktisch keinerlei erwähnenswerte Fabriken, und die meisten arabischen Industriearbeiter sind in der allgemeinen Wirtschaft beschäftigt. Allerdings hat sich ihre Qualifikation und Erfahrung in einigen Branchen zusehends verbessert (insbesondere in der Kraftfahrzeugmechanik und im Bauwesen); zusammen mit der wachsenden Zahl von Absolventen technischer Hochschulen könnten sie die Arbeitskräfte für künftige Industriebetriebe stellen, falls das nötige örtliche Kapital dafür gefunden werden kann.

Außerdem sind Angebot und Zahl der Akademiker stark angestiegen, so daß gewerbliche und städtische Dienste zunehmend auf lokaler Ebene geleitet werden können.

Mit der wirtschaftlichen Entwicklung ging ein sozialer Wandel einher, obwohl viele formelle Strukturen unverändert geblieben sind. Dieser Wandel auf allen Ebenen stand unter dem starken Einfluß der Gesamtgesellschaft und wurde durch interne Entwicklungen und demographische Veränderungen vorangetrieben. Die traditionelle Führung wird daher von gebildeten jungen Leuten zur Seite gedrängt, was zu einer ständigen Konfrontation zwischen konservativen und modernisierenden Kräften führt.

Andererseits hat das Bildungswesen in der arabischen Gemeinde immer noch mit besonderen Problemen zu ringen, die in den Werten und Traditionen der arabischen Welt verwurzelt sind. Trotz des Fortschritts arabischer Frauen war vor allem der vorzeitige Abgang aus der Grundschule unter Mädchen noch sehr hoch.

Geisteswissenschaftliche Fächer genießen weiterhin das höchste Prestige, so daß sich die technische und berufliche Ausbildung nicht richtig entwickeln kann. Die Lehrer sind immer noch zu autoritär, und ihre Unterrichtsmethoden sind konservativ, neigen zu sturem Auswendiglernen und fördern nicht die Ausbildung unabhängigen Denkens. Diese Haltungen lassen sich nur schwer verändern, obwohl die Bildungsbehörden viele Gedanken und große Mühe in Studienprogramme, die Entwicklung neuer Lehrmittel und diverse Fortbildungskurse investiert haben. Diese Bemühungen werden vermutlich dadurch behindert, daß zu wenige Araber höhere Positionen in der zentralen Bildungsverwaltung bekleiden. Dadurch sind die besten Formulierungen und Kommunikationswege nicht immer verfügbar, und die Vorstellung, daß die Veränderungen und Verbesserungen durch eine externe, eventuell fremde und feindliche Instanz aufgezwungen werden, kann sich leicht verstärken.[54]

Schulcurriculum

Das im arabischen Sektor entstehende Bildungswesen ließ zumindest anfänglich einen weitgehenden Mangel an Feingefühl für das spezielle Problem der kollektiven Identität dieser Minderheit erkennen – und nur sehr langsam sind einige Öffnungen in diese Richtung gemacht worden.

Das für die arabischen Schulen entwickelte Curriculum war anfangs dem der jüdischen Schüler ziemlich ähnlich, wenn auch den Bedürfnissen der arabischen Bevölkerung angepaßt, ohne jedoch den Problemen ihrer Identitätsentwicklung größere Beachtung zu schenken. Die Unterrichtssprachen waren natürlich

54 Weintraub und Shavit, »Social Issues, Processes and Policies in Israel 1960-1980«, a.a.O., S. 39-42.

Arabisch und Hebräisch, wobei letztere Sprache von der 4. Klasse an gelehrt wurde. Die Schüler mußten auch einige Teile der Bibel und der jüdischen Literatur durchnehmen, um die hebräische Sprache und die jüdische Tradition zu verstehen. Beim Abitur waren die Prüfungen in Mathematik und den Naturwissenschaften die gleichen wie in den jüdischen Schulen, allerdings ins Arabische übersetzt, und es gab auch eine spezielle Prüfung in Geographie (nicht dieselbe wie an den jüdischen Schulen). Die Englischprüfung war ab 1960 eine andere, während sie vorher der für die jüdischen Schulen geglichen hatte. Das Geschichtscurriculum enthielt denselben Lehrplan für allgemeine Geschichte und eine eingeschränkte Version für jüdische Geschichte.

Das entscheidende Problem bei der Aufstellung dieses Curriculums bildeten die ziemlich weitreichenden Unterschiede in den Themen, die aus den Bereichen der jüdischen und arabischen Geschichte und Literatur ausgewählt wurden. Erstens wurde der jüdischen Geschichte und Literatur ein etwas größerer Anteil eingeräumt als den arabischen Parallelfächern. Zweitens wäre die vielleicht noch wichtigere Tatsache zu nennen, daß im Fach Jüdische Geschichte die nationalen und zionistischen Themen betont wurden – ähnlich wie auch an den jüdischen Schulen –, während der Schwerpunkt in der arabischen Literatur mehr auf solche klassischen und modernen Schriftsteller gelegt wurde, die sich in erster Linie Themen wie Natur und zwischenmenschliche Beziehungen widmeten und weniger Themen, die die kollektive Identität berührten. Tatsächlich diente schon der Lehrplan als wichtiger Bezugspunkt arabischer Identität. Zudem wurde die arabische Geschichte häufig im Rahmen der allgemeinen Geschichte gelehrt, wodurch ihre Eigenständigkeit herabgesetzt wurde.

Frühe Muster politischer Beteiligung

Wie oben angeführt, erhielten die Araber die volle Staatsbürgerschaft und beteiligten sich von Anfang an an den Knessetwahlen – und zwar in ziemlich hohem Umfang (siehe Tabelle 12.6). Tabelle 12.7 zeigt die ursprüngliche Bastion der traditionellen Parteien, die der Arbeiterpartei eng verbunden oder auch in nicht geringem Maße unter der Obhut der Militärverwaltung entstanden waren und sich auf die traditionellen Kräfte in der arabischen Gesellschaft stützten. Einige Radikalisierungstendenzen sind an der zunehmenden Stärke der Kommunistischen Partei abzulesen (die auch bei den ersten Wahlen stark vertreten war), und zwar ab Mitte der sechziger Jahre und insbesondere seit dem Sechstagekrieg.

All diese Entwicklungen rückten das Problem der kollektiven Identität der arabischen Bevölkerung Israels in den Vordergrund. Um Weintraub und Shavit erneut zu zitieren:

> Diese Frage ist in der geopolitischen Situation enthalten, die Israel in eine sehr viel schwierigere Lage versetzt hat, als andere primordial heterogene Nationen sie zu bewältigen haben. Hier gibt es einerseits eine einheimische Minderheit, gekennzeichnet durch einander überschneidende ethnische, religiöse, kulturelle und sozio-ökonomische Unterschiede, die von ihrem sehr viel niedrigeren Entwicklungsstartpunkt herrühren. Andererseits bildet der Staat selbst einen kleinen Teil einer feindlichen Region, deren integraler Teil die Minderheit, primordial gesehen, ist. Daher mußten sich Feindseligkeiten und Befremden geradezu aufstauen und konnten sich keiner einfachen, schnellen Lösung anbieten.[55]

Infolge all der vorstehend analysierten Modernisierungsprozesse und des allmählichen Heranwachsens einer neuen Generation israelischer Araber kündigten sich Mitte der sechziger Jahre jedoch auch neue Tendenzen und Entwicklungen bei ihnen an.

55 Weintraub und Shavith, »Social Issues, Processes and Policies in Israel 1960-1980«, a.a.O., S. 32

Tabelle 12.6 Beteiligung von Nichtjuden an den Knesset-Wahlen, als Wähler und gewählte Abgeordnete, 1949-1977

Knesset	Prozentuale Wahlbeteiligung aller nichtjüdischen Wahlberechtigten	Prozentsatz nichtjüdischer Knessetmitglieder
1. Knesset (1949-51)	79,3	3
2. Knesset (1951-55)	85,5	6
3. Knesset (1955-59)	91,0	7
4. Knesset (1959-61)	88,9	7
5. Knesset (1961-65)	85,6	7
6. Knesset (1965-69)	87,8	7
7. Knesset (1969-73)	82,0	7
8. Knesset (1973-77)	80,0	4
9. Knesset (1977-81)	75,0	7

Quelle: Harevan (Hg.), *Every Sixth Israeli*, a. a. O., S. 20.

Tabelle 12.7 Arabische Stimmen für die Kommunistische Partei und deren Hauptkonkurrenten (in Prozent)

Knessetwahlen	Kommunistische Partei	Regierungspartei (Mapai, Awoda)	Mapam
1. Knesset (1949)	22,2	61,3	0,2
2. Knesset (1951)	16,3	66,5	5,6
3. Knesset (1955)	15,6	62,4	7,3
4. Knesset (1959)	10,0	52,0	12,5
5. Knesset (1961)	22,7	50,0	11,0
6. Knesset (1965)	22,6	50,1	9,2
7. Knesset (1969)	28,9	56,9	–
8. Knesset (1973)	38,7	41,7	–
9. Knesset (1977)	50,6	27,0	–

Quelle: Harevan (Hg.), *Every Sixth Israeli*, a. a. O., S. 20.

Eine gesonderte Minderheit bilden die etwa 50000 Drusen, die rund 8 Prozent der nichtjüdischen Bevölkerung Israels ausmachen. Sie leben überwiegend in Untergaliläa und auf dem Karmelmassiv in ihren traditionellen Gemeinden unter einer recht starken traditionellen Führung.

Von Anfang an waren sie dem Staat gegenüber positiv eingestellt, dienten in der Armee und im *Mischmar Hagwul* (Grenzschutz) und folgten damit ihrer wehrhaften Tradition. Erst nachdem die Golanhöhen den israelischen Gesetzen unterstellt worden waren, und insbesondere während des Libanonkriegs, als Israel in den uralten Streit zwischen den Drusen und den christlichen Gemeinden im Libanon hineingeriet, schien diese Loyalität ein wenig bedroht. Bei den Drusen in Israel traten dieselben Modernisierungsprozesse wie in den Drusengemeinden Syriens und des Libanon ein, nur in etwas geringerem Umfang.

Ein weiteres Sonderelement unter der Minderheitenbevölkerung sind die Beduinen. 1960 gab es etwa 20000 Beduinen im Negev und 10000 in Galiläa. Seither haben weitreichende Veränderungen vor allem auf wirtschaftlichem, in gewissem Umfang aber auch auf sozialem Gebiet stattgefunden. Alle sind von der Modernisierung erfaßt worden. In all ihren Siedlungen wurden Schulen und Gesundheitsdienste unter staatlicher Aufsicht eingerichtet. Viele Beduinen stiegen bildungsmäßig auf, wurden Lehrer, Ärzte oder Angestellte. Über die gemeinsamen Muster hinaus reagierten sie jedoch auf zwei unterschiedliche Weisen auf die Modernisierung, wobei es natürlich kleinere Variationen gab.

Die eine Reaktionsweise, die sich am besten am Stamm Abu Rabia im Negev veranschaulichen läßt, war durch Versuche gekennzeichnet, das Nomadenleben, natürlich mit einigen Modifikationen, beizubehalten und sich nicht in Dörfer umsiedeln zu lassen. Die Familien dieses Stammes leben in kleinen Häusern und besitzen Land im Dorf Kseifeh, und manche von ihnen wollen dieses Gebiet nicht verlassen. Sie ziehen es vor, ihr halbnomadisches Leben mit starker Bindung an die Landwirtschaft fortzusetzen, anstatt sich fest im Dorf anzusiedeln. So

weit wie möglich möchten sie ihr Stammesleben weiterführen und den Modernisierungsproblemen auf ihre Weise begegnen.
Seit der Staatsgründung arbeiteten die Beduinen dieses Stammes in der Landwirtschaft um Beer Scheva und Arad. Manche arbeiten in der Industrie oder sonstwie außerhalb, und es kommen auch Lehrer und Angestellte aus ihrem Stamm. Im ganzen Negev-Gebiet gibt es 30 Kindergärten, 26 Grundschulen, drei Oberschulen und ein Lehrerseminar.
Die Stellung des Scheichs ist recht stark. Das Amt ist erblich, was aber nicht bedeutet, daß der Sohn des gegenwärtigen Scheichs sofort nach dem Tod seines Vaters eingesetzt wird. Ein anderer Familienangehöriger könnte geeigneter sein und deshalb ernannt werden; diese Ernennung bedarf dann der Zustimmung der Regierung.
Normalerweise bestehen die Aufgaben des Scheichs darin, interne Probleme und Konflikte innerhalb des Stammes beizulegen. Während der Militärverwaltung war seine Stellung äußerst wichtig. Heute nehmen seine Aufgaben ab, weil die Beduinen als Bürger leichten Zugang zu den staatlichen Behörden haben, aber der allgemeine Rahmen des Stammeslebens ist doch – wenn auch mit starken Modifikationen – weitgehend erhalten geblieben. Ihr Beharren darauf, ihr Nomadenleben in weitem Umfang fortzusetzen und gleichzeitig auch Landwirtschaft zu betreiben, hat sie oft in Konflikt mit den staatlichen Siedlungsbehörden gebracht, da sie sowohl weitläufige Ländereien als auch Wasserversorgung für die Bewässerung verlangen. Die Bodenforderungen verstärkten sich nach dem Camp-David-Abkommen und dem Rückzug aus dem Sinai, denn es mußten neue Luftwaffenstützpunkte im Negev gebaut und dafür weite Gebiete beschlagnahmt werden.
Die zweite Reaktionsweise der Beduinen auf die Modernisierung, nämlich die Bereitschaft, in Dörfer umzusiedeln und überwiegend nicht-landwirtschaftlicher Arbeit nachzugehen, zeigt sich am klarsten im Beduinendorf Rahat im Negev, in dem etwa 17 000 Menschen, also rund ein Drittel der Negev-Beduinen, leben. Die Planung des Dorfes begann 1965, aber bis 1978 waren erst zwei Häuser gebaut. Wasser und Strom werden vom Staat geliefert.

Das Dorf beruht auf dem Gedanken, daß jede *Hamula* (Großfamilie) in einem anderen Viertel wohnen soll und jedes dieser Viertel eine Selbstverwaltungseinheit bildet, während die Schulen für alle gemeinsam sind. Es gibt fünf Grundschulen, eine Oberschule und eine Berufsschule (für Jungen und Mädchen).
Von den Einwohnern arbeiten 15 Prozent in der Landwirtschaft. Da sie sich ihr jedoch nicht wirklich widmen, sind die Ergebnisse sehr dürftig. Die übrigen Bewohner arbeiten außerhalb des Dorfes in den jüdischen Siedlungen, entweder als Lastwagen- oder Traktorfahrer oder in den Dienstleistungsbetrieben, als Lehrer oder Angestellte. Jede Familie zählt durchschnittlich sieben Mitglieder. Die jüngere Generation lebt in Einehe. Es gibt jetzt auch Mischehen zwischen verschiedenen *Hamulot.* Letzthin sind Klagen über die Entstehung neuartiger sozialer Probleme, wie etwa Trunkenheit, laut geworden.
Der Stamm und die Hamula bestehen als sozialer Rahmen und soziales Netz weiter, aber viel weniger als halbkorporative Gruppen, und es gibt Anzeichen für eine wachsende Abkehr von den traditionellen Lebensweisen.

Entwicklungen in der Mitte der sechziger Jahre

In den sechziger Jahren kam es in Idee und Praxis zur langsamen, aber wahrnehmbaren Ausbildung einer gewissen Partnerschaft zwischen den beiden Gemeinschaften in Israel, die von beiden Seiten sowie von objektiven Prozessen gefördert wurde. Schrittweise entwickelten sich eine wirtschaftliche und berufliche Durchdringung, zunehmende gesellschaftliche Kontakte und einige Mischehen, wobei diese allerdings zu neuen Spannungen und der Möglichkeit von Vorurteilen und sozialer Distanz führten.
Die politische Szene entspannte sich mit der Abschaffung der Militärverwaltung durch Levi Eschkol im Jahr 1966, wodurch ein – wenn auch noch sehr langsamer – Wandel in den Beziehungen zur arabischen Minderheit eintrat.
Man beschäftigte sich jetzt kontinuierlich stärker mit Problemen, die mit der arabischen Identität zusammenhingen, etwa

dem Erziehungswesen und der Ortsverwaltung, und nicht mehr allein mit dem wirtschaftlichen Fortschritt der Minderheiten. Im politischen Bereich blieben Vertrauensposten in Regierung und Armee den Arabern weiterhin verschlossen, abgesehen von einigen Sondergruppen, wie den Drusen und Tscherkessen. Andererseits traten jetzt mehr Araber in den Beamtendienst, die Knesset, das israelische politische Leben und die Parteien ein. All diese Probleme verstärkten sich dann nach dem Sechstagekrieg.

13. Kapitel
Die israelische Gesellschaft in den späten sechziger und frühen siebziger Jahren. Der Sechstagekrieg und seine Folgen

I. Die Gestalt der israelischen Gesellschaft in den späten sechziger und frühen siebziger Jahren

Das institutionelle Modell der israelischen Gesellschaft und die Verwirklichung des zionistischen Gedankens

Allgemeiner Hintergrund

Das in den vorangegangenen Kapiteln entworfene Bild der institutionellen Modelle der israelischen Gesellschaft, wie es sich in den ersten drei Jahrzehnten ihrer Entwicklung herauskristallisiert hat, ist äußerst komplex.

An erster Stelle steht die einfache Tatsache des großen Erfolgs in all diesen Bereichen, und zwar eines Erfolgs, der im Vergleich zu vielen anderen modernen – vor allem kleinen oder erst in der Entwicklung befindlichen und mit einer schwachen Infrastruktur ausgestatteten – Gesellschaften oder anderen modernen Einwanderungsländern wirklich höchst beeindruckend ist. Aus einer Gemeinschaft von 600 000 Menschen, die um ihre Unabhängigkeit, ja eigentlich sogar um ihr Leben kämpften und unter ziemlich aufreibenden und relativ rückständigen Bedingungen lebten, entwickelte sich ein unabhängiger Staat mit 3,5 Millionen Einwohnern, dem es innerhalb kürzester Zeit gelang, eine recht moderne, zumindest halbindustrielle Wirtschaft mit einem sehr erfolgreichen modernen Agrarsektor aufzubauen. Seine politische Struktur, die auf ziemlich totalistische, nach einem halbföderativen oder genossenschaftlichen Modell gegliederte Bewegungen zurückging, entwickelte sich zu einer parlamentarischen Demokratie, die zwar in mancher Hinsicht restriktiv war, sich jedoch kontinuierlich weiter öffnete und eine starke Tradition von Gesetz und bürgerlicher Freiheit hervorbrachte. Gleichzeitig wiesen die politische wie auch die ganze institutionelle Struktur große Kontinuität mit den vorangegangenen Strukturen, Ideen, Orientierungen, Visionen und Idealen auf.

Darüber hinaus entwickelte sich ein Netz weitreichender Institutionen in allen Lebensbereichen. Dem Staat gelang es, sich unter relativ schwierigen Sicherheitsbedingungen zu behaupten. Er baute eine sehr starke Armee auf und bewahrte sich dabei eine recht eingehende Zivilaufsicht über die Streitkräfte, wenn auch – wie wir noch sehen werden – von ziemlich eigener Art. Ganz sicher verfiel er nicht der Gefahr, sich in einen Garnisonsstaat oder eine militarisierte Gesellschaft zu verwandeln. Und diese Armee erwies sich 1967 als siegreich. Die internationale Stellung des Staates war – abgesehen von der prekären Lage in seiner unmittelbaren Umgebung – recht gut. Das Netz seiner auswärtigen Beziehungen, seiner Entwicklungshilfe und so weiter spannte sich über viele Länder in mehreren Kontinenten. Zudem wurde er zum gemeinsamen Identifikationspunkt für die meisten jüdischen Gemeinden.

Israel gelang es, eine eindrucksvolle und weitgefächerte kulturelle Aktivität auf Gebieten wie Musik, Theater und Malerei zu entfalten, und es schuf wichtige wissenschaftliche Zentren von internationalem Ruf. Die hebräische Literatur und die Judaistik erlebten eine neue Blüte, und auch die Anstrengungen auf dem Bildungssektor waren beachtlich, insbesondere angesichts der spezifisch israelischen Probleme, vor allem der Einwandereraufnahme.

Gerade auf diesem letzteren Gebiet waren die Erfolge, die Israel in solch kurzer Zeit erreichte, trotz aller damit zusammenhängenden Probleme höchst eindrucksvoll, wenn man sie mit denen anderer modernen Länder mit nicht-selektiver Einwanderung vergleicht und den ziemlich dürftigen Ausgangspunkt in Betracht zieht.

In all diesen Bereichen schien die israelische Gesellschaft fähig, mit jenen immerwährenden Problemen fertig zu werden, die aus dem Zusammenspiel zwischen der ideologischen Vision ihrer Gründer und den Bestrebungen erwuchsen, diese Vision in einem kleinen, relativ unterentwickelten Land zu verwirklichen, das sowohl den Gründern dieser Gesellschaft als auch vielen Generationen von Einwanderern neu war und noch dazu in einer fremden, geradezu feindlichen Umgebung lag. Diese Probleme mochten sich zwar in ihren konkreten Ausdrucksformen verändern, blieben sich sonst aber durch alle Entwicklungsperioden der jüdischen Ansiedlung in Erez-Israel hindurch ziemlich gleich, im Jischuw wie auch im Staat Israel. Wie wir gesehen haben, gab es vier solcher Problemkreise: erstens die Einwandereraufnahme; zweitens die ökonomische Entwicklung und Modernisierung; drittens die Verteidigung sowie die angestrebte Verwurzelung in einer fremden und sogar feindlichen Umgebung; viertens die Umgestaltung der jüdischen Tradition und die Ausbildung einer neuartigen jüdischen Identität.

Durch die verschiedenen von ihm entwickelten Institutionen hat sich der Staat Israel fähig gezeigt, diese vielfältigen Probleme in angemessener Weise und in vieler Hinsicht sogar hervorragend zu bewältigen.

Die Institutionalisierung nachrevolutionärer Gesellschaften

Die israelische Gesellschaft hatte, wie bereits gesagt, viele Prozesse und Probleme einer solchen Institutionalisierung mit anderen nachrevolutionären Gesellschaften gemeinsam – nämlich der UdSSR, Mexiko, vielen neuen Nationen und vielleicht sogar den USA des frühen 19. Jahrhunderts. Die wichtigsten dieser Prozesse waren: erstens die Umwandlung revolutionärer Gruppen von sozio-politischen Bewegungen in Staatsregierungen und die damit einhergehende Institutionalisierung der revolutionären Vision beim Aufbau des modernen Staates; zweitens wirtschaftliche Expansion und Modernisierung, begleitet von wachsender sozialer Differenzierung; drittens die Eingliederung relativ »unterentwickelter« Bevölkerungskreise im Rahmen einer solchen Wirtschaftsexpansion.

Jede dieser nachrevolutionären Gesellschaften entwickelte unterschiedliche institutionelle Modelle als Antwort auf diese Probleme. Ausgangspunkt für die Entwicklung solcher unterschiedlicher Modelle war die Transformation der revolutionären Elite. Im Mittelpunkt einer solchen Umwandlung stand in allen revolutionären Gesellschaften die Umstrukturierung der Beziehungen der herrschenden – revolutionären und nachrevolutionären – Eliten zur Macht, die jetzt in den Händen des Staates lag, und zur wirtschaftlichen Modernisierung. Diese Umstrukturierung führte zu parallelen Veränderungen in den ideologischeren Aspekten der Revolutionsbewegung, ihrer Solidaritätsbasis und der Grundlage für die Rechtfertigung und Unterstützung des neuen Regimes.

Dieser Prozeß und die dauernde Herausbildung unterschiedlicher nachrevolutionärer institutioneller Modelle, verschiedener Modernitätsmuster, vollzogen sich in verschiedenen nachrevolutionären Regimen auf unterschiedliche Weise. Die totalitären nachrevolutionären Regime entschieden sich für die Betonung von Macht und Zwang, für die Aneignung der revolutionären Symbole durch die herrschende Elite und für die nahezu totale Kontrolle dieser Elite über den Zugang zu diesen Symbolen sowie auch zu den Mobilitätsbahnen, die sich durch den Entwicklungs- und Modernisierungsprozeß auftaten – das heißt also, für die totale Kontrolle der Peripherie.

Die eher autoritären Regimes, etwa Mexiko, entschieden sich für die Konzentrierung der Macht und der revolutionären Symbole im Zentrum, für die weitreichende Kooptierung neuer Gruppen, die der wirtschaftliche Entwicklungsprozeß hervorbrachte, ohne jedoch eine allzu weitgreifende Umstrukturierung der Peripherie zu versuchen, wobei sie allerdings auch – mehr durch Demobilisierung als durch direkten Zwang – den Zugang der Peripherie zum Zentrum einschränkten. In der Frühzeit der Vereinigten Staaten, noch vor der Jackson-Ära, kam es zu einer großen Öffnung des politischen Zugangs für alle Sektoren der Gesellschaft – eine Maßnahme, die zwar mit äußerst starken populistischen Komponenten vermischt war, aber doch im Sinne des amerikanisch-demokratischen Ethos lag – und zu einer ziemlich ungehinderten ökonomischen Expansion mit starker individualistischer Prägung, die in der Umwandlung der ursprünglichen religiösen Vision in die politische Kultur einer bürgerlichen Religion wurzelte.

In Israel stand bei dieser Umwandlung die Frage im Mittelpunkt, wie sich die Orientierungen sowohl der ältereingesesse-

nen als auch der neuen Bevölkerungssektoren in den universalistischen Rahmen des Staates einfügen und mit einer anhaltenden ökonomischen Expansion verbinden ließen.
Das nachrevolutionäre institutionelle Modell, das sich in Israel entwickelte, also das besondere Muster israelischer Modernität, war durch folgende Merkmale gekennzeichnet: ein konstitutionelles demokratisches System mit anfänglich stark restriktiven Zügen und die offenbar selbstverständliche Gewährung des grundsätzlichen Zugangs aller Bevölkerungskreise zum Zentrum – anfangs allerdings abgeschwächt durch die Entwicklung klientelistischer Mechanismen; die Aneignung der gewandelten zionistischen und sozialistischen Symbole durch das Zentrum; die ständige wirtschaftliche Entwicklung im Rahmen einer gemischten, ziemlich stark reglementierten Wirtschaft sowie durch den starken Nachdruck, der auf die Errichtung einer neuen alten Nation gelegt wurde, und zwar unter erheblicher Betonung kultureller Muster, nämlich einer kulturellen Kreativität, die auf die Begründung einer neuen nationalen und kulturellen Tradition und Renaissance zielte.
Das institutionelle Modell, das sich in Israel herausbildete, war – wie wiederholt betont – im zionistischen Gedanken verwurzelt. Daher lieferte die Entwicklung des Staates Israel – einschließlich der Entwicklungen in den verschiedenen institutionellen Modellen in den Hauptbereichen der israelischen Gesellschaft und der Methoden, den Dauerproblemen der Ansiedlung in Erez-Israel zu begegnen – den Beweis für die erfolgreiche Verwirklichung dieser Vision. Damit wurde, erstmals nach fast 2 000 Jahren, die Fähigkeit des jüdischen Volkes bezeugt, eine unabhängige politische Einheit zu schaffen, die alle Lebensbereiche umfaßt, sowie die Fähigkeit, handelnd in die Geschichte einzutreten und die zivilisatorischen Herausforderungen anzunehmen, die bekanntlich in seinem Selbstverständnis enthalten, aber in der langen Zeit des Exils latent geblieben waren.
Anders als zur Zeit des Zweiten Tempels – in der das jüdische Volk letztmals eine solche Möglichkeit besessen hatte – war es sich dessen jetzt sehr viel bewußter. In vieler Hinsicht bildete die zionistische Bewegung geradezu den Gipfelpunkt dieses Bewußtseins, und – wiederum im Gegensatz zur Zeit des Zweiten

Tempels – seine zivilisatorische Orientierung richtete sich nun nicht mehr nur auf die politische, sondern auch auf die soziale und institutionelle Arena. Außerdem waren seine Beziehungen zu anderen Zivilisationen jetzt nicht mehr unbedingt so konkurrent und antagonistisch wie in der Zeit des Zweiten Tempels und in der langen Periode der (vor allem mittelalterlichen) Galut. Der Wettbewerb war, wegen der Veränderung der zivilisatorischen Visionen in der modernen Welt, jetzt offener und scheinbar wohlgesonnen, obwohl natürlich viele der alten antagonistischen Elemente auf verschiedene Weise fortbestanden.

Die Merkmale des neuen institutionellen Modells in Israel

Dieses neue institutionelle Modell ging natürlich weit über das hinaus, was die Juden in der Zeit ihrer Zerstreuung in ihren Aufenthaltsländern hätten entwickeln können, nämlich in den Netzen traditioneller Kehillot und Studienzentren oder den verstreuteren und breitgefächerten Organisationen und Lebensbereichen modernerer Zeiten. Dabei war ja nicht nur die Entwicklung zusätzlicher institutioneller Bereiche wie Politik und Militär oder auch von Wirtschaftszweigen wie Landwirtschaft und Basisindustrien von entscheidender Bedeutung, sondern auch die Tatsache, daß sie alle unter dem Dach eines neuen autonomen Kollektivs, eines übergreifenden kollektiven institutionellen Rahmens zusammengebracht wurden. Erst dadurch vollzog sich nun der kollektive Eintritt der Juden in die Geschichte, in die nationale Gemeinschaft.

Innerhalb dieses breiten institutionellen Rahmens bestanden einige spezielle, in der vorhergehenden jüdischen Geschichte verwurzelte Institutionen weiter – aber selbstverständlich in gewandelter Form. Am wichtigsten war dabei vielleicht das hohe Maß an Familien- und Verwandtschaftssolidarität. Diese drückte sich im Fortbestehen oder Wiederaufbau von Familien- und Verwandtschaftsnetzen aus, die eine der zahlreichen Grundlagen für Hilfe und Solidarität in allen Sektoren der Gesellschaft bildeten; auf ihnen basierte die Unterstützung während des Militärdienstes, und sie liefern auch die Erklärung für den relativ schwachen Generationenkonflikt in Israel und die verhältnismäßig starke Beständigkeit von Werten beim Übergang von einer Generation auf die nächste.[56]

Andere Institutionen – diverse ältere Gemeindeeinrichtungen sowie in den verschiedenen Bewegungen wurzelnde Netzwerke – verloren natürlich ihre Zentralität. Sie überdauerten nur in einigen Sektoren, etwa die Gemeindeinstitutionen im religiösen Sektor oder einige der Kibbuz-Einrichtungen im Bereich der entsprechenden Bewegungen. Im übrigen nahmen sie eine ziemlich zweitrangige Stellung im allgemeinen institutionellen Rahmen ein, der den Eintritt der jüdischen Nation in die Geschichte brachte.

Dieser Eintritt gründete, wie wir gesehen haben, in einer starken Rebellion gegen die traditionellen und assimilatorischen jüdischen Modelle, aber diese Auflehnung war nicht losgelöst von vielen Aspekten oder Dimensionen jüdischer Geschichte und Tradition. Im Gegenteil bestärkte, erneuerte oder artikulierte gerade diese Rebellion gegen die konkrete Wirklichkeit des jüdischen Lebens in der traditionellen und modernen Diaspora nicht nur die grundlegenden Themen und Orientierungen, die in den früheren Perioden jüdischer Geschichte latent vorhanden gewesen waren, sondern verwandelte die meisten von ihnen auch weitgehend, denn es machte sie von Themen und Orientierungen rein intellektueller Art zu solchen, die in institutionelle Bereiche und Einrichtungen eingebettet waren. Alle wichtigen Themen und Spannungen jüdischer Tradition und Zivilisation – die Spannung zwischen Universalismus und Partikularismus, zwischen einer inneren geschlossenen Solidarität und einer solchen, die die Grundlage für eine weitreichende soziale, ethische und kulturelle Kreativität bildete, zwischen populistischen Obertönen und dem Bestehen auf Spitzenleistungen in verschiedenen Bereichen einer solchen Kreativität – verbanden sich nun mit dem Aufbau und Funktionieren konkreter institutioneller Formen und institutioneller Gesamtstrukturen des Staates. Dasselbe galt für die Spannung zwischen halbmessianischen Zukunftserwartungen und der Betonung der Gegenwart, die nicht länger auf die Modelle von Halacha und

56 Siehe R. W. Bar-Yosef und Leah Shamgar-Handelman (Hg.), *Die Familie in Israel* (hebräisch), Jerusalem 1984.

Gemeindeleben beschränkt war, sowie für die verschiedenen Einstellungen zu Erez-Israel und zur Galut.

Ebenfalls galt dies für die grundlegenden Themen und Spannungen der jüdischen politischen Kultur – nämlich diejenigen, die mit den vorerwähnten Solidaritätsfragen verbunden waren – sowie für die Spannungen zwischen rechtlicher Ordnung und den starken antinomischen und halbanarchistischen Tendenzen, die dieser Kultur innewohnten.

Die nachdrückliche Hervorhebung der Solidarität blieb nicht mehr auf gemeindliche Einrichtungen oder intellektuelle und literarische Äußerungen beschränkt, sondern verband sich eng mit der Arbeit der umfassenden politischen Institutionen und der Anerkennung der Rechtsstaatlichkeit sowie mit der Armee und deren ziviler Kontrolle.

In ähnlicher Weise lösten sich die Betonung von bürgerlichen Rechten und Rechtsstaatlichkeit und deren Spannungen mit populistischen wie antinomischen und halbanarchistischen Tendenzen und deren Berufung auf ein höheres Recht aus den engen intellektuellen Schranken, auf die sie zu mittelalterlicher Zeit begrenzt gewesen waren, und verknüpften sich nun eingehend mit dem Funktionssystem einer vollgültigen Gesellschaft und deren Staatswesen, einschließlich der verschiedenen Dimensionen des institutionellen Gefüges und der politischen Kräfte. Die äußerst starke Zukunftsorientierung verband sich auch mit dem konkreten Aufbau von Institutionen und daher mit den Erfordernissen der Gegenwart – wobei es zu verschiedenartigen Konfrontationen zwischen beiden Richtungen kam.

Dasselbe traf natürlich auf die spezifisch zionistischen Themen zu – die mit den ersteren, allgemein jüdischen eng verwandt waren –, und galt vor allem für die Spannung zwischen dem Selbstverständnis als normale Nation und dem als Licht für die Völker und/oder als jüdische Nation, zwischen der Betonung der territorialen politischen Dimensionen und der Ausrichtung auf die Errichtung von Institutionen, zwischen der Vorstellung, die im Staat Israel einen sicheren Zufluchtsort sah, und der, die ihn als Schauplatz einer nationalen Renaissance wertete.

All diese Spannungen fanden neuen literarischen und intellektuellen Ausdruck – doch vor allem verquickten sie sich eng mit dem Wirken der umfassenden institutionellen Modelle der israelischen Gesellschaft.

So festigten sich diese institutionellen Modelle und entwickelten die Fähigkeit, sowohl mit den spezifischen Formen, die die allgemeinen Probleme nachrevolutionärer Gesellschaften in der israelischen Gesellschaft annahmen, als auch mit deren eigenen Sonderproblemen fertig zu werden. Diese Kristallisation stand in Zusammenhang mit den verschiedenen ewigen Themen jüdischen Lebens und Daseins im allgemeinen und den wichtigsten zionistischen Auffassungen und Themen im besonderen.

Die spezifische Leistung des in Israel entstandenen institutionellen Modells bestand nun nicht etwa darin, daß es diese verschiedenen Orientierungen und Spannungen beseitigt hätte. Im Gegenteil, sie lebten alle in ihm weiter, und ihr Einfluß auf das soziale und politische Leben vergrößerte sich sogar noch erheblich aufgrund der Tatsache, daß sie in die konkreten institutionellen Einrichtungen einbezogen wurden. Das Verdienst dieses institutionellen Modells ist vielmehr in seiner offenbar erfolgreichen Regulierung all dieser Spannungen zu suchen, so daß sie sowohl die Funktionsweise des Modells unterstützten als auch ständige Wandlungen in ihm herbeiführten, daß sie es öffneten, während gleichzeitig ihr anarchistisches Potential im Zaum gehalten und in geregelte Bahnen gelenkt wurde, und zwar einmal durch die Entwicklung und das Fortbestehen der zentralen institutionellen Einrichtungen und zum anderen durch den starken inneren Zusammenhalt der Eliten und ihre Solidarität mit breiten Teilen der Bevölkerung. Der entscheidende Test für das institutionelle Modell Israels kam – unter diesem Gesichtspunkt – mit seiner Öffnung, die wie erwähnt, kontinuierlich vonstatten ging.

Die Öffnung des israelischen institutionellen Modells

Die Wandlung der herrschenden Ideologie

Dieses Sich-Öffnen hing natürlich eng mit dem veränderten Blickpunkt – vor allem in der arbeiterzionistischen Ideologie – zusammen. Der Prozeß einer selektiven Institutionalisierung

der Ideologie hatte bereits im Jischuw eingesetzt. Im Staat Israel ging er nun weiter und führte – unmerklich, aber höchst vehement – zu einer tiefgreifenden Verwandlung dieser Ideologie, ohne daß dieser Vorgang, insbesondere durch die herrschenden Eliten, voll wahrgenommen oder anerkannt worden wäre.
Dieser Wandel vollzog sich gleichzeitig in mehreren Dimensionen: im Inhalt der Ideologie; in der relativen Betonung ihrer verschiedenen Themen; in den Beziehungen oder Verbindungen zwischen ihnen; in der strukturellen Anordnung der Symbole und Themen dieser Ideologie; und im Wesen der Beziehungen dieser Symbole und Themen zum Aufbau und Wirken der wichtigsten institutionellen Bereiche.
Die allgemeinste Veränderung im Inhalt und Kontext dieser Ideologie lag, wie oben aufgeführt, im Übergang von einer – in sehr sektiererischen Pioniervorstellungen wurzelnden – Ideologie der nationalen Renaissance, der sozialen Umgestaltung und der Errichtung von Institutionen zu einer Einbeziehung dieser Themen in ein allgemeines Ethos der nationalen Entwicklung, eines nationalen Aufbaus, der sich im Rahmen des konstitutionellen demokratisch-pluralistischen Staates vollzog, sich auf universalistische Prämissen stützte und dabei die Symbole und Orientierungen der älteren Bewegung für sich in Anspruch zu nehmen suchte.
Diese scheinbar harmlose und natürliche Verlagerung war eng mit einigen weiterreichenden Veränderungen in Inhalt und Struktur der arbeiterzionistischen Ideologie verbunden. Vor allem kam es zu einer weitreichenden Trennung zwischen den einzelnen Komponenten dieser Ideologie, und zwar insbesondere zwischen denen, die der Kreativität in verschiedenen institutionellen Bereichen besonderen Wert beimaßen; zwischen dem Nachdruck auf einer elitistischen Pionierverpflichtung und einer selbständigen Teilnahme an den grundlegenden Einrichtungen und Zentren der Gesellschaft; zwischen dieser Beteiligung und dem Festhalten an den Symbolen der nationalen Solidarität; sowie zwischen letzterem und den eher sozialen oder sozialistischen Orientierungen.
Diese Wandlungen in der herrschenden Ideologie standen in Zusammenhang mit der Institutionalisierung der ursprünglichen Modelle der israelischen Gesellschaft, mit den Verände-

rungen in ihnen und mit der Entstehung neuer Konflikte und Probleme, die allenthalben auftauchten: im politischen Modell und in dessen Beziehung zur Volkswirtschaft, zur Schichtenbildung und zum Bildungswesen; in den Mustern kultureller Kreativität und Beteiligung; in der Art und Weise, in der die Gesellschaft die Probleme der Minderheiten und der Einwandereraufnahme anging; im Verhältnis zu den religiösen Gruppen und im Verhältnis zur arabischen Welt.

Die Routinisierung einer revolutionären Gesellschaft und die Sonderprobleme einer kleinen Gesellschaft

Diese Probleme und Konflikte waren verschiedener Art. Sie entwickelten sich aus der Institutionalisierung der revolutionären ideologischen Gesellschaft im allgemeinen und den spezifischen Abläufen, denen diese Wandlungen in Israel folgten. Eine hochideologische Gesellschaft verwandelte sich in eine routinisiertere, weit vielfältigere, offenere und pluralistischere mit einer starken Tendenz zu schwindendem Einfluß der Ideologie in großen Bereichen des Lebens. In weiten Kreisen der Bevölkerung überdauerte jedoch die Suche nach einer solchen umfassenden ideologischen Vision, wie sich wohl am besten an der ständigen Umgestaltung des Pionierideals und der kollektiven Identitätssymbole zeigt.

Viele dieser Konflikte und Probleme ähnelten denen, die sich auch in zahlreichen »fortgeschrittenen« sowie auch in einigen Entwicklungsgesellschaften herausbildeten, und ließen sich einfach als die israelische Version einer recht eigentümlichen Kombination von halb- und nachindustrieller Gesellschaft betrachten. Viele hingen mit der Tatsache zusammen, daß Israel eine kleine Gesellschaft war, die gleichzeitig hoffte, ein Zentrum großer sozialer und kultureller Kreativität zu bilden. Jenseits all dieser Konflikte und Probleme tauchte jetzt nämlich ein noch entscheidenderes, kritischeres Problem auf – nämlich die Frage, ob eine solch kleine, mit Schwierigkeiten überhäufte Gesellschaft imstande sein würde, sich auf Dauer die Rolle eines kreativen Zentrums zu bewahren, insbesondere, aber nicht nur im Verhältnis zu den jüdischen Gemeinden.

Sicher hat die israelische Gesellschaft einige weitreichende, ziemlich außergewöhnliche Erfolge für ein Land von rund drei bis dreieinhalb Millionen Einwohnern – anfangs waren es noch erheblich weniger – verzeichnen können. Und doch mußte für diese Leistungen, wenn man die Hauptthemen der jüdischen Geschichte und der zionistischen Vision betrachtet, ein bestimmter, vielleicht unvermeidlicher Preis gezahlt werden.
Vor allem trat – von der jüdischen Geschichtserfahrung her betrachtet – eine äußerst wichtige Verlagerung in den Orten kultureller und institutioneller Kreativität ein. Der Aufbau einer gesamtgesellschaftlichen Infrastruktur, die Notwendigkeit, den Bedürfnissen einer ganzen Gesellschaft gerecht zu werden, lenkte natürlich viele jener Energien, die in der Diaspora mehr auf wirtschaftliche Betätigungen in ausgewählten Bereichen und/oder intellektuelle und wissenschaftliche Anstrengungen gerichtet worden waren, hier auf den Aufbau von Institutionen, insbesondere von solchen, die mit Sicherheit, Landwirtschaft, mit der Entwicklung einer wirtschaftlichen Infrastruktur und einer allgemeinen öffentlichen Versorgung befaßt waren.
Selbstverständlich konnten die unter solchen Umständen geschaffenen kulturellen Institutionen – solange sie keine ganz besonderen Anstrengungen unternahmen – nicht mit den großen Hochschulen in den Vereinigten Staaten oder Europa konkurrieren, in denen mehr und mehr Juden in Spitzen- und Führungspositionen aufstiegen und die natürlich zu Orientierungs- und Bezugspunkten der israelischen Institutionen wurden. Hinzu kam ein Problem, das der Natur kleiner Gesellschaften allgemein innewohnt und besonders auf Israel zutrifft – nämlich die Tatsache, daß viele dieser akademischen und kulturellen Institutionen und wirtschaftlichen Unternehmen zwar erfolgreich waren, aber tatsächlich eine zunehmende Orientierung nach außen zeigten, was ihre eigenen Muster schwächte. Diese Entwicklungen führten zu einer starken Spannung zwischen Weltoffenheit und Provinzialismus, wie wir später noch näher sehen werden.
Gleichzeitig verwies das Auftreten von *Jordim*, von Auswanderern aus Israel, die mehr und mehr ins öffentliche Blickfeld rückten, auf die Schwierigkeit des inneren Sektors, alle Arbeitskräfte aufzunehmen, die sein Bildungswesen durchlaufen hat-

ten, und zwar insbesondere potentielle Akademiker und Unternehmer. Es läßt sich nur schwerlich abschätzen, wie viele der Auswanderer wirklich nicht in die Wirtschaftsstruktur hätten integriert werden können. Zweifellos wurde jedoch ein Teil von ihnen – wie in jeder anderen kleinen Gesellschaft auch – durch viele restriktive Aspekte der israelischen Gesellschaft zu diesem Schritt gedrängt; Beschränkungen, die auf der geringen Größe dieser Gesellschaft sowie einigen ihrer institutionellen Gegebenheiten beruhten. Von Bedeutung waren hierbei insbesondere die bürokratisch-dirigistischen Aspekte der israelischen Ökonomie sowie das Bildungswesen, die schwierige Wohnungssituation, das Fortbestehen relativ stagnierender Wirtschaftssektoren, die bürokratischen Muster der Einwandererintegration und die schwere Belastung durch die Sicherheitslage.

Die Erfahrung mit den russischen Einwanderern – die Tatsache, daß so viele von ihnen nicht nach Israel kamen oder das Land später wieder verließen – wies eindeutig auf einige dieser Probleme hin und rückte die Möglichkeit in den Vordergrund, daß manche Israelis sich im Rahmen des Staates eingeengt fühlten.

Dieses Gefühl der Einengung wurde vermutlich in nicht geringem Maße durch einen weiteren Aspekt der israelischen Gesellschaft verstärkt, der sich bei vielen kleinen Gesellschaften findet: Gemeint ist die Entwicklung einander eng überschneidender Elitenetze in verschiedenen Bereichen – wie Militär, Wirtschaft und auf ähnlichen Gebieten – sowie deren starke Auswärtsorientierung.

Diese Probleme wurden mit dem wachsenden Anteil in Israel geborener und/oder ausgebildeter Generationen und mit der nachlassenden Einwanderung aus westlichen Ländern immer akuter, was fast zu einem Gleichgewicht zwischen Ein- und Auswanderung führte, während später letztere sogar noch anstieg. Weiter verstärkt wurden sie noch durch die anti-elitistischen Tendenzen und die Niveausenkungen im schulischen und akademischen Bereich.

Die Entwicklung all dieser Probleme unterstrich die Möglichkeit einer Abschwächung so mancher kreativer Spannungen, die im Leben einer Minderheit vorhanden sind, also im Fall der Juden in der – vor allem modernen – Diaspora. Damit verwiesen sie auf eine sehr zentrale Spannung bei der zunehmenden Routinisierung des zionistischen Gedankens, nämlich zwischen der Entwicklung zu einer normalen Nation einerseits und zu einem Zentrum weitreichender Kreativität beziehungsweise einer speziell jüdischen Gesellschaft andererseits.

Konservative und innovative Tendenzen in der israelischen Gesellschaft

All diese Entwicklungen verschärften notwendigerweise die Spannungen und auch die – offenen oder versteckten – Auseinandersetzungen in der israelischen Gesellschaft zwischen verschiedenen Auffassungen hinsichtlich der möglichen Bewältigung des Problems, eine kleine Gesellschaft mit für ihre Größe überdimensionalen Erwartungen zu sein, sowie vor allem zwischen den konservativeren, abgeschlosseneren Orientierungen auf der einen und den weltoffeneren auf der anderen Seite – zwischen den stagnierenderen und den eher aktiven und innovativen Elementen.

Die konservativere Auffassung ging dahin, daß diese Erwartungen in der bestehenden Sozialstruktur und durch das Festhalten an der jüdischen und/oder sozialistischen Tradition, wie sie sich in der israelischen Gesellschaft entwickelt hatte, verwirklicht werden könnten, und verband sich gern mit eher populistischen Einstellungen, die eine sozialstaatliche Verteilungspolitik in den Vordergrund rückten.

Die offeneren und innovativeren Meinungen verwiesen jedoch darauf, daß Israel sich nicht mit der ruhmreichen Tatsache seiner bloßen Existenz begnügen könne, wenn es seine Erwartungen und Hoffnungen erfüllt sehen wolle, sondern sich dazu unmittelbar an internationalen sozialen und kulturellen Einrichtungen beteiligen, Beziehungen zu verschiedenen jüdischen und internationalen kulturellen, wissenschaftlichen und politischen Institutionen pflegen und im Rahmen einer solchen Mitwirkung seine eigene Identität verändern müsse. Solche Auffassungen legten größeren Nachdruck auf kreative Höchstleistungen und Pflichtbewußtsein als auf distributive Maßnahmen, Ansprüche und Rechte. Sie bestärkten den inneren Pluralismus der israelischen Gesellschaft und wandten sich gegen die eher monolithischen oder restriktiven Tendenzen, die dem konservativen Ansatz zugrunde lagen. Letzterer speiste sich häufig aus Isolations- und Überlegenheitsgefühlen gegenüber dem Ausland und neigte zu kulturellem Provinzialismus, populistischen Orientierungen und strikter Abgrenzung bei der Definition kollektiver Identität.

Solche starre Abkapselung drückte sich gern in unduldsamen Reaktionen auf Kritik aus, in mangelndem Interesse an allem, was nicht unmittelbar mit Israel zusammenhing, sowie in Selbstzufriedenheit und der Ansicht, daß Israel den Gipfel der Weisheit erreicht habe. Leicht hätte sie auch durch einen ideologischen Konservatismus verstärkt werden können – und zwar sowohl in seiner säkularen Form als auch in Gestalt restriktiver, streng religiöser Tendenzen.

II. Der Sechstagekrieg und das erneute Aufrollen der Probleme und Prämissen der israelischen Gesellschaft

Der Sechstagekrieg und seine Folgen

Die Neubeschäftigung mit dem Problem eines territorialen Kompromisses und ihre Folgen

Im Hinblick auf all diese Entwicklungen und Konflikte sowie auf die Frage nach der Lebensfähigkeit des institutionellen Modells der israelischen Gesellschaft erwiesen sich der Sechstagekrieg und später der Jom-Kippur-Krieg mit ihren Folgen als Wendepunkte für die Probleme der israelischen Gesellschaft.

Der Sechstagekrieg von 1967, die Zeit des Wartens davor und seine Folgeerscheinungen unterminierten einige der Prämissen, auf denen das zentrale institutionelle Modell der israelischen Gesellschaft basierte. Viele ihrer Probleme kamen jetzt zum Durchbruch, und die verschiedenen vorstehend analysierten Prozesse, Spannungen und Konflikte verschärften sich.

Erst einmal wurde dadurch allerdings die große innere Solidarität und Widerstandskraft der israelischen Gesellschaft unter Beweis gestellt. Zu den wichtigsten Zeichen von Stärke, die in diesem Zeitraum zutage traten, gehörte das hohe Maß an Solidarität und Einigkeit, das verschiedene Bevölkerungsteile während der kritischen Zeit vor dem Krieg demonstrierten und auch nachher noch ziemlich lange aufrechterhielten, wodurch der Alptraum von den »zwei Nationen« widerlegt schien, der die israelische Gesellschaft Ende der sechziger Jahre so sehr beschäftigte. Generell offenbarte diese Periode die Fähigkeit der israelischen Gesellschaft, neue Situationen zu meistern – nicht nur auf militärischem Gebiet, sondern auch auf vielen neuen Tätigkeitsfeldern, die sich infolge der gewandelten politischen Lage und der Politik gegenüber den verwalteten Gebieten sowie durch die einsetzende Wirtschaftsexpansion nach der Rezession in den beiden Jahren vor dem Krieg auftaten.
Gleichzeitig riß jedoch gerade dieser große Erfolg des gewonnenen Kriegs neue grundlegende Probleme auf, und langsam, aber sicher und mit zunehmender Stärke schärfte sich auch das Bewußtsein für diese Probleme. Vor allem unterminierte der Sieg die Grundlage des territorialen Kompromisses und Rahmens, auf denen der Staat Israel errichtet war – nämlich jenen großen historischen Territorialkompromiß, dessen Keime 1936 mit dem Beschluß der Peel-Kommission über die Teilung Palästinas und der 1938 erfolgten Einwilligung des Zionistischen Kongresses in diese Teilung gelegt worden waren. Der Staat Israel wurde dann tatsächlich auf der Basis dieses historischen Kompromisses gegründet, der auch die Akzeptierung der territorialen Grenzen einer solchen Teilung Erez-Israels einschloß und wiederum auf der Annahme beruhte, daß angesichts der Stärke und Stellung Israels in der internationalen Völkergemeinschaft mehr nicht zu erreichen war. Viele – darunter an vorderster Front auch Ben-Gurion – betrachteten diesen Kompromiß zudem als wesentliche Voraussetzung für die Erhaltung des grundsätzlich jüdischen – im Gegensatz zu einem irgendwie gearteten binationalen – Charakter des Staates Israel. Diese Prämissen wurden, wie gesagt, de facto von allen an der israelischen Politik Beteiligten akzeptiert, selbst wenn die Cherut-Partei diesen Kompromiß offiziell nicht anerkannte und unter

vielen Gruppen weiterreichende territoriale Hoffnungen latent vorhanden waren – und zwar sowohl in einigen Teilen der Arbeiterbewegung (vor allem im Kibbuz Hame'uchad), die gegen die Teilung eintraten, als auch in manchen Militärkreisen, die aus Sicherheitsgründen unzufrieden mit den bestehenden Grenzen waren.
All diese Prämissen – insbesondere aber die politischen und militärischen – wurden durch den Sieg im Sechstagekrieg unterminiert und letztlich sogar außer Kraft gesetzt, so daß nicht nur das Problem der militärischen und politischen Voraussetzungen der israelischen Gesellschaft, sondern weitergehende territoriale Perspektiven virulent wurden und, angesichts der entscheidenden Bedeutung dieser Frage im ganzen Gefüge der israelischen Gesellschaft, auch andere Bereiche ihrer Selbsteinschätzung.

Die Beziehungen zur arabischen Welt

Die Entwicklungen nach dem Sechstage- und dem Jom-Kippur-Krieg warfen auch erneut das Problem der Beziehungen zwischen Israel und seinen Nachbarn im Nahen Osten auf, was wiederum Auswirkungen auf die innere Struktur der israelischen Gesellschaft zeitigte.
Die Folgen erst des Sechstagekriegs und später dann des Jom-Kippur-Kriegs rückten also die ganze Frage nach dem Wesen einer politischen Einigung mit den arabischen Ländern und der Stellung und Anerkennung Israels in der Region in den Vordergrund. Der große militärische Sieg im Sechstagekrieg und der letztendlich ebenfalls gewonnene Jom-Kippur-Krieg bezeugten Israels grundsätzliche militärische Stärke, die es unmöglich machte, die Juden ins Meer zu werfen – wie viele Araber es sich erträumten. Gleichzeitig zerstörten jedoch gerade diese Erfolge die politischen Grundlagen oder Prämissen dessen, was man als Ben-Gurion-Ära bezeichnen könnte.
Einerseits zeigte Israel seine militärische Macht und griff über die territorialen Bestimmungen der Waffenstillstandsabkommen hinaus, die von der internationalen Gemeinschaft anerkannt wurden; andererseits schärfte gerade dieser Erfolg die allgemeine Erkenntnis – in der internationalen Völkergemein-

schaft wie in Israel selbst –, daß eine beständigere politische Lösung gefunden werden mußte, einige endgültige politische Regelungen zu treffen seien, die über die Waffenstillstandsabkommen hinaus zum Frieden führen würden.
Die Überzeugung von der Notwendigkeit solcher Regelungen und die Suche nach diversen politischen Lösungen begannen im Gefolge des Sechstagekriegs und bekamen nach dem Jom-Kippur-Krieg sowie – vielleicht paradoxerweise – nach dem Friedensvertrag mit Ägypten neuen Auftrieb.
All die derart in Gang gekommenen Entwicklungen, die alte Probleme wieder aktualisierten, führten zu einer ständigen Verschärfung der palästinensischen Frage und zur Umwandlung des Flüchtlingsproblems in das kollektive politische Palästinenserproblem. Entscheidend war hierbei natürlich die Entwicklung der PLO, deren internationale Stellung sich langsam verbesserte.
Eng verbunden mit diesen Entwicklungen waren die Zunahme des inneren (besonders in der Westbank aktiven) und vor allem internationalen Terrorismus gegen Israel und die zumindest teilweise Rechtfertigung dieses Terrorismus als Teil der palästinensischen Nationalbewegung beispielsweise durch den österreichischen Bundeskanzler Bruno Kreisky.
Die anhaltende militärische Besetzung der Westbank (die später unter der Likud-Regierung ab 1977 offiziell als Judäa und Samarien bezeichnet wurde) und des Gasa-Streifens, die Israel zu einer über 1,1 bis 1,3 Millionen Araber regierenden Besatzungsmacht werden ließ, und die gleichzeitige Politik der Ausbreitung jüdischer Siedlungen in diesen Gebieten riefen wachsende Kritik im In- und Ausland hervor und führten zu einem anfangs langsamen, später (und vor allem nach dem Jom-Kippur-Krieg) aber beschleunigten Wandel in der internationalen Reaktion.
Der Sechstagekrieg und später, in gewandelter Atmosphäre, der Jom-Kippur-Krieg und ihre Folgen riefen vielleicht vor allem wieder das Problem der Beziehungen zwischen Juden und Arabern – in gewisser Hinsicht zum ersten Mal – in relativ greifbarer Form auf den Plan. Die entstehende Situation verstärkte die politischen Spannungen zwischen den beiden Bevölkerungen oder Nationen, aber diese politische Spannung unterschied sich weitgehend von dem Konflikt, der vor dem Krieg zwischen den

arabischen Staaten und Israel bestanden hatte. Der wichtigste Unterschied – zumindest für die arabische Bevölkerung der Westbank, aber nicht nur für sie – bestand darin, daß Israel nicht länger ein Mythos war, nicht einfach das Symbol einer in den Nahen Osten verpflanzten fremden Gruppe, sondern Teil der täglichen Lebenswirklichkeit wurde, die dauerhafte Kontakte mit der jüdischen Bevölkerung einschloß. Angesichts des Wesens dieser Beziehungen – im Rahmen der fortbestehenden Militärherrschaft der Israelis über die Araber – vergrößerte sich nicht unbedingt die Liebe der arabischen Bevölkerung für Israel. In vieler Hinsicht waren diese Kontakte, und insbesondere diejenigen, die mit der Militärregierung in Zusammenhang standen, natürlich eher geeignet, die Spannungen zu vergrößern. Aber gleichzeitig fügten sie den gegenseitigen Beziehungen zwischen den beiden Völkern doch ein konkretes Stück Wirklichkeit hinzu, das sie vorher nicht besessen hatten, und zwar insbesondere durch die Politik der offenen Tür, das heißt den relativ offenen Brücken zwischen Nachkriegsjordanien, der Westbank und Israel und einem bestimmten Verkehr zwischen der Westbank und Israel selbst.

Dieselbe Verbindung einer realistischeren Einstellung zu Israel, ja sogar einer De-facto-Anerkennung seiner Existenz, mit einer wachsenden Spannung in bezug auf mögliche Bedingungen eines Abkommens entstand in vielen arabischen Ländern – vor allem, aber wahrscheinlich nicht nur in Ägypten.

Einerseits nahm – sogar unter den Arabern – der Hang zu, wenigstens die faktische Existenz des Staates Israel anzuerkennen. Andererseits setzte jedoch eine schrittweise fortschreitende, wenn auch hin und wieder unterbrochene Verschlechterung der israelischen Stellung in der internationalen Gemeinschaft ein. Die Tendenz zu einer wachsenden politischen Isolierung Israels zeigte sich in den verschlechterten Beziehungen zur UdSSR und dem größten Teil des Ostblocks (mit Ausnahme von Rumänien) nach dem Sechstagekrieg und zu den meisten afrikanischen Staaten nach dem Jom-Kippur-Krieg, in der später wachsenden Israel-Kritik in Europa und der Entwicklung verschiedener europäischer Initiativen, die der israelischen Politik zuwiderliefen, sowie in der dadurch zwangsläufig zunehmenden militärischen, wirtschaftlichen und diplomatischen Abhängigkeit Israels von den USA, wo ebenfalls mehr Kritik an Israel laut wurde. Das Gefühl der Dringlichkeit entsprechender Lösungen verstärkte sich sowohl in den arabischen Staaten als auch in der internationalen Gemeinschaft und führte zu einer Intensivierung der diplomatischen Aktivitäten und Anstrengungen, wie etwa den verschiedenen UN-Vermittlungsversuchen oder dem Rogers-Plan.

Natürlich beeinflußten diese Entwicklungen auch die Stellung der israelisch-arabischen Bevölkerung. Die arabische Minderheit, die, wie wir gesehen haben, große wirtschaftliche und bildungsmäßige Fortschritte machte, aber auch soziale Erschütterungen, Behinderungen, Diskriminierungserscheinungen und große Schwierigkeiten bei der Integration in die städtischen Sektoren der israelischen Gesellschaft erlebte, wurde nun zum ersten Mal seit der Gründung des Staates Israel aus ihrer fast völligen Isolation von anderen Teilen der arabischen Welt befreit und bahnte Kontakte zu ihnen an. Die ersten Stadien dieser Begegnung verschärften die Problematik der israelisch-arabischen Identität im israelischen Rahmen. Auch verstärkten sich jetzt ihr Solidaritätsgefühl mit dem arabischen Nationalismus und die Ambivalenz ihrer Beziehungen zu Israel. Die Unterschiede zwischen der israelisch-arabischen Minderheit und den Bewohnern der Westbank begannen sich abzuschwächen; dabei intensivierte sich zunehmend der arabische Nationalismus wie auch der Hang, Israels Grundlagen überhaupt in Frage zu stellen, begleitet von einer wachsenden Radikalisierung. Wie wir im 12. Kapitel gesehen haben, verband sich dies jedoch gleichzeitig mit der verstärkten Suche israelischer Araber nach Wegen, vollständiger, aber auch in selbständigeren Formen in das politische System Israels integriert zu werden.

Das Israel-Bild machte – sowohl in der allgemeinen öffentlichen Meinung als auch in gewissem Ausmaß in den jüdischen Diaspora-Gemeinden – einen Wandel durch: Israel wurde darin von einem kleinen heldenhaften Pionierland zu einer Hochburg von Eroberern und Besatzern. Man stellte sich Israel nicht länger als den kleinen David im Kampf gegen den arabischen Goliath vor, sondern als einen aggressiven, expansionistischen Staat.

Sicherheits- und Territorialpolitik

All diese Entwicklungen wirkten sich natürlich auf den innerisraelischen Bereich aus.

Vor allem trat das Problem der Grenzen in den Mittelpunkt internationaler wie nationaler politischer Diskussionen, nämlich die Frage der Grenzen des Staates Israel ganz allgemein, der Hinnahme der Teilung des (mandatorischen) Palästinas, also Erez-Israels, die bekanntlich nach langen Auseinandersetzungen akzeptiert wurde, sowie der Grenzen von 1949.

Das Problem der israelischen Territorialgrenzen wurde nun zum ersten Mal seit der großen Teilungsdebatte der dreißiger Jahre wieder aufgeworfen, was zur entschiedenen, auf sicherheitspolitischen, historischen und religiösen Gründen beruhenden Forderung nach Ausdehnung der israelischen Grenzen auf die Grenzen des Mandatsgebiets (*Erez-Israel Haschlema*, das ganze Erez-Israel) führte. Diese Forderung kam aus vielen, ziemlich heterogenen Gruppen: aus Teilen der Kibbuz- (vor allem Hakibbuz-Hame'uchad) und der Moschaw-Bewegung mit ihrem starken Nachdruck auf territorialer Besiedlung; aus verschiedenen Gruppen in der Armee; natürlich von der Cherut-Partei sowie aus religiösen Kreisen, darunter insbesondere den religiösen Jugendbewegungen und vor allem dem neugebildeten extremistischen *Gusch Emunim*. Diese Haltung fand ihren konkreten Ausdruck in den recht ausgedehnten Siedlungsgründungen auf der Westbank unter den Regierungen Levi Eschkol und Golda Meir – aber diese Politik begann auch zu einem Gegenstand öffentlicher Auseinandersetzung zu werden.

In ähnlicher Weise nahm das Problem des arabisch-israelischen Konflikts erstmals in der israelischen Geschichte einen zentralen Platz in der öffentlichen Debatte ein und löste ständige Diskussionen und Streitigkeiten aus.

Die Beschäftigung mit den sicherheits- und allgemeinpolitischen Problemen – und die diesbezügliche Debatte selber – berührten natürlich auch tief einige sehr zentrale Komponenten der israelischen Identität, und zwar insbesondere deren religiöse und territoriale Dimensionen.

Der Krieg stärkte notwendigerweise die Militär- und Verteidigungskomponenten der israelischen Identität und erhöhte unvermeidlich die Möglichkeit einer Militarisierung der israelischen Gesellschaft. Die zentrale Stellung des militärischen Vorstellungsbildes festigte sich unter den Hauptkomponenten der israelischen Gesellschaft und trat in gewissem Umfang an die Stelle des Pionierideals, was, wie gesagt, wiederum zu den Veränderungen des Israelbildes in der öffentlichen Meinung des Auslands beitrug.

All diese Entwicklungen rollten natürlich erneut eine Reihe von wichtigen Problemen auf, die die Grundfesten der bisherigen israelischen Identität berührten.

Die Umgestaltung der israelischen Kollektivsymbole

Doch nicht nur die territoriale Komponente der israelischen Kollektividentität oder des zionistischen Gedankens war damit angesprochen, sondern es wurden auch andere wichtige Einzelbestandteile dieser Identität wieder aufgerollt, insbesondere die Frage nach der »Jüdischkeit« der israelischen Gesellschaft und ihren Verbindungen zu den jüdischen Gemeinden im Ausland.

Das dramatische Wiedersehen – erst der israelischen Soldaten, dann auch anderer Bevölkerungsteile – mit den wichtigen Symbolen und Stätten jüdischer Tradition, mit der West- (oder Klage-)Mauer nach der Eroberung Ost-Jerusalems, mit Hebron, der Stadt der Patriarchen, und weiteren Teilen Erez-Israels, die ihnen seit der Staatsgründung verschlossen gewesen waren, eröffnete wieder das Problem des historischen und religiösen Erbes Israels, das – wie wir gesehen haben – schon früher geschwelt hatte.

Seitdem haben diese Probleme ständig im Vordergrund der öffentlichen Diskussion in Israel gestanden und eine immer zentralere Stellung in seinen politischen Debatten erreicht.

Entwicklungen während des Krieges und danach widerlegten viele der im Jischuw gängigen Annahmen über die Art der Bande zu den jüdischen Gemeinden im Ausland sowie über Ausmaß und Stärke der jüdischen Komponente in der israelischen Identität. Einerseits entkräfteten sie die Argumente, die die Schwäche dieser Komponente betont hatten; andererseits zeigten sie aber auch, daß deren Inhalt und die Natur der Beziehungen zwischen Israel und den jüdischen Auslandsgemeinden über die anerkannten »zionistischen« Formeln hinausgingen. Sie unterstrichen also den tiefgreifenden Wandel in den Beziehungen zwischen Israel und der Diaspora, der bereits mit der Staatsgründung eingesetzt hatte, nach dem Sechstagekrieg aber viel sichtbarer wurde.

Vor allem trat die von Israelis tiefempfundene Bindung an das historische jüdische Erbe zutage, und gleichzeitig wurde auch die starke Solidarität zwischen dem Staat Israel und den jüdischen Gemeinden im Ausland unter Beweis gestellt – eine Solidarität, die auf den gegenseitigen Bindungen an eine gemeinsame Vergangenheit beruhte, von verschiedenen jüdischen Gruppen allerdings unterschiedlich interpretiert und durch die Vielfalt dieser Auslegungen sogar in gewisser Hinsicht verstärkt wurde. Wenn diese Entwicklungen jedoch einerseits die relative Schwäche des rein »kanaanitischen« Elements in der neuen israelischen Identität aufzeigten, gingen sie andererseits auch über die übliche, aus den ursprünglichen zionistischen Weltanschauungen abgeleitete Sicht vom Charakter der Verbindung zwischen Jischuw und jüdischen Gemeinden hinaus. Insbesondere wichen sie von der Annahme ab, daß die einzig konstruktive Form einer solchen Bindung in *Alija* (der Einwanderung nach Israel) bestehe – obwohl letztere nach dem Krieg anstieg.

Andere Ausdrucksformen dieser Solidarität – durch wirtschaftliche Verbindungen zu stärkeren und reicheren Elementen in den jüdischen Auslandsgemeinden, durch vielseitige philanthropische Aktivitäten, Gefühlsbindungen, Tourismus und Familienbesuche – wurden nicht nur häufiger, sondern auch sichtbarer und bestimmter. Dadurch kam stärker zum Ausdruck, daß das Wesen der Bande zwischen Israel und der Diaspora eine Veränderung durchzumachen begann; es war jetzt weniger stark auf das alte Pionierideal bezogen und verlagerte sich mehr und mehr auf die primordialen und historischen religiösen Symbole.

Die anfänglichen Reaktionen der israelischen Gesellschaft auf diese Entwicklungen und neuen Herausforderungen waren sehr komplex und vielgestaltig.

An erster Stelle standen die Fortsetzung und Intensivierung vieler Tendenzen und Probleme, die bereits vorher in allen wichtigen institutionellen Bereichen der israelischen Gesellschaft eingesetzt hatten. Auf wirtschaftlichem Gebiet war die unmittelbare Vorkriegszeit durch Rezession, steigende Arbeitslosigkeit und rückläufige Investitionen gekennzeichnet gewesen. Diese Situation war Folge umfangreicher Bestrebungen gewesen, die Inflation einzudämmen und die Wirtschaft neu zu ordnen, in der solche Gefahrenzeichen aufgezogen waren wie ein zunehmendes Handelsdefizit, sinkende Investitionen aus dem Ausland und die generell beschränkte Fähigkeit, die Gründung von Export- und technischen Industrien zu fördern.

Die Lage änderte sich nach dem Sechstagekrieg. Die Rezession war zu Ende, und allgemein setzten industrielle Entwicklung und ein relativ schnelles Wachstum ein, mit Mangel an Arbeitskräften und zunehmender Abhängigkeit von arabischer Arbeit. Besonders wichtig waren die Tendenzen zu industrieller Entwicklung – direkt oder indirekt durch Verteidigungsbedürfnisse unterstützt –, vor allem im Bereich der Metallindustrie sowie ansatzweise in der Hochtechnologie. Darin wie auch in zahlreichen anderen Bereichen industrieller Initiative wurden viele bisherige wirtschaftliche Aktivitäten fortgesetzt und erlebten mit Unterstützung einer starken Regierungspolitik weitere Entwicklung und Expansion.

Während die Nachkriegszeit allgemein durch wirtschaftliches Wachstum gekennzeichnet war, wurde ein Teil dieses Zuwachses – mit einigen wenigen Ausnahmen – in Kanäle gelenkt, die vielleicht die Leistungsfähigkeit vieler dieser Unternehmen erhöhten, aber nicht unbedingt ihre grundlegende Struktur und wirtschaftliche Ausrichtung veränderten. In dieser Zeit nahm auch der Konflikt zwischen Wirtschaftswachstum und Inflationsdruck ernstere Formen an, wobei letzterer die sozialen Spannungen und Probleme verschärfte und vor allem den Gehaltsempfängern – insbesondere der mittleren Schichten – schadete, weniger den Selbständigen oder der eigentlichen Arbeiterklasse. Der Zustrom arabischer Arbeitskräfte aus der Westbank und dem Gasa-Streifen in die niedrigeren – vorwiegend körperliche Arbeit erfordernden – Beschäftigungsbereiche warf noch deutlicher die Frage nach der Lebensfähigkeit des Pioniergedankens einer produktiven jüdischen Ökonomie auf.

Im politischen Bereich kam es zu einer weiteren Diversifizierung von Problemen der politischen Auseinandersetzung und des damit verbundenen Tauziehens; zu einem beginnenden Rückgang der klientelistischen Haltung;[57] zu einer Schwächung der Führungsschicht verschiedener Parteien und der langsamen Stärkung parlamentarischer Ausschüsse; zu einer dauernden Neuordnung und Vereinigung von Parteien; zur Einführung des Fernsehens, das nun wachsenden Einfluß gewann, und zum Ansteigen populistischer Tendenzen in der Politik; sowie zu den Anfängen außerparlamentarischer Bewegungen, darunter zu jener Zeit vor allem der Gusch Emunim. Gleichzeitig verwiesen die Entwicklungen in der Wählerschaft auf einen zwar anfangs langsamen, aber kontinuierlichen Aufstieg von *Gachal*, dem späteren Likud-Block.

Ein recht bedeutender Wandel vollzog sich in den Beziehungen zwischen Militär und Zivilsektor, obwohl das Grundmuster der ständigen zivilen Aufsicht über das Militär bestehen blieb. Zum ersten Mal (abgesehen von einem kurzen Interim in den fünfziger Jahren unter Scharett) war der Ministerpräsident nicht auch gleichzeitig Verteidigungsminister. Dadurch bot sich einmal die Möglichkeit einer vielseitigeren zivilen Kontrolle über die Streitkräfte, zum anderen waren jetzt aber auch vielgestaltigere Koalitionsbildungen zwischen verschiedenen politischen und militärischen Spitzenrängen denkbar. Der Generalstabschef und die höheren Offiziere begannen – mit unterschiedlicher Regelmäßigkeit – den Kabinettssitzungen beizuwohnen und öffentlich zu einigen aktuellen Fragen Stellung zu nehmen. Zwar kritisierten sie dabei nicht die Regierungspolitik und bezogen keinen klaren Standpunkt zu strittigen Themen, schienen aber doch mehr und mehr ihre eigenen Meinungen darzulegen.

57 Yael Azmon, »The 1981 Elections and the Changing Fortunes of the Israeli Labour Party«, *Government and Opposition*, 16,4 (1981), S. 432-446.

Dies stand durchaus im Zusammenhang mit der Tatsache, daß zu dieser Zeit höhere Offiziere, einschließlich eines ehemaligen Generalstabschefs (Chaim Bar-Lev) und eines Luftwaffengenerals (Eser Weizman) an die Spitzen verschiedener Parteien »katapultiert« wurden und alle Parteien Interesse daran zeigten, höhere Offiziere als politische Repräsentanten zu gewinnen.
Im sozialen Bereich verschob und diversifizierte sich ständig der soziale Status der einzelnen Gruppen, zumindest teilweise verstärkt durch den wachsenden Zustrom westlicher und russischer Einwanderer, der in dieser Periode zu vermelden war. Gleichzeitig zeichnete sich das ethnische Problem immer deutlicher ab – vor allem mit dem Auftreten der Schwarzen Panther – und erhielt zuweilen zusätzlichen Antrieb aufgrund der ziemlich privilegierten Behandlung der neuen, vor allem russischen Einwanderer. Die zunehmende Diversifizierung auf kulturellem Gebiet hielt weiter an, verstärkt durch die Einführung des Fernsehens. Am bedeutsamsten war aber vielleicht die sichtbare Intensivierung verschiedener religiöser Tendenzen, die etwa an der wieder im Aufwind befindlichen Jugendbewegung *Bne Akiwa,* an den neuen Entwicklungen im Aufbau des religiösen Schulwesens, am wachsenden Zustrom religiöser Einwanderer im allgemeinen und orthodoxer Elemente im besonderen sowie an deren stärkerem Hervortreten in allen Lebensbereichen sichtbar wurde.

Der Sechstagekrieg und die Neubestimmung der kulturellen Parameter und Strukturen der israelischen Gesellschaft

Die Institutionalisierung und Vervielfältigung kultureller Aktivitäten

Inzwischen wurde man sich im kulturellen Bereich zunehmend all dieser Probleme bewußt, auch wenn lange Zeit weitgehend die Annahme vertreten wurde, daß die sich wandelnden Muster der israelischen kulturellen und kollektiven Identität tatsächlich imstande sein würden, die verschiedenen neuen Trends, Spannungen und Probleme zu absorbieren, und daß es möglich sein müßte, einige zentrale – wenn auch flexible und eventuell variable – Achsen für die äußerst vielfältigen Muster kultureller Kreativität und Beteiligung zu ziehen, die sich in der israelischen Gesellschaft herausbildeten.

In Wirklichkeit begann sich das Bild jedoch Anfang und Mitte der sechziger Jahre radikal zu verändern (obwohl das Wesen dieser Veränderungen seinerzeit nur schwach wahrgenommen wurde), und dieser Wandel gewann später an Tempo und erhielt starken Antrieb nach dem Sechstagekrieg.

Ein erster solcher Problembereich betraf die Komponenten der israelischen Identität und insbesondere die Komponente der »Jüdischkeit« der israelischen Gesellschaft und ihrer Verbindungen zu den jüdischen Gemeinden im Ausland, wie oben beschrieben.

Die einzelnen Entwicklungen nach dem Sechstagekrieg verschärften auch einige andere innere Probleme der israelischen Gesellschaft, darunter vor allem die verschiedenen Aspekte des ethnischen Problems. Im Gefolge des ersten lautstarken »ethnischen« Protests von Wadi Salib – und dem Auftreten der Schwarzen Panther – leitete man verstärkt Wohlfahrtsmaßnahmen zur Bewältigung dieses Problems ein.

Damals, beim starken Aufwallen der ethnischen Themen in den siebziger Jahren, verlief diese Hervorhebung ethnischer Identitäten viel aggressiver und spaltender – unter Betonung der dichotomen Vorstellung von der orientalischen und der westlichen Kultur. Damit einher ging eine ausgeprägte Militanz gegen die sogenannte westliche Kultur des aschkenasischen Zentrums und seiner zentralen Gruppen.

Gleichzeitig kam es auch zu einer kollektiven Konfrontation mit der arabischen Wirklichkeit und der palästinensischen Frage. Bei den jüngeren Generationen wuchsen Zweifel, die ihren vollen Ausdruck erstmals in dem 1967 erschienenen Buch *Siach Lochamim (Gespräche mit israelischen Soldaten)* fanden, in dem Soldaten aus den Kibbuzim Gedanken und Überlegungen zu diesen Problemen äußerten oder zumindest Fragen nach dem Wesen der Beziehungen zu den Arabern und der Vorherrschaft des militärischen Moments in diesen Kontakten stellten.

Parallel dazu dauerte die Diversifizierung kultureller Kreativität, Beteiligung und kulturellen Konsums an. Die wachsende Vielfalt der kulturellen Kreativität und die Schwerpunktverlagerungen beim Aufbau kollektiver Identitätssymbole sowie auch die Institutionalisierung dieser Aktivitäten untergruben und schwächten paradoxerweise langsam und unbewußt die Vorstellung, daß es möglich sei, sie unter der Ägide einer allgemeinen Renaissance jüdischer Kultur und der institutionellen Entwicklung der israelischen Gesellschaft zusammenzubringen. In der Bedeutung der verschiedenen Muster einer solchen kulturellen Kreativität und Beteiligung im Rahmen einer umfassenden Vision traten immer wieder weitreichende Veränderungen ein, so daß sich entschieden die Frage stellt, ob es möglich sein wird, ihre Bedeutung in diesem Rahmen zu erneuern, oder ob ein solches Gravitationszentrum in diesem Bereich nicht überhaupt abhanden gekommen ist.

Mehrere Prozesse und Veränderungen auf diesem Gebiet, die schon früher eingesetzt hatten und nach den sechziger Jahren Auftrieb erhielten, verwandelten die grundlegenden Parameter und das semantische Feld der kulturellen Kreativität, der kulturellen Beteiligung und des kulturellen Konsums in Israel, und man wurde sich auch zunehmend dieser Probleme bewußt.

Die Suche nach neuen Parametern kultureller Aktivität und kollektiver Identität

Durch das Zusammentreffen all dieser Trends wurde die Frage nach dem Wesen der neuen Parameter für die israelische kulturelle Szene und der Symbole israelischer Kollektividentität erneut aufgeworfen. Daran entzündeten sich auch zunehmend Diskussionen über den jüdischen Charakter dieser Kultur und des Staates Israel im besonderen – ein Problem, dessen Erörterung vorher auf relativ kleine, aber einflußreiche Intellektuellenkreise beschränkt geblieben war.

Es fiel jedoch viel leichter, diese Frage zu stellen, als eine einfache – oder für alle beziehungsweise die meisten Bevölkerungssektoren annehmbare – Antwort auf sie zu finden.

Die Äußerungen zu diesen verschiedenen Problemen ließen erkennen, daß es auf die Frage nach den jüdischen Merkmalen der israelischen Gesellschaft oder nach dem Wesen der spezifischen kulturellen Kreativität und Beteiligung, die sich in Israel entwickelten und durch zunehmende Vielheit und Vielgestaltigkeit gekennzeichnet waren, keine einfache Antwort geben konnte. Vermutlich war die Findung einer solchen Antwort schon aufgrund der Natur dieses Problems ausgeschlossen. Trotzdem entspann sich eine umfassende und anhaltende Suche nach der Formulierung einiger solcher Antworten, und bereits die Tatsache, daß diese Fragen weiterhin gestellt wurden, bewies, daß die von verschiedenen Kreisen gegebenen Antworten nicht paßten – oder zumindest, daß solche Diskussionen zu einem wichtigen Teil des kulturellen Bereichs geworden waren.

Man schwankte ständig zwischen der Suche nach solchen Schwerpunkten und einer solchen Authentizität und dem Eingeständnis, daß sich eine offene, diversifizierte und pluralistische Antwort auf diese Problemstellung nur schwer geben ließ. Dieses dauernde Schwanken sowie der Verlust der früheren gemeinsamen Auffassungen über kulturelle Aktivitäten und die Suche nach neuen verbanden sich mehr und mehr mit einem Wandel in der Einstellung zur jüdischen Galut-Erfahrung und zum überlieferten Erbe, mit Veränderungen in den Edot und auch mit der wachsenden Wertschätzung religiöser Tradition.

Neue Entwicklungen in den orthodoxen Gemeinden

Die Einstellung der Orthodoxen zum Staat Israel

Wie wir gesehen haben, standen die ultra-orthodoxen Kreise der zionistischen Vision von Anfang an ablehnend gegenüber; sie wendeten sich gegen deren halbmessianische Erwartungen und den Versuch, ein umfassendes jüdisches Gemeinschaftsleben zu schaffen, das nicht auf der Halacha beruhte. Bis zur Staatsgründung verneinten viele von ihnen die Grundprämissen der zionistischen Bewegung, obwohl sich manche Kreise an der Besiedlung Erez-Israels sowie auch an einigen gemeinsamen politischen Aktivitäten mit der zionistischen Führung beteiligten, insbesondere auf internationaler Ebene.

Nach der Staatsgründung trat die ultra-orthodoxe Partei Agu-

dat Israel der Regierung bekanntlich für kurze Zeit bei, beteiligte sich kontinuierlich an den Knessetwahlen und unterstützte hin und wieder die Regierungskoalitionen, ohne selbst dem Kabinett anzugehören. Diese Mitwirkung führte aber nicht dazu, daß die Agudat Israel den zionistischen Staat de jure anerkannt hätte. Dies zeigte sich beispielsweise an der Tatsache, daß keine Nationalflagge bei ihren Parteitagen gehißt wurde, zu denen man auch den Staatspräsidenten nicht einlud (da dies das Problem aufwerfen würde, ob die Rabbiner in seiner Gegenwart aufzustehen hätten). Außerdem beteiligten sie sich nicht an den jährlichen Feiern zum Unabhängigkeitstag und akzeptierten auch nicht die vom Oberrabbinat zur Feier dieses Tages verfaßten besonderen Gebete. Vor allem aber betonten sie stets die höhere Autorität ihrer eigenen Einrichtungen, ihrer Studienzentren und der Entscheidungen ihres Weisenrates, dem ihre Parlamentsmitglieder verantwortlich waren.
Gleichzeitig stellten sie dem Staat zahlreiche Forderungen prinzipieller und religiöser Art; einmal sollten der Bevölkerung so viele religiöse Beschränkungen wie möglich auferlegt werden, zum anderen beanspruchten sie aber auch diverse Zugeständnisse und irdische Zuwendungen für ihre eigenen Bedürfnisse, vor allem für ihr getrenntes Schulsystem und später für ihre Jeschiwot. Außerdem forderten sie bestimmte Vorrechte und eine Art begrenzter Immunität gegenüber vielen staatlichen Gesetzen – also Zugeständnisse, die ihre Stellung als gesonderter Sektor in gewisser Hinsicht fortbestehen ließen. Zu ihren weitreichendsten Vorrechten gehörte die Befreiung ihrer Jeschiwot (Talmudhochschulen) und der religiösen Frauen (Mädchen) vom Wehrdienst. Der Staat gab vielen ihrer Forderungen nach, aber das sicherte ihm nicht unbedingt die volle Legitimation in den Augen solcher extremen Gruppen wie der *Naturei Karta*, die jegliche Zusammenarbeit mit dem »säkularen« zionistischen Staat von vornherein ablehnten, oder auch nur von seiten des breiteren Spektrums orthodoxer und ultra-orthodoxer nichtzionistischer Gruppen. Aus ihrer Sicht stieg dadurch sogar in gewissem Sinne ihre eigene Legitimität gegenüber dem Staat, da sie bestenfalls teilweise dessen Partner – nach ihren Bedingungen – wurden, ohne die grundsätzliche Rechtmäßigkeit der zionistischen Vision anzuerkennen.

Praktisch erlangten sie damit den Status eines halbautonomen getrennten Sektors im Staat, behielten aber ihre höchst ambivalenten – und unter den extremeren Mitgliedern negativen – Einstellungen gegenüber diesem bei.

Die Stellung der Orthodoxen in der jüdischen und israelischen Gesellschaft

Der Einfluß dieser Trends und Einstellungen verstärkte sich seit den späten sechziger Jahren, insbesondere nach dem Sechstagekrieg. Diese Intensivierung wurde noch durch mehrere Entwicklungen in der jüdischen Orthodoxie allgemein und in der israelischen im besonderen unterstützt – sowie auch durch einige wichtige Vorgänge in dem Sektor, den man als zionistisch-religiös bezeichnen könnte; letzterer war in allen Koalitionen ein ständiger Partner der Arbeiterbewegung und der neuen zionistischen Gruppen in der Zionistischen Organisation und im Staat Israel und somit Teil des von ihnen geschaffenen institutionellen Modells.

Diese Entwicklungen in der Orthodoxie (die im 16. Kapitel näher erörtert werden sollen) liefen den grundlegenden Ideologien – der Assimilation, des Zionismus und sogar der älteren Orthodoxie – zuwider, die in der Diaspora und im Jischuw bis zum Zweiten Weltkrieg vorgeherrscht hatten. Sie alle waren nämlich davon ausgegangen, daß angesichts der allgemeinen Säkularisierungstendenz die orthodoxen Juden in ihrer Stellung geschwächt oder sogar praktisch verschwinden würden; höchstens in geschlossenen Gettos, unter völliger Abkapselung vom modernen Leben, würden sie sich vielleicht noch halten und, wie man glaubte, eine Nische in verschiedenen traditionellen jüdischen Gewerbezweigen wie Kleinhandel, Handwerk und so weiter finden.

Derlei Voraussagen trafen tatsächlich für einige kleine extrem orthodoxe Gruppen zu, nicht aber für die Mehrheit der neuen orthodoxen oder ultra-orthodoxen Gruppen in der Diaspora. Diese Sektoren gingen über die klassische Getto-Erfahrung hinaus, indem sie viel stärker in die berufliche und sogar ökologische Substanz moderner Gesellschaften eindrangen. Daneben

kam es seit dem Ende der dreißiger Jahre, aber mit zunehmender Vehemenz seit dem Zweiten Weltkrieg, zu einem Wieder- und Neuaufbau der Jeschiwot, gestützt auf die starke osteuropäische (und speziell litauische) Lehrtradition; später entstanden mit Hilfe vieler moderner Mittel auch Studiengemeinschaften und eine neue Führungsschicht.[58]
Alles in allem ist es den Orthodoxen gelungen, sich zu einer neuen, höchst einflußreichen Variante modernen jüdischen Lebens zu entwickeln, und entgegen den Erfahrungen früherer Generationen scheinen sie von der säkularen Welt nicht verdrängt zu werden; genaue Daten liegen allerdings auch hier wieder nicht vor.

Das Aufleben der orthodoxen Gruppen

Gleichzeitig und in enger Verbindung mit der allgemeinen Tendenz in der Diaspora kam es zu einer starken Ausbreitung orthodoxer Gruppen in Israel selber. Ultra-orthodoxe Gemeinschaften sowie orthodoxe Kreise unterschiedlicher Art, die das Supremat der Halacha bejahten, nahmen an Zahl zu und traten deutlicher in Erscheinung. Dies geschah besonders in Jerusalem, im Zentrum von Bne Brak und in Natanja, wo viele chassidische Gruppen ihre eigenen Viertel gründeten. In den siebziger Jahren kamen eigene Siedlungen in Judäa und Samarien hinzu. Oft verpflanzten sie einfach ihre Lebensweisen und Symbole in ihre neue Umgebung, wo sie in relativ geschlossenen sozialen und häufig auch ökologischen Sektoren lebten. Während einige sich stark abkapselten, neigten viele andere den moderneren orthodoxen Lebensmustern zu, die sich in der Diaspora herausgebildet hatten, wobei sie allerdings nie so weit gingen wie dort. Im Zuge dieser Ausdehnung veränderte sich Israels Stellung im Gesamtpanorama der jüdischen Orthodoxie von Grund auf. M. Friedman schreibt:

> In der jüdischen Gesellschaft während des Mandats besaß die selektive Gemeinde nur minimale Anziehungskraft...
> Diese Situation änderte sich nach der Gründung des Staates Israel, insbesondere seit Mitte der fünfziger Jahre. Israel

58 Siehe Menachem, Friedman, »The Changing Role of the Community Rabbinate«, *Jerusalem Quarterly* 25 (Herbst 1982), S. 59-100.

wurde ein Weltzentrum des Tora-Studiums. Die Zahl der Jeschiwot und Kolelim nahm ständig zu. Häupter von Jeschiwot, »Leuchten der Tora« und chassidische Rabbis ließen sich mit Tausenden ihrer Anhänger im Lande nieder und gründeten ihre eigenen Gemeinden. Der steigende Lebensstandard und das System des öffentlichen Wohnungsbaus ermöglichten es traditionellen religiösen Juden, in getrennten Vierteln zu leben. Selektive Gemeinden, die sich auf die Führung von »Leuchten der Tora« stützen, sind heute ein verbreitetes Phänomen. Schon die Anwesenheit von »Leuchten der Tora«, chassidischen Rabbis und Häuptern von Jeschiwot, von hochgelehrten religiösen Persönlichkeiten, die Macht ausstrahlen, und eines Führers wie Chason Isch (Rabbi Abraham Jesaja Karelvitz) hatte den Status des Oberrabbinats geschwächt. Darüber hinaus förderte die Tatsache, daß das Oberrabbinat und die Gemeinderabbiner zum Establishment des zionistischen Staates gehören, während die »Leuchten der Tora« und ihre Anhänger überwiegend nichtzionistisch, wenn nicht gar antizionistisch sind, die Delegitimation des Oberrabbinats und seiner Entscheidungen ...
Hier schließt sich der Kreis. Die selektiven Gemeinden neigen dazu, höhere Maßstäbe an religiöse Observanz anzulegen. Sie werden zu Eliten, die als Bezugsgruppen für die übrige orthodoxe jüdische Bevölkerung dienen, die sich zwar nicht wie die ersteren verhält, aber doch nicht leugnen kann, daß diese »bessere« Juden sind als sie selbst.
Von hier aus ist es nur noch ein Schritt bis zur Übernahme der religiösen Führung durch diese Gruppen. Die »Leuchten der Tora«, die Häupter von Jeschiwot und die chassidischen Rabbis bilden nach und nach die oberste Führungsschicht. Infolgedessen sinkt der Status des Oberrabbinats und der mit ihm verbundenen Gemeinderabbiner. Dies ist eine dynamische Situation, die auch durch die Delegitimierung, die Ausbreitung von Kolelim und Jeschiwot über alle Landesteile, durch die wachsende Selbstsicherheit, die die Welt der Jeschiwot aus der religiösen Rückkehrbewegung gewinnt, sowie durch die Krise des weltlichen Zionismus und anderes mehr gespeist wird. All dies verdeutlicht den problematischen Status des Ober- und nicht-selektiven Ortsrabbinats, insbeson-

dere vor dem Hintergrund der Statuskrise des Gemeinderabbinats, die wir beschrieben haben.[59]

All diese Entwicklungen im extremeren orthodoxen Sektor wurden etwa seit den sechziger Jahren und vor allem nach dem Sechstagekrieg in entscheidender Weise durch mehrere wichtige Entwicklungen im zionistisch-religiösen Sektor verstärkt und zeitigten mit letzteren zusammen weitreichende Folgen für das ganze kulturelle Klima der israelischen Gesellschaft.

Schon von der Staatsgründung an hatten diese ultra-orthodoxen Parteien lange Zeit in einer Art ambivalenter Beziehung zu den zionistisch-religiösen Parteien – *Misrachi*, *Hapoel Hamisrachi* und später der Nationalreligiösen Partei – gestanden. Diese letzteren akzeptierten uneingeschränkt die Grundprämissen des Staates Israel und dessen Wehrpflicht (zumindest für Männer), unterstützten aber im übrigen die meisten Forderungen der ultra-orthodoxen Parteien. Dies beruhte zum Teil darauf, daß sie die religiöse Überzeugung und viele gemeinsame Interessen in religiösen Angelegenheiten mit den ultra-orthodoxen Gruppen teilten, auch wenn sie deren Vehemenz und ambivalente Haltung zum Staat nicht bejahten. Teilweise war es aber auch auf ihren Minderwertigkeitskomplex zurückzuführen, den sie den Ultra-Orthodoxen gegenüber besaßen – im Hinblick auf religiöse Gelehrsamkeit, die Darstellung der Tradition und ihre Lehrinstitutionen. Diese Minderwertigkeitsgefühle wurden überwiegend durch die Tatsache hervorgerufen, daß die zionistisch-religiösen Parteien – bis Mitte der sechziger Jahre – nicht sehr aktiv am Aufbau solcher Institutionen arbeiteten. Die einzige Ausnahme davon waren die verschiedenen früher entstandenen *Jeschiwot Tichoniot* und *Jeschiwot Hesder*, die Talmud-Studien mit einigen weltlichen Fächern verbanden und ihre Absolventen zum Wehrdienst schickten, oft sogar zu Eliteeinheiten, doch selbst hier machte sich ihr voller Einfluß auf das öffentliche Leben in Israel erst später richtig bemerkbar.

Selbst diese Jeschiwot blickten – zumindest auf dem Gebiet talmudischer Gelehrsamkeit – im großen und ganzen zu den orthodoxeren Kreisen auf. Aber hier setzten mehrere weitreichende Veränderungen ein, vor allem nach dem Sechstagekrieg.

59 Friedman, »The Changing Role of the Community Rabbinate«, S. 98 f.

Mehrere einander teils verstärkende, teils widersprechende Prozesse waren von zentraler Bedeutung. Einmal kam es – zusammen mit der generellen ideologischen Erschöpfung des sozialistisch-zionistischen Gedankens – zu einer Schwächung derjenigen Richtung des religiösen Zionismus, wie ihn Misrachi und Hapoel Hamisrachi entwickelt hatten. Der ideologische Akzent lag jetzt stärker auf der Befolgung der Halacha, obwohl die Grundlehren des Zionismus, die Gewohnheit, jenseits der Halacha nach Anleitungen für den konkreten Aufbau von Institutionen Ausschau zu halten, sowie viele der bürgerlichen und ideologischen Prämissen des im Staat Israel entstandenen institutionellen Modells noch akzeptiert wurden.
Nur in den religiösen Kibbuzim bemühte man sich um ständige ideologische wie institutionelle Innovationen, aber die Stellung dieser Kibbuzim im religiösen Sektor unterschied sich nicht viel von der der weltlichen Kibbuzim im allgemeinen Sektor; so wurde auch ihre besondere elitistische Position geschwächt.
Dieses geschwächte ideologische Selbstbewußtsein der zionistisch-religiösen Gruppen zeigte sich darin, daß sie in religiösen Angelegenheiten und insbesondere beim Studium der Halacha zusehends von den extremeren religiösen Sektoren und deren Jeschiwot abhängig wurden, ohne eigene intellektuelle oder ideologische Richtungen zu entwickeln. Dies minderte auch den Einfluß des Oberrabbinats, das mehr und mehr von Rabbinern dominiert wurde, die den ultra-orthodoxen Kreisen nahestanden.
Die nach dem Sechstagekrieg einsetzende Neuformulierung des Problems einer kollektiven israelischen Identität war ein fruchtbarer Nährboden für die Entstehung verschiedener religiöser Bewegungen im allgemeinen und extremerer religiöser ideologisch-nationaler Bewegungen im besonderen.
Bei den nicht-religiösen Gruppen begann man nach dem Sinn des täglichen Lebens und seinen Verbindungen zu umfassenderen nationalen und kulturellen Mustern zu suchen – also gerade nach der Verbindung, die die ursprüngliche zionistische Vision – und besonders deren sozialistische Variante – herzustellen behauptet hatte, an der sie aber offenbar gescheitert war.
Am auffälligsten entwickelte sich dieser Trend bei den sogenannten *Chosrim Betschuwa* (den reumütigen Rückkehrern),

die aus dem weltlichen Sektor durch eine Vielzahl von Vorbereitungsschulen oder speziellen Jeschiwot in den Schoß der Orthodoxie zurückkehrten.
Abgesehen von diesen extremistischen Tendenzen, traten religiöse Elemente und Symbole im öffentlichen Leben stärker hervor. Zum einen wäre dabei die erfolgreiche Bemühung der religiösen Parteien anzuführen, dem allgemeinen öffentlichen Leben zahlreiche Beschränkungen aufzuerlegen. Diese Tendenzen standen auch in einer sich gegenseitig verstärkenden Wechselbeziehung zu der wachsenden Anzahl und öffentlichen Resonanz religiöser Gruppen im täglichen Leben, wobei viele – und insbesondere die jüngeren Mitglieder – den breiteren nichtreligiösen Sektoren gegenüber nicht länger selbstapologetisch auftraten, sondern sich als die echten Träger in einer Welt betrachteten, die offenbar ihre Anziehungskraft verlor.
Zum anderen bekundete die Öffentlichkeit auch generell wachsendes Interesse an Aspekten der jüdischen Religionsüberlieferung. Kurse, Seminare und Kongresse über religiöse Themen zogen immer mehr Menschen an, und dasselbe galt auch für die spezifisch religiöse Literatur sowie Rundfunkprogramme für die breite Leser- bzw. Zuhörerschaft, wobei viele dieser Schriften und Ansprachen im Lauf der Jahre deutlich fundamentalistischer wurden.

Die Radikalisierung der religiösen Tendenzen

Gleichzeitig führten all diese Trends zu einer wachsenden Radikalisierung innerhalb der religiösen Gruppen, und zwar zumindest in zweierlei Richtungen, die einen gemeinsamen Kern besaßen, aber im übrigen auseinanderliefen. Den gemeinsamen Kern bildete die zunehmende Betonung der Oberhoheit und Gültigkeit der religiösen Tradition im allgemeinen und der Halacha im besonderen, die man in ihren symbolischen wie rechtlichen Aspekten als Grundstein jüdischer und zionistischer Geschichte und jüdischen Wesens betrachtete – im Gegensatz zum angeblichen Bankrott des weltlichen Modells.
Institutionell verkörperte sich dieser gemeinsame Kern in den generell expandierenden Jeschiwot und den zunehmend domi-

nanter werdenden Jeschiwot Tichoniot und Jeschiwot Hesder (im Gegensatz zum »staatlich-religiösen« Schulzweig) als den wichtigsten dynamischen Zentren religiösen Unterrichts.
In Teilen dieser neuen Bildungseinrichtungen, besonders in den zionistischen Jeschiwot, vollzogen sich einige der wichtigsten erzieherischen Innovationen – verglichen mit dem konservativeren offiziellen staatlich-religiösen Schulzweig, dem gesonderten Schulwesen der Agudat Israel oder den traditionellen Jeschiwot, die die Mehrzahl der Ultra-Orthodoxen besuchten.
Gegen die im israelischen Erziehungswesen und besonders in dessen staatlich-religiösem Schulzweig herrschende Tendenz vertraten diese Bildungseinrichtungen bezeichnenderweise äußerst elitistische Auffassungen, legten also großen Wert auf die Beibehaltung eines hohen Niveaus und stellten entsprechende Anforderungen, die sie an »alte« und »neue« Einwanderergruppen gleichermaßen stellten, ohne daß es hier zu Protesten wegen angeblicher Diskriminierung gekommen wäre.
Daneben schien die starke Erneuerung der religiösen Jugendbewegungen, besonders der Bne Akiwa, verglichen mit dem sonst festzustellenden Rückgang bei anderen Jugendbewegungen, auf die Möglichkeit hinzudeuten, daß in ihnen die zionistische Vision wieder aufleben werde, und zwar jetzt gestützt auf eine Verbindung alter zionistischer Themen mit der neuen, auf dem Modell der Halacha gegründeten Lebensführung.
Abgesehen von diesem gemeinsamen Kern verliefen die beiden Tendenzen jedoch in entgegengesetzte Richtungen, wenn sie sich auch in der Praxis häufig überschnitten.
Eine dieser Richtungen blieb dem zionistischen Gedanken fest verhaftet – unter Ausbildung einer radikalen national-religiösen Einstellung in den Jugendbewegungen des religiösen Sektors, vor allem den Bne Akiwa, und ihren speziellen Institutionen sowie den verschiedenen Jeschiwot Tichoniot und Jeschiwot Hesder als Trägern dieser neuen Vision. In ihr verband sich Siedlungsarbeit und Wehrdienst mit einer nationalistischen, in äußerst militante Formen gekleideten Symbolik und starkem Nachdruck auf dem Supremat der Halacha – weit über die Tendenz in den älteren zionistisch-religiösen Gruppen hinaus –, wobei die Halacha allerdings deutlich mit starken nationalen Orientierungen und Symbolen ausgestattet wurde.

Viele – aber nicht alle – dieser Jeschiwot wurden zu Zentren oder Ausgangspunkten extrem religiöser politischer Aktivitäten, wie sie etwa die Anhänger des Gusch Emunim durchführten. Letzteren gelang es bekanntlich, den Mittelpunkt der politischen Bühne zu besetzen und sich selber zu Trägern der ursprünglichen zionistischen Vision und eines höheren Gesetzes, das über dem des Staates stand, aufzuschwingen.
Für relativ lange Zeit wuchs der Eindruck, als gehe der religiöse Zionismus gänzlich in diese Richtung – unter Aufgabe der eher universalistischen Dimension des zionistischen Gedankens, die viele seiner Anhänger vorher geteilt hatten. Erst viel später, während des Libanonkriegs, begann sich diese Tendenz, zumindest in gewissem Umfang, zu ändern. Im Lauf der Zeit, und besonders seit dem Ende der siebziger Jahre, mehrten sich die Anzeichen, daß die nicht-zionistischen Jeschiwot und nichtzionistische Orientierungen große Teile dieser religiösen Kreise für sich gewinnen würden.
Diese Entwicklungen begannen sich nach dem Sechstagekrieg zu beschleunigen, aber – wie in allen anderen Lebensbereichen – erfaßte man damals weder ihre Bedeutung noch ihr Veränderungspotential in vollem Umfang; dies geschah vielmehr erst in den siebziger Jahren in der Folge des Jom-Kippur-Kriegs.

Die Stellung der arabischen Gemeinden in Israel

Zunehmende Erkennung ihrer Probleme

Eine der weitreichendsten Veränderungen – und Öffnungen – betraf natürlich die Araber im allgemeinen und die israelischen Araber im besonderen.
Im politischen Bereich wurden die vor dem Sechstagekrieg von der Regierung Eschkol eingeleiteten Öffnungen fortgesetzt, und das Amt des Beraters des Ministerpräsidenten für arabische Angelegenheiten entwickelte eine offenere Haltung gegenüber der politischen Betätigung von Arabern sowie in bezug auf ihre kulturelle und wirtschaftliche Rolle.
Gleichzeitig entstanden im arabischen Schulwesen einige neue Auffassungen zu den Problemen der kollektiven Identität der

israelischen Araber und der arabischen Komponente dieser Identität. Daneben intensivierten sich ständige Kontakte mit allen Stufen der arabischen Gesellschaft – mit Führungspersönlichkeiten, Intellektuellen und den übrigen Schichten –, in vieler Hinsicht ähnlich den Gepflogenheiten vorstaatlicher Zeiten.

Jenseits dieser diversen Entwicklungen bildeten sich jedoch zwei ineinandergreifende Probleme heraus. Das erste betraf das wachsende Bewußtsein der israelischen Araber, daß sie eine eigenständige arabische Gesellschaft mit spezifischen Problemen auf allen Ebenen des sozialen Lebens und der kollektiven Identität darstellten, sowie die bei vielen von ihnen einsetzende Suche nach einer autonomen kollektiven Ausdrucksform und einer gewissen Integration in den Staat Israel – und darüber hinaus.

Das zweite Problem lag in der – in breiteren Sektoren der jüdischen Gesellschaft um sich greifenden – Erkenntnis, daß das Problem der arabischen Minderheit nicht auf einem noch so wohlwollenden administrativen Weg gelöst werden konnte, daß es vielmehr einige sehr zentrale Fragen des ganzen Staatsgefüges berührte und vor allem dessen Fähigkeit, seinen jüdischen Charakter mit einer lediglich formellen Eingliederung von Minderheiten in seinen institutionellen und symbolischen Rahmen zu verbinden.

Diese Probleme verstärkten sich natürlich durch die neue Lage, das heißt die Herrschaft über die arabische Bevölkerung der Westbank und des Gasa-Streifens, insgesamt 1,1 bis 1,3 Millionen Menschen, die im Gegensatz zu den Arabern in Israel keine israelischen Staatsbürger waren. Die dafür eingerichtete Militärverwaltung, die jetzt über die Einwohner der Westbank regierte, versuchte, sich möglichst weit auf die örtlichen Behörden zu stützen, fußte aber letztendlich doch auf ihrer militärischen Macht. Dies fügte den arabisch-israelischen Beziehungen und der ganzen Atmosphäre der israelischen Gesellschaft eine völlig neue Dimension hinzu. Patrouillengänge, Überwachung, Auflösung von Demonstrationen und Zusammenstöße mit einer mehr oder weniger feindseligen Bevölkerung waren sicher keine sehr gesunde Erfahrung für den israelischen Soldaten, auch nicht in den ersten Jahren der relativ freundlichen Militärherrschaft; obwohl vieles später zur Alltagsroutine wurde, verlieh es dem israelischen Leben doch eine neue problematische Seite.

Ferner bildete sich in der Wirtschaft eine völlig neue Arbeitsteilung zwischen den beiden Sektoren heraus, die in einigen Aspekten an die Situation während des Mandats erinnerte, und zwar manchmal gerade in den Punkten, gegen die die sozialistischen Zionisten seinerzeit Sturm gelaufen waren. Während israelische Experten einerseits sehr zur Verbesserung der Landwirtschaft und der Dienstleistungen auf der Westbank beitrugen, entwickelte sich andererseits auch eine neue, halbkoloniale Beziehung, bei der ein nicht unbedeutender Teil der Arbeiterschaft in den neuen sowie mehreren alten Moschawim, im Bauwesen und einigen Industriezweigen aus dem Gasa-Streifen oder von der Westbank stammte. Dies widersprach völlig den älteren Auffassungen des sozialistischen Zionismus und verstärkte sehr weitgehend einige konservative und stagnative Tendenzen in der israelischen Wirtschaftsstruktur.

All diese Entwicklungen ließen zur wachsenden Beunruhigung über die Beziehungen zur arabischen Bevölkerung in Israel und der Westbank noch den Einfluß der Militärregierung auf die Israelis selber hinzutreten, und diese heiklen Punkte wurden mehr und mehr in öffentlichen Debatten und in der Literatur angesprochen.

Selbstverständlich entwickelten sich solche Sensibilitäten in sehr unterschiedliche Richtungen. Entweder verhärtete sich die Haltung gegenüber den Arabern, oder man suchte nach Wegen, sich ihnen anzunähern. So oder so belegten diese Probleme jedenfalls einen Platz auf der öffentlichen Agenda, den sie seit der Staatsgründung nicht mehr eingenommen hatten.

Der Sechstagekrieg und seine Folgen. Zunehmende Probleme mit der Integration der arabischen Minderheit

Wie für alle übrigen Lebensbereiche Israels – und vielleicht noch mehr als für andere – bildete der Sechstagekrieg auch für die Entwicklungen innerhalb der arabischen Bevölkerung und in deren Verhältnis zum israelischen Staat einen Wendepunkt;

die hiermit verbundenen Vorgänge und die späteren Kriege, der Jom-Kippur- und der Libanonkrieg, sowie der Friedensvertrag mit Ägypten veränderten zusammen mit den verstärkt weiterwirkenden demographischen und wirtschaftlichen Trends, die früher begonnen hatten, die Stellung und Mitwirkung der arabischen Gesellschaft im Staat Israel von Grund auf.
Die zentrale Entwicklung war hier natürlich die Begegnung mit den Arabern der Westbank und darüber hinaus mit denen in den arabischen Staaten – eine Konfrontation, die voller Ambivalenzen steckte.
Zum ersten Mal seit der Gründung des Staates Israel wurde die arabische Minderheit – die sich eines erheblichen wirtschaftlichen und bildungsmäßigen Fortschritts erfreute, aber auch unter sozialen Erschütterungen und Schwierigkeiten bei der Integration in die städtischen Sektoren der israelischen Gesellschaft litt – aus ihrer fast hermetischen Isolation von anderen Teilen der arabischen Welt befreit, mit denen sich nun Kontakte anbahnten. Die ersten Stadien dieses Zusammentreffens verschärften die Probleme um die arabisch-israelische Identität der arabischen Bevölkerung im Staat Israel.
Einerseits führte dies notwendigerweise zu einer Intensivierung ihres arabischen Bewußtseins, einer zunehmenden Wiederbelebung ihrer Verbindungen zum arabischen Volk und seiner Kultur, und verstärkte die Ambivalenz in ihrer Beziehung zu Israel. Die Unterschiede zwischen der israelisch-arabischen Minderheit und den Bewohnern der Westbank erschienen dabei weniger wichtig. Der arabische Nationalismus verschärfte sich, und selbst die Grundprämissen Israels wurden in Frage gestellt.
Andererseits hatte sich auch ihre gesonderte israelisch-arabische Identität dadurch gefestigt, daß inzwischen Generationen von Arabern in Israel geboren und aufgewachsen waren, deren gesamte soziale Perspektive sich auf diesen Rahmen richtete – so ambivalent sie ihm auch gegenüberstehen mochten. Diese Entwicklungen wurden durch die Ergebnisse der oben analysierten inneren Modernisierungsprozesse innerhalb der arabischen Gemeinde intensiviert, vor allem durch die steigende berufliche Modernisierung, nämlich einmal den Übergang zu Industrie- und Bauarbeiten und zum anderen die Herausbildung einer in Israel geborenen Intelligenz.

Die demographischen und wirtschaftlichen Prozesse beschleunigten sich in alle Richtungen. So waren 1979 die meisten arabischen Arbeitskräfte im Bauwesen beschäftigt (21,6 Prozent), gefolgt von der Industrie (Bergwerke und Herstellungsbetriebe) mit 21,4 Prozent und den staatlichen und kommunalen Diensten (17,4 Prozent).
Auch im Anteil der verschiedenen Berufe ist seither eine erhebliche Veränderung eingetreten. 1979 waren 1,7 Prozent der arabischen Arbeitskräfte Wissenschaftler und Akademiker; 1981 war ihr Anteil auf 2,8 Prozent gestiegen – ein Zuwachs um 164,7 Prozent. Gleichzeitig sank die Zahl der arabischen Landarbeiter von 12,3 Prozent 1979 auf 11,5 Prozent 1981 – ein Rückgang um 93,49 Prozent.
Im allgemeinen besaßen die arabischen Christen von Anfang an einen höheren Bildungsstand als die Moslems, aber der relative Aufstieg der letzteren war steiler, selbst wenn erstere im großen und ganzen den Moslems beruflich und bildungsmäßig immer noch voraus waren.
All diese Vorgänge ließen allerdings das unterschiedliche Entwicklungstempo im jüdischen und arabischen Sektor um so deutlicher hervortreten – dieses dualistische System, das sich in den Beziehungen zwischen ihnen herausgebildet hatte und von einigen extremeren arabischen Intellektuellen als eine Situation innerer Kolonisation bezeichnet wurde. Diese Entwicklungen lösten in vielen Kreisen der arabischen Gesellschaft wachsende Ressentiments aus, die auf ihre größere Abhängigkeit von der Zentralregierung und ihre relative Hilflosigkeit in den Beziehungen zu dieser Regierung zurückgingen.
Diese demographischen und wirtschaftlichen Veränderungen weckten – schon für sich allein genommen, um so mehr aber in Verbindung mit den Entwicklungen nach dem Sechstagekrieg – neue Erwartungen und Frustrationen bei der Suche nach Arbeitsplätzen, die dem (insbesondere akademischen) Bildungsstand der arabischen Bewerber angemessen erschienen, sowie bei der schwierigen Integration in die israelische Gesellschaft – obwohl sich diese jetzt allmählich weiter öffnete. Natürlich verliehen vor allem die arabischen Universitätsstudenten diesen Problemen deutlichen Ausdruck.
Ein weiteres spannungsgeladenes Gebiet, das für zunehmendes

politisches Bewußtsein und Auseinandersetzungen sorgte und ebenfalls mit dem demographischen Wachstum der arabischen Bevölkerung zusammenhing, war das Bodenproblem, vor allem angesichts der Tatsache, daß die ihr zur Verfügung stehenden landwirtschaftlich nutzbaren Böden im Verhältnis zu ihrer wachsenden Zahl recht knapp waren. Die Situation verschärfte sich noch durch die Siedlungspolitik des Staates, die zumindest prinzipiell auf die zunehmende Ansiedlung von Juden in Galiläa ausgerichtet war, da letztere dort von den Arabern demographisch überrundet zu werden drohten.

Mitte der siebziger Jahre wurde die Bodenpolitik zu einer zentralen Frage, vor allem in Galiläa. Erhebliche Flächen waren den arabischen Dörfern, insbesondere den nahe der Grenzen gelegenen, während und unmittelbar nach dem Befreiungskrieg verlorengegangen, oft aufgrund irregulärer Verfahren und mit Unbilligkeiten hinsichtlich der für die Entschädigung gültigen Daten.[60] In den darauffolgenden Jahren wurde Land für öffentliche Zwecke in ordnungsgemäßen Verfahren beschlagnahmt, doch konnte der Zweck auch in der Errichtung neuer Städte wie Carmiel und Ober-Nazaret in Galiläa oder in der Schaffung von Industriegebieten liegen, im Rahmen einer Politik, die auf Bevölkerungsverteilung und Vergrößerung der jüdischen Einwohnerschaft in Galiläa abzielte.[61] Von 1965 bis 1975 veränderte sich der Umfang arabischen Bodenbesitzes nur geringfügig. 1975 wurden jedoch ältere Pläne für die intensive Entwicklung Galiläas und die Förderung der Ansiedlung dort wiederbelebt und auf den neuesten Stand gebracht. Obwohl sie auch die Beschlagnahme von in jüdischem Eigentum stehenden Böden, hauptsächlich in der Stadt Safed, in großem Ausmaß vorsahen, sollten erheblich größere Landflächen aus arabischer Hand

60 In einer inflationären Wirtschaft wirkten sich Verzögerungen bei den Entschädigungsleistungen für Juden wie Araber nachteilig aus; 1976 wurden daher Gesetzesänderungen empfohlen, die eine sofortige Entschädigung erlauben sollten.

61 Mit der Zeit wurde die arabische Landwirtschaft intensiv, mechanisiert und äußerst produktiv. Von 1965 bis 1975 verdoppeln sich die bewässerten arabischen Bodenflächen. In derselben Zeit machte der Bevölkerungszuwachs noch größere Erträge nötig.

staatlich enteignet werden. Die Araber waren sich bewußt, daß die Regierungspläne für die Entwicklung Galiläas hauptsächlich durch den Wunsch motiviert waren, eine jüdische Mehrheit in dieser Region zu sichern; deshalb hegten sie gegen Entwicklungsmaßnahmen selbst dann Verdacht, wenn diese dem arabischen Sektor zugute kommen sollten. Hinzu kamen die Erinnerungen an Landverluste in den ersten Jahren des Staates. Land wurde zum Symbol und Brennpunkt von Protest in den arabischen Gemeinden, und Erklärungen der Regierung, daß die Absicht darin liege, »Galiläa zu entwickeln« und nicht, es zu »judaisieren«, wirkten nicht überzeugend.[62]

Politische Radikalisierung und die Suche nach einer arabisch-israelischen Identität

Diese demographischen und wirtschaftlichen Veränderungen, die allgemeine Modernisierungstendenz und die Entstehung einer Generation von in Israel geborenen Arabern schufen eine neue Situation. Die konkreten Umrisse dieser Lage wurden jedoch durch die Verknüpfung dieser Prozesse und die Auswirkungen des Sechstagekriegs geprägt.

Die beiden einander ergänzenden und sich gleichzeitig widersprechenden Haupttendenzen gingen erstens in Richtung auf eine wachsende politische Aktivierung und Radikalisierung der arabischen Bevölkerung und zweitens auf die zunehmende und höchst ambivalente Auslotung der Möglichkeit, eine speziell israelisch-arabische Identität zu entwickeln. Beide Tendenzen hatten weitreichende Auswirkungen auf einige wichtige Dimensionen der israelischen Gesellschaft.

Die politische Aktivierung und Radikalisierung im allgemeinen zeigte sich an der zunehmenden Wahlbeteiligung, politischen Demonstrationen und verschiedenen Gewaltausbrüchen – vielleicht vor allem an den Universitäten (insbesondere in Haifa und Jerusalem) und im Zusammenhang mit der Agrarfrage, etwa am sogenannten »Tag des Bodens«.

Der Tag des Bodens *(Jom Ha'adama)* wurde erstmals im März

62 D. Shimshoni, *Israeli Democracy*, New York 1982, S. 145 f.

1976 unter dem Einfluß von *Rakach* nach einer Demonstration begangen, bei der sechs Araber ums Leben gekommen waren. Seither ist er jährlich als Tag für Demonstrationen benutzt worden, teils mit sehr aggressiven Tönen, später jedoch, wie wir noch sehen werden, auf friedlichere Weise.
Diese Demonstrationen erhielten zuweilen Auftrieb durch die Besorgnis der Siedlungsbehörden über das Problem der jüdischen Ansiedlung in Galiläa und durch die ziemlich harte Linie des für den Nordbezirk zuständigen Regierungsdirektors im Innenministerium. So sagte beispielsweise General Ben-Gal (Janosch), der damalige Befehlshaber der Nordfront, am 10. August 1979 während des Besuchs einer Gruppe von Knessetmitgliedern auf den Golanhöhen, die Araber in Galiläa seien »ein Krebsgeschwür im Herzen der Nation«; später nahm er diese Worte zurück.
Die politische Radikalisierung schlug sich auch in den Wahlergebnissen von 1977 sowie in den Gemeindewahlen nieder, bei denen Rakach weitere Macht sammelte. Außerdem wurde 1974 das Komitee arabischer Bürgermeister gegründet, das der Regierung immer wieder verschiedene Forderungen vorlegte.
Diese politische Radikalisierung sowohl in der Innenpolitik als auch im Verhältnis zur allgemeinen arabischen Front drehte sich um die Frage einer palästinensischen Identität und deren mögliche politische Ausdrucksform sowie den wachsenden Einfluß der PLO. Das ganze Problem der grundsätzlichen Stellung der Araber zum Staat Israel wurde dadurch verschärft, wobei noch die ständige Begegnung mit den Arabern der Westbank und den Folgen der dortigen israelischen Maßnahmen hinzukam.
Diese Entwicklungen unter den israelischen Arabern standen mit der zunehmend offeneren Einstellung der Regierungsbehörden zur arabischen Minderheit – in Fortsetzung der Politik Eschkols – sowie mit der wachsenden Empfänglichkeit für die Probleme der arabischen Bevölkerung in Zusammenhang, die zumindest Teile der jüdischen Mehrheit zeigten.
Probleme der arabischen Bevölkerung wurden in Presse, Rundfunk und Fernsehen mehr und mehr öffentlich diskutiert, häufig von arabischen oder drusischen Journalisten oder Medienspezialisten wie Attallah Mansur und Rafik Halabi oder ver-

schiedenen Sprechern, und zwar in weit größerem Umfang und viel freierem Dialog als vorher.
Derartige Diskussionen verknüpften sich natürlich und notwendigerweise mit denen über die israelische Westbankpolitik, doch selbst in solchen Situationen ist die Besonderheit des Problems der israelischen Araber stets verstanden worden.
Allerdings erfolgten solche Öffnungen immer noch zögernd. Die Regierungspolitik stützte sich weiterhin auf relativ paternalistische Prämissen, auf »Wir-sie«-Unterscheidungen, die von einer ziemlich passiven Haltung der Araber ausgingen. Soziale Segregation, berufliche Beschränkungen und Diskriminierung wurden mit dem beruflichen Aufstieg der Araber in vielerlei Hinsicht spürbarer.
Die allgemeinere öffentliche Diskussion über Beziehungen zu den Arabern rief auch sehr harte Reaktionen hervor, die sich wohl am besten an vielen Äußerungen des damaligen Generalstabschefs Rafael Eitan (Raful) illustrieren lassen, da dieser bezeichnenderweise meist nicht vom »Feind«, sondern generell von den Arabern sprach, ohne klarzustellen, ob die israelischen Araber darin miteinzubeziehen seien oder nicht.
Eine solche zunehmend radikalisierte und dabei häufig offenbar auch entschieden antiisraelische Haltung, aufgrund deren man eine eigene politische Identität propagierte und manchmal auch – wie auf dem Jerusalemer Campus – zionistisch-jüdische Symbole wie die des Holocaust zu entweihen suchte, war freilich nur die eine Seite der wachsenden politischen Bewußtwerdung großer Teile der arabischen Bevölkerung.
Auf der anderen Seite entstanden Tendenzen, die zeigten, daß es unter den israelischen Arabern auch Elemente gab, die nach neuen Wegen der Eingliederung in die israelische Politik und Gesellschaft suchten.
So stimmten bei den Wahlen von 1981 weite Teile der arabischen Bevölkerung für den *Maarach* (Arbeiterblock), der – ebenso wie mehrere andere zionistische Parteien – einige neue aktive politische Führer in seine Listen aufgenommen hatte. Damit demonstrierten sie ihr Empfinden, daß sie eine Teilnahme an der israelischen Tagespolitik für möglich hielten, aber nur entweder durch paternalistische oder aber extrem oppositionelle Parteien. Ein weiteres Anzeichen für solche Tendenzen

bildete der Tag des Bodens von 1983, der sehr viel friedlicher verlief. Viele öffentliche Diskussionen zeigten, daß es unter den israelisch-arabischen Intellektuellen – und sicherlich erst recht unter den breiteren Gruppen des arabischen Sektors – viele gab, die nach einer Eingliederungsmöglichkeit in das öffentliche Leben Israels suchten, diese Möglichkeit – häufig mit ambivalenten Einstellungen gegenüber der zionistischen Komponente der israelischen Identität – prüften, nach einer Chance Ausschau hielten, eine kollektive Identität innerhalb des israelischen Rahmens, aber in enger Verbindung zu ihrer arabischen Identität aufzubauen, und mehr Autonomie in diesem Bereich forderten.

Selbstverständlich wurden keine einfachen Lösungen gefunden, und häufig entstanden auch neue Spannungen – meist in Zusammenhang mit Geschehnissen in der Westbank. Doch das ganze Wesen dieses Problems hat sich seit dem ersten Jahrzehnt des Staates stark verändert.

Die Bedeutung dieser Probleme

All diese Entwicklungen führten zu immer tiefgreifenderen, prinzipielleren Fragen nach der Art der Beziehungen zwischen der jüdischen Mehrheit und der arabischen Minderheit oder – um den Titel eines Symposiums zu diesem Thema zu benutzen – »jedem sechsten Israeli«.

Für die arabische Bevölkerung war das Problem – als Minderheit in einem nichtarabischen Staat zu leben – ein neues Phänomen, da die arabische Geschichte zwar viele Erfahrungen mit fremden Eroberern verzeichnete, aber niemals ein Dasein als Minderheit. Die israelischen Araber begannen, sich mit den Folgen einer solchen Lage auseinanderzusetzen, wobei sie sowohl auf Israel als auch nach außen, zu den anderen arabischen Ländern – der »arabischen Nation« – blickten, in deren Kontext die Juden eine fremde erobernde Minderheit darstellten.

Aber dies war nicht nur ein rein symbolisches Problem – obwohl auch das schon nicht geringe Bedeutung besaß. Ebensowenig bestand es bloß darin, sich aus der administrativen und politischen Bevormundung durch die Behörden zu lösen und die Möglichkeiten einer autonomen Beteiligung am israelischen politischen Leben zu verbessern – was ebenfalls ein wichtiges Problem darstellte, aber eines, in dem schon einige, wenn auch langsame, Fortschritte erreicht worden waren.

Auch handelte es sich nicht einfach um einen offenen Zusammenstoß unterschiedlicher Wirtschaftsinteressen wie im Fall der Beduinen oder im Hinblick auf das Bodenproblem, insbesondere in Galiläa.

Das letztere Problem verwies vielmehr auf eine sehr viel grundlegendere Spannung, nämlich zwischen der territorialen und siedlungspolitischen Orientierung der zionistischen Bewegung und den legitimen Rechten der Araber als israelische Staatsbürger. Dies bedeutete einen weitgehenden Wandel in der arabisch-jüdischen Konfrontation seit der Mandatszeit und unterschied sich prinzipiell auch erheblich von den Problemen der Westbank, wo die Araber keine israelische Staatsbürgerschaft erhielten.

All diese Entwicklungen liefen praktisch darauf hinaus, daß die israelische Gesellschaft, daß Israel als jüdischer Staat hier mit einem ziemlich grundlegenden Problem hinsichtlich des Wesens seiner Demokratie konfrontiert war. Es ging nicht einfach um Toleranz gegenüber Nichtjuden, nicht nur um die Akzeptierung des »Fremden in deinen Toren«, wie es in der Bibel heißt, sondern auch darum, ihnen als Kollektiv die volle, autonome kulturelle und politische Beteiligung gemäß modernen demokratischen universalistischen Prämissen zu gewähren.

Die bloßen Umstände der Situation – vor allem die enge Wechselbeziehung zwischen diesem Problem und Israels geopolitischer und internationaler Stellung – ließen natürlich keine einfache, unkomplizierte Lösung zu, aber schon das Bewußtsein und wachsende Verständnis für dieses Problem waren ein Indikator für die sich – seit den siebziger Jahren – wandelnde Struktur der israelischen Gesellschaft.

Eine recht besondere Begegnung zwischen Juden und Arabern fand 1967 im vereinigten Jerusalem statt: Die Öffnung der Tore zwischen den verschiedenen Teilen der Stadt, die offizielle Wiedervereinigung, bei der die arabischen Einwohner zu israelischen Staatsbürgern erklärt wurden, weckten Hoffnungen auf eine neue Art der Koexistenz zwischen den beiden Bevölkerungen. Diese Hoffnungen erfüllten sich allerdings nicht ganz, da die Araber sich weigerten, die israelische Staatsbürgerschaft anzunehmen oder auch nur offiziell im Stadtrat mitzuwirken – obwohl keine geringe Anzahl von ihnen ihre Stimme bei den städtischen Wahlen abgaben.

Viele von ihnen kooperierten allerdings, vor allem mit Oberbürgermeister Teddy Kollek, dessen einfallsreiche Führung entscheidend dazu beitrug, die friedliche Koexistenz zwischen Juden und Arabern selbst in Augenblicken der Spannung zu garantieren, als etwa Terroristenbomben an zentralen Stellen in Israel gefunden wurden.

Es war eine relativ friedliche Koexistenz grundsätzlich getrennter, abgegrenzter Gruppen mit wenig sozialen Kontakten oder gemeinsamen politischen oder halbpolitischen Treffen, außer am Arbeitsplatz oder bei einigen allgemeinen öffentlichen oder sozialen Ereignissen, die auf wenige Gruppen beschränkt waren.

Politische Grundmuster

Pragmatismus und ideologische oder begriffliche Starrheit

Generell kam es nach dem Sechstagekrieg also zu einer sehr weitreichenden Öffnung der öffentlichen Debatte über viele wichtige Aspekte des israelischen Lebens, was wenigstens indirekt darauf hindeutete, daß der ältere Konsens nicht mehr als selbstverständlich vorausgesetzt, sondern bestenfalls umgestaltet werden konnte. Viele dieser Fragen – besonders was das Verhältnis zu den Arabern und was internationale Beziehungen, aber auch andere Themen anging – erforderten jedoch auch politische Antworten.

Hier lag die Situation allerdings erheblich anders als im Bereich der öffentlichen Meinung. Die in dieser Zeit entwickelten politischen Grundlinien beruhten auf einer Verbindung von Pragmatismus und relativer Flexibilität auf der alltäglicheren Ebene, richteten sich im übrigen jedoch auf die Erhaltung des Status quo und zeigten im Grundsatz eine sehr viel weniger flexible, oft sogar recht starre Haltung gegenüber den sehr viel umfassenderen Problemen, die durch die verschiedenen neuen Entwicklungen aufgeworfen wurden.

Die pragmatische Linie wurde vor allem von der Militärverwaltung für die Westbank und den Gasastreifen entwickelt. Die Militärverwaltung war an sich sehr liberal im Vergleich zu jeder anderen Besatzungsmacht. Sie stützte sich auf die Anerkennung der besonderen Lebensweisen der arabischen Bevölkerungskreise und ihrer Verbindungen zu den arabischen Staaten. Dies zeigte sich in der Beibehaltung des vorgefundenen Schulsystems und der Erlaubnis, die Eintrittsprüfungen für die Universitäten der arabischen Länder abzulegen; in der fortbestehenden Anwendung des jordanischen (bzw. ägyptischen) Rechts; in der von Mosche Dajan eingeführten Politik der offenen Brücken, in der de facto wirksamen Genehmigung für die ehemaligen jordanischen Staatsbeamten, ihre Gehälter weiterhin aus Jordanien zu beziehen; in der sehr weitgehenden wirtschaftlichen Entwicklung, vor allem in der Landwirtschaft; im allgemein steigenden Lebensstandard; in der teilweisen Wiederansiedlung von Flüchtlingen, und zwar in viel weiterem Umfang, als es die Jordanier in der Westbank und die Ägypter im Gasastreifen getan hatten; in der Zulassung eines recht hohen Grades an politischen Wirkungsmöglichkeiten, vor allem auf kommunaler Ebene. Diese Politik ging mit einer strikten Unterdrückung jeglicher terroristischer Regungen einher, die sich seinerzeit in der von Mosche Dajan so betitelten »Umfeldbestrafung« zeigte, etwa der Einreißung oder Sprengung von Häusern solcher Familien, die Terroristen Unterkunft gewährt hatten, und der Festnahme in Verwaltungshaft, die sich oft noch auf mandatorische Sicherheitsverordnungen stützte.

Dieser pragmatische Ansatz fand sich auch in den Verhandlungen mit den USA oder mittels der UN oder später in den Abkommen über die Truppenentflechtung mit den Ägyptern unter der Rabin-Regierung. Auf allen Ebenen internationaler Diplomatie gab es ständig Verhandlungen über verschiedene UN-Vermittler sowie zahlreiche Geheimtreffen mit arabischen Führern.

Neben diesen ziemlich pragmatischen und oft recht flexiblen Ansätzen standen aber auch starrere Haltungen. Erstens gab es da das, was man später, nach dem Jom-Kippur-Krieg, als die »Konzeption« der militärischen Überlegenheit Israels bezeichnete. Noch wenige Monate vor dem Krieg hatte Dajan die Unfähigkeit der Araber herausgestrichen, die militärische Stärke Israels zu überwinden.

Zweitens wollten sich die meisten israelischen Führer nur widerstrebend mit der Tatsache auseinandersetzen, daß die Palästinenser immer mehr ein nationales Kollektivbewußtsein entwickelten und nach Selbstbestimmung strebten; das extremste Beispiel hierfür war Golda Meirs berühmter Ausspruch: »Ich bin eine Palästinenserin.«

Drittens klammerte man sich eisern an den allgemeinen Status quo. Die führenden Stellen schienen nicht bereit zu sein, irgendeine öffentliche Anerkennung auszusprechen oder eine Initiative einzuleiten, aus der sich ihr Wille hätte ablesen lassen, in der voraussehbaren Zukunft eine konkrete Änderung an dem scheinbar günstigen politischen und militärischen Status quo vorzunehmen – und das selbst unter wachsendem internationalem Druck.

Diese Linie wurde natürlich durch die arabische Haltung bekräftigt; erst durch die drei berühmten Negationen der Khartoum-Konferenz im August 1967, auf der die versammelten arabischen Führer erklärten, daß jegliche politische Lösung oder Einigung keine Verhandlungen mit Israel, keinen Frieden mit Israel und keine Anerkennung Israels enthalten dürfe; dann durch die Rabat-Erklärung vom März 1969, die Jordanien – dem offenbar gemäßigten Partner – das Recht absprach, die palästinensische Sache zu vertreten, und die PLO zur einzigen Vertreterin der Palästinenser deklarierte.

Doch selbst als nach Nassers Tod einige gemäßigtere Stimmen zu hören waren, gab es wenig offizielle, öffentliche (wohl aber informelle) Reaktionen darauf, und es wurden keine Fühler ausgestreckt, nicht einmal von Sadat.

Das anschaulichste Einzelbeispiel für diese Haltung bietet die Behandlung des Allon-Plans. Dieser von dem damaligen Arbeitsminister Jigal Allon kurz nach dem Sechstagekrieg ausgearbeitete Plan sah eine überwiegend auf Sicherheitserwägungen gestützte Siedlungspolitik in der Westbank vor, enthielt aber auch einige Gedanken für eine mögliche politische Übereinkunft mit Jordanien.

Obwohl dieser Plan in vielen informellen Gremien diskutiert wurde und auch de facto als Richtlinie für die Siedlungspolitik diente, wurde er nicht einmal in der Regierung formell erörtert, da man annahm, jegliche förmliche Debatte würde die israelische Verhandlungsposition gegenüber den Arabern schwächen und die Handlungsfreiheit einschränken.

Ein sogar noch weniger weitgehender Vorschlag für eine öffentliche Initiative, nämlich Dajans Empfehlung, sich freiwillig einige Kilometer vom Suez-Kanal zurückzuziehen, wurde von Ministerpräsidentin Golda Meir abgelehnt und von Dajan selbst nicht weiter verfolgt, obwohl er sich offensichtlich der herausragenden Wichtigkeit einer derartigen Geste bewußt war. Auch ein von zwei Ministern der Rabin-Regierung – Aharon Jariv und Victor Schemtov – eingebrachter Vorschlag, eventuell eine etwas flexiblere Haltung gegenüber der PLO einzunehmen, wurde zurückgewiesen.

Selbst wenn also Stimmen innerhalb der Regierung konkrete neue Richtlinien vorschlugen, wurden diese nicht aufgenommen, soweit sie Verhandlungen mit den USA und den UN oder auch einige grundlegendere politische Aspekte berührten, und dies trotz der Tatsache, daß sich bei vielen Israelis – sogar in der Regierung und dort vielleicht insbesondere bei Dajan – die scheinbar gegenläufige Erkenntnis durchsetzte, daß man zu einem Modus vivendi mit den palästinensischen Arabern gelangen müsse.

In all diesen Dingen war der äußere Eindruck von Starrheit wahrscheinlich weit stärker und dauerhafter als die von zahlreichen Verhandlungsversuchen gekennzeichnete Wirklichkeit, aber dieses – wohl am besten von Golda Meir exemplifizierte – Vorstellungsbild warf seinen Schatten doch auf die interne politische Diskussion wie auch auf die internationale Szene.

Entwicklung einer neuen Sicherheitskonzeption. Die Brüchigkeit des Konsenses

Hinter all diesen Entwicklungen kristallisierte sich eine neue Sicherheitskonzeption mit ihren Auswirkungen auf die interne und internationale politische Bühne heraus. Dan Horowitz schreibt darüber:

> Vom rein militärischen Gesichtspunkt aus betrachtet, bestand das herausragendste Ergebnis des Sechstagekriegs darin, daß der Staat Israel zum ersten Mal seit seiner Gründung ein gewisses Maß an strategischer Tiefe besaß. Höhere israelische Offiziere und Militärkommentatoren betonten wiederholt zwei Aspekte der militärischen Nachkriegslage: die mangelnde Verteidigungsfähigkeit der Waffenstillstandslinien von 1949 und das ausgedehnte Frühwarnsystem gegen Angriffe von ägyptischen Flugplätzen aus, das nach der Eroberung des Sinai geschaffen worden war. Als umfassendere Folge dieser strategischen Vorteile wurde das Konzept der sicheren Grenzen angenommen, die – dem damaligen Außenminister Abba Eban zufolge – als »Grenzen, die ohne präventive Initiative verteidigt werden können«, zu definieren sind. Mit anderen Worten: der Gedanke der sicheren Grenzen führte zur Aufgabe der Erstschlagsstrategien und zur Annahme einer Strategie des Auffangens mit darauffolgendem Gegenangriff.
>
> Das neue Konzept der sicheren Grenzen brachte ferner die Aufgabe der auf casi belli abstellenden Haltung, jedoch nicht unbedingt den Verzicht auf den Glauben an die abschreckende Wirkung militärischer Überlegenheit. Die Bereitschaft, den Erstschlag eines Feindes abzufangen, bahnte tatsächlich den Weg für die Annahme einer relativ »reinen« Abschreckungsstrategie, wodurch die Notwendigkeit entfiel, diese Abschreckungsstrategie mit der optimalen Präventivschlagstrategie zu versöhnen. Erst im Lauf der Verwirklichung des neuen Konzepts der sicheren Grenzen merkten die israelischen Entscheidungsträger, daß die Zweifel an der Rechtmäßigkeit der israelischen Besetzung von Gebieten als Folge des Krieges ungünstigere Auswirkungen auf Israels Ansehen im Ausland und seine internationalen Beziehungen

haben mochten als ein Präventivschlag wie der vom Juni 1967...[63]

In engem Zusammenhang damit stand natürlich die intensive Siedlungspolitik in der Westbank, die überwiegend dem Allon-Plan folgte und von Sicherheitserwägungen geleitet war. Manche dieser Siedlungen, etwa Kirjat Arba bei Hebron und andere, gingen aber auch auf religiöse und nationalhistorische Visionen zurück; sie wurden meist von extremen religiös-nationalen Gruppen gegründet, aus denen dann Gusch Emunim entstand.

Die Herausbildung dieser neuen Sicherheitskonzeption hatte weitreichende Auswirkungen auf die innere und internationale Lage.

Trotz der intensiven öffentlichen Debatte über die Außen- und Verteidigungspolitik, die in den Jahren 1967 bis 1973 in Israel geführt wurde, schien unter den israelischen Parteien und Fraktionen ein breiter Konsens über die Notwendigkeit sicherer Grenzen als Vorbedingung für jegliche Friedensregelung zu bestehen. Doch diese scheinbare Übereinstimmung hinsichtlich des neuen Sicherheitskonzepts war mit mehreren weitreichenden Entwicklungen auf der israelischen Bühne verbunden, bei denen de facto große Meinungsunterschiede mitspielten. Diese berührten nicht nur reine Sicherheitsfragen, sondern auch die tieferen Dimensionen der israelischen Kollektividentität, ihre territorialen, religiösen und historischen Aspekte sowie das Problem, einen jüdischen demokratischen Staat mit einer wachsenden arabischen Bevölkerung aufrechtzuerhalten. All diese Fragen wurden nach dem Sechstagekrieg wieder aufgerollt, ohne daß freilich – abgesehen von den extremen religiösen und nationalistischen Gruppen – eine offizielle Institution oder Partei eine klare Konzeption vorgelegt hätte; man hatte diese Probleme und ihre möglichen Folgen noch nicht voll erkannt und fürchtete sich davor, den scheinbar starken, in Wirklichkeit aber ziemlich anfälligen Konsens zu brechen.

Dessen Brüchigkeit zeigte sich schon daran, daß die wiederaufgerollten Probleme neben den anderen zentralen Bereichen der israelischen Kollektividentität auch militärische und Sicher-

63 Dan Horowitz, »Israel's Concept of Defensible Borders«, Papers on Peace Problems, Jerusalem 1975, S. 12ff.

heitsfragen berührten. Sehr bezeichnend für diese Entwicklungen war das bereits erwähnte Buch *Siach Lochamim (Gespräche mit israelischen Soldaten)*, das Ausschnitte aus informellen, aber höchst intensiven Gesprächen zwischen Soldaten aus den Kibbuzim wiedergab und im Oktober 1967 erschien. Wohl zum ersten Mal in der Geschichte des Staates wurden hier sehr ernste Fragen und sogar Zweifel laut, die die Beziehungen zu den Arabern, die Rechtmäßigkeit des Krieges gegen sie, die jüdischen Ansprüche auf Erez-Israel und ähnliches betrafen.
Ein weiteres Anzeichen für eine derartige Tendenz war der 1970 von 54 Oberschulabgängern an Golda Meir gerichtete Brief anläßlich der Tatsache, daß das Kabinett dem Präsidenten der Zionistischen Weltorganisation, Dr. Nahum Goldmann, davon abgeraten hatte, eine Einladung Präsident Nassers anzunehmen (die, wie sich später herausstellte, nicht ernst gemeint war). Die Verfasser des Briefes beschuldigten die Regierung, sie bemühe sich » nicht ernsthaft um Frieden«, und deuteten sogar an, daß es ihnen schwerfallen würde, unter diesen Umständen in der Armee zu dienen. Tatsächlich leisteten später alle ihren Wehrdienst, einige sogar mit Auszeichnung.

Die Auswirkungen des Sechstagekriegs: der allgemeine Optimismus

In der Folgezeit des Sechstagekriegs wurden also Probleme aufgerollt, die vorher latent gewesen waren. Gleichzeitig schienen jedoch schon die Tatsache des großen militärischen Sieges sowie die große Wirtschaftsexpansion und der steigende Lebensstandard, die ihm folgten, die institutionellen Formen, die innerhalb des vorhandenen Modells entstanden waren, voll zu rechtfertigen. Zwar gab es zahlreiche Anzeichen für Veränderungen und sich häufende Probleme, aber man schien allgemein davon auszugehen, daß ihre Lösung grundsätzlich vom existierenden Modell bewältigt werden könnte, und das trotz der Tatsache, daß all diese Entwicklungen mit einer zunehmenden Atrophie und wachsender Starrheit der offiziellen Politik zusammenhingen – besonders in der Sicherheits- und Außenpolitik –, und trotz der in der Öffentlichkeit immer weiter um sich greifenden Diskussion.

Die ersten Jahre nach dem Sechstagekrieg wurden inner- und außerhalb Israels tatsächlich oft als Gipfelpunkt der Verwirklichung der zionistischen Vision angesehen, als der beste Beweis für die Lebensfähigkeit und Lebendigkeit dieses Gedankens und des institutionellen und kulturellen Modells, das sich seit der Gründung des Staates Israel herausgebildet hatte.

Allerdings betrachtete man weder das Modell noch seine Verwirklichung je als perfekt. Auf allen institutionellen Gebieten und in allen Lebensbereichen gab es schließlich vielfältige Spannungen, Konflikte und Widersprüche, und die israelische Gesellschaft der frühen siebziger Jahre unterschied sich erheblich von der des späten Jischuw und des frühen Staates, aber auch von der Vision, die ihrer praktischen Entwicklung zugrunde gelegen hatte.

Und doch gab es in jenen Jahren viele Faktoren, die das Gefühl der israelischen Selbstzufriedenheit erhöhten: schon das Bewußtsein dieser Probleme und die Beschäftigung mit ihnen; die relative Heterogenität der sozialen und ideologischen Kräfte, die in der israelischen Gesellschaft am Werk waren; die Kontinuität und das recht hohe Niveau der öffentlichen Diskussion und politischen Auseinandersetzung; die stetige wirtschaftliche Entwicklung nach dem Krieg (die die Wirkungen der unmittelbar vor dem Sechstagekrieg bestehenden Rezession ausglich, die seinerzeit die Moral hatte sinken lassen); der Kriegserfolg selber; und schließlich die Einleitung umfangreicher Maßnahmen im Bildungs- und Wohlfahrtswesen, die darauf abzielten, die sozialen Probleme im allgemeinen und die der Einwandereraufnahme im besonderen zu lösen.

Besondere Genugtuung empfand man über die Lebensfähigkeit des israelisch-zionistischen institutionell-kulturellen Modells. Man betrachtete es als dynamisch, offen und flexibel und meinte, es würde sozusagen viele der engeren totalistischen Merkmale seiner ersten Entwicklungsstadien in den frühen fünfziger Jahren abwerfen. Jigal Allon und viele andere Führungspersönlichkeiten äußerten sich zuweilen dahingehend, daß Israel auf dem Weg sei, ein neues Athen zu werden und nicht, wie man befürchtet hatte, ein neues Sparta.

Dieses Gefühl wurde unterstützt durch die kontinuierliche Lockerung der recht gespannten Atomsphäre, die die israelische

Gesellschaft in ihrem ersten Stadium gekennzeichnet hatte, sowie durch ihre nunmehr gewonnene starke Selbstsicherheit. Beides wurde ihr durch ausländische Besucher bestätigt. Außerdem gab es jetzt ständige Verbesserungen in vielen Aspekten dessen, was man als Lebensqualität bezeichnen kann, in der Infrastruktur, etwa im Straßenbau und einigen Diensten, und in der Erschließung vieler neuer Wege schöpferischer Entfaltung.

Der Ausspruch »So gut ist es uns noch nie gegangen« war damals weit verbreitet. Natürlich gab es zahlreiche Gruppen – vor allem in Intellektuellenkreisen und einigen linken Gruppierungen –, die behaupteten, Israel lebe in vieler Hinsicht in einem Narrenparadies, insbesondere was die Beziehung zu den Arabern und vielleicht auch den wirtschaftlichen Bereich angehe. Aber solche Erklärungen scheint die breitere Öffentlichkeit damals nicht sonderlich ernst genommen zu haben.

Selbst die Tatsache, daß Ben-Gurion, der sich nun gänzlich aus der Politik zurückgezogen hatte und in Sde Boker lebte, die Ansicht äußerte, all die neuen Gebiete der Westbank, im Gasa-Streifen und auf den Golanhöhen – mit Ausnahme Jerusalems – müßten letzten Endes wieder zurückgegeben werden, um den jüdischen Charakter des Staates und seine internationale Stellung zu wahren, machte nicht viel Eindruck – sicherlich nicht auf seine politischen Nachfolger. Es wurde wohl allgemein zugestanden, daß man zu irgendeiner Regelung gelangen müsse, aber die Menschen »warteten« gewissermaßen – Dajans berühmtem Ausspruch zufolge – »auf den Telefonanruf von Hussein«. Zwischenzeitlich trugen selbst die relative Ruhe in der Westbank, deren ständige wirtschaftliche Entwicklung unter der Ägide der wohlwollenden israelischen Militärverwaltung und die Politik der offenen Brücken nur noch zu dem Gefühl der Zufriedenheit und der Vorstellung von der Lebensfähigkeit und Stärke des israelisch-zionistischen Modells bei.

Die vorstehend beschriebenen wichtigsten Entwicklungen in den verschiedenen Lebensbereichen – in Wirtschaft, Bildungs- und Sozialwesen und zumindest bis 1973 auch auf politischem Gebiet – schienen anzudeuten, daß es einfach so weitergehen könne, vermutlich auf dynamische oder gar stürmische, aber im Grunde doch kontinuierliche Weise, selbst wenn Führungs-

wechsel oder Veränderungen in vielen Lebensbereichen damit verbunden sein sollten.
Und doch erfuhr diese gesamte Selbsteinschätzung der israelischen Gesellschaft sehr bald eine Änderung.

Vierter Teil
Der Staat Israel. Veränderung und Wandel

14. Kapitel
Der Jom-Kippur-Krieg und seine Folgen

Der Jom-Kippur-Krieg und wechselnde Stimmungen in Israel

Politischer Hintergrund

Die ersten Jahre nach dem Sechstagekrieg wurden, wie gesagt, in und außerhalb Israels als Gipfelpunkt der Verwirklichung der zionistischen Vision angesehen, als eine Zeit, in der das Gefühl »So gut ist es uns noch nie gegangen« weitverbreitet war.

Tatsächlich sollte diese Situation jedoch nicht lange anhalten. Der erste schwere Schock kam natürlich mit dem Jom-Kippur-Krieg von 1973. Die scheinbar »externen« Auswirkungen dieses Schocks sind recht gut bekannt, etwa: die erbitterte Kritik an der Regierung in Form verschiedener Protestbewegungen; die 1974 durch die Regierung vorgenommene Einsetzung eines offiziellen richterlichen Untersuchungsausschusses (dem nach seinem Vorsitzenden, dem damaligen Präsidenten des Obersten Gerichtshofs, benannten Agranat-Ausschuß); dessen Bericht, der die höheren militärischen Ränge (insbesondere den Generalstabschef und den Leiter des Nachrichtendienstes) beschuldigte, nicht auf den Krieg vorbereitet gewesen zu sein, die Ministerebene (also vor allem Mosche Dajan als Verteidigungsminister) aber – getreu seinem Mandat – nicht erwähnte; die Skepsis der Öffentlichkeit hinsichtlich dieser Absolution; der Rücktritt der Ministerpräsidentin Golda Meir und die 1974 erfolgte Bildung einer Arbeiterregierung unter Jizchak Rabin (der Generalstabschef des Sechstagekriegs, später Botschafter in den USA und schließlich Arbeitsminister in Golda Meirs letzter Regierung war); die Erreichung des Truppenentflechtungsabkommens mit Ägypten 1975; das erfolgreiche Entebbe-Unternehmen, das als Gipfel israelischen Heldentums und militärischer Bereitschaft galt; und der – in gewissem Umfang von Rabin selbst eingefädelte – Sturz der Rabin-Regierung wegen einer Auseinandersetzung mit den religiösen Parteien. All diese Entwicklungen schienen in den Wahlen von 1977 zu gipfeln, bei denen die große Rolle einer neuen Partei – *Dasch*, Demokratische Bewegung für Veränderung – unter der Führung von Jigael Jadin zur Niederlage der Arbeiterpartei beitrug. Letztere verlor nun zum ersten Mal seit Mitte der dreißiger Jahre ihre dominante Stellung im politischen Spektrum und ihre Fähigkeit, die Regierung zu bilden. Es folgte also die Bildung der Likud-Regierung unter der Führung Menachem Begins – der für Ben-Gurion ein Greuel war und als Gefahr für die Zukunft des Staates Israel erschien.

Die erste Likud-Regierung stützte sich ursprünglich auf eine schmale Koalition mit den religiösen Parteien, mit Mosche Dajan als Außenminister. Später bildete sie eine sehr viel breitere Front mit einem Teil von Dasch unter der Führung von Jigael Jadin, aber ohne die Schinui-Gruppe. 1979 und 1980 schien die Popularität des Likud im Rückgang zu sein. In den Wahlen von 1981 verteilten sich die nicht-religiösen Wählerstimmen zum ersten Mal in der Geschichte des israelischen Staates fast gleichmäßig auf Likud (48 Mandate) und Maarach (51 Mandate), unter Schwächung der kleinen Parteien. So bestand die zweite Likud-Regierung im wesentlichen aus einer Koalition mit den religiösen Parteien, wobei diesmal alle wichtigen Ministerposten (Ministerpräsidentenamt, Verteidigung, Finanzen und Auswärtiges) in den Händen der Cherut-Partei lagen.

Zunehmende Sorgen und Unsicherheit

Diese Serie politischer Ereignisse und Veränderungen lief in einer zusehends stürmischer werdenden Atmosphäre ab, die durch starke Gefühle von Unsicherheit und Unbehagen, innere Konflikte und erhebliche Spaltungen im Land gekennzeichnet war und damit also in bemerkenswertem Gegensatz zu den Gefühlen von Zufriedenheit und relativer Gelassenheit stand, die bis in die ersten Jahre nach dem Sechstagekrieg hinein vorgeherrscht hatten.

Dieser Stimmungswandel in Israel, der sich so stark von der vorhergegangenen Periode abhob, wurde von vielen israelischen und ausländischen Journalisten kommentiert.[64] Auf die eine oder andere Weise schilderten sie alle die wachsende Mutlosigkeit in der israelischen Öffentlichkeit; die wachsende Sorge um wirtschaftliche Probleme im allgemeinen und das der Arbeitslosigkeit der jüngeren Leute, und vor allem der Wehrdienstentlassenen, im besonderen; die sich vertiefenden »ethnischen« Spaltungen, begleitet von solchen zwischen orthodoxen und weltlichen Gruppen; einige Anzeichen von nachlassender Disziplin in der Armee; die Zunahme der Kriminalität im allgemeinen und die Entstehung von Keimen des organisierten Verbrechens und Drogenproblemen im besonderen; die rückläufige Ein- und zunehmende Auswanderung und anderes mehr. All diese Entwicklungen deuteten, in den Worten des *Time*-Korrespondenten, »auf Unsicherheit über die Richtung des Landes« hin.

Auch wenn solche Berichte, im Stil aktueller Tagesberichterstattung, ziemlich übertrieben waren und der zitierte Beitrag noch dazu aus einem Nachrichtenmagazin stammte, das Israel gegenüber nicht immer gerade besonders freundlich war, bezeugten sie doch die besorgte Stimmung, die damals in Israel vorherrschte und sich so sehr von der noch zehn oder zwölf Jahre zuvor feststellbaren abhob. Trotz aller Übertreibung und trotz der Tatsache, daß sie die andere Seite der Geschichte wegließen – nämlich die starke innere Solidarität in Israel, die tiefempfundene Bindung weiter Bevölkerungskreise an den Staat und die Tatsache, daß viele dieser Beschwerden in der recht gemütlichen Atmosphäre freitagabendlicher sozialer Zusammenkünfte in wohlhabenden Häusern geäußert wurden –, vermitteln derartige Berichte jedenfalls einige der auffallendsten Aspekte dieser neuen Stimmung und zeigen wichtige Ursachen für das in Israel verbreitete Unbehagen und die anstehenden Sorgen auf.

Solche Berichte erfaßten die Tatsache, daß große Teile der israelischen Öffentlichkeit – deren genauer Umfang natürlich schwer abzuschätzen ist, aber jedenfalls groß genug war, um unübersehbar zu sein – ein wachsendes, bis auf den Jom-Kippur-Krieg zurückgehendes Gefühl hegten, daß die Gesellschaft,

64 Siehe zum Beispiel M. Mohs, »Troubled Land of Zion«, *Time*, 18. Mai 1981, S. 29 ff.

ihre Führung und Institutionen unfähig seien, mit einigen zentralen inneren und äußeren Grundproblemen angemessen umzugehen.

Wachsende Besorgnis

Angesichts der großen Erschütterung durch den Jom-Kippur-Krieg und die ständig wachsende Bedeutung der Sicherheitsdimension im israelischen Leben war es nur natürlich, daß solche Gefühle der Besorgnis sich zuallererst im Blick auf die Sicherheits- und Außenpolitik einstellten.

Zwei solche Bereiche waren besonders augenfällig: erstens die auswärtigen Beziehungen Israels, zumal die zu den arabischen Staaten, und zweitens die Beziehungen zur arabischen Bevölkerung der Westbank, von Judäa und Samarien, wie sie mehrere Jahre lang inoffiziell und von der Likud-Regierung dann offiziell genannt wurden.

Der Jom-Kippur-Krieg und seine Folgen zerstörten das Gefühl relativer Sicherheit. Bis dahin hatte man gedacht, daß die Politik weitgehender Immobilität in den auswärtigen Beziehungen mit informellen diplomatischen Kontakten, die über die USA oder die UN liefen, in Verbindung mit dem recht aufgeklärten Verhalten der Militärverwaltung der Westbank und der unspektakulären Siedlungspolitik in diesem Gebiet, die Grundlage für eine endgültige Regelung abgeben oder einfach ewig so weitergehen könnte.

Die großen Fortschritte, die 1980 unter der Regierung Begin durch den Friedensschluß mit Ägypten und vorher schon (wenn natürlich auch in geringerem Umfang) unter der Rabin-Regierung mit dem Truppenentflechtungsabkommen erreicht worden waren, boten tatsächlich Anlaß zu großer Befriedigung auf diesem Gebiet.

Doch selbst diese Entwicklungen waren mit der Intensivierung des Palästinenserproblems und der ursprünglichen Leugnung seiner Existenz auf seiten der israelischen Führung verbunden.

Die Siedlungspolitik in der Westbank, die erst in begrenztem Umfang von der Arbeiterpartei durchgeführt und dann von den Likud-Regierungen (insbesondere der zweiten) verstärkt und aggressiv weiterverfolgt wurde, löste wachsende Spannungen in Judäa, Samarien und Gasa sowie zunehmende Proteste aus anderen Teilen der Welt aus, wodurch in Israel wiederum die Gefühle von Unsicherheit, Besorgnis und Spannung verstärkt wurden.

Veränderungen des internationalen Klimas

Wachsende Kritik und zunehmender Antagonismus

Diese Gefühle wurden durch die zunehmend ins Negative umschlagende internationale Atmosphäre und das gewandelte Israelbild intensiviert – auch wenn diese Entwicklungen in vielen Fällen natürlich wiederum die kompromißlosen Haltungen mancher Kreise der israelischen Öffentlichkeit verstärkten.

Diese internationalen Klimaveränderungen, die – wie wir später noch genauer sehen werden – teils auch die Einstellung der jüdischen Gemeinden zu Israel beeinflußten, setzten nach dem Sechstagekrieg ein.

Israels Sieg im Sechstagekrieg unterstrich seine militärische Tüchtigkeit, ließ aber auch unmerklich die Tendenz entstehen, die Araber im allgemeinen und die Palästinenser im besonderen als die Unterlegenen anzusehen. Das erschütterte das Bild von Israel als dem David, der gegen den riesigen arabischen Goliath kämpft. Die Einstellungen zu Israel, die sich seither herausbildeten, haben tatsächlich gezeigt, daß es vielen Leuten gegen den Strich ging, Juden als Sieger und nicht mehr als schwache potentielle Opfer von Verfolgungen zu sehen, die beschützt werden mußten. Dadurch wurde in Teilen der westlichen Welt ein latenter Antisemitismus geweckt.

Mehrere Entwicklungen in Israel verstärkten diese Haltungen. Dazu gehörte einmal die andauernde israelische Besetzung der Westbank – bzw. von Judäa und Samarien, wie es unter der Likud-Regierung offiziell hieß –, wobei Israel als militärische Besatzungsmacht über eine große arabische Bevölkerung herrschte. Jüdische Siedlungen wurden dort errichtet: erst unter dem Maarach im Namen der Sicherheit, dann erheblich intensiver unter der Likud-Regierung, die der Sache einen stark ideologisch geprägten Anstrich verlieh, wobei die historischen und religiösen Bande zu diesem Gebiet hervorgehoben – und natürlich die Spannungen zwischen der Militärverwaltung und den arabischen Einwohnern ständig verstärkt wurden.

Weiteren Auftrieb erhielten die negativen Einstellungen zu Israel durch die Tatsache, daß die meisten offiziellen israelischen Führer sich weigerten, die Existenz eines palästinensischen Problems anzuerkennen, wie etwa aus Golda Meirs berühmtem Ausspruch »Ich bin eine Palästinenserin« erhellt, und außerdem eine Politik führten, die den Anschein relativer Immobilität erweckte oder bestenfalls auf die Initiativen anderer zu reagieren schien. Diese Situation änderte sich auch mit den Camp-David-Abkommen von 1979 nur teilweise.

Diese Entwicklungen fielen in eine Zeit, in der die palästinensische Bewegung unter der Führung der PLO immer stärker und radikaler wurde, zahllose Terroranschläge verübte, ihr palästinensisches Manifest formulierte, das dem Staat Israel die Rechtmäßigkeit absprach, und im Grunde auf seine Zerstörung abzielte. Gleichzeitig erfreuten sich diese Bewegungen wachsender Sympathie in der internationalen Gemeinschaft, in Europa und der Dritten Welt, aber mit teilweiser Ausnahme der USA.

All diese Veränderungen fanden in einem Kontext statt, den Fritz Stern[65] »das Ende der Nachkriegszeit« genannt hat – das chronologisch mit dem Jom-Kippur-Krieg zusammenfiel. Gekennzeichnet war diese Zeit durch ein Verblassen der Erinnerung an den Zweiten Weltkrieg und den Holocaust, die Schwächung der Nachkriegsallianzen und -konfrontationen – besonders zwischen Ost und West; die verstärkten Bemühungen um Entspannung und die damit verbundenen Hoffnungen; die abnehmende Hegemonie der USA; und den plötzlichen Anstieg der Erdölpreise 1973, die seit dem Ende der siebziger Jahre zwar wieder zurückgingen, aber doch ein konstanter Faktor in den internationalen Beziehungen blieben und die wachsende Abhängigkeit westlicher, vor allem europäischer Länder und Japans von den Öllländern als Energielieferanten wie als Kapitalquellen und Handelspartner bezeugten.

Im Westen allgemein und in den Vereinigten Staaten besonders

65 F. Stern, »The End of the Post-War Era«, *Commentary*, April 1974.

vollzogen sich diese Veränderungen in der Einstellung zu Israel auch im Gefolge der Studentenrebellion der späten sechziger und frühen siebziger Jahre und des Vietnamkriegs mit der Entstehung extrem linksgerichteter Bewegungen, die sich der institutionellen Demokratie nur sehr schwach verpflichtet fühlten, ständig zu neuen Kreuzzügen aufriefen und von mangelndem Selbstvertrauen geplagt waren. Ferner wären noch die wachsende Dominanz von linksgerichteten Intellektuellen in den Massenmedien und das Aufkommen des sogenannten engagierten Journalismus zu nennen.

All diese Entwicklungen veränderten das Israelbild zumindest einiger Sektoren der internationalen Gemeinschaft und beeinflußten notwendigerweise die interne Einschätzung der eigenen Identität in Israel. Das Bild einer heroischen, sozialdemokratisch-liberalen Nation von Pionieren – und Soldaten –, ein Zufluchtsort für Flüchtlinge und eine neue Nation mit einer besonderen zivilisatorischen, auf eine Verbindung von nationalen und universalen Werten gestützten Botschaft, verwandelte sich langsam in das Bild einer in sich selbst abgekapselten, nationalistischen Gesellschaft, die das Schwergewicht auf militärisch-martialische Tugenden legte: eine Gesellschaft von Unterdrückern, die nicht willens waren, die Rechte anderer anzuerkennen, politisch unbeweglich oder aber auf dem Sprung zu militärischer Aggression. Vor dem Sechstagekrieg hatte sich Israel in einem halben Belagerungszustand befunden, und seine militärischen Tugenden wurden als Teil des Aufbaus einer neuen Nation und einer starken bürgerlichen Gesellschaft angesehen. Als die direkte militärische Bedrohung sich jedoch wenigstens teilweise abgeschwächt hatte (aber wie der Jom-Kippur-Krieg zeigen sollte, wirklich nur sehr partiell), betrachtete man die fortdauernde militärische Ausrichtung des Landes als immer dominanter; von außen, aber in gewissem Umfang auch von innen gesehen, erweckte Israel den Eindruck, daß es mit dem Schwert lebe.

Der Jom-Kippur-Krieg hatte eine ziemlich paradoxe Wirkung: einerseits schwächte er den Mythos von Israels militärischer Unbesiegbarkeit, andererseits galt Israel jedoch weiterhin als politisch unbeweglich und militärorientiert.

Diese Vorstellungen verstärkten sich sogar noch unter den Likud-Regierungen. Selbst wenn der Frieden mit Ägypten und der Rückzug aus dem Sinai das Bild der Unbeweglichkeit für einige Zeit verblassen ließen, erwachte es mit der expansiven Siedlungspolitik und dem Libanonkrieg wieder zu neuem Leben.

Interessanterweise fand Israel jetzt oft eher Anhänger in der politischen Rechten, wie etwa der Bewegung der »moralischen Mehrheit« in den USA oder bei den Christdemokraten in Deutschland, als bei den traditionell sozialistischen oder liberalen Gruppen. Im allgemeinen unterstützten die älteren Sozialisten Israel weiterhin, während die jungen Linken zusehends ambivalenter, kritischer und sogar antagonistisch wurden. Selbst bei Israel-Anhängern hörte man manchmal sagen, daß man des fortbestehenden Problems und der andauernden Notwendigkeit, die israelische Sache zu unterstützen, müde werde.

Die Verschlechterung der diplomatischen Beziehungen

Israels internationale diplomatische Lage verschlechterte sich ebenfalls. Nach dem Sechstagekrieg brach der Ostblock, mit Ausnahme Rumäniens, die diplomatischen Beziehungen zu Israel ab, und nach dem Jom-Kippur-Krieg folgten die meisten afrikanischen Staaten diesem Vorbild, obwohl die Wirtschaftsbeziehungen fortgesetzt und sogar erweitert wurden.

Gleichzeitig trat das Palästinenserproblem immer mehr ins Rampenlicht der internationalen Bühne, vor allem in der UN-Vollversammlung sowie in vielen internationalen Organisationen. All diese Organisationen wurden zum Schauplatz heftiger Attacken gegen Israel, und es gab viele antiisraelische Beschlüsse, unter denen die Resolution vom November 1977, die Zionismus mit Rassismus gleichsetzte, die auffallendste und extremste sein dürfte. Die Befürworter dieser Resolutionen hofften, die Legitimität des Staates Israel zu schwächen und dafür fast jeden Angriff auf Juden und jüdische Organisationen zu rechtfertigen, wobei in englischen und kanadischen Universitäten oft die Auffassung vertreten wurde, Organisationen, die einen rassistischen Staat unterstützten, dürfe man nicht arbeiten lassen.

Während die Einbringung dieser Resolutionen in der UN oder in vielen ihrer Untergliederungen, wie der UNESCO, der Weltgesundheitsorganisation und anderen, die Macht der automatischen antiwestlichen Mehrheit – aus Kommunisten, Arabern und großen Teilen der Dritten Welt – in diesen Körperschaften bewies, wurden sie von dem damaligen amerikanischen UN-Botschafter Patrick Moynihan und später von Jeane Kirkpatrick entsprechend verurteilt. Aber es wurde daraus doch deutlich, daß Israel zum leichten Ziel und bequemen Sündenbock solcher antiisraelischen Kräfte geworden war. Oft ließ sich nur durch Eingreifen der USA, manchmal zusammen mit einigen anderen westlichen Ländern, erreichen, daß solche extremen Beschlüsse gegen Israel oder Versuche, seinen Ausschluß herbeizuführen, schließlich zu Fall kamen.
Doch selbst in vielen westlichen Ländern schien sich die öffentliche Meinung gewandelt zu haben. Sicherlich waren die Medien Israel nicht sehr wohlgesonnen. Umfragen ergaben zwar eine etwas dauerhaftere Unterstützung für Israel, aber auch stärkere Kritik und Unterstützung für mindestens einige der arabischen Staaten.
Von sehr großem Interesse war die allgemeine Reaktion der internationalen öffentlichen Meinung – vor allem in den meisten Ländern Europas und der Dritten Welt – auf einen der größten Fortschritte dieser Ära, nämlich den 1980 unterzeichneten Friedensvertrag mit Ägypten und den im April 1982 vollendeten israelischen Rückzug aus dem Sinai – nach einer Zeit stürmischer Auseinandersetzungen in Israel. Während diese beiden Großleistungen prinzipiell Beifall fanden, wurden sie nur in den USA als wichtig oder entscheidend angesehen. Sehr viel hörbarer, vor allem in Europa, äußerten sich solche Gremien wie die Europäische Gemeinschaft in Venedig oder die Sozialistische Internationale, die behaupteten, diese Abkommen seien unzulänglich, da sie keine »umfassende« Friedenslösung mit allen arabischen Staaten brächten und auch die Palästinenserfrage nicht durch Anerkennung einer kollektiven palästinensischen Entität oder Nation beigelegt hätten.
Der Antisemitismus, der in vielen europäischen Ländern bis dahin latent bestanden hatte, aber in der Öffentlichkeit verpönt gewesen war, äußerte sich seit den späten siebziger Jahren und

vor allem später, im Gefolge des Libanonkriegs, wieder sehr lautstark, insbesondere bei einigen Linksgruppen. Der Unterschied zwischen Antizionismus, Antiisraelismus und Antisemitismus verschwamm häufig, so daß es implizit oder explizit zu einer Delegitimisierung des Staates Israel und des jüdischen Volkstums kam.

All diese Entwicklungen im internationalen Bereich – auf verschiedenen Foren der Weltmeinung und auf dem diplomatischen Parkett – sowie die zahlreichen einseitig antiisraelischen UN-Beschlüsse und der andauernde internationale Terrorismus schwächten natürlich das Gefühl von Sicherheit und Selbstzufriedenheit, das in Israel vorgeherrscht hatte, und beeinträchtigten das kollektive Selbstbild verschiedener Sektoren der israelischen Gesellschaft, wodurch, wie wir noch sehen werden, viele unterschiedliche und häufig widersprüchliche Entwicklungen ausgelöst wurden.

Wachsende Besorgnis über innere Probleme

Die Probleme im Vordergrund der Debatte

Die Gefühle des Unbehagens waren jedoch nicht auf den Bereich der auswärtigen Beziehungen und der Sicherheit beschränkt. Vielmehr entwickelten und verbreiteten sie sich – vor allem nach dem Jom-Kippur-Krieg – gerade auch in bezug auf viele Probleme im Innern.

Man hielt jetzt die Gesellschaft und deren Führung zunehmend für unfähig, angemessen mit einigen zentralen internen und externen Grundproblemen umzugehen, die eng mit dem innersten Kern der israelischen Kollektividentität verbunden waren, aber noch wenige Jahre zuvor entweder nicht in solchem Umfang erkannt oder im Rahmen des herrschenden institutionellen Modells offenbar nicht adäquat angepackt worden waren.

Von besonderer Bedeutung war jedoch die Tatsache, daß diese Besorgnis über Probleme sich eng mit dem Gefühl ziemlich umfassender Normlosigkeit und vor allem mit den Gerüchten oder Berichten über Korruption in den höchsten Stellen verband. Diese Korruption schien sich von den in den fünfziger Jahren bekannt gewordenen Fällen zu unterscheiden, in denen einzelne ihre Position für kleine Gewinne ausgenutzt hatten (wie etwa die Angestellten einiger Abteilungen der Jewish Agency, die schließlich vom Kontrolleur des Verbandes erwischt wurden) oder Beschuldigungen aufkamen, man habe öffentliche Gelder für diverse Parteizwecke verwendet (wie im Fall von Jizchak Rafael). Im Glauben, daß sich die Rechtsstaatlichkeit seither gefestigt habe, flaute die öffentliche Kritik in diesem Bereich ab. In den frühen siebziger Jahren wurden jedoch sehr viel dramatischere Korruptionsfälle bekannt, in die hochrangige Persönlichkeiten des öffentlichen Lebens, hohe Finanzbeamte in der unmittelbaren Umgebung Pinchas Sapirs verwickelt waren, des prominenten Finanzministers und Generaldirektors der Kupat Cholim. Ein leitendes Mapai- und Histadrut-Mitglied sowie ein offizieller Anwärter auf das Amt des Staatsbankdirektors wurden für schuldig befunden, ihre Stellung für die Anhäufung privaten Vermögens ausgenutzt zu haben, zum Teil unter Umgehung der strengen Devisenbestimmungen. Ein hoher Beamter der Zollabteilung wurde ebenfalls der Mißachtung dieser Bestimmungen überführt. Gerüchte und Presseberichte über Ermittlungen von Polizei und Staatsanwaltschaft gegen den damaligen Wohnungsminister führten zu dessen Selbstmord. Etwas später, 1977, kam dann der kleinere Verstoß gegen die Devisenbestimmungen durch die Gattin des Ministerpräsidenten hinzu.

Der Auswanderungstrend

Ebenso wichtig war die wachsende Empfindlichkeit gegenüber mehreren Problemen, die an den Lebensnerv der zionistischen Vision Israels als einer kleinen Gesellschaft rührten, die gleichzeitig danach strebte, zu einem Zentrum kultureller und institutioneller Kreativität von allgemeiner Bedeutung sowie zum Mittelpunkt und Anziehungspunkt des jüdischen Volkes zu werden. Es waren dies also Probleme, die zentrale Aspekte im Aufbau der israelischen Kollektividentität tangierten.

Vor allem rückten die Beziehungen zur Diaspora zusehends in den Mittelpunkt der öffentlichen Sorge und Debatte. Die entscheidende Frage drehte sich hier um Israels Stellung im jüdischen Volk, seine Beziehungen zu den jüdischen Gemeinden in der Diaspora und insbesondere das mit wachsender Besorgnis behandelte Gesamtproblem von *Alija* und *Jerida*, also der Einwanderung nach und der Auswanderung aus Israel.

Die relativ kleine Zahl von *Olim*, von neuen Einwanderern nach Israel; die scheinbar große (häufig überschätzte) Zahl von *Jordim*, das heißt Israelis, die auswanderten, die Tatsache, daß sich in manchen Jahren Einwanderung und Auswanderung nicht einmal die Waage hielten; schon das anhaltende Vorhandensein von Jordim, zu denen auch viele hochqualifizierte Kräfte gehörten, darunter Kibbuzmitglieder und Leute, die in Eliteeinheiten der Armee gedient hatten; die zahlreichen, häufig natürlich übertrieben dargestellten Erfolge dieser Jordim sowie vieler nordafrikanischer Juden, die von vornherein nach Frankreich, Kanada oder in die USA gegangen waren, die oft als Länder mit großen Möglichkeiten bezeichnet und der düsteren Wirklichkeit in Israel gegenübergestellt wurden – all diese Faktoren schienen den zionistischen Hauptnerv des israelischen Selbstverständnisses zu treffen.

In diesem Zusammenhang war die Sorge um die russischen Juden bzw. jene Juden, die Rußland verlassen durften, von besonderem Interesse. Hier ging es vor allem darum, daß sich über die Jahre hinweg immer weniger für die Weiterreise nach Israel entschieden und viele statt dessen von Wien oder Rom – ihrem ersten Zwischenaufenthalt im Westen – lieber in die USA oder andere westliche Länder gingen. Diese Tatsache führte zu einer ziemlich bitteren Kontroverse zwischen der Jewish Agency und der israelischen Regierung auf der einen und mehreren jüdischen Organisationen, darunter vor allem der Hebrew Immigration Aid Society (HIAS), auf der anderen Seite, wobei die ersteren den letzteren vorwarfen, ihre Hilfe für Juden, die mit

israelischen Visen aus der Sowjetunion ausreisten, trage nur dazu bei, sie von Israel wegzulenken, während die letzteren sich implizit oder explizit damit verteidigten, derlei Anschuldigungen umgingen das Hauptproblem, nämlich Israels mangelnde Anziehungskraft für die meisten potentiellen Einwanderer.
Nicht weniger beunruhigend war vermutlich die Tatsache, daß Israel nicht einmal der natürliche Zufluchtsort für verfolgte Juden zu sein schien: Diejenigen aus dem Iran blieben entweder dort oder übersiedelten in westliche Länder, und auch die lateinamerikanischen Juden, von denen viele ihre Geburtsländer aus Furcht vor links- oder rechtsradikalen Verfolgungen verließen, kamen weniger nach Israel als in verschiedene westliche Länder, sogar nach Spanien.[66]

Veränderte Einstellungen gegenüber Israel in den jüdischen Gemeinden

Das gewandelte Israelbild

Im weiteren Zusammenhang sorgte man sich zunehmend um die Veränderungen in den Beziehungen zwischen dem Staat Israel und den jüdischen Gemeinden in der Diaspora.
Diese Veränderungen zeigten sich erstmals – oft recht dramatisch – in dem gewandelten Israelbild großer Teile der jüdischen Gemeinden in der Diaspora allgemein und in den USA wohl im besonderen. Zweieinhalb Jahrzehnte lang hatten sich die jüdischen Diaspora-Gemeinden überwiegend im Glanz eines Israelbildes gesonnt, das Israel als kleine, heldenhafte Nation, als demokratisch-liberales Land von Pionieren und Soldaten darstellte, die eine Zuflucht für Flüchtlinge schufen und zugleich eine Modellgesellschaft und einen neuen Staat aufbauten, der eine besondere zivilisatorische Botschaft auf der Grundlage von nationalen und universalen Werten trug.
Tatsächlich wich bereits dieses Bild in wesentlichen Zügen vom

66 Für Einzelheiten über diesen Trend siehe Drora Kass und S. M. Lipset, »Jewish Immigration to the United States 1967 to the Present: Israelis and Others«, in: M. Sklare, *Understanding American Jewry*, New Brunswick und London 1982, S. 272-295.

ursprünglichen zionistischen Gedanken und von den zionistischen Prämissen ab, auf denen der Staat Israel beruhte und aufgrund deren er sich legitimierte. Doch davon abgesehen, gehörte diese Vorstellung – zusammen mit einem starken Nachdruck auf der Solidarität aller Juden, deren wichtigster Orientierungspunkt und Garant Israel war – zu den zentralen Bestandteilen des Israelbildes der jüdischen Gemeinden. Und gerade dieses Bild wurde nun schrittweise, aber oft dramatisch erschüttert – besonders nach dem Jom-Kippur-Krieg. Infolge dieses Kriegs verblaßte das Bild von Israels militärischer Überlegenheit und Stärke; es kam zu wachsender finanzieller und militärischer Abhängigkeit von den USA, zunehmender Kritik an verschiedenen Aspekten der israelischen Politik, vor allem der Siedlungspolitik in der Westbank bzw. Judäa und Samarien, und zu einer Erschütterung des Israelbildes in der internationalen Gemeinschaft.

Die Vorstellung von Israel als Zentrum und sicherem Ort für das jüdische Volk, das Bild von seiner Fähigkeit und seiner historischen Mission zum Aufbau neuer Institutionen verblaßte. So schrieb Nathan Glazer 1975 beispielsweise in recht drastischem Ton:

> Somit sind die amerikanischen Juden doppelt exponiert: durch die neue ethnische Offenheit im eigenen Land und durch die Notwendigkeit, mit allen ihnen zur Verfügung stehenden Mitteln von den USA starken Beistand für Israel zu erreichen.
>
> Das ist keine angenehme Lage. Juden haben meistens so sein wollen wie alle anderen. Sogar die Gründung des Staates Israel erfolgte ironischerweise in dem Bestreben, Juden so sein zu lassen wie alle anderen auch: Sie würden nun einen Staat haben, wären nicht mehr länger ein sonderbares, heimatloses Volk, sondern ein Volk wie alle anderen. Aber es ist anders gekommen. Israel hat den besonderen Status der Juden verstärkt, nicht vermindert. Kein anderer Staat ist Gegenstand solch nahezu universaler Ablehnung. Kein anderer Staat weiß so sehr, daß ein verlorener Krieg seine Zerstörung und sein Verschwinden bedeuten würde. Dem Pariavolk ist es offenbar einfach gelungen, einen Pariastaat zu schaffen. In Amerika sind die Juden nie ein Pariavolk gewesen, aber die beson-

dere Stellung Israels zwingt sie in eine politisch einzigartige Situation. Es hat keinen Sinn mehr, auf die Tatsache zu verweisen, daß die Iren Irland, die Polen Polen und die Griechen Griechenland ebenfalls lieben. Diese Nationen verlangen wenig von ihren ethnischen Volkszugehörigen in Übersee, und diese fordern daher sehr wenig von den Vereinigten Staaten. Sogar amerikanische Griechen, die gerade jetzt so leidenschaftlich für Griechenland empfinden wie die Juden für Israel, wollen von den Vereinigten Staaten nichts weiter, als daß diese aufhören sollen, Griechenlands Feinden Waffen zu schicken.

Ist diese Darstellung übertrieben? Die Behandlung, die der Nahe Osten während der letzten Monate in den Massenmedien erfahren hat, scheint mir das Gegenteil zu beweisen. Israel hat keine wohlgesinnte Presse mehr in den Vereinigten Staaten, so überraschend das auch sein mag, wenn man bedenkt, daß Israel eine offene, demokratische Gesellschaft mit einem nahezu beispiellosen Maß an sozialer Gerechtigkeit und dem Leumund einer bemerkenswert guten Behandlung seiner arabischen Minderheit ist, obwohl diese Minderheit unweigerlich als eng mit den Bewegungen und Staaten verbündet betrachtet werden muß, die Israel zu zerstören suchen. Immerhin haben die Vereinigten Staaten unter sehr viel geringerer Bedrohung und ohne jegliche Beweise, die die japanischen Amerikaner mit Subversion in Verbindung gebracht hätten, diese gesamte Gruppe im Zweiten Weltkrieg von der Westküste entfernt und in Umsiedlungslager gesperrt. Israels Gegner sind Diktaturen, Einparteienstaaten und autoritäre Regimes (abgesehen vom Libanon, der kein »Frontstaat« ist), deren Leistungen mager sind, während sie sich andererseits bei der Unterdrückung ihres eigenen Volkes, oppositioneller Parteien und Minderheiten sehr hervorgetan haben. Daß diese Regimes im *Time*-Magazin, von den wichtigsten Kolumnisten der *New York Times*, den Autoren ihrer Leitartikel sowie von den Kommentatoren der nationalen Fernsehnachrichtenprogramme als gemäßigt, friedliebend und verständlicherweise nur auf die Wiedererlangung eroberter Landstriche bedacht geschildert werden, während Israel als starr und unnachgiebig hingestellt wird – dieses Etikett hat man dem jüdischen Staat jetzt offenbar auf Dauer angeheftet –, ist wirklich verblüffend ...[67]

Solche Gefühle wurden in gewissem Umfang von der Zunahme des Antisemitismus in Europa und selbst in den USA beeinflußt, aber derartige antisemitische Ausbrüche waren oft mit Ereignissen in Israel verbunden und schwächten, zusammen mit Israels politischen Einstellungen und Aktivitäten, die Vorstellung von Israel als einer Bastion der Sicherheit oder machten sie zumindest problematisch.

Gewandelte Muster der Unterstützung für Israel

Weitreichende Veränderungen schienen sich bei Teilen der jüdischen Gemeinden auch im Hinblick auf die Einschätzung verschiedener Aspekte des israelischen Lebens anzubahnen – nämlich hinsichtlich der institutionellen Kreativität Israels und seiner Lebensqualität.

Während einerseits die Themen jüdischer Solidarität in großen Teilen der jüdischen Gemeinden weiterhin Zuspruch fanden, kam aus anderen – akademischen, wirtschaftlichen oder intellektuellen – Kreisen wachsende Kritik an der israelischen Ökonomie und am vermeintlichen Verlust des jüdischen Talents in wirtschaftlichen Dingen, an der wissenschaftlichen Produktivität von Juden, die im Ausland offenbar größer war, an der Provinzialität des Lebens in Israel und so weiter. Vergessen war die Tatsache, daß alle von Juden in der Diaspora auf diesen Gebieten erreichten Leistungen in einem institutionellen Rahmen erfolgten, in dem sich die Gesellschaft des betreffenden Landes um die grundlegende wirtschaftliche, politische und schulische Infrastruktur, um die Verteidigung und den Dienstleistungsbereich ebenso kümmerte wie um die Probleme von Sicherheit, Eingliederung und Entwicklung. Auf ziemlich paradoxe Weise wurde diese Israelkritik auch noch von innerisraelischen Tendenzen unterstützt. Die Erfahrungen der Jordim – deren eigene Ansicht von Amerika als einem Land, in dem Juden offenbar besser vorankommen konnten als in Israel – ließen sich häufig zur Unterstützung solcher Thesen heranzie-

67 N. Glazer, »The Exposed American Jew«, *Commentary*, Juni 1975.

hen. Dasselbe galt für die Kontakte vieler Israelis, die die jüdischen Gemeinden im Ausland oft um ihre Möglichkeiten beneideten.

Damit änderten sich auch Umfang und Art der Israel von den jüdischen Gemeinden gewährten Unterstützung. Allerdings riefen in Krisenzeiten, etwa anläßlich des Jom-Kippur-Krieges oder der verschiedenen politischen Zusammenstöße mit der US-Regierung, die meisten jüdischen politischen und gemeindlichen Organisationen weiterhin zur politischen Unterstützung Israels auf. Doch im Lauf der Zeit, als die Vorstellung von seiner Unbesiegbarkeit erschüttert war und das Land nach dem Jom-Kippur-Krieg in wachsende politische Isolation geriet, wandelte sich die ganze Atmosphäre sowie vermutlich auch das Ausmaß dieser Unterstützung.

Derartige Unterstützung war bereits mit wachsenden Auseinandersetzungen und Debatten in jüdischen Kreisen und Gruppen über die Grundlinien der israelischen Politik gekoppelt, und genau wie in Israel herrschte auch hier kein Konsens über viele politische Maßnahmen Israels, vor allem im Hinblick auf die Besiedlung von Judäa und Samarien, die Haltung gegenüber der arabischen Bevölkerung und die Lösung der palästinensischen Frage. Lautstärker und heftiger äußerte sich diese Kritik bei jüdischen Intellektuellen, die sich mit Israel identifizierten, aber starke Vorbehalte in besonderen, von führenden jüdischen Intellektuellen unterzeichneten Anzeigen in der *New York Times* geltend machten, in denen sie die Siedlungspolitik der Begin-Regierung kritisierten.

Selbstverständlich gab es in weiten Teilen der jüdischen Gemeinden nach wie vor starke Unterstützung für Israel und seine politischen Maßnahmen, aber weder war sie ganz so verbreitet wie zuvor, noch konnte sie als selbstverständlich vorausgesetzt werden, und die Frage, ob die jüdischen Führungskreise und Gemeinden das Recht besaßen, öffentlich von der Politik der israelischen Regierung abzuweichen, wurde zu einem zentralen Diskussionsthema in jüdischen Kreisen und verschiedenartigen Begegnungen mit Israelis.

Auch zeichnete sich eine gewisse Erosion oder zumindest Schwächung der Unterstützung für Israel zumindest in Teilen der jüdischen Gemeinden ab. Das äußerte sich nicht unbedingt in aktiven Maßnahmen, sondern vor allem in einer geringeren Beteiligung an verschiedenen Unternehmungen zur Unterstützung Israels, etwa dem »Walk for Israel« in New York oder diversen proisraelischen Kundgebungen. Diese Erosion war vermutlich sehr viel stärker bei Intellektuellen und Studenten, die in einer liberalen, universalistisch orientierten Umgebung lebten, als bei den breiteren jüdischen Gruppen, aber selbst bei den letzteren konnte das alte Maß an aktiver Unterstützung für Israel nicht länger als gegeben vorausgesetzt werden. Bezeichnenderweise rekrutierte sich auch die jetzt überhaupt noch aus dem Westen kommende Alija im wesentlichen aus verschiedenen orthodoxen Kreisen, während der ältere Typ der »liberalen« oder »sozialistischen« Alija fast völlig verschwunden war.

Die veränderte Wahrnehmung der Beziehung zwischen Israel und der Diaspora

All diese Entwicklungen schwächten auf die eine oder andere Weise die Vorstellung von der zentralen Stellung Israels im jüdischen Leben oder veränderten zumindest die Art dieser Rolle, die bis dahin offenbar anerkannt war und vor allem von den Israelis weitgehend als selbstverständlich vorausgesetzt wurde. Ferner milderten sie auch die negative Einstellung zur Galut, die einen wesentlichen Bestandteil der im Staat Israel stillschweigend enthaltenen zionistischen Grundprämissen bildete und die zwar in der Diaspora nicht akzeptiert, aber bis dahin auch kaum je öffentlich in Frage gestellt worden war.
Dies drückte sich auf die verschiedenste Art und Weise aus. In sehr höfliche Worte kleidete es Simone Weil in Jerusalem, als ihr die Ehrendoktorwürde der Hebräischen Universität verliehen wurde:

> Heute sind die Werte des Judentums in einen Staat integriert, in eine Gesellschaft, die über 2000 Jahre lang nicht existiert hat. Und wir aus der Diaspora hoffen, daß Israel der Verteidiger dieser Werte, dieses Humanismus bleiben wird. Wir müssen klar sagen, daß es im Rahmen eines Staates – und nicht mehr in einer erzwungenen Minderheitsstellung – sicherlich schwieriger ist, eine Flamme wie diese zu tragen.

Und ich hoffe als Französin, aber als eine französische Jüdin und jüdische Französin, daß unsere Länder einander helfen werden, diese Flamme weiterzutragen und diese Werte unablässig zu verteidigen, was immer auch kommen mag. Ich weiß, daß das für jeden Staat manchmal schwierig ist, daß jeder Staat einmal mobilisieren muß, daß Staaten sich mit Situationen konfrontiert finden, die »raisons d'Etat« sein könnten, aber daß gerade wir auf gewisse Weise immer stolz gewesen sind, darüberzustehen, etwas mehr zu haben, das möglicherweise erzwungen ist; und heute hoffe ich nun, daß das Wunder Israels, das Wunder von Jerusalem sich wiederholen wird, und ich bin sicher, daß diese Herausforderung (ich bin sicher und hoffe es nicht nur), daß diese Herausforderung euer Sieg sein wird und unserer...

In schärferer Form drückte sich diese neue Einstellung in Erklärungen aus, die viele jüdische Führer öffentlich über die gleichwertige Stellung der Diaspora und Israels im jüdischen Leben abgaben. Eine derartige Äußerung fand sich sogar in einem Bericht über die Beziehungen zwischen Israel und der Diaspora, der unter aktiver Mitwirkung des damaligen Rektors der Universität Tel Aviv, Prof. H. Ben Shahar, für den Jüdischen Weltkongreß verfaßt worden war.

Auf boshaftere Weise äußerte Nahum Goldmann seine Israel-Kritik in einer Reihe von Aufsätzen. Er war zunächst Mitglied der zionistischen Exekutive, wurde in den fünfziger und sechziger Jahren dann Präsident der Zionistischen Weltorganisation, war führend am Zustandekommen der Wiedergutmachungsabkommen mit Deutschland beteiligt und wirkte schließlich lange Zeit als Präsident des Jüdischen Weltkongresses. In dieser Zeit gehörte er zu den Größen der zionistischen Bewegung, weigerte sich aber trotz zahlreicher Aufrufe und Einladungen und trotz seiner Selbstdarstellung als großer Gegner der Ben-Gurionschen Grundauffassungen – besonders in der Außenpolitik – hartnäckig, sich in Israel niederzulassen und dort aktiv am politischen Leben teilzunehmen. In diesen Beiträgen, die vorwiegend in deutschen und französischen Medien erschienen, verurteilte er viele Aspekte der israelischen Politik wie auch des israelischen Lebens. Einmal bezeichnete er Israel dabei sogar als eine Nation von Spekulanten.

Gleich, welche Wirkung diese deutlicheren Meinungsäußerungen besessen haben mögen, verbreiteten sich diese Auffassungen jedenfalls unter den jüdischen Führern in der Diaspora und verwiesen damit auf einen Wandel des Israelbildes. Ebenfalls bezeichnend für diese Tendenzen waren die in den späten siebziger und frühen achtziger Jahren in den USA unternommenen Versuche, den Holocaust aus seiner engen Verbindung mit der israelischen Wiedergeburt zu lösen und ihn zu einem zentralen Brennpunkt jüdischer Identität zu machen.

Gewandelte Einstellungen der Israelis

Alle diese Entwicklungen, so verächtlich und abstoßend sie vielen Israelis auch erscheinen mochten, mußten den Aufbau der Komponenten israelischer Identität, das israelische Selbstverständnis beeinflussen und dabei einmal die allgemeine Selbstsicherheit der Israelis schwächen und zum anderen einige Themen dieser Identität in neue Richtungen lenken.
Tatsächlich trat in der israelischen Einstellung zu derartiger Kritik eine merkliche Veränderung ein. In den früheren Jahrzehnten des Staates akzeptierten Israelis gewöhnlich nicht einmal die Möglichkeit einer solchen Kritik, da sie ihre eigene – im Sinn der zionistischen Vision – »fast natürliche« Überlegenheit über die Juden in der Galut hervorhoben und die Jordim nicht nur offiziell, sondern auch im täglichen Leben verurteilten.
Seit den späten siebziger Jahren hat sich das Bild sehr gewandelt. Einige dieser Einstellungen – vor allem gegenüber den Jordim – hielten sich auf der offiziellen Ebene, aber nicht unbedingt auf der Ebene täglicher sozialer Kontakte. Selbst im offiziellen Bereich fielen die Proteste gegen die Äußerungen diverser jüdischer Persönlichkeiten zugunsten der Galut nicht immer sehr streng aus, und im täglichen Leben akzeptierten mehr und mehr Israelis das Vorhandensein von Jordim sowie die Existenz der Diaspora (die jetzt nur noch selten Galut genannt wurde) als Teil des jüdischen Lebens, wobei sich zuweilen sogar ein wenig Neid einmischte. Es hatte sich tatsächlich einiges in ihrer eigenen Sicht der Diaspora verändert.

Anzeichen für die Auflösung der ursprünglichen institutionellen Modelle der israelischen Gesellschaft

Das Bewußtsein all dieser – internen und externen – Probleme und das wachsende Empfinden für sie verwoben sich jetzt mehr mit dem öffentlichen Leben im allgemeinen und der politischen Auseinandersetzung im besonderen. Vor allem verbanden sie sich eng mit der zunehmenden Bedeutung des öffentlichen und politischen Lebens. Außerparlamentarische Protestbewegungen, die nach dem Jom-Kippur-Krieg so lautstark auftraten und zum Sturz der Regierung Golda Meir beitrugen, extrem religiöse Gruppen wie Gusch Emunim und »linke« Gruppierungen wie *Schalom Achschaw* (Frieden jetzt) sowie stark ethnisch geprägte Bewegungen nahmen alle einen zunehmend wichtigeren Platz im politischen Leben Israels ein, und sie alle artikulierten auf irgendeine Weise das Gefühl der Unzufriedenheit mit der Art, wie diese Probleme vom Zentrum gehandhabt wurden.

Diese Sorgen und Befürchtungen verquickten sich sogar noch enger seit den Wahlen von 1977 und 1981 einschließlich der vorausgehenden öffentlichen Debatten und Diskussionen mit dem zunehmenden Gefühl der Zerrissenheit des Landes und mit den zunehmenden Gewaltausbrüchen – also vor allem, aber nicht nur der verbalen Gewalt und Gesetzlosigkeit, die das öffentliche Leben in Israel von der Mitte der siebziger Jahre an zu kennzeichnen schienen; darauf werden wir später noch im einzelnen zurückkommen.

All dies stand mit der wachsenden Sorge über Entwicklungen in Zusammenhang, die in Israel seit den späten sechziger Jahren insbesondere im kulturellen Bereich eingetreten waren. Dazu gehörte vor allem das Anwachsen diverser religiöser Bewegungen sowie eines ethnischen Bewußtseins und ethnischer Militanz, die alle auf einige Veränderungen in den Grundkomponenten israelischer Identität hinwiesen.

Diese enge Verwobenheit der Sorge über die wichtigsten Probleme mit extremistischen politischen Bewegungen, zunehmender politischer Polarisierung und Gewalt und wachsender Aufmerksamkeit für die Wandlungen der israelischen Identität zeigt, daß das, was da in Israel vor sich ging, nicht einfach eine Vervielfältigung oder Verschärfung der verschiedenen Probleme war. Tatsächlich ist es fraglich, ob nur die Größe dieser Probleme die Wurzel der weitreichenden Veränderungen bildete, die die israelische Gesellschaft mindestens seit dem Jom-Kippur-Krieg durchgemacht hat. Waren diese Probleme überhaupt ausschließlich auf Israel beschränkt?

Selbstverständlich gab es einige sehr spezifisch israelische Probleme – vor allem die mit der Sicherheit oder den Beziehungen zu den arabischen Ländern verbundenen Schwierigkeiten. Aber es ist eine müßige Frage, ob sie »objektiv« größer waren als in früheren Geschichtsabschnitten des Jischuw oder des Staates Israel. Doch die meisten internen Probleme fanden sich auch in anderen Gesellschaften. Die Intensität der Arbeitskonflikte und Wirtschaftsprobleme überstieg nicht unbedingt das in anderen industriellen und nachindustriellen Gesellschaften vorhandene Maß. Die Inflationsrate war sicherlich extrem hoch, aber es gab zahlreiche Mechanismen, wie verschiedene Methoden der Indexbindung von Löhnen, die viele Unbilligkeiten der Inflation milderten. Obwohl Kriminalstatistiken bekanntermaßen unzuverlässig sind, besteht keine Veranlassung zu der Annahme, daß die Verbrechensraten in Israel höher als in anderen modernen Gesellschaften gelegen hätten.

Nun waren die Wirtschaftsprobleme zum Teil tatsächlich sehr akut, aber nicht einzigartig – möglicherweise mit Ausnahme des Anwachsens der arabischen Arbeitskräfte als einer Grundkomponente der israelischen Wirtschaftsstruktur, eines Anwachsens, das den alten sozialistisch-zionistischen Prämissen zuwiderlief; aber selbst dieses Phänomen ließ sich leicht mit den Gastarbeitern in Europa vergleichen. Außerdem entstanden all diese Probleme auf dem Hintergrund des ständig steigenden Lebensstandards für fast alle Bevölkerungskreise.

Das ethnische Problem entwickelte sich vor dem Hintergrund eines stetigen wirtschaftlichen Aufstiegs und ähnelte in vielerlei Hinsicht den ethnischen Unruhen, die in den siebziger Jahren in den USA und in gewissem Umfang auch in Europa ausbrachen. Schon die Bezeichnung »Schwarze Panther« weist in diese Richtung.

Die internationalen Probleme, die Entwicklungen in der Westbank, waren wirklich drückend, aber selbst sie wurden – zumindest bis 1981 – durch den Frieden mit Ägypten, ja schon durch die Unfähigkeit der Araber aufgewogen, Israel mit seiner wachsenden militärischen Stärke niederzuwerfen oder auszulöschen. Auch die akute Verschlechterung der internationalen Atmosphäre wurde teilweise durch die israelische Fähigkeit ausgeglichen, sich trotzdem in vielen Hinsichten weiterzuentwickeln. Sogar der Jom-Kippur-Krieg war unter rein militärischem Gesichtspunkt ein Erfolg und öffnete paradoxerweise den Weg zum Frieden.

Deshalb ist es zweifelhaft, ob das bloße Ausmaß dieser Probleme tatsächlich die Gefühle von Besorgnis, Unbehagen, ja fast Kontrollverlust zu rechtfertigen vermochte, die nach dem Jom-Kippur-Krieg recht weit um sich griffen. Einige Führer, beispielsweise Mosche Dajan, behaupteten denn auch, eher als im angeblichen Versagen der politischen und militärischen Führung während des Jom-Kippur-Kriegs und danach liege in dieser Besorgnis das wesentlichste Versäumnis der israelischen Gesellschaft.

All diese Entwicklungen deuten an, daß zumindest das, was in der Zeit nach dem Jom-Kippur-Krieg geschehen ist, nicht nur auf ein Zusammentreffen von harten Zeiten und politischem Wechsel zurückzuführen ist. Darüber hinaus – und vielleicht in erster Linie – hat ein Zerfall- und Zersetzungsprozeß jenes institutionellen Modells eingesetzt, das spätestens seit der Staatsgründung in Israel herrschte; ein Zerfallsprozeß, von dem mindestens einige seiner Prämissen und Grundorientierungen, seine Legitimation und seine organisatorisch-institutionellen Strukturen betroffen sind.

Wie lassen sich diese große Veränderung und ihr Zeitpunkt erklären? In den folgenden Kapiteln werden wir versuchen, die Gründe für den Zerfall dieses ursprünglichen institutionellen Modells zu analysieren.

15. Kapitel
Die Bedingungen für die Auflösung des ursprünglichen institutionellen Modells der israelischen Gesellschaft

I. Institutionelle Prozesse; Wandel und Erschöpfung der Ideologie

Einleitung

Die Verwandlung nachrevolutionärer Gesellschaften

Die Prozesse, die zur Auflösung des ursprünglichen institutionellen Modells der israelischen Gesellschaft führten, gehen auf mehrere historische und strukturelle Abläufe zurück (oder werden in ihrem Zusammenhang erkennbar), die in dieser Gesellschaft mindestens seit dem ersten Jahrzehnt nach der Staatsgründung am Werk waren. Sie sind, allerdings nur implizit, in den vorausgegangenen Kapiteln berührt worden, in denen wir die wichtigsten institutionellen Formationen analysiert haben, die sich in den ersten Jahrzehnten der israelischen Gesellschaft herauskristallisierten. Diese Prozesse lassen sich auf eine gemeinsame Wurzel zurückverfolgen, auf einen gemeinsamen Kern oder zumindest auf einen gemeinsamen Nenner der Wandlungsprozesse revolutionärer Gesellschaften und der Probleme, die ein solcher Wandel mit sich bringt. Die israelische Gesellschaft hatte, wie gesagt, viele solcher Wandlungsprozesse und -probleme mit anderen nachrevolutionären Gesellschaften gemeinsam: mit der UdSSR, Mexiko, vielen neuen Nationen und vielleicht sogar den USA des frühen 19. Jahrhunderts. Im Mittelpunkt dieser Prozesse standen die Umwandlung der Führer von revolutionären Gruppen und Sekten in herrschende Eliten und die Routinisierung revolutionärer Visionen und Ideologien. Ferner waren sie in allen modernen nachrevolutionären Gesellschaften mit den Strukturprozessen verbunden, die mit Modernisierung und wirtschaftlicher Entwicklung einhergehen,

nämlich im wesentlichen mit einer zunehmenden sozialen und beruflichen Differenzierung und der Umwandlung der wichtigsten Eliten.
Wie wir jedoch gesehen haben, unterschieden sich die konkreten Konturen dieser Prozesse, die von ihnen verursachten Probleme und die Reaktionsweisen auf sie in den einzelnen nachrevolutionären Gesellschaften sehr gründlich, und der israelische Schauplatz weist natürlich einige Eigenheiten auf. Diese Merkmale wurden – wie in allen solchen Gesellschaften – durch die spezifischen historischen Entwicklungsumstände der israelischen Gesellschaft und deren besondere ideologische Orientierungen und institutionelle Konturen beeinflußt.
Die wichtigsten und für unsere Analyse entscheidenden Strukturprozesse in Israel waren erstens die weitreichenden Veränderungen, die in den Strukturen und Wechselbeziehungen der führenden Eliten im allgemeinen und in ihren Beziehungen zur politischen Elite im besonderen eintraten; zweitens die Veränderungen in den Beziehungen all dieser Eliten zu den breiteren Schichten oder Sektoren der Gesellschaft; drittens die sich in verschiedenen Kreisen der israelischen Gesellschaft abzeichnende Schwächung zahlreicher Solidaritätszusammenhänge, und zwar besonders solcher Zusammenhänge, die sowohl verschiedene Eliten als auch verschiedene Arten gesellschaftlicher Aktivitäten zusammenbrachten; schließlich viertens – und für Israel einzigartig – die sich wandelnden Beziehungen zwischen der jüdischen Gemeinde in Israel und den jüdischen Diaspora-Gemeinden.

Veränderungen in der Struktur der Eliten

Solidaritätsmuster

Im Widerspruch zu den ideologischen Grundprämissen – selbst wenn diese in der konkreten Situation der Jischuw-Periode nicht voll verwirklicht wurden – begann in den späten vierziger und frühen fünfziger Jahren in Israel ein ständiger Prozeß der Differenzierung und wachsenden Segregation zwischen den wichtigsten Eliten wirtschaftlicher, militärischer, akademischer und kultureller Art sowie insbesondere Veränderungen in den Beziehungen zwischen ihnen und der politischen Elite. Diese Entwicklungen standen in ziemlichem Gegensatz zur Lage der Jischuw-Periode, obwohl die Keime dazu schon damals vorhanden waren. Erst im Staat Israel, seit etwa Mitte oder Ende der fünfziger Jahre, gewannen sie jedoch ihre volle Stärke.

Jeder solchen Elite wurde tatsächlich größtmögliche Autonomie in ihren speziellen institutionellen Bereichen gewährt. Allen – oder fast allen – eröffnete sich jetzt in weitem Maße die Möglichkeit zu Aufstieg, Karriere und hohem Lebensstandard. Gleichzeitig dissoziierten sie sich mehr und mehr voneinander, und vor allem änderten sie ihre Beziehungen zueinander.

Die Rahmenstrukturen gemeinsamer Aktivität und Interaktion sowie der Solidarität zwischen ihnen schwächten sich daher allgemein und insbesondere gegenüber der politischen Elite ab. Die meisten dieser Eliten lösten sich aus der aktiven Mitwirkung im Zentrum, was zu einer langsamen Atrophie des politischen Prozesses in den zentralen politischen Einrichtungen führte.

Die zunehmende Spezialisierung verschiedener Eliten – in Wirtschaft, Wissenschaft, Bürokratie, Beamtentum, akademischen Berufen, Kultur und Journalismus – war selbstverständlich in den anderen modernen Gesellschaften und besonders in den nachrevolutionären bis zu einem gewissen Grad eine natürliche Folge wirtschaftlicher Entwicklung und Modernisierung sowie des staatlichen Ausbaus mit seinen zahlreichen organisatorischen Rahmen. Diese Spezialisierung trug natürlich wieder den Keim für eine zunehmende Verselbständigung und eine gewisse Segregation oder Dissoziation der Eliten in sich. Diese Ansätze scheinen sich jedoch in Israel sehr weitgehend verwirklicht zu haben, obwohl diese Entwicklungen gleichzeitig zumindest einigen ideologischen Grundprämissen sowie dem Selbstbild der Gesellschaft in nicht geringem Umfang zuwiderliefen.

Diese Segregationsprozesse der Eliten fanden sämtlich auch in den Beziehungen zwischen der politischen Elite und all den anderen Eliten statt – ein Vorgang, der vermutlich von all den hier analysierten Abläufen am wichtigsten war. Während sich auf allen anderen Gebieten neue Tätigkeitsbereiche und Aufstiegsbahnen für weite Bevölkerungskreise auftaten, galt dies nicht für die Politik. In ihrem Bereich setzte vielmehr eine wachsende Oligarchisierung der oberen Eliteränge ein, begleitet von einer Professionalisierung der mittleren Ränge von »Parteiaktivisten«. In den meisten älteren Parteien dehnte sich die ziemlich weitgehende Abkapselung in halboligarchischen Strukturen bis in den zweiten und dritten Rang politischer Berufsaktivisten aus, deren Haupteinkommensquelle in ihrer Parteiarbeit lag (Knessetmitgliedschaft, Arbeit in den diversen Abteilungen der Histadrut oder in den Parteien selbst) und die deshalb natürlich von den oberen Parteieliten sehr abhängig wurden. Außerdem gehörten diese sekundären politischen Eliten oder Tätigkeiten im großen und ganzen nicht zu den aktiveren oder autonomeren Sektoren der Bevölkerung und stärkten daher gerade durch ihre Abhängigkeit von der zentralen Elite deren Kontrolle über den Zugang zur Mitwirkung im Zentrum. Vielen jüngeren Gruppen und Neueinwandererkreisen standen nur äußerst wenige Bahnen zu autonomer politischer Arbeit und Organisation offen; die Parteizentren strebten allgemein danach, solche Aktivitäten zu kontrollieren und ihnen nicht viel freie Ausdrucks- und Organisationsmöglichkeiten zu lassen. Dasselbe galt weitgehend auch für die anderen Eliten. Am bedeutsamsten für unsere Erörterung ist vielleicht die Tatsache, daß die verschiedenen nicht-politischen Eliten – natürlich die militärische, aber auch die akademische, kulturelle, journalistische und wirtschaftliche Elite – nicht wirklich aktiv am zentralen politischen Prozeß teilnahmen und von den zentralen oder sekundären politischen Eliten auch nicht dazu aufgerufen wurden, abgesehen von einer eher symbolischen Mitwirkung, etwa der Wahl einzelner Persönlichkeiten (die in den Parteizentralen selbst ziemlich machtlos blieben) in die Knesset oder auf irgendwelche Ehrenposten der jeweiligen Partei.

Anfangs entwickelte sich also in Israel das, was Jonathan Shapira ein Establishment ohne politische Macht genannt hat, das heißt, ein Netz höherer Eliten mit engen sozialen Beziehungen und Kontakten, aber ohne irgendwelche effektive politische Macht. Später schwächten und veränderten sich sogar diese gemeinsamen sozialen und ideologischen Bande sowie die Bande der Solidarität zwischen den verschiedenen Eliten, obwohl natürlich vielfach enge persönliche Netze zwischen diversen Gruppen und Sektoren entstanden. Diese Netze beschränkten sich jedoch mehr und mehr auf die Privatsphäre, auf ähnliche Einstellungen bei verschiedenen institutionellen Aktivitäten oder die Verteilung von Ressourcen und erstreckten sich viel weniger auf die Mitwirkung am politischen Leben, im Zentrum oder auch in gemeinsamen Rahmen institutioneller Kreativität – über den Bereich der jeweiligen Elite hinaus.

Die Kehrseite all dieser Prozesse war die Atrophisierung des Auswahlprozesses für die politischen Eliten aller Parteien und der internen Parteipolitik sowie die Schwächung der inneren Solidarität in politischen Formationen. Diese Schwächung zeigte sich deutlich bei den späteren Versuchen, die höhere politische Elite durch Rekrutierung neuer Führungselemente aus verschiedenen Elitesektoren und vor allem direkt aus der Armee zu erweitern, ohne sie eine Zeit aktiver Sozialisation im politischen Leben ihrer jeweiligen Partei absolvieren zu lassen.

Die Beziehungen zwischen den unterschiedlichen Eliten und der politischen Bühne – die wiederum mit Veränderungen auf dieser Bühne verbunden waren – bewirkten auch einen Wandel in der Natur der Kontakte und Wechselbeziehungen zwischen den verschiedenen Eliten in der israelischen Gesellschaft.

Natürlich liefen Kontakte zwischen den einzelnen Eliten weiter, und zwar mindestens auf zwei Ebenen: einmal auf der rein sozialen Ebene, obwohl auch hier langsam, aber stetig Veränderungen einsetzten; und zum anderen auf der Entscheidungsebene in Sach- und Handlungsbereichen, die zwischen den Eliten angesiedelt waren – vor allem zwischen der politischen und der militärischen Elite, aber in geringerem Umfang auch zwischen der politischen und der Verwaltungselite auf der einen und der wirtschaftlichen Elite auf der anderen Seite.

Derartige Kontakte – vor allem solche, die den Entscheidungsprozeß betrafen – fanden allerdings immer weniger in gemeinsamen Umfeldern statt, die sich auf einen gemeinsamen Hintergrund und/oder die Beteiligung an gemeinsamen sozio-politischen Rahmen (Parteien, Bewegungen oder Klubs) stützten, sondern beschränkten sich mehr und mehr auf verschiedene, oft getrennte Entscheidungsnetze.
Diese fortschreitende Loslösung zeigte sich auch zunehmend in den Beziehungen zwischen der politischen Elite und den verschiedenen kulturellen Eliten: nämlich den Eliten in Wissenschaft, Literatur, den Künsten und den Medien.

Neue Beziehungen zwischen den Eliten

All diese Prozesse gingen natürlich recht langsam vonstatten. In den ersten zehn oder vielleicht sogar zwanzig Jahren des Staates Israel gehörten zumindest die oberen Eliten noch überwiegend zu den Generationen, die in den verschiedenen gemeinsamen Rahmen aufgewachsen waren und wenigstens ziemlich enge soziale Kontakte pflegten, obwohl selbst hier der Trend zum Auseinanderwachsen, zum Nachlassen solcher Kontakte und zur scheinbar natürlichen Abkapselung jeder einzelnen Elite sichtbar zu werden begann.
Ebenfalls in den ersten zehn oder zwanzig Jahren nach der Staatsgründung pflegten sich wenigstens einige Eliten weiterhin in irgendeinem gemeinsamen Rahmen zu treffen, um gemeinsame Diskussionen zu führen. Hierher gehören Ben-Gurions Zusammenkünfte mit führenden Intellektuellen, die Treffen in den ideologischen Zentren der verschiedenen Sektoren der Arbeiterbewegung oder ähnliches in anderen Sektoren sowie auch die diversen persönlichen Netze, die noch aus der vorhergegangenen Zeit fortbestanden. Obwohl alle diese Diskussionen und Zusammenkünfte in zunehmendem Abstand von den Entscheidungszentren verliefen und in den letzteren immer weniger autonome Mitwirkung verschiedener Eliten festzustellen war, blieb doch die Atmosphäre einer solchen gemeinsamen Beteiligung in Form von offenen Kommunikations- und Einflußbahnen erhalten.

Im Lauf der Zeit, als sich die Folgen der strukturellen Entwicklungen, die mit der in den fünfziger Jahren beginnenden großen institutionellen Expansion einhergingen, zunehmend bemerkbar machten und neue Elitegenerationen auf den Plan traten, zeichnete sich die Tendenz zu solch relativ weitgehender Segregation, zur Schwächung gemeinsamer Rahmen und zur Herausbildung neuer Gesprächsweisen immer deutlicher ab.
Das galt für alle Eliten. Zuerst wurde diese Tendenz in den mittleren, dann in den höheren Rängen des Militärs sichtbar, die sich nun mehr und mehr aus den spezialisierten militärischen Schulen und Formationen rekrutierten und zum Teil sogar in ziemlich getrennten Stadtvierteln wohnten (wie Zahala in Tel Aviv). Ferner zeigte sie sich im akademischen Bereich, wo es zu einer äußerst rapiden Verbreitung hochspezialisierter Fachgebiete kam; auch bei Schriftstellern und Künstlern gab es de facto eine soziale Segregation, und ähnliches traf auf das Beamtentum, die freien Berufe sowie die wirtschaftlichen Eliten und Unternehmer zu. Soziale Kontakte zwischen diesen verschiedenen Eliten gingen natürlich weiter, häufig auf der Grundlage eines gemeinsamen Schul- oder Universitätsbesuchs, aber sie waren nun vielseitiger, weniger extensiv und vor allem viel weniger auf die gemeinschaftliche Mitwirkung in gemeinsamen Tätigkeitsbereichen allgemein und im Zentrum im besonderen gerichtet.
Etwas später, seit den späten sechziger oder frühen siebziger Jahren, verlagerte sich der Schwerpunkt der gemeinsamen Debatten über öffentliche Angelegenheiten zusehends von gemeinschaftlichen Diskussionsrunden auf die Massenmedien. Obwohl deren öffentlicher Widerhall groß gewesen sein mag, wandelte sich natürlich, zumindest in manchen Fällen, die ganze Beziehungsweise zum Zentrum. Diese Veränderung hing selbstverständlich mit der wachsenden Bedeutung von Medienspezialisten sowie mit der Tatsache zusammen, daß viele politische Persönlichkeiten nicht nur die Rolle des Diskussionsteilnehmers, sondern auch die des Kommentators übernahmen. Dadurch wurden die Verbindungen zwischen Entscheidungsvorgang, möglicher Beeinflussung der öffentlichen Meinung und der Mitwirkung in gemeinsamen sozio-politischen Rahmen noch weiter geschwächt.

Die volle Auswirkung dieser Veränderungen in der Struktur der Eliten auf die Wandlungsprozesse der israelischen Gesellschaft läßt sich nur dann verstehen, wenn wir den Zusammenhang zwischen ihnen und den wirtschaftlichen Entwicklungs- und Schichtenbildungsprozessen in Betracht ziehen, die während dieser Zeit in der israelischen Gesellschaft am Werk waren und von uns weiter oben analysiert worden sind.

Es war eine Zeit recht intensiven Wirtschaftswachstums, begleitet von sozialer Aufwärtsmobilität und der Herausbildung neuer Schichten und Statusgruppen. Die Segregationsprozesse der Eliten verliefen nun in engem Zusammenhang mit der Herauskristallisierung dieser Schichten, zumal der oberen, sowie mit der wachsenden Ausbildung von Unterschieden in den Maßstäben und Lebensstilen der oberen und unteren Schichten, die mit der zunehmenden Betonung eines ständig steigenden und auch relativ offen zur Schau gestellten Lebensstandards verbunden waren. Fast alle oberen Eliten hatten Anteil an diesem Trend, wenn auch natürlich in unterschiedlichem Ausmaß. Die neuen wirtschaftlichen Eliten, die oft gerade durch die Politik der Mapai-Regierungen entstanden waren, übernahmen dabei die Führung, und die anderen, einschließlich einiger Angehöriger der politischen Elite, taten es ihnen nach.

Die hervorragendsten Vertreter der älteren Generation sozialdemokratischer Führer – Ben-Gurion, Eschkol, Golda Meir, Pinchas Sapir (auf den die wirtschaftliche Expansion in den fünfziger und sechziger Jahren zurückgeht) – behielten allerdings tatsächlich einen recht bescheidenen Lebensstil bei und verstießen somit nicht gegen die Prämissen des älteren Pionierethos bzw. verletzten sie zumindest nicht in der Öffentlichkeit. Doch selbst sie – insbesondere vielleicht Sapir – legitimierten durch ihr ständiges Erscheinen bei verschiedenen gesellschaftlichen Anlässen den sichtbar aufwendigen Lebensstil, der sich jetzt bei vielen prominenten Spitzen der freien Berufe, der Wirtschaft und auch des Militärs einbürgerte. In den Nachwuchsgeneration und auf der zweitobersten Elitestufe entwickelte man weit luxuriösere und auffälligere Lebensstile oder zumindest einen Hang dazu.

Die einzelnen Eliten, einschließlich der politischen, die die vorstehend analysierten politischen Richtlinien in die Tat umsetzten, wurden also gewissermaßen auf natürliche Weise eng in die oberen ökonomischen Schichten einbezogen, die einen Lebensstil entwickelten, bei dem ein ständig steigender Lebensstandard und demonstrativer Konsum einen relativ hohen Stellenwert einnahmen. Darüber hinaus verbanden sich diese Eliten – wie die Eliten vieler anderer kleiner Länder – trotz möglicherweise geschwächter Solidarität häufig zu enggeknüpften und ziemlich geschlossenen Netzen, wodurch sie ihre Distanz zu anderen Schichten noch mehr betonten.
Auf diese Weise verwandelten sich die Eliten daher unwillkürlich in eine Art Oberschicht eines sozialdemokratischen Staates und nicht in die Elite einer Gesellschaft mit fortbestehendem Pioniergedanken. Dadurch entwickelten sie Verhaltensmuster, die gegen viele Prämissen und Symbole genau derjenigen Ideologie verstießen, von der sie ihre eigene Rechtmäßigkeit ableiteten.

Veränderungen im herrschenden Ethos

Der Wandel in der arbeiterzionistischen Ideologie

Diese Entwicklungen in den Elitestrukturen standen in engem Zusammenhang mit einigen zentralen Aspekten, die den vorstehend untersuchten Wandel in der arbeiterzionistischen Ideologie bestimmten, und zwar vor allem mit der zunehmenden Dissoziation zwischen verschiedenen Komponenten dieser Ideologie. Es traten sehr weitreichende Veränderungen in ihren Inhalten allgemein und in dem relativen Gewicht verschiedener ihrer Themen im besonderen ein.
So kam es in erster Linie zu einer merklichen Veränderung in ihrem allgemeinen Grundtenor. Vor allem schwächte sich die elitistische Pionierorientierung mit ihrer Betonung von Pflichten, Verantwortung und Leistungsnormen ab, während askriptive Rechte, Ansprüche und die Verteilung von Belohnungen durch das Zentrum jetzt stärker als zuvor in den Vordergrund traten.

Gleichzeitig setzte eine deutliche Gewichtsverlagerung zwischen den einzelnen Bestandteilen dieser Ideologie ein. Während die kollektivistischen, das heißt auf Verantwortung und kollektive Ziele gerichteten Einstellungen an Bedeutung verloren, wurden die individualistischen Orientierungen stärker. Die letzteren entwickelten sich in engem Zusammenhang mit den verschiedenen Maßnahmen sozialstaatlicher Verteilungspolitik, die ersteren wurden dagegen ins rein Symbolische abgedrängt.

Nur im Militärdienst wurden die starke Verpflichtung gegenüber kollektiven Zielen und Symbolen sowie die Betonung des Leistungsgedankens zumindest teilweise auch in bestimmte institutionelle Bahnen gelenkt.

Am engsten mit diesen Strukturveränderungen der Eliten hing vermutlich die Tatsache zusammen, daß kaum eine Anstrengung unternommen wurde, neue Wege zur Beteiligung breiterer Gruppen oder Schichten an der neuen institutionellen Expansion zu finden. Aus dem gleichen Grund unterblieb der Versuch, die entstehenden spezialisierten Eliten sowie breitere soziale Schichten an den Entscheidungen des Zentrums – insbesondere an der Festlegung der politischen Grundlinien, an denen sich der Aufbau neuer Institutionen orientierte – zu beteiligen.

Generell entwickelte sich diese Ideologie, parallel zur Umwandlung der Eliten, in eine sozialdemokratische Richtung, ohne starke sozialistische oder klassenkämpferische Konnotationen, aber auch ohne besondere Hervorhebung der Mitwirkung am Aufbau von Institutionen oder an der Pionierarbeit, so daß sie in diesem Bereich tatsächlich einigermaßen zum Erliegen kam. Gleichzeitig bildete jedoch das auf ein Elitebewußtsein gestützte Pionierethos weiterhin den Angelpunkt der Legitimation der herrschenden Elite und des Regimes.

Neue Betrachtungsweisen; neue Einstellungen zur Umwelt

Zusammengenommen hatten all diese Prozesse tatsächlich sehr weitreichende Auswirkungen auf die gesamte Atmosphäre und die Struktur der israelischen Gesellschaft und deren Grundprämissen. Davon betroffen waren das grundlegende Ethos – vor allem das Pionierethos – der Gesellschaft, ihre gesamten Einstellungen zur Welt und zum Aufbau einer eigenen Umwelt, die Orientierungen und Denkweisen in den führenden Kreisen der israelischen Gesellschaft und die sich wandelnden Innovations- und Kreativitätsmuster in ihr. All dies gipfelte in der Erschöpfung der zentralen Dimensionen der arbeiterzionistischen Ideologie im sozialen, politischen, kulturellen sowie institutionellen Bereich und löste eine – in mehrere Richtungen gehende – Suche nach neuen Wegen zur Umgestaltung dieser Dimensionen aus.

Die Verbindung von starker Zukunftsorientierung, sozialer Innovation und elitistischer Leistung mit sozialer Aktivität machte anderen Orientierungsmustern Platz. Der Blick auf die Zukunft, der den älteren Pionier geprägt hatte, schwächte sich ab; Zukunft und Gegenwart verschmolzen zunehmend miteinander, zumindest verringerten sich die Unterschiede und Spannungen zwischen ihnen. Die Zukunftsvision wurde mehr und mehr mit der Gegenwart gleichgesetzt. Dies führte – um einen Ausdruck von Prof. Nathan Rotenstreich, Professor für Philosophie an der Hebräischen Universität und einer der Hauptbeteiligten an den ideologischen Debatten in Israel, zu gebrauchen – zu einer Konflation, einer Verschmelzung, von *Nechassim* (Gütern) und »Werten«: sei es in der Armee, in verschiedenen lukrativen Karrieren in den neugeschaffenen oder expandierenden Institutionen und sogar in den Kibbuzim.

Diese Veränderung barg nicht notwendigerweise eine Loslösung von den kollektiven Zielen in sich; wohl aber verband sich diese Verpflichtung eng mit der Erreichung eines höheren Status und mit Karrierefortschritten innerhalb der vorhandenen sozialen und beruflichen Bahnen und ging kaum einmal über die bestehenden sozialen und institutionellen Strukturen hinaus – obwohl einige von diesen, wie die Kibbuzim und Moschawim, ursprünglich die Träger jener Ideologie und jenes Ethos gewesen waren.

All diese Veränderungen waren natürlich Ausdruck des höheren Stellenwerts, den ein steigender Lebensstandard, wirtschaftliche Entwicklung oder Produktivität, distributive Orientierun-

gen, die Zuteilung von Mitteln sowie Ansprüche und Rechte jetzt genossen. Dies zeigte sich an den neu entstehenden Lebensmustern, am wachsenden, augenfälligen Konsum verschiedener höherer Schichten, wobei dieses Verhalten von den Eliten de facto legitimiert wurde, und an den oben analysierten Entwicklungsmustern der kulturellen Nachfrage.
Diese Prozesse waren in den führenden Gesellschaftsschichten mit einem weitreichenden Einstellungswandel im Hinblick auf die Möglichkeit verbunden, die innere und äußere sozio-politische Umwelt zu gestalten. Die auf der Beteiligung am Aufbau solcher Umwelten beruhende schöpferisch-innovative Haltung, die die Vergangenheit gekennzeichnet hatte, machte jetzt – scheinbar unmerklich und natürlich – der Auffassung Platz, daß diese Umgebung vorgegeben sei, daß man sie »meistern«, erobern oder sich ihr anpassen, aber sie nicht unbedingt neu gestalten müsse.
Wie wir gesehen haben, beschäftigte sich die israelische Literatur der fünfziger und sechziger Jahre sehr ausgiebig mit solchen Veränderungen, wobei sie häufig die Enttäuschung der jüngeren Generationen über die neue Wirklichkeit und über die eigene Unfähigkeit zum Ausdruck brachte, den großen Visionen ihrer Jugendzeit oder auch denen ihrer Eltern gerecht zu werden, und damit eine Wirklichkeit schilderte, die da ist und nicht verändert, sondern höchstens gemeistert werden kann.
Sie widmete sich viel eher der Erkundung der bestehenden Welt mit ihren verschiedenen Dimensionen, Problemen und Widersprüchen als der Möglichkeit, eine neue Realität zu schaffen – obwohl dieses letztere Thema selbstverständlich nicht ganz von der intellektuellen oder ideologischen Bühne Israels verschwand.

Die Bedeutung der Sicherheitslage

Am bezeichnendsten für diesen Wandel war vielleicht die Auffassung der Sicherheitsprobleme und das in weiten Kreisen der israelischen Gesellschaft um sich greifende Selbstverständnis als eine Gesellschaft im Belagerungszustand, unter dem Druck ständiger Spannungen.

Die schwere wirtschaftliche und persönliche Belastung, allein schon durch die im Militärdienst verbrachte Zeit, sowie die psychologische Belastung durch die dauernd instabile Sicherheits- und internationale Situation Israels kann natürlich nicht in Zweifel gezogen werden. Aber es ist schwierig zu beurteilen, ob dieser Druck viel größer war als zu früheren Zeiten, abgesehen natürlich von seiner Dauer und der Tatsache, daß sich die Last deswegen einfach akkumulierte.
Im Vergleich zur Jischuw-Periode, in der die Wahrung der Sicherheit als Bestandteil der grundlegenden Pioniertätigkeit – aber eben nur als Teil – angesehen wurde, trat jetzt eine weitreichende Veränderung in der Auffassung und Definition dieser Seite der israelischen Wirklichkeit und der Identität der israelischen Gesellschaft ein.
Die Sicherheit wurde daher zur zentralen Dimension der kollektiven israelischen Identität. Das Bild einer im Belagerungszustand lebenden Gesellschaft entwickelte sich zu einem Grundbestandteil ihrer Identität und lenkte weitgehend die Kreativität und Verpflichtung großer Bevölkerungsteile. Schon die Tatsache, daß man sich dieser Situation bewußt war und diese Dimension betonte, diente als eine Art Entschuldigungsgrund dafür, daß man in anderen Richtungen keine Kreativität entfaltete.
Mosche Dajans berühmter Ausspruch, daß man unmöglich zwei Banner gleichzeitig tragen könne – das der Erhaltung der Sicherheit und das der Lösung sozialer Probleme –, ist höchst bezeichnend für diesen Trend, ebenso wie die wiederholten Äußerungen vieler Politiker – darunter auch Golda Meir –, daß man den in Sicherheit und relativem Wohlstand lebenden Großstadtbewohnern die harten Bedingungen des Militärdiensts und des Lebens in den entlegenen Grenzsiedlungen vor Augen halten müsse.

Die Spezialisierung von Eliten

Die zunehmende Spezialisierung und Segregation verschiedener Eliten und die Veränderungen in der Ideologie hatten ebenfalls tiefgreifenden Einfluß auf Denkweise und Verständnis dieser

Eliten hinsichtlich der wichtigsten Probleme sowohl in ihrem eigenen Tätigkeitsbereich als auch in der israelischen Gesellschaft als ganzer. Dabei ging diese Entwicklung weitgehend in dieselbe Richtung wie die allgemeine Einstellung zur Umwelt, wie wir sie oben analysiert haben.

In den meisten Eliten entstand einerseits die Tendenz zu überwiegend technokratischem Expertentum und andererseits die Neigung zu einer eher abstrakten Sicht der wichtigen Problemen der Gesellschaft.

In vielen Bereichen, zum Beispiel im Militär und in manchen industriellen und akademischen Einrichtungen, verbanden sich diese Denkweisen mit einer immer stärkeren Einschränkung des Horizonts auf immer speziellere und kompliziertere Probleme, gleichzeitig aber auch mit einem hohen Innovationstempo. Dadurch gab es immer weniger gemeinsame Berührungspunkte oder Foren, auf denen die Probleme der verschiedenen Bereiche institutioneller Aktivitäten erörtert wurden. Gleichzeitig entwickelten viele dieser Eliten im Hinblick auf die umfassenderen sozialen und politischen Probleme entweder ideologische Idealvorstellungen (wie sie zumal bei Intellektuellen üblich sind) oder eine abstrakte technokratische Gesamtbetrachtungsweise (in professionellen Elitekreisen).

Zwischen diesen verschiedenen Denkweisen setzte nun eine kontinuierliche Pendelbewegung ein, wobei man oft nur wenig Gespür für die Feinheiten, Komplexitäten und Wechselbeziehungen der konkreten Probleme auf unterschiedlichen Gebieten des sozialen Lebens bewies. All diese Entwicklungen verstärkten in einer Art Rückkopplungsprozeß die eher adaptiven gegenüber den eher kreativen Einstellungen zum Aufbau der Welt sowie zur Veränderung der Umwelt und förderten die Ablösung der stärker anpassungsorientierten Entwicklung neuer Institutionen von den Strukturen einer umfassenderen Solidarität.

Diese Orientierung fand ihren Ausdruck sogar in der Alltagssprache. Vielleicht vor allem im Militär, aber auch in anderen Lebensbereichen bildete sich ein hochtechnisiertes Vokabular heraus, verbunden mit einer ziemlich engen Problemsicht; durch diese Aufspaltung des Lebens in verschiedene konkrete Probleme wurde der vernünftige Gedankenaustausch zwischen vielen Bereichen der israelischen Gesellschaft in gewisser Weise beeinträchtigt.

Diese Prozesse waren natürlich auch mit einer wachsenden Atrophie im »offiziellen« sozio-politischen Denken und Gedankenaustausch über innere und äußere Angelegenheiten verknüpft. Die öffentliche – und vor allem politische – Debatte, die in der Knesset und auf anderen Foren geführt wurde, schwankte ständig zwischen ideologischen Gemeinplätzen und allgemeinen Erklärungen einerseits und eher technokratischen und ad hoc getroffenen Regelungen andererseits. Hinzu kam der geringe Einfluß von Presse, Medien und Diskussionen in informellen Gremien auf die politischen Entscheidungen.

Diese Atrophie des sozio-politischen Denkens zeigte sich in der mangelnden Fähigkeit, einheitliche politische Richtlinien für solche Gebiete wie Arbeitsbeziehungen oder die mit der wirtschaftlichen Entwicklung zusammenhängenden Probleme auszuarbeiten.

Bedeutsamerweise kleidete sich ein Großteil der internen politischen Auseinandersetzungen in administrative oder organisatorische Begriffe, wie etwa in der Debatte über eine Änderung des Wahlsystems, die zum Teil noch auf Ben-Gurions Bemühungen zurückging, die Übel des israelischen Regierungssystems durch den Übergang vom Verhältnis- zum Mehrheitswahlrecht zu heilen.

Veränderungen in der kollektiven Identität

Gleichzeitig traten Veränderungen in einem anderen Aspekt oder einer weiteren Dimension der zionistischen – und vor allem arbeiterzionistischen – Ideologie ein, nämlich Veränderungen im Aufbau der Symbole und Komponenten der neuen israelischen Kollektividentität und in ihrem Verhältnis zu den Prozessen sozialer und kultureller Kreativität, die sich darin entwickelten.

Einerseits blieb die israelische oder zionistische Grundkomponente dieser Identität im großen und ganzen fest im kollektiven Bewußtsein der meisten israelischen Gesellschaftsschichten verankert – und es begann auch ein Prozeß schöpferischer oder rezeptiver Beteiligung an der Kultur. Doch andererseits ließen sich diese Vorgänge nicht länger unter den Oberbegriff einer einfachen zionistischen oder arbeiterzionistischen Ideologie einordnen – wie es zu Zeiten der Wiederbelebung der hebräischen Sprache und der Herausbildung der neuen Komponenten einer erez-israelischen Identität während der Jischuw-Periode und in den ersten Jahren des Staates der Fall gewesen war. Die Frage nach dem Verhältnis, in dem die israelische Identität zur jüdischen Geschichte und zur jüdischen Zivilisation insgesamt stand, wurde von neuem aufgerollt. Die einfache, aber feste Überzeugung früherer Phasen, daß die kulturelle Renaissance schon von selbst alle diese Fragen beantworten werde, hatte sich zumindest als unzureichend erwiesen; so gelangte man zu der Einsicht, daß diese Dimensionen der Ideologie erschöpft seien – ähnlich wie im sozialen Bereich. Dieses Bewußtsein löste nun, wie wir gesehen haben, sehr weitreichende und weitgefächerte Kreativitätsschübe aus, die auf die Neugestaltung der zentralen Symbole der Gesellschaft zielten, sei es in historischer, religiöser oder ethnischer Richtung, dabei aber die ganze Grundstimmung veränderten: Anstelle der aktiven Umgestaltung und einer starken Zukunftsorientierung ging man jetzt dazu über, sich in stärkerem Maße mit der Gegenwart und der Vergangenheit zu arrangieren.

Die Schwächung der herrschenden Ideologie

Gewandelte Definitionen der wichtigsten sozialen Probleme

All diese Prozesse führten zu einer zunehmenden Erschöpfung der ideologischen Kreativität in der sozialen, politischen und institutionellen Dimension der arbeiterzionistischen Ideologie – und das gerade in der Zeit großer institutioneller Expansion in allen Lebensbereichen. Hier schwächten sich erneut die innovativen, wandlungsfreudigen Orientierungen ab, also die Bemühungen, die Gegebenheiten der sozialen Umgebung zu formen oder zu verändern, im Gegensatz zu der Tendenz, sie nur hinzunehmen oder bestenfalls zu meistern.

Diese Abschwächung der wandlungsfreudigen Innovationsbestrebungen zeigt sich bereits an der Definition zentraler sozialer Probleme, die sich in der israelischen Gesellschaft herausbildeten, und an den zu ihrer Behebung eingeleiteten Maßnahmen; das gilt für das »ethnische« Problem, für viele soziale Probleme auf anderen Gebieten und vor allem vielleicht für jenen Kernbereich von Sicherheit und auswärtigen Beziehungen.
Ein näherer Blick auf die verschiedenen Definitionen des ethnischen Problems und die einzelnen politischen Maßnahmen auf diesem Gebiet beweist, daß letztere stillschweigend oder ausdrücklich davon ausgingen, daß die Wurzel dieses Problems im Zusammentreffen »objektiver Voraussetzungen« liege, zu denen insbesondere die kulturelle Distanz, die anfänglichen Bildungsunterschiede zwischen den orientalischen und den westlichen Gruppen sowie die zumindest de facto bestehende Diskriminierung der orientalischen Gruppen gehörten – eine Diskriminierung, die aus den Mißverständnissen erwuchs, die auf jener kulturellen Distanz fußten.
Dementsprechend wurden viele Maßnahmen entwickelt, die diese Probleme lösen sollten. Die ihnen zugrunde liegenden Auffassungen übersahen jedoch die Bedeutung anderer, dynamischerer Faktoren oder Aspekte bei der Entstehung des ethnischen Problems, etwa die veränderte Motivation und Ideologie der Neueinwanderer; die Tatsache, daß viele der sogenannten orientalischen Einwanderer ohne ihre Führungsschicht oder ihre sozio-ökonomisch stärkeren Elemente gekommen waren; und das Zusammentreffen all dieser Faktoren (einschließlich des kulturellen Abstands) mit den Veränderungen in der Aufnahme der Neueinwanderer, die sich in Richtung auf eine bürokratisch-paternalistische Bevormundung entwickelte, die bekanntlich wieder eng mit der damals in Israel verbreiteten klientelistischen Politik verbunden war. All diese Faktoren wurden in gewisser Hinsicht als selbstverständlich vorausgesetzt.
Daher wurde bei diesen Maßnahmen die Bedeutung der Tatsache vernachlässigt, daß sich in den meisten institutionellen Bereichen nur sehr wenige Formen oder Milieus herausbildeten, in die neue und frühere Einwanderer gemeinsam eingebunden gewesen wären. Dies galt nicht nur für die neuen institutionellen Rahmen für Solidarität, deren Schaffung das Ziel der schuli-

schen Integrationspolitik war, sondern auch für die Betonung von Verantwortung und Motivation für gemeinsame Anstrengungen, hohe Leistungen oder Qualitätsmaßstäbe, gemeinsame Pflichten, Aufgaben und Rechte sowie einige gemeinsame Versuche, neue institutionelle Formen zu schaffen und ihre Umgebung zu verändern.

Ähnliche politische Prämissen gingen auch in die Definition anderer sozialer Probleme ein, etwa das Problem der Armut, wie es von Politikern und Sozialarbeitern formuliert wurde, oder in die Probleme des Erziehungswesens, soweit sie die orientalischen Gruppen und zumal die benachteiligten betrafen.

Allerdings war die bloße Tatsache, daß alle diese sozialen Probleme überhaupt ausgesprochen und formuliert wurden, an sich schon eine große Neuerung in der öffentlichen Debatte in Israel – und deutete auf ein großes Potential an Kreativität und Innovation hin.

Diese Reaktionen, die zunächst einmal von der Anerkennung dieser Tatsachen ausgingen und einige sehr wichtige institutionelle und soziale Innovationen in sich bargen, waren jedoch gleichbedeutend mit dem Eingeständnis, daß diese Probleme nicht auf der Grundlage der herrschenden Ideologie zu lösen waren, vor allem nicht auf der Grundlage ihrer Aufbauemphase, ihres Nachdrucks auf gemeinsamer Beteiligung an der Schaffung sozialer und kultureller Rahmen und ihrer Vorstellung, solche Aktivitäten an einen breiteren Gesamtsinn, an die Grundsymbole des Kollektivs zu binden.

Veränderte politische Grundlinien

Die Entwicklung eines dynamischen Konservativismus

Dies waren jedoch nicht nur rein »akademische« Definitionen der Hauptprobleme, denen sich die israelische Gesellschaft gegenübersah; sie waren, wie gezeigt, eng mit den wichtigsten politischen Maßnahmen verknüpft, die vom Zentrum, von den herrschenden Eliten in den wesentlichsten Bereichen des sozialen Lebens eingeleitet wurden, etwa bei der Einwandereraufnahme

nahme, der wirtschaftlichen Entwicklung, in der Staats- und Sicherheitspolitik und in den Beziehungen zu den arabischen Staaten.

So wurden die Probleme der Neueinwanderer tatsächlich nie in Klassenkategorien definiert oder aus der Perspektive der Pionierideologie bestimmt, wie es angesichts der sozialistischen Grundorientierung der Gesellschaft und der objektiven ökonomischen Situation der Einwanderer möglich gewesen wäre. Statt dessen definierte man sie höchstens als die negative Kehrseite dieser Ideologie. Außerdem bezeichnete man das ethnische Problem als eines von *Edot* im Gegensatz zum umfassenderen Kollektiv, das nicht aus *Edot* bestand und dafür der Träger der großen zionistischen Veränderung und des zionistischen Gedankens sein sollte. Diese Definitionen erbrachten den Beweis für die Erschöpfung der gesellschaftlich-politischen Dimension dieser Ideologie – eine Tendenz, die, wie gesagt, sehr eng mit der weitreichenden Veränderung im Aufbau der kollektiven Identitätssymbole zusammenhing.

Die Konzeption und Durchführung dieser Maßnahmen wurde, wie wir oben gesehen haben, von der Ideologie des »klassischen« Arbeiterzionismus geleitet, der sich für die Verwirklichung der nationalen Ziele, für wirtschaftliche Entwicklung, die Sammlung der Zerstreuten und ihr Zusammenwachsen zu einer Nation einsetzte und im Dienst dieser Ziele andauernden Pioniereinsatz forderte. So setzte er die Grundanliegen der zionistischen Bewegung und die verschiedenen Entwicklungen der Jischuw-Periode mit noch größerem Schwung, stärkerer Macht und umfangreicheren Mitteln fort.

Entscheidend für diese Ideologie – und insbesondere für ihre Pionierkomponente – war der erhebliche Nachdruck, den sie bei der Verwirklichung all dieser Ziele auf die Beteiligung der sozialen Gruppen an den Zentren der Gesellschaft und an dem Prozeß institutioneller und kultureller Kreativität legte, der mit diesen Zentren eng verbunden war.

In Wirklichkeit wurden diese Maßnahmen jedoch zumindest teilweise von etwas anderen Orientierungen geleitet und in anderer Weise strukturiert, als man es unter diesen Voraussetzungen annehmen würde, so daß sie sich insbesondere von den in der Jischuw-Periode am meisten verbreiteten Handlungsweisen unterschieden und sich in eine ganz andere Richtung entwickelten.

Es läßt sich jedoch – sogar mit ziemlich hohem Wahrheitsgehalt – behaupten, daß es angesichts der in den ersten Jahren des Staates vorhandenen Bedingungen völlig unrealistisch gewesen wäre, an die volle Beteiligung der verschiedenen – insbesondere neuen – Bevölkerungskreise zu denken. Da man äußerst dringend Lösungen für drückende konkrete Probleme finden mußte, etwa im Hinblick auf die Wohnungs- und Arbeitsbeschaffung für die neuen Einwanderer, den Aufbau der Armee und die Ingangsetzung der wirtschaftlichen Entwicklung, mußten natürlich viele pragmatische Stegreifentscheidungen gefällt werden, die die hehren Prämissen der grundlegenden Ideologie nicht mit einbeziehen konnten.

Vom Gesichtspunkt unserer Analyse aus ist jedoch die Tatsache von ausschlaggebender Bedeutung, daß selbst später, als die Notwendigkeit ad hoc eingeleiteter Notmaßnahmen nicht mehr im selben Umfang bestand, die politischen Grundlinien sogar noch stärker als zuvor bestimmten Haltungen oder Richtungen folgten, die in mehrfacher entscheidender Hinsicht zumindest von den ursprünglichen Prämissen der Pionierideologie abwichen, und zwar insbesondere von deren »partizipatorischen« Aspekten und von der sonst so stark betonten Verbindung zwischen dem Aufbau der Institutionen und der Verpflichtung gegenüber gemeinsamen Zielen.

Eine dieser Haltungen, die in gewissem Umfang vielen nachrevolutionären Gesellschaften eigen ist, in Israel aber einige besondere Merkmale annahm, läßt sich am besten als dynamischer Konservativismus umreißen. Dessen wichtigstes Identifikationsmerkmal besteht darin, daß er sich nicht nur oder hauptsächlich von den engen Interessen bestehender Gruppen oder Organisationen leiten läßt, wie es für »einfache« konservative Richtungen recht natürlich sein kann. Vielmehr ist er äußerst dynamisch in dem Sinn, daß er bereit ist, viele enge Sonderinteressen verschiedener vorhandener Gruppen aufzugeben, offen neue Probleme anzugehen, zahlreiche existente Organisationen neuen Gruppen zu öffnen und auch neue Organisationen und Institutionen zu schaffen. Gleichzeitig bleiben jedoch die von einem dynamischen Konservativismus geleiteten Bemühungen, solche neuen Probleme zu lösen, fast ausschließlich in den bestehenden Macht- und institutionellen Strukturen.

So strebte man, dieser Grundlinie folgend, danach, neue Gruppen in bestehende – oder neugeschaffene – Organisationsformen aufzunehmen, neue Probleme gemäß den herrschenden Grundorientierungen und Richtlinien zu lösen und vor allem – innerhalb der expandierenden institutionellen Rahmen der bestehenden Eliten – die existierende Grundstruktur von Macht und Ideologie aufrechtzuerhalten. Demgegenüber übernahm man nichts, um verschiedene soziale Gruppen etwa dazu anzuregen, neuartige soziale Rahmen und Institutionen zu schaffen oder die autonome Beteiligung solcher Gruppen in den verschiedenen Gesellschaftskreisen im allgemeinen und in den Zentren im besonderen zu fördern – was vielleicht zu einer solchen Kreativität hätte führen können.

Am sichtbarsten war dies im Bereich der Einwandereraufnahme, und die neuen Moschawim, die bekanntlich einen der erfolgreichsten Aspekte dieses ganzen Unternehmens bildeten, lieferten unter diesem Gesichtspunkt ein sehr bedeutsames Beispiel. Sie folgten in Aufbau und Organisation den Prinzipien der ersten Pioniergruppen, die als geeignete Grundmuster für Neueinwanderer galten, an denen sich neue Gruppen zu orientieren hatten. Demgegenüber gab man sich kaum Mühe, zusammen mit diesen Gruppen nach möglichen neuen Richtungen Ausschau zu halten.

Auch als man den organisatorischen Rahmen von Histadrut und Parteiarbeit auf viele Bereiche dieser Gruppen ausdehnte, um ihnen zu helfen, ihren Platz in der israelischen Politik einzunehmen, geschah dies – in gewisser Hinsicht ganz natürlich – fast ausschließlich durch die Erweiterung der bestehenden Einrichtungen.

Die spezifischen Probleme der verschiedenen neuen Gruppen – vor allem, aber nicht nur der Einwanderer – wurden innerhalb dieser Rahmen meist in technisch-organisatorischen und erzieherischen Begriffen definiert; das heißt, man sprach davon, wie man sie möglichst optimal mit Wohnung, Arbeitsplatz und ähnlichem versorgen könne und wie man sie unter bestehenden Voraussetzungen und vor allem im Rahmen der existierenden sozialen Einrichtungen zu erziehen oder zu sozialisieren hätte, ohne gleichzeitig die Möglichkeit von Veränderungen in diesen Rahmen ins Auge zu fassen, die etwa durch die autonome Beteiligung verschiedener – alter wie neuer – Gruppen hätten ausgelöst werden können.

Die Auswirkungen des dynamischen Konservativismus

Das erste wichtige Ergebnis all dieser Maßnahmen – insbesondere solcher, die sich auf die Einwandereraufnahme richteten – war eine sehr weitreichende und kontinuierlich fortschreitende organisatorische Expansion und Diversifizierung der wichtigsten institutionellen Bereiche und Einrichtungen der Gesellschaft, seien sie ökologischer, wirtschaftlicher, beruflicher oder schulischer Art.

Außerdem war diese große organisatorisch-institutionelle Expansion eng mit der Eröffnung weitreichender Möglichkeiten für den beruflichen Aufstieg und die soziale Mobilität vieler Gruppen von Jugendlichen und Neueinwanderern verbunden, auch wenn nicht alle in gleichem Ausmaß vorankommen konnten. In vielen Bereichen, etwa in der Armee, in Bildungseinrichtungen im allgemeinen und an den Hochschulen im besonderen, lagen die Spitzenpositionen sogar von Anfang an in den Händen einiger neuer Gruppen, vor allem aus den jüngeren Sabra-Generationen, aber nach und nach auch aus anderen ausgewählten Kreisen.

So stagnierten diese Organisationen – mehr noch als die bereits vorher bestehenden – keineswegs, sondern waren im Gegenteil – wie schon die Bezeichnung »dynamischer« Konservativismus nahelegt – in ständiger Entwicklung und Veränderung begriffen. Allerdings richtete sich die Dynamik älterer wie neuerer Institutionen nach Prämissen, die, wie gesagt, weitgehend von denen der vorausgegangenen Jischuw-Periode, aber auch von denen der herrschenden Ideologie abwichen.

Erstens bestand nur ein schwacher Zusammenhang zwischen der Entwicklung dieser Institutionen und den mehr »sozialen« Aspekten der herrschenden arbeiterzionistischen Ideologie. Letztere enthielt – abgesehen von der Betonung wirtschaftlicher Entwicklung und institutioneller Expansion – keine Richtlinien für die Ausgestaltung ihrer spezifischen Merkmale. Zweitens gab es nur relativ schwache Verbindungen zwischen der Entwicklung solcher Institutionen und den Bestrebungen, institutionelle Innovation im allgemeinen und die Mitwirkung der verschiedenen Gruppen in den Hauptzentren der Gesellschaft sowie ihren autonomen Zugang zu ihnen im besonderen zu erleichtern. Wie bereits oben angedeutet, war diese große institutionelle und organisatorische Expansion vielmehr mit wachsender Abhängigkeit all dieser Organisationen – alter wie neuer Herkunft – vom Zentrum verbunden, auf das sie trotz ihrer Diversifizierung hinsichtlich der für ihre Arbeit nötigen Mittel angewiesen waren. Das Zentrum wurde mehr und mehr zum gemeinsamen Bezugspunkt für sie alle, und die ziemlich stagnierende Kreativität im Zentrum beeinflußte notwendigerweise auch die Entwicklung und Arbeitsweise dieser Institutionen.

Die Tendenz zu einer Anspruchsmentalität – »magia li«

Die vollen Auswirkungen dieses dynamischen Konservativismus werden jedoch erst in Verbindung mit der zweiten Grundlinie verständlich, die viele staatliche Maßnahmen leitete. Sie läßt sich am anschaulichsten mit dem Schlagwort *magia li* (»sie schulden mir das«, »es steht mir zu« oder so ähnlich) umschreiben, das sich in der israelischen Gesellschaft zunehmender Beliebtheit erfreute. Man pochte also auf sein Recht, verschiedene Güter oder Dienste unabhängig von irgendwelchen Leistungen oder Verhaltensweisen zu bekommen.

Selbstverständlich ist eine solche auf Rechte und Ansprüche gestützte Ideologie Grundbestandteil jedes modernen Wohlfahrtsstaates und wurde somit auch Teil des israelischen Sozialstaatssystems. Aber diese Grundhaltung des »magia li« besaß in der israelischen Wirklichkeit sehr viel tiefere Wurzeln. Einige davon gehen auf verschiedene Maßnahmen und Orientierungen zurück, die sich – besonders im Arbeitersektor – im Jischuw entwickelten. Sehr viel wichtiger war hier aber wohl die Art und Weise, wie man nach der Staatsgründung mit dringenden Problemen umging, insbesondere mit der Aufnahme von Neueinwanderern. Die schwierigen wirtschaftlichen Bedingungen zu Beginn dieser Zeit – nämlich die Notwendigkeit, umgehend mit Problemen der Unterbringung, Beschäftigung und teils sogar Nahrungsmittelbeschaffung fertig zu werden und gleichzeitig die Ausbreitung größerer Unruhen unter den Einwanderern zu vermeiden – führten zu einer Politik der zunächst sehr bescheidenen Vergabe von Mitteln in den *Maabarot* und der Beschäftigung mit offensichtlich unproduktiven Arbeiten, mit denen keine besonderen Anstrengungen und keine Leistungs- oder Verhaltensanforderungen verbunden waren – vor allem, nachdem sich die Dinge etwas eingespielt hatten. Die Geschichte jener Jahre liefert viele Beispiele für diese Haltung, und die Warnungen von »Aufnehmenden«, die sich dagegen wandten, blieben unbeachtet.

Die zunehmende Neuorientierung der älteren Sektoren, möglicherweise begünstigt durch die deutschen Wiedergutmachungsleistungen, die aufstrebende Ideologie des Wohlfahrtsstaates und der sozialen Dienstleistungen sowie die Konzentration vieler dieser Maßnahmen in den Entwicklungsstädten ließen allmählich eine neue globale Einstellung entstehen, die vielen Maßnahmen zugrunde lag und zwanglos mit zahlreichen Auswirkungen des dynamischen Konservativismus harmonierte, etwa mit der mangelnden Beteiligung an kreativen Anstrengungen, bis sie schließlich in die Grundstimmung der israelischen Gesellschaft einging.

Der Zustrom arabischer Arbeitskräfte; die Umkehrung der aus dem Pioniergedanken abgeleiteten Berufsstruktur

Das vielleicht wichtigste Anzeichen für die Erschöpfung oder den Bankrott des älteren arbeiterzionistischen Sozial- und Wirtschaftsgedankens lag in dessen mangelnder Fähigkeit, sich – außer auf rein adaptive Weise – mit der entscheidenden Veränderung in der gesamten Struktur der israelischen Wirtschaft auseinanderzusetzen, die nach dem Sechstagekrieg eintrat: nämlich mit dem Zustrom arabischer Arbeitskräfte und der wachsenden Abhängigkeit mancher israelischer Wirtschafts-

zweige – im Agrarsektor wie auch in der Industrie – von ihrer Arbeit.
Mit der Beschäftigung dieser Arbeitskräfte in verschiedenen Bereichen der israelischen Wirtschaft waren viele unschöne Aspekte – wie schlechte Unterbringung und Ausbeutungsversuche – verbunden, denen die Histadrut und andere Organisationen abzuhelfen versuchten, ohne dabei allerdings immer einen vollen Erfolg zu erzielen.
Doch selbst dort, wo sie zumindest teilweise erfolgreich waren, und trotz der möglicherweise günstigen Auswirkung dieser Beschäftigungsweise auf den Lebensstandard vieler arabischer Bevölkerungskreise liefen diese Entwicklungen den Grundprämissen der arbeiterzionistischen Ideologie zuwider. Verletzt wurde nämlich gerade ein Grundsatz, der bekanntlich einen wichtigen Streitpunkt in der Jischuw-Periode gebildet hatte – der Grundsatz der *Awoda iwrit*, der hebräischen Arbeit, dem zufolge man eine normale, eigenständige jüdische, auf Landwirtschaft und Industrie begründete Berufs- und Wirtschaftsstruktur anstrebte und nicht etwa eine »koloniale« Wirtschaftsform, wie es die Briten bis zu einem gewissen Grad angeregt hatten.
Schon die vorausgegangenen beruflichen Entwicklungen in Israel – die Zunahme der Schreibtischtätigkeiten, der Bürokratie und solcher traditioneller jüdischer Beschäftigungszweige wie die freien Berufe – hatten diese Prämissen auf eine harte Probe gestellt, aber von ihnen ließ sich immerhin noch sagen, daß sie sich im Rahmen der Grundausrichtung auf eine eigenständige Volkswirtschaft hielten.
Das traf jedoch nicht mehr auf den Zustrom arabischer Arbeitskräfte zu, der in den von ihm vornehmlich betroffenen Zweigen eine »halbkoloniale« Struktur entstehen ließ und vor allem den Rückzug des jüdischen Sektors aus der »niedrigeren«, einfachen Muskelarbeit unterstrich, die für die Vision der Pioniere so große Bedeutung gehabt hatte.
In vieler Hinsicht waren diese Entwicklungen eine Art natürliche Begleiterscheinung der wirtschaftlichen Expansion, die insbesondere nach dem Sechstagekrieg einsetzte, aber da sich die herrschende Ideologie nahezu völlig unwillig zeigte, diese Probleme aus dem Blickwinkel ihrer eigenen zentralen Vorausset-

zungen ins Auge zu fassen, lieferte sie damit einen weiteren Beweis für ihre zunehmende Erschöpfung.

Sicherheitspolitik

Diese Erschöpfung zeigte sich auch auf dem Gebiet der Sicherheitspolitik. Schon die Tatsache, daß dieser Bereich in den Mittelpunkt des öffentlichen Interesses und – nach dem Sechstagekrieg – auch der öffentlichen Diskussion rückte, verwies auf die relative Erschöpfung der sozial-institutionellen Dimension der herrschenden Ideologie. Noch deutlicher wurde dies jedoch angesichts der recht weitgehenden Erstarrung zumindest der offiziellen Politik, die damit in einen gewissen Gegensatz zu Teilen der öffentlichen Diskussion geriet, aber auch häufig mit großen technischen Innovationen auf dem militärischen Sektor verbunden war.

Die Wandlung des Kibbuz als Paradebeispiel für die wichtigsten Veränderungen in der israelischen Gesellschaft

Strukturelle und ideologische Veränderungen in den Kibbuzim

Die beste Illustration oder Manifestation der vorstehend analysierten Wandlungsprozesse – hinsichtlich der Struktur der Eliten, ihrer Beziehungen zu breiteren Schichten in der herrschenden Ideologie, der Erschöpfung ihrer sozial-institutionellen Dimension und der Auswirkungen all dieser Veränderungen auf den Wandel der israelischen Gesellschaft – liefern in fast reiner Form die Veränderungen, die etwa seit den fünfziger Jahren in der Struktur der Kibbuzim und ihrer Stellung in der israelischen Sozialstruktur, besonders im Verhältnis zu den Neueinwanderern, eingetreten sind (teils in gewissem Gegensatz zu den Moschawim).

Wie wir oben gesehen haben, machten Kibbuz und Moschaw in diesem Zeitabschnitt einen tiefgreifenden Prozeß innerer

Wandlung und Diversifizierung durch, wurden wirtschaftlich durchweg sehr erfolgreich, verlegten sich auch auf Industrie und erlebten ein kontinuierliches Wirtschaftswachstum, Modernisierung und strukturelle Spezialisierung. Außerdem spielten sie weiterhin eine wichtige Rolle im politischen Bereich und wurden Teil der oberen Gesellschaftsschichten.

Gleichzeitig traten aber einige sehr wichtige Veränderungen in ihrem Elitestatus und in der Art ein, in der sie sich zu den neuen Problemen stellten, die die israelische Gesellschaft allgemein und die Einwandereraufnahme im besonderen betrafen.

Im 9. Kapitel haben wir bereits die Gründe für den Wandel ihrer Attraktivität und die generell geringe Anziehungskraft erörtert, die sie auf Sektoren der älter eingesessenen Bevölkerung wie auch – vielleicht vor allem – auf die Einwanderer im allgemeinen und die orientalischen Einwanderer im besonderen ausübten.

Es gab einige Versuche, Neueinwanderer in die Kibbuzim hereinzuziehen, aber es wurden nur wenige neue Kibbuzim von Neueinwanderern überhaupt und von Orientalen insbesondere gegründet. Jedenfalls schickten die verschiedenen Kibbuzbewegungen keine Beauftragten zu den Jugendbewegungen in den Städten oder zu neuen Kibbuzim, um ihnen bei ihren ersten Schritten behilflich zu sein. Sie beteiligten sich zwar aktiv an verschiedenen Programmen der Jugend-Alija, die ihre Tätigkeit mehr und mehr auf die Einwandererjugend und besonders deren Sozialfälle verlegte, aber ihr Gesamteinfluß auf die neu entstehende soziale Wirklichkeit war, verglichen mit der vorangegangenen Periode, ziemlich gering.

Dies stand in engem Zusammenhang mit der Natur ihrer elitistisch-sektiererischen Tendenzen sowie mit der Tatsache, daß sich ihr Egalitarismus zusehends nach innen richtete, was zu einer »bevormundenden« Haltung gegenüber anderen Gruppen, besonders den Neueinwanderern, führte. Was immer sie an neuer institutioneller Kreativität und Phantasie entwickelten, war auf ihre eigenen Probleme gerichtet, auf ihre wirtschaftliche Expansion und die Auswirkungen, die diese Expansion auf ihre ideologischen Prämissen besaßen; die Probleme der neuen Bevölkerungssektoren wurden nur am Rande beachtet. Insbesondere wurden – abgesehen von einigen formellen institutionellen

Beziehungen auf örtlicher Ebene – meist keine Versuche unternommen, Formen der Zusammenarbeit mit den Entwicklungsstädten zu finden, die oft in unmittelbarer Nähe der Kibbuzim entstanden.

Zu den wichtigsten Anzeichen solcher Einstellungen gehörte ihr recht verbreitetes – angesichts ihres Schwankens in ideologischen Fragen ziemlich natürliches – Widerstreben, sich an gemeinsamen regionalen Bildungseinrichtungen zu beteiligen; erst in letzter Zeit hat sich an dieser Haltung etwas geändert.

Andererseits beteiligten sie sich nicht nur uneingeschränkt an der wirtschaftlichen Entwicklung in Israel, indem sie zu einer besonderen Schicht von gehobenen Landwirten wurden, sondern auch an politischen Gremien, in denen sie starke Positionen erwarben und gleichzeitig den Status von Eliten, von Symbolen der unverdorbenen Werte der Gesellschaft, nach wie vor für sich in Anspruch nahmen und häufig versuchten, als Stimme des Gewissens oder moralische Führer aufzutreten. Doch sie bauten ihre tatsächliche Stärke mehr auf interne Koalitionen mit den Zentren ihrer jeweiligen Parteien als auf die volle Zusammenarbeit mit breiteren Schichten, wodurch sie indirekt zu ihrem zunehmenden Niedergang in der zentralen politischen Elite beitrugen.

Die abweichende Entwicklung der Moschawim

In den Moschawim nahm die Entwicklung einen erheblich anderen Verlauf. Mit den Kibbuzim hatten sie die generelle Beteiligung an der wirtschaftlichen und politischen Expansion und dem steigenden Lebensstandard gemeinsam, aber gleichzeitig stellten sie sich viel besser den neuen sozialen Herausforderungen, ohne den einzigartigen, unverdorbenen, sektiererischen Elitestatus zu betonen, und spielten deshalb eine entscheidende Rolle beim Eingliederungsprozeß der Neueinwanderer allgemein und der Orientalen unter ihnen im besonderen.

Selbstverständlich gab es auch hier einige Probleme. Erstens erhielten all die neuen Moschawim (ab 1946) – also nicht nur, aber überwiegend die der Neueinwanderer – kleinere Landzu-

teilungen als die älteren. Zweitens entstanden in den späten siebziger und frühen achtziger Jahren verschiedene ökonomische Probleme. Diese hingen teilweise mit dem – ideologisch begründeten und auf Machterwägungen gestützten – Widerstand zusammen, den die bis in die späten siebziger Jahre hinein überwiegend noch aus Alteingesessenen bestehende Führung der Moschaw-Bewegung den Möglichkeiten der Industrialisierung von Moschawim entgegensetzte.
Außerdem kam es zu Spannungen zwischen den alten und neuen Moschawim, bei denen es um die Führungspositionen in der Bewegung sowie um die vergleichsweise privilegiertere Stellung der älteren ging, aber all diese Auseinandersetzungen blieben noch innerhalb eines gemeinsamen Rahmens.
Bezeichnenderweise war Aharon Usan, der erste Landwirtschaftsminister der Arbeiterpartei, der aus einem Moschaw stammte (die anderen aus den Siedlungen kamen aus Kibbuzim), ein Führer der neuen Moschawim.

Zusammenfassung

Diese weitreichenden Veränderungen in der inneren Struktur und der äußeren Stellung der Kibbuzim – auch im Vergleich zu den Moschawim – waren tatsächlich äußerst bezeichnend für einige allgemeine Veränderungen und Entwicklungen in der Elitestruktur in Israel allgemein und im Arbeitersektor im besonderen: in erster Linie ihr wirtschaftlicher Erfolg, ihr relativ hoher Lebensstandard und die besondere Lebensqualität, ihre elitistische Selbsteinschätzung und Grundhaltung, die einen hohen Grad an Verpflichtung zur Übernahme von speziellen Elitefunktionen einschloß, und ihr schrittweiser Rückzug nach innen.
Wenn all diese Faktoren der Kibbuzim in der engeren Nachbarschaft von Entwicklungsstädten auftraten, konnte die Situation leicht explosiv werden, wie es dann tatsächlich bei den Wahlen von 1981 geschah, als es, wie wir später noch im einzelnen sehen werden, zu ziemlich erbitterten Ausbrüchen gegen die Kibbuzim kam, die sich danach wie in einem Schockzustand befanden.
Seitdem sind tatsächlich in vielen Kibbuzim Versuche unter-

nommen worden, aus dieser Abkapselung herauszukommen, aber nur die Zukunft kann lehren, wie erfolgreich sie sein werden.

Erschöpfung der Ideologie

Gewandelte Ausdrucksformen der Kreativität in der israelischen Gesellschaft

Die Entwicklung der Kibbuzim bringt mehrere der oben analysierten fundamentalen Prozesse zusammen: nämlich die Aufhebung der wichtigsten Eliten und ihre relative Entpolitisierung; die zunehmende Einbindung der Eliten in den wirtschaftlichen Expansionsprozeß und in die oberen Schichten und Ränge der Gesellschaft; ihre wachsende Distanz von den breiteren Schichten der Gesellschaft; die Schwächung der Bande zwischen verschiedenen Gesellschaftskreisen; die Veränderungen in der herrschenden Ideologie; die Erschöpfung der sozial-institutionellen Dimension der herrschenden Ideologie und ihrer Fähigkeit, Kollektivsymbole umzugestalten, aufgrund deren die wichtigsten Eliten und die politische Elite (sowie die Kibbuzim selber) sich legitimierten.

Die Akkumulation der erörterten Prozesse und die ständige Rückkopplung zwischen ihnen führten zu einer wachsenden Trennung oder Dissoziation zwischen den verschiedenen Arten gesellschaftlicher Tätigkeit, und zwar vor allem zwischen dem aktiven Aufbau neuer Institutionen, der Ausformulierung von Symbolen einer übergreifenden Solidarität der Gesellschaft – im Gegensatz zur Solidarität kleiner Subzentren – und deren Zusammenfassung zu einigen gemeinsamen symbolischen Bedeutungen. Diese Situation unterschied sich deutlich von der Jischuw-Zeit und den frühen Entwicklungsstadien des Staates, als die verschiedenen gesellschaftlichen Aktivitäten, die sich damals herausgebildet hatten, relativ eng miteinander verknüpft waren. So kam es aufgrund dieser Vorgänge zur Ausformung neuer Muster für die institutionelle und kulturelle Kreativität sowie für deren Beziehung zu den Zentren der Gesellschaft und deren wichtigsten Sektoren.

Anders als in vorhergegangenen Perioden gab es also in diesem Zeitraum keine so großen sozialen oder institutionellen Innovationen wie Kibbuz, Histadrut oder die Wiedergeburt der hebräischen Sprache, die diese verschiedenen Elemente in sich vereinigt hätten. Statt dessen war diese Zeit im sozialen Bereich grundsätzlich durch eine große organisatorische Expansion in Verbindung mit der ziemlich weitgehenden Erschöpfung jener institutionellen Weitsicht und innovativen Kreativität gekennzeichnet, die vorher bestanden hatten.

In der Frühzeit des Staates hatte sich diese Kreativität auf mehrere institutionelle Bereiche konzentriert, vor allem auf das Militär mit der Entwicklung der Verteidigungsindustrie und in gewissem Umfang auf akademische und wirtschaftliche Gebiete, die bekanntlich schon ihrem Wesen nach auf äußere Märkte und Modelle ausgerichtet waren. Etwas später zeigte sich ein mächtiger Aufschwung von Innovation und Kreativität in vielen aktiven Wirtschafts- und Erziehungsbereichen, etwa in verschiedenen Sonderschulprogrammen, in ausgewählten Teilgebieten von Wirtschaft und Technologie und in vielseitigen Bereichen kultureller Kreativität.

Aber all diese innovativen Tendenzen waren bereits anderer Art als die, die sich in der formativen Periode des Jischuw herausgebildet hatten und in der herrschenden Ideologie zumindest angedeutet waren. Diese innovativen Tendenzen waren symbolisch oder institutionell immer weniger miteinander verbunden; sie orientierten sich nicht an einer zentralen übergreifenden Vision, die nationale, soziale und kulturelle Bestandteile in sich vereinigte, und vor allem beteiligten sich ihre Träger nicht am Zentrum und an der Artikulation der von diesem formulierten Politik.

Dies hing auch mit der vorhandenen Neigung zusammen, viele Aspekte der internen und externen Umgebung und der Probleme der Gesellschaft als gegeben vorauszusetzen. Das zeigte sich in allen oder den meisten Bereichen, in denen sich jetzt, im Gegensatz zur formativen Periode des Jischuw und den Anfängen staatlicher Zeit, nur noch sehr wenige zentrale institutionelle Formen entwickelten, die auf die Schaffung neuer Muster und Ziele und die Erreichung qualitativer Maßstäbe ausgerichtet waren. So schien man sich in vieler Hinsicht tatsächlich auf eine »normale« routinisierte Gesellschaft zuzubewegen.

In anderen – mehr »technisch«-soziologischen – Worten: der herrschenden Ideologie gelang es nicht mehr, Modelle oder Schablonen für eine soziale Betätigung zu entwickeln, in denen sich technisch-instrumentelles Handeln und Machtverhältnis in einem gemeinsamen Rahmen von Solidarität und breiterer, transzendentaler Sinngebung verbanden, wie es die ältere Ideologie tatsächlich angestrebt hatte.

Die Verbindung dieser Prozesse und die ständige Rückkopplung zwischen ihnen, die, wie gesagt, in der Institutionalisierung dieser Grundorientierungen und der vom Zentrum ausgehenden Politik wurzelten, erklären die Unfähigkeit der dominanten Sektoren und Eliten, aus der herrschenden Ideologie eine dauerhafte symbolische und institutionelle Antwort auf die neuen Probleme zu entwickeln.

Die herrschende Ideologie war nicht imstande, als Richtschnur für die zahlreichen Konflikte, Probleme und Widersprüche zu dienen, die bekanntlich in allen institutionellen Bereichen der israelischen Gesellschaft auftraten und besonders nach dem Sechstagekrieg sichtbar wurden.

Das Bewußtsein oder die Erkenntnis der zunehmenden Dissoziation zwischen all diesen Problemen und der herrschenden Ideologie nebst ihren Trägern – den regierenden Eliten – vertiefte sich durch die Segregation dieser Eliten und die Schwächung verschiedener Solidaritätsrahmen, von denen wir oben gesprochen haben. All das lockerte also die Bindung zwischen einer breiteren – auch auf Vertrauen gestützten – Solidarität der Gesellschaft und verschiedenen Bereichen gesellschaftlicher Aktivität im allgemeinen und den von den Eliten gelenkten im besonderen.

Dieses Bewußtsein intensivierte sich notwendigerweise dadurch, daß diese Entwicklungen einer herrschenden Elite unterstanden, deren innere Solidarität und Kohäsion durch die lange Atrophie des politischen Beteiligungsprozesses sehr geschwächt waren, während ihr Verhalten zudem den Beweis für die Erschöpfung ihrer institutionellen Kreativität und für die im Alltag erfahrbare Spaltung zwischen den Ebenen politischer und ideologischer Erklärungen lieferte.

So entstand die ziemlich paradoxe, aber für nachrevolutionäre Gesellschaften nicht ungewöhnliche Situation, daß sich einerseits durch den von der herrschenden Ideologie ausgehenden Anstoß eine äußerst intensive institutionelle Dynamik entwikkelte, die Art dieser Dynamik jedoch andererseits zur Erschöpfung gewisser entscheidender Aspekte dieser Ideologie führte. Wegen dieser Erschöpfung war die Ideologie nicht länger imstande, eine Richtschnur für die Gestaltung der ständig expandierenden institutionellen Strukturen und Organisationen zu bieten, für die kontinuierliche institutionelle Kreativität oder für die Regelung der vielfältigen Probleme und Konflikte, die natürlich mit diesen unterschiedlichen Entwicklungen aufgetaucht waren und nun eine zunehmende institutionelle Eigendynamik gewannen beziehungsweise immer mehr unter dem Einfluß der Machtorientierung der regierenden Eliten oder anderer Gruppen standen, statt unter dem Einfluß irgendeiner ideologischen Vision im allgemeinen und der herrschenden Ideologie im besonderen.

Die politische Handlungsweise, die wir als dynamischen Konservativismus bezeichnet haben, entstand in Israel im Zusammenhang mit der Wandlung der herrschenden arbeiterzionistischen Pionierideologie und den damit einhergehenden neuen Definitionen der wichtigsten gesellschaftlichen Probleme und bildete das ideologische Gegenstück zu den paternalistischen Beziehungen zwischen Zentrum und Peripherie. Letztlich führte sie zur Erschöpfung der Dynamik der dynamisch-konservativen Politik, die die wichtigsten Maßnahmen leitete und die neue institutionelle Struktur der israelischen Gesellschaft prägte.

Allerdings wurden, innerhalb dieser größeren Rahmen, ständig einige wichtige institutionelle Innovationen eingeführt, etwa im Sonderschulwesen, in neuen Wirtschaftsunternehmen oder in militärischen Einrichtungen. Überwiegend waren es jedoch verteilungspolitische Maßnahmen auf ethnischer oder sozialer Grundlage, die in diesem Rahmen eingeleitet wurden, oder man legte, wie im Fall der Integrationspolitik im Schulwesen, großen Nachdruck auf etwas, von dem man hoffte, daß es die Grundlage einer neuen Solidarität abgeben werde, ohne sich dabei unbedingt an gemeinsamen Leistungen oder der aktiven Beteiligung an der Umgestaltung des Kollektivs zu orientieren. Gleichzeitig verbanden sich diese Entwicklungen mit dem kontinuierlichen Aufbau neuer – ethnischer oder religiöser – Dimensionen einer kollektiven Identität, die jetzt in der israelischen Gesellschaft entstanden, wobei sie sowohl auf die Schwäche der herrschenden Ideologie in diesen Bereichen als auch auf einige mögliche Richtungen für die Wandlung der israelischen Gesellschaft hinwiesen.

All diese Entwicklungen bezeugten, daß es den dominanten Eliten nicht gelungen war, die Öffnung des ursprünglichen institutionellen Modells mit einer – selbst in veränderter Weise vonstatten gehenden – Fortführung der älteren elitistischen Pionierauffassungen zu verbinden, die eine starke Verantwortung gegenüber kollektiven Zielen, die Aufrechterhaltung hoher Kreativitäts- und Leistungsmaßstäbe und die dem Selbstbild des elitistischen Pioniers innewohnenden Verpflichtungen in sich vereinigten.

II. Die Wurzeln des Wandels

Die Spaltung der revolutionären Pioniereliten

Die Umwandlung der revolutionären Eliten

Die verschiedenen vorstehend analysierten Prozesse hatten ihre Wurzeln erstens in der Natur der Wandlung, die die revolutionäre Elite im Zuge ihrer Bemühungen durchmachte, die nachrevolutionäre Entwicklung zu lenken und Unterstützung und Legitimierung für diese Lenkung zu erhalten. Besonders relevant waren die Art, in der diese Elite ihre Einstellungen zum Staat umgestaltete, sowie ihr Drang zur Macht einerseits und zu den mehr sozialistisch-partizipatorischen Aspekten der Ideologie andererseits. Zweitens wurzelten diese Prozesse in verschiedenen strukturellen Abläufen, die mit der Herausbildung des spezifischen nachrevolutionären institutionellen Modells dieser

Elite einhergingen, sowie drittens auch in einigen Veränderungen, die in der historischen Lage des jüdischen Volks eingetreten waren.

Im Hinblick auf die Umwandlung der revolutionären Eliten lag der wichtigste Aspekt der israelischen Entwicklung vor allem in den von der zentralen politischen Elite und insbesondere Ben-Gurion unternommenen Versuchen, sich aus den Schranken der älteren sektorialen Einteilung der zionistischen Bewegung zu befreien, sich dabei aber gleichzeitig auf das symbolische Erbe dieser Bewegung zu stützen.

Es entstand hier erstens eine Kluft zwischen Teilen der zentralen politischen Elite, wie sie vornehmlich Ben-Gurion repräsentierte, auf der einen Seite und den älteren sektorialen Bewegungen auf der anderen, die sich inzwischen zu stärker routinisierten politischen Apparaten entwickelt hatten; zweitens kam es zu einer wachsenden Zusammenarbeit zwischen den beiden Elementen in dem Bestreben, die Machtpositionen der Arbeiterbewegung beizubehalten. Der erste, von Ben-Gurion geführte Teil versuchte sich von den Einschränkungen und Verpflichtungen der sektiererischen Dimension der älteren Bewegungen zu befreien und auch der Routinisierung zu entgehen, die zu deren Erstarrung geführt zu haben schien – eine Erstarrung, die dieser Teil der Elite gerade durch seine Haltung gegenüber dem zweiten Teil mit ausgelöst hatte. Außerdem bemühte sich die Ben-Gurion-Gruppe, ihre eigene Macht auf eine direktere Hinwendung zu breiteren Schichten sowie auf eine Ideologie der *Mamlachtiut* (Staatlichkeit) zu stützen. Ebenso wie die ältere Elite strebte dieses neue Element danach, die autonome politische Betätigung der breiteren Schichten zu kontrollieren – allerdings im pluralistisch-demokratischen Rahmen. So betonten beide Elemente die Verpflichtung der Elite gegenüber der demokratischen Ordnung, verbunden jedoch mit einem starken Hang zu paternalistischer Bevormundung.

Jene Teile der Arbeiterbewegung, die versuchten, die Tradition der Bewegungen fortzuführen, wurden jedoch mehr und mehr aus der zentralen politischen Elite verdrängt, auch wenn sie an der Koalitionsregierung beteiligt waren.

Das erste Stadium dieser Entwicklung war bereits im Jischuw eingetreten, als 1946 eine Kluft zwischen *Mapai* und *Achdut*

Haawoda entstand. In der Geschichte des Staates Israel war das erste entscheidende Ereignis dieser Art der 1948 aufbrechende Graben zwischen Ben-Gurion und der linksgerichteten *Mapam* (und insbesondere *Achdut Haawoda*) nebst vielen hohen Offizieren, die aus der Kibbuzbewegung kamen. Es ging dabei um die relative Eigenständigkeit der *Palmach* (in der die *Achdut Haawoda*-Gruppe vorherrschte) im Rahmen der neugegründeten Israelischen Verteidigungsarmee.

Ben-Gurions Sieg in dieser Sache wurde weitgehend dadurch erleichtert, daß es tatsächlich nur schwer vorstellbar war, wie besondere selbständige Formationen, die teilweise ihren jeweiligen politischen Bewegungen verantwortlich waren, im Rahmen einer nationalen Armee sollten bestehen können. Allerdings zogen sich daraufhin einige der besten dieser Offiziere nicht nur aus der Armee, sondern in gewissem Umfang auch aus den Zentren politischer Macht und aus dem politischen Engagement überhaupt zurück – Jigal Allon bildete eine der bekanntesten Ausnahmen –, während die Verbindung der in der Armee verbleibenden Offiziere zu ihren Bewegungen nachließ, selbst wenn sie weiterhin eines der wichtigsten Netze in den Streitkräften bildeten.

Schon hier war die Tatsache, daß sich die Auseinandersetzung auf die Armee bezog und somit Sicherheitserwägungen größere Relevanz als den inneren Angelegenheiten beimaß, äußerst bezeichnend für die Veränderungen in den ideologischen Orientierungen.

Entwicklungen in der Arbeiterbewegung

Die Schwächung dieser Orientierungen war jedoch auch weitgehend auf innere Entwicklungen in den Bewegungen selbst zurückzuführen – insbesondere auf ihre Teilnahme an der Expansion der Ökonomie und dem Aufbau neuer Institutionen – sowie auf die Weise, in der sie ihre ideologischen Auffassungen formulierten.

Entscheidend war erstens, daß die Führung der Arbeiterpartei – und der Histadrut – Teil der Regierungselite wurde, unter deren Leitung die rasche Wirtschaftsentwicklung stattfand, so daß sie

viel mehr im Zentrum der wirtschaftlichen Macht und Entscheidung stand als die bürgerlichen oder privaten Sektoren. Der in schnellem Aufstieg befindliche staatliche Wirtschaftssektor wurde anfangs von vielen dieser Aktivisten aus dem Umkreis der Arbeiterbewegung gelenkt. Gleichzeitig führten die umfangreichen sozialen und beruflichen Veränderungen, wie gesagt, zu einer höchst differenzierten und diversifizierten Beschäftigungsstruktur sowie auch zu einem gewissen Wandel und einer Zweiteilung der Histadrut-Aktivitäten: Einerseits richtete sich die Histadrut jetzt stärker auf die etablierten Sektoren aus, und andererseits stellte sie ihre Tätigkeit auf die Bedürfnisse eines Wohlfahrtsstaates ein, wodurch dann die konstruktiven und partizipatorischen Aspekte ihrer Ideologie sehr zurückgedrängt wurden.
Zweitens wäre die mit dem ersteren eng zusammenhängende Tatsache zu nennen, daß die »konstruktivistischen« Aktivitäten der Histadrut sogar noch umfangreicher wurden und ihr wirtschaftliches »Imperium« rapide wuchs und sich stark verzweigte.
In vielen Bewegungen, besonders jedoch in den Kibbuzim, gabelte sich die Entwicklung ebenfalls: Ihrer gründlichen Einbeziehung in die große Wirtschaftsexpansion, ihren »konstruktivistischen« Bemühungen um den Aufbau von Institutionen standen zunehmendes ideologisches Sektierertum und Dissoziation gegenüber.
Während diese Sektoren im allgemeinen und die Kibbuzim im besonderen sämtlich am wirtschaftlichen Expansionsprozeß beteiligt waren und oft sogar zu großen Wirtschaftsunternehmern wurden, konzentrierten sich ihre politisch-ideologischen Orientierungen und Auseinandersetzungen überwiegend auf die Beziehungen zum internationalen sozialistischen Lager und vor allem zur Sowjetunion – was dann mit der Entstalinisierung in die Brüche ging – und immer weniger auf die interne Dimension des Institutionenbaus.
In diesem letzteren Bereich entwickelten sie fast keine spezifischen Themen, abgesehen von Arbeitersolidarität, einer Organisation städtischer Arbeiter oder einer generell liberalen Haltung in den Beziehungen zu den Arabern und flexibleren Ansätzen in der Außenpolitik. Diese Dinge bereicherten zwar die

öffentliche Debatte in Israel, aber sie konnten kaum Richtlinien für die Lenkung der neuen dynamischen sozialen und wirtschaftlichen Expansion abgeben. Gerade in den fünfziger Jahren – der Zeit der großen Einwanderungswelle, die dem Land so vielfältige Aufgaben stellte – waren weite Teile der Kibbuzbewegung mit einer typisch sektiererischen Spaltung beschäftigt, die oft mitten durch ein und denselben Kibbuz ging: Auf der einen Seite standen die Anhänger der Mapai, auf der anderen die der Achdut Haawoda, und der Streit drehte sich im wesentlichen um die ideologische Einstellung zur Sowjetunion. Infolge dieser Spaltung mußten viele Kibbuzmitglieder umgesiedelt werden – was erhebliche öffentliche Mittel verschlang –, und außerdem verbrauchte dieser erbitterte Streit natürlich einen Großteil ihrer sozialen, politischen und ideologischen Energie.

Was immer der Arbeitersektor an potentiellen ideologischen Zentren besaß, etwa die Bildungsstätte Bet-Berl, das verkümmerte fast völlig und gab – über den allgemeinen sozialdemokratischen Gedanken hinaus – keine neuen Anstöße mehr. Sicherlich ging von ihnen weder der Ruf zu neuer Pionierarbeit noch zur Schaffung gemeinsamer neuer Rahmen der Beteiligung und Kreativität aus.

Die Abschaffung der speziellen Arbeiterströmung im Schulwesen unterminierte das – sowieso recht schwache – Potential für eine ideologische Festigung noch weiter, und die wachsende Einbeziehung der »Pionier«-Jugendbewegungen in das Leben der oberen Schichten sowie die zunehmende Ausrichtung ihrer Mitglieder auf die expandierenden Karrieremöglichkeiten taten ein Übriges.

Die wachsende Segregation der verschiedenen Eliten brachte gleichzeitig eine fortschreitende Dissoziation der diversen Kultur- und Bildungseliten von anderen sowie von den wichtigsten Bereichen des Institutionenbaus (außer in ihren eigenen Bereichen) und von den Zentren des politischen Entscheidungsprozesses. Damit wurde auch die Loslösung des kulturellen Kreativitätsprozesses von der Beteiligung an der Ausarbeitung neuer ideologischer Konzeptionen gefördert, die es mit der neuen Realität hätten aufnehmen können.

So erklären all diese Entwicklungen zumindest teilweise,

warum keine neue ideologische Richtung entstand, die über die generelle Betonung von wirtschaftlicher Entwicklung, Wohlfahrtsmaßnahmen und einiger vager sozialistischer Symbole hinausgegangen wäre. Weder die alten Sektorialbewegungen – seien es die Kibbuzim oder die ideologischen Führer der Histadrut – noch die politische Elite entwarfen eine Vision, die diese neuen großen Entwicklungen – über die Ausdehnung organisatorischer Rahmen und die damit verbundenen Machtpositionen hinaus – zu lenken vermocht hätte.
Ferner verdeutlichen diese Entwicklungen, warum die fortschreitende Öffnung des ursprünglich ziemlich restriktiven politischen Modells sich von dem elitistischen Pionierethos loslöste, warum keine Wege gefunden wurden, diese Öffnung mit der Beibehaltung einiger auf Verantwortung und elitistische Pflichten gerichteten Auffassungen zu verbinden.

Die Folgen der institutionellen Expansion

Strukturelle Prozesse schwächen die Gefüge der Solidarität

Die vorstehend analysierte Umwandlung der revolutionären Pioniereliten lieferte den ursprünglichen Hintergrund für die weitgehende Segregation der oberen Eliten, die Schwächung der Solidaritätsrahmen und die Veränderungen, die im Wesen dieser Rahmen eintraten.
Diese fortschreitenden Prozesse mit ihrer tiefgreifenden Einwirkung auf die Entwicklung der israelischen Gesellschaft wurden durch mehrere strukturelle Probleme und Trends verstärkt, die sich in dieser Gesellschaft herausbildeten, und zwar in Verbindung mit deren institutioneller Expansion, mit der Art und Weise, in der die Probleme Israels als einer kleinen Gesellschaft angepackt wurden, mit einigen Aspekten der inneren Struktur der verschiedenen Sektoren der israelischen Gesellschaft sowie mit den Folgen der wichtigsten politischen Schritte, die die israelischen Regierungen unternahmen.
So unterminierten vor allem mehrere Aspekte der Expansion in den wichtigsten institutionellen Bereichen – unmerklich, aber in

weitem Ausmaß – solche Formationen, die zu früherer Zeit zu den bedeutendsten gemeinsamen Solidaritätsrahmen gehört hatten, aus denen die Eliten hervorgingen und mit denen sie oft agierten. Die wichtigsten dieser Formationen waren die Jugendbewegungen und die gemeinsamen Rahmen und Netze der Untergrundtruppen, der kleinen Universitätsstudentenschaft und der sozio-politischen Bewegungen selber, wobei sich häufig mehrere davon überschnitten. All diese Formationen hatten früher in irgendeiner Verbindung mit den konkreteren instrumentellen und organisatorischen Aktivitäten auf verschiedenen Gebieten sowie mit Machtausübung und der Teilnahme an Machtkämpfen gestanden und hatten gleichzeitig für gemeinsame Bedeutungen und Orientierungen gesorgt, die diese Tätigkeiten legitimierten.

Mehrere Aspekte der von den fünfziger Jahren an stattfindenden Entwicklung und Expansion der wichtigsten institutionellen Systeme und Organisationen schwächten und untergruben viele dieser Rahmen und Formationen sowie auch die engen persönlichen Netze, die in ihnen entstanden waren. Die Entwicklung des Schulsystems förderte durch seine Tendenz zur Vereinheitlichung und »Akademisierung«, durch die wachsende Ausrichtung auf quantitative Erfolge und durch die Schwächung der spezifischeren Eliteorientierungen die Segregation verschiedener Eliten sowie den Rückgang ihrer inneren Solidarität und Verantwortungsfreudigkeit. Die Armee verstärkte solche Tendenzen nicht nur dadurch, daß ihre oberen Ränge natürlich zu einer derartigen spezialisierten Elite wurden, sondern auch unbewußter dadurch, daß während der Militärdienstzeit die Solidaritätskerne geschwächt wurden, die sich in Schule oder Jugendbewegungen herausgebildet haben mochten.

Nur in solchen Truppenteilen wie der *Nachal* blieben derartige Solidaritätsrahmen in gewissem Umfang erhalten, aber sie waren ziemlich marginal und meistens auch kurzlebig.

Gerade durch die Entstehung verschiedener Eliten im allgemeinen und der politischen Elite im besonderen, die starke Ausrichtung dieser Eliten auf ihre spezifischen Tätigkeitsbereiche und die Atrophie, die in der politischen Elite fortschritt, wurde bei ihnen das Bewußtsein dafür geschwächt, wie wichtig die Schaffung derartiger Solidaritätsrahmen war.

Weiter geschwächt wurden derartige Rahmen durch die starken Gefühle relativer Zurücksetzung, die sich in manchen Gruppen ausbreiteten, weil ihnen die Vorstellung immer größerer Chancen und Möglichkeiten vor Augen stand und sie entsprechend viele Vergleiche sowohl mit anderen Gruppen als auch zwischen ihrem gegenwärtigen und vergangenen Status anstellten.[68]

Die Schwächung der gemeinsamen Solidaritätsrahmen und Netze in der israelischen Gesellschaft beruhte noch auf einigen zusätzlichen Prozessen, die seit den fünfziger Jahren abliefen, und zwar insbesondere auf mehreren Aspekten der weitreichenden sozialen Mobilität, die wir oben untersucht haben. Das hohe Tempo dieser Mobilität unterminierte viele Solidaritätsrahmen, da die Erwartungen oft über die Grenzen dessen hinausgingen, was in Israel möglich war, und eine fast klassisch anomische Situation entstand, in der sich nahezu alle Gruppen, trotz ihres recht kontinuierlichen Aufstiegs, für vergleichsweise benachteiligt hielten.

Diese Gefühle wurden natürlich dadurch verstärkt, daß die Prozesse sozialer Mobilität mit der Herausbildung einer großen ökologischen und sozio-politischen Distanz zwischen Zentrum und Peripherie einhergingen, wodurch die Solidaritätsbeziehungen zwischen verschiedenen Gesellschaftssektoren wohl ebenfalls vermindert wurden.

Die alte Einteilung in Sektoren sowie die Lebensstruktur im Arbeitersektor und in gewissem Grad auch im religiösen Arbeitersektor schwächten wohl ebenfalls solche gemeinsamen Solidaritätsrahmen. Von entscheidender Bedeutung war hier, daß es – neben den mehr formellen Beziehungen – relativ wenig enge zwischenmenschliche Netze zwischen den verschiedenen Sektoren gab und die innere Solidarität in jedem von ihnen potentiell schwand.

Einige Bedeutung besaß in diesem Zusammenhang wohl ferner die Lebensweise, die sich vor allem im Arbeitersektor und im religiösen Arbeitersektor einbürgerte, nämlich die Tendenz, sich recht weitgehend auf die verschiedenen Pionieraufgaben

68 Siehe z. B. Jack Habib, »Ethnic Gaps in Job Satisfaction in Israel«, JDC, Brookdale Institute of Gerontology and Adult Development, Jerusalem 1983.

und -tätigkeiten zu konzentrieren, während die soziale Interaktion in anderen Bereichen, wie etwa den sozialen und kulturellen Aktivitäten, nur schwach entwickelt war, obwohl diese vielleicht an die Stelle der geschwächten Pionierstrukturen hätte treten können.

Diejenigen Interaktionsmuster, die sich doch herausbildeten – also zum Beispiel die vielen freiwilligen Hilfswerke –, blieben im großen und ganzen auf den einen oder anderen der älteren Sektoren beschränkt, abgesehen von formellen organisatorischen Kontakten zwischen ihnen. Einige davon, beispielsweise die meisten Frauenverbände, blieben eng an die politischen Zentren ihrer jeweiligen Sektoren oder Parteien gebunden.

Interne und externe Sektoren

Mit diesen Prozessen eng verknüpft waren die Art und Weise, in der man die Probleme Israels als einer kleinen Gesellschaft anging, einige Auswirkungen der Sicherheitslage sowie die Folgen mehrerer Aspekte der Sozialstruktur der verschiedenen Sektoren der israelischen Gesellschaft.

Von besonderer Bedeutung war hier vor allem die – in der israelischen Gesellschaft wie in vielen anderen kleinen Gesellschaften feststellbare – wachsende Differenzierung zwischen den internen und externen Sektoren, das heißt, zwischen beruflichen und wirtschaftlichen Sektoren, die nach außen hin orientiert, mit der Außenwelt verbunden sind, mit dem, was man als Außenmärkte wirtschaftlicher, kultureller, politischer oder sonstiger Art bezeichnen könnte, und denjenigen Sektoren, die fast völlig auf die inneren Märkte und Tätigkeiten fixiert bleiben.

Wie wir oben gesehen haben, unterschieden sich viele Tätigkeitsmuster in den nach außen gerichteten Sektoren sehr weitgehend von denen, die sich mehr nach innen orientieren. Außerdem standen viele der auf die Außenmärkte bezogenen Aktivitäten untereinander nicht in engem Zusammenhang. So unterschieden sich beispielsweise die Welten und Bezugsnetze der akademischen Kreise ziemlich weitgehend von denen der kulturellen Eliten, etwa den Schriftstellern, Künstlern und in gewissem Umfang auch den Journalisten. Ähnliche Unterschiede entstanden ferner in der Wirtschaft, den freien Berufen und den politischen Bereichen im engeren Sinne, die stärker auf die diversen Aktivitäten der jüdischen Gemeinden in der Diaspora abhoben. All diese Entwicklungen scheinen – wenn auch auf ziemlich unsichtbare und nicht genau erforschte Weise – ständig die Unterschiede zwischen den mehr international und den stärker nach innen orientierten Gruppen wie auch innerhalb der einzelnen Gruppen selber unterstrichen zu haben.

Obwohl keine genauen Daten zur Verfügung stehen, gewinnt man den allgemeinen Eindruck, daß diese Unterschiede zwischen den nach innen und den nach außen gerichteten Sektoren die Abstände zwischen den verschiedenen Eliten und Sektoren in der israelischen Gesellschaft vertieft haben, da sie die wachsende soziale Distanz zwischen verschiedenen Gruppen und Schichten vergrößerten und ihre gemeinsamen sozialen Rahmen schwächten. In diesem Zusammenhang muß daran erinnert werden, daß es zumindest anfangs zu einer ziemlich starken, wenn auch offenbar recht natürlichen Konzentration von Neueinwanderern – und darunter wieder insbesondere einiger orientalischer Gruppen – in diesen inneren Sektoren kam.

In engem Zusammenhang mit diesen Prozessen wurden einige der potentiell eher innovativen Elemente in der Gesellschaft durch verschiedene Regierungsmaßnahmen geschwächt – insbesondere infolge der Steuer- und Wohnungspolitik, aber auch durch die starke Gesamtwirkung einer egalitären Politik, vor allem im Schulwesen, die wiederum mit dem Rückgang des elitistischen Pionierelements im allgemeinen Ethos der Gesellschaft zusammenhing, und schließlich durch die weitgehende Bürokratisierung vieler Bereiche des israelischen Lebens überhaupt und des Zentrums im besonderen.

Erwartungen und Wirklichkeit

Einige Aspekte, die mit den besonderen Problemen einer kleinen Gesellschaft, der ständigen Moblität, dem steigenden Lebensstandard und den wachsenden Erwartungen zusammenhingen, brachten in der israelischen Gesellschaft ein neues Phänomen hervor, das für unsere Diskussion von Bedeutung ist: Gemeint ist die Diskrepanz zwischen den Erwartungen, die man an die öffentlichen Dienste stellte, und dem, was diese tatsächlich zu leisten vermochten. Wachsende Erwartungen und steigender Lebensstandard sowie die Wohlfahrtspolitik in ihren allgemeinsten Auswirkungen führten natürlich dazu, daß hohe Forderungen an die verschiedenen öffentlichen Dienste gestellt wurden: Gesundheitsfürsorge, Bildungswesen, städtische Dienstleistungen und Polizeischutz, wobei letzterer angesichts der zunehmenden Kriminalität besonders wichtig war und diese wiederum mit dem gestiegenen Lebensstandard zusammenhing. Selbst wenn sich all diese Erwartungen im Prinzip hätten erfüllen lassen – was angesichts der gegebenen Sachlage bereits zweifelhaft erscheint –, war es aufgrund mehrerer Faktoren schwierig, hochqualifizierte Arbeitskräfte in ausreichender Zahl dafür anzuwerben, so daß sich erhebliche Frustration breitmachte. Zu diesen Faktoren zählten die Tatsache, daß manche andere, oft stärker auf Außenmärkte gerichtete Beschäftigungssektoren eine größere Anziehungskraft ausstrahlten, objektive Schwierigkeiten bei der Schulung geeigneter Kräfte für all diese Dienste und die natürlichen Bürokratisierungstendenzen, die in einer relativ stark gelenkten Wirtschaft auftreten.

Die Auswirkungen der Sicherheitslage

Die Sicherheitslage bildete einen weiteren entscheidenden Punkt im institutionellen Leben Israels, da sie offenbar erheblich zur zunehmenden Dissoziation zwischen der Festigung von Solidaritätsrahmen und den stärker spezialisierten instrumentellen Tätigkeitsbereichen verschiedener Sektoren der israelischen Gesellschaft im allgemeinen und der Eliten im besonderen beitrug; zudem war sie auch höchst bezeichnend für die neuen Richtungen institutioneller Innovation, die sich in der Gesellschaft herausbildeten.

Mehreren Aspekten dieser Situation kommt in dieser Hinsicht besondere Bedeutung zu. Erstens stellte die Sicherheitslage natürlich eine dauernde Belastung dar: durch die Notwendigkeit, immer in Bereitschaft zu sein; durch die Akkumulierung und in gewissem Sinn auch Routinisierung von Streß und Unsicherheit; durch die wirtschaftliche Last von Kriegen und Mobilmachung; durch die immer wieder hohen Verluste an Menschenleben und durch die ständige Begegnung mit der Möglichkeit des Todes. All dies wurde Teil der alltäglichen Existenz und des alltäglichen Bewußtseins der Israelis und sorgte für einen ständigen Druck, der zu einer gewissen Ermüdung sowie möglicherweise zur Flucht vor Aufrufen zur Kreativität in vielen anderen Lebensbereichen führte, obwohl er auch manche Herausforderungen brachte.

Zweitens spezialisierte sich die militärische Elite immer mehr, und es entstanden natürlich auch spezialisierte Aufstiegsbahnen, die fast völlig auf die Streitkräfte beschränkt waren.

Drittens scheinen manche Aspekte in der sozialen Struktur der Armee unwillkürlich die Tendenz zur Segregation zwischen verschiedenen Arten sozialer Aktivitäten und Orientierungen in den einzelnen Bereichen des gesellschaftlichen Lebens begünstigt zu haben. Paradoxerweise wirkten gerade diejenigen Aspekte segregationsfördernd, die die besondere Stärke der Armee ausmachten, darunter vor allem der hohe Anteil von Reservedienstleistenden; weite Kreise der männlichen Bevölkerung Israels verbrachten ja jährlich erhebliche Zeitspannen im aktiven Reservedienst. Der Dienst in der Armee und insbesondere in Kampfeinheiten wurde natürlich zum Hort von Verantwortung, Solidarität und Aufopferung, wobei sich diese Orientierungen noch zusätzlich mit verschiedenen instrumentellen Aktivitäten sowie mit der Aufrechterhaltung hoher Leistungsniveaus verbanden, aber gleichzeitig diese selben Tendenzen und Orientierungen in anderen Lebensbereichen schwächten.

Diese Segregation schlug sich in einem Lebensmuster nieder, in dem, was Baruch Kimmerling als »Gesellschaft mit Unterbrechungen« [*interrupted society*] bezeichnet hat[69]: nämlich dem ständigen Schwanken zwischen dem hohen Maß an Solidarität und Verantwortungssbewußtsein, das sich in Kriegen zeigte, und dem sehr viel individualistischeren, in gewissem Umfang

69 B. Kimmerling, »Social Interruption and Besieged Societies: The Case of Israel«, Amherst: Council on International Studies, State University of New York, 1979.

ungeordneten und zuweilen sogar aggressiven Alltagsverhalten zu normalen Zeiten, wodurch vielleicht ein ziemlich altes Thema oder Problem in der Struktur des jüdischen Lebens verstärkt wurde.

Generell erhöhten die ständige Sicherheitsbelastung, der Kriegs- oder Feindschaftszustand das Solidaritätsgefühl der israelischen Gesellschaft auf zwei Ebenen: nämlich einmal in der Primärgruppe der Familie sowie in engen persönlichen Gruppen und Netzen und zum anderen, zumindest bis zum Libanonkrieg, auf der Ebene der übergreifenden Solidarität, der Identifizierung mit der Gesellschaft als solcher und mit ihren zentralen Symbolen. Gleichzeitig wurden gerade durch den Druck dieser Lage oft unwillkürlich die verschiedenen Netze der Solidarität und Verbindung zwischen diesen beiden Ebenen geschwächt.[70]

In diesem Kontext muß auch noch an eine andere – tragische – Folge der Sicherheitslage erinnert werden, nämlich die hohe Todesrate unter den potentiellen Eliteeinheiten in den ersten Kriegen, insbesondere im Unabhängigkeitskrieg, in dem rund 6000 junge Führer und aktive Elemente im Kampf fielen.

Zusammenfassung

Das wichtigste Ergebnis all dieser Strukturprozessse bestand wohl in der Schwächung der Vermittlungsglieder, also jener Rahmen der Solidarität und gemeinsamer Aktivitäten, in denen auch der letzte Sinn dieser Aktivitäten zum Ausdruck kam und die zwischen den »engeren« Solidaritätsgruppen von Freunden und Verwandten und den umfassenderen sozialen Einrichtungen vermittelten.

In ihrer Gesamtwirkung trugen all diese Prozesse daher zur wachsenden Trennung oder Dissoziation zwischen verschiedenen Arten sozialer Aktivität bei, vor allem zwischen der aktiven Beteiligung am Aufbau der institutionellen Struktur, der Formulierung übergreifender Symbole für Solidarität, dem Aufbau

70 R. W. Bar-Yosef und Dorit Pedan-Eisenstark, »Role System under Stress: Sex-Roles in War«, *Social Problems*, 25,2 (Dezember 1977), S. 135-145.

eines engen Netzes kleiner Subzentren sowie ihrer Legitimation in gemeinsamen normativen Rahmen und gemeinsamen Sinnbildern.
Besonders wichtig war in diesem Zusammenhang natürlich die Dissoziation zwischen den politischen und administrativen und den verschiedenen kulturellen Eliten. Insgesamt beschleunigte all dies die Veränderungen im kreativen Schaffen wie in den Lebensweisen und die Erschöpfung mehrerer Dimensionen der herrschenden Ideologie, die oben analysiert worden sind.

Die Erfahrung des Holocaust

Die Erschöpfung mehrerer Dimensionen der herrschenden Ideologie und die fortschreitende Schwächung der transformativen Orientierungen dieser Ideologie wurden auch durch mehrere historische Umstände oder Situationen beeinflußt, vor allem durch die gebündelten Auswirkungen, die sich aus dem Holocaust, der Gründung des Staates Israel und den gewandelten Mustern jüdischen Lebens in der Diaspora ergaben.
Der Holocaust beraubte Israel großer Nachschubquellen an potentiellen Einwanderern im allgemeinen und Führungskräften im besonderen. Außerdem zerstörte er dasjenige Zentrum jüdischen Lebens, in dem sich die soziale und kulturelle Kreativität der zionistischen Bewegungen vornehmlich entwickelt hatte und das auch, zumindest in gewissem Umfang, als Gegenstand der revolutionären zionistischen Orientierungen gedient hatte – vor allem derer, die sich gegen die Existenz eines Lebens in der Galut wandten, jenes Lebens, gegen das man rebellierte, das man zu verändern und umzugestalten suchte.
Durch das Verschwinden dieses Objekts – unter solch grauenhaften und tragischen Umständen, die auf furchtbare Weise gerade die Wahrheit der zionistischen Anschauungen über die Unmöglichkeit einer dauerhaften jüdischen Existenz in der Diaspora zu beweisen schienen – verlor die zionistische Bewegung auch ihre wichtigsten Brennpunkte der Auseinandersetzung, des revolutionären Eifers, Richtungsuchens und Handelns. Außerdem wurden dadurch die Grundlagen der Sicherheit vernichtet, die für das Fortdauern von innovativen Re-

bellionen und Revolutionen paradoxerweise so überaus wichtig sind.

Da die großen kulturellen und institutionellen Rahmen, in denen die Rebellion sich entwickeln konnte, somit zerstört waren, schwächte sich auch der revolutionäre Eifer der zionistischen Bewegung ab, der in nicht geringem Umfang vom Fortbestand eines solchen Zentrums abhängig gewesen war.

Zu den wesentlichsten Auswirkungen des Holocaust auf das Selbstverständnis der israelischen Gesellschaft gehörte daher, wie gesagt, die sich langsam wandelnde Einstellung zur jüdischen Galut-Geschichte und -Vergangenheit. Während man anfangs dieser Geschichte fast jegliche Legitimität abgesprochen hatte, betonte man nun zusehends die Notwendigkeit, zu einer positiveren Einschätzung zu gelangen – vielleicht vor allem aus einer Art emotionaler Sehnsucht nach diesem Modell, das nicht mehr war.

Diese Haltung ging schrittweise mit einigen ethnischen Schwerpunktsetzungen in der nun zunehmenden Aufnahme der jüdischen Tradition einher, auf die wir noch zurückkommen werden. Die Existenz der Diaspora wurde akzeptiert und nicht mehr als Brennpunkt oder Objekt aktiven Wandels betrachtet. So verschmolz die Gegenwart mit der Zukunft – eine Haltung, die sich durch die Gründung des Staates Israel noch verstärkte.

Tatsächlich kann man die Entwicklungen in Israel nicht verstehen, ohne die grundlegenden Veränderungen in den Beziehungen zwischen Israel und den jüdischen Gemeinden in der Diaspora mit einzubeziehen. Bevor wir uns dieser Frage zuwenden, müssen wir jedoch einige zusätzliche Aspekte der in der israelischen Gesellschaft stattfindenden Wandlungsprozesse betrachten, die an der Erschöpfung der sozialen Dimension dieser Ideologie beteiligt waren, und wir müssen die Fäden unserer bisher angestellten Analyse zusammenführen.

Die zweite Führungsgeneration

Die Verbindung zwischen den Prozessen der Segregation und Rekrutierung von Eliten und der Erschöpfung der sozialen und institutionellen Dimensionen der zionistischen Ideologie sowie sozialer und politischer Bereiche läßt sich auf die Eingliederung der Generation von Sabras oder Beinahe-Sabras in die Zentren der Gesellschaft im allgemeinen und die soziale und politische Bühne im besonderen zurückverfolgen.

Die Angehörigen dieser Generation, die überwiegend bereits in Erez-Israel geboren oder zumindest während der zwanziger und dreißiger Jahre in einigen seiner bildenden und prägenden Institutionen herangewachsen waren – in den Jugendbewegungen, Eliteoberschulen, Siedlungen und der Hagana, die für viele geradezu die Verwirklichung des zionistischen Traums symbolisierten –, erreichten seit dem Ende der fünfziger Jahre recht prominente Stellungen in vielen Bereichen des israelischen Lebens und bewährten sich insbesondere auf dem Gebiet der Sicherheit bzw. später in der Armee. Aus dieser Generation kamen die bekanntesten Befehlshaber und Offiziere – Männer wie Jadin, Dajan, Allon oder Eser Weizman, die in ihrer eigenen Vorstellung wie auch der vieler anderer den neuen Juden oder Israeli verkörperten.

Auch in anderen Lebensbereichen, etwa auf wissenschaftlichem Gebiet, taten sie sich hervor, obwohl hier die Zahl derer, die nicht in Israel geboren waren, aber dort meist bereits die Primar- oder Sekundarschule oder doch zumindest die Universität besucht hatten, etwas höher lag.

Ferner erstand eine Generation hebräischer Schriftsteller in Erez-Israel, die allmählich literarisch fruchtbar wurde, obwohl auch hier die in der Diaspora Geborenen – wie Uri Zwi Gruenberg, Awraham Schlonsky und Nathan Alterman – noch lange im Vordergrund standen. Weniger stark traten die Sabras im Journalismus hervor; die herausragenden Persönlichkeiten auf diesem Gebiet waren überwiegend in der Diaspora geboren. Aber im Lauf der Zeit wurden die Sabras auch hier und in den Medien immer prominenter und sichtbarer.

Die meisten – aber nicht alle – dieser jungen Eliteangehörigen stammten aus Europa, einige allerdings auch aus den orientalischen Sektoren der Gesellschaft, und viel später – in den siebziger Jahren – rückten Neueinwanderer in Führungspositionen auf.

Im wirtschaftlichen Bereich stiegen die Angehörigen dieser zweiten Generation ebenfalls kontinuierlich, aber je nach Sektor verschieden schnell auf. Am raschesten kamen sie in einigen der staatlichen Sektoren voran – in den »wirtschaftsverwandten« Ministerien und den staatlichen Unternehmen –, aber in gewissem Umfang auch auf dem Privatsektor. Vergleichsweise langsamer ging es wohl in den großen Histadrut-Betrieben, aber auch dort vollzog sich der Aufstieg nach und nach.

In vielen dieser Bereiche stand der besondere Einfluß dieser Generation weitgehend mit den Mustern der Kreativität und institutionellen Expansion in Einklang, die wir oben analysiert haben. So beteiligten sie sich an der Gründung neuer und der Erweiterung bestehender Institutionen – wie etwa auf militärischem und akademischem Gebiet –, schufen einige neue Modelle in der Armee, im akademischen Leben sowie im Zivil- und Wirtschaftssektor, und paßten andere allgemeinere Modelle auf sehr dynamische Weise den ständig in Entwicklung und Veränderung begriffenen örtlichen Umständen an.

Es gab jedoch einen sehr zentralen Lebensbereich, in dem die Mitglieder dieser Generation nicht so stark hervortraten. Gemeint ist die politische und – sagen wir – sozio-ideologische Sphäre.

Erst Anfang und Mitte der sechziger Jahre traten einige Mitglieder dieser Generation endlich in die Zentren der Politik ein: Dajan, Allon, Peres (der als in Polen Geborener dieser Kategorie nur teilweise angehört), Jadin (der von vielen lange Zeit als die große Hoffnung der israelischen Politik betrachtet wurde) und etwas später dann zahlreichere Vertreter dieser Generation.

Abgesehen von Allon, der durch die zentralen Kanäle der Achdut Haawoda und des Kibbuz Hame'uchad recht früh in die Politik eingetreten war, zeichnete sich der Werdegang der meisten durch einige besondere Merkmale aus. Sie hatten sich nicht langsam in politischer Kleinarbeit hochgearbeitet, sondern wur-

den meistens von oben kooptiert, also gewissermaßen von den bestehenden Eliten gefördert.
Später, insbesondere nach dem Sechstagekrieg, belegten sie relativ wichtige Plätze auf der politischen Bühne und erregten große Aufmerksamkeit. Für viele Menschen inner- und außerhalb Israels wurden sie – und vor allem wohl Dajan – geradezu zu Sinnbildern des neuen Israel.
Und doch haftete all ihren politischen Aktivitäten ein tragisches Element an. Keiner von ihnen – mit Ausnahme von Jizchak Rabin und sehr viel später Schimon Peres – erreichte das Ministerpräsidentenamt, das sie alle anzustreben schienen. Während sich dies noch durch eine gewisse Schwäche des politischen Willens erklären läßt, war aber darüber hinaus auch keiner von ihnen imstande, eine politische oder soziale Konzeption für den inneren Bereich, für die soziale und wirtschaftliche Entwicklung, vorzulegen, die über die allgemeinen Prämissen des dynamischen Konservativismus hinausgegangen wäre.
Sie konzentrierten sich fast alle auf das Gebiet von Sicherheits- und Außenpolitik und waren – zum Teil mit Ausnahme Allons, dessen berühmter Allon-Plan von 1968 ein pragmatisches, überwiegend auf Sicherheitserwägungen beruhendes Programm für die Gründung jüdischer Siedlungen in der Westbank vorzuschlagen suchte – nicht fähig, eine brauchbare Politik für die Zeit nach 1967 zu entwerfen. Dajans berühmtes Warten auf einen Anruf von Hussein stellte sicherlich keine solche Politik dar, und selbst sein späteres Bestehen auf irgendeiner Übereinkunft mit den Palästinensern, auf der Wichtigkeit einer Zusammenarbeit mit ihnen, festigte sich nicht zu einem brauchbaren Plan über die Kooperation auf lokaler Ebene hinaus.
Selbstverständlich waren sie alle sehr einflußreich, aber im großen und ganzen gelang es ihnen nicht, die von ihnen dann doch noch entwickelten Konzeptionen ihren jeweiligen Regierungen aufzuzwingen; außerdem war nicht klar, inwieweit diese Vorstellungen sich als praktikabel erwiesen hätten.
Dajan, der die israelische Politik von 1967 bis 1974/75 in vieler Hinsicht dominiert hatte, spielte später eine sehr wesentliche Rolle bei der Vorbereitung des Friedens mit Ägypten. Er und Eser Weizman setzten sich zusammen mit dem Rechtsberater der Regierung, Aharon Barak (einem jungen Rechtsgelehrten,

der in Polen geboren und 1948 als Zwölfjähriger nach Israel gekommen war) daran, das Camp-David-Abkommen auszuarbeiten; doch es war Menachem Begin, der diesen politischen Sieg errang und die öffentliche Meinung dafür zu gewinnen vermochte.

Noch geringeren Umfang besaß das, was sie an neuen Konzeptionen und Visionen im sozio-ökonomischen Bereich oder im Verhältnis zu den jüdischen Gemeinden in der Diaspora erarbeiteten, abgesehen von den pragmatischen Anstrengungen um Entwicklung und Errichtung eines sozialdemokratischen Wohlfahrtsstaates oder – im Fall der später noch näher zu erörternden Dasch-Partei unter der Führung von Jadin – von rein administrativen oder organisatorischen Dimensionen.

Nur Rabin erreichte das Ministerpräsidentenamt 1974, nach Golda Meirs Rücktritt. Von 1974 bis 1977 erwies er sich als recht effizienter pragmatischer Regierungschef, aber nicht unbedingt als weitblickender Staatsmann, der Neuland zu erschließen vermag – insbesondere im innenpolitischen Bereich. Er zeigte viele Schwächen, darunter die mangelnde Fähigkeit, dem Druck von Gusch Emunim zu widerstehen; dies beruhte nicht nur (wie er behauptete) auf persönlichen Rivalitäten im Kabinett, sondern auch auf der allgemeinen Unsicherheit, die im sozialdemokratischen Lager hinsichtlich der Natur einer möglichen politischen Regelung herrschte, da man sich in der starken Tendenz verfing, die territoriale und historische Bindung an verschiedene Stätten in Erez-Israel erneut zu betonen, die nun nach dem Sechstagekrieg zugänglich geworden waren. (Dies galt auch für Allon, der 1968 als erster israelischer Minister die Mitglieder von Gusch Emunim in Kirjat Arba bei Hebron besuchte – eine Siedlung, die weit außerhalb der Vorstellungen seines Allon-Plans lag – und sie in historischen Begriffen rechtfertigte, da Hebron in der jüdischen Geschichte und Tradition die Stadt der Patriarchen ist.)

Auf diesen beiden Gebieten – der Ausarbeitung dauerhafter neuer Konzeptionen für eine veränderte Gesamt- und Sicherheitslage einschließlich der Beziehungen zu den Arabern und auf dem Gebiet der entstehenden sozialen und wirtschaftlichen Realität – zeigten die Führer der Arbeiterbewegung im allgemeinen und ihre jüngere Generation im besonderen eine grundlegende ideologische oder konzeptuelle Schwäche und Starrheit.

Im Gegensatz zur ersten Führungsgeneration, die starke, aber flexible ideologische Konzeptionen mit höchst pragmatischen Ansätzen und Nachgiebigkeit verbunden hatte, bildete sich jetzt ein recht weitgehender Pragmatismus heraus, der allerdings mit ebenso weitreichender konzeptueller Unbeweglichkeit verknüpft war.

Die Angehörigen der jüngeren Führungsgeneration – vor allem Dajan und Allon – besaßen zwar die Macht, gegen gewisse politische Entscheidungen ihr Veto einzulegen, standen aber im großen und ganzen im Schatten der älteren und waren nicht fähig, eine alternative Konzeption zu entwerfen oder auch nur ihre eigenen pragmatischen Initiativen durchzudrücken. Erst unter der Rabin-Regierung wurde das bis zu einem gewissen Grad möglich, wie sich – als wichtigstes Beispiel – am Truppenentflechtungsabkommen mit Ägypten von 1975 zeigte, das einen Vorläufer des Friedens mit Ägypten darstellte.

Das Versäumnis, eine neue dauerhafte Konzeption in diesem Bereich ausgearbeitet zu haben, beruhte nicht bloß – nicht einmal in erster Linie – auf einem intellektuellen Versagen, obwohl auch dieser Aspekt eine bedeutende Rolle spielte. Entscheidend kam vielmehr hinzu, daß die Wahrscheinlichkeit, eine solche Konzeption entwickeln und verwirklichen zu können, wegen des de facto bestehenden Vetorechts zweier kleiner Gruppen innerhalb des sozialdemokratischen Lagers praktisch gleich Null war: gemeint sind die Achdut Haawoda, die im Kabinett durch Israel Galili, die graue Eminenz der Regierungen Meir und Rabin, vertreten wurden, und in geringerem Umfang Allon mit der Rafi-Gruppe, vertreten durch Dajan.

Wie Yossi Beilin gezeigt hat[71], waren dies alles Folgen der Vereinigung mehrerer sozialdemokratischer Gruppen zum Arbeiterblock, zwischen dessen Führern jedoch kein engerer Zusammenhalt entstand.

Tatsächlich zeigte sich dann während Rabins Regierungszeit, daß die innere Solidarität und der Zusammenhalt in der Führung der Arbeiterbewegung im Zerfall begriffen und eine Viel-

71 Y. Beilin, »The Political and Social Costs of Unification in the Labour Movement«, Research Report [vervielfältigt], Tel Aviv 1983.

zahl interner Spaltungen und Splittergruppen im Entstehen waren. Diese Entwicklungen, die vorher durch die dominante Gestalt Golda Meirs überdeckt, aber nicht wirklich aufgehalten worden waren, führten nun – ausgelöst durch das Devisenvergehen der Gattin des Ministerpräsidenten, das aber wirklich nur als rein äußerlicher Anstoß diente – dazu, daß der Arbeiterblock unter Rabins Führung 1977 seine Vorrangstellung auf der politischen Bühne Israels verlor.

Die Geschichte der meisten Angehörigen dieser Generation, die in die Politik eintraten, enthält also in der Tat einige tragische Elemente: Sie, die die große Hoffnung des Zionismus gewesen waren, zeigten weder einen starken politischen Willen noch eine neue soziale oder institutionell ausgerichtete Vision. Die Wirkung all dieser analysierten Prozesse – des Auswahl- oder Spezialisierungsprozesses der Eliten, des wachsenden Abstands dieser Eliten vom aktiven politischen Leben, ihrer zunehmenden Hinwendung zum Sicherheitsbereich, der Art, in der sie bei ihrem späteren Eintritt in die Politik kooptiert wurden, und der Tatsache, daß sie im Schatten der Gründerväter standen – läßt sich, um hier den französischen Ausdruck zu verwenden, auf ihre *formation* in dem relativ engen Lebensrahmen zurückführen, in dem sie aufgewachsen waren. Obwohl der Abstand von der breiteren Erfahrungswelt der Diaspora ihnen, im Vergleich zu den früheren Generationen, Sicherheit, Freiheit und Bestimmtheit verliehen hatte, engten diese Lebensrahmen offenbar auch ihren Horizont ein. Damit wäre eines der Grundprobleme angesprochen, das der Verwirklichung der zionistischen Vision innewohnte.

Es ist natürlich müßig, zu fragen, inwieweit die Dinge anders gekommen wären, wenn der Unabhängigkeitskrieg nicht den fürchterlichen Preis von 6000 Toten gefordert hätte, zu denen viele potentielle Mitglieder der künftigen Elite gehörten. Wie dem auch sein mag: Die Geschichte dieser Generation liefert jedenfalls ein weiteres – vielleicht äußerst bezeichnendes und tragisches – Beispiel für das Zusammentreffen des großen Aktivismus und der weitreichenden Expansion mit der Erschöpfung der sozio-politischen Dimensionen der zionistischen Pioniervision.

Die Dürftigkeit oder Erschöpfung der ideologischen Vision war jedoch nicht auf die neue Führungsgeneration oder überhaupt die Zentralfiguren der Mapai beschränkt, die sich so sehr um Staatlichkeit (Mamlachtiut) einerseits und das große Bauwerk der Institutionen sowie den Erhalt der eigenen Macht andererseits bemühten. Mit einigen sektiererischen Zusätzen kennzeichnete sie vielmehr auch die »linkeren« Teile der Arbeiterbewegung. Am besten kommt das wohl in einem berühmten Aufsatz zum Ausdruck, den Jizchak Ben Aharon, ein Führer der Achdut Haawoda, im Januar 1963 in *Lamerchav*, der Tageszeitung der Achdut Haawoda, unter dem Titel »Os Leschinui« (Mut zur Veränderung) veröffentlichte. In dieser programmatischen Schrift verurteilte Ben Aharon die ganze Art und Weise, in der die Nation und ihre Institutionen seit der Staatsgründung aufgebaut worden waren, als nichtsozialistisch, da sie zur Entstehung einer neuen ausbeuterischen und parasitären Bourgeoisie, der Jagd nach höherem Lebensstandard und zu wachsenden Klassenunterschieden geführt habe. Er empfahl eine Vereinigung aller Teile der Arbeiterbewegung, um eine neue sozialistische Politik einzuleiten, die im wesentlichen eine entschiedene Neuverteilung der nationalen Mittel und eine Umgestaltung der Wirtschaft bringen sollte (einschließlich einer Senkung des Lebensstandards), um die zunehmende wirtschaftliche Abhängigkeit von ausländischen Quellen aufzuheben oder auf ein Minimum zu beschränken.

Es lag wenig von der Vision der Pioniere in diesem Programm: keine Antwort auf das Problem der Beteiligung der verschiedenen Bevölkerungssektoren an gemeinsamen schöpferischen Unternehmen und kein Hinweis darauf, wie sich die Pioniervision unter den veränderten Umständen umgestalten ließe oder wie man den stark elitistischen Nachdruck auf Pflichten und Höchstleistung in diesen gemeinsamen Tätigkeitsbereichen aufrechterhalten könnte.

All diese Prozesse verquickten sich mit der Unfähigkeit dieser Gruppen, mit den neuen Problemen fertig zu werden, die mit der Änderung des Parameters der kulturellen Aktivität und der Symbole kollektiver Identität zusammenhingen.

Die Tatsache, daß von den Eliten der Arbeiterbewegung und deren unmittelbarer Umgebung keine bedeutsamen Visionen mehr ausgingen, zeigte sich auch darin, daß – besonders Mitte der siebziger Jahre – von anderer Seite Versuche unternommen wurden, der Erstarrung der älteren Sektoren neue Visionen oder Programme entgegenzusetzen.

Von besonderem Interesse für diese Entwicklung war hier die Geschichte von Dasch – der Demokratischen Bewegung für Veränderung, die mehrere Monate vor den Wahlen von 1977 gegründet wurde (wie auch der Charakter der übrigen außerparlamentarischen politischen Aktivitäten, die sich seinerzeit im Umfeld des sozialdemokratischen Lagers entfalteten – im Gegensatz zu denen auf der »Rechten«).

Der Weg von Dasch war höchst bezeichnend für die Entwicklungen im politischen Bereich, da er mit der Erschöpfung der ideologischen Vision in Zusammenhang stand, auf die sich Israels ursprüngliches institutionelles Modell stützte. Er bezeugte sozusagen den Fehlschlag des bedeutendsten Versuchs, dieses Modell durch die »Verjüngung« seiner Führung und ein scheinbar neues Programm innerhalb seiner – sich ständig öffnenden – Grundprämissen zu retten.

Wie bereits erwähnt, wurde Dasch gegründet, nachdem Jigael Jadin 1977 seine Bereitschaft verkündet hatte, in die Politik einzutreten. Unter dem neuen Parteidach vereinigten sich mehrere bereits bestehende politische Gruppen, zu deren wichtigsten *Schinui* unter der Führung von Amnon Rubinstein (entstanden aus einer der verschiedenen Protestbewegungen nach dem Jom-Kippur-Krieg) und das *Merkas Hachofschi* (Freie Zentrum), eine Absplitterung des Likud unter der Führung von Schmuel Tamir, gehörten. Diese beiden Gruppen stammten nicht aus dem sozialdemokratischen Lager, und wie die Zukunft bald zeigen sollte, waren all diese Elemente recht sonderbare politische Bettgenossen. Die große Mehrheit der Führung wie auch des zweiten und dritten Rangs von Dasch und vermutlich auch die meisten Anhänger der neuen Partei kamen aus den sozialen und wirtschaftlichen Sektoren, die dem Maarach (Arbeiterblock) nahestanden – und zwar sogar den erfolgreicheren von ihnen.

Sie alle gaben in ähnlicher Weise ihrem Unmut darüber Ausdruck, daß sie sich am politischen Zentrum nicht beteiligen könnten und daß dieses Zentrum erstarrt sei, forderten Erneuerung von innen heraus und beklagten die Schwäche der politischen Führung in Fragen der äußeren Sicherheit und der Innenpolitik.

Diese Gruppen, unter der dynamisch erscheinenden Führung Jadins, fanden Anklang bei den weiten Bevölkerungskreisen – rund 250 000 Menschen –, die 1977 Dasch ihre Stimme gaben, da sie in diesem Versuch die große Chance sahen, die zahlreichen Fehler des Maarach zu korrigieren, ohne in tieferem Sinn über die Grundprämissen des herrschenden institutionellen Modells hinauszugehen, und Jadin für den Mann hielten, der dieses Ziel tatsächlich würde erreichen können. Sie, wie auch Jadin selber, sahen in Dasch die Kraft, die das Zünglein an der Waage (*Leschon Hamosnaim*) sein würde, ohne die der Maarach keine Regierung bilden könnte, so daß sie imstande wäre, dem Maarach reformerische Orientierungen aufzuzwingen.

Bekanntlich sollten sie bitter enttäuscht werden. Bei den Wahlen von 1981 gab es Dasch nicht mehr, und die meisten ihrer Wähler schienen, so weit man das aufgrund von Wahlstatistiken feststellen kann, zum Maarach zurückgewandert zu sein.

Zahlreiche Gründe sind angeführt worden, um dieses Debakel und das darauf folgende Ende von Dasch zu erklären. Ein Grund lag natürlich in der sehr heterogenen Zusammensetzung dieser Bewegung, insbesondere in ihrer Führung, aber auch in breiteren Mitgliederkreisen. Zweitens, und in engem Zusammenhang mit dem ersten Punkt, kamen die mangelnde politische Erfahrung dieser Führung und die in ihrem politischen Handeln und Programm feststellbare Naivität hinzu. Dieser Mangel an politischer Erfahrung hing in erheblichem Umfang mit ihrer kontinuierlichen Nichtbeteiligung an politischen Aktivitäten und ihrer naiven Annahme zusammen, daß guter Wille und einige weitgefaßte Schlagworte wichtiger seien als Erfahrung und ständige politische Arbeit und Organisation.

Eng verbunden mit den beiden vorgenannten Punkten – aber womöglich noch grundlegender – war drittens die politische Grundkonzeption, die große Teile der Dasch-Führung, darunter auch Jadin und sein engster Kreis, offenbar zur Richtschnur nahmen. Hauptkennzeichen dieser Konzeption war wohl die

Vorstellung, daß man mit einigen administrativen Änderungen die wichtigsten sozialen Probleme lösen könne: die der Armenviertel ebenso wie die der benachteiligten Gruppen oder der *Edot* im allgemeinen. Zu den vorgeschlagenen Verwaltungsmaßnahmen gehörten die Ernennung eines besonderen Vizeministerpräsidenten für innere Angelegenheiten (ein Posten, den Jadin mehrere Jahre lang ausfüllte), die administrative Reorganisation der Sozialdienste und die Einsetzung spezieller Bezirksbeauftragter, die zwischen den breiteren Bevölkerungskreisen und dem bürokratischen Establishment vermitteln sollten.

Dieses Programm stand weitgehend mit Ben-Gurions früherer Forderung nach Änderungen im Wahlsystem in Einklang, die Jadin seinerzeit ebenfalls unterstützt hatte. Zu Recht oder Unrecht ging diese Konzeption jedenfalls von der Vorstellung aus, daß derartige organisatorische Veränderungen allein schon zu neuen Wegen politischer Beteiligung führen würden – unabhängig von Inhalt oder Richtung einer solchen Beteiligung.

Über diese halbtechnokratische Vorstellung und die allgemeine Betonung von gutem Willen und der Wahrung der bürgerlichen Rechte hinaus fand sich in den zentralen Gremien von Dasch – und insbesondere in den Resten der Bewegung, die in die erste Likud-Regierung eintraten, nachdem Schinui sich abgesplittert hatte – keine neue Konzeption, welche Wege man beschreiten müßte, um die wichtigsten Beschränkungen und Stagnationstendenzen zu verändern, gegen die sich die Bewegung ursprünglich erhoben hatte. Damit war ein weiterer Beweis dafür erbracht, daß sich in den vielen Gruppen, die dem Maarach oder wenigstens dessen institutionellem Modell sozial nahestanden, die Fähigkeit erschöpft hatte, eine neue dynamische politische oder soziale Vision zu entwerfen.

Einige Teile von Dasch – vor allem Schinui – besaßen eine klarere politische Konzeption, die sie mit *Zionut Schfuja* (vernünftiger Zionismus) umschrieben. Mit ihrem Einsatz für bürgerliche Freiheiten, Gesetzlichkeit und Bürgerrechte kamen sie den Vorstellungen der Unabhängigen Liberalen und der Progressiven sehr nahe, aber all diese Themen ergaben – so wichtig sie auch für sich genommen waren – noch kein umfassendes politisches Programm.

Da diese Gruppen jedoch wenig über andere Themen zu sagen wußten, die in den Prämissen der herrschenden Ideologie und des ursprünglichen institutionellen Modells enthalten waren – insbesondere solche, die die Schaffung von Institutionen betrafen –, ist es höchst zweifelhaft, ob sie imstande gewesen wären, eine starke Macht der politischen Mitte zu bilden; allerdings hätten sie möglicherweise einigen Einfluß ausüben können, um den von ihnen betonten Themen Geltung zu verschaffen.
Die Erschöpfung der herrschenden Ideologie, der sozio-politischen Vision aus dem Umfeld des sozialdemokratischen Lagers, zeigte sich auch an den außerparlamentarischen politischen Gruppierungen, die sich in Israel insbesondere ab den frühen siebziger Jahren entwickelten. Dazu an späterer Stelle mehr.

Die gewandelte normative Atmosphäre der israelischen Gesellschaft

Der Legitimitätsverlust der dominanten Eliten. Richtungen des Wandels

Die Wirkung, die diese Erschöpfung der arbeiterzionistischen Ideologie – ihrer Fähigkeit zur Entwicklung neuer Institutionen und zur Neugestaltung der kollektiven Identität – auf den Zerfall des ursprünglichen Modells der israelischen Gesellschaft ausübte, läßt sich nur im Zusammenhang mit der gewandelten normativen Atmosphäre der israelischen Gesellschaft begreifen, die sich in wachsender Dissoziation zwischen den normativen Vorgaben der Ideologie und den tatsächlichen sozialen und wirtschaftlichen Entwicklungen ausdrückte und einen zunehmenden Legitimationsverlust der regierenden Eliten nach sich zog.
Wir haben bereits gesehen, daß die Beziehungen zwischen den in dieser Ideologie verwurzelten allgemeinen Symbolen einerseits und den konkreten institutionellen Problemen und Konflikten andererseits – über die Betonung von ökonomischer Entwicklung und wohlfahrtsstaatlichen Gratifikationen hinaus – immer schwächer und schwieriger erkennbar wurden, während die Eliten gleichzeitig mit unvermindertem Nachdruck behaupteten, die Regeln weiterhin zu setzen.

Die verbreiteten ideologischen Orientierungen verfestigten sich nicht zu normativen Richtlinien für die Behandlung der konkreten gesellschaftlichen Probleme und Konflikte, die in der sich ständig wandelnden, vielgestaltigen Sozialstruktur sowie in den stetig aufbrechenden politischen und sozialen Modellen entstanden; das Bewußtsein und die Wahrnehmung dieser Kluft verbreiteten sich zusehends, was natürlich auch eng mit den sich verändernden Machtverhältnissen in Israel zusammenhing.

Ihren Ursprung hatte diese Kluft in den meist klientelistischen Beziehungen zwischen Zentrum und Peripherie, in denen viele der partikularistischen Normen weiterlebten, die zu früherer Zeit vorgeherrscht hatten. Anders als damals waren diese partikularistischen Normen jetzt nicht mehr mit einer starken elitistischen Verpflichtung und Verantwortlichkeit oder mit einer engen Solidarität der verschiedenen Bewegungen verbunden. Vielmehr entwickelten sie sich als Folge des Wechselspiels zwischen den Bemühungen der regierenden Gruppen, die Peripherie durch Vergünstigungen bei der Stange zu halten, und dem Druck dieser Peripherie. Dadurch verstieß man gegen so manche universalistische Grundsätze der staatlichen Dienstleistungen und schuf langsam eine Situation wachsender Normlosigkeit. Oft ging dies gerade von den Normsetzern selber aus und zeigte sich am sichtbarsten in solchen Bereichen wie Lohnpolitik, Arbeitsbeziehungen und Steuern, die in enger Verbindung zu dieser Ideologie standen.

Aus dem Wechselspiel von Machtgruppen, Druckausübung und den Bestrebungen der Eliten, viele Gruppen zu befrieden – insbesondere die stärkeren unter ihnen, die potentielle Unruhestifter waren –, ergaben sich immer mehr Versuche, die von den Eliten selbst gesetzten universalistischen Grundnormen zu übertreten.

Da diese Versuche gewöhnlich von den Normsetzern selber ausgingen und mit dem Machtkampf der Eliten in Verbindung gebracht wurden, veränderten sie weitgehend die Art und Weise, in der die einzelnen Sektoren der Gesellschaft verschiedene Aspekte der Ideologie betrachteten.

Während die neuen regierenden Eliten diese Ideologie und deren Beziehungen zu der sich entwickelnden institutionellen

Struktur und deren Problemen als natürlich und vorgegeben ansahen, wurden sie von den peripheren Sektoren anders betrachtet. Sie neigten eher der Sicht zu, daß diese Maßnahmen mehr und mehr auf die Sicherung der Machtstellungen in den bestehenden Rahmen gerichtet waren und mehr durch die innere Dynamik der unterschiedlichen Machtgruppen als durch ideologische Grundsätze und die von ihnen gesteckten nationalen Ziele gelenkt wurden.

Diese neue normative Grundstimmung, das wachsende Gefühl einer gewisssen Normlosigkeit – die zumindest de facto von der Elite legitimiert wurde –, verstärkte sich noch dadurch, daß in Kreisen der Elite (wie auch in Teilen der Beamtenschaft) und in deren Beziehungen zu den breiteren Schichten die älteren partikularistisch-sektorialen Einstellungen (aus denen sich oft auf klientelistische Weise weitgespannte Netze von Protektionsbeziehungen entwickelten) ständig mit den eher universalistischen Haltungen bunt vermischt wurden, wobei man letztere meist öffentlich propagierte. Aus dieser Mischung entstand ein Klima weitgehender Anomie.

Infolge all dieser Prozesse sahen weite Bevölkerungsteile und vor allem viele Neueinwanderer in der herrschenden Ideologie zunehmend einen Mechanismus, der dazu bestimmt war, den regierenden Eliten ihre Machtstellung in einer sich wandelnden, offeneren Gesellschaft zu erhalten. Die Elite begann, ihren normativen Anspruch einzubüßen, und war nicht imstande, solche Bindungen mit der stetigen Öffnung des institutionellen Modells zu vereinen, obwohl die Suche nach einer solchen Bindung – wenn auch sicherlich nicht in der älteren Form – für weite Kreise der Öffentlichkeit weiterhin äußerst wichtig war – ebenso wie für das Selbstverständnis und die Legitimation der Eliten.

Von großer Bedeutung war hier die Tatsache, daß die diversen Versuche, die Arbeiterbewegung zu vereinigen, weder mit der Ausarbeitung einer neuen Interpretation des arbeiterzionistischen Gedankens noch mit wachsendem Zusammenhalt dieser Elite verbunden waren.

So liefen diese Wandlunsprozesse in der Ideologie – wie es in vielen revolutionären Gesellschaften geschieht – den ideologischen Grundprämissen des institutionellen Modells und vor allem der Legitimation und Selbstlegitimation der herrschenden Eliten und des Zentrums zuwider. Sie wichen in vieler Hinsicht von deren Selbstbild und von der Art ab, in der Eliten und Zentrum sich den breiteren Schichten gegenüber darstellten, die sie auf demokratische Weise zu mobilisieren suchten. Damit trugen diese Prozesse zur wachsenden Unzufriedenheit mit den Eliten und deren Vision bei und schwächten zudem die Legitimation gerade der Ideologie, die diese Eliten zu symbolisieren und zu tragen vorgaben.

All diese Wandlungen in der israelischen Gesellschaft, die zum Zerfall ihres ursprünglichen institutionellen Modells führten, werden erst verständlich, wenn man die tiefgreifenden Veränderungen in den Beziehungen zwischen Israel und den jüdischen Gemeinden in der Diaspora mit in Betracht zieht – und diesen Entwicklungen wollen wir uns jetzt zuwenden.

16. Kapitel
Die neue historische Erfahrung der jüdischen Gemeinden in der Diaspora und die Stellung des Staates Israel

Die Entstehung des amerikanischen Judentums

Eine neue Akzeptanz durch die Wirtsländer

Es gibt zahlreiche Ursachen für die sehr dramatischen – wenn auch still und in vieler Hinsicht fast unmerklich und scheinbar natürlich fortschreitenden – Veränderungen in den Beziehungen zwischen Israel und den jüdischen Diasporagemeinden, aber zwei sind wohl von besonderer Bedeutung. Erstens wandelte sich die gesamte Problematik des modernen jüdischen Lebens, das sich nach dem Zweiten Weltkrieg in den Vereinigten Staaten und in geringerem Umfang in den westeuropäischen Staaten entfaltete. Zweitens wären die inneren Veränderungen in der kulturellen und sozialen Struktur der israelischen Gesellschaft selber zu nennen, die wir vorstehend analysiert haben. Den Hintergrund für diese beiden Prozesse bildeten natürlich die schrecklichen Erfahrungen des Holocaust.

Vom Gesichtspunkt der Beziehungen zwischen den jüdischen Gemeinden in der Diaspora und dem Staat Israel aus stand die Tatsache im Mittelpunkt, daß die historische Erfahrung dieser Gemeinden – und damit die Problematik jüdischen Lebens – in Richtungen umschwenkte, die sich weitgehend von den in Ost- und Mitteleuropa eingeschlagenen Wegen unterschieden, aus denen sich die zionistische Bewegung und die jüdische Ansiedlung im Land Israel entwickelt hatten.

Der wichtigste soziale und politische Prozeß, der die Problematik jüdischen Diaspora-Lebens in ihrem Wesen veränderte, bestand darin, daß sich in den Wirtsgesellschaften eine neue Konzeption von jüdischem Kollektivleben herausbildete und legitimiert wurde. Statt weiterhin zu versuchen, jüdische Identität und jüdisches kollektives Handeln auf halbprivate religiöse und philanthropische Bereiche zu beschränken – wie es im West-

und Mitteleuropa des 19. Jahrhunderts der Fall gewesen war –, akzeptierte diese neue Haltung die Verbindung aus gemeindlichen, »ethnisch«-primordialen und politischen Komponenten der jüdischen Identität sowie auch das Volksein der Juden.
Diese Anerkennung gemeindlicher, primordialer und politischer Komponenten der jüdischen Kollektividentität war mit der Anerkennung der Juden als vollgültige, »emanzipierte« Bürger ihrer jeweiligen Länder verbunden und nicht nur – wie es in Osteuropa zwischen den Weltkriegen geschehen war – mit ihrer Duldung als nationale Minderheit unter anderen Minderheits- und Mehrheitsgruppen. Diese Entwicklungen waren von einem steilen wirtschaftlichen und beruflichen Aufstieg der Juden begleitet – weit über das hinaus, was im 19. und in den ersten vierzig Jahren des 20. Jahrhunderts in Europa stattgefunden hatte – sowie von ihrer wachsenden Beteiliguung an einigen der wichtigsten kulturellen Einrichtungen und Aktivitäten ihrer jeweiligen Länder, wodurch sich dann auch Möglichkeiten relativ müheloser Assimilation auftaten.

Statistische Hintergrunddaten in den USA

Dieses neue Muster moderner jüdischer Existenz entwickelte sich zuerst – und auch erst schrittweise nach dem Zweiten Weltkrieg – in den Vereinigten Staaten und in geringerem Ausmaß in Westeuropa, während die jüdischen Gemeinden in Ost- und Mitteleuropa, deren historische Erfahrung die zionistische Bewegung ausgelöst hatte, durch den Holocaust praktisch vernichtet worden waren.
Bekanntlich ging die Entwicklung der jüdischen Bevölkerung in den Vereinigten Staaten bis zu den großen Einwanderungswellen aus Osteuropa relativ langsam voran. Beginnend mit 1 200 Juden im Jahre 1790 stieg ihre Zahl bis 1848 auf rund 50 000 – darunter überwiegend sefardische Gruppen und einige deutsche Juden – und danach auf knapp 250 000, die nun meist aus Deutschland und dem übrigen Mitteleuropa stammten, ehe dann die Masseneinwanderung aus Osteuropa einsetzte. An der Wende zum 20. Jahrhundert war die jüdische Bevölkerung der

Vereinigten Staaten auf über eine Million angewachsen, Ende der zwanziger Jahre umfaßte sie mehr als vier Millionen und 1950 rund fünf Millionen. Während dieser Zeit wuchs die jüdische Bevölkerung stärker als die amerikanische Gesamtbevölkerung, und ihr Anteil stieg demzufolge von 0,1 Prozent der amerikanischen Bevölkerung 1840 auf 3,6 Prozent im Jahr 1927.

Die frühen Siedlungen in den Vereinigten Staaten

Die Entwicklung des neuen jüdischen Lebensmusters, der neuartigen jüdischen Geschichtserfahrung in den USA war ein sehr langsamer Prozeß – und vor allem wurde er von den Juden selber wie auch von der allgemeinen Gesellschaft nur ganz allmählich wahrgenommen, obwohl sich Anzeichen in diese Richtung schon recht früh herausgebildet hatten.

Die ersten Wellen jüdischer Einwanderer – die, die in den achtziger Jahren des vorigen Jahrhunderts die oberen Ränge der jüdischen Gesellschaft in Amerika bilden sollten – waren in verstreuten Gemeinden organisiert; sie unterhielten relativ gute Beziehungen zu ihren Nachbarn und betrachteten sich als Teil des amerikanischen Lebens, ohne deswegen unbedingt ihr Judentum aufgeben zu müssen. Soweit sie nach speziellen Ausdrucksformen für ihr Judentum suchten, fanden sie sie im religiösen Bereich, vor allem im Reformjudentum und in den Anfängen der konservativen Bewegung. Die sefardischen und mehr noch die deutsch-jüdischen Einwanderer gründeten Reformsynagogen – weitgehend in Einklang mit den oberen und mittleren Schichten der allgemeinen, immer noch sehr mobilen Gesellschaft – und begannen, die Errichtung einiger neuer jüdischer Lehreinrichtungen zu fördern sowie gemeindliche und philanthropische Aktivitäten einzuleiten. In Nathan Glazers Worten:

> Wenn man nun die Erinnerungen aus dieser Zeit liest (zum Beispiel die Autobiographie Annie Nathan Meyers), gewinnt man ein Bild von Juden, die in das amerikanische Leben besser integriert waren als in späterer Zeit (selbst wenn man Annie Meyers sehr hohe soziale Stellung in Betracht zieht). Das Reformjudentum, das eine Zeitlang auf dem Wege zu

sein schien, die amerikanische Judenheit zu vereinigen, stand im Einklang mit den Entwicklungen in den protestantischen Sekten der Oberklassen. Juden hatten in jenen Jahren keine wichtigen Sonderinteressen, die sie von der übrigen Gesellschaft abgehoben hätten. Sie brauchten sich nicht sonderlich über Antisemitismus zu sorgen oder ihn zu bekämpfen, weil dieses Phänomen bis zum Ende des 19. Jahrhunderts kein Problem darstellte, noch erhitzten sie sich natürlich über Zionismus oder Antizionismus – das folgte erst tief im 20. Jahrhundert. Im großen und ganzen führten die Juden ein angenehmes Leben, hatten große Familien und Dienerschaft, traten in die freien Berufe ein und trafen nur auf sehr wenig Diskriminierung. In jener Zeit bekümmerten sich die Amerikaner im allgemeinen noch nicht um ihr Ansehen – und infolgedessen waren die Juden respektabler. Wenn der neueste Multimillionär durchaus ein Barbar sein konnte, der keine Tischsitten besaß, machte es auch kaum etwas aus, wenn er ein Jude war. Erst recht schadete das nichts im Westen, wo die Juden oft zu führenden Bürgern aufzusteigen schienen.[72]
Zumindest anfangs waren diese Entwicklungen stark von den Einstellungen mittel- und westeuropäischer Juden beeinflußt, die die jüdische Gemeinde dazu brachten, sich in rein religiösen Begriffen zu definieren.
Aber diese Definition wie auch das neue jüdische Lebensmuster waren bereits der amerikanischen Umgebung angepaßt und bezogen einige entscheidende Merkmale ein, die sich in Europa nicht fanden. Diese spezifischen Muster standen eng mit dem zahlenmäßig geringen Umfang der jüdischen Bevölkerung und mit der – wie wir später noch sehen werden, höchst wichtigen – Tatsache in Zusammenhang, daß es aufgrund der traditionellen religiösen Toleranz in den Kolonien und später in den Vereinigten Staaten viel weniger Druck gab, sich etwa zum Christentum zu bekehren. Die jüdische Religion genoß volle Anerkennung und Legitimation in einer Gesellschaft, die auf der Trennung von Kirche und Staat basierte. So hing die Neuordnung des religiösen Lebens nicht unbedingt mit der Aufgabe einer umfassenderen jüdischen Identität zusammen. Obwohl die Assimila-

72 Nathan Glazer, »Social Characteristics of American Jews, 1654-1954, *American Jewish Yearbook* (1955).

tionstendenzen in Wirklichkeit sehr stark waren, fanden sie nur relativ schwachen ideologischen Ausdruck, und viele dieser ideologischen Formulierungen sahen keinen prinzipiellen Gegensatz zwischen der Beibehaltung bestimmter religiöser jüdischer Praktiken oder bestimmter Formen jüdischen Gruppenlebens und der Beteiligung am amerikanischen Leben, sondern verstanden jene Lebensformen und Praktiken eher als Teil von ihm. Selbst wenn manche sich – insbesondere in den Südstaaten – als Amerikaner mosaischen Glaubens bezeichneten, hatte dies nicht notwendigerweise den gleichen apologetischen und stark ideologischen Beigeschmack wie in Europa.

Die Ideologie der amerikanischen Reformbewegung baute auf einer streng rationalistischen Basis auf, wobei betont wurde, daß religiöse Reform etwas allen Amerikanern Gemeinsames sei. Obwohl die extremeren Aussagen dieser Ideologie in der Praxis nicht von vielen Gemeindemitgliedern befolgt wurden, war die Grundrichtung, am amerikanischen Leben teilzuhaben, ohne eine Art jüdische Gruppenidentität aufzugeben, ziemlich weit verbreitet, auch wenn diese Identität sehr verwässert werden konnte. Es ist vielleicht kein Wunder, daß einige der überzeugtesten Zionistenführer gerade aus der Reformbewegung hervorgingen.

Der Zustrom aus Osteuropa

Das jüdische soziale Leben, seine Organisationsweise, die in seinem Rahmen entwickelte öffentliche Aktivität und die Anschauungen von diesem Leben veränderten sich tiefgreifend infolge der Masseneinwanderung aus Osteuropa.

Die erste Generation jüdischer Einwanderer aus Osteuropa war hauptsächlich mit den Problemen des wirtschaftlichen Aufstiegs aus ihrer ziemlich niedrigen Ausgangsposition und mit ihrer Amerikanisierung beschäftigt. Gleichzeitig bewahrten und entwickelten sie während dieser Jahre eine Vielfalt von Gemeindeorganisationen sowie starke Familiennetze, wobei ihnen natürlich ihre Konzentration in bestimmten Gegenden und Berufen zu Hilfe kam. Während der Aufstiegskampf sich selbstverständlich am neuen Leben in Amerika ausrichtete, blieben die gemeindlichen Organisationsformen zumindest anfangs häufig osteuropäischen Ideologien, Religionspraktiken und den dortigen Mustern sozialer, politischer und kommunaler Organisation verhaftet.

Diese europäischen Erfahrungen wurden dadurch verstärkt, daß die jüdische Masseneinwanderung Teil einer umfassenderen Einwanderungswelle aus Europa darstellte, in deren Verlauf Menschen aus vielen europäischen Nationen – insbesondere aber aus den ost- und südeuropäischen Ländern – in die USA kamen und recht starke, tief verwurzelte antisemitische Einstellungen mitbrachten. Lange Zeit lebten die Juden in den Vereinigten Staaten nun in enger ökologischer Nähe zu diesen europäischen Gruppen.

Diese Tendenz wurde auch teilweise dadurch verstärkt, daß viele der europäisch-jüdischen Einwanderer aus der unteren Mittelschicht stammten und es unter ihnen eine große Kerngruppe von Handwerkern mit relativ mobilen, leicht transferierbaren Fähigkeiten gab, dafür aber vergleichsweise weniger Intellektuelle als unter denen, die in Europa blieben oder nach Palästina auswanderten. So bewahrten – oder entwickelten – diese Einwanderer natürlich Formen der Gemeindeorganisation, die zumindest anfänglich denen sehr ähnelten, die sie in ihren Herkunftsländern gekannt hatten; allerdings wurden auch einige von diesen (wie etwa die jüdischen Gewerkschaften) schnell amerikanisiert. Gleichzeitig begann sich der Einfluß der osteuropäischen Einwanderer auf die früher eingetroffenen, inzwischen schon etablierteren jüdischen Gruppen bemerkbar zu machen, die diese Einwanderung anfangs oft mit recht großem Unbehagen betrachteten.

Die Aufgaben, die die Einwanderer an die bestehenden jüdischen Institutionen stellten, und die Reaktionen darauf waren sehr vielfältig. Konservative Gruppen und Institutionen wurden durch sie wiederbelebt; selbst die Reformbewegung erfuhr durch die Begegnung mit ihnen eine weitgehende Umgestaltung, und mindestens seit dem Ende der zwanziger Jahre entstanden auch neue Organisationsformen für das jüdische Leben und seine Ideologien, die eine spezifisch amerikanische Note aufwiesen. Darauf werden wir später noch im einzelnen zurückkommen.

Antisemitismus

All diese Entwicklungen, vor allem die mit den Masseneinwanderungen zusammenhängenden, waren natürlich mit verschiedenen Arten von Antisemitismus verbunden. Eine – wohl eher populistische als tief religiöse – Form von Antisemitismus war in weiten Kreisen der amerikanischen Gesellschaft verbreitet. Wie jetzt mehr und mehr nachgewiesen worden ist, gab es einen populären Antisemitismus in der Kolonialzeit und während des ersten Jahrhunderts der neuen Nation. Er gewann mit dem Einsetzen der Masseneinwanderungen erheblich an Stärke – zumal zu jener Zeit viele der »alteingesessenen« Amerikaner der oberen Schichten ebenfalls begonnen hatten, ihre neue Klassen- und Nationalidentität prägnanter auszubilden – und erhielt natürlich zusätzlichen Auftrieb durch den Zustrom fremder Elemente. Das Eintreffen vieler ost- und mitteleuropäischer Gruppen mit starken antisemitischen Traditionen trug ebenfalls zu dieser Entwicklung bei. Später war der Antisemitismus vermutlich ein wichtiger, wenn auch keineswegs der einzige oder auch nur hauptsächliche Grund für die in den zwanziger Jahren getroffene Entscheidung, die Tore Amerikas vor der Masseneinwanderung zu verschließen. In ziemlich extremer Form tauchte er dann wieder in den dreißiger Jahren im Gefolge der Weltwirtschaftskrise auf. Mit dem Zustrom der Masseneinwanderung kam es darüber hinaus zu einer sehr weitreichenden und extensiven sozialen Segregation von Juden in Clubs, Schulen und Universitäten, in Wohnvierteln und in diversen Berufen, während dies vorher, als sie noch relativ wenige waren und geographisch weit verstreut lebten, kaum akut gewesen war. In dieser Zeit konnte es vorkommen, daß wohlhabende Juden der »oberen Klassen« plötzlich aus Clubs ausgeschlossen wurden, die sie selbst etwa eine Generation vorher gegründet hatten.

Als in den späten zwanziger und dreißiger Jahren die zweite Generation amerikanischer Juden einen raschen wirtschaftlichen Aufstieg erlebte, wurden solche Ausschlüsse und Diskriminierungen für sie spürbarer. In zunehmendem Maße mußten sie nun erfahren, daß ihnen der Zugang zu manchen Universitäten, zu Berufen im Bankwesen oder zu den höheren Rängen der Industrie verbaut wurde. Wegen ihrer hohen Mobilität waren die Juden solchen Praktiken stärker als andere Einwanderergruppen ausgesetzt, und diese Handlungen kleideten sich tatsächlich oft in religiös-antisemitische Begriffe, denen die Vorstellung von den Vereinigten Staaten als einer christlichen Gesellschaft zugrunde lag.

Wegen all dieser Prozesse befanden sich zumindest einige der schnell aufsteigenden Juden während dieser Zeit in einer offenbar typisch west- und mitteleuropäischen Situation, nämlich unter dem wachsenden Druck zur Assimilation – und gelegentlich sogar zum Übertritt. Solche assimilatorischen Tendenzen wurden in nicht geringem Umfang auch durch die starken Homogenisierungstrends des vorherrschenden bürgerlichen, halbsäkularisierten protestantischen Modells, aber auch durch die Einstellung gegenüber neuen Einwanderern gefördert, die auf der Ideologie des Schmelztiegels beruhte und dazu oft noch ausgeprägte antisemitische Untertöne aufwies.

Diese Gesamtlage – die dadurch gekennzeichnet war, daß die mobilen Juden aus den Grenzen der relativ geschlossenen jüdischen Siedlungen der ersten Einwanderergeneration heraustraten, dabei auf theoretische und praktische Diskriminierung stießen, in ihrer bildungsmäßigen und beruflichen Mobilität eingeschränkt und sozial in ihre eigenen Clubs segregriert wurden und dazu noch dem Druck zur Assimilation ausgesetzt waren – veranlaßte den Zionistenführer Chaim Arlosoroff in den dreißiger und den Dichter Schimon Halkin Ende der vierziger Jahre dazu, die jüdische Geschichtserfahrung in den Vereinigten Staaten in den normalen europäisch-zionistischen Begriffen darzustellen und vorauszusagen, daß die Juden zwischen Assimilation und Diskriminierung – wenn nicht sogar möglichem Untergang – hin und her gerissen sein würden.

Die gewandelte Problematik der jüdischen Diaspora-Erfahrung

Doch selbst in dieser Zeit boten die Offenheit des amerikanischen Lebens und das Tempo seiner wirtschaftlichen Entwicklung den Juden trotz all dieser Beschränkungen auf Dauer zahlreiche Möglichkeiten und Aufstiegschancen, so daß die ganze historische Existenzform der Juden in den USA über die auf der europäischen Erfahrung beruhenden Prämissen hinausging. Viele dieser Interpretationen wurden also einer historischen Erfahrung künstlich aufgesetzt, die sich in Wirklichkeit von der europäischen unterschied.

Das wichtigste Sondermerkmal des spezifisch amerikanisch-jüdischen Geschichtserlebens lag darin, daß all der auf Assimilation und Amerikanisierung gerichtete Druck, die Reaktion der amerikanischen Gesellschaft auf eine solche Assimilation und die Bedrohung durch den Antisemitismus eine andere Form besaßen als in Europa; es kristallisierte sich also eine neue Problematik jüdischen Diaspora-Lebens heraus.

Diese neue Problematik war insbesondere dadurch gekennzeichnet, daß man – wenn auch nur schrittweise und mit Unterbrechungen – dazu gelangte, das Hauptproblem jüdischer Existenz in der modernen Welt als eine Suche nach verschiedenen Ausdrucksmöglichkeiten für die jüdische Kollektividentität, für jüdisches Volkstum zu definieren. Bei dieser Suche betonte man die politische und zivilisatorische Dimension der jüdischen Identität im Rahmen der sich ständig wandelnden westlichen Gesellschaften (bzw. in diesem Fall der USA), wobei sich die Juden jedoch gleichzeitig auch als vollgültige Mitglieder ihres jeweiligen nationalen Kollektivs betrachteten.

Trotz mancher Zweifel und Befürchtungen darüber, ob sich jüdisches Leben in der Diaspora letztlich auf Dauer würde halten können, setzte man im Bewußtsein einer solchen Problematik die Möglichkeit einer freien jüdischen Kollektivexistenz mehr oder weniger als gegeben voraus und suchte nach verschiedenen Ausdrucksformen für die kollektive Identität. Unter den Juden verbreitete sich immer mehr das Gefühl, daß sie sich in Amerika als Amerikaner und Juden betrachten durften und dabei – anders als in Europa – auch dann keinen grundlegenden Widerspruch zwischen ihren beiden Identitäten sehen mußten, wenn sie die kollektive, primordiale, historische und politische Dimension ihrer jüdischen Identität betonten.

Diese neuartige jüdische Geschichtserfahrung erklärt sich aus mehreren Grundfakten, die zum Teil wiederholt in der Literatur hervorgehoben worden sind. Erstens waren die USA ein Einwanderungsland, in das ständig unterschiedliche Gruppen strömten, die – angesichts der Offenheit der Gesellschaft – meist einige Besonderheiten beibehielten.

Zweitens vollzogen sich der wirtschaftliche und berufliche Aufstieg der Juden und ihre Integration überwiegend in einer sich kontinuierlich entwickelnden Wirtschaft, so daß sie – abgesehen von der örtlichen Ebene – selten in scharfe Konkurrenz mit anderen Gruppen gerieten, die sich in ihrer eigenen Wirtschaftsposition oder ihren Aufstiegschancen hätten bedroht fühlen können, wie es in vielen mittel- und osteuropäischen Ländern der Fall war.

Drittens gab es auch eine Verwandtschaft zwischen dem amerikanischen Ethos und dem wirtschaftlichen Aufstieg der Juden. Das allgemeine amerikanische Ethos, wie es in der Schule und am Arbeitsplatz vermittelt wurde, legte Nachdruck auf Bildungsleistung, berufliche Mobilität und wirtschaftlichen Fortschritt und war von universalistischen, leistungsbetonten Einstellungen durchdrungen. Diese »protestantischen« Auffassungen wurden von den Juden schnell aufgegriffen, zumal sie starke Grundlagen im jüdischen Ethos selbst besaßen. Wie Nathan Glazer hervorhebt, bewiesen die Juden insbesondere eine starke Motivation, die sich daran zeigte, daß sie – auch wenn sie noch als Arbeiter unter äußerst dürftigen Bedingungen lebten – in ihrer ganzen Grundstimmung, in ihrem Lebensstil und vor allem in ihren Anschauungen sich schon am Mittelstand orientierten. All diese Faktoren führten zu einem sehr raschen und dramatischen Prozeß sozialer und wirtschaftlicher Mobilität, besonders, aber nicht nur, in der zweiten, bereits in Amerika geborenen Generation.[73] Dabei half ihnen auch ihre traditionell starke Lernwilligkeit.

73 N. Glazer, »Social Characteristics«, a.a.O. Siehe auch S. Kuznets, »Immigration of Russian Jews to the United States: Background and Structure«, in: *Perspectives on American History*« IX, Cambridge, Mass. 1915, S. 35-124.

Diese Eigenschaften der Juden veranlaßten manche Amerikaner, wie zum Beispiel den berühmten amerikanischen Soziologen Robert Park, in den zwanziger Jahren zu der Empfehlung, die jüdische Geschichte in den allgemeinen Lehrplan aufzunehmen, da die Juden in gewisser Hinsicht die prototypischen Amerikaner seien.

All diese Erklärungen enthalten natürlich ein wichtiges Körnchen Wahrheit und beziehen sich auf äußerst wichtige Aspekte des Gesamtbildes. Aber sie reichen für sich genommen nicht aus, um die spezifische historische Erfahrung der jüdisch-amerikanischen Existenz zu erklären – wie beispielsweise der Vergleich mit Argentinien beweist, das bis etwa in die dreißiger Jahre ebenfalls ein Land mit Masseneinwanderung und relativ weitgehender wirtschaftlicher Entwicklung darstellte. Ein wesentlicher Unterschied zu Argentinien mit seinem katholischen Erbe – ja sogar dem Erbe der Inquisition – bestand natürlich in der in den USA von Anfang an geübten grundsätzlichen religiösen Toleranz.

Einige Höhepunkte dieser Toleranz sind selbstverständlich wohlbekannt. Ihren ersten offiziellen Ausdruck fand sie wahrscheinlich in George Washingtons berühmter Antwort an die jüdische Gemeinde von Newport, Rhode Island, aus dem Jahr 1790:

> Meine Herren: Nachdem ich mit großer Befriedigung Ihre mit zahlreichen Achtungsbeweisen versehene Note erhalten habe, freue ich mich über die Gelegenheit, Ihnen zu versichern, daß ich stets den herzlichen Empfang in dankbarer Erinnerung behalten werde, der mir bei meinem Besuch in Newport von allen Bürgerschichten bereitet worden ist.
>
> Das Nachsinnen über die vergangenen Tage der Schwierigkeit und Gefahr wird um so angenehmer in dem Bewußtsein, daß sie durch Tage ungewöhnlicher Prosperität und Sicherheit abgelöst werden.
>
> Wenn wir die Weisheit besitzen, unsere jetzigen Vorteile auf beste Weise zu nutzen, können wir, unter der gerechten Verwaltung einer guten Regierung, nicht umhin, ein großes und glückliches Volk zu werden.
>
> Die Bürger der Vereinigten Staaten von Amerika dürfen sich zu Recht dafür loben, der Menschheit Beispiele für eine weit-

sichtige und liberale Politik gesetzt zu haben, die Nachahmung verdienen. Alle besitzen gleichermaßen Gewissensfreiheit und Bürgerrechte.

Nicht länger spricht man von Toleranz als der auf seiten einer Klasse von Menschen bestehenden Duldung, daß eine andere sich der Ausübung ihrer angeborenen natürlichen Rechte erfreue, denn glücklicherweise verlangt die Regierung der Vereinigten Staaten, die der Bigotterie keinen Raum, der Verfolgung keine Hilfe gewährt, nur, daß die, die unter ihrem Schutze leben, sich als gute Bürger betragen sollen, indem sie ihr bei allen Gelegenheiten ihre wirksame Unterstützung geben.

Es würde der Offenheit meines Charakters widersprechen, etwa nicht zu bekennen, daß ich mich über Ihre günstige Auffassung über meine Regierung und die innigen Wünsche für mein Wohlergehen gefreut habe.

Mögen die Kinder aus dem Stamm Abrahams, die in diesem Lande wohnen, weiterhin das Wohlwollen der anderen Einwohner verdienen und genießen – während jeder in Sicherheit unter seinem Weinstock und Feigenbaum sitzen und keiner ihn aufschrecken wird.

Möge der Vater aller Barmherzigkeit Licht und nicht Dunkelheit auf unseren Pfaden verbreiten und uns alle in unseren mehreren nützlichen Berufen hier und nach seiner eigenen Zeit und Weise ewig glücklich machen.[74]

In ähnliche Richtung weist das 1810 vom Kongreß verabschiedete Sonntagspostgesetz (desgleichen man sich in keinem europäischen Land hätte vorstellen können); es bestimmte, daß die Post in jüdischen Vierteln auch sonntags ausgetragen werden sollte. Um S. M. Lipset zu zitieren:

Obwohl puritanische Sonntagsruhegesetze noch viele Jahrzehnte nach der Revolution fortbestanden, fanden die Rechte der Nicht-Religiösen erhebliche Unterstützung, wie sich an der – bereits erwähnten – Forderung der Demokraten zeigt, daß die Post auch am Sonntag zugestellt werden solle. 1830 – zwanzig Jahre nach der Verabschiedung des Sonntagspostgesetzes – hieß es im Bericht eines Senatsausschusses, der von

74 Aus: *Publications of the American Jewish Historical Society*, Nr. 3 (1895, 2. Aufl. 1915), S. 91 f.

einem späteren Vizepräsidenten abgefaßt und von der Mehrheit dieses Hauses bestätigt wurde, ausdrücklich, daß Religion und Nichtreligion in den Vereinigten Staaten gleiche Rechte genössen und daß Gesetze, die bestimmten, daß die Verwaltung am Sonntag keine Dienste leisten dürfe, Areligiösen oder Nichtchristen Unrecht zufügten und eine besondere Vergünstigung für die Christen als Gruppe darstellten. Der von einem tiefreligiösen, praktizierenden Baptisten geschriebene Bericht legte diese Prinzipien in unmißverständlichen Worten nieder:

»Die Verfassung hält das Gewissen der Juden ebenso heilig wie das der Christen und verleiht nicht mehr Befugnis, eine Maßnahme einzuleiten, die das Gewissen eines einzelnen Individuums betrifft, als das einer ganzen Gemeinschaft... Wenn der Kongreß erklären sollte, daß der erste Tag der Woche heilig sei, wird er weder den Juden noch den Sabbatarier befriedigen. Er wird sie beide unzufrieden machen und infolgedessen keinen von ihnen überzeugen... Man muß sich in Erinnerung rufen, daß während der frühesten Besiedlung dieses Landes der Geist der Verfolgung, der die Pilger aus ihrer angestammten Heimat verjagt hatte, mit ihnen in ihre neuen Wohnungen gebracht wurde, und daß man manche Christen geißelte und andere umbrachte, obwohl sie nichts weiter getan hatten, als von den Dogmen ihrer Herrscher abzuweichen...

Wenn ein feierlicher Gesetzgebungsakt Gott in *einem* Punkt definieren oder dem Bürger *eine* religiöse Pflicht aufzeigen soll, kann er mit gleichem Recht *jeden* Teil der göttlichen Offenbarung definieren und *jedes* religiöse Gebot zur Pflicht erheben, sogar bis zu den einzelnen Formen und Zeremonien des Gottesdienstes, der Finanzierung der Kirche und der Unterstützung der Geistlichkeit... Es ist die Pflicht dieser Regierung, *alle* – ob Jude oder Nichtjude, Heide oder Christ – des Schutzes und der Vorteile unserer wohltätigen Institutionen am Sonntag wie an jedem anderen Tag der Woche zu versichern.«[75]

Tatsächlich war die Tolerierung, die sich in Amerika herausbildete, nicht einfach eine religiöse Toleranz im europäischen Sinn

75 S. M. Lipset, *The First New Nation*, New York 1963, S. 164 f.

– gestützt auf die Einschränkung oder Aufhebung einer Staatskirche –, obwohl die benutzten Bezeichnungen oft noch dem europäischen Sprachgebrauch folgten.

Das Wesen dieser Toleranz läßt sich nur im Rahmen der Gesamtstruktur voll erfassen – also unter Einbeziehung des besonderen Musters der amerikanischen Kollektividentität und grundlegenden politischen Ideologie. Das Entscheidende war hierbei, daß diese Kollektividentität und vor allem ihr politischer Ausdruck – anders als in Europa – nicht auf primordialen historischen Elementen basierte, sondern auf einer politischen Ideologie, die zwar von religiösen Prämissen abgeleitet, aber auf halbsäkularisierte Weise in eine Ideologie abgewandelt worden war, die R. N. Bellah als »Zivilreligion« bezeichnet hat; letztere baute ideologisch und institutionell auf der Trennung von Kirche und Staat auf und war stark auf die Zukunft und nicht auf die Vergangenheit gerichtet.[76]

Die amerikanische Lebensart war zwar in den Begriffen der vorherrschenden protestantischen Tradition formuliert, beruhte im übrigen aber auf einer gemeinsamen politischen Ideologie und Lebensweise mit religiösen Obertönen und einer Betonung des christlichen Erbes – oft in biblischer Ausdrucksweise – statt auf einer Verbindung von religiöser Tradition mit historisch-primordialen, ethnischen oder nationalen Identitäten, wie es in Europa der Fall war. In S. P. Huntingtons Worten:

> Für die meisten Menschen ist nationale Identität das Ergebnis eines langen historischen Evolutionsprozesses, bei dem gemeinsame Konzeptionen, gemeinsame Erfahrungen, ein gemeinsamer ethnischer Hintergrund, eine gemeinsame Sprache, gemeinsame Kultur und meist auch gemeinsame Religion mitspielen. Die nationale Identität ist somit organischer Natur. Dies gilt jedoch nicht für die Vereinigten Staaten. Die amerikanische Nationalität ist in politischen statt in organischen Begriffen definiert worden. Die politischen Ideen des amerikanischen Glaubens sind Grundlage nationaler Identi-

76 Siehe R. N. Bellah, »The Civil Religion in America«, in: Bellah, *Beyond Belief*, New York 1970, S. 168-193. Siehe ferner Y. Arieli, *The Future-Directedness of the American Experience*, Jerusalem 1964, und Lipset, *The First New Nation*, a.a.O.

tät geworden... Die Vereinigten Staaten haben ihre Ursprünge also in einem bewußten politischen Akt, in der Annahme politischer Grundprinzipien und im Festhalten an der konstitutionellen Übereinkunft, die auf diesen Prinzipien beruht...[77]

Infolgedessen brauchte keine Einwanderergruppe, auch nicht die jüdische, grundsätzlich um politische Rechte zu kämpfen; sie erhielten die vollen Bürgerrechte auf ziemlich leichte und natürliche Weise; dies gehörte zu den Grundprämissen der amerikanischen Gesellschaft, und die Juden unterschieden sich in dieser Hinsicht nicht von jeder anderen Einwanderergruppe. Die Frage der jüdischen Emanzipation war nie ein politisches Problem – und die jüdische Frage bildete in keiner Spielart ein zentrales Diskussionsthema in der amerikanischen Öffentlichkeit, wie es in Europa der Fall war.

Auch die Trennung von Kirche und Staat war in den Vereinigten Staaten weniger das Ergebnis von Kämpfen gegen eine Tradition der Spannung zwischen beiden als der prinzipielle Ausfluß ihrer politischen Auffassungen, die wiederum auf der Grundtatsache beruhten, daß die aktivsten Elemente, die an der Ausformulierung der Ideologie in den Kolonien und dann in den USA beteiligt gewesen waren, unterschiedlichen protestantischen Sekten angehört hatten.

Wegen dieser Grundmerkmale war das amerikanische Kollektiv potentiell offen: erstens für die Anerkennung religiöser Vielfalt als Teil der amerikanischen Lebensart und zweitens – im Gegensatz zu den europäischen Nationalstaaten – dafür, die Möglichkeit einer politischen Betätigung solcher religiöser – und später auch ethnischer – Gruppen von Anfang an zu akzeptieren, solange diese die Grundsätze des amerikanischen politischen Credos anerkannten und sie befolgten.

Die Legitimierung einer solchen Vielfalt war anfangs sehr partiell und schwach ausgeprägt, besonders insoweit die in Schulen und Medien stark verbreitete Ideologie des »Schmelztiegels« und der »amerikanischen Lebensart« die mehr homogenisierenden Tendenzen und Forderungen des amerikanischen Lebens hervorhob.

77 S. P. Huntington, *American Politics – The Promise of Disharmony*, Cambridge, Mass. 1981, S. 23.

Doch schon in George Washingtons Adresse an die jüdische Gemeinde in Newport ließ sich die Bezeichnung »Kinder Abrahams« als über die rein religiöse Bedeutung hinausgehend verstehen, während die Verwendung biblischer Ausdrücke auch die Verwandtschaft zum Volk der Bibel unterstreichen konnte.

Selbstverständlich waren solche Möglichkeiten kollektiver Betätigung im allgemeinen und auf jüdischer Seite im besonderen von ständiger Spannung, genereller Gruppenfeindschaft und vor allem religiösem und sozialem Antisemitismus begleitet. Aber der amerikanische Antisemitismus unterschied sich trotz seiner relativ weiten Verbreitung und seines gelegentlich sogar heftigen Auftretens in entscheidenden Punkten von seiner europäischen Form.

Erstens war er nicht, wie in Europa, mit der Entstehung neuer nationaler Identitäten und Nationalstaaten verbunden, und er hatte auch keinen Anteil an der Herausbildung der symbolischen und rechtlichen Grenzen der amerikanischen politischen Gemeinschaft. Im Prinzip standen ihm die Auffassungen der amerikanischen Zivilreligion und politischen Ideologie entgegen, und zwar nicht nur auf formeller Ebene wie in Europa, sondern auch deswegen, weil die historischen und primordialen Elemente des Antisemitismus den Grundprämissen dieser Ideologie fremd waren.

Zweitens konnte der Antisemitismus angesichts der religiösen – häufig in säkularen Begriffen formulierten – Grundstimmung des amerikanischen Lebens und des Selbstverständnisses des amerikanischen Volkes, der Trennung von Kirche und Staat und der religiösen Färbung vieler Protestbewegungen in Amerika seinen Anspruch nicht an der angeblichen Unrechtmäßigkeit verschiedener Religionen oder einem starken Antisäkularismus festmachen. Aus all diesen Gründen mußte der Antisemitismus in Amerika, in Jonathan Sarnas Worten,

> mit anderen Formen von Feindschaft konkurrieren. Rassismus, Quäkerfeindlichkeit, Anglophobie, Antikatholizismus, Antifreimaurertum, Antiorientalismus, Pochen auf die amerikanische Geburt, Deutschfeindlichkeit, primitiver Antikommunismus – diese und andere Wellen sind in Abständen über die amerikanische Landschaft gerollt und haben Bürger Narben und Wunden beigebracht. Weil der Haß so vielge-

staltig und diffus ist, braucht keine Gruppe lange Zeit die volle Wucht nationaler Gehässigkeit auszuhalten. Außerdem hegen die meisten Amerikaner bittere Erinnerungen an vergangene Tage, in denen sie oder ihre Ahnen die Objekte der Böswilligkeit waren. Zumindest in einigen Fällen sehen sie sich dadurch veranlaßt, Zurückhaltung zu üben. Die amerikanische Spielart des Antisemitismus ist somit weniger wirkungsvoll als ihr europäisches Gegenstück, und er sieht sich einer größeren Anzahl von natürlichen Konkurrenten gegenüber. Um epidemische Ausmaße zu erreichen, muß er erst eine Unzahl von konkurrierenden Feindschaften verdrängen... Was immer die Gründerväter persönlich von den Juden gehalten haben mögen: sie gewährten ihnen volle Gleichheit. Daher haben die Juden in Amerika den Antisemitismus immer frei bekämpft. Da sie ihre Emanzipation nie als »Belohnung« erhalten hatten, fürchteten sie auch nicht, sie zu verlieren. Vielmehr machten sie von Anfang an vollen Gebrauch von ihren Rechten auf Redefreiheit. »Wer seid Ihr, oder was seid Ihr..., daß Ihr es in einem freien Lande wagt, irgendeine Sekte, gleich welcher Menschen, mit Füßen zu treten?« hatte Haym Salomon bereits 1784 gefragt... Nichtjuden konnten zur Antwort auf den angeblich »christlichen Charakter« Amerikas verweisen – eine Anschauung der amerikanischen Gesellschaft, die gelegentlich von keinem Geringeren als dem Obersten Gerichtshof anerkannt worden ist. Trotzdem hat sich die Verfassung als wirksame Waffe für die Verteidigung der Juden gezeigt. Die deutschen Juden konnten sich auf kein ähnliches Dokument berufen. Schon 1784 reagierte ein »Juden-Broker« – vermutlich Haym Salomon – öffentlich und bestimmt auf die antisemitischen Anwürfe eines bekannten Quäker-Anwalts, wobei er nicht zögerte, diesen daran zu erinnern, daß seine »eigene religiöse Sekte« ebenfalls »sehr passende Themen für Kritik und Tadel« liefern könne...[78]

Der sozial-populäre wie auch der in den Oberschichten angesiedelte halbreligiöse Antisemitismus hatte bei aller gelegentlichen Stärke nicht nur gegen die Juden zu kämpfen, sondern

78 J. Sarna, »Antisemitism and American History«, *Commentary*, März 1981, S. 46f.

geradezu gegen die Grundsätze des amerikanischen politischen Systems. Unter Berufung auf diese Grundsätze – und nicht nur auf allgemeine Ideale von Aufklärung und Humanismus – konnten die Juden gegen den Antisemitismus ankämpfen – und taten es auch. Somit bildete diese ständige Spannung zwischen dem amerikanischen politischen Credo und dem »natürlichen« Antisemitismus einer Gesellschaft, die sich oft als christlich, als eine christliche Nation betrachtete, Teil des grundlegenden Parameters der jüdischen Geschichtserfahrung in Amerika. Legitimität und offizielles amerikanisches Ethos standen in dieser Auseinandersetzung auf seiten der Juden und erlaubten ihnen daher, den Antisemitismus in aller Öffentlichkeit und nicht unbedingt nur aus einer defensiven Haltung heraus zu bekämpfen – wenn er auch nie ausgelöscht werden konnte.

Die Legitimität der Vielfalt in den Vereinigten Staaten

Die Organisationsweise jüdischen Lebens

Die tatsächliche Realität des Lebens in Amerika ermöglichte eine Vielfalt der Lebensformen, selbst als im späten 19. und beginnenden 20. Jahrhundert der Zustrom der Masseneinwanderung einsetzte.

So führte selbst in der Frühzeit der Masseneinwanderung der sehr langsame wirtschaftliche Aufstieg der Juden allgemein nicht unbedingt zur Aufgabe religiöser oder gemeindlicher Betätigung. Familiensolidarität, Gemeindezusammenhalt und Gemeindehilfe blieben sehr stark – ebenso wie die positive religiöse, primordiale und sogar politische Identifikation mit dem jüdischen Volk, auch wenn diese Elemente in der zweiten und dritten Einwanderergeneration wenigstens zunächst oft stark geschwächt wurden – untergraben durch die Ideologie vom Schmelztiegel, durch den damit verbundenen sozialen Druck und die Ausschließungswirkungen des Antisemitismus. Doch selbst in den dreißiger Jahren, als viele mobile Juden diese restriktiven Aspekte des amerikanischen Lebens zu spüren bekamen, waren einige höchst bedeutsame neue Entwicklungen in der jüdischen Organisationsweise und *Ideologie* in Gang.

Schon verhältnismäßig früh – noch vor jener Zeit – begannen sich die Juden auf vielfältigere Weisen zu organisieren, über die eher religiösen, kulturellen oder philanthropischen Aktivitäten hinaus, und zwar zuerst auf der örtlichen Ebene in einer Reihe dezentralisierter Gemeinden, später dann auch in diversen landesweiten religiösen und philanthropischen Verbänden und verschiedenen Clubs.

Außerdem fingen sie an, sich aktiv gegen Diskriminierung zusammenzuschließen, wie in der 1913 gegründeten Anti-Defamation League, die Juden in schwierigen Situationen Hilfestellung geben sollte, und dem Joint Distribution Committee, das im Ersten Weltkrieg gebildet wurde; aber es entstand nie ein zentralisiertes Muster jüdischer Organisation, wie es für die englische oder französische Judenheit typisch war.

Noch dramatischer verlief wohl die Entwicklung neuer jüdischer Organisationsformen und ideologischer Definitionen jüdischer Lebensführung, für die das Werk Mordechai Kaplans (1881-1982) vielleicht das bezeichnendste, aber keinesfalls einzige Beispiel bildet. Vermutlich auf früheren Versuchen aufbauend, legte er nun zum ersten Mal das Programm vor, die Synagoge nicht nur als Gebetsstätte zu betrachten, sondern zum Ausgangspunkt weit umfassenderer Aktivitäten der jüdischen Gemeinden werden zu lassen.

Diese organisatorische Konzeption, die oft auf den Widerstand des älteren religiösen – reformjüdischen und konservativen – Establishments stieß, war eng verbunden mit der ideologischen Vorstellung des Judentums, wie sie der »Reconstructionism« hegte. Während dieser in rein religiösen Begriffen sogar noch über den extremen Teil der Reformbewegung hinausging, war er in Kaplans Sicht mit der Vorstellung vom jüdischen Volksein verknüpft, mit der Auffassung, daß die Juden Träger einer bestimmten Zivilisation seien, die natürlich durchaus Teil der amerikanischen Zivilisation werden konnte und sollte – aber nicht notwendigerweise nur dieser.

Dieses Potential für eine voll anerkannte Vielfalt kam aber erst seit den fünfziger Jahren zur Entfaltung, und erst dann fand auch die einzigartige geschichtliche Erfahrung der amerikanischen Judenheit vollen Ausdruck.

So setzte in jenem Zeitraum erstens ein sehr rascher bildungsmäßiger und beruflicher Aufstiegsprozeß ein. Wichtige Universitäten, die vorher nicht zu viele Juden zugelassen, das heißt, wie Harvard, de facto eine Höchstquote für Juden festgesetzt hatten, standen jetzt Juden uneingeschränkt offen, die nun begannen, an ihnen zu studieren, ihre Abschlußexamina abzulegen und in unterschiedliche Wirtschaftszweige einzutreten, vor allem in die freien Berufe, in wissenschaftliche und kulturelle Bereiche, in die Medien und andere Berufe, auch wenn ihnen andere, etwa das Bankwesen oder die Spitzenindustrie, praktisch noch immer verschlossen blieben, was sich erst um die Mitte der siebziger Jahre änderte.

Zweitens zeigte die furchtbare Erfahrung des Holocaust auf tragische Weise, wie schwach die Möglichkeit jüdischer Beteiligung auf individueller Basis oder als rein religiöse Konfession in einem anderen Kollektiv ohne Bezug auf eine kollektive jüdische Identität doch war; so wurde das Bewußtsein einer solchen Identität gestärkt und der Widerstand dagegen geschwächt.

Drittens spielte auch die Gründung des Staates Israel eine entscheidende Rolle in diesem Prozeß, da Israel einen neuen Bezugspunkt kollektiver politischer Identität bot und ein neues Betätigungsfeld für soziale und politische Unternehmungen eröffnete. Diese Entwicklung wurde seit Anfang der fünfziger Jahre bedeutend, löste eine Vielzahl von kollektiven Aktivitäten aus und schuf gleichzeitig einen Mittelpunkt für kollektive jüdische Bemühungen. Das Bild von diesem Staat, der Mythos des Pioniers, der mit einer biblischen Vision vor Augen die Wüste erobert, kam einigen Grundmerkmalen des amerikanischen Mythos sehr nahe, was erheblich zur Legitimierung dieser Aktivitäten beitrug.

Etwas später verband sich diese Anerkennung der Vielfalt mit einem allgemeineren Wandel, der mit den späten fünfziger Jahren in Amerika einsetzte: Die Ideologie vom Schmelztiegel schwächte sich ab und machte einem generellen Aufwallen ethnischer Identität Platz. Diese Welle richtete sich zwar häufig gegen die Juden, aber ihre Entstehung schien die Legitimität der jüdischen gemeindlichen, politischen und nationalen (volksgebundenen) Aktivitäten zu unterstreichen.

Die Merkmale der jüdisch-amerikanischen Geschichtserfahrung

In Verbindung mit all diesen Prozessen verfestigte und artikulierte sich die typisch jüdisch-amerikanische Erfahrung. Im Mittelpunkt standen die begleitenden beruflichen und wirtschaftlichen Mobilitäts- und Aufstiegsprozesse, die zur Erneuerung und Verstärkung kollektiver jüdischer Aktivitäten führten – paradoxerweise im Verein mit den Möglichkeiten einer scheinbar mühelosen Assimilation.

Obwohl jedoch diese Tendenz zur Assimilation anhielt und letzten Endes sogar zum Haupttrend geworden ist, waren die gegenläufigen Prozesse auffälliger und könnten auf paradoxe Weise die Assimilationsprozesse verstärken – eine Entwicklung, die den Grundprämissen sowohl der Ideologie der Assimilation als auch der des Zionismus womöglich noch mehr zuwiderlief.

Für weite Teile der jüdischen Gemeinden verbanden sich die Prozesse wirtschaftlicher und beruflicher Mobilität mit dem stetigen Anwachsen kollektiver jüdischer Betätigungen auf örtlicher wie landesweiter Ebene. Dieser Prozeß verstärkte sich besonders seit den frühen siebziger Jahren, aber seine Wurzeln reichen weiter zurück.

Die Bandbreite solcher politischen Gemeindeaktivitäten und Organisationen war sehr weit. Sie standen in engem Zusammenhang mit verschiedenen allgemeinen jüdischen Anliegen, etwa dem massiven politischen Druck zugunsten des Staates Israel oder bei Hilfsaktionen für Juden in schwieriger Lage, beispielsweise in der Sowjetunion.

Selbst Mischehen konnten manchmal – entgegen den Mutmaßungen von assimilatorischen, zionistischen und orthodoxen

Gruppen – unerwartete Ergebnisse zeitigen, vor allem wenn man sie mit der europäischen Situation vergleicht. Nicht selten – und sicherlich häufiger als in Europa – wurden assimilierte Juden, die nichtjüdische Frauen geheiratet hatten, durch diese Frauen, die eine gewisse Traditionspflege wünschten, wieder in irgendeinen jüdischen Rahmen zurückgeführt, so daß ihr Bezug zu einigen Dimensionen der jüdischen Tradition und Gemeindearbeit wiederbelebt wurde.[79]

Antisemitismus verschiedener Art und Intensität trat immer noch auf. Er zeigte sich gewöhnlich in Tendenzen, Juden aus diversen ökonomischen Bereichen auszuschließen, oder auch in verschwommeneren antisemitischen Einstellungen, die von populären Gefühlen bis zu den Ideologien überwiegend ziemlich marginaler intellektueller oder politischer Gruppen reichten und meist von einem starken Widerwillen gegen den wirtschaftlichen Aufstieg der Juden und ihre prominente Stellung in den zentralen kulturellen Bereichen gespeist wurden.

Seit den späten sechziger Jahren weckte die große ethnische Bewußtheitswelle in den Vereinigten Staaten auch zunehmenden Antisemitismus unter den »ethnischen« Gruppen, und der Ruf verschiedener Minderheiten nach positiver Diskriminierung richtete sich de facto oft gegen die Juden. Doch diese Äußerungen erreichten nie den Nachdruck oder Umfang ihrer europäischen Parallelen aus dem 19. und 20. Jahrhundert und konnten, zumindest bisher, den beruflichen Aufstieg der Juden nicht behindern.

Die Umgestaltung des amerikanisch-jüdischen Kollektivlebens

Die Rolle der Synagoge

Die wichtigste, wenn auch keineswegs einzige institutionelle Basis für diese neue Vielzahl an jüdischen Organisationen war tatsächlich die Synagoge. Sie galt nicht mehr länger nur als eine Stätte des Gebets, sondern – viel mehr auf der Linie von Morde-

79 Siehe Egon Meyer und Carl Scheingold, *Intermarriage and the Jewish Future*, American Jewish Committee, New York 1979.

chai Kaplans Vision – als ein Zentrum für mannigfaltige Gemeindetätigkeiten und verschiedene Ausdrucksformen jüdischen Volkstums, ohne daß man dabei jedoch Kaplans religiöse Auffassungen übernahm. So wurde, wie Nathan Glazer kommentiert, Kaplans Praxis akzeptiert, nicht aber seine ideologische Formulierung oder seine religiösen Anschauungen.

Diese Entwicklung war besonders bei der zweiten Generation osteuropäischer jüdischer Einwanderer und auch bei den Nachkommen früherer Einwanderergruppen von Bedeutung. Außerdem stand sie in engem Zusammenhang mit dem Einzug von Juden in gemischte Großstadtvororte. Das Synagogenzentrum wurde zur Grundlage für viele jüdische Aktivitäten sowie für die jüdische Schulform – insbesondere die Nachmittags- oder Tagesschule –, die die jüdische Kollektividentität seit den späten vierziger Jahren den jüngeren Generationen von Juden weitervermittelte. Organisatorisch gesehen folgte es weitgehend der allgemeinen amerikanischen (insbesondere protestantischen) religiösen Gemeindeform, aber in seinem Tätigkeitsbereich und seiner Gesamtkonzeption ging es weit über die meisten von ihnen hinaus.

Neben den Synagogenzentren, aber meist auf diese gestützt, entstanden zahlreiche landesweite jüdische Organisationen, darunter vor allem der 1934 gegründete United Jewish Appeal, aber auch das Committee of Jewish Federations and Welfare Funds, das American Jewish Committee und viele andere. Sie entfalteten eine Vielzahl von Aktivitäten, brachten Finanzmittel auf und mobilisierten gemeindliche und politische Unterstützung – und das alles in einem Umfang, der in keiner anderen »ethnischen« oder religiösen Gruppe in den Vereinigten Staaten seinesgleichen hatte.

Selbstverständlich besaß die Synagoge für viele Juden – auch solche, die den Gemeinden angeschlossen waren – keine derart zentrale Bedeutung; daneben entwickelten sich zahlreiche andere halbformelle Formen der Interaktion zwischen den Juden. Aber im großen und ganzen bildeten doch diese beiden Einrichtungen – die Synagoge und das eng damit verbundene Gemeindezentrum – den Mittelpunkt des organisierten jüdischen Lebens.

Die wichtige Rolle, die Synagoge und Religion im jüdischen

Leben in Amerika spielten, und die Tatsache, daß sie weitgehend mit der allgemeinen amerikanischen Lebensart in Einklang stand, schlugen sich in Will Herbergs berühmtem Buch *Protestant, Catholic and Jew* nieder. Dieses 1955 erschienene Werk betonte sowohl die zentrale Bedeutung der religiösen Komponente im Judentum als auch deren volle Legitimität innerhalb der (religiösen) Vielfalt des *American way of life*.[80] Doch bereits bei Erscheinen des Buches und sicherlich später vermittelte diese Darstellung des amerikanischen Judentums nicht das gesamte Bild. Durchaus richtig betonte es die volle Legitimität dieser Vielfalt sowie die zentrale Rolle der Synagoge und ihrer Aktivitäten. Aber es bezog weder die mannigfaltigen kollektiven – weit über den rein religiösen Bereich hinausgehenden – Unternehmungen mit ein, die sich aus der Religionsgemeinde entwickelten und die kollektive politische Seite der jüdischen Identität in den Vordergrund stellten – das, was man jetzt gern als jüdisches »Volkstum« bezeichnete –, noch auch die große Vielfalt der übrigen jüdischen Aktivitäten.

Jüdische Erziehung

Die Synagogen und Gemeindezentren bildeten auch die Grundlage für eine der wichtigsten jüdischen Institutionen in den Vereinigten Staaten, nämlich die verschiedenen Formen jüdischer Erziehungseinrichtungen: die Tagesschulen (relativ selten, außer in orthodoxen Kreisen) sowie die »Sonntags«- und Nachmittagsschulen. Diese Institutionen, die eine hervorragende Rolle bei der Vermittlung jüdischer Identität spielten, entwikkelten sich nie zu Konkurrenten des allgemeinen Schulwesens, dem gegenüber die Juden sehr loyal blieben. In Walter I. Ackermans Worten:

> Das Wechselspiel zwischen Juden, Judentum und dem Leben in Amerika hat in den Vereinigten Staaten ein jüdisches Erziehungswesen hervorgebracht, das – trotz der weiteren Zunahme von Tagesschulen – hauptsächlich auf ergänzendem Unterricht beruht, der nachmittags unter der Woche in vier

80 Eine kürzere, aber etwas umfassendere Interpretation findet sich in Nathan Glazer, *American Judaism*, Chicago 1957.

bis sechs Wochenstunden vermittelt wird oder aber in einmal wöchentlich stattfindenden Sonntags- oder Sabbatschulen, die zwei bis drei Unterrichtsstunden pro Woche abhalten. Dieses Bildungsunternehmen ist eine freiwillige Tätigkeit autonomer Institutionen, die untereinander mehr durch gemeinsame Ziele als durch die Bande einer formellen Struktur verbunden sind. Die fast völlige Abschaffung säkularer hebräisch-nationaler und jiddischer Schulen seit dem Zweiten Weltkrieg hat die jüdische Erziehung nahezu ausschließlich zu einer Aktivität der Synagoge gemacht; die große Mehrheit der jüdischen Schulen – knapp 90% – werden von einzelnen Gemeinden finanziert, unterhalten und letztlich kontrolliert.

Ackerman führt auch Daten über den Umfang dieser Erziehung und die möglichen zukünftigen Entwicklungstendenzen an:

> Der stetige Anstieg der Schülerzahlen an den jüdischen Schulen, der unmittelbar nach dem Zweiten Weltkrieg begonnen hatte, erreichte Mitte der sechziger Jahre einen Höhepunkt; seither ist ein ständiger Rückgang festzustellen. In den zehn Jahren von 1946 bis 1956 hatte sich die Zahl der Kinder, die jüdische Schulen jeglicher Art besuchten, mehr als verdoppelt: von 231 028 auf 488 432. Im Schuljahr 1957/58 vermerkten die Register 553 600 Schüler. Ein Jahrzehnt später (1966/67) betrug die Gesamtzahl 554 468. Die Daten für 1967-71 zeigen einen Rückgang von 17,5 Prozent über diese Vierjahresspanne auf 457 196. Eine Schulumfrage von 1974/75 ergab 391 825 Schüler. Die bisher neueste verfügbare Zählung gibt die gegenwärtige Gesamtschülerzahl mit 344 251 an. Das Muster ist unverkennbar: Der Besuch jüdischer Schulen hat in der Zeit von 1960 bis zur Gegenwart einen Rückgang von fast 40 Prozent erlitten...
>
> Eine weitere Untersuchung zeigt, daß die jüdische Erziehung heute wie früher im großen und ganzen eine Grundschulerziehung ist. Trotz eines Anstiegs im Oberschulbesuch – das heißt der Teilnahme an mindestens einmal wöchentlich stattfindenden Programmen für Jugendliche über 13 Jahren – verläßt die Mehrheit der Kinder, die eine jüdische Schule besuchen, diese nach Abschluß der Grundschulstufe...
>
> ... Ein positiver Faktor im heutigen jüdischen Erziehungsbereich ist der merkliche Trend zu intensiverer Schulung. In

orthodoxen Kreisen ist der nur einmal in der Woche stattfindende Unterricht praktisch völlig verschwunden; eine ähnliche Tendenz zeichnet sich in der konservativen Bewegung ab, und die Zahl der unter der Woche unterrichtenden Nachmittagsschulen ist in der Reformbewegung im Ansteigen begriffen. Wie oben angeführt, ist die durchschnittliche Zahl von Schülerstunden pro Schuljahr in jüdischen Schulen von 182 auf 248 gestiegen – eine Zunahme um 35 Prozent seit 1966/67.

Die andauernde Expansion der Tagesschulbewegung, die nunmehr jeden Sektor des organisierten Judentums umfaßt, ist die wichtigste Variable bei der Wende zu einer intensiveren jüdischen Erziehung. Die Ausbreitung der jüdischen Tagesschule ist sicherlich eines der charakteristischen Merkmale des amerikanischen jüdischen Lebens in unserer Generation. 1944 gab es 39 Tagesschulen in den Vereinigten Staaten, die meisten davon in der Stadt New York; heute liegt ihre Zahl über 550. Davon stehen 86 Prozent unter orthodoxer Aufsicht; 8 Prozent werden von konservativen Stellen unterhalten; 5 Prozent bezeichnen sich als gemeindlich oder unabhängig; und 1 Prozent identifiziert sich mit der Reformbewegung. Über eine Zeitspanne von 15 Jahren, von 1962-1977, ist die Schülerzahl an Tagesschulen von 60 000 auf 92 000 hochgeschnellt. Etwa eines von vier Kindern in jüdischen Grundschulen besucht eine Tagesschule.[81]

Die jüdische Erziehung, die sich in den Vereinigten Staaten – insbesondere in den nichtorthodoxen Kreisen – herausbildete, ging von völlig anderen Prämissen aus, als es das letzte große moderne jüdische Erziehungswesen in der Diaspora getan hatte: das in Osteuropa. Sie erhob keinerlei Anspruch darauf, eine umfassende spezifisch jüdische Lebensart zu entwickeln oder Teil, ja vielleicht sogar die Grundlage, eines kollektiven Aufbaus jüdischer Institutionen und entsprechender kultureller Aktivität zu werden. Sie war völlig auf die amerikanische Lebensart ausgerichtet. Ihr Hauptziel bestand darin, den Schülern

81 W. I. Ackerman, »Strangers to the Tradition: Idea and Constraint in American Jewish Education«, in: H. S. Himmelfarb und S. Della Pergola (Hg.), *World Jewish Education. Cross-Cultural Perspectives*, Jerusalem o. J.

ein Gefühl der Zugehörigkeit zum jüdischen Volk, von jüdischer Identität und Verpflichtung zu vermitteln – aber im Rahmen des amerikanischen Lebens und als legitimer Teil dieses Lebensmusters.
Diese Grundeinstellung ist in vieler Hinsicht auch von der orthodoxen – mit Ausnahme der ultra-orthodoxen – Erziehung geteilt worden. Ihre Verpflichtung gegenüber der Teilnahme an der amerikanischen Lebensart und der Identifikation mit ihr war nicht so zentral wie in den nichtorthodoxen Schulen, aber die meisten Orthodoxen betrachten sich mittlerweile sicher als einen legitimen Teil der amerikanischen Gesellschaft. Gleichzeitig betonen sie natürlich die Besonderheit ihrer jüdischen Erziehung, die sie in ihren Schulen vermitteln; sie ist tatsächlich auf ein ziemlich totales jüdisches Leben ausgerichtet, das aber doch im großen und ganzen in seine moderne Umgebung eingebunden bleibt. Außerdem glauben sie nicht, daß sie eine spezielle Dimension zum amerikanischen Leben beitragen.

Theologische Tendenzen

In den späten vierziger und frühen fünfziger Jahren begann sich auch eine besondere jüdische Theologie in den Vereinigten Staaten herauszubilden; es war dies die erste solche Entwicklung nach dem Erscheinen von Mordechai Kaplans *Jewish Civilization* im Jahre 1934. Persönlichkeiten wie Abraham Heschel (1907-72), der noch stark europäisch geprägt war, und später nach dem Sechstagekrieg dann Emil Fackenheim, Jakob Petuchowsky, Richard Rubinstein und andere traten in den Vordergrund und erreichten erheblichen Einfluß. Bei den meisten von ihnen wurde die Erinnerung an den Holocaust, noch bestärkt durch das Trauma des Sechstagekriegs, zu einer zentralen Dimension ihres Denkens.

Die Wege jüdischer Beteiligung am amerikanischen Leben

Kulturelle, zivilisatorische und politische Aktivitäten

Aber nicht nur dieses weitgefächerte Spektrum verschiedener Organisationen und Aktivitäten, die sich mit den einzelnen Komponenten jüdischer Identität beschäftigten, entstand in der jüdischen Gemeinde der Vereinigten Staaten. Darüber hinaus unternahmen viele Juden, besonders die aktiveren, intensive Versuche, in ihren Wirtsgesellschaften ein legitimes Forum für einige kulturelle und zivilisatorische Betätigungen zu finden, die spezifisch jüdische Elemente besaßen und doch von der Gesamtgesellschaft akzeptiert werden würden.

Das Muster dieser kulturellen und zivilisatorischen Aktivitäten unterschied sich erheblich von der im 19. Jahrhundert gemachten Erfahrung der west- und osteuropäischen Judenheit. In den USA entstanden, wie früher auch in West- und Osteuropa, jüdische Bildungseinrichtungen – insbesondere auf Hochschulebene –, die sich dem Studium verschiedener Aspekte der jüdischen Geschichte, der Ausbildung jüdischer Religions- und Gemeindeführer und den erwähnten Problemen des jüdischen Erziehungswesens widmeten.

Außerdem beteiligten sich jedoch Juden, vor allem seit den fünfziger Jahren, ausgiebig am allgemeinen akademischen Leben, am Journalismus wie an den Massenmedien und auch an allgemeinen sozialen und politischen Aktivitäten weit stärker, als das in Europa möglich gewesen war.

Ähnlich wie in Westeuropa, aber im Gegensatz zur osteuropäischen Erfahrung des 19. Jahrhunderts wurden die meisten dieser wissenschaftlichen, kulturellen und journalistischen Tätigkeiten nicht in einen spezifisch jüdischen Rahmen eingeordnet. Es gab nur wenige speziell jüdische Zeitungen, Literaturzeitschriften oder Hochschulen, und diese bildeten nicht das Hauptbetätigungsfeld für jüdische Wissenschaftler, Akademiker und ähnliche Kräfte.

Diese Tendenz erstreckte sich auch auf die berufliche und politische Betätigung der Juden. Im Gegensatz zu Osteuropa bildeten sich keine spezifisch jüdischen Parteien, und es wurden auch keine besonderen jüdischen Vertreter in den Kongreß gewählt, obwohl viele einzelne Juden im politischen Leben aktiv wurden, jüdische Lobbys entstanden und die Juden manche politischen Aktionen auf organisierte Weise einleiteten. Ebenso schufen wichtige jüdische Schriftsteller – Saul Bellow, Bernard Malamud und andere – nicht, wie in Osteuropa, eine Literatur in hebräischer oder jiddischer Sprache, die sich an eine spezifisch jüdische Leserschaft gewandt hätte.

Die nichtjüdischen Intellektuellen, Schriftsteller und Journalisten waren, anders als ihre west- und mitteleuropäischen Kollegen im 19. und 20. Jahrhundert, nicht vom Gedanken der Assimilation oder der Verwerfung jüdischer Identität und Interessen erfüllt. Oft handelten sie eher umgekehrt. Sie betonten jüdische Themen und jüdische Persönlichkeiten als Teil der amerikanischen Szenerie; manche identifizierten sich weitgehend mit jüdischen Aktivitäten und unterhielten enge Verbindung zu jüdischen Organisationen und deren politischen oder gemeindlichen Unternehmungen.

Darüber hinaus entwickelten sich unter den Juden viele neue Arten öffentlicher, politischer oder journalistischer Betätigung. Die unabhängige Monatsschrift *Commentary*, die vom American Jewish Committee herausgegeben wird, ist sehr bezeichnend für diese Art von Unternehmen. Typischerweise schuf man dazu spezifische kulturelle Foren, die von jüdischen Organisationen unterhalten wurden, sich dabei aber in erheblichem Umfang den Problemen der amerikanischen Gesellschaft im allgemeinen zuwandten. Sie verbanden jüdische Themen mit offener Beteiligung am geistigen Leben dieser Gesellschaft, wobei sie diesem einen gewissen, spezifisch jüdischen Stempel aufdrückten.

Aber es gab auch eine besondere Beteiligung von Juden, jüdischen Führern und Organisationen an allgemeinen sozio-politischen Bewegungen; die Bürgerrechtsbewegung war das wichtigste und anschaulichste Beispiel. Im Gegensatz zur jüdischen Beteiligung an radikalen Bewegungen in Europa war diese hier ganz offen jüdisch und wurde oft als spezifisch jüdischer Beitrag zum amerikanischen politischen Leben dargestellt.

Später wandten sich viele schwarze Organisationen gegen die Juden. Auch die Erfahrungen jüdischer Studenten und junger radikaler Aktivisten in den sechziger Jahren wurden einigermaßen problematisch angesichts der vehement antiisraelischen Haltung dieser Bewegungen, so daß auf diese Weise die starke Komponente jüdischer Identität bei diesen Aktivitäten unterstrichen wurde. Aber all dies minderte nicht das in breiten jüdischen Kreisen herrschende Gefühl, daß sie imstande seien, offen teilzunehmen – häufig, aber gewiß nicht immer als Juden – und damit dem amerikanischen Leben vielleicht eine besondere Dimension hinzufügen könnten.

Von großem Interesse ist hierbei die Tatsache, daß diese Beteiligung von Juden am politischen, sozialen und geistigen Leben der Vereinigten Staaten großenteils von der »linken« oder »liberalen« Richtung mehr zur Mitte oder nach rechts umschwenkte. Dies zeigt sich in der Grundhaltung von *Commentary* und der auffallend großen Zahl jüdischer Intellektueller in der neokonservativen Bewegung – wobei viele dieser Leute (wie etwa die *Commentary* nahestehenden) in ihrer Jugend, in ihren Zwanzigern, linken Bewegungen angehört hatten. Es ging dabei nicht etwa nur um einzelne Juden, die konservative Tendenzen entwickelt hätten oder Ideologen der Mitte oder Rechten waren (die es – wenn auch in geringerem Ausmaß – in Osteuropa ebenfalls gab, wie der Fall Walther Rothmans zeigt). Bedeutsam ist hier vielmehr der relativ hohe Anteil von jüdischen Intellektuellen und Journalisten, die in dieser Richtung mitwirken – wodurch sie gewissermaßen signalisieren, daß ihre Beteiligung am amerikanischen öffentlichen Leben nicht unbedingt die Form von Protest der Linken gegen ein konservatives oder traditionelles Zentrum annehmen muß, sondern auch bei der Artikulation des (amerikanischen) Zentrums nützlich sein kann.

Seit den späten siebziger Jahren kam es auch zu einer wachsenden Beteiligung und Mobilität von Juden als Individuen im politischen Leben: in städtischen Einrichtungen, als Kongreßabgeordnete und in ähnlichen Positionen.

All diese Entwicklungen bestärkten das Empfinden, daß die Juden in Amerika sich gleichzeitig als Amerikaner und Juden betrachten konnten und dabei, anders als in Europa, auch dann keinen grundlegenden Widerspruch zwischen diesen beiden Zugehörigkeiten anzunehmen brauchten, wenn sie die kollektive, primordial-historische und politische Dimension ihrer jüdischen Identität betonten. All das ließ die amerikanisch-jüdische Erfahrung als einzigartig erscheinen. Zwar konnte es vorkommen, daß die Juden – insbesondere wegen ihrer Einstellung zu Israel – der doppelten Loyalität beschuldigt wurden, aber das geschah nie auf derart intensive und erbitterte Weise wie in Europa, wo die jüdische Kollektividentität mit ihrem primordialen und historischen Element mit den parallelen Elementen des europäischen Nationalismus kollidierte.

Die Erfahrungen anderer Einwanderergruppen – wie der Iren oder Italiener, die ebenfalls zugunsten ihrer Heimatländer politisch tätig wurden – verstärkten diese Tendenzen, und schon die Gründung des jüdischen Heimatlandes half, derartige Aktivitäten zu legitimieren.

Wie viele andere »ethnische« Gruppen in den Vereinigten Staaten – aber tatsächlich sehr viel mehr als diese – neigten die Juden also dazu, ihre kollektive Identität zu entwickeln und zu festigen, ja sie sogar in primordialen und politischen Begriffen auszudrücken, ohne sich – wie es in Osteuropa der Fall gewesen war – als eine Minderheitsnation zu definieren, die mit anderen solchen Nationen koexistiert, von denen wiederum eine die Mehrheit bildet.

Die meisten Juden – mit der möglichen Ausnahme der Ultra-Orthodoxen – hatten demnach im Grunde das Gefühl, am amerikanischen nationalen Kollektiv, wenn auch nicht an dessen spezifischer amerikanischer Tradition beteiligt zu sein, und die Definition dieses Kollektivs auf politisch-ideologische Weise erleichterte eine solche Haltung.

Viele dieser Gefühle hatten tatsächlich vollen ideologischen Ausdruck gefunden, vor allem durch die Arbeit verschiedener jüdischer Intellektueller. Doch in breiteren Schichten der jüdischen Gemeinde herrschten die durch die Erinnerung an den

Holocaust genährten und durch jede heftigere Welle von Diskriminierung bestärkten Antisemitismus-Ängste viel eher vor. Selbst unter den Intellektuellen mag die Anekdote von einem sehr einflußreichen und wohletablierten jüdischen Akademiker, der seinem Sohn sagte, er müsse wissen, daß dies eine im Grunde »gojische Welt« sei, keine Ausnahme sein. In Wirklichkeit lebten die meisten jüdischen Gesellschaftsschichten in den Vereinigten Staaten ihr – privates wie gemeindliches – Leben jedoch so, als akzeptierten sie die Prämisse, daß die jüdisch-amerikanische Erfahrung einzigartig ist und von der allgemeinen Gesellschaft anerkannt wird.

Theorien über jüdische Zivilisation im amerikanischen Bereich

Dieses neue Gesamtmuster jüdischer Aktivitäten wies, vom Standpunkt der ewigen Themen jüdischer Zivilisation her betrachtet, einige neue Merkmale auf.

Die Trennung zwischen spezifisch jüdischen Aktivitäten und Organisationen und jüdischer Beteiligung an allgemeinen Unternehmen war hier etwas schwächer ausgeprägt als in West- und Mitteleuropa. Selbst organisatorisch gesehen, ging sie nicht so weit wie dort im 19. und in den ersten vier Jahrzehnten des 20. Jahrhunderts. Der Grund für diese geringere Trennung lag in der Auffassung vieler Juden, daß sie die universalistischen Elemente in der jüdischen Tradition am besten dadurch ausdrücken könnten, daß sie sich – als Juden – sowohl an allgemeinen wie an spezifisch jüdischen Organisationen und Wirkungsbereichen beteiligten.

Gleichzeitig schwächte die Struktur dieser letzteren Organisationen – ihre »Gemeindeorganisation«, ihre relative Dezentralisation und die Notwendigkeit, in vielen Angelegenheiten von jüdischem Interesse einen gemeinsamen Standpunkt einzunehmen – ihr Potential und die in der jüdischen Tradition enthaltenen anarchistischen Tendenzen, obwohl sie sich auch hier fanden. Insgesamt wurden die jüdischen Organisationen mehr nach den Normen der Gesellschaft insgesamt verwaltet, und die spezifisch jüdischen Organisationen bildeten nur einen – wenn auch sehr zentralen – Bereich jüdischer politischer und bürgerlicher Aktivitäten. Die mehr geistigen Orientierungen – mystischer, philosophischer und politischer Art –, die natürlich Quellen großer Spaltungen sein konnten, wurden überwiegend auf die intellektuelle Diskussion beschränkt und wirkten sich kaum oder gar nicht auf das jüdische institutionelle und gemeindliche Leben aus.

Die jüdische Geschichtserfahrung in anderen Teilen der Diaspora

Europa

Eine parallele, wenn auch schwächere Verschiebung jüdischer Aktivitäten und jüdischer Identität vom rein religiösen auf den primordial-politisch-historischen Bereich, begleitet von einer wachsenden Verpflichtung gegenüber dem jüdischen Volk und jüdischen Kollektivaktivitäten, vollzog sich nach dem Holocaust in Westeuropa, zuerst in England, wo die jüdische Gemeinde intakt geblieben war (wie auch die kleineren jüdischen Gemeinden in der Schweiz, Schweden, Finnland und in gewissem Umfang Dänemark, wobei die letztere durch die dänische Bevölkerung gerettet und nach Schweden gebracht worden war) und eine lange Tradition religiöser Toleranz existierte; später entstanden neue jüdische Gemeinden in Frankreich, Belgien und den Niederlanden.
Der Wandel hing damit zusammen, daß sich in diesen Gesellschaften – teilweise mit Ausnahme Englands, wo der Nationalstaatsgedanke nie so ausgeprägt war wie in anderen europäischen Ländern – die ursprünglich im 19. und frühen 20. Jahrhundert herrschende Vorstellung vom Nationalstaat abgeschwächt hatte, man weniger an historischen Symbolen fest-hielt, das Alltagsleben säkularisiert wurde und diese Gesellschaften nach dem Holocaust die Bereitschaft zeigten, die Legitimität irgendeiner Art von jüdischer politisch-gemeindlicher Identität und Betätigung anzuerkennen. Ferner nahmen hier – wenn auch wohl weniger als in den USA – die Mischehen zu, wobei diese Form hier allerdings im großen und ganzen einen

direkteren Weg zur Assimilation darstellte als in den Vereinigten Staaten.
In Europa war das Spektrum kollektiver jüdischer politischer Tätigkeiten und Organisationen auch sehr eng mit Aktivitäten zugunsten des Staates Israel oder mit allgemeinen jüdischen Problemen verbunden, etwa der Rettung der Sowjetjuden. Intensiviert wurde diese Tätigkeit durch lange bestehende Körperschaften wie den Board of Deputies in England oder neuere Organisationen und durch die Beteiligung an allgemeinen internationalen jüdischen Verbänden wie dem Jüdischen Weltkongreß, verschiedenen kulturellen und religiösen Organisationen und ähnlichem.
Die Muster dieser Aktivitäten und der jüdischen Organisationen allgemein unterschieden sich von denen in den Vereinigten Staaten je nach den spezifischen Traditionen des jeweiligen Landes. So waren die Organisationen in England und Frankreich stärker zentralisiert, während gleichzeitig die Versuche, spezifisch jüdische Kulturarbeit zu leisten, beschränkter blieben. Aber auch hier traten mehr und mehr jüdische Intellektuelle auf (ihre Zahl wuchs stetig mit dem expandierenden Bildungswesen), die ihre Aktivitäten im Bereich der allgemeinen Gesellschaft mit einigen jüdischen Themen in Beziehung zu setzen suchten und dies auf viel offenere Weise taten, als es vorher je möglich gewesen wäre.
Doch im ganzen gesehen waren die neuen Entwicklungen in diesen jüdischen Gemeinden, angesichts der politisch-kulturellen Traditionen dieser Länder, weniger intensiv und weitreichend als in den Vereinigten Staaten. Außerdem blieb die Tradition, die Juden vor allem als eine Religionsgruppe zu definieren, in Europa immer noch recht stark, und dasselbe galt für die antisemitische Tradition, die hier weit intensiver und bösartiger hervorbrechen konnte als in den USA.
Aufgrund dieser Tradition enthielten die antisemitischen Ausbrüche in diesen Gesellschaften starke primordial-historische Komponenten und Themen, die – vor allem in der neuen Linken – in ebenso starke antireligiöse und antizionistische Züge umgemünzt werden konnten, so daß Antisemitismus und Antizionismus miteinander verschmolzen. Tatsächlich wurde die extreme Linke in den siebziger Jahren zum hauptsächlichen

neuen Träger des Antisemitismus in diesen Ländern, wobei sie in nicht geringem Umfang auf den generellen antireligiösen Gefühlen und dem traditionell starken Gegensatz zwischen den säkularen und religiösen Komponenten in der kollektiven Identität vieler europäischer Länder aufbaute.
Angesichts all dieser Bedingungen bestand in den meisten europäischen Ländern keine so starke Verbindung zwischen der Beteiligung an der allgemeinen kulturellen und vor allem politischen Szenerie und der engagierten Beteiligung an jüdischen Organisationen – obwohl selbst dies mehr und mehr üblich wurde, wie zum Beispiel in Kreisen von jungen Intellektuellen in Frankreich. Im Vergleich zur Vorkriegszeit traten auch weitreichende Veränderungen in Umfang und Art der jüdischen Aktivität und Beteiligung ein – ebenso wie im Selbstverständnis und Selbstbewußtsein der jüdischen Gemeinden.

Lateinamerika

Nur in Lateinamerika scheint das jüdische Lebensmuster im allgemeinen, in seiner Zerreißprobe zwischen Mobilität, Assimilation und Antisemitismus, viel näher an den alten europäischen Mustern gewesen zu sein – obwohl es natürlich selbst hier in Wirklichkeit erheblich anders war. In den lateinamerikanischen Ländern bildeten sich besondere Formen des jüdischen Gemeindelebens und seiner Organisationen heraus. In Mexiko entstand eine Fülle von jüdischen Bildungseinrichtungen vom Kindergarten bis zur Oberschule, die auf Jiddisch, Hebräisch und Spanisch unterrichteten und an jene in Osteuropa erinnerten – außer daß sie natürlich nicht mit einem blühenden jüdischen Kulturschaffen verbunden waren. Nur in der ersten Generation der jüdischen Ansiedlung in Argentinien entfaltete sich eine solche Kreativität im Bereich von Literatur und Journalismus in jiddischer Sprache, und es entstanden auch spezielle jüdische Erziehungseinrichtungen, aber diese überdauerten kaum die zweite Generation.
Außerdem orientierten sich die meisten dieser Aktivitäten im allgemeinen nicht an diesen neuen Ländern, sondern mehr nach draußen, auf die alten Länder in Europa, auf die Vereinigten

Staaten oder Israel. Es kam hier nicht zu jener aktiven Beteiligung am allgemeinen kulturellen und politischen Leben und auch nicht zu jener jüdischen Identität, wie sie sich in den USA herausbildete.
Im allgemeinen entwickelte die jüngere Generation stärkere assimilatorische Tendenzen, oft verbunden mit ziemlich linksgerichteten Einstellungen. Die jüdischen Gemeinden in Lateinamerika wurden mehr und mehr zwischen diesen Tendenzen und den totalitären Regimes mit ihrem »traditionellen« Antisemitismus zerrieben.

Sowjetrußland

Es ist viel schwieriger, die jüdische Erfahrung in Sowjetrußland zu interpretieren, obwohl einige Grundtendenzen leicht erkennbar sind. Erstens gab es, in enger Anlehnung an die jüdisch-amerikanische Situation, eine große ökologische und wirtschaftliche Mobilität, begleitet von wachsender Urbanisierung und dem Vordringen in tertiäre Beschäftigungen – ein Trend, der in den dreißiger Jahren, zusammen mit seiner Parallele in den Vereinigten Staaten, von dem jüdischen Demographen J. Leschinski erkannt wurde.
Den zweiten Aspekt der sowjetjüdischen Erfahrung bildete die Mischung aus offiziellem und halboffiziellem Antisemitismus, der sich in vielen de facto bestehenden Beschränkungen hinsichtlich der Zulassung zu Hochschulen und verschiedenen Berufen ausdrückte.
Drittens wurde, anders als in Amerika, starker Druck auf die Juden ausgeübt, um sie zur Assimilation zu bewegen. Hebräisch-jüdische Kultureinrichtungen wurden von Anfang an als Manifestationen zionistisch-bürgerlicher Reaktion verboten; es gab manche Versuche, einige jiddische Einrichtungen beizubehalten, aber sie wurden dann völlig zerstört. Das Experiment, eine besondere jüdische Republik in Birobidschan mit Jiddisch als offizieller Sprache zu gründen, war von ziemlich kurzer Dauer. Und jüdisches Kultur- oder Gemeindeleben oder die Wahrung jüdischer Traditionen wurde generell unterdrückt.
So waren die Juden tatsächlich die einzige Religionsgruppe in

der Sowjetunion, der man keine weiterreichende religiöse Organisation zugestand, und auch die einzige ethnische Gruppe, deren Kulturaktivitäten hoffnungslos zusammengestutzt und deren kulturelle Traditionen in keinen allgemeinen oder spezifischen Rahmen einbezogen wurden.

Im Rahmen dieser Tendenzen traten einige höchst überraschende Entwicklungen ein. Einmal erhielten sich ständig einige – allerdings sehr verwässerte – traditionelle Lebensweisen, spezielle Familienmuster und Verbindungen in einer de facto bestehenden sozialen Segregation. Darüber hinaus scheint es, daß die kombinierte Wirkung der antisemitischen Haltung und Politik mit ihren immer schärferen restriktiven Maßnahmen, der Gründung des Staates Israel und in gewissem Umfang auch der zunehmenden Kontakte zum Weltjudentum durch die zahlreichen Besuche amerikanischer und europäischer Juden in der Sowjetunion zumindest in Teilen der Sowjetjudenheit ziemlich starke Elemente einer jüdischen Identität geweckt haben. Dies führte zu einer Auswanderungsbewegung mit derzeit fast 4 000 Antragstellern um eine Ausreisegenehmigung nach Israel (die praktisch die einzige offizielle Möglichkeit bietet, aus dem Land herauszukommen). Einige gehen tatsächlich nach Israel, aber die Mehrzahl gelangt letzten Endes in die Vereinigten Staaten. Damit wächst die *Refusnik*-Bewegung ebenso wie deren Verfolgung durch die Behörden nebst Antisemitismus und antizionistischer Politik und Propaganda.

Ausmaß und Stärke dieser Tendenzen lassen sich jedoch bisher noch schwer abschätzen, und es ist auch schwer zu sagen, ob die zwei bis drei Millionen sowjetischen Juden in eine nationale oder eher assimilatorische Richtung gehen werden. Es gibt sicherlich sehr starke Anzeichen nicht nur der Assimilation, sondern auch für die betonte Herausbildung einer jüdischen Identität zumindest unter Teilen der jüdischen Bevölkerung – wozu die zunehmend antisemitische und antizionistische Haltung der offiziellen Stellen nicht wenig beiträgt.

Einer der interessantesten Aspekte des Wandels, der nach dem Zweiten Weltkrieg im jüdischen Leben eintrat, vollzog sich in den orthodoxen Sektoren selber – und widersprach ebenfalls den Grundprämissen fast aller bisher vorherrschenden modernen jüdischen Ideologien, gleich ob assimilatorischer, zionistischer oder orthodoxer Richtung.

Nach den vor allem in der Erfahrung des 19. Jahrhunderts wurzelnden Annahmen dieser »klassischen« Anschauungen hätte die Orthodoxie im Zuge des allgemeinen Säkularisierungstrends geschwächt werden, wenn nicht sogar verschwinden sollen, um höchstens noch in geschlossenen Gettos, völlig abgetrennt vom modernen Leben, zu überdauern und dort eine Nische in verschiedenen »traditionell jüdischen« Beschäftigungen wie Kleinhandel, Handwerk und so weiter zu finden.

Diese Voraussagen bewahrheiteten sich tatsächlich für einige kleine, extrem orthodoxe Gruppen. Doch selbst die ultra-orthodoxen Gruppen in den Vereinigten Staaten, England oder Belgien wurden, zumindest wirtschaftlich gesehen, erheblich vielseitiger und »moderner«. Außerdem waren diese Entwicklungen Teil einer sehr viel umfassenderen Tendenz zu weitreichenden Veränderungen und einer Umgestaltung im Leben der orthodoxen Sektoren oder der Orthodoxie im ganzen. Der Hauptpunkt dieser Umgestaltung bestand darin, daß weite Kreise dieser Sektoren – über die klassische Gettoerfahrung hinaus – viel stärker in das berufliche und sogar ökologische Gefüge der modernen Gesellschaften eingebunden wurden; das galt selbst für einige Aspekte des säkularen Lebensstils, wie Arbeit, Lesegewohnheiten, Fernsehen und ähnliches.

Obwohl keine genauen Daten vorliegen, ist es augenfällig, daß orthodoxe Juden in den Zentren vieler Städte geballt anzutreffen sind; und ihre Zahl scheint nicht nur in ihren traditionellen, sondern auch in neuen beruflichen oder wissenschaftlichen Bereichen im Steigen begriffen zu sein. An den Universitäten begegnet man ihnen häufig in Fächern wie Chemie, Physik und Informatik, die früher – abgesehen von der reinen Mathematik – außerhalb des Horizonts orthodoxer Juden zu liegen schienen. Außerdem entstanden im orthodoxen Sektor besondere

Hochschulen mit umfassendem Fächerangebot, die im wesentlichen auf orthodoxe Gruppen ausgerichtet sind, wie etwa die Yeshiva-Universität in New York und in geringerem Umfang die israelische Bar-Ilan-Universität. Viele dieser modernen Einrichtungen und etwas neuzeitlicheren Lebensstile fanden tatsächlich nicht den Beifall der Ultra-Orthodoxen – ja waren ihnen geradezu ein Greuel.

Als seit den dreißiger Jahren und vor allem nach dem Holocaust einige der führenden orthodoxen Gelehrten in die Vereinigten Staaten übersiedelten und dort große Jeschiwot errichteten, wurden diese Kreise einflußreicher und dynamischer. Ihre eigenen spezifischen Bildungseinrichtungen vergrößerten und vervielfältigten sich, bezogen teils auch einige weltliche Fächer mit ein oder gestatteten es ihren Schülern, das Jeschiwa-Studium mit dem Besuch allgemeiner Schulen zu verbinden. Viele dieser Kreise lehnten solche Neuerungen allerdings immer noch strikt ab, auch wenn sie die jeweiligen Landesgesetze befolgen und ihre Kinder in Schulen schicken oder ihnen selbst eine Erziehung bieten mußten, die einige weltliche Fächer einschloß.

Privat pflegten viele von ihnen einen sehr wohlhabenden Lebensstil und in gewissem Umfang auch ein intensives eigenes Kulturleben. Den säkularisierten Juden gegenüber nahmen sie eine höchst ambivalente bis feindselige Haltung ein und ergriffen teils auch Maßnahmen zu deren Bekehrung. Außerdem entwickelten sie eine besondere Beziehung zum Staat Israel und zu ihren Zentralorganisationen.

Im Gegensatz zu der Erfahrung früherer Generationen scheinen sie gegenüber der säkularen Welt keineswegs an Boden zu verlieren – obwohl auch hier wiederum keine genauen Daten verfügbar sind. Umgekehrt läßt sich offenbar eine ziemlich deutliche Bewegung von jüngeren Juden aus eher säkularen Kreisen feststellen, die sich der einen oder anderen Variante der Orthodoxie zuwenden; allerdings dürfte dieser Trend weniger stark ausgeprägt sein, als von orthodoxer Seite gern behauptet wird.

Die orthodoxen Gruppen sehen sich jedenfalls weder in der Defensive, noch »verbergen« sie ihre Orthodoxie bei ihrem Auftreten in der Öffentlichkeit, sondern zeigen sie im Gegenteil recht offen. Der ältere Sinnspruch der europäischen Haskala:

»Sei ein Jude in deinem Haus und ein Mensch im öffentlichen Leben« gilt sicherlich nicht für sie. Die meisten von ihnen – abgesehen von den sehr wenigen Ultra-Orthodoxen – scheuen die Öffentlichkeit ebensowenig wie die säkularen Juden, sind aber natürlich sehr viel sichtbarer (unter anderem schon durch das Tragen eines Käppchens).
So artikulieren sie in gewisser Hinsicht eine weitere mögliche Variante für die Entwicklung eines kollektiven jüdischen Lebens – sowohl in Amerika, wo sie zu einem anerkannten Teil der amerikanischen Lebenswirklichkeit werden, als auch, in geringerem Umfang, in Europa.
Von den verschiedenen Sektoren der jüdischen Bevölkerung sind sie vermutlich am stärksten unter sich gespalten, denn sie zerfallen in diverse chassidische und andere Gruppen, die oft in Streit miteinander liegen. Trotzdem bilden sie jetzt, Mitte der achtziger Jahre, zweifellos die in sich gefestigtsten Sektoren im Panorama des jüdischen Lebens, errichten Bildungs- und Gemeindeinstitutionen und stellen, wie wir gesehen haben, einen großen Teil der jüdischen Tagesschulen.
Ihre zentralen Organisationen sowie viele einzelne Rabbiner äußern sich recht deutlich zu inneren und allgemein jüdischen Angelegenheiten, während sie gleichzeitig ihre üblichen Spaltungen aufweisen. Zahlreiche orthodoxe jüdische Führer sind in wichtige Positionen der allgemeinen jüdischen Einrichtungen aufgerückt, was vermutlich wiederum mit dem zunehmenden Einzug der jüngeren Generation akademisch gebildeter Juden in allgemeinere Bereiche der amerikanischen Gesellschaft, einschließlich der politischen Arena, in Zusammenhang steht. Sie scheinen auch ein sehr wichtiges Zentrum jüdischen Lebens und ein Reservoir jüdischer Führungskräfte darzustellen, so daß sie potentiell die Unterstützungsbasis für Israel und die Beziehungen zu diesem Staat verändern. Was immer die Zukunft für sie bringen mag: Diese verschiedenen orthodoxen Gruppen haben sich derzeit zu einer der neuen Varianten des modernen jüdischen Lebens entwickelt, und zwar zu einer sehr mächtigen, wobei die Verbindung der Themen von Religionsgemeinde und Volk, ja sogar von politischer Betätigung sowohl in ihren Wohnländern als auch in ihrem Verhältnis zum Staat Israel, sich zu einem neuen Muster herauskristallisiert hat, das

weit über das der europäischen »modernen« oder traditionellen Orthodoxie hinausgeht.

Neue Kristallisationsmuster jüdischer Erfahrung

Kollektive jüdische Aktivitäten und mühelose Assimilation

All diese tiefgreifenden Wandlungen in Struktur und Organisation des jüdischen Volkes in den verschiedenen Diaspora-Gemeinden – vor allem in den Vereinigten Staaten und in geringerem Ausmaß in Westeuropa – veränderten, wie gesagt, die Problematik der jüdischen kollektiven Existenz, wie sie unter den Juden selbst und insbesondere natürlich im Kreis der jüdischen Intellektuellen gesehen wurde, und zwar über die Prämissen der europäischen Erfahrung des 19. und 20. Jahrhunderts und zumal die klassische zionistische Ideologie hinaus – also die Ideologie, die die revolutionären und ideologischen Grundlagen Israels geprägt und die israelische Auffassung von der Diaspora sowie die Einstellung zu ihr im wesentlichen geleitet und bestimmt hatte.

Um hier das früher Gesagte noch einmal zu wiederholen: Die gelegentlich unterbrochene, nicht immer voll artikulierte und doch sehr starke und vor allem fast alles durchdringende Veränderung in dieser Problematik lag darin, daß man das Problem jüdischer Existenz in der modernen Welt nicht länger als ein Dilemma zwischen Assimilation auf der einen Seite und der Aufrechterhaltung eines kollektiven jüdischen Lebens in einer rein jüdischen Umgebung auf der anderen Seite formulierte – sei es nun im geschlossenen Milieu der Orthodoxie oder in dem prinzipiell offenen Lebensbereich der zionistischen Variante oder als eine Minderheitsnation in einem Vielvölkerstaat, in dem eine der verschiedenen Nationen die Mehrheit bildete. Statt dessen suchten die Juden – das heißt natürlich nur diejenigen, die sich um all dies bekümmerten – mehr und mehr nach verschiedenen Ausdrucksmöglichkeiten für die jüdische kollektive Identität und das jüdische Volkstum, wobei sie sowohl die politische Dimension als auch zivilisatorische Erwartungen im Rahmen der westlichen Gesellschaften betonten und doch als vollgültige, gleichberechtigte Mitglieder der jeweiligen nationalen oder politischen Gesellschaft auftraten, in deren Mitte sie lebten.

Trotz mancher Zweifel und Befürchtungen hinsichtlich der letztlichen Beständigkeit jüdischen Diaspora-Lebens ging man bei der Formulierung dieser Problematik im Grunde mehr oder weniger selbstverständlich davon aus, daß eine solche freie kollektive Existenz möglich sei, und suchte nun nach verschiedenen Ausdrucksformen für die jüdische Identität. Gewiß waren einige dieser jüdischen Aktivitäten – wie etwa die der Anti-Defamation League und diverser Sicherheitsgremien – im wesentlichen defensiver Art. Andere waren philanthropisch und schienen somit die entsprechende Tradition des 19. Jahrhunderts fortzusetzen. Aber die meisten kristallisierten sich zu dynamischeren und vielseitigeren Mustern neuer, kollektiver jüdischer Aktivitäten heraus, wobei sie stillschweigend auf der gemeinsamen Annahme fußten, daß es möglich sei, solche Aktivitäten und Rahmenstrukturen in den Diaspora-Gemeinden zu entwickeln – wenn auch in enger Beziehung zu Israel.

Es wäre natürlich müßig, zu fragen, in welchem Maß all diese Tendenzen die zionistischen Grundauffassungen ungültig machen, denen zufolge unter solchen Umständen unweigerlich Assimilation oder demographischer Rückgang oder, in extremeren Fällen, antisemitische Verfolgung und womöglich Vernichtung eintreten – die Vision des Holocaust ist in der kollektiven Erinnerung der amerikanischen Judenheit tatsächlich immer mehr in den Vordergrund gerückt.

Trotz all dieser Möglichkeiten scheinen diejenigen Juden, die sich mit solchen Fragen befassen, imstande gewesen zu sein, in der neuen Lage und in den Ländern, in denen sie wohnen, Wege zur Beibehaltung gemeindlicher Identität und Unternehmungen zu finden, die sich auf primordiale und politische Aktivitäten und Orientierungen stützen, und diese außerdem mit der vollen Beteiligung an der sie umgebenden Gesellschaft zu verbinden. Die Mehrheit der amerikanischen Juden – und vor allem derer, die ihr Judentum wahrten – hat sich offenbar geweigert, irgendeinen grundlegenden Widerspruch zwischen ihrer amerikanischen Identität und ihrem Judesein zu sehen oder den Antisemitismus als Bedrohung für ihre Eingliederung als Juden in diese Gesellschaft zu betrachten (einige versuchten sogar, seine Existenz zu leugnen).

An die Stelle der alten »klassischen« Frage nach der Möglichkeit des physischen und kulturellen Überlebens des jüdischen Volkes in der modernen Welt hat diese Problematik – aus der Sicht der sich aktiv und positiv ihrer jüdischen Identität bewußten Juden – die entscheidende Frage gesetzt, wie sich neue Wege jüdischer kollektiver Authentizität in der modernen Welt finden lassen.

Viele von ihnen entwickelten wachsende Sorge über die mögliche Assimilation der Juden aufgrund ihrer ökologischen Zerstreuung sowie durch Mischehen. So entstand ein zunehmendes Interesse an der Stärkung jüdischer Bildungseinrichtungen – aber all dies stand fest im Rahmen ihrer jüdischen Existenz in der Diaspora, selbst wenn sie sich insgesamt auch in hohem Maße an Israel orientierten.

Für andere – vielleicht die Majorität – ist diese Suche mit wachsender Assimilation vereinbar, kann diese gelegentlich sogar auf paradoxe Weise verstärken. Tatsächlich hat sich eine ziemlich paradoxe Situation herausgebildet: Gerade die Prozesse, die die Intensivierung jüdischer Aktivitäten und Organisationen ermöglichten, konnten nämlich auch für eine relativ schnelle und mühelose Assimilation sorgen, weil letztere auch ohne Religionswechsel oder auch nur eine Verleugnung des Judeseins stattfinden konnte. Wegbereiter der Assimilation konnte natürlich auch der demographische Rückgang sein, den die Juden – mit Ausnahme des orthodoxen Sektors – mit der Bevölkerung vieler anderer hochindustrialisierter Gesellschaften in den Vereinigten Staaten und Japan gemeinsam hatten.

Ausdrucksformen jüdischer Identität

In engem Zusammenhang mit der Entstehung dieser Problematik bildete sich in den verschiedenen jüdischen Gemeinden eine Vielfalt von Äußerungsformen jüdischer Lebens- und Identitätsmuster heraus.

Erstens entstand eine Situation, in der der einfache Zusammenhang zwischen der Aufgabe traditioneller Lebensformen und der Aufgabe von Elementen jüdischer Identität nicht länger galt. Viele Juden änderten ständig ihre Lebensweisen, und die meisten von ihnen führten in der Diaspora nicht ein Leben, das primär oder völlig jüdisch gewesen wäre, ohne daß sie deswegen unbedingt ihre jüdische Identität einbüßen wollten. Sie versuchten vielmehr, diese Identität neu zu formulieren, obwohl sie nicht mehr ihre einzige und vielleicht nicht einmal ihre hauptsächliche Identität war.

Zweitens wäre, in enger Verbindung damit, die ständige Umgestaltung der einzelnen Komponenten dieser Identität zu nennen. Hier waren dauernd zwei Prozesse am Werk. Einmal gab es neben dem Abwerfen einiger dieser Komponenten ständig Versuche, die übrigen und ihre Symbole umzugestalten und sie auf verschiedene Weise neu zusammenzufügen. Zum anderen bedeutete das in den meisten Fällen, daß die »älteren« Elemente – Primordialität, religiöse Bindungen an etwas, das als religiöse Tradition betrachtet wird – zusammen mit einigen neuen Elementen des »Volkseins« neu formuliert und neu kombiniert wurden.

Drittens gab es eine starke Rückkehr zu bestimmten Traditionen oder Bräuchen, die religiöse Ursprünge hatten, aber zu Symbolen kollektiver Identität geworden waren, wie etwa das Entzünden von Kerzen zu Chanukka und am Sabbat oder auch die Pflege solcher Aspekte der Tradition, die zu den primordialsten Lebensumständen gehörten: Beschneidung (die offensichtlich auf der Entscheidung der Eltern beruht), Bar-Mizwa, Eheschließung, Begräbnis. Diese verschiedenen Muster der Umgestaltung von religiösen Symbolen waren nicht notwendigerweise mit einer Rückkehr zur Orthodoxie oder mit der Anerkennung der Halacha als Grundlage jüdischen Lebens verbunden – obwohl auch ein solcher Prozeß in gewissem Umfang stattfand. Der Aufschwung, den Orthodoxie und Neo-Orthodoxie erlebten, war ein eng verwandter, aber gewiß nicht identischer Prozeß.

Ein weiteres Element, das in der Zeit nach dem Zweiten Weltkrieg zum Durchbruch kam, war die Entstehung legitimer kollektiver jüdischer Aktivitäten in den politischen Einrichtungen der umgebenden Gesellschaft. Zum ersten Mal in ihrer Exilgeschichte wurden jüdische Gemeinden in aller Welt als Juden politisch bewußt und aktiv. Den Höhepunkt dieser Entwicklung bildete natürlich die Gründung des Staates Israel.

Diese Neuformulierung und Umgestaltung verschiedener Elemente der jüdischen Identität war in den meisten jüdischen Gemeinden natürlich aufs engste mit einem parallelen Prozeß der Auswahl verschiedener Elemente der jüdischen Tradition verknüpft.

Auch hier gab es eine ständige Suche und Erkundung – über die wir systematisch relativ wenig wissen.[82] Der interessanteste Aspekt dieses Prozesses liegt darin, daß es keine simple Beziehung zwischen dem Festhalten an verschiedenen jüdischen Bräuchen und Traditionen und der Bindung an die jüdische Identität gibt. Selbst in orthodoxen Kreisen, in denen man doch davon ausgehen sollte, daß die älteren Elemente zusammenbleiben, ist das Bild sehr komplex. So haben wir ja gesehen, daß der Aufschwung der Neo-Orthodoxie mit einer wachsenden Beteiligung in »allgemeinen« Lebensbereichen verbunden war – wie etwa in den Hochschulen und anderen Berufszweigen –, die für die älteren osteuropäischen Traditionalisten ein Greuel oder zumindest höchst fremd gewesen wären. Hinzu kam noch die wachsende Beteiligung an einigen jüdischen politischen Betätigungen der neuen Art.

Noch komplexer ist das Bild natürlich bei den Nichtorthodoxen. Jenseits der Rückkehr zu einigen *rites de passage* und den anderen vorerwähnten Identitätssymbolen besteht keine einfache Beziehung zwischen solchem »Inhalt« und dem Wesen der jüdischen Identität und Verpflichtung.

Noch ein weiteres neues Element, das mit jüdischen zivilisatorischen Aktivitäten oder Erwartungen zusammenhing, trat in den Vordergrund. In den meisten Fällen, in denen Juden nach Ausdrucksformen ihrer Identität suchten, bezogen sie in diese Suche gern solche Probleme ein, die im mittelalterlichen Muster sozusagen »unterdrückt« und in der Frühzeit der Assimilation als etwas betrachtet worden waren, das außerhalb des Bereichs der jüdischen Gemeinden liegt. Das heißt, sie versuchten auch, die Spannung zwischen dem universalistischen und dem parti-

82 Siehe z. B. Dominique Schnapper, *Jewish Identities in France*, Chicago 1973.

kularistischen Element in der jüdischen kollektiven Identität auf irgendeine Art zu lösen. In manchen Fällen überdauerten die älteren halbassimilatorisch-»ethischen« – liberalen, sozialistischen oder nationalistischen – Auffassungen, aber bezeichnenderweise verbanden sich selbst diese Anschauungen immer mehr mit einem positiveren jüdischen Selbstverständnis. Häufig bezogen sie sich auf irgendeine Tätigkeit in den jüdischen Gemeindeaktivitäten, Institutionen und Organen, die als konstruktiver, positiver Bestandteil der allgemeinen Umgebung angesehen wurden. Sicherlich wirkten – und wirken – diese spezifisch jüdischen Institutionen, anders als jene in Osteuropa bis zum Zweiten Weltkrieg, in einem überwiegend nichtjüdischen Umfeld; sie konzentrierten sich im wesentlichen auf den Freizeitbereich der Juden. Diese Aktivitäten wurden meistens in der jeweiligen Landessprache unterhalten – auf Englisch, Französisch, Deutsch usw. –, galten dabei aber auch gleichzeitig als Ausdruck der verschiedenen Dimensionen jüdischer Identität *und* als legitimer Teil der breiteren Gesellschaft.

Heute entledigen sich verschiedene jüdische Gemeinden dieser Aufgabe auf unterschiedliche Weise – oder es kann sogar jede Einzelgemeinde ihre Aktivitätsmuster abwandeln. Die einzelnen Identitätskomponenten werden unterschiedlich betont. Für verschiedene Gemeinden kann die Rangfolge oder Zusammenstellung dieser Komponenten anders aussehen, und es gibt nirgendwo eine volle definitive Festlegung irgendeiner neuen Kombination dieser Elemente. Vielmehr experimentiert jede jüdische Gemeinde kontinuierlich mit den verschiedenen Dimensionen jüdischer Identität; keine Gemeinde hat sich mit einer »Lösung« oder einem Endpunkt zufriedengegeben, sondern alle Gemeinden befinden sich ständig im Fluß. Einigend wirken jedoch gerade diese Veränderlichkeit, der Akt des Experimentierens, die dauernde Suche und das in all den verschiedenen jüdischen Gemeinden vorhandene Bewußtsein, daß sie ein gemeinsames Erbe besitzen und diese gemeinsame Sache verfolgen, deren Einzelheiten natürlich in jeder Gemeinde weitgehend durch die spezifischen Lebensbedingungen ihrer Mitglieder beeinflußt werden.

So kann man heute Jude sein – und sich als solcher fühlen –, ohne eine fest fixierte Vorstellung davon zu haben, was das nun

eigentlich inhaltlich bedeutet. Da ein fließender Zustand organisatorisch schwer greifbar ist, hinken jüdische Institutionen – und die jüdische Erziehung – diesen Entwicklungen und Tendenzen erheblich hinterher, obwohl bestimmte Fragen, wie die mit Israel verbundenen oder das Problem der Sowjetjuden, als wichtige Schwerpunktthemen für entsprechende Aktivitäten dienen.
Tatsächlich ist also ein neues, paradoxes Element in das jüdische Leben eingetreten: nämlich die wachsende Vielfalt dessen, was man nach traditionellem Muster als Heterodoxien mit sichtlich häretischen Zügen angesehen hätte, und oft wurden gerade diese letzteren Orientierungen zum Bezugspunkt zunehmender Sensibilität und gemeinsamer Bewußtheit – ohne jedoch irgendwelche institutionellen Auswirkungen zu zeitigen.
Selbstverständlich kann diese Situation, wie wir bereits oben angedeutet haben, zu einer »totalen« Assimilation, zum Verlassen der jüdischen Gemeinschaft, führen – und das mag tatsächlich das Endergebnis dieser Prozesse sein.
Aber dies ist gewiß nicht das ganze Bild, das in der »klassischen« Literatur über die Assimilation gewöhnlich geschildert wurde. Außerdem können Assimilation und die Entfaltung intensiver jüdischer Aktivitäten einander in manchen Situationen sogar auf paradoxe Weise gegenseitig verstärken.

Das Paradox moderner Tendenzen

All diese Entwicklungen und Möglichkeiten gewannen seit den siebziger Jahren, vor allem in den Vereinigten Staaten, an Intensität. Generell zeichnete sich ein kontinuierlicher bildungsmäßiger und beruflicher Aufstieg unter den Juden ab, der allgemein daraus ersichtlich wurde, daß sich bei ihnen die in die Ausbildung gesteckten Investitionen höher auszahlten. Das war einmal auf ihre geringere Kinderzahl und die dementsprechend verminderte Konkurrenz um die Aufmerksamkeit der Eltern zurückzuführen, zum anderen wahrscheinlich auch auf die größere elterliche Zuwendung, wie aus der niedrigeren Beteiligung jüdischer Frauen am Arbeitsmarkt hervorzugehen scheint. So schlossen insgesamt etwa 70-80 Prozent aller jüdischen Jugend-

lichen in den Vereinigten Staaten eine College-Ausbildung ab – mit allen beruflichen Konsequenzen dieser Tatsache.[83]
Gleichzeitig beleuchteten die Entwicklungen der siebziger Jahre klar die verschiedenen widersprüchlichen und doch einander häufig verstärkenden Möglichkeiten, die der jüdisch-amerikanischen Geschichtserfahrung innewohnen. So entfalteten sich einerseits die diversen spezifisch jüdischen Organisationsmuster weiter – wie etwa neue Wege in der jüdischen Erziehung und ähnliches. Und die Synagogengemeinde bot, wenn auch in ständig gewandelten Formen, nach wie vor die Hauptgrundlage für solche Aktivitäten.
Andererseits kam es zu einer ständig wachsenden Beteiligung in verschiedenen allgemeinen Bereichen des amerikanischen (und in geringerem Umfang auch europäischen) Lebens. So begannen viele Juden, in verschiedene Berufe und Wirtschaftssektoren vorzudringen, die ihnen vorher generell verschlossen gewesen waren, und sich aktiver am politischen Leben zu beteiligen, sei es auf örtlicher, einzelstaatlicher oder nationaler Ebene.
Einige dieser Tendenzen mögen auch den Keim für künftige Entwicklungen in sich bergen – und zwar in Richtung auf Assimilation. Die Tendenz, in kleine Gemeinden zu ziehen, und der allgemeine demographische Rückgang der jüdischen Bevölkerung – dieser selbe Rückgang, der zumindest teilweise für ihr gutes wirtschaftliches Fortkommen sorgt –, könnten die Aufrechterhaltung jüdischen Gemeindelebens und jüdischer Aktivitäten erschweren. Die wachsende Beteiligung am allgemeinen Leben ihrer jeweiligen Gesellschaft mag den Führungsnachwuchs für spezifisch jüdische Aktivitäten aufzehren, wie sich jetzt schon am steigenden Zustrom von orthodoxen Juden in diese Positionen zeigt. Auch die große Anziehungskraft, die viele neue religiöse Sekten – wie beispielsweise die Moonies – auf jüdische College-Studenten ausüben, weist auf eine ähnliche Möglichkeit hin.
Die Möglichkeit einer schrittweisen, schmerzlosen jüdischen Assimilation, eines langsamen Abwerfens vieler Komponenten einer solchen Identität, wurde also stärker – und in nicht gerin-

83 Barry R. Chiswick, »The Labor Market Status and American Jews: Patterns and Determinants«, *American Jewish Yearbook*, 1985.

gem Umfang einmal dadurch erleichtert, daß die Assimilation nicht mit irgendwelchen prinzipiellen Anforderungen an die Juden verbunden war, und zum anderen paradoxerweise auch gerade deswegen, weil man Teile dieser Identität in der – allerdings nur relativ – unproblematischen Atmosphäre des amerikanisch-jüdischen Lebens beibehalten konnte (was in geringerem Umfang auch für viele jüdische Gemeinden in Europa galt).

Demographische Tendenzen verstärkten derlei Möglichkeiten. Neuere demographische Voraussagen sprechen von einem »langfristigen« zahlenmäßigen Schwund der Diaspora-Juden von 10,7 Millionen 1970 auf 9,7 Millionen 1980 und einer vorausgesagten weiteren Abnahme auf 7,9 Millionen im Jahre 2000 – aufgrund von »Migration, Säkularisierung, Modernisierung und Assimilation«.[84]

Somit ergibt sich ein äußerst paradoxes Bild für die Entwicklungstrends des jüdischen Volkes in der Diaspora. Die Tatsache, daß die Juden als Gruppe in vielen Ländern der Diaspora und vor allem in den USA nun relativ weitgehend akzeptiert und anerkannt worden sind, die Entwicklung vielfältiger jüdischer Aktivitäten und die nicht minder vielfältige Beteiligung in den verschiedenen Tätigkeitsbereichen der sie umgebenden Gesellschaft garantieren für sich genommen noch nicht das Weiterbestehen der jüdischen und jüdisch-zivilisatorischen Aktivität und Kreativität. Gerade diese erfolgreiche Aufnahme in die Wirtsgesellschaften kann – wenn sich die Dinge nicht durch Entwicklungen in den letzteren ändern – zusammen mit dem demographischen Rückgang zur Erschöpfung dieser Aktivitäten und Kreativitäten führen sowie auch zu einer ständigen Abschwächung jüdischer Identität und des kollektiven Zusammenhalts unter den Juden.

Möglicherweise könnten sich dadurch drei Teilgruppen im jüdischen Volk herausbilden. Die erste setzte sich aus den verschiedenen orthodoxen Gemeinden zusammen, die mehr und mehr in eine ziemlich enge, sektiererische Richtung rücken und die eher universalistischen oder zivilisatorischen Orientierungen des jüdischen Erbes ablegen würden.

Die zweite Teilgruppe bestünde aus einem kleinen harten Kern

84 R. Bachi in einem Interview mit Yosef Goell, *Jerusalem Post*, 11.8.1983.

innerhalb der großen nicht-orthodoxen Mehrheit und würde versuchen – vor allem durch das Festhalten an einer jüdischen Erziehung –, eine starke jüdische Identität zu bewahren, ohne deswegen ihre breiteren zivilisatorischen Orientierungen und ihre aktive Beteiligung an der allgemeinen Gesellschaft aufzugeben.

Diese Teilgruppe wäre allerdings ständig sowohl von der orthodoxen als auch von der dritten Gruppe bedroht, jener großen Mehrheit, die sich – nach etwa ein bis zwei Generationen – in dieser oder jener Richtung relativ mühelos assimilieren würde.

Die Rolle des Staates Israel in der historischen Erfahrung der Diaspora-Gemeinden und die sich wandelnden Beziehungsmuster zwischen Israel und der Diaspora

Die politische Dimension

Der Staat Israel spielte eine ganz besondere Rolle bei der Herauskristallisierung dieser neuen Muster jüdischer Identität.

Vor allem bewirkte er, daß die politische Dimension der jüdischen Existenz wieder auflebte, und die Ausrichtung auf den Staat Israel, die sich in fast allen jüdischen Gemeinden und ihren einzelnen Sektoren fand, bildete einen zentralen Angelpunkt dieser Dimension.

In Frankreich etwa, mit seiner relativ langen Tradition der Assimilation und der Umschreibung der jüdischen Identität als Religionsgemeinschaft, drückte sich das in Raymond Arons Polemik gegen de Gaulle, in der Predigt des Oberrabbiners während des Jom-Kippur-Kriegs und in den späten siebziger Jahren im wachsenden politischen Engagement aus, das große Teile der jüdischen Gemeinde in Verbindung mit Frankreichs Israel-Politik zeigten – intensiviert noch durch den Einfluß der jüngeren Generationen in der französischen Gemeinde sowie durch die aus Nordafrika stammenden Juden, die in jüdischen Angelegenheiten und Organisationen sehr aktiv wurden.

In anderen jüdischen Gemeinden wurde diese politische Dimension im Zusammenhang mit dem Staat Israel nicht weniger deutlich formuliert. Die englische Gemeinde steht in dieser Hinsicht in einer viel längeren Tradition, vor allem durch den Board of Deputies und wegen der Tatsache, daß London jahrelang Hauptsitz der Zionistischen Weltorganisation war. Besonders sichtbar wurde sie in den Vereinigten Staaten durch die Tätigkeit des Präsidentenrates (Board of Presidents, der wichtigsten jüdischen Organisation), des United Jewish Appeal, der diversen jüdischen Lobbys und anderer Körperschaften. Außerdem fand sie in Aktionen zugunsten der Sowjetjuden Ausdruck.

In dieser ganzen Vielzahl oder Bandbreite jüdischer Aktivitäten spielt die eigentliche Zionistische Organisation jedoch bezeichnenderweise, gelinde gesprochen, immer weniger eine zentrale Rolle. Die Mitgliedschaft in der Zionistischen Organisation scheint stark zurückgegangen zu sein, und der Zionistenkongreß hat sogar einige seiner zeremoniellen und symbolischen Funktionen verloren, die er in den ersten zwei Jahrzehnten des Staates Israel noch beibehalten hatte. Aber die Zionistische Organisation und die Jewish Agency bleiben weiterhin die wichtigsten Einrichtungen für die Überweisung von Mitteln aus der Diaspora nach Israel.

Ein Zentrum jüdischen Lebens

Der Staat Israel bildete auch ein geographisches Zentrum, ein Symbol des gemeinsamen Erbes und der Solidarität, das weite Teile des jüdischen Volks akzeptierten, praktisch den einzigen Mittelpunkt, der allen oder fast allen Juden gemeinsam war. Darüber hinaus war er auch ein zentraler – nicht immer einfacher, oft sogar äußerst ambivalenter – Bezugspunkt der kollektiven jüdischen Identität.

Er wurde zur natürlichen Begegnungsstätte der meisten jüdischen Organisationen, sozusagen zum gegebenen Ort für Familienzusammenkünfte und -feiern, und es gibt inzwischen nur noch sehr wenige Organisationen des jüdischen Gemeindelebens, die nicht in der einen oder anderen Form mit Israel verbunden wären.

Viele Juden versuchten, in Israel die Manifestation jener Dimensionen zu finden, nach denen sie sich sehnten: nicht nur die der politischen und militärischen Stärke und der kollektiven Identität, sondern auch diejenigen der sozialen Gerechtigkeit, der umfassenden religiösen Erfüllung oder die einer großen zivilisatorischen Vision – sowie auch einfach die einer »simplen« jüdischen Solidarität.

Die aus dieser Sicht an Israel gestellten Anforderungen waren oft utopisch, übertrieben, unrealistisch – und höchst unterschiedlich –, aber sie alle bezeugten, daß der Staat Israel einen dauerhaften zentralen Bezugspunkt für solche Orientierungen darstellte. Selbst die Ambivalenz und Kritik gegenüber Israel, die seit Mitte der siebziger Jahre immer stärker geäußert wurde, verweist auf die relativ zentrale Rolle Israels für die Ausgestaltung der gegenwärtigen jüdischen Kollektividentität.

Auch die Frage, ob man zwischen jüdischer Nationalität und Zionismus unterscheiden könne, die einen der Hauptstreitpunkte in der ideologischen Debatte in Osteuropa gebildet hatte, verschwand fast völlig in der Versenkung, wozu auch die Tatsache beitrug, daß bei den antisemitischen Anwürfen der siebziger Jahre der Staat Israel und das jüdische Volk ständig gleichgesetzt wurden. Dieser Antisemitismus verstärkte allerdings nicht nur die zionistische Orientierung – wie es natürlich einer der ursprünglichen zionistischen Annahmen entsprach –, sondern löste auch ambivalentere Einstellungen zu Israel aus.

In vieler Hinsicht wurde die Ausrichtung auf den Staat Israel – selbst wenn sie kritische Töne anschlug – tatsächlich zum grundlegenden gemeinsamen Bezugspunkt für jüdische Aktivität und Identität außerhalb der orthodoxen oder, richtiger, ultra-orthodoxen Sektoren. Sogar diese letzteren Kreise, die die zionistischen Grundsätze niemals akzeptierten, gelangten zu einer De-Facto-Anerkennung des Staates und richteten zunehmend eigene Forderungen an ihn; viele ließen sich in Israel nieder und noch mehr knüpften enge Beziehungen zu den dort Lebenden an.

Bedeutsamerweise sind die alten Kontroversen um den Zionismus, über die Beständigkeit des zionistischen Gedankens, die in den jüdischen Gemeinden Europas – und auch der Vereinigten Staaten – seit Anbeginn der zionistischen und jüdischen Siedlungsbewegung in Erez-Israel so zahlreich geführt wurden, fast

völlig verebbt. Die furchtbare Erfahrung des Holocaust, die Tatsache, daß Palästina und später Israel zumindest anfangs der einzige Ort war, der die jüdischen Flüchtlinge aus Europa und Asien bereitwillig aufnahm, und auch schon die erfolgreiche Gründung des Staates Israel an sich haben die meisten dieser Auseinandersetzungen bedeutungslos gemacht. Selbst wenn einige Gruppen, wie beispielsweise der American Council for Judaism in den USA, diese Linie fortzusetzen suchten, stießen sie damit in den jüdischen Gemeinden kaum auf Widerhall. Soweit sich Kontroversen entwickelten, wie es insbesondere seit den frühen siebziger Jahren der Fall gewesen ist, drehten sie sich darum, in welchem Maß Israel tatsächlich den gestellten Idealanforderungen entsprach, wieviel Unterstützung man dem Staat bieten mußte und letzthin bekanntlich um das Recht von Juden, sich öffentlich von der israelischen Regierungspolitik zu distanzieren. Nur in manchen orthodoxen und vor allem ultraorthodoxen Kreisen ist neuerdings eine wachsende Distanz zum Staat Israel entstanden, und zwar insbesondere hinsichtlich seiner zionistischen Dimension, aber auch seiner Eigenschaft als zentraler Bezugspunkt jüdischer Existenz überhaupt.
Somit ist Israel voll anerkannt und legitimiert worden – nicht nur als Zufluchtsort für jüdische Flüchtlinge, sondern als zentraler Aspekt des jüdischen Daseins.

Veränderte Beziehungen und neue Grundlagen des Umgangs miteinander

All diese vielfältigen Entwicklungen gingen jedoch weit über die Grundsätze der zionistischen Ideologie und in gewissem Umfang auch über die bis zum Ende des Zweiten Weltkriegs bestehende Praxis der zionistischen Bewegung im allgemeinen und der Pioniergruppen im besonderen hinaus. Außerdem veränderten sie auch das Problem der Beziehungen zwischen Israel und der Diaspora, wie man es in Israel bis zum Sechstagekrieg betrachtet hatte. Tatsächlich wurden unwissentlich, aber äußerst tiefgreifend die »Geschäftsgrundlagen« zwischen Israel und den jüdischen Gemeinden in der Diaspora verändert und dabei in vieler Hinsicht alle zionistischen Grundlagen unterminiert. Israel hatte bis dahin von den jüdischen Diaspora-Gemeinden ökonomische Mittel, politische Unterstützung und eine diffuse Solidarität erhalten, die sich auf vielfache Weise zeigte: durch Anhänglichkeit, Unterstützung, Besuche usw. Dafür gab Israel ihnen die Symbole politischer Souveränität, die politische Dimension einer kollektiven Existenz, den Stolz über das jüdische Staatswesen, seine Unabhängigkeit und militärische Stärke, und wurde zu einem zentralen Bezugspunkt für jüdische Organisationen im allgemeinen und solche, die mit Israel verbunden waren, im besonderen, wobei außerdem weiten Teilen der jüdischen Führungsschicht oft noch Wege für die Beteiligung an den politischen Aktivitäten ihrer eigenen Länder eröffnet wurden. Selbst wenn viele dieser Führer die Tätigkeiten in jüdischen Organisationen und zumal den mit Israel verbundenen im Lauf der Zeit als selbstverständlich hinnahmen, das heißt sie im Vergleich zur Beteiligung an den politischen oder kulturellen Zentren ihrer jeweiligen umgebenden Gesellschaft als ziemlich leicht zugänglich betrachteten, blieben diese Aktivitäten doch weiterhin Symbole jüdischer Solidarität und Bindung.

Viele Vertreter der jüdischen Gemeinden, die sich für Israel einsetzten, konnten bei Israel-Besuchen in halboffizieller Mission (wie etwa bei der UJA-Delegation junger Führer) den Reiz verspüren, an schöpferischen Arbeiten beteiligt zu sein und mit bekannten Politikern zusammenzukommen, was in ihren eigenen Ländern kaum so ohne weiteres möglich gewesen wäre.

Diese Beziehungen zwischen den verschiedenen aktiven jüdischen Gruppen in der Diaspora und in Israel waren, wie gesagt, nicht immer einfach. Es entstanden viele potentielle und tatsächliche Spannungs- und Konfliktpunkte, die sich um die Mitte der siebziger Jahre noch verstärkten. Aber sie blieben alle auf dem Boden der neuen Grundlagen des Umgangs miteinander, die sich zwischen Israel und den jüdischen Gemeinden der Diaspora entwickelten.

Die Wende und die Veränderungen in der zionistischen Ideologie

Wie immer diese Grundlagen der Beziehungen zwischen Israel und den jüdischen Diaspora-Gemeinden jedoch im einzelnen ausgesehen haben mögen: zwei einander ergänzende Elemente, die ideologisch wie institutionell zu vorstaatlicher Zeit vorherrschend (wenn auch selbst damals nicht die einzigen) gewesen waren, fehlten jetzt – nämlich die halbrevolutionäre Interpretation der zionistischen Vision und die grundsätzliche ideologische Einstellung, die dem Galut-Leben jede Rechtfertigung absprach und im Aufruf zur Alija als einem revolutionären Akt gipfelte.

Die klassische zionistische Interpretation dieser Problematik und die damit verbundene Forderung, sich gegen die Galut-Erfahrung aufzulehnen, ging – wie wir gesehen haben – davon aus, daß das jüdische Leben in der Diaspora weder sicher noch erfüllt sei, daß Juden nur in Erez-Israel sicher und frei ein erfülltes schöpferisches und modernes Leben führen und nur dort eine umfassende moderne jüdische Kultur und Institutionen von einiger universaler Bedeutung schaffen könnten, die sie zu vollgültigen, wenn auch einzigartigen Mitgliedern in der Familie der Nationen machen würden. Während das relative Gewicht dieser verschiedenen Elemente bei den unterschiedlichen Interpretationen des Zionismus jeweils schwankte, trafen sie doch meistens in der einen oder anderen Form zusammen.

Diese ideologische Vision und diese Prämissen hatten, wie gesagt, im Jischuw und in etwa den ersten zwei Jahrzehnten des Staates Israel vorgeherrscht; sie schlugen sich in den Schulcurricula für Geschichte und Literatur nieder, und sie lagen auch der Auffassung zugrunde, die vor allem die jüngere Sabra-Generation von Israels Beziehungen zur Diaspora hatte. Tatsächlich fand diese Vision jedoch jetzt weniger Bestätigung in der Wirklichkeit, in den realen Kontakten und in den Grundlagen der Beziehungen, die sich zwischen Israel und den Diaspora-Gemeinden entwickelten.

Sogar auf der ideologischen Ebene traten einige Veränderungen ein. Eine erste solche Wende brachte Ben-Gurions beharrlich vertretene Meinung, daß nur die Juden und jüdischen Führer, die in Israel einwanderten, als Zionisten bezeichnet werden – und sich auch selber so nennen – dürften, was dann die paradoxe Wirkung hatte, daß dadurch die breitgefächerten Israel-Aktivitäten jüdischer Organisationen legitimiert wurden, ohne ihnen ihrerseits irgendwelche Verpflichtungen gegenüber zionistischen Grundsätzen abzuverlangen.

Während der fünfziger Jahre gingen dann zionistische Ideologen zusehends von der Ablehnung der Galut zu einer anderen Definition der Beziehungen zwischen Galut und Israel über, derzufolge Israel Primat oder Zentralität besitze – was immer das nun genau bedeuten mochte. Der Begriff Diaspora trat jetzt mehr und mehr an die Stelle des Wortes Galut, und sogar der Zentralitätsanspruch wurde Ende der siebziger und Anfang der achtziger Jahre von Teilen der jüdischen Führerschaft gern verneint. Sie versuchten oft, die Diaspora-Juden und besonders die amerikanischen Juden als das neue Babylon darzustellen – also als ein großes neues Zentrum jüdischen Lebens und jüdischer Kreativität.

In den Seminaren über die Beziehungen zwischen Israel und der Diaspora, die seit Mitte der siebziger Jahre unter der Schirmherrschaft des israelischen Staatspräsidenten stattfinden, wurde die Diaspora-Existenz gewöhnlich als selbstverständlich vorausgesetzt, wie sich beispielsweise aus dem Thema eines dieser Seminare ergab: »Die Identifikation der Nation mit dem Staat«.

Sicherlich wurden die alten zionistischen Behauptungen, Grundsätze und Visionen von diversen offiziellen oder halboffiziellen Vertretern des Jischuw noch lange Zeit weiter verbreitet, etwa von den Abgesandten der Jewish Agency, den sogenannten *Schlichim*, die nur von Israel in die verschiedenen Länder der Diaspora ausgesandt wurden, und sie tauchten auch in zahlreichen Begegnungen zwischen Israelis und diesen jüdischen Diaspora-Gemeinden auf. Immer wieder ging es dabei um die Mängel und die Gefahren des jüdischen Lebens in der Diaspora im Vergleich zu dem in Israel.

Aber im großen und ganzen fanden diese Behauptungen keinen besonderen Widerhall, weder in den Vereinigten Staaten noch in anderen jüdischen Gemeinden. Ja, sie wurden noch nicht einmal zum Gegenstand wichtiger öffentlicher Debatten in der jüdischen Gemeinde, wie es noch in der Zeit vor dem Zweiten Weltkrieg bei den Aufrufen zur Alija in Europa und sogar den USA der Fall gewesen war. Diese Behauptungen und die Auseinandersetzungen, die sie im Prinzip auslösen konnten, wurden – im Gegensatz zu den Aktionen zugunsten Israels oder für andere jüdisch-nationale Belange – nicht zu einem Mittelpunkt des inneren Lebens dieser Gemeinden.

Die verschiedenen Schlichim aus Israel wurden de facto sehr eng in das Leben dieser Gemeinden einbezogen und bestärkten die vorhandenen jüdischen Aktivitäten. Sie beteiligten sich an vielen solchen Unternehmen wie den jüdischen Sonntags- oder Nachmittagsschulprogrammen, den besonderen Sommercamps und ähnlichem. Aber diese Aktivitäten gingen nur selten über die bestehenden jüdischen Lebensmuster hinaus, und kaum einmal leiteten diese abgesandten Israelis neuartige Aktivitäten ein. Selbst wenn es ihnen gelang, die Alija von einzelnen oder Gruppen zu organisieren, wurde dies nur als ein kleiner Teil ihrer Aufgabe angesehen, der sicherlich nicht im Mittelpunkt ihrer Beziehungen zu Israel stand.

Die verschiedenen Bildungsprogramme und anderen Aktivitäten der zionistischen Organisationen gingen zwar weiter, spielten aber nicht mehr die zentrale – oder gar umstrittene – Rolle im jüdischen Kollektivleben, die sie einst besessen hatten. Oft wurden sie von der Vielzahl anderer jüdischer Aktivitäten überschattet; und das galt sogar noch mehr für die mit Israel verbundenen Tätigkeiten.

Diese Tendenz ließ sich auch in der jüdischen Erziehung feststellen, die sich in den Vereinigten Staaten entwickelt und, wie wir gesehen haben, als von entscheidender Bedeutung für die Aufrechterhaltung des jüdischen kollektiven Bewußtseins erwiesen hat. Selbst einige der neuen intensiveren jüdischen Unterrichtsprogramme, die in den siebziger Jahren begonnen wurden, enthielten weder eine spezifisch zionistische Aussage, noch leugneten sie die Legitimität der Galut-Erfahrung oder riefen zu einem revolutionären Bruch mit ihr auf. Die Beschäftigung mit Israel wurde nicht zu einem zentralen Aspekt oder Bezugspunkt dieser Curricula, obwohl viele Aspekte des israelischen Lebens – vor allem verschiedene folkloristische Traditionen und besondere Feste wie der israelische Unabhängigkeitstag –

einen wichtigen Raum in ihren Aktivitäten einnahmen. In mancher Hinsicht waren alle diese Lehrpläne, auch die, die sich weitgehend auf Lehrer oder Aufsichtspersonen aus Israel stützten, weit mehr darauf ausgerichtet, das jüdische Leben in der Diaspora zu stärken und gegen die Wogen der Assimilation anzukämpfen, als es über die Diaspora hinaus auf Israel zu lenken.

Es entstand nun ein Paradox in der offiziellen und tatsächlichen Vorbereitungspolitik für viele dieser Schlichim. So konzentrierte sich beispielsweise der Pinkus-Fonds der Jewish Agency (benannt nach Arye Pinkus, ihrem Vorsitzenden in den späten sechziger Jahren) darauf, Schlichim in Israel und potentielle Leiter in der Diaspora auszubilden, um die jüdische Komponente in den jüdischen Gemeindeorganisationen und Erziehungsprogrammen in der Diaspora zu verstärken und die Assimilation einzudämmen. Damit wurde Israel paradoxerweise zum Ausgangspunkt für die Stärkung jüdischer Diaspora-Existenz.

In den meisten dieser Institutionen fehlte fast völlig das Bewußtsein der Spannung zwischen der Aufrechterhaltung jüdischer Institutionen in der Diaspora und dem zionistischen Aufruf zur Alija und zur Ablehnung der Galut. Tatsächlich entstand hier die ziemlich paradoxe Situation, daß die Beschäftigung mit Israel und seinen Problemen zwar bei den Aktivitäten der Erwachsenen eine zentrale Rolle spielte, in den Curricula der verschiedenen jüdischen Schulen (über einige Feiern wie die Begehung des Unabhängigkeitstags hinaus) jedoch nur sehr geringen Niederschlag fand.

All diese auf Israel ausgerichteten Aktivitäten wurden zum anerkannten Teil der Dynamik jüdischen Lebens in der Diaspora. Die Symbole des Staates Israel fanden Eingang in die jüdischen Diaspora-Gemeinden und trugen – auch während Auseinandersetzungen über die israelische Politik – zur Aufrechterhaltung und zum Fortbestand dieser Rahmen ebenso bei wie die mehr folkloristischen Aspekte der israelischen Erfahrung.

Die Anerkennung und zumindest auch die faktische Legitimierung der Diaspora wurde ferner durch die wachsende Abhängigkeit Israels von wirtschaftlicher und politischer Unterstützung verstärkt. Viele israelische Institutionen – Universitäten, Schulen, Museen, Sportzentren, Kliniken und so weiter – erhielten Hilfe von jüdischen Organisationen oder Individuen aus der Diaspora. Die Tatsache, daß derartige Spenden in zahlreichen Fällen vergleichsweise bescheidener als diejenigen ausfielen, die Diaspora-Juden verschiedenen jüdischen und nichtjüdischen Einrichtungen in der Diaspora zukommen ließen, war ebenfalls ein wichtiges Zeichen für den Wandel der gegenseitigen Wechselbeziehungen zwischen Israel und der Diaspora (auch wenn diese Organisationen, wie etwa der United Jewish Appeal, einen großen Teil ihrer Mittel an Israel weitergaben). Gleichzeitig wuchs die Abhängigkeit der israelischen Institutionen von diesen Spenden.

Als weiterer Punkt kam hinzu, daß die Juden in der Diaspora nicht nur in vielen zentralen Institutionen ihrer umgebenden Gesellschaft mitwirken konnten – sei es in Wirtschaft, Wissenschaft oder Medien –, sondern diese Einrichtungen auch Anziehungspunkte – und sogar Vorbilder – für zahlreiche Gruppen in Israel wurden, wodurch der Anspruch einer besonderen Kreativität Israels auf diesem Gebiet Einbußen erlitt. In vielen wissenschaftlichen, beruflichen oder kulturellen Institutionen in der Diaspora, die von israelischen Kollegen besucht wurden, behielten die Juden der Diaspora recht deutlich die Oberhand. Es gab hervorragendere jüdische Wissenschaftler in der Diaspora als in Israel, und viele von ihnen erreichten Höhen – wie Nobelpreise –, zu denen die Israelis nicht gelangten. Vielmehr waren sie es, die den Israelis helfen konnten, und das verlieh den Diaspora-Juden, die Israel besuchten, oft eine höhere Stellung als die, die sie nach ihrer eventuellen Einwanderung dort hätten erlangen können. In einigen wenigen, aber um so herausragenderen Fällen investierten jüdische Geschäftsleute aus der Diaspora in Israel oder israelische Unternehmen als die weitaus stärkeren Partner – wobei sie allerdings häufig besondere Konzessionen von der Regierung erhielten.

Schließlich wurde die Anerkennung der Diaspora auch noch durch die natürliche gegenseitige Anziehung zwischen israelischen Diplomaten und Gesandten und den höheren Kreisen der jüdischen Gesellschaft in der Diaspora gestärkt, durch die Tatsache, daß viele der ersteren nach ihrer Pensionierung Geschäftsvertreter der letzteren in Israel oder gelegentlich auch im Ausland wurden. Dazu kam letztlich noch, daß sich in Israel zahlreiche nach außen hin orientierte Sektoren und Aktivitäten entwickelten, deren natürlichste Auslandspartner die jüdischen Gemeinden in der Diaspora waren.
Das jüdische Diaspora-Dasein und seine Aktivitäten wurden oft nicht nur als bestehende Tatsache akzeptiert, sondern paradoxerweise auch als eine Ausdrucksform der umfassenden Symbole jüdischer Nationalidentität und deren politischer Dimension, wodurch wiederum die Lebensfähigkeit und Dynamik der Diaspora-Organisationen unterstützt wurden.

Die ausbleibende israelische Reaktion auf die Probleme in der Diaspora

Dieser Wandel in den Beziehungen zwischen den jüdischen Diaspora-Gemeinden und Israel wurde auch dadurch ersichtlich und bestärkt, daß man in Israel die innere Problematik des jüdischen Lebens in der Diaspora in vielen Aspekten nicht verstand und sich infolgedessen auch nicht darum kümmerte oder darauf reagierte.
Diese Problematik, die – wie gesagt – darauf ausgerichtet war, neue Ausdrucksmöglichkeiten für die jüdische Kollektividentität in den jeweiligen Wohnländern zu finden, entwickelte sich in zwei Richtungen. Die erste betraf die Unterhaltung mannigfaltiger jüdischer Organisationen und Aktivitäten – gemeindlicher, organisatorischer, politischer und anderer Art – und die damit verbundene Herauskristallisierung verschiedener jüdischer Identitätssymbole. Die zweite umfaßte die Beteiligung von Juden an den kulturellen und politischen Aktivitäten der Gesellschaften, in denen sie lebten, oft unter Betonung der spezifisch jüdischen Dimension dieser Mitwirkung.
Bedeutsamerweise gab es in Israel selbst nur wenige Aktivitäten

in dieser Hinsicht, abgesehen von denen, die Israels Stellung als Mittelpunkt jüdischer Solidarität und Nationalität und die Stärkung der jüdischen Komponente in ihrem Leben betonten. Das vielleicht wichtigste Beispiel für das mangelnde israelische Eingehen auf die spezifisch jüdische Problematik dieser Gemeinden liegt im Bereich von Religion, religiösem Denken und religiöser Praxis.
Die wichtigsten nichtorthodoxen Strömungen, insbesondere unter den amerikanischen Juden, nämlich die konservative und die Reformbewegung, vermochten in Israel keinen wirklichen Widerhall zu finden – abgesehen von einiger symbolischer Unterstützung und der Gründung einiger weniger Gemeinden in Israel, selbst wenn deren Zahl letzthin, im Zuge der allgemeinen Öffnung der israelischen Kulturszene, im Steigen begriffen war. Das lag nicht nur daran, daß sich der ganze Aufbau der religiösen Institutionen in Israel von dem in der Diaspora unterschied und diese Strömungen in Israel ständig auf das Monopol des orthodoxen Establishments im religiösen Bereich stießen. Nicht weniger entscheidend war die Tatsache, daß es in Israel bis heute wenig Reaktionen auf die für die Diaspora-Gemeinden so zentrale Suche nach einer sinnvollen religiösen oder theologischen Neuinterpretation mancher Aspekte der jüdischen Tradition gegeben hat. Neben den auf beiden Seiten vorhandenen Bemühungen um die Entwicklung einiger traditioneller Praktiken, die in Israel und der Diaspora weitgehend unabhängig voneinander unternommen wurden, gab es kaum eine gemeinsame Basis in diesem Bereich. Sogar die Erfahrung des Holocaust, die das jüdische theologische Denken in der Diaspora so tief beeinflußte, war in Israel weniger zentral. Und es wurden im Kreis der Intellektuellen und Erzieher sowie von den vielfältigen kulturellen und akademischen Institutionen in Israel und in der Diaspora auch keine weitreichenden Anstrengungen gemacht, nach gemeinsamen Ausgangspunkten für die Interpretation der jüdischen Geschichtserfahrung im allgemeinen und der neueren amerikanischen Erfahrung im besonderen Ausschau zu halten – und vor allem gemeinsame Aktivitäten in dieser Richtung in Angriff zu nehmen.
Das gleiche galt für das Problem der jüdischen Beteiligung an kulturellen Aktivitäten, besonders in Amerika. Es gab nur we-

nige gemeinsame Vorstöße in der Literatur, im Journalismus oder in den Massenmedien. Was in den Vereinigten Staaten dann doch entstand – wie beispielsweise die Zeitschrift *Commentary* – fand in Israel fast gar keinen Widerhall; es entwikkelte sich kein wirklicher Dialog zwischen den Urhebern in der Diaspora und der israelischen Öffentlichkeit oder den dortigen Intellektuellen über solche Probleme. Nur im Hochschulbereich bahnten sich intensivere Kontakte zwischen jüdischen Bildungseinrichtungen in der Diaspora und solchen in Israel an, aber in vieler Hinsicht unterschieden sie sich nicht besonders von Kontakten zu anderen Forschungsstätten.

Israel wurde zwar zum natürlichen Zentrum für judaistische Fächer, vor allem solche, die – wie die Archäologie – in engem Bezug zu Erez-Israel stehen, aber mit dem zunehmenden Ausbau solcher Abteilungen an vielen Universitäten der Diaspora und insbesondere in den Vereinigten Staaten begann man dort Themen aufzugreifen, die über die in Israel betonten hinausgingen. So unterstrichen die Einrichtungen in der Diaspora beispielsweise die Wechselbeziehungen zwischen den jüdischen Gemeinden und ihrer weiteren Umgebung sowie die zivilisatorischen Aspekte des Judentums in all seinen Geschichtsepochen; außerdem stützten sie sich viel mehr auf die Verbindung zwischen jüdischen und allgemeinen Forschungsgebieten, im Gegensatz zu dem eher nationalen und erez-israelischen Schwerpunkt, der in Israel weitgehend vorherrschte. Obwohl sie nicht mit dem großen Umfang der Judaistik-Forschung in Israel konkurrieren konnten, akzeptierten sie letztere nicht unbedingt als einzigartiges Vorbild und verhielten sich ihr gegenüber weniger apologetisch.

Die Rolle von Juden aus der Diaspora in Israel

Diese neue Beziehung zwischen den jüdischen Gemeinden in Israel und in der Diaspora zeigte sich auch an der Art der Beteiligung von Diaspora-Juden am sozialen und politischen Leben Israels. Die entscheidende neue Entwicklung lag hier, in deutlichem Unterschied zur Jischuw-Periode, in der starken Tendenz zur Entpolitisierung dieser Beteiligung von Juden aus

der Diaspora. Das war eine anscheinend natürliche Folge der Gründung des Staates mit seiner eigenen Bürgerschaft und Regierung sowie der damit nachlassenden Bedeutung der Jewish Agency oder der Zionistischen Weltorganisation im Vergleich zu den staatlichen Organen. Während jedoch einschneidende Veränderungen in dieser Richtung selbstverständlich unvermeidbar waren, ist es eine müßige Frage, ob sie so weit gehen mußten, wie sie es tatsächlich taten.
Der entscheidende Anlaß oder Prozeß war hier wohl die Kluft zwischen Ben-Gurion und der amerikanischen Zionistenführung unter dem Vorsitz von Abba Hillel Silver, die – trotz des zeitweiligen Bündnisses – bereits vor der Staatsgründung auf dem Zionistenkongreß von 1946 offenbar wurde. Vertieft wurde die Spaltung, als Ben-Gurion später erklärte, daß nur die, die in Israel lebten, an den dortigen Angelegenheiten mitwirken könnten, und damit Silver – sowie vermutlich viele andere – praktisch aus der aktiven Beteiligung an den Dingen in Israel und sogar denen der Jewish Agency und der Zionistischen Organisation verdrängte.
Obwohl diese wie alle historischen Fragen von der Art »Was wäre gewesen, wenn...« schwer zu beantworten ist, scheint seinerzeit eine gewisse Möglichkeit der aktiveren Beteiligung von amerikanischen und anderen Juden bestanden zu haben, die sich allerdings gewiß in vielen konkreten Punkten von den Beteiligungsmustern der osteuropäischen Juden in der Jischuw-Periode unterschieden hätte. Eine derartige Möglichkeit hätte in der amerikanisch-jüdischen Gemeinde sowie in anderen Gemeinden der Diaspora vielleicht Kräfte aktivieren können, die enger in das sozio-politische Leben Israels einbezogen gewesen wären.
Aber es sollte nicht so kommen. Der Druck, dem Staat bei seinen konkreten – politischen und ökonomischen – Unternehmungen zu helfen, in Verbindung mit der mangelnden Bereitschaft der israelischen Führung und insbesondere Ben-Gurions, irgendwelche »äußere« Einmischung zu dulden – was wiederum in erheblichem Umfang Teil der allgemeinen Tendenz zur Reduzierung des Einflusses von politischen Bewegungen war –, ließ ein neues Muster der Beteiligung von Diaspora-Juden am israelischen Leben und seinen Institutionen entstehen.

Dieses neue Beteiligungsmuster hielt sich innerhalb der neuen Grundlagen des Verhältnisses, das sich zwischen Israel und den jüdischen Gemeinden in der Diaspora herausgebildet hatte. Es war also von einer relativ begrenzten aktiven Teilnahme an israelischen Angelegenheiten gekennzeichnet; man gewährte Israel politische und wirtschaftliche Unterstützung, selbst wenn man privat Kritik äußerte, und beschränkte die öffentliche Verlautbarung von Kritik auf ein Minimum – obwohl sich selbst dies seit Mitte der siebziger Jahre deutlich zu ändern begann.
Auch die Einbeziehung von Diaspora-Juden in Israels ökonomische Angelegenheiten folgte einem recht speziellen Muster. Sie veranstalteten Spendenkampagnen für Israel über Organisationen wie den United Jewish Appeal oder durch den Verkauf von israelischen Staatsanleihen (Israel Bonds), kamen mit einigen ausgewählten und bevorzugten Industrien sowie einigen weiteren israelischen ökonomischen Institutionen in Kontakt, beteiligten sich aber nur an relativ wenigen gemeinsamen Unternehmen. Wenn solche doch errichtet wurden, traten die Teilhaber aus der Diaspora dabei oft als separate, starke Partner deutlich hervor, obwohl sie in Wirklichkeit häufig durch spezielle Regierungskonzessionen abgesichert waren.
Viele, vermutlich sogar die meisten wichtigen jüdischen Organisationen entwickelten einige Kontakte zu Israel, hielten dort oft ihre Tagungen ab, aber nur sehr wenige fanden wirklich Wege, um am Leben in Israel teilzunehmen – abgesehen vielleicht von einer Art halbphilanthropischem Engagement in allerdings meist etwas modernerem Gewand. Auch gab es kaum Anzeichen dafür, daß sich Israelis im allgemeinen und das israelische Establishment im besonderen große Mühe gemacht hätten, solche Wege zu finden.
Es entstanden viele Dialoge zwischen Israelis und Diaspora-Juden durch Vermittlung von Organisationen wie dem American Jewish Congress oder dem American Jewish Committee und in letzter Zeit auch durch Kreise von Intellektuellen orientalischer Herkunft in der Diaspora. Aber dies brachte keine dauernde Beteiligung von Diaspora-Juden am israelischen Leben oder von Israelis am Leben der jüdischen Diaspora-Gemeinden.
Ferner entwickelten sich natürlich umfangreiche persönliche

Kontakte, vor allem unter Wissenschaftlern und Akademikern oder auf rein individueller oder familiärer Basis; doch es wurden nur ziemlich wenige kulturelle Unternehmen von Diaspora-Juden und Israelis gemeinsam geschaffen. Einige hervorragende jüdische Musiker – Leonard Bernstein, Artur Rubinstein, Isaac Stern und andere – trugen zur Entfaltung des Musiklebens in Israel bei. Viele Akademiker kamen nach Israel, um dort Vorträge zu halten oder an wissenschaftlichen Forschungen mitzuwirken. Aber die Zentren ihrer Arbeit lagen im Ausland, was auch für viele in Israel geborene oder aufgewachsene Musiker wie etwa Itzhak Perlman und Daniel Barenboim galt.

Die Art der Einbeziehung von Diaspora-Juden ins israelische Leben, die sich letzthin in den sogenannten orientalischen Gemeinden entwickelt hat, folgt im wesentlichen einer ähnlichen Tendenz. Gekennzeichnet wird dieser Trend von einem wachsenden Engagement der orientalischen – vor allem, aber nicht nur der nordafrikanischen und ägyptischen – Juden, die sich in Europa (vorwiegend in Frankreich und der Schweiz) oder auch in den USA niedergelassen haben, zugunsten der orientalischen Gruppen in Israel. Bei den ersteren handelt es sich hauptsächlich um solche Juden, die bei Verlassen ihrer alten orientalischen Gemeinden den Weg nach Europa statt nach Israel eingeschlagen hatten. Es waren dies meistens die stärkeren, gebildeteren, leistungsfähigeren und selbstsichereren Elemente, für die es – in den Worten von Albert Memmi[85], dem aus Nordafrika stammenden, heute in Paris lebenden jüdisch-französischen Schriftsteller – »natürlich« war, in den Westen zu gehen, ebenso wie es für die schwächeren Elemente natürlich war, nach Israel einzuwandern, wo sie sicher sein konnten, zumindest minimal versorgt zu sein.

Viele von ihnen wurden im Westen erfolgreich als Geschäftsleute, Freiberufler und Intellektuelle im Rahmen der selben westlichen Zivilisation, gegen die ihre Brüder in Israel – und sogar sie selber – zu Felde zogen. Sie sahen in diesem Rahmen – wie Albert Memmi wiederum für sich selbst bestätigt – das natürliche Forum ihrer Kreativität, wobei sie stets die eine oder andere Form von jüdischer Identität und Aktivität sowie auch – oft familiäre – Kontakte mit Israel aufrechterhielten.

85 In einem Interview in *Haaretz*, 31. 3. 1983.

Etwa seit Mitte oder Ende der sechziger Jahre, als diese Gruppen in ihren jeweiligen Ländern entstanden, bildete sich jedoch ein neues Muster bei ihnen heraus, ausgelöst durch die zunehmende Artikulation von ethnischen Themen in Israel. Es kam zu einer neuen Beteiligung an israelischen Angelegenheiten, und sie begannen mehr und mehr die Forderungen der verschiedenen orientalischen Gruppen in Israel zu unterstützen.
Schon vorher, in den frühen sechziger Jahren, hatte es einige aktive Gruppen gegeben, wie etwa die auf Alija ausgerichtete Bewegung *Oded*, aber sie waren zahlenmäßig relativ klein geblieben. Später wuchs viel häufiger die Unterstützung, die verschiedene Organisationen oder führende Personen den einzelnen Aktivitäten orientalischer Gruppen gewährten – sei es durch Organisationen wie dem Sefardischen Weltverband, der Vorstandssitze in der Jewish Agency und der Zionistischen Weltorganisation beanspruchte, oder durch viele andere Aktivitäten –, so daß ein neuer Rahmen für solche Kontakte zwischen Israel und der Diaspora geschaffen wurde. Dieser Rahmen enthielt jedoch, im Vergleich zu anderen, bereits bestehenden, sehr wenig Neues, außer daß er auf seiten der Juden in der Diaspora wohl etwas paternalistischere Untertöne aufwies. Diese Rahmen brachten teilweise (mit Ausnahme von *Oded*) keine dauerhafte Beteiligung an den kulturellen und institutionellen Entwicklungen in Israel – abgesehen von symbolischen oder halb paternalistischen, halb philanthropischen Gesten –, und insoweit sie die Grundlagen der Beziehungen zwischen Israel und der Diaspora veränderten, bedeutete dies eine weitere Schwächung der israelischen Seite.

Neue Konzeptionen von Alija

Das sich wandelnde Beziehungsmuster zwischen den jüdischen Gemeinden in der Diaspora und dem Staat Israel läßt sich am besten an der veränderten Rolle der *Alija* (Einwanderung nach Israel) im Leben dieser Gemeinden ablesen sowie auch an der ihr zugrundeliegenden Motivation.
Vor allem war die Einwanderung zu dieser Zeit nur noch eines von mehreren Banden zwischen der jüdischen Gemeinde in der

Diaspora und Israel. Sie war nicht mehr dasselbe eminent wichtige, traumatische Ereignis wie zur Gründungszeit des Jischuw. Viele der nur schwer definierbaren historischen, primordialen, nationalen und religiösen Elemente, die die Juden miteinander verbinden, bestanden weiter und wurden sogar erneuert – aber sie führten nicht unbedingt zur Alija. Sogar in Israel selbst war die Betonung der Alija – trotz der Beschäftigung mit Einwanderung und Integrationsproblemen – nur einer von mehreren Wegen zur Anknüpfung von Verbindungen mit jüdischen Gemeinden. Daneben entstanden bekanntlich andere Ausdrucksmöglichkeiten jüdischer Solidarität: durch Beziehungen zu stärkeren und reicheren Kreisen in den jüdischen Auslandsgemeinden, durch verschiedene philanthropische Aktivitäten, Gefühlsbindungen, Tourismus und Familienbesuche.

Israel wurde für weite Teile des Weltjudentums (fast wie in der Zeit des Zweiten Tempels und in geringem Umfang sogar noch später bis zum Verschwinden des Zentrums in Erez-Israel) das Ziel von Wallfahrten – aus religiösen oder sentimentalen Gründen, um nationale Solidarität auszudrücken, nach Symbolen kollektiver Identität zu suchen oder ähnlichen Motivationen. Dieser Aspekt wurde vorherrschender, vielleicht sogar wichtiger als die Einwanderung selber. Weite Kreise in der Diaspora akzeptierten Alija wohl als die höchste Form der Israel-Bindung, obwohl viele Eltern eher ambivalent eingestellt waren, wenn es um ihre eigenen Kinder ging (auch wenn sie es unter Umständen nicht wagten, dieser Ambivalenz Ausdruck zu verleihen).

Selbst wenn die Alija dann tatsächlich stattfand, wurde sie kaum als ein revolutionäres Erlebnis, als Wandel oder Umgestaltung der Lebensmuster in der Diaspora angesehen. Sie war vielmehr ein Akt, mit dem man seine Bindung an Israel bekräftigte und nach einem Rahmen suchte, um unter Juden zu leben und seine jüdische Solidarität oder das Festhalten an der jüdischen Tradition auszudrücken; für einige orthodoxe Gruppen, die seit den späten siebziger Jahren unter den *Olim* (Einwanderern) zahlreicher wurden, bedeutete sie auch die Möglichkeit, ein volleres religiöses oder religiös-nationales Leben zu führen.

Nur bei einigen dieser »modern-religiösen« oder orthodoxen Gruppen – insbesondere denen, die sich mit den extremeren

politischen Bewegungen in Israel identifizierten – ließen sich noch Züge der revolutionären Erfahrung feststellen, aber selbst dann machten sie wohl nur einen kleinen Teil dieser Alija aus.
Die Alija, besonders aus dem Westen, war relativ schwach, obwohl sie in den späten sechziger Jahren etwas anstieg, und rekrutierte sich zu nicht geringem Teil aus modern-orthodoxen – oft nicht-zionistischen – Kreisen. Das ältere Muster der liberalsozialistischen Pionier-Alija war fast völlig verschwunden.
Ein ziemlich neues Alija-Muster, das sich zu dieser Zeit herausbildete, war eine Art Fortsetzung des Lebens in der Diaspora: Juden zogen nach ihrem Eintritt in den Ruhestand nach Israel oder errichteten dort einen Zweitwohnsitz, um mal in Israel, mal in der Diaspora leben zu können. Diese letzteren, meist recht wohlhabenden Schichten wurden weitgehend in die verschiedenen Lebensmuster diverser, meist höherer Kreise in Israel einbezogen.
All diese Verbindungen zwischen den jüdischen Gemeinden in der Diaspora und in Israel wurden sehr vielgestaltig, aber sie alle waren weit entfernt von der Vorstellung, die in der Alija eine Revolution gegen das jüdische Leben in der Diaspora, einen Prozeß radikaler Umgestaltung jener Lebensweise gesehen hatte.
Wie immer diese Alijot zusammengesetzt oder ausgerichtet sein mochten: ein Merkmal, das in der vorangegangenen Periode relativ stark gewesen war, wurde jetzt schwächer oder verschwand völlig, nämlich ihr Einfluß auf die zentralen Institutionen in Israel, und zwar insbesondere als Reservoir von Führungskräften auf allen Ebenen des öffentlichen Lebens. Dadurch bewegte sich Israel nun in die natürliche Richtung der meisten Einwanderungsländer.
Selbstverständlich traten einige Neueinwanderer im wissenschaftlichen oder beruflichen Leben hervor; einige gründeten neue Kibbuzim und sogar noch neuartigere Siedlungsarten. Aber all diese Aktivitäten bezogen sich weder direkt auf die zentralen Institutionen der Gesellschaft, noch wirkten sie auf das Zentrum ein. Anders als in der Jischuw-Periode diente die Diaspora also – mit wenigen individuellen Ausnahmen – nicht länger als ein Reservoir von Führungskräften, von Gruppen und Bewegungen mit direktem Zugang zum Zentrum, die seine

Beschränkungen durchbrechen, mögliche Stagnationstendenzen der israelischen Sozialstruktur überwinden und deren mögliche Belebung und Umgestaltung auslösen konnten.

Jordim

Ein völlig neues – und sehr bedeutsames Element – im Panorama der jüdischen Diaspora war das zunehmende Auftreten von *Jordim* (Auswanderern aus Israel), deren Anzahl, verschiedenen Schätzungen zufolge, zwischen 300 000 und 350 000 seit der Staatsgründung liegt.

Viele von ihnen konzentrierten sich auf mehrere große Zentren wie New York, Los Angeles und weitere Großstadtbezirke in den USA, Kanada und Europa. Viele – wenn auch sicherlich nicht alle – führten ihr Leben eher abgesondert, ohne voll in die jüdischen Gemeinden integriert zu sein, was auf gegenseitigem Mißtrauen und Widerwillen beruhte sowie auch auf ihrer ziemlich negativen Etikettierung von israelischer Seite. Nicht wenige wurden allerdings dann doch eingegliedert oder heirateten in jüdische Familien, wobei sie oft viele Aspekte des israelischen Lebens, seiner Folklore und so weiter in ihre neue Umgebung mitbrachten, und nahmen aktiv an der Gemeindearbeit teil, um dort – trotz einiger offizieller Proteste in Israel – in den örtlichen Gemeinden und jüdischen Bildungseinrichtungen tätig zu werden. Manchen Schätzungen zufolge stellen sie in vielen großen jüdischen Gemeinden, wie Los Angeles oder New York, etwa 40 oder mehr Prozent der Lehrer an solchen Schulen. Vielerorts entstanden kulturelle Aktivitäten, die sich besonders an sie richteten, etwa hebräische Rundfunksendungen. Einige Jordim fielen »natürlich« auf, als sie bei illegalen oder halblegalen Handlungen ertappt wurden.

Unabhängig von den Einzelheiten ihrer Lebens- und Organisationsweise waren sie jedoch schon durch ihre bloße Existenz, ihre relativ große Zahl und dadurch, daß sie offenbar ein fester Bestandteil der jüdischen Szene geworden waren, eine Herausforderung für das israelische Selbstverständnis. Dies geht überdeutlich aus den negativen Bezeichnungen hervor, mit denen sie belegt wurden – der damalige Ministerpräsident Jizchak Rabin nannte sie einmal *Nefolet Nemuschot* (Abhub von Schwächlingen) –; gleichzeitig wurden beständig Versuche unternommen, sie zurückzuführen.

Die verschiedenen Gruppen von Jordim haben auch den Beziehungen zwischen den jüdischen Gemeinden und Israel eine neue Dimension hinzugefügt – vor allem sehr vielfältige persönliche und familiäre Kontakte –, verbunden mit eher ambivalenten Einstellungen oder Haltungen.

Die Erfahrung der Jordim kann – wie es tatsächlich in Israel häufig geschehen ist – unter dem Gesichtspunkt der Alija betrachtet werden, also im Zusammenhang mit der potentiellen Anziehungskraft Israels auf jüdische Gruppen in der Diaspora. Oft sah man in den Jordim potentielle Olim, wobei sich allerdings gewöhnlich eine sehr starke Ambivalenz beimischte, gestützt auf die allgemeine Schmähung der Jordim. Diese basierte wiederum auf den ideologischen Grundlehren sowie den totalistischen und solidaritätsgerichteten Orientierungen und Bestandteilen der israelischen Identität, wie man sie in anderen kleinen Ländern mit Auswanderung, wie der Schweiz oder den Niederlanden, schwerlich findet.

Israel als Zufluchtsort

Aber nicht nur im Hinblick auf die eher »revolutionären« Dimensionen oder Aspekte der Alija scheint der Reiz Israels abgenommen oder sein Wesen verändert zu haben. Nicht weniger wichtig und in vieler Hinsicht recht schmerzlich für viele Israelis war die Tatsache, daß für zahlreiche Juden auf der Suche nach Sicherheit Israel nicht einmal der erste natürliche Zufluchtsort war.

Der erste Schock bestand darin, daß viele – ab Mitte der siebziger Jahre sogar die meisten – der Juden, die die Sowjetunion mit einem israelischen Visum verlassen und offiziell ihren Willen zur Einwanderung in Israel bekundet hatten, sich in Wirklichkeit für andere westliche Länder, vor allem die Vereinigten Staaten, entschieden. So begann die Ausfallquote in Wien, die 1971 und 1972 noch sehr gering (weniger als ein Prozent) gewesen war, ab 1973 zu steigen, so daß sie 1977 rund 50 Prozent,

1979 und 1980 um die 65 Prozent und 1981 etwa 81 Prozent erreichte. Die Tatsache, daß ihnen jüdische Organisationen, wie die Hebrew Immigration Aid Society (HIAS), dabei halfen, löste – wie wir gesehen haben – recht erbitterte Diskussionen aus.

Vom zionistischen Standpunkt noch schockierender war vermutlich die Erkenntnis, daß von den mit der Revolution Chomeinis konfrontierten iranischen Juden, trotz der offensichtlichen Gefahren, nur sehr wenige den Iran überhaupt verließen und auch ein nicht unbedeutender Teil von diesen sich anderen Ländern zuwandten, statt nach Israel zu kommen.

Dasselbe galt, wenn auch weniger auffällig, für die lateinamerikanischen Juden, von denen viele – soweit ersichtlich, wohl vor allem die jüngeren Akademiker – unter dem Druck der totalitären Regimes (besonders Argentiniens) ihre Länder verlassen wollten. Die meisten von ihnen übersiedelten in die Vereinigten Staaten oder nach Europa – zum Beispiel nach Spanien, wo sie sich angesichts der gemeinsamen Sprache relativ schnell eingliedern konnten – und nur in ziemlich geringer Zahl nach Israel. Ein ähnliches Bild bot sich bei vielen nordafrikanischen Juden, unter denen die gebildeteren sich seit den fünfziger Jahren eher Frankreich, Kanada oder den USA als Israel zuwandten.

So schien es, als würde Israel unter den Zielpunkten jüdischer Auswanderer – selbst aus Ländern, in denen Juden sich bedroht fühlten oder verfolgt wurden – einen eher zweitrangigen Platz belegen, solange andere Staaten zu ihrer Aufnahme bereit waren. Es wurde zu einem letzten – um nicht zu sagen allerletzten – Zufluchtsort, obwohl paradoxerweise gerade sein Bestehen als Zufluchtsort diese anderen Migrationsprozesse begünstigt haben mag.

Zusammenfassung

So wurde Israel zwar zu einem zentralen Bestandteil des jüdischen Lebens in aller Welt, aber gerade diese Zentralität schwächte – ähnlich wie zur Zeit des Zweiten Tempels und später im Zeitalter der großen Mischna-Zentren – weitgehend seine potentielle revolutionäre Wirkung auf diese Gemeinde, nämlich als Orientierungspunkt des modernen jüdischen Lebens.

Einerseits war Israel ein wichtiges Symbol und Zentrum jüdischer Identität, ein Bezugspunkt von Solidarität und primordialen Gefühlen, von Hoffnungen und Träumen, eine potentielle Zuflucht bei Unterdrückung, ja sogar ein Symbol des zivilisatorischen Potentials jüdischen Lebens und ein Ziel des Stolzes wegen seiner Leistungen oder der Kritik wegen seiner Fehler.

Andererseits war es jedoch nicht – wie von der klassischen zionistischen Ideologie angenommen – das einzige Zentrum jüdischer Kreativität, der einzige Ort, an dem neue Arten sozialer, bildungsmäßiger und kultureller Aktivität und Kreativität des jüdischen Volkes entstehen konnten. Der kreative Antrieb vieler jüdischer Gemeinden richtete sich nicht notwendigerweise auf das Leben in Israel, und das in Israel entwickelte Muster einer jüdischen Renaissance war nur eines – wenn auch ein zentrales – unter mehreren.

Kontroversen über das Thema Israel verlagerten sich von den älteren Auseinandersetzungen über die Beständigkeit der zionistischen Vision auf die Frage, inwieweit Israel – aber nicht die anderen jüdischen Gemeinden – in seiner Lebenswirklichkeit und Politik den Grundsätzen dieser Vision gerecht werde. Genau vor dem Hintergrund dieses paradoxen Wandels, den Israels Stellung im Leben der jüdischen Gemeinden durchmachte, entwickelten sich die verschiedenen Tendenzen, die seine zentrale Stellung für das jüdische Leben leugnen wollten und der Ambivalenz gegenüber Israel zugrunde lagen.

Die Auswirkungen, die dieser Wandel in den Beziehungen zwischen Israel und den jüdischen Gemeinden in der Diaspora im allgemeinen und in den Vereinigten Staaten im besonderen auf die Entwicklungen in diesen Gemeinden hatte, sind nicht leicht abzuschätzen. Fast jede Bewertung würde in den Bereich bloßer Vermutung fallen oder bestenfalls eine Frage für weitere Untersuchungen abgeben. Zu den interessantesten Fragen dieser Art dürfte die nach der Wirkung dieser Prozesse auf die Auswahl jüdischer Führungskräfte, ihren Stil und ihre Orientierung sein: Wäre es möglich, daß die aktiveren und autonomeren Beziehungen zu Israel neue und vielseitigere Führungselemente und Themen in den Bereich der organisierten amerikanisch-jüdischen Aktivitäten hineingezogen hätten? All dies sind natürlich reine Vermutungen, aber sie sind es zumindest wert, durchdacht zu werden.

Die Auswirkungen dieser Entwicklungen auf die Struktur der israelischen Gesellschaft sind etwas klarer. In Israel verstärkten diese Tendenzen natürlich die verschiedenen Wandlungsprozesse des israelischen politischen Modells, einschließlich der Struktur seiner Eliten, sowie die Verkümmerungstendenz, die bekanntlich große Teile seiner politischen Aktivitäten befiel. Das galt vornehmlich Spannungen zwischen Offenheit und Abkapselung, zwischen der Neigung zu populistisch-nationalem Provinzialismus und der Ausrichtung auf eine offene demokratische Gesellschaft, zwischen stagnativen und kreativen Tendenzen – Spannungen, wie sie für ein kleines Land wie Israel eigentümlich sind.

Einerseits scheinen durch diese Trends vielfältige Kontaktbahnen zur Außenwelt eröffnet und unterhalten worden zu sein, so daß sie die Offenheit der israelischen Gesellschaft im Prinzip vergrößerten, obwohl einige dieser Kontakte auch den Hang zu Provinzialismus und Abkapselung unterstützten. Andererseits trugen diese Trends – im Gegensatz zur vorangegangenen Zeit – nichts zur Neugestaltung der israelischen Gesellschaft und ihrer Zentren bei.

Ebenso wie im Hinblick auf die vorstehend erörterten internen Probleme Israels haben sich also auch für die israelischen Reaktionen auf die jüdischen Erfahrungsmuster in den Vereinigten Staaten und Europa bisher keine neue institutionelle Erfindungskraft und Kreativität herausgebildet, die das ursprüngliche Modell hätten durchbrechen können, das – gewissermaßen natürlich – in den ersten ein oder zwei Jahrzehnten des Staates entstanden ist. Gleichzeitig weisen aber viele Anzeichen, die in den letzten zwanzig Jahren sogar noch deutlicher geworden sind, darauf hin, daß es unter der neuen Generation jüdischer Geschäftsleute, Wissenschaftler, Intellektueller und Freiberufler Menschen gibt, die nach neuen, vielfältigeren Verbindungen zu Israel suchen, als sie sie im United Jewish Appeal oder den sonst bestehenden jüdischen Organisationen zu finden vermochten.

Damit ist hier eine reichlich paradoxe Situation entstanden: Einerseits ist Israel zum Mittelpunkt jüdischer Identität, jüdischer Aktivitäten und Organisationen und vermutlich auch zu einem der hauptsächlichen Bezugspunkte jüdischer Unternehmungen geworden. Andererseits könnten jedoch die – in Israel wie in der Diaspora – nur sehr schwach ausgeprägte Einsicht in das Wesen dieser neuen Aktivitätsmuster und ihres Potentials, eine gewisse Blindheit gegenüber den Auswirkungen dieser Tatsache auf die Gemeinden in der Diaspora wie in Israel und die unbefragte Hinnahme der Art von Beziehungen, wie sie sich zwischen ihnen entwickelt haben, zusammengenommen Veränderungen in der Art der Kontakte zwischen verschiedenen Sektoren der jüdischen Bevölkerung in der Diaspora und in Israel bewirken. Eine solche Tendenz könnte dazu führen, daß sich die Beziehungen zu den im amerikanischen Leben aktiveren Elementen abschwächen und letztlich diese Quellen der Kreativität sowohl in Israel als auch in den jüdischen Gemeinden der Diaspora versiegen.

17. Kapitel
Die späten siebziger und die achtziger Jahre. Veränderung, Übergang und Konfrontation

Der Hintergrund der Wahlen

Der Zerfall des sozialistisch-zionistischen institutionellen Modells

In der vorausgegangenen Analyse haben wir die Ursache jener Prozesse untersucht, die in Israel, in der Diaspora und in den Beziehungen zwischen den beiden zur Auflösung des arbeiterzionistischen institutionellen Modells geführt haben. Dieser Analyse zufolge lag der wesentlichste Punkt dieser Prozesse in dem Widerspruch zwischen den ideologischen Grundprämissen des herrschenden institutionellen Modells – insbesondere der Betonung von institutioneller und kultureller Kreativität, autonomem Zugang zum Zentrum, der Beteiligung an diesem Zentrum und den offeneren universalistischen Orientierungen – einerseits und der entstandenen paternalistischen Art von Beziehung zwischen Zentrum und Peripherie, besonders der politischen Beteiligung, andererseits.

Diese Widersprüche verschärften sich im Zusammenhang mit der Umwandlung der Ideologieträger in eine regierende Elite, durch deren enge Verknüpfung mit den oberen Gesellschaftsschichten, wo manche gegen viele dieser Prämissen verstießen, sowie durch die Verwandlung der herrschenden Ideologie im allgemeinen und die Erschöpfung der sozio-institutionellen Dimension sowie der Konstruktion kollektiver Symbole dieser Kreativität im besonderen.

Viele dieser Wandlungsprozesse waren – zumindest in ihren groben Umrissen, wenn auch gewiß nicht in ihren konkreten Einzelheiten – tatsächlich den meisten nachrevolutionären Regimes gemeinsam, nahmen aber doch in jeder nachrevolutionären Gesellschaft einen spezifischen Verlauf.

All diese Entwicklungen scheinen zu bezeugen, daß das Grundprogramm dieser in der arbeiterzionistischen Ideologie verwurzelten Eliten – also jenes Programm, das die Entwicklung der israelischen Gesellschaft in den ersten 25 Jahren ihrer Existenz geleitet hat – sich »verbraucht« hatte, um Johann Galtungs Worte zu benutzen, während diese Eliten ihre Legitimation trotzdem weiter aus der diesem Programm zugrundeliegenden Vision bezogen.

Der wichtigste Einzelaspekt bei den Widersprüchen zwischen der entstehenden sozialen Wirklichkeit und den ideologischen Grundprämissen des herrschenden institutionellen Modells lag in der Betonung von Beteiligung, Kreativität und Zugang zum Zentrum auf der einen Seite und dem in weiten Bevölkerungskreisen zunehmenden Gefühl, von den Zentren der Gesellschaft ausgeschlossen zu sein, auf der anderen Seite.

Die Wirkung der Kriege von 1967 und 1973

All diese Entwicklungen schwächten – oder zerstörten sogar – den Bewußtseinshorizont der führenden Gesellschaftsschichten.

Der erste Wandel an diesem Horizont zeigte sich im Überwechseln von einer kreativen zu einer eher adaptiven Einstellung zur inneren und äußeren Umgebung. Die führenden Gesellschaftsschichten waren sich dieses Wandels nicht wirklich bewußt oder hätten ihn vermutlich nicht zugegeben.

Der Sechstagekrieg förderte diese adaptive Haltung, indem er das Gefühl verstärkte, diese Umwelt meistern zu können, und dabei die auf Wandlung gerichteten Einstellungen weiter schwächte. Aber der Jom-Kippur-Krieg zerstörte die Selbstsicherheit hinsichtlich der eigenen Fähigkeit, diese Umwelt zu meistern. Insgesamt wurden Selbstbewußtsein und Selbstsicherheit zerschlagen und die langfristige kreative und doch pragmatische Vision geschwächt.

Aus dem Zusammentreffen all dieser Prozesse erklären sich die nach dem Jom-Kippur-Krieg in weiten Kreisen der israelischen Gesellschaft um sich greifenden Gefühle von Unbehagen, Sorge und Unsicherheit. Dies unterschied sich tiefgreifend von der Selbstzufriedenheit und Selbstsicherheit, die die Gesellschaft in der vorangegangenen Periode, und insbesondere in der Zeit unmittelbar nach dem Sechstagekrieg, überwiegend gekennzeichnet hatten. In diesem Kontext wird daher sowohl die akute Empfindlichkeit für wichtige Probleme verständlich, die in den siebziger Jahren in Israel auftraten, als auch die Art und Weise, in der dies in der Politik und im Zusammenhang mit den Wahlen von 1977 und 1981 zutage trat. Bei diesen Wahlen – in denen langfristige Prozesse der politischen Meinungsbildung kulminierten – verlor der Arbeiterblock bekanntlich seine Vorrangstellung im israelischen politischen System. Der Likud bildete nun die Regierungen, die das Gefüge des politischen Lebens in Israel in vieler Hinsicht veränderten, sich dabei allerdings weiterhin im grundlegenden Rahmen der israelischen konstitutionellen Demokratie und ihrer zionistischen Legitimation hielten. Dazu später noch mehr.

All dies erklärt natürlich nicht den besonderen Hintergrund dieser Wahlergebnisse. Entscheidend hierfür waren erstens der Jom-Kippur-Krieg selbst und seine unmittelbaren Folgen, zweitens die Auswirkungen diverser Korruptionsfälle in hohen, dem *Maarach* (Arbeiterblock) nahestehenden Kreisen und drittens die jetzt gewissermaßen eintretende Reife der oben analysierten sozialen Abläufe, vor allem der verschiedenen Prozesse sozialer Mobilität und der vielgestaltigen Entwicklungen im kulturellen Bereich.

Der Ausgang des Jom-Kippur-Krieges und die verschiedenen Korruptionsfälle führten zum Verlust des Vertrauens in die Fähigkeit des Establishments, mit den entscheidenden, zentralen Sicherheitsproblemen fertig zu werden, und ließ einige Zweifel an der Redlichkeit vieler Mitglieder dieses Establishments aufkommen. Diese Vorfälle wurden nicht als technische oder persönliche Probleme aufgefaßt, sondern als Zeichen für die Erstarrung des Zentrums, die inadäquate Sicherheitsvorsorge und für eine innere Fäulnis oder Schwäche. Diese Themen kamen geballt in den verschiedenen Protestbewegungen zum Ausdruck, die nach dem Jom-Kippur-Krieg wie Pilze aus dem Boden schossen.

Vor dem Hintergrund der erörterten Langzeitprozesse trugen diese Vorfälle erheblich zu dem wachsenden Gefühl bei, daß die Gesellschaft nebst ihren Führern unfähig sei, angemessen mit einigen ihrer zentralen – inneren und äußeren – Grundprobleme umzugehen. Es waren dies Probleme, die in engstem

Zusammenhang mit dem Kernbereich ihrer kollektiven Selbstidentität standen. Vorher hatte man sie entweder nicht beachtet oder aber geglaubt, daß sie im Rahmen des herrschenden institutionellen Modells richtig angepackt würden.
In den Wahlen von 1977 und 1981 verquickten sich diese Probleme eng mit dem Lauf der Politik. So verband sich in diesen Wahlen der normale politische Streit mit einer Auseinandersetzung um die Lebensfähigkeit des ursprünglichen institutionellen Modells, das im Staate Israel vorherrschte, und über die mögliche Entwicklung eines neuen. Diese Verbindung fügte der politischen Auseinandersetzung natürlich eine neue, höchst intensive Dimension hinzu.

Die Wahlen: Das Gefühl, vom Zentrum ausgeschlossen zu sein, und die Forderung nach Zugang zu ihm

Die Abwendung vom sozialdemokratischen Lager

Um das Wesen dieser Prozesse eingehender zu verdeutlichen, wäre es vielleicht angebracht, mit einer Analyse der Wahlergebnisse von 1977 und 1981 zu beginnen und daran die Gründe für die Niederlage des Arbeiterblocks und den Sieg des Likud zu erläutern.
Ausgehen wollen wir von einer Analyse der Wahldaten sowie vor allem der sozio-ökonomischen, ethnischen und altersmäßigen Grundlagen der Stimmenverschiebungen. Hier bestehen natürlich wichtige Unterschiede zwischen den Wahlen von 1977 und 1981, aber in vieler Hinsicht brachten erstere die Wende, da sie der sozialdemokratischen Vorherrschaft auf der politischen Bühne Israels ein Ende setzten.
Tabelle 17.1 bringt die Ergebnisse dieser beiden Wahlen. Bei der Interpretation dieser Wahltendenzen wird gewöhnlich der sogenannte »ethnische« Faktor betont, also die Tatsache, daß die orientalischen Juden (das heißt Juden afro-asiatischen Ursprungs, vor allem Marokkaner) mehr und mehr dem Likud zuneigten. Selbst wenn viele Mitglieder dieser Gruppe für den Maarach stimmten, sah man diesen Trend doch als Beweis dafür

Tabelle 17.1 Ergebnisse der Knesset-Wahlen von 1977 und 1981 (in Prozent)

Liste	1977	1981
Arbeiterblock	24,6	36,6
Mit dem Arbeiterblock verbundene Minderheiten	1,4	–
Nationalreligiöse Front, Misrachi und Hapoel Hamisrachi	9,2	4,9
Israelische Traditionsbewegung (Tami)	–	2,3
Agudat Israel	3,4	3,7
Poale Agudat Israel	1,3	0,9
Demokratische Bewegung für Veränderung (Dasch)	11,6	–
Likud	33,4	37,1
Techia (Auferstehung)	–	2,3
Bewegung für Staatserneuerung (Telem)	–	1,6
Schlomzion (Verwirklichung der zionistischen Bewegung)	1,9	–
Unabhängige Liberale	1,2	0,6
Bürgerrechtsbewegung	1,2	1,4
Demokratische Liste für Frieden und Gleichheit (Rakach), Schwarze Panther	4,6	3,4
Andere Minderheitenlisten	0,4	1,1
Flatto-Scharon	2,0	0,6
Andere Listen	2,2	1,6

Quelle: Government of Israel, Press Bureau.

an, daß diese Gruppen dem institutionellen Modell der Arbeiterbewegung mit seinen Werten und seiner Ideologie entfremdet waren.

Diese Entfremdung wurde meist mit zwei eng verbundenen Faktoren erklärt, einem kulturellen und einem Klassenfaktor: Ihrer Klassensituation nach gehörten die meisten dieser Gruppen den unteren Berufsschichten an; ihre Kulturtraditionen standen – dieser Erklärung zufolge – den halbsäkularen, verwestlichten ideologischen Prämissen des herrschenden Modells fremd gegenüber.

Eine weitere, zeitlich spätere Erklärung für die Vorherrschaft des Likud – vor allem der Cherut-Partei im allgemeinen und Begins im besonderen – berief sich auf die Anziehungskraft, die populistische und national-chauvinistische Parolen und Orientierungen auf das Kleinbürgertum der unteren Mittelschichten und auf deklassierte Proletarier ausübten.

Diese Erklärungen geben tatsächlich wichtige Hinweise zum

Verständnis dieser Wahltrends, aber sie liefern keine umfassend adäquate Deutung. Sie ziehen die Tatsache in Betracht, daß der Arbeiterblock im großen und ganzen eher den wohlhabenderen, älteren, gebildeteren, in Europa geborenen Wählern zusagte, während der Likud stärkeren Anhang unter den jungen Leuten (insbesondere unter den orientalischen Gruppen und den in Israel Geborenen), den weniger Gebildeten und den in Asien oder Afrika Geborenen fand. Ein näherer Blick auf diese Wahltrends im allgemeinen und die orientalische Stimmabgabe im besonderen zeigt jedoch, daß diese Interpretationen nicht die besondere Schärfe und Dynamik der Tendenzen, die in diesen Wahlen gipfelten, und ihre institutionellen Auswirkungen erklären.

So gab es vor allem noch andere soziale Elemente, die 1977 entscheidend zur Niederlage des Arbeiterblocks beitrugen, und mindestens eines von ihnen war auch 1981 noch sehr wichtig.

Ein ziemlich dauerhaftes Element bildeten verschiedene Kategorien von Jugendlichen. Alle Umfrageergebnisse spätestens seit dem Ende der sechziger Jahre wiesen darauf hin, daß der Likud eine größere, oft sogar noch wachsende Anziehungskraft auf junge Leute von 18 bis etwa 26-27 Jahren besaß, vor allem bei solchen orientalischer Herkunft und den in Israel Geborenen, aber in gewissem Umfang auch unter den jungen Erwachsenen westlicher Abstammung.

Bei den Wahlen von 1977 gab es ein weiteres Element, das mit der Demokratischen Bewegung für Veränderung (*Dasch*) in Zusammenhang stand, wobei allerdings der Grad seiner Bedeutung strittig ist. Unterstützung erhielt Dasch aus den sozio-ökonomischen Schichten sonst ziemlich typischer Maarach-Wähler, sogar aus Kibbuzim und Moschawim. Sie waren vermutlich die »modernsten« dieser Wähler, auch wenn sie nicht aus den politischen Kerngruppen der Arbeiterbewegung stammten. Die meisten von ihnen scheinen 1981, nach dem totalen Bankrott von Dasch, zum Maarach »zurückgekehrt« zu sein. Aber zweifellos besaßen sie große Bedeutung nicht nur für den besonderen Ausgang der Wahlen von 1977, sondern auch – und vielleicht vor allem – für die Schwächung der »historischen« Legitimität der Arbeiterpartei als dem dominierenden Koalitionspartner.

Die meisten Dasch-Wähler sowie auch viele Angehörige der jüngeren Generation besaßen weder die angenommenen kulturellen noch die Klassenmerkmale der orientalischen Likud-Anhänger, so daß eine darauf fußende Erklärung für sie nicht gilt. Demgegenüber hatten sie eines mit zahlreichen Jugendlichen und den orientalischen Gruppen gemeinsam – nämlich das Gefühl, von der vollen, gleichberechtigten Beteiligung an den Schaltstellen des dominanten institutionellen Modells und besonders seinen politischen und kulturellen Zentren ausgeschlossen zu sein, keinen rechten Zugang zu ihnen zu besitzen, woraus dann ein äußerst intensives Empfinden der Entfremdung sowie die Befürchtung entstand, daß diese Zentren mehr und mehr erstarrt seien.
Den gemeinsamen Nenner all dieser Sektoren bildete tatsächlich das Gefühl, vom selbständigen Zugang zu politischen und kulturellen Zentren ausgeschlossen zu sein, nicht Teil dieser Zentren und der zentralen, politischen und kulturellen Eliten werden zu können, sondern das Objekt paternalistischer Maßnahmen darzustellen, die zwar in den Einzelheiten nach ihren jeweiligen Adressaten variierten, aber im Grunde doch Erscheinungsformen ein und derselben Politik waren.
Jeder dieser sozialen Sektoren sah seinen Ausschluß von der Beteiligung an den politischen und in gewissem Umfang auch kulturellen Zentren in einem anderen Licht. Viele Dasch-Anhänger gehörten tatsächlich dem an, was man als das sozialdemokratische Spektrum bezeichnen könnte. Sie waren ihm – was ihren sozialen Hintergrund, ihre Laufbahnmuster und die allgemeinen sozio-politischen Orientierungen betraf – eng verbunden, und viele von ihnen hatten ihre Stellungen aufgrund der von der Arbeiterregierung eingeleiteten Entwicklungspolitik erreicht. Viele waren nach den Prämissen dieses Modells sozialisiert worden, das sich im Staate Israel ständig verändert hatte, waren in seinem Rahmen aufgewachsen und teilten viele seiner Lehren, wie sie sich mit dem Wandel der herrschenden Ideologie entwickelt hatten.
Einige kamen aus den höheren Rängen der Armee, deren Angehörige teils in politische Spitzenpositionen kooptiert – zuweilen geradezu katapultiert – wurden. Doch weder sie noch manche jungen Leute vermochten einen Platz im bestehenden Zentrum

zu finden. Nun konnte es selbstverständlich nicht genug Spitzenplätze für alle Primadonnen geben, aber sie betrachteten die Entscheidungsgremien darüber hinaus auch als verknöchert und unzulänglich. Die meisten ihrer Forderungen und Programme waren weitgehend als Korrektiv des Maarach formuliert, und als solches sahen sie sich meist auch selber.

In weiten Teilen der jüngeren Generation wie auch in manchen »liberalen« Kreisen des älteren Bürgertums, deren ursprünglicher politischer Sozialisationsprozeß anders als der der verschiedenen sozialdemokratischen Gruppen verlaufen war, verband sich die Kritik am Maarach zudem mit der Nichtanerkennung einiger – vor allem sogenannter sozialistischer – Prämissen dieses Modells und deren konkreter institutioneller Umsetzung, wie etwa der zentral gelenkten Wirtschaft, der starken Kontrolle und der übermäßigen Bürokratisierung. Darin wurden sie von vielen der überzeugtesten Anhänger und Führer der Dasch-Partei unterstützt.

Demgegenüber akzeptierten sie andere Prämissen dieses Modells – wie etwa die Auffassung von nationaler Sicherheit und Entwicklung –, versuchten sie aber in eine mehr bürgerliche, universale Richtung umzulenken, bei Abbau der paternalistischen Politik und Öffnung der zentralen Positionen durch weitgehende Flexibilität.

Soweit sich das feststellen ließ, gab es auch bei vielen »europäischen« Gruppen, in den »traditionelleren« Kreisen des Privatsektors sowie bei vielen Gruppen des öffentlichen Sektors ein Gefühl der Entfremdung gegenüber dem vom Zentrum entwickelten politischen und dem im Umfeld der Arbeiterbewegung entstandenen kulturellen Muster. Dieses Gefühl verstärkte sich natürlich noch, als diese Muster ihre besondere Prägung durch die Pionierideologie beziehungsweise ihre spezifisch jüdischen Merkmale verloren und eine allgemeine, säkularisierte, sozialdemokratische Gestalt annahmen.

Dieses Gefühl der Entfremdung und des Ausgeschlossenseins wurde wahrscheinlich von einigen traditionelleren Kreisen europäischer Einwanderer und sogar noch mehr von großen Segmenten der sogenannten orientalischen Gruppen geteilt; aber um das Wesen dieser Gefühle umfassender zu verstehen, müssen wir einen etwas näheren Blick auf die Stimmabgabe bei diesen Wahlen werfen. Da gab es einmal die Einwohner der *Schechunot*, die traditionelle Likud-Wähler waren. Viel wichtiger für den Stimmenzuwachs des Likud waren aber offenbar die mobileren, relativ wohlhabenden Gruppen, die teils selbständig in den verschiedenen neuen, oben analysierten Wirtschaftszweigen tätig, teils im öffentlichen Sektor angestellt waren und sich von einer umfassenderen, autonomen Beteiligung an den verschiedenen politischen, kulturellen und sozialen Zentren ausgeschlossen fühlten.

Unterzieht man die geographischen Aspekte der Wahlen einer Analyse, tritt dieser Punkt deutlich hervor.

> Der Stimmenzuwachs für den Likud, der hauptsächlich dort aufgetreten ist, wo sich die Bevölkerung asiatisch-afrikanischer Herkunft mit niedrigerem sozio-ökonomischen Status konzentriert, folgt einem Muster geographischer Diffusion vom Landesinneren zur Peripherie. 1965 überflügelte der Likud den Arbeiterblock nur in einigen alten Innenstadtvierteln der drei Großstädte: Nachlaot in Jerusalem, Hatikwa in Tel Aviv-Jaffa und Wadi Salib in Haifa. In den übrigen asiatisch-afrikanischen Bevölkerungskonzentrationen lag der Arbeiterblock im Verhältnis von 2 bis 2,5:1 vor den Likud-Parteien. Bei den Wahlen von 1969 und 1973 fand der Likud zunehmend auch in den äußeren Vororten der älteren Städte und Städtchen im Landesinneren sowie in den nahegelegenen Neueinwandererstädten Unterstützung, etwa in Or Jehuda bei Tel Aviv-Jaffa und Tirat Hacarmel bei Haifa. Erst 1977 überstiegen die für den Likud abgegebenen Wählerstimmen die des Arbeiterblocks auch in den neuen Entwicklungsstädten an der Peripherie des Landes.
>
> Eine mögliche Erklärung für das geographische Diffusionsmuster der Wählerunterstützung für den Likud liegt in der

Geographie der städtischen Volkswirtschaft. In den Einwanderervororten und insbesondere in den Entwicklungsstädten, wo Wohnungsvergabe, Arbeitsplätze und Dienste überwiegend von sozialdemokratisch dominierten Stellen eingerichtet und kontrolliert wurden, fand der Rechtsruck bei der Stimmenabgabe später statt als in den Kernbezirken. In diesen Kernbezirken sah sich die Bevölkerung asiatisch-afrikanischer Herkunft mit niedrigem Sozialstatus nämlich einer komplexer gestalteten Volkswirtschaft gegenüber, wenn sie nach Anstellung, Unterkunft und Versorgung Ausschau hielt, und war damit in ihrem politischen Verhalten flexibler, als ihre Landsleute an der Peripherie es waren.[86]

Somit waren hier nicht nur die Gruppen der unteren Klassen von Bedeutung. Der vielleicht wichtigste Aspekt dieses Prozesses lag darin, daß er sowohl in den geographischen Kernbezirken als auch an der Peripherie stattfand. Und die mobileren und wohlhabenderen Gruppen trugen entscheidend zu dieser Wende im Wählerverhalten bei.

Alle vorhandenen Daten deuten also darauf hin, daß vor allem diese (sehr oft recht wohlhabenden und mobilen) orientalischen Gruppen, die in der Nähe verschiedener Konzentrationen von wohlhabenden Alteingesessenen wohnten, ohne jedoch einen gemeinsamen sozialen Rahmen mit ihnen zu besitzen, für die politische Wende verantwortlich waren.

Diese verschiedenen mobileren Elemente sahen wohl ihre Statuserwartungen und ihre Hoffnungen auf Beteiligung am Zentrum blockiert und entwickelten deshalb ein wachsendes Gefühl sozialer Distanz zu den Lebensmustern weiter Teile der oberen Schichten und Eliten, die bis dahin am wichtigsten, vernehmbarsten und aktivsten gewesen waren.

86 Amiram Gonen, »Die Geographie des Stimmenkampfes zwischen dem Arbeiterblock und dem Likud in jüdischen Städten Israels, 1965–1981«, *Medina, Mimschal Wejachassim Benle'umi'im* [hebräisch] 19-20, Frühjahr 1982, S. VIII-X.

Forderungen der orientalischen Gruppen

Die konkreten Forderungen, die bei diesen Wahlen von oder zugunsten von orientalischen Gruppen erhoben wurden, bildeten eine Fortsetzung und Intensivierung der bereits früher angesprochenen Themen.

So richtete sich eine Forderung auf den Zugang zu Positionen, die Autorität, Macht und Prestige versprachen. Die zweite lautete auf Anerkennung der spezifisch orientalischen Tradition oder der Symbole dieser Tradition im Rahmen ihrer gemeinsamen Identitätssymbole, sei es in bezug auf Gebetsformen, Familienleben, Festhalten an bestimmten Traditionen oder Lebensweisen. Drittens forderte man schließlich die auf die eine oder andere Weise zu erreichende Schließung des beruflichen Abstands zwischen den orientalischen und den aschkenasischen Gruppen – bis hin zu dem teils lauthals geäußerten Ruf nach positiver Diskriminierung.

Die Intensivierung all dieser oft sehr lautstark und teils äußerst aggressiv vorgetragenen Forderungen bezeugte, daß diese weit über das »simple« Verlangen nach besseren Stellungen oder mehr Mitteln hinausgingen – auch wenn hier manches wohl durch die Medien überzeichnet wurde, was dann natürlich seinerseits wieder ein wichtiges Faktum ist.

Einige beschwerten sich sogar darüber, daß im Rundfunk und Fernsehen die alten israelischen (»Pionier«)-Lieder gespielt wurden, die nach Ansicht der Beschwerdeführer vielen orientalischen Gruppen völlig fremd seien.

Menschen orientalischer Abstammung, die sich gegen eine solche Betonung des Ethnischen wandten, wie zum Beispiel einer der berühmtesten israelischen Schriftsteller, Abraham B. Jehoschua, oder J. Bechar, ein Journalist bulgarischer Herkunft, befanden sich ziemlich in der Minderheit.

Wie stark diese Gefühle auch wirklich gewesen sein mögen: es kann kein Zweifel daran bestehen, daß sie im täglichen Leben relativ weit verbreitet waren, laut ausgesprochen wurden und zu wachsenden Spaltungstendenzen führten – bis zu dem Punkt, daß der damalige Staatspräsident, der selber sefardischer Abkunft ist, der Sache entgegentreten mußte.

Sieht man sich diese Debatten und Tiraden jedoch etwas näher an, findet man darin einen komplexeren Themenblock als die bloße Forderung nach einer orientalischen sozialen oder kulturellen Entität. Diese Themen ließen sich schon in den siebziger Jahren bei solchen Bewegungen wie den Schwarzen Panthern unterscheiden, die gegen die Nichtaufnahme gewisser halbkrimineller Elemente in die Armee protestierten – wobei die letztere Politik später zumindest teilweise umgekehrt wurde, als man in der Armee mehrere spezielle Ausbildungsprogramme für die benachteiligteren Sektoren einrichtete.

Wie auch aus dem relativen Mißerfolg der ethnischen *Tami*-Liste mit ihren damals drei Knesset-Sitzen gegenüber den beiden großen Blöcken hervorgeht, wurde das Gefühl des Ausgeschlossenseins vom Zentrum mit dem dringenden Wunsch, in dieses Zentrum aufgenommen zu werden, zum Leitmotiv dieser Bewegung.

Unterstrichen wurde dieses Thema dann später 1981 in einer Kontroverse über die Fernsehserie »Die Feuersäule«, die die Geschichte der zionistischen und jüdischen Ansiedlung in Israel behandelte. Eine Gruppe orientalischer Intellektueller wandte sich (erfolglos) an den Obersten Gerichtshof, weil sie meinte, der Anteil der orientalischen Juden an dieser Geschichte komme in der Serie unberechtigterweise zu kurz.

Hinzu kam der immer wieder lautstark vorgebrachte – und in der Wahlkampagne von 1981 häufig wieder offensichtlich übertrieben dargestellte – Vergleich zwischem dem Typ des »einheimischen« Führers und den in den verschiedenen Entwicklungsstädten wirkenden Führungskräften, zwischen den »authentischen« örtlichen Führern die im Likud aktiv waren, und den angeblich kooptierten Führern des Maarach.

Äußerst bezeichnend war von diesem Gesichtspunkt aus ein Rundfunkinterview, das Aharon Usan Anfang 1983 gab. Der aus Tunis stammende Mann hatte sich in einem der neuen Moschawim angesiedelt, der recht wohlhabend geworden war, wurde dann einer der wichtigsten Führer der Moschawbewegung, Kommunikationsminister in Golda Meirs letzter Regierung und Minister für Landwirtschaft und Kommunikation im Rabin-Kabinett. Am Vorabend der Wahlen von 1981 (buchstäblich wenige Tage vor dem Ablauf der Abgabefrist für die Wählerlisten) verließ er den Maarach, um sich Tami anzuschließen und später Arbeits- und Eingliederungsminister in Begins zweiter Regierung zu werden (nachdem der Parteiführer Aharon Abu-Chazera wegen der Unterschlagung öffentlicher Gelder während seiner Amtszeit als Bürgermeister von Ramle vor einem Tel Aviver Gericht angeklagt worden war). In jenem Interview sagte Usan nun, daß er zwar nie wirtschaftliche Not gelitten habe und sich daher diesbezüglich nicht beschweren könne, es ihm aber mehr und mehr aufgegangen sei, daß er nie das Abitur gemacht habe und kein Englisch könne, und dafür müsse ja jemand verantwortlich sein – womit wohl das Maarach-Establishment gemeint sein sollte. Weiter beklagte er sich, daß das Establishment sofort einen Job für den früheren Generalstabschef Motta Gur gefunden, sich aber keiner um ihn selber gekümmert hätte.

Von großem Interesse für unsere Diskussion sind auch die von vielen Fürsprechern einer gesonderten orientalischen Kultur vorgebrachten Behauptungen, daß diejenigen Nordafrikaner, die nach Europa oder in die Vereinigten Staaten gegangen waren, dort sehr erfolgreich geworden seien: nicht nur als Geschäftsleute, sondern auch in den freien Berufen, im Geistesleben und an den Universitäten – also den wahren Bastionen westlicher Kultur.

Das starke Verlangen nach Beteiligung am Zentrum ging auch aus dem Wandel hervor, den das große marokkanisch-jüdische Maimuna-Fest von den späten zwanziger bis zu den frühen achtziger Jahren durchgemacht hat. Dieses einen Tag nach Pessach begangene Fest, das schon an sich eine neue öffentliche – in ihrer jetzigen Form in Israel geschaffene – Veranstaltung darstellt, hat sich von einem ziemlich gesondert-ethnischen zu einem nationalen Fest entwickelt, das die Brüderschaft aller Stämme Israels betont. In ähnlicher Weise brachte später ein weiteres, vermutlich konkurrierendes Fest unter der Bezeichnung *Schoraschim* (Wurzeln) im Sommer 1983 viele nordafrikanische Familien in Israel zusammen, wobei man seine Solidarität und die Tatsache unterstrich, daß Israel der natürliche zentrale Ort für die Äußerung einer solchen Solidarität sei.

Die Stärke dieses Gefühls des Ausgeschlossenseins vom Zentrum als der wohl wichtigsten und wirksamsten Antriebsfeder der ethnischen Themen läßt sich aus mehreren zusätzlichen Fakten ersehen, die in den Wahlen zutage traten und an bedeutender Stelle zum Verständnis des Zusammenhangs zwischen diesen Wahlen und dem Verfallsprozeß des ursprünglichen institutionellen Modells beitragen, das in der israelischen Gesellschaft vorherrschte.

Von besonderer Wichtigkeit waren die plötzlich ausbrechenden Hetztiraden – vor allem von seiten gewisser Kreise im Likud – gegen die Kibbuzim, dieses zentrale Symbol des arbeiterzionistischen Modells. Die konkreten Themen waren dabei die den Kibbuzim stets gewährte Vorzugsbehandlung, die Tatsache, daß in allen regionalen Industriebetrieben, die dem Kibbuzverband gehörten (um nicht alle Lohnarbeit auf jeweils einen einzigen Kibbuz zu konzentrieren), alle oberen Managementpositionen immer mit Kibbuzmitgliedern besetzt wurden (obwohl die allgemeinen Arbeitsbedingungen zu den besten des Landes zählten), und schließlich die Dürftigkeit der gemeinsamen Rahmen und Kontakte (außer wenn Wahlen anstanden und die Kibbuzmitglieder dann in die Entwicklungsstädte gingen, um Stimmen für den Maarach zu werben).

Das zugrundeliegende Thema war jedoch die offenbar tiefe Entfremdung von den Kibbuzim und die Feindseligkeit ihnen gegenüber. Selbstverständlich teilte – soweit ersichtlich – nicht unbedingt die gesamte Bevölkerung innerhalb und außerhalb der Entwicklungsstädte diese Feindseligkeit. Viele von ihnen schienen jedoch den – unter anderem auch vom Ministerpräsidenten in seiner Rundfunkansprache zum Neuen Jahr erhobenen – Vorwurf der *Hitnassut* (des hochmütigen Herunterblikkens) der Kibbuzim zu akzeptieren – eine Beschuldigung, die als ein Versuch interpretiert wurde, die symbolischen und institutionellen Grundlagen des sozialdemokratischen Modells zu untergraben.

Das zweite wichtige Faktum war die ziemlich paradoxe Situation des Likud – gegenüber dem Maarach – im Hinblick auf die Artikulation des ethnischen Themas. In diesem Kontext ist es erstens interessant festzustellen, daß die Zahl der orientalischen Abgeordneten im Likud geringer war als im Maarach. So gab es in der Knesset von 1981 dreizehn Abgeordnete orientalischen Ursprungs in den Maarach-Gruppen gegenüber sieben auf seiten des Likud; außerdem hatte der Likud nur zwei orientalische Regierungsmitglieder (zwei weitere gehörten zu *Tami* beziehungsweise *Telem*, Dajans Gruppe) gegenüber drei Kabinettsmitgliedern vom Maarach in Rabins letzter Regierung.

Zweitens ist von entscheidender Bedeutung, daß der Likud zwar tatsächlich viele orientalische Gruppen für sich gewann, dies aber nicht unter der Ägide des »ethnischen« Themas tat, sondern vielmehr unter dem Motto der gemeinsamen Beteiligung am nationalen Ganzen – im Namen der grundlegenden Solidarität und Gleichheit, die zum ursprünglichen Ethos des arbeiterzionistischen Modells gehörten, aufgrund dessen viele von diesen Gruppen relativ erfolgreich in Israel sozialisiert worden waren.

Anders als der Maarach, von dessen leitenden Rängen das Thema der *Edot* erstmals entwickelt worden war, äußerte der Likud dies kaum je als grundlegendes ideologisches Thema, sondern betonte statt dessen Themen der nationalen Einheit. Dies kam ziemlich dramatisch in den letzten zwei Wahlkampftagen von 1981 zum Ausdruck.

Zwei Tage vor den Wahlen behauptete der populäre Unterhaltungskünstler Dudu Topas in der abschließenden Wahlversammlung des Maarach, daß die meisten Maarach-Mitglieder den Eliteeinheiten der Armee angehörten, während die des Likud *Tschach-Tschachim* seien – ein ziemlich abwertender Ausdruck, der sich in diesem Zusammenhang gegen die *Jobniks* im Militär richtete und so verstanden wurde, als sei er im wesentlichen auf die Orientalen gemünzt.

Am nächsten Tag ging Menachem Begin in der Schlußkundgebung des Likud heftig gegen diesen Ausdruck an. Er be-

hauptete, überhaupt erst an diesem Morgen von seiner Existenz erfahren zu haben, und unterstrich – am Beispiel zweier Mitglieder von Lechi und Ezel (Mosche Feinstein und Meir Baranzani, die von den Briten im April 1947 hingerichtet wurden) –, daß alle Teile der Nation, Aschkenasen wie Sefarden, gleichermaßen am nationalen Kampf teilgenommen hätten.
Auch David Levi, einer der »authentischen« orientalischen Führer des Likud, der – wie so viele andere – ursprünglich zum Likud übergegangen war, nachdem er erfolglos versucht hatte, in die örtliche sozialdemokratische Führung von Bet-Schean aufgenommen zu werden – der Enwicklungsstadt, in der man seine Familie nach ihrer Ankunft aus Marokko angesiedelt hatte –, und dann 1977 Wohnungs- und Eingliederungsminister in der ersten und Stellvertretender Ministerpräsident und Wohnungsminister in der zweiten Likud-Regierung wurde, sprach kaum je von *Edot*, sondern eher von *Schechawot Mezuka* (benachteiligten Schichten), »notleidenden« Gruppen und ähnlichem.
Welchen Wahrheitsgehalt die verbreiteten Vorwürfe gegen die Likud-Führer im allgemeinen und den Ministerpräsidenten im besonderen auch haben mögen, sie hätten sich einer vor allem auf die ethnischen Sektoren der Wählerschaft zielenden Demagogie bedient: wichtig zum Verständnis der politischen Szene in Israel ist jedenfalls, daß diese Demagogie keine ethnischen, sondern nationale oder soziale oder in gewissem Umfang auch religiöse Themen verwendete.
Sie stützte sich auch – und vielleicht vornehmlich – auf Anti-Establishment-Gefühle, auf die Erkenntnis, vom Zentrum ausgeschlossen, also gewissermaßen Außenseiter zu sein, und auf das Angebot, das Volk ins Zentrum einzubeziehen.
Tatsächlich entwickelten sich die beiden großen Parteien bei den Wahlen von 1981 zu ethnisch relativ homogenen Blöcken: Etwa zwei Drittel der Likud-Anhänger waren Orientalen und rund 70 Prozent des Maarach Aschkenasen. Wie Studien über das Abstimmungsverhalten von 1981 ebenfalls ergeben haben, ging es bei der politischen Artikulation und Identifikation jedoch vor allem um die außenpolitischen Orientierungen des Likud – seine härtere Einstellung gegenüber den Arabern (»Falken-Politik«) und zur jüdischen Besiedelung der besetzten Ge-

biete – sowie um seine äußerst positive Haltung gegenüber religiösen Traditionen; dies waren entscheidende Punkte für die Anziehungskraft des Likud auf weite Wählerkreise im allgemeinen und orientalische im besonderen.[87]

Die Wahlen und die Auseinandersetzung um die Gestalt der israelischen Gesellschaft

Unterschiede zwischen 1977 und 1981

Es gab jedoch einige wichtige Unterschiede zwischen den Wahlen von 1977 und 1981.

Die Wahlen von 1977 beendeten die Vorrangstellung der Arbeiterpartei; erste Anzeichen dafür ließen sich bereits bei Golda Meirs 1974 erfolgtem Rücktritt und der Bildung der Rabin-Regierung finden. Doch in vieler Hinsicht betrachtete man dies noch als ein Zufallsergebnis. Es überraschte sogar die Führer des Likud, zumal eine wichtige Gruppe bei den Wahlen von 1977 – nämlich Dasch – weniger darauf ausging, dieses Modell zu untergraben, als es gewissermaßen von innen her zu reformieren.

Sogar die erste Likud-Regierung galt – und beschrieb sich im großen und ganzen auch selber – vor allem als Vertreterin einer anderen politischen Richtung, aber nicht eines neuen politischen oder institutionellen Modells. Schlüsselpositionen innerhalb der Regierung waren mit Leuten besetzt, die dem sozialdemokratischen Lager nahestanden oder zumindest keine völlig von der Linie der Arbeiterpartei abweichende Politik verfolgten: Mosche Dajan war Außenminister von 1977 bis 1980; Eser Weizman, der Verteidigungsminister, war zwar Cherut-Mitglied, gehörte aber nicht wirklich zum alten Parteikern; und Jigal Horowitz, ein ehemaliger Rafi-Minister, der im Novem-

87 Michael Shamir und Asher Arran, »Das ethnisch bestimmte Wahlverhalten«, *Medina, Mimschal Wejachassim Benle'umi'im* [hebräisch] 19-20, Frühjahr 1982, S. 88-105. Eine abweichende Auffassung, die mehr die rein ethnische Sicht betont, vertreten Y. Peres und Sarah Shemer, »Der ethnische Faktor bei den Wahlen zur 10. Knesset«, *Megamot* [hebräisch], 1983.

ber 1979 Simcha Ehrlichs Nachfolger im Finanzministerium wurde, war Mitglied der Liberalen Partei im Likud-Block. Sie alle – mit Ausnahme von Ehrlich, der Stellvertretender Ministerpräsident blieb – traten aus der ersten Likud-Regierung zurück und wurden durch Leute im Amt abgelöst, die dem ursprünglichen Cherut-Kern sehr viel näherstanden.

So wurde es im Vorfeld der Wahlen von 1981 viel klarer, daß die politische Auseinandersetzung mehr als ein reiner Wahlkampf war. Diese Wahlen – bei denen die Dasch-Partei, die in ihrem sozialen Hintergrund viele Punkte mit dem Maarach gemeinsam gehabt hatte, verschwunden war und die meisten ihrer Wähler zum Maarach hatte zurückkehren lassen – kündigten vielmehr an, daß es nun auch um die Grundlinien des institutionellen Modells der israelischen Gesellschaft ging. Erstmals in der israelischen Politik hatten sich in den nicht-religiösen Sektoren zwei große, fast gleichstarke politische Blöcke herausgebildet. So wurden diese Wahlen in nicht geringem Umfang auch zu einem Wettbewerb um die Gestaltung dieses Modells und besaßen ein erhebliches Spaltungspotential, wobei diese Spaltungstendenzen auch von der oben analysierten Schwächung der Solidaritätsnetze der israelischen Gesellschaft genährt wurden.

Die entscheidende Bedeutung, die diese Verbindung von Wahlkampf und Neugestaltung der israelischen Gesellschaft bei den Wahlen von 1981 und in gewissem Umfang auch schon bei denen von 1977 besaß, läßt sich am Schicksal der National-Religiösen Partei (*Mafdal*) ablesen.

1977 konnte diese Partei einen Zuwachs verzeichnen – geführt von Sevulun Hammer und Jehuda Ben-Meir, die den religiösen Jugendbewegungen und Gusch Emunim nahestanden und als Träger einer Erneuerung der zionistischen Pioniervision angesehen wurden.

1981 führten der Bruch zwischen Aharon Abu-Chazera und dem Mafdal-Establishment, die darauf folgende Gründung von Tami und die wachsende religiöse Militanz der Agudat Israel einerseits sowie andererseits die Aneignung der nationalen Symbole durch den Likud, der zudem auch der religiösen Tradition gegenüber als grundsätzlich positiv eingestellt galt und daher in spezifisch religiöse Angelegenheiten nicht viel hereinreden wollte, schließlich dazu, daß die National-Religiöse Partei fast die Hälfte ihrer Knesset-Sitze verlor.[88]

Außerparlamentarische Gruppen und politische Visionen

Diese Wahlen ließen auch einige wichtige Unterschiede zwischen den großen Lagern klarer hervortreten.
Wir haben bereits auf die Bedeutung hingewiesen, die das Programm und die Aktivitäten von Dasch im Hinblick auf die vom sozialdemokratischen Lager im weiteren Sinn vertretene Vision besessen hatten.
Die Unterschiede zwischen den Visionen verschiedener Sektoren fanden auch in den diversen Protest- und anderen außerparlamentarischen Bewegungen Ausdruck, die seinerzeit eine prominente Stellung auf dem politischen Spielfeld in Israel gewonnen hatten.
Die Bedeutung dieser Bewegungen begann nach dem Sechstagekrieg zu wachsen und verstärkte sich dann erheblich nach dem Jom-Kippur-Krieg. Unmittelbar nach diesem letzteren Krieg entstanden zahlreiche Protestbewegungen, die zwar in ihrer politischen Richtung nicht unbedingt identisch waren, aber doch die Regierung und deren politische Konzeption letztlich für die mangelnde Kriegsbereitschaft verantwortlich machten. Diese Gruppen schufen bekanntlich die Atmosphäre, die Golda Meir zum Rücktritt veranlaßte. Viele dieser Bewegungen bestanden nur vorübergehend, aber es bildeten sich teils auch neue.
Ebenfalls zu jener Zeit entstanden oder erstarkten zwei bedeutende außerparlamentarische Gruppen, die im üblichen ungenauen israelischen politischen Sprachgebrauch als links- bzw. rechtsgerichtet bezeichnet werden können.
Die wichtigste Bewegung auf dem linken Flügel war *Schalom Achschaw* (Frieden jetzt), die formell als solche um 1976 herum gegründet wurde.
Ihr ging es überwiegend um Probleme der Beziehungen zur arabischen Welt. Wegen ihrer konzilianteren Haltung wurden

88 Siehe M. Friedman, »Die National-Religiöse Partei in der Krise«, *Medina, Mimschal Wejachassim Benle'umi'im* [hebräisch] 19-20, Frühjahr 1982, S. 105-123.

die Vertreter dieser Gruppe gewöhnlich als »Tauben« bezeichnet. Sie wandten sich gegen die Ideologie von *Erez-Israel Haschlema* im allgemeinen und die Siedlungspolitik in der Westbank im besonderen und unterstützten Friedensangebote an die Araber, einschließlich der Palästinenser. Außerdem deckten sie viele Fälle von Fehlverhalten der Armee in Judäa und Samarien auf und zwangen den Chefankläger der Streitkräfte gelegentlich, die Verantwortlichen vor Gericht zu stellen.
Besonders aktiv trat diese Gruppe während der Camp-David-Verhandlungen hervor, als sie sich gegen die extremistischen Gegner dieses Abkommens in der Cherut-Partei wandte, sowie während des Libanonkriegs, als sie Begin unterstützte und stark an der Organisation von Demonstrationen beteiligt war – und damit des öfteren Gegendemonstrationen auslöste.
Ferner verursachte sie Kontroversen in den jüdischen Gemeinden im Ausland, wo sie vor allem bei einigen jüdischen Intellektuellen Unterstützung fand.
Schon die Entstehung solcher außerparlamentarischer Oppositionsbewegungen war natürlich höchst bezeichnend für die Auflösung des ursprünglichen politischen institutionellen Modells und dessen umfassenden Gestaltwandel. Die Unterschiede zwischen den beiden außerparlamentarischen Richtungen – der linken und der rechten – lassen wiederum einige Dimensionen dieser Wandlungen klar hervortreten.
Die linksgerichteten Bewegungen – darunter insbesondere Schalom Achschaw (Frieden jetzt) – schienen ihre Unterstützung vor allem von Gruppen zu erhalten, die dem sozialdemokratischen Sektor im weitesten Sinn ziemlich nahestanden, und deckten selbst einige grundlegende Schwächen und Probleme dieses Lagers auf. Im Mittelpunkt ihrer Sorge und ihrer Aktivitäten standen Sicherheits- und Außenpolitik sowie die tiefe Überzeugung, daß man unbedingt den demokratischen jüdischen Staat erhalten müsse – statt eine Besatzungsmacht mit allen Folgegefahren für die Moral der israelischen Gesellschaft zu werden. Zumindest bis 1983, als sie zum ersten Mal versuchten, mit Führern der *Schechunot* zusammenzuarbeiten, kümmerten sie sich kaum um irgendwelche innenpolitischen Probleme oder die konstruktiven Aspekte der zionistischen Vision, etwa den Aufbau von Institutionen – also gerade die Themen,

die ursprünglich das Rückgrat des arbeiterzionistischen Modells gebildet hatten.
Ihre wichtigsten Anhänger – und vor allem ihre Führer – schienen aus wohletablierten Gruppen zu kommen, sei es aus verschiedenen städtischen Sektoren oder sogar den Kibbuzim sowie aus einigen – meist intellektuellen – Kreisen von Neueinwanderern. Sie widmeten den Aktivitäten dieser Bewegungen ziemlich viel Zeit, ohne jedoch irgendwie danach zu streben, ihre eigene Handlungs- oder Lebensweise zu verändern oder neue institutionelle Formen zu schaffen, die andere Sektoren hätten anziehen können.
Nur selten riefen sie ihre Mitglieder zu länger andauernder Tätigkeit auf, die über die Einreichung von Gesuchen oder die Veranstaltung von Demonstrationen hinausgegangen wäre, wobei letztere beiden allerdings zumeist sehr erfolgreich waren, wie sich zum Beispiel im Fall des von ihnen angeprangerten Fehlverhaltens von Armeeoffizieren in Judäa und Samarien gezeigt hat.
Mit den extremistischen Bewegungen auf dem rechten Flügel war das eine andere Geschichte. Im Mittelpunkt stand der Gusch Emunim, der seinen Rückhalt in vielen Jeschiwot und insbesondere den Jeschiwot Hesder fand. Er stützte sich auf die neuen extremistisch-nationalreligiösen Orientierungen, die in den religiösen Gruppen entstanden waren, und verlieh ihnen lange Zeit den beredtesten Ausdruck. Die Grundlage bildete das nationalreligiöse Gebot der Besiedlung von *Erez-Israel Haschlema*. Der Gusch stand hinter der Errichtung neuer Siedlungen in Hebron sowie in der Westbank überhaupt, wobei er oft gegen die Regierungspolitik, ja gelegentlich sogar gegen die Politik der Likud-Regierung verstieß, deren Mitgliedern er sehr nahestand (besonders Ariel Scharon), und häufig auch die staatlichen Gesetze verletzte.
Seine Anhänger propagierten eine extreme nationalreligiöse Ideologie, erklärten sich zu den wahren Trägern des zionistischen Gedankens und behaupteten deshalb, ein höheres als das staatliche Gesetz zu repräsentieren, so daß sie das letztere ruhig übertreten dürften.
Sie näherten sich auch stark der neuen rechtsextremen Techia-Partei an, die in den Wahlen von 1981 drei Mandate errang, und

waren, zusammen mit einigen anderen Elementen, äußerst aktiv an den Vorgängen vor dem Rückzug aus dem Sinai im April 1982 beteiligt; sie veranstalteten damals nicht nur Demonstrationen, sondern unternahmen auch viele illegale Aktionen gegen Armee und Regierung, wobei sie jedoch offenbar stillschweigende Unterstützung oder zumindest Ermunterung von gewissen regierungsnahen Kreisen erhielten.

Die rechtsgerichteten außerparlamentarischen Bewegungen schienen demzufolge in vieler Hinsicht das entgegengesetzte Bild von denen »auf der linken Seite« zu bieten. Ihre Ideologie betonte die alte zionistisch-konstruktive Pioniereinstellung, die bei ihnen jedoch eine stark nationale und oft auch extrem religiöse, aber keinerlei soziale Richtung bekam. Nun mag – wie viele ihrer Gegner behaupteten – ihr Pioniergeist zuweilen in der Tat recht zweifelhaft gewesen sein, weil sie häufig noch ihre Wohnungen und manchmal auch ihren Arbeitsplatz anderswo beibehielten. Im großen und ganzen waren sie aber doch von der Pionieratmosphäre erfaßt. Wie Jaakow Chasan, der alte Mapam-Führer und ihr überzeugter Gegner, einmal sagte, schienen sie ein »Pionierstamm« zu sein – wofür sie ziemlich viele öffentliche Sympathien ernteten.

Ihre soziale Zusammensetzung scheint sich auch weitgehend von der der Schalom Achschaw-Führung unterschieden zu haben. Sie kamen aus weniger etablierten, mobileren Kreisen – darunter eine ziemlich hohe Zahl von Neueinwanderern mit starken religiösen Neigungen – sowie auch aus manchen Kibbuzim, so daß sie einige der älteren zionistischen Pioniergedanken mit neuen Themen und Symbolen kombinierten.

Konsens und Spaltungstendenzen

Diese Verfallsprozesse des herrschenden institutionellen Modells und die dadurch ausgelösten Versuche, auf die Entwicklungsmöglichkeit eines neuen hinzudeuten, gingen nicht friedlich vor sich – was sie auch selten tun können, vor allem, wenn sie mit Wahl- und anderen politischen Kämpfen verbunden sind. Die Tatsache, daß sie auf ordnungsgemäßem demokratischem Wege innerhalb des konstitutionellen Rahmens verliefen und daß selbst während dieser Zeit viele zivile Aspekte dieses Rahmens, wie etwa die Autorität des Obersten Gerichtshofs, ständig aufrechterhalten wurden, ist ebenso überraschend wie ermutigend für die Zukunft.

Tatsächlich bezeugten beide Wahlen die Stärke der demokratischen Tradition in Israel: die erste aus dem Jahre 1977, weil ein wichtiger Regimewechsel friedlich vollzogen worden war, und die zweite von 1981, weil der demokratische Rahmen trotz aller Auseinandersetzungen bestehen blieb.

Darüber hinaus ließen beide Wahlgänge, und vielleicht besonders der von 1981, einen recht breiten Konsens über mehrere zentrale Themen erkennen. So konnte man im Wahlkampf – vor allem in den offiziellen Fernsehsendungen der verschiedenen Parteien, im Gegensatz zu den trennenderen Themen und schrilleren Tönen in den großen Versammlungen, insbesondere des Likud – eine überraschende Übereinstimmung in einigen wichtigen sozialen und nationalen Bereichen feststellen, wobei dieser Konsens die von nahezu allen wichtigen Parteien verfolgten Bestrebungen offenbarte, einige Grundmotive der ursprünglichen Ideologie und des ursprünglichen Modells der Arbeiterbewegung in ihr Programm aufzunehmen.

Die Themen Siedlungspolitik, wirtschaftliche Entwicklung und Errichtung von Institutionen sowie auch soziale Gerechtigkeit, Ausbau des Erziehungswesens, Wohnungsbeschaffung und besondere Fürsorge für die benachteiligten Gruppen wurden nicht nur vom Maarach oder von der National-Religiösen Partei angeschnitten, sondern – ziemlich überraschend – auch vom Likud (und in gewissem Umfang sogar von der Agudat Israel). Im sozialdemokratischen Lager behaupteten viele, daß der Likud in seiner Propaganda alle in den letzten Jahrzehnten erreichten Fortschritte für sich requiriert habe.

Bedeutsam ist dabei jedoch, daß der Likud diese Themen in seinen Verlautbarungen mit den eigenen »revisionistischen« oder sogar »populistischen« Einstellungen vermengte und sie auf diese Weise vom spezifisch sozialdemokratischen Lager zu lösen suchte, indem er gewissermaßen ihre natürliche Bindung an die Arbeiterbewegung und deren sozialistische Auffassungen leugnete.

Menachem Begin versuchte häufig, sich nicht nur als den geistigen Erben Jabotinskys darzustellen, sondern auch als den Nachfolger Ben-Gurions und der aktivistischeren Führer der Arbeiterbewegung, darunter vor allem solcher, die – wie etwa Berl Katznelson oder Jizchak Tabenkin – in den dreißiger Jahren gegen die Teilung Palästinas aufgetreten waren.

Derartige Akzentsetzungen zeigten sich natürlich noch deutlicher beim Thema Sicherheit. Hier konnte der Likud darauf hinweisen, daß sich der Maarach – bis zurück zu Ben-Gurion – viele der älteren revisionistischen Motive zu eigen gemacht habe und in dieser Richtung womöglich noch konsequenter vorgehe.

Außerdem wurde der große Erfolg des Friedensschlusses mit Ägypten im Jahr 1979 natürlich für den Hinweis ausgenutzt, daß diese Richtung nicht unvereinbar mit der Erlangung von Frieden sei – ja im Gegenteil den einzigen Weg darstelle, auf dem sich dieses Ziel erreichen lasse.

Hinter diesem breiten Konsens gab es unter der Oberfläche jedoch Zeichen tiefer Trennungen zwischen diesen Lagern – weit über die natürlichen Meinungsverschiedenheiten zwischen diversen politischen Auffassungen und Parteien hinaus. Diese Unterschiede zeigten sich noch deutlicher bei den Wahlen von 1981, obwohl sie natürlich nur hier und da spürbar wurden und erst nach und nach zu einigen Sektoren der Bevölkerung durchdrangen. Bis zu einem gewissen Grade zumindest erklärt dies die Unentschlossenheit vieler »freier Wähler«, die – zahlreichen Umfragen zufolge – noch bis in die letzten Tage vor der Wahl bestand.

Die Vision des Maarach wurde von einigen seiner Politiker und ihm nahestehenden Intellektuellen und Schriftstellern mit dem Bild eines »schönen Israel« umrissen. Man sprach von hoher Lebensqualität, wie sie vielleicht am besten im Kibbuz vorhanden sei, sowie von einer geordneten, zivilen und demokratischen Gesellschaft.

Die Vision des Likud war zwar weniger deutlich, zeigte dafür aber ein weit höheres Maß an Aktivität. Diese Tatsache wurde zum Beispiel in einem Zeitungsinterview hervorgehoben, das der Schriftsteller und überzeugte Likud-Gegner A. B. Jehoschua einige Zeit später gab.

Diese Spaltungstendenzen verbanden sich mit einem erheblichen Maß an zumindest verbaler Gewalt und Gesetzlosigkeit auf vielen Ebenen, die die Wahlen von 1981 begleiteten und – wie wir noch sehen werden – in zahlreichen Lebensbereichen auch später anhielten. Dies zeigte sich im Alltagsverhalten, im Straßenverkehr und in der hohen Unfallrate.

In engem Zusammenhang mit dieser Gewalt stand die zunehmende Intoleranz gegenüber Gegnern, einschließlich der Neigung, sie mit extrem abwertenden Bezeichnungen zu belegen, sie sozusagen aus der Gemeinschaft auszuschließen, ihre Legitimität im Sinne der gemeinsamen zionistischen Themen in Zweifel zu ziehen – dies alles mit einem wachsenden Schwall von ethnisch, politisch oder religiös trennenden Parolen, so daß die Basis der demokratisch-konstitutionellen Ordnung zumindest potentiell in Gefahr geriet.

Keine Geringeren als der damalige Staatspräsident, der seinerzeitige Vorsitzende der Knesset und der Präsident des Obersten Gerichtshofs sowie viele Journalisten und Kommentatoren äußerten sich zu dieser wachsenden Gewaltsamkeit. Eine besondere öffentliche Organisation zur Förderung der gegenseitigen Toleranz wurde gegründet. Aber all das konnte diese Entwicklungen nicht bremsen, die auch nach den Wahlen weitergingen und sogar noch zunahmen.

Diese Gefühle der Zwietracht und Feindseligkeit, die heftig zum Ausdruck gebracht wurden, fanden sich vor allem bei den Gruppen, die dem Likud nahestanden. Häufig äußerten sie sich, wenn solche Likud-Leute auf die politischen Aktivitäten des Maarach oder von Schalom Achschaw stießen; genährt wurden sie dabei von dem Gefühl, von dem bisher herrschenden institutionellen Modell und seinem Zentrum ausgeschlossen zu sein. Dieses Gefühl der Distanz und Entfremdung ließ die solidarischen Bindungen zusammenbrechen, die bisher an dieses Modell bestanden hatten.

Aber diese Gefühle der Zwietracht und Entfremdung fanden sich nicht ausschließlich auf seiten des Likud. In gewissem Umfang beruhten sie auf Gegenseitigkeit. Manche Führer des Maarach oder zumindest einige seiner wichtigsten Anhänger in Schriftstellerkreisen sprachen von einer Konfrontation zweier Kulturen. Dabei hoben sie nicht auf die ethnischen Unterschiede ab (obwohl ihre Worte teils dahingehend interpretiert wurden), sondern redeten statt dessen von einer Kultur der Arbeiterbewegung, die auf den Pionieridealen aufgebaut sei, im Gegensatz zur revisionistischen Kultur, die Macht und Glorie in den Vordergrund stelle. Zugegebenermaßen äußerten sie sich im großen und ganzen viel weniger gewaltsam oder aggressiv, aber das Gefühl der Trennung war doch sehr stark und beruhte teils wiederum auf dem Empfinden, gewissermaßen aus dem Zentrum verdrängt worden zu sein.

All dies führte während und nach den Wahlen von 1981 zu dem weit verbreiteten Eindruck, daß das Land in zwei gegnerische Lager gespalten sei, die sich nicht nur politisch, sondern auch sozial und kulturell unterschieden, wobei jedes der beiden bestrebt war, unter Berufung auf einige der gemeinsamen zionistischen Themen und Werte den Gegner zu delegitimieren und sich selbst für rechtmäßig zu erklären. Obwohl diese Wahlen, wie gesagt, auch das Vorhandensein vieler gemeinsamer Motive bezeugten, wirkte dies nicht immer lindernd auf die Spaltungs- und Polarisierungsneigungen und die verschiedenen gewaltsamen Ausbrüche, die mit derartigen Gefühlen verbunden waren. Darin schlug sich die Tatsache nieder, daß sich die israelische Gesellschaft auf der Suche nach einem neuen institutionellen Modell befand und insofern tatsächlich einen sehr tiefgreifenden Wandlungsprozeß durchmachte, der über einen »bloßen« Regierungswechsel weit hinausging.

Die einzigartigen Merkmale der nachrevolutionären Entwicklung Israels

Viele der ideologischen und institutionellen Veränderungen, die wir oben analysiert haben, waren nicht einzigartig für Israel oder auch nur für moderne revolutionäre Gesellschaften im engeren Sinn. Aber in solchen Gesellschaften traten sie am sichtbarsten hervor.

Während die meisten dieser Entwicklungen allen nachrevolutionären Regimes gemeinsam und mit den Problemen verbunden sind, die sich aus der Institutionalisierung des ursprünglichen nachrevolutionären Modells und den in ihm eintretenden Veränderungen ergeben, variieren die konkreten Entwicklungswege dieser Probleme sowie die Reaktionen auf sie sehr weitgehend von einem nachrevolutionären Regime zum anderen.

So nahmen all diese Entwicklungen in Israel natürlich einen recht spezifischen Lauf, und dieser bildet nun den Ausgangspunkt für das Verständnis der besonderen Dynamik des Wandels über dieses ursprüngliche institutionelle Modell hinaus.

Die spezifischen Merkmale der israelischen Transformation der revolutionären Ideologie und ihrer institutionellen Auswirkungen werden nur dann verständlich, wenn wir auch einige Dimensionen dieser Umwandlung mit in Betracht ziehen, die keine Parallele in anderen nachrevolutionären Regimes finden – außer vielleicht teilweise in den allerfrühesten, also denen der ersten großen europäischen Revolutionen und vor allem wohl der amerikanischen.

Ein solcher Wandel – der sich nirgends sonst in diesem Ausmaß fand – war erstens die auf den zionistisch-nationalen Grundauffassungen beruhende Betonung der nationalen Solidarität und der beständigen Umformung der nationalen Tradition. Zweitens legte man starken Wert auf die gleichberechtigte Beteiligung am neuen nationalen Rahmen. An dritter Stelle stand, eng verbunden damit, ein vielleicht noch erstaunlicherer Aspekt dieses Wandels – nämlich die recht weit verbreitete, wenn auch häufig vielleicht etwas oberflächliche Übernahme des demokratisch-konstitutionellen Rahmens, insbesondere der Rechtsstaatlichkeit als Grundprämisse der neuen institutionellen Struktur.

Dieser Wandel war in der Tat erstaunlich, wenn man an die sozial-historischen Wurzeln der ursprünglichen zionistischen Bewegungen denkt, darunter vor allem die vorhandenen totalistischen Orientierungen einerseits und die mehr gemeindesolidarischen Aspekte der traditionellen jüdischen Gemeinschaft sowie das ausgeprägte ideologisch-sektiererische Element in der jüdischen politischen Kultur andererseits.

Dieses Element wurzelte in einigen sehr grundlegenden Prämissen der jüdischen kulturellen Orientierungen und überdauerte in schärfer artikulierter Form in der zionistischen Bewegung, insbesondere in Israel, wo es mit der Erreichung der Unabhängigkeit intensiviert werden konnte.

Die demokratisch-föderative Ordnung, die sich in der zionistischen Bewegung und im Jischuw entwickelte, ergab sich weniger aus den ideologischen Modellen, die dort ausgearbeitet wurden, oder aus der diesen Bewegungen innewohnenden politischen Kultur, sondern eher aus dem historischen Kontext, aus dem die Zionistische Organisation entstand, also der west- und mitteleuropäischen Umgebung; aus den Bedürfnissen der unterschiedlichen Gruppen, in einem gemeinsamen Rahmen zusammenzuleben; aus den Beziehungen zwischen dem Jischuw und der zionistischen Bewegung in der Diaspora; und in gewissem Umfang aus dem britischen Vorbild, dem man unter dem Mandat begegnete.

Und doch schlug diese universalistisch-demokratisch-konstitutionelle Ordnung Wurzeln im Jischuw wie im Staat Israel – zusammen mit einem starken Hang zur Rechtsstaatlichkeit (der tief in der jüdischen historischen Erfahrung verankert war) –, und zwar trotz der sektiererischen und populistischen Gegentendenzen. Allerdings zielte diese Ordnung tatsächlich, wie Jonathan Shapiro ausgeführt hat, mehr darauf ab, die Beteiligung unterschiedlicher Gruppen im Zentrum sicherzustellen, als darauf, die Rechte und Freiheiten der Bürger zu wahren. Doch mit all diesen Einschränkungen ging diese konstitutionelle Ordnung, wie gesagt, in die institutionelle Grundstruktur des Staates ein und wurde zu einem wichtigen, wenn auch sicherlich nicht dem einzigen Grundstein für die Legitimität des Staates.

All diese Entwicklungen standen natürlich in enger Beziehung zu der ziemlich paradoxen Umgestaltung, die die Ideologie des nationalen Wiederaufbaus durchmachte: Während sie zunächst in potentiell »totalistische« Bewegungen und Sektoren und deren Machtstreben eingebettet gewesen war, darunter insbesondere in die Arbeiterpartei (bzw. Mapai), fand sie nun Eingang in den demokratischen Rahmen des Staates, der auf allgemeinen Wahlen und voller parlamentarischer Vertretung beruhte; gleichzeitig entwickelte sich eine kontinuierliche Öffnung des ursprünglichen institutionellen und politischen Modells. Diese Umgestaltung ließ zwar die partizipatorischen Dimensionen der Ideologie zurücktreten, wahrte aber entschieden den Zusammenhang mit dem zionistisch-nationalen Gedanken und dem ursprünglichen konstitutionell-demokratischen Rahmen.

Gleichzeitig betonte sie allerdings mehr und mehr die nationalen Komponenten dieser Ideologie, das Element der nationalen Solidarität, und schwächte ihre sozial-institutionelle »konstruktive« Dimension sowie potentiell auch ihre universalistischen Orientierungen, was notwendigerweise dann zur Wiederbelebung vieler Komponenten der jüdischen sozialen und zivilisatorischen Ausrichtungen und des zionistischen Gedankens führte.

Diese einzigartige Verbindung charakterisiert die spezifisch israelische Reaktion auf die nachrevolutionären Entwicklungen – im Unterschied zu anderen nachrevolutionären Regimen, die den totalitären, autoritären oder frühdemokratischen Weg einschlugen. Kennzeichnend für die israelische Entwicklung sind also ziemlich ungewöhnliche Regierungswechsel, die im Rahmen geordneter konstitutioneller Veränderungen vor sich gehen, aber mit tiefgreifenden Konfrontationen und Spaltungstendenzen verbunden sind.

Somit hilft uns diese einzigartige Verbindung von Wandel und Kontinuität der Ideologie, sowohl den Zerfall des ursprünglichen institutionellen Modells und den zumindest partiellen Legitimationsverlust der regierenden Elite zu verstehen als auch die weitreichenden Folgeentwicklungen, die seither in Israel eingetreten sind.

Angesichts der spezifischen Merkmale der israelischen Szenerie war es nur natürlich, daß diese Entwicklungen eine stärkere Betonung und Neuformulierung einiger Grundthemen der zionistischen Ideologie nach sich zogen. Diese Neuformulierung bewegte sich zunächst auf ideologischer Ebene, zeitigte aber weitreichende institutionelle Auswirkungen und warf damit die Frage auf, ob sich ein neues Modell in Israel herauskristallisieren könnte und welches seine Merkmale und Überlebenschancen wären.

18. Kapitel
Die israelische Gesellschaft in den achtziger Jahren. Tendenzen, Entwicklungen und Probleme

I. Neue Tendenzen

Die Likud-Regierung

Neue politische Auffassungen und Maßnahmen

Die späten siebziger und vor allem die frühen achtziger Jahre waren eine Zeit neuer Entwicklungen und großer Veränderungen in der israelischen Gesellschaft. Während viele dieser Entwicklungen – insbesondere die verschiedenen demographischen sowie einige strukturelle Prozesse – die Fortsetzung von früheren waren und dasselbe in gewissem Umfang auch von vielen dieser Veränderungen gesagt werden kann, brachten letztere doch oft weitreichende Wandlungen, die die Bedeutung der strukturellen Entwicklungen änderten. Die meisten dieser Veränderungen standen mit der tiefgreifenden politischen Wende in Zusammenhang, die 1977 einsetzte und bei den Wahlen von 1981 verstärkt weiterging, als der Likud zur dominanten Partei in der israelischen Politik wurde – bis September 1983 unter der Ministerpräsidentschaft von Menachem Begin.

Nach den Wahlen von 1981 kam die Likud-Regierung im allgemeinen und die Cherut-Partei im besonderen erst voll zum Zuge, da nun die wichtigsten Ministerien (Verteidigung, Finanzen und Äußeres und natürlich das Ministerpräsidentenamt) in ihren Händen – genauer in denen von Cherut – lagen.

Zugegebenermaßen stützte sich diese Regierung auf eine ziemlich schmale und wacklige Koalition. Die National-Religiöse Partei (NRP oder Mafdal) hatte nur sechs Sitze und die Agudat Israel vier, aber sie hielten zwei Schlüsselpositionen: den Koalitionsvorsitz in der Knesset und den Vorsitz in deren mächtigem Finanzausschuß. Später traten *Tami* (die von Abu Chazera geführte Liste), zwei Mitglieder von *Telem* (Dajans Liste) und die rechtsextreme Techia-Partei (drei Mandate) in die Koalition ein. Zweifellos gab jedoch der Likud oder richtiger: die Cherut-Partei den Ton in der Regierung an. Nur in religiösen Angelegenheiten wurden die religiösen Parteien und insbesondere die Agudat Israel immer einflußreicher und anspruchsvoller.

So machten sich tatsächlich erst in der zweiten Likud-Regierung die Auswirkungen der neuen Orientierungen sowohl im politischen Bereich als auch im allgemeinen Klima der israelischen Gesellschaft richtig bemerkbar und konnten klar identifiziert werden, obwohl einige derartige Folgen, wie vor allem die vehemente Siedlungspolitik in Judäa und Samarien, bereits in der ersten Likud-Regierung von 1977 festgestellt werden konnten.

Während der turbulenten Zeiten um die Wahlen von 1977 und 1981 wurden mehrere Themen und Orientierungen aus dem Fundus der jüdischen und zionistischen Grundauffassungen, die in den ersten zwei oder drei Jahrzehnten des Staates latent oder sekundär gewesen, aber teilweise nach dem Sechstagekrieg langsam zum Ausdruck gekommen waren, nun deutlicher artikuliert und mehr in den Mittelpunkt des politischen Lebens in Israel gerückt. Dieser Vorgang verband sich auch eng – aber nicht immer unbedingt auf einfachem Weg – mit der Entwicklung anderer politischer Orientierungen. Letztere zeitigten weitreichende institutionelle Auswirkungen, selbst wenn auf der Ebene der praktischen Politik der Einfluß dieser Orientierungen nicht immer klar und eindeutig war – so daß sich sehr kraß die Frage stellte, ob sie die Herausbildung eines neuen institutionellen Modells ankündigten.

Schon der Umstand, daß die Entwicklung eines solchen neuen Modells möglich erschien oder auch nur in Frage stand, wurzelte natürlich sowohl in der Auflösung des früheren arbeiterzionistischen Modells mit seinen mannigfaltigen Wandlungen als auch in der Tatsache, daß Cherut sowie – auf völlig andere Weise – die extremen religiösen Parteien sich tatsächlich als Träger verschiedener zionistischer oder jüdischer Visionen oder Themen darstellten, wobei sie das in früheren Zeiten auf diesen Gebieten Erreichte als selbstverständlich voraussetzten und es sich sogar selber zuzuschreiben versuchten.

Die drei Hauptbereiche, in denen solche neuen Orientierungen und ihre institutionellen Auswirkungen am deutlichsten hervortraten, waren Sicherheits-, Militär- und Außenpolitik; religiöse Angelegenheiten; und, wenn auch weniger klar, die Wirtschaft.

Allerdings ließen sich viele Einzelaspekte dieser neuen Entwicklungen – und insbesondere einige der von dieser Regierung eingeleiteten Maßnahmen – auch schon zu früherer Zeit feststellen. Aber unter der Likud-Regierung wurden sie nicht nur erweitert, sondern in vieler Hinsicht auch in ihrer Gesamtbedeutung weitgehend verwandelt.

In der Sicherheits-, Militär- und Außenpolitik bestand die erste derartige Entwicklung in dem 1979 von der Likud-Regierung – noch unter Mitwirkung von Dajan und Weizman – geschlossenen Frieden mit Ägypten, einschließlich des im Frühjahr 1982 beendeten Rückzugs aus dem Sinai aufgrund dieses Abkommens. Obwohl dieser Erfolg nicht unbedingt mit der revisionistischen Vision oder Ideologie zusammenhing, konnte und wurde er als Beweis für deren grundsätzliche Richtigkeit benutzt: Nach einer Demonstration der Stärke, so glaubte man, werde sie den Frieden mit den Arabern in den Bereich des Möglichen rücken.

An zweiter Stelle stand die kontinuierliche Ausdehnung der Siedlungen in Judäa und Samarien sowie auf den Golanhöhen. Gerade in diesem Bereich zeigte die Cherut-Führung, die hierin allerdings auch noch von anderen Gruppen unterstützt wurde, am deutlichsten, daß ihre ideologischen Auffassungen – insbesondere ihr Ideal von *Erez-Israel Haschlema* – verwirklicht werden konnten.

Im Hinblick auf die Golanhöhen kam es mit der Verabschiedung des Golan-Gesetzes im Dezember 1981 zu einer Änderung des Rechtsstatus, da man nun die Gültigkeit der israelischen Gesetze auf dieses Gebiet ausdehnte (ohne es jedoch formell an Israel anzuschließen).

Bereits vorher, am 31. Juli 1980, hatte man das vereinigte Jerusalem durch einen anderen Gesetzgebungsakt formell zur Hauptstadt Israels erklärt – mit der Folge, daß die wenigen ausländischen Botschaften, die sich bis dahin in Jerusalem befunden hatten (wie die niederländische und einige lateinamerikanische Vertretungen), nun ebenfalls nach Tel Aviv übersiedelten. Das Golan-Gesetz zog demgegenüber weitreichende Schwierigkeiten mit der drusischen Bevölkerung nach sich.

Der rechtliche Status von Judäa und Samarien wurde insgesamt nicht geändert, obwohl extremer rechtsgerichtete Gruppen lautstark die Ausdehnung des israelischen Rechts auf dieses ganze Gebiet oder auch dessen formelle Annexion forderten. Die Regierung gab keiner dieser Forderungen nach: sehr wahrscheinlich aus Rücksicht auf die auswärtigen Beziehungen, insbesondere zu den USA, aber möglicherweise auch zu den arabischen Staaten.

Die Siedlungspolitik

Es gab jedoch ein ebenso starkes wie dauerhaftes Streben nach massiver – städtischer und ländlicher – Besiedlung dieser Gebiete, deren Landkarte dadurch in vieler Hinsicht verändert wurde.

Die Siedlungspolitik in Judäa und Samarien schlug tatsächlich neue Richtungen ein, nachdem die Likud-Regierung an die Macht gekommen war[89], und wurde auch zu einem Gegenstand nationaler Auseinandersetzung. Diese neuen Entwicklungen waren ein Ergebnis der von der Likud-Regierung gegebenen ideologischen und politischen Legitimation, alle Teile Erez-Israels zu besiedeln, ja, sogar die »Grüne Linie« (die am Ende des Unabhängigkeitskriegs festgesetzte Waffenstillstandslinie) aufzuheben und eine möglichst hohe Zahl von Juden zur Ansiedlung in diesen Gebieten zu bewegen, um dadurch die Möglichkeit eines Rückzugs aus Judäa, Samarien und dem Gasastreifen zu verringern. Diese ideologischen und politischen Motive standen in scharfem Gegensatz zu den Sicherheitserwägungen, die die Arbeiterblock-Regierung in ihrer Siedlungspolitik geleitet hatten.

Der Siedlungsprozeß unter den Likud-Regierungen wies einige typische Merkmale auf. Das erste davon war sein enormes Aus-

89 Diese Übersicht stammt von A. Schachar.

maß. Während in der Zeit von 1967 bis 1977 rund vierzig neue Siedlungen gegründet worden waren, entstanden von 1976 bis 1983 fast doppelt so viele. Der jüdische Bevölkerungszuwachs lag sogar noch höher, weil nun überwiegend städtische Siedlungen errichtet wurden. Die Gesamtzahl der in der Westbank ansässigen Juden kletterte damit auf 30 000 (obwohl sich bei der Vorbereitung der Gemeindewahlen im Herbst 1983 bezeichnenderweise herausstellte, daß nur etwa 2 000 von ihnen als Einwohner dort gemeldet waren).

Das zweite Merkmal des Siedlungsprozesses unter den Likud-Regierungen betraf die Lage der neuen Siedlungen. Während der Zeit des Arbeiterblocks hatte man Siedlungen in Gebieten errichtet, die keine oder nur sehr wenige arabische Einwohner aufwiesen. Die große Mehrzahl konzentrierte sich auf drei Siedlungsblocks: Golanhöhen, Nordsinai und Jordantal. Alle drei galten als »Pufferzonen« gegen militärische Übergriffe von Syrien, Jordanien oder Ägypten aus. Die Plazierung der Siedlungen im Jordantal folgte im großen und ganzen dem Allon-Plan, der auf dem Prinzip beruhte, die Westbank durch eine auf Regierungsland errichtete Kette von Siedlungen entlang des Jordantals von Jordanien zu trennen. Nur sehr wenige Siedlungen lagen in anderen Teilen Judäas und Samariens, und ihre Entstehung war auf heftigen Druck von seiten des Gusch Emunim zurückzuführen.

Die Ortswahl für neue Siedlungen veränderte sich dann weitgehend unter den Likud-Regierungen. Ziel war es nun, ein Maximum an jüdischer Präsenz in allen Teilen der Westbank zu schaffen. Statt Gebiete mit dichter arabischer Bevölkerung auszusparen, bevorzugte man gerade diese Bezirke für Siedlungsneugründungen und errichtete sogar Siedlungskerne in den großen arabischen Städten wie Nablus, Ramallah und Hebron. Die genaue Lage der neuen Siedlungen richtete sich nach der Identifizierung einer bestimmten Stätte mit einer biblischen Siedlung (Schilo, Bet El) oder nach der jeweils gegebenen Möglichkeit, Böden zu erwerben oder auf rechtlichem Wege zu enteignen. Das geographische Ergebnis dieser neuen Politik war ein verstreutes Muster neuer, meist kleiner Siedlungen, durch die eine maximale jüdische Präsenz in allen Teilen Judäas und Samariens erreicht werden sollte.

Ein drittes Merkmal der Siedlungspolitik seit der Likud-Periode bezieht sich auf die Natur und die wirtschaftliche Grundlage der neuen Siedlungen. Während der Zeit des Arbeiterblocks waren fast alle neugegründeten Siedlungen Dörfer auf landwirtschaftlicher Grundlage. Die Gründung dieser landwirtschaftlichen Siedlungen erfolgte unter tatkräftiger Mithilfe von seiten der Landesverbände der Kibbuzim und Moschawim. Die neuen Siedlungen der Likud-Ära waren dagegen ganz anderer Art. Überwiegend handelte es sich um städtische Siedlungen mit unterschiedlichem Gemeindeaufbau. Das örtliche Arbeitsangebot war recht dürftig, so daß die meisten Arbeitskräfte in die großen Beschäftigungszentren der Metropole Tel Aviv und Jerusalems pendelten. Es ist höchst bedeutsam, daß viele neue Siedlungen der Likud-Periode im Umkreis von Tel Aviv und Jerusalem lagen und ihre Bevölkerung weitgehend auf die umfangreichen Arbeitsmärkte der größten städtischen Ballungsgebiete des Landes angewiesen waren. In vieler Hinsicht setzten die neuen Siedlungen der Likud-Ära die Bildung von Vorstädten an den Peripherien von Groß-Tel Aviv und Jerusalem fort, vorangetrieben durch Angehörige des Mittelstands, die die seltene Gelegenheit massiver staatlicher Unterstützung nützten, um ein bequemes Vorstadtleben in Einfamilienhäusern mit hoher Umweltqualität erreichen zu können. So gingen viele neue Siedlungen der Likud-Zeit auf Privatinitiative zurück, die durch massive staatliche Anreize gefördert wurde, während die traditionellen Siedlungsbewegungen bei diesem neuesten Siedlungsprozeß recht inaktiv blieben.

Die Siedlungspolitik wurde energisch und mit einem Gefühl der Dringlichkeit vorangetrieben, wobei es vor allem darum ging, so schnell wie möglich den Punkt zu erreichen, an dem die dauerhafte jüdische Präsenz in der Westbank eine irreversible Tatsache sein würde. Die staatliche Unterstützung beschränkte sich nicht auf das Gründungsstadium, sondern enthielt auch die bleibende Verpflichtung, Beihilfe zu den höheren Kosten für die verschiedenen Dienste zu leisten, wobei diese höheren Kosten durch das gestreute Siedlungsmuster verursacht wurden. Es gab äußerst intensive Investitionen zur Errichtung einer Infrastruktur – Straßenbau, Stromversorgung, Telefonanschlüsse und ähnliches –, und zwar in größerem Umfang, als es oft in den älteren Gegenden der Fall war. Einen wichtigen Teil dieser Politik bildete die Errichtung von Siedlungsgürteln um Jerusalem; manche Ortschaften entstanden gleich nach der Vereinigung von Jerusalem, aber die Entwicklung ging weit über diese ersten Ansätze hinaus – in gewissem Umfang entgegen der Auffassung von Teddy Kollek, dem Oberbürgermeister von Jerusalem, der meinte, das jüdische Jerusalem könne dadurch möglicherweise entvölkert werden.

Gewisse Siedlerkreise, die überwiegend dem Gusch Emunim angehörten, dehnten auch ständig die jüdische Siedlung Kirjat Arba bei Hebron aus – oft gegen die Anweisungen der Regierung, die aber letzten Endes den Siedlern meist nachgab. Die Siedler vergrößerten kontinuierlich die Grenzen ihrer Ortschaft, wobei sie an vielen Stellen auf Hebron selber übergriffen. Vor den blutigen Unruhen von 1929 hatten Juden dort tatsächlich einigen Grundbesitz innegehabt.

Die allgemeine Siedlungspolitik gehörte zur Ideologie der Cherut-Partei und anderer Anhänger des Gedankens von *Erez-Israel Haschlema*, aber sie wurde, wie gesagt, zum Gegenstand nationaler Auseinandersetzung. Sie stand unter der dynamischen Leitung von Ariel Scharon, dem Landwirtschaftsminister und Vorsitzenden des Gemeinsamen Siedlungsausschusses der Regierung und der Jewish Agency in der ersten und – bis Anfang 1983 – Verteidigungsminister in der zweiten Likud-Regierung.

All diese Aktivitäten lösten, wie wir noch sehen werden, tiefgreifende Veränderungen in den Beziehungen zur arabischen Bevölkerung dieser Gebiete aus und beeinflußten zudem auch die ganze Grundstimmung der israelischen Gesellschaft.

Der Libanonkrieg

Diese Siedlungspolitik stand in engem Zusammenhang mit einer aktiveren Haltung in Sicherheitsangelegenheiten, getragen von dem starken Gedanken eines aktiven Kampfes gegen den Terrorismus im allgemeinen und die PLO im besonderen. Die Entwicklung dieser neuen Sicherheitskonzeption gipfelte in einem Anfang Juni 1982 eingeleiteten Feldzug, der sich zum Libanonkrieg entwickelte. Bekanntlich ergaben sich daraus weitreichende Folgen für das innere Gefüge der israelischen Gesellschaft sowie auch für ihre außenpolitische Stellung.

Der Krieg begann im Juni 1982 als Operation »Frieden für Galiläa«, die nach offiziellen Angaben nur 48 Stunden dauern sollte. Tatsächlich wurde daraus der längste aller israelischen Kriege und der einzige, der – Menachem Begins Aussage zufolge – aus freien Stücken begonnen und Israel nicht von außen aufgezwungen worden war.

Der eigentliche Kriegsverlauf ist wohlbekannt: die Ausdehnung der Kriegshandlungen über die ursprünglich offiziell angegebenen Ziele hinaus bis zur Straße Beirut-Damaskus und noch weiter; die Bombardierung Beiruts; die starke interne und internationale Reaktion auf diese Bombenangriffe; die Zerstörung der meisten PLO-Stützpunkte im südlichen Libanon und in Beirut; der Abzug der PLO aus Beirut im September 1982; die Wahl Beschir Djemayyils, der als Verbündeter Israels galt, zum neuen Präsidenten des Libanon; seine Ermordung wenige Tage nach der Wahl; der Einzug der israelischen Truppen in Beirut; das Massaker an palästinensischen Flüchtlingen und Guerillas in Sabra und Schatila durch christliche Falangisten – die als Verbündete der israelischen Armee galten – nur wenige Tage, nachdem israelische Truppen mit dem erklärten Ziel in Beirut einmarschiert waren, die Ordnung in der Region zu wahren.

Dieses Massaker löste in Israel stürmische Proteste aus. Arbeiterblock, Schalom Achschaw und andere Oppositionsgruppen veranstalteten eine Demonstration mit etwa 400 000 Teilnehmern in Tel Aviv, bei der sie – im Gefolge des Staatspräsidenten Jizchak Navon – die Einsetzung eines gerichtlichen Untersuchungsausschusses forderten, um die Umstände des Massakers und den Grad der israelischen Verantwortung dafür zu prüfen. Der Ausschuß wurde schließlich gegen den Willen des Ministerpräsidenten und weiter Regierungskreise berufen.[90] Mehrere Monate später, im Februar 1983, veröffentlichte er seinen (gewöhnlich als Kahan-Bericht bezeichneten) Spruch, der hin-

90 Er setzte sich aus zwei Angehörigen des Obersten Gerichtshofs – dem Präsidenten Jizchak Kahan und Richter Aharon Barak (dem früheren Rechtsberater der Regierung) – sowie dem General a. D. Jona Efrat zusammen.

sichtlich seiner Kritik an der Regierung keine Parallele in anderen demokratischen Ländern findet und auch auf beträchtlichen Widerstand traf. Der Bericht[91] sprach Israel von jeder Verantwortung frei, verwies aber auf die indirekte Verantwortung des Verteidigungsministers, des Generalstabschefs und vieler Offiziere (einschließlich des Nachrichtendienstchefs und mehrerer Befehlshaber). Er empfahl die Entfernung des Verteidigungsministers und des Nachrichtendienstchefs aus dem Amt und sprach hinsichtlich des Generalstabschefs nur deswegen keine direkte Empfehlung aus, weil dieser ohnehin unmittelbar vor der Pensionierung stand.

Ferner enthielt der Bericht scharfe Worte über die Leitung der Affäre durch den Ministerpräsidenten sowie über das Verhalten von Außenminister Jizchak Schamir, Begins Amtsnachfolger ab September 1983.

Die Veröffentlichung des Berichts bereitete dem Ministerpräsidenten und seiner Regierung sowie weiteren hohen Kreisen einen erheblichen Schock, so daß sie mehrere Tage brauchten, ehe sie zu einer Entscheidung über die Durchführung der Ausschußempfehlungen gelangten. Die Folgen waren: Scharons Rücktritt vom Amt des Verteidigungsministers, aber nicht aus der Regierung, in der er als Minister ohne Geschäftsbereich verblieb (obwohl die Kommission zumindest angedeutet hatte, daß es ratsam sei, ihn ganz aus der Regierung zu entfernen); die Ernennung von Mosche Arens, einer der wichtigsten Persönlichkeiten von Cherut, seinerzeit israelischer Botschafter in den Vereinigten Staaten, zum Verteidigungsminister; später die »normale« Amtsniederlegung durch den Generalstabschef; die langwierigen Verhandlungen mit dem Libanon und die anhaltende Verstrickung Israels in die Kämpfe der dortigen Kontrahenten (Christen, Drusen, Schiiten usw.); und schließlich die Unterzeichnung eines Friedensvertrags mit dem Libanon am 17. Mai 1983, der aber – vornehmlich unter syrischem Druck – vom libanesischen Parlament nicht ratifiziert wurde. Durch all das wurde dieser Feldzug zum längsten aller israelischen Kriege, mit einer steigenden Zahl von Gefallenen (518 Soldaten

91 The Commission of Inquiry into the Events at the Refugee Camps in Beirut, 1983. Final Report (Authorized Translation), erschienen in der *Jerusalem Post*, 9. 2. 1983.

bis Mitte September 1983) und ständigen Protesten gegen diesen Krieg von seiten vieler Gruppen, darunter auch Mütter von Soldaten und Reservisten, die an die Front zogen oder von dort zurückkehrten. Außerdem schuf er eine tiefe Kluft im Land, wie wir noch sehen werden. Israel zog sich im September 1983 bis zum Awali im Südlibanon zurück, was wohl gleichzeitig Begins Rücktritt vom Ministerpräsidentenamt auslöste. Die Nachwirkungen in Israel und in seinen internationalen Beziehungen dauern bis heute an.

Der religiöse Bereich

Der zweite wichtige Bereich, in dem unter den Likud-Regierungen – insbesondere der zweiten – weitreichende Veränderungen eintraten, betraf die Religion.

Dabei ging es nicht nur darum, daß die religiösen Parteien in altbewährter Manier höchst wirksam ihre entscheidende Rolle in der Koalition ausnutzten und ihre Position weiter ausbauten, als man es sich zu früheren Zeiten je hätte vorstellen können, so daß sie, und vor allem die Agudat Israel, steigende finanzielle Zuschüsse für ihre Einrichtungen oft unter Umgehung der üblichen Haushaltsordnung und selbst dann erhielten, wenn die staatlichen Ausgaben für Erziehung, soziale Dienste und so weiter im übrigen scharf eingeschränkt wurden.

Vielmehr erreichten sie zudem auch großen Einfluß auf die grundlegende Stellung der Religion im allgemeinen öffentlichen Leben und bauten deren Position derart aus, daß die ganze Beziehung von Staat und Religion und der Platz der Religion in der Struktur der israelischen Gesellschaft nachhaltig in ihrem Sinn verändert wurden. So erweiterten die Ortsrabbinate ihre Überwachungsbefugnisse hinsichtlich der Speisegesetze ständig und erstreckten sie schließlich (über die einzelnen Koscher-Bestimmungen hinaus) beispielsweise auf die Einhaltung der Sabbat-Ruhe in vielen Hotels. Es gab zahlreiche neue gesetzliche Beschränkungen. Um nur einige der bemerkenswertesten Beispiele anzuführen: Den religiösen Gruppen gelang es, das Pathologiegesetz durchzubringen, das die Zahl der Autopsien stark einschränkte; sie hoben das relativ liberale Gesetz über

den Abbruch von Schwangerschaften wieder auf, erweiterten die Freistellung religiöser Mädchen vom Militärdienst, erreichten die Einstellung von El-Al-Flügen an Sabbaten und jüdischen Feiertagen und versuchen seit langem, die archäologischen Ausgrabungsrechte stark zu begrenzen (soweit alte jüdische Friedhöfe freigelegt werden könnten) – und auch das Gesetz »Wer ist Jude?« durchzudrücken, demzufolge nur derjenige Konvertit als Jude im Sinne des israelischen Rückkehrgesetzes angesehen und damit zur Einwanderung befugt sein würde, der gemäß der Halacha übergetreten ist, das heißt also vor orthodoxen – und nicht etwa vor konservativen oder Reformrabbinern.
Diese Entwicklungen schienen der Einstellung der Regierung – oder zumindest der des Ministerpräsidenten – nicht immer zuwiderzulaufen. Die liberalen Minister und Knesset-Abgeordneten murrten zwar hier und da, gaben aber – mit einigen Ausnahmen – gewöhnlich nach, da sie zu Recht meinten, daß dies ja alles Teil des Koalitionsabkommens sei.

Die Wirtschaftspolitik

Sehr viel schwieriger als im religiösen oder vor allem militärischen Bereich lassen sich die ideologischen Grundlagen für die Wirtschaftspolitik des Likud klar herausarbeiten. Das erste Stadium der Liberalisierung unter Simcha Ehrlich war offensichtlich mit einer ziemlich naiv-liberalen Wirtschaftseinstellung verbunden, die der vorher üblichen starken staatlichen Lenkung entgegentreten wollte. Ihre wichtigste Einzelmaßnahme bestand in der effektiven Abschaffung der meisten Devisenbestimmungen, insbesondere im Hinblick auf die Importe, während viele zentrale Aspekte der staatlichen Regulierung und Investitionen im wirtschaftlichen Leben – wie etwa der zivile Ausgabenanteil der Regierung am Bruttosozialprodukt oder ihre Beteiligung am Beschäftigungssektor – insgesamt größer waren als je zuvor. Die Reallöhne stiegen, Inflation und Zahlungsbilanzdefizit ebenfalls.
Das zweite Stadium begann mit der Ernennung von Jigal Horowitz zum Finanzminister. Er hatte strenge restriktive Maßnah-

men im Auge, forderte erhebliche Opfer dafür – und paßte damit nicht so recht in ein Wahljahr, weswegen er Anfang 1981 zurücktrat.

Mit Joram Aridor als Finanzminister nahm dann die neue, speziell vom Likud bzw. von Cherut geprägte »richtige« Wirtschaftspolitik ihren Lauf, deren erklärte Ziele Inflationsverminderung und Ankurbelung des Wirtschaftswachstum lauteten. Die Nahrungsmittelsubventionen wurden stark erhöht, die Steuern auf Konsumgüter herabgesetzt und Haushaltseinschränkungen aufgehoben. Infolgedessen schnellten der private Verbrauch und die Reallöhne im Wahljahr 1981 natürlich in die Höhe, und diese Entwicklung hielt auch weiter an, bis 1984 eine Inflationsrate von etwa 400 Prozent erreicht war.

Inhaltlich gesehen ließ sich dieser ideologische Unterbau als »populistische« Wirtschaft im üblichen Sinn definieren, und in mancher Hinsicht glich sie der Lage im peronistischen Argentinien oder in ähnlichen Wirtschaftssystemen. Außerdem hatte sie, wie wir noch sehen werden, weitreichende Auswirkungen auf die Grundstimmung der israelischen Gesellschaft.

Zionistische und jüdische Themen; Veränderungen im Zentrum

Stärke und Territorium

Die meisten dieser Maßnahmen waren, wie gesagt, mit Bemühungen um eine tiefgreifende Umgestaltung einiger Grundthemen der zionistischen Vision verbunden sowie implizit oder indirekt auch mit einem angestrebten Wandel in den jüdisch-zivilisatorischen Orientierungen.

Fast jedes dieser Themen war selbstverständlich auch zu früheren Zeiten vorhanden gewesen, aber meist in ziemlich zweitrangiger und latenter Form. Doch in dieser Periode der späten siebziger und frühen achtziger Jahre erfuhren sie eine weitreichende Veränderung ihrer Grundgestalt und ihrer Verknüpfung miteinander, und es gab auch eine allgemeine Tendenz, die Spannungen zwischen ihnen »auszubügeln« oder ganz zu leugnen.

Das erste Hauptthema der alten revisionistischen Vision war die

Betonung der Stärke, der hohe Wert, den man militärischer Macht und Kampfbereitschaft beimaß, und Versuche, ihr teils eine fast heilige Weihe zu verleihen.

In engem Zusammenhang damit stand eine erhebliche Verstärkung der territorialen Komponente in den zionistischen – und auch traditionell jüdischen – Einstellungen. Man war immer wieder bestrebt, diese Komponente in historischen und religiösen Begriffen zu verherrlichen, während eine derartige mehr oder weniger umfassende Heiligsprechung in der älteren revisionistischen Vision Jabotinskys keine so große Rolle gespielt hatte.

Die Gebietskonzeption hatte sich weitgehend verändert – von der ehemaligen Auffassung, die im Territorium ein Mittel zur Verwirklichung des nationalen Wiederaufbaus oder einen Ausdruck der besonderen Verbindung zwischen der Nation und ihrem Land oder auch die Grundlage nationaler Sicherheit gesehen hatte, zu der fast totalen, säkularen oder religiösen Verklärung von Territorium und Siedlung zum Selbstzweck, zum wahren Gipfelpunkt der zionistischen Vision.

Die mehr säkularen Formen dieser Verklärung fanden sich bei vielen Anhängern von *Erez-Israel Haschlema* im Arbeitersektor und in vielen Kreisen in den Kibbuzim und Moschawim sowie in weiteren städtischen Schichten. Bei ihnen verband sich eine weltlich-primordiale Einstellung mit einer starken Betonung von Siedlung und Sicherheit.

Die religiös-nationalen Formen dieser Verklärung wurden vor allem von Gusch Emunim und den ihm nahestehenden Kreisen entwickelt. Dabei ging es in erster Linie um die religiösen, historischen, zuweilen fast mystischen Dimensionen der territorialen Komponente, die häufig mit einem politisch-mystischen Messianismus verschmolz. Diese Vorstellungen gingen auf die Lehre des Rabbiners Awraham Kook zurück, die von seinem Sohn, Rabbiner Jehuda Kook, und anderen Rabbinern fortgeführt und erheblich ausgebaut wurde, und zwar in einigen Jeschiwot Hesder (vor allem der Jeschiwa Merkas Haraw) und in den Kreisen von Gusch Emunim. Der Schriftsteller Chaim Bar hat diese Männer treffend als »Kanaaniter mit Gebetsriemen« betitelt.

Diese Verklärung der territorialen Komponente löste weitreichende Reaktionen aus: nicht nur bei »säkularen«, universalistisch eingestellten Elementen aus den sozialdemokratischen Gruppierungen, sondern auch bei einigen – vor allem nichtzionistischen – religiösen Kreisen. So machte beispielsweise Raw Awraham Schach, eines der Mitglieder im Weisenrat der Agudat Israel, bei deren letztem Parteitag in Jerusalem derartige Gebietsverherrlichungen lächerlich, indem er betonte, Israel sei durch seine Anerkennung der Tora zur Nation geworden, und nur diese Anerkennung rechtfertige seinen Einzug in Erez-Israel.

Solidarität und »lehatiw im Ha'am«

Die verbreitetsten jüdischen und zionistischen Themen waren wohl die jüdische Solidarität, der entschiedene Nachdruck auf der religiösen Dimension der jüdischen Tradition und historischen Erfahrung.

In Zusammenhang damit entwickelte sich auch eine starke Neigung zu den reinen Solidaritätsaspekten dieser Tradition. Hand in Hand damit ging wiederum eine Hinwendung zum Partikularismus, zum Blick nach innen, zu dem Hang, sich von der Außenwelt abzukoppeln und der angeborenen Sittlichkeit des jüdischen oder israelischen Kollektivs zu vertrauen. Dadurch traten die zivilisatorischen und somit auch universalistischen Dimensionen der zionistischen oder israelischen Identität hinter der nationalen und partikularistischen sowie auch den »revolutionären« Tendenzen des Aufbaus von Institutionen zurück.

Ferner kam es zu einem weitgehenden Wandel in den sozialen Grundthemen oder zumindest zu einer Intensivierung einiger älterer Motive. Vor allem schwächten sich die elitistischen Einstellungen mit ihrer Betonung von Pflicht und Pflichterfüllung immer weiter ab, während die eher distributiven Auffassungen von Rechten und Ansprüchen auf dem Vormarsch waren.

Diese Richtung faßte Ministerpräsident Begin äußerst prägnant in einer seiner Verlautbarungen zusammen, als er seine Politik der seiner Vorgänger gegenüberstellte. Er betonte, daß letztere hart nach innen, mit dem Volk Israel, aber schwach in ihren

Außenbeziehungen gewesen seien, während er die entgegengesetzte Haltung einnehmen, nämlich dem Volke Gutes erweisen werde (*lehatiw im Ha'am*). Dies bildete dann eine gute Grundlage für Aridors »richtige« Wirtschaftspolitik.

Der Einzug neuer Sektoren ins Zentrum

Die engen Wechselbeziehungen zwischen vielen der von der Likud-Regierung eingeleiteten Maßnahmen und den Versuchen, neue Themenkonstellationen des zionistischen Gedankens zu artikulieren, hatten weitreichende Auswirkungen auf die gesamte Grundstimmung der israelischen Gesellschaft und vielleicht vor allem auf die Frage, ob hier tatsächlich ein neues institutionelles Modell im Entstehen begriffen war.

Zum besseren Verständnis dieser Auswirkungen muß man in Betracht ziehen, daß die Durchführung dieser Maßnahmen – die mit der Äußerung verschiedener, bisher latenter Themen der zionistischen Bewegung und der jüdischen zivilisatorischen Orientierungen verbunden waren – nicht nur mit einem normalen, routinemäßigen Regierungswechsel einherging, sondern einer Veränderung des Herrschaftssystems recht nahekam. Dieser Wandel brachte notwendigerweise mehrere wichtige Prozesse mit sich, von denen zwei am bedeutsamsten waren: nämlich erstens die Mobilität und der lebhafte Zustrom neuer Kräfte in die Regierungszentren und verwandte Positionen und zweitens das emsige Bestreben des neuen Regimes, die Legitimität des alten zu untergraben.

Zunächst rückten also viele neue Kreise – von Cherut, aus den liberalen Gruppierungen und auch von Tami – in die verschiedenen zentralen Stellungen auf, nicht nur im politischen und Dienstleistungsbereich, sondern auch in viele Wirtschaftspositionen im staatlichen Sektor und in zahlreiche öffentliche Körperschaften, in die Jewish Agency und so weiter.

Es gab einen enormen Andrang nach solchen Positionen, eine Vielzahl von Stellenneubesetzungen und eine schrittweise Verdrängung zumindest einiger Teile des alten Establishments aus derartigen Stellungen. In einigen Fällen wurden bei solchen Veränderungen beamtenrechtliche Bestimmungen verletzt, was man mit der Behauptung rechtfertigte, daß unter dem vorangegangenen Regime nur wenige aus diesen Sektoren auf solche Posten befördert worden seien. Vor allem aus dem Umkreis von Tami kamen wiederholt Forderungen, man solle Ernennungen aufgrund des ethnischen oder kulturellen Hintergrunds vornehmen, während bei Cherut, den Liberalen und der NRP eher der natürliche Hang entstand, mehr ihrer eigenen Leute in solche Positionen zu schleusen.

Diese Umschichtungen verwiesen auf eine verbreitete Mobilität, die nicht beruflich oder wirtschaftlich, sondern aufs Zentrum ausgerichtet war. In enger Verbindung damit entstand eine neue aktive und konstruktive Führungsschicht in vielen Entwicklungsstädten, die gute Beziehungen zum Zentrum besaß und die Erwartung und das Gefühl hegte, potentiell am Zentrum beteiligt und jedenfalls nicht mehr benachteiligt zu sein.

Die Kehrseite dieses Einzugs neuer Gruppen ins Zentrum war das ständig wachsende Gefühl der Zurücksetzung bei der eigentlichen Maarach-Führung und erst recht in deren weiterem Umkreis.

Viele der früher in hohen Positionen Beschäftigten zogen sich jetzt in die Privatwirtschaft zurück; andere setzten sich zur Ruhe. Und für die breiteren Schichten oder Gruppen wurde es klar, daß der Maarach viele seiner Bastionen eingebüßt hatte. Natürlich vermochten sich viele nur schwer damit abzufinden, daß der Arbeiterblock nicht mehr im Zentrum und in den zentralen Stellungen saß, außer im Wirtschaftssektor der Arbeiterbewegung.

Legitimation und Delegitimation

Derartige Gefühle der Zurücksetzung wurden durch die Bestrebungen vieler neuer Likud-Führer verstärkt, das frühere Regime zumindest teilweise zu delegitimieren und sich – als Vertreter der ganzen Nation – vieler zionistischer Symbole zu bemächtigen, darunter auch derer der »konstruktiven« – also typisch arbeiterzionistischen – Richtung.

Es wurden Beschwerden geäußert, daß man die Bedeutung der

Untergrundtruppen Ezel und Lechi in der Geschichtsschreibung und in der Symbolik des Unabhängigkeitskampfes vernachlässigt habe, was sich zum Beispiel darin ausdrücke, daß am Unabhängigkeitstag keine Ehrenwachen an den Gräbern ihrer Mitglieder aufgestellt würden – eine Situation, die Begin änderte. Ferner wurde behauptet, daß die Stellung der revisionistischen Bewegung einschließlich ihrer Untergrundorganisationen in der Diaspora allgemein und in deren orientalischem Teil im besonderen nicht richtig gewürdigt worden sei. Man unternahm zahlreiche Versuche, dies zu beheben, wobei man häufig auf stark übertriebene, äußerst aggressive und laute Weise vorging. Sogar die Geschichte des Kampfes gegen die Briten und für die Unabhängigkeit wurde umgeschrieben – vor allem mit dem Ziel, die Rolle der Hagana bei all diesen Vorgängen herunterzuspielen.

Ein vielleicht sonderbarer, aber doch höchst bedeutsamer Schritt in diese Richtung bestand darin, daß die Regierung einen Untersuchungsausschuß einsetzte, um den 1933 an Chaim Arlosoroff verübten Mord erneut zu überprüfen, der seinerzeit bekanntlich den Jischuw gespalten hatte. Man verfolgte damit offenbar die Absicht, jene Mitglieder einer der rechtsgerichteten Gruppen völlig »reinzuwaschen«, die seinerzeit zwar vom Mandatsgericht freigesprochen worden waren, im Arbeitersektor aber oft noch der Tat verdächtigt wurden. Nun sollte diese »Blutbeschuldigungsgeschichte« ein für allemal vom Tisch, wodurch man potentiell zumindest indirekt das Establishment und die Herrschaft des Maarach zu delegitimieren suchte – mit der Behauptung, ihre Haltung sei parteilich und spalte die Nation, statt sie zu einen.

Demgegenüber war der Ministerpräsident stets bemüht, sich und seine Partei als Wahrer der nationalen, alle Patrioten umfassenden Einheit darzustellen. So nahm er beispielsweise auf seinem ersten Ägyptenbesuch Vertreter aller ehemaligen Untergrundtruppen mit – also von Hagana, Ezel und Lechi gleichermaßen.

Ebenso neigte der Ministerpräsident dazu, sich selbst als Fortführer des Werkes von Ben-Gurion und der aktivistischeren Führer des sozialdemokratischen Lagers zu präsentieren. Dabei wandte er sich gegen die sozialistischen Aspekte der von der

Arbeiterbewegung vertretenen Ideologie und behauptete gleichzeitig – unter Hinweis auf die Armutsinseln und die ethnischen Gruppen –, daß es deren Anhängern mit ihrem Sozialismus nie wirklich ernst gewesen sei.

Ein weiteres interessantes Beispiel – unter vielen – für solche Versuche, die Arbeiterbewegung oder zumindest ihre zentrale Stellung in der Geschichte des Jischuw teilweise zu delegitimieren, boten die Feiern zum Unabhängigkeitstag von 1983. Bei der traditionellen Fackelentzündung auf dem Herzl-Berg, die in jenem Jahr unter dem Motto »100 Jahre jüdisches Siedlungswerk in Erez-Israel« stand, wurde die Bedeutung der arbeiterzionistischen Siedlungen (Kibbuzim, Moschawim und neue Moschawim) im Vergleich zu den verschiedenen privaten Siedlungsformen (Moschawot und städtische Siedlungen) einerseits und den neuen Siedlungen in Judäa, Samarien und auf den Golanhöhen andererseits herabgewürdigt.

Weite Kreise, die dem Maarach oder den diversen Protestbewegungen nahestanden, taten sich wiederum – oder tun sich vielleicht immer noch – schwer damit, die volle Legitimität dieser Regierung zu akzeptieren, also die Tatsache, daß der zionistische Gedanke von Menachem Begin und dem Likud legitim vertreten werden kann.

Die Umschichtung der politischen Kräfte

Neue Beziehungen zwischen Regierung und Opposition

Zu den wichtigsten Ergebnissen dieser Entwicklungen gehörte eine weitreichende Veränderung in der Struktur des israelischen politischen Lebens – nämlich die Entstehung eines neuen Typs von Opposition und neuer Beziehungen zwischen Regierung und Opposition. Das bedeutete nicht nur, daß es zum ersten Mal in der Geschichte Israels eine Opposition gab, die beinahe so viele Knesset-Sitze wie die Koalition innehatte (der Maarach verfügte sogar über drei Sitze mehr als die größte Regierungspartei, der Likud); besonders wichtig war darüber hinaus, daß die Opposition sich nicht nur als ein Korrektiv zur Regierung betrachtete, sondern als eine umfassende, fundamentale Opposition, die weder die Grundprämissen der Regierung noch die meisten ihrer politischen Maßnahmen akzeptierte und deshalb recht scharf – wenn auch nicht immer sonderlich erfolgreich – dagegen anging. Langsam stellte sich heraus, daß eine solche Opposition tatsächlich im Entstehen war.

Allerdings brauchte der Arbeiterblock lange, bis er sich an den Gedanken gewöhnt hatte, nicht mehr an der Regierung zu sein. In vielen Fällen, wie etwa beim Golan-Gesetz, dem Jerusalem-Gesetz und zu Anfang des Libanonkriegs, stimmten seine Abgeordneten mit der Regierung – nach ihren eigenen Angaben aus Gründen des allgemeinen nationalen Interesses und nationaler Verantwortung sowie auch aufgrund des Drucks der Falken in den eigenen Reihen. (Im Fall des Golan-Gesetzes gehörten einige dieser Elemente sogar zu seinen stärksten Befürwortern.)

Auch erhoben sich im Maarach immer wieder Stimmen, die nach der Bildung einer Regierung der nationalen Einheit riefen, und sie wurden noch lauter nach Begins Rücktritt. Nur die weiter links stehenden Abgeordneten wie Jossi Sarid oder Schulamit Alloni (die Vorsitzende der Raz-Gruppe, die sich dem Parteiblock des Maarach angegliedert hatte) sowie einige Mapam-Mitglieder widersetzten sich beharrlich dieser Möglichkeit.

Gegen Ende 1982, als die Lage im Libanon sich verschlechterte und die Wirtschaftssituation kritischer wurde, entstand aber dann doch eine breite Fundamentalopposition gegen die Regierung innerhalb des Maarach. Zunächst wußte sie nicht immer, wie sie sich präsentieren sollte. Sie machte zu häufigen Gebrauch von Mißtrauensvoten (die nie die erforderliche Mehrheit erhielten) und schien oft in zu großer Hast zu sein, die Regierung selbst zu übernehmen. Als Mosche Schamir Begins Nachfolge antrat, wurde die Bildung einer Regierung der nationalen Einheit zwar diskutiert, aber vom Maarach abgelehnt (um dann nach den Wahlen von 1984 doch noch zustande zu kommen, wie wir sehen werden).

Die Grundlinien dieser Opposition bezogen sich mehr und mehr auf die allgemeine und sicherheitspolitische Grundkonzeption: auf die territoriale Expansionspolitik und die ständige israelische Präsenz in Judäa und Samarien mit der daraus fol-

genden Herrschaft über 1 bis 1,3 Millionen Araber – im Gegensatz zu der Vorstellung von einem irgendwie gearteten territorialen Kompromiß, der die demokratische und jüdische Natur des Staates erhalten würde.
Diese neue Lage, in der es erstmals eine Fundamentalopposition gab, leitete eine völlig neue Entwicklung auf der politischen Bühne Israels ein.
In der gesamten Maarach-Ära – besonders unter Ben-Gurion und Golda Meir – war die Tendenz, die Regierung mit dem Staat gleichzusetzen, äußerst stark gewesen, da die Grundprämissen der Regierung, wenn auch nur de facto, von großen Teilen der Opposition anerkannt wurden, die höchstens eine etwas härtere Haltung forderte. Damit war das Problem viel weniger akut gewesen. Aber das änderte sich jetzt gründlich.

Veränderungen in den ökonomischen Bastionen

Die Entstehung einer solchen Opposition wurde natürlich dadurch beschleunigt, daß mehrere konkrete Maßnahmen, die eng mit dem »Regimewechsel« verbunden waren, dem – allerdings nicht besonders erfolgreichen – Versuch galten, einige der wirtschaftlichen Bastionen des sozialdemokratischen Lagers zu untergraben oder womöglich selbst zu übernehmen, darunter vor allem, aber nicht nur die Histadrut.
Das erste Beispiel für derartige Bestrebungen war die Reorganisation der Fluggesellschaft El Al, die lange Zeit eines der wichtigsten Symbole für den Hang der Histadrut gewesen war, die stärkeren Gruppen in der israelischen Gesellschaft zu unterstützen. Dieser Eingriff brachte die Histadrut in eine weitere unbequeme und schwache Lage und veränderte mit Sicherheit die gesamten Arbeitsbeziehungen bei El Al. Das Ganze hätte womöglich auch wirtschaftlich recht erfolgreich sein können, wenn man nicht gleichzeitig die Flüge am Sabbat eingestellt hätte.
Der zweite, noch erfolglosere Versuch galt dem Vorhaben, das Gesundheitswesen neu zu ordnen, es dabei überwiegend zu verstaatlichen und somit das Monopol der Histadrut-Krankenkasse *Kupat Cholim* zu unterminieren.

Ein anfänglicher Vorstoß in dieser Richtung, den die erste Likud-Regierung unternommen hatte, war erfolglos geblieben, denn er führte nur zu einer geringen Umgestaltung der Krankenhausdienste und schließlich dann zu dem berühmt-berüchtigten Ärztestreik im Frühsommer 1983. Dieser Streik erwies sich nicht nur als katastrophal für das Gesundheitswesen, sondern auch für die ganze moralische Grundstimmung der Gesellschaft. Allerdings setzte er auch die Histadrut in ein schlechtes Licht – insofern sie gleichzeitig als Arbeitgeber der Ärzte, als deren Gewerkschaftsvertreter und als Organisator von Gesundheitsdiensten für die allgemeine Öffentlichkeit fungierte.
Generell verlor die Histadrut mehr und mehr ihre Stellung als Partner der Regierung bei der Formulierung ihrer Wirtschaftspolitik. Sie wurde oft ins Abseits gedrängt, von wo aus sie – aufgrund der objektiven Situation sowie auch des Mangels an weitblickenden Führungskräften – nur schwer ihre alte Position zurückzugewinnen oder die wirtschaftlichen und sozialen Angelegenheiten tiefgreifend zu beeinflussen vermochte.
Parallel dazu entwickelte die Likud-Gruppe in der Histadrut starke oppositionelle Tendenzen, teils unter der Führung von David Levi. Dadurch kam es bei Histadrut-Versammlungen zu einigen höchst unschönen Zwischenfällen, die als Teil der neuen politischen Atmosphäre angesehen werden konnten, die sich jetzt in Israel herausbildete.

Die Auswirkungen der neuen politischen Maßnahmen

Die Auswirkungen der Siedlungspolitik

Die neuen politischen Grundlinien und die neuen Themen, der Einzug neuer sozialer Gruppen ins Zentrum und die Umschichtung der politischen Kräfte hatten natürlich zusammengenommen weitreichenden Einfluß auf Möglichkeit, Grad und Art der Entwicklung und Festigung neuer institutioneller Modelle in der israelischen Gesellschaft. Derlei Auswirkungen traten zuallererst in Verbindung mit der Siedlungspolitik in Judäa und Samarien auf, die – wie gesagt – weit über das vom Arbeiterblock auf diesem Gebiet Unternommene hinausging.

Dieses Vorgehen wurde von einer neuen politischen Auffassung geleitet, nämlich *Erez-Israel Haschlema*, sowie von der Absicht, eine Situation zu schaffen, in der keine andere Entität außer Israel über diese Gebiete würde herrschen können. Dies erforderte eine harte Haltung gegenüber der PLO – die auch den Libanonkrieg bestimmte – mit dem Ziel, deren Einfluß in Judäa und Samarien zu zerstören und von sich aus den arabischen Einwohnern dieser Gebiete eine sehr beschränkte Autonomie einzuräumen.

Diese politische Einstellung bildete die Grundlage für mehrere tiefgreifende konkrete Maßnahmen – zusätzlich zur Errichtung der Siedlungen, aber natürlich in engem Zusammenhang damit. Erstens erforderte sie die umfangreiche Aneignung von öffentlichem und zuweilen auch privatem Boden der Araber sowie die Ermunterung privater Unternehmer, solche Grundstücke zu erwerben. Zweitens schränkte man jetzt die politischen Handlungsmöglichkeiten verschiedener arabischer Gruppen erheblich weiter ein, als es unter der früheren Militärverwaltung der Fall gewesen war, so daß es zur Festnahme, Inhaftierung und Ausweisung vieler arabischer Persönlichkeiten, einschließlich der Bürgermeister mehrerer Städte, kam sowie auch zur Ausübung einer sehr weitreichenden, oft geradezu lächerlichen Zensur für Bücher und Presseerzeugnisse. Drittens war man bestrebt, proisraelische Elemente ausfindig zu machen, darunter besonders in der sogenannten *Agudat Hakefarim* (Dorfverband).

All diese Aktivitäten lösten natürlich ständige Spannungen mit den arabischen Einwohnern aus, die häufig der Beschlagnahme von Böden durch die – teils sogar erfolgreiche – Anrufung des Obersten Gerichtshofs zu begegnen suchten. Einige besonders dubiose Ankaufs- oder Enteignungsmaßnahmen scheiterten auch am Einspruch des Rechtsberaters der Regierung.

Generell vermochten diese juristischen Maßnahmen jedoch die Aneignung des Bodens – und insbesondere das neue politische Klima der Beziehungen zwischen der Regierung (bzw. vor allem der Militärverwaltung) und der arabischen Bevölkerung insgesamt – nur am Rande zu berühren.

Diese neue politische Haltung gegenüber den Arabern zeigte sich noch offener im Verhalten vieler jüdischer Siedler in Judäa und Samarien, die sich zu Selbstverteidigungsgruppen zusammenschlossen, oft extrem antiarabische Meinungen äußerten und ihre Macht in einer Art demonstrierten, die nicht immer voll von Armee und Polizei kontrolliert wurde. Teils formierten sie sich sogar – wie unter anderem ein früherer Chef des Dienstes für innere Sicherheit behauptete – zu einer Art Untergrund. (Der Umfang dieses Untergrunds und seine potentiell große Gefährlichkeit wurden im Mai 1984 erkannt, wie wir im Nachtrag schildern werden.)

Die extremsten Vorfälle ereigneten sich wohl in Hebron, wo die militantesten Elemente unter den Siedlern des nahen Kirjat Arba ihren Siedlungsbereich immer weiter vorschoben, oft gegen die Anweisungen der Regierung, die ihnen letztlich allerdings meist nachgab. Die gespannten Beziehungen zu den dortigen Arabern gipfelten im Sommer 1983 in einer Reihe von Zwischenfällen. Nachdem ein jüdischer Student getötet worden war, stürmte eine Gruppe maskierter Männer, bei denen es sich nach verbreiteter Annahme um jüdische Extremisten handelte, mit wahllosem Gewehr- und Granatenfeuer in die Hebroner Universität, wo sie drei Palästinenser töteten und viele andere verwundeten. Daraufhin kam es zu Gewaltausbrüchen auf arabischer Seite, gefolgt von israelischen Gegenaktionen.

Somit entstand in Judäa und Samarien eine ständig unruhige, mehr oder weniger explosive Situation, gekennzeichnet durch Spannungen und oft gewaltsame Demonstrationen, Steinwürfe auf Armee- und Polizeiangehörige, Schüsse auf vorbeifahrende jüdische Wagen, Festnahmen und Ausweisungen, die gelegentliche Schließung von Colleges und Universitäten sowie auch, wie wir noch sehen werden, ein recht hartes, oft geradezu brutales Verhalten der Armee. All dies deutete auf eine Veränderung in der ganzen Grundhaltung der Militärverwaltung in ihren Beziehungen zur arabischen Bevölkerung. Und es war auch ein Zeichen für die gewandelte israelische Ideologie: Man hatte sich von der zeitweisen auf eine ständige Besatzung, Siedlung und Eroberung umgestellt – was am besten am teilweisen Übergang von der Militär- zur Zivilverwaltung abzulesen war. Die israelische Herrschaft über Judäa und Samarien war nicht mehr zeitlich begrenzt. Daraus ergaben sich tiefreichende Folgen für das innere Leben in Israel.

Noch weitreichender waren die inneren und äußeren Auswirkungen des Libanonkriegs. Es war der erste israelische Krieg, der nicht von einem nationalen Konsens getragen wurde und sich nicht mehr auf eine gemeinsame Sicherheitskonzeption stützte. Dadurch riß er tiefe Gräben im Land auf.

In den ersten Stadien des Krieges, als der Ministerpräsident erklärte, daß das Kriegsziel in der Einrichtung einer Sicherheitszone von 40 Kilometern für Galiläa liege, schenkte man der Sache weitgehend Glauben. Sie wurde von den meisten Parteien unterstützt, außer von der linken Opposition – einigen Mitgliedern der Arbeiterpartei und den meisten Mapam-Abgeordneten, die sich als viel weitsichtiger erweisen sollten als diejenigen, die den offiziellen Erklärungen vertraut hatten.

Als der Krieg jedoch über die ursprünglichen Ziele hinaus weitergeführt wurde, verloren der Verteidigungsminister (Ariel Scharon) und viele Armeesprecher (einschließlich des Generalstabschefs) weithin an Glaubwürdigkeit. Sogar die Soldaten selber sahen im Feld oft, daß die offiziellen Bekanntgaben nicht stimmten. Die Ablehnung in der Gesellschaft wurde stärker, verschärfte sich weiter nach der Bombardierung von Beirut und schließlich noch mehr mit dem Massaker von Sabra und Schatila. Seither besteht sie bekanntlich ständig.

Es kam sogar zu Meinungsverschiedenheiten in der Armee und zu Protesten von Offizieren. Der bemerkenswerteste Fall war der von Oberst Eli Geva, der vor dem Luftangriff auf Beirut darum ersuchte, von seinem Befehlsposten freigestellt zu werden (was geschah) und weiter in seiner Einheit zu dienen (was man ihm versagte). Außerdem wurden persönliche Beschimpfungen von vielen Spitzenpersönlichkeiten – in gewissem Umfang einschließlich des Ministerpräsidenten – laut.

Wachsende Spannungen entstanden zwischen vielen höheren Armeekreisen und dem damaligen Verteidigungsminister Scharon, die sich nach der Veröffentlichung des Kahan-Berichts verstärkten und erst durch Änderungen im Ministerium wieder etwas abgebaut wurden.

Der schleppende, langwierige Verlauf dieses längsten aller israelischen Kriege; die wachsende Zahl der Gefallenen; das zunehmende Bewußtsein, daß eine Einigung mit dem Libanon unerreichbar blieb; der Bankrott der »globalen« Sicherheitskonzeption und des von Scharon so häufig angemeldeten Anspruchs, eine neue, bessere Ordnung im ganzen Nahen Osten und insbesondere im Libanon schaffen zu wollen; die verschlechterten Beziehungen zur loyalen Drusenminderheit in Israel; die Tatsache, daß dieser Krieg das Trauma des Jom-Kippur-Kriegs keineswegs ausgelöscht hatte, wie Begin in den ersten Kriegstagen meinte, sondern es in vielen Sektoren der Bevölkerung wohl eher verstärkte – all diese Faktoren mögen, verschiedenen Berichten zufolge, neben Begins schlechtem Gesundheitszustand entscheidend dazu beigetragen haben, daß er im September 1983 sein Amt niederlegte.

Die internationalen Beziehungen während des Libanonkriegs

Die internationalen Auswirkungen des Krieges waren ebenfalls sehr weitgehend – in mehreren Richtungen. Der Feldzug begann mit dem Segen oder zumindest der stillschweigenden Zustimmung der USA – wenigstens was die begrenzteren Kriegsziele anbetraf. Positiv äußerte sich insbesondere der damalige amerikanische Außenminister Alexander Haig, der vermutlich Begins und Scharons antisowjetische Einstellung ebenso teilte wie den Glauben, daß Israel möglicherweise eine Rolle als mäßigende Kraft in einer »globalen« Strategie spielen könne und außerdem das militärisch und politisch einzig verläßliche Element im Nahen Osten darstelle.
Doch selbst diese Haltung fand nicht den Beifall anderer politischer Faktoren – wie etwa der europäischen Staaten, der meisten Medien in den Vereinigten Staaten und Europa oder vieler anderer politischer Kreise in Amerika. Später, mit der Bombardierung Beiruts und dem Massaker von Sabra und Schatila, begann auch die amerikanische Unterstützung nachzulassen. Die Folge war der Reagan-Plan vom September 1982, der einen totalen Frieden im Nahen Osten, gestützt auf Verhandlungen mit Hussein über einen territorialen Kompromiß in Judäa und Samarien, vorsah – und von der israelischen Regierung augenblicklich abgelehnt wurde.

Die Entrüstung in den Medien über Israel – während des Kriegs im allgemeinen und nach der Bombardierung Beiruts und dem Massaker von Sabra und Schatila im besonderen – besaß stark antisemitische Obertöne, die mit antiisraelischen, antizionistischen und antijüdischen Themen verschmolzen. Auch enthielten sie kein geringes Maß an Scheinheiligkeit, wie sich später zeigen sollte, als Israel 1983 seine Truppen teilweise aus dem Libanon zurückzog, die verschiedenen libanesischen Gruppen sich aber blutiger denn je zuvor bekämpften – weit über das in Sabra und Schatila Geschehene hinaus –, ohne daß sich die Medien darüber entrüstet hätten. (Dies läßt sich mit der früheren Periode vergleichen, als die PLO das christliche Dorf Damour ausradierte – wieder ohne den Aufschrei der Medien.)
Dies beruhte unter anderem darauf, daß die in Beirut stationierten westlichen Journalisten entweder unter dem starken Druck der PLO standen oder tatsächlich deren überzeugte Sympathisanten wurden und deshalb ein sehr einseitiges Bild der Entwicklungen vermittelten. So berichteten sie nicht über die im Lauf der Jahre von der PLO begangenen Greueltaten und benutzten in einem Fall sogar ein mehrere Jahre früher aufgenommenes Bild von einer Mutter mit Kind in Damour, um damit die angebliche israelische Grausamkeit zu beweisen.
Trotz dieser Tatsachen kann kein Zweifel daran bestehen, daß sich die Atmosphäre in bezug auf Israel über einen recht langen Zeitraum hinweg – bis zum Beginn der Friedensverhandlungen mit dem Libanon – sehr verschlechterte. Selbst später noch trug diese Klimaveränderung zu einem gewandelten Israel-Bild bei: Man akzeptierte Israel als militärische Präsenz, kritisierte es dabei aber stillschweigend oder öfter auch ausdrücklich und versuchte sogar bis zu einem gewissen Grad, seine Legitimität zu untergraben. Dasselbe galt für die Art, in der Journalisten – teils aus Ländern, die zu den führenden Waffenexporteuren der Welt zählen – über israelische Waffenverkäufe an Militärdiktaturen berichteten, wie unter anderem an die damaligen Regimes in Argentinien, Zaire und Südafrika; allerdings wurden solche Berichte auch nicht wenig durch die großen Reden Scharons über derartige Geschäfte gespeist.
Die Proteste gegen den Krieg waren sehr problematisch und wurden es noch mehr, als die Kriegshandlungen sich immer

länger hinzogen. Auf der einen Seite hatte man die militärische und in gewissem Umfang auch politische Basis der PLO zerstört, selbst wenn nach dem israelischen Truppenabzug vom September 1983 viele ihrer Mitglieder unter syrischem und drusischem Schutz in den Libanon zurückzukehren begannen. Außerdem war der Frieden für Galiläa erreicht, wo die Bewohner der Siedlungen sich nun sicher fühlten, nachdem sie viele Jahre lang Angriffen ausgesetzt gewesen waren. Auf der anderen Seite standen die zunehmende Verstrickung im Libanon, die wachsende Abhängigkeit von den USA und der Zusammenbruch der »großen Strategie« der neuen Globalkonzeption.

Die Beziehungen zu den Vereinigten Staaten verbesserten sich – nach einem Tiefstand – gegen Ende 1982 und Anfang 1983. Dazu trugen insbesondere die Schwäche des »gemäßigten« arabischen Lagers und dessen Unfähigkeit bei, die PLO dazu zu bewegen, der Beteiligung Husseins an den vorgeschlagenen Verhandlungen mit den USA und Israel über die Zukunft der Palästinenser zuzustimmen, so daß Hussein sich aus diesen Gesprächen zurückzog. In dieser Zeit gelang es Israel auch, einige Beziehungen zu afrikanischen Ländern wiederherzustellen, nämlich zunächst zu Zaire und später dann 1983 zu Liberia.

Das allgemeine Maß an Unterstützung für Israel schien, Umfragen vor allem in den USA zufolge, gleichzubleiben, obwohl sich einige Ermüdung auf seiten der pro-israelischen Befragten und ein allgemeiner Interesseverlust abzeichneten. In Europa fand man sich nach der großen Demonstration, der Veröffentlichung des Kahan-Berichts und dem Libanon-Frieden zunehmend mit der neuen Situation ab, brachte jedoch viel weniger Interesse oder Unterstützung für Israel auf als zuvor. Überhaupt wurde die ganze Einstellung zu Israel – besonders in Europa – distanzierter und weniger engagiert. Oft akzeptierte man Israel in gewissem Umfang als »normalen« Staat, der keinen Anspruch darauf erheben konnte, etwas Besonderes zu sein oder spezielle Forderungen anmelden zu dürfen.

Die Auswirkungen des Libanonkriegs auf die Diaspora

In Europa zog der Krieg erhebliche Ausbrüche von Antisemitismus sowie Terroristenüberfälle in Rom, Paris und Brüssel nach sich. Antiisraelische Schlagwörter, die von vielen Linksgruppen oft mit antisemitischen vermischt wurden, lösten scharfe Reaktionen auf seiten der jüdischen Gemeinden aus. So erlaubte die jüdische Gemeinde in Rom dem Präsidenten der Republik erst nach einigen Verhandlungen die Teilnahme an der Beisetzung des kleinen Jungen, der in der Synagoge umgekommen war. Die jüdische Gemeinde behauptete nämlich (ebenso wie die in Frankreich), daß die allgemeine PLO-freundliche Politik der italienischen (bzw. französischen) Regierung sowie auch der ganze Ton in der Presse eine Atmosphäre geschaffen hätten, die einen guten Nährboden für derartige Terrorakte bilde.

Generell identifizierte man jüdische Menschen jetzt stärker mit Israel, und zwar häufig auf ziemlich negative Weise. Dies vergrößerte oft die Unsicherheit und Sorge vieler Juden, was sich beispielsweise daran zeigte, daß manche es im Herbst 1982 nicht wagten, die Gottesdienste zu den Hohen Feiertagen zu besuchen, oder auch bestrebt waren, sich von Israel zu distanzieren.

In Europa und in den USA hatte der Krieg natürlich weitreichende und oft gegensätzliche Auswirkungen auf die jüdischen Gemeinden in ihren Beziehungen zu Israel. Er ließ eine Kluft in ihnen entstehen. Auf der einen Seite griffen jüdische Intellektuelle die israelische Politik scharf an (darunter solche prominenten Persönlichkeiten wie Sir Isaiah Berlin); viele von ihnen standen in enger Verbindung mit den Kriegsgegnern in Israel, aber vielleicht mehr noch mit linken sozialdemokratischen Kreisen in Europa. Auf der anderen Seite gab es zahlreiche Solidaritätsbekundungen für Israel aus einigen anderen Sektoren der jüdischen Bevölkerung.

So entstand das Potential für eine Spaltung in den jüdischen Gemeinden sowie auch ein Wandel in den Grundlagen und der Art der Unterstützung für Israel.

Die Uneinigkeit in den jüdischen Gemeinden und die Ableh-

nung der israelischen Regierungspolitik hinsichtlich der Siedlungen und des Libanonkriegs ließen sich daran ablesen, daß jüdische Organisationen in ihren offiziellen Unterstützungserklärungen oft eine ziemlich ambivalente Haltung zu vielen Aspekten dieser Politik durchblicken ließen und der Zionistenkongreß erstmals seit der Gründung des Staates Israel keine Resolution verabschiedete, die sich voll für die Regierungspolitik ausgesprochen hätte.
Wie die Einstellung vieler jüdischer Gemeinden zu Israel nun genau aussehen mochte oder was auch immer der Grad an Unterstützung oder Kritik, an Engagement oder Distanzierung war – ein Element verschwand jetzt fast völlig: Man betrachtete Israel nicht mehr als »die eigene Sache«, als Ort für Aktivitäten, die auch die eigenen Bedürfnisse angingen – jenseits von Philanthropie, jüdischer Solidarität, Unterstützung oder Dialog. Und man war auch weniger stolz auf Israel, besonders nach der großen Demonstration in Tel Aviv und der Veröffentlichung des Kahan-Berichts.

Auswirkungen im religiösen und wirtschaftlichen Bereich

Auch im religiösen Bereich zeitigte die Politik ihre Auswirkungen. Der Anteil religiöser oder traditionalistischer Aspekte in der Erziehung an den allgemeinen Schulen nahm (etwa in Gestalt von religiösen Arbeitsgemeinschaften) zu, und zwar sehr oft in äußerst fundamentalistischer Richtung.
Generell stand dies mit der ständigen Erstarkung der orthodoxen Sektoren und mit deren gewandelter Einstellung zum Staat in Zusammenhang. In allen Lebensbereichen machte sich der Einfluß der religiösen Sektoren im allgemeinen und der extrem nicht-zionistischen im besonderen immer deutlicher bemerkbar, was sich natürlich tiefgreifend auf die Gestalt und Grundstimmung der israelischen Gesellschaft auswirkte.
Hinzu kam die umfassendere Einmischung des offiziellen religiösen Establishments, vor allem die des damaligen Oberrabbiners Schlomo Goren (der vorher der erste Oberrabbiner der israelischen Streitkräfte gewesen war). Diese Einmischung ging in zwei Richtungen. Die erste dieser beiden wird am klarsten

aus einer vom Obersten Rabbinerrat während der Auseinandersetzung über archäologische Ausgrabungen abgegebenen Erklärung ersichtlich, in der es hieß, daß die »Wege (Sitten) des Lebens« in Israel durch den Rabbinerrat bestimmt werden müßten. Das verwies auf die wachsende ideologische Militanz der religiösen Gruppen sowie auf ihre Versuche, das, was sie für die Herrschaft der Halacha hielten, nunmehr der ganzen Nation aufzuzwingen. In dieselbe Richtung gingen beispielsweise auch Rabbiner Gorens Verlautbarungen gegen die Errichtung eines Fußballstadions in der Nähe von religiösen Wohnvierteln in Jerusalem, wobei er das Bild hellenistischer Gymnasien als Anathema des wahren Judentums anführte.

Die zweite Richtung solcher Einmischung manifestierte sich in den sehr häufigen Stellungnahmen – insbesondere von Rabbiner Goren – zu politischen Tagesfragen im Geist von *Erez-Israel Haschlema*, oft in dem Bestreben, diese Auffassung als durch die Halacha geheiligt darzustellen. Dieser Punkt wurde von anderen rabbinischen Gruppen nicht unbedingt akzeptiert, vor allem wohl nicht von der Agudat Israel, aber sie äußerten sich im allgemeinen weit weniger zu diesen Angelegenheiten.

Ein weiteres Zeichen für diese Einmischung waren die vom Armeerabbinat zumindest in den ersten Phasen des Libanonkriegs unternommenen Versuche, diesen biblisch zu rechtfertigen (insbesondere unter Berufung auf das Buch Josua, das von der Eroberung Kanaans durch die Israeliten berichtet).

Die extremeren Forderungen der religiösen Gruppen lösten große Zwietracht in der Gesellschaft aus und führten zu Gewaltausbrüchen: von Steinwürfen auf Autos, die am Sabbat an religiösen Vierteln vorbeifuhren, bis zu Übergriffen auf die Teilnehmer an den archäologischen Ausgrabungen in der Jerusalemer Davidsstadt.

Auch die Wirtschaftspolitik – und insbesondere Joram Aridors »richtige Wirtschaft« – hatte weitreichende Auswirkungen auf die ganze Atmosphäre des öffentlichen Lebens in Israel sowie auf die Fortentwicklung des institutionellen Aufbaus der Gesellschaft.

Insgesamt schufen diese politischen Maßnahmen – die Verbindung zwischen einem erhöhten Lebensstandard und wachsender Börsenspekulation, die 1982 fieberhafte Ausmaße annahm

(1983 aber wieder rückläufig war) – eine Atmosphäre zügelloser Bereicherung, des *enrichissez-vous*, des schnellen Zugreifens und Ausgebens. Dies wurde noch gefördert durch Vorkommnisse wie die hohen Entschädigungsleistungen an die Siedler der (im Rahmen des Friedensvertrags mit Ägypten geräumten) Stadt Jamit nach einer Periode langwieriger, ziemlich rauher und unwürdiger Verhandlungen. Gleichzeitig verbreitete sich jedoch zunehmende Unsicherheit und die Neigung, die Dinge sehr kurzfristig zu betrachten. Diese Atmosphäre dauerte bis zu den Wahlen von 1984 an.

II. Veränderungen in den Formen des politischen Lebens und den Mustern des institutionellen Gebäudes

Veränderungen in Symbolen des Zentrums und der kollektiven Identität

Der Einfluß Begins – Stolz und Widerstand

All diese Entwicklungen hatten weitreichende Auswirkungen auf die Gestalt der israelischen Gesellschaft im allgemeinen und auf das politische Leben im besonderen, auf den Aufbau des Zentrums und seiner Symbole sowie auf Möglichkeit, Ausmaß und Art der Entwicklung eines neuen institutionellen Modells. Vor allem traten Veränderungen in den Themen und Symbolen des Zentrums und der israelischen Kollektividentität ein.

Der Likud im allgemeinen und der Ministerpräsident (Menachem Begin) im besonderen vermochten, zumindest anfangs, einige neue Symbole des Zentrums zu artikulieren, gestützt auf die revisionistischen Symbole der Stärke sowie auf die des jüdischen Stolzes und Widerstands – und zweifellos fanden diese Symbole großen Widerhall in vielen Sektoren der Bevölkerung. Zahlreiche Beobachter – Israelis und Ausländer, Gegner wie Anhänger Begins – bescheinigten ihm seine rhetorische Kraft.

So schrieb David Shipler, der Jerusalem-Korrespondent der *New York Times*, 1983, daß in jedem Israeli ein bißchen von

Begin stecke.[92] Und in einem Meinungsbeitrag in der *Jerusalem Post* hieß es:

> Menachem Begin hat den Israelis ihr nationales Selbstvertrauen wiedergegeben und sie in der Überzeugung bestärkt, daß sie, zumindest teilweise, die Bedingungen der historischen Situation festlegen können...
>
> Vieles an Begins Außenpolitik hat auf unterschiedliche Weise dazu beigetragen, daß die Araber allmählich ein nüchternes Bild von Israel annahmen. Ohne dieses Bild könnte die arabische Feindseligkeit gegen uns Tag für Tag zu einer tödlichen Angelegenheit werden...
>
> Als Jude, der an die Wahrheiten der Bibel glaubte, besaß Begin die Kraft und Motivation, mit dem alltäglichen nahöstlichen Tauziehen fertig zu werden.
>
> Als Ministerpräsident repräsentierte er die Vitalität des jüdischen Wesens und des Judentums als nötige Eigenschaften und Voraussetzungen im Charakter eines authentischen und effektiven israelischen Führers.
>
> Alles dies drückte sich in seiner unbestrittenen rhetorischen Fähigkeit aus, etwa darin, daß er »Judäa und Samarien« in den politischen Sprachgebrauch einführte und sein Volk aufrichtete und mit Hoffnung erfüllte.
>
> Wie alle wahren Führer, unterhielt er eine mysteriöse und magnetische Verbindung zu seinen Anhängern, die ihm vertrauten, wie sie noch nie einem anderen vertraut hatten...[93]

Zugegebenermaßen konnten andere – viele andere – ihn nicht ausstehen. So schrieb beispielsweise Shulamit Hareven, eine bekannte Schriftstellerin und Publizistin, bei Begins Rücktritt, er sei der »Hohepriester der Angst« gewesen, denn er habe seine ganze politische Konzeption sowie auch seine Anziehungskraft auf die Betonung des Themas der Angst vor einem neuen Holocaust gestützt. Und es gab viele ähnliche Stimmen.

Doch selbst diejenigen, die ihn völlig ablehnten, weil sie in den von ihm verkündeten Symbolen und Themen eine große Gefahr für den Staat Israel erblickten, mußten zugeben, daß er Widerhall fand, auch wenn sie das beklagten.

92 Siehe zum Beispiel »The New Israel«, *The Economist* (30.7.-5.8.1983), S. 35-41.

93 Mordechai Nissan, »The Begin Legacy«, *Jerusalem Post*, 11.9.1983.

Diese Unterstützung wurde natürlich dadurch verstärkt, daß ständig neue Kräfte ins Zentrum einzogen. In weiten Kreisen der Bevölkerung und insbesondere in den Entwicklungsstädten und in den mobileren Sektoren wuchs das Gefühl, zum Zentrum zu gehören und nicht länger benachteiligt zu sein.
So wurden diese Themen oder Orientierungen tatsächlich sehr viel stärker und ins Zentrum integriert – selbst wenn der militante Ton, mit dem sie verbunden waren, beim Andauern des Libanonkriegs langsam verklang.

Veränderungen in ethnischen und religiösen Symbolen

Diese Veränderungen in einigen Symbolen des Zentrums und in den Beziehungen zwischen dem Zentrum und Teilen der Peripherie sowie die Öffnung des Zentrums für neue Sektoren der Gesellschaft sorgten auch weitgehend für die Einbeziehung von mehreren – beispielsweise ethnischen und religiösen – Themen und Symbolen, die bereits früher in Gang gekommen war.
Diese Themen entwickelten sich in zwei verschiedenen Richtungen. Einerseits kam es zu einer Fortsetzung und sogar Intensivierung ihrer trennenden Aspekte, so daß oft ziemlich häßliche Ausbrüche zu verzeichnen waren. Bei einer solchen Gelegenheit wurde im Tel Aviver Hatikwa-Viertel ein illegal errichtetes Haus auf Anordnung der Stadtverwaltung unter Polizeischutz abgerissen, worauf Unruhen gegen die Polizei ausbrachen. Später sah man in den nördlichen (wohlhabenden, aschkenasischen) Vororten von Tel Aviv viele Graffiti mit dem Wort »Aschkenazi« (eine Verbindung aus Aschkenase und Nazi). Außerdem tauchten nach wie vor die älteren spaltenden Parolen auf. Andererseits wurden einige dieser Themen zunehmend ins Zentrum eingegliedert, so daß bei den orientalischen Führern oder Intellektuellen die Tendenz wuchs, ihre einigenden Aspekte – und nicht die trennenden – hervorzuheben.
Zumindest einige dieser trennenden Orientierungen änderten sich deshalb. Manche Bannerträger der orientalischen Kultur, die letztere als eine Alternative zur aschkenasischen Kultur hingestellt hatten, betonten nun, daß sie nicht nur für Orientalen gelten, sondern einen legitimen Teil des gemeinsamen Zentrums

bilden solle; andere suchten nach verschiedenen Wegen, um orientalische und westliche Themen miteinander zu verbinden, während wieder andere einer eigenen orientalischen Kultur offen jegliche Gültigkeit absprachen.

Die ethnischen Feste und Zusammenkünfte – die marokkanische Maimuna, die kurdische Saharana und ähnliche Feiern – betonten mehr und mehr das Thema der nationalen Einheit und Solidarität, das heißt die Tatsache, daß sie selber einen Teil der gesamten Nation bildeten. Die Wiederbelebung vieler ethnischer Traditionen – wie zum Beispiel der nordafrikanischen Heiligenkulte – wurde oft als eine Bestätigung des Zugehörigkeitsgefühls zur israelischen Gesellschaft betrachtet.[94] Die Entwicklung religiöser Themen und ihr Bezug zum Zentrum, zu den Symbolen der Gesellschaft und der kollektiven Identität verlief komplexer. Religiöse oder der religiösen Tradition entnommene Symbole traten stärker in den Vordergrund, und sowohl im Zentrum als auch im täglichen Leben vieler Bevölkerungssektoren machten religiöse Gruppen deutlicher auf sich aufmerksam. Abgesehen von diesen Tendenzen setzte sich jedoch der tiefgreifende Wandel in der prinzipiellen Stellung der Religion in der Gesellschaft und in den Beziehungen zwischen Staat und Religion fort. Diese Veränderungen gingen, wie bereits gesagt, in zwei einander teils widersprechende, teils aber auch sich gegenseitig verstärkende Richtungen.

Eine dieser beiden Richtungen betraf die wachsende Militanz der zionistisch-religiösen Gruppe in ihren politischen und halachischen Angriffen gegen den »säkularen« Zionismus.

Diese Richtung, die sich bekanntlich mit dem Vordringen einer radikalen nationalreligiösen Einstellung unter den Jugendbewegungen des religiösen Sektors – insbesondere bei Bne Akiwa – und in deren einzelnen Institutionen, den verschiedenen Jeschiwot Hesder, herausbildete, blieb strikt im Rahmen des zionistischen Gedankens. Die Träger dieser Vision verbanden Siedlung, Militärdienst und eine extrem nationale, militant vertretene Symbolik mit einer – weit über die Neigungen der älteren zionistisch-religiösen Gruppen hinausgehenden – Betonung der Souveränität der Halacha, die allerdings eine stark nationalistische Bedeutung erhielt.

94 Persönliche Mitteilung von Dr. Yoram Bilu.

Relativ lange verstärkte sich der Eindruck, als ob der religiöse Zionismus nun gänzlich in diese Richtung ginge und die eher universalistische Dimension des zionistischen Gedankens, die viele von ihnen früher geteilt hatten, aufgegeben würde. Erst während des Libanonkriegs änderte sich dieser Trend, zumindest in gewissem Umfang.

Die zweite Hauptrichtung im religiösen Bereich wurde von der Agudat Israel vertreten und war mit dem wachsenden Legitimationsverlust der zionistischen Prämissen und Symbole verbunden. In zunehmendem Maße wurde versucht, nicht nur die Herrschaft der Halacha durchzusetzen, sondern auch eine spezifisch nichtzionistische Atmosphäre zu verbreiten.

Im Lauf der Zeit – vor allem seit dem Ende der siebziger Jahre – mehrten sich die Anzeichen dafür, daß die nichtzionistischen Orientierungen große Teile dieser religiösen Kreise für sich gewinnen würden, sowohl aus zionistisch-religiösen Gruppen als auch aus denen der *Chosre Betschuwa.* Dies beruhte in erheblichem Maß darauf, daß aus diesen eher ultra-orthodoxen Kreisen viele »Lehrer« mit ihren extremen religiösen, nichtzionistischen Einstellungen geholt werden mußten und dementsprechend ihre Schüler beeinflußten. Zahlreiche junge Leute, die aus religiösen zionistischen Familien stammten, verließen den Zionismus, um eine umfassendere Verwirklichung des halachischen Modells zu erreichen.

Aber nicht nur in den religiösen Sektoren gaben die Agudat Israel und sogar noch extremere orthodoxe Gruppierungen zunehmend den Ton an. Vielmehr schien bereits ihre ganze zentrale Stellung in der Koalition ihre anti- oder bestenfalls nichtzionistischen Orientierungen mindestens teilweise zu legitimieren.

So regten sich beispielsweise während der Geschehnisse um die archäologischen Ausgrabungen in der Jerusalemer Davidsstadt starke Untertöne eines Widerstands gegen moderne, säkulare, akademische Forschung, die man kontrollieren oder zensurieren zu müssen glaubte, und gegen die spezielle symbolische Funktion der Archäologie, der Bindung an das Land als einer zentralen Komponente der neuen israelischen Kollektividentität – im Gegensatz zu den von der halachischen Herrschaft betonten Themen.

So unterschiedlich, ja oft gegensätzlich die Wege waren, auf denen die religiöse wie die ethnische Komponente in die Symbole der israelischen Kollektividentität integriert wurden: manches war ihnen doch stets gemeinsam, wie sich aus dem Aufbau der Lehrpläne, bei vielen Feierlichkeiten, bei Volksfesten und in der allgemeinen Atmosphäre populärer Ereignisse ergab – nämlich die Akzeptanz der (wenn auch vielleicht umgestalteten) Tradition, die Bejahung der Vergangenheit gegen Umgestaltungsversuche und die damit einhergehende Schwächung der umgestaltenden, revolutionären Einstellung zu kulturellen Traditionen und Symbolen. Diese Tendenz, den umgestaltenden Aspekt der zionistischen Vision abzuschwächen, fand sich paradoxerweise auch in den Sektoren, die dem oppositionellen Lager des Maarach (Arbeiterblocks) sozial und kulturell nahestanden. In diesen Kreisen lag der Schwerpunkt auf den Merkmalen der Offenheit der politischen Kultur, auf Toleranz und Demokratie sowie auf den humanistischen Elementen der jüdischen Tradition, auf den Traditionen, die durch die lange Besiedlung in Erez-Israel entstanden waren – während kaum der Versuch unternommen wurde, neue Wege zur Umgestaltung der israelischen Kultur und der Symbole kollektiver Identität zu finden und neue Kreativitätsmuster zu entwickeln.

Viele Protagonisten dieses Sektors setzten sich für einen »vernünftigen« Zionismus ein und betonten die Notwendigkeit, die Realität zu akzeptieren, statt Traumvisionen nachzuhängen. Obwohl sie zahlreiche schwerwiegende politische Probleme und Schwächen in der israelischen Lebensqualität anprangerten, schienen sie diese Wirklichkeit doch in ihren »schöneren«, zivilisierten, universalistischen Aspekten als selbstverständlich hinzunehmen, ohne nach einer großen Veränderung oder Erneuerung zu rufen.

Und doch waren die Unterschiede zwischen diesen Lagern natürlich sehr erheblich. Die aus dem Likud und einigen religiösen Sektoren kommenden Tendenzen hingen, zumindest anfangs, mit einer immer mehr nach innen gerichteten Orientierung zusammen, das heißt, sie wandten sich ab von den eher universalistischen jüdischen und zionistischen Einstellungen,

von der Bezugnahme auf andere Nationen und von der zivilisatorischen Konzeption der jüdischen Tradition – wobei sie auch nicht mehr die Spannungen anerkennen wollten, die zwischen dieser zivilisatorischen und der partikularistisch-nationalen Konzeption bestanden. Hinzu kam eine starke Tendenz zur Selbstrechtfertigung, die sich am deutlichsten zeigte, als der Ministerpräsident auf der Höhe seiner rhetorischen Macht stets aufs neue die Erfahrung des Holocaust ansprach und das Versprechen folgen ließ, niemals seine Wiederholung zuzulassen.
Diesen Ton schlug er häufig ausländischen Regierungschefs, etwa Bundeskanzler Helmut Schmidt, gegenüber an (auch wenn er andererseits gern auf die großen zivilisatorischen Beiträge wie die Französische Revolution oder auf die Grundsätze des Völkerrechts verwies), um viele seiner Schritte gegen die PLO zu rechtfertigen und jeglicher Kritik von außen die Legitimation abzusprechen.
In ähnlicher Weise rechtfertigten auch manche religiöse Gruppen ein extrem xenophobisches Verhalten, das sich auf die biblischen Beschuldigungen gegen Amalek berief, und wollten nicht mehr die Spannungen zwischen den partikularistischen und den universalistischen Orientierungen anerkennen, wie es die älteren zionistisch-religiösen Bewegungen – sowie natürlich auch die anderen »säkularen« zionistischen Gruppen – getan hatten.
Diese nach innen blickende Haltung drückte sich unter anderem besonders prägnant in der Einstellung zu den Arabern in Judäa und Samarien aus, wobei sie sich eng mit der dortigen Siedlungspolitik und der Ideologie von der dauerhaften israelischen Herrschaft über die Araber verquickte.
Die extremeren Ausdrucksformen dieser Haltung fanden sich bei vielen Gusch-Emunim-Siedlern; bei einigen Leuten aus verschiedenen alten Siedlungen, wie Amos Oz sie in seinen 1982 verfaßten Israel-Reportagen[95] in der Gestalt des Zadok dargestellt hat; bei den extremeren der orthodoxen Gruppen; und vor allem in der Jüdischen Verteidigungsliga unter der Führung des Rabbi Meir Kahane, der biblische und nachbiblische Textstellen anführte, um den palästinensischen Arabern jegliche Rechte abzusprechen und sogar ihre Ausweisung zu propagie-

95 Amos Oz, *Im Lande Israel*, Frankfurt 1984.

ren. Gleichzeitig sprach der damalige Generalstabschef, General Rafael Eitan (genannt Raful), nicht vom Feind, sondern von den Arabern im allgemeinen, und der Ministerpräsident stellte die PLO-Anhänger als zweibeinige Tiere dar; durch diese Entmenschlichung wurde oft – insbesondere während des Libanonkriegs – implizit eine ideologische Unterscheidung zwischen dem Blut von Juden und Nichtjuden getroffen.

Zu den wichtigsten Folgen dieser Einstellungen gehörten viele Fälle brutalen Verhaltens von Armee und Sicherheitsorganen – sowie erst recht von Siedlern – gegenüber der arabischen Bevölkerung in Judäa und Samarien. Am bezeichnendsten für diese Tendenzen waren die recht weitgehenden, ziemlich brutalen Anweisungen durch Generalstabschef Raful hinsichtlich der Behandlung von demonstrierenden, steinewerfenden oder protestierenden Arabern. Diese Anweisungen wurden der Öffentlichkeit durch das Gerichtsverfahren gegen mehrere Armeeoffiziere bekannt, das auf Initiative von Schalom Achschaw in Gang gesetzt worden war. Einige der Angeklagten wurden tatsächlich vom Militärgericht verurteilt, das auch – allerdings auf milde Weise – die Anweisungen selber kritisierte. Letztere wurden später von Rafuls Nachfolger General Mosche Levi, und dem neuen Verteidigungsminister, Prof. Mosche Arens, aufgehoben.

Die Nebenfolgen solcher Einstellungen fanden sich auch im Armeejargon, wie *Michlaot* (Pferche) für die Wohneinheiten in den Gefangenenlagern, in denen während des Libanonkriegs viele PLO-Mitglieder saßen.

Obwohl sich natürlich der genaue Einfluß solcher Ausdrücke und Orientierungen schwer messen läßt, fand eine solche Sprache doch zweifellos offene Ohren. Auch wenn ihr Einfluß mit dem Fortdauern des Libanonkriegs und der Verschlechterung der Wirtschaftslage zurückging, blieb sie durchaus ein wichtiges Element im öffentlichen Leben Israels. In engem Zusammenhang damit standen die Ergebnisse vieler Meinungsumfragen und Presseinterviews, die darauf hinwiesen, daß die Verpflichtung gegenüber demokratischen Werten untergraben worden war und die israelische Besatzungsherrschaft über Judäa und Samarien in weiten Bevölkerungskreisen und insbesondere bei der Jugend als selbstverständlich betrachtet wurde.

Gegen diese Binnenschau, die mit militärischer Macht verbundene Getto-Mentalität, wandte sich der Sektor um den Arbeiterblock, Schalom Achschaw und andere Protestbewegungen, unter Betonung der Werte des menschlichen Lebens und der Demokratie. Dadurch blieb die Kluft weiter bestehen, die bereits bei den Wahlen von 1981 entstanden war.

Veränderungen in den Formen des politischen Lebens und in der politischen Kultur

Einleitung

Diese Veränderungen in den Symbolen des Zentrums verdichteten sich aber – trotz einiger gegenteiliger Behauptungen von Führern des Likud und ihren Protagonisten und trotz der weitreichenden Wandlungen, die sie im symbolischen Raum der israelischen Gesellschaft ausgelöst hatten – nicht zu einem neuen institutionellen Modell.

Die meisten Auswirkungen dieser Entwicklung deuten sogar eher das Gegenteil an, besonders wenn man sie mit der Fortsetzung oder sogar Intensivierung vieler älterer Tendenzen in den wichtigsten institutionellen Bereichen der israelischen Gesellschaft zusammen sieht: nämlich mit dem Umstand, daß sich ein neues dauerhaftes institutionelles Modell bisher kaum herausgebildet hat, mit der Schwäche im zentralen Institutionengebäude und in der Durchführung vieler politischer Maßnahmen sowie mit der geringen Effektivität der Regierung. All dies zeigte sich immer deutlicher gegen Ende der Begin-Regierung im September 1983 – zusammen mit den großen Spaltungserscheinungen im Land, die ihren Höhepunkt um die Zeit erreichten, als der Kahan-Bericht veröffentlicht wurde.

Auf einer Ebene entwickelte sich die israelische Gesellschaft weiterhin entlang den Grundrichtungen, die wir in den vorangegangenen Kapiteln analysiert haben: Sie bildete weiter eine kleine moderne Gesellschaft mit ihren eigenen Merkmalen, einer Verbindung von nachindustriellen und industriellen Zügen mit großer Diversität und weitem Pluralismus in ihrem sozialen und kulturellen Leben. Diese Vielgestaltigkeit wurde verstärkt durch den Einzug neuer Gruppen ins Zentrum, die Umgestaltung neuer ethnischer und religiöser Themen und die wachsenden Kontakte zur Außenwelt, die sich beispielsweise in der ständig steigenden Zahl von israelischen Auslandsreisenden, dem zunehmenden Import ausländischer Waren und ähnlichem zeigten.

Dementsprechend entstanden viele Konflikte und Probleme. Zahlreiche ältere Probleme dauerten an: Arbeitskonflikte, vor allem im öffentlichen Sektor, die Probleme eines kleinen Landes, die sehr intensive Beschäftigung mit Fragen von Alija, Jerida und so fort. Und einige neue soziale Probleme und Muster wurden sichtbarer, wie zum Beispiel der steigende Altersdurchschnitt der Bevölkerung.

Aber viele Probleme standen mit einer anderen Ebene des sozialen Lebens, mit einigen der neuen Entwicklungen in Zusammenhang, vor allem mit der Umstrukturierung der politischen Kräfte, dem Einzug neuer sozialer Kreise ins Zentrum und den neuen ideologischen und politischen Themen, so daß sich viele der spezifischen Konflikte und Probleme in äußerst heftige Konfrontationen verwandelten.

Der Test für die Herausbildung eines neuen dauerhaften institutionellen Modells lag natürlich in der Fähigkeit, diese Konflikte zu regeln und, zumindest in gewissem Umfang, die sie auslösenden Kräfte zu lenken. Gerade hier aber wurden viele Schwächen jener Zeit sichtbar.

Die Schwächung des Zentrums

Dies zeigte sich zuallererst im politischen Leben. Das Muster des internen politischen Lebens entwickelte sich weiter in mehrere, bereits vorher feststellbare Richtungen: Die zentralen Parteiorgane und Führungskader erfuhren eine weitere Schwächung und verloren zunehmend die Fähigkeit, die politischen Abläufe – außer teilweise im Sicherheitsbereich – zu lenken, die nun noch vielgestaltiger geworden waren als zuvor.

Die Konfrontation zwischen parlamentarischen Ausschüssen – ja, sogar zwischen Mitgliedern der Koalition – und verschiedenen Ministern dauerte an, wobei letztere, abgesehen vom Ministerpräsidenten, nicht viel Autorität besaßen. Das Niveau der Knesset-Debatten sank, und das Maß an Verunglimpfungen wuchs – besonders zwischen Mitgliedern der Koalition und der Opposition. Gleichzeitig scheuten die Knesset-Abgeordneten immer weniger vor Verstößen gegen gesetzliche Bestimmungen zurück, etwa gegen die Straßenverkehrsordnung. Händel und Gezänk zwischen den einzelnen Koalitionsparteien gingen weiter, während die Qualität der politischen Diskussion sank. Parallel dazu intensivierte sich die populistische und mediengerichtete Politik mit immer mehr gezielten Indiskretionen aus Regierungskreisen.

Zudem verstärkten sich außerparlamentarische politische Aktivitäten, Demonstrationen und Unruhen. In vielen Fällen und Situationen – besonders solchen, die mit der äußeren Sicherheit oder Siedlungsproblemen, dem Rückzug aus dem Sinai, dem Libanonkrieg oder verschiedenen Ereignissen um die Siedlungen in Judäa und Samarien und insbesondere Hebron zusammenhingen – standen die verschiedenen Protestbewegungen, angeführt von Schalom Achschaw auf der einen und Gusch Emunim, den Siedlern in Judäa und Samarien und den antiarabischen terroristischen Untergrundgruppen auf der anderen Seite, im Zentrum des politischen Geschehens; eine Situation, die auf die Schwächung der zentralen politischen Organe und vor allem der in der Knesset vertretenen Parteien hindeutete.

Besonders nach dem Kahan-Bericht und der zunehmenden Verschlechterung der Wirtschaftslage im Jahr 1983 zeigte die Regierung immer weniger Zusammenhalt und dafür um so größere innere Streitigkeiten. Aus der Regierung durchsickernde Informationen, selbst von Ministern der gleichen Partei, wurden zur gewöhnlichen Erscheinung, besonders im Kreis der Minister aus der Liberalen Partei im Likud, aber auch bei denen von Cherut.

Einen Gegenstand derartiger Auseinandersetzungen bildeten die Bestrebungen des Finanzministers Joram Aridor, die Oberaufsicht über die Finanzen verschiedener Institutionen in seiner Hand zu vereinigen. Dagegen wehrten sich andere Minister, wie besonders während des Ärztestreiks von 1983 sichtbar wurde. Als dann die schlechten Folgen seiner allgemeinen Wirtschaftspolitik deutlich hervortraten, entschied man sich prinzipiell für eine neue Politik, die erhebliche Haushaltskürzungen vorsah.

Viele Minister besaßen wenig politische oder administrative Erfahrung und – mit einigen Ausnahmen – auch keine große Autorität. Nach der Veröffentlichung des Kahan-Berichts schien sogar Begins Einfluß zu schwinden – oder zumindest machte er ihn in kritischen Situationen wie dem Ärztestreik oder bei noch häßlicheren Auswüchsen von Zwietracht und Gesetzlosigkeit nicht geltend. Selbst wenn er seine Autorität ausübte, wie im Falle der Präsidentenwahlen, bei denen ein Nachfolger für Jizchak Navon gewählt werden mußte, konnte er seinem Kandidaten keinen Erfolg garantieren, denn bei der geheimen Abstimmung in der Knesset siegte der vom Arbeiterblock aufgestellte Chaim Herzog.

Beziehungen zur Opposition und zur Presse

Die Auswirkungen dieser Tendenzen auf das politische Leben zeigten sich vor allem in der Politik, die gegenüber Judäa und Samarien sowie im Libanonkrieg eingeschlagen wurde. Sie beleuchtete schlaglichtartig die tiefe Kluft zwischen den beiden großen Blöcken, dem Likud und dem Maarach mit ihren jeweiligen Anhängern, aber auch die zwischen Religiösen und Freidenkern. Diese beiden Spaltungen verschmolzen teils miteinander, während sie teils auch eine eigene Dynamik annahmen.

Die Uneinigkeit zwischen den beiden Blöcken konzentrierte sich mehr und mehr auf die Frage einer grundlegenden politischen Lösung für das Problem der arabischen Bevölkerung in Judäa und Samarien und dessen Auswirkungen auf die Gestalt der israelischen Gesellschaft. Die politischen Anschauungen des Likud mit seinem Beharren auf einer fortdauernden israelischen Herrschaft über diese Gebiete, wenn auch nicht unbedingt auf deren sofortiger Annexion, ließ das Dilemma dieser Situation äußerst scharf hervortreten: Gewährte man den Arabern die volle israelische Staatsbürgerschaft, konnte dies leicht den jüdischen Charakter des Staates untergraben; als Alternative blieb nur die Verleihung eines Sonderstatus als ausländische Einwohner (wie es zum Beispiel von Juwal Ne'eman, einem der Führer der Techia-Partei, vorgeschlagen wurde).

Die Likud-Führung setzte sich mit diesen Problemen nicht offen auseinander; die ehrlicheren aus diesem Kreis, wie etwa Mosche Arens, der neue Verteidigungsminister, gaben zu, daß sie keine Patentlösung parat hatten. Einfacher und direkter ging die Ideologie von Gusch Emunim vor (ganz abgesehen von der extremen Sicht des Rabbi Meir Kahane von der Jüdischen Verteidigungsliga): Hier bestand die klare Absicht, oft aufgrund vermeintlicher biblischer Vorschriften, den Status der Araber als Einwohner zweiter Klasse oder Untertanen zu belassen.
Diese Auffassung von der fortwährenden israelischen Herrschaft über eine fremde und insgesamt feindselige Bevölkerungsgruppe – wobei diese Herrschaft nicht, wie vorher noch unter der Maarach-Regierung, als vorübergehende Notwendigkeit betrachtet wurde – sowie die Tatsache, daß man sich nun in vieler Hinsicht wirklich wie eine Besatzungsmacht verhielt, sollten weitreichende Auswirkungen auf die ganze Gestalt des Lebens in Israel zeitigen.
Dieser Orientierung und Ideologie setzten der Arbeiterblock (oder zumindest Teile von ihm), die Schinui-Partei, außerparlamentarische Oppositionsgruppen wie Schalom Achschaw sowie viele Intellektuelle und sonstige Persönlichkeiten des öffentlichen Lebens die Meinung entgegen, daß ein territorialer Kompromiß gefunden oder sogar ein palästinensischer Staat in Judäa und Samarien akzeptiert werden müsse. Sie glaubten nicht, daß eine uneingeschränkte Herrschaft über Judäa und Samarien aus Sicherheitsgründen unerläßlich sei, sondern betonten, daß eine Kompromißlösung nicht nur deshalb nötig werde, weil man zu einer Regelung mit den Arabern gelangen müsse, sondern auch, um den jüdischen und demokratischen Charakter des Staates zu wahren und all die undemokratischen, brutalen Aspekte der Herrschaft über eine unterworfene Bevölkerung zu vermeiden.
So vertieften sich die bei den Wahlen von 1981 aufgetretenen Trennungslinien zwischen den beiden großen Blöcken jetzt in vieler Hinsicht noch mehr.
Diese Entwicklungen verschärften das Problem des Verhältnisses zwischen Regierung und Opposition, zwischen Staats- und Regierungstreue – ein Thema, das natürlich immer wieder von der Regierung gegen die Opposition ins Feld geführt wurde,

insbesondere während des Libanonkriegs. Der Likud verglich seine eigene Loyalität gegenüber den früheren sozialdemokratischen Regierungen (ohne zu erwähnen, daß sich diese Treue seinerzeit auf die grundsätzliche Übereinstimmung mit deren Politik gestützt hatte) mit der angeblichen Untreue der Opposition – darunter insbesondere Schalom Achschaw, aber auch parlamentarischer Gruppen – gegenüber dem Staat und beschuldigte sie sogar in der Hitze der Diskussion, mit Straßenunruhen der PLO zu helfen.

Später, in einer Knesset-Debatte über die Lage im Libanon und in der Wirtschaft, gab der Ministerpräsident zwar zu, daß es eine schlechte Zeit für Israel sei (ohne zu erwähnen, wer dafür verantwortlich war), behauptete dann aber, daß es in solchen Zeiten angebracht sei, einig zusammenzustehen, statt die Regierung anzugreifen.

Die Anwürfe gegen das Verhalten der Opposition gegenüber der Regierung beeinflußten weitgehend den allgemeinen Ton der öffentlichen Debatte. Sie hatten während der ersten Likud-Regierung angefangen, setzten sich bei den Wahlen von 1981 fort und gewannen danach erheblich an Heftigkeit. Dieser neue Ton ging vor allem vom Likud aus – besonders während des Libanonkriegs: vom Ministerpräsidenten, dem damaligen Verteidigungsminister Ariel Scharon und dem Generalstabschef Raful. Sowohl vor dem Krieg als auch – und sogar mehr noch – während dessen erster Phase und seinem weiteren, stärker umstrittenen Verlauf setzten viele führende Politiker des Likud Kritik an der Regierung und am Generalstabschef mit Verrat gleich[96], eine Einstellung, die weite Verbreitung fand und zu einigen heftigen, wenn auch insgesamt milderen Reaktionen von oppositionellen Gruppierungen führte.

Diese Haltung gegenüber der Opposition wurde dadurch verstärkt, daß gleichzeitig mit der Entwicklung dieses neuen Verhältnisses zwischen Regierung und Opposition tiefgreifende Veränderungen in den Beziehungen zwischen ersterer und weiten Teilen der literarischen, künstlerischen, journalistischen und akademischen Intelligenz eintraten.

Obwohl Behauptungen, daß es zu einer völligen Entfremdung

96 Siehe zum Beispiel den Leitartikel »Making Criticism Treason«, *Jerusalem Post*, 30. 3. 1982.

zwischen diesen Gruppen und der Regierung gekommen sei, im großen und ganzen übertrieben sind, enthielten sie doch mehr als ein Körnchen Wahrheit. Es gab nur wenige hervorragende Schriftsteller oder Künstler, die die Regierung rückhaltlos unterstützten; das wissenschaftliche Milieu war stärker gespalten, aber selbst hier traten die gegen die Regierung eingestellten Persönlichkeiten mehr in den Vordergrund. Auch erhielt die Regierung meist keine gute Presse – vor allem mit dem Fortdauern des Libanonkriegs und dem Zusammenbruch der »richtigen« Wirtschaftspolitik.

Die Unfähigkeit des Likud, eine eigene Tageszeitung zu gründen, und die Tatsache, daß eine unabhängige und kritische Berichterstattung teilweise selbst im Fernsehen erhalten blieb, in dem die Regierung – oder richtiger die Sendebehörde – eine ziemlich restriktive Atmosphäre geschaffen hatte, verstärkten nur noch die antiintellektuellen, populistischen Einstellungen in breiten Kreisen des Likud. Schritte zur Einschränkung der freien Meinungsäußerung wurden zumindest lautstark propagiert, und es entstand eine recht eingehende, wenn nicht gar ängstliche Atmosphäre in vielen Bereichen des öffentlichen Lebens.

Es gab viele Tiraden gegen die Medien aus der Umgebung des Ministerpräsidenten, von Knesset-Mitgliedern und insbesondere von Scharon und Raful, die sowohl vor dem Krieg als auch verstärkt während des Krieges und in der Folgezeit zu Fackelträgern dieser Kampagnen wurden.

Als man den Drusen auf den Golanhöhen – durch eine der unglücklichen politischen Maßnahmen jener Zeit – israelische Personalausweise aufzwang, aber auch beim Rückzug aus dem Sinai wurde der Presse und den Medien der Zugang verwehrt oder empfindlich eingeschränkt. Anfängliche ähnliche Versuche im Libanonkrieg blieben erfolglos, reichten aber aus, große Teile der Auslandspresse zu verärgern. Über diesen Krieg wurde im Gegenteil mit am umfassendsten berichtet, nicht nur von ausländischen Journalisten, sondern auch von israelischen Kommentatoren, unter denen Zeev Shiff, der Militärkorrespondent der Tageszeitung *Haaretz*, wohl an erster Stelle zu nennen ist; eine Tatsache, die auch vom Internationalen Presseinstitut hervorgehoben wurde. Nach der Veröffentlichung des Kahan-Berichts wurden Scharons Tiraden gegen die Presse und den

Kahan-Ausschuß sogar noch intensiver. Diese Ausfälle gegen die Medien verbanden sich mit wachsender Aggressivität, einschließlich der Verschärfung der ethnischen und religiösen Konflikte sowie der Streitigkeiten zwischen der Regierung und ihren Gegnern, und wurden auch bezeichnend für die zunehmende Intoleranz gegenüber der Opposition. Als weitere Folge sank das Niveau der öffentlichen Diskussion. Derartige Debatten – insbesondere die über den Libanonkrieg, aber auch schon frühere – setzten in erheblichem Umfang die Atmosphäre der Wahlkampfparolen von 1981 fort und säten Zwietracht zwischen verschiedenen Sektoren der Bevölkerung. Gleichzeitig wurde Begins Rücktritt im Herbst 1983 oft auf seine wachsende Erkenntnis zurückgeführt, daß er über die militärischen Pläne und konkreten Situationen nicht voll informiert oder möglicherweise sogar getäuscht worden sei – eine Lage, die natürlich zur Schwächung des Rechtsbewußtseins beitrug.[97]

Die Schwächung des Rechtsbewußtseins

Die Verbindung all dieser Tendenzen übte tiefgreifenden Einfluß auf die ganze Struktur und Atmosphäre der politischen Kultur Israels aus: sie schwächte Rechtsbewußtsein und Rechtsstaatlichkeit, senkte die öffentlichen Verhaltensnormen und leistete einer anarchischen Politik und der Berufung auf ein angeblich »höheres Gesetz« Vorschub.

Der erste Aspekt dieser Schwächung des Rechtsbewußtseins zeigte sich im verschlechterten Verhalten von Ministern und öffentlichen Persönlichkeiten, nachdem die erste Likud-Regierung zu Anfang ihrer Herrschaft noch versucht hatte, einige Regeln festzusetzen. Die von einem Sonderausschuß empfohlenen Normen wurden in vieler Hinsicht nicht eingehalten, und die Aufnahme neuer Personen in die Spitzen von Regierung und Verwaltung war oft von Übertretungen der entsprechenden Beamtenbestimmungen begleitet. Ebenso erfolgten Zuweisungen – insbesondere an religiöse Gruppen – teils unter Umgehung der Etatkontrollbestimmungen.

97 Siehe Zeev Shiff und Ehud Yaari, *Israel's Lebanon War*, New York 1984.

Diese Verstöße rechtfertigte man zuweilen damit, daß die Mapai-Regierungen es ähnlich gemacht hätten, was in gewissem Umfang für die fünfziger Jahre stimmte; man übersah aber dabei, daß sich seither zunehmend universalistische Regeln durchgesetzt hatten und der Arbeiterblock – wie mehrere Vorfälle gegen Ende der Rabin-Regierung, darunter insbesondere der Selbstmord des damaligen Wohnungsbauministers und Rabins eigenes Verhalten zeigten – sehr um die Einhaltung solcher Normen besorgt war und es als große Schande empfand, ihrer Übertretung beschuldigt zu werden.

Im Fall Abu-Chazera meinten viele Stimmen, daß man zum einen anerkennen müsse, daß in verschiedenen ethnischen Gruppen unterschiedliche Normen gelten, und daß zum anderen die partikularistischen Normen und/oder Verhaltensmuster, die in den älteren Sektoren überdauerten, nicht besser seien als jene, deretwegen man ihn verurteilt hätte. Diese oft ziemlich stürmischen Ausbrüche wurden weder vom Ministerpräsidenten noch von anderen Autoritätspersonen jemals öffentlich zurückgewiesen.

Außerdem erfuhren viele autonome öffentliche Körperschaften eine Schwächung. So handelte beispielsweise der neue Direktor der israelischen Staatsbank, zumindest anfangs, weit weniger unabhängig von der Regierung als alle seine Vorgänger. Dazu wurde noch der Koalitionsvorsitzende A. Shapira, der selbst Industrieller war, zum Aufsichtsratsvorsitzenden der Staatsbank ernannt. Ferner kam es zu einer gewissen Schwächung der Autonomie von öffentlichen, aber nicht staatlichen Körperschaften wie etwa der Sendebehörde, in der sich eine ziemlich restriktive Atmosphäre ausbreitete.

Ein weiterer Aspekt dieser Schwächung des Rechtsbewußtseins, die besonders während des Libanonkriegs deutlich wurde, im Keim aber schon früher vorhanden gewesen war, bestand in der zunehmenden Einmischung hoher Offiziere in die Politik.[98]

Den extremsten Fall bildeten die beispiellosen öffentlichen Erklärungen des Generalstabschefs Raful, in denen er nicht nur zu einigen allgemeinen Erziehungsgrundsätzen, sondern auch

98 Siehe Y. Peri, *Between Battles and Ballots. Israel Military in Politics*, Cambridge 1983.

zu spezifischen politischen Fragen Stellung bezog. Er verteidigte oft die politischen Grundlinien der Regierung und attakkierte die Opposition in aller Öffentlichkeit – ein Verhalten, das vor ihm noch kein Generalstabschef an den Tag gelegt hatte, selbst wenn auch sie bestrebt gewesen waren, Einfluß auf die Politik zu nehmen. Hinzu kam die Mißachtung, die Scharon und Raful während des Krieges den parlamentarischen Ausschüssen zollten.

Weniger sichtbar und natürlich nicht voll dokumentiert war zweitens die Verflechtung diverser höherer Armeechargen mit verschiedenen politischen Interessengruppen.

Die Schwächung der Rechtsstaatlichkeit

Ein weiterer Aspekt des geschwächten Rechtsbewußtseins konnte in der Anwendung der Gesetze gesehen werden, und zwar sowohl im eigentlichen Israel als auch insbesondere in den Beziehungen zwischen Arabern und Juden in Judäa und Samarien.

In Israel selbst hatten die öffentlichen Stellen, zumindest bis zum Bericht des Kahan-Ausschusses, einer ziemlich nachsichtigen Haltung gegenüber religiösen und politisch rechtsstehenden Kreisen zugeneigt. Dies zeigte sich sehr deutlich darin, wie die Demonstranten gegen den Rückzug aus dem Sinai, die religiösen Demonstranten und die Siedler in Judäa und Samarien – darunter wieder insbesondere in Kirjat Arba – mit Samthandschuhen angefaßt wurden, im Gegensatz zu Demonstranten, die von links gegen die Regierung protestierten. Erst nach der Ermordung Emil Grünzweigs im Februar 1983 änderte sich das Bild.

Schließlich entwickelte sich noch das, was man als Berufung auf ein »höheres Gesetz« bezeichnen könnte. Viele Gruppen – vor allem die religiösen und extrem orthodoxen Gruppierungen, insbesondere Gusch Emunim, die Siedler in Kirjat Arba und im übrigen Judäa und Samarien, einige Mitglieder der Techia-Partei sowie zahlreiche andere Anhänger der Ideologie von *Erez-Israel Haschlema* – hielten sich weit mehr als früher für Vertreter eines höheren als des staatlichen Gesetzes und brachten somit ein stark anarchistisches Element in das israelische politische Leben ein; dies gipfelte in der Bildung einer terroristischen Untergrundorganisation, die im April und Mai 1984 ausgehoben wurde.

Gewalt, Zwietracht und Gesetzlosigkeit

Das Zusammenwirken all dieser Tendenzen – des geschwächten Rechtsbewußtseins, der Zwietracht in der Gesellschaft, der Kluft zwischen den beiden großen Blöcken, des Wegfalls vieler normativer Beschränkungen des öffentlichen Verhaltens, der verringerten Schamgefühle – führte zu wachsender Intoleranz, einer Intensivierung der Gewaltsamkeit und zu gewaltsamen Zwischenfällen wie den erwähnten Unruhen im Tel Aviver Hatikwa-Viertel.

Dort waren es einige öffentliche Persönlichkeiten, vor allem Journalisten, die sich gegen die Verletzungen der Herrschaft des Gesetzes wandten. Sogar nach den häßlichen »Aschkenazi«-Schmierereien schwieg der Ministerpräsident. Aber einige Stimmen in der Maarach-Führung sprachen sich gegen eine allzu strenge Anwendung des Gesetzes gegen solche »Sozialfälle« aus.

Dieser Normenverlust und das damit verbundene gewaltsame Verhalten zeigten sich mehr und mehr im täglichen Leben – auf der Straße wie in den Büros – und flauten erst nach der Ermordung Emil Grünzweigs etwas ab. Ja, diese Normlosigkeit bestimmte sogar das vandalistische Benehmen vieler israelischer Touristen in Israel wie im Ausland, die in den Hotels, in denen sie untergebracht waren, alles mitgehen ließen, was nicht niet- und nagelfest war: Bettwäsche, Teppiche, Vorhänge oder was auch immer.

Der Gipfel dieser Normlosigkeit war wohl mit dem Ärztestreik im Sommer 1983 erreicht. Einerseits bewies die Regierung zweifellos große Unfähigkeit bei der Leitung des Gesundheitswesens im allgemeinen und während des Streiks im besonderen, und die Histadrut war durch ihre Dreierrolle als Arbeitgeber der Ärzte, als deren vorgebliche Gewerkschaftsvertretung und als Organisator von Gesundheitsdiensten für einen breiten Sektor der Öffentlichkeit praktisch bewegungsunfähig geworden.

Andererseits schuf das – in den israelischen Arbeitsbeziehungen präzedenzlose – Verhalten der Ärzte (der Auszug vieler aus den Krankenhäusern zu einem privaten Picknick am See Gennesaret, der spätere Hungerstreik, dessentwegen sie keine Patienten behandeln konnten, und ihre flammenden Aufrufe zur Gesetzesübertretung) eine sehr demoralisierende Atmosphäre.

Ein weiterer ernster Fall von gesetzlosem Verhalten auf seiten wohletablierter Gruppen in jener Zeit war das Vorgehen von Eltern in Rischon Lezion, die zu Beginn des Schuljahres 1983/84 viele Schulen abriegelten und ihre Kinder nicht dorthin schickten, weil sie gegen die Durchführung der Reform- und Integrationspolitik waren, und erst einlenkten, als der Erziehungsminister nach ziemlich langwierigen und stockenden Verhandlungen schließlich eine endgültige Entscheidung zur Durchsetzung der rechtlichen Bestimmungen getroffen hatte.

Durch die Schwächung mehrerer Aspekte des Rechtsbewußtseins traten stärker einige der ursprünglichen Themen der jüdischen politischen Kultur hervor – nämlich insbesondere die der Unnachgiebigkeit, der Berufung auf ein »höheres Gesetz« und der Verteilungspolitik im Namen der Solidarität verschiedener Gruppen in der Gesellschaft. Diese Einstellungen waren, wie wir gesehen haben, sowohl im Mittelalter als auch in den ersten 25 Jahren des Staates sehr stark gewesen, dabei aber durch ihre jeweiligen institutionellen Modelle reguliert worden. Paradoxerweise schien die Entwicklung des Staates Israel viele Träger solcher Orientierungen von jeglichem Verantwortungsgefühl für das allgemeine Wohl der Gesellschaft befreit zu haben.

Die Schwäche vieler zentraler normativer Regeln und Rahmen in Israel hatte es tatsächlich verschiedenen Bannerträgern der extremeren jüdischen oder zionistischen Themen ermöglicht, diese nun offen zu artikulieren: Stärke, Heiligsprechung des Territoriums oder auch einer Solidarität ohne Norm. Diese Themen waren früher in relativ geschlossenen Gruppen oder Sektoren angesprochen worden – in einigen Armeeeinheiten, in verschiedenen Teilen der älteren Siedlungen und in traditionelleren Sektoren –, oder sie waren in weiteren Kreisen der Öffentlichkeit latent vorhanden gewesen, eingeschlossen in einen zentralen institutionellen Rahmen, der sie von einer verselbständigten Artikulation abhielt und eine Einflußnahme auf das Zentrum verhinderte. Nun wurden sie dagegen viel vernehmlicher und sichtbarer in der Öffentlichkeit und im Zentrum.

Diese Situation hat Amos Oz eindringlich in seinem Buch *Im Lande Israel* dargestellt. Hier sind es die verschiedenen extremeren Gruppen – die Ultra-Orthodoxen, Gusch Emunim und die Propagandisten ethnischer Spaltungen – die sich lautstärker und engagierter zu Wort melden, im Gegensatz zu den mehr nach innen blickenden, abgesonderten älteren Siedlern oder zu der lebendigen, fast völlig gegenwartsorientierten Stadt Aschdod. Damit wird – vielleicht entgegen der Absicht des Verfassers – auf das Fehlen einer zentralen, dynamischen, auf die Zukunft gerichteten Vision im Umkreis des sozialdemokratischen Lagers hingewiesen, die den Visionen dieser extremen Gruppen entgegenwirken könnte. Andererseits waren die meisten dieser letzteren Visionen kaum imstande, eine institutionelle Struktur zu schaffen.

Muster des Aufbaus der institutionellen Struktur

Die Prozesse der Schaffung von Institutionen, die in dieser Periode abliefen, waren auf der Makroebene äußerst schwach, wurden allerdings von vielen kreativen Entwicklungen auf der Mikroebene aufgewogen. So gingen tatsächlich viele schöpferische Bestrebungen in der Industrie weiter, vor allem in wissenschaftlich-technologisch hochentwickelten Branchen. Man versuchte sich an neuen technischen Projekten wie dem Flugzeugtyp Lavi oder den – wenn auch umstrittenen – Plänen für die *Taalat Hajamim* (den Kanal der Meere), der Mittel- und Totes Meer miteinander verbinden sollte.

Wichtige pädagogische Innovationen wurden auf Initiative oder mit der Unterstützung des Generalstabschefs Raful in der Armee sowie in vielen anderen Bildungs- und Kulturbereichen eingeführt.

Aber all diesen Prozessen wirkten die verschiedenen Vorgänge im Zentrum oder die von diesem ausgehenden Versuche und Erklärungen weitgehend entgegen.

Den absurdesten dieser Versuche propagierte wohl Jaakow Meridor, der zu den Führern von Cherut gehörte und als einer der Wirtschaftsminister der zweiten Likud-Regierung fungierte. Vor den Wahlen von 1981 verkündete er, daß Wissenschaftlerteams, die mit ihm zusammenarbeiteten, eine neue Energiequelle entdeckt hätten, die das Erdöl ersetzen könne. Obwohl sich das Ganze später als eine reichlich dubiose Affäre entpuppte, gab er weitere grandiose, aber völlig unfundierte Erklärungen ab, während bescheidene Versuche seines Ministeriums, die sich unter anderem etwa auf Verbesserungen in der Verwaltung richteten, mit Fehlschlägen endeten.

Vor allem aber wurden die schöpferischen Tendenzen durch die Folgen der sogenannten »richtigen« Wirtschaftspolitik stillgestellt, die die negativen Trends in der israelischen Wirtschaft außerordentlich verstärkte. Sie führte zu Konsum- und Importsteigerungen, wachsenden Handels- und Zahlungsbilanzdefiziten, zunehmenden Auslandsschulden und einem Wachstumsstopp, wie aus dem Bericht der israelischen Staatsbank hervorgeht, sowie zu einem weiteren Verfall in der Folgezeit.

> 1982 verschärften sich die zentralen Probleme, denen die Wirtschaft in den letzten Jahren gegenübergestanden hatte, noch weiter: hohe Inflation verbunden mit schleppender ökonomischer Aktivität und dem Anwachsen des laufenden Haushaltsdefizits und der Auslandsverschuldung. Das Bruttosozialprodukt stieg bloß um 1 Prozent – eine niedrige Rate selbst im Vergleich zum Durchschnittswert des letzten Jahrzehnts (3,3 Prozent); das Produkt des Handelssektors stieg überhaupt nicht. Der Importüberschuß vergrößerte sich um etwa 400 Millionen Dollar; abzüglich der Einfuhren von Rüstungsgütern (die in diesem Jahr zurückgegangen sind) stieg der zivile Importüberschuß um eine Milliarde Dollar. Die Nettoauslandsverschuldung kletterte nun schon im zweiten Jahr um 15 Prozent auf einen Stand von 15,5 Milliarden Dollar. Trotz des stagnierenden Bruttosozialprodukts und dem größeren Zahlungsbilanzdefizit ging die Inflation nicht nur nicht zurück, sondern erreichte wieder ihren Stand von 1980 (130 Prozent). Der geringe Anstieg in der wirtschaftlichen Aktivität war von anhaltender Flaute auf dem Arbeitsmarkt begleitet: für das dritte aufeinanderfolgende Jahr betrug die

Arbeitslosenrate 5 Prozent des zivilen Arbeitskräfteangebots.

Der marginale Anstieg des Inlandsprodukts, trotz einer achtprozentigen Expansion der Inlandsnachfrage, kann besonderen Faktoren zugeschrieben werden, die in diesem Jahr die Exporte gebremst und die Importe stimuliert haben. Die Exporte gingen um 2,6 Prozent zurück und nahmen damit erstmals seit vielen Jahren rapiden Wachstums ab. Der Rückgang beruhte auf dem Zusammenwirken von globaler Rezession und Israels verringerter Fähigkeit, auf ausländischen Märkten zu konkurrieren. In den letzten zwei Jahren erlebten die Weltmärkte eine Flaute, und der internationale Handel ging zurück. Die Schwächung der europäischen Währungen gegenüber dem US-Dollar und die Realaufwertung des Schekel im Verhältnis zu einem ausländischen Währungskorb erschwerten israelischen Waren den Wettbewerb im Ausland. Gemildert wurden diese Einflüsse durch eine Senkung der Arbeitsbesteuerung und die Wechselkursversicherungsregelung, die unter anderem bei Exportleistungen nach Europa eine Kompensation für die Dollarstärkung vorsah.[99]

Diese Trends führten zu einem Verfall wichtiger Dienste, der Abschaffung vieler Sozialleistungen und Sonderprogramme – wie etwa zahlreicher Hilfen für behinderte Kinder –, einer ständigen Verschlechterung in der Bildungssituation für die unteren Schichten und zu einer ernsthaften Bedrohung der Hochschulen, die katastrophale Folgen für die Zukunft der wissenschaftlichen Arbeit in Israel haben könnte.

Der Tiefpunkt all dieser Entwicklungen im politischen Bereich und im institutionellen Gebäude trat gegen Ende der Begin-Ära ein. Der Ärztestreik, die Wirtschaftskrise von 1983 und die ziemlich halbherzigen Versuche, diesen Trend aufzuhalten oder gar umzukehren, sowie die schleppende Arbeitsweise der Regierung wiesen alle auf das Fehlen einer klaren Richtung in innenpolitischen Angelegenheiten und auch in der Außen- und Sicherheitspolitik hin.

Die allgemeine Schwäche der Likud-Politik fand ihren Ausdruck in einem Leitartikel von Herzel Rosenblum, dem Her-

99 Bank of Israel, *Main Points of the Annual Report, 1982*, Jerusalem, Mai 1983, S. 1.

ausgeber der Tageszeitung *Jediot Acharonot*, der mit Likud durchaus sympathisierte: Der große Fehler der Begin-Regierung habe darin gelegen, daß sie eine aktivistische Außenpolitik entwickelt, dabei aber die innere Front vollkommen vernachlässigt habe – und damit auch die Stärke der Nation. Diese Schwäche zeigte sich am deutlichsten im Herbst 1983 mit der Aktienkrise an der Tel Aviver Börse.

Gegentendenzen

Fortdauernde konstruktive Tendenzen und Veränderungen an der Peripherie

Diesen verschiedenen Tendenzen zu einer Schwächung des Rechtsbewußtseins und des institutionellen Gebäudes, zu ständiger Zwietracht in der israelischen Gesellschaft und der nach innen gerichteten Atmosphäre und Orientierung standen viele strukturelle und ideologische Gegentendenzen sowohl in den verschiedenen Sektoren dessen, was man als Peripherie bezeichnen könnte, als auch im Zentrum gegenüber.

Zwei dieser Tendenzen waren besonders wichtig. Erstens bildeten sich dauernd konstruktive schöpferische Tendenzen heraus, insbesondere bei den Jüngeren zwischen zwanzig und vierzig Jahren, die nach neuen Bahnen konstruktiver Arbeit und Kreativität suchten, um sie dann auszuprobieren. Viele von ihnen – überwiegend Produkte des israelischen Erziehungswesens sowie auch kleine Neueinwanderergruppen – widmeten sich den verschiedensten schöpferischen Tätigkeiten: sei es in den technologisch anspruchsvollen Industrien, in Wissenschaft, Bildungswesen und Kultur oder im Aufbau vielgestaltiger Lebensstile.

Zweitens kam es zu weitreichenden strukturellen Veränderungen in verschiedenen, bisher schlummernden oder passiven Peripheriebereichen der israelischen Gesellschaft – besonders, aber nicht nur in einigen Entwicklungsstädten sowie auch unter den mobileren und aktiveren Elementen in den größeren Städten.

Das beruhte nicht nur auf der wachsenden symbolischen Einstimmung vieler Gesellschaftssektoren auf die im Zentrum artikulierten Themen oder den Zustrom neuer Gruppen dorthin – Prozesse, die sich leicht mit den problematischeren Aspekten der neueren Entwicklungen in Verbindung setzen ließen.

Von weit größerer Bedeutung war vielmehr die Tatsache, daß in vielen Teilen der bisher vor sich hindösenden, passiven, in nicht geringem Umfang entfremdeten Peripherie – vor allem, aber nicht ausschließlich in den Entwicklungsstädten – neue, höchst konstruktive Anstrengungen zur Entwicklung neuer Institutionen unternommen wurden, und zwar insbesondere auf örtlicher Basis. Diese Aktivitäten wurden hauptsächlich von einer neuen, in Israel geborenen oder erzogenen Generation getragen, deren Mitglieder in hohem Maße für solche konstruktiven Tätigkeiten motiviert waren, soziale Verantwortung bewiesen und den Wunsch hegten, die Fesseln der Abhängigkeit abzuschütteln, die in einer früheren Periode entstanden waren.

Diese Bemühungen wurden oft auch mit lautstarken Forderungen aus der jüngeren Generation in vielen bisher erfolgreichen Entwicklungsstädten verbunden. Diese jungen Leute hatten Ausbildung und Wehrdienst absolviert und suchten nun nach vielfältigeren und anspruchsvolleren Chancen – womit sie dem Zentrum ständig neue Aufgaben stellten.

In einigen orientalischen Gruppen waren derartige Tendenzen oft mit der oben erwähnten Umwandlung der ethnischen Symbole und Orientierungen verknüpft, bei der es darum ging, ihre Zugehörigkeit zur Gesellschaft und ihre aktive Beteiligung daran herauszustreichen.

Dieses Zugehörigkeitsgefühl kam auch im Libanonkrieg zum Ausdruck. Soldaten und Offiziere aus den Entwicklungsstädten traten jetzt nicht nur weit deutlicher hervor als in den früheren israelischen Kriegen (was einfach auf dem demographischen Prozeß beruhte), sondern bewiesen, mehreren Untersuchungen sowie auch direkteren Aussagen zufolge, einen sehr hohen – vielleicht den höchsten – Grad an Motivation. Darin überflügelten sie die Soldaten und Offiziere aus den Kibbuzim, die vorher diesen Ehrenplatz behauptet hatten, jetzt im Libanonkrieg aber erheblich weniger motiviert waren.

All diese Tendenzen bezeugten also die Entstehung eines sehr hohen Potentials für neue Arten von Bindungen und Solidarität innerhalb von Zentren, die prinzipiell pluralistisch und besser zugänglich waren als bisher.

Die Legitimierung von Protest und Opposition

Mehrere bedeutsame Gegentendenzen entwickelten sich auch im Hinblick auf das geschwächte Rechtsbewußtsein.

Vor allem gab es stillschweigend die Tendenz, gewisse Aspekte eines größeren Pluralismus in vielen Lebensbereichen und sogar im Zentrum der Gesellschaft anzuerkennen und damit manche spaltenden Einflüsse eines solchen Pluralismus zu mildern. Es begannen sich Entwicklungen abzuzeichnen, die gegen Zwietracht, Intoleranz und die Delegitimierung des Protests angingen und auf eine stärkere Beachtung der Gesetze und der Rechtsstaatlichkeit hinwirkten.

Der Wendepunkt für diese Trends und Entwicklungen war die Ermordung von Emil Grünzweig – durch einen oder mehrere unbekannte und bisher nicht gefaßte Täter[100] – während einer von Schalom Achschaw veranstalteten Demonstration nach der Veröffentlichung des Kahan-Berichts.

Während der Demonstration selbst steigerte sich der Haß des sogenannten »Straßenmobs«, der an den Straßenrändern gegen die Demonstranten angetreten war, zu bisher unerreichten Dimensionen. Unmittelbar nach dem Mord schien sich jedoch eine scharfe Wende in der Öffentlichkeit abzuzeichnen, obwohl der Ministerpräsident und der Polizeiminister keine besondere Reaktion hatten erkennen lassen. So wurde schon bei der Beisetzung Emil Grünzweigs, der unter anderem der Knesset-Vorsitzende sowie der Stellvertretende Ministerpräsident David Levi beiwohnten, ein Kranz im Namen aller zionistischen Jugendbewegungen von einem Vertreter des revisionistischen (Likud-)Jugendverbands *Betar* niedergelegt.

Seither sind von seiten der rechtsstehenden Gruppen viele Versuche unternommen worden, zu einem Meinungsaustausch (*Hidrabut*) mit Protestgruppen zu gelangen, die gegen die Regierung eingestellt sind. Einige Mitglieder der ersteren Grup-

100 Anfang 1984 wurde ein Tatverdächtiger von der Polizei festgenommen und vor Gericht gestellt.

pierungen – wie zum Beispiel Zachi Hanegbi, einer der Studenten- und Demonstrationsführer in Jamit – gaben in aller Öffentlichkeit zu, daß es falsch gewesen sei, Schalom Achschaw zu diffamieren, und betonten die Wichtigkeit des Protests innerhalb der gesetzlich erlaubten Grenzen.

Die Versuche, Opposition und Protest zu diffamieren, wurden nun viel schwächer, so daß zahlreiche Demonstrationen oder sonstige Veranstaltungen gegen den Libanonkrieg – zumindest vorerst – keine heftigen Haß- oder Gewaltausbrüche mehr hervorriefen.

Auch an den Universitäten setzte eine Beruhigung ein. Die halbterroristische Atmosphäre der späten siebziger und frühen achtziger Jahre ebbte ab, und die dem Arbeiterblock nahestehenden Gruppen gewannen in den Wahlen zu den Studentenvertretungen.

Nach Begins Rücktritt kam es zu Verhandlungen zwischen Likud und Maarach über die mögliche Bildung einer nationalen Einheitsregierung, die Umfrageergebnissen zufolge von großen Teilen der Öffentlichkeit gefordert wurde. Die Gespräche verliefen in einer sehr höflichen Atmosphäre, und als sie ohne eine Übereinstimmung endeten, wurde der Ton des zivilen Umgangs und der gegenseitigen Anerkennung von beiden Parteien aufrechterhalten.

Äußerst wichtig war in diesem Kontext auch die von dem neuen Generalstabschef, General Mosche Levi, eingenommene Haltung. Bekanntlich hob er die Anweisungen seines Vorgängers hinsichtlich der Behandlung von arabischen Demonstranten auf und betonte darüber hinaus in einem seiner Auftritte vor Soldaten, daß es keine »Ansicht der Armee« gebe, sondern die Streitkräfte alle in der israelischen Gesellschaft vorhandenen Ansichten repräsentierten. Danach beruhigte sich auch die ziemlich aufgeheizte Atmosphäre in einigen höheren Armeekreisen, so daß das gegenseitige Vertrauen wiederhergestellt wurde.

Parallel dazu wurde auch die Herrschaft des Gesetzes bei zahlreichen wichtigen Gelegenheiten erneut bekräftigt.
Von hervorragender Bedeutung war hier die Aufrechterhaltung der Rechtsstaatlichkeit im Hinblick auf die Veröffentlichung des Kahan-Berichts sowie auch darauf, daß die meisten seiner Empfehlungen im großen und ganzen befolgt wurden, selbst wenn Teile der Öffentlichkeit dagegen protestierten, daß Ariel Scharon überhaupt in der Regierung belassen wurde. (Der Rechtsberater der Regierung entschied, daß dies dem Geist der Ausschußempfehlungen nicht widerspreche.)
Anders als die meisten Royal Commissions oder sonstigen Untersuchungsausschüsse demokratischer Staaten und auch im Gegensatz zum Agranat-Ausschuß nach dem Jom-Kippur-Krieg, der bekanntlich die Politiker ungeschoren gelassen hatte, kritisierte der Kahan-Ausschuß Politiker und Militärs gleichermaßen scharf.
Zwar stießen die Ausschußmitglieder mit ihren Ergebnissen auch auf Kritik und mußten ständige Verunglimpfungen von Ariel Scharon einstecken, ohne daß eine öffentliche Persönlichkeit ihn dafür zurechtgewiesen hätte, aber schon die Tatsache, daß der Bericht grundsätzlich anerkannt und befolgt wurde, bot einen Beweis für die Stärke der Rechtsstaatlichkeit. Deren Stärkung wurde auch vom Rechtsberater der Regierung und vom Obersten Gerichtshof in mehreren Richtungen vorangetrieben.
So entschied letzterer beispielsweise gegen die Fernsehbehörde, die jegliche Interviews mit PLO-Sympathisanten oder gegen die israelische Regierung eingestellten Arabern verboten hatte. Gegen den Wunsch der Polizei erlaubte das Gericht ferner eine Gedenkdemonstration dreißig Tage nach dem Mord an Emil Grünzweig, wobei die Richter betonten, daß die Polizei die Pflicht habe, die Ausübung des Grundrechts der friedlichen Demonstration zu sichern. Später erteilte der Rechtsberater der Regierung (nach Verhandlungen mit dem Generalinspektor der Polizei) Anweisungen, daß die Polizei verpflichtet sei, die Sicherheit rechtmäßig oppositioneller Demonstrationen selbst dann zu garantieren, wenn weite Kreise der Öffentlichkeit diese

ablehnten und somit die öffentliche Ordnung angeblich bedroht werde.
In ähnlicher Weise ergriff das Amt des Rechtsberaters die Initiative, einen Ausschuß (den Karp-Ausschuß) einzuberufen, der die Anwendung und Durchsetzung der Gesetze – vor allem gegen Juden in Konflikten mit Arabern – in Judäa und Samarien überprüfen sollte.
Eine nicht unbedeutende Wende in diese Richtung trat auch im Fall Abu-Chazeras ein, nachdem er zur Berufung an den Obersten Gerichtshof gegangen und der Angeklagte dort zu drei Monaten Freiheitsstrafe verurteilt worden war. Während es bei Abu-Chazeras erstem Gang zum Gericht noch zu lautstarken Anwürfen gegen das Rechtswesen gekommen war, fiel die Reaktion diesmal viel stiller und zurückhaltender aus – obwohl die Tatsache, daß er sein Knesset-Mandat nicht niederlegte und seine Partei, Tami, ihn sogar wieder zum Regierungsmitglied machen wollte, nicht gerade die strengsten Formen korrekten öffentlichen Verhaltens erkennen ließ.

Ideologische Entwicklungen und die Aufrechterhaltung der demokratischen Einrichtungen

Ferner gab es einige wichtige ideologische Entwicklungen. Während des Libanonkriegs äußerten sich manche religiöse Intellektuelle, die jahrelang ziemlich weit im Vordergrund gestanden hatten, entschieden gegen den Krieg und gegen die offenbare Monopolisierung des zionistisch-religiösen Standpunkts durch Gusch Emunim.
Noch wichtiger war vielleicht eine ähnlich geartete Stellungnahme gegen den Krieg aus den Reihen der Jeschiwot Hesder durch Persönlichkeiten wie Rabbiner Avital und andere. Daraufhin sah sich auch der damalige Erziehungsminister Sevulun Hammer, der zu den Führern der jüngeren NRP-Gruppen gehörte, zu öffentlichen Überlegungen veranlaßt, obwohl er zu den Hauptvertretern der Ideologie von *Erez-Israel Haschlema* zählte.
Auch bei manchen orientalischen Intellektuellen regte sich Kritik an dem Bild von den angeblich kriegslüsternen Orientalen,

wobei manchmal sogar behauptet wurde, dies sei Teil des aschkenasischen Plans, sie verächtlich zu machen. Infolgedessen kam es zu verschiedenen Versuchen, neue Bewegungen oder Organisationen von Orientalen zu gründen, die für den Frieden eintraten.

Vor allem anderen wäre natürlich die Tatsache zu nennen, daß die grundlegenden demokratischen Einrichtungen und die meisten demokratischen Spielregeln gewahrt blieben – trotz vieler Bedrohungen und den Umfrageergebnissen, die auf Zweifel an der Demokratie hinwiesen. Ebenso wurden die ständige Offenheit der Gesellschaft und die Kommunikationsbahnen zwischen den Bevölkerungsschichten und den öffentlichen Stellen aufrechterhalten, und zwar sogar auf dem Höhepunkt des Krieges – der nicht auf einem Konsens beruhte. Darüber hinaus beeinträchtigte der fehlende Konsens nicht die Kampfkraft der Armee und die grundlegende Loyalität der Bürger. Außerdem wurde, unbeschadet anfänglicher Gegenbestrebungen, über den Libanonkrieg in umfassender Form in den Medien berichtet, zuweilen vielleicht sogar über die legitimen Grenzen militärischer Zensur hinaus, was im scharfen Gegensatz etwa zum Falkland-Krieg stand.

Selbstverständlich waren dies nicht die einzigen Tendenzen. Viele Trends in Richtung auf eine Schwächung des Rechtsbewußtseins, auf Zwietracht und Intoleranz liefen weiter oder verstärkten sich sogar noch, und es sind gerade die ersten Anfänge gemacht, um einige der strukturellen Bedingungen und institutionellen Rahmen zu überwinden, die – wie wir gesehen haben – zu einer Schwächung der übergreifenden Solidaritätsbande in der israelischen Gesellschaft geführt hatten.

Überblick

So entsteht in der Tat ein sehr gemischtes Bild. Diese Mischung wurde gut von Staatspräsident Chaim Herzog in seiner Rosch-Haschana-Ansprache getroffen, in der er alle diese Schwächen und Probleme vor dem Hintergrund der großen Leistungen des Staates Israel aufzeigte. In seinen Worten:

Während meiner Amtszeit (als Staatspräsident) bin ich mir

jeden Tag der Schönheit unseres Landes und der Größe des Volkes bewußt geworden, das in ihm lebt. Ich habe erkannt, daß die positiven Aspekte unseres Lebens – die konstruktive Arbeit ebenso wie Intelligenz und Weisheit – die negativen Aspekte bei weitem überwiegen.
Bei meinen Fahrten durch das Land bin ich oft erstaunt über die großen Leistungen, über die Bereitschaft zu freiwilliger Hilfe und die Schöpferkraft, denen ich begegne... Das heißt jedoch nicht, daß es daneben keine Schatten in unserem öffentlichen Leben gäbe, die – wenn sie nicht verscheucht werden – unsere Existenz bedrohen könnten... Trotz der zahlreichen Gefahren von außen kommt die größte Gefahr von innen. Diese Gefahr beruht auf zerrütteten menschlichen Beziehungen, der mangelnden Rücksichtnahme auf andere, auf einer unzivilisierten Art der öffentlichen Diskussion, die zuweilen in Gewalt ausbricht. Diese Gefahr entsteht aus der Polarisierung zwischen verschiedenen Teilen oder Sektoren des Volkes, einer Polarisierung, die sich in Aufstachelung und physischer Gewalt ausdrückt. Das Blut Emil Grünzweigs schreit noch immer zu uns aus der Erde... Diese Gefahr ergibt sich aus der Mißachtung anderer, der Rechte des einzelnen, des Bürgers und des »Fremden, der in unseren Toren ist«, der Rechte aufgrund der natürlichen Gerechtigkeit und nach den Geboten der Tora. Sie bricht aus den Spannungen zwischen verschiedenen Sektoren hervor, die ihre Handlungen und Argumente häufig auf ihre eigene Interpretation des Volkswohls stützen – und dabei die Meinung anderer ignorieren.
Und in diesem ganzen Hexenkessel, der unsere Sicherheit bedroht, haben sich letzthin auch einige Anzeichen herausgebildet – laut einigen Meinungsumfragen –, die eine gewisse Bereitschaft andeuten, die Demokratie aufzugeben.
Wohl eines der gefährlichsten Sturmzeichen, die neuerdings aufgezogen sind, ist die Tendenz, die Autorität unseres Rechtssystems zu untergraben. Eine solche Haltung ist von enormer Gefahr für die Nation und bedeutet in der Tat eine direkte Verletzung der Vorschriften der Tora: »An den Wortlaut der Weisung, die sie dich lehren, und an das Urteil, das sie fällen, sollst du dich halten. Von dem Spruch, den sie

verkünden, sollst du weder rechts noch links abweichen« (5. Mose 17,11).

Raschi[101] kommentiert dazu: »Selbst wenn sie dir sagen, rechts sei links und links sei rechts«, und der Ramban[102] sagt: »Selbst wenn du meinst, er sei im Unrecht, und dir die Sache so einfach erscheint, wie du den Unterschied zwischen rechts und links kennst, mußt du ihren Weisungen folgen«.

Wenn heute in unserer Gesellschaft Leute gegen die Demokratie anreden und den gleichen Stimmen Gehör verschaffen, die die Autorität und Unabhängigkeit der Rechtsprechungsorgane zu unterminieren versuchen, sehen wir uns einer der gefährlichsten Entwicklungen gegenüber, die, falls wir sie nicht aufhalten, – Gott behüte – zu Anarchie und Zerstörung führen kann.

Sie können sagen, all dies hänge von der Führung, von den meinungsbildenden Autoritäten und den Medien ab. Das ist richtig, aber es hängt auch von uns allen ab ... und (diese Situation) entsteht oft aus der Mißachtung kleiner Dinge und aus Ungehorsam gegenüber dem Gesetz, aus der Mißachtung elementarer Vorsichtsmaßregeln ... Seit der Staatsgründung sind 15 000 Menschen bei Straßenverkehrsunfällen ums Leben gekommen, 2 000 mehr als in allen Kriegen Israels. Seit der Staatsgründung sind eine halbe Million Menschen bei Unfällen auf den Straßen verletzt worden, und die meisten davon beruhten auf Fahrlässigkeit, Gesetzesverstößen, Arroganz, übertriebener Selbstsicherheit und der Mißachtung anderer – und diese Haltungen gehen dann auch in die öffentlichen Handlungen und Debatten über und führen zu einem äußerst gefährlichen Niedergang in unserer Gesellschaft.

Doch bei all dieser Selbstkritik und Einkehr dürfen wir auch um uns blicken und stolz sein auf die Gesellschaft, die wir aufgebaut haben. Von den 160 Mitgliedern der Vereinten Nationen lösen nur 35 ihre Probleme in der Art, wie wir es tun ...

101 Rabbi Schlomo Izchaki, der große mittelalterliche Bibel- und Talmud-Kommentator.

102 Rabbi Mosche ben Nachman, der Nachmanides, ein großer mittelalterlicher Gelehrter und Philosoph.

Oft denke ich über die Mehrzahl der Nationen nach: unterentwickelt, mit niedrigem Bildungs- und Gesundheitsstand, ohne freie Ausdrucksmöglichkeit, ohne eine freie Presse, mit den Konzentrationslagern und den Gulags – Regimes, in denen Angst den Hauptfaktor im menschlichen Leben darstellt, mit Abermillionen Menschen, die niemals wußten und bis an ihr Lebensende niemals wissen werden, was Freiheit ist. Ich vergleiche sie mit unserem kleinen Staat, den wir mit unseren eigenen Händen aufgebaut haben, der sich in vielen Bereichen auszeichnet: in der Medizin, im Bildungswesen, in der technischen Entwicklung, in Landwirtschaft und Forschung, mit dem großen Wunder der Sammlung der Zerstreuten und dem Aufbau der Nation – und all dies trotz der Bedrohungen unserer Existenz und trotz der großen sozialen und wirtschaftlichen Schwierigkeiten. Ohne auch nur für einen Augenblick die Fehler außer acht zu lassen, die Dinge, die wir noch nicht erreicht haben, die ernsten Probleme, denen wir gegenüberstehen, dürfen wir stolz auf die Leistungen unseres Volkes und unseres Landes sein und auf das, was wir aufgebaut haben...

III. Nachtrag

Die Wahlen von 1984

Wie ich im Vorwort schrieb, war das Manuskript im Herbst 1983 abgeschlossen, also etwa zu dem Zeitpunkt, als Begin zurücktrat, und es ist nicht meine Absicht, die Zeit danach detaillierter darzustellen. Ich möchte nur ein paar knappe Anmerkungen zu einigen neueren Ereignissen machen, insbesondere zu den Wahlen vom Juli 1984, die mehrere Hauptpunkte unserer Analyse berühren.

Bevor wir uns jedoch der Wahlanalyse zuwenden, erscheint es angebracht, zwei Ereignisse anzusprechen, die zwischen Begins Rücktritt und den Wahlen eintraten.

Das erste Ereignis war der drohende Sturz der Bankaktien an der Tel Aviver Börse im Herbst 1983. Bis dahin hatten diese – von den Banken mit der zumindest stillschweigenden Kooperation der Regierung praktisch subventionierten – Aktien durchgehend einen hohen Ertrag erbracht, der über der Inflationsrate – aber auch in keinem Verhältnis zu ihrem tatsächlichen Wert – lag. Daher waren sie zu einem der wichtigsten Investitionsbereiche auf dem recht eigenartigen israelischen Kapitalmarkt geworden.

Im Herbst 1983 trat die Tatsache, daß ihr Wert künstlich hochgehalten worden war, immer deutlicher zutage, und ihr möglicher Sturz kam in greifbare Nähe.

Ein sehr großer Teil der Bevölkerung war davon betroffen, und da der Sturz der Bankaktien an einige sehr zentrale Nervenstränge im System rührte, griffen die Regierung und die israelische Staatsbank ein. Der Handel mit diesen Aktien wurde für einige Zeit suspendiert und dann ein recht sonderbares Übereinkommen erzielt, das einen hohen künftigen Ertrag versprach, wenn die Aktien nicht sofort verkauft, sondern praktisch eingefroren wurden.

Diese Entwicklungen erschütterten weitgehend das Vertrauen der Öffentlichkeit in die Finanzpolitik der Regierung. Schließlich führten sie zum Rücktritt Joram Aridors vom Amt des Finanzministers und zur Ernennung Jigal Cohen-Orgads zu seinem Nachfolger. Letzterer versuchte, mit allerdings nur mäßigem Erfolg, eine restriktivere Wirtschaftspolitik durchzuführen.

Das zweite wichtige Ereignis – an einer anderen Front –, das wenige Monate vor den Wahlen eintrat, war die einer sehr langen Überwachung durch den inneren Sicherheitsdienst folgende Festnahme von über dreißig Mitgliedern des »jüdischen Untergrunds« – meist Siedler in Judäa und Samarien, darunter viele Reserveoffiziere, die Gusch Emunim sehr nahestanden. Sie wurden vor Gericht gestellt und angeklagt, zahlreiche subver-

sive Terroraktionen gegen die Araber geplant zu haben. Schon ihre Festnahme wurde als wichtigstes Anzeichen für die Rechtsstaatlichkeit betrachtet, während die Aufdeckung ihrer Taten eine gewisse Bestürzung und einiges Umdenken bei den Siedlern und Gusch Emunim-Mitgliedern auslöste.
Andererseits fanden die Festgenommenen viel Sympathie in der breiten Öffentlichkeit – auch wenn man mit ihren konkreten Aktivitäten nicht übereinstimmte. So wurden sie von politischen Persönlichkeiten kaum klar verurteilt – weder vom Ministerpräsidenten noch vom Innenminister, dessen Erklärung sogar eine gewisse Sympathie für sie durchblicken ließ. Diese mitfühlende Atmosphäre übertrug sich auch auf einige Gefängnisbeamte, so daß sie recht angenehme Haftbedingungen genossen.

Der Wahlkampf

Die Wahlen wurden von der Knesset vorverlegt, also vor Ablauf der »normalen« Wahlperiode angesetzt, und zwar auf Initiative der Maarach-Opposition und der Tami-Partei – der ethnischen Liste unter der Leitung von Aharon Abu-Chazera –, mit Unterstützung einiger weiterer kleiner Parteien, gegen den Wunsch des regierenden Likud-Blocks und der jetzt von Jizchak Schamir, Begins Nachfolger, geführten Regierung.
Der Wahlkampf selbst verlief viel weniger schrill, gewaltsam und trennend als die Kampagnen von 1977 und insbesondere 1981 und wurde erheblich besonnener geführt. Dieser relativ ruhige Verlauf ging zu einem guten Teil auf entsprechende Bestrebungen vieler öffentlicher Persönlichkeiten zurück; der Staatspräsident, der Vorsitzende des Wahlausschusses und Richter am Obersten Gerichtshof Gabriel Bach und viele andere hatten sich in diesem Sinne geäußert. Ihre Anrufe wurden von den großen und kleinen Parteien gleichermaßen befolgt, sowohl deshalb, weil die Furcht vor den Folgen der politischen Zerrissenheit nun doch gewachsen war, als auch wegen der Unsicherheit über die Stimmungen in der Wählerschaft.
Diese Unsicherheit zeigte sich in gewissem Maße in den zahl-

reich durchgeführten Umfragen, die allerdings überwiegend einen Sieg des Arbeiterblocks, des Maarach, voraussagten: ein scheinbar natürliches Ergebnis auf dem Hintergrund des Libanonkriegs und der verschlechterten wirtschaftlichen Lage einschließlich einer jährlichen Inflationsrate von nunmehr fast 400 Prozent. Mit dem Näherrücken des Wahltermins schien der Likud jedoch – vielen Umfragen zufolge – an Stärke zu gewinnen, und dies sollte bekanntlich von den Wahlresultaten selbst bestätigt werden. Trotz der Umfrageergebnisse herrschte jedenfalls verbreitete Ungewißheit, was zweifellos zu dem recht ruhigen Wahlkampfverlauf beitrug.

Obwohl selbstverständlich ethnische Themen, religiöse und antireligiöse Einstellungen (oder richtiger: die Ablehnung religiösen Zwangs in der Form restriktiver religiöser Gesetze) sowie auch sonstige politische Unterschiede von den verschiedenen Parteien in den Vordergrund gestellt wurden, geschah dies in sehr gedämpftem Ton. Es gab im Vergleich zu den Wahlen von 1981 nur wenige Gewaltausbrüche.

Viele der wichtigen konkreten politischen Grundlinien oder Themen, die insbesondere von den beiden großen Parteien – Likud und Maarach – propagiert wurden, schienen tatsächlich nicht allzuweit auseinanderzuliegen. Natürlich gab es Unterschiede in der Schwerpunktsetzung und vor allem in den übergreifenden Identitätssymbolen, die von den verschiedenen Parteien vertreten wurden. Die Progapanda des Likud betonte, daß er das »nationale Lager« vertrete, und rief alle auf, sich ihm anzuschließen – womit angedeutet werden sollte, daß diejenigen, die ihn nicht wählten, keinen Teil dieses »wahren« nationalen Blocks bildeten. Man unterstrich besonders das Thema Erez-Israel, von dem nichts aufgegeben werden dürfe. Der Maarach berief sich mehr auf seine traditionell konstruktive und vernünftige Politik, womit natürlich nahegelegt wurde, daß die vom Likud verfolgte politische Linie weder konstruktiv noch vernünftig sei.

Die anderen Parteien wandten sich vor allem an ihren eigenen Wählerkreis: die religiösen an die verschiedenen Teile des religiösen Lagers, die von Schulamit Aloni geleitete Menschenrechtspartei *Raz* an die eher linken oder säkularisierten Kreise der israelischen Öffentlichkeit und so weiter.

Zwei neue Listen entstanden – an den beiden entgegengesetzten Enden des politischen Spektrums. Die eine war die »Progressive Liste«, die von Arabern und Juden gemeinsam geführt wurde – unter besonderer Förderung der ersteren. Sie setzte sich vor allem für jüdisch-arabische Koexistenz ein und wandte sich überwiegend an die arabische Bevölkerung (womit sie sich den Groll von *Chadasch* – früher *Rakach* – zuzog) sowie an radikale Linke und »Tauben« unter den jüdischen Wählern.

Am anderen Ende des politischen Spektrums rangierte die *Kach*-Liste unter Leitung des Rabbi Meir Kahane (dem Führer der amerikanischen Jüdischen Verteidigungsliga, der immer noch einen amerikanischen Paß besaß). Sie bezog eine extrem jüdisch-nationalistische, fast schon rassistische, militant antiarabische Haltung.

Beide Listen waren ursprünglich vom Wahlausschuß verboten worden – die erstere offenbar aus Sicherheitserwägungen (es gab Behauptungen, daß ihre Führer der PLO nahestünden und deshalb ein Sicherheitsrisiko darstellten), die zweite wohl wegen ihres Wahlprogramms. Beide legten Widerspruch beim Obersten Gerichtshof ein. Das von fünf Richtern einstimmig gefällte Urteil hob die Entscheidung des Wahlausschusses auf und erlaubte ihnen die Beteiligung an der Wahl.

Wahlergebnisse und die Bildung einer Regierung der Nationalen Einheit

Tabelle 18.1 zeigt die Wahlergebnisse. Hinsichtlich des Wettlaufs zwischen den beiden großen Parteien brachten die Wahlen keine klare Entscheidung: beide erlitten Verluste im Vergleich zu den Wahlen von 1981, obwohl der Likud stärkere Einbußen verzeichnete und der »linke« Block im allgemeinen Stimmen gewann. Keine Partei war fähig, eine Regierung zu bilden, so sehr sie sich auch bemühen mochte, so daß im September 1984 tatsächlich eine Regierung der Nationalen Einheit (oder Große Koalition) gegründet wurde.

Außerdem gab es einige andere recht interessante und potentiell sogar sehr bedeutsame politische Entwicklungen.

Einmal wuchs die Stärke der verschiedenen extremistischen

Tabelle 18.1 Ergebnisse der Knesset-Wahlen von 1984

Liste	Sitze	Stimmen	Prozente
Maarach	44 (47)[a]	724 074 (708 107)	34,9
Likud	41 (48)	661 302 (718 299)	31,9
Techia	5 (3)	83 037 (44 677)	4,0
NRP	5 (6)	73 530 (95 423)	3,5
Chadasch	4 (4)	69 815 (64 452)	3,4
Schass	4 (0)	63 605	3,1
Schinui	3 (2)	54 747 (29 834)	2,6
Raz	3 (1)	49 698 (27 875)	2,4
Jachad	3 (0)	46 302	2,2
Progressive Liste	2 (0)	38 012	1,8
Agudat Israel	2 (4)	36 079 (72 322)	1,7
Morascha	2 (0)	33 287	1,6
Tami	1 (3)	31 103 (44 431)	1,5
Kach	1 (0)	25 907	1,2
Omez	1 (0)	23 845	1,2

Anmerkung: (a) Die Zahlen in Klammern sind die der Wahlen von 1981.
Quelle: Government of Israel. Press Bureau.

Gruppen. Rabbi Meir Kahane erhielt genug Stimmen, um in die Knesset einzuziehen. Nach den Wahlen veranstaltete er zusammen mit seinen Anhängern viele provokative öffentliche Auftritte – was aber zu einer zunehmenden Distanzierung aller übrigen – links- wie rechtsstehenden – Gruppen von ihm zu führen schien.

Die Techia-Partei unter der Leitung von Prof. Juval Ne'eman und dem früheren Generalstabschef Raful (Rafael Eitan), der sich mit seinen Anhängern der Liste angeschlossen hatte, vertrat die radikaleren Elemente auf der Rechten. Sie konnte ihre Abgeordnetensitze von drei auf fünf vermehren, was in nicht geringem Umfang auf die Stimmen von Jungwählern, darunter auch Soldaten der Armee, zurückzuführen war.

Die Progressive Liste erhielt zwei Sitze, vermutlich einmal auf Kosten von Chadasch (die ihre Abgeordnetenzahl behaupten konnte, sich aber mehr erhofft hatte) und zum anderen aus einigen Gruppierungen des jüdischen Sektors, deren Stimmen in den früheren Wahlen wohl *Scheli* zugefallen waren.

Einige interessante Entwicklungen fanden auch in den ethnischen und religiösen Gruppen statt. Die wichtigste mehr oder weniger offen »ethnische« (sefardische) Partei innerhalb des zionistischen Sektors, Tami (deren Führer Aharon Abu-Chazera ehemals Mitglied der National-Religiösen Partei gewesen war und einmal auch in ihrem Namen dem Kabinett angehört hatte), mußte schwere Verluste einstecken – aufgrund der verringerten Anziehungskraft ihrer unverblümt ethnischen Ausrichtung.

Gleichzeitig zeichnete sich eine recht dramatische Entwicklung im – bisher von der Agudat Israel vertretenen – ultra-orthodoxen Sektor ab. Hier kam es nämlich jetzt zu einer heftigen Rebellion sefardischer Elemente gegen die Monopolisierung der Führungspositionen – Knesset-Mandate und Posten, die auf die Verteilung der Gelder Einfluß hatten – durch verschiedene aschkenasische Gruppen. Es bildete sich eine neue religiös-ethnische Gruppierung namens *Schass* (Sefardische Torawächter), der fast ausschließlich Sefarden angehörten. Als geistiger Führer diente der frühere sefardische Oberrabbiner Ovadia Josef. Schon vor den Knesset-Wahlen war sie sehr erfolgreich in den Jerusalemer Gemeindewahlen. In der Knesset errang sie dann vier Mandate, teils auf Kosten der Agudat Israel, die zwei Sitze verlor und nur noch zwei behielt.

Auch in der National-Religiösen Partei kam es zum Bruch: die militanter nationale und religiöse *Morascha*-Gruppe trat aus der NRP aus, errang zwei Mandate und ließ der Mutterpartei nur vier der sechs Sitze, die sie 1981 erhalten hatte.

Eine neue Gruppe, *Jachad* (Gemeinsam), wurde unter der Führung des früheren Verteidigungsministers Eser Weizman gegründet. Ihrer Bestimmung nach sollte sie zwischen Maarach und Likud stehen, aber sie neigte stärker dem ersteren zu, womit sie in mancher Hinsicht an *Dasch* bei den Wahlen von 1977 erinnerte.

Als nach langwierigen Verhandlungen klar wurde, daß keine der beiden großen Parteien eine Regierung bilden konnte, kam es im September 1984 zur Gründung einer Regierung der Nationalen Einheit. Dazu beigetragen hatte vermutlich auch das vom neuen Ministerpräsidenten (Schimon Peres) und seinem Vorgänger und Nachfolger (Jizchak Schamir) gleichermaßen gehegte Gefühl, daß dies für sie persönlich die letzte Chance darstellte, die Führung ihrer jeweiligen Partei zu behalten. Diese Regierung wurde von neun Parteien unterstützt: Maarach, Likud, Jachad, Omez, National-Religiöse Partei, Schass, Schinui, Agudat Israel und Morascha. Sie alle, mit Ausnahme der Agudat Israel, waren in dem Mammutkabinett von 25 Ministern vertreten (aber nicht im inneren Kabinett der Zehn), viele der kleineren Parteien durch Minister ohne Geschäftsbereich.

Der Regierungsbildung lag ein schriftliches Abkommen zwischen den beiden großen Parteien zugrunde, in dem unter anderem bestimmt wurde, daß die Ministerpräsidentschaft für jeweils 25 Monate (das heißt, die halbe Knessetwahlperiode) zwischen Schimon Peres und Jizchak Schamir »rotieren« sollte. Peres sollte den Anfang machen, mit Schamir als Stellvertretendem Ministerpräsidenten und Außenminister, dann – nach Eintritt der »Rotation« – sollten die Ämter zwischen den beiden getauscht werden.

Das Koalitionsabkommen enthielt auch mehrere Bestimmungen über innen- und außenpolitische Fragen. Betont wurde insbesondere die Notwendigkeit, die Wirtschaftsprobleme anzupacken: darauf folgten einige recht allgemeine Erklärungen über die Siedlungspolitik und die Möglichkeiten für Friedensverhandlungen mit den Arabern. Diese Stellungnahmen neigten ein wenig – aber wirklich nur ein wenig – einem modifizierten Maarach-Standpunkt zu, doch insgesamt waren sie zu allgemein gehalten, als daß man ihnen klare Hinweise auf die zukünftige Politik hätte entnehmen können.

Die Schlüsselpositionen im Kabinett wurden folgendermaßen verteilt: Der Maarach übernahm die Ressorts Verteidigung, Erziehung und Kultur, Polizei, Landwirtschaft, Gesundheit, Energie; die Liberale Partei im Likud erhielt das Finanz- und das Justizministerium; Cherut zog in die Ministerien für Bau- und Wohnungswesen, Arbeit und Soziales sowie Industrie und Handel ein. Andere Posten wurden mehr oder weniger gleichmäßig auf Maarach, Likud und kleine Parteien verteilt. Eser Weizman wurde Minister im Amt des Ministerpräsidenten.

Einer der großen Gewinner in dieser Gruppe war Ariel Scharon, der nach dem Kahan-Bericht Minister ohne Geschäftsbereich gewesen war, jetzt aber das Ressort Industrie und Handel erhielt.

Zu den ersten Ergebnissen der Regierungsbildung zählte eine Spaltung im sozialdemokratischen Lager: Mapam und ein Mitglied der Arbeiterpartei (Jossi Sarid) weigerten sich, in die Koalition einzutreten, und verließen daher den Arbeiterblock. Nicht unterstützt wurde die Regierung ferner von Raz, Techia, Tami, der Progressiven Liste und Chadasch. Somit erschienen neue Entwicklungen auf der linken und auf der rechten Seite des politischen Spektrums als möglich.
Die ersten Schritte unternahm die Regierung im Bereich der Wirtschaft mit einer Reihe von drastisch erscheinenden Maßnahmen: Die Preise der subventionierten Nahrungsmittel wurden angehoben, einschneidende Haushaltskürzungen angekündigt und Steuererhöhungen beschlossen. Es bleibt natürlich abzusehen, wie sich all diese Schritte auswirken werden – insbesondere, ob sie imstande sein werden, weitreichende wirtschaftliche Veränderungen herbeizuführen, ohne soziale Unruhen und Tumulte auszulösen.
Gleichzeitig richtete der neue Ministerpräsident, als er die Regierung der Knesset vorstellte, einen eindringlichen Aufruf an die arabische Welt im allgemeinen und König Hussein im besonderen, mit Israel in Friedensverhandlungen einzutreten. Und der neue Verteidigungsminister Jizchak Rabin (Ministerpräsident von 1974-77) sprach sich in einem Treffen mit den Siedlern in Judäa und Samarien recht deutlich gegen die Vermischung von Siedlung und Sicherheit aus, wobei er betonte, daß er keinerlei notwendige Verbindung zwischen den beiden sehe.

Einige Auswirkungen

Es ist äußerst schwierig vorauszusagen, wie erfolgreich die eingeschlagenen politischen Wege sein werden, vor allem angesichts der tiefgreifenden Unterschiede und der früheren Feindseligkeit zwischen den verschiedenen Gruppen, die in dieser Regierung zusammengefaßt sind. Bisher wenigstens scheint es noch kaum Anzeichen dafür zu geben, wie lange sie sich halten wird, wie erfolgreich ihre Schritte sein werden und bis zu welchem Grad sie der Unbeweglichkeit wird aus dem Wege gehen

können, die bereits in ihrer Zusammensetzung und dem Hickhack in und zwischen den verschiedenen Koalitionsparteien angelegt ist.
Obwohl die Antworten auf diese Fragen selbstverständlich die weitere Entwicklung der israelischen Gesellschaft – und insbesondere auch ihre Fähigkeit, ihre verschiedenen Spaltungs- und Stagnationstendenzen zu überwinden – stark beeinflussen wird, mögen einige tentative Beobachtungen angebracht sein, die unsere Analyse weiter oben in diesem Kapitel berühren.
Die Wahlkampagne, die Wahlergebnisse und die Bildung der Nationalen Einheitsregierung bezeugen tatsächlich den in unserer Analyse hervorgehobenen Punkt – nämlich die Feststellung, daß die israelische Gesellschaft einen weitreichenden Wandlungs- und Umgestaltungsprozeß durchmacht. Ferner verweisen sie auch darauf, daß die Richtungen und Ergebnisse dieses Wandels, die verschiedenen alten und neuen Themen, zusammentreffen werden. Welche neuen institutionellen Formen, politischen Gruppen und Konflikte nun im einzelnen entstehen werden und inwieweit die israelische Gesellschaft imstande sein wird, ihre Spaltungs- und Stagnationstendenzen zu überwinden, läßt sich noch schwer voraussagen – selbst wenn mehrere Hauptprobleme, denen sie gegenübersteht, wohlbekannt sind.
Doch einige sehr tentative Beobachtungen können, wie gesagt, angeführt werden. In erster Linie deuten bereits die Bildung der breiten Koalitionsregierung und der gemäßigte Ton der Wahlen auf Bestrebungen hin, die Klüfte und Konflikte abzubauen, die vorher so äußerst sichtbar zutage traten.
Obwohl die Regierungsbildung eine Folge des Patts in den Wahlergebnissen war, spielte doch auch die Furcht vor fortgesetzter Zerrissenheit im Hintergrund deutlich mit. Der erste Aufruf zur Gründung einer solchen Regierung ging gleich nach den Wahlen von vier herausragenden Autoren aus, die sich sämtlich mit dem Maarach identifizierten, darunter zwei, die als »Tauben« bekannt waren. Dem schlossen sich viele Persönlichkeiten des öffentlichen Lebens an und ausdrücklich auch der Staatspräsident, als er Peres mit der Regierungsbildung beauftragte. Ferner machten mehrere politische Gruppen ihre Regierungsbeteiligung oder -unterstützung von der Bildung einer

solchen Großen Koalition abhängig – vor allem Weizmans Jachad-Liste.
Das vielleicht wichtigste Ergebnis dieser Regierungsbildung lag in der – zumindest vorläufig – geschwundenen Neigung der beiden großen Blöcke, Maarach und Likud, sich gegenseitig zu delegitimieren. Dies mag – besonders wenn die Regierung erst einmal eine Zeitlang bestanden und auch Erfolge erreicht hat – ein erstes Anzeichen für den Aufbau eines neuen Solidaritätsrahmens und möglicherweise auch neuer Spielregeln sein. Außerdem stand zu erwarten, daß dadurch eventuell die Kontinuität und Stärkung der demokratischen Institutionen gefördert und das Abbröckeln der Bindungen an sie aufgehalten werden würden.
Aber die tatsächlichen Entwicklungen waren weitaus komplizierter.
Die Regierung der Nationalen Einheit hat viele innere Krisen und Stürme überstanden, und trotz zahlreicher gegenteiliger Voraussagen wurde das »Rotationsabkommen«, demzufolge Schimon Peres sein Ministerpräsidentenamt niederlegen und an Jizchak Schamir übergeben sollte, um dann an dessen Stelle Stellvertretender Ministerpräsident und Außenminister zu werden, im Oktober 1986 eingehalten.
Unter Schimon Peres hat die Regierung der Nationalen Einheit zwei große Erfolge verzeichnen können: nämlich den Rückzug aus dem Libanon und die fast schon an ein Wunder grenzende Umkehrung der inflationären Tendenz, die die israelische Wirtschaft bedrohte. Die jährliche Inflationsrate konnte von 400 Prozent im Jahre 1984 auf circa 20 Prozent im Jahre 1986 gesenkt werden – durch eine strenge Währungs- und Lohnpolitik in Verbindung mit Haushaltskürzungen. Der *Londoner Economist* (vom 15. 6. 1986) beispielsweise wertete die israelische Entwicklung als eine der erfolgreichsten überhaupt.
Eine weitere wichtige Veränderung – die weitgehend Peres' lebhafter außenpolitischer Aktivität zu verdanken ist – war eine erhebliche Aufbesserung von Israels internationalem Ansehen, das durch den Libanonkrieg erheblich gelitten hatte. Allerdings war seine außenpolitische Bewegungsfreiheit im Hinblick auf jede mögliche »Friedensinitiative« durch das Koalitionsabkommen sowie auch durch wichtige Strömungen in seiner eigenen

Partei innenpolitisch stark eingeschränkt – und zwar so sehr, daß die Regierung der Nationalen Einheit von den »linkeren« Gruppen und vielen Journalisten praktisch der Untätigkeit auf diesem Gebiet beschuldigt wurde. Wohl noch mehr behindert wurden derartige Bemühungen durch die Unnachgiebigkeit der arabischen Staaten und ihre mangelnde Fähigkeit, ihre extremeren Elemente unter Kontrolle zu halten.

Im Frühjahr 1987 versuchte Peres, diese festgefahrene außenpolitische Situation zu durchbrechen, indem er sich – nach langwierigen Vorgesprächen mit jordanischen, amerikanischen und sowjetischen Stellen – für die Einberufung einer internationalen Friedenskonferenz einsetzte, die als Ausgangspunkt und Rahmen für direkte israelisch-arabische Verhandlungen dienen sollte. Diese Initiative wurde jedoch von seiten des Likud zurückgewiesen, dem es, zumindest bisher, auch gelungen ist, die daraufhin von Peres vorgeschlagene Auflösung der Knesset und vorgezogene Neuwahlen über diese Frage zu verhindern. Einerseits hat diese Affäre die ideologischen Unterschiede zwischen Maarach und Likud verschärft, andererseits sind durch die resultierende Handlungsunfähigkeit aber auch viele Symptome für den Verfall der politischen Institutionen deutlich geworden.

Im Innern lebte die »Proporzpolitik« in neuer Form wieder auf, das heißt, man teilte offen die »Wahlbeute« in Gestalt von leitenden Posten in den staatlichen Betrieben oder sogar im Beamtendienst zwischen den großen Blöcken auf. Die Folge war, daß die universalistischeren Kriterien des öffentlichen Dienstes und der politischen Normen, die sich ab Mitte der sechziger Jahre bis zum *Mahapach* (der Wende von 1977) verstärkt gegen das partikularistische Proporzdenken durchgesetzt hatten, geschwächt wurden.

In vieler Hinsicht einigte man sich zwischen Maarach und Likud auf den kleinsten gemeinsamen Nenner, wodurch jede wichtige politische Diskussion im Keim erstickt wurde.

In dieser Situation gewannen vor allem die religiösen Gruppen ständig an Einfluß, einmal wegen ihrer politischen Bedeutung als potentielle Partner in einer kleinen Koalition, falls die Regierung der Nationalen Einheit stürzen sollte, aber in gewissem Maße auch wegen des bestehenden ideologischen Vakuums. Sie erhielten ihren vollen Anteil – wenn nicht mehr – bei der »Beuteverteilung«, und es kam auch zu erhöhten Spannungen zwischen den extremen religiösen und weltlichen Gruppen.

Die gleichen widersprüchlichen Tendenzen ließen sich in bezug auf die Spannungen zwischen der Rechtsstaatlichkeit und den unterschiedlichen anarchischen Neigungen feststellen – egal, ob sie in einem grundsätzlichen politischen Anarchismus oder aber in abweichenden Konzeptionen kollektiver Solidarität wurzelten.

So ist die Rechtsstaatlichkeit in vieler Hinsicht gestärkt worden – wenn sie auch nicht immer von allen voll akzeptiert und teils sogar zum Mittelpunkt politischer Auseinandersetzungen wurde. Eine solche Stärkung der Herrschaft des Gesetzes zeigte sich bereits bei der Ernennung des Kahan-Ausschusses während des Libanonkriegs und der (wenngleich nur partiellen) Befolgung von deren einschneidendem Urteilsspruch; in keiner anderen demokratischen Gesellschaft hat es dergleichen gegeben.

Allerdings waren dies nicht die einzigen Tendenzen; die Schwächung des Rechtsbewußtseins, Gruppenegoismus und Intoleranz bestanden fort oder intensivierten sich sogar. Einige Entscheidungen des Rechtsberaters und des Obersten Gerichtshofs wurden zum Gegenstand öffentlicher Auseinandersetzungen, gerieten ins Kreuzfeuer der öffentlichen Kritik und wurden zuweilen selbst von Regierungsmitgliedern angegriffen.

Die Spannungen, die sich in der Frage der Rechtsstaatlichkeit und der Stellung der Gerichte in Israel aufgestaut hatten, entluden sich im Juli 1986 in der Geheimdienstaffäre. Der für unsere Erörterung interessanteste Aspekt dieses Falles liegt wohl darin, daß er – trotz zahlreicher Bemühungen, ihn außerhalb der ordentlichen Rechtsorgane aus der Welt zu schaffen – erst dann mehr oder weniger als abgeschlossen betrachtet wurde, als der Oberste Gerichtshof die vom Staatspräsidenten ausgesprochene, in der Öffentlichkeit aber höchst umstrittene Begnadigung des Sicherheitsdienstchefs und mehrerer seiner Mitarbeiter als rechtmäßig bestätigt hatte und die vom Rechtsberater der Regierung geleitete Untersuchung zu dem Ergebnis gelangt war, daß der Ministerpräsident (Jizchak Schamir) sich nicht der stillschweigenden Duldung der betreffenden Taten schuldig gemacht oder von ihnen gewußt hatte. (Den betreffenden Geheimdienstbeamten war vorgeworfen worden, zwei gefangene arabische Terroristen getötet und dann vor einem staatlichen Untersuchungsausschuß unwahre Angaben darüber gemacht zu haben.) Die ganze Affäre hatte zu hitzigen Auseinandersetzungen und erbitterten Angriffen auf den Rechtsberater der Regierung geführt.

Während dieser Zeit trugen die Medien in hervorragender Weise zur Wahrung der Rechtsstaatlichkeit bei, wodurch sie häufig den Zorn – vor allem, aber nicht nur – rechtsgerichteter Politiker auf sich lenkten.

Die Rechtsstaatlichkeit erfuhr eine weitere eindrucksvolle Bestätigung, als der Oberste Gerichtshof im Mai 1987 der Berufung eines tscherkessischen Offiziers der israelischen Armee stattgab, der wegen Spionage zu achtzehn Jahren Gefängnis verurteilt worden war. Das Gericht ließ sich im wesentlichen von der Aussage des Offiziers überzeugen, der behauptete, sein Geständnis sei ihm von Ermittlungsbeamten des Sicherheitsdienstes durch unzulässige Mittel abgezwungen worden; dem Militärberufungsgericht sei dies jedoch verborgen geblieben, weil die vernommenen Beamten dort unwahre Aussagen gemacht hätten. Das Urteil des Obersten Gerichtshofs lautete nur noch auf eine Freiheitsstrafe von zwei Jahren wegen verantwortungslosem Verhalten, da der Offizier es verabsäumt hatte, Begegnungen mit PLO-Angehörigen ordnungsgemäß zu melden. Diese Strafe war jedoch durch die bereits verbüßten sieben Jahre längst abgegolten, so daß der Antragsteller den Gerichtssaal als freier Mann verließ.

Dies war die erste Fallentscheidung aufgrund eines neuen Gesetzes, das von Mair Shamgar – dem ehemaligen Generalanwalt der Streitkräfte, Rechtsberater der Regierung, Richter am Obersten Gerichtshof und jetzigem Präsidenten dieses Gerichts – vorgeschlagen worden war und dem vom Militärberufungsgericht Verurteilten nun die Anrufung des Obersten Gerichtshofes freistellt.

Ferner hat der Oberste Gerichtshof dem Rechtsberater der Regierung eindringlich empfohlen, den gesetzwidrigen Praktiken der für diesen Fall verantwortlichen Ermittlungsbeamten des Sicherheitsdienstes nachzugehen. Nach hitzigen politischen

Debatten hat der Rechtsberater daher eine polizeiliche Ermittlung in dieser Sache angeordnet, während die Regierung, zum Teil auf Betreiben des Sicherheitsdienstes selber, einen richterlichen Untersuchungsausschuß ernannte, der sich mit der für den Sicherheitsdienst zulässigen Untersuchungsmethoden auseinandersetzen soll.

All diese und viele andere Entwicklungen zeigen in der Tat, daß die Auseinandersetzung um die Grundorientierungen der jüdischen politischen Tradition in der israelischen Gesellschaft weitergeht, so daß die israelische Politik ohne deren Berücksichtigung nur schwer verständlich ist. Wie in der Vergangenheit werden diese Tendenzen nicht durch die bloße Existenz verschiedener ideologischer Orientierungen in der jüdischen politischen Tradition aktiviert, sondern deshalb, weil diese Orientierungen an starke soziale Kräfte geknüpft sind – nämlich verschiedene soziale Gruppen, Eliten und Bewegungen, die sich als Träger dieser Visionen betrachten. Ferner wurden diese Orientierungen durch die Entstehungsprozesse des neuen institutionellen Modells der israelischen Gesellschaft und die in diesem Modell eintretenden Veränderungen intensiviert.

Die israelische Gesellschaft befindet sich jetzt in einem wechselvollen Übergangsstadium. Sie hat sich von ihrem ursprünglichen nachrevolutionären institutionellen Modell wegentwickelt und ist auf der Suche nach einem neuen Modell, einem neuen Ruhepunkt. Dies ist selbstverständlich ein recht schmerzhafter Prozeß. Die Spannungen zwischen den Grundthemen der jüdischen politischen Tradition spielen bei diesem Prozeß eine wichtige Rolle; die Lösung dieser Spannungen – durch Konfrontation und Einigung – oder die Entwicklung eines neuen institutionellen Modells, das diese Spannungen zu regulieren imstande ist, wird den Ausgang dieses Prozesses beeinflussen und einen wichtigen Hinweis darauf liefern, in welcher Richtung sich die israelische Gesellschaft weiterentwickeln wird.

Schlußbetrachtungen

Der jüdische Wiedereintritt in die Geschichte und seine Probleme

Eine einzigartige Geschichte

Wir sind am Ende unserer Geschichte angelangt, aber die Geschichte selbst entfaltet sich unaufhörlich weiter.

Die Geschichte, die in diesem Buch erzählt wird, hat viele Dimensionen. Auf der scheinbar einfachsten Ebene ist sie die Geschichte einer kleinen Gesellschaft, die von revolutionären Pioniergruppen, von einer kolonisierenden Siedlungsbewegung aufgebaut wurde, um eine Stätte der Zuflucht und der nationalen Sicherheit für eine alt-neue Nation zu schaffen. Dementsprechend hatte diese Gesellschaft, wie wir gesehen haben, viele Merkmale mit anderen revolutionären Pionier-Siedlergesellschaften und anderen kleinen modernen Gesellschaften gemeinsam.

Zahlreiche Entwicklungen und Veränderungen in der Gestalt der israelischen Gesellschaft – wie etwa die Umwandlung revolutionärer Pioniereliten in Regierungseliten, die Routinisierung der ursprünglichen revolutionären Vision, die verschiedenen Entwicklungs- und Modernisierungsprozesse, die Unterschiede zwischen innen- und außenorientierten Sektoren – waren in gewissem Umfang auch anderen nachrevolutionären, aufstrebenden kleinen modernen Gesellschaften eigen.

Die Art und Weise, in der diese Gesellschaft viele ihrer Probleme anpackte, und ihre daraus folgende institutionelle Dynamik – die Entstehungs- und Wandlungsprozesse ihrer institutionellen Modelle – ließen sich leicht mit denen anderer relativ ähnlicher Gesellschaften vergleichen. Natürlich folgten diese Prozesse hier, wie in allen anderen solchen Gesellschaften, ihren jeweils eigentümlichen historischen, geopolitischen und sozio-ökonomischen Wirkungskräften und Umständen – aber dies waren gewissermaßen »normale«, verständliche Unterschiede, die einer vergleichenden Analyse relativ leicht zugänglich waren.

Auf dieser Untersuchungsebene lag das typischste Einzelkennzeichen der israelischen Gesellschaft in der Verbindung all dieser Merkmale mit einer starken nationalen Bewegung und mit der Ansiedlung in einer fremden Umgebung, die immer feindlicher wurde – und damit das Sicherheitsproblem zum wichtigsten Aspekt der Gesellschaft machte.

Die Einzigartigkeit der Entwicklungen in der israelischen Gesellschaft bestand jedoch in ihrer engen Verflechtung mit der Geschichte des jüdischen Volkes, mit der jüdischen Geschichte. Diese enge Verflechtung war es natürlich, die all diese Pioniere nach Erez-Israel, nach Palästina, und zu dieser spezifischen Begegnung mit dem arabischen Nationalismus führte. Aber nicht »nur« die Entstehung einer modernen Nationalbewegung und der Zusammenstoß zwischen zwei Nationen oder zwei Nationalbewegungen war einzigartig – obwohl selbstverständlich diese Tatsachen an sich schon ausreichten, um viele spezifische Merkmale der israelischen Gesellschaft und insbesondere diejenigen zu erklären, die sich aufgrund der besonderen Bedeutung der Sicherheitsdimension bei ihrer Formierung ergeben hatten.

Von entscheidender Bedeutung für das Verständnis dieser Gesellschaft war vielmehr die Tatsache, daß das Wesen dieser nationalen Revolutionsbewegung weitgehend durch ihre spezifische Beziehung, ihre enge Verflechtung mit einer umfassenden zivilisatorischen Vision – der jüdischen Kulturvision – geprägt wurde, die ursprünglich, wie im Fall der meisten Hochkulturen, in religiöse Begriffe gekleidet war, sowie auch mit der jüdischen Religion und Tradition, wie sie sich in der Geschichte des jüdischen Volkes herausgebildet hatten. Die Geschichte des jüdischen Volkes ist jedoch nicht nur die Geschichte einer religiösen Tradition im engeren Sinne oder der Bestrebungen, religiöse Sekten oder Gruppen aufrechtzuerhalten. Sie läßt sich nur daraus verstehen, daß die Juden Träger einer zivilisatorischen Vision waren, sowie aus ihren Versuchen, die Welt entsprechend den Grundprämissen dieser Vision umzugestalten.

Die alte israelitische und jüdische Zivilisation gehörte, wie wir gesehen haben, zu den allerersten sogenannten Hochkulturen und war sicher die erste im Mittelmeerraum und unter den monotheistischen Religionen. Dementsprechend entwickelte sich eine äußerst komplexe Vision mit starken universalistischen Orientierungen und sehr bestimmten institutionellen Prämissen und Rahmen. Die praktische Realisierung dieser Vision war eng an ein Volk geknüpft, was wiederum zu einem höchst komplexen Aufbau seiner kollektiven Identität führte – in der sich bekanntlich primordiale, politische, religiöse und ethische Komponenten miteinander verbanden. Die Verwirklichung dieser Vision – durch die eine neue Gesellschaft am Kreuzungspunkt vieler Nationen und großer Reiche entstand – vollzog sich zudem unter sehr spezifischen geopolitischen Bedingungen – eine Situation, die sich mit dem zionistischen Siedlungswerk in Erez-Israel wiederholte.

Das Zusammentreffen dieser geopolitischen Umstände mit der spezifischen Verbindung zivilisatorischer und nationaler Kollektivität gab den Anstoß für die äußerst turbulente Geschichte des jüdischen Volkes und für ein sehr eigenartiges Muster nationaler Kontinuität und zivilisatorischen Wandels, durchsetzt von Veränderungen in der Verwirklichungsweise seiner besonderen zivilisatorischen Vision.

Diese turbulente Geschichte reichte von der frühen Siedlung in Erez-Israel über die Zeit der Richter und die Königreiche Juda und Israel bis zur Besiegung und dem Verschwinden des Nordreichs, zur Zerschlagung der davidischen Monarchie in Juda und der Babylonischen Gefangenschaft, zur Rückkehr aus Babylonien und der stürmischen Geschichte zur Zeit des Zweiten Reiches bis zur Zerstörung des Zweiten Tempels, zum Verlust der politischen Unabhängigkeit, dem Zusammenschrumpfen des Zentrums in Erez-Israel und der Zerstreuung des jüdischen Volkes.

Diese politischen Veränderungen zogen tiefgreifende Wandlungen in der Art der Verwirklichung seiner zivilisatorischen Vision nach sich. Die erste dieser wichtigen Verschiebungen trat, wie wir gesehen haben, bei der Rückkehr aus Babylonien und in

der Zeit des Zweiten Reiches ein; die zweite große Wende folgte nach der Zerstörung des Zweiten Tempels mit der langsamen Entstehung und zunehmenden Vorherrschaft des rabbinischen Modells, des Modells der Halacha.
Dieses Modell, das sich in der Zeit des Zweiten Reiches herauszubilden begann, war damals sicher weder vorherrschend noch homogen. Selbst als es sich schon völlig gefestigt hatte und vorherrschend geworden war, war es immer noch nicht homogen, sondern umfaßte viele verschiedenartige Organisationen, die von anderen früheren Modellen abgeleitet waren, selbst innerhalb seiner eigenen Komponenten.
All diese Komponenten – die philosophischen oder mystischen Richtungen; die unterschiedliche Gewichtung von Gelehrsamkeit und Lernen einerseits und dem volkstümlicheren Gebet andererseits; die politischen Einstellungen; die verschiedenen Verbindungen zwischen primordialen, nationalen, religiösen und ethischen Orientierungen; die ständige Spannung zwischen universalistischer und partikularistischer Ausrichtung und viele andere, die wir oben erörtert haben – verschwanden nicht mit der Herauskristallisierung dieses Modells; vielmehr gingen sie in seinen Grundrahmen ein, aus dem sie dann häufig wieder hervorbrachen.
Die historischen Umstände, unter denen dieses Modell vorherrschend und institutionalisiert wurde – nämlich Verlust der politischen Unabhängigkeit und Zerstreuung –, brachten jedoch eine weitreichende Wende und Veränderung im institutionellen Bereich mit sich, in dem diese zivilisatorische Vision und das auf ihrer Grundlage entstandene institutionelle Modell verwirklicht werden konnten.
Aufgrund dieser Umstände konnte die jüdische zivilisatorische Vision nicht länger im politischen Wirkungskreis oder im umfassenden gesellschaftlich-institutionellen Komplex einer territorialen Gesellschaft verwirklicht werden. Statt dessen beschränkte sich ihre Umsetzung auf die Regelung des täglichen Lebens der Juden in ihren privaten, gemeindlichen und kulturell-religiösen Bereichen, in den Bet- und Lernhäusern und in den inneren Angelegenheiten ihres Gemeindelebens – wobei sie sich in diesem Rahmen allerdings sehr schöpferisch und innovativ gestaltete. Gleichzeitig lebten die Juden als zerstreute Min-

derheit im Zustand politischer Unterwerfung an den institutionellen Rändern anderer Gesellschaften und Zivilisationen. Unter diesen Bedingungen verlegten sie die universalistischen ebenso wie die politischen und messianischen Orientierungen auf eine entfernte Zukunft und verbanden sie nicht mit der konkreten institutionellen Situation, in der sie lebten. Die Wirtszivilisationen behandelten die Juden zugleich als Pariavolk und als politische Konkurrenten.

Es ist natürlich eine müßige Frage, ob irgendein »notwendiger«, logischer Zusammenhang zwischen der Herausbildung und Herrschaft dieses Modells und dem Verlust politischer Unabhängigkeit nebst der nachfolgenden Zerstreuung besteht oder ob diese Verbindung zufällig beziehungsweise höchstens indirekt zustande gekommen ist, wie etwa gemäß der talmudischen Beschreibung von Rabbi Jochanan ben Sakkais Auszug nach Jawne als Versuch, zu retten, was zu retten war, um diese Vision nicht unter politisch höchst widrigen Umständen verwirklichen zu müssen. Wie immer die Antwort auf diese Frage lauten mag – wenn es überhaupt eine derartige Antwort gibt: fest steht jedenfalls, daß sich solch eine Verbindung zwischen den beiden herausgebildet hat, das heißt, zwischen dem Verlust der politischen Unabhängigkeit und der Zerstreuung einerseits und der wachsenden Vorherrschaft des rabbinischen Modells andererseits, und daß durch diese Verbindung der Anwendungsbereich des halachischen Modells und seine Grundorientierungen eingeengt wurden.

Die zionistische Bewegung und die Ansiedlung in Israel

Dieses spezifische zivilisatorische Modell, das Modell der Halacha, begann zu Beginn der Neuzeit einzustürzen – ausgelöst durch den dreifachen Prozeß der Säkularisierung und Aufklärung, des politischen und ideologischen Universalismus und der Modernisierung. Das Zusammenspiel all dieser Einflüsse schwächte die traditionellen kollektiven Grenzen des jüdischen Volkes und der jüdischen Kultur und eröffnete den Juden auch die Möglichkeit, neue Bereiche für die Verwirklichung der jüdischen zivilisatorischen Vision zu finden bzw. durch Assimilation oder Vernichtung als Kollektiv mit eigener Identität zu verschwinden.

Die zionistische Bewegung und die Ansiedlung in Erez-Israel waren, wie wir gesehen haben, die revolutionärsten Folgen dieser Öffnung. Sie richteten sich sowohl gegen die Fortführung der traditionellen orthodoxen Lebensweise als auch gegen die verschiedenen modernen Lebensmuster und Bewegungen, die sich unter den Juden in West-, Mittel- und Osteuropa entwikkelt hatten. Ideologisch-prinzipiell gesehen, wandten sie sich indirekt auch stark gegen die großen Auswanderungsbewegungen von Juden aus Europa – wobei es aber praktisch kaum zu Zusammenstößen oder Konfrontationen zwischen den beiden Richtungen kam. Diese Rebellion, diese revolutionäre Auflehnung gegen die Realitäten des jüdischen Lebens im 19. und 20. Jahrhundert, machte die zionistische Bewegung zu einer der modernen national-revolutionären Bewegungen – aber zu einer recht besonderen: mit starker Ausrichtung auf Pioniersiedlungen, Auswanderungsbewegung und einer zivilisatorischen Vision, womit sie wohl, wie gesagt, der frühen puritanischen Ansiedlung in Nordamerika am nächsten kam. Der Hauptpunkt dieser Rebellion und Revolution war der Versuch, das jüdische Volk – und seine Zivilisation – in die Geschichte zurückzubringen; einen sicheren Ort für das jüdische Volk zu schaffen, die »jüdische Frage« zu lösen; den Juden ein territorial-politisches Land zurückzugeben und ein Wirkungsfeld zu verschaffen, auf dem sie versuchen konnten, ihre zivilisatorische Vision in einem »totalen« institutionellen Umfeld, in der Umgebung einer nationalen Territorialgemeinschaft und schließlich in einem unabhängigen Staat zu verwirklichen.

Diese Versuche, die jüdische zivilisatorische Vision zu verwirklichen, unterschieden sich aber weitgehend von denen zur Zeit des Zweiten Tempels, als das jüdische Volk letztmals eine solche Gelegenheit besessen hatte, obwohl viele grundlegende Orientierungen und Prämissen dieser Vision tatsächlich überdauert hatten, wenn auch in veränderten Formen und Inhalten, und obgleich die geopolitische Situation, in der sie sich wiederfanden, vielleicht geradezu aufs Haar derjenigen ähnelte, in der sie sich seinerzeit befunden hatten.

Im Gegensatz zur Zeit des Zweiten Tempels richteten sich diese Versuche zur Verwirklichung der jüdischen zivilisatorischen Vision nicht nur auf den politischen Bereich, sondern auch auf den sozialen und institutionellen. Außerdem waren die Beziehungen zu anderen Zivilisationen nicht unbedingt so antagonistisch wie damals und während der langen Dauer der (vor allem mittelalterlichen) Galut. Der zivilisatorische Wettbewerb verlief jetzt – im Gegensatz zu den nationalen oder »rassischen« Zusammenstößen mit ihrem tragischen Höhepunkt im Holocaust – angesichts der Verwandlung der zivilisatorischen Visionen in der modernen Welt offener und scheinbar gutartig, wenn natürlich auch viele antagonistische Elemente auf unterschiedlichen Ebenen weiterbestanden.
Darüber hinaus waren die Träger dieser Vision sich jetzt der damit verbundenen Probleme viel stärker bewußt; ja, in vieler Hinsicht bot die zionistische Bewegung geradezu ein Paradebeispiel für dieses Bewußtsein oder diese Wahrnehmung.
Somit hatte die israelische Gesellschaft gewissermaßen eine doppelte Aufgabe, eine doppelte Last übernommen: Einmal wollte sie Wege finden, eine lebensfähige moderne Gesellschaft in einer ziemlich feindlichen und unterentwickelten Umgebung aufzubauen, und zum anderen diesen Aufbau einer institutionellen Struktur mit einigen Grundthemen der jüdischen zivilisatorischen Vision verbinden.
Diese Verbindung löste, wie wir im Verlauf dieses Buches mehrfach vermerkt haben, viele der spezifischen Dynamiken der israelischen Gesellschaft aus, die sie von anderen nachrevolutionären, modernen, nationalen, kolonisatorischen, migratorischen oder Entwicklungsgesellschaften unterschieden – und zwar zusätzlich zu den Dynamiken jener speziellen Merkmale, die auf ihrer geopolitischen Lage beruhten.
Diese Verknüpfung schlug sich in mehreren Merkmalen der israelischen Gesellschaft institutionell nieder. Erstens verband sie sich eng mit dem Bestreben, eine kleine Gesellschaft aufzubauen, die doch gleichzeitig ein Zentrum großer Kreativität sein sollte – und zwar einer in der jüdischen zivilisatorischen Vision verwurzelten Kreativität.
Zweitens verstärkte und erneuerte diese Rebellion gegen die konkrete jüdische Lebenswirklichkeit in der traditionellen und

modernen Diaspora die Grundthemen und Orientierungen, die in den früheren Perioden der jüdischen Geschichte latent gewesen waren, verwandelte die meisten von ihnen aber auch tiefgreifend. Waren diese Themen und Orientierungen vorher rein intellektueller Art gewesen, wurden sie jetzt in institutionelle Bereiche und Rahmen eingefügt. Alle wichtigen Themen und Spannungen der jüdischen Tradition und Zivilisation – die Spannung zwischen Universalismus und Partikularismus; zwischen interner geschlossener Solidarität und Solidarität als Grundlage einer weitreichenden sozialen, ethischen und kulturellen Kreativität; zwischen populistischen Obertönen und dem Streben nach Höchstleistung in verschiedenen Kreativitätsbereichen – verbanden sich jetzt mit dem Aufbau und Wirken konkreter institutioneller Formen und übergreifender institutioneller Einrichtungen des Staates. Dasselbe galt erstens für die Spannungen zwischen der halbmessianischen Zukunft und der Betonung der Gegenwart, die nicht mehr auf die Modelle der Halacha und des Gemeindelebens beschränkt war, und zweitens für die verschiedenen Einstellungen zu Erez-Israel und zur Galut. Diese Spannungen verknüpften sich mit neuen, die bei der Verwirklichung der zionistischen Vision entstanden: zwischen dem Nachdruck auf der territorial-politischen Dimension und den auf Errichtung eines institutionellen Gebäudes gerichteten Bestrebungen, zwischen der Vorstellung vom Staat Israel als einem sicheren Zufluchtsort und seiner Wertung als Stätte nationaler Renaissance.

All diese Spannungen fanden auch in großen Teilen der modernen Diaspora neuen literarischen und intellektuellen Ausdruck: erst in Europa bis zum Zweiten Weltkrieg und danach vor allem in den Vereinigten Staaten. In Osteuropa und in weit geringerem Umfang in den USA waren sie in gewissem Maß auch mit neuen Mustern des Aufbaus einer institutionellen Struktur verbunden; aber nur in Erez-Israel wurden sie eng in die übergreifenden institutionellen Modelle der israelischen Gesellschaft einbezogen.

Nicht nur die mannigfaltigen Kreativitätsmuster, die sich in Erez-Israel entwickelten, sondern vor allem die verschiedenen kulturellen und politischen Themen, die mit dem Aufbau und der Erhaltung der territorialen, nationalen Gesellschaft eines

Staates verbunden waren, bildeten also den Kern der zionistischen Revolution – und ihre größte ständige Herausforderung.

Von besonderer Bedeutung waren in diesem Zusammenhang die dialektischen Beziehungen zwischen Israel und der Diaspora – als einem Brennpunkt der Rebellion, als Ressource für Führungskräfte, gegen die Stagnationstendenzen, die jeder nachrevolutionären oder kleinen Gesellschaft eigen sind; als Unterstützungsbasis und offenbar auch als ein möglicherweise konkurrierender Weg zur Verwirklichung der jüdischen zivilisatorischen Vision. Und schrittweise kam es dann bekanntlich auch zu einer neuartigen Begegnung mit der jüdischen Orthodoxie.

Das erste Stadium dieses Versuchs, eine territoriale, letztlich politisch unabhängige jüdische Entität zu schaffen, die auch den Schauplatz für die Verwirklichung der jüdischen zivilisatorischen Vision abgeben sollte – also das Siedlungswerk des Jischuw und die Anfangsphasen des Staates Israel – erwies sich, wie gesagt, als relativ großer Erfolg. Während dieser Zeit entstand eine lebensfähige, moderne institutionelle und demokratische Gesellschaft und damit ein Rahmen, in dem sich der Aufbau einer nationalen Gesellschaft mit einigen Themen der jüdischen Tradition und Zivilisation verband und ein eigenes, spezifisches Muster einer modernen Gesellschaft entwickelt wurde.

Dieses besondere israelische institutionelle Modell, das eigentümliche Muster der israelischen Modernität, war gekennzeichnet durch ein konstitutionelles demokratisches System mit gewissen stark restriktiven Zügen; durch den scheinbar selbstverständlichen freien Zugang zum Zentrum für alle Bevölkerungssektoren – anfangs eingeschränkt durch die Herausbildung klientelistischer Mechanismen –; durch die Tatsache, daß das Zentrum die abgewandelten zionistischen und sozialdemokratischen Symbole für sich requirierte; durch die ständige wirtschaftliche Entwicklung im Rahmen einer gemischten, ziemlich stark gelenkten Wirtschaft; durch die Bemühung um den Aufbau einer alt-neuen Nation sowie um eine Kreativität, die sich darauf richtete, eine neue nationale und kulturelle Tradition zu schaffen beziehungsweise wiederaufleben zu lassen.

Dieses neue institutionelle Modell ging natürlich weit über das hinaus, was die Juden in der Zeit ihrer Zerstreuung in ihren jeweiligen Wohnländern hätten hervorbringen können: in den Netzen traditioneller Kehillot, Gemeinden und Studienzentren oder in den verstreuteren und vielfältigeren Organisationen und Lebensformen der Neuzeit. Nicht nur die Entwicklung zusätzlicher institutioneller Gebiete – wie Politik, Militär oder die wirtschaftlichen Bereiche von Landwirtschaft und Basisindustrien –, sondern vor allem natürlich die Tatsache, daß sie alle unter dem Schirm eines neuen autonomen Kollektivs, eines umfassenden kollektiven institutionellen Rahmens zusammengefaßt wurden, war hier von entscheidender Bedeutung. Denn diese Tatsache war es, die den kollektiven Eintritt der Juden in die moderne Geschichte ausmachte.

In diesem Rahmen waren die ewigen Themen und Orientierungen der jüdischen Zivilisation eng mit grundlegenden Themen und Spannungen der jüdischen politischen Kultur verknüpft – nämlich denen, die mit den erwähnten Fragen der Solidarität zusammenhingen sowie mit den Spannungen zwischen rechtlicher Ordnung und starken antinomischen und halbanarchischen Tendenzen, die dieser Kultur innewohnen.

Die angestrebte Solidarität blieb nicht länger auf Gemeindeordnungen oder geistige und literarische Ausdrucksformen beschränkt, sondern trat in engen Zusammenhang mit der Arbeit übergreifender politischer Institutionen und der Anerkennung der Rechtsstaatlichkeit, insbesondere auch mit der Armee und der zivilen Kontrolle über diese.

Ähnlich trat das betonte Streben nach Rechtsbewußtsein und Gesetzlichkeit – einschließlich all der Spannungen, die zwischen populistischen, antinomischen und halbanarchischen politischen Tendenzen sowie der Berufung auf ein »höheres Gesetz« bestanden – aus den engen intellektuellen Schranken heraus, auf die es im Mittelalter begrenzt gewesen war, und verflocht sich nun eng mit der Funktionsweise einer vollausgebildeten Gesellschaft und staatlichen Einheit, den verschiedenen Dimensionen ihrer institutionellen Gestalt und den politischen Kräften. Die starke Zukunftsorientierung verknüpfte sich jetzt auch mit dem konkreten Aufbau einer institutionellen Struktur und daher mit den Erfordernissen der Gegenwart – so daß es zu verschiedenartigen Konfrontationen zwischen beiden kam.

Dasselbe galt natürlich für die spezifisch zionistischen Themen, die eng mit den älteren, allgemein jüdischen Themen verbunden waren – besonders für die Spannung zwischen den Zielen, eine normale Nation und ein »Licht für die Völker« und/oder eine jüdische Nation zu sein; zwischen der Hervorhebung der territorial-politischen Dimensionen und den Orientierungen auf die Errichtung einer institutionellen Struktur; zwischen der Vorstellung vom Staat Israel als einer sicheren Zufluchtsstätte und als einem Schauplatz nationaler Renaissance.

Die spezifische Leistung des institutionellen Modells, das sich in Israel entwickelte, lag bekanntlich nicht etwa darin, daß es diese verschiedenen Orientierungen und Spannungen aufgehoben hätte. Im Gegenteil, sie existierten alle in ihm fort, und ihr Einfluß auf das soziale Leben war – aufgrund der Tatsache, daß sie jetzt in die konkreten institutionellen Formen einbezogen wurden – viel größer. Die Leistung bestand vielmehr darin, daß jenes Modell all diese Spannungen recht erfolgreich zu regulieren vermochte. Infolgedessen stärkten sie die Wirkungsweise des Modells, während die anarchischeren Tendenzen durch die Entwicklung und den Zwang seiner zentralen institutionellen Rahmenstrukturen sowie den relativ starken inneren Zusammenhalt der Eliten und breiteren Bevölkerungsschichten in Zaum gehalten wurden. Die entscheidende Prüfung für das israelische institutionelle Modell kam, von diesem Standpunkt aus betrachtet, mit der Öffnung seiner ursprünglich ziemlich restriktiven Merkmale.

Die Auflösung des sozialistisch-zionistischen institutionellen Modells

Wie in allen nachrevolutionären Gesellschaften forderte der Erfolg dieses Modells seinen Preis: Die Routinisierung und Erschöpfung vieler Dimensionen der ursprünglichen Vision, die Umwandlung seiner revolutionären Eliten in eine herrschende Klasse, die wachsende Distanz zwischen verschiedenen Eliten, die Schwächung der Solidaritätsrahmen führten zusammengenommen zur Auflösung dieses Modells, wie wir es oben eingehender beschrieben haben.

Ebenso wie andere nachrevolutionäre und kleine moderne Gesellschaften hatte die israelische Gesellschaft die Tendenz zur Routinisierung und Entmystifizierung der ursprünglichen revolutionären Vision.
Die Besonderheit der israelischen Gesellschaft lag freilich darin, daß für diese kleine und revolutionäre Gesellschaft die Dimension der militärischen Sicherheit eine außerordentlich wichtige Rolle spielte. Der starke Einfluß dieser Faktoren auf die Beziehungen zwischen den Orientierungen »nach innen« und »nach außen« sowie der hohe Preis, der für die Struktur der Solidarität zu zahlen war, verliehen diesen Prozessen eine besondere Intensität – und ließen das Fortbestehen des demokratischen Rahmens um so überraschender erscheinen. Aus der Reihe vergleichbarer Gesellschaften liefern nur die Vereinigten Staaten dafür ein weiteres Beispiel.
Somit beleuchten die zur Auflösung dieses Modells führenden Prozesse in Israel vielleicht deutlicher als in vergleichbaren Gesellschaften einige der Möglichkeiten, die der Institutionalisierung und dynamischen Entwicklung eines derartigen Modells innewohnen. Vor allem ging es hier um die Alternative zwischen der Verpflichtung auf eine Vision – mit ihrem monolithischen Potential und ihrer möglichen Machtorientierung – auf der einen Seite und Offenheit und Pluralismus auf der anderen; zwischen elitistischen oder populistischen Orientierungen; zwischen der Betonung von Pflichten oder von Rechten und Ansprüchen; zwischen aktiver Beteiligung in den zentralen Institutionen gesellschaftlicher und kultureller Kreativität oder einem eher passiven oder privaten Verhalten; und es gab die große Herausforderung, ständig neue Wege zu finden, diese verschiedenen Orientierungen miteinander zu verbinden, ohne auch nur eine ganz aufzugeben.
Die scharfe Entgegensetzung dieser Alternativen oder Dilemmata in der israelischen Gesellschaft beruhte weitgehend auf der Tatsache, daß die Institutionalisierung dieses Modells und sein Verfall mit der Frage einhergingen, wie die jüdische zivilisatorische Vision unter den spezifischen Umständen einer kleinen, belagerten Gesellschaft zu verwirklichen sei. So wurden gleichzeitig die Probleme und Dilemmata des jüdischen Wiedereintritts in die Geschichte beleuchtet.

Die wachsende Distanz zwischen den verschiedenen Eliten und die Schwächung der Solidaritätsrahmen ließen die unterschiedlichen Themen der jüdischen Zivilisation und der zionistischen Vision auf den Plan treten: Die messianischen, territorialen, solidaren oder primordialen Komponenten der kollektiven Identität kamen alle an die Oberfläche, wobei jede ihre Unabhängigkeit von den anderen behauptete, deren Gültigkeit in Frage stellte und im Hinblick auf die institutionelle Gestaltung der Gesellschaft die totale Vorherrschaft für sich forderte.
Parallel dazu kam es zu einer Schwächung der institutionellen Rahmen und ideologischen Symbole, die die verschiedenen Themen der jüdischen politischen Kultur zusammengebracht und die eher anarchischen oder auf das Feilschen um Zuwendungen ausgehenden Neigungen unter Kontrolle gehalten hatten. So entstand unversehens eine Tendenz, in der sich die anarchische Politik des »höheren Gesetzes« mit der Solidarität kleiner Sektoren verband. Paradoxerweise konnte sich diese Verbindung gerade wegen der Existenz des jüdischen Staates mit dem Verlust eines (in den mittelalterlichen Gemeinden stark ausgeprägten) Verantwortungsgefühls für die Gemeinschaft als Ganzes und für die Aufrechterhaltung einer gewissen institutionellen Ordnung verknüpfen. Tatsächlich bestanden viele Anzeichen dafür, daß diese politischen Tendenzen – nach ihrer Einbringung in einen Territorialstaat und eine moderne Demokratie insbesondere – die Funktionsfähigkeit seines institutionellen Rahmens unterminieren könnten, wie es vermutlich in der Zeit des Zweiten Reiches geschehen war.

Die Herausforderung besteht weiter

Diese Entwicklungen, die mit der Auflösung des ursprünglichen institutionellen Modells der israelischen Gesellschaft einhergingen, bezeichnen äußerst scharf das Problem, daß es eine kleine, von Feinden umgebene Gesellschaft ist, der die Verwirklichung der jüdischen zivilisatorischen Vision in der einen oder anderen Weise aufgebürdet wurde.
Die zunehmende Einsicht in dieses Problem führte zu verschiedenen Überlegungen. Würde Israel am besten daran tun, ein-

fach eine »normale« Nation zu werden? Wäre die Verwirklichung der jüdischen zivilisatorischen Vision in den freien Gemeinden der Diaspora auf Dauer möglich? Bietet die Orthodoxie die sicherste Garantie für das Überleben des jüdischen Volkes?

Doch die vielfältigen Erfahrungen der modernen jüdischen Geschichte im allgemeinen und der Entwicklungsgeschichte der israelischen Gesellschaft im besonderen deuten darauf hin, daß ein Erfolg in einer dieser Richtungen höchst unwahrscheinlich ist.

Die Entwicklung Israels zu einer normalen kleinen Gesellschaft, unabhängig von den jüdischen Zivilisationsauffassungen, erscheint fragwürdig, da dies viele ihrer Stagnationstendenzen fördern, die Motivation schwächen und ihre Bereitschaft aufheben könnte, weiter an ihrer offensichtlichen Last zu tragen. Eine solche Entwicklung könnte zudem dazu führen, daß sich eine Politik durchsetzt, die sich in Verbindung mit einem religiösen Fundamentalismus auf ein »höheres Gesetz« beruft – und die Schwächung des institutionellen Gefüges der Gesellschaft zur Folge hat.

Die Geschichte der nicht-orthodoxen Diaspora, vor allem in den USA, ist in der Tat von großen Erfolgen geprägt, wenn es um die verschiedenen Arten der Beteiligung von Juden an zahlreichen Betätigungsfeldern ihrer Wirtsgesellschaften und um die Ausgestaltung spezifisch jüdischer Aktivitäten geht. Wie wir jedoch gesehen haben, könnte der Verlust der schöpferischen Spannung in ihren Beziehungen zu Israel ihre jüdische Identität und die Quellen ihrer spezifisch jüdischen Betätigung tatsächlich langsam versiegen lassen – auch wenn dies nicht, wie in Europa, zu ihrer physischen Vernichtung führt –, ebenso wie der Verlust einer derartigen Spannung in Israel selber Stagnationstendenzen auslösen könnte.

Was die moderne Orthodoxie in ihren verschiedenen Varianten angeht, erscheint es, soweit bisher ersichtlich, durchaus vorstellbar, daß dieser Sektor des jüdischen Volkes demographisch wie kulturell imstande sein könnte, unter den Bedingungen der modernen Gesellschaft zu überleben. Aber diese Voraussage steht unter der Annahme, daß er in einer völlig anderen als der mittelalterlichen Form überleben wird, in der die Halacha die

Vorherrschaft innehatte. Unter den Bedingungen einer modernen, offenen Gesellschaft bedeutet ein derartiges Überleben den Verzicht auf die zivilisatorische Vision und die Entwicklung zu einer ziemlich abgekapselten religiösen Gruppe oder Sekte (oder mehreren) mit einer gewissen Betonung des spezifisch jüdischen »Volkstums«.

Gleichzeitig würden auch Versuche, der israelischen Gesellschaft eine orthodoxe Lösung aufzuzwingen, auf die Schwierigkeit stoßen, dieses Vorhaben mit der Funktionsweise einer komplexen modernen Gesellschaft und zumal einer demokratischen in Einklang zu bringen, insbesondere dann, wenn Israel auch noch als Brennpunkt von Kreativität, Motivation und Anziehungskraft für viele – oder gar die meisten – seiner Einwohner und die Juden in der Diaspora wirken soll.

So widersprechen tatsächlich all diese Entwicklungen dem Vorwurf, den der hervorragende deutsch-jüdische Philosoph Hermann Cohen den Zionisten entgegenhielt: »Die Menge wünscht nun, glücklich zu sein« – das heißt, ein normales Volk zu sein, statt von den Spannungen hin und her gerissen zu werden, die nach seiner Ansicht das Wesen jüdischen Lebens ausmachen.

Die Geschichte von der Verwirklichung der zionistischen Vision hat in der Tat gezeigt, daß ihnen dieses Glück nicht zuteil werden sollte – nicht nur wegen der Mühsal von Kolonisation und Sicherheitswahrung, sondern vor allem, weil gerade die Umsetzung der zionistischen Vision selber vom Fortbestehen solcher Spannungen abhängig war, sowohl auf der von Hermann Cohen beschriebenen geistigen Ebene als auch im institutionellen und geopolitischen Bereich.

Vielleicht steht ein – wenn auch nur schwaches – Wissen um diese Probleme, Schwierigkeiten oder Spannungen hinter einem der Gebete aus dem Talmud, einem Teil des Schlußgebets (Neila) des Jom-Kippur, in dem es heißt:

> Wie groß die Bedürfnisse deines Volkes
> und sein Verständnis gering,
> was ihm fehlt und was es wünscht,
> vermag es kaum zu sagen.

Viele Menschen mögen gedacht haben, daß die Verwirklichung der zionistischen Vision diese Spannung abschaffen werde, indem sie die Nöte des jüdischen Volkes verringerte; aber ihr

Verlauf hat gezeigt, daß dies nicht geschehen ist. Vielmehr ist diesem Prozeß zu entnehmen, daß der wahre Prüfstein dieser Verwirklichung – die tatsächlich auf das engste mit dem Überleben der israelischen Gesellschaft und in vieler Hinsicht auch mit dem Überleben des jüdischen Volkes und der jüdischen Zivilisation verknüpft zu sein scheint – darin besteht, institutionelle Strukturen und symbolische Sinngebungen zu finden, in deren Rahmen ein sich ständig veränderndes, dynamisches Gleichgewicht zwischen all diesen Tendenzen die Entfaltung der ihnen eigenen schöpferischen Potentiale ermöglichen und dabei gleichzeitig die anarchischen und stagnativen Tendenzen drosseln könnte. Vor dieser stummen Herausforderung steht die israelische Gesellschaft noch immer.

Bibliographische Auswahl

Jüdische Geschichte

Allgemeine Abhandlungen über jüdische Geschichte

Baron, S. W., *A Social and Religious History of the Jews*, 2. Auflage, Philadelphia: Columbia University Press 1966.

Ben-Sasson, H. H. (Hg.), *A History of the Jewish People*, mit Beiträgen von A. Malamot, London: Weidenfeld and Nicolson 1976, 1170 S.

Ben-Sasson, H. H., und Ettinger, S. (Hg.), *Jewish Society Throughout the Ages*, New York: Schocken Book 1969. Eine Sammlung von Studien, erstmals veröffentlicht im *Journal of World History*, Bd. XI, Nr. 1-2 (1968).

Finkelstein, L. (Hg.), *The Jews. Their History, Culture and Religions*, New York: Schocken Books 1970/71.

Goldin, J. (Hg.), *The Jewish Expression*, New York: Bantam Books 1970.

Gross, N. (Hg.), *Economic History of the Jews*, New York: Schocken Books 1975. Eine Sammlung mit Beiträgen von Salo W. Baron, Arcadius Kahan u. a. aus der *Encyclopedia Judaica*.

Kedourie, E. (Hg.), *The Jewish Worlds*, London: Thames and Hudson 1979.

Seltzer, R. M., *Jewish People, Jewish Thought. The Jewish Expression in History*, New York: MacMillan 1980.

Werke über bestimmte Abschnitte der jüdischen Geschichte bis zur Neuzeit

Baer, Y., *A History of the Jews in Christian Spain*, 2 Bde., Philadelphia Publication Society of America 1966.

Dubnov, S., *History of the Jews in Russia and Poland*, 3 Bde. (Bd. II), New York 1937; auch Philadelphia 1946.

Goitein, S. D., *A Mediterranian Society, the Jewish Communities of the Arab World as Portrayed in the Documents of the Cairo Geniza*, Berkeley: University of California Press 1967-78.

Hengel, M., *Judaism and Hellenism*, 2. Bd., London: SCM Press 1979.

Kaufmann, Y., *The Religion of Israel*, New York: Schocken Books 1972.

Neusner, J., *First Century Judaism in Crisis*, Nashville: Alingdon Press 1975.

Neusner, J., *Ancient Israel After Catastrophe. The Religious World View of the Mishna*, Charlottesville: University Press of Virginia 1983.
Roth, C., *A History of the Marranos*, Philadelphia: Jewish Publication Society of America 1932.
Safrai, S. und Stern, M. (Hg.), *The Jewish People in the First Century*, Assen: Van Gorcum 1974-76.
Tcherikover, V. A., *Hellenistic Civilization and the Jews*, Philadelphia: Jewish Publication Society of America 1959.
Urbach, E. E., *The Sages. Their Concepts and Beliefs*, 2. Bd., Jerusalem, Magnes Press 1975.

Ausgewählte Aspekte jüdischer Lebensweise und Tradition

Baer, J. F., *Galut*, Berlin 1936; New York: Schocken Books 1947.
Baron, S. W., *The Jewish Community. Its History and Structure to the American Revolution*, 3 Bde., Philadelphia: Jewish Publication Society of America 1948.
Finkelstein, I., *Jewish Self-Government in the Middle Ages*, New York: The Jewish Theological Seminary 1924.
Guttmann, J., *Philosophies of Judaism, the History of Jewish Philosophy from Biblical Times to Franz Rosenzweig*, Einleitung von R. Werblowsky, übersetzt von David Silvermann, New York: Schocken Books 1973.
Katz, J., *Exclusiveness and Tolerance. Studies in Jewish-Gentile Relations in Medieval and Modern Times*, Oxford: Clarendon Press 1961.
Katz, S. T. (Hg.), *Jewish Philosophers*, Jerusalem: Keter Publishing House 1975.
Parks, J., *The Conflict of the Church and the Synagogue. A Study in the Origins of Antisemitism*, New York: Atheneum 1969.
Scholem, G., *Die jüdische Mystik in ihren Hauptströmungen*, Frankfurt/Main: Suhrkamp 1967.
Scholem, G., *Zur Kabbala und ihrer Symbolik*, Frankfurt/Main: Suhrkamp 1960.
Scholem, G., *Judaica 1-4, Essays*, Frankfurt/Main: Suhrkamp 1963-1984.
Scholem, G., *Sabbatai Sevi: The Mystical Messias, 1626-1676*, übersetzt von J. Zwi Werblowsky, Princeton, NJ: Princeton University Press 1973.
Scholem, G., *Von der mystischen Gestalt der Gottheit. Studien zu Grundbegriffen der Kabbala*, Frankfurt/Main: Suhrkamp 1962.
Werblowsky, R. und Karo, J. Z. J., *Lawyer and Mystic*, Philadelphia: Jewish Publication Society of America 1977 (Erstveröffentlichung 1962).

Die Neuzeit

Hertzberg, A., *The French Enlightenment and the Jews*, New York: Columbia University Press 1968.

Katz, J., *Out of the Ghetto, The Social Background of Jewish Emancipation 1770-1870*, Cambridge, Mass.: Harvard University Press 1973.

Katz, J., *Anti-Semitism. From Religious Hatred to Racial Rejection*, Cambridge, Mass.: Harvard University Press 1979.

Katz, J., »The Jewish Diaspora: ›Minority Positions and Majority Aspirations‹«, *The Jerusalem Quarterly* 25 (Herbst 1982), S. 68-78.

Mendelsohn, E., *The Jews of East Central Europe Between the World Wars*, Bloomington, Ind.: 7 Indians Press 1983.

Mendes-Flohr, P. R. und Reinharz, J. (Hg.), *The Jews in the Modern World – A Documentary History*, New York: Oxford University Press 1980.

Meyer, M., *The Origins of the Modern Jews: Jewish Identity and European Culture in Germany, 1749-1824*, Detroit: Wayne State University Press 1967.

Pinson, K. (Hg.), *Essays on Antisemitism*, New York: Conference on Jewish Relations 1946.

Poliakov, L., *The History of Anti-Semitism*, 3 Bde., aus dem Französischen übersetzt von R. Howard, New York: Vanguard Press 1965-76.

Rotenstreich, N., *Jewish Philosophy in Modern Times: from Mendelssohn to Rosenzweig*, New York: Holt, Rinchart and Winston 1968.

Sachar, H. M., *The Course of Modern Jewish History*, aktualisierte und erweiterte Auflage, New York: Dell 1977.

Der Holocaust

Cohn, N., *Warrant for Genocide. The Myth of the Jewish World Conspiracy and the Protocols of the Elders of Zion*, London: Eyre Spottiswood 1967.

Dawidowicz, L. S., *The War Against the Jews, 1933-1945*, New York: Holt, Rinchart and Winston 1975.

Dawidowicz, L. S. (Hg.), *A Holocaust Reader*, New York: Behrman 1976.

Massing, P. W., *Rehearsal for Destruction. A Study of Political Antisemitism in Imperial Germany*, New York: H. Fertig 1967.

Die zionistische Bewegung und Ideologie

Avineri, S., *The Making of Modern Zionism. The Intellectual Origins of the Jewish State*, New York: Basic Books 1981.

Halperin, B., *The Idea of the Jewish State*, 2. Auflage, Cambridge, Mass.: Harvard University Press 1969.
Hertzberg, A. (Hg.), *The Zionist Idea. A Historical Analysis and Reader.* Vorwort von Emanuel Newmann, New York: Atheneum 1970.
Katz, J., »The Jewish National Movement. A Sociological Analysis«, in: *Journal of World History* 11, 1-2, S. 267-298.
Laqueur, W., *Der Weg zum Staat Israel. Geschichte des Zionismus*, übersetzt von Heinrich Jelinek, Wien: Europaverlag 1975.
Vital, D., *Zionism, the Formative Years*, Oxford: Clarendon Press 1982.
Zionism. Encyclopedia Judaica, Bd. 16 (vor allem die folgenden Abschnitte: Forerunners, Roots of Hibbat-Zion, Background to the Emergence of the Movement, Ideological Evolution, Non-Zionist and Anti-Zionist Trends).

Entwicklungsgeschichte des Jischuw und der israelischen Gesellschaft und ihrer verschiedenen Aspekte

Allgemeine Werke

Bein, A., *The Return to the Soul, a History of Jewish Settlements in Israel*, übersetzt von Israel Schen, Jerusalem: Young and Hechalutz Department of the Zionist Organization 1952, 576 S.
Curtis, M. R. (Hg.), *Israel, Social Structure and Change*, New York, New Brunswick: Transaction Books 1973.
Eisenstadt, S. N., *Die israelische Gesellschaft*, übersetzt von Efrath B. Kleinhaus, Stuttgart: Enke 1973.
Eylon, A., *The Israelis, Fathers and Sons*, New York: Holt, Rinchart and Winston 1974.
Lucas, N., *The Modern History of Israel*, London: Weidenfeld and Nicolson 1974.
Sachar, H. M., *A History of Israel. From the Rise of Zionism to our Times*, New York: A. Knopf 1982.
Safran, N., *Israel, the Embattled Ally*, Cambridge, Mass.: Harvard University Press und The Belknof Press 1978.
Serge, D. V., *A Crisis of Identity. Israel and Zionism*, Oxford: Oxford University Press 1980.
Shimshoni, D., *Israeli Democracy, the Middle and the Journey*, New York: The Free Press 1982.

Datensammlungen

Die besten fortlaufenden Aufstellungen von statistischen Daten über die meisten Aspekte der israelischen Gesellschaft finden sich in den Jahresbänden des *Statistical Abstract of Israel* (Jerusalem, Central Bureau of Statistics).
Die besten laufenden Aufstellungen und Analysen von Wirtschaftsdaten finden sich in den Jahresberichten der israelischen Staatsbank: Bank of Israel, *Annual Reports* (Jerusalem).

Aufsatzsammlungen

Sehr nützliches Material findet sich in den folgenden Aufsatzsammlungen (die meisten sind in hebräischer Sprache verfaßt, enthalten aber auch substantielle englische Informationen).

Adler, C. und Kahane, R. (Hg.), *Israel. A Society in the Making – Values, Religion and Culture – A Sociological Analysis of Sources*, Bd. 2, Jerusalem: Academon Press 1975.

Bar-Yosef, R. und Shelach, I. (Hg.), *The Family in Israel. A Reader*, Jerusalem: Academon Press 1970.

Bar-Yosef, R. und Adler, C. (Hg.), *Integration and Development in Israel* [englisch], Jerusalem: Israel University Press 1970.

Dar, Y. (Hg.), *Education in the Kibbutz. A Dual Faced Socialization*, Jerusalem: Academon Press 1982.

Doron, A., Ninio, L. und Pishoff, I. (Hg.), *Welfare Policy in Israel. A Reader*, Jerusalem: Academon Press 1970.

Eisenstadt, S. N., Adler, C., Bar-Yosef, R. und Kahane, R. (Hg.), *The Social Structure of Israel. A Reader*, Jerusalem: Academon Press 1960.

Eisenstadt, S. N., Adler, C., Bar-Yosef, R. und Kahane, R. (Hg.), *Israel – A Society in the Making. A Sociological Analysis of Source Material*, Bd. 1, Jerusalem: Magnes Press 1971.

Eisenstadt, S. N., Adler, C., Kahane, R. und Shelach, I. (Hg.), *Stratification in Israel. A Reader*, Jerusalem: Academon Press 1963.

Hauder, A., Kahane, R. und Rosenfeld, H. (Hg.), *The Arab Society in Israel*, Jerusalem: Academon Press 1983.

Immigration and Absorption in Israel, a collection of summaries of studies and surveys; regulations, laws and information concerning immigrants; Statistics 1950-1971, Jerusalem: Academon Press 1972.

Kahane, R. und Kopstein, S. (Hg.), *Israeli Society 1965-1967. A Reader*, Jerusalem: Academon Press 1974.

Kahane, R. und Kopstein, S. (Hg.), *Problems of Collective Identity and*

Legitimation in the Israeli Society. A Reader, Jerusalem: Academon Press 1980.

Kahane, R., Lital, N. und Homsky, E. (Hg.), *Israel, a Society in the Making*, Bd. III: *Patterns of Corruption and Deviance from Common in Public Institutions in the Israeli Society. Sources from Documents and Newspapers*, Jerusalem: Academon Press 1984.

Kahane, R. und Sochi, R. (Hg.), *Youth Associations in the Israeli Society*, Jerusalem: Academon Press 1980.

Lissak, M. und Gutman, H. (Hg.), *Political Institutions and Processes in Israel*, Jerusalem: Academon Press 1971.

Lissak, M. und Kimmerling, B. (Hg.), *Armed Forces, National Security and Society in Israel. A Reader*, Jerusalem: Academon Press (in Vorbereitung).

Lissak, M., Mizrachi, B. und Ben-David, A. (Hg.), *Immigrants in Israel. A Reader*, Jerusalem: Academon Press 1970.

Schachar, A., Weintraub, D., Cohen, H. und Shelach, I. (Hg.), *Towns in Israel*, Jerusalem: Academon Press 1973.

Der englischsprachige Leser findet viele interessante Aufsätze über alle Aspekte des israelischen Lebens im *Jerusalem Quarterly*, das seit 1976 vom Middle East Institute in Jerusalem herausgegeben wird.

Die demographische Struktur Israels

Bachi, R., *The Population of Israel*, Jerusalem: Institute of Contemporary Jewry, The Hebrew University in Co-operation with the Prime Minister's Office, 1977.

Die wirtschaftliche Struktur und Entwicklung Israels

Barkai, Ch., *The Public, Histadrut, and Private Sectors in the Israeli Economy*, The Falk Institute for Economic Research in Israel, 6. Bericht, Jerusalem 1954, S. 13-90.

Barkai, H., »The Israeli Economy in the Past Decade«, *The Jerusalem Quarterly* 32 (Sommer 1984), S. 16f.

Ben-Porath, Y., *The Arab Labour Force in Israel*, The Falk Institute for Economic Research in Israel, Jerusalem 1966.

Ben-Porath, Y. (Hg.), *Israeli Economy, Maturing through Crises*, Cambridge, Mass.: Harvard University Press (in Vorbereitung).

Berglas, E., *Defense and the Economy: the Israeli Experience*, The Falk Institute for Economic Research in Israel, Jerusalem 1983.

Bruno, M., *External Shocks and Domestic Response: Israelis' Performance, 1965-1982*, The Falk Institute for Economic Research, Jerusalem 1984.
Halevi, N. und Klinov, M. R., *The Economic Development of Israel*, New York: Praeger 1968.
Hanoch, Q., *Income Differentials in Israel*, The Falk Institute for Economic Research in Israel, 5. Bericht, Jerusalem 1964, S. 37-132.
Metzer, J., *The Slowdown of Economic Growth in Israel. A Passing Phase or the End of a Big Spurt?* The Falk Institute for Economic Research in Israel, Jerusalem 1983.
Pack, H., *Structural Change and Economic Policy in Israel*, New Haven: Yale University Press 1971.
Patinkin, D., *The Israeli Economy. The First Decade*, The Falk Institute for Economic Research in Israel, Jerusalem 1958.
Rubner, A., *The Problems of Israel's Economy, the First Ten Years*, London: F. Cass 1960.
Siehe auch die Berichte der israelischen Staatsbank (Bank of Israel).

Politische Institutionen und Prozesse

Akzin, B., »Codification in a New State«, *American Journal of Contemporary Law* 5.1 (Winter 1956).
Akzin, B., »The Role of Parties in Israeli Democracy«, *The Journal of Politics* 17 (1955).
Arian, A., *Ideological Change in Israel*, Cleveland: Press of Case Western Reserve University 1965.
Arian, A., *Consensus in Israel*, New York: General Learning Press 1971.
Arian, A., *The Choosing People Voting Behavior in Israel*, Cleveland: Press of Case Western Reserve University 1973.
Arian, A. (Hg.), *Israel, a Developing Society*, Tel Aviv: Pinhas Sapir Centre for Development 1980.
Arian, A. (Hg.), *The Elections in Israel, 1977*, Jerusalem: Academic Press 1980.
Aronoff, M., *Power and Ritual in the Israeli Labour Party. A Study in Political Anthropology*, Amsterdam: Assem Van Qornum 1976.
Birnbaum, E., *The Politics of Compromise, State and Religion in Israel*, Rutherford: Fairleigh Dickinson University Press 1970.
Dror, Y. und Gutmann, E. (Hg.), *The Government of Israel*, Jerusalem: The Hebrew University of Jerusalem, The Eliezer Kaplan School of Economics and Social Sciences 1961.
Etzioni, A., »Kulturkampf or Koalition, the Case of Israel«, *Sociologia Religiosa* 4 (1959).

Etzioni-Halevy, E. und Shapira, R., *Political Culture in Israel, Cleavage and Integration among Israeli Jews*, New York: Praeger 1977.
Fein, L., *Politics in Israel*, Boston: Little Brown and Co., 1967.
Freedman, R. O. (Hg.), *Israel in the Begin Era*, New York: Praeger 1982.
Galnoor, I., *Steering the Polity Communications and Politics in Israel*, Beverly Hills: Zags Publications 1982.
Horowitz, D. und Lissak, M., *Origins of the Israeli Polity. Palestine Under Mandate*, Chicago: Chicago University Press 1978.
Isaac, R. J., *Party and Politics in Israel*, New York: Longman 1981.
Merhav, P., *The Israeli Left*, San Diego, Cal.: Barnes A. S. and C. Inc. 1980.
Newman, D., *The Role of Gush Emunim and the Yishuv Kehilati in the West Bank, 1974-1980*, Durham: University of Durham Press 1981.

Sicherheitspolitik und Militär

Allon, Y., »The Arab-Israeli Conflict: Some Suggested Solutions«, *International Affairs* 40 (April 1964), S. 205-218.
Baehr, K., *Arab and Jewish Refugees: Problems and Prospects*, New York: American Christian Palestine Committee 1953.
Horowitz, D., *Israel's Concept of Defensible Borders*, Jerusalem: Hebrew University, Leonard Davis Institute for International Relations 1978.
Horowitz, D., »Israel's War in Lebanon: New Patterns of Strategic Thinking and Civilian Military Relations«, *The Journal of Strategic Studies* 6, 3 (September 1983), S. 83-102.
Horowitz, D. und Kimmerling, B., »Some Social Implications of Military Service and Reserve System in Israel«, *European Journal of Sociology* 15, 2 (1974), S. 262-276.
Horowitz, D. und Luttwak, E., *The Israeli Army*, New York: Harper and Row 1975.
Kimmerling, B., *The Interrupted System. Israeli Civilians in War and Routine Times*, New Jersey, New Brunswick: Transaction Books (in Vorbereitung).
Lorch, N., *One Long War*, Jerusalem: Keter Publishing House 1976.
Peri, Y., *Between Battles and Ballots · Israeli Military in Politics*, Cambridge: Cambridge University Press 1983.

Erziehungswesen

Ackerman, W., »Education in Israel 1959«, *Jewish Education* 30, 3 (1960).
Ackerman, W., Carmon, A. und Zucker, D. (Hg.), *Erziehung in Israel*, 2 Bde., Stuttgart: Klett-Cotta 1982.

Adler, C., »The Israeli School as a Selective Institution«, in: A. M. Kazamias, *Schools in Transition*, Boston: Allyn and Bacon 1968, S. 209-211.

Harburger, P., *Vocational Education in Israel*, Jerusalem: Ministry of Labour.

Hyman, A., *Education in Israel · A Survey*, New York: Israel Education Fund 1965.

Kahane, R. und Starr, L., »The Impact of Rapid Social Change on Technological Education: an Israeli Example«, *Comparative Education Review* 20, 2 (Juni 1976), S. 165-178).

Kleinberger, A. F., *Society, Schools and Progress in Israel*, Oxford: Pergamon Press 1969.

Minkovich, A., *An Evaluation of Israeli Elementary Schools*, Jerusalem: Hebrew University School of Education, Magnes Press 1977.

Minkovich, A., Davis, D., und Bashij, J., *Success and Failure in Israeli Elementary Education*, New Brunswick: Transaction Books 1982.

Peled, E., »Israeli Education«, in: Edward Corsini und J. Raymond (Hg.), *Comparative Educational Systems*, Illinois: F. E. Peacock Publishers 1981, S. 23-185.

»Vocational Training in Israel«, *Modern Labour Review* 86 (September 1963), S. 1067-1068.

Einwandereraufnahme und die ethnischen Probleme

Adler, C., »Absorption of Immigrants«, *Journal of Educational Sociology* 36, 8 (April 1963), S. 386-387.

Ben-Gurion, D., *First Ones*, Jerusalem: Government Press 1963.

Ben-Simon, D., *L'Intégration des Juifs Nord-Africains en France*, Paris, La Haye: Mouton 1971.

Ben-Simon, D., *Immigrants d'Afrique du Nord en Israel*, Paris: Anthropos 1971.

Cohen, E., »Social Images in an Israeli Development Town«, *Human Relations* 21,2 (Mai 1968), S. 163-176.

Cohen, E., »Development Towns. The Social Dynamics of ›Planted‹ Communities in Israel«, in: S. N. Eisenstadt, R. Bar-Yosef und H. Adler (Hg.), *Integration and Development in Israel*, Jerusalem: Israel University Press 1970, S. 587-617.

Cohen, E., »Black Panthers and Israeli Society«, *The Jewish Journal of Sociology* 14 (1972), S. 93-107.

Cremer, G., »The Israeli Black Panthers: Fighting for Credibility and a Cause«, *Victimology* 1,3 (1976), S. 403-413.

Deshen, S., »Political Ethnicity and Cultural Ethnicity in Israel During the

1960s«, in: E. Krausz (Hg.), *Studies in Israeli Society*, New Jersey, New Brunswick: Transaction Publications 1980.
Deshen, S. und Shokeid, M., *The Predicaments of Homecoming: Cultural and Social Life of North African Immigrants in Israel*, New York, Ithaca: Cornell University Press 1974.
Eisenstadt, S. N., *The Absorption of Immigrants*, London: Routledge und Kegan Paul 1954.
Goldberg, H., »Culture and Ethnicity in the Study of Israeli Society«, *Ethnic Groups* 1, 3 (1977), S. 163-186
Horowitz, T. R., »Integration and the Social Gap«, *Jerusalem Quarterly* 15 (Frühjahr 1980), S. 133-144.
Inbar, M. und Adler, Ch., *Ethnic Integration in Israel*, New Jersey, New Brunswick: Transaction Books 1977.
Katz, E. und Zloczower, A., »Ethnic Continuity in an Israeli Town: Relations with Parents«, *Human Relations* 14 (1961), S. 309-327.
Kraus, V. und Weintraub, D., »Community Structure and the Status Attainment Process of the Jewish Population in Israel«, *Zeitschrift für Soziologie* 4 (Oktober 1976), S. 346-378.
Kraus, V. und Weintraub, D., *Social Differentiation and Locality of Residence, Spatial Distrubution, Composition, and Stratification in Israel*, Rehovot: Settlement Study Centre 1981.
Krausz, E. (Hg.), *Migration, Ethnicity and Community*, New Jersey, New Brunswick: Transaction Books 1980.
Lissak, M., *Social Mobility in Israel*, Jerusalem: Israel University Press 1961.
Marx, E., *The Social Context of Violent Behaviour*, London: Routledge and Kegan Paul 1978.
Matras, J., »Intergenerational Change in Occupational Structure of Immigrant Groups in Israel«, *Jewish Journal of Sociology* 7,1 (1966), S. 31-38.
Peres, Y., »Ethnic Relations in Israel«, *American Journal of Sociology* 76,6 (1976), S. 1021-1047.
Peretz, D. und Smooha, S., »Israel's 10th Knesset Elections. Ethnic Upsurgence and the Decline of Ideology«, *Middle East Journal* (Herbst 1981).
Shokeid, M., *The Impact of Migration on the Moroccan Jewish Family in Israel*, New York: Steven M. Cohen, Holms and Mater Press 1982.
Smooha, S., *Israel Pluralism and Conflict*, London: Routledge and Kegan Paul 1977.
Spilerman, S. und Habib, J., »Development Town in Israel: The Role of Community in Creating Ethnic Disparities in Labor Force Characteristics«, *American Journal of Sociology* 81, 4 (1976), S. 781-812.
Weingrod, A., *Israel: Group Relations in a New Society*, London: Pall Mall 1965.
Weintraub, D. und Parness, T., »Rural Life, Orientation to Change and

Modernization: A Pilot Study of Farm Youth in Israel«, *Rural Sociology* 33, 3 (September 1968), S. 285-299.

Die Araber in der israelischen Gesellschaft

Kahane, R., Herdan, A. und Rosenfeld, H. (Hg.), *Arab Society in Israeli Jerusalem. A Reader*, Jerusalem, Centre of Documentation and Research of Israeli Society, The Hebrew University: Academon Press 1982.
Landau, J., *The Arabs in Israel. A Political Study*, London: Oxford University Press 1969.

Soziale Struktur und Organisation – Ausgewählte Aspekte

Allgemein

Ben David, J., »Professions and Social Structure in Israel«, *Industrial Relations* 5,1 (Oktober 1965), S. 48-66.
Ginor, F., *Socio-Economic Disparities in Israel*, Tel Aviv: David Howowitz Institute 1979.
Habid, J., *Transfers and the Poverty Problem, an Evaluation*, Falk Institute for Economic Research in Israel, Jerusalem 1974.
Lissak, M., »Patterns of Change in Ideology, and Class Structure in Israel«, *Jewish Journal of Sociology* 7,1 (Juni 1965), S. 46-62.
Lissak, M., *Social Mobility in Israeli Society*, Jerusalem: Israel University Press 1970.
Matras, J., *Social Change in Israel*, Chicago: Aldine 1965.

Kibbuz und Moschaw

Blais, J. R. (Hg.), *Kibbutz Studies Series*, Darby, Pa.: Norwood Publ. 1979.
Dar, Y. (Hg.), *Education in the Kibbutz, a Dual Focused Socialization*, Jerusalem Centre of Documentation and Research of Israeli Society, The Hebrew University: Academon Press 1982.
Krausz, E. (Hg.) *The Sociology of the Kibbutz*, New Jersey, New Brunswick: Transaction Books 1983.
Rosner, M., *Democracy, Equality and Change. The Kibbutz and Social Theory*, Darby, Pa.: Norwood Publications 1980.
Weingrod, A., *Reluctant Pioneers. Village Development in Israel*, New York, Ithaca: Cornell University Press 1966.

Weintraub, D. und Lissak, M., »Problems of Absorption of North African Immigrants in Small Holder Cooperative Settlements in Israel«, *Jewish Journal of Sociology* 3 (Juni 1961), S. 29-52.

Weintraub, D., Lissak, M. und Atzmon, Y., *Moshava, Kibbutz, Moshav. Jewish Rural Settlements and Developments in Palestine*, New York, Ithaca: Cornell University Press 1967.

Muster des kulturellen Lebens

Adler, C. und Kahane, R., *Israel: a Society in the Making, A Sociological Analysis of Sources*, Bd. II: *Values, Religion and Culture* [hebräisch], Jerusalem: Academon Press 1975.

Eisenstadt, S. N., »Israeli Identity: Problems in the Development of the Collective Identity of an Ideological Society«, *Annals of the American Academy of Political and Social Science* 370 (März 1967), S. 116-123.

Halkin, S., *Modern Hebrew Literature, from the Enlightenment to the Birth of the State of Israel: Trends and Values*, New York: Schocken Books 1970: nachgedruckt 1974.

Halpern, B., »Zionism and Israel«, *Jewish Journal of Sociology* 3, 2 (Dezember 1961), S. 155-173.

Kahane, R. und Kopstein, S. (Hg.), *Problems of Collective Identity and Legitimation in the Israeli Society. A Reader*, Jerusalem, Centre of Documentation and Research of Israeli Society, The Hebrew University: Academon Press 1980.

Katz, E. und Gurewitch, M., *The Secularization of Leisure. Culture and Communications in Israel*, London: Faber and Faber 1976.

Segal, E., »Israel and Zionism«, *Nation* 197 (November 1963), S. 293-296.

Heutige jüdische Gemeinden in der Diaspora

Gute Überblicke über heutige jüdische Gemeinden finden sich in den Bänden des *American Jewish Yearbook* (New York und Philadelphia: American Jewish Committee) und in denen der Jewish Publication Society of America.

Die amerikanische Judenheit

Cohen, S. M., *American Modernity and Jewish Identity*, New York und London: Tavistock Publications 1983.

Dawidowicz, Lucy S., *On Equal Terms. Jews in America, 1881-1981*, New York: Holt, Rinehart and Winston 1982, 1984.

Gittler, J. B. (Hg.), *Jewish Life in the United States. Perspectives from the Social Sciences*, New York: New York University Press 1981.

Glazer, N., *American Judaism*, 2. Auflage, Chicago: University of Chicago Press 1972.

Halpern, B., *The American Jew. A Zionist Analysis*, New York: Theodor Herzl Foundation 1956.

Howe, I., *World of Our Fathers. The Journey of East European Jews to America and the Life They Found and Made*, New York: Simon and Schuster 1976.

Liebman, C. S., *The Ambivalent American Jew*, Philadelphia: Jewish Publication Society of America 1973.

Neusner, J., *American Judaism. Adventure in Modernity*, Englewood Cliffs, NJ.: Prentice Hall 1972.

Neusner, J., *Understanding American Judaism. Toward the Description of a Modern Religion*; Bd. 1: *The Rabbi and the Synagogue*, Bd. 2: *Sectors of American Judaism*, New York: Ktav Publishing House 1975.

Sklare, M., *America's Jews*, New York: Random House 1971.

Sklare, M., *Conservative Judaism. An American Religious Movement*, neue Ausgabe, New York: Schocken Books 1972.

Die sowjetische Judenheit

Kochman (Hg.), *The Jews in Soviet Russia since 1917*, London: Oxford University Press 1970.

Beziehungen zwischen Israel und der Diaspora

Davis, M. (Hg.), *The Yom Kippur War. Israel and the Jewish People*, Vorwort von Prof. E. Katzir, New York: Arno Press 1974.

Davis, M. (Hg.), *World Jewry and the State of Israel*, New York: Arno Press, Herzl Press 1977.

Davis, M. (Hg.), *Zionism in Transition*, New York: Herzl Press 1980.

Verzeichnis der Tabellen

Namen- und Sachregister